인간
본성의
법칙

인간
본성의
법칙

THE
LAWS
OF
HUMAN
NATURE

로버트 그린 지음
이지연 옮김

ROBERT
GREENE

위즈덤하우스

인간의 내면을 해독하는 단 하나의 열쇠

뜻밖에 아주 야비하고 어이없는 일을 당하더라도 그것 때문에 괴로워하거나 짜증내지 마라. 그냥 지식이 하나 늘었다고 생각하라. 인간의 성격을 공부해가던 중에 고려해야 할 요소가 새로 하나 나타난 것뿐이다. 우연히 아주 특이한 광물 표본을 손에 넣은 광물학자와 같은 태도를 취하라.

_아르투어 쇼펜하우어

살다 보면 어쩔 수 없이 이런저런 사람을 만나게 된다. 그중에는 일부러 분란을 일으키는 사람도 있고, 내 인생을 피곤하게 만드는 사람, 불쾌감을 주는 사람도 있다. 그는 내 상사나 리더일 수도 있고, 직장 동료나 친구일 수도 있다. 대놓고 공격적일 수도, 교묘히 공격성을 감출 수도 있지만, 내 감정을 자유자재로 갖고 논다는 점에서는 마찬가지다. 문제는 그런 사람이 종종 겉으로는 매력적으로 보인다는 사실이다. 아이디어와 열정을 마구 뿜어내고 신선하게 느껴질 만큼 자신감이 넘쳐서 우리는 깜박 그들의 주문에 걸려버리기 일쑤다. 뒤늦게야 실은 그 자신감이 비이성적인 태도였다는 걸, 그가 낸 아이디어는 앞뒤를 제대로 재본 결과도 아니었다는 걸 알게 되지만 시간을 되돌리기엔 이미 늦었다. 동료들 중에는 속으로 나를 시기한 나머지, 어떻게든 나를 끌어내리고 싶은 마음에 내 작업이나 커리어에 일부러 흠집을 내는 인간도 있다. 사람 좋은 동료나 신입사원이라 여겼는데 알고 보니 더 높은 곳에 오르기 위한 발판으로 나를 철저히 이용하고 있었음을 깨닫고 경악할 때도 있다.

문제는 그럴 때 우리가 상대의 행동을 전혀 예상치 못하고 있다가 무방비 상태에서 당한다는 점이다. 그런 사람들은 종종 그럴듯한 평계를 만들어 자신의 행동을 정당화하거나, 만만한 희생양을 찾아 비난의 화살을 돌린다. 저들은 어떻게 해야 우리를 혼란에 빠뜨리고 그가 진두지휘하는 연극 속으로 끌어들일 수 있는지 정확히 알고 있다. 우리는 항변하고 화를 낼 수도 있다. 하지만 결국에 가보면 일은 이미 벌어졌고 무력감만 남을 뿐이다. 그리고 그게 끝이 아니다. 그러고 나면 내 인생에는 이름만 다른, 똑같은 유형의 인간이 또다시 나타나고, 똑같은 상황이 반복된다.

이런 혼란이나 무력감을 나 때문에 혹은 내 행동 때문에 느낄 때도 있다. 예를 들면 상사나 동료, 친구에게 기분 나쁜 말을 불쑥 내뱉어버린 경우가 그렇다. 대체 어디서 그런 말이 나왔는지는 나도 모른다. 다만 내 안의 어떤 분노나 긴장감이 그런 식으로 새어나와 나를 이렇게 후회하게 만든다는 사실에 좌절할 뿐이다. 어느 프로젝트나 계획에 온몸을 던졌는데, 지나고 보니 참 바보 같은 짓이었고 시간만 낭비했음을 깨달을 때도 있다. 나와 절대로 안 맞는 사람이라는 걸 알면서 속수무책으로 사랑에 빠지기도 한다. 그럴 때 우리는 생각한다. '내가 대체 뭐에 씌었던 걸까?'

바로 이럴 때 우리는 비로소 내가 '자기파괴적 행동 패턴'에 빠져 있음을 눈치챈다. 하지만 그 패턴은 나조차도 어쩔 수 없는 일인 듯 보인다. 마치 내 안에 어떤 낯선 이가 살고 있어서 그 작은 악마가 내 뜻과는 상관없이 일을 벌이고, 내가 잘못된 행동을 하게끔 등을 떠미는 것 같다. 이 낯선 이는 아주 괴상한데, 적어도 내가 생각하는 나 자신과는 확실히 다르다.

이 두 가지 ― 남들의 추한 행동과 나 자신의 가끔 이해되지 않는 행동 ― 와 관련해서 우리가 아는 것이라고는 무엇이 그런 행동을 유발하는지 전혀 감도 잡을 수 없다는 사실뿐이다. 물론 손쉬운 설명에 만족하고 넘어갈 수도 있

인간 본성의 법칙

다. '그놈이 나쁜 놈이라서 그래. 완전 사이코패스야.' '내가 뭐에 씌었지. 제 정신이 아니었어.' 하지만 이런 말들로 위로해봤자 아무것도 이해할 수도, 같은 패턴이 반복되는 걸 막을 수도 없다. 사람들은 남의 말과 행동에 감정적으로 대응하며 그저 피상적으로 살아간다. 타인에 대해서나, 나 자신에 대해서나, 우리는 그냥 단순한 생각을 가지고 산다. 나 자신에게 들려주기에 가장 쉽고 편리한 이야기에 만족한다.

하지만 만약 우리가 저런 표면적 이유 아래로 풍덩 뛰어들어서 그 아래 깊은 곳을 볼 수 있다면 어떨까? 인간의 행동을 유발하는 진짜 뿌리에 가까이 갈 수 있다면? 왜 누구는 돌연 시기, 질투에 사로잡혀 내 일을 훼방 놓을까? 왜 어떤 사람은 마치 신이라도 되는 양, 그릇된 자신감에 차서 본인은 절대로 틀릴 수가 없다고 생각할까? 왜 사람들은 갑자기 비이성적인 행동을 하며 시커먼 속내를 드러낼까? 왜 누구는 늘 그의 행동을 합리화할 이유를 준비해놓고 있을까? 왜 나는 나를 벌레 취급하는 리더에게 계속 의지할까? 우리가 만약 심부(深部)의 내면을 들여다보고 상대를 판단할 수 있다면, 그래서 잘못된 직원을 뽑거나 나에게 큰 상처를 줄 사람과 가까워지는 것을 막을 수 있다면 어떻게 될까?

우리가 인간 행동의 뿌리를 제대로 알고 있다면 파괴적 인간들이 멋대로 행동하고도 요리조리 빠져나가기가 훨씬 어려워질 것이다. 그들의 매력에 빠져서 잘못된 길로 들어서는 일도 크게 줄어들 것이다. 뒤에서 우리를 조종하는 저들의 더러운 수법을 미리 예측하고 저들의 평계를 간파하게 될 것이다. 저들이 내 관심사를 이용해 나를 조종한다는 사실을 이미 알기 때문에 저들이 짜놓은 각본 속으로 질질 끌려들어가지 않을 것이다. 마침내 저들의 실체를 알아보고 저들이 가진 힘을 빼앗을 수 있을 것이다.

우리 자신에 대해서도 같은 말을 할 수 있다. 내면을 들여다보고 문제가 되는 감정의 출처가 어디인지, 왜 그 감정은 종종 나의 바람을 거스르는 행동을 하게 만드는지 알 수 있다면 어떨까? 우리는 왜 그토록 남이 가진 걸 원할까? 우리는 왜 내가 경멸하는 사람을 배척하는 집단에게 그토록 강한 동질감을 느낄까? 우리는 왜 나의 본모습에 대해 거짓말을 하고 의도치 않게 남들을 밀어낼까?

내 안의 낯선 이에 관해 좀 더 명확히 알게 되면, 그 낯선 이가 실은 내 일부라는 사실을 깨닫게 될 것이다. 그리고 생각보다 우리가 훨씬 더 불가사의하고 복잡하며 흥미로운 존재임을 알게 될 것이다. 이 점을 알고 나면 우리 인생의 부정적 패턴을 깨버릴 수 있다. 더 이상 변명을 꾸며댈 필요도 없고, 내가 하는 일 혹은 내게 벌어질 일에 대해 더 많은 주도권을 쥘 수 있다.

나 자신이나 타인을 더 명확하게 이해하게 되면 인생이 정말 많은 방향에서 달라질 수 있다. 하지만 그전에 흔한 오해부터 하나 바로잡고 가자. 우리는 내 행동이 대부분 의식적이고 의지에 따른 행동이라고 생각하는 경향이 있다. 내 행동을 늘 내가 통제하는 건 아니라고 생각하면 상상만으로도 소름이 끼친다. 하지만 실제로는 그게 진실이다. 우리는 내면 깊숙한 곳에 위치한 여러 힘의 지배를 받는다. 그 힘들은 의식보다 낮은 수준에서 활동하면서 우리의 행동을 좌우한다. 우리 눈에 보이는 것은 결과(내 생각, 기분, 행동)일 뿐, 실제로 내 감정을 움직여 특정한 행동을 하게 만드는 실체에 대해서는 의식적으로 접근하는 경우가 거의 없다.

분노만 봐도 그렇다. 우리는 통상 나에게 분노라는 감정을 일으키는 원흉으로 어느 개인 혹은 집단을 지목한다. 하지만 더 깊이, 정직하게 파고들어 보면 나에게 분노나 좌절을 유발하는 원인은 그보다 깊은 뿌리를 가지고 있음을 알 수 있다. 그것은 어린 시절 겪었던 어떤 사건일 수도 있고, 혹은 특정 여건이 맞아 떨어지면 감정의 방아쇠가 당겨지는 경우일 수도 있다. 내가 언제 분노하는지 상황을 유심히 들여다보면 분명한 패턴을 찾아낼 수 있다. 그러나 정작 화가 나는 그 순간에는 우리는 전혀 이성적이지 않고 앞뒤를 재지도 않으며 그저 감정의 파도에 올라탄 채 일렁대며 손가락질을 해댈 뿐이다. 다른 수 많은 감정에 대해서도 같은 이야기를 할 수 있다. 특정 유형의 사건이 벌어지 면 우리는 갑자기 자신감이나 불안감, 초조함, 사람에 대한 끌림, 관심에 대한 갈증 같은 것이 치솟는다.

내면 저 깊은 곳에서 우리를 이렇게 좌지우지하는 힘들의 집합을 '인간 본 성'이라고 부르기로 하자. 인간 본성은 우리의 뇌 구조가 이미 특정한 방식으 로 구조 지어져 있는 데서 비롯된다. 신경계의 구성이나 인간이 감정을 처리 하는 방식도 거기에 영향을 미친다. 이런 것들은 모두 인간이라는 종(種)이 500 만 년에 걸쳐 진화하는 동안 서서히 만들어지고 발달한 부분이다. 인간 본성 을 뜯어보면 생존을 담보하기 위해 사회적 동물로서 인간이 아주 독특한 방식 으로 진화해온 것과 관련되는 내용이 많다. 우리는 다른 사람과 협력하는 법 을 배우고, 고차원적 수준에서 내 행동을 집단에 맞추고, 집단의 규율을 유지 하고, 새로운 소통 방식을 고안해야 했다. 태곳적에 이루어진 이런 발달 내용 은 아직도 우리 안에 계속 살아남아 우리의 행동을 결정한다. 우리가 아무리 고도로 발달된 현대 사회를 살고 있더라도 말이다.

한 예로 인간의 감정이 진화한 과정을 한번 살펴보자. 살아남기 위해 우리 선조들은 언어가 발명되기 훨씬 전부터 이미 서로 잘 소통할 수 있어야 했다. 선조들은 기쁨, 수치, 감사, 질투, 원망 등 새롭고 복잡한 여러 감정을 진화시켰 다. 이런 감정은 얼굴에 즉시 드러나서 지금 느끼는 기분을 빠르고 효과적으 로 전달했다. 그 덕분에 선조들은 다른 사람의 감정에 극도로 쉽게 젖어들었 고 집단은 더 단단히 결속됐다. 선조들은 다 함께 기뻐하거나 슬퍼했으며, 위 험에 직면해서도 단결을 유지했다.

지금까지도 인간은 주변 사람의 기분이나 감정에 매우 민감하고, 그 때문에 온갖 행동을 벌인다. 우리는 무의식적으로 남을 따라 하고, 남이 가진 것을 갖 고 싶어 하고, 분노나 폭동이 들불처럼 번질 때 거기에 휩쓸린다. 우리는 내가 내 자유의지에 따라 행동하고 있다고 믿지만, 그것은 우리의 행동이나 반응이 집단 내 다른 사람들의 감정에 얼마나 민감하게 영향을 받는지 몰라서 하는 이야기다.

먼 과거에서 발원해 아직까지도 일상적으로 우리 행동을 좌우하는 힘은 그 밖에도 많다. 한 예로 우리는 '지위'라는 것을 통해 조직 내에서 나의 서열과 가치를 끊임없이 가늠하려는 욕구가 있다. 이것은 모든 수렵-채집 문화에서 발견되는 특징으로 심지어 침팬지들 사이에서도 볼 수 있다. 사람을 만나면 으레 내부인과 외부인으로 나누는 '부족 본능'도 마찬가지다. 또 하나 추가할 수 있는 원시적 특징으로는 내 부족이 싫어할 것 같은 행동을 감추기 위해 가면을 쓰려는 욕구가 있다. 이 욕구 때문에 우리가 억압한 온갖 어두운 욕망들은 '그림자 인격'을 형성한다. 우리 조상들은 그림자 인격이 존재한다는 사실과 그게 얼마나 위험한지 알고 있었고, 그게 어떤 영적인 존재나 악마에서 비롯됐다고 생각해 악령을 쫓아내는 굿을 했다. 우리도 비슷한 미신을 갖고 있다. "내가 뭐에 씌었나봐."

우리 안의 이런 원시적 성향이나 힘이 의식의 수준까지 올라오면 우리도 뭔가 거기에 반응을 할 수밖에 없다. 그 반응은 개인의 성향이나 상황에 따라 달라지는데, 보통은 제대로 이해도 해보지 않고 피상적 설명으로 대충 넘어간다. 인간 진화 과정의 특성상 이렇게 인간 본성이라고 부를 수 있는 힘의 개수는 많지 않다. 그 몇 안 되는 본성이 위에서 말한 행동들, 예컨대 시기, 질투, 과대망상, 비이성적 행동, 근시안, 동조, 노골적 공격, 수동적 공격 등을 일으킨다. 또는 공감이나 다른 긍정적 행동으로 이어지기도 한다.

수천 년간 우리는 자기 자신이나 인간 본성을 이해하는 문제에서는 사실상 어둠속을 더듬고 다니는 처지나 마찬가지였다. 우리는 인간이라는 동물에 대해 수많은 환상을 세워놓고 스스로를 이해해보려고 끙끙거렸다. 우리는 우리가 마법처럼 어느 신성한 별에서 떨어지기라도 한 것처럼, 영장류가 아니라 천사가 우리를 낳기라도 한 것처럼 생각했다. 우리가 가진 원시성 혹은 동물적 뿌리를 낌새라도 맡게 되면 너무나 괴로웠고, 그래서 그걸 부정하고 억압했다. 우리는 온갖 변명과 합리화를 통해 우리 안의 어두운 충동들을 은폐했고, 그 때문에 어떤 이들은 나쁜 짓을 저지르고도 쉽게 빠져나갈 수 있었다. 그러나 인간 본성에 대한 우리의 지식은 날로 쌓여만 갔고, 결국에는 우리도 더 이상 우리의 실체에 대한 진실을 외면할 수 없는 지점까지 오고 말았다.

이제 우리는 지난 100년간 축적된 방대한 심리학 자료를 활용할 수 있다. 멜라니 클라인(Melanie Klein)과 존 볼비(John Bowlby), 도널드 위니캇(Donald Winnicott)은 초년기 발달이 이후의 삶에 미치는 영향과 아동기에 관해 상세히 연구했다. 하인즈 코헛(Heinz Kohut)은 나르시시즘의 근원을 캤고, 칼 융(Carl Jung)은 인격의 어두운 측면을 파헤쳤다. 사이먼 배런 코언(Simon Baron-Cohen)은 공감의 기원을, 폴 에크먼(Paul Ekman)은 감정의 구성을 연구했다.

우리 자신을 이해하는 데 도움이 될 만한 다른 과학 분야의 발전도 있다. 안토니우 다마지우(Antonio Damasio)와 조지프 E. 르두(Joseph E. LeDoux)의 뇌 연구, 인간 특유의 생물학적 구성에 관한 에드워드 O. 윌슨(Edward O. Wilson)의 연구, 정신과 육체의 관계에 관한 V. S. 라마찬드란(V. S. Ramachandran)의 연구 등이 그런 예다. 또 프란스 데 발(Frans de Waal)의 영장류 연구, 재레드 다이아몬드(Jared Diamond)의 수렵-채집꾼 연구, 대니얼 카너먼(Daniel Kahneman)의 경제주체의 행동 연구, 윌프레드 비온(Wilfred Bion)과 엘리엇 애런슨(Elliot Aronson)의 집단행동에 관한 연구도 활용 가능하다.

인간 본성의 여러 측면을 새롭게 조명했던 철학자들의 연구도 빼놓을 수 없다. 아르투어 쇼펜하우어(Arthur Schopenhauer), 프리드리히 니체(Friedrich Nietzsche), 호세 오르테가 이 가세트(José Ortega y Gasset) 등이 대표적이다. 또 조지 엘리엇(George Eliot), 헨리 제임스(Henry James), 랠프 엘리슨(Ralph Ellison) 같은 소설가들의 통찰도 유용한데, 많은 경우 인간 행동의 보이지 않는 부분을 가장 예민하게 느끼는 사람이 바로 소설가들이기 때문이다. 마지막으로, 최근 들어 우리가 이용할 수 있는 전기(傳記)의 숫자가 크게 늘었는데, 전기야말로 인간 본성이 활동하는 모습을 깊이 있게 보여주는 훌륭한 자료다.

이 책은 다양한 분과에서 나온 이런 방대한 아이디어와 지식의 보고를 한데 모아보려는 시도다. 그렇게 해서 특정 관점이나 도덕적 판단이 아니라 '증거'에 기초한, 인간 본성에 관한 정확하고 유익한 안내서를 한 편 만들어보려 한다. 이 안내서는 우리 종(種)을 잔인할 만큼 현실적으로 평가해놓을 것이다. 우리가 좀 더 자각을 가지고 행동할 수 있도록 우리의 실체를 철저히 해부할 것이다.

이 책을 한 권의 암호책이라고 생각하라. 평범하고, 이상하고, 파괴적이고 별의별 모습을 다 가진 사람들의 행동을 해독할 수 있게 도와주는 책이라고 말이다. 이 책의 각 장은 인간 본성의 한 측면 내지는 한 가지 법칙을 다룬다. 이것들을 '법칙'이라고 부를 수 있는 이유는 이들 힘의 영향을 받는 사람이 비교적 예측 가능한 방식으로 반응하기 때문이다. 각 장에는 해당 법칙을 대표적으로 잘 보여주는 상징적 인물들의 이야기가 실려 있다. 그리고 나 자신이나 다른 사람이 해당 법칙의 영향을 받고 있을 때 어떻게 대처해야 하는지 아이디어와 전략이 제시된다. 각 장의 끝에서는 인간이 가진 이 원초적 힘을 어떻게 하면 더 긍정적이고 생산적으로 바꿀 수 있을지 이야기한다. 더 이상 인간 본성의 수동적 노예가 아니라 능동적으로 그것을 바꾸는 주체가 될 방법을 모색한다.

이런 지식은 다소 유행이 지났다고 생각할 사람도 있을 것이다. 지금의 우리는 너무나 수준이 높고, 기술적으로 발전했고, 진보적이며, 계몽된 상태니까 말이다. 원시적 뿌리를 벗어난 지 한참이고, 심지어 인간 본성을 다시 쓰는 중이라고 말할 사람도 있을지 모른다. 그러나 현실은 오히려 정반대다. 우리가 지금처럼 인간 본성의 노예가 되었던 적도 없다. 인간 본성의 잠재적 파괴력이 지금보다 더 컸던 때는 없다. 그런데도 우리는 이 사실을 무시하며 위험한 불장난에 빠져 있다.

소셜 미디어만 봐도 그렇다. 감정이 서로에게 전염될 일은 오히려 늘었다. 소셜 미디어상에서는 바이럴 효과(viral effect, 소문 등이 바이러스처럼 급속히 확산되는 현상. – 옮긴이)를 따라 새로운 이슈가 끊임없이 우리를 휩쓸고 지나간다. 조작에 능한 지도자들이 우리를 이용해먹고 뜻대로 휘두르기에 딱 좋은 환경이다. 가상 세계에서는 공격성을 대놓고 드러내는 경우도 많다. 뒷일을 생각지 않고 우리의 어두운 이면을 펼쳐놓기가 훨씬 더 쉽기 때문이다. 수많은 사람과 순식간에 소통하는 일이 가능해지면서 남들과 나를 비교하고, 시기심을 느끼고, 주목을 받아 신분을 상승시키려는 성향 역시 이전보다 더 강해졌다. 마지막으로, 우리의 부족 본능을 보면 이제는 그 성향을 마음껏 발휘할 수 있는 완벽한 도구가 생긴 셈이다. 나와 동일시할 집단을 찾아내고, 서로의 메아리만 주고받는 공간에서 내 부족의 의견만 계속 증폭시키고, 누가 되었든 외부인은 철저하게 악마로 몰아서 떼로 몰려가 겁을 준다. 인간 본성의 원시적 측면 때문에 아수라장이 벌어질 가능성은 오히려 더 커졌다.

이유는 간단하다. 그 어느 개인이나 기관, 기술적 발명보다 인간 본성이 더 강력하기 때문이다. 인간이 만들어내는 것들은 결국에 가면 인간 본성과 그 원시적 뿌리를 반영하게 되어 있다. 인간의 본성은 장기판 위의 말처럼 우리를 가지고 논다.

인간 본성의 법칙을 무시한다면 그 사람의 손해일 뿐이다. 인간 본성을 인정하지 않는 것은 스스로 통제할 수 없는 패턴 속에 빠져 계속해서 혼란과 무력감을 느끼겠다고 작정하는 것이나 마찬가지다.

이 책은 인간 행동의 모든 측면을 깊이 있게 들여다보고 그 근본 원인을 조명한다. 이 책을 안내서로 삼는다면 앞으로 사람들을 만날 때 이전과는 확연히 다른 느낌을 받을 것이다. 사람들에게 접근하는 방식도 크게 달라질 테고, 나 자신을 바라보는 시각도 완전히 바뀔 것이다. 그런 변화의 과정을 대략 개관하면 다음과 같다.

'첫째, 인간 본성의 법칙을 알고 나면 더 차분해지고 사람들을 전략적으로 관찰하게 될 것이다. 쓸데없이 기운을 빼는 수많은 감정 기복으로부터 자유로워질 것이다.'

사람들과 함께 있으면 남들이 나를 어떻게 생각할까 싶은 마음에 초조하거나 불안해지게 마련이다. 일단 그렇게 초조해지기 시작하면 남들의 말 한마디, 행동 하나하나에 깊은 의미를 부여하면서 내 감정에 빠져들고, 정작 상대방을 관찰하기는 매우 어려워진다. '저 사람은 날 좋아하는 거야, 싫어하는 거야?' 인간 본성의 법칙은 우리가 이런 함정에 빠지는 것을 막아준다. 사람들이 느끼는 감정이나 안고 있는 이슈는 대개 깊은 뿌리를 가진 문제임을 알려준다. 지금 상대가 경험하는 욕망이나 실망감은 나를 만나기 수년 전 혹은 수십 년 전에 이미 시작된 것들이다. 그러다가 때마침 나를 만나 내가 그들의 분노나 좌절의 편리한 타깃이 되었을 뿐이다. 사람들은 자신이 보고 싶은 어떤 자질을 내게 투영하고 있다. 대부분의 경우 사람들은 나라는 개인을 보고 있는 게 아니다.

하지만 그렇다고 속상해할 필요는 없다. 어쩌면 우리는 오히려 해방감을 느껴야 한다. 이 책을 읽고 나면 상대가 뭔가 배배 꼬인 말을 하거나 냉담한 태도를 보이거나 짜증을 내더라도 그걸 굳이 내 탓으로 생각할 필요는 없음을 알게 될 것이다. 이 점을 간파하고 나면 상대가 그런 모습을 보일 때도 감정적으로 반응하는 게 아니라 되레 그 행동이 어디서 온 것인지 알고 싶어질 것이다. 그리고 그 과정에서 마음은 훨씬 차분해질 것이다. 이 방법이 뿌리를 내리고 나면 다른 사람을 멋대로 심판하거나 도덕적으로 훈계하려는 성향이 줄어들 것이다. 상대의 결점을 있는 그대로, 인간 본성의 일부로 받아들이게 될 것이다. 당신이 이렇게 관용적 태도를 가진 사람인 것을 알면 사람들은 당신을 지금까지보다 훨씬 더 좋아할 것이다.

'둘째, 인간 본성의 법칙을 알고 나면 사람들이 끊임없이 내보내는 여러 신호를 능수능란하게 해석하게 될 것이다. 그래서 상대가 어떤 사람인지 훨씬 더 잘 판단하게 될 것이다.'

보통 우리가 다른 사람의 행동에 주목할 때는 급히 그 행동을 어느 카테고리에 집어넣고 서둘러 결론을 내리려고 한다. 그래야 '역시 내 판단이 맞았어'라며 흡족한 기분으로 넘어갈 수 있기 때문이다. 혹은 상대가 본인 유리한 대로 늘어놓는 설명을 곧이곧대로 받아들이기도 한다. 인간 본성의 법칙은 이런 습관을 없애줄 것이다. 사람을 오판하기가 얼마나 쉬운지, 첫인상이 얼마나 못 믿을 것인지 분명히 알려줄 것이다. 우리는 판단의 속도를 늦추게 될 테고, 첫인상을 믿지 않는 대신에 눈에 보이는 것을 '분석'하게 될 것이다.

우리는 반대로 생각해보게 될 것이다. 어떤 특징, 예컨대 자신감이나 과도한 남성성 같은 것을 공공연하게 드러내는 사람은 정반대의 특징을 숨기고 있는 경우가 많다. 사람들은 남 앞에서 끊임없이 연극을 한다. 진보적이고 성인군자 같은 모습을 연출하는 것은 자신의 그림자를 더 잘 위장하기 위해서다. 우리는 일상 속에서 이런 그림자가 조금씩 새어나오는 신호를 보게 될 것이다. 누군가 캐릭터에 맞지 않는 행동을 하면 즉시 눈에 띌 것이다. 본인의 캐릭터에 벗어난 것처럼 보이는 것들이 실제로는 그 사람의 본모습인 경우가 많다. 태만하거나 어리석은 사람은 아주 사소한 데서 단서를 흘릴 테고, 당신은 그 사람의 행동 때문에 피해를 보기 전에 일찌감치 그런 단서를 알아볼 것이다. 사람의 진정한 가치, 의리, 양심 같은 것을 알아보는 능력은 우리가 가질 수 있는 가장 중요한 능력 중 하나다. 이 능력은 직원을 잘못 채용하거나 사업 파트너를 잘못 고르거나 안 맞는 사람을 만나는 것처럼 우리 인생을 고달프게 만들 수 있는 여러 사건을 피하게 해줄 것이다.

'셋째, 살다 보면 장기간 정서적 상처를 남기는 독버섯 같은 사람들을 만나게 된다. 인간 본성의 법칙을 알고 나면 그런 자들을 만나도 대적할 수 있고 그들의 생각을 앞지르게 될 것이다.'

공격적이거나 시샘이 많거나 사람을 뒤에서 조종하는 사람들은 자신이 그렇다고 밝히지 않는다. 오히려 그들은 첫 만남에서 매력적으로 보이는 법을 알고 있다. 그들은 칭찬을 늘어놓고 온갖 수단을 동원해 일단 우리를 무장해제시키고 본다. 그랬던 사람이 깜짝 놀랄 만큼 추잡한 짓을 저지르면 우리는 배신감과 분노, 무력감을 느낀다. 그들은 자신의 존재감으로 우리의 마음을 압도하기 위해 계속해서 압박을 만들어내기 때문에 우리는 똑바로 생각하거나 전략적으로 행동하기가 곱절로 더 어렵다.

인간 본성의 법칙은 그런 자들을 미연에 알아보는 법을 알려줘 그들의 악영향으로부터 우리를 지킬 수 있게 해준다. 그런 사람 근처에는 아예 얼씬도 하지 않거나, 그들의 배후 조종을 예상할 수 있어 기습당할 일이 없기 때문에 마음의 평화를 유지하기가 훨씬 쉬워진다. 머릿속으로 그들의 위장을 한 꺼풀 벗겨내고, 허세 뒤에 숨어 있는 뚜렷한 약점과 불안에 초점을 맞출 수 있게 된다. 그들이 지어낸 신화에 넘어가지 않고, 그들이 사용하는 '겁주기' 전략을 무력화시키게 된다. 그들이 이기적 행동에 대한 핑계를 대거나 장황한 설명을 늘어놓더라도 비웃어 넘기게 된다. 그렇게 우리가 침착함을 유지하면 상대는 오히려 격노해서 선을 넘거나 실수를 저지른다.

앞으로는 그런 사람을 만나더라도, 꼼짝없이 당하는 게 아니라 오히려 자제력을 갈고닦고 나를 더 단련할 기회를 준 것에 감사하게 될지도 모른다. 그런 사람을 한 명만 이겨내더라도 앞으로 어떤 최악의 인간 본성을 마주쳐도 감당할 수 있다는 엄청난 자신감이 생길 것이다.

'넷째, 인간 본성의 법칙을 알고 나면 사람들에게 영향력을 발휘하고 동기를 부여할 수 있는 진짜 지렛대가 무엇인지 알 수 있고, 그만큼 앞으로의 인생

　　　　　　　　　　　　　　　　　　　　인간 본성의 법칙

이 수월해질 것이다.'

내가 낸 아이디어나 계획이 반발에 부딪히면 우리는 상대의 마음을 직접적으로 바꿔보려고 반박이나 설교, 조롱을 시도한다. 하지만 이런 것들은 모두 상대를 더 방어적으로 만들 뿐이다. 인간 본성을 알고 나면 사람은 원래가 완고하고 남의 영향력에 저항한다는 사실을 알게 될 것이다. 무언가를 시작하려면 먼저 상대의 저항부터 누그러뜨려야 한다. 절대로 무심결에 상대의 방어 본능을 자극해서는 안 된다. 우리는 상대의 불안을 잘 식별하고, 무심결에 그 불안을 흔들어놓지 않는 훈련을 하게 될 것이다. '상대'의 관점에서 생각하고, 그가 인정받고 싶은 '자기평가'가 무엇인지부터 고려하게 될 것이다.

감정이 어떤 식으로 스며드는지 알고 나면, 남에게 영향을 미치는 가장 확실한 방법은 내 기분이나 태도부터 바꾸는 것임을 알게 될 것이다. 사람들은 내가 하는 말보다 내가 뿜어내는 에너지나 내 행동에 더 크게 반응한다. 따라서 나부터 먼저 방어적인 태도를 없애는 것이 중요하다. 편안한 마음으로 상대에게 진정한 관심을 기울이면 긍정적인 최면 효과를 볼 수 있다. 리더로서 사람들을 원하는 방향으로 움직이는 최고의 방법은 바로 나의 태도와 공감능력, 성실성을 통해 올바른 분위기를 조성하는 것임을 알게 될 것이다.

'다섯째, 인간 본성의 법칙을 알고 나면 당신 안에 인간 본성의 힘이 얼마나 강하게 작용하고 있는지 깨닫게 될 것이다. 그러면 당신의 부정적 패턴을 바꿀 수 있는 힘이 생길 것이다.'

인간 본성의 어두운 측면에 관해 읽거나 들을 때 우리는 너무나 자연스럽게 '나는 해당되지 않는 이야기'라고 생각한다. 자기도취적이고, 비이성적이고, 시기하고, 과대망상하고, 대놓고 공격적이거나 수동적 공격성을 드러내는 사람은 늘 내가 아닌 다른 사람이다. 우리는 늘 내가 아주 훌륭한 의도를 가졌다고 생각한다. 내가 길을 잃었다면 그것은 환경 때문이거나 나를 부정적으로 반응할 수밖에 없게 만든 다른 사람들 탓이다. 인간 본성의 법칙은 이런 '자기

기만 과정'을 영원히 멈추게 해준다. 우리는 모두 같은 자질을 타고났고, 같은 성향을 공유한다. 이 점을 빨리 깨달을수록 당신 내부에 잠재된 부정적 자질을 극복할 힘도 더 커진다. 나의 동기를 점검하고, 내 그림자를 직시하고, 나의 수동적 공격성을 자각한다면 남들에게서 이런 특징을 발견하는 것도 그만큼 쉬워질 것이다.

또한 인간 본성의 법칙을 알면 더 겸손해진다. 생각과는 달리 내가 남보다 우월할 게 하나도 없다는 사실을 깨닫게 되기 때문이다. 그렇다고 그런 자각 때문에 죄책감이 들거나 침울해지지는 않을 것이다. 정반대로 자신을 온전한 한 개인으로 받아들일 수 있을 것이다. 성인군자인 양 꾸며놓은 거짓 이미지를 탈피해버리고 나의 훌륭한 면과 좋지 못한 면을 모두 다 포용할 수 있을 것이다. 위선을 내려놓은 기분이 들 테고 좀 더 마음껏 '당신 자신'이 될 수 있을 것이다. 당신의 그런 점에 사람들은 매력을 느낄 것이다.

'여섯째, 인간 본성의 법칙을 알고 나면 타인에게 더 공감하는 사람이 될 것이다. 주위 사람과 더 깊고 만족스러운 유대관계가 생길 것이다.'

인간은 단순한 지적인 차원이 아니라, 그와는 다른 수준에서 남을 이해할 수 있는 어마어마한 잠재력을 타고난다. 우리 선조들은 일찍이 이 능력을 개발해 상대의 입장에서 생각함으로써 그의 기분이나 감정을 직관적으로 파악하는 법을 터득했다.

인간 본성의 법칙은 이 잠재적 능력을 최고 수준으로 끌어올리는 법을 알려줄 것이다. 우리는 쉴 새 없이 이어지는 내면의 독백을 차츰 차단하고 상대의 말에 더 면밀히 귀 기울이는 법을 배울 것이다. 우리는 최대한 상대의 관점이 돼보는 훈련을 할 것이다. 상상력과 경험을 활용해 상대가 느끼는 기분을 직접 느껴볼 것이다. 상대가 무언가를 고통스럽다고 표현하면 내가 고통스러웠던 비슷한 순간을 끄집어내서 상대의 기분을 짐작해볼 것이다. 단순히 직관만 활용하는 것이 아니라 이렇게 감정이입을 통해 수집한 정보를 바탕으로 분석하고 통찰을 얻게 될 것이다. 공감과 분석 사이를 끊임없이 오가며 관찰 내용을 계속 업데이트할 것이고, 상대의 눈으로 세상을 보는 능력을 키우게 될 것이다. 이 연습을 하다 보면 마치 상대와 몸이 닿아 있는 것처럼 정말로 서로 이어져 있는 느낌을 받게 될 것이다.

이 연습을 계속하려면 어느 정도의 겸손이 필요하다. 우리는 상대가 무슨 생각을 하는지 결코 정확히 알 수 없고, 그래서 실수를 저지르기 쉽다. 따라서 성급한 결론을 내리지 말고 계속 더 알아가겠다는 자세로 임해야 한다. 인간은 생각보다 복잡하다. 우리의 목표는 그저 상대의 입장을 더 잘 이해하는 것이다. 이 연습은 마치 근육과 같아서 연습을 하면 할수록 더 강한 힘을 낼 것이다.

이렇게 개발한 공감능력은 어마어마한 자산이 될 것이다. 우리는 누구나 자기 안에 침잠해 나만의 세계에 갇혀 있다. 나 자신을 벗어나 다른 사람의 세계 안으로 들어가보는 경험은 해방감과 함께 긴장을 풀어주는 효과도 있다. 형식을 막론하고 지어낸 이야기나 영화에 우리가 매력을 느끼는 이유도 바로 이 때문이다. 나와는 전혀 다른 사람의 생각과 관점 속으로 들어가볼 수 있는 기회에 매력을 느끼는 것이다. 이 연습은 우리의 사고방식을 완전히 바꾸어놓을 것이다. 선입견은 그만 놓아주고, 있는 그대로 현재를 느끼고, 타인에 대한 견해를 끊임없이 수정하게 할 것이다. 그렇게 습득된 융통성은 우리의 문제 해결 능력 전반에 영향을 미칠 것이다. 기꺼이 다른 가능성을 고려하고 다른 관점을 취해보게 될 것이다. 이게 바로 '창의적 사고'의 핵심이다.

'마지막으로, 인간 본성의 법칙을 알고 나면 당신의 잠재력이 달리 보일 것이다. 당신 안의 더 높고 이상적인 자아를 자각할 것이며, 그걸 끄집어내고 싶어질 것이다.'

인간의 내면에는 두 개의 서로 다른 자아가 있다. '저차원적 자아'와 '고차원적 자아'가 바로 그것이다. 보통은 저차원적 자아의 힘이 더 세다. 저차원적 자아는 감정적 반응을 보이고 방어적 자세를 취하려는 충동을 일으킨다. 나만 옳다고 느끼고 내가 남보다 우월하다고 생각하게 만든다. 즉각적 쾌락과 오락거리를 찾으며 언제나 저항이 가장 작은 길을 택하게 한다. 남들의 생각을 그대로 채택하고, 집단 속에 나를 상실하게 만든다.

반면 우리가 고차원적 자아의 충동을 느끼는 순간들은 나 자신을 벗어나서 남들과 더 깊이 교감하고 싶을 때, 일에 완전히 몰두하고 싶을 때, 단순한 '반응'이 아니라 '생각'을 하고 싶을 때, 인생에서 나만의 길을 가고 싶을 때, 나만의 개성이 무엇인지 발견하고 싶을 때 등이다. 저차원적 자아는 보다 동물적이고 무의식적인 본성으로 우리는 저차원적 자아에 쉽게 빠져든다. 반면에 고차원적 자아는 인간의 본성 중에서도 정말로 더 인간적인 측면으로 우리가 스스로를 자각하며 사려 깊은 행동을 하게 만든다. 고차원적 충동은 저차원적 충동보다 힘이 약하기 때문에 고차원적 자아와 교감하기 위해서는 노력과 통찰이 필요하다.

우리는 누구나 고차원적 자아라는 이상적 자아를 끄집어내고 싶다. 인간은 고차원적 자아를 개발할 때에만 진정한 만족을 느낄 수 있기 때문이다. 이 책은 우리가 인간 본성의 각 법칙에 포함된 긍정적이고 능동적인 요소를 자각함으로써 바로 이 목표를 달성할 수 있게 도와줄 것이다.

인간의 비이성적 경향을 알고 나면 감정이 생각에 어떤 덧칠을 하는지 스스로 자각할 수 있다(1장). 그러면 감정은 빼버리고 정말로 이성적인 사고를 할 수 있다. 생활 속 내 태도가 나에게 벌어질 일을 결정한다는 사실과 공포를 느끼면 자연히 마음은 닫힌다는 사실을 알고 나면(8장), 열린 마음과 두려움 없는 태도를 키울 수 있다. 내가 남들과 나를 비교하는 경향이 있다는 사실을 알면(10장), 그것을 자극 삼아 더 뛰어난 결과를 내서 사회에서 두각을 드러낼 수 있다. 훌륭한 일을 성취한 사람을 보면 존경하게 될 것이고, 그들을 모범삼아 본받고 싶어질 것이다. 원시적 성향 하나하나마다 이런 마법이 일어날 테고 인간 본성에 대해 늘어난 지식을 토대로 우리를 끌어내리려는 저차원적 자아의

인간 본성의 법칙 •

강력한 힘에 저항할 수 있을 것이다.

　이 책을 읽을 때는 다음과 같이 생각하라. '나는 이제 인간 본성을 공부하는 학생이다.' 우리는 몇 가지 능력을 개발할 것이다. 다른 인간을 관찰하고 판단하는 법을 배우며 나 자신을 깊이 들여다보는 법을 공부할 것이다. 고차원적 자아를 끄집어내려고 노력할 것이며, 연습을 통해 이 기술의 달인이 될 것이다. 남들이 아무리 나에게 최악의 것들을 던지더라도 거기에 굴하지 않고, 더 이성적이고 나 자신을 자각하고 생산적인 한 인간이 될 것이다.

　사람은 그가 어떤 사람인지 보여줘야 더 나은 사람이 된다.
　－안톤 체호프

Law 01 · Irrationality

비이성적 행동의 법칙

나를
지배하는
감정을
극복한다

당신의 운명은 스스로 결정한다고 믿고 싶을 것이다. 최선을 다해 내가 내 인생의 궤도를 의식적으로 설계하고 있다고 믿고 싶을 것이다. 하지만 그것은 감정이 얼마나 뿌리 깊이 당신을 지배하고 있는지 몰라서 하는 생각이다. 감정은 당신의 자존심을 지켜주는 쪽으로 생각의 방향을 튼다. 그리고 당신이 이미 믿기로 마음먹은 것을 그대로 재확인할 증거를 찾아낸다. 감정은 그때그때 기분에 따라 보고 싶은 것을 보게 만든다. 그렇게 현실과 단절되어 있기 때문에 당신은 계속해서 잘못된 결정을 내리고 부정적 패턴을 반복한다. 이성이란 이런 감정의 영향을 상쇄할 수 있는 능력이다. 무의식적인 '반응'을 하는 게 아니라 '생각'을 하고, '내 느낌'이 아니라 '현실'에 마음을 열게 하는 능력이다. 그러나 이성은 저절로 발휘되지 않는다. 이성은 개발이 필요하다. 그 과정에서 우리는 우리가 가진 가장 큰 잠재력을 깨달을 수 있다.

두려운 것은 상대가 아니라 나의 실수다

BC 432년 한 해가 거의 끝날 무렵이었다. 아테네 시민들은 충격적인 소식을 전해 들었다. 도시국가 스파르타의 대표들이 아테네 통치위원회를 찾아와 새로운 평화조약안을 제시했다고 했다. 만약 아테네가 새로운 조약에 동의하지 않는다면 스파르타는 전쟁을 선포할 것이다. 스파르타와 아테네는 서로 원수지간으로 어느 모로 보나 서로 반대편 극단에 속하는 국가였다. 아테네는 인근 여러 민주국가의 선봉장 역할을 했고, 스파르타는 펠로폰네소스인으로 구성된 여러 과두정 연합을 이끌었다. 아테네는 강력한 해군을 보유한 부국(富國)으로 지중해 상권을 꽉 잡고 있었고, 스파르타는 누가 봐도 군대에 의존하는 군국주의(軍國主義) 국가였다. 그때까지만 해도 두 나라는 돌이킬 수 없는 결과를 초래할 전면전은 되도록 피하고 있었다. 전쟁에 패한 쪽은 인근 지역에 대한 영향력을 상실할 뿐만 아니라 생활양식 전체가 위협받을 수 있었다. 아테네로서는 그동안 쌓아올린 부(富)와 민주주의 전통이 일거에 무너질지도 모를 일이었다. 그러나 이제 전쟁은 불가피해 보였고 일전의 날이 머지않았다는 느낌이 도시 전체를 휘감았다.

며칠 후 아크로폴리스가 내려다보이는 프닉스 언덕에서 민회(民會)가 소집됐다. 사람들은 스파르타의 최후통첩을 놓고 어떻게 할지를 의논했다. 아테네 민회는 모든 남자 시민에게 개방되어 있었고, 이날은 1만 명에 가까운 사람이 토론에 참석하기 위해 프닉스 언덕으로 몰려들었다. 강경파들은 몹시 흥분한 상태였다. 그들은 아테네가 선수를 쳐서 스파르타를 먼저 공격해야 한다고 주장했다. 반면 육지전에서 스파르타 군대를 무찌르는 건 거의 불가능하다는 사실을 상기시키는 사람들도 있었다. 스파르타를 그런 식으로 공격하는 것은 저들의 노림수에 완전히 놀아나는 꼴이 될 것이다. 온건파들은 얼마든지 평화조약을 수용할 의사가 있었으나, 많은 이들이 지적한 바와 같이 그것은 오히려 두려움을 노출시켜 스파르타의 간덩이만 키우게 될 것이다. 그러면 스파르타는 군비를 확장할 시간만 벌게 된다. 갑론을박이 이어졌고 감정이 고조되면서 고성이 오갔으나 뾰족한 대책은 눈에 들어오지 않았다.

오후도 거의 저물어갈 때쯤 사람들이 일순간 조용해졌다. 낯익은 인물이 발언을 하려고 앞으로 나서고 있었다. 그의 이름은 페리클레스. 이제 환갑을 넘긴 아테네의 원로 정치가였다. 페리클레스는 시민들의 총애를 받았고 그의 의견은 누구의 의견보다 중요했다. 하지만 아테네 사람들은 그를 존경하면서도 그가 좀 특이한 리더라고 생각했다. 페리클레스는 정치가라기보다는 철학자에 가까웠다. 그가 어떻게 정계에 입문했는지 기억하는 사람들은 그가 이토록 성공해 큰 권력자가 된 것이 그저 놀라울 따름이었다. 그는 어느 것 하나 예사로운 게 없는 사람이었다.

페리클레스가 아직 무대에 등장하지 않았던 민주주의 초창기에 아테네 사람들이 선호하는 리더 유형은 따로 있었다. 그들은 가슴을 뛰게 만들고 설득력 있는 언변에 극적인 상황을 잘 연출하는 리더를 좋아했다. 그런 리더는 전쟁 상황이 되면 위험을 감수하려 했다. 무리를 해서라도 자신이 직접 군사 작전을 이끌고 나가 영광과 관심을 독차지하려 했다. 그들은 지주나 군인, 귀족같은 민회의 특정 파벌을 대변하며 정치생명을 이어갔고 해당 파벌의 이해관계를 위해서라면 못할 일이 없었다. 그래서 그들은 매우 분열적인 정치를 했다. 몇 년마다 새로운 리더가 뜨고 졌지만 아테네 시민들은 별 불만이 없었다. 정치가가 권좌에 오래 앉아 있다는 사실만으로도 시민들은 그를 불신했기 때문이다.

그러다가 BC 463년경 페리클레스가 등장했다. 이후 아테네 정치는 다시는 옛날로 돌아갈 수 없었다. 페리클레스의 첫 행보는 그야말로 이례적이었다. 알 만한 귀족 집안 출신인 그가 당시 성장 중이던 도시 중하층민의 편에 섰던 것이다. 당시에는 농부, 해군에서 노를 젓는 노꾼, 아테네의 자존심이던 장인 (匠人) 등이 중하층민을 구성하고 있었다. 페리클레스는 민회에서 이들의 목소리를 높이고 민주정에서 이들의 권력을 키우는 데 힘썼다. 페리클레스가 이끌게 된 이 계층은 하나의 작은 파벌이 아니라 아테네 시민 대다수였다. 다양한 이해관계를 가진 이렇게 크고 무질서한 집단을 통솔한다는 것은 거의 불가능한 일처럼 보였다. 하지만 페리클레스가 그들의 권력을 키우는 일에 워낙 열정적이었기 때문에 그는 차츰 이들의 신뢰와 후원을 확보해나갔다.

영향력이 점차 커지면서 페리클레스는 민회에서 확고한 입지를 굳혔고 아테네 정치를 바꿔나갔다. 그는 아테네가 민주 제국을 확장하는 것에 반대했다. 아테네인들이 욕심을 부리다 통제력을 상실할까 걱정한 것이다. 그는 제국을 단결하고 기존의 동맹을 강화하는 데 주력했다. 전쟁이 벌어져 직접 장군이 되었을 때는 인명 손실을 최소화할 수 있도록 군사작전보다는 책략을 써서 이기려고 했다. 많은 이들의 눈에 페리클레스의 이런 행동은 영웅과는 거리가 멀었지만, 이들 정책이 효과를 내기 시작하면서 아테네는 유례없는 번영의 시대에 들어섰다. 더 이상 불필요한 전쟁으로 재정이 바닥날 일도 없었고, 제국은 그 어느 때보다 순조롭게 돌아갔다.

그렇게 점점 쌓여가던 재정으로 페리클레스가 벌인 일이야말로 시민들의 놀람과 감탄을 자아내기에 충분했다. 그는 남는 재정으로 정치적 환심을 사는 대신, 대규모 공공 건축사업을 벌였다. 사원과 극장, 콘서트홀을 발주해서 아테네의 모든 장인이 바쁘게 움직이게 만들었다. 그가 선호했던 건축 양식은 개인적 취향을 반영하고 있었는데, 질서정연하면서도 매우 기하학적이고 거대하면서도 눈으로 보기에 편안했다. 그가 발주했던 가장 큰 프로젝트는 파르테논 신전과 그 안에 들어갈 12미터짜리 아테나 여신상 건설이었다. 아테나 여신은 아테네의 수호신으로 지혜와 실용적 지식을 상징했다. 아테나 여신은 페리클레스가 진작시키고 싶은 모든 가치를 대변하는 존재였다. 페리클레스는 혼자 힘으로 도시 국가 아테네의 정신과 외양을 모두 바꿔놓았고, 아테네는 과학과 예술의 전 분야가 황금기에 접어들었다.

페리클레스의 여러 면모 중에서도 가장 특이한 부분은 절제되고 품위 있는 그의 화법(話法)이었다. 그는 결코 화려한 수사법(修辭法)을 늘어놓는 법이 없었다. 대신에 빈틈없는 논리로 청중을 설득하는 데 공을 들였다. 페리클레스가 발언을 하면 사람들은 그의 흥미로운 논리를 따라가기 위해 면밀히 귀를 기울여야 했다. 차분하면서도 호소력이 짙은 화법이었다.

페리클레스는 전례 없이 오랫동안 권력을 누렸다. 몇 년이 지나도, 몇 십 년이 지나도 그는 권력을 잃지 않았고, 부산 떨지 않고 그만의 조용한 방식으로 아테네 곳곳에 자신의 자취를 남겼다. 페리클레스에게도 적(敵)이 있었다. 어쩔 수 없는 일이었다. 너무 오래 권좌에 앉아 있는 그를 '드러나지 않은 독재자'라고 부르는 사람도 많았다. 어떤 전통에도 구애되지 않는 그를 무신론자라고 의심하는 사람도 있었다. 그렇지 않고서야 사람이 그렇게 특이할 수 있느냐고 했다. 그러나 페리클레스의 리더십이 낳은 성과만큼은 누구도 반박할 수 없었다.

그런 그가 이날 오후 민회에서 연설을 하려는 중이었다. 스파르타와의 전쟁에 관해 페리클레스만큼 큰 무게감을 가지고 말할 수 있는 사람은 없었다. 군중들 사이에 '쉬쉬' 소리가 들렸다. 다들 그가 무슨 말을 할까 잔뜩 기대를 품은 채 기다렸다.

마침내 페리클레스가 입을 열었다. "아테네 시민 여러분, 제 생각은 여느 때와 다르지 않습니다. 저는 우리가 펠로폰네소스인들에게 그 어떤 것도 양보할 필요는 없다고 생각합니다. 물론 전쟁을 벌이자는 주장에 동조할 때는 더할 나위 없이 열정적이던 사람들도, 막상 그 말을 실천할 때가 오면 그런 열정은 오간 데 없어지겠죠. 사람의 마음이란 그때그때 상황에 따라 바뀌는 것이니까요." 그는 아테네와 스파르타 사이의 이견은 중립적 중재자를 통해 해결해야 한다는 사실을 상기시켰다. 스파르타의 일방적 요구에 응한다면 위험한 선례를 남기게 될 것이다. 그런 요구를 하나둘 들어주다 보면 끝도 없을 게 분명하다. 그러나 스파르타와 육지에서 전면전을 치르는 것은 자살행위나 다름없었다. 페리클레스는 전혀 새로운 방식의 전투를 제안했다. '방어적 국지전'이 그것이었다.

그는 인근 주민 모두를 아테네 성벽 안으로 불러들이자고 했다. 스파르타인들이 와서 우리에게 싸움을 건다면 얼마든지 그러라고 하라. 그들이 우리 땅을 유린한다면 얼마든지 그러도록 내버려두라. 우리는 미끼를 물지 않을 것이다. 결코 그들과 육지에서 싸우지 않을 것이다. 도시에 필요한 물자는 바다를 통해 공급받으면 된다. 우리는 해군을 이용해 그들의 해안 마을을 급습할 것이다. 그렇게 시간이 지나면 스파르타인들은 전투가 제대로 벌어지지 않는 것에 차츰 좌절감을 느낄 것이다. 군대를 먹이고 필요한 물자를 대다 보면 스파르타인들은 돈이 떨어질 것이다. 스파르타의 동맹국들은 내부 분열을 일으킬 것이다. 스파르타 내부의 전쟁 지지파들은 신임을 잃을 테고, 지속 가능한 진짜 평화에 대해 의견이 모일 것이다. 그렇게 되면 우리 쪽에서는 인명 손실과 비용을 최소화할 수 있다.

페리클레스는 이렇게 결론 내렸다. "그밖에도 이유는 많습니다. 결국에 가면 우리가 승리할 것입니다. 다만 우리는 전쟁이 진행되는 동안 제국을 확장하지 않겠다고 굳게 마음먹어야 하고, 무리한 어떤 일도 추진하지 말아야 합니다. 제가 두려운 것은 상대의 전략이 아니라 우리 자신의 실수입니다." 그의 제안은 너무나 낯선 내용이어서 격렬한 토론을 촉발했다. 강경파도, 온건파도, 페리클레스의 계획에 만족할 수 없었다. 그러나 결국에는 지혜로 정평이 난 페리클레스의 명성이 승리했고, 그의 전략은 승인됐다. 몇 달 후 운명의 전쟁이 시작됐다.

초반 상황 전개는 페리클레스의 예상을 크게 빗나갔다. 전쟁이 자꾸 늘어지는데도 스파르타와 그 동맹군은 좌절하기는커녕 더 대담해졌다. 오히려 낙담한 것은 자신들의 땅이 파괴되는 것을 지켜보며 보복조차 할 수 없는 아테네인들이었다. 그러나 페리클레스는 아테네인들이 인내심을 잃지만 않는다면 결국에는 자신의 계획이 성공하리라 믿었다. 그렇게 전쟁이 2년째 접어들었을 때 예상치 못한 변고로 인해 상황은 급변하고 말았다. 아테네에 강력한 전염병이 발생했던 것이다. 성벽 안에 너무 많은 사람이 밀집해 있다 보니 병은 급속도로 확산했고, 시민 3분의 1이 죽고 군인의 수는 급감했다. 본인도 전염병에 걸린 페리클레스는 병상에 누워 죽어가면서 최악의 악몽이 현실이 되는 모습을 지켜봤다. 그가 아테네를 위해 수십 년간 이뤄놓은 것들이 일순간에 와해되고 있었다. 사람들은 단체로 헛소리를 떠들더니 결국은 각자도생의 길을 갔다. 만약 페리클레스가 살아남았다면 어떻게든 아테네인들을 진정시켰을 것이다. 그리고 스파르타가 받아들일 만한 평화 협상을 이끌어내거나 자신의 방어 전략을 수정했을 것이다. 그러나 이제는 늦은 이야기였다.

아테네인들은 리더의 죽음을 애도하기는커녕 전염병을 페리클레스의 탓으로 돌리고 그의 전략이 형편없었다고 성토했다. 아테네인들은 더 이상 인내심도 자제력도 발휘할 기분이 아니었다. 그는 너무 오래 살았고 그의 아이디어는 이제 보니 지친 늙은이가 내놓은 생각에 불과했다. 페리클레스에 대한 아테네인들의 사랑은 미움으로 변질됐다. 페리클레스가 사라진 지금, 파벌은 오히려 더 강력해졌다. 전쟁파가 인기를 얻었다. 전쟁파는 스파르타에 대한 앙심이 커져가던 아테네인들의 마음에 군불을 지폈다. 스파르타는 아테네의 전염병 사태를 빌미로 입지를 더 강화하고 있었다. 아테네의 강경파들은 오히려 공격을 통해 우리가 다시 주도권을 쥐고 스파르타를 뭉개버릴 수 있다고 주장했다. 수많은 아테네인이 그 말에 큰 안도와 함께 통쾌함을 느꼈다.

도시가 전염병으로부터 서서히 회복되자 아테네가 다시 우위를 점하기 시작했고 스파르타는 강화를 요청해왔다. 적을 완전히 섬멸하고 싶었던 아테네는 호락호락 응해주지 않았다. 그러자 스파르타는 다시 힘을 회복하더니 오히려 전세를 역전시켰다. 그런 식으로 엎치락뒤치락 한 해, 한 해가 지나갔다. 양측 군사 모두 날로 폭력적이 되었고 비통함은 계속 커져갔다. 한번은 아테네가 스파르타의 동맹국인 밀로스 섬을 공격한 일이 있었다. 밀로스가 항복하자 아테네인들은 투표를 거쳐 밀로스의 성인 남자는 모두 죽이고 여자와 아이는 노예로 팔았다. 이런 잔인한 일은 페리클레스 시절에는 상상조차 할 수 없었다.

그렇게 끝없는 전쟁이 지속되던 BC 415년이었다. 아테네의 리더 몇 명이 스파르타에게 치명타를 날릴 수 있는 아이디어를 하나 제시했다. 당시 시칠리아 섬에서는 도시국가 시라쿠사가 새로운 패자(覇者)로 떠오르고 있었다. 시라쿠사는 스파르타에 반드시 필요한 물자를 공급하고 있던 중요한 동맹국이었다. 만약 강력한 해군을 보유한 아데네가 원정군을 파견해 시라쿠사를 손에 넣는다면 두 가지 이점이 생기는 것이었다. 첫째, 시라쿠사가 아테네 제국에 합류할 것이고 둘째, 스파르타는 전쟁을 지속하는 데 필요한 물자를 더 이상 구하지 못할 것이다. 아테네 민회는 표결을 통해 적정 규모의 군대와 함께 배 60척을 보내 이 목표를 수행하기로 했다.

이번 원정 임무를 부여받은 지휘관 중에 니키아스라는 자가 있었다. 니키아스는 이번 작전의 타당성에 큰 의문을 품고 있었다. 그에게 아테네가 시라쿠스의 병력을 과소평가하고 있는 것은 아닌가 하는 두려움이 일었다. 니키아스는 일이 잘못됐을 경우에 가능한 모든 시나리오를 그려보았다. 확실히 승리하기 위해서는 원정대 규모가 이보다 훨씬 더 커야 했다. 니키아스는 계획을 무산시키고 싶었으나 그의 의견은 정반대의 결과를 낳았다. 원정대 규모가 훨씬 더 커야 한다면 더 큰 원정대를 보내자! 배를 100척 보내고 군대 규모도 곱절로 늘리자, 아테네인들은 이렇게 하면 이길 수밖에 없다고 생각했고, 이제 그들을 말릴 수 있는 사람은 아무도 없었다.

이후 며칠간 아테네에서는 남녀노소 할 것 없이 길에서 시칠리아 지도를 그리고 있는 모습이 목격됐다. 다들 아테네에 재물이 쏟아져 들어오고 스파르타가 끝내 굴욕을 당하는 모습을 고대하고 있었다. 마침내 배들이 출항하던 날은 성대한 축제일이나 다름없었다. 그동안 한 번도 보지 못한, 경외심을 자아내는 광경이 펼쳐졌다. 눈길이 닿는 저 끝까지 거대한 함대가 항구를 가득 메우고 있었다. 선박에는 아름다운 장식들이 달려 있었고 번쩍이는 갑옷을 입은 장병들이 갑판에 빼곡히 들어서 있었다.

몇 달이 지났다. 아테네인들은 원정군의 소식을 애타게 기다렸다. 병력 규모의 우위만으로도 아테네군은 시라쿠사를 완전히 포위하고도 남았다. 그러나 함락 직전 스파르타에서 지원군이 도착했고, 지금은 오히려 아테네군이 수세에 몰려 있었다. 니키아스는 이렇게 역전된 상황을 상세히 설명하는 서신을 민회에 보냈다. 그는 작전을 포기하고 아테네로 회군하든가, 아니면 지원병력을 급파해야 한다고 했다. 패배의 가능성은 상상조차 해보고 싶지 않았던 아테네인들은 표결을 통해 지원군을 파견하기로 했다. 두 번째 파견한 함대도 첫 번째와 거의 맞먹는 대규모 병력이었다. 이후 몇 달간 아테네인들 사이에는 그 어느 때보다 높은 긴장감이 형성됐다. 이제 병력을 곱절로 보냈으니 절대로 질 수 없는 전쟁이었다.

그러던 어느 날 아테네 해안가 피레에푸스라는 마을의 이발사가 손님으로부터 소문을 하나 들었다. 아테네 원정군이 전투에서 완패해 선박과 병력이 전멸했다는 소식이었다. 소문은 삽시간에 아테네 전체로 퍼져나갔다. 믿기지 않는 소식이었지만 사람들은 서서히 공황 상태에 빠져들었다. 일주일 후 소문은 사실이었던 것으로 확인됐다. 아테네는 이제 망한 것처럼 보였다. 자금도, 배도, 병력도 더 이상 남아 있지 않았다.

　　　　　　　　　　　　　　　　　　　　인간 본성의 법칙

아테네인들은 기적처럼 버텨냈다. 그러나 시칠리아전의 패배로 인해 이후 몇 년간 전쟁의 추는 완전히 스파르타 쪽으로 기울었고 아테네인들은 스파르타가 공격해오는 대로 이리저리 흠씬 두들겨 맞았다. 그러다 결국 BC 405년 아테네는 마지막 패전을 끝으로 스파르타가 내민 평화 조약에 동의할 수밖에 없었다. 조약의 내용은 아테네에게 너무도 가혹했다. 오랜 세월 빛나던 아테네의 영광도, 민주주의로 이끌어온 위대한 제국도, 페리클레스 시대의 황금기도 이제는 영영 막을 내리고 말았다. 아테네인들이 지니고 있던 가장 위험한 감정, 즉 공격성, 탐욕, 자만심, 이기심을 눌러주던 남자는 이미 무대를 떠났고, 그의 지혜도 잊힌 지 오래였다.

해석 ──●

정치 생활 초창기에 페리클레스는 당시의 정계를 조망하며 다음과 같은 현상을 알아차렸다. 아테네의 모든 정치인은 자신이 이성적이라고 생각한다. 그들은 자신이 현실적 목표를 깃고 있고 서기에 도달할 계획도 갖고 있다고 생각한다. 그들은 자신의 정치적 파벌을 위해 싸우고 권력을 키우려 한다. 아테네의 군대를 자주 전투에 끌어들이고 종종 승리할 때도 있다. 제국을 확장해 더 많은 돈을 유입시키는 데 혈안이 되어 있다. 자신의 정치 술수가 역풍을 맞거나 전쟁의 결과가 좋지 않으면 왜 그런 일이 벌어졌는지 설명할 수 있는 훌륭한 이유를 갖고 있다. 언제나 정적(政敵)을 탓하고, 필요하면 신(神)들까지 비난한다. 그러나 만약 그들이 그토록 이성적이라면 그들이 내놓는 정책은 왜 이토록 지리멸렬하고 혼란만 가중시킨단 말인가? 왜 아테네는 이토록 엉망진창이고, 민주주의가 이토록 위태롭단 말인가? 왜 부패가 만연하고 늘 격변의 연속이란 말인가? 답은 명확했다. 아테네인늘은 전혀 이성적이지 않았다. 아테네인들은 이기적이고 영악하다. 그들은 권력이나 사람들의 관심, 돈과 같은 것을 바라는 저급한 감정을 바탕으로 의사결정을 내린다. 그들은 이런 목적을 위해서라면 아주 전략적이고 영리해질 수도 있지만, 그들의 술수는 지속될 수 없고 민주주의 전반에도 도움이 되지 않는다.

사상가이자 정치가였던 페리클레스는 어떻게 하면 이 함정에서 벗어날 수 있을까 하는 문제에 골몰했다. 감정이 장악한 무대에서 정말로 이성적이 될 수 있는 방법은 뭘까? 그가 생각해낸 해결책은 전무후무한 내용이었고, 결과를 보더라도 대단히 강력했다. 그의 해결책이 우리에게도 이상향이 되어야 한다. 페리클레스가 이해한 바에 따르면 인간은 무언가를 숭배해야만 했다. 우리는 주의력을 집중할 수 있는, 다른 그 무엇보다 높게 평가하는 무언가가 필요했다. 대부분의 사람에게 그것은 자신의 자존심이었고, 가족이나 부족, 신혹은 국가인 사람도 일부 있었다. 그리고 페리클레스에게 그 무언가는 고대 그리스어로 '누스(nous)', 즉 '지성'이었다. 누스는 우주를 관통하는 힘으로서 의미와 질서를 창조했다. 인간의 마음은 당연히 이 질서에 끌리도록 되어 있다. 인간의 지능이 곧 누스에서 나오기 때문이다. 페리클레스가 숭배하는 지성이 현현(顯現)된 모습, 그게 바로 아테나 여신이었다.

아테나는 말 그대로 제우스의 머리에서 태어났다. '아테나(Athena)'라는 이름 자체가 그 점을 말해준다. '신(theos)'과 '정신(nous)'이 합쳐진 단어이기 때문이다. 그러나 아테나는 특정한 형태의 누스를 대표하는 뜻으로 의미가 변화했는데, 뚜렷이 실용적이고 여성적이며 세속적인 누스가 그것이었다. 영웅들이 어려움에 처하면 아테나의 목소리가 들렸다. 아테나는 영웅에게 평정심을 불어넣고, 승리와 성공에 필요한 완벽한 아이디어를 떠올리게 했으며, 그 아이디어를 실현할 수 있는 에너지를 주었다. 아테나가 찾아온다는 것은 영웅에게 가장 큰 축복이었고, 아테나의 정신은 위대한 장군이나 최고의 예술가, 발명가, 사업가들을 인도해주었다. 아테나의 영향 아래에 있을 때 사람들은 가장 또렷이 세상을 볼 수 있었고, 그 순간 취해야 할 딱 맞는 행동을 떠올릴 수 있었다. 아테네인들은 생산적이고 번창하는 도시를 만들어야 하거나 단결이 필요할 때 아테나의 정신을 소환했다. 그러니까 아테나는 신들이 인간에게 내린 가장 큰 선물 즉 '이성(理性)'을 상징했다. 이성만으로도 인간은 마치 신계(神界)의 지혜를 가진 것처럼 행동할 수 있었다.

페리클레스는 그의 내면에 있는 아테나를 개발하기 위해 자신의 감정부터 완벽하게 정복할 방법을 찾아야 했다. 감정은 우리를 내부로 향하게 만들어 누스나 현실로부터 멀어지게 한다. 그러면 우리는 분노나 불안을 계속 곱씹는다. 바깥세상을 내다보며 문제를 해결해야 할 때도 그 감정들이 마치 렌즈처럼 세상과 우리의 중간을 막고 서서 세상을 달리 보이게 만든다. 감정은 우리의 시야를 흐린다. 페리클레스는 절대 순간적인 감정에 반응하지 않도록 스스로를 훈련시켰다. 강력한 감정의 영향을 받고 있을 때는 결코 의사결정을 내리지 않으려 했다. 그 대신 그는 자신의 느낌을 분석했다. 불안이나 분노를 느낄 때 그 속을 면밀히 들여다보면 그 감정을 정당화할 만한 이유가 없는 경우가 대부분이었고, 그러면 그 감정들은 중요성을 상실했다. 종종 민회의 토론이 과열되면 페리클레스는 물리적으로 그곳을 벗어나기 위해 집으로 물러날 때도 있었다. 집에서 그는 며칠이고 혼자 지내며 자신을 진정시켰다. 그러면 서서히 아테나의 목소리가 들려왔다.

페리클레스는 자신의 모든 정치적 의사결정을 하나의 기준 위에 세우기로 마음먹었다. 그 하나란 바로 '아테네를 위해 더 이로운 것'이었다. 그의 목표는 시민들이 민주주의를 진정으로 사랑하고 아테네식이 갖는 우월성을 믿게 만들어 그들을 단결시키는 것이었다. 이렇게 기준을 정해두자 그는 자존심이라는 함정에 빠지지 않을 수 있었다. 또한 절로 중하층민의 참여를 증진하고 그들의 권력을 키우는 데 매진하게 됐다. 물론 이 전략은 페리클레스 자신에게는 오히려 불이익이 되기 쉬웠다. 그러나 그는 개인적 영달이 줄어들더라도 전쟁을 가급적 줄여야만 한다고 결심했다. 그리고 결국 그의 여러 업적 중 가장 중대한 결정을 내리게 된다. 아테네를 탈바꿈시킬 공공사업 프로젝트를 추진하기로 한 것이다.

이 사업을 심사숙고하는 과정에서 페리클레스는 마음을 열고 최대한 많은 아이디어와 대안에 귀를 기울였다. 정적(政敵)이 내놓은 의견이라 해도 배척하지 않았다. 그는 전략을 하나 수립할 때도 생각할 수 있는 모든 결과를 숙고해본 후에야 결정을 내렸다. 페리클레스는 늘 차분한 정신과 열린 마음으로 정책을 입안했고 그렇게 생각해낸 정책들로 역사적으로 진정한 황금시대 중 하나를 열었다. 한 사람의 이성적 정신이 도시 전체를 물들였다. 그가 무대를 떠난 후 아테네에서 벌어진 일들을 상기해보면 그가 얼마나 대단한 사람이었는지 알 수 있다. 시칠리아 원정은 페리클레스가 줄곧 반대해온 모든 것을 대변하는 전쟁이었다. 더 많은 땅을 차지하려는 숨은 욕망이 결과도 고려하지 않고 맹목적으로 내린 결정이었다.

명심할 사항이 있다. 누구나 그렇듯 당신도 스스로 이성적이라 생각할 것이다. 그러나 그것은 사실이 아니다. 이성은 인간이 태어날 때부터 갖고 있는 능력이 아니다. 이성은 훈련과 연습을 통해 습득하는 능력이다. 아테나의 목소리란 지금 이 순간 당신 안에 존재하는 더 고차원적인 어떤 능력을 나타내는 말에 다름 아니다. 차분하고 집중된 순간에 느껴보았을 어떤 잠재력, 오랜 심사숙고 끝에 떠오른 완벽한 아이디어 같은 것이다. 지금 당신이 그 고차원적 능력에 접속되지 못한 이유는 감정이 마음을 짓누르고 있기 때문이다. 민회에 참석한 페리클레스처럼 우리도 남들이 불러일으키는 수많은 극적 감정의 영향을 받는다. 남들이 나에게 던지는 것들에 끊임없이 반응하면서 흥분과 불안, 초조함의 파도를 타고 있다. 이런 것들은 '집중'을 어렵게 만든다. 주의력이 이리저리 분산되고 의사 결정의 토대가 될 이성적 기준조차 없다면 설정한 목표를 달성하는 일은 거의 불가능하다. 그러나 간단한 결심 하나면 즉시 이런 상황을 바꿀 수 있다. 내면의 아테나를 개발하겠다고 마음먹으면 된다. 그렇게 되면 이성이 당신의 최고 가치가 될 테고 당신을 이끌어줄 것이다.

가장 먼저 해야 할 일은 끊임없이 당신의 생각과 의사 결정에 침투하는 감정들을 살펴보는 것이다. 자문하는 연습을 하라. 나는 왜 이렇게 화가 나고 분한 마음이 드는가? 관심을 얻고 싶은 이 끝없는 갈증은 대체 어디서 오는가? 그렇게 꼼꼼히 확인하다 보면 결국은 당신을 틀어쥐고 있는 그 감정의 손아귀에서 풀려날 수 있을 것이다. 그리고 남들이 던지는 화두에 무의식적으로 반응하는 수준을 벗어나 스스로 '생각'하기 시작할 것이다. 감정은 생각을 협소하게 만들기 때문에 우리는 권력이나 관심 같은 즉각적 욕망을 해소할 한두 가지 아이디어에 골몰하는 경향이 있다. 그렇게 낸 아이디어는 흔히 역풍을 불러온다. 그러나 차분한 정신을 갖게 된다면 얼마든지 폭넓은 해결책과 대안을 생각할 수 있다. 더 오래 심사숙고한 후에 행동할 테고, 한번 세운 전략도 재평가할 것이다. 아테나의 목소리는 점점 더 또렷해질 것이다. 남들이 아무리 극적인 상황을 연출하고 옹졸한 감정들을 퍼부어도 이성의 힘을 발휘해 한눈팔지 않고 생각에 집중할 것이다. 운동선수가 훈련을 하면 할수록 더 강해지듯이 당신의 생각은 더 유연해지고 탄력적으로 변할 것이다. 침착하고 분명하게 그 누구도 상상하지 못한 창의적인 해법과 해답을 찾아낼 것이다.

마치 두 번째 자아가 바로 옆에 서 있는 것과 같다. 하나는 분별 있고 이성적인 자아, 다른 하나는 꼴통 짓을 저지르지 않고서는 못 배기는, 그렇지만 가끔은 너무나 재미난 자아다. 어느 순간 우리는 그 재미난 일을 몹시도 저지르고 싶어 하는 자신을 깨닫는다. 이유는 모른다. 마치 내가 내 뜻을 거스르고 싶기라도 한 것처럼, 온 힘을 다해 저항하는데도 자꾸만 저지르고 싶어진다.
— 표도르 도스토옙스키, 《미성년》 중에서

• 인간 본성의 열쇠 • 실패의 원인을 외부에서 찾지 않는다

살다가 뭔가 잘못되면 우리는 자연히 원인을 찾는다. 내 계획이 왜 어그러졌고 내가 낸 아이디어가 왜 돌연 반대에 부딪혔는지, 이유를 찾지 못한다면 몹시 괴롭고 고통이 가중될 것이다. 그런데 원인을 찾을 때 우리는 매번 같은 유형의 설명을 맴도는 경향이 있다. 누군가 혹은 어느 집단이 나를 싫어해서 일부러 훼방을 놓았다거나 정부나 사회적 관습처럼 나를 방해하는 거대한 반대 세력이 있다는 식으로 말이다. 또는 누가 나에게 잘못된 조언을 줘서, 내게 정보를 감춰서라고 생각하기도 한다. 그리고 상황이 최악으로 치달으면 죄다 내가 운이 없어서 아니면 불운한 환경 탓이라고 생각한다.

이런 것들은 대체로 우리의 무력감을 강조하는 설명법이다. '달리 내게 무슨 수가 있었겠어? X가 그렇게 더러운 술수를 쓸지 내가 어떻게 알았겠어?' 내용도 다소 모호하다. 타인의 악의적 행동을 꼬집어 말할 수 있는 경우는 거의 없고, 단순한 짐작이거나 상상일 뿐이다. 이런 식의 설명은 우리의 감정(분노, 좌절, 우울)을 오히려 더 고조시키고, 그러면 우리는 그 속에 풍덩 빠져 자기연민을 느낀다. 안 좋은 일을 당했을 때 눈에 띄는 우리의 첫 반응은 원인을 찾아 외부로 눈길을 돌리는 것이다. '그래, 뭐 나도 벌어진 일에 대해 어느 정도 책임은 있겠지만, 대부분은 다른 사람이나 반대 세력이 내게 발을 걸어 넘어뜨린 거야.' 이런 반응은 인간이라는 동물 깊숙한 곳에 새겨져 있다. 옛날에는 신이나 악귀에게 비난의 화살을 돌렸다면, 지금 우리는 다른 이름으로 부르고 있을 뿐이다.

그러나 진실은 사뭇 다르다. 분명 어딘가에서 어떤 개인이나 거대한 세력이 끊임없이 나에게 영향을 주고 있을 것이다. 세상에는 우리가 통제할 수 없는 부분이 많으니까. 그러나 일반적으로 말해서 애초에 우리가 길을 잘못 들게 되는, 그래서 잘못된 결정이나 오판을 저지르게 되는 원인은 따로 있다. 바로 우리의 뿌리 깊은 '비이성적 성향'이다. 우리 마음에서 정확히 감정이 지배하는 부분 말이다. 이 성향은 우리 눈에는 보이지 않는다. 말하자면 맹점 같은 것이랄까. 그 맹점을 적나라하게 보여준 사례가 2008년 금융위기 사태였다. 2008년의 금융위기는 마치 인간의 비이성적 성향을 종류별로 모두 집대성해놓은 것 같은 사례였다.

금융위기 사태가 일단락되자 미디어에서는 왜 그런 일이 벌어졌는지 흔하디흔한 설명을 늘어놓았다. 무역 불균형을 비롯한 여러 요인이 2000년대 초반 저금리 대출 시대를 열었고 그게 과도한 레버리지(leverage, 차입금을 '지렛대'처럼 사용해 적은 자기 자본으로 큰 수익을 내는 것. - 옮긴이)로 이어졌다고 말이다. 당시 거래되고 있던 고도로 복잡한 금융 파생상품들은 정확한 가치를 매기는 게 사실상 불가능했기 때문에 누구도 정확한 손익을 측정할 수 없었다. 약삭빠르고 부패한 내부자들 무리가 존재했고, 그들은 시스템을 조작해 손쉽게 수익을 올렸다. 탐욕스러운 대출기관들은 아무 의심 없는 주택 소유자들에게 서브프라임 모기지(비우량 주택담보대출)를 팔았다. 정부의 규제는 너무 많고 관리감독은 부족했다. 컴퓨터가 만들어낸 각종 모형과 거래 시스템이 폭주했다.

그러나 이런 설명은 놀라운 '현실 부정'을 보여준다. 2008년 금융위기 사태가 터질 때까지 수백만 명의 사람이 매일 같이 투자와 관련한 의사결정을 내렸다. 한 건의 거래가 성사될 때마다 구매자와 판매자는 이 고위험 투자상품으로부터 발을 뺄 기회가 얼마든지 있었지만 그들은 그렇게 하지 않았다. 시장에 거품이 있다고 경고한 사람이 한둘이 아니었다. 불과 몇 년 전에 대형 헤지펀드회사 롱텀캐피털(Long-Term Capital Management)이 도산하면서 향후 더 큰 금융위기 사태가 어떤 식으로 발생할지를 정확히 보여줬었다. 더 오래된 기억을 끄집어낸다면 1987년의 거품붕괴 사태도 있었고, 역사책을 읽었다면 1929년 주식시장 거품 형성 및 폭락 사태를 참조할 수도 있었다. 주택 구매자들 역시 계약금도 없는 주택담보대출 및 이자율이 급상승하게 설계된 대출조건이 얼마나 위험할지는 누구라도 이해할 수 있었다.

앞선 모든 분석이 무시한 것은 인간이 기본적으로 갖고 있는 성향이었다. 수백만의 구매자와 판매자를 우르르 몰고 다녔던 인간의 비이성적 성향 말이다. 눈먼 돈의 유혹에 일단 한 번 빠지고 나자, 아무리 많은 교육을 받은 투자자도 감정적으로 변했다. 각종 연구 결과며 전문가를 동원했지만 그건 이미 믿기로 작정한 생각들을 강화하기 위한 수단일 뿐이었다. "이번에는 달라", "집값이 떨어지는 거 봤어?" 같은 말이 진리로 둔갑했다. 수많은 사람이 이렇게 무분별한 낙천주의에 휩쓸렸다. 그러다가 시장 붕괴와 패닉이 찾아왔고 이제는 원치 않아도 현실을 마주해야 했다. 모두가 투기 광풍에 빠져 있었음에도 그런 사실을 인정하기는커녕, 똑똑한 이들을 바보로 만들고 외부 요인만 탓하며 어떻게든 광기의 근원을 도외시하려 했다. 이런 일은 비단 2008년 금융위기에만 해당하는 이야기가 아니다. 1987년 및 1929년 시장 붕괴, 1840년대 영국의 철도투자 열풍, 1720년대 영국 사우스시컴퍼니(South Sea Company) 투기 사건 때도 사람들은 똑같은 설명을 늘어놓았다. 시스템을 개선해야 한다고 했고, 투기 규제 법안들이 통과됐다. 그러나 어느 것도 효과는 없었다.

경제에 거품이 형성되는 이유는 사람들에게 감정적으로 크게 호소하기 때문이다. 그 호소력은 개인이 혹시라도 갖고 있었을지 모를 추론 능력까지 완전히 제압해버린다. 탐욕과 눈먼 돈, 빠른 결과를 좋아하는 것은 우리의 타고난 성향인데, 경제 거품은 바로 이 타고난 성향을 건드린다. 남들이 뻔히 돈 버는 모습을 지켜보면서 거기에 동참하지 않기란 쉽지 않다. 지구상의 그 어떤 규제도 인간 본성을 통제할 만큼의 힘은 없다. 경제에 거품 생성과 붕괴가 계속 반복되는 것은 우리가 문제의 진짜 원인을 공략하지 않기 때문이다. 역사를 읽지 않는 사람들, 계속 호락호락 넘어가는 사람들이 존재하는 한, 앞으로도 같은 일은 되풀이될 것이다.

우리가 살면서 같은 문제, 같은 실수를 반복하고 부정적 패턴을 만들어내는 것도 경제 거품이 재발하는 것과 똑같은 모양새를 취한다. 내면에 있는 진짜 원인을 들여다보지 않는 한, 경험을 통해 무언가를 배우기는 쉽지 않다.

알아둘 사항이 있다. 이성적인 사람이 되기 위한 첫 단계는 우리가 '근본적으로 비이성적'이라는 사실을 이해하는 것이다. 다음의 두 가지를 기억한다면 자존심을 좀 덜 상하게 하면서 이 사실을 받아들일 수 있을 것이다. 첫째, 감정이 생각에 영향을 미치는 것은 항거불능의 현상으로 우리 중에 거기서 자유로운 사람은 아무도 없다. 아무리 현명한 사람이라고 해도 마찬가지다. 둘째, 우리의 비이성적 성향은 어느 정도는 뇌 구조상 어쩔 수 없는 부분으로, '감정 처리'라는 프로세스를 통해 이미 우리 본성의 하나로 정해져 있다. 그러니 우리가 비이성적 성향을 띠는 것은 우리의 통제 범위를 벗어난 일이라고 해도 과언이 아니다. 감정의 진화 과정을 들여다보면 이 점을 충분히 수긍할 수 있다.

수백만 년 동안 생명체들은 생존을 위해 미세조정된 본능에 의존했다. 도마뱀은 눈 깜짝할 새 환경의 위험을 인지하고 현장으로부터 줄행랑을 친다. 말하자면 충동과 행동이 따로 구분되지 않는 셈이다. 그러다가 서서히 일부 동물에게는 이들 감각이 더 크고 더 오래 지속되는 무언가로 진화했는데, 그게 바로 '공포'라는 감정이었다. 처음에는 이 공포라는 게 해당 동물에게 위험을 경고하기 위해 특정 화학 물질을 분비해서 고강도의 흥분을 일으키는 수준이었다. 흥분을 통해 주의력이 높아지면 해당 동물은 굳이 단 하나의 방법이 아니라 여러 가지 방식으로 상황에 대처할 수 있었다. 예컨대 환경에 더 민감해져서 무언가를 알아채는 것처럼 말이다. 선택할 수 있는 대안이 늘어나다 보니 생존 확률도 더 높아졌다. 이렇게 공포를 감지하는 것은 겨우 몇 초 정도만 지속됐는데, 그만큼 반응 속도가 중요했기 때문이다.

사회적 동물에게는 이런 흥분이나 직감이 더 심오하고 중요한 역할을 맡게 됐다. 바로 의사소통의 필수적 형태의 하나가 된 것이다. 예컨대 사나운 소리를 내거나 털이 쭈뼛 서는 것은 분노를 나타내 적을 물리치거나 위험하다는 신호를 보내기 위한 것이었다. 특정한 자세나 냄새는 성적 욕망과 의향을 드러냈고, 자세나 제스처로 욕망을 표시했다. 새끼들이 내는 특정한 소리는 극도의 불안을 알리며 어미가 다시 돌아와야 한다는 뜻이 됐다. 영장류의 경우는 이런 의사소통이 계속해서 더 정교해지고 복잡해졌다. 알려진 것처럼 침팬지도 시기심과 복수심 등 여러 감정을 느낀다. 이런 진화 과정은 수백만 년에 걸쳐 일어났다. 훨씬 최근에는 동물이나 인간 모두 인지력이 발달했고, 언어가 발명되고 추상적 사고를 하게 됐다.

수많은 신경과학자들이 확인해준 것처럼 이런 진화의 결과 고등 포유류의 뇌는 세 부분으로 구성됐다. 그중 가장 오래된 부분은 '파충류 뇌'다. 파충류 뇌는 신체를 조절하는 모든 무의식 반응을 관장한다. 즉 본능의 영역이다. 그 위로는 '대뇌 변연계'라고 하는 오래된 포유류 뇌가 있어서 느낌과 감정을 관장한다. 그리고 다시 그 위로 '신피질'이 진화했는데 이 부분이 인지 능력과 인간의 언어를 통제한다.

그 기원을 따져보면 감정은 신체적 흥분을 통해 우리의 주의력을 집중시키고 주변의 무언가를 알아채게 하려는 데서 유래했다. 화학 반응과 지각으로 감정이 시작되면 우리는 그것을 언어로 변환해야만 그 뜻을 이해할 수 있다. 그러나 뇌에서 감정이 처리되는 곳은 언어나 사고를 담당하는 부분과는 다르다. 그래서 이렇게 언어로 변환하는 과정이 엇나가거나 부정확한 경우도 많다. 예를 들어 내가 X라는 인물에게 분노를 느낄 때 실제로 그 감정의 근원은 부러움일 수도 있다. 의식적으로 인식은 못하고 있지만 스스로를 X와 비교하며 열등감을 느끼고 X가 가진 무언가를 갖고 싶어 하는 것일 수도 있다. 그러나 부러움이란 결코 편안해질 수 없는 감정이기 때문에 우리는 종종 그걸 좀 더 받아들이기 쉬운 감정, 즉 분노나 혐오, 원망 등으로 번역한다. 또 다른 예를 들어보면 우리가 좌절감이나 초조함을 느끼고 있을 때 누군가, 예컨대 Y가

내 앞을 지나가면 우리는 운 나쁜 그에게 화풀이를 하기도 한다. 정작 내 분노는 다른 이유로 촉발되었고 지금 나는 Y가 저지른 일에 비해 터무니없이 과도하게 화를 내고 있다는 사실은 미처 생각하지 못한다. 혹은 내가 정말로 Z라는 사람에게 화가 났어도 마찬가지다. 사실 그 분노는 오랫동안 내 안에 잠자고 있었고, 내게 분노를 유발한 사람은 과거에 내게 깊은 상처를 주었던 누군가, 아마도 부모 중 한 명일지 모른다. 그런데도 나의 분노가 Z를 향하는 것은 Z가 그 사람을 떠올리게 했기 때문이다.

다시 말해 우리는 내 감정의 근원이나 그 감정이 초래한 전반적 기분을 의식적으로 인식하지 못한다. 어떤 기분을 느끼고 있을 때 우리가 할 수 있는 일이라고는 고작 어떻게든 그 감정을 해석해서 언어로 변환하려고 시도해보는 것뿐이다. 그러나 이 해석이나 변환은 틀린 경우가 아주 많다. 우리는 더 간단한 해석 혹은 내 마음에 드는 해석을 고수하는 경향이 있고, 끝끝내 어느 감정의 원인을 찾아내지 못할 때도 있다. 우리가 우울함을 느낄 때 그 이유를 알지 못하는 것처럼 말이다. 감정에는 이렇게 무의식적인 측면이 있기 때문에 우리가 감정으로부터 무언가를 알아내기는 매우 어렵다. 충동적 행동을 중단하거나 예방하는 것 역시 극히 힘든 일이다. 부모에게 버림받았다고 느끼는 아이들은 어른이 되어서도 무언가를 버리고 떠나는 행동을 반복적으로 보여준다. 그러나 정작 그들 자신은 이유를 알지 못한다(60페이지 '유아기의 심리적 방아쇠' 참조).

사회적 동물에게 아주 중요한 의미를 갖는 감정의 소통 기능은 곤란한 측면도 있다. 실제로 느끼는 것은 다른 감정이면서 분노를 표출하거나 다른 대상에 대한 분노를 엉뚱한 사람에게 분노를 표출할 경우 상대는 그런 사실을 알 수 없기 때문에 자신에 대한 공격으로 받아들인다. 그러면 그는 공격에 대한 반응을 하고 오해가 오해를 낳으면서 폭포수 효과가 일어난다.

감정이 진화를 거듭해온 이유는 인지능력이 진화해온 것과는 사뭇 이유가 다르다. 그렇기 때문에 두 가지 모두 우리가 세상을 이해하는 한 형식이기는 해도, 뇌 안에서 두 가지가 서로 매끄럽게 연결되지는 않는다. 동물의 경우는 몸으로 느낀 감각을 추상적 언어로 변환해야 할 필요성이 없기 때문에 감정이 원래 의도된 대로 무리 없이 제 기능을 한다. 하지만 인간은 감정과 인지능력이 서로 분리되어 있기 때문에 내부에서 끊임없는 마찰이 발생하는 원인이 되고, 결국에는 자신의 의지를 벗어난 '두 번째 감정적 자아'까지 만들어진다. 동물은 잠시 공포를 느껴도 이내 그 감정이 사라진다. 그러나 인간은 자신이 느낀 공포를 벗어나지 못하고, 오히려 그 공포를 점점 더 심화시키면서 위험이 사라진 한참 후까지도 계속해서 공포를 느끼고 있다. 그러다 급기야는 상시적 불안을 느끼는 지경에 이르기도 한다.

지적으로나 기술적으로나 인간이 이토록 진보했으니 그 과정에서 어떻게든 이 감정적 자아를 잘 길들이지 않았겠냐고 믿고 싶은 사람도 많을 것이다. 어쨌거나 우리가 선조들만큼 폭력적이거나 육욕에 휘둘리거나 미신을 믿는 것처럼 보이지는 않으니까 말이다. 하지만 이것은 착각이다. 진보나 기술이 우리의 본성을 바꿔놓지는 않았다. 기술과 진보는 그저 감정의 형태와 그에 따른 비이성적 행동의 유형을 바꿔놓았을 뿐이다. 한 예로 정치가를 비롯한 일부 사람들은 이미 수백, 수천 년 전부터 우리의 감정을 자유자재로 가지고 놀았고, 새로운 미디어의 출현은 그런 장난질을 오히려 더 교묘하고 세련되게 만들어주었다. 광고회사들은 사람들의 잠재의식에 아주 효과적으로 작용하도록 설계된 메시지를 융단폭격처럼 퍼붓는다. 우리는 늘 소셜 미디어에 접속되어 있고 그래서 바이러스처럼 퍼져 나가는 새로운 형태의 정서적 영향에 취약하다. 이들 매체는 차분한 반성이 가능하게끔 설계된 것들이 아니다. 이것들이 늘 우리 곁을 지키고 있는 한, 우리는 한 발 물러서서 생각할 수 있는 정신적 여유가 점점 더 줄어들 수밖에 없다. 우리는 민회에 참석한 아테네인들처럼 수많은 감정과 불필요한 연극놀음에 꼼짝없이 포위당해 있고, 그 이유는 인간 본성이 바뀌지 않기 때문이다.

인간 본성의 법칙

'이성적', '비이성적'이라는 단어는 결코 단순하지 않다. 사람들은 내게 동의하지 않는 사람에게는 죄다 '비이성적'이라는 꼬리표를 붙인다. 그러니 최대한 정확하게 이 둘을 구분할 수 있도록 간단한 정의를 내리고 시작하자. 우리가 지침으로 삼을 기준은 다음과 같다. 인간은 끊임없이 감정을 느끼고 그 감정은 계속해서 인간의 생각을 물들인다. 감정은 내 기분이 좋아지거나 내 자존심을 세울 수 있는 쪽으로 생각의 방향을 틀게 만든다. 생각을 할 때 내 느낌이나 기분이 전혀 개입하지 못하게 만드는 것은 불가능하다. 이성적인 사람은 이 점을 잘 알고 있다. 이성적인 사람은 자기 성찰 및 노력을 통해 어느 정도는 감정을 뺀 사고를 하고 그 영향을 일부 상쇄할 수 있다. 비이성적인 사람은 그런 자각이 없다. 그래서 자신의 행동이 가져올 파급효과나 결과에 대한 면밀한 고려 없이 행동으로 돌진한다.

사람에 따라 취하는 행동이나 의사결정이 다르고 그에 따라 결과도 달라진다. 시간이 지나면 이성적인 사람은 그가 프로젝트를 완수할 수 있고, 목표를 달성하며, 팀원들과 효과적으로 협업하고, 지속될 수 있는 결과를 창출한다는 사실을 보여준다. 반면에 비이성적인 사람은 부정적 패턴이 반복되는 모습을 보인다. 계속 같은 실수를 반복하고, 어디를 가든 불필요한 마찰을 일으키며, 꿈이나 프로젝트를 절대 실현하지 못하고, 분노하면서 변화를 갈망하지만 그게 구체적 행동으로 전환되지는 않는다. 감정적이고 반사적으로 즉각적인 반응을 내보이면서도 본인이 그렇다는 사실을 자각하지 못한다. 누구나 비이성적인 결정을 내릴 수 있고, 우리가 어쩔 수 없는 '여건'이라는 것도 분명하다. 그리고 지독히 감정적인 사람도 때로는 훌륭한 아이디어를 떠올릴 수 있고 대담한 행보를 통해 일시적 성공을 거두기도 한다. 따라서 이 사람이 이성적인지 비이성적인지 판단할 때는 시간을 두고 시켜보는 게 중요하다. 성공을 지속시키고 훌륭한 전략을 거듭 내놓을 수 있는가? 실패에서 교훈을 얻고 그것을 바탕으로 전략을 수정할 수 있는가?

이성적인 사람과 비이성적인 사람 사이의 차이가 특히 두드러지는 상황도 있다. 장기적 영향을 고려해 정말로 중요한 게 뭔지 판단해야 할 때가 그렇다. 예를 들어 자녀의 양육권을 놓고 이혼 절차를 진행할 때 이성적인 사람은 자신의 편견이나 응어리 등은 내려놓고 장기적으로 봤을 때 전체적으로 아이에게 최선이 되는 선택이 무엇일지 생각한다. 반면에 비이성적인 사람은 배우자에 대한 기 싸움에 사로잡혀 원망이나 복수심이 판단을 흐리도록 내버려둔다. 그렇게 되면 싸움은 길어지고 아이는 상처받을 것이다.

직원이나 협력사를 고용할 때도 마찬가지다. 이성적인 사람은 능력을 지표로 사용한다. '이 사람이 그 일을 해낼 수 있을 것인가?' 반면에 비이성적인 사람은 남을 홀리는 매력이 있거나 내 불안을 자극할 줄 알거나 내게 도전도 위협도 되지 않을 사람에게 홀딱 넘어가 이유도 모르는 채 그를 채용해버린다. 이렇게 채용된 사람은 실수를 저지르고 무능할 테지만 비이성적인 사람은 다른 사람을 탓한다.

이직을 할 때도 이성적인 사람은 장기적 목표에 맞춰 자리를 옮긴다. 반면에 비이성적인 사람은 새 일자리가 당장 얼마를 주는지, 내가 어느 정도(때로는 아주 하찮은 수준)의 삶을 누려야 한다고 생각하는지, 얼마나 농땡이를 칠 수 있는 일인지, 얼마만큼의 주목을 받을 수 있는 자리인지 따진다. 그러니 커리어가 계속 발전하지 못한다.

위 모든 경우에서 둘의 대표적인 차이는 '자각의 정도'다. 이성적인 사람은 자신의 비이성적 성향을 기꺼이 인정하기 때문에 경계를 늦추지 말아야 한다고 생각한다. 반면에 비이성적인 사람은 혹시 감정적으로 결정한 것 아니냐고 누가 이야기를 꺼내려고만 해도 극도로 감정적인 반응을 보인다. 비이성적인 사람은 자기 성찰이나 학습 능력이 없다. 그리고 계속 실수를 저지르기 때문에 점점 더 방어적이 된다.

이성이 감정을 초월하기 위한 수단은 아니라는 사실을 반드시 이해해야 한다. 페리클레스 역시 대담하고 모험적인 행동을 높이 평가했다. 그는 아테나의 정신을 사랑했고 아테나가 자극하는 생각들을 좋아했다. 그는 아테네인들이 나라를 사랑하고 동료 시민들에게 공감하기를 바랐다. 그는 균형 잡힌 상태를 꿈꾸었다. 지금 내 기분이 왜 이런지를 분명히 알고 충동을 인식함으로써 저도 모르는 감정에 휘둘리지 않고 사고할 수 있기를 바랐다. 그는 충동이나 감정에서 나오는 에너지가 '생각하는 자아'에 도움이 되기를 바랐다. 이게 바로 그가 생각한 '이성'이고 우리의 이상향이다.

다행히도 이성을 획득하는 일은 그리 복잡하지 않다. 3단계로 된 과정을 잘 알고 그대로 실천하면 된다. 첫째, 앞으로 우리가 '약한 비이성'이라고 부를 것에 대한 자각이 필요하다. 약한 비이성은 생활 속에서 지속적으로 경험하는 기분이나 느낌이 작용한 결과로서 의식보다 아래에 있다. 계획을 세우거나 의사결정을 내릴 때 기분이나 느낌이 사고 과정을 얼마나 깊이 왜곡하는지 우리는 자각하지 못한다. 기분이나 느낌은 생각의 편향을 만들어내고, 그 편향은 역사의 모든 단계, 모든 문화권에서 증거가 발견될 만큼 우리 안에 깊이 배어 있다. 생각의 편향은 현실을 왜곡해 실수나 잘못된 결정을 저지르게 함으로써 삶을 어렵게 만든다. 이들 편향을 알아두면 그 영향을 상쇄할 수 있다.

둘째, 앞으로 우리가 '강한 비이성'이라고 부를 것의 성질을 알고 있어야 한다. 강한 비이성이 나타나는 것은 흔히 어떤 압박으로 인해 감정이 격앙되었을 때다. 분노나 흥분, 원망, 의심 등을 생각하고 있으면 그 감정이 점점 격화되어 거의 무의식적으로 반응하는 상태가 된다. 보고 듣는 모든 게 그 감정의 렌즈를 통해 해석되는 지경에 이르는 것이다. 이때는 다른 감정에 대한 반응 역시 더 예민하고 취약해진다. 예컨대 초조함이나 원망은 분노나 깊은 불신으로 번질 수 있다. 이런 무의식적 반응 상태에 빠졌을 때 사람들은 폭력을 휘두르고, 광적으로 집착하고, 걷잡을 수 없는 탐욕을 부리고, 남을 자기 뜻대로 좌우하려 한다. 강한 비이성은 위기나 충돌, 참사가 될 의사결정 같은 더 심각한 문제를 야기할 수 있다. 강한 비이성이 작동하는 방식을 이해하면 이런 무의식적 반응 상태가 됐을 때 그 사실을 인지하고 물러남으로써 후회할 일을 저지르는 것을 예방할 수 있다.

셋째, 뇌의 사고 부분을 강화해줄 몇 가지 전략 및 연습을 실천해서 감정과의 끝없는 싸움에서 이길 수 있게 생각에 더 많은 힘을 실어줘야 한다.

다음에 자세히 설명하는 3단계 과정이 이성을 향한 여정을 시작하게 도와줄 것이다. 인간 본성을 연구하고 실천할 때 이 3단계를 모두 활용할 수 있다면 좋을 것이다.

1단계: 내 안의 편향을 자각한다

우리는 미처 인식하지 못하고 있지만, 감정은 우리의 사고 과정과 의사결정에 끊임없이 영향을 주고 있다. 그중에서 가장 흔한 것은 쾌락을 원하고 고통은 피하려는 욕망이다. 우리의 사고는 어김없이 이 욕망을 중심으로 돌아간다고 해도 과언이 아니다. 불쾌하거나 고통스러운 것들은 생각만 해도 움찔한다. 우리는 내가 '진실을 찾고 있다', '현실적이다'라고 생각하지만, 실제로 우리가 고수하는 생각들은 나의 긴장을 이완시켜주거나 자존심을 세워주거나 우월감을 느끼게 해주는 것들이다. 바로 이런 '사고 과정의 쾌락 원칙'이야말로 우리가 가진 모든 정신적 편향의 근원이다. 당신이 다음의 편향 중 단 하나라도 '나는 이 편향에서 자유롭다'고 생각한다면, 그거야말로 쾌락 원칙이 제대로 작동하고 있다는 증거일 뿐이다. 그러니 쉴 새 없이 작용하고 있는 다음의 편향들이 내 안에서는 어떻게 작동하는지 살펴보고, 타인의 비이성적 성향을 알아챌 수 있는 방법을 배워두자.

　　　　　　　　　　　　　　　　　　　　　인간 본성의 법칙

확증 편향

'나는 증거를 살펴보고 대체로 이성적인 의사결정을 내려.'

우리는 이미 생각을 정했으면서 그 생각이 이성적으로 도출된 결론이라고 나 자신을 설득하기 위한 증거를 찾아 나선다. '이보다 더 객관적이고 과학적인 생각이 어디 있겠어?' 그러나 쾌락 원칙이 무의식에 영향을 미치고 있기 때문에 우리는 어떻게든 내가 '믿고 싶은' 것을 재확인시켜줄 증거를 찾아내고야 만다. 바로 '확증 편향'이다.

확증 편향이 발동하는 것은 사람들이 계획을 세울 때, 특히 위험 부담이 높은 계획을 세울 때다. 계획이란 계획을 세우는 사람이 바라는 긍정적 목표를 달성하기 위한 과정이다. 만약 예상 가능한 모든 긍정적 결과와 부정적 결과를 똑같이 고려한다면 끝내 아무 행동도 취하지 못할지도 모른다. 하지만 우리는 부지불식간에 바람직한 긍정적 결과, 즉 장밋빛 시나리오의 편을 들어주는 정보 쪽으로 마음이 쏠리게 되어 있다. 누군가에게 조언을 구할 때도 마찬가지다. 컨설턴트들은 확증 편향 때문에 골머리를 앓는다. 궁극적으로 사람들이 원하는 것은 자신의 생각이나 선호를 '전문가의 의견'이라는 이름으로 재확인받는 것이기 때문이다. 우리가 무슨 말을 해도 사람들은 듣고 싶은 대로 해석할 것이다. 내 조언이 그들의 욕망과 어긋나면 사람들은 어떻게든 소위 전문지식이라는 내 의견을 무시할 방안을 찾아낼 것이다. 더 큰 권력을 가진 사람일수록 이런 형태의 확증 편향에 더 많이 지배당한다.

세상의 수많은 확증 편향을 조사해보고 싶다면 진실이라기에는 너무 훌륭해 보이는 이론들을 찾아보면 된다. 그런 이론들을 증명해줄 통계나 연구 자료는 사방에 널려 있다. 내 주장이 옳다고 이미 확신하고 있다면 근거가 될 자료를 찾는 일은 어렵지 않다. 인터넷에 가보면 한 가지 주장의 양측 입장을 모두 뒷받침해주는 연구 자료를 손쉽게 찾을 수 있다. 그러니 일반적으로 누군가 '증거'를 제시한다고 해서 그 생각이 옳다고 받아들여서는 안 된다. 오히려 해당 증거를 직접 냉정하게 확인해보고, 최대한 회의적인 시각을 동원해야 한다. 내가 혹은 누군가가 가장 아끼는 신념이라 할지라도 그것을 부정하는 증거부터 찾아보는 습관이 항상 몸에 배도록 해야 한다. 그게 바로 진정한 과학적 태도다.

확신 편향

'내가 이토록 확신한다면 틀림없는 사실인 거야.'

내심 마음에 드는 생각을 계속 고수할 계획이면서도 우리는 내면 깊숙이에서 긴가민가 약간의 의심을 품기도 한다. 그럴 때 우리는 스스로를 설득하기 위해 추가적인 노력을 기울인다. 그 생각을 맹렬히 확신하면서 혹시라도 이의를 제기하는 사람이 있으면 소리 높여 반박하는 게 바로 그런 노력이다. 마치 내가 이 생각을 방어하기 위해 이 정도의 에너지를 낼 수 있다면 이 생각은 절대로 거짓일 수 없다고 스스로를 타이르는 것처럼 보인다. 이 편향이 가장 뚜렷이 드러나는 것은 리더와의 관계에서다. 리더가 어떤 의견을 피력하면서 열성적인 어조와 몸동작, 생생한 비유, 재미난 일화를 곁들여 깊은 확신을 가지고 말하면, 우리는 그가 저렇게 확신하는 것은 해당 아이디어를 면밀히 검토했기 때문이라고 생각한다. 반면에 누군가 좀 더 조심스럽게 말하고 머뭇거리는 느낌이 들면 우리는 그의 주장에 근거가 약하고 확신이 없어서라고 생각한다. 심지어 그가 거짓말을 하고 있다고까지 생각한다. 우리가 세일즈맨이나 선동가에게 취약한 이유도 이 때문이다. 그들은 우리를 설득하고 기만하기 위해 확신을 보여준다. 그들은 우리가 볼거리에 목말라 있음을 잘 알기 때문에 반쯤은 거짓인 주장조차도 극적인 효과로 눈가림을 한다.

겉모습 편향

'나는 내가 상대하는 사람들을 잘 알고 있어. 내가 보는 게 그들의 실체야.'

우리는 사람들의 실체를 보는 게 아니라 '보이는 것'을 본다. 그런 겉모습은 대개 진실을 호도한다. 첫째, 사람들은 스스로 꾸준한 훈련을 통해 사회생활에서 긍정적 평가를 받을 수 있는 적절한 앞모습만 보여주려고 한다. 겉으로 사람들은 고귀한 뜻을 지지하고 늘 열심히 일하고 양심적인 것처럼 보인다. 그렇게 가면을 쓴 모습을 우리는 실제라고 생각한다. 둘째, 우리는 '후광 효과'에 잘 속아 넘어간다. 누군가에게서 긍정적(똑똑함) 혹은 부정적인 특징(낯가림)을 보고 나면 우리는 그 사람이 거기에 어울리는 다른 긍정적 또는 부정적인 특징도 갖고 있을 거라 생각한다. 일반적으로 외모가 훌륭하면 더 신망 있게 보이는데, 특히나 정치가라면 더하다. 성공한 사람을 보면 우리는 그가 아마도 윤리적이고 양심적이며 그런 행운을 누릴 만한 사람일 거라고 생각한다. 후광 효과는 성공한 이들 중 다수가 결코 윤리적이지 못한 방법으로 그 자리에 갔다는 사실을 잊게 만든다. 그들은 영악하게 그런 사실을 감추고 있을 뿐인데 말이다.

집단 편향

'내가 가진 생각은 내 생각이야. 나는 우리 집단의 말을 듣는 게 아니야. 나는 무조건적으로 동조하는 사람이 아니야.'

우리는 태생적으로 사회적 동물이다. 무리와 다르거나 고립되었다는 느낌은 사람을 우울하게 만들 뿐만 아니라 겁먹게 만든다. 우리는 나와 같은 방식으로 생각하는 사람을 발견하면 어마어마한 안도감을 느낀다. 실제로 우리가 어떤 아이디어나 의견을 수용할 때는 그 생각이 이런 안도감을 가져다주기 때문일 수도 있다. 그러나 우리는 이런 끌림을 자각하지 못하기 때문에 온전히 내 힘으로 어떤 결론에 도달했나고 생각한다. 특정 정당이나 이데올로기를 지지하는 사람들을 한번 살펴보라. 누가 아무 말 하지 않아도, 대놓고 압력을 행사하지 않아도, 다들 따르는 뚜렷한 기조나 방침이 있다. 누군가 좌파나 우파에 속해 있다면 이슈가 수십 가지가 있어도 마법처럼 그의 의견은 한 방향을 향할 것이다. 그러면서도 그의 사고 패턴이 이런 영향을 받고 있다는 사실을 인정할 사람은 거의 없을 것이다.

탓하기 편향

'나는 내 경험과 실수에서 배워.'

실수나 실패가 발생하면 설명이 필요하다. 우리는 교훈을 배워 같은 경험을 되풀이하지 않기를 바란다. 그러나 실제로는 내가 저지른 잘못을 그다지 자세히 들여다보고 싶지는 않기 때문에 우리의 자기 성찰에는 한계가 있다. 그럴 때 자연스러운 반응은 다른 사람이나 환경, 혹은 순간적 오판을 탓하는 것이다. 탓하기 편향이 생기는 이유는 내가 저지른 실수를 들여다보는 게 너무나 고통스러운 경우가 많기 때문이다. 실수를 저지르면 내가 느끼는 이 우월감이 정당한가라는 의심이 생기고, 자존심에 금이 간다. 그래서 우리는 내가 한 일을 반추하는 척 시늉만 한다. 그러다 시간이 지나면 쾌락 원칙이 다시 부상하고 실수 중에서 내 탓이라고 생각했던 작은 부분마저 잊어버린다. 그러면 또다시 욕망과 감정이 우리의 눈을 가리고 우리는 똑같은 실수를 반복할 것이다. 그리고 똑같은 수박 겉핥기식 반성 과정을 거쳐, 잊어버리고, 죽는 날까지 같은 패턴을 반복할 것이다. 사람들이 정말로 경험에서 무언가를 배운다면 세상에 실수는 거의 없을 테고, 누구나 승승장구할 것이다.

우월성 편향

'나는 달라. 나는 남보다 더 이성적이고 윤리적이야.'

다른 사람에게 대놓고 이렇게 말하는 사람은 거의 없을 것이다. 거만하게 들리기 때문이다. 그러나 수많은 설문 조사 및 연구 결과에서 자신을 남과 비교해보라고 하면 사람들은 이와 비슷한 표현을 한다. 이것은 마치 시각적 착시 효과와 비슷하다. 우리는 자신의 잘못이나 비이성적 경향은 보지 못하고 남들의 것만 눈에 보이는 듯하다. 그래서 예컨대 상대편 정당 사람들이 내놓은 의견은 이성적 원칙에 근거한 게 아니고 우리 편 의견은 이성적인 주장이라고 믿어버리는 경우가 허다하다. 윤리적 측면을 보더라도 내가 일을 하면서 기만이나 조작을 사용했다거나 영악하고 전략적인 방법으로 승진했다고 인정할 사람은 거의 없을 것이다. 우리는 지금 내가 가진 모든 것은 타고난 재능과 근면성실에서 나왔다고 생각한다. 그러면서 다른 사람의 경우는 마키아벨리가 이야기한 것 같은 온갖 술수를 동원했을 거라고 쉽사리 단정한다. 그러니 결과가 어찌 되었든 내가 한 모든 일이 정당화된다.

우리는 내가 이성적이고, 점잖고, 윤리적이라고 생각하고 싶은 마음이 크다. 그런 것들이 우리 문화에서 크게 장려하는 자질이기 때문이다. 혹시라도 그와 다른 모습을 보였다가는 큰 반감을 살지도 모른다. 하지만 우리가 정말로 그런 사람이라면, 정말로 이성적이고 도덕적으로 우월하다면, 세상에는 선행과 평화가 넘쳐날 것이다. 그러나 우리는 현실을 알고 있다. 그렇기 때문에 일부 사람들은, 아니 어쩌면 우리 모두가, 그저 스스로를 속이고 있는 셈이다. 이성과 윤리는 자각과 노력을 통해 성취하는 것이지, 결코 타고나는 것이 아니다. 이성과 윤리를 갖추기 위해서는 '성숙'이라는 과정이 필요하다.

2단계: 심리적 방아쇠를 확인한다

우리의 사고에 끊임없이 영향을 미치는 약한 감정은 우리 자신의 충동에서 나온다. 예컨대 즐겁고 편안한 생각을 하고 싶은 욕구 같은 것 말이다. 그러나 특정한 순간에 찾아와 폭발적으로 고조되는 강한 감정은 보통 외부의 무언가에 의해 촉발된다. 누가 심기를 건드렸다거나 특정한 상황이 만들어지는 경우가 그렇다. 이때는 흥분의 정도가 더 높아서 주의력을 완전히 빼앗길 정도다. 해당 감정을 생각하면 할수록 감정은 더 격해지고 그러면 우리의 주의력은 다시 그 감정에 더 집중하게 된다. 모든 생각이 그 감정 속으로 빠져들고 무엇을 보든 분노하고 흥분하게 된다. 우리는 무의식적 반응 상태가 된다. 격화된 감정이 주는 긴장감을 감당할 수가 없기 때문에 강한 감정은 결국 경솔한 행동과 참사로 막을 내리는 경우가 대부분이다. 이렇게 발작이 한창 진행 중일 때는 마치 무언가에 빙의된 사람처럼, 두 번째 뇌인 대뇌변연계에 우리 자신을 완전히 탈취당한 느낌마저 든다.

그러니 최선의 대응책은 나를 그렇게 만드는 요소가 무엇인지 미리 알아두는 것이다. 그래서 생각이 그쪽으로 빠지지 않도록 하고 후회할 행동을 저지르지 않게 예방해야 한다. 더불어 타인의 강한 비이성에 관해서도 알아둔다면, 타인과의 충돌을 피하거나 그들을 다시 현실로 데려올 수 있다.

유아기의 심리적 방아쇠

유아기에 우리는 가장 민감하고 취약한 상태였다. 부모와의 관계는 어릴 때일수록 더 큰 영향을 미쳤다. 이 점은 유아기의 모든 강렬한 경험이 마찬가지다. 당시의 여린 모습과 그때 받은 상처는 우리 마음속 깊은 곳에 그대로 묻혀 있다. 그렇게 영향을 준 기억이 혹시 부정적인 것이면, 예컨대 공포나 창피의 기억이라면 억누르려고 할 수도 있다. 그러나 사랑받거나 관심받은 경험처럼 계속해서 다시 겪고 싶은 긍정적 감정과 연관된 기억도 있다. 어른이 된 후에도 누군가 혹은 어떤 사건을 만나면 이 긍정적이거나 부정적이었던 경험의 기억이 되살아날 테고, 그러면 그와 관련된 강력한 화학물질이나 호르몬이 분비될 것이다.

예를 들어 차갑고 자기도취적인 어머니를 두었던 청년이 있다고 생각해보자. 유아기나 아동기에 이 청년은 어머니의 냉담함 때문에 버려진 기분을 경험했고, 그러다 보니 자신은 어머니의 사랑을 받을 가치가 없는 사람이라고 생각하게 됐다. 혹은 동생이 태어나 어머니의 관심이 많이 줄어든 경우에도 그는 똑같이 버려진 기분을 경험했을 수 있다. 그런 그가 나중에 어른이 되어 연애를 한다. 여자친구는 그의 특정한 모습이나 행동에 대해 다소 못마땅한 기색을 보일 수도 있다. 그런 것도 건강한 연애의 일부이기 때문이다. 하지만 그게 이 청년에게는 심리적 방아쇠가 된다. 여자친구가 자신의 결점을 알아챘으니 이제 곧 자신은 버림받을 거라고 상상한다. 청년은 곧 배신을 당할 거라는 강력한 감정에 휩싸인다. 대체 어디서 흘러나온 것인지 출처도 알 수도 없는, 통제 범위를 벗어난 감정이다. 청년은 과잉반응을 보이고, 여자친구를 비난하고, 칩거에 들어간다. 그러나 바로 이런 행동이야말로 실제로 그가 두려워했던 결과, 즉 '버려짐'으로 이어질 것이다. 청년이 보인 반응은 그의 마음속에 있는 어떤 기억에 대한 반응이지, 실제 현실에 대한 반응이 아니다. 비이성이 극에 달하면 이런 일이 벌어진다.

본인이나 타인에게 이런 일이 벌어지고 있음을 알아챌 방법은 행동의 변화를 눈치채는 것이다. 갑자기 아이처럼 굴거나 평소 성격을 벗어난 듯한 모습을 보일 때가 바로 그런 경우다. 그 중심에 있는 핵심 감정은 무엇이든 될 수 있다. 통제력을 상실하거나 실패할 거라는 두려움이 중심에 있을 수도 있다. 이때는 마치 어린아이가 몸을 웅크리듯이 그 상황으로부터, 사람들이 있는 곳으로부터 발을 빼려는 반응을 보인다. 극도의 공포로 갑자기 몸이 아프다면 현장을 떠날 수 있는 편리한 이유가 될 것이다. 중심에 있는 감정은 사랑일 수도 있다. 희미하게나마 잃어버린 천국을 떠올리게 해주는 사람이 있다면 우리는 다시 한 번 가까운 부모나 형제 관계를 만들어보려고 필사적으로 매달릴지 모른다. 중심 감정은 극도의 불신일 수도 있다. 유아기에 권위를 상징했던 인물, 흔히 아버지가 우리를 실망시키거나 배신했을 때 만들어지는 감정이다. 이 경우 돌연 반항적인 태도의 방아쇠가 자주 당겨질 것이다.

이럴 때 가장 위험한 것은 당면한 현실을 잘못 읽어내고 과거의 무언가에 대한 반응을 내보임으로써 갈등이나 실망, 불신을 야기하는 것이다. 이런 것들은 상처를 더 깊게 만들 뿐이다. 어찌 보면 우리는 유아기의 경험을 현재에 되풀이하게끔 프로그램되어 있다. 그런 되풀이를 막을 수 있는 유일한 방법은 그런 일이 벌어지고 있다는 사실을 '자각'하는 것이다. 무언가 평소보다 통제하기 힘들고 원초적인 감정을 경험한다면 거기 바로 심리적 방아쇠가 있다는 것을 눈치챌 수 있다. 눈물이 터지거나 깊은 우울에 빠지거나 과도한 희망을 품는 것 등이 바로 그런 경우다. 이런 감정의 주술에 걸린 사람은 흔히 목소리 톤이나 보디랭귀지가 평소와 많이 다를 것이다. 마치 실제로 유아기를 다시 사는 것 같은 모습을 보이는 것이다.

이런 발작이 이미 진행 중일 때는 최대한 한 발짝 떨어져보려고 최선을 다해야 한다. 그리고 그 감정의 출처(유아기의 상처)는 무엇이며 그 상처가 나를 어떤 패턴 속에 가뒀는지 곰곰이 따져보아야 한다. 이렇게 나 자신을 깊이 있게 이해하고 나의 여린 부분을 아는 것은 이성적인 사람이 되는 데 가장 중요한 단계다.

갑작스런 성공이나 실패

갑작스런 성공이나 승리도 때로는 아주 위험할 수 있다. 신경학적으로 봤을 때 뇌에서 분비된 화학물질들이 강력한 흥분이나 에너지를 일으키고, 그게 다시 같은 경험을 반복하고 싶은 욕구로 이어지기 때문이다. 온갖 종류의 중독이나 광적 행동도 흔히 그런 식으로 시작된다. 뿐만 아니라 무언가를 손쉽게 얻고 나면 정말로 지속될 진짜 성공은 각고의 노력을 통해서만 얻어진다는 기본적 진리조차 망각하기 쉽다. 우리는 갑작스런 성공에서 운이 얼마나 크게 작용했는지는 미처 생각하지 않는다. 그래서 다시 또 그만큼의 돈이나 관심을 획득해 똑같은 황홀함을 느껴보려고 같은 시도를 계속 반복한다. 우리는 과대

인간 본성의 법칙 ●━━━━━━

망상적인 기분에 빠진다. 그리고 누군가 경고를 해주려 하면 반발심을 가진다. '저 사람이 몰라서 하는 이야기야.' 우리는 속으로 그렇게 생각한다. 하지만 그런 식의 성공은 지속될 수 없기에 우리는 틀림없이 추락을 경험하고, 이때의 추락은 더욱더 고통스럽기에 우울에 빠지는 악순환이 반복된다. 이런 일을 가장 많이 겪는 사람은 도박꾼들이지만, 거품 경제에서 사업을 하는 사람들이나 갑자기 대중의 이목을 한 몸에 받게 된 사람에게도 같은 이야기를 할 수 있다.

뜻밖의 실패나 연속된 실패 역시 비이성적 반응을 야기한다. 우리는 지지리 복도 없는 팔자라며, 언제까지나 이 불운이 지속될 거라 생각한다. 그러면 겁이 많아지고 우물쭈물하게 되어 더 많은 실수나 실패로 이어진다. 이런 경우를 스포츠에서는 '초킹(choking)'이라고 한다. 이전의 실패나 실수가 마음을 짓눌러 얼어붙게 만드는 현상이다.

해결책은 간단하다. 언제든 뜻밖의 성공이나 실패를 경험한다면 그 순간이야 말로 한발 물러나 균형을 잡아야 할 때다. 약간의 회의주의나 낙천주의가 필요하다. 갑작스레 성공이 찾아왔거나 큰 관심을 받게 됐다면 한층 더 경계하라. 그 성공이나 관심에는 단단한 기초가 결여되어 있고 치명적 중독성을 갖고 있다. 추락은 언제나 괴로울 것이다.

압박감이 증가할 때

주위를 둘러보면 다들 분별 있게 절제하며 잘 살아가고 있는 것처럼 보인다. 하지만 그중 아무라도 압박감이 증가하는 스트레스 상황에 가져다 놓아보라. 전혀 다른 모습을 보게 될 것이다. 자제력이라는 멋진 가면은 금세 벗겨질 것이다. 갑자기 화를 내며 독설을 퍼붓고, 편집증적인 모습을 보이고, 과민하며 옹졸한 사람이 될 것이다. 스트레스를 받거나 위협에 직면하면 뇌에서는 가장 원시적인 부분이 깨어나 활동하면서 이성적 사고 능력을 압도해버린다.

실제로 스트레스나 긴장 상황은 사람들이 그동안 주도면밀하게 숨기고 있던 단점이 드러나는 계기가 된다. 그럴 때 사람들을 관찰하면 그가 실제로 어떤 사람인지 판단할 수 있다.

자신의 생활에서 스트레스 수준이 증가하거나 압박감이 높아지는 것을 눈치챘을 때는 스스로를 주의 깊게 지켜봐야 한다. 평소답지 않게 안절부절못하거나 예민해지거나 갑자기 이것저것 의심스럽거나 상황에 맞지 않는 공포를 느끼지는 않는지 지속적으로 살펴보라. 혼자 있을 수 있는 장소와 시간을 마련해 최대한 거리를 두고 객관적으로 관찰하라. 이럴 때는 큰 그림을 보는 게 필요하다. 스트레스가 아무리 증가해도 나한테서는 아무런 감정도 새어나오지 않을 거라고 착각하지 마라. 그것은 불가능한 일이다. 그러나 우리가 나 자신을 계속 의식하고 반추한다면 적어도 후회할 결정을 내리는 일만큼은 막을 수 있다.

감정을 자극하는 사람

세상에는 누구를 만나든 상대에게 강력한 감정을 촉발하는 사람들이 있다. 그냥 그렇게 타고난 사람들이다. 이들이 촉발하는 감정은 극단적 사랑에서부터 혐오, 신뢰, 불신까지 다양하다. 역사에서 사례를 찾아본다면 성경에 나오는 다윗이나 고대 아테네의 장군 알키비아데스, 고대 로마의 율리우스 카이사르, 프랑스 혁명기의 조르주 당통, 미국의 빌 클린턴 같은 사람들이 여기에 포함된다. 이들은 카리스마 같은 것을 가지고 있다. 자신이 느끼는 감정을 능수능란하게 표현해서 남들도 똑같은 감정을 느끼게 만드는 능력을 가졌다. 하지만 그중에는 상당히 자기도취적인 사람도 있는데, 그런 사람은 자신이 느끼는 극적 감정이나 내적 고민을 외부로 투사해서 남들까지 혼란에 빠뜨린다. 어떤 사람은 거기서 깊은 매력을 느끼지만, 혐오를 느끼는 사람들도 있다.

이렇게 감정을 자극하는 사람들을 알아보려면 그들이 나뿐만 아니라 다른

인간 본성의 법칙

사람에게 어떤 영향을 주는지에 주목해야 한다. 그들이 나타났는데 무심할 수 있는 사람은 아무도 없다. 그들이 자리하면 사람들은 이성적으로 생각을 할 수도, 거리를 유지할 수도 없게 된다. 심지어 그들은 자신이 없는 자리에서조차 우리가 그들을 끊임없이 생각하게 만든다. 그들은 집요하게도 사라지지 않는 특징이 있어서 우리는 그들 때문에 헌신적 추종자나 철저한 적이 되어 극단적 행동을 저지를 수도 있다. 매력을 느끼든, 혐오를 느끼든, 어느 쪽 극단에 서더라도 당신은 비이성적이 될 테니 필사적으로 그들과 거리를 두어야 할 것이다. 이때 동원할 수 있는 훌륭한 전략 중 하나는 그들이 뒤집어쓰고 있는 위장을 간파하는 것이다. 그들은 틀림없이 과장된 이미지와 영웅적이고 위압적인 모습을 보여주려고 애쓸 것이다. 하지만 실제로 그들은 흔하디흔한 인간일 뿐이다. 누구나 가진 똑같은 불안과 약점으로 가득할 것이다. 이렇게 극히 인간적인 모습을 찾아내 그들에 대한 환상을 깨도록 하라.

집단 효과

'집단 편향'이 고강도로 나타나는 경우다. 어느 정도 규모가 큰 집단의 일원이 되면 우리는 그전과는 딴판인 사람이 된다. 스포츠 경기장이나 콘서트장, 종교나 정치 집회에서 사람들, 그리고 당신 자신을 한번 살펴보라. 집단 감성에 사로잡힌 자신이 느껴질 것이다. 심장 박동은 빨라지고, 기쁨이나 슬픔의 눈물도 더 쉽게 나온다. 집단에 속하게 되면 독립적 사고가 촉진되는 게 아니라 여기에 속하고 싶다는 강렬한 욕망이 자극된다. 이런 일은 직장에서도 똑같이 일어날 수 있다. 특히나 회사 리더가 사람들의 감정을 가지고 놀면서 경쟁심과 공격성을 부추기고 대결구도를 만들어간다면 말이다. 집단 효과는 반드시 님들이 그 자리에 있어야 하는 것도 아니다. 특정 의견이 소셜 미디어를 타고 확산될 때 나도 같은 의견(주로 분노처럼 강한 감정)을 갖고 싶어지는 것처럼 눈에 보이지 않는 방식으로 확산될 수도 있다.

집단 정서를 자극하는 게 신나고 긍정적인 경우도 있다. 공동의 이익을 위해 무언가를 하려고 결집할 때가 그렇다. 하지만 그 자극이 무언가 사악한 감정, 예컨대 상대편에 대한 증오나 과격한 애국주의, 공격 성향, 극단적 세계관 같은 것을 유도한다는 사실을 알게 됐다면 스스로를 단속해서 그 강력한 끌림을 간파해야 한다. 가능하다면 집단이라는 상황 자체를 회피해 이성적 사고 능력을 유지하거나 아니면 극도의 회의적 시각으로 중무장하고 그런 순간에 임하는 게 최선인 경우도 많다.

집단 효과를 이용해 비이성적 성향을 폭발시키려고 하는 선동가들을 조심하라. 그들은 필시 다음과 같은 장치에 의존한다. 사람들이 모이면 그들은 우선 좌중의 분위기를 띄우는 것으로 시작한다. 누구나 공유하는 생각이나 가치 등을 이야기해서 다 같은 생각을 하고 있다는 기분 좋은 느낌부터 만들어 낸다. 그런 다음 '정의'나 '진실', '애국심' 같은 모호하면서도 감정이 잔뜩 실린 어휘들을 동원한다. 특정 문제를 해결할 수 있는 구체적 행동을 이야기하는 것이 아니라 추상적이고 고귀한 목표를 들먹인다.

정치 선동가나 미디어는 끊임없이 사람들을 공황상태에 빠뜨리고 긴박한 느낌이나 분노를 자아내려고 한다. 사람들의 감정을 계속 고조된 상태로 유지하는 게 그들의 목표다. 우리의 대응책은 간단하다. 이성적 사고 능력과 스스로 생각할 수 있는 힘을 가장 귀중한 자산으로 여기면 된다. 어떤 식으로든 당신의 독립적 사고 능력을 침범하는 사람은 절대로 용납하지 마라. 그 자리에 선동가가 있다고 느껴지면 몇 배 더 경계하고 냉철해져라.

인간 본성의 비이성적 측면과 관련해 마지막으로 해둘 말이 있다. '진보와 계몽을 통해 극단적 형태의 비이성이 극복됐을 거라고 착각하지 마라.' 비이성의 정도는 끊임없이 증가했다 감소했다를 반복해왔음을 우리는 역사를 통해 알고 있다. 철학자가 넘쳐나고 과학 정신이 싹텄던 페리클레스 시대의 황

　　　　　　　　　　　　　　　　　　　인간 본성의 법칙　　◦

금기가 끝나자 미신과 사이비 종교, 편협함이 득세하는 시대가 뒤따랐다. 이탈리아 르네상스 이후에도 똑같은 현상이 일어났다. 이런 순환주기가 계속 반복되도록 되어 있는 게 인간 본성의 일부다.

인간의 비이성은 그저 얼굴과 옷을 바꿔 입을 뿐이다. 글자 그대로의 마녀사냥은 없어졌을지 몰라도, 불과 얼마 전인 20세기만 해도 우리는 스탈린의 공개 재판과 매카시의 미국 상원 청문회, 중국 문화대혁명 기간의 수많은 박해 사건을 목격했다. 온갖 사이비 종교는 끊임없이 새로 등장하고 개인을 숭배하거나 유명인에 집착하는 일도 계속된다. 기술은 오히려 종교적 열정에 불을 붙인다. 사람들은 무언가를 믿어야 할 절실한 필요가 있기에 어디서건 그 대상을 찾아낼 것이다. 설문조사를 보면 21세기에 귀신이나 유령, 천사를 믿는 사람은 오히려 늘어났다.

인간이 존재하는 한, 비이성적 의지는 계속 자기 목소리를 낼 것이고 널리 확산될 새로운 수단을 찾아낼 것이다. 이성을 습득하는 것은 개인의 일이다. 대대적인 운동이나 기술 진보를 통해 이룰 수 있는 일이 아니다. 우월감을 느끼는 것 자체가 비이성이 작동하고 있다는 분명한 신호다.

3단계: 이성적 자아를 끌어낸다

이렇게 우리가 비이성적임에도 불구하고 희망을 품게 해주는 사실이 두 가지 있다. 가장 중요한 첫 번째 사실은 역사를 통틀어 모든 문화권에서 높은 이성을 가진 사람들이 존재했다는 사실이다. 그들 덕분에 인간은 진보할 수 있었다. 그들은 우리 모두가 목표로 삼아야 할 이상향이다. 거기에 포함될 사람들을 몇 명만 예로 들어보면 페리클레스, 고대 인도의 통치자 아소카, 고대 로마의 마르쿠스 아우렐리우스, 중세 프랑스의 마그리트 드 발루아, 레오나르도

다 빈치, 찰스 다윈, 에이브러햄 링컨, 작가 안톤 체호프, 인류학자 마거릿 미드, 사업가 워런 버핏 등이다. 이들 모두가 공유하고 있는 자질이 있다. 자기 자신과 자신의 약점을 현실적으로 평가하고, 진리와 현실에 집중했으며, 사람들에게 관대했고, 자신이 설정한 목표에 도달하는 능력이 있었다.

두 번째는 누구나 살면서 한번쯤은 대단히 이성적인 순간을 경험한 적이 있다는 사실이다. 그럴 때는 종종 '조물주의 사고방식'이라고 부를 만한 것이 동반된다. 눈앞에 완수해야 할 프로젝트와 마감 시한이 있다. 감히 느껴도 좋은 감정이라고는 흥분과 에너지뿐이다. 혹시라도 다른 감정을 느꼈다가는 집중이 불가능하기 때문이다. 결과를 내야만 하기 때문에 우리는 대단히 효율적으로 변한다. 작업에만 초점을 맞춘다. 생각은 차분해지고 자존심도 앞세우지 않는다. 누가 감정을 자극해서 우리를 방해하거나 뭔가 영향을 끼치는 것을 용납하지 않는다. 몇 시간 혹은 몇 주가 순식간에 획 지나가버리는 바로 그런 순간에 이성적 자아가 모습을 드러낸다. 이성적 자아는 밖으로 나오기만 기다리고 있다. 약간의 자각과 연습만 있으면 된다.

당신의 내면에 있는 페리클레스, 내면의 아테나를 불러내는 데 도움이 될 만한 전략 몇 가지를 소개하면 다음과 같다.

자신을 철저히 이해하라

감정적 자아는 '무지(無知)'를 먹고 산다. 감정적 자아가 어떻게 작동하고 어떻게 나를 지배하는지 알아내는 순간, 감정적 자아는 힘을 잃고 길들일 수 있는 상태가 된다. 따라서 이성적 자아로 가는 첫 걸음은 언제나 내면을 향해야 한다. 감정적 자아가 작동하는 그 순간을 포착하는 게 중요하다. 그러려면 스트레스 상황에서 내가 어떻게 행동하는지 되짚어보아야 한다. 그럴 때 드러나는 내 약점들은 무엇인가? 쾌락을 향한 욕구? 남을 괴롭히거나 휘두르려는 욕구? 깊은 불신? 내가 내렸던 의사결정들을 살펴보라. 그중에 특히 비효율적이었던 것들에 주목하라. 반복적인 패턴이 있는가? 그런 행동을 도발한, 숨어 있는 불안이 있는가? 이번에는 내 장점을 살펴보라. 내가 남들과 다른 점은 무엇인가? 이렇게 해보면 장기적인 내 관심사에 맞고 내가 가진 여러 능력에 어울리는 목표를 정할 수 있을 것이다. 자신의 남다른 면을 알고 그것을 소중히 여긴다면 집단 편향이나 집단 효과가 작용할 때도 저항할 수 있을 것이다.

감정을 뿌리 끝까지 확인하라

당신은 지금 화가 났다. 화가 가라앉기를 기다린 다음 곰곰이 생각해보라. 혹시 별거 아닌 것처럼 보이는 일로 화가 났는가? 만약에 그렇다면 그 뒤에 다른 무언가 혹은 다른 누군가가 있다는 확실한 신호다. 분노의 출처는 아마도 더 불편한 어떤 감정일 것이다. 예컨대 시기심이라든가, 피해망상 같은 것 말이다. 바로 그 감정을 정면으로 응시해야 한다. 심리적 방아쇠를 찾아서 더 깊이 파보라. 그것은 어디서 시작됐는가? 일기를 활용하는 것도 도움이 될 수 있다. 스스로를 진인할 만큼 객관적으로 평가해놓은 일기라면 말이다. 이때 가장 위험한 것은 당신의 자존심이다. 자존심은 무의식적으로 당신에 대한 환상을 계속 유지하려고 한다. 그게 순간적으로는 위안이 될지 몰라도, 길게 보면 당신을 방어적으로 만들어서 새로운 교훈을 얻거나 더 발전할 수 없게 만든다. 약간은 거리를 두고 심지어 웃음기를 띠고 당신의 행동을 관찰할 수 있는 중립적 위치를 찾아내라. 곧 이 모든 과정이 제2의 천성이 되고 나면 감정적 자아가 갑자기 고개를 쳐드는 상황이 되더라도 즉각 그런 사실을 인지하고 한 걸음 물러나서 중립적 위치를 되찾을 수 있을 것이다.

대응 시간을 늘려라

이 능력을 키우려면 연습과 반복이 필요하다. 대응이 필요한 사건이나 대화가 발생하면 한 걸음 물러나는 훈련을 하라. 대응해야 한다는 압박을 느낄 필요가 없도록 혼자 있을 수 있는 곳으로 자리를 피해버리는 것도 하나의 방법이다. 또는 분노의 이메일을 작성한 다음 '보내기' 버튼을 누르지 않는 방법도 있다. 하루 이틀 자면서 생각해보라. 갑작스럽게 어떤 기분, 특히 서운한 마음이 들 때는 전화를 하거나 연락하지 마라. 사람을 채용하거나 일을 맡겠다고 하는 것처럼, 내가 성급한 약속을 하려 한다 싶을 때는 물러나서 하루 정도 시간을 줘라. 감정을 가라앉혀라. 시간은 많이 가질수록 더 좋다. 시간이 지날수록 더 큰 그림이 보이기 때문이다. 이 연습을 근력 운동처럼 생각하라. 반응하지 않고 더 오래 참을수록 숙고할 수 있는 정신적 여유도 늘어나고, 마음가짐도 더 강건해진다.

사람들을 불변의 사실로 받아들여라

사람들과의 교류는 우리를 감정적 소용돌이에 빠뜨리는 주된 원인이다. 하지만 꼭 그래야 하는 것은 아니다. 문제는 우리가 남들을 끊임없이 심판한다는 사실이다. 그러면서 우리는 상대가 지금과는 다른 사람이기를 바란다. 우리는 남들을 바꾸고 싶어 한다. 상대가 특정한 방식으로, 흔히 '나'처럼, 생각하고 행동하기를 바란다. 하지만 그런 일은 가능하지가 않고 하늘 아래 똑같은 사람은 한 명도 없기 때문에 우리는 끊임없이 좌절하고 속상해한다. 그러지 말고 사람을 하나의 현상처럼 대하라. 혜성이나 식물처럼 가치판단의 여지가 없는 대상으로 보라. 그들은 그냥 존재하고, 모두 제각각이고, 삶을 풍부하고 흥미롭게 만들어주는 존재일 뿐이다. 사람들이 무슨 말이나 행동을 하면 저항하거나 바꾸려 들지 말고 연구 대상으로 삼아라. 사람을 이해하는 일을 하나의 재미난 게임으로 만들어라. 퍼즐을 푸는 것처럼 말이다. 모든 것은 인간들이 벌이는 희극의 한 장면일 뿐이다. 맞다. 사람들은 비이성적이다. 하지만 당신도 비이성적이다. 인간의 본성을 뿌리 끝까지 철저히 인정하라. 그러면 마음이 진정되고 남들을 좀 더 객관적으로 관찰할 수 있을 것이다. 그리고 그들을 더 깊이 이해할 수 있을 것이다. 더 이상 내 감정을 타인에게 투영하지 않게 될 것이다. 그러면 더 균형 잡히고 차분해질 것이며, 생각할 수 있는 정신적 여유도 늘어날 것이다.

악몽 같은 인간들과 마주쳤을 때 그렇게 하기란 쉽지 않다. 극도로 자기도취적인 사람, 수동적 공격성을 드러내는 사람, 기타 감정을 자극하는 사람들이 있다. 그런 사람들은 늘 우리의 이성을 시험에 들게 한다. 러시아의 작가 안톤 체호프를 한번 보라. 어쩌면 그는 지금까지 살았던 사람 중 가장 지독하게 이성적인 사람이었다. 이성적 인간의 전형이라 할 만했다. 그는 식솔이 많은 가난한 집안 출신이었다. 아버지는 알코올 중독자로 자녀들을 무자비하게 때렸고 어린 체호프도 예외는 아니었다. 의사가 된 체호프는 부업으로 글을 썼다. 그는 의사로서 받은 교육을 활용해 인간이라는 동물을 연구했다. 인간을 그토록 비이성적이고 불행하고 위험하게 만드는 게 무엇인지 이해하고 싶었다. 체호프는 소설과 희곡을 통해 캐릭터 속으로 들어가보는 게 엄청난 치유 효과가 있다는 사실을 발견했다. 그렇게 해보면 최악의 유형에 속하는 인간들조차 어느 정도 이해가 갔다. 이런 식으로 그는 모든 사람을, 심지어 그의 아버지까지도 용서할 수 있었다. 체호프가 사용한 방법은 아무리 뒤틀린 사람이라 해도 그렇게 된 데는 이유가 있을 거라고 상상해보는 것이었다. 그들에게도 나름의 논리가 있을 것이다. 그들도 자기 딴에는 만족을 추구하는 것인데 그 방식이 비이성적일 뿐이다. 체호프는 한 걸음 물러나 그들의 내면에 있을 법한 스토리를 상상해봄으로써 그 잔혹하고 공격적인 인간들의 가면을 한 겹 벗겨냈다. 그렇게 해체해놓고 보면 그들 역시 보잘것없는 한 인간일 뿐이었다. 그들은 미워할 대상이 아니라 동정의 대상이었다. 우리도 사람을 대할 때는 좀 더 작가처럼 생각할 필요가 있다. 상대가 아무리 악질이라도 해도 말이다.

사고와 감정 사이 최적의 균형점을 찾아라

감정을 사고로부터 떼어놓을 수는 없다. 두 가지는 철저하게 서로 얽혀 있다. 하지만 거기에도 어쩔 수 없이 더 우위에 있는 요소가 있고, 분명히 남들보다 감정의 지배를 더 많이 받는 사람이 따로 있다. 우리가 바라는 것은 적절한 배분과 균형이다. 그래야 가장 효과적으로 행동할 수 있다. 고대 그리스인들은 그것을 이렇게 비유했다. '기수(騎手)와 말(馬).'

여기서 말은 감정이라는 인간의 본성으로, 우리를 끊임없이 움직이게 만드는 장본인이다. 이 말은 어마어마한 에너지와 힘을 갖고 있지만, 기수가 없으면 갈피를 잡지 못한다. 아직 길들여지지 않았고, 포식자들의 위협을 받고 있으며, 끊임없이 말썽거리를 찾아다닌다. 한편 여기서 기수는 '생각하는 자아'다. 기수는 훈련과 연습을 통해 고삐를 쥐고 말을 인도한다. 이 짐승이 지닌 강력한 에너지를 생산적인 무언가로 바꿔놓는다. 둘은 나머지 하나가 없으면 쓸모가 없다. 기수가 없으면 원하는 방향으로 움직일 수도, 목적을 가질 수도 없다. 말이 없으면 에너지도, 힘도 없다. 대부분의 사람에게 더 우위에 있는 것은 말이다. 기수는 힘이 약하다. 반면에 고삐를 지나치게 단단히 쥐는 너무 강한 기수들도 있다. 이런 사람들은 종종 말이 질주하도록 놓아주기를 두려워한다. 말과 기수는 서로 협력해야 한다. 우리는 먼저 생각을 한 다음 행동해야 한다. 상황을 최대한 많이 생각해본 후 결정을 내려야 한다. 하지만 뭘 할지 이미 결정을 내렸다면 고삐를 늦추고 모험 정신을 갖고 대담하게 행동에 돌입해야 한다. 우리는 이 에너지의 노예가 되는 게 아니라 에너지의 방향을 정리해줘야 한다. 이성은 바로 그런 것이다.

실제로 그게 어떻게 진행되는지 알고 싶다면 회의적 태도(기수)와 호기심(말) 사이에 완벽한 균형을 한번 잡아보라. 그럴 때 우리는 나 자신이나 남들의 열정에 대해 회의적인 태도를 취한다. 사람들의 설명이나 소위 '증거'도 액면 그대로 받아들이지 않는다. 사람들이 동기가 뭐라고 이야기하건, 그들의 말이 아니라 행동의 결과를 살핀다. 하지만 이게 지나치면 과감한 생각에 대해 마음을 닫아버리게 될 것이다. 흥미진진한 상상이나 호기심 자체를 외면할 수도 있다. 모든 것에 흥미를 느끼던 어릴 적 자유분방한 생각을 놓치고 싶지는 않을 것이다. 그러면서도 한편으로는 모든 생각과 신념을 직접 꼼꼼히 확인하고 검증해야 할 엄중한 필요성도 있다. 이 둘은 공존할 수 있다. 세상의 모든 천재는 그런 균형감각을 보유하고 있다.

이성을 사랑하라

이성으로 가는 길이 고통스럽고 금욕적일 거라고 생각하지 마라. 사실 이성이 가져다주는 힘은 굉장히 만족스럽고 즐겁다. 세상이 우리에게 제공하는 가벼운 쾌락이 아니라 깊이 있는 만족과 기쁨을 준다. 당신도 살면서 이 기분을 느껴본 적이 있다. 어느 프로젝트에 푹 빠져 있을 때 시간은 쏜살같이 지나가고 이따금 새로운 것을 발견하거나 진척이 이뤄지면 가슴 터질 듯한 흥분을 맛보았던 경험이 있을 것이다. 반가운 일은 그뿐만이 아니다. '감정적 자아'를 길들이고 나면 늘 차분하고 명료한 상태가 된다. 마음 상태가 이렇게 바뀌면 사소한 마찰이나 걱정거리로 고민하는 일도 적어진다. 더 효율적으로 행동하기 때문에 혼란과 소동도 줄어든다. 나 자신을 저 깊은 곳까지 정복했다는 어마어마한 만족을 느끼게 된다. 정신적으로 여유가 생겨 더 창의적인 사람이 된다. 뭐든 할 수 있을 것 같은 자신감이 늘어난다.

이런 것들을 모두 알고 나면 이성의 힘을 키우도록 스스로에게 동기를 부여하기가 더 쉬울 것이다. 어찌 보면 우리도 페리클레스가 갔던 길을 따르는 셈이다. 페리클레스는 아테나 여신이 곧 이성이 갖고 있는 여러 실용적 힘들을 상징한다고 생각했다. 그는 다른 어떤 신보다 아테나를 사랑하고 숭배했다. 더 이상 우리가 아테나를 신으로 모시지는 않는다고 해도 지금 세상에서 이성을 전파하는 모든 이들에게 깊이 감사하며 그 힘을 최대한 내면화할 수는 있을 것이다.

"느낌을 믿으라고!" 하지만 느낌은 제 스스로 만들어진 것도 아니고 언제 바뀔지도 모른다. 느낌 뒤에는 우리가 끌림이나 혐오라는 형태로 물려받은, '판단'과 '평가'가 있다. 느낌이 주는 영감(靈感)이라는 것은 판단의 손주뻘인데 그 판단이라는 게 잘못된 것일 때가 많다. 그리고 어떤 경우에도 그 영감은 당신이 낳은 자식은 아니다. 느낌을 믿는다는 것은 '이성'과 '경험'이라는 우리 안의 신(神)들을 놔두고 할머니, 할아버지, 그 윗대 할머니, 할아버지의 뜻을 따르겠다는 말이다.

– 프리드리히 니체

인간 본성의 법칙

Law 02 · Narcissism

자기도취의 법칙

자기애를
타인에 대한
공감으로
바꾼다

Irrationality

▶ Narcissism

Role-playing

Compulsive Behavior

Covetousness

Shortsightedness

Defensiveness

Self-sabotage

Repression

Envy

Grandiosity

Gender Rigidity

Aimlessness

Conformity

Fickleness

Aggression

Generational Myopia

Death Denial

태어나면서부터 우리는 누구나 사람들과 교감하고 사회적 권력을 얻을 수 있는 가장 뛰어난 도구를 가지고 있다. 바로 '공감'이다. 잘 개발해 적절히 활용한다면 우리는 남의 생각과 기분을 파악할 수 있다. 그들의 행동을 미리 예측하고 반발을 부드럽게 누그러뜨릴 수 있다. 이렇게 유용한 도구의 칼날이 무뎌지는 이유는 우리가 습관적으로 자기 안에 매몰돼 있기 때문이다. 정도의 차이가 있을 뿐 우리는 누구나 나르시시스트(narcissist, 자기도취에 빠진 사람)다. 우리에게 인생 최대의 과제는 이 자기애(自己愛)를 극복하고 감수성을 내 안이 아닌 밖으로, 타인을 향해 사용하는 법을 배우는 것이다. 동시에 우리 중의 해로운 나르시시스트들을 알아볼 수 있어야만 그들이 꾸며낸 연극에 휘말리거나 그들의 시기심에 독살당하는 일을 막을 수 있다.

인간은 누구나 관심에 목마르다

태어난 그 순간부터 관심에 대한 인간의 욕구는 끝이 없다. 우리는 뼛속까지 사회적 동물이다. 타인과 형성하는 유대관계에 나의 생존과 행복이 걸려 있다. 남들이 내게 관심을 기울여주지 않는다면 내가 그들과 교감할 방법은 없다. 관심 중에는 실제 몸으로 느껴야 하는 부분도 있다. 우리는 누가 나를 쳐다보고 있어야만 살아 있음을 느낀다. 오랫동안 고립되었던 사람들이 증언하듯이 사람과 눈을 맞추지 못하면 우리는 나의 존재 자체를 의심하기 시작하고 깊은 우울에 빠진다. 그런데 관심에 대한 욕구는 또한 아주 심리적인 것이기도 하다. 타인이 내게 주는 관심에 따라 우리는 그들이 나를 알아주고 인정한다는 느낌을 받는다. 내가 느끼는 나의 가치가 바로 여기에 달려 있다. 인간이라는 동물에게는 관심이 어찌나 중요한지, 사람들은 관심을 받기 위해서라면 범죄를 저지르고 자살을 시도하는 등 못할 일이 없을 정도다. 당신이 했던 행동들을 하나하나 돌아보면 그 첫 번째 동기는 언제나 관심에 대한 욕구였음을 알게 될 것이다.

그러나 관심에 대한 갈증을 충족시키려다 보면 우리는 어쩔 수 없이 한 가지 문제에 봉착한다. 다 함께 나눠 갖기에는 관심이 '너무 적다'는 문제 말이다. 집에서는 형제자매와 경쟁해야 하고, 학교에 가면 같은 반 친구들과, 직장에서는 동료와 경쟁해야 한다. 남들이 나를 알아봐주고 인정해주는 순간은 너무 순식간에 지나가버린다. 사람들은 자기 문제만으로도 너무 바빠서 남이야 어찌 되든 말든 크게 관심이 없는 경우도 있다. 심지어 대놓고 나에게 적대적이거나 나를 멸시하는 사람도 있다. 심리적으로 혼자라고 느끼거나 버려졌다고 느낄 때 우리는 과연 어떻게 대처할까? 이목을 끌고 관심을 받기 위해 노력을 두 배로 늘리는 방법도 있다. 하지만 이 방법은 에너지 소모가 너무 크고 종종 역효과를 내기도 한다. 너무 애쓰는 사람은 필사적으로 보이기 때문에 자신이 그토록 원하는 관심으로부터 오히려 멀어질 수 있다. 남들이 나를 끊임없이 인정해주기를 바라는 것은 불가능한 일이다. 그런데도 우리는 여전히 관심을 갈망한다.

어릴 때부터 이런 딜레마에 직면했던 우리는 꽤 쓸 만한 해결책을 찾아냈다. 바로 '자아'를 만들어낸 것이다. 자아란 우리를 위로해주고 '내면으로부터' 인정받았다고 느끼게 해주는 나 자신에 대한 이미지다. 자아는 나의 취향과 의견, 세계관, 가치관으로 구성된다. 자아상을 구축할 때 우리는 자신의 긍정적 측면은 강조하고 결점은 핑계를 대서 멀리 치워버리는 경향이 있다. 그러나 여기에도 한계가 있다. 자아상이 지나치게 현실과 동떨어지면 남들이 우리를 그냥두지 않을 것이기 때문이다. 남들은 어떻게든 우리가 그 차이를 인지하게 만들 테고, 그렇게 되면 우리는 나 자신에 대한 의구심을 품게 될 것이다. 하지만 적정선에서 조정이 이뤄진다면 결국 우리 손에는 내가 사랑할 수 있고 소중히 여길 수 있는 자아가 생긴다. 그때부터 우리의 에너지는 내부를 향한다. 내 관심의 중심은 내가 된다. 누구나 반드시 겪게 되는, 나는 혼자라거나 인정받지 못한다고 느끼는 순간이 왔을 때 우리는 바로 이 자아에게 돌아가 나 자신을 달랠 수 있다. 확신이 서지 않고 기분이 우울할 때 자기애는 우리를 일으켜 세워서 나는 가치 있는 사람이며 심지어 남보다 우월하다고 느끼게 만들어준다. 자아상은 마치 보일러의 온도조절 장치처럼 의심과 불안을 조절하도록 도와준다. 이제 우리는 더 이상 관심과 인정을 받기 위해 남들에게 전적으로 의존할 필요가 없다. 우리에게는 '자존감'이 있다.

이런 개념이 좀 낯설게 느껴질 수도 있다. 사람들은 보통 자아상을 숨 쉬는 공기처럼 당연시하기 때문이다. 자아상은 대개 무의식의 수준에서 활동한다.

인간 본성의 법칙

그 온도조절 장치가 작동하는 과정은 우리 눈에 보이거나 느껴지지 않는다. 그 작동 원리를 머릿속으로 가장 잘 그려보는 방법은 오히려 통일된 자아상이 없는 사람들을 살펴보는 것이다. '심한 자기도취자'들 말이다.

내가 의지하고 사랑할 수 있는 자아를 형성하는 데 가장 중요한 순간은 두 살과 다섯 살 사이에 찾아온다. 우리는 어머니와 서서히 분리되면서 즉각적 만족을 얻을 수 없는 세상과 마주친다. 또한 나라는 사람은 혼자이며 생존을 위해 부모에게 의존해야 한다는 사실도 알게 된다. 그에 대한 우리의 대처법은 부모가 가진 최상의 자질, 즉 강인함과 우리를 달래줄 능력 등 여러 측면을 자신의 일부로 만드는 것이다. 말하자면 독립된 인간이 되기 위한 최초의 노력인 셈이다. 우리의 이런 노력을 부모가 격려해준다면, 그리고 스스로 강인함을 느껴야 하고 개성을 찾아야 한다는 사실을 부모가 인정한다면, 우리의 자아상은 뿌리를 내리고 그것을 바탕으로 차츰 성장할 수 있다. 그런데 심한 자기도취자들은 이런 초기 발달 과정에서 뚜렷한 단절을 경험한다. 그래서 일관되고 현실성 있는 자아에 대한 느낌을 한 번도 제대로 구성해보지 못한다.

심한 자기도취자들은 그의 어머니 혹은 아버지도 심한 자기도취자일 수 있다. 지나치게 자기 안에 침잠해 자녀를 제대로 인식하지 못하거나 어린 자녀가 독립성을 키우려는 노력을 격려하지 못했을 수 있다. 아니면 정반대로 사람을 옭아매는 유형의 부모일 수도 있다. 자녀의 삶에 지나치게 간섭하고, 숨 막힐 정도의 관심을 퍼붓고, 다른 사람들로부터 자녀를 고립시켰을 수도 있다. 그리고 자녀의 발전을 부모 자신의 가치를 인정받는 수단으로 생각하며 살 수도 있다. 그런 부모는 자녀에게 자아를 정립할 공간을 내주지 않는다. 심한 자기도취자들을 잘 살펴보면 거의 언제나 방치되거나 옥죄인 경험이 있다. 그 결과 이들은 돌아갈 지아도, 자존감의 토대도 없다. 그러니 자신이 살아 있고 가치 있다고 느끼려면 전적으로 타인이 주는 관심에 의존해야 한다.

심한 자기도취자가 어린 시절 외향적 성격이라면 그런대로 잘 지낼 수 있다. 어쩌면 아주 잘나가는 유년기를 보냈을지도 모른다. 그들은 주목을 끌고 관심을 독점하는 데 달인이 되고, 겉으로는 쾌활하며 활달해 보일 수도 있다. 아이에게 이런 모습이 보이면 어른들은 아이가 나중에 사회적으로 성공할 징후라고 생각할 수도 있다. 그러나 표면 아래를 들여다보면 이들은 자신이 가치 있고 온전한 사람이라고 느끼기 위해 '관심'이라는 버튼을 계속 눌러보며 위험할 만치 거기에 중독되고 있다. 만약 심한 자기도취자가 내향적 성격이라면 그들은 판타지에 귀의할 것이다. 그리고 자신이 남들보다 우월하다고 상상하고 있을 것이다. 이렇게 비현실적인 자아상을 남들은 인정해주지 않을 테니 심한 의구심과 자기혐오를 느끼는 순간도 있을 것이다. 이들은 신(神)이 아니면 벌레가 될 것이다. 일관된 중심이 없기 때문에 그들은 자신의 상상 속에서 무엇이든 될 수 있다. 그래서 계속 새로운 인격을 시도할 테고 그에 따라 판타지는 계속 바뀔 것이다.

심한 자기도취자들의 악몽이 펼쳐지는 것은 보통 2, 30대가 됐을 때다. 이들은 그때까지도 아직 내면의 온도조절 장치, 즉 자신이 사랑하고 의지할 단단한 자아의 개념을 형성하지 못했다. 외향적 유형은 살아 있다고 느끼고 인정받으려면 끊임없이 관심을 끌어야 한다. 그들은 더 극적이 되고 과시적이며 과대망상적이 된다. 보는 사람 입장에서는 그게 지겹고 한심할 수도 있다. 이들은 계속 새로운 관객이 필요하기 때문에 친구와 장소를 옮겨 다녀야 한다. 한편 내성적 유형의 심한 자기도취자들은 판타지 속 자아에 더 깊이 빠져든다. 사회생활에 서툴면서도 본인이 더 우월하다고 생각하는 게 남들 눈에 보이기 때문에 사람들과 소원해지고 점점 더 위험하게 고립되는 경향이 있다. 어느 유형이 되었든 틀림없이 찾아올 자기 회의나 우울의 순간에는 자신을 달래야 하기 때문에 술이나 약물 기타 각종 중독 없이는 버티기 힘들 수도 있다.

심한 자기도취자들을 알아볼 수 있는 행동 패턴이 있다. 그들은 모욕을 당하거나 누가 도전해올 경우 방어책이 없다. 내면에서 그들을 달래주거나 그들

인간 본성의 법칙 ⊢────

의 가치를 인증해줄 게 아무것도 없기 때문이다. 그래서 엄청난 분노의 반응을 보이고, 복수심에 불타며, 자신은 죽어도 옳다고 생각한다. 그것 말고는 자신의 불안을 누그러뜨릴 방법을 알지 못하기 때문이다. 그런 일이 터지면 그들은 자신을 상처 입은 희생자 취급해서 남들을 어리둥절하게 만든다. 심지어 동정심을 자아내기도 한다. 그들은 까칠하며 예민하다. 작은 꼬투리라도 하나 있으면 모두 본인에 대한 공격으로 생각한다. 피해망상적이 되고 사방을 적으로 간주한다. 어떤 식으로든 본인과 직접적으로 관계없는 이야기를 꺼내면 시큰둥하거나 참기 힘들다는 표정을 짓는다. 대화의 주제는 즉각 다시 그들에게로 돌아가고 숨은 불안으로부터 멀어지기 위해 다른 일화나 사건 같은 이야기를 꺼낸다. 누군가 다른 사람이 주목을 받는데 거기에 그럴 만한 이유까지 있다고 느껴지면 심한 자기도취자들은 한바탕 악랄한 시기심에 불타오른다. 이들은 극도의 자신감을 자주 내비친다. 이것은 늘 관심을 받는데 도움이 될 뿐만 아니라 그들 내면의 휑한 공허함과 조각난 자아 개념을 꼭꼭 감춰준다. 하지만 그 자신감이 정말로 시험받는 상황이 됐다면 이들을 조심해야 한다.

가까운 사람들과의 관계를 살펴보면 심한 자기도취자들은 우리로서는 이해하기 어려운 인간관계를 맺고 있다. 그들은 흔히 남들을 자신의 연장선상으로 본다. 소위 '자기대상(self-object)'으로 보는 것이다. 그들에게 사람은 관심과 인정을 위해 존재하는 '도구'다. 그들은 남들을 자신의 수족처럼 마음대로 부리려는 욕구를 갖고 있다. 연애를 하게 되면 상대가 서서히 친구들과의 관계가 끊어지도록 만든다. 연애 상대의 관심을 받는 데에 경쟁자가 있어서는 안 되기 때문이다.

심한 자기도취자 중에서 재능이 뛰어난 일부는 일에서 구원을 얻기도 한다. 이들은 자신의 모든 에너지를 일에 집중시켜 그 업적을 통해 그토록 갈망하는 관심을 얻는다. 변덕스럽고 종잡을 수 없는 경향은 여전히 남아 있는 경우가 많지만 말이다. 그런데 내부분의 심한 자기노취자들은 일에 집중하는 것이 힘들 수 있다. 자존감이라는 온도조절 장치가 없는 그들은 남들이 나를 어떻게 생각할까를 끊임없이 걱정하는 경향이 있고, 그렇게 되면 장시간 외부에 관심을 집중하거나 일에서 오는 걱정이나 조바심에 대처하기가 힘들어진다. 이런 사람들은 직장이나 직업을 자주 바꾸게 되고 이것은 그들에게 다시 악영향으로 작용한다. 업적을 통한 진정한 인정을 끌어낼 수가 없기 때문에 그들은 계속해서 인위적으로 관심을 자극해야 하는 상황에 처한다.

심한 자기도취자를 상대하면 짜증나고 지칠 뿐만 아니라 너무 가까워질 경우에는 우리에게 해가 될 수도 있다. 그들은 극적인 상황을 끝없이 연출하면서 우리를 그 속으로 끌고 들어간다. 그리고 끊임없이 자신에게 관심을 주지 않을 경우 우리가 죄책감을 느끼도록 만든다. 심한 자기도취자와 연인이 된다면 대부분 만족하지 못하며 배우자가 된다면 치명적일 수 있다. 그들은 결국 모든 일의 중심은 자신이 되어야지, 그렇지 않고서는 배기지 못한다. 그런 경우 해결책은 일단 그들이 심한 자기도취자로 확인된 이상 방해하지 않는 게 최선이다.

심한 자기도취자들 중에서도 특히 더 위험하고 해가 되는 유형이 하나 있다. 그들이 상당한 수준의 힘을 손에 넣기 때문인데, 바로 '자기도취적 리더'다. 이 유형의 유래는 상당히 오래됐다. 성경에 나오는 압살롬이 아마 최초의 기록일 것이다. 그러나 고대 문헌에는 다른 이들도 자주 등장하는데 몇 명만 예를 들어보면 알키비아데스, 키케로, 네로 황제 등이 있다. 독재자나 제왕적 CEO는 대부분이 이 유형에 해당한다. 이들은 보통 평균적인 심한 자기도취자보다 야망이 크며, 한동안 그 에너지를 일에 쏟아부을 수 있다. 자기도취적 자신감에 가득 찬 그들은 사람들의 관심을 끌고 추종자가 생긴다. 이들은 남들이 감히 하지 못할 말이나 일을 하기 때문에 대단하고 실력 있어 보인다. 어쩌면 혁신적 제품에 대한 비전이 있을 수도 있고, 워낙 자신감을 뿜어내기 때문에 자신의 비전을 실현시키도록 도와줄 사람들을 찾아낼 수도 있다. 이들은 사람을 이용하는 데 달인이다.

만약 이들이 성공한다면 끔찍한 일이 벌어질 준비가 갖춰진 셈이다. 이들의 리더십은 더 많은 사람을 끌어들이고, 그것은 이들의 과대망상적 성향을 더욱 부채질한다. 이런 그들에게 감히 누가 이의라도 제기한다면, 그들은 보통 사람에게는 없는 심한 자기도취자 특유의 분노를 내놓기 쉽다. 이들은 과민하다. 또한 자신이 가진 권력을 정당화하기 위한 수단으로 계속해서 극적인 사건을 일으키길 좋아한다. 그들이 만들어낸 문제를 해결할 사람은 오직 그들뿐이다. 그러면 관심의 중심에 설 기회는 더욱더 늘어난다. 이들의 지시를 따르고 있는 조직은 결코 안정될 수 없다.

종종 이들이 사업가가 되는 경우도 있다. 카리스마와 능력으로 추종자들을 끌어들여 회사를 창업하는 것이다. 이들은 창의적 재주를 갖고 있을 수도 있다. 그러나 이들 유형의 리더는 결국 내면의 불안정함과 혼돈이 그들의 회사나 집단에도 반영되기 마련이다. 이들은 짜임새 있는 조직이나 회사를 만들지 못한다. 모든 게 반드시 본인을 거쳐 가야 한다. 누구랄 것 없이 모든 사람과 모든 일이 그들의 '자기대상'이기 때문에 그 모두를 직접 통제해야 한다. 이들은 그게 본인의 미덕이라고 자랑한다. 자연스러운 진짜 자신의 모습이라고 말이다. 그러나 실제로는 하나에 초점을 맞춰 확실한 한 가지를 창출하는 능력이 부족한 것이다.

자기도취를 자기몰두의 정도를 측정하는 하나의 수단으로 한번 생각해보자. 낮음부터 높음까지 눈금이 새겨진 자 위에 표시된다고 말이다. 거기서 특정 깊이, 예컨대 중간 지점보다 더 아래로 내려가면 사람들은 심한 자기도취의 영역으로 들어선다. 일단 한번 그 깊이에 도달하고 나면 이들이 다시 위로 올라가기는 아주 힘들다. 이들에게는 자존감이라는 장치가 없기 때문이다. 심한 자기도취자는 완전히 자기 안에 파묻혀 있고 거의 늘 언제나 기준이 되는 지점보다 아래에 있다. 잠시 어떻게 남들과 교류가 이뤄지더라도 상대의 말

한마디 행동 하나에 불안이 다시 치고 올라올 테고 그들은 지 아래로 곤두박 질칠 것이다. 하지만 그들 대부분은 시간이 지날수록 오히려 자기 속으로 더 깊이 가라앉는다. 남들은 그저 도구일 뿐이다. 현실은 그저 본인들의 욕구를 비춰주는 거울이다. 끊임없는 관심 말고는 그들이 살아남을 길은 없다.

이 중간 지점보다 위에 위치한 사람들을 우리는 '정상 범주의 자기도취자' 라고 부르기로 하자. 우리 대부분이 바로 여기에 위치한다. 우리도 누구나 자 기 안으로 침잠한다. 다만 너무 저 아래로까지 떨어지지 않을 수 있는 것은 내 가 의지하고 사랑할 수 있는 자아에 대한 통일된 개념이 있기 때문이다. 사실 '나르시시즘'이라는 단어가 자기애를 가리키게 된 것은 아이러니한 일이다. 왜냐하면 최악의 나르시시스트는 본인이 사랑할 만한 통일된 자아 자체가 없 기 때문이다. 바로 이 점이 그들의 모든 문제의 근원이다. 이 통일된 자아 개념 이 우리에게는 내적인 회복력 같은 것을 만들어준다. 오르락내리락하다 보면 우리도 가끔 중간 지점 아래로 내려가 심한 자기도취자 비슷한 경험을 할 때 가 있다. 특히나 사는 게 힘들고 우울한 순간에는 말이다. 하지만 우리는 반드 시 위로 올라오게 되어 있다. 상처받은 기분이나 불안한 마음이 끊임없이 지 속되는 것도 아니고, 늘 관심을 받기 위해 낚시질을 하며 다닐 필요도 없기 때 문에 정상 범주의 자기도취자들은 관심을 밖으로 돌려서 일에 몰두하거나 사 람들과 관계를 맺는 게 가능하다.

인간 본성을 공부하는 학생으로서 우리가 해야 할 일은 세 가지다. 첫째, 우 리는 '심한 자기도취자'라는 현상을 처음부터 끝까지 온전히 이해해야 한다. 심한 자기도취자들은 숫자로 따지면 우리의 다수는 아닐지 몰라도 그중에는 세상에 대단한 해악을 끼칠 수 있는 자들도 있다. 극적인 상황을 조장하고 우 리를 그들의 목적에 사용할 대상으로 만들려고 하는 유해한 사람들을 우리 는 반드시 구별할 줄 알아야 한다. 그들이 비정상적 에너지로 우리를 끌어들 일 때 거기에 걸려든다면 다시 빠져나오는 일은 악몽이 될 수 있다. 그들은 전

　　　　　　　　　　　　　　　　　　　　　　　인간 본성의 법칙

세를 역전시켜 상대가 죄책감을 느끼게 만드는 데 도가 튼 사람들이다. 그중에서도 가장 위험한 것은 자기도취적 리더다. 우리는 우리를 잡아끄는 그들의 매력에 저항하면서 겉으로는 창의적으로 보이는 그들의 가면을 꿰뚫어보아야 한다. 살면서 누구나 심한 자기도취자들을 만날 일이 있다. 따라서 그들을 다루는 법을 알아두는 것은 우리 모두에게 중요한 일이다.

둘째, 자신의 본성에 대해 정직해야 한다. 그것을 부정해서는 안 된다. 우리는 누구나 자기도취자다. 대화를 나누면 누구나 말을 하고 싶어 입이 근질거리고, 내 이야기를 들려주고 싶고 내 의견을 제시하고 싶다. 우리는 같은 생각을 가진 사람을 좋아한다. 훌륭한 내 취향을 거울처럼 보여주기 때문이다. 적극적인 사람은 적극성을 장점으로 생각한다. 내 것이기 때문이다. 반면에 소심한 사람은 적극성을 역겹다고 평가하고, 오히려 내성적인 성격을 높이 평가할 것이다. 우리는 누구나 아첨에 약하다. 나 자신을 사랑하기 때문이다. 나는 결코 자기도취자가 아니라며 세상의 모든 나르시시스트를 맹비난하는 설교꾼들이 실제로는 가장 큰 자기도취자인 경우가 많다. 손가락질을 하며 설교할 때 들리는 자신의 목소리를 사랑하기 때문이다. 정도의 차이가 있을 뿐, 우리는 누구나 자기 안에 빠져 있다. 내가 사랑할 수 있는 자아를 창조하는 것은 건강한 성장 과정의 하나고, 거기에 어떤 오명을 씌울 이유는 전혀 없다. 하지만 내면에서부터 나오는 자존감이 없다면 우리는 깊은 자기도취에 빠지고 말 것이다. 그러나 우리가 목표로 삼아야 할, 정상 범주의 자기도취 그 이상을 성취하기 위해서는 가장 먼저 스스로에게 정직해져야 한다. 자기 자신에게 몰두하는 우리의 본성을 부정하려 하거나 남보다 더 이타적인 사람인 척 하려고 든다면 나 자신을 변화시키는 일은 불가능하다.

가장 중요한 세 번째로, '건강한 자기도취자'가 되기 위해 변신을 시작해야 한다. 건강한 자기도취자는 더 강인하고 회복력 있는 자아 개념을 가지고 있다. 이들은 늘 눈금의 가장 높은 곳 근처에 머문다. 이들은 상처를 입거나 모욕을 당해도 남들보다 빨리 회복한다. 남들의 인정도 별로 필요하지 않다. 살면서 언젠가는 자신에게도 한계가 있고 단점이 있음을 깨닫는다. 그런 단점을 웃어넘길 수 있으며 모욕적인 말도 굳이 인신공격으로 받아들이지 않는다. 큰 그림에서 볼 때 여러모로 자기 자신을 인정하기 때문에 이들의 자기애는 더 현실적이고 온전하다. 이렇게 내면이 단단하기 때문에 이들은 더 쉽게, 더 자주 외부로 관심을 돌린다. 그 관심이 향하는 곳은 둘 중 하나(종종 둘 다)다. 첫째는 관심과 사랑을 일로 돌려서 훌륭한 예술가, 창작자, 발명가가 된다. 외부를 향한 일에 대한 관심이 강렬하기 때문에 이들은 모험을 해도 자주 성공하고 그를 통해 꼭 필요한 관심과 인정도 얻는다. 이들에게도 의심과 불안의 순간은 올 수 있고, 특히나 예술가들은 예민한 것으로 악명이 높지만, 일이라는 해방구가 있기에 이들은 지나치게 자기몰두에 빠지지는 않는다.

건강한 자기도취자의 관심이 향하는 다른 하나는 사람들이다. 그래서 이들은 공감능력이 발달한다. 공감은 앞서 말했던 눈금의 제일 꼭대기 혹은 그 위에 있는 영역이라고 생각하면 된다. 말하자면 온전히 타인에게 빠져드는 경지라고 할 수 있다. 인간은 타인을 속에서부터 이해할 수 있는 대단한 능력을 타고났다. 아주 어릴 때 우리는 어머니와 완전히 하나로 묶인 듯한 기분을 느꼈다. 아직 말도 배우기 전부터 우리는 어머니의 기분 하나하나를 느끼고 감정 하나하나를 읽어낼 수 있었다. 다른 동물이나 영장류와는 달리 우리는 이 능력을 어머니를 넘어 다른 양육자나 주변 사람들에게까지 확장할 수 있는 능력도 갖추고 있었다.

이게 바로 지금까지도 우리가 친한 친구나 배우자에게 느끼는 공감의 실체다. 우리는 또 타인의 관점에서 생각할 수 있는 능력을 타고났다. 우리는 상대의 머릿속으로 들어가 생각해볼 수 있다. 그러나 이런 능력이 대체로 휴면 상태로 머무는 이유는 우리가 자기 안에 빠져 있기 때문이다. 그러다가 20대를 넘기고 우리 자신에 대해 좀 더 자신감이 생기면 우리는 외부로 관심을 돌릴

인간 본성의 법칙

수 있고, 남들에게 초점을 맞추면서 이런 능력을 재발견한다. 이런 공감능력을 발휘하는 사람들은 종종 예술이나 과학 분야, 심리치료, 최고위급 리더 등으로 활약하며 사람들을 탁월하게 관찰한다.

지금은 이런 공감능력을 개발해야 할 필요성이 그 어느 때보다 커졌다. 다양한 연구 결과를 보더라도 1970년대 후반 이후 젊은이들 사이에는 자기몰두와 자기도취의 수준이 서서히 증가했음을 알 수 있고, 2000년 이후에는 더욱 가파르게 상승했다. 그 원인의 상당 부분은 기술과 인터넷에서 찾을 수 있다. 실제로 사람을 만나 교류하는 시간은 줄어들었고, 온라인에서 관계를 맺는 시간은 늘어났다. 그러다 보니 공감능력을 개발하고 인간관계의 기술을 갈고 닦기는 더욱더 어려워진다. 다른 여느 기술과 마찬가지로 공감능력도 양질의 관심을 통해 습득된다. 스마트폰을 봐야 해서 외부로의 관심이 자꾸 차단된다면 타인의 감정이나 관점은 결코 이해하지 못하게 될 것이다. 사람들과의 교류는 수박 겉핥기처럼 표면으로만 겉돌고 계속 자기 자신에게로 되돌아오면서 진정한 관계는 전혀 맺지 못한다. 군중 속에 있어도 사실상 혼자다. 사람은 그저 하나의 도구가 된다. 인연을 맺는 관계가 아니라 불안을 달래주는 도구 말이다.

인간의 뇌는 사회적 교류가 끊임없이 일어나는 것에 맞춰 만들어졌다. 인간이라는 종의 지능이 급격히 좋아진 데는 바로 이 복잡한 사회적 교류가 크게 한몫했다. 타인과의 관계가 줄어들다 보면 어느 순간부터는 뇌에 부정적 영향이 생기기 시작하고 사회성이라는 근육이 위축된다. 설상가상으로 서구의 문화는 개인과 개인의 권리를 최고의 가치로 강조하는 경향이 있는데, 이것은 자기몰두를 더욱더 부추긴다. 남들은 나와 다른 관점을 가졌다는 사실을 상상조차 못하는 사람들이 점점 더 늘어나고 있다. 사람들은 욕망도 생각도 같지 않은데 말이다.

우리는 이런 추세를 거스르고 공감 에너지를 창조하도록 노력해야 한다. 스

펙트럼의 양쪽 극단으로 살수록 나름의 이유로 가속이 붙기 쉽다. 깊은 자기
도취는 우리를 점점 더 깊이 가라앉게 만든다. 현실과의 유대가 약해지면서
일도 인간관계도 제대로 진행할 수 없게 된다. 공감은 정반대의 작용을 한다.
관심을 외부로 돌릴수록 긍정적 피드백이 계속해서 돌아온다. 사람들이 당신
주위에 더 많이 머물려고 한다. 공감 근육이 발달하고, 업무 성과가 더 좋아지
고, 인간이라면 누구나 원하는 관심을 노력하지 않아도 받게 된다. 공감은 위
쪽으로 작용하는 긍정적 추진력을 자체적으로 만들어낸다. 공감능력을 구성
하는 네 가지 요소는 아래와 같다.

공감적 태도

공감은 단순한 마음의 상태가 아니다. 공감은 타인과 관계를 맺는 새로운
방식이다. 가장 위험한 것은 내가 정말로 남들을 이해하고 있다고 늘 생각하
며 지내는 것이다. 우리는 내가 남들을 순식간에 판단해 어느 한 유형에 집어
넣을 수 있다고 생각한다. 그러나 우리에게 반드시 필요한 자세는 오히려 내
가 아주 무지하며 타고난 나의 편향 때문에 사람을 부정확하게 판단할 거라
고 가정하는 태도다. 우리 주변 사람들은 각자의 목적에 맞는 가면을 보여준
다. 그런데도 당신은 그 가면을 현실로 오인한다. 사람을 보자마자 판단하는 태
도를 이제는 그만 포기하라. 마음을 열고 사람을 새로운 시선에서 보라. 상대가
나와 비슷한 사람이라거나 나와 같은 가치관을 가졌을 거라 가정하지 마라. 당
신이 만나는 사람들은 한 명 한 명이 모두 아주 특이한 심리 조합으로 구성된
미지의 나라와 같다. 그러니 조심스럽게 탐구해야 할 대상이며 뚜껑을 열어보
면 틀림없이 깜짝 놀랄 것이다. 새로운 시선에서 본다는 유연하고 열린 태도
는 창조적 에너지와도 유사한 점이 있다. 더 많은 가능성과 대안을 기꺼이 고
려하려고 마음먹고 있기 때문이다. 실제로 공감능력을 개발하면 창의력 역시
향상될 것이다.

이런 태도의 변화를 시작하기 가장 좋은 곳은 수많은 일상 대화에서다. 평소처럼 떠들고 내 의견을 말하고 싶은 충동을 거슬러 상대의 관점을 열렬히 듣고 싶어 하라. 우리는 상대의 관점에도 어마어마한 호기심을 갖고 있다. 쉴 새 없이 중얼거리는 내면의 독백은 최대한 차단하고, 상대에게 온전히 주목하라. 여기서 중요한 것은 듣는 '정도'이다. 대화를 나누는 동안 상대가 한 말 혹은 말하지 않았으나 내가 감지한 내용을 상대에게 그대로 들려줄 수 있을 만큼 열심히 들어라. 그렇게 하면 상대가 나에게 어마어마한 매력을 느끼는 효과까지 누리게 될 것이다.

이런 태도는 내가 나 자신에게 허용하는 것만큼이나 상대를 너그럽게 보도록 만들어준다. 예컨대 우리는 누구나 다음과 같은 행동을 한다. 내가 실수했을 때는 나를 그렇게 만든 환경을 탓하면서, 다른 사람이 실수를 하면 그 사람의 결함으로 본다. 마치 상대의 인격이 불완전해서 그런 행동이 나온 것처럼 말이다. 바로 '귀인 편향(歸因 偏向)'이라는 것이다. 우리는 이 편향을 이겨내도록 노력해야 한다. 공감적 태도가 있으면 남들이 그린 행동을 하게 만드는 주변 상황을 먼저 고려하게 된다. 나 자신을 대할 때와 똑같이 상대도 선한 의도에서 출발했을 거라는 생각부터 하게 된다.

마지막으로, 공감적 태도를 취할 수 있느냐 여부는 당신의 자기애가 어느 정도인가에 달려 있다. 내가 남보다 훨씬 뛰어나다고 느끼거나 불안에 사로잡혀 있다면 타인에게 몰입하고 공감하는 순간의 깊이가 아주 얕을 것이다. 당신은 당신이 가진 흠결까지 포함해 당신이라는 사람 자체를 온전히 받아들여야 한다. 자신의 흠결이 또렷이 보인다고 해도 그것을 있는 그대로 인정하고 사랑할 수 있다. '나는 완벽하지 않다. 나는 천사가 아니다. 나는 남들과 똑같은 본성을 타고났다.' 이런 태도를 취하면 당신 자신을 웃어넘길 수 있고 모욕을 당해도 가볍게 받아넘길 수 있다. 속이 정말로 단단하고 회복력이 있으면 관심을 외부로 돌리기가 훨씬 쉽다.

본능적 공감

공감이란 감정 조율의 도구다. 남의 생각을 읽거나 알아내기는 쉽지 않지만, 상대의 감정이나 기분을 파악하는 것은 훨씬 쉽다. 누구나 상대의 감정은 알아채기 마련이다. 다른 사람과 나 사이의 물리적 경계는 생각보다 훨씬 투과성이 높다. 사람들은 끊임없이 내 기분에 영향을 미친다. 지금 우리가 할 일은 그 생리 반응을 지식으로 바꾸는 것이다. 보디랭귀지나 목소리 톤을 통해 드러나는 사람들의 기분에 깊은 관심을 기울여라. 말하는 사람을 잘 관찰하면 전반적인 분위기를 알 수 있다. 그 분위기는 그가 말하는 내용과 서로 어울릴 수도 있고 아닐 수도 있다. 자신감이나 불안, 방어적 태도, 거만함, 좌절감, 들뜸 같은 것들이 바로 그것이다. 이것들은 목소리나 제스처, 자세 등을 통해 구체적으로 드러난다. 사람을 만날 때마다 상대의 말에 관심을 기울이기에 앞서 이런 분위기부터 감지하도록 노력하라. 이 분위기는 본능적으로 전달되어 상대에 대한 우리의 반응에도 고스란히 드러난다. 상대가 방어적 태도를 보이면 우리에게도 그런 기분이 들 가능성이 크다.

우리가 핵심적으로 알아내야 할 것은 상대의 의도다. 그 의도가 무엇이 되었든 그 뒤에는 늘 감정이 자리하고 있다. 상대의 말에서 다 드러나지 않더라도 우리는 상대가 원하는 것, 상대의 목표에 나를 맞춘다. 주의를 기울이면 그 의도나 목표 역시 구체적으로 전달된다. 예컨대 아는 사람이 평소답지 않게 갑자기 내 인생에 관심을 보인다면 신경이 쓰일 것이다. 정말로 나를 알고 싶어서 이러는 건가? 그냥 관심을 딴 데로 돌리는 건가? 아니면 뭔가 다른 목적이 있어서 나를 이용하려고 분위기를 조성 중인가? 이럴 때는 흥분과 관심을 표현하는 상대의 말에 초점을 맞추지 말고, 내가 읽어낼 수 있는 전체적 분위기에 초점을 맞춰라. 상대는 내 말을 얼마나 유심히 듣고 있는가? 상대가 계속해서 눈을 맞추는가? 상대가 내 말을 듣고는 있지만 자기 안에 침잠해 있는 것처럼 느껴지지는 않는가? 갑자기 내가 화제의 중심이 되긴 했으나 신뢰가 가지 않는다면 상대는 아마 나에게 뭔가를 부탁하거나 어떤 식으로든 나를 조종하고 이용하려는 의도일 것이다.

이런 종류의 공감은 거울신경(mirror neuron)에 크게 의존한다. 거울신경이란 물건을 줍는 것처럼 누가 무언가를 하는 모습을 봤을 때 마치 우리가 직접 그렇게 하는 것처럼 뇌 안에서 활성화되는 뉴런이다. 거울신경 덕분에 우리는 다른 사람의 입장에서 상대가 어떤 기분일지 느껴볼 수 있다. 여러 연구에 따르면 공감능력 테스트에서 높은 점수를 받은 사람들은 일반적으로 흉내도 아주 잘 낸다고 한다. 누군가 미소를 짓거나 고통에 움찔하는 모습을 보이면 사람들은 무의식적으로 상대의 표정을 따라 하고 그를 통해 상대가 느끼는 감정을 느낀다. 누가 미소를 짓거나 기분이 좋아 보이면 우리에게도 자주 전염되는 효과가 있다. 이 능력을 의식적으로 사용해 상대의 감정 속으로 들어가볼 수도 있다. 말 그대로 상대의 표정을 흉내 내거나 혹은 과거에 그런 감정을 일으켰던 비슷한 경험을 떠올려보면 된다. 알렉스 헤일리(Alex Haley)는《뿌리》를 집필하기 전에 한동안 어두컴컴한 배 안에서 시간을 보내며 흑인 노예들이 느꼈을 밀실공포를 재현해보려 애썼다고 한다. 그는 노예들의 감정을 뼛속 깊이 느껴봄으로써 노예의 세상으로 들어가 글을 쓸 수 있었다.

더불어 어떤 식으로든 상대를 따라 하면 상대로부터 공감 반응을 끌어낼 수 있다. 이게 겉으로 드러날 때도 있는데 바로 '카멜레온 효과'라는 것이다. 대화를 나눌 때 물리적으로든 정서적으로든 서로 이어져 있는 사람들은 상대의 자세나 제스처를 따라하는 경향이 있다. 예컨대 한 사람이 다리를 꼬면 다른 사람도 다리를 꼬는 식이다. 어느 정도 의식적으로도 이렇게 할 수 있기 때문에 상대의 행동을 일부러 따라 해서 교감을 유도할 수도 있다. 마찬가지로 상대가 말하고 있을 때 고개를 끄덕이거나 미소를 보이면 교감이 더 깊어진다. 심지어 상대의 정신 속으로 들어가는 방법도 있다. 상대의 기분을 깊숙이 받아들인 다음, 다시 상대에게 돌려주면 라포르(rapport)라고 하는 깊은 신뢰감을 형성할 수 있다. 말은 하지 않지만 사람들은 일상 속에서 이런 정서적 라포르를 몹시 갈망한다. 라포르를 경험하는 일이 그만큼 드물기 때문이다. 라포르에는 최면 효과가 있을 뿐만 아니라 내가 상대의 거울이 되는 것이기 때문에 상대의 나르시시즘에 호소할 수도 있다.

본능적 공감을 사용할 때는 반드시 어느 정도의 거리를 유지해야 한다는 사실을 기억해야 한다. 상대의 감정에 완전히 다 휘말려서는 안 된다. 그렇게 되면 읽어낸 것들을 분석하기 어려울 뿐만 아니라 건강하지 못한 방식으로 통제력을 상실할 수도 있다. 그리고 너무 강하게 노골적으로 이런 방법을 쓰면 상대에게 소름끼치는 느낌을 줄 수 있다. 선택적으로 고개를 끄덕이고 미소를 보이고 표정이나 행동 등을 따라하는 것은 거의 감지하기 힘들 정도로 교묘하게 이뤄져야 한다.

분석적 공감

우리가 친구나 배우자를 그토록 깊이 이해할 수 있는 이유는 상대의 취향이나 가치관, 가족 관계 등에 관해 워낙 많은 정보를 갖고 있기 때문이다. 누군가를 안다고 생각했지만 시간이 지나면서 더 많은 정보가 생겨 첫인상을 수정해야 했던 경험이 다들 있을 것이다. 그러니 물리적 공감이 아주 강력하기는 해도 반드시 분석적 공감으로 보완해주어야 한다. 이게 특히 도움이 되는 것은 상대가 나와 아주 다른 사람이거나 나를 밀어내는 뭔가가 있어서 저항감이 들며 동질감을 느끼기가 어려울 때다. 그럴 때는 상대를 빨리 판단해서 어느 한 유형에 집어넣으려고 하는 것이 자연스러운 반응이다. 물론 세상에는 순전한 바보나 사이코패스처럼 우리가 이해하려고 노력할 필요조차 없는 사람들도 있다. 하지만 그 외 대부분의 사람들은 언뜻 이해가 안 가는 것처럼 보이더라도 그들을 훌륭한 도전 기회라고 여겨야 한다. 우리의 기술을 갈고닦을 기회라고 말이다. 에이브러햄 링컨은 이렇게 말했다. "나는 저 사람이 맘에 안 들어. 어떤 사람인지 꼭 더 알아봐야겠어."

분석적 공감이 이뤄지는 것은 대부분 대화나 정보 수집을 통해 상대의 정신 속으로 들어가볼 때다. 그런데 어떤 정보는 다른 정보보다 훨씬 더 가치가 있다. 예컨대 사람의 가치관을 읽어낼 수 있는 정보는 대부분 어린 시절 정립된다. 사람들은 부모나 부모와의 관계를 토대로 강하다, 예민하다, 관대하다, 약하다 등의 개념을 형성하는 경우가 많다. 울음을 터뜨리는 남자가 있을 때 예민함의 징후로 보고 매력을 느끼는 여성이 있는가 하면, 나약함의 신호로 보아 배척하는 여성도 있다. 이런 식으로 사람들의 가치관을 제대로 이해하지 못하거나 나의 가치관을 상대에게 투영한다면 상대의 반응을 잘못 읽어 불필요한 갈등을 빚게 될 것이다.

그렇다면 우리는 내가 연구할 사람의 어린 시절 및 부모형제와의 관계에 대해 최대한 많은 내용을 수집하는 것을 목표로 삼아야 한다. 상대가 지금 가족들과 맺고 있는 관계도 그 사람의 과거에 관해 많은 것을 말해준다는 사실을 잊지 마라. 상대가 가족 내에서 권위를 상징하는 인물에게 어떻게 반응하는지 읽도록 노력하라. 이것은 상대가 얼마나 반항적인지 혹은 순종적인지 알아보는 네 도움이 될 것이다. 어떤 배우자를 골랐는지도 상대에 대해 많은 것을 말해줄 것이다.

상대가 이야기하기를 꺼리는 것 같으면 비교적 대답이 자유로운 질문을 하거나 나 자신의 가족 관계를 솔직하게 인정함으로써 신뢰를 쌓는 것부터 시작하라. 일반적으로 사람들은 자기 자신에 관해 혹은 자신의 과거에 관해 이야기하는 것을 좋아하기 때문에 이런 방법으로 마음을 열게 만드는 일은 꽤 쉬운 편이다. 상대의 극도로 예민한 지점을 알려주는 심리적 방아쇠(1장 참조)를 찾아보라. 문화적 배경이 다르다면 상대의 경험으로부터 그런 문화를 이해하는 것이 정말로 중요하다. 우리의 큰 목표는 그 사람만이 가진 독특한 개성을 찾아내는 것이다. 정확히 말해 우리는 이 사람이 나나 내가 아는 다른 사람과 다른 지점을 찾고 있다.

공감 기술

　매사가 그렇듯이 공감적인 사람이 되는 것도 일련의 과정이다. 내가 발전하고 있는지, 다른 사람을 깊이 이해하는 능력이 향상되고 있는지 분명히 알기 위해서는 피드백이 필요하다. 피드백에는 두 가지 형태가 있다. 직접적 피드백과 간접적 피드백이 그것이다. 직접적 피드백은 상대의 생각이나 느낌을 물어서 내 짐작이 맞는지 확인하는 방법이다. 신중한 접근이 필요하고 신뢰 관계가 바탕이 되어야 하지만 내 능력을 아주 정확히 측정할 수 있는 장점이 있다. 반면에 간접적 피드백은 라포르를 더 많이 느끼는지, 어느 방법이 효과가 있었는지 내 스스로 가늠해보는 방법이다.

　이 능력을 향상시키고 싶다면 다음과 같은 사항을 염두에 두라. 직접 부딪치며 만나는 사람이 많을수록 당신의 실력은 향상될 것이다. 또 만나는 사람이 다양할수록 공감 기술도 다양해질 것이다. 그리고 생각의 유동성을 계속 유지하라. 사람에 대한 생각은 결코 한 번의 판단으로 끝나지 않는다. 누군가를 만나면 계속해서 주의를 기울여라. 대화가 진행되는 동안 상대는 어떻게 변해가고 나는 또 상대에게 어떤 영향을 주는지 잘 살펴보라. 매 순간 집중하라. 상대가 내가 아닌 다른 사람과는 어떤 식으로 교류하는지 지켜보라. 사람들은 종종 상대가 누구냐에 따라 아주 다른 모습을 보인다. '유형'에 초점을 맞추지 말고 상대가 나에게 일으키는 전반적인 느낌이나 분위기에 주목하라. 이런 느낌이나 분위기는 계속해서 바뀐다. 여기에 능숙해지면 사람들의 심리 상태를 알아챌 수 있는 신호들을 더 많이 알게 될 것이다. 더 많은 게 눈에 보일 것이다. 본능적 교감과 분석적 교감을 계속해서 섞어 사용하라.

　당신의 공감능력이 향상되는 게 눈에 보이면 큰 짜릿함이 느껴짐과 동시에 상대방의 마음에 더 깊이 들어가보고 싶을 것이다. 불필요한 마찰이나 오해가

　　　　　　　　　　　　　　　　　　　인간 본성의 법칙　•

줄어들면서 전반적으로 삶이 더 순조로워진 것을 알게 될 것이다.

인간 본성에서 가장 뿌리 깊은 법칙은 인정받기를 갈망하는 것이다.

– 윌리엄 제임스(19세기 미국의 심리학자)

자기도취자의 네 가지 유형

통제광 자기도취자

소비에트연방의 수상이 된 지 얼마 안 되던 시절 이오시프 스탈린(Iosif Stalin, 1879-1953)을 처음 만난 사람들은 대부분 그가 놀랍도록 매력적이라고 생각했다. 그는 자기보다 한참 어린 부관들에게도 그를 부를 때는 존칭을 생략하게 했고, 말단 관리들에게조차 방문을 활짝 열어놓았다. 남의 이야기를 들어줄 때는 어찌나 집중해서 관심을 기울이는지, 그의 눈빛에 온몸이 뚫어질 것 같은 기분이 들었다. 그는 사람들의 가장 깊숙한 곳에 위치한 생각과 불신마저나 읽어내는 듯 보였다. 그러나 누가 뭐래도 그의 가장 큰 특징은 상대로 하여금 중요한 사람이 된 것 같은 기분을 느끼게 한다는 점이었다. 그는 상대방을 혁명가 핵심층의 일원이 된 것처럼 느끼게 만들었다. 사무실 밖에서 어울릴 때면 어깨동무를 했고, 헤어질 때면 꼭 다정한 말을 한마디씩 남겼다. 어느 젊은이가 나중에 쓴 것처럼 스탈린을 한번 만난 사람은 "그를 다시 만나고 싶어 안달이었다. 왜냐하면 그는 이제 우리가 영원히 하나가 됐다고 여길 만큼 강한 유대감을 느끼게 만들었기 때문이다." 종종 그가 보이는 다소 시큰둥한 태도는 수하들을 미치게 만들었지만, 그런 분위기가 지나고 나면 다시 또 언제 그랬냐는 듯 그의 애정을 흠뻑 느낄 수 있었다.

그의 매력 중에는 그가 혁명의 완벽한 본보기라는 점도 작용했다. 그는 인민의 일원이었다. 거칠고 다소 무례한 면도 있었으나 보통의 러시아 사람이라면 누구나 그에게 동질감을 느낄 만했다. 그리고 무엇보다 이오시프 스탈린은 아주 재미난 사람이었다. 그는 노래 부르는 것을 좋아하고 저속한 농담도 잘했다. 그러니 그가 서서히 세(勢)를 키워 소비에트 연방 전체를 장악하게 된 것도 결코 무리가 아니었다. 그러나 해가 가고 권력이 커지자 스탈린이라는 사람의 또 다른 면이 서서히 새어나오기 시작했다. 친근하게 보이던 그의 모습은 생각처럼 그렇게 단순하지 않았다. 그의 핵심 측근 가운데서 의미심장한 징후가 처음으로 나타난 것은 아마도 세르게이 키로프(Sergey Kirov)의 사례일 것이다. 키로프는 공산당 정치국의 실세였을 뿐만 아니라 1932년 스탈린의 아내가 자살한 이후 그의 가장 친한 친구이자 심복이었다.

키로프는 열정적이고 조금은 단순한 사내로 쉽게 친구를 사귀고 스탈린의 마음을 편하게 만드는 재주가 있었다. 문제는 키로프의 인기가 조금 과하게 높아지기 시작했다는 점이다. 1934년 각 지역의 리더 몇 명이 키로프에게 접근해 한 가지 제안을 내놓았다. 그들은 소작농을 학대하는 스탈린에게 질렸다며 쿠데타를 준비하고 있는데 키로프가 새로운 수상이 되어주면 좋겠다고 했다. 키로프는 의리를 지켰다. 그는 스탈린에게 모반을 밀고했고 스탈린은 고마워서 어쩔 줄 몰라 했다. 그러나 그때부터 키로프를 대하는 스탈린의 태도는 어쩐지 달라져 있었다. 전에 볼 수 없던 냉담함이 있었다.

키로프는 곧 자신이 어떤 곤경을 자초했는지 깨달았다. 그는 스탈린이 생각만큼 인기 있지 않다는 사실과 더 많은 사람이 좋아하는 인물이 적어도 한 명은 있다는 사실을 알려준 셈이었다. 위험에 처한 것을 직감한 키로프는 스탈린의 불안을 잠재우기 위해 할 수 있는 모든 일을 다 했다. 사람들 앞에 나설 때면 그 어느 때보다 스탈린의 이름을 많이 연호했고, 심하다 싶을 만큼 그를 칭찬했다. 하지만 그러면 그럴수록 스탈린의 의구심은 오히려 더 커지는 듯했다. 마치 키로프가 진실을 은폐하려고 발악을 한다고 여기는 것 같았다. 키로프는 그동안 스탈린을 소재로 삼아 웃음을 유도했던 수많은 농담이 떠올랐다. 그 당시에는 감히 그렇게 스탈린을 농담의 소재로 삼을 수 있다는 사실 자체가 둘 사이의 친근함을 드러내는 행위였다. 그러나 이제 스탈린은 그 농담들을 분명히 달리 생각할 것이다. 키로프는 꼼짝없이 덫에 걸린 기분이었다.

1934년 12월 총잡이 한 명이 사무실 바로 앞에서 키로프를 암살했다. 대놓고 스탈린이라고 지목할 수 있는 사람은 아무도 없었지만, 그의 암묵적 승인이 있었던 것만큼은 거의 확실해 보였다. 이날의 암살 이후 스탈린의 친한 친구들이 하나씩 차례로 체포되는가 싶더니, 결국 이 사건은 1930년대 후반 공산당 내 대규모 숙청으로 이어졌다. 이 숙청으로 수십만 명이 목숨을 잃었다. 숙청 대상이 된 스탈린의 최고위급 부관들은 거의 모두가 고문을 당하며 자백을 강요받았다. 나중에 스탈린은 한때는 용감했던 자신의 친구들이 마지막에는 어떤 필사적인 모습까지 보였는지 고문관들이 들려주는 이야기에 열심히 귀를 기울이곤 했다. 친구들이 무릎을 꿇고 흐느끼며 자신의 죄를 용서해달라고, 목숨만 살려달라고 빌었다는 이야기가 나오면 웃음을 터뜨렸다. 그는 마치 옛 친구들의 굴욕을 즐기는 듯했다.

스탈린에게 과연 무슨 일이 있었던 걸까? 한때는 그토록 다정했던 이 남자를 변하게 만든 게 뭘까? 그는 여전히 친한 친구에게 아이 같은 애정을 보여줄 수도 있었으나 한순간 등을 돌리면 친구를 죽여버릴 수도 있는 사람이었다. 다른 이상한 특징들도 점점 뚜렷해졌다. 겉으로 스탈린은 극도로 겸손한 사람이었다. 그는 프롤레타리아의 화신(化身)이었다. 누가 그를 공개적으로 찬양하자고 하면 그는 화를 냈다. 한 사람이 그렇게 많은 관심의 중심에 서서는 안 된다고 했다. 그러나 서서히 그의 이름과 사진이 곳곳에 나타나기 시작했다. 공산당 기관지 〈프라우다(Pravda)〉는 그의 일거수일투족을 보도하며 그를 거의 신격화했다. 군대 열병식에서는 머리 위를 나는 비행기들이 대형을 맞춰 하늘에 '스탈린'이라는 이름을 썼다. 그는 자신을 둘러싸고 종교에 가까운 숭배가 늘어나는 것에 대해 자신은 일절 개입하지 않았노라 말했으나, 결코 중단시키지는 않았다.

그는 점차 자신을 3인칭으로 거론하기 시작했다. 마치 그가 개인을 넘어 어떤 혁명 세력이 된 것처럼, 결코 잘못될 수 없는 절대적 인물이 된 것처럼 말이다. 연설을 하다가 그가 우연히 어느 단어를 잘못 발음하면 이후의 모든 연설자는 그 단어를 스탈린처럼 발음해야 했다. 그의 최고 부관 중 한 명은 이렇게 고백했다. "내가 만약 옳은 발음을 고수했다면 스탈린은 내가 그를 지적한다고 느꼈을 것이다." 그것은 자살행위가 될 수도 있었다.

히틀러가 소비에트연방을 침략하려는 게 분명해지자 스탈린은 전쟁 준비를 일일이 감독하기 시작했다. 그는 준비가 늦다며 부관들을 끊임없이 질책했다. 한 번은 이렇게 불평하기도 했다. "이 많은 문제를 나 혼자 상대하고 있어…. 이건 마치 나 혼자 싸우는 것 같아." 이내 스탈린 휘하의 수많은 장군들은 진퇴양난에 빠졌다. 자기 생각을 말했다가는 스탈린이 끔찍한 모욕으로 받아들일 테고, 그렇다고 스탈린의 말만 고분고분 따랐다가는 그가 불같이 화를 낼 것이기 때문이었다. 스탈린은 장군들을 모아놓고 이렇게 호통을 치기도 했다. "내가 대체 말을 왜 하는 거야? 내가 무슨 말을 하든 자네들은 '예, 스탈린 동지. 물론입니다, 스탈린 동지. 현명한 결정이십니다, 스탈린 동지'라고 하잖아." 혼자만 전쟁 준비를 하고 있다고 느낀 스탈린은 격노했고, 가장 유능하고 노련한 장군들을 파면해버렸다. 그는 이제 총검의 크기와 모양에 이르는 전쟁의 세세한 부분들까지 하나하나 모두 다 직접 챙겼다.

얼마 지나지 않아 스탈린의 부관들에게는 스탈린의 기분과 변덕을 정확히 읽어내는 게 곧 생사와 직결된 문제가 됐다. 절대로 그를 불안하게 만들어서는 안 된다. 그랬다가는 그가 위험할 만치 예측불허가 될 것이기 때문이다. 스탈린의 눈을 똑바로 보아야만 뭔가를 숨기는 사람처럼 보이지 않는다. 하지만 너무 오래 쳐다보면 그가 초조해하면서 시선을 의식할지도 모르니, 아슬아슬

인간 본성의 법칙

한 그 비율을 잘 섞어야 한다. 그가 입을 열면 메모를 해야 하지만, 모든 말을 다 받아써서는 안 된다. 그랬다가는 수상쩍게 보일 것이다. 스탈린에게 직언을 한 사람 중에 일부는 잘나가고 일부는 감옥에 갔다. 해답은 전체적으로는 스탈린의 말을 따르면서도 살짝살짝 언제 직언을 섞어야 할지 아는 데 있었다. 스탈린의 심중을 읽는 일은 마치 불가사의한 과학처럼 됐고, 부관들은 이 과학에 관해 수시로 의견을 교환했다.

가장 운이 나쁜 경우는 저녁 식사에 초대돼 그의 집에서 함께 심야 영화를 봐야 하는 때였다. 이런 초대는 거절하기가 불가능했는데, 전쟁이 끝나자 횟수가 자꾸만 더 잦아졌다. 겉으로는 이전과 다를 게 없었다. 혁명 동지들끼리 뭉치는 따뜻하고 친근한 사교 모임이었다. 하지만 속을 들여다보면 사람들은 공포에 벌벌 떨었다. 밤새 술판이라도 벌어지는 날이면 스탈린은 그의 최고위 부관들을 감시의 눈초리로 하나하나 지켜보았다. 스탈린 본인의 술은 심하게 희석시켜 놓고 부관들이 자제력을 상실할 때까지 계속 술을 권한 다음, 그들이 행여 실수라도 할까 봐 말 한마디, 행동 하나까지 기를 쓰며 조심하는 모습을 남몰래 즐겼다.

최악은 저녁이 끝나갈 때쯤이었다. 스탈린은 축음기를 꺼내 음악을 틀고 부관들에게 춤을 추게 시켰다. 나중에 수상이 되는 니키타 흐루쇼프(Nikita Khrushchev)에게는 쭈그려 앉았다가 발로 차기를 계속해야 하는 격렬한 춤 '고파크'를 시켰고, 흐루쇼프는 종종 헛구역질을 할 만큼 힘들어했다. 다른 부관들에게는 짝을 지어 블루스를 추게 했고, 다 큰 남자들이 여자 역할까지 하며 춤추는 모습을 흐뭇하게 바라보다가 배꼽이 빠지도록 웃곤 했다. 사람들의 동작 하나하나까지 마음대로 움직이는 꼭두각시 조종자처럼 궁극의 지배력을 보여준 사례였다.

해석 ──•

이오시프 스탈린 같은 사람들은 우리에게 커다란 수수께끼를 던져준다. 대체 어떻게 한 사람이 그토록 심한 자기도취자이면서도 그토록 매력적일 수 있을까? 대체 어떻게 매력을 발휘하기에 영향력을 손에 넣을까? 자기 자신에게 집착하는 게 저토록 명백한데 무슨 수로 남들과 교감하는 걸까? 사람들을 대체 어떻게 홀리는 걸까? 그 해답은 그들의 커리어 초창기 시절에서 찾을 수 있다. 그들이 아직 편집증적 성향을 보이거나 악랄해지기 이전 말이다.

스탈린 같은 유형은 일반적인 '심한 자기도취자'보다 더 큰 야망과 에너지를 품고 있고, 불안의 정도도 더 심한 경우가 많다. 그들이 이 불안을 잠재우고 자신의 야심을 충족시킬 수 있는 유일한 방법은 보통 사람들이 얻는 것보다 더 큰 관심과 인정을 얻어내는 것뿐이다. 그리고 그 관심과 인정을 받을 유일한 방법은 정치나 사업을 통해 사회적 권력을 확보하는 것이다. 이들은 일찍부터 거기에 필요한 최고의 수단을 손에 넣는다. 심한 자기도취자들이 대부분 그렇듯이 이들 역시 약간이라도 모욕을 받으면 아주 민감하게 반응한다. 이들은 사람의 감정이나 생각을 탐지할 수 있는 정교한 안테나를 보유하고 있기 때문에 모욕의 기미라도 살짝 비치면 즉각 알아챌 수 있다. 하지만 어느 시점이 되면 이들은 자신의 그런 예민한 감수성을 타인을 향해서도 사용할 수 있다는 것, 타인의 욕망과 불안을 탐지하는 데도 쓸 수 있다는 것을 깨닫게 된다. 이들은 워낙에 예민하기 때문에 깊은 주의를 기울여 남의 말을 들을 수 있고, 공감도 흉내 낼 수 있다. 차이가 있다면 이들은 다른 사람과 관계를 맺고 싶은 욕구 때문이 아니라 남을 지배하고 조종하고 싶은 욕구 때문에 그렇게 한다는 점이다. 이들은 당신을 갖고 노는 데 필요한 약점을 찾아내기 위해 당신의 말에 귀를 기울이고 당신을 탐구한다.

그렇다고 그들의 관심이 모두 가짜라거나 아무 효과가 없다는 뜻은 아니다. 당신의 어깨에 팔을 두른 그 순간만큼은 그들도 동지애를 느낀다. 다만 그 순간이 지나면 그 관계가 진정성 있고 더 깊은 관계로 발전하지 않게끔 그 감정을 억누르고 통제한다. 그러지 않았다가는 자신의 감정에 대한 통제력을 상실할 수도 있고, 괜히 다른 사람을 향해 마음을 열었다가 상처를 받을 수도 있기 때문이다. 그들은 관심과 애정을 보여주어 당신을 끌어당긴 다음, 반드시 더 깊은 냉담함 속으로 당신을 꾀어 들인다. 내가 뭘 잘못한 건가? 어떻게 해야 그가 나를 다시 좋아할까? 이런 수법은 겨우 1~2초 정도의 찰나 동안 느끼고 지나갈 만큼 교묘하지만 효과만큼은 확실하다. 바로 팜 파탈이 사용하는 전형적인 '밀당(밀고 당기기)'이다. 언젠가 느꼈던 그 따뜻함을 다시 한 번 느끼고 싶게 만드는 수법 말이다. 이들은 이례적일 만큼 높은 수준의 자신감을 내보이기 때문에 여기에 밀당까지 결합되면 정신을 차리지 못할 만큼 사람들을 유혹하고 추종자를 끌어모을 수도 있다. 통제광 자기도취자들은 당신의 욕망을 자극해 그들과 가까워지게 만들면서도 언제나 한 뼘만큼의 거리를 유지한다.

핵심은 통제력이다. 그들은 자신의 감정을 통제해 당신의 반응까지 통제한다. 그러다가 당신에게 미치는 힘이 어느 정도 공고해졌다 싶으면, 자신이 아직도 계속 매력을 보여주며 상대를 홀려야 한다는 사실에 분개한다. '내가 왜 남들한테 관심을 기울여야 해? 그들이 나한테 관심을 기울이면 될걸!' 그래서 그들은 한때는 친구였던 사람에게 반드시 등을 돌린다. 늘 표면 아래 숨겨 두었던 증오와 시기심을 드러내면서. 그들은 누구를 끼워주고 누구는 배척할지, 누구를 살리고 누구는 죽일지 결정한다. 그들은 당신이 무슨 말을 하든, 어떤 행동을 하든 결코 만족하지 않음으로써 당신을 진퇴양난에 빠뜨린다. 아니면 언제 만족할지 도무지 종잡을 수 없게 만들어 사람들을 공포와 불안 속에 밀어넣는다. 그들은 이제 '당신'의 감정까지 통제하는 것이다.

어느 시점이 되면 그들은 세세한 것까지 모두 직접 챙기는 꼼꼼한 관리자로 돌변한다. 더 이상 대체 누구를 믿는단 말인가? 사람들은 기계처럼 변해서 스스로 결정을 못 내리니 내가 직접 모든 것을 감독하는 수밖에 없다. 이렇게 극단적인 상황까지 가게 되면 그들은 결국 자멸의 길을 걷는다. 왜냐하면 인간이라는 동물에게서 자유의지를 제거하는 것은 불가능하기 때문이다. 아무리 겁이 많은 사람도 결국에는 반항한다. 스탈린이 뇌졸중으로 죽어가던 말년에 부관들 중에 감히 그를 돕거나 의사를 불러준 사람은 아무도 없었다. 스탈린이 그렇게 방치 속에 죽은 것은 부관들이 결국 그를 두려워함과 동시에 혐오하게 됐기 때문이다.

살면서 누구나 한 번쯤은 이런 유형과 마주친다. 이들은 야망을 통해 직장 상사나 CEO, 정치인, 사이비 교주 등이 되는 경우가 많기 때문이다. 이들이 위험한 사람이라는 것은 처음부터 알 수 있다. 처음 그들이 매력을 발산할 때부터 말이다. 본능적 공감을 활용하면 우리도 그들을 꿰뚫어볼 수 있다. 그들이 보여주는 관심은 깊이가 없고, 결코 오래 지속되지 않으며, 틀림없이 팜 파탈과 같은 밀당을 전개한다. 그들이 겉으로 흘리는 매력에 한눈을 팔지만 않는다면 이 냉담함을 감지할 수 있을 테고, 그들의 관심은 늘 그들 자신에게로 귀결됨을 알 수 있을 것이다.

그 사람의 과거를 한번 살펴보라. 그들은 자신의 약점까지 내보일 수 있는 깊고 친밀한 관계를 맺은 적이 단 한 번도 없을 것이다. 힘든 유년기의 흔적은 없는가? 스탈린의 경우 아버지는 아들을 무자비하게 때리는 사람이었고 어머니는 다소 냉담하고 사랑이 없는 사람이었다. 아들의 진짜 본성을 알아보고 남들에게도 경고해주려 했던 사람들의 이야기를 들어보라. 실제로 스탈린의 전임자였던 블라디미르 레닌(Vladimir Lenin)은 스탈린의 이런 치명적 본성을 알고, 죽기 직전 남들에게도 그 사실을 알려주려 했다. 그러나 레닌의 경고는 크게 주목받지 못했다. 통제광 자기도취자 밑에서 매일을 함께 보내는 직원들은 공포에 질린 표정을 하고 있을 것이다. 그런 표정에 주목하라. 상대가 통제광 자기도취자라고 의심되면 반드시 거리를 두어야 한다. 그들은 호랑이와 같아서 일단 가까이 가고 나면 도망치는 것은 불가능하다. 결국 잡아먹히고 말 것이다.

인간 본성의 법칙

과장된 자기도취자

1627년 프랑스 루던에 위치한 우르술라 수녀원의 원장은 잔 드 벨시엘(Jeanne de Belciel, 1602-1665)이라는 새 식구를 맞게 됐다. 잔은 괴상한 사람이었다. 난쟁이처럼 작은 몸집에 얼굴은 천사처럼 예뻤으나 눈에 적의(敵意)가 번뜩였다. 잔은 전에 있던 수녀원에서 끊임없이 빈정대는 태도로 수많은 적을 만들었다고 했다. 그러나 놀랍게도 원장이 보기에 수녀원을 옮겨온 잔은 마치 환골탈태 중인 사람 같았다. 잔은 정말 천사처럼 굴며 하루 종일 원장의 일과를 도와주려고 했다. 성 테레사와 신비주의에 관한 책을 몇 권 받아본 잔은 이 주제에 흠뻑 빠져들어서, 영적인 문제에 관해 원장과 몇 시간이고 이야기를 나누곤 했다. 몇 달이 지나자 잔은 수녀원 내에서 신비신학(神祕神學)에 관해 가장 잘 아는 사람이 됐다. 그 어느 수녀보다 자주 몇 시간씩 명상을 하고 기도하는 모습이 목격됐다. 그해 말 원장은 다른 수녀원으로 전출됐다. 잔의 행동에 깊은 감명을 받았던 원장은 잔을 그리 높이 치지 않는 사람들의 조언을 무시하고 그녀를 자신의 후임으로 추천했다. 갑자기 잔은 스물다섯이라는 아주 어린 나이에 루던에 있는 우르술라 수녀원의 수장이 되었다.

몇 달 후 루던의 수녀들은 잔으로부터 아주 이상한 이야기를 듣기 시작했다. 잔이 계속해서 비슷한 꿈을 연속적으로 꾸었는데 그 꿈에서 이 지역 주임 신부인 위르뱅 그랑디에(Urbain Grandier)가 찾아와 잔을 공격했다는 내용이었다. 꿈의 내용은 점점 더 성적(性的)이고 폭력적으로 변했다. 하지만 이상한 점은 이런 꿈들을 꾸기 전에 잔은 그랑디에 신부에게 우르술라 수녀원의 책임자가 돼달라고 부탁했었고, 그랑디에 신부가 정중히 거절했다는 사실이다. 루던 사람들은 그랑디에 신부가 젊은 여성들을 유혹한다고 생각했다. 잔은 순전히 자신의 판타지를 채우고 있었던 걸까? 그토록 신앙심이 두터운 잔이 모든 걸 지어냈다고 보기는 어려웠고, 잔이 설명하는 꿈들은 너무나 생생하고 자세했다. 잔이 꿈 이야기를 시작하고 얼마 지나지 않아 다른 수녀들도 비슷한 꿈을 꾸었다고 했다. 어느 날 수녀원의 고해 성사를 담당하는 카농 미뇽(Canon Mignon) 신부는 한 수녀가 그런 꿈 이야기를 늘어놓는 것을 들었다. 미뇽 신부도 다른 사람들과 마찬가지로 오랫동안 그랑디에 신부를 경멸하고 있었다. 미뇽 신부는 이번이 마침내 그랑디에 신부를 끝장낼 기회라고 보았다. 그는 퇴마사를 불러들여 수녀들에게 퇴마의식을 치렀다. 얼마 못 가 거의 모든 수녀가 밤마다 그랑디에 신부가 찾아온다고 했다. 퇴마사들은 이게 무슨 상황인지 똑똑히 알았다. 수녀들은 그랑디에 신부가 조종하는 악마에 씐 것이다.

미뇽 신부와 뜻을 같이한 사람들은 주민들을 교화하기 위해 퇴마의식을 일반에 공개했다. 이 재미난 광경을 놓치고 싶지 않은 사람들이 아주 먼 곳에서부터 구름처럼 몰려들었다. 수녀들은 바닥을 구르고, 온몸을 비틀고, 다리를 드러내고, 비명을 지르며 음란한 소리를 끝도 없이 외쳐댔다. 그중에서도 악마에게 가장 심하게 씐 것처럼 보이는 사람은 잔이었다. 잔은 다른 수녀들보다도 더 격렬하게 몸을 비틀었고 그녀의 입을 통해 말하는 악마들은 더 심한 사탄의 말들을 지껄였다. 이제 퇴마사들의 눈에 그랑디에 신부는 무슨 수를 썼는지는 알 수 없어도 루던의 착한 수녀들을 홀려 타락시킨 게 분명했다. 비록 한 번도 수녀원에 발을 들이거나 잔을 만난 적은 없었지만 말이다. 얼마 못 가 그랑디에 신부는 마법을 부렸다는 혐의로 체포됐다.

증거에 따라 그랑디에 신부는 사형을 선고받았다. 그리고 수많은 고문 끝에 1634년 8월 18일 어마어마한 군중 앞에서 화형당했다. 얼마 지나지 않아 이 일은 조용해졌다. 수녀들은 갑자기 다들 악마에서 벗어났다. 하지만 잔은 그렇지 못했다. 악마들은 잔을 떠나지 않으려 했고 오히려 더 강력하게 그녀를 움켜쥐었다. 이 지독한 이야기를 전해들은 예수회에서 나섰다. 예수회는 장 조제프 쉬랭(Jean-Joseph Surin) 신부를 파견해 잔이 다시는 악귀에 씌지 않도록 퇴마의식을 치르게 했다. 쉬랭 신부는 잔이 아주 흥미로운 연구 대상임을 알게 됐다. 잔은 악마에 관한 문제에 정통했고 자신의 운명에 절망한 것이 분명했다.

인간 본성의 법칙

그런데도 잔은 자기 안에 살고 있는 악마에 충분히 강하게 저항하는 것 같지가 않았다. 어쩌면 악마들의 영향력에 이미 굴복한 것 같았다.

한 가지는 분명했다. 잔은 쉬랭 신부를 지나칠 정도로 좋아해서 몇 시간씩 수녀원에 붙잡아두고 영적 대화를 나눴다. 잔은 더 힘을 내 기도하고 명상하기 시작했다. 잔은 없앨 수 있는 사치란 사치는 모두 제거했다. 딱딱한 바닥에서 잤고, 구토를 유발하는 약쑥 물약을 음식에 탔다. 잔은 자신이 점점 좋아지고 있다며 쉬랭 신부에게 자신은 "하느님에게 너무나 가까워져서 하느님으로부터… 입에 키스를 받았다"고 고백했다.

쉬랭 신부의 도움으로 악마들은 하나씩 하나씩 그녀의 몸을 떠났다. 그리고 그녀의 첫 번째 기적이 일어났다. 그녀의 왼손 손바닥에 '요셉'이라는 글씨가 뚜렷이 새겨진 것이다. 며칠 후 이 글씨가 희미해지더니 그 자리에 '예수'라는 글씨가 나타났고, 다음에는 '마리아', 이후에도 계속 여러 이름이 나타났다. 바로 하느님의 진정한 은총을 상징하는 성흔(聖痕)이었다. 이후 잔은 깊은 병에 걸려 죽음이 가까워 보였다. 그녀는 긴 금발을 늘어뜨린 아름다운 어린 천사가 찾아왔었다고 했다. 그다음에는 성 요셉이 직접 찾아와 그녀가 극심한 통증을 느끼던 옆구리를 만지며 향유를 발라주었다고 했다. 그녀는 회복됐고 향유는 그녀의 속옷에 뚜렷한 다섯 개의 방울 자국을 남겼다. 이제 악마들은 물러갔고 쉬랭 신부는 크게 안도했다. 모든 게 끝났다고 생각했을 때 놀랍게도 잔은 쉬랭 신부에게 이상한 요청을 했다. 잔은 유럽을 돌며 이 기적들을 모든 사람에게 보여주고 싶다고 했다. 잔은 그게 자신의 사명이라고 느꼈다. 지극히 겸손하고 세속적인 면이라고는 찾아보기 힘든 잔의 성정과는 너무나 대조적인 요구였지만 쉬랭 신부는 잔과 동행하기로 했다.

파리에 도착하자 잔이 머무는 호텔 밖은 그녀의 얼굴이라도 한번 보려고 모여든 사람들로 인산인해를 이루었다. 잔은 리슐리외 추기경을 만났다. 추기경은 크게 감동을 받은 듯 이제는 성물(聖物)이 된 향유 자국이 남은 속옷에 입을 맞추었다. 산은 자신의 성혼을 프랑스 국왕과 왕비에게 보여주었다. 여행은 계속됐다. 잔은 당대의 가장 위대한 귀족과 선각자들을 만났다. 어느 도시에서는 그녀가 머무는 수녀원을 매일 7,000명의 사람들이 찾기도 했다. 사람들이 그녀의 이야기를 너무나 듣고 싶어 했기 때문에 잔은 작은 책자까지 발행했다. 책자에는 그녀가 악마에 씌었던 일이 아주 상세히 설명됐고, 그녀의 가장 내밀한 생각과 그녀에게 일어난 여러 기적이 적혀 있었다.

지금은 잔 데 장주(Jeanne des Anges)로 알려진 잔은 1665년 사망했다. 그녀의 머리는 분리되어 미라로 만들어졌으며 크리스털 창이 있는 은박 상자에 담겼다. 그리고 성유 자국이 남은 속옷과 함께 사람들이 볼 수 있도록 우르술라 수녀원에 전시되었으나 프랑스 혁명 와중에 분실됐다.

해석 ──●

어린 시절 잔 드 벨시엘은 관심에 대한 탐욕이 끝이 없었다. 거기에 지친 부모는 결국 그녀를 푸아티에 있는 수녀원으로 보내버렸다. 그곳에서 잔은 어이없을 정도의 거만함과 빈정대는 태도로 수녀들을 미치게 만들었다. 루던으로 쫓겨 간 잔은 그토록 절실하게 원하는 관심을 이제 좀 다른 방식으로 얻어내기로 작정한 모양이었다. 영성(靈性)에 관한 책을 받은 잔은 독실한 태도와 지식에서 남들보다 앞서기로 결심했다. 그리고 두 가지 모두를 완벽히 보여줌으로써 원장의 호감을 샀다. 그러나 수녀원의 수장이 된 잔은 지루해졌다. 그 정도 관심으로는 충분치 않았다. 그녀의 꿈에 나타난 그랑디에 신부는 자기 암시와 조작이 합쳐진 결과였다. 퇴마사가 도착하고 얼마 되지 않아 잔은 악마에 관한 책을 한 권 손에 넣었고 이 책을 탐독했다. 귀신 들림에 관해 다양한 지식을 쌓게 된 잔은 귀신 들린 사람들이 보이는 가장 극적인 특징들을 스스로 연출했다. 그러니 퇴마사들은 잔이 악마에 씐 게 분명하다고 확신할 수밖에 없었다. 잔은 볼거리를 원하는 대중들의 스타가 됐다. 악마에 씐 동안 잔은 그 누구보다 심하게 타락했고 음란한 행동을 했다.

그랑디에 신부의 섬뜩한 처형은 다른 수녀들의 마음을 크게 흔들어놓았다. 수녀들은 자신이 무고한 한 사람의 죽음에 일조했다는 사실에 죄책감을 느끼고도 남았다. 오직 잔만이 갑자기 사라져버린 관심을 참을 수 없었다. 그래서 악마를 놓아주기를 거부하고 오히려 거기에 더 많이 매달렸다. 잔은 주위 사람들의 약점과 숨은 욕망을 감지하는 데 달인이었다. 처음에는 수녀원장, 그다음에는 퇴마사들, 이제는 쉬랭 신부가 그 대상이었다. 쉬랭 신부는 잔의 구원자가 되고 싶은 마음이 너무 강했던 나머지 단순하기 짝이 없는 여러 기적에 속아 넘어갔다. 성흔의 경우 후세 사람들은 잔이 산(酸)으로 손바닥에 이름을 새겼거나 색깔 있는 풀로 글자를 그렸을 거라고 추측했다. 그녀가 직접 쓰기 쉽게 성흔이 왼쪽 손바닥에만 나타난 것은 이상한 일이었다. 히스테리가 극심해지면 피부가 아주 예민해져서 손톱으로도 그런 자국을 내는 게 가능하다고 알려져 있다. 약초를 오랫동안 다루었던 잔에게 속옷에 향유를 바르는 것은 어렵지 않은 일이었다. 일단 성흔을 믿게 된 사람들이 향유를 의심하기는 어려웠을 것이다.

하지만 심지어 쉬랭 신부조차도 굳이 유럽 순방이 필요한가에 대해서는 미심쩍어 했다. 이때쯤에는 이미 잔이 관심에 대한 본인의 진짜 욕구를 더 이상 숨기지 못했을 것이다. 몇 년 후 잔이 쓴 자서전을 보면 심하게 과장하는 성격이 있다는 사실을 스스로 인정하고 있다. 그녀는 끊임없이 연극을 하고 있었다. 마지막 기적은 실제로 일어난 일이라고 끝까지 우겼지만 말이다. 잔을 매일매일 상대했던 수녀들은 잔의 이런 거짓된 가면을 간파하고 그녀를 관심과 유명세에 중독된 능수능란한 연기자로 묘사하는 경우가 많았다.

심한 자기도취자의 경우 역설적이게도 사람들은 이 자의 행동이 아주 극난적이 되기 전까지는 오히려 그 이상함을 잘 눈치채지 못한다. 이유는 간단하다. 심한 자기도취자가 위장의 달인일 수 있기 때문이다. 그들은 자신의 진정한 자아, 그러니까 관심이나 우월감에 대한 끊임없는 욕구를 남에게 그대로 보여줄 경우 사람들이 자신을 배척할 거라는 사실을 일찍부터 감지한다. 그들은 통일된 자아가 없다는 점을 오히려 이점으로 활용해서 여러 가지 역할을 '연기'할 수 있다. 다양한 극적 장치를 이용해 관심에 대한 욕구를 숨기는 것도 가능하다. 그들은 겉으로는 누구보다 도덕적이고 이타적인 모습을 보여줄 수도 있다. 그들은 올바른 대의를 제시하거나 지지하는 데서 그치지 않고, 반드시 그것을 '자랑하고 과시한다.' 이렇게 도덕성을 과시하는데 감히 누가 그 진실성을 의심할 수 있을까? 아니면 그들은 정반대 방향을 취해서 자신을 남의 손에 놀아나는 희생자 혹은 세상에 외면당한 불쌍한 사람으로 설정한다. 당장 그 순간에는 이런 극적인 모습에 마음을 뺏길 수도 있지만 결국에 가면 그들의 끝없는 요구에 지쳐 떨어지거나 그들의 목적에 이용당하게 될 것이다.

우리의 유일한 해법은 이들의 수법을 간파하는 것이다. 매사에 모든 일의 중심이 '그들'인 듯 보인다면 과장된 자기도취자임을 알아볼 수 있다. 그들은 늘 자신이 더 착하거나 더 고통스럽거나 더 추하다고 말한다. 그들은 과장된 몸짓을 보이고 계속해서 극적인 상황을 연출한다. 그들의 모든 말과 행동은 구경꾼들을 위한 것이다. 그들이 꾸미는 연극에 휘말려 함께 피해를 보지 않도록 조심하라.

자기도취자 커플

1862년 서른두 살의 레프 톨스토이(Leov Tolstoy)는 당시 겨우 열여덟 살이던 소냐 베르스(Sonya Behrs)와의 결혼을 며칠 앞두고 있었다. 문득 두 사람 사이에 아무 비밀이 없어야 한다고 생각한 톨스토이는 소냐에게 자신의 일기를 보여주었다. 그런데 뜻밖에도 소냐는 눈물을 보였을 뿐만 아니라 격하게 화를 냈다. 일기장에는 톨스토이의 과거 연애담이 가득했고, 현재 그가 푹 빠져 함께 자녀까지 낳은 인근 시골 여성에 대한 이야기도 적혀 있었다. 또 그가 자주 갔던 사창가, 임질에 걸렸던 이야기, 끝도 없이 도박을 한다는 이야기까지 있었다. 소냐는 지독한 질투와 혐오를 동시에 느꼈다. 대체 이런 걸 왜 읽으라고 주는 것인가? 소냐는 이제와 생각해보니 자신을 사랑하지 않는 것이냐며 톨스토이를 비난했다. 소냐의 이런 반응에 깜짝 놀란 톨스토이는 당신이야말로 나를 사랑하지 않는 것 아니냐고 따졌다. 자신이 예전의 모습을 소냐에게 터놓으려 한 것은 이제부터 그녀와 함께할 새로운 삶을 위해 그런 것들을 기꺼이 포기한다는 사실을 알려주고 싶어서였다. 나는 이렇게 정직하려고 노력하는데 소냐는 왜 나를 비난하는 거지? 톨스토이는 소냐가 자신을 생각만큼 사랑하지 않는 게 분명하다고 생각했다. 대체 소냐는 왜 결혼식을 앞두고 가족들에게 작별을 고하는 일을 그토록 고통스러워할까? 나보다 친정 식구들을 더 사랑하는 것인가? 두 사람은 겨우겨우 화해하고 예정대로 결혼식을 올렸지만 이런 식의 싸움은 하나의 고질적 패턴으로 자리 잡아 이후 48년간 계속된다.

소냐의 경우 비록 자주 싸우기는 했으나 결국에는 결혼생활이 비교적 편안한 리듬을 찾았다. 소냐는 톨스토이가 가장 신뢰하는 조수가 됐고, 12년간 여덟 명의 자식을 낳아 그중 다섯이 살아남았다. 소냐는 톨스토이를 위해 《전쟁과 평화》나 《안나 카레니나》 등을 세심하게 필사했고, 출판 등 사업적인 부분을 도맡아 처리했다. 모든 게 그런대로 순조로워 보였다. 톨스토이는 물려받은 유산에 책 판매 수익까지 더해져 부유한 생활을 했다. 그를 사랑해주는 가족도 많았고 유명세도 누렸다. 그러나 쉰다섯이 되던 해 갑자기 그는 자신이 너무나 불행하다고 느꼈고 그동안 쓴 책들이 부끄러워졌다. 그는 더 이상 자신이 누구인지 알 수 없었다. 심각한 영적(靈的) 위기를 겪던 와중에 그는 그리스정교회가 너무 엄격하고 독단적이어서 자신에게 도움이 되지 않는다고 판단했다. 그에게는 새로운 삶이 필요했다. 그는 더 이상 소설을 쓰지 않을 것이다. 앞으로는 평범한 농부처럼 살 것이다. 모든 재산은 물론 책에 대한 저작권까지 포기할 것이다. 톨스토이는 가족들에게도 자신과 뜻을 함께해달라며 타인을 돕고 영적인 문세에 헌신하는 새로운 삶을 실자고 했다.

그러나 실망스럽게도 소냐를 필두로 한 가족들은 그에게 화를 냈다. 그의 요구는 가족들에게 그동안의 생활양식 및 각종 편의와 자녀들의 장래 유산까지 포기하라는 뜻이었다. 소냐는 가족들의 생활양식을 급격히 바꾸어야 할 필요성을 전혀 느끼지 못했다. 그녀는 자신의 뜻에 따르지 않는다는 이유로 그녀를 사악하고 물질적인 사람으로 몰아붙이는 톨스토이에게 분개했다. 두 사람은 한 치의 양보도 없이 싸우고 또 싸웠다. 톨스토이는 이제 아내를 보면 자신의 명성과 돈을 이용하는 사람이라는 생각밖에 들지 않았다. 소냐는 분명히 그래서 자신과 결혼했을 것이다. 한편 소냐에게 남편은 지독한 위선자로밖에 보이지 않았다. 비록 재산권을 포기하기는 했으나 톨스토이는 여전히 영주와 같은 삶을 살고 있었고 취미 생활에 필요한 돈을 요구했다. 그의 옷차림은 농부와 같았으나 혹시 병이라도 걸리면 1등석 열차를 타고 남부로 내려가 별장에서 요양했다. 또한 금욕적인 생활을 하겠다고 맹세해놓고서도 계속 그녀를 임신시켰다.

간소하고 영적인 삶을 갈망하는 톨스토이에게 이제 소냐는 큰 걸림돌이었다. 톨스토이는 소냐와 한 집에 있는 것만으로도 억압을 느꼈다. 그가 소냐에게 쓴 편지는 이렇게 끝맺고 있다. "당신은 그간의 모든 일을 오직 남의 탓으로만 돌릴 뿐, 자각하지 못하고 의도하지 않았다 해도 당신이 바로 내 고통의 원인이라는 생각은 결코 하지 못하겠지요." 소냐의 물질적 생활 방식에 대한 원망이 커진 톨스토이는 《크로이처 소나타》를 집필했다. 그들의 결혼생활을 바탕으로 한 것이 분명한 이 중편소설은 소냐를 최악의 방식으로 그리고 있다. 이런 일들은 소냐에게도 영향을 미쳤다. 그녀는 자신이 미쳐간다고 느꼈고, 1894년 결국 한계에 달했다. 소냐는 톨스토이의 소설에 나오는 어느 캐릭터처럼 눈 속으로 걸어 들어가 얼어 죽기로 결심했다. 하지만 가족 중 한 사람이 그녀를 발견해 다시 집안으로 끌어다 놓았다. 소냐는 두 번 더 같은 방법으로 자

인간 본성의 법칙

살을 시도했으나 결과는 마찬가지였다.

이때부터 두 사람의 싸움 패턴은 더 날카롭고 폭력적으로 변했다. 톨스토이가 소냐를 자극하면 소냐는 극단적인 행동을 했고, 그러면 톨스토이는 다시 자신의 냉담함을 후회하며 용서를 구했다. 몇몇 문제에 대해서는 톨스토이가 소냐에게 항복했다. 예컨대 그의 초기 작품에 대한 저작권은 가족들이 보유할 수 있게 해주었다. 그런데 이후 소냐는 전에 없던 행동으로 톨스토이의 이 결정을 후회하게 만들었다. 소냐는 톨스토이가 일기에 쓴 내용을 빠짐없이 읽으려고 했다. 그가 일기를 숨기면 어떻게든 찾아내 몰래 읽었다. 소냐는 톨스토이의 일거수일투족을 감시했다. 톨스토이는 소냐의 간섭에 크게 화를 냈고 그러다 종종 앓아눕기까지 했다. 그러면 소냐는 자신의 행동을 후회했다. 대체 이들은 왜 헤어지지 않았던 걸까? 두 사람은 서로가 상대의 사랑과 인정을 갈망했으나 더 이상 그런 것을 기대하기는 불가능해 보였다.

그렇게 오랜 세월 힘든 나날을 보내고 1910년 10월 말 마침내 톨스토이는 더 이상 참을 수 없는 지점에 도달했다. 그는 의사인 친구를 대동하고 한밤중에 몰래 집을 빠져나왔다. 드디어 소냐를 떠나기로 결심한 것이다. 집을 나서는 내내 톨스토이는 혹시라도 아내에게 발각될까 봐 덜덜 떨었다. 그러나 결국 그는 기차에 올랐고 그녀로부터 도망칠 수 있었다. 이 소식을 접한 소냐는 다시 한 번 자살을 시도하며 인근 연못에 몸을 던졌으나 늦지 않게 구조되었다. 소냐는 톨스토이에게 편지를 써서 제발 돌아오라고 사정했다. 자신이 바뀌겠다고 했다. 모든 사치를 포기하고, 영적인 사람이 되겠으며, 그를 조건 없이 사랑하겠다고 했다. 소냐는 톨스토이 없이는 살 수 없었다.

한편 톨스토이도 자유를 그리 오래 맛보지는 못했다. 이제 톨스토이가 아내로부터 도망친 이야기가 온갖 신문을 도배하고 있었다. 기차가 서는 곳마다 기자며 열혈 팬, 호기심에 찬 군중이 몰려들었다. 기차 안은 갑갑하고 살을 에는 듯 추웠다. 얼마 못 가 병에 걸린 톨스토이는 죽을 지경이 되어 어느 외

딴 마을의 철길 근처에 있는 역장의 오두막으로 옮겨졌다. 병상 위의 그는 죽음이 목전에 온 것이 분명해 보였다. 톨스토이는 소냐가 이 마을에 도착했다는 소식을 들었으나 지금 그녀를 본다는 것은 생각조차 하고 싶지 않았다. 가족들은 소냐가 방에 들어가지 못하게 했다. 소냐는 창밖에서 계속 톨스토이가 죽어가는 모습을 지켜보고 있었다. 결국 그는 의식을 잃었고, 그제야 소냐는 방 안으로 들어갈 수 있었다. 소냐는 톨스토이 곁에 무릎을 꿇고 앉아 그의 이마에 끊임없이 입을 맞추었다. 그리고 그의 귀에 이렇게 속삭였다. "나를 용서해요. 제발 날 용서해줘요." 그리고 얼마 지나지 않아 톨스토이는 숨을 거두었다. 한 달 후 톨스토이의 집을 방문한 어느 방문객은 소냐가 다음과 같이 말하는 것을 들었다고 한다. "내가 왜 그랬을까요? 뭐에 씌었을까요? 내가 어떻게 그런 짓을 했을까요? …그는 내가 죽인 거예요."

해석 ──●

레프 톨스토이는 심한 자기도취자의 특징을 모두 보여주었다. 그의 어머니는 그가 두 살 때 세상을 떠나면서 그의 가슴에 커다란 구멍을 남겨놓았다. 그는 수많은 여성편력을 통해 그 구멍을 메워보려 했으나 구멍은 끝내 메워지지 않았다. 젊은 시절 톨스토이는 무모한 행동들을 저질렀다. 마치 그렇게 행동해야만 자신이 살아 있다고, 온전하다고 느끼는 듯했다. 그는 자신에 대해 끊임없는 혐오를 느꼈고, 자신이 정확히 어떤 사람인지 알아내지 못했다. 그는 이런 불확실성을 자신의 소설에 쏟아부으면서 다양한 배역의 캐릭터를 창조했다. 그리고 쉰 살이 됐을 때 결국 그는 이 조각난 자아 때문에 큰 위기에 봉착했다. 자기몰두로 치자면 소냐 역시 그 정도가 아주 심한 사람이었다. 그러나 우리는 사람들을 관찰할 때 그들의 개별 특징을 지나치게 강조하는 나머지 두 사람이 함께 만들어내는 더 복잡한 그림을 살펴지 않는 경향이 있다. 두 사람은 끊임없이 서로의 모습을 바꾸어놓고 있는데도 말이다. 남녀관계는 그 자체로 수명이 있는 하나의 인격과 같다. 그래서 양쪽의 자기도취적 성향을 더 악화시키거나 심지어 그런 면을 끄집어내는, 매우 자기도취적인 '관계'도 있다.

일반적으로 두 사람의 관계가 자기도취적이 되는 이유는 공감의 부족 때문이다. 공감이 없으면 두 사람은 자기 입장에 빠져 방어적으로 점점 더 뒷걸음질 친다. 톨스토이 부부의 경우 이런 현상은 톨스토이의 일기를 읽음과 동시에 시작됐다. 두 사람은 각자 자신의 가치관으로 상대를 바라봤다. 평범한 가정에서 자란 소냐가 보기에 그런 행위는 청혼을 후회하는 남자의 행동이었다. 반면 인습을 타파하는 예술가였던 톨스토이의 입장에서는 소냐의 반응이야말로 새로운 결혼 생활에 대한 그의 열망을 이해해보려고 하지 않는, 그의 영혼을 보지 못하는 행동이었다. 두 사람은 서로를 오해했고 그렇게 굳어진 입장은 이후 48년간 지속됐다.

톨스토이의 영적 위기는 이런 자기도취적 관계가 어떻게 흘러가는지를 전형적으로 보여준다. 당시 두 사람이 서로 상대의 눈에 그 행동이 어떻게 보일지 생각해보았다면 톨스토이는 분명 소냐의 반응을 예상할 수 있었다. 그녀는 평생 동안 비교적 안락한 생활을 해왔고 그 덕분에 그렇게 자주 임신을 하고 많은 아이를 양육하면서도 큰 무리가 없었다. 소냐는 한 번도 영적인 생활에 깊이 빠져본 적이 없었고, 둘 사이의 관계는 늘 훨씬 더 육체적인 것이었다. 그런데도 어떻게 톨스토이는 소냐가 하루아침에 달라지기를 기대했을까? 톨스토이의 요구는 거의 가학적 행동에 가까웠다. 톨스토이는 소냐에게 자신을 따르라고 요구할 것이 아니라 그냥 자신의 입장을 설명할 수도 있었을 것이다. 심지어 소냐의 입장과 필요를 충분히 이해한다고 말해줄 수도 있었다. 그랬다면 오히려 톨스토이의 진정한 영성(靈性)이 드러났을 것이다. 마찬가지로 소냐도 톨스토이의 위선에만 초점을 맞출 것이 아니라 자기 자신에게 진정으로 만족하지 못하는 한 남자를 봐줄 수도 있었을 것이다. 유아기부터 단 한 번도 충분히 사랑받는다고 느끼지 못했고, 아주 실제적인 개인의 위기를 겪고 있는 한 남자 말이다. 소냐는 톨스토이를 그대로 따를 수는 없다고 부드럽게 거절하면서도 그의 새로운 삶을 응원하고 그를 사랑해줄 수도 있었을 것이다.

이렇게 공감을 사용하면 쌍방이 자기도취에 빠지는 것과 정반대의 효과를 낸다. 한쪽에서 이렇게 나오면 상대의 마음까지 녹여서 그의 공감도 끌어낼 수 있다. 상대가 내 입장을 이해하고 표현해주면서 내 영혼 속으로 들어오는데 나만 계속해서 방어적인 태도를 취하고 있기는 힘들다. 그때는 분명히 내 쪽에서도 상대의 입장을 헤아리게 된다. 겉으로 드러나지는 않더라도 사람들에게는 저항을 그만두고 싶은 갈망이 있다. 계속해서 수세적인 태도를 취하며 끊임없이 의심하는 것도 아주 지치는 일이기 때문이다.

남녀관계에서 공감을 사용하는 열쇠는 나와는 다를 수밖에 없는 상대의 가치관을 이해하는 데 있다. 무엇이 사랑이나 관심, 배려의 징표인지 상대와 나는 서로 생각이 다르다. 가치관은 사람이 의식적으로 만들어내는 게 아니라 대체로 어린 시절에 저절로 형성된다. 상대의 가치관을 늘 염두에 둔다면 흔히 방어적으로 돌변할 만한 순간에도 상대의 영혼과 관점 속으로 들어갈 수 있다. 그렇게 되면 심한 자기도취자조차 그의 껍질을 깨고 밖으로 나올 것이다. 왜냐하면 누가 우리에게 그렇게까지 깊은 관심을 기울여주는 경우는 아주 드물기 때문이다. 당신의 인간관계를 '자기도취의 정도'라는 척도로 한번 측정해보라. 바뀌어야 할 것은 나나 상대방이 아니라 둘 사이의 역학관계다.

상대의 기분을 읽는 건강한 자기도취자

1915년 10월 영국의 위대한 탐험가 어니스트 헨리 섀클턴(Ernest Henry Shackleton, 1874-1922) 경은 유빙(遊氷)에 갇힌 인듀어런스(Endurance) 호를 버리라고 명령했다. 벌써 8개월째 남극의 유빙 사이에 갇혀 있던 배는 이제 안으로 물이 들어오고 있었다. 섀클턴이 배를 버린다는 것은 대원들과 함께 남극대륙을 최

114 인간 본성의 법칙

초로 횡단하는 큰 꿈을 포기한다는 의미였다. 사실 이번 원정은 탐험가로서 빛나는 그의 경력의 절정이 될 예정이었다. 그러나 지금 그의 마음을 짓누르고 있는 것은 그보다 훨씬 더 큰 책임감이었다. 그는 어떻게든 스물일곱 명의 대원들을 안전하게 고향으로 데려가야 했다. 하루하루 그가 내리는 결정에 대원들의 생사가 걸려 있었다.

섀클턴 앞에는 많은 장애물이 놓여 있었다. 이제 곧 혹독한 겨울이 들이닥칠 것이다. 야영을 하게 될 유빙은 해류에 밀려 어디로 떠내려갈지 모른다. 앞으로 남은 날들은 햇빛도 없을 테고, 식량도 줄어들 것이다. 무선 연락도, 그들을 실어갈 배도 없었다. 그러나 뭐니 뭐니 해도 섀클턴을 가장 두렵게 만들었던, 가장 큰 위험은 대원들의 사기(士氣)였다. 몇 사람만 불평을 늘어놓기 시작해도 원망과 부정적 생각은 들불처럼 번져나갈 것이다. 그러면 대원들은 전처럼 열심히 일하지 않을 테고, 섀클턴의 리더십에 대한 신뢰를 상실하고 더 이상 그의 말을 따르지 않을 것이다. 그렇게 되면 모두가 각자도생의 길을 갈 수도 있다. 이런 날씨에 각자도생이란, 곧 참사와 죽음을 소환할 것이다. 섀클턴은 이제 날씨보다 더 면밀히 대원들의 사기 변화를 관찰해야 했다.

그가 가장 먼저 해야 할 일은 문제가 발생하기 전에 미리 선수를 쳐서 대원들의 기운을 북돋워두는 일이었다. 팀의 사기는 리더로부터 시작된다. 섀클턴 자신이 가진 수많은 불안과 두려움을 대원들에게 들켜서는 안 됐다. 유빙 위에서 맞이한 첫날 아침 그는 누구보다 먼저 일어나 뜨거운 차를 한가득 준비했다. 한 사람 한 사람 직접 따라주면서 살펴보니, 대원들은 당면한 난관을 어떻게 받아들여야 할지 섀클턴에게서 신호를 찾고 있었다. 그래서 그는 새로 마련한 집과 다가올 어둠에 관해 유머를 동원해가며 시종일관 가벼운 분위기를 유지했다. 지금은 이 혼란을 빠져나갈 방법에 관해 아이디어를 교환할 때가 아니다. 그랬다가는 대원들이 극도로 초조해질 것이다. 섀클턴은 낙관적 전망을 입 밖으로 내서 말하지는 않았지만, 자신의 태도와 보디랭귀지를 통해 대원들이 느낄 수 있게 했다.

겨울이 지날 때까지 그들이 그곳을 빠져나갈 수 없다는 것은 대원들 모두가 아는 사실이었다. 대원들이 잠시 관심을 딴 데로 돌리고, 다른 생각을 하고, 기운을 낼 수 있게 만들어줄 무언가가 필요했다. 그래서 섀클턴은 매일 누가 무슨 일을 해야 하는지 당번표를 만들었다. 당번표의 내용은 최대한 많이 뒤섞었다. 사람들을 다양한 조합으로 바꿔가며 묶고, 한 사람이 같은 일을 너무 자주 하지 않도록 했다. 대원들은 매일 수행해야 하는 간단한 목표가 있었다. 펭귄이나 물개도 사냥하고, 배에서 텐트로 짐도 옮겨오고, 야영지도 여기저기 손봤다. 하루를 마칠 때면 다들 모닥불 주위에 둘러앉아 오늘 하루도 내가 뭔가 실질적으로 도움이 되는 일을 했다는 보람을 느낄 수 있었다.

시간이 지나면서 섀클턴은 오락가락하는 대원들의 마음을 더 잘 다독일 수 있게 됐다. 모닥불 주위에 모여 있을 때 그는 각 대원에게 다가가 대화를 나눴다. 과학자인 대원과는 과학에 관한 이야기를 했고, 좀 더 감수성이 풍부한 대원과는 좋아하는 시나 작곡가에 관해 담소를 나눴다. 섀클턴은 대원 한 명 한 명의 마음을 살피며, 혹시 어떤 문제라도 겪고 있지 않은지 세심한 주의를 기울였다. 요리사는 자신이 키우는 고양이를 직접 죽여야 할까 봐 괴로워하는 것 같았다. 이제 고양이에게 먹일 음식이 바닥났던 것이다. 섀클턴은 자청해서 요리사 대신 고양이를 처리했다. 함께 온 물리학자는 몸 쓰는 일을 힘들어하는 게 분명했다. 저녁이 되면 그는 느릿느릿 음식을 먹으며 지친 한숨을 내쉬었다. 이야기를 나눠보니 매일매일 그의 사기가 꺾이는 것을 느낄 수 있었다. 섀클턴은 그가 혼자만 땡땡이를 치는 듯한 기분을 느끼지 않으면서도 똑같이 중요하지만 좀 더 쉬운 일을 할 수 있도록 당번을 짰다.

섀클턴은 대원들 사이의 약한 고리가 어디인지 금세 알아보았다. 먼저 사진사인 프랭크 헐리라는 친구가 있었다. 헐리는 유능한 사진사로 다른 잡일을 하는 것에 대해서는 불평이 없었으나 자신이 중요한 사람이라고 느껴야만

하는 친구였다. 그는 우월감을 느끼고 싶어 했다. 그래서 야영 초기에 섀클턴은 식품 보관 같은 중요한 모든 문제에 반드시 헐리의 의견을 묻고 그가 낸 아이디어를 칭찬했다. 나아가 섀클턴은 헐리에게 자신과 같은 텐트를 배정했다. 헐리가 남들보다 중요한 사람이라고 느낄 수 있게 만드는 동시에 자신이 지켜보기 쉬운 곳에 배치한 것이다. 항해사인 허버트 허드슨은 아주 자기중심적이고 남의 말에는 도통 귀를 기울이지 않는 사람이었다. 그는 끊임없이 관심을 줘야 하는 사람이었다. 섀클턴은 그 누구보다 허드슨과 자주 대화를 나누고, 허드슨 역시 자신의 텐트에 배치했다. 그 외에도 혹시 불평분자가 될 수 있겠다 싶은 사람들은 여러 텐트로 분산시켜서 영향력을 최소화했다.

겨울이 깊어가면서 섀클턴은 한층 더 주의를 기울였다. 때로는 대원들의 힘없는 걸음걸이나 줄어든 말수를 통해 지루해 하는 것이 느껴질 때도 있었다. 그러면 섀클턴은 해도 없는 낮에는 얼음 위에서 운동 대회를 열고, 밤에는 각종 놀이를 했다. 노래도 부르고, 장난도 치고, 이야기도 들려줬다. 각종 명절도 빼놓지 않고 함께 음식을 먹으며 즐겼다. 바다 위를 둥둥 표류히는 날들이 끝도 없이 이어졌지만 그 속에도 어느덧 기억할 만한 사건들이 생겼다. 얼마 지나지 않아 섀클턴은 놀라운 변화를 목격했다. 대원들이 눈에 띄게 밝아졌을 뿐만 아니라 어쩌면 유빙에 떠내려가고 있는 이 생활의 도전들을 즐기는 것처럼 보이기까지 했다.

시간이 지나면서 일행이 올라탄 유빙은 위험할 만치 작아졌다. 섀클턴은 대원들에게 인듀어런스 호에서 가져온 작은 구명정 세 대에 나눠 타도록 지시했다. 대원들은 육지로 가야 했다. 섀클턴은 세 척의 구명정이 서로 떨어지지 않게 하고, 거친 바다를 헤치고 나아가 마침내 인근 엘리펀트 섬의 비좁은 해변에 도착했다. 그날 둘러보니 섬의 환경은 어찌 보면 유빙보다도 못했다. 시간이 없었다. 그날 바로 섀클턴은 구명정 한 척을 따로 준비시켰다. 극도로 위험한 시도였시만, 사람들이 거주하는 가장 가까운 섬인 사우스조지아 섬에 가보기로 한 것이다. 북동쪽으로 1,300킬로미터나 떨어진 곳이었다. 그곳까지 도착할 가능성은 아주 낮았지만 엘리펀트 섬은 바다에 너무 노출되고 잡아먹을 동물도 마땅치 않아서 오래 버틸 수 없었다.

섀클턴은 자신과 함께 이 위험한 항해에 동행할 다섯 명의 대원을 신중히 골라야 했다. 그중에서도 해리 맥니시(Harry McNeish)를 고른 것은 아주 이상한 선택이었다. 맥니시는 인듀어런스 호의 목수로 쉰일곱 살이었는데 대원들 중에서도 나이가 가장 많았다. 맥니시는 자주 투덜거렸고 힘든 일도 싫어했다. 작은 구명정으로 사우스조지아 섬까지 가는 길은 극히 힘든 항해가 될 것이다. 하지만 섀클턴은 도저히 걱정이 되어 맥니시를 남겨둘 수가 없었다. 섀클턴은 맥니시에게 이번 항해에 쓸 구명정의 개조 임무를 맡겼다. 이렇게 하면 맥니시가 더 책임지고 구명정의 안전을 살필 테고, 항해 내내 배를 살피느라 딴 생각을 하기 힘들 것이기 때문이었다.

항해 도중 섀클턴은 맥니시가 풀이 죽어 있는 것을 보았다. 맥니시는 갑자기 노질도 멈추었다. 섀클턴은 위험을 감지했다. 만약 여기서 자신이 맥니시에게 고함을 지르거나 노를 저으라고 명령한다면 맥니시는 더 반항적으로 돌변할 것이다. 그랬다가는 얼마 되지도 않는 식량으로 몇 명이서 수 주간 함께 해야 하는 항해에 불미스러운 일이 생길 수도 있었다. 임시변통으로 섀클턴은 배를 멈추고 모두가 먹을 수 있게 뜨거운 우유를 끓이도록 했다. 섀클턴은 자신을 포함해 모두가 지쳤으니 기운을 내야 한다고 말했고, 덕분에 맥니시는 혼자만 별난 사람이 되지 않을 수 있었다. 섀클턴은 남은 항해 내내 필요할 때마다 이런 계책을 활용했다.

목적지를 불과 몇 킬로미터 남겨 두고 갑자기 폭풍이 불어 일행이 뒤로 밀려났다. 일행이 다시 섬에 배를 댈 방법을 애타게 찾고 있을 때 작은 새 한 마리가 계속 배 위를 배회하며 내려앉으려고 어정댔다. 섀클턴은 평소처럼 침착함을 유지하려고 애썼으나 일순간 화가 폭발하고 말았다. 그는 벌떡 일어나

인간 본성의 법칙

새를 향해 욕설을 하며 거칠게 팔을 휘둘렀다. 퍼뜩 창피함을 느낀 그는 얼른 다시 자리에 앉았다. 15개월간이나 섀클턴은 대원들의 사기를 유지하기 위해 본인의 좌절감을 묻어두고 지냈다. 그의 기분이 대원들의 분위기를 좌우했다. 이제 와서 무너질 수는 없는 노릇이었다. 잠시 후 그는 자신을 소재로 삼은 농담을 지껄였다. 그리고 아무리 압박감이 높아지더라도 다시는 대원들 앞에서 그런 모습을 보이지 않겠다고 속으로 다짐했다.

어쩌면 세상에서 가장 험난한 바다를 뚫고, 이 손바닥 만한 구명정은 마침내 사우스조지아 섬에 당도했다. 몇 달 후 그곳에서 작업하던 고래잡이 배의 도움으로 엘리펀트 섬에 남은 대원들도 전원 구조됐다. 남극의 기후와 척박한 지형, 작은 배, 열악한 자원으로 섀클턴의 대원들이 살아남을 확률이 얼마나 됐었는지를 생각해본다면 역사상 가장 놀라운 생존기라고 해도 과언이 아니었다. 섀클턴의 리더십에 관한 이야기가 서서히 퍼져나갔다. 에드먼드 힐러리(Edmund Hillary, 1953년 세계 최초로 에베레스트 산을 등정한 탐험가. 남극 원정대를 이끈 적도 있다. - 옮긴이) 경은 그것을 한 줄로 이렇게 요약했다. "과학적 리더십이 필요하다면 스콧 [아문센보다 한 달 늦게 남극점에 도달했던 로버트 스콧(Robert Scott)을 말한다. _옮긴이]이 있다. 빠르고 효율적으로 이동한 사람은 아문센이다. 하지만 절망적 상황에서 퇴로가 보이지 않는다면 무릎을 꿇고 섀클턴을 내려달라고 빌어라."

해석 ──●

절체절명의 상황에서 그 많은 사람들의 목숨을 책임지게 됐을 때 섀클턴은 생사를 가름하는 게 무엇일지 알아보았다. 그것은 대원들의 '태도'였다. 태도는 눈에 보이지 않는다. 책에서 논의되거나 분석되지도 않으며 태도를 훈련하는 매뉴얼도 없다. 하지만 섀클턴이 처한 상황에서 그 무엇보다 중요한 요소는 태도였다. 그런 중압감 속에서는 사기가 조금만 떨어져도, 단합에 조금만 금이 가도, 올바른 결정을 내리기 힘들다. 만약 몇몇 사람의 조바심과 압박 때문에 혹시라도 유빙을 벗어나려는 시도를 했다면 그들은 분명 죽음에 이르렀을 것이다. 섀클턴은 인간이라는 동물이 처할 수 있는 가장 열악하고 원시적인 조건에 내던져진 것이나 다름없었다. 무리는 위험에 처해 있었고 생존을 위해 서로가 서로에게 의지하고 있었다. 그 옛날 우리 선조들이 뛰어난 사회성을 발달시킨 것도 바로 이런 상황 때문이었다. 남들의 기분과 생각을 읽어내고 서로 협업할 수 있는, 인간만이 가진 그 절묘한 능력이 필요했다. 유빙 위에서 햇빛도 없이 몇 달을 보내며 섀클턴은 필요에 의해, 누구에게나 잠재되어 있는, 고대인들의 공감능력을 재발견했다.

섀클턴이 그 어려운 임무에 접근했던 방식은 우리 모두에게 귀감이 된다. 첫째, 섀클턴은 그 상황에서 가장 중요한 역할을 하는 것은 본인의 태도라는 점을 이해했다. 리더의 사고방식은 집단에게 전염된다. 그리고 그 과정은 상당 부분 비언어적 차원에서 이뤄진다. 사람들은 리더의 보디랭귀지와 목소리 톤을 눈치챈다. 섀클턴은 스스로에게 철저히 자신감 넘치고 긍정적인 기운을 주입했고, 그게 대원들의 사기에까지 전염되는 것을 지켜봤다.

둘째, 섀클턴은 개인과 집단 양쪽에 똑같이 주의를 기울여야 했다. 집단의 차원에서 그는 사람들이 식사 시간에 수다를 얼마나 많이 떠는지, 일을 할 때 욕을 얼마나 많이 내뱉는지, 놀이를 시작할 때 분위기가 얼마나 빨리 살아나는지 면밀히 관찰했다. 또 개인 차원에서는 상대의 목소리 톤이 어떤지, 음식을 빨리 먹는지 천천히 먹는지, 아침에 일어날 때 자리에서 금방 일어나는지 느린지를 통해 상대의 감정 상태를 읽었다. 그날 상대의 기분이 좀 달라 보이면 내가 그 기분이라면 어떻게 할지 예상했다. 상대의 말과 제스처에서 혹시 실망하거나 불안해하는 기색은 없는지 찾았다. 섀클턴은 상대의 심리 상태에 따라 대원들 한 명 한 명을 다르게 대했다. 또 사람의 기분은 금세 바뀌므로 자신이 읽어낸 내용을 끊임없이 수정했다.

셋째, 사기가 떨어지거나 부정적 기운이 도는 것을 감지하면 그는 부드러운 태도를 취했다. 상대를 꾸짖는 것은 그를 창피하게 만들거나 고립시킬 뿐이며 남들에게까지 그런 기분이 전염시킨다. 그럴 때는 차라리 대화를 해보거나, 그들의 생각 속으로 들어가보거나, 상대의 기분을 올려주거나 아니면 몰래 상대를 집단과 분리시킬 수 있는 간접적 방법을 모색하는 편이 더 나았다. 섀클턴은 이런 방법들을 직접 실천해보면서 사람을 읽어내는 자신의 기술이 부쩍 향상되는 것을 느꼈다. 이제는 아침에 슬쩍 한번 보기만 해도 대원들이 종일 어떻게 행동할지 예상할 수 있을 정도였다. 대원들 중에는 섀클턴을 점쟁이라 생각한 사람도 있었다.

꼭 알아야 할 것은 이런 공감능력은 '필요'에 의해 개발된다는 사실이다. 만약 상대의 기분과 생각을 알아내는 것에 나의 생사가 달렸다면 우리는 충분히 집중해서 필요한 주의를 기울이고 이 공감능력을 십분 활용할 것이다. 그러나 평소 우리는 그럴 필요를 느끼지 않는다. 내가 상대를 충분히 잘 안다고 착각하기 때문이다. 사는 게 녹록지 않고 신경 써야 할 일이 너무 많을 수도 있다. 게으른 우리에게는 미리 한번 걸러진 판단에 의지하는 게 더 편하다. 하지만 '실제로' 이것은 생사의 문제이고, 이 능력을 개발하는 데 우리의 성공이 달렸다. 그런데도 우리는 그 점을 인식하지 못한다. 왜냐하면 우리는 끊임없이 남들의 기분이나 의도를 잘못 읽어내며 그로 인해 수많은 기회를 놓치는데, 거기에 삶의 여러 문제가 서로 관련되어 있다는 사실을 제대로 알아보지 못하기 때문이다.

그렇다면 우리가 가장 먼저 해야 하고 우리에게 가장 중요한 일은 나에게 놀라운 사회성이 있다는 사실을 깨닫는 것이다. 우리는 이 능력을 아직 제대로 개발하지 못했을 뿐이다. 이 점을 깨닫는 최선의 방법은 일단 한번 시도해보는 것이다. 끊임없이 중얼거리는 내면의 독백을 그만두고 남들에게 더 깊은 주의를 기울여보라. 개인이나 집단의 분위기가 시시각각 바뀌는 것에 촉각을 세워보라. 한 사람 한 사람의 심리와 동기를 읽어내라. 상대의 관점이 되어 상대의 세싱과 그의 가치관 속으로 들어가라. 그렇게 한다면 갑자기 자외선을 눈으로 볼 수 있게 된 사람처럼, 미처 그런 게 존재하는 줄도 몰랐던 '비언어적 행동'이라는 완전히 새로운 세상을 알게 될 것이다. 이 능력을 한번 깨닫고 나면 그게 얼마나 중요한지 몸소 느낄 테고 사회성이라는 새로운 가능성에 눈뜨게 될 것이다.

나는 다친 사람에게 기분이 어떠냐고 묻지 않는다. 내가 직접 그 사람이 되어본다.

– 월트 휘트먼

인간 본성의 법칙

Law 03 · Role- playing

역할 놀이의 법칙

가면 뒤에
숨은 실체를
꿰뚫는다

사람들은 내가 가장 멋지게 보일 수 있는 가면을 쓴다. 겸손하고, 자신감 있고, 성실한 모습을 가장한다. 옳은 말만 하고, 미소를 짓고, 상대의 생각에 관심이 있는 척하며 내면의 불안과 시기심을 감추는 법을 터득한다. 그런 겉모습을 실제라고 착각한다면 상대의 진짜 감정은 알 길이 없다. 종종 우리가 누군가의 갑작스러운 저항이나 적개심에 깜짝 놀라고 남의 조종에 놀아나는 것은 바로 이 때문이다. 다행히도 사람들이 쓰는 가면에는 갈라진 틈이 있다. 그 틈 사이로 진짜 감정과 무의식적 욕망이 조금씩 새어나온다. 사람들이 표정이나 목소리 변화, 몸의 긴장감, 초조할 때 나오는 몸동작 같은 비언어적 신호까지 완벽히 통제할 수는 없기 때문이다. 당신은 바로 이 언어에 통달해야 한다. 그리고 그러려면 남을 읽어내는 데 뛰어난 사람으로 거듭나야 한다. 이 지식으로 무장하고 나면 적절한 방어수단을 강구할 수 있다. 한편 사람들은 당신을 겉모습으로 판단하기 때문에 어떻게 하면 가장 멋진 모습을 보여주고 맡은 역할을 가장 잘 연기할지 그 방법도 알아야 한다.

두 번째 언어

1919년 8월의 어느 아침이었다. 나중에 최면 요법의 선구자이자 20세기의 가장 영향력 있는 심리학자 중 한 사람이 될 열일곱 살의 밀턴 에릭슨(Milton Erickson)이 잠을 깨보니 갑자기 신체 일부가 움직이지 않았다. 이후 며칠간 움직이지 않는 부위는 점점 늘어갔다. 얼마 후 에릭슨은 당시에 전염병처럼 확산되던 소아마비에 걸렸다는 진단을 받았다. 침대에 누워 있으니 옆방에서 어머니가 전문가 둘과 함께 그의 병에 관해 이야기하는 소리가 들렸다. 에릭슨이 잠든 줄 모르는 의사 한 명이 어머니에게 이렇게 말했다. "아드님은 아침까지 버티지 못할 겁니다." 에릭슨의 방에 들어온 어머니는 아들이 이 대화를 엿들은 줄도 모르고 슬픔을 감추려는 기색이 역력했다. 에릭슨은 어머니에게 계속 자신의 침대 옆에 있는 서랍장을 이리저리 옮겨달라고 부탁했다. 어머니는 에릭슨이 무슨 환영을 보는 줄 알았다. 하지만 에릭슨은 다른 이유가 있었다. 그는 괴로워하는 어머니의 생각을 딴 데로 돌리고 싶었다. 또 서랍장에 붙은 거울이 딱 맞는 위치에 놓이길 바라기도 했다. 자신이 의식을 잃기 시작하면 거울에 비친 저녁노을을 잘 보아두었다가 오래오래 간직할 생각이었다. 태양은 언제나 같은 자리로 돌아온다. 어쩌면 자신도 그렇게 돌아와 의사들이 틀렸다는 것을 증명할지도 몰랐다. 몇 시간 후 에릭슨은 혼수상태에 빠졌다.

사흘 후 에릭슨은 의식을 되찾았다. 어떻게 된 노릇인지 죽음은 그를 비켜갔다. 그러나 마비증세는 이제 온몸으로 확대돼서 입술조차 움직일 수 없었다. 움직일 수도 손짓을 할 수도 없고 그 어떤 식으로도 다른 사람과 의사소통을 할 수가 없었다. 유일하게 움직일 수 있는 것은 눈동자여서 그의 좁은 방안을 둘러볼 수 있었다. 이제 에릭슨은 자신이 자란 위스콘신 주 시골의 어느 농가에 갇혀 지내게 됐다. 그에게 유일한 말벗은 일곱 명의 누이와 형제 하나, 부모님, 개인 간호사 한 명이 전부였다. 그토록 활발한 성격의 에릭슨에게 지루함은 고문과도 같았다. 그런데 어느 날 누이들끼리 이야기하는 것을 듣고 있던 에릭슨은 전에 몰랐던 사실 하나를 알게 됐다. 누이들이 대화를 나눌 때면 얼굴에 온갖 움직임이 생길 뿐만 아니라 목소리 톤도 그 자체로 마치 하나의 살아 있는 생명체처럼 바뀐다는 점이었다. 누이가 입으로는 "응, 좋은 생각이네"라고 말했지만, 목소리가 밋밋하고 히죽 웃는 것 등을 종합해보면 '사실 내 생각에는 전혀 좋은 것 같지 않아'라고 말하고 있는 것처럼 보였다. 어찌된 노릇인지 '응'이 실제로는 '아니'를 뜻할 수도 있었다.

이때부터 에릭슨은 그런 모습을 유심히 관찰하기 시작했다. 마치 자극적인 하나의 게임 같았다. 다음 날 하루 동안 에릭슨은 정도도 다르고 수반되는 표정도 모두 다른 16종의 '아니'를 발견했다. 심지어 누이 중 하나는 '응'이라고 말하는 동안 고개를 가로젓기까지 했다. 아주 미묘했지만 에릭슨의 눈은 그것을 놓치지 않았다. 사람들이 입으로는 '응'이라고 말하면서 실제로는 '아니'라고 느낄 때는 찡그린 표정이나 보디랭귀지에서 그 본심이 드러나는 듯했다. 한 번은 누이 하나가 다른 누이에게 사과를 먹으라고 권하는데 긴장된 표정과 경직된 팔 동작을 보니 그건 그냥 예의상 하는 말이었고 실제로는 본인이 먹고 싶어 하는 눈치가 뚜렷했던 적도 있었다. 다른 누이는 그 신호를 알아채지 못했지만 에릭슨의 눈에는 너무나 선명하게 보였다.

대화에 낄 수 없었던 에릭슨은 사람들의 손동작과 눈썹이 올라가는 모습, 목소리의 높낮이, 갑자기 팔짱을 끼는 모습 등을 관찰하는 일에 흠뻑 빠져들었다. 심지어 에릭슨은 누이들이 자기 옆에 오면 목의 핏줄이 더 자주 팔딱이게 된다는 것까지 알게 됐다. 누이들이 초조해한다는 신호였다. 에릭슨은 누이들이 말할 때 나타나는 호흡 패턴에도 매료됐는데 그중 어느 리듬은 지루하

인간 본성의 법칙

다는 뜻이어서 곧 하품으로 이어진다는 사실도 알게 됐다. 누이들에게는 머리카락이 중요한 역할을 하는 듯했다. 일부러 천천히 머리를 뒤로 넘기는 것은 더 이상 참기 힘들다는 신호였다. '충분히 들었어. 이제 그만 좀 말해.' 하지만 더 빠르게 무의식적으로 머리를 넘기면 아주 집중하고 있다는 뜻일 수도 있었다.

침대에서 꼼짝 못하는 에릭슨은 청력이 훨씬 더 예리해졌다. 이제는 옆방에서 나누는 대화까지 들렸다. 옆방의 사람들은 에릭슨 앞에 있을 때처럼 즐거운 척 할 필요가 없었다. 에릭슨은 이내 독특한 패턴을 하나 눈치챘다. 대화를 나눌 때 사람들이 직설적으로 말하는 법이 거의 없다는 사실이었다. 예컨대 옷을 빌리고 싶다거나 누군가에게 사과를 받고 싶은 것처럼 원하는 게 있는 누이는 몇 분간이나 빙빙 에둘러가며 여러 가지 힌트를 남겼다. 누이의 숨겨진 바람은 그녀의 목소리 톤에서 뚜렷이 드러났는데 특정 단어가 강조되었기 때문이다. 누이는 상대가 이것을 눈치채서 자신이 원하는 것을 주기를 바랐다. 그러나 종종 상대가 힌트를 알아채지 못할 때도 있어서 그럴 때는 하는 수 없이 대놓고 원하는 것을 말해야 했다. 계속 들어보아도 이 패턴은 모든 대화에서 나타났다. 이제 누이가 흘리는 힌트의 내용을 최대한 빨리 알아맞히는 건 에릭슨에게 하나의 게임처럼 됐다.

에릭슨은 몸이 마비된 후 갑자기 인간이 소통하는 두 번째 채널을 발견한 기분이었다. 이 두 번째 언어를 통해 사람들은 내면 깊은 곳에서 나오는 무언가를 표현했다. 그리고 때로는 스스로도 그것을 자각하지 못할 때도 있었다. 만약 내가 이 언어의 복잡한 원리를 완전히 깨우친다면 어떻게 될까? 사람들에 대한 내 인식은 어떻게 달라질까? 혹시 입술이나 호흡, 손의 긴장감처럼 거의 눈에 띄지 않는 제스처까지도 읽어낼 수 있을까?

그렇게 몇 달이 지난 어느 날이었다. 에릭슨은 가족들이 그를 위해 특별히 만들어준 안락의자에 앉아 창밖을 내다보며 형제자매들이 뛰노는 소리를 듣고 있었다. 당시 그는 입술을 다시 움직일 수 있게 되어 이제 말을 할 수 있었으나 몸은 여전히 움직이지 않았다. 에릭슨은 자신도 밖에 나가 함께 뛰놀고 싶은 마음이 사무치도록 간절했다. 잠시 스스로 마비 상태라는 것을 잊어버린 사람처럼 에릭슨은 마음속으로 자신의 몸을 일으켜 세웠다. 그리고 그때 비록 아주 잠깐이긴 했지만 다리 근육이 움찔하는 것을 경험했다. 그가 몸의 어딘가에서 움직임을 느낀 것은 처음 있는 일이었다. 의사들은 에릭슨이 다시는 걷지 못할 거라고 어머니에게 말했다. 그러나 의사들은 전에도 틀린 적이 있지 않은가? 이 작은 움직임을 토대로 에릭슨은 실험을 하나 해보기로 했다. 다리에 있는 특정 근육에 온 신경을 집중한 다음, 마비되기 전의 느낌을 기억하면서 간절히 움직이고 싶은 마음으로 그 근육이 다시 움직인다고 상상해보는 것이다. 간호사가 그쪽 부위를 마사지해주었고, 간간이 성공할 뿐이었지만, 그래도 서서히 에릭슨은 다시 움찔거림을 느끼게 됐다. 그리고 그쪽 부분의 근육을 아주 조금 움직일 수 있게 됐다. 고통스럽도록 더딘 과정이었다. 하지만 에릭슨은 자리에서 일어났고, 몇 발짝 걸음을 뗐고, 그다음에는 방을 걷고, 다음에는 밖으로, 다음에는 더 멀리까지 걷는 법을 스스로 터득했다.

어떻게 된 일인지 에릭슨은 의지력과 상상력으로 자신의 몸 상태를 바꿀 수 있었고 다시 완전히 움직일 수 있게 됐다. 우리는 거의 모르고 지내지만 심신은 함께 작동한다는 걸 에릭슨은 분명히 깨달았다. 이 부분을 더 탐구하고 싶었던 에릭슨은 의학과 심리학을 전공하기로 마음먹었다. 그리고 1920년대 말 여러 병원에서 정신과 의사로 활동하게 됐다. 이내 그는 이 분야의 다른 의사들과는 전혀 다른, 자기만의 방식을 개발했다. 당시 대부분의 정신과 의사는 대체로 말에 초점을 맞췄다. 환자와 대화를 통해 특히 어린 시절에 관한 것들을 털어놓게 한 뒤, 환자의 무의식에 접근할 수 있기를 바랐다. 그러나 에릭슨은 환자의 정신적 삶과 무의식에 들어가는 입구로서 환자의 몸짓에 주로 초점을 맞췄다. 말은 무언가를 숨기는 도구로 사용될 때도 많다. 실제로 진행되고 있는 일을 감추는 방편으로 말이다. 그래서 에릭슨은 환자를 완전히 편안하게 만든 다음, 그들의 표정이나 목소리, 자세에서 흘러나오는 숨은 긴장감이나 충족되지 못한 열망 등의 신호를 감지했다. 이 과정에서 그는 비언어적 소통의 세계를 깊이 탐구했다.

에릭슨의 모토는 "관찰하라, 관찰하라, 관찰하라"였다. 그에게는 관찰 노트가 있어서 자신이 관찰한 내용을 모두 기록했다. 특히 그를 매료시켰던 한 가지는 사람들의 걸음걸이였다. 어쩌면 에릭슨 자신이 다리를 다시 사용하는 법을 배우는 과정이 워낙 힘들었기 때문인지도 모른다. 에릭슨은 도시 곳곳에서 사람들이 걷는 모습을 관찰했다. 그는 걸음걸이의 무게를 유심히 보았다. 고집스럽고 결연한 사람들은 발걸음도 단호했다. 우유부단해 보이는 사람들은 발걸음도 가벼웠다. 게을러 보이는 사람들은 어기적어기적 걸었고, 상념에 빠진 사람들은 오락가락 걸었다. 골반을 특히 많이 흔들거나 고개를 빳빳이 쳐들고 활보하는 사람은 자신감이 높은 사람이었다. 자신의 단점이나 불안을 숨기고 싶을 때 걷는 걸음걸이도 있었다. 과장되게 큰 걸음으로 남성성을 강조하며 걷거나 반항적인 십대들이 무심한 척 발을 질질 끄는 경우가 그랬다. 에릭슨은 사람들이 흥분하거나 초조하면 걸음걸이가 갑자기 바뀐다는 사실도 알아챘다. 이 모든 게 에릭슨에게는 상대의 기분이나 자신감에 관해 무궁무진한 정보를 제공했다.

그는 진료실 책상을 문에서 멀찌감치 떨어지게 배치해 환자들이 자신을 향해 걸어오게 만들었다. 상담이 끝난 후 환자의 걸음걸이가 바뀐다면 그것도 알아볼 수 있었다. 에릭슨은 환자가 의자에 앉는 방식, 의자 팔걸이를 잡을 때 손이 긴장한 정도, 이야기를 하면서 얼굴을 얼마나 마주 보는지도 면밀히 관찰했다. 말 한마디 나누지 않고서도 몇 초 만에 에릭슨은 상대가 얼마나 불안한지, 경직되어 있는지 깊이 있게 읽어낼 수 있었다. 그들의 보디랭귀지에 분명하게 드러났기 때문이다.

에릭슨이 정신 병동에 근무했을 때의 일이다. 심리학자들을 당황하게 만든 환자가 한 명 있었다. 환자는 사업가로 큰돈을 벌었다가 대공황으로 모든 것을 잃은 남자였다. 그가 할 수 있는 일이라고는 울면서 끊임없이 양손을 앞뒤로 움직이는 것뿐이었다. 가슴에서 바깥쪽으로 곧장 말이다. 그가 왜 이런 틱 (tic)을 갖게 됐는지 아무도 이해할 수 없었기 때문에 그를 도와줄 방법도 없었다. 그에게 말을 시키는 것은 쉽지 않았고, 정작 말을 해도 별 소득이 없었다. 그러나 에릭슨은 환자를 보자마자 남자가 가진 문제의 본질을 이해했다. 그는 이 동작을 통해서 말 그대로 남보다 앞서려고 평생을 노력했으나 부질없는 절망만 안게 되었다는 사실을 표현하고 있었다. 에릭슨은 남자에게 다가가 이렇게 말했다. "인생의 오르막과 내리막을 많이 겪으셨군요." 그러자 남자의 팔 움직임이 아래위로 바뀌었다. 남자는 이 새로운 동작에 흥미를 느낀 듯했고, 이제는 그게 남자의 틱이 됐다.

에릭슨은 현장의 심리 치료사와 협업해 이 남자의 양손에 사포를 쥐어주고 그의 앞에 거친 통나무를 가져다 놓았다. 이내 남자는 나무에 사포질을 하는 것에 마음을 뺏겼고 나무가 반짝이기 시작하면서 나는 냄새에 푹 빠져들었다. 남자는 울기를 그치고 목공 수업을 들었다. 그리고 정교한 체스 세트를 만들어 팔았다. 순전히 남자의 보디랭귀지에 집중해 신체 동작을 바꿔놓음으로써 에릭슨은 꽁꽁 잠긴 그의 마음을 열고 남자를 치유할 수 있었다.

에릭슨은 비언어적 소통에서 남녀가 보이는 차이에 특히 흥미를 느꼈다. 그 차이는 남녀의 사고방식의 차이를 반영했다. 에릭슨은 특히 여자들이 가진 버릇을 잘 감지했는데 아마도 몇 달 동안 누이들을 가까이서 관찰하며 시간을 보냈기 때문일 것이다. 에릭슨은 누이들의 보디랭귀지에서 드러나는 뉘앙스를 완벽하게 구분해낼 수 있었다. 한 번은 아름다운 젊은 여성이 에릭슨을 찾아와 그동안 여러 정신과 의사를 만났으나 자신을 제대로 파악하는 사람이 한 명도 없었다고 말했다. '에릭슨은 자신을 제대로 파악할 수 있는가?' 여자는 자신의 문제가 무엇인지는 전혀 언급하지 않으면서 이야기를 이어갔다. 그러는 동안 에릭슨은 여자가 옷깃에서 보푸라기를 뜯는 모습을 지켜보았다. 에릭슨은 귀를 기울이고 고개를 끄덕인 다음 다소 재미없는 질문을 몇 가지 던졌다.

그러다가 갑자기 에릭슨은 느닷없이 아주 자신에 찬 목소리로 자신이 그녀에게 딱 맞는, 사실상 유일한 정신과 의사라고 말했다. 에릭슨의 우쭐한 태도에 놀란 여자는 왜 그렇게 생각하느냐고 물었다. 에릭슨은 그걸 증명하려면 질문을 하나 더 해야 한다고 말했다.

에릭슨이 물었다. "여자 옷을 입고 다닌 지 얼마나 됐나요?"

"어떻게 아셨어요?" 남자는 깜짝 놀라서 물었다. 에릭슨은 남자가 보푸라기를 떼는 모습을 보고 알아차렸다고 설명해주었다. 여자라면 보푸라기를 떼다가도 가슴 주변 부위에 이르면 멀찍이 피해 가야 했다. 그런 손동작을 수도 없이 많이 보아온 에릭슨을 속일 수는 없었다. 게다가 에릭슨을 테스트부터 해봐야겠다고 말하는 남자의 단호한 어투도 뚝뚝 끊어지는 목소리의 리듬도 분명 남성적이었다. 다른 정신과 의사들은 모두 이 젊은 남자의 극히 여성스러운 외모와 그가 정교하게 만들어낸 목소리에 속아 넘어갔으나 보디랭귀지는 거짓말하지 않았다.

한번은 이런 일도 있었다. 에릭슨이 진료실에 들어갔더니 새로운 여성 환자가 그를 기다리고 있었다. 여자는 비행기 공포증이 있어서 그를 찾아왔다고 말했다. 에릭슨은 여자의 말을 끊고 이유도 설명하지 않은 채 진료실을 나갔다가 다시 들어와 달라고 부탁했다. 여자는 화가 난 듯했으나 순순히 그의 말을 따랐다. 에릭슨은 여자의 걸음걸이와 의자에 자리를 잡고 앉는 모습을 면밀히 관찰했다. 그런 다음 문제가 뭐냐고 물었다.

"9월에 남편이 해외로 여행을 가자고 하는데 저는 비행기 타는 것을 죽도록 무서워해요."

에릭슨이 말했다. "부인. 환자가 정신과 의사를 찾아왔다면 숨기는 게 있어서는 안 됩니다. 제가 좀 아는 게 있는데요. 다소 불쾌한 질문을 하나 드리겠습니다…. 부인이 바람피우고 있는 것을 남편도 아시나요?"

"아니요. 대체 어떻게 아신 건가요?" 여자는 깜짝 놀라 말했다.

"부인의 보디랭귀지가 그렇게 말하네요." 에릭슨은 여자가 한쪽 발이 발목 뒤로 완전히 돌아갈 만큼 다리를 단단히 꼬고 앉아 있다고 설명해 주었다. 그의 경험상 바람을 피우는 여성들은 다들 비슷하게 몸을 꽁꽁 닫았다. 또 여자는 분명 '해외로(abroad)'라고 발음하지 않고 머뭇거리듯이 '해외-로(a-broad)'라고 발음했는데 이는 수치심을 가진 사람들이 말하는 방식이었다. 또한 그녀의 걸음걸이도 복잡한 남녀관계에 얽혀버렸다고 느끼는 여자의 걸음새였다. 다음 진료 때 여자는 애인을 데려왔다. 애인도 유부남이었다. 에릭슨은 애인의 부인을 만나고 싶다고 했다. 그렇게 찾아온 그 부인도 앉을 때 똑같이 한쪽 발을 발목 아래로 넣으며 몸을 닫는 자세를 취했다.

"바람을 피우고 계시군요." 에릭슨이 말했다.

"네, 남편이 말하던가요?"

"아니요. 부인의 보디랭귀지를 보고 알았어요. 남편분이 왜 만성 두통을 앓는지 이제 알겠네요." 에릭슨은 세 사람 모두를 치료하기 시작했고 그들이 답답하고 고통스러운 처지를 벗어날 수 있게 도와주었다.

세월이 흐르면서 에릭슨의 관찰력은 계속 발전해 거의 감지하기도 힘든 비언어적 소통까지 읽을 수 있게 됐다. 에릭슨은 사람들이 숨 쉬는 패턴만 보고도 상대의 마음 상태를 판단할 수 있었다. 에릭슨은 상대의 호흡 패턴을 그대로 따라해 환자를 최면 상태로 유도하고 깊은 라포르를 느끼게 했다. 에릭슨은 사람들이 부지불식간에 말하는 소리 없는 말, 즉 거의 눈에 띄지 않게 입모양으로만 말하는 단어나 이름까지 읽어낼 수 있었다. 점쟁이나 무당, 일부 마술사들은 이런 식으로 생계를 유지하기도 한다. 에릭슨은 비서가 타이핑을 치는 손이 무거워지는 것만 보고도 그녀가 생리 중인 것을 알았다. 그는 사람들의 손의 살결과 걸음걸이, 고개를 기울이는 방식, 목소리의 높낮이를 통해 무슨 일을 하는 사람인지 짐작할 수 있었다. 환자나 친구들이 보기에 에릭슨은 마치 점쟁이와 같은 능력을 가진 것 같았다. 하지만 그것은 에릭슨이 이 제2의 언어에 통달하기 위해 얼마나 오랫동안 얼마나 열심히 사람들을 관찰했는지 몰랐기 때문이다.

해석 ——•

밀턴 에릭슨은 갑작스럽게 찾아온 마비 증세 때문에 새로운 소통 형태에 눈 뜨게 됐을 뿐만 아니라 전혀 다른 방식으로 사람들을 이해할 수 있게 됐다. 누이들의 이야기를 들으며 그들의 표정과 목소리에서 새로운 정보를 수집할 때 에릭슨은 감각으로만 그것을 받아들인 게 아니라 누이들의 마음에서 진행되는 일을 어느 정도는 직접 경험하는 느낌을 받았다. 누이들이 왜 실제로는 '아니'를 뜻하면서도 입으로는 '응'이라고 말했는지 이유를 상상했고 그 과정에서 잠깐이기는 해도 누이들의 모순된 바람도 어느 정도 느낄 수 있었다. 누이들의 목에서 긴장감을 보고 왜 그들이 내 곁에만 오면 갑자기 불편해하는지 이유를 알기 위해서는 그 긴장감을 자기 몸으로 직접 느껴보아야 했다. 그는 단순히 생각만 하거나 생각을 말로 옮기는 것만으로는 비언어적 소통을 경험할 수가 없고, 누군가 그 표정을 짓거나 그렇게 꽉 닫힌 자세를 취할 때 곁에서 몸으로 직접 느껴봐야만 알 수 있다는 사실을 발견했다. 비언어적 소통은 우리의 동물적 본성과 연관되어 있고 거울신경이 관여하는, 좀 다른 형태의 지식이었다.

이 언어에 통달하기 위해 에릭슨은 자신이 보고 있는 것을 말로 해석하거나 어느 한 범주에 집어넣고 싶은 계속되는 욕구를 통제하면서 마음을 비워야 했다. 본인이 하고 싶은 말은 덜 생각하고, 주의력을 밖으로 타인에게로 돌리려면 자아를 억눌러야 했다. 그래야 상대의 보디랭귀지에서 드러나는 상대의 기분 변화에 나를 맞출 수 있었다. 에릭슨이 발견한 것처럼 주의력을 밖으로 돌리자 그는 완전 다른 사람이 됐다. 그는 사람들이 쉴 새 없이 내보내는 신호를 훨씬 더 잘 느끼게 됐고 사람들과 관계를 맺는 데 아주 뛰어난 사람이 됐다. 그는 타인의 정신세계를 교감하며 더 큰 라포르를 형성할 수 있는 사람이 됐다.

이런 변화를 직접 겪으면서 에릭슨은 남들에게는 이 변화가 정반대 방향으로 진행된다는 사실을 발견했다. 사람들은 나이를 먹을수록 오히려 더 자기 안에 몰두하고 타인을 관찰하지 않았다. 에릭슨은 현장에서 이 점을 잘 보여줄 수 있는 여러 사례를 수집했다. 한 번은 에릭슨이 같은 병원 인턴들에게 병상에 이불을 덮고 누워 있는 노부인을 조용히 관찰하고 그녀가 왜 누워서 지내게 됐을지 병명을 짐작해보라고 했다. 인턴들은 그녀를 세 시간이나 지켜보았으나 아무것도 발견하지 못했다. 두 다리가 절단된 환자라는 명백한 사실을 눈치챈 인턴은 한 명도 없었다. 또 그의 강연에 참석한 사람들 중에는 그가 늘 가지고 다니는 이상한 모양의 지시봉을 왜 발표 중에는 한 번도 사용하지 않느냐고 묻는 사람도 많았다. 에릭슨이 눈에 띌 만큼 다리를 절고 그래서 지팡이가 필요하다는 사실을 관찰하지 못한 사람들이었다. 에릭슨이 파악했던 것처럼 대부분의 사람들은 사는 게 너무 힘들다보니 자기 안으로만 파고든다. 간단한 것들조차 관찰할 정신적 여유가 없기 때문에 그들은 대개 제2의 언어를 그냥 흘려보낸다.

반드시 알아야 할 사항이 있다. 우리는 지구상에서 사회성이 가장 뛰어난 동물이다. 우리의 생존과 성공은 타인과의 소통 능력에 달려 있다. 인간이 나누는 모든 의사소통 중에 65퍼센트 이상이 비언어적 소통이지만 그중에 사람들이 인지하고 내면화하는 정보는 겨우 5퍼센트에 불과하다고 추정된다. 인간관계에서 우리가 기울이는 주의력은 대부분 사람들이 하는 '말'에 쏠려 있다. 실제로 말은 사람들의 진짜 생각이나 감정을 감추는 데 더 많이 사용되는데 말이다. 비언어적 신호는 상대가 말로써 강조하려는 내용과 메시지의 숨은

인간 본성의 법칙

뜻, 그리고 의사소통의 뉘앙스를 알려준다. 그리고 상대가 적극적으로 숨기는 내용과 정말로 바라는 일을 알려준다. 비언어적 신호는 사람들의 기분과 정서를 아주 직접적으로 반영한다. 이 정보를 놓친다는 것은 눈을 감고 활동하는 것이나 마찬가지다. 상대는 자신이 정말로 바라는 것 혹은 필요로 하는 것이 뭔지 계속 신호를 보내는데 그 신호를 알아보지 못하는 것은 일부러 오해를 불러일으키거나 타인에게 영향을 줄 수 있는 수많은 기회를 날려버리는 것과 같다.

우리가 해야 할 일은 단순하다. 첫째, 자신이 자기 안에 매몰되어 있고 실제로 관찰은 거의 하지 않는다는 사실을 인정해야 한다. 이 점을 제대로 알아야 관찰능력을 개발하겠다는 동기가 부여된다. 둘째, 에릭슨이 그랬던 것처럼 비언어적 소통은 언어적 소통과 본질적으로 다르다는 점을 이해해야 한다. 비언어적 소통은 여러 감각을 열어놓고 보다 신체적인 차원에서 사람들을 이해하는 것이 필요하다. 상대의 말뿐만이 아니라 신체가 내보내는 에너지를 흡수해야 한다. 단순히 표정을 관찰하는 게 아니라 그 표정을 내 안에 각인해서 그 인상이 계속 남아 있는 채로 소통해야 한다. 비언어적 소통의 어휘들을 많이 익히고 나면 어느 제스처를 하나 봤을 때 그게 뜻할 수 있는 감정들이 떠오를 것이다. 이런 식으로 감각이 발달하면 그동안 당신이 무엇을 놓쳐왔는지 점점 더 많이 보일 것이다. 사람들을 더 깊이 이해하는 새로운 방법을 알게 될 테고 사회성이 증진될 것이다.

이 세상 악마나 바보들이 뿔을 달고 있거나 종을 울리며 다닐 거라고 생각하는 사람은 늘 그들의 희생양이나 노리개가 될 것이다. 타인과 교류할 때 사람들은 마치 달과 같다는 사실을 염두에 두어야 한다. 그들은 당신에게 오직 한쪽 면밖에 보여주지 않는다. 사람은 누구나 자신이 가장하는 바로 그 사람으로 늘 보일 수 있게 얼굴로 가면을 만드는 재주를 타고난다. 그 효과는 매우 기만적이다. 사람들은 상대가 나를 칭찬하여 내가 좋은 평가를 받을 수만 있다면 언제든지 가면을 쓴다. 그리고 우리는 마치 밀랍이나 골판지로 만든 가면을 쓴 사람을 볼 때처럼 가면 뒤에 숨은 얼굴보다는 가면 자체에 더 많은 관심을 기울일지 모른다.

– 아르투어 쇼펜하우어

·인간 본성의 열쇠· 전략적 관찰자가 되라

인간은 능수능란한 연기자다. 우리는 일찍부터 부모에게서 내가 원하는 것을 얻어내기 위해 동정심이나 애정을 자아낼 만한 표정을 짓는 방법을 배운다. 우리는 내가 상처받을 수 있는 순간에 나 자신을 보호하기 위해 지금 내가 정확히 무슨 생각을 하고 어떤 기분인지 부모나 형제에게 감추는 법을 배운다. 우리는 내 편으로 만들어야 할 인기 있는 친구나 선생님에게 아부하는 데 능숙해진다. 똑같은 옷을 입고 똑같은 언어를 사용해 무리에 끼는 법을 배운다. 나이가 들어 경력을 쌓으려 애쓸 때는 어떤 모습을 보여야만 면접에 합격하고 집단 문화에 녹아들 수 있는지 배운다. 경영자가 되고, 교수가 되고, 바텐더가 된 사람은 그 역할에 맞는 연기를 해야 한다.

이런 연기 능력을 개발하지 않는 사람이 있다고 한번 상상해보자. 상대의 이야기가 마음에 안 들면 즉시 얼굴을 찡그리고, 재미가 없으면 그대로 하품을 하고, 생각하는 대로 다 입 밖으로 꺼내고, 생각도 스타일도 자기 방식만 고수하고, 상사를 대할 때나 어린아이를 대할 때나 똑같이 행동하는 사람 말이다. 사람들은 그를 기피하고, 조롱하고, 경멸할 것이다.

우리의 연기가 워낙 훌륭하기 때문에 우리는 누가 연기를 해도 그런 사실을 인식조차 못한다. 우리는 사회적 교류에서 자신이 거의 늘 진실하다고 착각한다. 이 착각이 바로 훌륭한 배우가 그럴듯한 연기를 하는 비결이기도 하다. 우리는 이 능력을 당연한 것으로 생각하지만 실제로 이 능력이 어떻게 발휘되는지 보고 싶다면 당신이 각각의 가족이나 상사, 동료와 대화하는 모습을 한번 잘 지켜보라. 상대나 상황에 따라 당신이 말하는 내용, 목소리 톤, 태도, 보디랭 귀지가 모두 미묘하게 달라지는 것을 알 수 있을 것이다. 잘 보이고 싶은 사람 앞에서는, 익숙한 사람이나 경계할 필요가 없는 사람 앞에서와는 전혀 다른 얼굴을 할 것이다. 아마 부지불식간에 이미 그렇게 하고 있을 것이다.

많은 작가나 사상가들이 수백 년간 외부인의 시선에서 인간을 관찰하며 사회생활의 연극적 속성을 발견했다. 이와 관련해 가장 유명한 말을 남긴 사람은 셰익스피어다. "세상이 모두 무대요, 사람은 모두 배우일 뿐이죠. 누구나 퇴장도 하고 등장도 해요. 사는 동안 한 사람이 여러 역할을 맡게 되죠." 전통적으로 극장이나 배우를 대표하는 이미지가 가면이었다면 셰익스피어 같은 작가들은 우리가 누구나 끊임없이 가면을 쓴다고 말하고 있는 셈이다. 연기를 좀 더 잘하는 사람도 있고 못하는 사람도 있다. 《오셀로》에 나오는 이아고 같은 악당 유형은 자신의 적개심을 숨긴 채 온화하고 친근한 미소를 지을 수 있다. 더 자신감 있고 용감하게 연기할 수 있는 사람은 종종 리더가 된다. 완벽한 연기력을 가진 사람은 복잡한 사회생활을 더 잘 헤쳐 나가고 성공할 수 있다.

우리 모두가 전문 배우이긴 하지만, 속으로는 어떤 역할을 연기해야 한다는 사실을 짐으로 느끼기도 한다. 우리는 지구상에서 가장 성공한 사회적 동물이다. 수십만 년 동안 우리의 선조인 수렵-채집민이 살아남을 수 있었던 것은 비언어적 신호를 통해 끊임없이 서로 소통한 덕분이다. 미처 언어도 발명되기 전에 그렇게 오랫동안 비언어적 신호가 발달하다 보니 인간의 얼굴은 이토록 표정이 풍부해지고 제스처도 아주 정교해진 것이다. 비언어적 신호는 우리의 내면 깊숙한 곳에 이미 심어져 있다. 우리에게는 내 감정을 끊임없이 소통하고 싶은 열망이 있지만, 그와 동시에 사회생활을 제대로 하려면 그것을 감추어야 할 필요도 있다. 이렇게 두 가지가 우리 안에서 싸우고 있기 때문에 우리는 내가 소통하는 내용을 완벽히 통제하지 못한다. 제스처나 목소리 톤, 표정, 자세 등의 형태로 진짜 감정이 계속해서 흘러나온다. 그런데 우리는 다른 사람의 비언어적 신호에 주목하는 훈련을 받지 못했다. 순전히 습관적으로 우리는 남이 하는 '말'에만 시선을 두고, 그다음에 '나'는 무슨 말을 할까 고민한다. 이 이야기는 곧 우리가 누구나 보유하고 있는 잠재적 사회성 중에 아주 작은 일부밖에 사용하지 않는다는 뜻이다.

최근에 만난 사람과 대화를 나눈다고 한번 상상해보라. 상대가 내보내는 비언어적 신호에 특별히 신경을 쓴다면 상대의 기분을 감지할 수 있고, 이 기분을 거울처럼 다시 상대에게 보여주면 상대는 나와 있을 때 무의식적으로 편안함을 느낀다. 대화가 진행될수록 나의 제스처와 내가 거울처럼 되돌려주는 분위기에 상대가 반응하는 신호가 보일 것이다. 그렇다면 한 발 더 나아가 더 깊은 주문을 걸어도 된다는 뜻이다. 이런 식으로 우리는 라포르를 형성하고 귀중한 내 편을 확보할 수 있다. 반대로 당신을 보자마자 적대감의 신호를 드러낸 사람이 있다고 상상해보라. 당신은 그 경직된 가짜 미소를 알아보았고 상대의 얼굴을 스치는 짜증과 당신과 함께 있을 때 불편해 보이는 듯한 미묘한 신호도 감지했다. 이 모든 것을 실시간으로 감지했다면 정중히 대화에서 물러나라. 그리고 경계를 늦추지 말고 적대적 의도를 나타내는 신호가 혹시 더 있지는 않은지 살펴라. 아마도 방금 당신은 불필요한 싸움이나 훼방꾼이 하나 늘어나는 것을 모면했을 것이다.

인간 본성을 공부하는 학생으로서 우리가 해야 할 일은 두 가지다. 첫째, 삶에 연극적 속성이 있다는 사실을 알고 그대로 인정해야 한다. 누가 역할 놀이를 하거나 가면을 쓴다고 해서 도덕적 잣대를 들이대거나 격분해서는 안 된다. 그런 것들은 매끄러운 사회생활에 꼭 필요한 것들이다. 실제로 우리의 목표는 삶이라는 무대에서 내가 맡은 역할을 완벽한 기술로 연기하는 것이다. 그래야 관심을 끌고, 주목받고, 공감 가는 주인공이 될 수 있다. 둘째, 순진하게

인간 본성의 법칙

사람들의 겉모습을 실제라고 착각해서는 안 된다. 사람들의 연기력에 눈이 흐려지지 마라. 상대의 진짜 감정을 기막히게 잘 해독하는 사람으로 다시 태어나라. 관찰력을 키우고 그 관찰력을 일상에서 최대한 많이 사용하라.

그러려면 세 가지가 필요하다. 사람을 관찰하는 '방법'을 알아야 하고, 비언어적 소통을 해독하는 기본 열쇠 몇 가지를 배워야 하고, '인상 관리(impression management)'라고 알려진 기술을 완벽하게 익혀 최대의 효과를 낼 수 있게 맡은 역할을 연기해야 한다.

상대의 신호를 감지하는 관찰 기술

어릴 때는 누구나 훌륭한 관찰자였다. 작고 약했던 우리는 사람들의 미소나 목소리 톤을 해석하는 데 생사가 걸려 있었다. 종종 우리는 어른들의 특이한 걸음새나 과장된 미소, 부자연스러운 버릇 따위를 눈치채고 재미로 흉내 내기도 했다. 보디랭귀지를 보면 상대가 나를 위협하는 것인지 감지할 수 있었다. 상습적 거짓말쟁이나 사기꾼, 마술사 혹은 다른 사람인 척하는 사람들이 어린아이들을 골치 아프게 여기는 것은 바로 이 때문이다. 아이들은 상대가 쓴 가면을 금세 간파한다. 그런데 다섯 살 무렵부터 우리는 서서히 이런 감수성을 상실한다. 그리고 내면으로 눈을 돌리면서 남들이 나를 어떻게 생각할지를 더 걱정한다.

그러니 우리는 없는 기술을 새로 배우려는 게 아니라 한때는 갖고 있던 기술을 재발견하려는 것이다. 그렇다면 점점 자기 안에 몰두하게 됐던 지난 시간을 되감아서 어릴 때 갖고 있던 호기심과 외부를 향한 시각을 되찾으면 된다.

어느 기술이나 그렇듯이 관찰 기술을 익히는 데도 인내가 필요하다. 우리는 연습을 통해 서서히 뇌 구조를 바꾸고 새로운 신경 연결망을 만드는 작업을 해야 한다. 처음부터 정보가 너무 많으면 과부하가 걸릴 것이다. 작은 것부터 시작하되 매일 조금씩 발전하면 된다. 평소 누군가와 대화를 나누게 되면 다음과 같은 목표를 하나 세워라. 상대를 관찰하면서 그가 하는 말과 어긋나는 것처럼 보이거나 혹은 뭔가 말하지 않는 내용이 있음을 알려주는 표정 한두 개를 찾아내겠다고 말이다. 미세 표정이나 잠시 스쳐가는 얼굴의 긴장감, 억지미소에 주목하라(더 자세한 내용은 뒤에서 설명). 간단한 이 연습이 한 사람에게 성공했을 경우 다른 사람에게도 시도해보라. 항상 표정에 초점을 맞춰라. 얼굴에서 신호를 찾는 게 좀 쉬워졌다 싶으면 목소리에도 비슷한 신호를 찾아보라. 목소리 톤이 바뀌거나 말하는 속도가 달라지는 것에 주목하라. 목소리는 상대가 느끼는 자신감이나 만족감과 관련해 많은 것을 이야기해준다. 다음에는 자세나 손짓, 다리의 위치와 같은 보디랭귀지로 옮겨가라. 관찰 연습을 할 때는 간단한 목표를 세워서 손쉽게 실천하라. 관찰한 내용, 특히 어떤 패턴이 발견되면 빠짐없이 적어두라.

이처럼 관찰 연습을 할 때는 편안한 마음으로 눈에 보이는 것에 마음을 열어야 한다. 내가 본 것을 말로 해석해보려고 안달복달해서는 안 된다. 대화를 함께 이끌어가되 말수를 줄이고 상대가 더 많은 말을 하게 하라. 상대의 모습을 그대로 따라 하려고 노력하라. 상대가 말한 내용 일부와 관련된 이야기를 해서 내가 귀를 기울이고 있다는 사실을 보여줘라. 그러면 상대는 긴장이 풀리면서 더 많은 이야기를 하고 싶어지고, 더 많은 비언어적 신호를 내보낼 것이다. 하지만 너무 대놓고 상대를 관찰해서는 안 된다. 관찰당한다고 생각하면 사람들은 긴장하면서 자신의 표현을 통제하려고 애쓴다. 정면으로 눈을 너무 많이 맞추는 것도 좋지 않다. 자연스러우면서도 관심을 기울이는 모습을 보여줘야 한다. 슬쩍슬쩍 잠깐씩만 시선을 돌려서 상대의 표정이나 목소리, 몸짓에 변화가 있는지 확인하라.

한 사람을 장기간 관찰한다면 상대의 표현이나 기분과 관련해 기준점을 잡아두는 게 좋다. 원래 조용하고 말이 없는 사람은 표정에서 그대로 드러난다. 활달하고 에너지가 넘치는 사람도 있고 늘 초조한 표정을 짓는 사람도 있다. 상대의 평소 행동을 알고 있으면 거기서 어떤 변화가 생겼을 때 훨씬 더 주의를 기울일 수 있다. 평소 말이 없던 사람이 갑자기 활달해졌거나 습관적으로 예민한 사람이 편안한 표정을 짓는 것처럼 말이다. 상대의 기준점을 알고 있으면 그가 무언가를 숨기거나 힘들어할 때 그런 신호를 알아보기가 훨씬 쉽다. 고대 로마의 장군 마르쿠스 안토니우스는 천성이 쾌활한 사람으로 늘 미소를 짓고, 웃음을 터뜨리고, 장난을 치는 사람이었다. 안토니우스의 정적인 옥타비우스(나중에 아우구스투스 황제)는 율리우스 카이사르가 암살된 후 만난 안토니우스가 갑자기 말이 없어지고 뚱한 것을 보고 그가 뭔가를 계획 중이며 자신에게 적대감을 품었다는 것을 알았다.

기준점과 관련해, 한 사람을 여러 상황에서 관찰하도록 노력하라. 상대가 배우자나 상사, 직원과 이야기할 때 비언어적 신호가 각각 어떻게 바뀌는지 유심히 보라.

좀 다른 연습으로, 뭔가 신나는 일을 하려는 사람들을 관찰해보라. 멋진 곳으로 여행을 간다거나 오래도록 바라던 사람과 데이트를 한다거나 기대되는 공연이나 경기 등에 참석하는 사람들 말이다. 그 기대에 찬 모습을 꼭 기억해두라. 눈이 계속 커진 상태로 있고, 얼굴은 발그레하고 보통 생동감이 있으며, 앞으로 벌어질 일을 생각할 때는 입가에 은은한 미소가 감돌 것이다. 이 모습을 시험이나 면접을 앞둔 사람의 긴장된 표정과 비교해보라. 이렇게 하면 감정과 표정을 서로 연결 지을 수 있는 비언어적 소통의 어휘력이 많이 늘어날 것이다.

혹시라도 혼재된 신호가 나타날 때는 특히 주의를 기울여라. 말로는 좋은 생각이라고 하면서 표정에는 긴장감이 보이고 목소리 톤이 부자연스럽다거나, 승진을 축하한다고 말하면서 짓는 미소가 억지스럽고 표정이 슬퍼 보이는 경우 등이다. 이렇게 혼재된 신호는 아주 흔히 볼 수 있다. 때로는 신체 각 부위가 따로 놀기도 한다. 헨리 제임스의 소설 《사자(使者)들》을 보면 화자는 자신을 찾아온 여인이 대화 내내 얼굴에는 미소를 짓고 있지만 양산을 쥔 손에는 긴장감이 가득한 것을 알아본다. 그제야 그는 상대의 진짜 기분, 즉 불편함을 눈치챈다. 혼재된 신호와 관련해서는 비언어적 소통이 부정적 감정을 누출하는 경우가 더 많다는 사실을 알아둘 필요가 있다. 그런 부정적 신호야말로 상대의 진짜 감정을 알려주는 단서로서 더 큰 무게감을 두어야 한다. 그렇게 연습을 하다 보면 상대가 왜 그런 슬픔이나 반감을 느끼는지 자문해볼 수 있는 때도 올 것이다.

한 단계 더 나아가 이제 좀 다른 종류의 연습을 해보자. 카페처럼 사람들이 많이 드나드는 장소에 자리를 잡아라. 그리고 대화를 함께 이끌어야 한다는 부담 없이 주변 사람들을 관찰해보라. 그들의 대화에 귀를 기울이고 목소리에서 신호를 찾아보라. 걸음걸이나 전체적인 보디랭귀지에 주목하고, 가능하다면 메모를 하라. 거기에 능숙해지면 관찰한 신호를 바탕으로 상대의 직업을 한번 추측해보라. 혹은 보디랭귀지를 통해 알 수 있는 상대의 성격을 짐작해보라. 재밌는 게임이 될 것이다.

연습을 하다 보면 주의력을 나눠서 사용하는 일도 더 쉬워질 것이다. 상대의 말에 열심히 귀를 기울이면서도 비언어적 신호를 면밀히 관찰하는 것이다. 또한 전에는 눈치채지 못했던 신호들을 알게 되면서 비언어적 신호에 대한 어휘력도 계속 확장될 것이다. 사람들의 모든 행동은 일종의 신호라는 사실을 기억하라. 아무 뜻을 전달하지 않는 제스처란 없다. 사람들의 침묵이나 옷차림, 책상의 물건 배열, 호흡 패턴, 특정 근육(특히 목 부위)의 긴장감, 대화의 숨은 내용까지도 관심을 기울여라. 말하지 않는 것, 암시된 것도 모두 대화의 일부다. 이런 것들을 발견할 때마다 흥미진진함이 느껴질 테고 더 많은 것이 알고 싶어질 것이다.

인간 본성의 법칙 ·

관찰 기술을 연습할 때 흔히 저지르기 쉬운 실수가 있다. 말은 직접적 정보를 표현한다. 누가 한 말이 무슨 의미라고 갑론을박하는 것도 가능은 하지만 말에 대한 해석은 한계가 있다. 반면에 비언어적 신호는 훨씬 애매모호하고 간접적이다. 이 비언어적 신호의 의미는 이것이라고 알려주는 사전 같은 것도 없다. 비언어적 신호의 의미는 사람에 따라, 맥락에 따라 달라진다. 자칫하면 신호들을 수집하기는 했으나 상대에 대해 내가 이미 가지고 있는 감정적 편견에 맞춰 성급한 해석을 내릴 우려가 있다. 이럴 때 관찰은 무용할 뿐만 아니라 심지어 위험할 수도 있다. 천성적으로 싫은 사람 혹은 과거에 불쾌했던 누군가를 떠올리게 하는 사람은 무슨 신호이든 모두 악의적으로 혹은 적대적으로 보려 할 것이고, 좋아하는 사람을 관찰할 때는 정반대가 될 것이다. 관찰 연습을 할 때는 상대에 대한 나의 호불호나 선입견을 모두 배제하도록 노력해야 한다.

관련해서 '오셀로의 오류'라는 것이 있다. 앞서 다룬 《오셀로》에서 주인공 오셀로는 아내인 데스데모나에게 증거를 들이대며 불륜을 추궁한다. 아내가 초조한 반응을 보이자 오셀로는 그를 근거로 아내를 불륜이라 단정한다. 실제로 데스데모나는 바람을 피운 적이 없었다. 다만 천성이 공격적이고 편집증적인 오셀로가 으르렁대며 질문을 하니 초조해졌을 뿐인데, 오셀로는 그것을 죄책감의 신호로 해석한 것이다. 이런 경우 문제는 우리가 어떤 감정적 신호, 예컨대 초조함 같은 것을 읽고 나서 그 원인으로 특정 이유를 지목한다는 점에 있다. 우리는 내가 보고 싶은 것에 맞춰, 가장 먼저 떠오르는 설명을 그대로 믿어버린다. 그러나 초조함에는 여러 가지 원인이 있을 수 있고, 추궁이나 주위 분위기에 의한 일시적 반응일 수도 있다. 이때 오류는 관찰 자체에 있는 것이 아니라 그것을 해석하는 방법에 있다.

1894년 프랑스의 장교 알프레드 드레퓌스(Alfred Dreyfus)는 독일에 기밀을 넘긴 혐의로 억울하게 체포됐다. 드레퓌스는 유대인이었고 당시 많은 프랑스인들이 유대인에게 반감을 품고 있었다. 첫 공개변론에서 드레퓌스는 차분한 목소리로 또박또박 대답했다. 이것은 그가 장교로서 받은 교육의 일부이기도 했고, 초조함을 억누르기 위한 노력의 산물이기도 했다. 그러나 대중은 그가 만약 결백하다면 더 목청껏 항의했을 거라고 추정했다. 그의 태도를 유죄의 신호로 읽은 것이다.

문화적 배경이 다르면 받아들일 수 있는 행동도 다르다는 사실을 기억해야 한다. 이것을 소위 '표현 규칙(display rules)'이라고 한다. 미소를 덜 짓는 문화도 있고, 스킨십이 더 많은 문화도 있으며, 목소리 높낮이가 중요한 언어도 있다. 늘 상대의 문화적 배경을 생각하고 그에 맞게 신호를 해석해야 한다.

관찰 연습의 일환으로 자기 자신을 한번 관찰해보라. 나는 가짜 미소를 얼마나 자주, 언제 짓는가? 내 몸은 초조함을 어떻게 표현하는가? 목소리가 다른가? 손가락을 두드리는가? 머리카락을 배배 꼬는가? 입술이 파르르 떨리는가? 자신의 비언어적 행동을 예리하게 의식하면 다른 사람의 신호에도 더 민감하고 기민하게 반응할 수 있다. 어떤 신호를 읽었을 때 그와 관련된 감정이 무엇일지 상상하기도 더 쉽다. 또 자신의 비언어적 행동을 통제하는 데도 더 능해질 것이다. 이는 사회적 역할을 제대로 수행하는 데 매우 귀중한 자산이다(3장 마지막 참조).

마지막으로, 이렇게 관찰 기술을 개발하면 당신 자신이나 당신의 인간관계에 눈에 띄는 변화가 생기는 것을 느낄 것이다. 당신은 사람들의 기분 변화에 점점 더 민감해질 테고, 상대의 감정이 당신 내부에서도 느껴지기 때문에 상대의 기분 변화를 미리 예측할 수도 있을 것이다. 그런 식으로 계속 발전한다면 밀턴 에릭슨이 그랬듯이 당신도 사람들 눈에 점쟁이처럼 비칠지 모른다.

인간 본성의 법칙

최선의 얼굴만 드러내는 사람들

사람들은 보통 세상을 향해 최선의 얼굴만 보여주려고 한다는 점을 잊지 마라. 사람들은 혹시 모를 적대감이나 권력욕, 우월해지고 싶은 욕구, 비위를 맞추려는 시도, 내면의 불안 같은 것들은 감추고 보여주지 않는다. 그들은 사람들이 말에 집착한다는 점을 이용해 자신의 감정을 숨길 수 있는 얘기를 함으로써 우리가 현실을 보지 못하게 시선을 분산시킨다. 그들은 또한 꾸며내기 쉽고 친근하게 보일 수 있는 표정도 이용한다. 우리가 해야 할 일은 그렇게 주의를 흩뜨리는 것들에 신경을 뺏기지 않고, 오히려 무의식적으로 누출되는 신호들을 알아채는 것이다. 가면 아래의 진짜 감정을 알려주는 것은 바로 그 신호들이기 때문이다. 우리가 관찰하고 확인해야 할 가장 중요한 신호는 세 종류다.

호/불호의 신호

다음과 같은 시나리오를 한번 상상해보자. 집단 내에서 누군가 당신을 싫어한다. 그것은 시기심 때문일 수도 있고 당신을 불신해서일 수도 있다. 그런데 집단 내에서 그런 감정을 과도하게 표현했다가는 팀워크를 깬다는 이유로 오히려 그 사람이 나쁘게 보일 것이다. 그래서 그 사람은 당신을 보고 웃고, 당신과 대화를 나누고, 심지어 당신 생각을 지지하는 것처럼 보이기까지 한다. 종종 당신은 뭔가 찜찜한 기분이 들 수도 있지만 그런 신호들은 너무 미묘하기 때문에 잊어버리고 상대가 보여주는 앞모습에만 신경을 쓴다. 그러다가 어느 날, 정말로 뜬금없이 그 사람은 당신을 방해하고 추한 모습을 보인다. 가면이 벗겨진 것이다. 당신은 이제 일이나 생활만 힘들어진 것이 아니라 두고두고 남을 수도 있는 감정적 비용까지 대가를 치러야 한다.

알아둘 것이 있다. 적대 행위나 저항은 결코 뜬금없이 나타나지 않는다. 상대가 어떤 행동을 취해오기 전에 틀림없이 신호가 있다. 그처럼 강한 감정을 완벽하게 억누르려면 피로감이 너무 크기 때문이다. 문제는 우리가 주의를 기울이지 않을 뿐만 아니라 천성적으로 마찰이나 이견 같은 것은 생각조차 하기 싫어한다는 점이다. 우리는 차라리 생각 자체를 회피하고 남들이 내 편 혹은 적어도 중립이라고 생각하고 싶어 한다. 상대에게 뭔가 미심쩍은 게 있다고 '느끼면서도' 그 기분을 무시해버리는 경우가 대부분이다. 우리는 이 직관적 반응을 신뢰하는 법을 배워야 한다. 해당되는 신호들을 찾아내 증거를 더 면밀히 검토하는 계기로 삼아야 한다.

반감이나 적대감이 있는 사람은 보디랭귀지를 통해 분명한 징후를 내보낸다. 당신이 한 말에 갑자기 눈살을 찌푸리거나 노려본다거나, 입술을 오므렸다가 얼른 펴는 것 등이 그런 징후다. 목이 경직되기도 하고 대화 중인데 몸이나 발은 이미 당신에게서 먼 쪽으로 돌아가 있을 때도 있다. 당신이 뭔가를 주장하면 팔짱을 끼거나 몸 전체가 경직된 모습을 보여주기도 한다. 문제는 상대의 불만이 너무 강해져서 도저히 숨길 수 없을 때까지 당신이 그런 신호를 알아보지 못한다는 점이다. 그러니 그들이 흘리고 가는 더 미묘한 신호나 미세 표정까지 찾는 연습을 해야 한다.

미세 표정은 심리학자들이 최근에 발견한 것이다. 심리학자들은 영상을 통해 미세 표정의 존재를 입증했다. 미세 표정이 지속되는 시간은 1초도 되지 않는다. 미세 표정에는 두 가지가 있는데, 첫 번째는 사람들이 부정적 감정을 의식하면서 억제하려고 할 때 나오는 것이다. 이때는 몇 분의 1초밖에 표정이 지속되지 않는다. 두 번째는 우리가 적대감을 의식하지 못하고 있는데도 얼굴이나 신체에 아주 짧은 순간 표현되는 경우다. 미세 표정은 일시적으로 상대를 노려보거나 얼굴 근육이 긴장되는 것, 입술을 오므리는 것 등으로 나타나는데 눈은 아래로 내려다보면서 찌푸림이나 비웃음, 경멸의 표정 등이 시작되려는 찰나다. 미세 표정을 알고 있으면 찾아내는 것도 가능하다. 미세 표정은 놀랄 만큼 자주 일어나는데, 얼굴 근육을 완벽히 통제하거나 여러 신호들을 제때에 억제하는 것은 거의 불가능에 가깝기 때문이다. 마음을 편히 먹고 주의를 기울이되 너무 대놓고 찾아서는 안 되고 곁눈으로 잡아내야 한다. 미세 표정은 일단 한번 인식하기 시작하면 점점 더 쉽게 찾을 수 있다.

또 하나 긴장감이나 냉담한 속내를 알려주는 신호들이 있다. 이 신호들은 미묘하지만 몇 초간 지속된다. 예컨대 당신에게 부정적인 생각을 품고 있는 사람이 있다고 치자. 그 사람에게 다가갈 때 옆에서 갑자기 나타나 그를 놀라게 만들면 당신이 다가온 게 불쾌하다는 신호를 분명히 보게 될 것이다. 상냥한 가면을 쓸 시간이 충분치 않았기 때문이다. 당신을 만나서 기분이 좋지 않다는 신호가 1, 2초 정도 나타난다. 혹은 당신이 어떤 주장을 강하게 피력할 경우 상대는 어이없다는 듯 눈을 위로 굴리려다가 얼른 미소로 그것을 감출 것이다.

갑작스러운 침묵도 많은 것을 말해줄 수 있다. 당신이 시기심이니 반감을 일으킬 만한 말을 했을 때 그들은 저도 모르게 잠깐 침묵하거나 생각에 빠진다. 미소로 이를 감추려고 할 수도 있지만 속으로는 열불이 난다. 단순히 수줍거나 할 말이 없는 것과는 다른, 분명한 짜증의 신호를 감지하게 될 것이다. 이런 경우는 성급히 결론을 내리기보다는 여러 번 같은 신호가 나타나는지 기다려보는 편이 좋다.

혼재된 신호 때문에 속마음이 노출되는 경우도 많다. 입으로는 좋은 말을 해서 당신의 주의를 돌리면서 보디랭귀지는 뚜렷이 부정적인 경우다. 이렇게 하면 상대는 늘 깍듯한 모습을 보여야 한다는 긴장감에서 풀려날 수 있다. 상대는 당신이 그 사람의 말에만 집중할 게 분명하다고 보고 찡그린 표정이니 비뚤어진 미소를 얼버무리고 넘어가는 것이다. 정반대의 조합에도 유의해야 한다. 당신을 향해 뭔가 냉소적이고 뾰족한 이야기를 하면서 마치 그냥 유머라는 듯이 미소를 짓거나 장난스러운 목소리를 내는 경우다. 이럴 때 우리는 유머로 받지 않으면 예의가 아닌 것처럼 느껴진다. 그러나 실제로 이런 일이 여러 번 반복된다면 이때는 오히려 보디랭귀지가 아니라 말 자체에 주목해야 한다. 상대는 적대감을 억눌러서 표현하고 있는 중이기 때문이다. 당신에게 칭찬이나 아첨을 하면서 표정이 환하지 않은 사람도 주의하라. 시기심을 숨기고 있다는 신호일 수 있다.

스탕달의 소설《파르마의 수도원》에서 모스카 백작은 익명의 편지를 한 통 받는다. 편지에는 그가 죽고 못 사는 정부(情婦)를 둘러싸고 질투심을 유발할 만한 내용이 씌어 있다. 누가 이런 편지를 보냈을까 곰곰이 생각해보던 모스카 백작은 그날 낮에 파르마 대공과 나눈 대화가 떠오른다. 파르마 대공은 권력을 누리는 기쁨도 사랑이 주는 기쁨에 비하면 얼마나 하찮으냐고 했었다. 그 말을 할 때 대공의 입가에 번지던 애매모호한 미소와 눈가에 번득이던 악의를 모스카 백작은 놓치지 않았다. 대공의 말은 사랑 일반에 관한 것이었으나 그의 표정은 자신을 향하고 있었다. 대공이 편지를 보냈을 거라는 모스카 백작의 추측은 옳았다. 대공은 자신이 한 일을 떠올리며 악랄한 기쁨을 미처 다 숨기지 못하고 누출했던 것이었다. 이런 것도 일종의 혼재된 신호다. 일반적 주제에 관해 다소 강한 발언을 하면서 당신을 향해 미묘한 표정을 짓는 경우 말이다.

적대감을 알아볼 수 있는 탁월한 방법이 하나 있다. 상대가 나를 대할 때와 다른 사람들을 대할 때 보디랭귀지가 어떻게 달라지는지 비교해보면 된다. 다른 사람들에게는 눈에 띄게 다정하거나 따뜻한 태도를 보이다가 당신을 대할 때만 공손한 가면을 쓸 수도 있다. 또 대화를 하다 보면 참을 수 없거나 짜증난다는 듯한 눈빛이 잠깐 스칠 텐데 오직 당신이 말하고 있을 때만 그럴 것이다. 또한 사람들은 술에 취했거나 잠이 올 때, 자포자기할 때, 화가 났을 때, 혹은 스트레스를 받고 있을 때 자신의 진짜 감정, 특히 적대적인 감정을 더 많이 누출한다는 사실도 기억하라. 상대는 그때는 제정신이 아니었다며 나중에 사과를 해오겠지만 실제로는 그 순간이 그 어느 때보다 제정신이다.

이런 신호를 찾아볼 때 좋은 방법 중 하나는 테스트를 해보거나 덫을 놓는 것이다. 루이 14세는 이 방법의 달인이었다. 그는 자신에 대한 원망과 적대감으로 들끓는 귀족들이 득실대는 베르사유 궁정의 정점에서 절대적 권위를 세우려 했다. 그러나 베르사유는 교양 있는 공간이었고, 귀족이라면 누구나 능수능란한 배우가 되어 감정, 특히 왕에 대한 감정을 숨겨야 했다. 하지만 루이 14세에게는 그만의 테스트 방법이 있었다. 루이 14세는 귀족들이 있는 자리에 예고도 없이 나타나 그들의 얼굴에 순간적으로 나타나는 표정을 유심히 살폈다. 그는 또 귀족들에게 비용이 많이 들고 불쾌한 일임을 알면서도 베르사유 궁전으로 이사를 오라고 요청했다. 그러면서 상대의 표정이나 목소리에 짜증의 신호가 없는지 면밀히 관찰했다. 루이 14세는 상대 귀족과 같은 편에 속하는 다른 대신에 관해 부정적인 이야기를 하고는 상대의 순간적 반응을 살폈다. 불편한 신호가 충분히 많이 감지된다면 숨겨진 적대감이 있다는 뜻이었다.

누군가 당신을 시기한다고 의심되면 최근 당신에게 있었던 좋은 일을 이야기해보라. 단, 떠벌리는 것처럼 보이지는 마라. 혹시 상대의 얼굴에 실망한 듯한 미세 표정은 없는가? 비슷한 방법으로 금세 억누르기 힘든 반응을 유도해 상대에게 숨은 분노나 원망이 없는지 테스트해보라. 일반적으로 사람들은 당신을 더 많이 보고 싶거나, 덜 보고 싶거나, 무관심하거나 셋 중 하나다. 셋 사이를 오락가락 할 수도 있지만 결국에는 어느 한쪽으로 방향이 정해진다. 이 점은 당신의 이메일이나 문자 메시지에 얼마나 빨리 답을 보내는지, 당신을 보자마자 어떤 보디랭귀지를 보이는지, 그리고 당신이 있을 때 풍기는 전체적 분위기를 보면 알 수 있다.

적대감이나 부정적 감정을 일찌감치 감지하는 게 좋은 이유는 우리가 취할 수 있는 전략이나 선택이 늘어나기 때문이다. 상대에게 덫을 놓아서 의도적으로 그의 적대감을 휘저어놓거나 공격적 행동을 유도한다면 장기적으로는 상대가 오히려 당황할 것이다. 아니면 상대의 반감을 중화시키기 위해 두 배로 더 열심히 노력하거나 매력으로 상대를 적극 공략해 그를 내 편으로 만들 수도 있다. 아니면 그냥 거리를 둬서 상대를 채용하지 않거나, 해고하거나, 그와 교류하지 않는 방법도 있다. 어느 쪽이 되었든 당신은 예상 못한 싸움이나 훼방을 피할 수 있기 때문에 앞길이 훨씬 순탄할 것이다.

반대의 경우를 한번 생각해보면, 일반적으로 긍정적 감정은 상대에게 숨길 필요가 별로 없다. 하지만 너무 대놓고 기쁨이나 끌림을 표현하고 싶지 않을 때도 있다. 특히 직장이나 연애관계에서라면 말이다. 사람들은 인간관계에서 쿨한 모습을 보여주고 싶어 하는 경향이 있다. 이럴 때 상대가 당신의 주문에 빠져들고 있다는 신호를 감지할 수 있다면 큰 도움이 될 것이다.

폴 에크먼이나 E. H. 헤스(Hess) 같은 심리학자들이 얼굴에서 드러나는 신호를 연구해보았더니 상대방에게 긍정적 감정을 느끼는 사람은 얼굴 근육의 긴장감이 눈에 띄게 이완되는 신호가 나타났다. 특히 이마 주름이나 입주변이 그랬다. 입술이 훨씬 활짝 노출되고 눈가 주변 전체가 확장됐다. 이런 것들은 모두 편안하고 열린 마음일 때 무의식적으로 나타나는 표정이다. 사랑에 빠졌을 때처럼 이 감정이 더 강렬해지면 피가 얼굴로 몰리고 얼굴 전체가 생기를 띤다. 이렇게 흥분된 상태에서는 동공이 확장되는데 눈이 더 많은 빛을 받아들이려고 자동적으로 나오는 반응이다. 상대가 편안함을 느끼고 눈앞의 것을 좋아한다는 확실한 신호다. 동공이 확장됨과 동시에 눈썹이 올라가기 때문에 눈이 더욱더 커 보인다. 우리는 보통 사람들의 동공에 별로 주의를 기울이지 않는다. 상대의 눈을 너무 열심히 쳐다보는 것은 지나치게 성적인 암시를 주기 때문이다. 따라서 상대의 눈이 커졌다 싶으면 빠르게 슬쩍 동공을 보는 훈련이 필요하다.

이와 관련해 가짜 미소와 진짜 미소도 구분할 줄 알아야 한다. 부정적 감정을 숨기려고 할 때 우리는 보통 가짜 미소를 활용한다. 왜냐하면 가짜 미소를 짓는 것은 별로 어렵지 않고, 일반적으로 사람들은 미소의 미묘한 차이에 대해 별로 주의를 기울이지 않기 때문이다. 더 드문 것은 진짜 미소이므로 진짜 미소를 식별하는 법을 알고 있어야 한다. 진짜 미소는 눈가의 근육에 영향을 주어 눈이 커지게 만들고 눈주름이 잡히게 하는 경우가 많다. 또한 뺨은 위로 당겨진다. 눈이나 볼에 확실한 변화가 없는 진짜 미소는 없다. 어떤 사람들은 아주 큰 미소를 지어서 진짜 미소처럼 보이려고 하는데, 이때는 눈에도 약간의 변화가 생긴다. 따라서 표정뿐만 아니라 맥락도 함께 살피는 것이 필요하다. 진짜 미소를 짓는 것은 보통 갑작스레 미소를 자아내는 어떤 행동이나 말이 있었을 때다. 다시 말해 진짜 미소는 즉흥적이다. 상대의 미소가 뭔가 상황과 잘 맞지 않거나 방금 한 말이 굳이 웃을 만한 이야기는 아니지 않았는가? 상대가 혹시 누군가에게 잘 보여야 하거나 전략적 목표를 염두에 둘 만한 상황은 아니었는가? 미소를 짓는 타이밍이 살짝 어긋나지 않았는가?

어쩌면 긍정적 감정을 가장 많이 알려주는 것은 목소리다. 우리는 표정을 통제하는 게 훨씬 쉽다. 거울을 보면 되기 때문이다. 그러나 직업 배우가 아닌 이상, 목소리를 의식적으로 조절하는 것은 매우 어렵다. 상대가 당신과의 대화에 푹 빠져 있거나 신이 나서 이야기를 할 때는 목소리 톤이 올라가서 감정적 흥분 상태임을 알려준다. 초조한 상태이더라도 음색은 따뜻하고 자연스럽기 때문에 세일즈맨이 사용하는 연출된 따뜻함과는 다르다. 거의 까르륵 거리는 듯한 명랑한 소리를 감지할 수 있다. 어떤 사람들은 이것을 '목소리의 미소'라고 부르기도 했다. 또한 긴장감이나 주저함이 없는 것이 느껴질 것이다. 대화 중에 말이 빨라지면서 정겨운 농담이 나온다면 라포르가 커진 것이다. 활달하고 행복한 목소리는 우리에게도 그 같은 기분을 전염시켜 비슷한 반응을 끌어낸다. 이런 것들은 느끼는 순간 바로 알 수 있음에도 우리는 이 느낌을 무시하고 친근한 말이나 설득에 더 집중하는 경우가 많다.

마지막으로, 비언어적 신호를 잘 모니터링하는 것은 누군가에게 영향력을 행사하거나 상대를 유혹하고 싶을 때 아주 중요하다. 비언어적 신호는 상대가 당신의 주문에 얼마나 빠져들었는지 가장 잘 측정할 수 있는 방법이다. 함께 있는 사람이 편안함을 느끼기 시작하면 당신과 가까이 서거나 당신 쪽으로 몸을 기울인다. 팔짱을 끼지 않고 긴장한 모습도 전혀 보이지 않는다. 당신이 무언가를 말하거나 이야기를 들려주고 있는데 상대가 자주 고개를 끄덕이고 관심 있게 응시하며 진짜 미소를 보인다면 상대가 당신의 말에 동의하며 저항이 무너지고 있다는 뜻이다. 그런 사람은 당신을 향해 동감의 표정을 자주 지어 보인다. 여러 신호들 중에서도 가장 짜릿하고 좋은 신호는 두 사람이 동기화되는 것, 즉 상대가 무의식적으로 당신 모습을 따라 하는 것이다. 같은 방향으로 다리를 꼬거나, 비슷한 방식으로 고개를 기울이거나, 한 사람이 웃으면 다른 사람도 따라 웃는 등의 행동이 바로 이에 해당한다. 밀턴 에릭슨이 말한 것처럼 가장 높은 수준의 동기화가 일어나면 호흡 패턴이 같은 리듬을 띤다. 종종 이는 호흡이 완벽하게 일치하는 키스로 이어지기도 한다.

상대의 변화를 모니터링하여 내가 상대에게 영향을 미치고 있다는 사실을 확인하는 데서 그치지 않고 내가 직접 긍정적 신호들을 보여줘 상대에게 그런 변화를 유도할 수도 있다. 상대에게 서서히 다가서거나 상대가 있는 쪽으로 몸을 기울이면 내가 마음을 열었다는 작은 신호가 된다. 상대가 말할 때 고개를 끄덕이며 미소를 짓는 방법도 있다. 상대의 행동이나 호흡 패턴을 흉내 내는 방법도 있다. 이렇게 하면서 감정이 전염되는 신호가 있는지 유심히 관찰한 다음, 상대의 저항이 서서히 무너지는 게 감지된다면 계속 더 진행하라.

사랑에 빠진 것처럼 보이는 온갖 긍정적 신호를 이용하면서 실제로는 당신을 더 심하게 통제하려는 유혹의 달인들도 있다. 그런 사람들을 상대할 때는 처음부터 그렇게 많은 감정을 드러내는 게 많은 사람들에게는 결코 자연스러운 행동이 아니라는 사실을 기억하라. 상대의 긍정적 반응이 너무 급하거나 작위적이라고 느껴진다면, 속도를 늦추자고 한 다음 상대의 미세 표정에 실망한 기색이 드러나는지 살펴보라.

지배/복종의 신호

인간은 지구상에서 가장 복잡한 사회적 동물이다. 인간은 지위와 돈, 권력에 따라 복잡한 서열을 만든다. 우리는 그 서열을 의식은 하고 있으나 대놓고 서로의 서열에 관해 떠드는 것은 좋아하지 않는다. 또 보통은 누군가 자신보다 상위의 서열에 있는 사람에 관해 떠드는 것을 보면 불편한 기분이 든다. 그 대신 지배나 약점의 신호는 비언어적 소통을 통해 자주 표출된다. 우리는 이런 소통 방식을 다른 영장류, 특히 침팬지로부터 물려받았는데 침팬지는 사회적 계급 내에서 어느 개체가 차지하는 위치를 표시하는 정교한 신호 체계를 갖고 있다. 사회적 지위가 우월하다고 느끼는 사람은 보디랭귀지를 통해 자신감을 뿜어낸다는 점을 기억하라. 어떤 사람들은 권력의 위치에 오르기도 전에 이런 자신감을 느끼고 다른 이들이 그 자신감에 끌림으로써 자신감이 곧 '자기실현적 예언(예언을 하고 나면 사람이 거기에 맞춰 행동함으로써 실제로 예언이 이루어지는 현상. - 옮긴이)'이 되기도 한다. 야망이 큰 사람들은 이런 신호를 흉내 내려고 할 수도 있는데 이 경우 반드시 능숙하게 해야 한다. 가짜 자신감은 상당한 비호감을 불러일으킬 수 있기 때문이다.

자신감에는 보통 편안한 기분이 동반된다. 이것은 얼굴에 분명히 드러날 뿐만 아니라 동작도 훨씬 자유롭다. 권력을 가진 사람들은 주위 사람들을 더 많이 둘러봐도 된다고 느끼고 원하는 사람이 누구든 눈을 맞춘다. 그들은 눈꺼풀이 남보다 더 감겨 있는데 이는 진지함과 권위의 신호다. 그들은 지루하거나 짜증이 날 때 더 자유롭게 그 감정을 대놓고 표현한다. 웃음이 적은 사람도 많은데 자주 미소를 짓는다면 전체적으로 불안하다는 신호다. 그들은 다정하게 등이나 팔을 두드리는 것처럼 사람들에게 스킨십을 더 많이 해도 된다고 느낀다. 회의에서 더 많은 공간을 차지하며 주변 사람과 더 거리를 두려고 한다. 허리를 쭉 펴고 서고 더 편안하며 긴장이 풀린 제스처를 취한다. 가장 중요한 것은 남들도 그런 그들의 방식이나 버릇을 따라 해야만 할 것 같은 기분을 느낀다는 점이다. 리더는 아주 미묘한 방식으로 무리에게 일종의 비언어적 소통을 강제하는 경향이 있다. 잘 살펴보면 집단 구성원들은 리더의 생각만 흉내 내는 것이 아니라 그들의 차분함이나 부산함까지도 흉내 낸다는 사실을 알 수 있다. 우두머리 수컷은 계급 내에서 자신의 우월한 지위를 과시하는 방법이 몇 가지 있다. 그들은 남보다 말하는 속도가 빠르고 대화에 끼어들거나 대화의 흐름을 바꿔도 된다고 느낀다. 그들은 악수를 할 때 거의 부서질 듯이 힘차게 손을 잡는다. 사무실을 거닐 때는 허리를 쭉 펴고 일부러 성큼성큼 걸으며 보통 하급자들을 뒤에 세운다. 동물원에서 침팬지들을 관찰해도 우두머리에게서 비슷한 행동을 볼 수 있다.

여성이 리더의 위치에 있을 때는 차분하고 자신에 찬 표정이 가장 효과적인 경우가 많다. 따뜻하지만 여전히 비즈니스라는 느낌을 준다. 이런 모습을 가장 잘 보여주는 사례는 아마도 현 독일 총리인 앙겔라 메르켈일 것이다. 메르켈은 평균적인 남자 정치인보다도 미소를 덜 짓는다. 하지만 그녀가 미소를 지을 때는 의미심장하며 결코 가짜 미소처럼 보이지 않는다. 상대의 이야기를 들을 때는 완전히 몰입한 얼굴이 되며 표정이 놀랄 만큼 차분하다. 메르켈은 대화의 대부분을 남들이 이야기하도록 하면서도 늘 대화의 방향을 자신이 주도하는 것처럼 보이게 하는 방법을 알고 있다. 그녀는 다른 사람의 말을 중단시키지 않아도 자신의 주장을 확고히 표현할 수 있다. 메르켈이 누군가를 공격하고 싶을 때는 결코 말로 거세게 몰아붙이는 것이 아니라 지루함이나 차가움, 경멸을 표현하는 표정을 짓는다. 메르켈이 한때 개에게 물린 적이 있어서 개를 두려워한다는 사실을 알면서도 블라디미르 푸틴 러시아 대통령이 그녀에게 겁을 주려고 회의 장소에 개를 데려왔을 때, 메르켈은 눈에 띄게 긴장하는 모습을 보였으나 곧 침착함을 되찾고 차분히 푸틴의 눈을 바라보았다. 푸틴의 술책에 놀아나지 않았기 때문에 그녀는 오히려 푸틴과의 관계에서 한 발 앞서갈 수 있었다. 반면 푸틴은 상대적으로 유치하고 좀스럽게 보였다. 메르켈은 우두머리 수컷들이 보이는 몸짓이나 자세를 모두 취하지는 않지만, 더 조용하면서도 아주 강력한 자기만의 스타일을 갖고 있다.

리더의 자리에 오르는 여성이 늘어나면서 이렇게 권위를 덜 부각시키는 스타일은 지금까지 우리가 권력 하면 떠올렸던 지배력의 신호도 일부 바꿔놓고 있는 듯하다.

집단 내에서 권좌에 있는 사람들을 한번 관찰해보라. 그들이 지배력을 과시하는 신호는 무엇인가? 혹시 그런 신호가 아예 없는가? 비언어적 신호에서 긴장감이나 주저함이 보이는 리더들은 보통 권력이 확고하지 못하며 자신의 권력이 위협받고 있다고 느낀다. 그런 걱정과 불안의 신호는 쉽게 찾아낼 수 있다. 그들은 말을 할 때 멈칫거리며 중간에 휴지 시간이 길다. 목소리 톤은 계속 올라가 있다. 시선을 피하는 경향이 있고 자신의 눈동자 움직임을 통제하며 눈을 더 자주 깜박이는 경우가 많다. 억지 미소를 더 많이 짓고 초조함에서 나오는 웃음을 터뜨린다. 다른 사람들에게 스킨십을 해도 된다고 느끼는 게 아니라, 소위 '진정 행동'이라고 해서 자기 몸을 자주 만진다. 이들이 자신의 머리카락이나 목, 이마 등을 만지는 것은 모두 초조함을 진정시키려는 시도다. 불안정함을 감추려는 사람은 대화를 할 때 목소리가 올라가면서 다소 큰 소리로 자기주장을 내세운다. 그리고 그럴 때는 눈을 크게 뜨고 주위를 초조하게 둘러본다. 혹은 말은 아주 활기차게 하는데 손이나 몸은 이상하리만치 가만히 있는 것도 불안의 신호다. 이들은 저도 모르게 자꾸만 혼재된 신호를 내보낸다. 기저의 불안을 내비치는 사람들은 훨씬 더 주의할 필요가 있다.

2007년부터 2012년까지 프랑스의 대통령을 지낸 니콜라스 사르코지는 보디랭귀지를 통해 자신의 존재감을 내세우길 좋아하는 사람이었다. 그는 자주 사람늘의 등을 두드리고, 설 곳을 지정해주고, 꼼짝 못하게 노려보고, 남의 말을 끊으면서 공간 자체를 지배하려고 했다. 유로 위기가 한창일 때 사르코지는 메르켈 총리와 회의를 갖게 됐다. 그는 평소처럼 지배력을 과시하는 행동을 하고 있었으나 메르켈 총리로서는 그가 회의 내내 초조하게 발을 까닥거리는 모습이 눈에 띌 수밖에 없었다. 아마도 지나치게 단호해 보이는 사르코지의 행동은 남들이 자신의 불안을 보지 못하게 만들려는 그만의 방법이었을 것이다. 메르켈이 이용할 수 있는 귀중한 정보였다.

지배와 복종의 신호가 사람들의 행동 안에 포함되어 있는 경우도 있다. 예컨대 사람들은 종종 진짜이건 본인이 상상한 것이건 우월함을 과시하려고 할 때 장소에 늦게 나타난다. 제 시간에 오지 않아도 된다고 생각하는 것이다. 또 대화의 패턴을 보면 사람들이 느끼는 자신의 상대적 위치가 드러나기도 한다. 예를 들어 자신이 지배적 위치라고 느끼는 사람은 자신을 내세우기 위해 말을 더 많이 하고 남의 말을 더 자주 끊는다. 말싸움이 인신공격이 되면 그들은 일방적으로 대화를 끝내버린다. 논쟁의 발단과는 전혀 무관한 행동을 하는데, 이는 두 사람 관계에서 패턴의 일부다. 그들은 목소리 톤이나 째려보는 눈빛을 통해 이 싸움이 누구 탓인지 분명히 한다. 어느 커플이든 밖에서 관찰해보면 한 사람이 지배적 위치에 있는 것을 자주 볼 수 있다. 그런 커플과 대화를 나눠보면 지배적 위치인 사람은 우리와는 눈을 맞추지만 자신의 파트너와는 눈을 맞추지 않으며, 파트너가 하는 말은 듣는 둥 마는 둥 하는 모습을 보인다. 미소도 우월감을 표현하는 미묘한 신호가 될 수 있는데 특히 입술 끝을 양쪽으로 한껏 당기는 미소가 그렇다. 그런 미소는 나보다 열등하다고 생각하는 사람에 대한 비꼼이나 경멸을 나타낸다. 다만 겉으로는 친근한 척하기 위해 미소를 가장한다.

연애관계에서 내가 지배적 위치라고 주장하는 아주 교묘한 비언어적 수단으로 병적 증상이 있다. 파트너 한쪽이 갑자기 두통 등 병이 생기거나 술을 마

인간 본성의 법칙

시기 시작한다. 아니면 다른 뭔가 일반적인 부정적 행동 패턴에 빠질 수도 있다. 그러면 상대는 부정적 행동을 보이는 쪽에 휘둘릴 수밖에 없고 약한 상대방을 돌봐주어야 한다. 권력을 얻기 위해 일부러 동정심을 이용하는 방법인데 아주 효과가 좋다.

이렇게 여러 신호를 통해 수집한 지식은 남들의 자신감을 측정하고 내가 적절히 행동하는 귀중한 수단이 된다. 비언어적 신호로 볼 때 상대가 불안으로 점철된 리더라면 그 불안에 잘 대응하고 그를 통해 권력을 얻을 수도 있을 것이다. 하지만 그런 리더와는 너무 밀접한 관계가 되지 않는 편이 좋을 때가 많다. 왜냐하면 이들 유형은 시간이 지나면 좋은 실적을 내지 못하는 경향이 있는데 괜히 옆에 있다가 함께 피해를 볼 수 있기 때문이다. 상대가 리더가 아니면서 리더처럼 자신을 내세우려는 사람이라면 상대의 성격에 따라 달리 대응해야 한다. 만약 상대가 자기확신과 운명 의식으로 가득한 떠오르는 스타라면 그들과 함께 가는 것이 현명할 수도 있다. 이들 유형은 긍정적 에너지를 몰고 다니기 때문에 알아보기 쉽다. 반면에 상대가 그저 거만하고 좀스러운 폭군 유형이라면 언제나 최선을 다해서 피해야 한다. 이들은 남들이 자신에게 립서비스만 하게 만들 뿐 아무것도 돌려주지 않는다.

기만의 신호

인간은 천성적으로 잘 속아 넘어간다. 믿고 싶은 것들이 있기 때문이다. 무언가를 공짜로 얻을 수 있다거나, 새로 나온 비법으로 건강을 쉽게 되찾을 수 있다거나 회춘할 수 있다거나 심지어 죽음을 피할 수 있다거나 혹은 대부분의 사람은 근본적으로 선하고 믿을 수 있다 등의 주장이 그런 것들이다. 남을 기만하거나 조종하는 사람들은 인간의 바로 이런 성향을 이용해 승승장구한다. 우리가 그렇게 잘 속아 넘어가지 않는다면 인간이라는 종의 미래에 대단히 도움이 될 것이다. 하지만 인간 본성을 바꿀 수는 없는 노릇이다. 그래서 우리가 할 수 있는 최선은 누군가 기만을 시도하는 신호들을 알아채는 법을 배우고 회의적인 태도를 유지하며 더 많은 증거를 확인하는 것이다.

가장 분명하면서도 흔한 신호는 누군가 과할 만큼 생동감 넘치는 얼굴을 가장할 때다. 상대가 계속해서 미소를 보내고 지극히 친근하게 굴고 심지어 재미나기까지 하다면 끌려 들어가지 않기가 힘들다. 그러면서 상대의 영향력 앞에 우리의 저항은 조금씩 무너진다. 미국의 36대 대통령 린든 존슨은 동료 의원을 현혹하고 싶을 때 몸으로 부딪히기를 마다하지 않았다. 그는 상대를 탈의실 구석에 몰아놓고 이야기를 하고, 저속한 농담을 들려주고, 팔을 붙잡고, 더없이 진실한 표정을 하고, 자신이 지을 수 있는 가장 큰 미소를 지었다. 마찬가지로 무언가를 은폐하려는 사람은 더 열렬해지고, 옳은 척하고, 말이 많아지는 경향이 있다. 이들은 확신 편향(1장 참조)을 이용한다. 희생자인 척하면서 아주 열정적으로 무언가를 주장하거나 부정하면 상대가 나를 의심하기는 힘들 거라고 보는 것이다. 우리는 진실일수록 더 자신 있게 말해야 한다고 생각하는 경향이 있다. 하지만 사실 누군가 아주 과장된 에너지로 자기 생각을 설명하거나 극렬한 부정으로 자신을 방어한다면 그때야말로 안테나를 더 높이 쳐들어야 할 때다.

은폐를 시도하든 온화한 설득에 나서든 남을 기만하는 사람은 기를 쓰고 당신이 진실을 보지 못하게 만들려고 한다. 활기찬 표정이나 제스처가 순전히 상대방의 활력과 진짜 친절에서 나온 것일 수도 있지만, 잘 모르는 사람이거나 뭔가를 숨길 수 있는 사람이라면 경계를 늦춰서는 안 된다. 그때는 의심을 확인해줄 비언어적 신호를 찾아봐야 한다.

기만을 시도하는 사람은 종종 당신의 관심을 끌기 위해 얼굴이나 신체 한 부분으로 훨씬 많은 표현을 한다. 특히 입 주변이 그런 경우가 많은데 커다란 미소를 지으면서 표정을 계속 바꾸는 식이다. 입 주변은 활기찬 모습을 일부러 만들어내기에 가장 쉬운 신체 부위이기도 하다. 하지만 손이나 팔로 과장된 제스처를 취할 수도 있다. 핵심은 다른 신체 부위에서는 긴장과 불안이 감지될 거라는 점이다. 상대가 신체의 모든 근육을 통제하는 것은 불가능하기 때문이다. 상대가 활짝 웃는데 눈가에 움직임이 거의 없고 긴장감이 느껴지거나 몸의 다른 부분이 이상하리만치 움직임이 없다면, 혹은 눈은 당신을 속이려고 동정심을 유발하는 표정을 짓고 있는데 입이 살짝 떨린다면, 이런 것들은 작위적인 행동이라는 신호다. 신체의 어느 한 부위를 통제하려고 지나치게 애쓸 때 나오는 모습이다.

　종종 아주 영리한 사기꾼의 경우 정반대의 인상을 주려고 시도하기도 한다. 그들은 악행을 은폐하려고 할 때 극도로 심각한 모습 혹은 유능한 모습을 취해서 죄책감을 숨기려 한다. 이때 얼굴은 유난히 고요하다. 이들은 큰 목소리로 부정하는 대신에 일련의 사건에 대한 아주 그럴듯한 설명을 내놓고 심지어 그것을 확인해줄 '증거'를 들이대기도 한다. 그들은 거의 흠잡을 데 없는 현실을 그려 보인다. 당신의 돈이나 지원을 얻을 목적이라면 각종 숫자와 통계까지 동원하여 다소 지루해보일 정도로 아주 유능한 전문가의 모습을 취할 수도 있다. 전문 사기꾼들이 종종 이런 모습을 가장한다. 에펠탑을 팔아먹은 것으로 유명한 사기꾼 빅토르 뤼스티그(Victor Lustig)는 전문가 같은 이야기를 쏟아내 피해자들을 안심시키며 공무원이나 따분한 유가증권 전문가 행세를 했다. 희대의 금융 사기범 버니 매도프(Bernie Madoff)는 어찌나 덤덤한 사람처럼 보였던지 누구도 그가 그렇게 대담한 사기를 칠 거라고 의심조차 하지 못했다.

　이런 형태의 기만은 별로 눈에 띄는 것이 없기 때문에 간파하기가 더 힘들다. 그러나 우리는 여기서도 조작된 인상을 찾아내야 한다. 실제 현실은 결코 그렇게 모든 게 딱딱 맞아 들어가면서 매끈하게 떨어질 수는 없다. 현실에서는 뜻하지 못한 사건 사고가 어지러이 끼어든다. 현실은 뒤죽박죽이고 조각들이 완벽히 서로 들어맞는 경우는 드물다. 워터게이트 은폐 공작이 성공하지 못하고 의심을 샀던 것은 바로 그래서였다. 어떤 설명이나 유혹이 지나치리만큼 너무 매끈하고 완벽해 보인다면 오히려 의심을 해야만 한다. 도스토옙스키의 소설《백치》를 보면 이것을 반대편 입장에서 바라보며 이렇게 말하고 있다. "거짓말을 할 때는 평범하지 않은 이야기, 뭔가 기이하고, 말하자면 한 번도 일어난 적이 없거나 아주 드물게 일어나는 이야기를 교묘히 집어넣으면 훨씬 더 그럴 듯하게 들려."

누군가 당신이 진실을 보지 못하게 시선을 돌리고 있다 싶으면 처음부터 상대를 정면으로 반박할 게 아니라 그의 말이나 행동에 흥미를 느끼는 것처럼 보여서 상대가 하던 행동을 계속하게 만드는 게 좋다. 상대가 말을 더 많이 하면 할수록 긴장감이나 부자연스럽게 짜 맞춘 듯한 신호도 더 많이 드러난다. 그리고 때가 되면 상대가 불편해할 만한 말이나 질문을 던져서 상대를 놀라게 만들어라. 당신이 이미 알고 있다는 것을 보여주는 것이다. 이때 상대가 어떤 미세 표정이나 보디랭귀지를 내보이는지 유심히 살펴보라. 상대가 정말로 당신을 기만하고 있다면 얼어붙은 듯한 반응을 보이다가 얼른 저 밑바닥의 불안을 숨기려고 들 것이다. 미국의 텔레비전 시리즈〈콜럼보〉에서 콜럼보 형사가 가장 좋아하는 전략도 이것이다. 범죄자가 다른 사람이 한 것처럼 증거를 조작하려고 하면, 콜럼보는 마냥 친근하고 순박한 사람인 척하다가 갑자기 불편한 질문을 던진다. 그리고 상대의 표정과 보디랭귀지를 유심히 살핀다.

상대가 아무리 노련한 사기꾼이라 해도 가면을 벗길 수 있는 좋은 방법이 있다. 상대가 무언가를 강조하려고 할 때 비언어적 신호를 어떻게 사용하는지 관찰하는 것이다. 사람이라면 이 부분을 속이기는 매우 힘들다. 우리는 무언가를 강조할 때 목소리가 올라가거나 단호한 말투가 된다. 힘찬 손짓이 나오기도 하고 눈썹이 올라가거나 눈이 커지기도 한다. 또 몸을 앞으로 기울이거나 까치발을 들 수도 있다. 우리가 이런 행동을 하는 것은 감정이 벅차올랐거나 내 말에 느낌표를 추가하고 싶기 때문이다. 사기꾼들이 이런 것까지 흉내 내기는 힘들다. 사기꾼의 경우 목소리나 보디랭귀지가 강조하는 것과 말의 내용이 따로 놀 수 있다. 그 순간의 맥락에 딱히 어울리지 않는 강조의 표현이 나오거나 타이밍이 약간 늦거나 하는 식이다. 사기꾼이 주먹으로 테이블을 쾅쾅 내려칠 때를 살펴보면 해당 감정을 느낄 만한 바로 그 순간이 아니라 타이밍이 조금 더 빠를 수도 있다. 마치 신호에 맞춰 효과음을 내는 사람처럼 말이다. 이런 것들은 모두 사기꾼들이 투영하려고 하는 실제가 허상임을 보여주는 힌트들이다.

마지막으로, 기만과 관련해서는 늘 '정도의 문제'라는 사실을 기억하라. 기만의 척도에서 가장 아래쪽에는 가장 무해한 기만들, 즉 별것 아닌 하얀 거짓말들이 놓여 있다. 우리가 일상생활에서 만나는 온갖 아첨이 바로 여기에 해당한다. "오늘 되게 멋지시네요", "대본 정말 좋더라" 같은 말들 말이다. 나를 너무 다 드러내놓거나 사생활을 공개하는 게 싫어서 오늘 내가 정확히 뭘 했는지 말하지 않거나 약간의 정보를 보류해두는 행동도 여기에 포함된다. 이렇게 작은 형태의 기만도 진짜 미소를 식별할 때처럼 약간의 주의만 기울이면 감지해낼 수 있지만, 실제로 이렇게 별것 아닌 것들은 그냥 무시하는 편이 낫다. 예의 바르고 교양 있는 사회가 유지되려면 때로는 진심에서 우러나지 않은 말도 할 수 있어야 하기 때문이다. 이렇게 소소한 기만들까지 늘 하나하나 의식한다면 사회적 손실이 너무 클 것이다. 기민한 태도는 아껴두었다가 더 중요한 무언가가 걸려 있거나 당신에게 귀중한 무언가를 누가 앗아가려고 할 때 발휘하라.

만들어낸 진정성

일반적으로 '역할 놀이'라는 말은 부정적 의미를 함축한다. 진정성과 대비되는 뜻으로 사용하기 때문이다. 우리는 진정성이 있는 사람은 일상에서 어떤 역할을 연기할 필요가 없다고, 그냥 자기 자신이면 된다고 생각한다. 친구 사이나 가까운 관계에서는 이런 개념이 의미가 있다. 그들은 우리가 가면을 벗고 얼마든지 개성을 드러내도 된다고 생각하는 혹은 그러기를 희망하는 사람들이기 때문이다. 하지만 직장 생활은 그렇게 단순하지 않다. 사회에서 수행해야 하는 역할이나 임무와 관련해서는 '무엇이 프로다운가'에 대한 기대치가 있다. 비행기를 탔는데 조종사가 갑자기 자동차 세일즈맨처럼 군다거나 자동차 정비공이 갑자기 심리 치료사처럼 혹은 교수님이 갑자기 록스타처럼 군다면 불편한 기분이 들 것이다. 그들이 가면을 벗어던지고, 자신의 역할을 연기하기를 거부하고, 자기 자신을 있는 그대로 드러낸다면 우리는 그들의 권위를 의심할 것이다.

우리가 남들보다 더 진정성 있다고 생각하는 정치인이나 유명 인사는 진정성을 '보여주는' 능력이 전체적으로 남보다 뛰어나다. 그들은 겸손한 태도를 보이고, 사생활을 이야기하고, 자신의 약점을 노출시키는 이야기를 들려주는 게 '진정성 효과'를 낸다는 사실을 알고 있다. 우리가 보는 그들의 모습은 그들이 집에 혼자 있을 때의 모습이 아니다. 공적 인물이 된다는 것은 가면을 쓴다는 뜻이다. 그리고 어떤 이들은 '진정성'이라는 가면을 쓴다. 심지어 힙스터나 반항아도 정해진 포즈나 타투 같은 것을 통해 하나의 역할을 연기한다. 그들이 어느 날 갑자기 양복을 입을 수는 없다. 그랬다가는 같은 집단 사람들이 그들의 진정성(제대로 된 외양을 갖추는 것과 떼려야 뗄 수 없는 관계다)을 의심할 것이기 때문이다. 그들이 제대로 자리를 잡아 더 이상 자격을 의심받지 않게 되면 역할을 연기하는 도중에도 좀 더 개성을 가미할 수 있는 자유가 생긴다. 하지만 거기에도 언제나 한계가 있다.

의식적으로든 무의식적으로든 대부분의 사람은 자신의 역할에 기대되는 사항을 충실히 이행하려고 한다. 사회적 성공이 거기에 달려 있음을 알기 때문이다. 일부 이 게임의 룰을 따르기를 거부하는 사람도 있겠지만, 그들은 결

인간 본성의 법칙

국 점점 밖으로 밀려나 어쩔 수 없이 '아웃사이더'라는 역할을 수행하게 된다. 아웃사이더는 나이가 들수록 할 수 있는 일이나 누릴 수 있는 자유가 줄어든다. 일반적으로는 그냥 이 역할 놀이를 받아들이고 거기서 즐거움을 찾아보는 게 최선이다. 우리는 내가 어떤 모습을 보여야 하는지 알고 있을 뿐만 아니라 어떻게 해야 그 효과를 극대화할 수 있는지도 알고 있다. 그렇다면 삶이라는 무대에서 뛰어난 배우가 되어 스포트라이트를 받는 순간을 즐길 수도 있을 것이다.

인상 관리의 기본적인 기술을 몇 가지 소개하면 아래와 같다.

비언어적 신호에 통달하라

상대가 어떤 사람인지 확인하고 싶을 때 비언어적 신호에 각별히 더 신경을 쓰게 되는 상황들이 있다. 채용 면접이라든가, 집단 모임, 공개 석상 같은 경우가 그렇다. 사회생활을 잘하는 사람들은 비언어적 신호를 통제하는 방법을 어느 정도 알고 있어서 상황에 맞는 긍정적인 신호를 의식적으로 내보낸다. 그들은 호감이 가게 보이도록 하고, 진짜 미소를 짓고, 따뜻한 보디랭귀지를 사용하고, 상대의 분위기를 흉내 내는 법을 알고 있다. 또 지배의 신호가 어떤 것이고, 어떻게 하면 자신감을 뿜어낼 수 있는지를 안다. 무시나 끌림을 전달하고 싶을 때 어떤 표정은 열 마디 말보다 많은 것을 표현한다는 사실을 안다. 일반적으로 말해서 자신의 비언어적 신호가 어떤 유형인지 알아두면 그중 일부를 의식적으로 바꿔 더 좋은 효과를 낼 수도 있다.

메소드 연기를 해라

메소드 연기(method acting)를 하는 사람은 그때그때 상황에 맞는 감정을 표현하는 훈련을 한다. 내 역할이 슬퍼야 한다면 나를 슬프게 만들었던 경험을 떠올리거나 필요하다면 단순한 상상을 통해서라도 슬픔을 느낀다. 핵심은 감정을 제어할 수 있다는 점이다. 실생활에서 우리가 이 정도까지 감정을 제어하도록 훈련하는 것은 불가능하다. 하지만 감정을 전혀 제어할 수 없다면 그래서 그때그때 느끼는 감정을 모두 다 드러낸다면, 나약하고 전반적으로 자제력이 부족한 사람이라는 신호를 주게 될 것이다. 의도적으로 적절한 기분을 느끼는 방법을 익혀라. 내가 처한 상황이나 지금 하려는 일에 따라 어떤 감정을 느껴야 하고 왜 그래야 하는지 상상해보라. 그 순간의 감정에 나를 맡기면 얼굴이나 신체도 자연히 그에 따라 움직인다. 때로는 억지로 웃거나 찌푸리는 것만으로도 그 표정에 해당하는 감정을 어느 정도 경험할 수 있다. 또 하나 중요한 것이 있다. 평소에는 너무 많은 감정을 드러내지 말고 보다 중립적인 표정으로 돌아가는 훈련을 하라.

듣는 이에게 맞춰라

내가 맡은 역할이 정해주는 기준을 따르고 있더라도 융통성은 있어야 한다. 빌 클린턴은 역할 놀이를 아주 잘하는 사람이어서 자신이 대통령으로서 자신감과 힘을 보여줘야 한다는 사실을 망각하는 법이 없었다. 하지만 자동차 공장의 노동자들 앞에서 연설을 하게 되면 그들에 맞춰 억양이나 어휘 선택을 조정했고, 경영자들 앞에서 연설을 하게 되면 다시 또 거기에 맞췄다. 이처럼 듣는 사람이 누구인지를 잘 인식하고 상대방의 방식이나 취향에 맞게 당신의 비언어적 신호를 바꿔라.

첫인상을 잘 만들어라

사람을 판단할 때 첫인상의 영향을 얼마나 많이 받는지, 그렇게 만들어진 첫인상을 바꾸기는 얼마나 어려운지는 이미 여러 번 증명되었다. 이 점을 알고 있다면 개인이나 집단 앞에 처음으로 나서게 될 때 각별한 주의를 기울여야 한다. 보통은 비언어적 신호를 가급적 줄이고 보다 중립적인 얼굴을 내세

인간 본성의 법칙

우는 편이 좋다. 너무 흥분한 모습을 보인다면 불안정한 상태라는 신호가 되어 의심을 살 수도 있다. 반면에 이런 첫 만남에서 편안한 미소로 사람들과 눈을 맞춘다면 자연스럽게 상대의 저항을 낮추는 데 놀라운 효과를 발휘한다.

극적 효과를 사용하라

그러려면 참석과 불참의 기술을 마스터해야 한다. 참석을 너무 많이 하면, 그래서 사람들이 당신을 너무 자주 보거나 당신이 다음에 뭘 할지 정확히 예상하게 되면, 그들은 금세 당신을 지루해할 것이다. 선별적으로 불참하는 방법을 알고, 얼마나 자주, 언제 사람들 앞에 나타날지를 조절한다면 사람들은 당신을 더 자주 보고 싶어 할 것이다. 약간의 미스터리로 당신을 감추고 미묘하게 모순되는 성향을 보여줘라. 남들이 당신의 일거수일투족을 알아야 할 필요는 없다. 정보를 보류해둬라. 당신이 언제 나타나고 무슨 행동을 할지 너무 뻔하게 만들지 마라.

성인군자 같은 모습을 보여라

우리가 역사의 어느 시기를 살고 있건 간에 늘 긍정적으로 보이는 특징들이 있다. 이 특징들을 보여주는 법을 알아야 한다. 예를 들어 성인군자 같은 모습은 시대를 막론하고 인기가 있다. 물론 지금의 성인군자는 16세기의 그것과는 분명 내용이 다를 것이다. 하지만 핵심은 동일하다. 절대로 비난할 수 없는 선한 행동으로 간주되는 일을 하라. 현대인들에게 이는 진보적이고, 지극히 너그럽고, 열린 마음을 가진 사람으로 비친다는 뜻이다. 몇 가지 좋은 일에는 후하게 돈을 쓰고 소셜 미디어에서 지지를 표명하는 것이 좋다. 진정성과 정직성을 보여주는 것은 언제나 좋은 결과를 가져온다. 사람들 앞에서 당신의 단점이나 약점을 몇 번 고백하면 될 것이다. 어찌된 노릇인지 사람들은 겸손하다는 신호를 진정성으로 받아들인다. 겸손은 충분히 흉내 낼 수도 있는 것인

네 말이다. 가끔 고개를 숙이고 겸손하게 보여라. 꼭 해야 할 더러운 일이 있다면 다른 사람을 시켜라. 당신 손을 더럽히지 마라. 지나치게 마키아벨리형 리더가 되지는 마라. 마키아벨리형 리더는 텔레비전 속에서만 좋아 보일 뿐이다. 아직 높은 곳에 오르지 못했더라도 지배의 신호를 적절히 활용해 당신을 힘 있는 사람으로 생각하게 만들어라. '성공할 수밖에 없는' 사람처럼 보여라. 이 방법은 신기하게도 늘 효과가 있다.

이 게임에 정말로 능했던 사람을 한 명 꼽으라면 고대 로마의 아우구스투스 황제(BC 63 - AD 14)가 있다. 그는 악당이 되어 자신을 돋보이게 만들어줄, 훌륭한 적(敵)의 가치를 알고 있었다. 이런 목적으로 그가 완벽하게 이용했던 사람은 초창기 정적(政敵)인 마르쿠스 안토니우스였다. 안토니우스는 로마 사회의 전통이라는 전통은 모조리 수호하는 사람이었다. 심지어 집을 구할 때도 원래 로마가 세워졌어야 했던 자리 근처를 골랐을 정도였다. 안토니우스가 이집트로 떠나 클레오파트라 여왕과 시시덕거리며 호화 생활을 즐기는 동안 아우구스투스는 계속 자신과 안토니우스의 차이점을 지적했다. 그리고 자신은 안토니우스가 배신한 로마적 가치의 화신이라고 떠들어댔다. 그렇게 로마 최고의 지도자가 된 아우구스투스는 원로원과 인민에게 권력을 되돌려주며 본인의 겸손을 대대적으로 광고했다. 그는 인민의 아들인 양 라틴어 방언을 쓰고 소박한 생활을 했다. 이런 이유로 사람들은 그를 숭배했다. 물론 모든 건 '쇼'였다. 실제로 그는 대부분의 시간을 로마 밖에 있는 호화 별장에서 보냈다. 이집트 같은 이국 출신의 정부(情婦)도 줄줄이 있었다. 그리고 겉으로는 권력을 내준 듯 보였지만 실질적 통치의 고삐라고 할 수 있는 군대를 꽉 잡고 있었다. 연극을 광적으로 좋아했던 아우구스투스는 쇼맨십의 달인이었고 가면을 썼다. 죽기 전 마지막으로 다음과 같은 말을 남긴 것을 보면 그도 그 점을 잘 알고 있었음이 틀림없다. "인생이라는 연극에서 내가 내 역할을 잘했는가?"

'인격(personality)'이라는 말은 라틴어 단어 '페르소나(persona)'에서 왔다. 페르소나는 '가면'이라는 뜻이다. 남들 앞에서 우리는 누구나 가면을 쓴다. 그리고 여기에는 순기능이 있다. 만약 우리가 내 모습을 있는 그대로 다 보여주고 속에 있는 말을 모조리 해버린다면 상처받을 사람이 한둘이 아니고 숨겨도 좋을 것들이 모두 드러날 것이다. 사실 페르소나를 만들어 내 역할을 잘 연기하는 것은 사람들이 우리를 너무 가까이 보지 못하게 지켜주는 역할을 한다. 남들이 코앞까지 와서 나를 들여다보고 있으면 얼마나 불안정한 기분이 들지 생각해보라. 실제로 맡은 역할을 잘 연기하면 더 많은 힘이 생기고, 힘이 있으면 나의 기이한 면들까지 더 많이 표현해도 되는 자유가 생긴다. 그렇게 해나가다 보면 당신이 제시하는 페르소나가 당신의 수많은 개성과 일치하는 때가 올 것이다. 효과는 훨씬 더 좋을 테고 말이다.

"자네는 그 여자한테서 참 많은 걸 읽어낸 것 같군. 내 눈에는 안 보이던데 말이야."

"안 보인 게 아니라 안 본 거지, 왓슨. 자네는 어디를 봐야 하는지를 모르니까 중요한 걸 모두 놓친 거야. 옷소매가 얼마나 중요한지, 엄지손톱이 뭘 말해주는지, 구두끈에서 어떤 큰 문제가 드러나는지 자네가 깨닫지를 못 하니까 말이야."

– 아서 코난 도일, 《신랑의 정체》 중에서

Law 04 · Compulsive Behavior

강박적 행동의 법칙

성격의
유형을
파악한다

일을 같이 하거나 함께 어울릴 사람을 고를 때는 상대의 명성에 넋을 놓거나 그들이 보여주는 표면적 이미지에 넘어가지 마라. 상대의 내면을 깊이 들여다보고 성격을 파악하는 훈련을 하라. 사람의 성격을 형성하는 것은 어린 시절의 경험과 매일의 습관이다. 사람은 성격 때문에 살면서 같은 행동을 반복하고 부정적 패턴에 빠진다. 그런 패턴들을 면밀히 들여다보라. 사람은 절대로 같은 행동을 한 번만 하지 않는다는 사실을 기억하라. 사람들은 틀림없이 자신의 행동을 반복할 것이다. 역경에 처했을 때 얼마나 잘 대처하는지, 남들과 함께 일할 때 잘 적응하는지, 인내심과 학습능력은 있는지 유심히 살펴서 이 사람이 성격상 갖고 있는 상대적 강점이 무엇인지 파악하라. 언제나 강인함의 신호를 보여주는 사람을 가까이하고, 독이 될 수 있는 무수히 많은 이들은 피해 가라. 당신 자신의 성격을 처음부터 끝까지 파악해서 강박적 행동의 패턴을 깨고 당신의 운명을 직접 개척하라.

실패의 패턴

하워드 휴즈 주니어(Howard Hughes Jr., 1905-1976)는 텍사스 주 휴스턴에서 성장했다. 할머니, 할아버지나 삼촌, 숙모들의 눈에 휴즈는 다소 숫기 없고 어설픈 아이였다. 휴즈를 낳으며 죽을 고비를 넘긴 어머니는 다시는 아이를 낳을 수 없었고, 그래서 휴즈에게 모든 사랑을 쏟아부었다. 아들이 병이라도 걸릴까 늘 노심초사했던 어머니는 아들의 일거수일투족을 지켜보며 그를 보호하는 데 만전을 기했다. 아들은 아버지를 경외하는 듯했다. 휴즈의 아버지 하워드 휴즈 시니어는 1909년에 샤프휴즈툴(Sharp-Hughes Tool Company)이라는 회사를 설립했고, 이내 이 회사는 가족들을 부자로 만들어주었다. 아버지는 집에 있는 시간이 많지 않았고, 언제나 출장 중이었다. 그래서 휴즈는 어머니와 많은 시간을 보냈다. 친척들이 보기에 휴즈는 다소 초조하고 과민한 아이 같았으나 나이가 들면서 놀랄 만큼 공손하며 말씨가 나긋나긋하고 부모에게 헌신적인 청년이 됐다.

그러던 1922년 휴즈의 어머니가 서른아홉이라는 젊은 나이로 요절했다. 휴즈의 아버지는 아내의 이른 죽음을 끝내 극복하지 못하고 2년 후 세상을 떠났다. 열아홉의 휴즈는 가장 가까운 친구이자 삶의 모든 국면에서 방향을 제시해줬던 두 사람을 잃고 세상에 홀로 남겨졌다. 친척들은 그 빈자리를 채워주고 휴즈에게 필요한 조언을 해야겠다고 마음먹었다. 그러나 아버지가 죽고 몇 달 후 휴즈는 완전히 딴 사람이 되어 있었다. 누구도 예상 못한 모습이었다. 말씨가 곱던 청년이 갑자기 욕설을 했다. 고분고분하던 아이가 이제 완전히 반항아가 되어 있었다. 친척들은 휴즈에게 대학을 계속 다니라고 조언했으나 그는 그럴 생각이 없어 보였다. 친척들이 권한 것은 그 무엇도 하지 않으려 했다. 친척들의 의견이 강해질수록 휴즈는 오히려 더 호전적이 됐다.

유산을 물려받은 휴즈는 온전히 독립할 수 있는 처지였다. 그는 이 점을 최대한 이용하기로 했다. 곧장 작업에 들어간 휴즈는 친척들이 보유하고 있던 샤프휴즈툴 주식을 모두 사들여 이 알짜배기 회사를 완전히 장악했다. 텍사스주법에 따르면 성인의 역할을 충분히 할 수 있음을 증명할 경우 법원에 신청해서 성인으로 인정받을 수 있었다. 휴즈는 지방법원 판사와 친분을 쌓은 뒤 원하던 성인 자격을 얻어냈다. 이제 그가 회사와 그의 삶을 영위하는 데 누구도 간섭할 수 없었다. 친척들은 충격을 받았다. 양측은 모든 인연을 끊고 죽을 때까지 서로 연락하지 않았다. 대체 무엇이 그 다정했던 소년을 이토록 공격적이고 반항적인 청년으로 바꿔놓았을까? 친척들은 물음의 답을 영영 찾을 수 없었다.

독립을 선언하고 얼마 후 휴즈는 LA에 자리를 잡았다. 그리고 새롭게 열정을 갖게 된 두 분야에 뛰어들기로 결심했다. 영화와 비행기 조종이었다. 그에게는 둘 다를 실컷 즐길 만한 돈이 있었고, 1927년 그는 두 가지를 결합하기로 마음먹었다. 1차 세계대전 당시의 비행기 조종사들을 다룬, 어마어마한 예산의 대작 영화 〈지옥의 천사들〉을 제작하기로 결심한 것이다. 그는 일단의 작가들과 감독을 고용해 시나리오를 만들었으나, 이내 감독과 다툼이 생겨 그를 해고했다. 그다음에는 또 다른 감독 루터 리드(Luther Reed)를 고용했다. 그 자신도 비행광이었던 리드는 사실 이 프로젝트에 더 잘 어울리는 사람이었다. 그러나 휴즈의 끝없는 간섭에 지친 그도 얼마 못 가 사임했다. 리드 감독이 휴즈에게 마지막으로 남긴 말은 이랬다. "그렇게 잘 알면 직접 감독을 하지 그래요?" 휴즈는 리드의 조언에 따라 스스로를 감독으로 임명했다.

그때부터 예산이 치솟기 시작했다. 휴즈가 극도의 사실주의를 추구했기 때문이다. 휴즈는 수백 명의 직원과 스턴트맨 조종사들을 데리고 몇 달, 몇 해를 작업했고, 폭발 사고로 세 명이 죽었다. 끝없는 싸움 끝에 그는 거의 모든 부서장들을 해고했고, 결국 본인이 직접 이것저것 운영해야 했다. 샷 하나, 앵글 하나, 스토리보드 하나에도 그는 법석을 피웠다. 마침내 1930년 〈지옥의 천사들〉시사회를 열었다. 어마어마한 성공이었다. 스토리는 엉망진창이었으나 비행과 액션 장면이 관객들을 흥분시켰다. 그렇게 하워드 휴즈의 전설이 탄생했다. 그는 기존 체제에 맞선 늠름한 개척자였고 히트작도 만들어냈다. 모든 걸혼자서 해낸 강인한 개인주의자였다.

영화는 380만 달러라는 어마어마한 금액의 제작비가 들었고 200만 달러 가까이 손실을 봤지만 이 점에 주목하는 사람은 없었다. 휴즈 본인은 겸손했고이 영화를 제작하며 교훈을 얻었다고 했다. "〈지옥의 천사들〉을 혼자서 만든것은 저의 가장 큰 실수였습니다…. 혼자 열두 사람 몫을 하려니 정신을 차릴수가 없었죠. 누구도 혼자서 모든 걸 알 수는 없다는 사실을 쓰라린 경험으로배웠습니다."

1930년대 내내 휴즈의 전설은 계속 더 불어나기만 하는 듯했다. 그는 비행속도 분야에서 세계 기록을 몇 개나 세웠고, 죽을 고비를 몇 번이나 넘겼다. 휴즈는 아버지의 회사에서 조직을 분사시켜 휴즈 에어크래프트(Hughes Aircraft)라는 벤처 회사를 세웠다. 그는 이 회사가 세계 최대의 비행기 제조사가 되기를꿈꿨다. 그러려면 당시로서는 군대에 비행기를 대량 납품하는 계약을 맺어야했다. 미국이 제2차 세계대전에 참전하자 휴즈는 수주를 따내는 데 올인했다.

1942년 미국의 여러 국방부 관료들은 휴즈를 알게 됐다. 그는 항공 분야에대한 열정이 대단했고, 인터뷰를 해보니 세부적인 사항까지 꼼꼼히 챙겼으며 부단한 로비를 펼치고 있었다. 이에 깊은 인상을 받은 관료들은 휴즈에게1,800만 달러어치의 비행기 계약을 안겼다. 헤라클레스라고 하는 거대한 수송기 세 대를 제작하는 계약이었다. 헤라클레스는 각지의 전장으로 장병과 물자를 실어 나를 예정이었다. 하늘을 나는 선박이라고 불렸던 헤라클레스는 날개

한쪽의 길이만도 미식축구 경기장보다 길었고, 전체 높이는 3층 건물보다 더 높았다. 휴즈 에어크래프트가 이 일을 잘 해낸다면, 그러니까 예산에 맞춰 제 때 비행기를 제조한다면, 국방부는 더 많은 비행기를 주문할 테고 휴즈는 수 송기 시장을 독식할 수 있었다.

1년이 채 지나지 않아 더 좋은 소식이 날아들었다. 휴즈의 소형 수송기인 D-2의 미끈하고 아름다운 디자인에 매료된 국방부가 이 비행기를 개조한 항 공 촬영 정찰기 100대를 4,300만 달러에 주문한 것이다. 그러나 얼마 못 가 휴 즈 에어크래프트가 곤란을 겪고 있다는 소문이 퍼지기 시작했다. 이 회사는 말하자면 휴즈가 취미처럼 시작한 회사였다. 휴즈는 할리우드의 지인들과 함 께 비행을 즐기던 친구들을 회사 고위직에 앉혀두었다. 회사가 커지자 부서의 숫자도 늘어났지만 부서 간에 소통이 거의 이뤄지지 않았다. 모든 게 휴즈 본 인을 통해야 했다. 회사에서 가장 작은 부서조차 휴즈에게 의논을 했다. 최고 위 엔지니어 몇 명은 이미 휴즈의 수많은 간섭에 질려서 회사를 그만두었다.

문제를 인식한 휴즈는 총괄 매니저를 고용해 헤라클레스 프로젝트를 추진 하고 회사를 바로잡으려 했다. 그러나 총괄 매니저는 두 달 뒤 사표를 썼다. 휴 즈는 그에게 회사 구조조정의 전권을 주겠다고 약속했으나 겨우 며칠 만에 총 괄 매니저의 결정들을 뒤집고 그의 권위를 훼손했다. 1943년 늦여름이 되자 첫 번째 헤라클레스를 제작하려고 편성해두었던 900만 달러 중 600만 달러를 이미 써버렸으나 비행기 완성은 요원했다. 휴즈에게 이 일을 맡기자고 했던 국방부 관리들은 패닉에 빠졌다. 항공 촬영 정찰기 제작은 전쟁 준비에서 아 주 중요한 부분이었다. 헤라클레스 프로젝트를 둘러싼 내부 혼란과 일정 지연 은 혹시 더 중요한 항공 촬영 정찰기 제작에도 앞으로 문제가 생길 거라는 전 조인가? 휴즈가 개인의 매력과 선전 활동으로 우리를 속인 건가?

1944년 초가 되자 항공 촬영 정찰기 제작은 일정이 너무 밀려 가망이 없어 보였다. 국방부는 이제 휴즈에게 새로운 총괄 매니저를 고용해 우선 할 수 있는 거라도 해보라고 압박했다. 다행히도 당시 그 일을 하기에 아주 적합한 사람이 한 명 있었다. 비행기 제조에서 '기적의 사나이'라고 불리는 찰스 퍼렐(Charles Perell)이었다. 퍼렐은 이 일을 맡지 않으려 했다. 업계 사람이라면 다 그렇듯이 그도 휴즈 에어크래프트 내부가 얼마나 엉망진창인지 알고 있었다. 이번에는 다급해진 휴즈가 직접 본인의 매력을 동원해 공략에 나섰다. 그는 자기 방식에 문제가 있는 것을 깨달았다며 퍼렐의 전문지식이 필요하다고 했다. 직접 만나보니 휴즈는 퍼렐이 생각했던 것과 전혀 달랐다. 그는 지극히 겸손한 사람이었고 회사의 여러 파렴치한 경영자의 희생양이 된 듯했다. 퍼렐은 휴즈가 비행기 제조의 기술적 세부사항들을 빈틈없이 알고 있는 것에 깊은 감명을 받았다. 휴즈는 퍼렐에게 필요한 모든 권한을 주겠다고 했다. 안타깝게도 퍼렐은 현명한 판단을 내리지 못하고 총괄 매니저직을 수락했다.

그러나 몇 주도 지나지 않아 퍼렐은 자신의 결정을 후회했다. 비행기는 휴즈가 설명했던 것보다 훨씬 더 제작이 지연되고 있었다. 조잡한 도면을 포함하여 모든 면에서 전문성이라고는 찾아볼 수 없었다. 퍼렐은 작업에 들어갔다. 낭비되는 비용을 줄이고 부서들을 간소화했다. 그러나 아무도 퍼렐의 권위를 존중하지 않았다. 다들 회사를 실제로 경영하는 게 누구인지 알고 있었기 때문이다. 휴즈는 계속해서 퍼렐의 개혁을 손상시켰다. 일정이 더 밀리고 압박이 심해지자 휴즈가 보이지 않았다. 신경쇠약이라도 일으킨 듯했다. 전쟁이 끝날 때까지 단 한 대의 정찰기도 제작되지 못했다. 국방부는 계약을 취소했다. 이 경험으로 만신창이가 된 퍼렐도 그해 12월 사직했다.

전시 기간에서 뭐라도 하나 건져보고 싶었던 휴즈는 하늘을 나는 선박 중 하나를 완성했다고 지적했다. 나중에 스프루스 구스(Spruce Goose)라고 알려진 비행기다. 그는 이 비행기가 대규모 엔지니어링의 큰 성과라며 놀라운 작품이라고 주장했다. 그래도 미심쩍어 하는 사람들을 위해 그는 자신이 직접 이 비행기의 시운전을 하기로 했다. 그러나 안타깝게도 바다 위를 나는 동안 비행기는 그 육중한 본체를 지탱할 동력이 터무니없이 부족하다는 게 분명해졌다. 1마일을 날아간 후 비행기는 물 위에 사뿐히 착륙했고, 그는 헤엄을 쳐서 돌아왔다. 이 비행기는 다시는 날지 못했다. 그러나 비행기는 일 년에 100만 달러씩의 비용을 까먹으며 오래도록 격납고에 갇혀 있었다. 휴즈가 비행기 해체를 거부했기 때문이었다.

1948년 RKO 픽처스의 주인인 플로이드 오들럼(Floyd Odlum)은 회사를 팔려고 내놓았다. RKO는 할리우드에서 가장 수익률이 높으면서도 명성 있는 스튜디오였다. 휴즈는 영화 사업에서 자리를 잡아 다시 주목을 받고 싶은 마음에 좀이 쑤셨다. 그는 오들럼의 주식을 사서 지배권을 획득했다. RKO 내부는 패닉에 빠졌다. RKO의 경영자들도 휴즈가 간섭이 심하다는 소문을 익히 들어 알고 있었다. RKO는 이제 막 경영진을 교체한 상태였고, 수장이 된 도어 섀리(Dore Schary)는 RKO를 젊은 감독들을 위한 핫한 스튜디오로 탈바꿈시킬 계획이었다. 섀리는 창피를 당하기 전에 사직서를 내기로 작정했으나 순전히 호기심에서 휴즈를 한번 만나보는 것에는 동의했다.

휴즈는 너무나 매력적인 사람이었다. 그는 섀리의 손을 잡고 그의 눈을 똑바로 바라보며 이렇게 말했다. "스튜디오 운영에는 일절 관여하고 싶지 않소. 당신 혼자 다 해야 할 거요." 섀리는 휴즈의 진정성에 놀랐다. 휴즈는 섀리가 제안한 스튜디오 개혁 방안에도 동의했고, 섀리는 마음이 누그러졌다. 처음 몇 주는 모든 게 휴즈가 약속한 그대로였다. 그러다가 드디어 전화가 걸려오기 시작했다. 휴즈는 제작 중인 최신 영화의 여배우를 바꿔달라고 했다. 자신의 실수를 깨달은 섀리는 즉시 사임했고, 섀리를 따르던 많은 직원들도 함께 나갔다.

휴즈는 빈자리를 자신의 명령을 따르는 사람들로 채우기 시작했다. 남녀 배우는 본인의 입맛에 딱 맞는 사람만 썼다. 그는 〈제트 파일럿(Jet Pilot)〉이라는 영화의 시나리오를 구매하고 1948년 버전의 〈지옥의 천사들〉로 만들 계획을 세웠다. 존 웨인(John Wayne)을 캐스팅하고, 거장 요제프 폰 스턴버그(Josef Von Sternberg)를 감독으로 세울 예정이었다. 몇 주 뒤 스턴버그는 휴즈에게서 걸려오는 전화를 도저히 더는 견딜 수 없어 사임했다. 휴즈가 그 자리를 이어받았다. 〈지옥의 천사들〉의 제작 과정이 고스란히 반복됐다. 이번 영화도 완성까지 거의 3년이 걸렸다. 대부분 항공 촬영 때문이었고 예산은 400만 달러까지 치솟았다. 촬영 분량이 어찌나 많았던지, 휴즈는 영화를 어디서 어디까지 잘라내야 할지 알 수 없었다. 개봉까지 6년이 걸렸고, 개봉 즈음에는 제트기 장면이 완전히 시대에 뒤처졌을 뿐만 아니라 존 웨인도 훨씬 늙어보였다. 영화는 소리 소문 없이 막을 내렸다. 한때 북적대던 스튜디오는 급격히 쪼그라들었고, 1955년 성난 주주들의 항의를 견디지 못한 휴즈는 RKO를 제너럴타이어(General Tire Company)에 팔았다.

1950년대와 1960년대에 미군은 시대에 맞춰 전투 철학을 바꾸기로 했다. 베트남 같은 곳에서 전쟁을 치르려면 헬리콥터가 많이 필요했고, 정찰을 도와줄 경(輕)관측헬기도 있어야 했다. 군에서는 제조업체를 물색했고 1961년 가장 좋은 제안을 한 회사 둘을 골랐다. 휴즈툴에서 분사한 휴즈의 두 번째 비행기 회사가 낸 디자인은 공모에서 탈락했다(첫 회사인 휴즈 에어크래프트는 이제 휴즈와는 완전히 독립적으로 운영되고 있었다). 휴즈는 이 시련을 받아들이지 않으려 했다. 휴즈의 홍보팀은 대규모 로비 작전에 돌입했고 20여 년 전 항공 촬영 정찰기를 수주할 때 그랬던 것처럼 돈을 물 쓰듯 쓰며 군 장성들을 접대했다. 로비는 성공했고, 이제 휴즈의 제품도 다른 두 회사 제품과 함께 경쟁에 끼어들게 됐다. 군은 최저 가격을 제시하는 업체에 헬리콥터를 발주하기로 했다.

휴즈가 제출한 가격안은 군인들이 보기에도 놀라운 금액이었다. 가격이 너무 낮아서 이래 가지고는 헬리콥터를 만든 제조사에 남을 게 하나도 없어 보였다. 첫 물량에서 손해를 보더라도 수주 경쟁에서 이겨 거래를 따낸 다음, 후속 물량에서 가격을 올리겠다는 전략이 분명해 보였다. 1965년 군은 결국 휴즈를 납품자로 선정했다. 비행기 생산에서 성공을 거둬본 적이 거의 없는 회사로서는 믿기지 않는 결과였다. 제때 헬리콥터를 잘 만들어낸다면 군은 아마도 수천대의 헬리콥터를 주문할 테고, 휴즈는 그것을 발판 삼아 상업용 헬리콥터로 사업을 확장할 수 있을 것이다.

베트남 전쟁이 과열되면서 군은 주문량을 늘릴 것이 확실해졌고 휴즈는 노다지를 캘 것처럼 보였다. 하지만 휴즈에게 계약을 안겨주고 첫 헬리콥터가 만들어지기만을 기다리고 있던 사람들은 패닉에 빠지기 시작했다. 제조 일정이 약속보다 한참 뒤로 밀리고 있었다. 군은 사태 파악을 위해 조사단을 파견했다. 경악스럽게도 휴즈의 회사는 제대로 된 제조라인조차 없는 것 같았다. 그런 주문을 감당하기에는 공장이 너무 작았고, 세부적인 것도 뭐 하나 제대로 된 것이 없었다. 도면은 전문가가 그린 것이라 보기 힘들었고 장비도 부적절했으며 현장에는 숙련 노동자가 거의 없었다. 마치 비행기를 설계해본 경험이 전혀 없는 회사가 하나씩 터득해가며 비행기를 만드는 것처럼 보였다. 항공 촬영 정찰기 때와 똑같았다. 다만 군에서 그때 일을 기억할 수 있는 사람이 몇 명 없었을 뿐이다. 휴즈는 앞서 그토록 낭패를 보고서도 그 일에서 아무것도 배우지 못한 게 분명했다.

우려했던 대로 헬리콥터는 가뭄에 콩 나듯 하나씩 입고되기 시작했다. 다급해진 군 장성들은 훨씬 큰 규모인 2,200대의 헬리콥터를 새로 발주하기로 했다. 더 경험 있는 회사가 더 낮은 가격으로 참여해 휴즈를 밀어내주기를 바랐다. 휴즈는 패닉에 빠졌다. 후속 계약을 따내지 못하면 회사는 망할 것이다. 회사는 이 후속 계약에서 가격을 올려 첫 물량 생산에서 입은 막대한 손실을 만회할 계획이었다. 휴즈는 도박을 한 것이다. 만약 추가 계약에서 그가 낮은 가격으로 입찰한다면 이익을 낼 수 없을 테고, 가격이 충분히 낮지 않다면 입찰에 실패할 것이다. 결국 후자가 됐다. 최종적으로 휴즈가 헬리콥터 생산으로 입은 손실은 9,000만 달러라는 천문학적 액수였고 회사는 풍비박산이 났다.

인간 본성의 법칙

하워드 휴즈는 1976년 멕시코의 휴양지 아카풀코에서 휴스턴으로 돌아오는 비행기 안에서 숨졌다. 부검 결과를 통해 대중들은 그가 죽기 전 10년간 대체 무슨 일이 있었는지 알게 됐다. 그는 오랫동안 진통제와 마약에 중독되어 있었다. 그는 혹시라도 세균에 감염될까 극도로 두려워하여 꽁꽁 봉인된 호텔 방에서 살았다. 죽을 당시 그의 체중은 93파운드(42킬로그램)에 불과했다. 그는 비서 몇 명의 시중을 받으며 거의 고립된 거나 진배없는 삶을 살았다. 그러면서도 이 모든 걸 기를 쓰고 사람들에게 숨기려 했다. 손톱만큼이라도 통제력을 상실할까 벌벌 떨었던 사람이 말년에는 몇 안 되는 비서와 경영자의 손에 온전히 내맡겨져 있었다는 것은 참으로 아이러니한 일이다. 그들은 휴즈가 약물 때문에 서서히 죽어가는 것을 지켜보며 사실상 회사에 대한 장악력을 뺏어갔다.

해석 ──●

하워드 휴즈의 인생에서 패턴이 만들어진 것은 아주 어릴 때다. 그의 어머니는 천성적으로 근심 걱정이 많았고, 더 이상 자녀를 가질 수 없다는 사실을 안 다음부터는 그녀의 모든 걱정을 하나뿐인 아들에게 쏟았다. 그녀는 끊임없는 관심으로 아들을 숨 막히게 했다. 그녀는 아들의 가장 가까운 말동무가 됐고, 아들을 거의 눈에서 떼지 않았다. 휴즈의 아버지는 아들이 가문의 명성을 이어가리라는 어마어마한 기대를 가졌다. 휴즈의 부모는 그의 일거수일투족을 결정했다. 무엇을 입고, 먹고, 친구는 누구를 사귈지까지 결정했다. 부모는 아들에게 완벽한 환경을 찾아 이 학교 저 학교 전전했고, 아들은 과민하며 사람들과 잘 어울리지 못하는 모습을 보였다. 휴즈는 모든 것을 부모에게 전적으로 의존했고, 부모를 실망시킬까 하는 어마어마한 두려움에 극도로 공손하고 순종적인 아이가 됐다.

그러나 실제로 휴즈는 자신이 부모에게 전적으로 의존한다는 사실이 지독히 싫었다. 부모가 죽고 나자 미소와 순종 아래 숨겨져 있던 그의 진짜 성격이 모습을 드러냈다. 그는 친척들에게 일말의 애정도 느끼지 않았다. 누구리도 자신을 손톱만큼이라도 간섭하게 놔두느니 차라리 혈혈단신으로 미래와 맞서려고 했다. 그는 겨우 열아홉 살이었음에도 불구하고 자신의 운명을 완벽히 스스로 통제하려 했다. 그러지 않았다면 어릴 적 해묵은 불안이 되살아날 것 같았다. 그는 물려받은 재산으로 완벽한 독립이라는 자신의 꿈을 실현할 수 있는 힘을 갖게 됐다. 비행에 대한 사랑은 그의 이런 성격적 특징을 반영한다. 오직 조종석에 홀로 앉아 있는 하늘에서만 그는 완벽한 통제의 짜릿함과 걱정을 벗어난 해방감을 제대로 경험할 수 있었다. 그가 남몰래 경멸하는 수많은 사람들을 벗어날 수 있었다. 하늘에서 그는 죽음조차 하찮아 보였다. 죽는다고 해도 자신의 통제 아래서 죽을 것이기 때문이었다.

휴즈의 성격은 할리우드에 진출하고 여러 모험적 사업을 일으키며 발전시킨 그의 리더십 유형에서 더욱 분명히 드러난다. 그는 시나리오 작가나 감독, 경영진이 아이디어를 내놓을 경우 자신의 권위에 대한 도전으로 인식했다. 그러면 무기력하게 타인에게 의존했던 옛날의 불안이 되살아났다. 이 불안과 싸우기 위해 그는 사업의 모든 면을 계속 장악하고 있어야 했다. 별것 아닌 홍보 문구의 철자법과 문법까지 직접 감독해야만 했다. 그는 사내 조직을 아주 느슨하게 구성해서 경영진들이 그의 관심을 놓고 서로 싸우게 만들었다. 모든 게 그를 통하게만 만들 수 있다면, 어느 정도의 내부 혼란은 감수할 수 있었다.

아이러니한 것은 그렇게 완벽한 장악력을 획득하려고 하면 할수록 그가 오히려 통제력을 잃어갔다는 사실이다. 한 사람이 모든 것을 감독하는 것은 불가능했고 예기치 못한 온갖 문제가 발생했다. 그렇게 프로젝트가 와해되고 상황이 긴박해지면 그는 무대에서 사라지거나 편리하게도 몸이 아팠다. 주변 모든 것을 통제해야 하는 그의 욕구는 만나는 여성들에게까지 이어졌다. 그는 여자들의 행동 하나하나를 면밀히 관찰했고 사립탐정을 고용해 뒤를 밟게 했다.

그래도 하워드 휴즈와 함께 일하겠다고 나선 사람들이 있었던 이유는 그가 대외적 이미지를 주도면밀하게 구성해 자신의 성격적 단점을 감추었기 때문이다. 그는 자신을 비이성적일 만큼 자잘한 것까지 직접 챙기는 관리자의 모습이 아니라 강인한 개인주의자이자 완벽한 미국적 개척가로 포장했다. 그중에서도 가장 치명적이었던 것은 그가 수십억 달러짜리 제국을 이끄는 성공한 비즈니스맨으로 자신을 포장할 수 있었다는 점이다. 실제로는 매우 수익성이 높은 공구 회사를 아버지로부터 물려받은 것이었으면서 말이다. 그 세월 동안 휴즈의 제국에서 상당한 이윤을 창출했던 부문은 이 공구 회사와 거기서 분사시킨 초창기 휴즈 에어크래프트뿐이었다. 여러 이유로 이 두 회사는 휴즈와 완전 별개로 운영됐다. 휴즈는 두 회사의 운영에 일절 개입하지 않았다. 그 외 그가 직접 운영한 수많은 사업(나중에 차린 항공 사업부, 영화 사업, 라스베이거스의 호텔 및 부동산 사업 등)은 막대한 손실을 냈으나 운 좋게도 나머지 두 회사가 그 손실을 보전해주었다.

사실 휴즈는 사업가로서는 형편없는 사람이었다. 누가 봐도 명백한 실패의 패턴이 그 점을 잘 보여준다. 그러나 인간 본성에는 맹점이 있어서 우리는 상대의 성격을 가늠하기 좋은 조건을 타고나지 못했다. 우리는 상대가 이미 쌓아놓은 대외적 이미지나 명성에 쉽게 현혹된다. 우리는 겉모습에 홀린다. 휴즈가 그랬던 것처럼 상대가 근거 없는 신화를 미끼로 던지면 우리는 그 신화를 믿고 '싶어진다'. 우리는 다른 사람과 잘 협력하고 약속을 지키고 험난한 환경에서도 강인함을 유지하는 것과 같은 그 사람의 품성을 판단하는 게 아니라, 빛나는 이력서나 지능, 매력 등을 기초로 사람을 채용하고 함께 일할 사람을 고른다. 그러나 지능과 같은 긍정적 특징도 상대의 본성이 나약하거나 미심쩍다면 아무 소용이 없다. 그런데도 우리는 우리가 가진 맹점 때문에 우유부단한 리더나 사사건건 간섭하는 상사, 교활한 파트너 밑에서 고생한다. 수많은 역사의 비극이 여기서 비롯됐고 인간이라는 종(種)이 계속 같은 패턴을 반복하는 것도 그 때문이다.

무슨 수를 써서든 우리는 관점을 바꿔야 한다. 사람들이 들이미는 얼굴이나 그들을 둘러싼 신화 같은 이야기는 무시하고 상대방을 깊이 파고들어 그의 성격을 알려주는 신호를 찾도록 연습하라. 상대의 성격은 그의 과거에서 드러나는 패턴, 그가 내리는 의사결정, 문제 해결 방식, 권한을 이양하고 협업하는 모습 등 수많은 신호에서 드러난다. 성격이 강인한 사람은 황금과 같아서 흔히 볼 수는 없으나 이루 말할 수 없는 가치가 있다. 그들은 바뀐 환경에 잘 적응하고 새로운 것을 배우고 스스로를 발전시킨다. 우리의 성공은 누구 밑에서 혹은 누구와 함께 일하느냐에 달려 있다. 상대의 진짜 성격을 살피는 것을 최고의 관심사로 삼아라. 그러면 너무 늦게 상대의 본성을 발견하는 비극을 피할 수 있을 것이다.

성격이 곧 운명이다.
— 헤라클레이토스

┃ ・인간 본성의 열쇠・ 운명을 만들어낸 것은 당신 자신이다 ┃

수천 년간 인간은 운명을 믿었다. 어떤 힘 혹은 정령, 신, 하느님이 있어 우리가 어쩔 수 없이 특정한 방식으로 행동하게 만든다고 믿었다. 우리는 태어날 때 이미 생애가 정해져 있었다. 성공하거나 혹은 실패할 운명이었다. 그러나 요즘 사람들은 세상을 아주 다르게 본다. 우리는 나에게 일어나는 일을 대체로 내가 통제한다고 생각한다. 내가 내 운명을 만들어간다고 생각한다. 그러나 종종 아마도 선조들이 느꼈을 것과 비슷한 기분을 스치듯 느낄 때가 있다. 연애가 잘 안 풀리거나 직장생활에 문제가 생겼을 때 어쩌면 지금 이 곤경을 내가 과거에도 겪었던 것 같은 오싹한 기분이 들 때가 있다. 혹은 일하는 방식을

인간 본성의 법칙 ●━━━━

바꿔야겠다는 생각이 들 때가 있다. 분명히 이것보다는 더 잘할 수 있는데 말이다. 그래서 접근 방법을 바꿔보려고 하지만 문득 정신을 차려보면 나는 여전히 똑같은 방식으로 일하고 있고 결과도 대동소이하다. 세상에 존재하는 어떤 악의적인 힘이나 저주 같은 것이 나로 하여금 똑같은 상황을 되풀이하게 만든다는 느낌이 들 때도 있다.

이런 현상을 더 분명히 인식하게 되는 것은 남들, 특히 나와 가까운 이들의 행동을 지켜볼 때다. 예를 들면 절대로 만나면 안 될 나쁜 사람에게만 빠져들고 좋은 사람은 밀어내는 친구들이 있다. 제대로 생각도 안 해보고 투자를 하거나 직장을 선택하는 것처럼 바보 같은 행동으로 우리를 당혹스럽게 만들었던 친구는 그 교훈을 언제 잊어버렸는지 몇 년 뒤에 보면 똑같은 바보짓을 되풀이하고 있다. 우리 주위에는 어디를 가나 잘못된 타이밍에 잘못된 사람을 건드려서 반감을 사고 다니는 사람도 있다. 압박을 받으면 늘 같은 방식으로 무너져 내리면서 문제의 원인은 남 탓이나 불운 탓으로 돌리는 사람도 있다. 중독에서 벗어났다가도 되돌아가거나 아니면 다시 다른 형태의 중독을 찾는 사람도 본다. 우리 눈에는 그 패턴이 보이는데 그들의 눈에는 보이지 않는다. 왜냐하면 그 누구도 자신이 통제할 수 없는 어떤 강박 아래에서 활동한다고 믿고 싶지는 않기 때문이다. 그건 너무 충격적인 생각이지 않은가.

우리가 스스로에게 정직해지기 위해서는 운명이라는 개념에 약간의 진실도 들어 있음을 인정해야 한다. 우리는 문제를 만나면 계속 똑같은 방식으로 대처하고 똑같은 의사결정을 내리는 경향이 있다. 우리 삶에는 어떤 패턴, 특히 실수나 실패에서 눈에 띄는 그런 패턴이 있다. 그런데 이 개념을 달리 볼 수도 있다. 우리를 통제하는 것은 어떤 정령이나 신이 아니라 바로 우리의 '성격'이라고 말이다. '성격(character)'이라는 단어의 어원은 고대 그리스에서 왔다. 무엇을 조각하거나 도장을 찍는 도구라는 뜻이다. 그렇다면 성격은 우리 안에 너무 깊숙이 배어 있거나 깊이 각인되어 있어서 우리를 특정한 방식으로 행동하게 만드는 '무엇'이 된다. 우리가 자각할 수 없고 통제할 수 없는 무엇 말이다. 성격이라는 개념은 세 가지 핵심 요소로 구성되어 있다고 생각할 수 있다. 세 가지는 하나 위에 다른 하나가 쌓여 있는 형태여서 성격은 깊이를 갖는다.

성격의 가장 깊은 곳에 위치한 가장 오래된 층은 유전에서 온 것이다. 뇌의 구성방식에 따라 어떤 분위기를 좋아하고 무엇을 선호할지가 미리 정해진다. 예를 들면 이 유전적 요소 때문에 어떤 사람은 우울증에 취약할 수 있다. 또 누구는 내성적인 사람이 되고 누구는 외향적이 된다. 다른 누구는 남들의 관심이나 특권, 소유물에 대해 특히 욕심을 낼 수도 있다. 유아를 연구했던 정신분석학자 멜라니 클라인은 탐욕적이고 욕심 많은 아이는 이미 태어날 때부터 그런 성격적 특징을 가지고 태어난다고 생각했다. 적대감, 걱정, 열린 마음 등을 잘 갖게 만드는 다른 유전적 요소가 있을지도 모른다.

첫 번째 층 위에 형성되는 성격의 두 번째 층은 유년기로부터 혹은 어머니나 양육자와 형성한 애착의 유형으로부터 정해진다. 태어나 처음 3, 4년간 우리의 뇌는 특별히 더 말랑말랑한 상태다. 그때 느끼는 감정은 훨씬 더 강렬하며 이후에 만들어질 그 어떤 기억보다 깊은 기억의 흔적을 만들어놓는다. 인생에서 이 시기에 우리는 그 어느 때보다 타인의 영향에 민감하고, 이때에 받은 영향은 깊은 각인을 남긴다.

인류학자이자 정신분석학자인 존 볼비는 어머니와 자녀 사이에 형성되는 애착의 패턴을 연구하여 네 가지 기본 틀을 생각해냈다. 자유/자율, 무시, 양가(兩價) 병존, 혼란이 그것이다. 자유/자율이라는 도장이 찍히는 것은 어머니가 자녀에게 스스로를 발견할 수 있는 자유를 주면서도 한편으로 끊임없이 자녀의 욕구를 살피고 자녀를 보호했을 때 가능하다. 무시하는 어머니는 냉담한 경우가 많고 때로는 적대적이거나 거부 반응을 보이기도 한다. 이들의 자녀는 버려졌다는 기분과 끊임없이 자기 자신을 스스로 돌봐야 한다는 생각이 새겨진다. 양가 병존형 어머니는 자녀에게 쏟는 관심이라는 측면에서 일관성이 없다. 때로는 숨이 막힐 만큼 지나치게 간섭하다가 다른 때는 본인의 문제나 걱정 때문에 자녀를 등한시하기도 한다. 이런 어머니를 둔 자녀는 자신을 돌봐 줘야 할 사람(어머니)을 오히려 본인이 돌봐줘야 한다고 느낀다. 혼란형 어머니는 자녀에게 심하게 모순되는 신호를 보낸다. 이것은 본인이 가진 내면의 혼돈, 아마도 어린 시절의 정서적 트라우마가 반영된 탓이다. 이들은 자녀가 한 일은 하나부터 열까지 모두 못마땅해 한다. 이들의 자녀는 심각한 정서적 문제를 갖게 될 수 있다.

물론 각 유형 내에서도 정도의 차이가 크게 다를 수 있고 몇 가지 유형이 결합될 수도 있다. 하지만 어느 경우이든 어린 시절에 경험한 애착의 질은 우리 내면에 뿌리 깊은 경향성을 만들어낸다. 특히 스트레스를 감당하거나 조절할 때 인간관계를 활용하는 방식과 깊은 관련이 있다. 예를 들어 무시하는 부모를 둔 자녀는 어떤 형태로든 부정적 감정이 생기는 상황을 피하려고 하고 자신이 의존성을 느끼는 일이 없도록 사람들에게 벽을 친다. 이들은 진지한 남녀관계를 이어가기 힘들 수 있고, 무의식적으로 사람을 밀어낸다. 양가 병존형 부모의 자녀는 남녀관계에서 어마어마한 불안을 경험하고 모순된 감정을 많이 느낀다. 사람들에 대해 늘 양면적인 태도를 취하며, 누군가가 좋다고 쫓아다니다가 무의식적으로 발을 빼는 뚜렷한 인생 패턴을 만들어낸다.

일반적으로 유아기부터 사람들은 특정한 색깔의 성격을 보여준다. 적대적이라든가 공격적, 안정적, 자신감 넘치는, 걱정 많은, 회피적인, 보채는, 걸고넘어지는 등의 성격 말이다. 첫 번째와 두 번째 층은 워낙 깊숙이 위치하기 때문에 자기 자신을 반성하려고 아주 많은 노력을 기울이지 않는 한, 과연 이런 층들이 있는지, 그것들이 어떤 행동을 만들어내는지 의식적으로는 전혀 인지하지 못한다.

그 위에 세 번째 층이 있다. 나이가 들면서 경험이나 습관을 통해 형성된 층이다. 앞의 두 층을 바탕으로 우리는 특정한 전략에 의존해서 스트레스에 대처하고 즐거움을 찾고 사람들을 상대하게 된다. 그런 전략이 청년기에는 습관으로 굳어진다. 우리가 누구(친구, 선생님, 애인)를 상대하고 그들이 어떤 반응을 보이느냐에 따라 성격 중에 수정되는 부분도 있을 것이다. 하지만 일반적으로 이 세 가지 층은 뚜렷한 패턴을 만들어낸다. 우리는 특정한 의사결정을 내리고, 이것은 신경학적으로 우리의 뇌에 각인된다. 우리는 이 패턴을 반복할 수밖에 없다. 이미 길이 닦여 있기 때문이다. 그게 습관이 되고 성격은 바로 그런 습관 수천 개로 만들어진다. 아주 어릴 때 만들어지는 습관들은 우리가 의식도 하기 훨씬 전부터 굳어진다.

네 번째 층도 있다. 네 번째 층은 사람들이 자신의 성격상 결함을 인식하는 아동기 후반 및 청소년기에 발달하는 경우가 많다. 사람들은 자신의 성격상 결함을 덮기 위해 스스로 할 수 있는 일을 한다. 만약 자신이 내면 깊숙이 걱정이 많고 소심한 유형의 사람임을 감지한다면 결국은 그게 사회적으로 받아들여지는 특징이 아니라는 사실을 깨닫는 때가 오고, 가면으로 그 결함을 위장하는 법을 배운다. 이들은 외향적이거나 아무 걱정이 없는 모습, 심지어 위세를 부리는 모습까지 연출하면서 그 결함을 보상한다. 바로 이런 보상 때문에 우리는 상대의 진짜 성격을 판단하기가 훨씬 더 어려워진다.

성격적 특징 중에는 내면의 강인함을 반영하는 긍정적인 것들도 있다. 예를 들면 어떤 사람들은 관대하고 마음이 열려 있고 공감능력이 뛰어나며 압박을 받아도 잘 회복하는 경향을 가진다. 그러나 이렇게 더 강인한 유연한 자질들은 스스로 자각하고 계속 연습을 해야만 신뢰할 만한 진짜 습관이 되는 경우가 많다. 나이가 들면서 삶은 우리를 약화시킨다. 공감능력을 유지하기도 더 힘들어진다(2장 참조). 만약 우리가 아무 생각 없이 관대하고 아무에게나 마음을 열어버린다면 결국 많은 곤경에 처하게 될 수도 있다. 자신감을 자각하지도, 통제하지도 못한다면 허세가 되어버릴 수도 있다. 의식적인 노력이 없다면 이런 장점도 결국에는 점점 손상되어 약점으로 변질될 것이다. 이 말은 곧 우리의 성격 중에 가장 약한 부분이야말로 습관과 강박적 행동을 만들어내는 주범일 수 있다는 뜻이다. 왜냐하면 그것들은 특별히 유지하려는 노력이나 연습이 필요하지 않기 때문이다.

마지막으로, 우리는 모순되는 성격적 특징을 발달시킬 수도 있다. 아마도 유전적 성향과 유아기에 받은 영향이 서로 다르거나 부모가 우리에게 이질적인 가치관을 심어주었기 때문일 것이다. 우리는 스스로가 이상주의적이면서도 물질주의적이라고, 두 가지가 내 안에서 서로 싸우고 있다고 느낄 수도 있다. 법칙은 그대로다. 유아기에 발달된 모순적 성격 역시 나중에 가면 또 하나의 패턴을 만들어낼 것이다. 개인의 양면성을 반영하는 의사결정을 내리거나 결정이 오락가락할 것이다.

인간 본성을 공부하는 학생으로서 당신이 해야 할 일은 두 가지다. 첫째, 당신 자신의 성격을 잘 이해해야 한다. 과거에 당신의 성격을 형성한 요소와 당신 인생에서 계속 재발하는 패턴, 주로 부정적인 패턴을 최대한 잘 점검하라. 당신의 성격을 구성하는 이 각인을 없애는 것은 불가능하다. 그러기에는 뿌리가 너무 깊다. 그러나 자각을 통해 부정적 패턴을 중화하거나 중단시키는 법을 배울 수는 있다. 노력을 통해 당신 성격의 부정적이거나 약한 측면을 장점으로 전환할 수 있다. 연습을 통해 거기에 어울리는 새로운 습관이나 패턴을 만들 수 있고, 그에 어울리는 성격과 운명을 능동적으로 만들어갈 수 있다 (자세한 내용은 4장 마지막 부분 참조).

둘째, 상대의 성격을 읽는 기술을 개발해야 한다. 그러려면 함께 일할 사람이나 애인을 고를 때 성격을 주된 가치로 고려해야 한다. 즉 상대의 매력이나 지능, 명성보다 성격에 더 높은 가치를 부여해야 한다. 사람들의 행동이나 패턴을 통해 성격을 관찰하는 능력은 사회생활에서 절대적으로 중요한 기술이다. 이 기술이 있으면 무능한 리더나 수상한 파트너, 교활한 직원, 인생에 독이 될 나와는 절대로 안 맞는 배우자를 골라 비참한 세월을 보내는 것을 피할 수 있나. 하지만 이 기술은 의식적으로 개발해야 한다. 왜냐하면 인간은 일반적으로 이런 것들을 판단하는 데 서툴기 때문이다.

우리가 성격을 잘 판단하지 못하는 이유는 주로 드러난 것을 기준으로 사람을 판단하려 하기 때문이다. 그러나 앞서 말한 것처럼 사람들은 자신의 약점을 감추기 위해 그걸 뭔가 긍정적인 것으로 포장하는 경우가 많다. 자신감이 넘치는 사람인 줄 알았는데 알고 보면 거만하고 남의 말에 전혀 귀를 기울일 줄 모른다. 솔직하고 진실한 사람처럼 보였는데 시간이 지나고 보니 야비하고 상대의 기분을 전혀 고려하지 않는다. 또는 신중하고 사려 깊은 줄 알았는데 결국 뼛속까지 소심하여 손톱만한 비판조차 겁내는 사람으로 드러나기도 한다. 사람들은 이런 시각적 환영을 만들어내는 데 아주 능할 수 있고, 우리는 거기에 깜박 속아 넘어간다. 마찬가지로 사람들이 매력을 부리고 우리를 칭찬하면 우리는 그들을 좋아하고 싶은 마음에 더 깊이 들여다보지 못하고 상대의 성격상의 결함을 놓치고 만다.

비슷한 예로, 우리는 사람을 볼 때 상대의 명성만 보는 경우가 허다하다. 상대를 둘러싼 신화 같은 이야기, 상대의 지위만 보고 사람 자체를 보지 못하는 것이다. 성공한 사람은 당연히 관대하고 똑똑하고 선하겠지, 이유가 있어서 성공했겠지라고 믿어버린다. 그러나 성공한 사람이라고 해서 다 그렇지는 않다. 자신의 무능함은 잘 가리고 남들을 이용해 그 자리까지 올라간 사람들도 있다. 또 사람을 뒤에서 조종하는 데 아주 능한 사람도 있다. 성공한 사람들도 다른 사람과 마찬가지로 많은 성격상의 결함을 가지고 있다. 우리는 특정 종교나 정치적 신념, 도덕적 원칙을 가진 사람은 그에 어울리는 성격을 갖고 있을 거라고 믿는다. 하지만 사람들은 성격이 정해진 채로 어느 지위에 오르거나 어느 종교를 신봉한다. 진보적 자유주의자이거나 사랑이 넘치는 기독교인이면서도 마음속에 관용이라고는 없는 폭군일 수도 있다.

그렇다면 성격을 공부하는 첫 단계는 이런 환영과 가면이 있음을 인식하고 그것을 간파하는 훈련을 하는 것이다. 상대가 어떤 모습을 연출하든, 어떤 지위에 있든, 만나는 모든 사람에 대해 상대의 성격을 보여주는 신호가 없는지 유심히 관찰해야 한다. 이 점을 확고히 염두에 두고 성격을 읽는 기술의 몇 가지 핵심 방법을 연마해보자. 먼저 특정 상황에서 사람들이 발산하는, 그들의 성격을 분명히 알게 해주는 몇 가지 신호를 알아볼 수 있어야 한다. 또 사람들을 분류할 수 있는 일반적 카테고리(예컨대 강인한 성격 vs 나약한 성격) 몇 가지를 이해해야 한다. 마지막으로, 가장 해롭기 때문에 가능하면 피해야 할 성격 유형을 알고 있어야 한다.

상대의 행동은 성격을 나타내는 지표

사람의 성격을 알 수 있는 가장 중요한 지표는 시간을 두고 관찰했을 때 보이는 상대의 행동이다. 상대가 아무리 지난 번 경험에서 큰 교훈을 얻고 그동안 딴 사람이 됐다고 말하더라도(하워드 휴즈를 보라!) 상대는 틀림없이 앞으로도 같은 행동, 같은 의사결정을 반복할 것이다. 바로 그런 의사결정이 그들의 성격을 보여준다. 상대에게서 조금이라도 눈에 띄는 행동이 있으면 반드시 주목해야 한다. 스트레스가 너무 많으면 갑자기 사라져버린다거나, 중요한 일을 완수하지 못한다거나, 도전을 받으면 갑자기 호전적으로 돌변한다거나, 아니면 반대로 책임을 부여받았을 때 능력을 잘 발휘하는 것처럼 말이다. 이 점을 염두에 둔 상태에서 상대의 과거를 조사해보라. 지금 생각해보니 상대가 과거에도 이 패턴에 맞는 행동을 하지는 않았는가? 상대가 지금 하는 일도 유심히 한번 들여다보라. 그의 행동을 고립된 사건으로 보지 말고 어떤 강박적 패턴의 일부로 보라. 이런 패턴은 결코 놓치려야 놓칠 수가 없다.

늘 마음에 새기고 있어야 할 가장 중요한 결론은 이것이다. '사람들은 절대

로 어떤 일을 한 번만 하지는 않는다.' 상대는 변명을 시도할지 모른다. 그 순
간 정신이 나갔었다고 할 수도 있다. 그러나 장담컨대 그는 뭐가 되었든 그 바
보 같은 일을 또다시 저지를 것이다. 그의 성격과 습관이 어쩔 수 없이 그렇게
만들 것이다. 실제로 사람들은 자신의 이해관계에 완전히 어긋날 때조차 같은
행동을 되풀이하는 경우가 허다하다. 그만큼 그 사람의 약점은 강박적인 속성
을 가지고 있다.

　카시우스 세베루스는 고대 로마의 아우구스투스 황제 시절 잘 나가던 변호
사이자 연설가였다. 그가 처음 주목받게 된 것은 로마의 고위직들이 누리고
있던 사치스러운 생활을 공격하는 열띤 연설을 통해서였다. 곧 추종자들이 생
겼다. 그의 연설 방식은 과장되면서도 유머가 가득해 대중들이 좋아했다. 본
인이 얻게 된 관심에 고무된 세베루스는 다른 관료들을 모욕하기 시작했고 공
격의 수위는 계속 높아졌다. 당국은 그에게 그만 멈추라고 경고했다. 점점 참
신함은 사라지고 몰려드는 관중의 수도 줄었으나 그럴수록 세베루스는 오히
려 더 절박하게 매달렸다.

　마침내 당국의 인내심이 한계에 다다랐다. AD 7년 당국은 세베루스의 책을
불태우고 그를 크레타 섬으로 추방해버렸다. 그러나 황당하게도 세베루스는
크레타 섬에서 그의 역겨운 선전 활동을 계속 이어갔고 새로운 비난의 글들을
로마로 보냈다. 당국은 다시 한 번 경고했다. 세베루스는 경고를 무시했을 뿐
만 아니라 이번에는 크레타의 지방 관료들을 모욕하며 열변을 토하기 시작했
다. 지방 관료들은 그를 죽이고 싶을 지경이었다. AD 24년 원로원은 세베루스
를 에게해 한가운데 세리포스 섬의 사람도 없는 어느 바위섬으로 추방하는 결
정을 내렸다. 그곳에서 그는 8년을 더 살았다. 거기서도 그는 아무도 듣지 못
할, 더 모욕적인 연설문을 쓰고 있었을 것이다.

　사람이 그토록 자기파괴적인 성향을 통제하지 못한다는 사실은 믿기지 않
는 일이다. 우리도 로마인들처럼 '설마'라고 생각하고 싶다. 그러나 성경에서

는 현명하게도 이렇게 말씀하셨다. "개가 그 토한 것을 도로 먹는 것 같이 미련한 자는 그 미련한 것을 거듭 행하느니라(잠언 26장 11절)."

사람들이 매사를 처리하는 방식을 보면 성격을 알려주는 신호들이 넘쳐난다. 간단한 과제도 제때에 끝내지 못하는 사람은 더 큰 프로젝트를 맡아도 기한을 놓칠 것이다. 조금만 불편해도 짜증을 내는 사람은 더 큰 불편이 닥치면 무너져버릴 것이다. 작은 일을 자꾸 잊어버리고 꼼꼼하지 못한 사람은 더 중요한 일에서도 마찬가지일 것이다. 상대가 일상에서 직원들을 어떻게 대하는지 살펴보고, 그가 보여주는 페르소나와 아랫사람을 대하는 태도 사이에 혹시 불일치가 있지는 않은지 점검해보라.

1969년 닉슨 행정부에서 일하고 싶었던 젭 매그루더(Jeb Magruder)는 면접을 보려고 샌클레멘테를 찾았다. 면접관은 비서실장이던 밥 홀더먼(Bob Haldeman)이었다. 홀더먼은 아주 진지한 사람으로 닉슨이 추진하는 대의에 지극히 헌신적이었다. 그는 매그루더의 정직성과 예리함, 똑똑함에 깊은 인상을 받은 듯했다. 그런데 면접을 끝내고 샌클레멘테 투어를 위해 골프 카트를 타러 갔을 때였다. 갑자기 홀더먼이 미친 듯이 날뛰었다. 탈 수 있는 카트가 하나도 없었던 것이다. 홀더먼이 카트 담당자들에게 욕설을 퍼붓는데 그 태도가 아주 모욕적이고 거칠었다. 거의 신경증이라고 부를 수 있을 정도였다. 매그루더가 이 일을 단순히 보아 넘기지 않고 하나의 신호로 읽었다면 좋았을 것이다. 홀더먼은 겉보기와는 다른 사람이고 자제력에 문제가 있으며 악랄한 구석이 있다는 신호라고 말이다. 그러나 꼭 뽑히고 싶었고 샌클레멘테의 실세라는 아우라에 현혹되었던 매그루더는 이 일을 그냥 무시하기로 했다. 나중에 큰 후회를 불러온 일이었다.

사람들은 일상생활에서는 자신의 성격상 결함을 아주 잘 위장하기도 한다. 하지만 스트레스를 받거나 위기에 처하면 그 결함들이 갑자기 분명해진다. 스트레스 상황에 처한 사람은 평소의 자제력을 상실한다. 그래서 자신의 명성에 대한 불안이나 실패에 대한 두려움, 여린 구석 같은 것을 드러낸다. 반면에 어떤 사람들은 위기에서 수완을 발휘하고 비난 세례를 받을 때 오히려 강인한 모습을 보여주기도 한다. 상황이 닥치기 전에는 상대가 어느 쪽에 속할지 알 길이 없지만, 그런 순간이 왔다면 특별히 주의를 기울여야 한다.

마찬가지로 사람들이 권력이나 책임을 다루는 방식도 그 사람에 관해 많은 것을 말해준다. 링컨은 이렇게 말했다. "누군가의 성격을 시험해보고 싶으면 그에게 권력을 쥐여줘라." 권력을 얻으려고 할 때 사람들은 머리 조아리기를 마다하지 않고, 상대를 공경하는 척하고, 집단의 노선을 따르고, 정상에 오르는 데 필요한 일이라면 뭐든 다 한다. 그러나 일단 정상에 오르고 나면 제약은 줄어들고 전에 보지 못했던 본모습을 드러내는 경우가 많다. 물론 높은 자리에 오르기 전에 가지고 있던 가치관을 그대로 지키는 사람들도 있다. 그들은 계속해서 사람을 존중하고 남들에게 공감할 줄 안다. 반면에 훨씬 많은 수의 사람들은 이제 권력을 얻었으니 돌연 남들을 달리 대해도 된다고 생각한다.

상원에서 가장 안정된 위치인 다수당 당수가 되었을 때 린든 존슨이 바로 그랬다. 완벽히 머리를 조아리며 지긋지긋한 세월을 보냈던 그는 이제 자신이 갖게 된 권력을 마음껏 누리며 과거에 거슬렀던 사람들의 뒤통수를 치거나 그들을 조롱거리로 만들었다. 높으신 상원의원이 된 후에는 대화는 반드시 비서하고만 했다. 좋아하지 않는 의원이 중요한 연설을 하자, 자리에서 벌떡 일어나 그대로 나와 버림으로써 다른 의원들까지 자리를 뜨게 만들었다. 자세히 관찰하기만 한다면 일반적으로 이런 성격적 특징을 보여주는 신호는 과거에도 늘 존재한다. 존슨도 정치인 생활 초창기에 그런 고약한 신호들을 보여줬다. 하지만 더 중요한 것은 사람들이 권좌에 올랐을 때 어떤 모습을 보이는지 잘 살피는 일이다. 우리는 흔히 권력이 사람을 바꿔놓는다고 생각하지만, 실제로 권력은 그 사람의 실체를 더 많이 보여줄 뿐이다.

어떤 배우자를 선택하느냐는 그 사람에 관해 많은 것을 말해준다. 어떤 사

인간 본성의 법칙 ·━━

람은 자신이 지배하고 통제할 수 있는 배우자, 아마도 더 어리고 덜 똑똑하고 덜 성공한 배우자를 찾는다. 또 어떤 사람은 어려움에 처한, 자신이 구조함으로써 내가 구원자 역할을 할 수 있는 배우자를 찾는다. 이 역시 또 다른 형태의 통제력이다. 엄마나 아빠 역할을 해줄 사람을 찾는 이들도 있다. 아직 더 응석을 부리고 싶어서다. 이런 선택은 숙고를 통해 나오는 경우는 거의 없고, 유년 시절과 애착 공식이 반영된 결과다. 사람들은 누가 봐도 어울리지 않는, 너무나 이질적인 사람을 골라서 남들을 놀라게 하기도 하지만, 잘 살펴보면 그런 선택에는 언제나 내적 논리가 있다. 예컨대 사랑하는 사람으로부터 버려지는 것에 대해 지독한 공포를 가진(유아기의 불안이 반영된 것이다) 사람들은 외모나 지능 면에서 자신보다 눈에 띄게 열등한 사람을 고른다. 무슨 일이 있어도 상대가 나에게 매달릴 것을 알기 때문이다.

또 하나 점검해봐야 할 영역은 직장이 아닌 곳에서 그 사람이 어떻게 행동하느냐이다. 게임이나 운동 경기를 하게 되면 본인도 어쩔 수 없는 경쟁심이 드러날지 모른다. 그런 사람은 무슨 일이든 따라잡히는 것을 두려워해서 운전을 할 때도 추월당하는 것을 싫어한다. 반드시 자신이 앞서 나가야만 한다. 직장에서라면 그런 성향이 일에 집중되어 아무 문제가 없을 수도 있지만, 업무 외의 시간에는 저 깊은 층에 위치한 불안정성이 드러난다. 게임에 졌을 때 상대가 어떻게 반응하는지 살펴보라. 순순히 잘 승복하는가? 이럴 때는 보디랭귀지가 많은 것을 말해준다. 혹시 규칙을 우회하거나 확대해서라도 어떻게든 이기려고 하지는 않는가? 일에서 벗어나 긴장을 풀고 탈출하려고 하는가, 아니면 게임을 할 때조차 존재감을 드러내려고 하는가?

일반적으로 사람들은 내성적인 사람과 외향적인 사람으로 나뉜다. 그리고 이 구분은 그들의 성격 발달에 지대한 역할을 한다. 외향적인 사람은 대체로 외적인 기준이 중요하다. 외향적인 사람을 지배하는 질문은 '남들이 나를 어떻게 생각하는가?'이다. 이들은 남이 좋아하는 것을 좋아하는 경향이 있고, 자신이 속한 집단의 의견에 좌우되는 경우가 많다. 다른 사람의 제안이나 새로운 아이디어에 마음이 열려 있지만, 해당 문화권에서 인기 있는 생각이거나 그들이 존경하는 어떤 권위 있는 사람이 주장한 것일 때만 그렇다. 외향적인 사람은 외적인 것에 큰 가치를 둔다. 좋은 옷, 훌륭한 식사, 남들과 함께하는 구체적인 기쁨 같은 것들을 중시한다. 이들은 새롭고 참신한 느낌을 추구하며 트렌드를 잘 알아챈다. 시끄럽고 북적대는 것을 편안하게 여길 뿐만 아니라 적극적으로 찾아다닌다. 대담한 유형은 몸으로 뛰는 모험을 좋아하고, 대담하지 않은 유형은 좋은 음식이나 최신 기기처럼 삶을 안락하게 해주는 물건들을 좋아한다. 어느 쪽이건 이들은 자극과 남들의 관심을 열망한다.

내성적인 사람은 예민한 편이고 외부 활동을 너무 많이 하면 쉽게 지친다. 이들은 에너지를 아껴두는 것을 좋아하고, 혼자서 또는 한두 명의 친한 친구와 시간 보내는 것을 좋아한다. 팩트나 통계에 매료되는 외향적인 사람들과는 반대로 내성적인 사람은 자신의 의견과 감정에 흥미를 가진다. 이들은 이론을 세우고 자신의 아이디어를 생각해내는 것을 좋아한다. 무언가를 만들어내도 광고하는 것은 좋아하지 않는다. 그런 노력 자체를 불쾌해한다. 자신이 만든 것은 저절로 팔려야 한다고 생각한다. 이들은 생활의 일부를 남들과 분리하고 비밀을 가지려고 한다. 이들의 의견은 남들이나 어떤 권위 있는 사람의 생각이 아니라 자신의 내적 기준으로부터 나온다. 혹은 적어도 본인은 그렇게 생각한다. 이들은 사람이 많을수록 더 외롭고 길을 잃었다고 느낀다. 사람들을 어색해하거나 의심이 많거나 남의 관심을 불편해하는 것처럼 보일 수도 있다. 또한 이들은 외향적인 사람보다 평균적으로 더 비관적이고 걱정이 많다. 이들의 대담함이 표출되는 것은 참신한 아이디어를 생각해내거나 창의성을 발휘할 때다.

남들이나 당신 자신이 양쪽 성향을 모두 가졌다고 느낄 수도 있다. 그러나 일반적으로 사람은 어느 한쪽의 방향성이 있다. 남들이 어느 쪽에 속하는지

인간 본성의 법칙

알아봐야 하는 이유는 간단하다. 내성적인 사람과 외향적인 사람은 타고난 성향상 서로를 잘 이해하지 못하기 때문이다. 외향적인 사람이 보기에 내성적인 사람은 재미없고, 고집스럽고, 심지어 반사회적이다. 내성적인 사람이 보기에 외향적인 사람은 얄팍하고, 변덕이 심하고, 남의 생각을 지나치게 신경 쓴다. 일반적으로 어느 쪽에 속하느냐는 유전적으로 정해진다. 성향이 다르면 두 사람은 똑같은 것도 완전히 달리 본다. 만약 상대가 나와 반대 성향임을 알게 되면 상대의 성격을 재검토해봐야 하고 나 자신의 선호를 상대에게 뒤집어씌워서는 안 된다. 내성적인 사람과 외향적인 사람이 함께 잘 협업하는 경우도 있다. 특히나 양쪽 성향을 섞어서 가지고 있고 서로가 서로를 보완해주는 경우에는 그렇다. 하지만 서로 잘 어울리지 못하고 계속해서 오해하는 경우가 더 많다. 세상에는 일반적으로 내성적인 사람보다 외향적인 사람이 더 많다는 사실을 기억하라.

마지막으로, 사람들의 성격에 따른 상대적 강점을 잘 아는 게 중요하다. 이렇게 생각하라. 상대의 강점은 그의 뼛속 깊은 곳으로부디 나온다고 말이다. 성격적 강점은 여러 요소가 합해진 결과일 수 있다. 유전, 안정적인 양육, 지금까지 만난 훌륭한 멘토, 지속적 개선 같은 것들 말이다(4장 마지막 부분 참조). 원인이 뭐였건 간에 이 강점은 큰소리를 치거나 공격성을 드러내는 것처럼 겉으로 드러나지 않는다. 성격적 강점은 힘든 일을 겪어도 회복력이 좋다거나 새로운 환경에 적응력이 뛰어난 것과 같은 전반적 형태로 나타난다. 강인한 성격은 훌륭한 금속처럼 장력(張力)이 있다. 늘어나고 구부러지는 한이 있어도 전체적 모양을 유지하며 결코 부러지지 않는다.

성격적 강점은 본인이 느끼는 안정감이나 자기 가치에 대한 느낌에서 뿜어져 나온다. 그래서 이들은 비판을 수용할 수 있고 본인의 경험으로부터 배울 수 있다. 이 말은 곧 쉽게 포기하지 않는다는 뜻도 된다. 더 잘하기 위해서 더 많이 배우고 싶기 때문이다. 이들은 못 말릴 만큼 집요하다. 강인한 성격을 가진 사람은 본인이 고수하는 기본 원칙을 훼손하지 않으면서도 새로운 아이디어나 새로운 방식에 마음이 열려 있다. 역경이 닥쳐도 침착함을 유지한다. 불안에 굴복하지 않고 혼돈과 예측불가능성을 감당할 수 있다. 약속을 지킨다. 인내심이 있다. 많은 자료를 정리할 수 있고, 시작한 일을 끝낼 수 있다. 본인의 지위에 대해 끊임없이 불안해하는 것이 아니라 개인의 이해를 집단의 이익에 종속시킬 수 있다. 팀에게 최선인 것이 결국에는 삶을 더 편하고 더 좋게 만들어준다는 것을 알기 때문이다.

나약한 성격을 가진 사람은 반대쪽에서 시작한다. 이들은 환경에 쉽게 압도되기 때문에 미덥지 못하다. 교활하고 요리조리 빠져나간다. 최악의 단점은 무언가를 배우지 못한다는 점이다. 왜냐하면 남에게 무언가를 배운다는 것은 비판을 받을 수도 있다는 뜻이기 때문이다. 그러니 이들을 상대한다면 계속 벽에 부딪힐 것이다. 이들은 겉으로는 알려주는 사람의 말에 귀를 기울이는 것처럼 보여도 이내 본인이 최선이라고 생각하는 것으로 복귀해버린다.

우리는 누구나 강인한 성격과 나약한 성격을 모두 갖고 있다. 하지만 유독 한쪽 방향으로 많이 휜 사람들도 있다. 우리는 강인한 성격을 가진 사람과 최대한 많이 협업하고, 나약한 성격을 가진 사람은 최대한 피하는 게 좋다. 워렌 버핏(Warren Buffett)은 투자를 결정할 때 거의 항상 이것을 기준으로 삼는다. 그는 숫자를 넘어 자신이 상대하는 CEO를 본다. 그가 가장 판단하고 싶어 하는 것은 상대 CEO의 회복력과 신뢰성, 자립심이다. 우리 모두가 사람을 고용하거나 파트너를 선택하거나 정치가를 고를 때 워렌 버핏의 기준을 사용하면 얼마나 좋을까.

연애 상대를 고를 때는 다른 요소들도 분명히 선택에 영향을 미치겠지만 성격의 강인함도 반드시 고려해야 한다. 프랭클린 루스벨트가 엘리너를 아내로 택한 것도 대체로 이 기준을 따른 것이었다. 부유하고 잘생긴 젊은이였던 루스벨트는 더 젊고 어린 여자도 얼마든지 고를 수 있었다. 그러나 그는 엘리너가 열린 마음으로 새로운 경험을 받아들이고 놀라운 의지력을 가진 점을 높이 샀다. 먼 미래를 내다본 루스벨트는 엘리너의 성격이 지닌 가치가 그 무엇보다 중요함을 알아볼 수 있었다. 결국 이것은 아주 현명한 선택이 됐다.

강인함이나 나약함을 판단할 때는 스트레스가 많거나 책임감이 무거운 상황에서 상대가 어떻게 감당해내는지 살펴보라. 패턴을 봐야 한다. 상대가 '실제로' 완수하거나 성취한 일은 무엇인가? 사람들을 테스트할 수 있는 방법도 있다. 예컨대 상대를 희화화시키는 악의 없는 농담을 해보면 많은 것이 드러난다. 상대는 본인의 불안에 사로잡히지 않고 농담을 잘 받아들이는가? 원망이나 분노로 눈을 번득이지는 않는가? 상대가 팀원으로서 믿을 만한 사람인지 알고 싶다면 그에게 전략적 정보를 주거나 근거 없는 소문을 들려줘보라. 혹시 해당 정보를 얼른 다른 사람에게 전파하는가? 당신이 낸 아이디어를 얼른 자기 것을 포장하지는 않는가? 상대를 직설적으로 비판해보라. 비판을 마음으로 받아들이고 새로운 것을 배우고 개선하려고 하는가? 아니면 대놓고 원망의 신호를 보이는가? 평소보다 구체적이지 않은 지시 사항을 주고 상대가 어떻게 그의 생각과 시간을 조직하는지 지켜보라. 어려운 과제나 새로운 업무 방식으로 상대를 자극해보라. 상대는 어떻게 반응하며 자신의 불안을 어떻게 감당하는가?

기억하라. 나약한 성격은 훌륭할 수도 있는 다른 모든 자질을 무위로 만들어버린다. 예를 들어 지능은 높으나 성격이 나약한 사람이 있다고 치자. 그는 좋은 아이디어를 생각해내고 일을 잘할 수도 있다. 하지만 압박을 받으면 무너지거나, 비판을 선의로 받아들이지 않을 것이다. 자신의 목표만을 제일로 생각하거나, 거만하고 거슬리는 태도 때문에 주위 사람들이 다 일을 그만둬서 전체 분위기에 해를 끼칠 수도 있다. 이런 사람을 고용하거나 그들과 함께 일한다면 눈에 보이지 않는 비용을 치러야 한다. 그들보다 덜 매력적이고 덜 똑똑하지만 강인한 성격을 가진 사람이 나중에 가면 장기적으로 더 믿음직스럽고 생산적일 것이다. 진정으로 강인한 성격을 지닌 사람은 황금처럼 귀하다. 그런 사람을 찾아냈다면 보물을 발견한 것처럼 대해야 할 것이다.

긍정성으로 포장한 파괴적 유형의 사람들

사람들의 성격은 손가락 지문처럼 모두 다르지만 역사를 살펴보면 계속해서 등장하는 파괴적 유형의 성격이 있다. 멀리서도 단박에 알아볼 수 있는, 누가 봐도 사악하거나 남을 조종하는 성격과는 달리, 이 성격 유형은 훨씬 교묘한 면이 있다. 이 유형은 흔히 자신의 약점을 뭔가 긍정적인 것으로 포장해 우리를 유혹한다. 시간이 지나면 겉보기와는 달리 독이 되는 사람이라는 것을 알 수 있지만 너무 늦은 경우가 많다. 최상의 방어책은 이들 유형을 미리 알아두는 것이다. 그래서 이 유형이 보내는 신호를 일찌감치 알아보고 아예 엮이지 않거나 아니면 최대한 빨리 그들로부터 벗어나야 한다.

지나친 완벽주의자

이들의 꾐에 넘어가 같은 집단에 속하게 되는 이유는 이들이 너무 열심히 일하고, 뭐가 되었든 그들이 만들어내는 것을 최고로 만들기 위해 지극히 헌신적이기 때문이다. 이들은 말단 사원보다 더 오래 일한다. 가끔은 아랫사람들이 일을 제대로 못한다고 폭발하여 고함을 치기도 하지만 그것은 그들의 기준이 워낙 높기 때문이다. 그걸 욕할 수는 없지 않은가? 하지만 당신이 운 나쁘게도 그들 밑에서 일하거나 그들과 협업한다면 서서히 현실을 알게 될 것이다. 그들은 남에게 일을 맡기지 못한다. 모든 걸 직접 감독해야 한다. 이것은 기준이 높다거나 집단을 위한 헌신의 문제가 아니라 힘과 통제력의 문제다.

이들은 종종 하워드 휴즈처럼 가족력에서 비롯된 의존 문제를 갖고 있다.

인간 본성의 법칙

혹시라도 다른 사람에게 뭔가를 의존해야 할지 모른다고 느끼는 순간, 이들은 옛날의 상처와 불안이 다시 떠오른다. 이들은 누구도 믿지 못한다. 이들은 자신이 등만 돌리면 다들 일손을 놓아버린다고 생각한다. 사사건건 직접 다 챙겨야 하는 강박을 갖고 있기 때문에 주위 사람들은 이들을 원망하고 몰래 저항한다. 그들이 가장 두려워하는 결과를 초래하고 마는 것이다. 이들은 모든 게 자신을 직접 통과해야 하기 때문에 이들이 이끄는 집단은 조직 구성이 효율적이지 못하다. 모든 것을 통제하는 왕에게 더 가까이 가기 위해 조신(朝臣)들끼리 싸우기 때문에 조직은 혼돈에 빠지고 사내 정치가 판을 친다. 과도한 완벽주의자는 뼈가 부서져라 일하기 때문에 종종 건강에 문제가 생긴다. 이들은 뭔가 일이 잘못되면 모든 것을 남 탓으로 돌린다. 다들 충분히 열심히 일하지 않았기 때문이라고 말이다. 이들은 처음에는 성공을 거두나 곧 지쳐 나가떨어지면서 와장창 다 무너지고 마는 패턴을 보인다. 어떤 식으로든 이들과 얽히기 전에 알아채는 것이 최선이다. 당신이 뭘 해도 이들은 만족하지 않으며, 불안과 통제 욕구, 남을 혹사시키는 태도로 서서히 당신을 파괴하고 말 것이다.

그칠 줄 모르는 반항아

이런 사람이 처음에는 아주 흥미롭게 보일 수도 있다. 이들은 권위를 싫어하고 약자를 사랑한다. 그런 태도에 남몰래 끌리지 않을 사람은 없다. 이들은 우리 안에 살고 있는 10대 소년소녀를 자극한다. 선생님을 비웃고 싶은 욕구를 자극한다. 이들은 규칙이나 선례를 존중하지 않는다. 전통을 따르는 것은 약하고 답답한 사람들이나 하는 짓이다. 이들은 날카로운 유머감각을 가진 경우도 많아서 당신을 화나게 만들 수도 있지만 그게 바로 그들의 본질을 구성하는 일부다. 모두를 깎아내리고 싶은 욕구 말이다. 적어도 당신은 그렇게 느낄 것이다. 하지만 이들과 더 가까이서 어울릴 기회가 생긴다면 그건 그들도 어쩔 수 없는 부분이라는 사실을 알게 될 것이다. 그들이 대단한 도덕적 자질을 갖고 있어서가 아니라 우월감을 느끼고 싶은 강박 때문이다.

　이들은 어릴 때 부모나 아버지 역할을 해준 사람에게 실망한 적이 있을 것이다. 그래서 권력을 가진 사람이라면 누구나 불신하고 증오하게 됐다. 결국 이들은 누구의 비판도 수용하지 못한다. 왜냐하면 그건 권위를 인정하는 꼴이기 때문이다. 이들은 누가 이래라 저래라 하는 꼴을 보지 못한다. 모든 게 본인 뜻대로 되어야 한다. 어떤 식으로든 이들을 방해했다가는 압제자로 묘사되며 곧 이들의 악의적 농담의 표적이 될 것이다. 그들은 이런 반항적 자세로 관심을 얻고 곧 이 관심에 중독된다. 결국에는 모든 게 권력의 문제다. 누구도 그들 위에 있을 수 없고 감히 그러려고 했다가는 대가를 치르게 될 것이다. 이들의 과거사를 한번 살펴보라. 사람들과 갈라설 때 아주 좋지 못한 모습을 보였을 것이다. 이들은 상대에게 모욕을 퍼부었을 것이다. 이들의 반항적 자세가 멋있다고 거기에 넘어가지 마라. 이런 유형은 사춘기를 영영 벗어나지 못한다. 이들과 함께 일한다는 것은 심술 난 사춘기 소년소녀와 싸우는 것만큼이나 비생산적인 일이 될 것이다.

모든 게 인신공격인 사람

　이들은 예민하고 사려 깊은 사람처럼 보인다. 보기 드문 성격이고 겉으로는 좋아 보인다. 약간 슬프게 들릴 수도 있지만 예민한 사람들은 사는 게 쉽지 않을 수 있다. 이들의 이런 분위기 때문에 끌려들어가 도와주고 싶은 마음이 들 수도 있다. 또한 이들은 상당히 똑똑하고 신중하고 함께 일하기 좋은 사람인 것처럼 보일 수도 있다. 하지만 나중에 깨닫게 되는 사실은 그들의 예민함이 오직 한 가지 방향, 즉 내면을 향할 뿐이라는 점이다. 이들은 사람들이 하는 모든 말과 행동을 자신에 대한 것으로 받아들인다. 당신은 별 뜻 없이 한 말이고 이미 오래 전에 잊어버렸는데도, 이들은 본인에 대한 인신공격으로 여기고 며칠씩 고민하는 모습을 보인다. 이들은 어릴 때 부모로부터 결코 충분한 사랑이나 관심 혹은 물질을 받을 수 없을 거라는 쓰라린 기분을 느꼈다. 이들은 나이가 들면서 뭘 접해도 본인이 과거에 얻을 수 없었던 바로 그것을 떠올린다. 이들은 살아가는 내내 그 점을 원망하고, 자신이 부탁하지 않아도 남들이 자신에게 그 사랑이나 관심, 물질을 내어주길 바란다. 이들은 끝없이 경계를 바짝 세우고 있다. 저 사람이 내게 관심을 주는가? 나를 존중하는가? 내가 지불한 만큼 대가를 주는가? 이들은 다소 짜증스러운 성격이고 쉽게 화를 내기 때문에 틀림없이 사람들을 밀어내게 된다. 그리고 그런 만큼 더 예민해진다. 그러다가 어느 시점이 되면 얼굴에서 실망한 표정이 가시지 않는다.

이들의 삶을 보면 사람들이 자꾸 떨어져나가는 패턴이 보일 것이다. 그리고 그들은 늘 자신이 잘못했다고 생각할 것이다. 이런 유형은 혹시라도 무심코 모욕해서는 안 된다. 이들은 그 일을 오래오래 기억할 테고, 몇 년 후에도 복수를 해올 수 있다. 이런 유형을 일찍 알아보았다면 피하는 게 상책이다. 그들은 분명히 당신이 죄책감을 느끼게 만들 것이기 때문이다.

드라마 퀸

이들은 활기찬 모습으로 사람들을 끌어들인다. 대단한 에너지와 이야기깃거리를 갖고 있다. 역동적이고 위트가 넘칠 수도 있다. 함께 있으면 즐거운 사람이라고 생각했는데 어느 날부터 상황은 추하게 반전된다. 어릴 때 이들은 지속적인 사랑과 관심을 받을 수 있는 유일한 방법은 자신의 곤란과 문제 속으로 부모를 끌어들이는 방법밖에 없다는 것을 배웠다. 그 곤란과 문제란 부모의 감정을 장기간 흔들어놓을 만큼 큰 문제여야 했다. 이게 곧 습관이 돼서 이들은 그래야만 남들이 자신을 원하는 것 같고 자신이 살아 있다고 느낀다. 대부분의 사람은 어떤 식으로든 대치 국면이 되면 위축을 느끼지만, 이들은 그런 상황을 찾아 헤맨다. 이들을 알게 되면 될수록 이들의 싸움과 다툼에 대한 이야기를 듣게 된다. 그리고 언제나 이들은 어떻게든 자신을 희생자로 만든다.

이들의 가장 큰 욕구는 무슨 수를 써서든 당신이 빠져나가지 못하게 올가미를 거는 것이다. 이들은 자신이 연출하는 연극 속으로 당신을 끌어들여, 혹시라도 손을 떼고 싶으면 죄책감이 들게 만든다. 이런 유형은 최대한 빨리 알아보는 것이 상책이다. 그렇지 않으면 이들에게 얽혀들어 수렁에 빠지게 될 것이다. 상대의 과거를 잘 살펴서 이런 패턴이 발견되는지 확인하고, 이 유형이라고 의심된다면 최대한 멀리 도망쳐라.

떠벌이

당신은 이들이 생각하는 프로젝트나 아이디어에 깊은 인상을 받는다. 이들은 도움과 지원을 줄 사람이 필요하고, 당신은 연민이 들 것이다. 그러나 잠시 한 발 물러서서 이들이 과거에 무엇을 이루었는지, 구체적으로 뭔가 해낸 것이 있는지 기록을 살펴보라. 상대는 심각하게 위험하지 않을지는 몰라도 사람을 미치게 하거나 당신의 귀중한 시간을 낭비하는 유형일 수 있다. 간단히 말해 이들은 상반된 감정을 동시에 갖고 있다. 한편으로는 자신의 아이디어를 행동으로 옮기는 데 필요한 노력과 책임을 은근히 두려워한다. 다른 한편으로는 관심과 권력을 갈망한다. 이 양쪽이 그들 내부에서 전쟁을 벌인다. 하지만 결국 승리하는 것은 초조한 쪽이기 때문에 마지막에 가면 슬쩍 발을 빼고 만다. 당신이 해당 아이디어를 본격적으로 실천하려고 하면 이들은 빠져나갈 구실을 찾아낸다. 이들 스스로는 아무것도 끝내본 적이 없다. 결국 이들은 자신의 비전을 실현하지 못한 것에 대해 다른 사람들, 즉 사회나 모호한 반대 세력, 불운 등을 원망한다. 아니면 자신의 막연한 아이디어를 실현시키기 위해 온갖 궂은 일은 다해주고 일이 잘못되면 원망까지 들어줄 호구를 찾아다니기도 한다.

이들은 자녀가 조금만 잘못해도 갑자기 화풀이를 해대는 일관성 없는 부모를 둔 경우가 많다. 그 결과 이들은 비난이나 심판을 받을 상황 자체를 만들지 않는 게 인생의 목표가 됐다. 그 목표를 이루기 위해 이들은 빼어난 말주변으로 사람들에게 깊은 인상을 준 다음 책임을 질 때가 되면 늘 구실을 만들어 도망가는 법을 배웠다. 상대의 과거를 유심히 들여다보면 이런 신호를 찾을 수 있다. 상대가 이 유형이라고 생각되면 상대의 이야기를 재미로만 듣고 그 이상은 추구하지 마라.

모든 걸 성(性)적으로 만드는 사람

이들은 성적 에너지가 넘치는 것처럼 보인다. 자신의 욕구를 그렇게까지 억압하지 않는다는 사실이 거의 신선하게 느껴질 정도다. 이들은 일과 쾌락을 뒤섞는 경향이 있고, 성적 에너지를 언제 사용해야 하는지에 대한 일반적 경계를 흐릿하게 만든다. 당신은 그게 건강하고 자연스럽다고 착각할 수도 있다. 그러나 실제로 그것은 어두운 곳에서 비롯된 강박적 행동이다. 이들은 어린 시절에 아마도 어떤 식으로든 성적 학대를 당했을 것이다. 그것은 직접적인 신체적 학대일 수도 있고, 아니면 뭔가 심리적인 학대였을 수도 있다. 이들의 부모는 미묘하게 부적절한 표정이나 스킨십을 통해 그런 학대를 표현했을 것이다.

이들은 내면 깊숙이 패턴이 자리 잡아 통제가 되지 않을 수도 있다. 이들은 모든 인간관계를 잠재적으로 성적인 관계로 생각할 것이다. 섹스는 자기 확인의 도구다. 젊을 때 이 유형은 자극적이고 문란한 생활을 할 수도 있다. 이들은 자신의 주문에 걸릴 사람들을 잘 찾아내는 경향이 있기 때문이다. 하지만 나이가 들면서 오랫동안 이런 확인을 받지 못하면 우울증과 자살로 이어질 수 있다. 그리고 그 때문에 이들은 더 필사적이 된다. 이들이 리더의 자리에 있는 경우 자신의 권력을 이용해 원하는 것을 얻을 것이다. 자연스럽고 억압되지 않은 표현이라는 가면을 쓴 채로 말이다. 나이가 들수록 이런 성향은 더 한심하고 무섭게 변한다. 우리가 그들을 돕거나 강박에서 구해줄 방법은 없다. 어떤 식으로든 그들과 엮이지 않음으로써 우리 자신을 구제하는 게 고작이다.

응석받이 왕자님/공주님

이들은 특유의 당당한 분위기로 당신을 끌어들일 것이다. 이들은 차분하면서도 아주 약간 우월감이 스며 있다. 자신감 있고 왕관을 쓸 운명인 것처럼 보이는 사람과 만나는 일은 즐겁다. 서서히 당신은 그들을 위해 호의를 베풀고 아무 대가도 없이 노력을 보태주고 있을 테지만 어찌된 영문인지 알 수가 없을 것이다. 이들은 어쩐지 돌봐줘야만 할 것 같은 분위기를 풍긴다. 그리고 남들이 자신의 요구를 받아주게 만드는 데 선수다. 어릴 때 이들의 부모는 아이의 조그만 변덕까지도 끝없이 받아주었고 거친 바깥세상이 조금도 비집고 들틈이 없을 만큼 아이를 철저히 보호했다. 이들 중에는 특히나 무력한 모습을 연기해 부모가 그렇게 행동할 수밖에 없게 만드는 아이들도 있다. 원인이 뭐가 되었든 성인이 된 이들의 가장 큰 욕망은 어린 시절의 응석받이를 그대로 재현하는 것이다. 이들에게 어린 시절이란 여전히 잃어버린 천국이다. 이들은 종종 원하는 것을 얻지 못하면 아이처럼 토라지고 짜증을 부리는 모습을 보인다.

가까운 사람들과의 관계는 늘 그런 식으로 흘러가는 게 이들에게는 하나의 패턴이다. 당신이 남의 응석을 받아주고 싶은 강렬한 욕구가 있는 것이 아닌 이상, 두 사람의 관계는 늘 이들에게 휘둘리며 말도 안 되는 방향으로 변질될 것이다. 이들은 성인으로서 삶의 엄중한 여러 측면을 감당하지 못한다. 그래서 누군가를 조종해 응석받이 역할을 맡기거나 그게 안 되면 스스로 자신을 달래기 위해 술이나 마약에 의존한다. 이들을 도와주지 못해 죄책감이 든다면 당신이 이미 그들의 술수에 낚였다는 뜻이다. 당신은 그들이 아니라 당신 자신을 돌볼 방도를 찾아야 한다.

아첨꾼

세상에 이렇게 깍듯하고 사려 깊은 사람도 없다. 사람이 어떻게 이토록 친절하고 매력적일 수 있단 말인가? 그러다가 서서히 뭔가 의심이 들기 시작하

인간 본성의 법칙

지만, 콕 집어 이거라고 말할 수는 없다. 아마도 그들은 약속을 해놓고 나타나지 않거나 맡은 일을 잘 해내지 못했을 것이다. 애매한 정도다. 그러나 시간이 지나면 점점 더 이들은 당신에게 일부러 훼방을 놓거나 뒤에서 당신의 험담을 하는 것처럼 보인다. 이런 유형은 앞에서는 완벽히 머리를 조아리지만 이들의 깍듯함은 동료 인간에 대한 진정한 애정에서 나온 것이 아니라 방어기제의 일종이다. 아마도 이들의 부모는 이들의 행동을 사사건건 감시하며 벌을 주는 냉혹한 성격이었을 것이다. 예의바른 듯한 얼굴과 미소는 어떤 식으로든 반감을 사지 않기 위한 그들만의 방법이었고, 그게 곧 평생의 패턴이 되었다. 아마도 그들은 거짓말로 부모의 혹독함을 모면했을 테고, 거의 전문가적인 수준으로 노련하게 거짓말을 구사하는 것이 일반적이다.

이들은 어릴 때와 마찬가지로 미소를 지으며 아첨을 늘어놓은 후에는 자신이 그런 역할을 연기해야 한다는 사실에 분개한다. 이들은 자신의 상사나 자신이 따르고 있는 사람을 해치거나 그들로부터 무언가를 훔치고 싶은 욕망을 숨기고 있다. 자연스러운 수준을 넘어서 공손한 태도와 매력을 끝도 없이 열심히 발휘하는 사람이 있다면 우선 경계하고 보아야 한다. 경계를 늦추었을 때 뒤통수를 치는, 수동적 공격성에 불타는 사람일 수 있기 때문이다.

구원자

'내가 이렇게 운이 좋다니…'라는 생각이 들 것이다. 당신을 어려움과 곤경에서 구해줄 사람이 나타났기 때문이다. 어찌된 노릇인지 이들은 당신에게 도움이 필요할 때 딱 나타나서 이 책을 읽어봐라, 이런 전략을 펴봐라, 이 음식을 먹어봐라 하고 알려준다. 처음에는 이런 것들이 아주 혹하게 느껴질 수 있다. 그러나 독립을 천명하고 당신 뜻대로 무언가를 하고 싶어지는 순간 의심이 들기 시작할 것이다.

이들 유형은 어릴 때 부모나 형제를 돌봐야 하는 처지였던 경우가 많다. 예를 들어 이들의 어머니는 오히려 그녀의 욕구가 가족들의 가장 큰 걱정거리가 되게 만들었다. 이 경우 자녀는 돌봄을 받지 못해 느끼는 결핍을 역전된 관계에서 오는 권력으로 보상받는다. 그리고 그게 하나의 패턴이 된다. 이들은 돌보미와 구세주가 되어 남들을 구조하는 데서 크나큰 만족을 얻는다. 이들은 구원이 필요한 사람들을 알아보는 데 탁월한 후각을 갖고 있다. 그러나 이들의 행동에 강박적 측면이 있음을 알 수 있는 이유는 그들이 당신을 통제하려고 들기 때문이다. 처음에는 도움을 주다가, 그 후 당신이 홀로서기를 할 수 있게 기꺼이 도와준다면 그 사람은 진심으로 고결한 사람이다. 그러나 그렇지 않다면 그들은 권력에 관심이 있는 것이다. 어느 쪽이 되었든 당신은 자립심을 기르고 구원자에게 이제 스스로를 돌보라고 말하는 것이 최선이다.

겉으로만 성인군자

이들은 이런저런 불의를 보았을 때 약간의 분노를 표현한다. 그리고 달변이다. 이런 확신을 보여주기 때문에 사람들이 따르고, 아마 당신도 그래서 그를 따르게 됐을 것이다. 그런데 가끔 그들이 보여주는 정의로움에 뭔가 틈이 발견될 때가 있다. 그들이 직원을 대하는 태도는 그다지 모범적이지 않다. 배우자를 대할 때도 뭔가 내려다보는 듯하다. 어쩌면 비밀스러운 사생활이 있거나 나쁜 행실을 저지르는 듯하기도 하다. 어릴 때 이들은 무언가를 즐기고 싶은 강력한 욕구와 충동에 대해 죄책감을 갖도록 강요받은 경우가 많다. 이들은 그런 충동이 생기면 벌을 받았기 때문에 충동을 억누르려고 노력했다. 그 때문에 자기혐오가 생겼고 섣불리 남들에게 부정적 자질을 투영하는 버릇이 생겼다. 또 자신과는 달리 충동이 별로 억압되지 않은 사람을 보면 시샘하게 됐다. 이들은 남들이 즐거워하는 꼴을 못 본다. 그리고 자신의 부러움을 표현하는 대신, 상대를 심판하고 꾸짖는 쪽을 선택한다. 이들은 결코 돌려 말하는 법을 모르는 어린 아이가 그대로 어른이 된 것처럼 보인다. 사람은 착하거나 악할 뿐, 중간지대란 없다. 이들은 우리의 완벽하지 못한 속성을 도저히 용납할 수 없기 때문에 사실상 인간 본성과 전쟁을 벌이는 중이다. 이들은 도박이나 음주처럼 단순하면서도 어쩔 수 없는 행동을 도덕적으로 혹평한다. 그리고 본인은 전혀 희생하지 않으면서 고상한 말만 계속 주워섬긴다. 이들은 '정치적으로 올바른' 말을 해야 하는 문화에서 큰소리를 치고 지낸다.

그러나 실제로 이들은 본인이 비난하는 그것에 끌리고 있기 때문에 틀림없이 비밀생활이 있다. 이들에게 지나치게 가까이 다가갔다가는 이들의 취조 대상으로 전락할 것이다. 이들은 공감능력이 없다는 점을 일찌감치 알아보고 거리를 유지하라(독이 되는 유형과 관련해 더 많은 내용은 10장, 11장, 16장을 참조).

성격이 아니라 패턴을 바꾼다

간단하지만 예외 없는 법칙이 있다. '성격은 바꿀 수 없다.' 성격을 구성하는 여러 요소는 의식적 자각이 생기기 이전에 이미 만들어진다. 마음속 깊은 곳에서 성격은 당신으로 하여금 같은 행동, 같은 전략, 같은 의사결정을 반복하게 만든다. 인간의 뇌도 거기에 적합하게 되어 있다. 일단 한번 생각을 하고 행동으로 옮기고 나면 신경회로가 만들어져서 같은 일을 또 하고 또 하게 된다. 그러니 이 법칙에 따르면 당신은 둘 중 하나를 택할 수 있고, 그 선택에 따라 인생의 방향이 결정된다.

첫 번째 선택은 무시와 부정이다. 당신 인생의 패턴을 깨닫지 않는 방법이다. 당신은 어린 시절의 경험이 지워지지 않을 깊은 자국을 남겨 당신을 특정한 방향으로 행동하게 만든다는 아이디어를 받아들이지 않는다. 당신은 당신 성격이 완전히 유동적이라고 생각하며, 의지에 따라 당신 자신을 재창조할 수 있다고 생각한다. 당신도 남들처럼 권력과 명성으로 가는 길을 따라갈 수 있지만, 그것들은 아주 다른 환경에서 비롯된다. 성격이 정해져 있다는 개념은 마치 감옥처럼 보일 수 있다. 그래서 많은 사람이 남몰래 자기 자신을 벗어나고 싶어 술과 마약과 비디오 게임에 빠져든다. 정해진 성격을 부정한 결과는 간단하다. 강박적 행동과 패턴이 더욱더 고착화되는 것이다. 당신은 성격을 거슬러 행동할 수 없고, 원한다고 성격을 바꿀 수도 없다. 성격은 너무 강력하다.

이게 바로 하워드 휴즈의 문제점이었다. 그는 자신을 훌륭한 사업가라고 생각했다. 그래서 아버지의 사업체를 능가하는 제국을 세우려 했다. 그러나 그는 타고난 본성이 남들을 잘 관리할 수 있는 사람이 아니었다. 그의 진짜 강점은 훨씬 더 기술적인 영역이었다. 그는 비행기 제조에서 설계와 엔지니어링 부분에 훌륭한 감각을 갖고 있었다. 그가 이 점을 인지하고 받아들였다면 그는 본인의 비행기 회사 뒤에서 숨은 선지자로서 빛나는 커리어를 쌓았을 것이다. 그리고 회사를 하루하루 경영하는 일은 누군가 정말로 능력 있는 다른 사람에게 맡겼을 것이다. 그러나 그는 자신의 성격과 어울리지 않는 본인의 이미지를 갖고 살았고, 그 결과 실패는 패턴이 되고 삶은 비참해졌다.

또 다른 선택은 더 어려운 길이다. 하지만 진짜 힘을 가질 수 있고 훌륭한 성격을 형성할 수 있는 유일한 방법이다. 이 길을 가려면 당신 자신을 최대한 철저히 검토해야 한다. 당신 성격의 가장 깊은 곳에 위치한 층을 들여다보고, 본인이 내성적인지 외향적인지 결정해야 한다. 또 자신이 강한 불안감이나 예민함, 적대감, 분노 등에 휘둘리는 편인지, 아니면 사람들을 만나고 싶은 깊은 욕구를 갖고 있는지도 알아야 한다. 당신이 자연스럽게 끌리는 활동이나 주제, 그러니까 자신의 원초적 성향을 들여다보아야 한다. 당신이 부모와 형성한 애착의 성질과 그것을 가장 잘 알 수 있는 지금의 인간관계를 살펴보아야 한다. 당신의 발목을 계속 붙잡는 실수나 패턴을 가혹할 만큼 정직하게 들여다보아야 한다. 자신의 한계를 알아야 한다. 어떤 상황에서 내가 최선을 다하지 않는지 알아야 한다. 그리고 사춘기를 지나서까지 이어지고 있는 당신 성격의 타고난 강점도 알아야 한다.

이런 것들을 알게 됐다면 당신은 더 이상 당신 성격의 포로가 아니다. 이제 똑같은 전략과 실수를 끝없이 반복할 필요가 없다. 당신의 평소 패턴에 빠져드는 게 눈에 보이기 때문에 제때에 알아차리고 한발 물러설 수 있다. 그런 패턴을 완전히 제거할 수는 없을지도 모른다. 하지만 연습을 계속한다면 그 패턴의 영향력만큼은 완화시킬 수 있다. 당신의 한계를 알기 때문에 능력이 안 되거나 성향에 맞지 않는 일은 손대지 않게 된다. 대신 당신에게 어울리고 당신의 성격과 딱 맞는 직업을 택하게 될 것이다. 다른 누군가가 되기를 열망하는 것이 아니라, 당신의 진짜 잠재력을 깨닫고 더 철저히 당신 자신이 되기를 원하게 될 것이다. 당신의 성격을 당신이 작업할 점토라고 생각하고, 서서히 당신의 약점을 강점으로 탈바꿈시키게 될 것이다. 당신의 결점으로부터 도망치는 것이 아니라 그것을 진정한 힘의 원천으로 보게 될 것이다.

영화배우 존 크로포드(Joan Crawford, 1908-1977)의 커리어를 보라. 어린 시절만 보면 존은 결코 배우가 될 사람 같지 않았다. 그녀의 아버지는 존이 태어나고 얼마 못 가 가족들을 버리고 떠났고, 그녀는 평생 아버지를 모르고 살았다. 어린 시절 존은 가난했다. 어머니는 존을 대놓고 싫어하며 끊임없이 매질을 했다. 어릴 때 존은 자신이 흠모하던 양아버지가 진짜 아버지가 아니라는 사실을 알게 됐고, 얼마 후 양아버지마저 가족들을 버리고 떠났다. 존의 어린 시절은 끊임없는 체벌과 배신, 버림받음의 연속이었고 이것은 평생 그녀에게 깊은 상흔을 남겼다. 아주 어린 나이에 영화배우의 길을 가게 된 그녀는 스스로를 성찰하고 자신의 결점을 가혹할 만큼 객관적으로 검토했다. 그녀는 과민하고 여리디 여린 성격이었다. 그녀의 수많은 슬픔과 고통은 없앨 수도, 감출 수도 없는 것들이었다. 그녀는 절실히 사랑받고 싶었고, 아버지 같은 존재를 끊임없이 필요로 했다.

할리우드처럼 비정한 곳에서 이토록 불안정한 성격을 가진 사람은 언제든 사라진대도 이상할 게 없었다. 그러나 존은 수많은 성찰과 노력을 통해 그 같은 그녀의 약점을 성공적인 커리어의 발판으로 탈바꿈시켰다. 예를 들어 그녀는 자신의 슬픔과 배신감을 그녀가 연기했던 수많은 역할에 녹여냈다. 그 결과 온 세상 여성들이 존을 자신과 동일시했다. 그녀는 억지로 명랑한 척을 하고 가식적이던 수많은 여배우와 달랐다. 그녀는 사랑받고 싶은 자신의 절박한 욕구를 카메라로 향하게 만들었고, 관객 역시 존의 그런 열망을 느낄 수 있다. 그녀에게는 감독들이 곧 아버지가 됐고, 그래서 감독들을 지극한 존경과 흠모로 대했다. 그리고 그녀의 가장 두드러진 특징이었던 예민함은 내부가 아니라 외부를 향하게 만들었다. 그녀는 함께 작업하는 감독들의 호불호를 알아채는 정교한 안테나를 발달시켰다. 그녀는 감독의 얼굴을 보지 않아도, 감독이 말한 마디 하지 않아도, 상대가 자신의 연기에 만족하지 못했음을 감지했고, 적절한 질문을 통해 얼른 비판을 수용했다. 감독들에게는 꿈의 여배우였다. 그녀는 이 모든 것을 자신의 맹렬한 의지력과 결합시켰고, 그 결과 40년이 넘는 커리어를 이룩했다. 이제껏 할리우드 여배우로서는 들어보지 못한 경력이었다.

당신도 바로 이런 연금술을 발휘해야 한다. 모든 것을 통제하고 싶은 지나친 완벽주의자라면, 그 에너지를 사람에게 쓸 게 아니라 뭔가 생산적인 일에 쏟도록 바꿔야 한다. 사소한 것들까지 챙기고 기준이 높다는 사실이 장점이 되려면, 그 특성을 제대로 된 곳에 사용해야 한다. 아첨꾼 유형에 해당하는 사람이라면 남의 시중을 들고 대단한 매력을 발산하는 수완을 가지고 있을 것이다. 그 특성이 어디서 나오는지만 스스로 파악할 수 있다면, 강박적이고 방어적인 측면은 조절하고 사회생활의 유용한 기술로 사용해 대단한 힘을 얻을 수도 있을 것이다. 과민하고 모든 걸 인신공격으로 받아들이는 성향이 있다면, 그런 성향을 적극적 공감으로 돌리도록 노력해(2장 참조) 뭔가 긍정적인 사회적 목적에 유용한 자산으로 탈바꿈시킬 수 있다. 반항적 성격을 가진 사람이라면 태생적으로 선례나 전통 같은 것을 싫어할 것이다. 그렇다면 그 에너지를 사람들을 강박적으로 모욕하고 밀어내는 데 사용하지 말고 뭔가 혁신적인 일로 향하게 하라. 각각의 약점에는 그에 상응하는 강점이 있다.

마지막으로, 당신은 강인한 성격에 속하는 여러 특성도 개발하고 수련해야 한다. 압박감 아래에서도 빠른 회복력을 발휘하고, 세부적인 사항에 유의하고, 맡은 일을 완수하고, 팀원들과 협업하고, 사람들 사이의 차이를 용인할 수 있는 성격을 키워야 한다. 그렇게 할 수 있는 유일한 방법은 습관을 고치는 것이다. 습관이 합쳐지면서 서서히 성격이 형성되기 때문이다. 예컨대 자신을 스트레스가 심하거나 역경이 많은 상황에 자주 놓이게 만들어 그런 상황에 익숙해지게 하라. 그러면 순간적으로 생각 없는 반응을 하지 않는 훈련이 될 수 있다. 지루한 일상 업무를 할 때면 인내심을 키우고 더 꼼꼼해지는 연습을 하라. 일부러 당신의 수준보다 살짝 어려운 일에 덤벼들어라. 그걸 완수하려고 열심히 노력하다 보면 원칙이 생기고 업무 습관이 개선된다. 무엇이 팀을 위해 최선인지 늘 생각하는 훈련을 하라. 강인한 성격을 보여주는 사람들을 찾아내고 그들과 최대한 많이 어울려라. 그러면 그들의 에너지와 습관을 닮을 수 있다. 그리고 강인한 성격의 대표적 신호인 융통성을 키우고 싶다면 이따금 새로운 전략이나 사고방식을 시도하고 평소에 하는 것과는 정반대로 하면서 자기 자신을 흔들어놓아라.

이렇게 노력한다면 더 이상 어린 시절이 만들어놓은 성격과 그 성격이 만든 강박적 행동의 노예는 되지 않을 수 있을 것이다. 나아가 본인의 성격과 그에 따른 운명을 적극적으로 개척할 수 있을 것이다.

이번 한 번만 그렇게 행동하고 다음부터는 안 그럴 수 있다고 생각한다면 착각이다. (이런 식으로 말하는 사람들이 있다. "서른 살까지만 죽도록 일하며 땡전 한 푼 쓰지 않고 모아서 그때부터 실컷 즐기자." 그러나 막상 서른이 되면 그들은 이미 탐욕을 부리고 과로하는 성향이 생겨 절대로 더 이상 즐길 수가 없다.) 지금 하는 그 행동은 나중에도 또 할 테고, 아마 먼 과거에도 했을 것이다. 인생의 고통스러운 진실은 나를 뭉개버릴 이 바퀴 밑으로 나를 밀어 넣은 것이 바로 내가 내린 의사결정들이라는 사실이다. (실은 그런 결정을 내리기 전부터 이미 우리는 그 방향으로 흘러가고 있었다.) 내가 내리는 결정 하나, 취하는 행동 하나는 다음에 또 똑같은 일을 저지를 거라는 틀림없는 징후다. 그것은 막연히 어떤 신비한 이유나 별들의 이동 때문이 아니라, 그 의사결정과 그 행동이 앞으로도 반복될 어떤 무의식적 반응의 결과이기 때문이다.

– 체사레 파베세(20세기 초 이탈리아의 시인이자 소설가)

잡힐 듯 잡히지 않는 욕망의 대상이 되라

무언가가 있고 없고는 우리에게 원초적 차원에서 영향을 준다. 무언가가 너무 많으면 숨이 막히고, 약간 모자라면 관심이 간다. 내가 갖지 못한 것을 소유하고 싶은 끊임없는 욕망은 인간만이 가진 두드러진 특징이다. 그 욕망의 대상은 우리의 판타지에 투영된다. 당신 주위에 약간의 미스터리를 만들어내라. 사람들이 당신이 다시 오길 바라고 당신을 소유하고 싶도록 '전략적 부재'를 이용하라. 상대의 삶에서 가장 부족한 것, 그가 가지면 안 되는 것을 그의 눈앞에 들고 흔들어라. 그러면 상대는 미친 듯이 그것을 갈망할 것이다. 언제나 옆집 잔디가 더 푸르게 보이는 법이다. 당신이 처한 환경, 당신의 운명을 적극 끌어안아 당신 안의 약점을 극복하라.

심리학의 마술

1895년 열한 살의 가브리엘 샤넬(Gabrielle Chanel)은 며칠째 어머니의 침대 맡을 지키고 있었다. 결핵에 걸린 어머니는 서른셋의 나이로 서서히 죽어가고 있었다. 가브리엘의 삶은 지금까지도 쉽지 않았다. 하지만 이제는 더 나빠질 수도 있다. 그녀와 형제들은 어려서부터 가난했고 친척들의 집을 전전하며 자랐다. 아버지는 여기저기 물건을 팔러 다녔고, 인연이나 책임 같은 것을 싫어해 집에 잘 오지 않았다. 종종 아버지의 행상에 동행하기도 했던 어머니가 그나마 자녀들에게는 유일한 삶의 안식처였다.

가브리엘이 두려워했던 대로, 어머니가 죽고 며칠이 지난 후에야 나타난 아버지는 그녀와 두 자매를 프랑스 중부 어느 수녀원에 맡겼다. 아버지는 곧 데리러 오겠다고 약속했으나 이후 다시는 볼 수 없었다. 수녀원은 중세의 어느 수도원을 개조한 곳이었다. 수녀들은 온갖 출신의 소녀들을 맡아서 돌보았는데 대부분 고아였다. 수녀들은 엄격한 규율을 강요했고, 소녀들은 횅한 수도원의 칙칙한 벽 안에서 기도를 올리며 금욕적 생활을 해야 했다. 소녀마다 옷은 단 두 벌이었고 그나마도 똑같이 추레한 모양이었다. 사치는 금기였고, 들을 수 있는 음악이라고는 교회 음악뿐이었으며, 음식은 더 이상 간소할 수 없을 만큼 간소했다. 처음 몇 달 동안 가브리엘은 이 새로운 세상에 적응해보려고 노력했으나, 그녀의 속은 믿기지 않을 만큼 들끓고 있었다.

어느 날 가브리엘은 수녀원에 어떻게 반입되었는지 모를 연애소설 몇 권을 발견했고, 이것들은 곧 그녀에게 유일한 구원이 됐다. 소설은 모두 피에르 드 쿠르셀(Pierre Decourcelle)의 작품으로 《신데렐라》와 비슷한 이야기를 담고 있었다. 가난 속에 천대받고 멸시당하던 어린 소녀가 교묘하게 얽힌 플롯을 통해 어느 날 부자들의 세상으로 들어가는 이야기였다. 가브리엘은 주인공들에게 완전히 동화되었는데, 특히 주인공이 입는 드레스가 끝도 없이 묘사되는 장면들을 좋아했다. 궁전과 대저택이 있는 세상은 그녀와는 너무도 동떨어져 보였지만, 한 권 한 권 소설을 읽는 그 순간만큼은 자신이 그 플롯 속에 들어간 듯한 기분이었다. 그럴 때면 그녀는 그것을 현실로 만들고 싶은 걷잡을 수 없는 욕망을 느꼈다. 그녀에게는 그런 것들을 바라는 일조차 금지되어 있었고 혹시라도 그런 것을 갖게 될 가능성은 전혀 없어 보였지만 말이다.

열여덟 살이 됐을 때 가브리엘은 수녀원을 떠나 기숙학교에 들어갔다. 역시나 수녀들이 운영하던 그곳에서 가브리엘은 재봉사가 되는 교육을 받았다. 학교는 작은 마을에 위치했는데, 동네 곳곳을 둘러보던 가브리엘은 금세 새로운 열정의 대상을 발견했다. 바로 연극이었다. 가브리엘은 연극의 모든 것이 좋았다. 의상, 무대, 그리고 메이크업을 한 배우들까지. 연극은 변신의 세계였다. 누구나 무엇이든 될 수 있었다. 이제 그녀의 바람은 오직 배우가 되어 연극계에 이름을 날리는 것뿐이었다. 가브리엘은 코코(Coco)라는 극장의 무대에 섰고 연기, 노래, 춤 등 할 수 있는 것은 모두 다 해봤다. 그녀는 에너지가 넘치고 카리스마가 있었으나 자신이 바라는 만큼의 성공을 거둘 재능은 타고나지 못했음을 얼마 못 가 깨달을 수 있었다.

그런 사실을 받아들인 가브리엘은 이내 새로운 꿈을 찾아냈다. 연기로 생계를 꾸리기 힘든 여배우들은 부유한 남자의 후원을 받는 정부가 되는 경우가 많았다. 그런 여자들은 옷도 어마어마하게 많고, 어디든 갈 수 있었다. 교양 있는 사람들 사이에서는 외면받는 존재였지만 폭군 같은 남편에게 속박당할 일도 없었다. 운 좋게도 그녀의 무대를 좋게 본 에티엔 발상이라는 젊은이가 가브리엘을 근처 그의 저택에서 지낼 수 있게 초대했다. 큰 가산을 물려받아 유유자적한 삶을 즐기고 있는 젊은이였다. 이제는 모두가 '코코'라고 부르게 된 가브리엘은 그의 제안을 받아들였다.

이 저택은 유럽의 각지에서 흘러든 정부들로 가득했고, 그중에는 유명한 이들도 있었다. 모두 아름답고 세속적인 여자들이었다. 낮에는 주로 교외에서 승마를 즐기다가 저녁에는 흥청망청 파티에 참석하는 비교적 단조로운 생활이었다. 계급의 구분은 뚜렷했다. 귀족이나 중요한 사람이 저택을 방문할 때면 코코 같은 여자들은 하인들과 함께 식사를 하며 눈에 띄지 않아야 했다.

할 일도 없고 다시 한 번 마음이 들썩이던 코코는 자신과 자신의 미래를 분석하기 시작했다. 그녀는 큰 야망을 가지고 있었으나 늘 손에 닿지 않는 무언가를 찾아 헤매고 있었다. 계속해서 미래를 꿈꾸고 있기는 했으나 실현 가능한 내용이 아니었다. 처음에 그 미래는 연애소설에 나오는 궁전이었고, 그다음에는 제2의 사라 베르나르(Sarah Bernhardt)가 되어 화려한 무대 위에서 사는 것이었다. 이제 다시 그녀는 그것들만큼이나 터무니없는 또 다른 꿈을 꾸고 있었다. 유명한 정부들은 모두 육감적이고 아름다웠다. 그들에 비하면 코코는 굴곡 없는 몸매에 전형적인 미인이라고 보기는 힘든, 소년 같은 외모였다. 그녀는 외모보다는 존재감과 에너지로 남자들을 홀리고 있었으나 그런 것은 오래 지속될 수 없었다. 그녀는 언제나 남이 가진 것을 원했다. 마치 그 안에 보물이라도 숨겨져 있을 것처럼. 다른 여자가 남자친구나 남편과 함께 있는 것을 보면 그 남자를 뺏고 싶은 욕망에 불탔고, 실제로 몇 번은 그렇게 하기도 했다. 하지만 그게 남자친구든, 저택에서의 생활이든, 원하는 것을 손에 넣고 나면 그녀는 늘 현실에 실망했다. 끝끝내 대체 뭐가 그녀를 만족시킬 수 있을지는 의문이었다.

그러던 어느 날 코코는 생각 없이 발상의 침실을 거닐다가 그의 옷을 몇 벌 가지고 나왔다. 그리고 순전히 자신이 생각해낸 방식대로 옷을 입기 시작했다. 그녀의 옷에 발상의 오픈칼라 셔츠와 트위드 재킷을 매치하고, 머리에는 꼭 남성용 보터 해트(boater hat, 주로 배를 탈 때 쓰던 작은 밀짚모자로 윗면이 납작하고 챙에 천을 두른 것이 많다. - 옮긴이)를 썼다. 그렇게 옷을 입으면서 코코는 두 가지를 깨날았다. 코르셋이나 꽉 죄는 드레스, 요란한 머리 장식을 착용하지 않으니 믿기지 않을 만큼 자유로운 느낌을 받았다. 그리고 전에 없던 관심도 흠뻑 누릴 수가 있었다. 다른 정부들은 부러움을 숨기지 않았다. 그녀들은 코코의 중성적 스타일을 넋을 놓고 지켜봤다. 새로운 스타일은 코코의 몸매에 잘 어울렸을 뿐만 아니라 그때까지 아무도 여자가 그런 식으로 옷을 입는 것을 본 적이 없었다. 발상까지도 이 모습에 빠져들어 그의 재단사에게 코코를 소개해줬다. 재단사는 코코의 지시에 따라 승마 바지를 포함한 남성용 승마복을 그녀가 입을 수 있게 제작했다. 코코는 승마를 익히기 시작했는데 다른 여자들처럼 옆으로 앉을 필요가 없었다. 운동에 소질이 있던 그녀는 몇 달이 지나지 않아 전문가처럼 말을 잘 타게 됐다. 이제 어디를 가나 이 이상한 승마복을 입은 코코의 모습을 볼 수가 있었다.

코코는 새로운 페르소나를 계속해서 발전시켰다. 그녀가 그토록 오랫동안 어렴풋이 갈망해왔던 것이 무엇인지 이제야 분명해졌다. 그녀가 갖고 싶었던 것은 남자들이 가진 자유와 힘이었다. 남자들이 입는 덜 끼는 옷에 투영된 자유와 힘 말이다. 저택의 다른 정부나 여성들도 같은 생각임을 알 수 있었다. 공기 중에 떠돌던 억압된 욕망을 그녀가 포착해낸 것이다. 몇 주가 지나자 다른 정부 몇몇이 코코의 방에 들러 그녀가 리본과 깃털로 장식해놓은 보터 해트를 써보기 시작했다. 머리에 핀으로 고정해야 하는 복잡한 여성용 모자에 비하면 간단하고 쉽게 쓸 수 있었다. 이제 샤넬의 모자를 쓴 정부들이 시내를 활보하고 다녔다. 그러자 다른 여자들도 그 모자를 어디서 살 수 있는지 물었다. 발상은 샤넬에게 파리에 있는 본인의 아파트에서 더 많은 모자를 만들고 사업을 시작해보면 어떻겠냐고 제안했다. 샤넬은 기꺼이 제안을 수락했다.

얼마 후 또 한 명의 남자가 그녀의 인생에 들어왔다. 부유한 영국 남자 아서 케이플(Arthur Capel)이었다. 케이플은 샤넬의 생소한 외양과 큰 야망이 놀라웠고 둘은 연인이 됐다. 케이플은 그가 아는 귀족 여성들을 코코의 매장에 보내기 시작했고 코코의 모자는 돌풍을 일으켰다. 모자와 함께 코코는 그녀가 디자인한 옷도 팔기 시작했다. 모두 그녀가 입던 것처럼 중성적인 디자인이었다. 값싼 직물인 저지로 만들었지만 기존의 옷들과는 달리 움직임이 자유로워 보였다. 케이플은 코코에게 파리의 패션 리더들이 여름휴가를 보내는 해변 도시 도빌에 매장을 열어보라고 권했다. 이것은 기가 막힌 아이디어였던 것으로 판명 났다. 도빌은 비교적 작은 마을이면서 패션을 가장 앞서 가는 여성들과 사람 구경을 좋아하는 사람들이 가득한 곳이었기 때문이다. 코코는 그곳에서 센세이션을 일으켰다.

코코는 바다에서 수영을 해 마을 사람들을 놀라게 했다. 당시에는 그런 여자가 없었고 따라서 여성용 수영복이라는 것도 전무했기에 코코는 이번에도 저지 천을 이용해 직접 수영복을 만들었다. 몇 주가 지나자 코코의 매장은 수영복을 사겠다는 여자들로 북새통을 이뤘다. 코코는 그녀만의 눈에 띄는 옷을 입고 도빌 시내를 누비고 다녔다. 중성적이면서 활동적이고 몸에 꼭 붙어 도발적이기까지 한 옷들이었다. 그녀는 장안의 화제가 됐다. 여자들은 코코가 그런 옷을 어디서 사는지 알고 싶어 안달이었다. 그녀는 계속해서 남성복을 활용해 새로운 디자인을 만들었다. 케이플의 스웨터 앞을 가르고 단추를 달아 지금과 같은 현대적 형태의 여성용 카디건을 만들었다. 그러자 이 카디건도 선풍적 인기를 끌었다. 코코는 머리를 짧게 잘랐다. 자신의 얼굴에는 짧은 머리가 어울린다는 것을 알고 있었기 때문이다. 그러자 이게 또 새로운 트렌드가 됐다. 자신의 그런 영향력을 감지한 코코는 아름답고 인맥이 넓은 여자들에게 돈을 받지 않고 옷을 나눠줬다. 모두 자신과 비슷한 활달한 헤어스타일을 한 여자들이었다. 모두가 가고 싶어 하는 파티마다 샤넬의 쌍둥이처럼 생긴 여인들이 나타났고, 이 새로운 스타일에 대한 열망이 도빌을 넘어 파리에까지 널리 퍼졌다.

1920년대가 되자 샤넬은 전 세계에서 가장 앞서가는 패션 디자이너 중 한 명이자 가장 뛰어난 트렌드세터가 되어 있었다. 샤넬의 옷은 새로운 여성상을 대표했다. 자신감 넘치고, 도발적이고, 약간은 반항적인 여성 말이다. 대부분의 옷들은 아직 저지 소재로 만들어서 값싸게 만들 수 있었지만 몇몇 드레스는 초고가에 판매했다. 부유한 여성들은 샤넬이 풍기는 신비로움을 공유하기 위해 기꺼이 돈을 지불하려 했다. 그러나 얼마 못 가 그녀는 다시 예전처럼 마음이 들썩였다. 샤넬은 다른 것, 더 큰 것, 모든 계층의 여성들에게 더 빠르게 다가갈 수 있는 방법을 원했다. 새로운 꿈을 깨닫게 된 샤넬은 극히 이례적인 전략을 취하기로 했다. 자신만의 향수를 만들어 출시하기로 한 것이다.

당시에는 의상실이 자체 향수를 출시한다는 건 보기 드문 일이었고, 그런 사실을 강조하는 일은 들어본 적도 없었다. 하지만 샤넬에게는 계획이 있었다. 그녀는 자신의 옷만큼이나 독특하면서도 우아하고 말 그대로 공기 중에 스며들어 사람들을 흥분시키고, 갖고 싶은 욕망을 전염시켜줄 향수를 만들 생각이었다. 그래서 샤넬은 자연스러운 꽃향기를 연상시키는 시중의 다른 향수들과는 정반대 전략을 취하기로 했다. 샤넬은 특정 꽃을 연상시킬 수 없는 향을 만들려고 했다. 그녀는 '개념 속에 존재하는 꽃으로 만든 꽃다발' 같은 향이 나기를 원했다. 기분이 좋아지지만 전혀 새로운 그런 향. 다른 어느 향수보다도 바르는 사람에 따라 다른 향이 나야 했다. 내친 김에 그녀는 향수의 이름도 아주 특이하게 짓기로 했다. 그 당시 향수에는 아주 시적이고 로맨틱한 이름들이 붙어 있었다. 그러나 샤넬은 마치 과학에서 사용하는 화합물의 이름처럼 자신의 이름에 단순히 숫자를 붙여 '샤넬 넘버 파이브(Chanel No.5)'라고 이름을 지었다. 그리고 날씬하고 모던한 병에 담아 라벨에는 자신의 새로운 로고인 'C'가 맞물린 모양을 그려 넣었다. 시중에 나와 있는 그 어떤 향수와도 다른 디자인이었다.

향수를 출시하기 전에 샤넬은 사람들의 잠재의식에 영향을 줄 광고 캠페인을 벌이기로 했다. 그녀는 파리의 모든 샤넬 매장에 이 향수를 뿌리기 시작했다. 매장이 모두 이 향으로 가득 찼다. 여자들은 너도나도 이게 무슨 향인지 물었고, 샤넬은 모르는 척했다. 그다음에는 고객들 중에 가장 부유하고 인맥이 넓은 이들의 가방에 라벨이 없는 이 향수를 슬쩍 집어넣었다. 여자들은 이내 이 이상하고 새로운 향에 관해 이야기하기 시작했고, 도무지 어느 꽃이라고 특정할 수 없는 이 향기에 집착하기 시작했다. 샤넬의 또 다른 신제품에 관한 이야기는 들불처럼 퍼져나가기 시작했다. 여자들은 샤넬의 매장을 찾아 새 향수를 사게 해달라고 사정했다. 이때쯤 샤넬은 몇몇 매장에 향수를 진열하기 시작했다. 처음 몇 주간은 재고가 부족했다. 향수 업계에서 이런 일은 처음이었다. 그렇게 샤넬 넘버 파이브는 역사상 가장 성공한 향수가 됐고, 코코 샤넬에게 큰돈을 벌어다주었다.

이후 20년간 샤넬의 의상실은 패션계를 지배했다. 그러나 제2차 세계대전 중에 샤넬은 나치와 얽혔고 나치 점령 기간에도 파리에 머무르면서 나치를 추종한다는 사실을 대놓고 보여줬다. 전쟁이 시작됐을 때 샤넬은 매장 문을 닫았다. 전쟁이 끝날 쯤에는 프랑스인들의 눈에 샤넬은 철저히 수치스러운 존재였다. 이 점을 느낀 샤넬은 아마도 창피했을 것이다. 이후 스위스로 도망쳐 스스로 망명인 아닌 망명인으로 살았다. 그러나 1953년 재기의 필요성과 함께 자신이 복귀해야 할 더 큰 이유를 실감했다. 벌써 일흔 살이 된 샤넬이었지만 그녀는 최근의 패션 트렌드를 도저히 참고 볼 수가 없었다. 그녀가 느끼기에 최근 여성복은 꽉 죄고 복잡한 옛날 패션으로 회귀하고 있었다. 그녀가 파괴하려 했던 바로 그 디자인 말이다. 어쩌면 이것은 여성의 역할이 다시 종속적이던 옛날로 되돌아간다는 신호일지도 몰랐다. 샤넬에게 이것은 용납할 수 없는 도전이었다. 업계를 떠난 지 14년이 흐른 지금 그녀는 거의 잊혀진 존재였다. 이제는 아무도 그녀를 트렌드세터라고 생각하지 않았다. 복귀한다면 그녀는 완전히 처음부터 다시 시작해야 했다.

샤넬이 가장 먼저 한 일은 자신이 복귀할지도 모른다는 소문을 낸 것이었다. 그러나 공식 인터뷰는 일절 하지 않았다. 화제에 오르고 사람들을 흥분시키는 것은 좋았지만 그녀는 미스터리에 싸여 있고 싶었다. 1954년 샤넬은 다시 데뷔 패션쇼를 열었다. 그녀의 매장에는 어마어마한 관중이 모여들었다. 대부분 호기심에 그곳을 찾은 사람들이었다. 그리고 쇼가 시작되자마자 사람들 사이에 실망감이 감지됐다. 소개된 옷들은 대부분 1930년대 샤넬 스타일을 약간 손본 재탕 수준에 지나지 않았다. 하나 같이 샤넬을 닮은 모델들이 그녀의 걸음걸이를 흉내 내고 있었다. 관객들에게 샤넬은 돌아올 수 없는 과거에 갇힌 구제불능의 여인 같았다. 옷은 모두 구식으로 보였고, 언론은 그녀가 전쟁 중에 나치에게 협력한 사실까지 들추며 혹평을 쏟아냈다.

여느 디자이너 같았으면 이 사건은 치명타가 되었을 것이다. 그러나 샤넬은 놀랄 만큼 동요하지 않았다. 언제나 그랬듯이 그녀는 풋내기가 아니었고 계획이 있었다. 그녀는 파리에서 데뷔 패션쇼를 열기 훨씬 전부터 신상품의 타깃을 미국으로 정해두고 있었다. 미국 여성들이 그녀의 감수성에 가장 잘 맞았기 때문이다. 미국 여성들은 활동적이어서 움직임이 편한 옷을 좋아했고, 아주 실용적이어서 실루엣이 복잡하지 않은 옷을 선호했다. 그리고 전 세계 어느 여성들보다 주머니가 두둑했다. 아니나 다를까, 샤넬의 신상품은 미국에서 센세이션을 일으켰다. 이내 프랑스에서도 샤넬에 대한 비판의 정도가 수그러들었다. 복귀 후 1년 만에 샤넬은 다시 전 세계에서 가장 중요한 디자이너로 입지를 굳혔다. 패션 트렌드도 그녀가 늘 주창했던 바와 같이 좀 더 간결하면서 클래식한 분위기로 회귀했다. 재클린 케네디가 여러 공식 석상에서 샤넬을 입기 시작하면서 샤넬이 다시 영향력을 되찾았다는 사실은 누구도 부인할 수 없게 됐다.

다시 정상에 오른 샤넬은 시대와 업계에 역행하는 모습을 또 하나 보여준다. 디자인 불법 복제는 패션계의 골칫거리 중 하나였다. 유명 디자이너의 패션쇼가 끝나고 나면 세계 곳곳에서 모사품이 나타났다. 디자이너들은 기밀을 철저히 보호하려 했고 어떤 형태의 모방도 법정까지 가서 싸웠다. 샤넬은 정반대 전략을 취했다. 그녀는 자신의 패션쇼에 온갖 부류의 사람이 오는 것을 환영했고 사진을 찍는 것도 허용했다. 샤넬은 그렇게 하면 본인의 디자인을 베껴 싸구려로 만들어 파는 사람들이 늘어난다는 사실을 알고 있었지만 아랑곳하지 않았다. 심지어 부유한 여성들에게는 개인 재단사도 대동하고 오라고 했고, 그러면 그 재단사들은 샤넬의 디자인을 스케치해 모사품을 만들었다. 샤넬이 돈보다 더 간절히 원했던 것은 자신의 패션을 모든 곳에 전파하는 것이었다. 그렇게 해서 자신과 자신의 작품이 전 세계 모든 계층의 여성들의 욕망의 대상이 되는 기분을 느끼고 싶었다. 그것이야말로 사랑받지 못하고, 무시당하고, 외면당하며 자란 한 소녀가 세상에 대고 할 수 있는 가장 큰 복수였다. 수백만 명이 그녀의 옷을 입고, 어디를 가나 그녀의 모습과 그녀의 영향력을 볼 수 있는 것. 복귀 몇 년 후 실제로 세상은 그렇게 됐다.

해석 ──●

에티엔 발상의 옷을 입어보고 전에 없던 관심을 받았던 순간 샤넬의 머리에서는 무언가 찰칵 맞아 들어가는 소리가 났고, 이후 그녀의 삶은 영원히 바뀌었다. 그전까지 그녀는 언제나 자신의 판타지를 자극하는 금기된 무언가를 탐내고 있었다. 하층민 고아 소녀가 상류층에 섞여들기를 바라는 것은 사회적으로 용인될 수 없었다. 배우나 정부의 삶도 그녀가 추구할 만한 역할은 아니었다. 더구나 그녀는 수녀원에서 자랐다.

자신이 만든 승마 바지를 입고 보터 해트를 쓰고 말을 탄 채 저택을 돌아다니며 그녀는 돌연 스스로 남들의 선망의 대상이 됐다. 사람들은 그녀가 입은 옷이 금기를 깬다는 점, 성 역할을 고의적으로 무시한다는 점에 끌렸다. 샤넬은 꿈과 환상으로 가득한 상상의 세계에 갇혀 있는 게 아니라 남들에게 그런 환상을 자극하는 존재가 될 수 있었다. 그러기 위해 필요한 것은 그저 관점을 뒤집기만 하면 됐다. 관객의 입장을 먼저 생각하고 어떻게 하면 그들의 상상 속에서 뛰놀지 전략을 세우면 됐다. 어린 시절부터 샤넬이 바랐던 욕망의 대상은 늘 뭔가 어렴풋하고 손에 잡히지 않고 터부시되는 것들이었다. 그래서 더 끌렸다. 이게 바로 인간 욕망의 본성이다. 샤넬은 그 본성을 뒤집어 자신이 창조한 대상들 속에 집어넣었다.

샤넬이 그런 마법을 부릴 수 있었던 것은 다음과 같은 이유 때문이다. 첫째, 그녀는 자신과 자신이 만든 물건에 '미스터리'라는 아우라를 둘러쳤다. 그녀는 가난했던 어린 시절을 들먹이는 법이 결코 없었다. 그녀는 자신의 과거에 관해 무수히 많은 상충된 스토리를 만들어냈다. 그녀에 관해 제대로 아는 사람은 아무도 없었다. 샤넬은 사람들 앞에 서는 횟수를 주도면밀하게 조절했다. 그녀는 잠시 모습을 감추는 것의 가치를 알고 있었다. 그녀는 향수의 제조법이나 본인의 크리에이티브 과정을 결코 노출시키지 않았다. 이상하게 시선을 사로잡는 그녀의 로고는 더 많은 해석을 낳기 위해 일부러 그렇게 디자인한 것이었다. 이 모든 것이 대중에게는 끝없는 상상의 여지를 제공했고 코코라는 신화를 추측해보게 만들었다. 둘째, 그녀의 디자인은 언제나 무언가 금기를 깨는 듯한 것을 연상시켰다. 그녀가 만든 옷은 남성적인 특징을 뚜렷이 가지면서도 분명한 여성성을 유지하고 있었다. 이를 통해 여성들은 자신이 뭔가 성별의 장벽을 깨고 있다는 기분을 느꼈다. 물리적으로 그리고 심리적으로 제약이 느슨해지는 경험을 했다. 샤넬의 옷은 또한 몸에 잘 맞아서 움직이기 편하면서도 성적인 느낌을 자아냈다. 샤넬은 어머니들이 입을 법한 옷이 아니었다. 샤넬을 입는다는 것은 젊음과 현대적 감각을 선언하는 것이었다. 이런 인식이 자리를 잡으면서 젊은 여성들이 그 부름에 저항하기는 힘들었다.

마지막으로, 샤넬은 처음부터 자신의 옷이 도처에 보이기를 바랐다. 여자들은 남들이 샤넬을 입은 것을 보면 똑같은 옷을 갖고 싶은 경쟁심이 자극된다. 나만 뒤처지지 않으려고 한다. 샤넬은 임자 있는 남자를 볼 때 자신이 얼마나 깊은 욕망을 느꼈는지 기억하고 있었다. 그 남자들이 탐냈던 이유는 다른 사람이 그들을 탐냈기 때문이었다. 이런 경쟁심은 누구에게나 강렬한 감정이고, 여자들 사이에서는 말할 것도 없다.

사실 샤넬이 처음 디자인한 보터 해트는 누구든 백화점에 가면 살 수 있는 흔한 물건이었다. 샤넬이 처음 디자인한 옷도 아주 값싼 소재로 만든 것이었다. 샤넬의 향수는 재스민처럼 흔한 꽃과 화학약품을 섞어놓은 것으로 이국적이거나 특별한 향기가 아니었다. 그런 것들이 그토록 강렬한 소유욕을 자극하는 대상으로 바뀐 것은 순전히 심리학의 마술이었다.

꼭 알아야 할 점은 이것이다. 당신도 샤넬처럼 관점을 뒤집어야 한다. 당신이 세상에 바라고 탐내는 것에 초점을 맞출 것이 아니라, 남들과 그들의 억압된 욕망, 채워지지 않는 판타지에 초점을 맞추도록 스스로를 훈련해야 한다. 당신과 당신이 만든 대상을 남들이 어떻게 인식하는지 보는 훈련을 해야 한다. 당신 자신과 당신의 작품을 마치 외부에서 바라보는 것처럼 보아야 한다. 그렇게 되면 그 대상에 대한 사람들의 인식을 당신 뜻대로 형성할 수 있는 무한한 힘이 생기고 남들을 흥분시킬 수 있다. 우리가 진실과 정직에 관해 말도 안 되는 이야기를 아무리 많이 듣는다고 해도, 정작 사람들이 원하는 것은 진실이나 정직이 아니다. 사람들은 자신의 상상력을 자극하고 자신을 따분한 일상 밖으로 데려다줄 무언가를 원한다. 사람들은 탐내며 쫓아다닐 욕망의 대상과 판타지를 원한다. 당신이나 당신의 작품 주위에 미스터리한 기운을 만들어내라. 새롭고, 낯설고, 이국적이고, 진보적이며, 터부시되는 무언가를 결부시켜라. 메시지를 딱 떨어지게 규명하지 말고 애매하게 남겨둬라. 당신의 대상이 어디든 있다는 환상을 만들어내라. 도처에 보이고 남들이 욕망한다고 믿게 하라. 그러고 나면 나머지는 모든 인간에게 잠재된 선망이 모두 알아서 처리할 것이다. 욕망의 연쇄효과에 불을 놓을 것이다.

드디어 원하던 것을 갖게 됐어. 그러면 나는 행복할까? 별로. 대체 뭐가 빠졌기에? 내 영혼에는 더 이상 욕망이 주는 짜릿함이 없어…. 아, 착각해서는 안 돼. 기쁨은 만족에 있는 게 아니라 좇는 과정에 있는 거야.

– 피에르 오귀스탱 카롱 드 보마르셰(18세기 프랑스의 극작가. 오페라 〈세비야의 이발사〉, 〈피가로의 결혼〉 등의 원작을 썼다. – 옮긴이)

· 인간 본성의 열쇠 · 사람들의 억압된 판타지를 자극하라

천성적으로 우리는 가진 것에 쉽게 만족하지 못한다. 내면의 비뚤어진 어떤 힘 때문에 무언가를 소유하는 순간 혹은 바라던 것을 얻는 순간 우리의 마음은 이미 색다른 무언가를 향해 떠나버린다. 더 좋은 것을 가질 수 있다고 상상하면서. 그 새로운 대상이 더 갖기 힘들고 더 멀리 있을수록, 그걸 갖고 싶은 우리의 욕망도 커진다. 이것을 '남의 집 잔디 신드롬'이라고 불러도 좋을 것이다. 착시현상의 심리학 버전 말이다. 그 잔디에, 그 새로운 대상에 너무 가까워지고 나면 우리는 그 잔디가 실제로는 별로 푸르지 않았음을 알게 된다.

이런 현상은 우리의 본성에 아주 깊이 뿌리 내리고 있다. 그에 관한 가장 오래된 기록은 아마도 구약성서에 나오는 이집트 탈출 부분일 것이다. 하느님의 선택으로 히브리인을 약속의 땅에 데려가게 된 모세는 사람들을 이끌고 황야로 나아간다. 그리고 그곳에서 40년간 헤매게 된다. 히브리인은 이집트에서 노예로 일하며 힘든 삶을 살았다. 그러나 사막에서 다시 곤경에 처하게 되자 불현듯 이전의 삶에 대한 향수가 자라난다. 하느님은 굶주리는 그들 앞에 만나를 내려주지만, 히브리인들은 이집트에서 먹었던 맛있는 멜론과 오이, 고기와 비교하며 투덜댄다. 홍해를 가르는 등의 하느님의 다른 기적에도 큰 감흥을 받지 못한 그들은 황금으로 송아지를 만들어 섬기기로 하지만, 모세가 그들을 벌주자 새 우상에 대한 흥미는 금세 사라지고 만다.

사람들의 불평불만에 모세는 끝도 없이 골치를 썩어야 했다. 남자들은 이국의 여자들을 탐냈고, 사람들은 계속해서 새로운 추종 대상을 찾았다. 하느님마저 그들의 끊임없는 불평에 화가 나서 모세를 포함한 이 세대 전체가 약속의 땅에 들어가지 못하게 했다. 그러나 다음 세대들이 젖과 꿀이 흐르는 땅에 정착한 이후에도 불평은 조금도 수그러들지 않았다. 뭘 갖게 돼도 사람들은 저 너머 더 좋은 무언가를 꿈꾸었다.

이런 현상은 일상 속에서도 벌어진다. 나보다 나은 것을 가진 듯한 사람이 계속해서 눈에 보인다. 저 사람의 부모는 더 많은 사랑을 주고, 저 사람의 직업은 더 흥미롭게 보이고, 저들의 삶은 더 쉬워 보인다. 완벽하게 만족스러운 연애를 하면서도 마음은 끊임없이 새로운 사람을 찾아 헤맨다. 내 배우자의 이 생생한 단점을 가지지 않은 다른 사람이 있을 거라고 생각한다. 우리는 어느 낯선 문화권으로 떠나 지루한 일상을 벗어나는 것을 꿈꾼다. 그곳의 사람들은 내가 사는 이 때 묻은 도시 사람들보다 더 행복하리라 생각한다. 정치를 이야기하자면 이 나라 정부는 부패했고, 우리는 정말로 변화가 필요하고, 어쩌면 혁명이 필요하다고 생각한다. 그 혁명을 통해 우리가 사는 불완전한 세상이 참된 유토피아로 바뀔 수 있다고 생각한다. 역사상 절대 다수의 혁명은 이전과 똑같은 결과를 낳았거나 이전보다 못한 결과를 가져왔었다는 사실은 생각하지 않는다.

그 모든 경우에 우리가 부러워하는 그 사람, 행복하리라 생각하는 가정, 탐나는 남자나 여자, 알고 싶은 문화권의 사람들, 더 나은 직장, 바로 그 유토피아에 가까워지는 순간 환상은 분명히 깨진다. 그렇게 욕망을 쫓아다니다가 환상이 깨져서 실망하는 경험을 여러 번 하고서도 우리의 행동은 바뀌지 않는다. 다시 또 저 멀리 반짝이는 것, 이국적인 것, 빨리 부자가 될 수 있는 비법이 나타나면 눈이 커지고 만다.

이 현상이 얼마나 충격적인지를 잘 알 수 있는 좋은 예가 있다. 멀어지는 유년기를 바라보는 우리의 시각이 어떤지 살펴보면 된다. 대부분의 사람에게는 신나고 즐거웠던 황금기가 있다. 나이가 들면서 그 시기는 우리의 기억 속에서 더욱더 좋았던 때로 남는다. 유년기를 괴롭혔을 초조나 불안, 상처 같은 것은 편리하게 잊어버린다. 정작 그 당시에는 이 괴로움이 그 짧은 기쁨의 순간보다 훨씬 더 오랫동안 우리의 머릿속을 차지하고 있었을 텐데 말이다. 하지만 젊음이란 나이가 들수록 점점 더 멀어지는 대상이기에 우리는 그것을 이상화시키고 더 없이 푸르게 생각한다.

이런 현상은 인간의 뇌가 가진 특징 세 가지로 설명이 가능하다. 첫 번째는 '유도(誘導)'라는 것이다. 긍정적인 무엇은 그와 대조되는 부정적 이미지를 머릿속에 만들어낸다. 이것을 가장 뚜렷이 알 수 있는 것은 시각을 통해서다. 빨강이나 검정 같은 색상을 보고 나면 주변에 그와 반대되는 녹색이나 흰색 같은 것이 더 또렷하게 느껴진다. 빨간색 물체를 보고 있으면 그 주위로 녹색 후광이 생기기도 한다. 일반적으로 생각은 '대조'라는 것을 이용해 작동한다. 우리가 어떤 것의 개념을 형성할 수 있는 것은 그와 반대되는 게 뭔지 알기 때문이다. 뇌는 이렇게 대조되는 것들을 끊임없이 들추어내고 있다.

이 말은 곧 우리가 무언가를 보거나 상상하면 머릿속으로는 어쩔 수 없이 정반대되는 것을 보거나 상상하게 된다는 뜻이다. 만약 내가 사는 문화권에서 특정한 생각이나 욕망이 금지되어 있다면, 터부시된다는 사실 자체가 즉시 그 금지된 것을 떠올리게 만든다. '안 돼'라고 할 때마다 '돼'가 떠오른다는 이야기다. 이를테면 빅토리아 시대에 포르노를 금지하자 사상 처음으로 포르노 '산업'이라는 게 생겼다. 마음속에서 이렇게 반대되는 것들이 계속 교차하는 것은 우리가 통제할 수 있는 부분이 아니다. 그렇기 때문에 우리는 내가 갖지 못한 바로 그것을 자꾸 생각하고 욕망할 수밖에 없다.

두 번째는 진화론적으로 보았을 때 무언가에 안주하는 것은 인간처럼 의식이 있는 동물에게는 위험한 특성이 된다는 점이다. 만약 우리 조상들이 현재 상태에 쉽게 만족하는 성향이었다면, 겉으로는 안전해 보여도 어디서 도사리고 있을지 모를 위험 요소들에 충분히 예민하지 못했을 것이다. 우리가 이렇게 살아남고 번성할 수 있었던 것은 지속적으로 경각심을 갖고 위험을 의식한 덕분이지만, 그 때문에 어떤 환경에 가더라도 혹시라도 있을지 모를 부정적 요소를 생각하고 상상해보게 됐다. 우리는 더 이상 목숨을 위협하는 포식자나 자연 재해가 득실대는 사바나나 숲속에 살고 있지 않지만, 우리의 뇌는 아직도 그런 환경에 맞게 만들어져 있다. 그래서 우리는 계속 부정적인 생각을 하게 되고 그게 종종 의식적으로 표현되면 불평이나 불만이 되는 것이다.

마지막으로, 실제인 것과 상상의 소산은 뇌에서는 아주 유사한 방식으로 경험된다. 이는 다양한 실험을 통해 이미 증명된 바 있다. 기능적 자기공명영상(fMRI)을 통해 뇌 속을 살펴보면 사람이 무언가를 상상할 때는 그것을 실제로 체험할 때와 놀랄 만큼 비슷한 전기적, 화학적 활동이 일어난다. 때로 현실은 아주 혹독하고 수많은 한계와 문제점을 안고 있다. 사람은 누구나 죽는다. 내일매일 우리는 조금씩 늙고 약해진다. 성공하려면 희생과 노력이 필요하다. 그러나 상상 속에서 우리는 이런 한계를 뛰어넘어 온갖 가능성을 즐길 수가 있다. 상상에는 사실상 한계가 없다. 그리고 상상은 실제로 경험하는 것과 거의 비슷한 만큼의 힘이 있다. 그래서 우리는 늘 무언가 지금보다 나은 것을 상상하고, 그렇게 상상을 할 때면 현실에서 놓여난 해방감에 약간의 기쁨을 느끼는 존재가 됐다.

그러니 우리의 심리 구조상 언제나 옆집 잔디는 우리 집 잔디보다 더 푸를 수밖에 없다. 인간 본성에 혹시나 이런 흠이 있다고 해서 그것을 불평하거나 도덕적으로 비난해서는 안 된다. 그것은 각자의 정신생활의 일부이고 좋은 점도 많다. 우리가 새로운 가능성을 생각하고 혁신할 수 있는 것은 이 결점 덕분이다. 상상력이 우리에게 강력한 도구가 되는 것도 그 덕분이다. 뒤집어보면 우리가 사람들을 감동시키고 흥분시키고 유혹할 수 있는 것은 모두 그 덕분이다.

사람들의 타고난 선망을 이용할 줄 아는 것은 세월이 흘러도 변치 않는 유용한 기술이다. 우리는 온갖 종류의 설득에 이 기술을 활용한다. 오늘날 문제는 사람들이 갑자기 선망을 멈춘 것이 아니라, 우리가 이 기술을 활용하는 법을 잊고, 이 기술이 가진 힘을 잊은 데 있다.

그 증거는 우리 문화를 보면 알 수 있다. 우리는 폭격과 포화의 시대를 살고 있다. 광고주들은 메시지와 브랜드 이미지를 퍼부으며 우리를 이리저리 끌고 가 이걸 클릭하고 저걸 사게 만든다. 머리 위에서 쾅쾅 울리는 영화는 우리의 오감을 폭격한다. 정치인들은 현란한 기술을 발휘해 현재 상황에 대한 우리의 불만을 휘저어놓고 거기서 이득을 취한다. 그러면서 미래에 대한 우리의 상상력을 어떻게 자극해야 하는지는 전혀 모른다. 이 모든 사례에서 '은근함'이란 도무지 찾아볼 수 없고, 남몰래 색다른 것을 갈망하는 우리의 상상력만 더 굳어지게 만든다.

그 증거는 연애 중에도 나타난다. 상대는 나를 있는 그대로 욕망해야 한다고 생각하는 사람이 계속해서 늘어나고 있다. 이 말은 곧 나 자신을 최대한 많이 알려주고, 모든 호불호를 드러내고, 최대한 나를 익숙한 존재로 만들어야 한다는 뜻이다. 하지만 그렇게 되면 상상이나 판타지의 여지는 하나도 남지 않는다. 그래 놓고 내가 원하는 사람이 나에 대한 흥미를 잃어버리면 온라인에 가서 이 남자가 속물이었네, 저 여자가 무책임하네 하고 불평을 토로한다. 우리는 점점 더 나 자신에게 더 몰두하고 있고(2장 참조) 그래서 다른 사람의 심리 속으로 들어가는 일은 그 어느 때보다 힘들다. 내가 상대에게 바라는 점이 아니라, 상대가 나에게 바라는 게 무엇일지 상상하는 게 지금처럼 힘들었던 적은 없다.

알아둘 것이 있다. 이 모든 것이 인간이 더 정직하고 진실해지고 있다는 증거라고 말하는 사람도 있을지 모른다. 그러나 인간 본성은 겨우 몇 세대 만에

인간 본성의 법칙

바뀌지 않는다. 사람들이 더 뻔하고 솔직해진 것은 어떤 깊은 도덕적 부름에 응답해서가 아니라, 자기몰두가 더 심해지고 전반적으로 게을러졌기 때문이다. 그저 내 모습 그대로를 보여주거나 메시지를 쏟아내는 데는 아무런 노력도 필요하지 않다. 그렇게 노력이 줄어들면 사람들의 심리에 미치는 영향력도 줄어든다. 이 말은 곧 나에 대한 사람들의 관심이 종잇장처럼 얇아질 거라는 이야기다. 사람들의 관심은 금세 딴 데로 옮겨갈 테고 당신은 이유를 알지 못할 것이다. 오늘날 유행하는 손쉬운 도덕주의를 곧이곧대로 받아들이지 마라. 그들이 촉구하는 대로 정직하려 한다면 선망의 대상은 될 수 없다. 오히려 정반대 방향으로 가라. 지금은 선망의 기술을 이해하는 사람이 너무 적기 때문에 사람들의 억압된 판타지를 활용한다면 당신이 빛날 기회는 무궁무진하다.

욕망을 자극하는 세 가지 전략

선망의 법칙을 활용하는 핵심 열쇠는 당신과 당신이 만든 것을 대상화하는 것이다. 사람들은 보통 자신의 생각과 꿈속에 갇혀 있다. 그래서 남들이 나를 있는 그대로 사랑하고 존중해줘야 한다고 착각한다. 내가 뭔가를 만들면 남들은 당연히 그것에 열광해야 한다고 생각한다. 수많은 노력을 투자했으니 성공에 대한 높은 희망을 품는 것도 당연하다. 하지만 남들에게는 그런 것이 눈에 보이지 않는다. 남들에게는 당신도 그저 많은 사람 중 한 명에 불과하고, 당신은 상대에게 호기심, 흥분, 무관심 때로는 적대감까지 불러일으킬 수 있다. 남들은 당신에게 그들의 판타지와 선입견을 투영한다. 일단 공개되고 나면 당신의 작품은 당신의 희망이나 꿈과는 완전 별개로 또 하나의 대상이 되고, 그 대상은 남들에게 강한 감정을 일으킬 수도, 약한 감정을 일으킬 수도 있다. 당신과 당신의 작품을 남들이 제각각 인식하고 있는 대상처럼 볼 수 있다면, 당신에게는 상대의 인식을 바꾸고 욕망의 대상을 창조할 힘이 생긴다.

욕망의 대상을 창조하는 주요 전략 세 가지를 소개하면 아래와 같다.

언제 어떻게 철수할지 알아라

선망의 기술의 핵심이다. 당신이라는 존재를 남들은 눈으로 보고 머리로 해석한다. 당신이라는 존재가 너무 뻔하면, 즉 당신이 너무 쉽게 읽히고 너무 쉽게 이해되거나 당신의 욕구를 너무 대놓고 보여주면, 사람들은 무의식적으로 당신을 약간 무시하기 시작한다. 그리고 시간이 지나면 당신에게 흥미를 잃을 것이다. 당신이라는 존재에 약간의 냉담함을 섞어서 보여줘야 한다. 마치 그들이 없어도 될 것처럼 말이다. 사람들은 그것을 당신이 스스로를 존경받을 가치가 있는 사람으로 인식한다는 신호로 받아들인다. 그러면 무의식적으로 그들의 눈에 당신의 가치는 더 올라간다. 사람들은 당신을 쫓고 싶어진다. 이런 약간의 냉담함이 당신이 가장 먼저 연마해야 할 '철수'의 한 형태다. 거기에 당신의 정체에 관해 약간의 빈 곳과 모호한 부분을 만들어라. 당신의 의견과 가치관, 취향이 사람들에게 너무 뻔해 보여서는 안 된다. 그래야 사람들이 당신을 자신이 바라는 대로 읽을 수 있는 여지가 생긴다. 영화배우들은 바로 이 기법의 달인이다. 그들은 자신의 얼굴과 존재감을 사람들이 판타지를 펼칠 수 있는 스크린 속 모습으로 바꿔놓는다. 일반적으로 우리도 미스터리의 기운을 풍겨서 사람들이 나를 해석하고 싶게 만들어야 한다.

사람들의 상상력을 충분히 자극해 그들이 걸려들었다고 생각되면, 실제로 몸을 숨기고 보여주지 않는 것도 필요하다. 당신을 너무 쉽게 접할 수 있으면 안 된다. 때때로 하루나 일주일 정도는 몸을 숨겨도 된다. 그러면 상대의 마음속에 약간의 빈자리, 약간의 고통이 생긴다. 이런 부재를 통해 상대의 마음속에 당신이 차지하는 자리는 오히려 더 커진다. 상대는 당신을 더 많이 보고 싶어진다.

가수 마이클 잭슨은 이 게임을 완벽하게 즐길 줄 알았다. 그는 시장이 자신

인간 본성의 법칙 ────

의 음악으로 포화되고 자신이 공식석상에 너무 자주 서는 것이 위험하다는 사실을 아주 잘 알고 있었다. 그는 앨범을 내는 간격을 조절해서 대중이 그의 음악을 더 갈구하게 만들었다. 인터뷰나 공연의 횟수를 주도면밀하게 관리했고, 노래 가사의 의미에 관해 말하거나 대놓고 어떤 메시지를 선전하지 않았다. 그는 홍보 담당자를 통해 종종 자신에 관한 새로운 이야기를 누출했다. 예컨대 젊음을 영원히 유지하기 위해 고압산소실을 사용한다는 것처럼 말이다. 그는 이런 이야기들을 긍정하지도 부정하지도 않았고, 그러면 언론은 더 법석을 떨었다. 마이클 잭슨은 수많은 이야기와 루머를 양산했지만, 확실한 것은 아무것도 없었다. 이렇게 전략적인 모호함을 통해 그는 자신을 끝없는 욕망의 대상으로 만들었다. 사람들이 그를 더 알고 싶고, 그의 음악을 소유하고 싶게 만들었다.

당신도 당신의 작품으로 비슷한 선망 효과를 만들어낼 수 있다. 프레젠테이션이나 메시지에는 늘 어느 정도 조정의 여지를 남겨둬라. 사람들이 당신의 작품을 여러 가지로 해석할 수 있게 하라. 정확히 어떻게 받아들이고 사용해야 하는지 절대로 명확하게 규정하지 마라. 셰익스피어나 체호프 같은 위대한 극작가의 작품이 수백 년이 지나도 그토록 신선하고 흥미진진하게 느껴지는 것은 이 때문이다. 저들의 작품은 세대마다 자신들이 원하는 대로 해석하는 것이 가능하다. 저들은 시간에 구애되지 않는 인간의 본성을 이야기했지만, 그에 관해 도덕적 심판을 내리거나 관객들에게 이렇게 느끼고 저렇게 생각하라고 지시하지 않았다. 당신이 무엇을 만들든 이것을 본보기로 삼아라.

또한 다음을 잊지 마라. '상상이 활발해질수록 우리가 느끼는 즐거움도 더 커진다'는 것이다. 어릴 때 우리는 지시사항이나 규칙이 너무 분명한 게임에는 금세 흥미를 잃었다. 그러나 게임을 우리가 발명했거나 게임의 구조가 어딘가 허술해서 우리의 생각과 판타지를 집어넣을 수 있다면 훨씬 더 오래 흥미를 유지할 수 있었다. 꿈이나 환상을 연상시키는 추상화를 볼 때 혹은 쉽게 해석할 수 없는 영화를 볼 때, 애매모호한 농담이나 광고를 접할 때 해석은 '우리'의 몫이 되고 그런 식으로 상상력을 발휘할 수 있다는 사실이 우리를 흥분시킨다. 당신의 작품도 사람들이 이런 기쁨을 최대한 느낄 수 있게 만들어야 한다.

욕망의 경쟁 상대를 만들어라

인간의 욕망은 개별 현상인 경우가 결코 없다. 우리는 사회적 존재이고 우리가 원하는 것은 거의 언제나 남들이 원하는 것을 반영한다. 이것은 아주 어릴 때부터 시작된다. 우리는 부모의 관심(우리가 처음으로 욕망하는 대상)을 제로섬 게임으로 보았다. 형이나 동생이 더 많은 관심을 받으면 나에게 돌아올 관심은 줄어든다고 생각했다. 관심과 사랑을 받기 위해서는 형제자매 기타 사람들과 경쟁해야 했다. 형제자매나 친구가 선물이나 기념품 같은 것을 받는 것을 보면 나도 똑같은 것을 갖고 싶은 경쟁심에 불이 붙었다. 남들이 욕망하지 않는 대상이나 사람은 썩 훌륭하지 않거나 마뜩잖을 거라 생각했다. '분명 뭔가 하자가 있겠지.'

이게 평생의 패턴이 되고, 어떤 사람은 이 패턴이 남보다 더 두드러진다. 그들은 연애를 할 때 임자가 있는 사람에게만 흥미를 느낀다. 제3자가 욕망한 대상임이 분명하기 때문이다. 그들은 이렇게 사랑을 받는 대상을 뺏어서 남으로부터 승리를 쟁취하려고 한다. 이런 성향은 분명 어린 시절에 뿌리를 두고 있을 것이다. 누군가 새로운 방법으로 돈을 벌면 이들은 거기에 함께 참여하는 데서 그치지 않고 시장을 독점하려고 한다. 반면에 보다 미묘하게 패턴을 드러내는 사람들도 있다. 이들은 누군가 흥미로워 보이는 것을 소유하고 있으면 그것을 뺏는 게 아니라 그 경험을 공유하고 거기에 참여하려고 한다. 어느 쪽이 되었든, 어떤 사람이나 사물을 남들이 욕망하면 그것의 가치는 자연히 올라간다.

당신은 이 점을 활용하는 방법을 배워야 한다. 남들이 당신이나 당신 작품을 욕망한다는 인상을 만들어낼 수 있으면, 당신이 직접 나서거나 말 한 마디 하지 않아도 사람들을 당신의 흐름으로 끌어들일 수 있다. 그러면 그들이 당신을 찾아올 것이다. 당신 주위에 이런 아우라를 만들어내도록, 안 되면 그런 착각이라도 일으키도록 최선을 다해야 한다.

이런 효과를 낼 수 있는 방법은 여러 가지가 있다. 당신이라는 대상이 어디서나 보이고 들리게 만드는 것도 한 방법이다. 필요하다면 샤넬처럼 복제품 제조를 부추겨서라도 말이다. 그러면 굳이 당신이 직접 개입하지 않더라도, 어떤 식으로든 사람들의 관심을 끌게 될 것이다. 이 과정을 가속화하려면 다양한 미디어를 통해 당신의 대상에 관한 루머나 이야깃거리를 제공하면 된다. 그러면 사람들은 당신에 관해 떠들어대기 시작할 테고 입소문을 통해 그 효과가 확산될 것이다. 심지어 부정적인 코멘트나 논란조차 같은 효과를 낼 것이고 때로는 칭찬보다 더 좋은 효과가 있을 것이다. 그렇게 되면 당신의 대상은 도발적이고 반항적인 느낌을 갖게 될 것이다. 어쨌거나 사람들은 부정적인 것에 끌린다. 당신이 침묵하거나 메시지의 방향을 명확히 알려주지 않을 경우 사람들은 멋대로 이야기를 만들어내고 해석하게 될 것이다. 중요 인물이나 유행을 선도하는 사람들이 당신에 관해 이야기하게 만들어서 열기에 더 불을 지피는 방법도 있다. 당신이 제안하는 대상이 새롭고 혁명적이며 듣도 보도 못한 것이라고 말하게 하면 된다. 당신은 트렌드를 앞서가게 될 것이다. 그러다 어느 시점이 되면 이 추세를 느끼는 사람이 충분히 많아질 테고, 뒤처지고 싶지 않은 마음에 다른 사람들도 동참하게 될 것이다. 이 게임의 유일한 문제점이라면 지금 세상에는 이런 바이럴 효과를 노리는 사람이 너무 많고, 대중은 말도 못하게 변덕스럽다는 사실이다. 따라서 당신은 이런 연쇄반응을 촉발시키는 것뿐만 아니라 그 내용을 리뉴얼하고 새 반응을 만들어내는 데도 달인이 되어야 한다.

개인의 측면에서 보면 당신은 남들이 당신을 욕망한다는 것, 당신에게는 과거가 있다는 것을 분명히 알려야 한다. 그렇다고 해서 불신을 조장할 만큼 과거가 너무 많아서는 안 되고 그저 남들이 당신을 욕망의 대상으로 볼 만큼의 과거면 된다. 이때 방법은 간접적인 것이 좋다. 사람들이 딴 데서 당신의 과거사를 듣게 만들어라. 당신이 남녀로부터 관심을 받는다는 사실을 남들이 말 그대로 볼 수 있게 만들어라. 당신은 말 한 마디 하지 않으면서 말이다. 대놓고 자랑하거나 노골적으로 신호를 보낸다면 오히려 효과가 감소할 것이다.

협상이 필요한 상황이라면 언제나 제3자 혹은 제4자를 끌어들여 당신을 놓고 경쟁하게 하라. 욕망의 경쟁 상대를 만들어라. 그 즉시 당신의 가치는 올라갈 것이다. 비단 입찰이라는 측면뿐만 아니라 남들이 당신을 탐낸다는 사실을 사람들이 보게 된다는 점에서 이미 당신의 가치는 올라간다.

유도(誘導)를 이용하라

우리는 우리가 과거에 비해 훨씬 자유로운 시대에 살고 있다고 생각할지 몰라도, 실제 우리는 그 어느 때보다 많은 규제 속에 살고 있다. 디지털 기술은 우리의 일거수일투족을 따라다닌다. 인간 행동의 온갖 측면을 규제하는 법률도 그 어느 때보다 많다. 정치적 올바름(political correctness)은 늘 있던 개념이지만, 소셜 미디어를 통해 우리가 훤히 노출되면서 그 판단의 잣대 아래 서는 일도 더 잦아지고 있다. 말은 하지 않아도 이렇게 움직임 하나하나, 생각 하나하나까지 드러나고 제약을 받는 것에 대부분의 사람은 신경을 쓰고 좌절을 느낀다. 우리는 해서는 안 되는 일, 내게 그어진 선을 넘는 일을 동경한다. 우리는 억압된 '예스'나 '노'에 쉽게 끌린다.

당신이라는 대상을 약간은 불법적인 것, 통념에 어긋나는 것, 진보적인 것과 연상시키게 만들어라. 샤넬이 중성적 느낌을 대놓고 어필하며 성 역할을 무시한 것처럼 말이다. 세대 간의 투쟁은 언제나 좋은 소재다. 당신이 제안하는 대상이 답답한 과거 세대와 뚜렷한 대조를 이루게 하라. 존 F. 케네디는 맹

목적 획일성의 시대였던 1950년대 및 아이젠하워 시대와 자신을 대비시켰다. 케네디에게 투표하는 것은 젊음과 활력, 잃어버린 남성성을 의미했다. 사실상 그는 사람들이 남몰래 감추고 있는 아버지상(像)에 대한 원망과 아버지를 제거하고 싶은 반인륜적 욕망을 갖고 놀았다. 이 욕망은 언제나 젊은이들 사이에서 암암리에 존재했으나 거기에는 늘 터부라는 딱지가 붙어 있었다.

허용되지 않지만 거의 모든 사람이 갖고 있는 욕망 중에 하나가 관음증이다. 남의 사생활을 들여다보는 것은 프라이버시에 대한 엄격한 사회적 터부를 위반하는 일이다. 그런데도 사람들은 누구나 남의 집 현관 뒤에서 무슨 일이 벌어지는지 보고 싶어 한다. 극장과 영화는 바로 이 관음증적 욕구에 의존하고 있다. 극장과 영화는 우리를 남의 방 속에 집어넣고, 말 그대로 타인을 염탐하는 듯한 경험을 하게 만든다. 일을 할 때도 이런 방법을 활용할 수 있다. 마치 공유해서는 안 될 비밀을 폭로하는 듯한 인상을 풍기면 된다. 개중에는 분노하는 사람도 있겠지만 다들 호기심은 느낄 것이다. 그 비밀은 당신에 관한 것이어도 좋고 아니면 당신이 그 일을 어떻게 헤냈는지 혹은 남들에 관한 이야기, 권력자들의 닫힌 문 뒤에서 어떤 일이 벌어지고 그들은 어떤 원칙으로 움직이는지 같은 내용도 좋다.

무엇이 되었든 당신이 제안하는 것은 새롭고 낯설고 이국적이어야 하고, 아니면 적어도 그런 것처럼 '보여야' 한다. 기존의 뻔하디 뻔한 것과 이루는 대조가 사람들에게 선망의 끌림을 만들어낼 것이다.

마지막으로, 가질 수 없는 것, 불가능한 것을 손에 넣을 수 있다는 기대를 사람들 눈앞에서 흔들어라. 인생은 갖가지 짜증나는 한계와 난관으로 가득하다. 부자가 되고 성공하려면 대단한 노력이 필요하다. 우리는 내 성격 안에 갇혀 있고(4장 참조) 다른 누군가는 될 수 없다. 우리는 잃어버린 젊음을 회복할 수도, 그때의 건강을 되찾을 수도 없다. 매일매일 우리는 우리의 궁극적 한계, 즉 죽음에 한 발짝 가까워지고 있다. 그러나 당신이 제안하는 대상은 부나 성공에 이르는 지름길, 잃어버린 젊음을 회복하는 비법, 새로운 사람이 되는 법, 심지어 죽음을 정복하는 법과 같은 판타지를 제공한다. 너무나 불가능하다고 여겨지는 것들이기 때문에 오히려 사람들은 덥석 잡으려 들 것이다. 유도의 법칙에 따르면 우리는 이 모든 지름길과 판타지를 마치 유니콘을 상상하듯 그릴 수 있기에 이것들을 손에 넣고 싶은 욕망도 생긴다. 이것들을 상상하는 것은 실제로 경험하는 것과 거의 흡사하다.

기억하라. 뒤에서 사람을 움직이는 것은 소유가 아니라 욕망이다. 무언가를 소유하고 나면 조금은 실망하게 마련이고 새로운 무언가를 추구하고 싶은 욕망에 다시 불이 붙는다. 당신은 판타지와 그것을 좇는 즐거움에 대한 인간의 욕구를 이용해야 한다. 그런 의미에서 당신의 노력에는 끊임없는 리뉴얼이 필요하다. 사람들이 원하는 것을 손에 넣거나 당신을 소유하고 나면, 당신의 가치와 당신에 대한 그들의 존경심은 즉시 줄어들기 시작한다. 계속해서 철수하고, 놀라게 하고, 나를 쫓아오라고 자극하라. 그렇게 할 수 있는 한, 힘을 가진 사람은 당신이다.

불만족을 발전의 동기로 만들어라

우리는 늘 자신의 본성을 더 잘 의식하려고 노력해야 한다. 내 안에 '남의 집 잔디 신드롬'이 작용한다는 것과 그 때문에 나는 자꾸 특정한 행동을 한다는 사실을 알고 있어야 한다. 나의 선망 중에 긍정적이고 생산적인 것과 부정적이고 비생산적인 것을 구분해야 한다. 긍정적으로 보자면 늘 마음이 들썩이고 만족하지 않는 것이 동기가 되어 우리는 더 나은 것을 찾고 지금 가진 것에 안주하지 않을 수도 있다. 상상력은 더 확장되고 눈앞의 상황이 아닌 다른 가능성을 생각해보게 된다. 나이가 들수록 우리는 현실에 더 안주하는 경향이 있

인간 본성의 법칙

다. 하지만 예전의 들썩이는 마음을 재현할 수 있다면 더 젊게 살고 더 적극적으로 생각할 수 있을 것이다.

그러나 그렇게 들썩이는 마음에는 의식적 통제가 필요하다. 때로는 그냥 불만이 만성인 경우도 있다. 변화에 대한 욕구가 막연하고 그저 지루함에 대한 반영일 때도 있다. 그럴 경우에는 귀중한 시간만 낭비하게 된다. 하는 일이 마음에 안 들어서 큰 변화를 시도한다. 그러려면 새로운 기술을 배워야 하고 새로운 인맥도 개척해야 한다. 우리는 이 모든 것의 '새로움'을 즐긴다. 그래놓고 몇 년이 지나면 다시 불만족이 스멀스멀 올라온다. '이 길도 아니었어. 더 깊이 생각했어야 하는 건데. 옛날 직업에서 잘 맞지 않는 부분에 집중해 좀 더 온건한 변화를 모색할 걸. 옛날 직업과 관련된, 같은 계열이면서 약간의 기술 변화가 필요한 직업을 고를 걸.'

남녀관계에서도 평생토록 완벽한 남자나 여자를 찾아 헤매다가 결국은 인생 대부분을 혼자 살 수도 있다. 세상에 완벽한 사람은 없다. 그보다는 다른 사람의 결점과 타협하고 그들을 받아들이고 심지어 단점이 오히려 매력인 사람을 찾는 편이 낫다. 선망이라는 욕망을 진정시키는 과정에서 우리는 타협의 기술을 배우게 되고 남녀관계를 유지하는 법을 터득한다. 이런 것들은 결코 저절로 습득되거나 쉽게 알 수 있는 내용이 아니다.

우리는 끊임없이 최신 트렌드를 뒤쫓으며 남들이 열광하는 것을 내 욕망의 본보기로 삼을 것이 아니라, 나 자신의 취향과 욕망을 더 잘 알기 위해 시간을 투자해야 한다. 그렇게 해서 내가 정말로 필요로 하는 것 혹은 원하는 것과 광고주나 바이럴 마케팅이 만들어낸 욕구를 구분해야 한다.

인생은 짧고 우리에게 주어진 에너지도 한계가 있다. 선망이라는 욕망에 휘둘린다면 부질없는 것을 찾아다니고 불필요한 변화를 모색하느라 많은 시간을 낭비할 수 있다. 보통의 경우라면, 끊임없이 더 나은 것을 바라며 기다리기보다는 지금 가진 것을 최대한 활용하라.

이렇게 생각해보라. 당신은 당신이 아는 사람과 당신이 자주 가는 장소로 구성된 환경 속에 처해 있다. 바로 당신의 '현실'이다. 인간의 본성 때문에 당신의 마음은 끊임없이 이 현실로부터 멀어지려고 한다. 당신은 이국적인 곳으로의 여행을 꿈꾸지만 막상 그곳에 가보면 당신이 끌고 다니는 것은 여전히 불만족한 당신의 마음일 뿐이다. 당신은 새로운 판타지를 심어줄 오락거리를 찾는다. 일상과는 하등 관련 없는 아이디어와 반쯤은 존재하지도 않는 공허한 추측으로 가득한 책을 읽는다. 이 모든 소란과 가장 멀리 있는 것에 대한 그칠 줄 모르는 욕망은 결코 만족을 주지 않는다. 더 많은 허상을 쫓게 될 뿐이다. 당신은 결국 당신 자신에게서 탈출할 수 없다.

한편 당신에게는 현실이 있다. 가장 먼 것이 아니라 가장 가까이 있는 것에 몰두해보면 아주 다른 기분을 느낄 수 있다. 지근거리에 있는 사람들과는 분명히 더 깊은 관계를 맺을 수 있다. 상대에게는 우리가 결코 알아내지 못할 수많은 면이 있기 때문에 우리는 계속해서 그들에게 매혹될 수 있다. 주변 환경과 더 깊은 관계를 맺을 수도 있다. 당신이 살고 있는 그곳은 깊은 역사를 품고 있을 테니 거기에 푹 빠져들 수도 있다. 주변을 잘 알면 힘을 얻게 될 기회도 많이 생긴다. 당신의 현실은 당신 자신조차 결코 다 이해하지 못할 신비한 구석들이 있다. 자신을 더 잘 알려고 노력하다 보면 본성의 노예가 아니라 주인이 될 수 있다. 당신의 일도 개선하고 혁신할 기회가 무궁무진하게 있고 얼마든지 상상력을 발휘할 여지가 있다. 이런 것들은 가장 가까이 있는 것들이고, 가상세계가 아니라 당신의 현실세계를 구성한다.

결국 반드시 추구해야 할 것은 현실과 더 깊은 관계를 맺는 일이다. 이것이야말로 당신에게 평온과 인생의 구심점과 실질적 힘을 가져다줄 것이다. 당신에게서 실제로 바꿀 수 있는 것을 바꾸게 해줄 것이기 때문이다.

종종 당신이 아는 모든 사람에게 당신이 그들이 없어도 잘 지낼 수 있다는

인간 본성의 법칙

것을 알려줄 필요가 있다. 그렇게 하면 우정이 더 돈독해질 것이다. 아니, 실은 대부분의 사람을 대할 때 이따금씩 약간의 무시를 섞는 것도 나쁠 게 없다. 그러면 그들은 당신의 우정을 더욱더 가치 있게 생각할 것이기 때문이다. 하지만 정말로 누군가를 높이 평가한다면 그 사람한테는 그 사실을 마치 범죄인 것처럼 숨겨야 한다. 썩 기쁘지는 않겠지만 그래도 그렇게 해야 한다. 왜냐하면 우리가 너무 친절하게 대해주면 사람은 고사하고 늘 애정을 갈구하는 개조차도 감당하지 못할 것이기 때문이다!

– 아르투어 쇼펜하우어

Law 06 · Shortsightedness

근시안의 법칙

사건을
뒤흔드는
더 큰 흐름을
주시한다

지금 보고 듣는 것, 이를테면 최신 뉴스, 트렌드, 주위 사람들의 의견과 행동, 아주 극적으로 보이는 온갖 것으로부터 가장 큰 영향을 받는 것은 당신의 본성 중 동물적인 부분이다. 빠르게 결과를 얻을 수 있는 손쉬운 돈벌이를 약속하는 반짝거리는 미끼에 당신이 걸려드는 이유는 그 때문이다. 그리고 지금 주변에서 벌어지는 일에 대해 과잉 반응을 보이는 것도 그 때문이다. 어떤 사건이 일어날 때마다 당신은 과하게 들떴다 패닉에 빠졌다를 반복한다. 사람들을 평가할 때는 시야의 넓고 좁음을 기준으로 삼아라. 자기 행동의 결과를 보지 못하고, 계속해서 생각 없는 반응을 내놓는 데 그치는 사람과는 엮이지 마라. 그런 사람은 당신에게도 그런 기운을 전염시킨다. 지금 당장 눈에 보이지 않는 것, 사건들을 좌우하는 더 큰 흐름을 주시하라. 장기적 목표를 시야에서 놓치지 마라. 시각을 넓히면 그 어떤 목표든 이룰 수 있는 인내심과 명료한 관점이 생길 것이다.

현실 감각이 무너지는 순간

1719년 여름에서 가을로 넘어가는 내내 영국회사 사우스시컴퍼니(South Sea Company)의 전무 존 블런트(John Blunt)는 파리에서 속속 날아드는 소식을 들으며 초조함을 키워가고 있었다. 프랑스는 지금 엄청난 경제 붐이었다. 그 원동력이 된 것은 프랑스 지배 하의 루이지애나 지역을 개발하기 위해 스코틀랜드 사람 존 로(John Law)가 세운 미시시피컴퍼니(Mississippi Company)의 성공이었다. 로는 미시시피컴퍼니의 주식을 팔았는데 그 가격이 천정부지로 올라 프랑스 사람이라면 계급을 불문하고 이 주식을 팔아서 어마어마한 부자가 됐다. 백만장자를 뜻하는 영어 단어 '밀리어네어(millionaire)'도 바로 요 몇 달 사이 새롭게 등장한 부자들을 가리키기 위해 만들어진 단어였다.

이런 뉴스를 접하는 블런트는 부럽고 화가 났다. 그는 충성스러운 영국의 백성이었다. 미시시피컴퍼니의 성공으로 파리는 유럽 전역의 투자금을 끌어들이고 있었다. 이대로 가다가는 프랑스가 암스테르담과 런던을 뛰어넘는 세계 금융의 수도가 될 것이다. 프랑스에 그런 힘이 생긴다면 숙적인 영국에게 닥칠 것은 재앙밖에 없었다. 특히나 양국 사이에 전쟁이라도 터진다면 말이다.

개인적으로 보아도 블런트는 야망이 컸다. 그는 보잘것없는 구두수선공의 아들로 태어났지만 일찍부터 영국 사교계의 최고 위치까지 올라가겠다는 목표를 세워두었다. 그러려면 유럽을 휩쓸고 있는 금융 혁명을 이용해야 했는데, 그 혁명의 중심에는 바로 인기가 치솟고 있는 로의 회사나 사우스시컴퍼니 같은 주식회사들이 있었다. 전통적인 부의 축적 수단인 토지 소유는 관리에 비용도 많이 들어가고 세금도 꼬박꼬박 내야 했다. 그에 비하면 주식을 사서 돈을 버는 것은 상대적으로 쉬운 일이었고, 그 수익에는 세금도 없었다. 영국에서는 이런 투자가 광풍이었다. 블런트는 사우스시컴퍼니를 유럽에서 가장 크고 잘 나가는 주식회사로 탈바꿈시킬 계획을 갖고 있었는데, 프랑스 정부의 전폭적 지지를 받은 존 로가 대담한 벤처회사를 세워 그 영광을 훔쳐간 것이다. 블런트는 자신을 위해서도 또 영국의 미래를 위해서도 더 크고 훌륭한 뭔가를 생각해내야 했다.

사우스시컴퍼니는 1710년 영국 정부의 어마어마한 빚을 처리할 목적으로 만들어졌다. 회사는 그 대가로 남미 지역의 모든 영국 무역에 대한 독점권을 받기로 했다. 그동안 회사는 무역이라고는 일절 하는 것도 없이 영국 정부의 비공식 은행 역할만 하고 있었다. 회사의 지휘권을 갖게 된 블런트는 영국에서 가장 부유하고 힘 있는 사람들과 관계를 구축했는데, 그중 가장 유명한 사람이 국왕인 조지 1세(1660년-1727년) 본인이었다. 조지 1세는 사우스시컴퍼니의 가장 큰 투자자가 됐고, 회사의 이사로 임명됐다. 블런트의 인생 모토는 '크게 생각하라'였고, 이 모토로 늘 좋은 결과를 얻었다. 그래서 블런트는 머리를 쥐어짜 프랑스를 한번 능가해 보기로 했다. 마침내 1719년 그는 자신의 모토에 어울리는 계획을 생각해냈고, 그 계획이 역사의 흐름을 바꾸리라 확신했다.

당시 국왕이 이끌던 영국 정부가 직면한 가장 큰 문제는 30년간 프랑스 및 스페인과 전쟁을 치르느라 끌어다 쓴 막대한 빚이었다. 블런트의 제안은 간단하면서도 아주 놀라운 내용을 담고 있었다.

사우스시컴퍼니는 영국 정부에 상당한 수수료를 지불하고 3,100만 파운드라는 어마어마한 금액의 빚을 모두 넘겨받는다. 그 대가로 회사는 매년 빚에 대한 이자를 받기로 하고 회사는 3,100만 파운드의 빚을 민영화해서 마치 상품처럼 사우스시컴퍼니의 주식 형태로 판매한다. 주식 1주는 100파운드의 빚과 같으며 정부에 돈을 빌려준 사람들은 본인의 차용증서를 그 금액에 해당하는 사우스시컴퍼니 주식으로 전환할 수 있다. 그리고 남는 주식은 일반인들에게 판매한다.

주식 1주의 가격은 100파운드로 시작할 것이다. 모든 주식이 그렇듯이 이 주식도 가격이 오르락내리락 하겠지만, 제대로 운영된다면 이 주식의 경우 가격은 오르기만 할 것이다. 사우스시컴퍼니는 이름부터 흥미로울 뿐만 아니라, 남미에서 막대한 규모의 무역을 시작할 가능성도 있었다. 또한 애국심이 있는 영국 채권자라면 이 계획에 참여하는 것은 그들의 의무였다. 잠재적으로 정부가 지급하는 연이자보다 훨씬 큰돈을 벌면서 정부의 빚을 청산하는 것도 도울 수 있으니 말이다. 분명히 그러겠지만, 만약 주식 가격이 오른다면 주식 매입자들은 이윤을 남기고 주식을 팔 수 있고 회사는 쏠쏠한 배당도 지급할 수 있을 것이다. 마법처럼 빚이 부(富)로 탈바꿈할 수 있었다. 이것은 정부가 가진 모든 문제에 대한 해답이자, 블런트에게 불멸의 명성을 가져다줄 계획처럼 보였다.

1719년 11월 블런트의 계획을 처음 듣게 된 조지 국왕은 상당히 혼란스러웠다. 빚이 어떻게 한순간에 재산이 될 수 있는 것인지 이해가 잘 되지 않았다. 게다가 새로 생긴 복잡한 금융 용어들은 진혀 귀에 들어오지 않았다. 그러나 블런트가 워낙 확신에 차서 이야기하다보니 국왕은 그의 열정에 그대로 휩쓸리고 말았다. 무엇보다 그는 국왕의 가장 큰 문제 두 가지를 한 번에 해결해주겠다고 하지 않는가? 이런 전망을 제시하는 사람을 배척하기란 쉽지 않은 일이었다.

조지 국왕은 인기가 형편없었다. 영국 역사를 통틀어 가장 인기 없는 왕에 속했다. 영국인이 아니라 독일인으로 태어난 것을 모두 그의 탓이라고 할 수는 없었다. 원래 그의 작위는 브라운슈바이크 공작 겸 하노버 선거후(選擧侯, 독일 황제의 선거권을 가진 제후. - 옮긴이)였다. 1714년 영국의 앤 여왕이 숨졌을 때, 조지는 개신교도 중에서 살아 있는 가장 가까운 친척이었다. 그러나 그가 왕위에 오른 그 순간부터 영국인들은 그를 싫어했다. 그는 끔찍한 억양으로 영어를 구사했고 태도도 볼품이 없었으며 늘 더 많은 돈을 긁어가려고 했다. 나이

노 많으면서 여자들 뒤꽁무니를 쫓아다녔는데 심지어 별로 매력적인 여자들도 아니었다. 재임 초기에 몇 번 쿠데타 시도가 있었는데, 만약 성공했더라면 대중들은 환영했을지도 모를 일이었다.

조지 국왕은 새로 거느리게 된 백성들에게 자신도 훌륭한 왕일 수 있다는 사실을 나름 증명하고 싶은 마음이 간절했다. 그런 그가 가장 싫어한 것이 본인의 재임 이전에 정부가 만들어놓은 막대한 빚이었다. 조지 국왕은 빚이라면 거의 알레르기를 일으켰다.

그런데 지금 블런트라는 사람이 그 빚을 모두 없애고 영국에 번영을 가져오며 그 과정에서 왕권까지 강화해줄 방안을 제시하고 있는 것이다. 참말이라고 하기에는 너무 꿈같은 이야기였지만, 조지 국왕은 이 계획을 전폭적으로 지원했다. 그는 재무장관 존 에이즐러비(John Aislabie)에게 1720년 1월 국회에서 이 계획을 발표하는 임무를 줬다. 블런트의 계획은 법안 형태로 국회의 승인을 받아야 했다. 계획이 발표되자마자 몇몇 의원은 격렬히 반대하고 나섰다. 계획 전체가 터무니없다고 생각하는 의원들도 있었다. 그러나 에이즐러비의 발표가 있고 몇 주가 지나는 동안 반대파 의원들은 자신들을 향한 지지가 서서히 줄어드는 것을 괴롭게 지켜봐야 했다. 회사가 영국에서 가장 부유하고 힘 있는 사람들에게 거저나 다름없는 헐값으로 주식을 미리 팔았던 것이다. 개중에는 저명한 의원들도 있었다. 개인적으로 큰 이득을 보게 된 그들은 법안에 찬성하는 쪽으로 돌아섰다.

그해 4월 법안이 통과되자, 조지 국왕이 몸소 사우스시컴퍼니를 방문해 신사업 주식을 사기 위한 예치금으로 10만 파운드를 내고 갔다. 이 사업에 대한 자신감을 보여주고 싶었던 것이지만, 불필요한 제스처였다. 신사업은 법안이 통과되는 과정에서 이미 대중의 이목을 사로잡았고, 사우스시컴퍼니의 주식에 대한 관심은 이미 열풍에 가깝게 고조되어 있었다. 활동의 중심은 런던 거래소 거리였다. 거래되지 않는 주식이 없다는 이곳의 좁다란 골목들은 날이 갈수록 사람들이 몰려들어 길이 막히는 구간이 계속 늘어나고 있었다.

처음에는 대체로 부유하고 영향력 있는 사람들이 근사한 마차를 타고 주식을 사러왔다. 그중에는 존 게이(John Gay)나 알렉산더 포프(Alexander Pope), 조너선 스위프트(Jonathan Swift) 같은 예술가나 학자들도 있었다. 얼마 후 구미가 당긴 아이작 뉴턴 경이 본인의 예금 중 상당 부분인 7,000파운드를 투자했다. 하지만 몇 주 후 뉴턴은 이런 의심이 들었다. 비록 가격이 계속 오르고 있기는 하지만, 올라갈 수 있는 것은 분명 내려갈 수도 있을 것이다. 그는 두 배의 수익을 낸 상태에서 주식을 처분했다.

얼마 후 사우스시컴퍼니가 곧 남미에서 무역을 시작할 거라는 루머가 돌기 시작했다. 남미의 산 밑에는 돈 될 만한 것들이 잔뜩 묻혀 있다고 했다. 이 소문은 열기에 기름을 부었고, 이제 상류층, 하류층 할 것 없이 모든 계급의 사람들이 사우스시컴퍼니의 주식을 사려고 몰려왔다. 블런트는 빚을 부로 바꾸는 비법을 발견한 금융계의 연금술사가 됐다. 시골 농부들은 평생 모아두었던 침대 밑의 쌈짓돈을 꺼내 아들과 조카에게 최대한 많은 주식을 사오라고 했다. 광풍은 평소 같으면 이런 것에 관심도 없었을 온갖 계급의 여성들에게까지 퍼져나갔다. 거래소 거리에는 여배우와 공작부인이 함께 팔꿈치를 부대끼고 있었다. 그러는 동안에도 가격은 계속 올라 300파운드가 넘더니 이내 400파운드가 됐다.

얼마 전 프랑스가 그랬던 것처럼 영국도 이제 어마어마한 붐을 경험하고 있었다. 5월 28일 60세 생일을 맞은 국왕은 검소함으로 유명한 사람답지 않게 그 누구도 본 적 없는 성대한 파티를 열었다. 와인과 샴페인 통이 끝도 없이 들어갔다. 파티 참석자 중에는 드레스에 5,000파운드어치의 보석을 휘감아 부를 과시하는 여자도 있었다. 런던 곳곳에서 부자들은 저택을 허물어 더 크고 웅장한 집을 새로 지었다. 짐꾼과 마부들은 일손을 놓고 비싼 마차를 사서 이번에는 본인이 짐꾼과 마부를 고용했다. 젊은 여배우 하나는 돈을 얼마나 많이 벌었던지

은퇴를 결심하고 팬들에게 작별 인사를 하기 위해 극장 하나를 통째로 빌렸다. 어느 귀부인은 저녁에 오페라 관람을 갔다가 전에 하녀로 부리던 여자가 지금은 자신보다 더 비싼 좌석에 앉아 있는 것을 보고 경악했다. 조너선 스위프트는 친구에게 쓴 편지에서 이렇게 말했다. "런던에서 온 사람들한테 거기 종교가 뭐냐고 물었더니, 사우스시 주식이라더군. 영국의 정책은 뭐냐고 했더니, 사우스시래. 무역은? 사우스시. 대체 무슨 사업이기에? 그냥 사우스시래."

이런 거래 열풍의 한가운데는 블런트가 있었다. 그는 사우스시 주식에 대한 관심을 자극해 가격을 계속 올릴 수만 있다면 못할 일이 없었다. 그는 다양한 방법으로 주식을 팔았다. 지불 조건을 아주 느슨하게 만들었고, 때로는 선금으로 20퍼센트만 내도 주식을 살 수 있었다. 400파운드를 투자하면 300파운드를 빌려줬다. 그는 수요를 계속 늘려서 사람들이 부자가 될 수 있는 단 한 번의 기회를 놓칠 수도 있다고 느끼게 만들었다. 얼마 후 가격은 500파운드를 넘었으나 계속해서 오르고 있었다. 6월 15일 그는 주식 인수가를 1,000파운드라는 천문학적 금액으로 설정했다. 다만 계약금으로 10퍼센트만 내면 됐고 4년에 걸쳐 10퍼센트씩 분할 납부하면 됐다. 이런 조건에 넘어가지 않을 사람은 거의 없었다. 그달에 조지 국왕은 블런트에게 기사 작위를 수여했다. 이제 준남작이 된 존 블런트 경은 영국 사교계의 정점에 서 있었다. 그리 매력적인 외모는 아니었고 꽤 거만할 때도 있었지만 그는 너무나 많은 사람들을 부자로 만들어주었기에 이제 영국 사람들이 가장 아끼는 유명인이 됐다.

부자와 권력자들이 여름 휴가철을 맞아 런던을 떠날 준비를 하고 있을 때쯤 분위기는 그야말로 최고조였다. 블런트는 자신 있는 척 태평한 모습을 가장하고 있었지만, 속으로는 슬슬 걱정이 되기 시작했고 어쩌면 전전긍긍한다는 표현이 맞을지도 몰랐다. 그가 예측하지 못한 일이 너무나 많이 일어났다. 그는 자신도 모르는 사이 새로운 여러 투기적 사업이 우후죽순 발원하는 데 일조한 셈이 됐다. 그중에는 합법적인 것들도 있었으나 영구기관(永久機關, 추가적인 에너지 공급이 없어도 멈춰 서지 않고 영원히 움직이는 기계. - 옮긴이) 개발처럼 터무니없는 것들도 있었다. 이미 한번 마음이 들뜬 사람들은 새로 생긴 이들 회사에도 돈을 마구 쏟아부었다. 이들 주식회사에 1파운드의 현금이 흘러들어갈 때마다 사우스시컴퍼니에 쓸 돈은 1파운드 줄어들었기 때문에 점점 더 큰 골칫거리가 되고 있었다. 영국에 있는 현금의 양은 정해져 있으니 블런트가 여신(與信)을 통해 버티는 데도 한계가 있었다. 마찬가지로 사람들은 미래를 위한 안전투자의 목적으로 땅에도 돈을 퍼붓기 시작했다. 그리고 종종 그 목적으로 사우스시 주식을 팔아 현금을 찾아갔다. 사람들은 몰랐으나 블런트 본인도 하고 있는 일이었다.

설상가상으로 프랑스에서는 미시시피 사업에 신뢰를 상실한 사람들이 돈을 인출해가고 있었다. 현금이 귀해졌고 프랑스 경제는 갑자기 불황에 빠져들었다. 이렇게 되면 런던의 분위기도 분명히 영향을 받을 것이다. 사람들이 여름휴가에서 돌아오기 전에 블런트는 뭔가 조치를 취해야 했다.

그는 의회의 협조를 얻어 1720년 거품방지법을 통과시켰다. 칙허장 없이는 그 어떤 주식회사도 허용되지 않는다는 법률이었다. 이로써 마구잡이 투기는 막을 내릴 것이다. 그런데 이 해결책이 블런트가 예상치 못한 결과를 낳았다. 이미 수천 명의 사람들이 이들 사업에 예금을 쏟아부었는데 이제 사업이 금지되고 나니 돈을 뺄 방법이 없었다. 그들이 돈을 마련할 방법은 사우스시 주식을 파는 것뿐이었다. 돈을 빌려서 사우스시 주식을 샀던 사람들은 더 이상 분납금을 납입할 수 없었고, 이들도 주식을 처분하려 했다. 사우스시 주식의 가격이 떨어지기 시작했다. 그해 8월 사우스시 본사 밖에는 주식을 팔아야 한다는 절박함을 느낀 사람들이 구름처럼 몰려들었다.

8월 말이 다가오자 블런트 본인도 다급해졌다. 그는 다시 한 번 1,000파운드라는 가격으로 네 번째 주식 청약을 받기로 했다. 이번에는 그 어느 때보다더 후한 조건이었다. 거기에 그는 30퍼센트라는 어마어마한 크기의 크리스마스 배당을 약속했고, 이이 50퍼센트의 연배당도 실시하겠다고 했다. 이런 달콤한 조건에 일부 사람이 혹했는데, 그중에는 아이작 뉴턴 경도 있었다. 그러나 다른 사람들은 마치 꿈에서 깨어난 것처럼 이 회사의 방식 전체에 의문을 갖기 시작했다. 아직 남미에서 아무것도 교역한 적이 없고, 구체적인 자산이라고는 정부가 지불하는 이자뿐인 회사가 대체 무슨 돈으로 그렇게 큰 배당을 실시한단 말인가? 예전에는 돈을 만들어내는 연금술이나 마법처럼 보였던 계획이 이제는 대중들을 호구로 생각한 틀림없는 거짓말로 보였다. 9월 초 투매는 걷잡을 수 없는 공황 상태에 이르렀고, 대부분의 사람들이 본인이 가진 종이 주식을 동전이 아닌 다른 금속이라도 뭔가 구체적인 것으로 바꾸기 위해 몰려갔다.

현금화 사태가 가속화되자 영국은행은 거의 도산할 지경이 됐다. 이제 통화가 거의 바닥나고 있었다. 영국에서 파티는 끝났다는 사실이 분명해졌다. 사우스시 컴퍼니의 급작스런 몰락에 많은 사람이 큰돈을 날렸고 평생 저축한 돈을 잃었다. 아이작 뉴턴은 2만 파운드를 잃었고, 그때부터 누가 금융이나 은행을 언급하기만 해도 앓아누웠다. 사람들은 가진 것이 있으면 죄다 내다 팔려고 했다. 이내 자살하는 사람들이 줄을 이었다. 그중에는 존 블런트의 조카 찰스 블런트도 있었는데, 정확한 손실 규모를 깨달은 후 스스로 목을 그었다.

블런트는 길을 다닐 수가 없을 지경이었다. 한번은 암살범을 만나 거의 죽을 고비를 넘겼다. 빨리 런던을 빠져나가야 했다. 의회는 블런트가 사우스시 계획으로 벌어들인 돈의 거의 전부를 몰수했고, 그는 수중에 남은 얼마 되지 않는 돈으로 배스라는 도시에서 남은 평생을 근근이 연명했다. 그는 혼자 지내며 어쩌면 이 모든 사태의 아이러니를 통감했을지도 모른다. 그는 정말로 역사의 흐름을 바꾸었고 자신의 이름을 길이길이 남겼다. 경제사에서 가장 터무니없고 파괴적인 사기 계획을 고안해낸 사람으로 말이다.

해석 ──•

존 블런트는 실용주의적이고 냉철한 사업가였다. 그에게는 본인과 가족들을 위해 큰돈을 벌어야겠다는 하나의 목표밖에 없었다. 그런데 이토록 현실적인 사람이 1719년 일종의 열병 같은 것에 걸린다. 파리에서 진행되는 상황에 관한 뉴스를 읽기 시작한 그는 그 극적 전개에 마음을 뺏기고 만다. 그가 읽은 기사에는 평범한 프랑스 사람이 벼락부자가 됐다는 이야기들이 생생하게 적혀 있었다. 그 전까지 블런트는 주식회사에 투자하는 것이 이토록 빠른 성과를 낼 수 있다는 생각은 해본 적이 없었다. 그러나 프랑스에서 날아든 증거는 반박이 불가능했다. 그는 영국에도 비슷한 행운을 만들어내고 싶었다. 자연히 그가 세운 계획은 존 로의 계획에서 많은 부분을 흉내냈고 규모는 오히려 더 커졌다.

그런데 여기서 충격적인 사실은 아주 뻔한 질문 하나가 블런트의 마음에는 결코 떠오르지 않았다는 사실이다. 이 계획은 주식 가격이 상승한다는 전제가 있어야만 가능했다. 정부의 차용증서를 주식으로 전환하는 사람들이 주당 100파운드가 아닌 200파운드를 지불해야 한다면 그들은 주식을 더 적게 받을 수밖에 없다. 그렇게 되면 사우스시는 일반인들에게 팔 수 있는 주식이 많이 남아 톡톡한 수익을 내게 된다. 주식을 200파운드에 사더라도 가격이 계속 오르고 어느 시점에 팔 수 있다면 그 주식의 가치는 200파운드보다 높다. 가격이 오르는 것을 보면 주식으로 전환하려는 채권자는 더 많아질 테고, 주식을 사려는 사람도 늘어날 것이다. 이건 모두가 이기는 게임이다. 가격이 계속 상승하기만 '한다면' 말이다. 그러나 진짜 자산이 아닌 교역 같은 것에 기초한 가격이 대체 무슨 수로 계속 오를 수 있을까? 피할 수 없는 가격 하락이 시작되면 사람들은 공황 상태에 빠질 테고 사우스시에 대한 신뢰를 상실하면서 투매의 연쇄반응에 불을 붙이게 될 것이다. 대체 왜 블런트는 이런 사실을 내다보지 못한 걸까?

답은 간단하다. 블런트의 머릿속에서 시간을 인식하는 틀이 확 쪼그라들었기 때문이다. 그는 몇 달 뒤를 내다보며 결과를 생각해볼 능력을 상실한 상태였다. 프랑스에서 벌어지는 상황에 넋을 뺏긴 그는 곧 자신이 얻게 될 부와 권력을 상상하고 있었고 오직 현재, 그러니까 새 사업을 성공적으로 출범시키는 것 말고는 다른 무엇에도 관심을 가질 수 없었다. 더구나 초기에 사업이 성공을 거두자 그는 이런 흐름이 오래오래 계속될 거라고 착각했다. 상황이 진행되면서 그는 생각보다 가격을 더 빨리 상승시켜야 한다는 것을 깨달았고, 그러려면 좋은 조건의 대출로 더 많은 투자자를 꾀어 들이는 수밖에 없었다. 하지만 그러자 사우스시 계획은 더욱더 위태로워져서 해결책을 하나 내놓으면 새로운 위험 요소가 대여섯 개씩 나타났다. 거품방지법과 파격적인 배당 계획은 당면한 위험을 더 크게 만들었지만 그의 시간 인식은 더욱더 좁아져 겨우 며칠 앞밖에 내다보지 못했다. 일주일만 더 배가 가라앉지 않고 버틸 수만 있다면 새로운 해결책이 나올 것 같았다. 그리고 결국 그의 시간은 바닥났다.

사람이 자신의 행동과 결과 사이의 관계를 더 이상 인식하지 못하게 되면 곧 현실 감각을 상실하게 된다. 이런 일이 계속되면 그 사람의 행동이 점점 광기로 보이게 된다. 블런트를 덮친 광기는 곧 국왕에게 전염됐고, 그다음에는 국회로, 마지막에는 결국 국민 전체를 물들였다. 상식 있기로 유명한 영국인들이었는데도 말이다. 이웃이 큰돈을 버는 것을 보고 나면 광기는 그냥 팩트가 됐다. '이 계획은 성공할 수밖에 없어.' 일반 시민들 역시 몇 달 앞을 내다볼 능력을 상실했다. 인간 이성의 정점에 섰다 할 수 있는 아이작 뉴턴 경에게 일어난 일을 한번 보라. 처음에는 그도 열기에 휩쓸렸으나 일주일 후 그는 논리적인 사고로 이 계획의 허점을 알아보았다. 그래서 주식을 팔았다. 그런데 이후 그는 자신이 벌어들인 1만 4,000달러와는 비교도 되지 않을 만큼 큰돈을 버는 사람들을 지켜봐야 했고, 그게 거슬렸다. 8월에 뉴턴은 다시 사우스시 주식을 살 수밖에 없었다. 재투자를 하기에는 최악의 시기였는데도 말이다. 아이작 뉴턴 경조차 하루 이상의 앞날을 내다볼 능력을 상실했다. 런던 거래소 거리의 풍경을 목격한 어느 네덜란드 은행가의 말처럼 "마치 세상의 모든 광인(狂人)들이 동시에 정신병원을 탈출한 것 같았다."

알아두어야 할 것은 인간은 현재에 집중하는 경향이 있다는 점이다. 그게 바로 우리 본성의 동물적 부분이다. 우리는 내가 보고 듣는 것, 어느 사건 중에서도 가장 극적인 장면에 가장 빨리 반응한다. 그러나 우리는 단순히 현재에 묶여 있는 동물이 아니다. 인간의 '현재'는 과거를 포함한다. 모든 사건은 끝없이 이어진 역사라는 인과관계 속에서 이전에 발생한 어떤 일과 연관성을 가지고 있다. 현재의 모든 문제는 과거에 깊이 뿌리를 두고 있다. 그리고 그것은 미래까지도 아우른다. 우리가 무슨 짓을 하든 그 결과는 아직 오지 않은 먼 미래까지 이어진다.

우리가 눈앞에 닥친 것, 감각에 들어오는 것에만 사고의 범위를 한정한다면 우리는 단순한 동물의 수준으로 전락한다. 합리적 추론 능력이 아무 소용없는 수준 말이다. 그때는 더 이상 무슨 일이 왜 일어날지 인식하지 못한다. 겨우 몇 달 동안 성공했던 계획이 앞으로 더 크게 성공할 거라고 착각한다. 우리가 시작한 일이 불러올 다른 가능성에 대해서는 일절 신경 쓰지 않는다. 우리는 퍼즐의 아주 작은 일부를 토대로 지금 당장 주어진 것에만 반응한다. 그렇게 되면 자연히 우리의 행동은 의도치 않은 결과를 만들어내고, 그 결과는 사우스시 사태나 2008년 금융위기 같은 재앙이 될 수도 있다.

문제가 더 복잡해지는 것은 주위 사람들 때문이다. 그들은 깊이 생각해보지 않았던 방향의 반응을 끊임없이 내놓으며 우리를 현재 속으로 더 깊이 끌어들인다. 세일즈맨이나 선동가들은 인간 본성의 바로 이 약점을 파고든다. 그들은 쉽게 돈을 벌 수 있다고, 즉시 만족할 거라고 우리에게 사기를 친다. 우리의 유일한 대책은 코앞에 쏟아지는 사건들로부터 눈을 떼고 시선을 계속 더 멀리 보도록 스스로를 훈련하는 방법뿐이다. 아무 생각 없이 '반응'을 할 게 아니라

한 발 물러서서 더 큰 맥락에서 봐야 한다. 어떤 조치를 취할 때는 거기서 비롯될 온갖 파장까지 반드시 고려해야 한다. 장기적 목표를 늘 염두에 두어야 한다. 시야를 넓혀보면 때로는 아무것도 하지 않거나, 반응을 보이지 않거나, 시간을 두고 무슨 일이 벌어지는지 살피는 편이 더 좋은 경우도 많을 것이다. 블런트가 몇 달만 기다렸다면 존 로의 계책이 산산조각 나는 모습을 봤을 테고, 영국도 그런 낭패를 겪지 않았을 것이다. 이런 분별력이나 균형 감각은 타고나는 게 아니다. 이 능력들은 엄청난 노력을 통해 습득되는, 인간 지혜의 최고봉이다.

> 천체의 움직임은 계산할 수 있지만 인간의 광기는 계산이 안 된다.
> ─아이작 뉴턴

• 인간 본성의 열쇠 • 장기적 관점에서 우선순위를 정한다

누구나 다음과 같은 시나리오를 겪어본 적이 있을 것이다. 내가 의지하고 있거나 필요로 하는 사람이 나에게 적합한 관심을 주지 않고 내 전화에 회신을 하지 않는다. 좌절감을 느낀 나는 상대에게 내 감정을 그대로 표현하거나 반응을 얻기 위해 두 배의 노력을 기울인다. 또는 일에서 어떤 문제가 생기거나 프로젝트가 잘 진행되지 않는다. 나는 전략을 세우고 적절한 조치를 취하기로 한다. 아니면 내 인생에 새로운 사람이 등장한다. 그 사람의 에너지와 매력에 신선함을 느낀 나는 그와 친구가 된다.

그러고 나서 몇 주가 지나면 새로운 정보가 드러나면서 대체 무슨 일이 있었던 건지, 내가 어떻게 반응했던 건지 재평가할 수밖에 없는 상황이 펼쳐진다. 나에게 회신을 주지 않았던 그 사람은 일 때문에 정신을 못 차리던 중이었

인간 본성의 법칙 •

다. 내가 조금만 더 기다렸다면, 그렇게까지 조급해하지 않았더라면 귀중한 내편을 밀어내는 일을 피할 수 있었을 것이다. 내가 해결하려고 했던 그 문제는 실제로는 그렇게 다급한 일이 아니었다. 그런데도 성급히 성과를 내려다가 문제를 오히려 악화시키고 말았다. 더 잘 알아보고 행동했어야 했다. 새로 사귄 그 친구는 알고 보니 그렇게 매력적인 사람이 아니었다. 사실 시간이 지나고 보니 그 친구는 파괴적 성향을 가진 소시오패스였고, 그 관계로부터 회복되는 데 몇 년이 걸렸다. 조금만 더 거리감을 유지했더라면 너무 늦기 전에 위험 신호를 알아보았을 것이다. 지나간 인생을 뒤돌아보면 자신이 참을성이 없고 과민반응을 하는 경향이 있음을 알 수 있다. 길게 놓고 보면 그 당시에는 보지 못했으나 나중에는 분명히 파악할 수 있는 행동 패턴들이 있다.

이 말은 곧 지금 당장은 우리에게 상황을 판단하는 균형감각이 결여되어 있다는 뜻이다. 시간이 지나면서 우리는 더 많은 정보를 얻고 더 많은 진실이 보인다. 지금 당장은 눈에 보이지 않던 것이 시간이 지나서 되짚어보면 보인다. 시간은 최고의 선생님이자, 현실의 폭로꾼이다.

이것을 다음과 같은 시각 현상에 비유할 수도 있다. 산 아래 깊은 숲속에 있으면 우리는 어디가 어디인지 주변을 제대로 인식할 수 없다. 이럴 때는 눈앞의 것밖에 보이지 않는다. 산을 올라가기 시작하면 주변이 더 많이 보이고 다른 지형과 어떻게 연결되는지도 알게 된다. 높이 올라갈수록 우리는 저 아래서 생각했던 것이 별로 정확하지 않았고 나의 시선이 살짝 왜곡되어 있었음을 깨닫게 된다. 산 정상에 서면 주변이 파노라마처럼 펼쳐지면서 지세를 분명히 알게 된다.

현재라는 시간에 갇힌 우리 인간은 산 아래 살고 있는 것과 같다. 우리 눈에 가장 분명한 것들, 그러니까 주위 사람과 주변 숲은 현실에 대해 제한적이고 왜곡된 모습을 보여줄 뿐이다. 시간의 경과는 천천히 산을 오르는 것과 같다. 현재라는 시간에 느꼈던 감정은 더 이상 그리 강렬하게 느껴지지 않고, 우리는 한 발 벌어져서 사태를 더 정확히 볼 수 있다. 시간이 지나면서 더 높이 올라갈수록 우리는 더 많은 정보를 추가해 그려볼 수 있다. 사건이 벌어지고 석 달 후에 보이는 것은 일 년 후에 알게 될 것에 비하면 그리 정확하지 않다.

그렇다면 깨달음은 너무 늦은 후에나 찾아오는 것처럼 보일 수도 있다. 하지만 인간에게는 시간의 효과를 조작할 수 있는, 그래서 지금 당장 시야를 넓힐 수 있는 방법이 있다. 바로 '장기적 시각'이다. 장기적 시각을 갖기 위해서는 다음과 같은 단계가 필요하다.

첫째, 문제나 마찰 혹은 어떤 흥분되는 기회를 발견했을 때 그 순간의 열기로부터 한 발 떨어지는 훈련을 해야 한다. 흥분이나 두려움을 진정시키는 연습이 필요하다. 거리를 둘 줄 알아야 한다.

다음으로 시야를 넓히고 또 깊게 만들어야 한다. 당면한 문제의 성격을 고민할 때 손쉬운 설명에 만족하지 않고 더 깊이 파고들며 다른 가능성들을 고려해봐야 한다. 관련 인물들에게 혹시 다른 동기가 있을 수는 없는지 생각해봐야 한다. 코앞에 관심을 사로잡는 내용만 살필 것이 아니라 사건의 전체 맥락을 보도록 스스로를 다잡아야 한다. 다양한 전략을 심사숙고하면서 부정적 결과도 최대한 많이 상상해보아야 한다. 눈앞에 문제나 기회처럼 보이는 것이 시간이 지나면 어떻게 전개될지 생각해봐야 한다. 당장은 눈에 보이지 않지만 언제든 지금 상대하는 문제보다 훨씬 더 큰 골칫거리로 대두될 수 있는 다른 문제나 이슈는 무엇일지 고려해야 한다. 장기적 목표에 초점을 맞춰 지금의 우선순위를 재조정해야 한다.

다시 말해, 우리는 현재로부터 '거리'를 두고, 문제의 근원을 더 '깊이' 들여다보고, 상황의 전체 맥락을 더 '넓게' 바라보고, 미래를 더 '길게' 내다보아야 한다. 우리가 한 행동의 결과와 나의 장기적 우선순위까지 고려해야 한다.

이 과정을 밟다 보면 당장 시선을 사로잡는 대안이 아니라 더 논리적이고 현실적인 선택이나 설명이 나타날 것이다. 거기에 지난 세월 자신의 행동 패

인간 본성의 법칙 ⊢

턴을 통해 알게 된 교훈들을 추가하라. 그렇게 하면 시간이 사고 과정에 미치는 영향을 완전히 재창조할 수는 없더라도 어느 정도는 바꿀 수 있다. 몇 달이 지나 더 많은 정보를 얻고 나면 그 당시 우리가 선택할 수도 있었던 더 좋은 옵션들이 드러나는 경우가 많다. 장기적 목표에 초점을 맞춘다면 바로 지금 당장 그와 같은 효과를 만들어낼 수 있다. 더 넓게 생각하고 마음을 열면 된다. 마치 산을 오르는 것처럼 말이다. 그렇게 시야가 넓어지면 마음이 차분해지고 예상치 못했던 여러 사건들이 일어나도 침착함을 잃지 않을 수 있다.

비록 이게 이상적인 상태이긴 하지만, 우리들 중에 이런 시각을 가진 사람은 아주 드물다는 사실을 인정해야만 한다. 이런 시각을 얻으려면 거의 불가능에 가까운 노력이 필요해 보인다. 이유는 간단하다. 단기적 사고가 우리 인간의 시스템 안에 심어져 있기 때문이다. 우리는 눈앞의 것에 대응하고 즉각적 만족을 찾도록 만들어져 있다. 우리 선조들은 주변에 숨은 위험요인을 발견하거나 혹시 음식이 될 수 있는 것들을 알아보는 게 중요했다. 인간의 뇌는 큰 그림을 살피거나 사건의 맥락을 고려하도록 디자인된 것이 아니라, 가장 극적인 것을 찾아가도록 진화되었다. 비교적 단조로운 환경이거나 내 부족밖에 없는 단순한 사회 구조에서는 그것으로도 충분했지만, 지금 우리가 살고 있는 이 복잡한 세상에는 적합하지 않다. 오감과 감정을 자극하는 것들에만 주목하고 큰 그림은 대부분 놓치게 만들기 때문이다.

이 점은 어느 상황에서 우리가 잠재적 기쁨이나 고통을 인식하는 방식에도 결정적인 영향을 미친다. 우리의 뇌는 주변에 당장 나에게 해가 될 수 있는 것을 알아채도록 되어 있지, 미래에 도사리는 더 추상적인 위험들까지 신경 쓰도록 만들어져 있지 않다. 우리가 지구 온난화(멀리 있는 고통)보다 테러(즉각적인 고통)에 더 관심이 많은 이유는 이 때문이다. 테러는 분명 밀착 감시가 필요하지만 지구 온난화는 지구의 생존 자체를 위태롭게 만드는 더 큰 위험 요소다. 그런데도 지금 당장은 지구 온난화 같은 위험은 추상적 위험처럼 보인다. 정삭 이 위험이 더 이상 추상적이 아니라 구체적인 것이 됐을 때는 이미 늦을지도 모르는데 말이다. 또한 우리는 장기적으로 부정적 결과가 나타날 것을 알고 있을 때조차 즉각적 쾌락을 제공하는 것에 혹하는 경향이 있다. 사람들이 담배를 피우고, 술을 마시고, 마약을 하고 여러 자기파괴적 행동을 계속하는 것은 그 때문이다. 파괴적 영향이 그다지 임박해 있거나 극적으로 보이지 않기 때문이다.

미래에 수많은 위험이 도사리는 이 복잡한 세상에서 단기적 사고를 하는 성향은 우리의 안녕에 지속적 위협이 된다. 기술 발달로 우리의 주의력 범위가 줄어들면서 위험은 더 커졌다. 시간과의 관계는 여러 모로 우리를 규정한다. 보고 듣는 것에 그저 생각 없이 반응한다면, 극적인 뉴스가 들려올 때마다 금세 흥분했다가 다시 공포에 질린다면, 미래에 예상될 결과는 고려해보지 않고 지금 당장 최대의 쾌락만 얻으려고 한다면, 그것은 우리가 가진 동물적 본성에 지는 것이다. 신경학적 구조상 가장 원시적이고 어쩌면 파괴적일 수도 있는 본성에 굴복하는 것이다.

이런 성향에 역행하도록 최선의 노력을 다할 때, 내 행동의 결과와 장기적 우선순위를 깊이 고려할 때, 우리는 '생각하는 동물'로서 인간이 가진 진정한 잠재력을 깨달을 수 있다. 단기적 사고가 전염성을 갖는 것과 마찬가지로, 개인 한 명이 장기적 시각의 지혜를 구현하는 것도 주변 사람들에게 대단히 긍정적인 영향을 미칠 수 있다. 그런 개인들은 우리에게 더 큰 그림을 깨닫게 만들고, 우리가 '우월하다'고 말하는 사고방식을 드러낸다. 우리는 그들을 본받도록 해야 한다.

역사의 곳곳에는 이런 지혜를 가지고 우리에게 영감을 주고 방향을 제시한 인물들이 있었다. 구약성서에 나오는 요셉은 사람의 마음을 깊이 들여다보고 미래를 내다봤다. 고대 그리스의 소크라테스는 바보 같은 생각을 줄이고 결과를 생각할 수 있는 방법을 가르쳤다. 고대 중국의 제갈량은 적군의 모든 행보를 예측할 수 있었다. 엘리자베스 1세나 에이브러햄 링컨 같은 지도자는 장기적 전략의 성공으로 유명했다. 인내심과 선견지명을 갖고 있던 과학자 찰스 다윈은 살아 있는 모든 것의 진화에 시간이 얼마나 깊은 영향을 끼쳤는지 결국 밝혀냈다. 역사상 가장 성공한 투자자 워런 버핏의 능력은 그의 장기적 시각을 토대로 하고 있다.

시간 인식의 폭이 좁은 사람, 늘 생각 없이 반응만 하는 사람들과는 가급적 깊은 관계를 맺지 마라. 그리고 시간을 더 크게 인식하는 사람과 어울리도록 힘써라.

단기적 사고의 네 가지 신호

대부분의 사람은 우리가 어떤 식으로든 장기적 사고를 하고 있다고 착각한다. 어쨌거나 우리는 목표와 계획이라는 것을 갖고 있지 않은가? 그러나 실제로 우리는 스스로를 속이고 있는 셈이다. 이 점을 아주 분명히 알 수 있는 것은 가까운 미래 혹은 먼 미래에 대한 '남의' 계획 또는 전략에 관해 이야기를 나눌 때다. 그럴 때 우리는 상대의 계획이 얼마나 막연하며, 깊이 생각하지 않고 그런 계획을 세우는지 보고 깜짝 놀라곤 한다. 상대의 '소위' 계획이라는 것은 바람이나 희망사항에 가깝다. 눈앞에서 사건이 계속 벌어지고 압박감 속에서 계속 대응해야 한다면 그렇게 허술한 목표나 계획은 금세 묻히고 만다. 대부분의 경우 우리는 불충분한 정보를 가지고 그때그때 상황에 즉흥적으로 대처하거나 생각 없는 '반응' 수준의 행동을 보이고 있다. 우리가 이것을 부정하는 것은 나 자신의 의사결정 과정조차 객관적으로 보지 못하기 때문이다.

이 점을 극복하는 최선의 방법은 내 생활에서 근시안적 사고를 보여주는 분명한 신호가 무엇인지 인식하는 것이다. 인간 본성의 여러 요소가 대부분 그렇듯이 핵심은 '자각'이다. 그 신호들을 자각할 수 있어야만 그런 성향과 싸울 수 있다. 다음은 단기적 사고가 가장 흔히 나타나는 네 가지 경우이다.

예기치 못한 결과

이런 현상은 역사의 곳곳에 흩어져 있다. 고대 로마에서 공화정에 충실했던 일부 사람은 율리우스 카이사르가 독재를 영구화하고 군주정을 세울까 염려했다. BC 44년 그들은 카이사르를 암살하고 공화정을 복원하기로 결심한다. 이어진 혼란과 권력의 공백 속에 카이사르의 종손(從孫)인 옥타비아누스가 최고 지위에 오르고, 권력을 잡은 그는 사실상의 군주정을 세워 공화정에 영원히 종지부를 찍어버린다. 사후에 알고 보니 카이사르는 한 번도 군주정을 세우려고 마음먹은 적이 없었다. 암살 음모를 꾸민 자들은 그들이 막으려했던 바로 그 결과를 본인들 스스로 앞당긴 셈이 됐다.

영국이 식민 통치 중이던 19세기 인도에서 당국은 델리의 길거리에 독을 가진 코브라가 너무 많아 델리에 사는 영국인이 불편을 겪는다고 판단했다. 문제 해결을 위해 당국은 죽은 코브라를 한 마리 가져올 때마다 보상을 하기로 했다. 얼마 후 주민들은 포상금으로 생계를 이을 작정으로 코브라를 직업적으로 키우기 시작했다. 이 사실을 알게 된 당국은 프로그램을 취소했다. 그러지 않아도 통치자들을 미워하던 주민들은 취소 조치에 화가 나서 코브라를 모두 길거리에 풀어놓았고, 델리의 코브라 수는 정부가 프로그램을 세우기 전보다 세 배나 늘어났다.

또 다른 악명 높은 사례로는 미국에서 금주법을 시행하게 만든 수정 헌법 18조를 들 수 있다. 1920년대 금주법은 알코올 중독을 막기 위해 기획되었으나 오히려 알코올 소비는 훨씬 더 늘어나는 결과를 낳았다. 1941년 일본의 진주만 기습도 원래는 한 방에 미국 해군을 섬멸해 미국을 굴복시키려는 계획이었다. 그러나 오히려 이 사건은 성난 미국인들이 깊은 고립주의에서 빠져나오는 계기가 됐고, 미국은 우월한 병력 및 자원을 총동원해 일본군을 대패시켰을 뿐만 아니라 일본군을 영원히 역사 속으로 지워버렸다. 공격은 성공했으나 의도된 것과는 정반대의 결과를 낳은 셈이었다.

이처럼 극적이지는 않더라도 우리 일상에도 그런 사례는 많다. 반항적인 10대들을 통제하려고 그들의 행동에 뭔가 제약을 가하면, 10대들은 오히려 더 반항하고 엇나간다. 우울한 사람의 기운을 북돋아주려고 그의 삶이 그렇게 나쁜 것은 아니며 태양은 여전히 빛나고 있다고 알려주면, 상대는 오히려 더 우울해할 뿐만 아니라 나아가 자신의 감정에 죄책감을 느끼고 스스로를 가치 없다고 여기며 혼자만 불행하다는 생각에 더욱더 외로워진다. 아내가 남편의 마음을 열어보려고 시도할 때도 마찬가지다. 아내는 친밀감을 더 쌓고 싶은 마음에 남편에게 지금 무슨 생각을 하느냐, 낮에는 무슨 일이 있었느냐 질문을 한다. 그러나 이것을 간섭으로 느낀 남편은 오히려 더 마음을 닫아버린다. 그러면 아내는 더욱더 남편을 의심하고 남편의 행동을 캐묻고, 그로인해 남편은 계속 더 마음을 닫아버린다.

수백 년 된 이런 현상의 원인은 비교적 간단하다. 당장 벌어진 어떤 일에 깜짝 놀란 우리는 문제의 뿌리나 맥락, 이후에 따를 수 있는 의도치 않은 결과 등을 깊이 생각해보지도 않고 해결책을 덥석 받아든다. 대부분의 경우 우리는 '생각'을 하는 것이 아니라 그냥 '반응'을 하기 때문에 우리의 행동은 불충분한 정보에 근거한 것이다. 카이사르는 군주정을 세울 마음이 없었다. 델리의 가난한 주민들은 평소 식민 통치자들을 경멸하고 있었으므로 갑자기 돈을 잃게 된 것을 곱게 볼 리 없었다. 미국인은 본인들이 공격을 받을 경우 기꺼이 전쟁에 나설 의향이 있었다. 이렇게 왜곡된 시각을 바탕으로 행동하면 온갖 비뚤어진 결과가 나온다. 위에서 언급한 모든 경우에 산을 조금만 더 올라가 보았다면 어떤 부정적 결과가 나올 수 있는지 분명히 알았을 것이다. 뒤돌아보면 이토록 당연하게 느껴지는 결과들이니 말이다. 예를 들어 죽은 코브라에 대해 보상금을 지급한다면 가난한 주민들이 코브라를 키울 것은 자명하지 않은가?

위 모든 경우에 사람들은 놀랄 만큼 단순하고 게으르게 생각했다. '카이사르를 죽이면 공화정으로 돌아가겠지.' 'A를 하면 B가 나오겠지.' 이와 비슷한 경우로 현대 사회에도 아주 흔한 것이 있다. 바로 의도가 좋으면 결과도 좋을 거라는 믿음이다. 우리는 어느 정치가가 정직하고 좋은 의도를 갖고 있다면 당연히 바랐던 결과를 가져올 거라 생각한다. 실제로는 좋은 의도가 '코브라 효과'를 내는 경우도 많은데 말이다. 아무리 고귀한 의도를 가진 사람도 종종 자신이 옳다는 생각에 맹목적으로 빠져, 복잡하고 때로는 악의적이기까지 한 남들의 의도를 계산에 넣지 못하기 때문이다.

결과를 생각하지 않는 사고야말로 현대 사회의 진정한 역병과 같다. 이 역병은 악화일로를 걷는 중이다. 정보에 대한 접근이 쉬워지고 빨라지면서 사람들에게 '나는 충분한 정보를 얻었고 충분히 깊이 생각했다'는 착각을 일으키기 때문이다. 2003년의 이라크 침공 같은 자멸적 전쟁을 한번 보라. 단기적인 정치적 이득을 위해 미국 정부의 기능을 정지시켰던 셧다운(shutdown) 사태는 또 어떤가? 기술주에서 부동산에 이르기까지 금융 거품의 발생 횟수도 계속 늘고 있다. 이와 관련해 우리는 역사 자체로부터도 점점 단절되고 있다. 사람들이 당면한 일들을 시간 속에 고립된 사건처럼 보기 때문이다.

꼭 알아야 할 점은 이것이다. 세상의 모든 현상은 태생적으로 복잡하다. 당신이 상대하고 있는 그 사람도 복잡하기는 마찬가지다. 우리가 어떤 조치를 취하더라도 무한한 연쇄 반응의 시발점이 된다. A를 하면 B라는 결과가 나오는 것처럼 단순한 경우는 절대 없다. B는 C로, 다시 D로, 그 이상으로 이어질 것이다. 다른 배우들이 연극 속으로 끌려 들어올 것이고 그들의 동기나 대응을 예측하기는 쉽지 않다. 이 모든 연쇄 반응의 과정을 사전에 계획해서 그 모든 결과를 완벽히 통제한다는 것은 불가능한 일이다. 그러나 생각을 할 때 좀 더 결과를 고려한다면 적어도 아주 뻔한 부정적 결과 정도는 인식할 수 있을 것이다. 그리고 그게 곧 성공과 실패를 가름하는 경우도 많다. 사고의 깊이가 필요하다. 여러 가지 예상 가능한 조합을 상상해볼 때는 몇 단계 더 들어가서 최대한 멀리까지 생각해보라.

이런 과정을 밟다 보면 종종 아무것도 안 하고 기다리는 편이 낫겠다 싶을 때도 있을 것이다. 암살 음모를 꾸민 자들이 끝까지 심사숙고하여 카이사르가 전쟁에서 죽거나 자연사할 때까지 기다리기로 했다면 어떤 역사적 결과를 낳았을지 누가 알까?

이런 식의 사고는 개인들에게도 중요하지만, 많은 사람들에게 큰 영향을 미치는 대형 조직에서 더욱더 중요하다. 어떤 집단이나 팀이 되었든 적어도 한 사람은 전담자를 정해서 어느 전략이나 행동의 방향이 어떤 결과를 낳을 수 있는지 모든 경우의 수를 예상해보도록 해야 한다. 이 전담자는 사고방식이 회의적이고 신중한 사람이면 더 좋을 것이다. 이 과정은 최대한 갈 수 있는 데 까지 끝까지 가본다고 해도 결코 지나치지 않다. 잠재적 참사를 피하고 더 튼튼한 계획을 세울 수만 있다면 거기에 들어가는 시간이나 돈은 충분히 만회하고도 남을 것이다.

전술상 지옥

투쟁이나 싸움에 계속 휘말릴 때가 있다. 도저히 해결될 것 같지 않지만 이미 너무 많은 시간과 에너지를 투자했기 때문에 포기하는 것은 어마어마한 낭비인 것처럼 보인다. 더 이상 장기적 목표가 뭐였는지 기억도 나지 않고, 뭘 위해 싸우고 있는지도 모르겠다. 이제는 '과연 내 자존심을 위해 내가 옳았다는 것을 증명할 것인가' 하는 문제만이 남는다. 부부 싸움에서도 이런 역학관계를 목격할 때가 있다. 더 이상 관계의 복원은 문제가 되지 않고 자신의 관점을 강요하는 것이 핵심이 된다. 종종 이런 싸움에 휘말리면 우리는 방어적인 기분이 되고 내가 좀스럽다는 생각이 들면서 더 의기소침해지기도 한다. 이것은 당신이 전술상 지옥에 빠졌다는 거의 확실한 신호다. 우리의 마음은 전략적 사고를 하게끔 만들어져 있다. 우리는 목표를 이루기 위해 여러 조치를 미리 계산해본다. 그러나 전술상 지옥에 빠지면 도저히 이런 식으로 생각해볼 수 있을 만큼 시각을 넓힐 수가 없다. 계속해서 이 사람, 저 사람의 행동에 대해 생각 없이 '반응'만 하게 되고, 그들이 만들어내는 연극과 감정싸움에 휘말려 계속 같은 길을 빙빙 돌게 된다.

유일한 해결책은 이런 싸움으로부터 잠시 혹은 영원히 물러나는 것이다. 특히나 그런 싸움이 벌어지는 곳이 한두 곳이 아니라면 말이다. 거리를 두고 크게 볼 필요가 있다. 자존심을 죽여라. 말싸움 하나에 이기거나 내 말이 맞다는 것을 증명한다고 해서 장기적으로 어떤 해결책이 나오는 게 아니라는 사실을 기억하라. 말로 이기지 말고 행동으로 이겨라. 다시 장기적 목표를 생각하라. 가치관과 삶의 우선순위라는 피라미드를 그려보고 나에게 정말로 중요한 게 무엇인지 상기하라. 그렇게 해서 어느 싸움이 정말로 중요하다고 판단된다면 이제는 좀 더 객관적인 태도로 더 전략적인 대처방안을 짤 수 있을 것이다.

결국에 많은 일들이 실제로는 싸울 만한 가치가 없음을 깨닫게 될 것이다. 그런 싸움은 귀중한 시간과 에너지만 낭비시킨다. 시간과 에너지는 당신의 가치 척도에서 틀림없이 높은 위치를 차지할 것이다. 개인적으로 아무리 많은 투자를 했다고 느끼더라도 계속 쳇바퀴 돌듯 같은 싸움이 반복된다면 그 싸움을 떠나버리는 편이 항상 더 나은 선택이다. 당신의 에너지와 정신 건강은 중요한 고려 사항이기 때문이다. 스스로 좀스러운 기분이 들고 좌절감을 느낀다면 전략적으로 생각하고 목표에 도달하는 능력에도 영향을 줄 수 있다. 앞서 '인간 본성의 열쇠'에서 설명한 과정을 밟는다면 자연스럽게 당신의 시야는 넓어질 테고 다시 전략적 사고가 가능해질 것이다. 전쟁에서와 마찬가지로 삶에서도 언제나 전술가보다는 전략가가 승리한다.

티커 테이프 열병

대공황을 향해 가던 1929년 월스트리트, 많은 이들이 주식 시장에 중독되어 있었다. 이 중독에 기여했던 물리적 요소가 있었는데, 바로 주식의 가격이 변할 때마다 전자 등록 과정에서 울리는 티커 테이프(ticker tape) 소리였다. '찰칵찰칵.' 그 소리가 난다는 것은 무언가 일이 벌어지고 있다는 뜻이었다. 누군가 거래를 했고 돈을 벌고 있다는 뜻이다. 많은 사람이 이 소리 자체에 끌림을 느꼈다. 이 소리는 마치 월스트리트의 심장박동 소리 같았다. 지금은 티커 테이프가 없다. 그 대신 많은 이들은 매분 바뀌는 스마트폰 뉴스나 실시간 검색어, 트위터 피드에 중독되어 있다. 스마트폰 알림이 올 때 종종 함께 울리는 '핑' 소리가 이제는 마약 같은 효과를 내고 있다. 그럴 때 우리는 삶의 흐름 자체에, 실시간으로 변하는 여러 사건에, 같은 실시간 뉴스를 팔로우하는 다른 사람들과 '이어져 있다'는 느낌을 받는다.

즉시 무언가를 알아야 한다는 니즈는 그 자체로 어떤 추진력을 갖고 있다. 일단 한번 새로운 뉴스를 금방금방 알 수 있게 되고 나면, 불과 1년 전의 느린 속도로는 결코 되돌아갈 수 없다. 실제로 우리는 더 많은 정보를 더 빨리 알아야 할 것 같은 '필요'를 느낀다. 이런 조급증은 삶의 다른 영역에까지 영향을 준다. 운전, 독서, 영화 정보에 이르기까지 말이다. 우리의 주의력 범위는 줄어들고 있고, 장애물을 만날 때 발휘되는 인내심도 줄어들고 있다.

이런 조급증은 누구나 일상에서도 인식할 수 있다고 치더라도, 정작 우리가 인식하지 못하는 부분은 조급증이 우리의 사고를 왜곡한다는 사실이다. 정치든, 경제든 순간순간의 트렌드는 몇 주, 몇 달에 걸쳐 펼쳐지는 더 큰 트렌드의 일부다. 이렇게 긴 시간을 두고 보면 그게 투자이든, 전략적 사고나 스포츠팀, 정치 후보자이든, 상대적 장단점이 드러나게 마련이다. 그리고 그 상대적 장단점은 우리가 어느 순간의 작은 트렌드에서 봤던 것과는 정반대인 경우도 많다. 하나만 떼어놓고 보면 여론 조사도, 주식 가격도 이런 장단점에 관해 많은 것을 알려주지 못한다. 고립된 정보는 지금 드러난 내용이 시간이 지나도 오히려 더 강해질 거라는 기만적인 인상을 남긴다. 최신 뉴스를 놓치고 싶지 않은 마음은 정상이지만, 이런 순간의 정보를 바탕으로 어떤 의사결정을 내리는 것은 큰 그림을 잘못 읽게 만들 위험이 있다.

게다가 사람들은 당장 일어나는 변화에 대해 그게 긍정적이든, 부정적이든 과잉 반응하는 경향이 있다. 이렇게 되면 공황 상태나 흥분에 빠지지 않도록 저항하는 일은 곱절로 어려워진다.

지금보다 훨씬 더 기술이 뒤떨어져 있던 시대에 에이브러햄 링컨이 직면한 문제도 마찬가지였다. 남북전쟁이 벌어졌을 때 그는 큰 그림을 보았다. 그의 예상처럼 결국에 가면 인력과 자원이 더 많은 북부군이 승리할 수밖에 없었다. 유일한 위협은 시간이었다. 링컨에게는 북부군이 전투력을 보유한 군대로 성장할 시간이 필요했다. 또 그가 바라는 대로 전쟁을 치를 수 있는 장군들을 구할 시간도 필요했다. 그러나 시간이 한참 지났는데도 큰 승리가 한 번도 없다면 여론은 전쟁에 반대하는 쪽으로 돌아설지도 몰랐다. 북부군이 내부에서 분열된다면 링컨이 하려는 일은 달성이 불가능해질 것이다. 그는 인내심도 필요했지만 전장에서의 승리도 필요했다.

남북전쟁 첫해에 북부군은 불런 전투에서 대패했다. 돌연 모든 사람이 대통령의 능력에 의문을 품었다. 호러스 그릴리(Horace Greeley)처럼 분별 있는 북부인조차 대통령이 평화 협상을 추진해야 한다고 촉구했다. 다른 한편에서는 당장 대통령이 북부가 가진 모든 것을 한방에 쏟아부어 남부의 코를 납작하게 만들어야 한다고 주장했다. 군대는 아직 그럴 만한 준비가 되지 않았는데 말이다.

이런 싸움이 계속되는 와중에 북부군은 단 한 번을 제대로 승리하지 못하고 압박감만 계속 쌓여가고 있었다. 그러던 1863년 마침내 율리시스 그랜트 장군이 빅스버그를 함락시켰고, 얼마 못 가 또 다시 조지 미드 장군이 게티스버그

인간 본성의 법칙 ·

전투를 승리했다. 이제 사람들은 갑자기 링컨을 천재로 칭송했다. 그러나 6개월 후 그랜트 장군이 로버트 리 장군이 이끄는 남부군을 뒤쫓다가 교착 상태에 빠졌고, 사상자가 늘어나자 사람들은 또 다시 패닉에 빠져들기 시작했다. 그릴리는 또 한 번 남부와의 협상을 종용했다. 그해 링컨의 재선은 물 건너 간 듯했고, 그의 인기는 폭락했다. 전쟁이 너무 길어지고 있었다. 이 모든 중압감에 1864년 8월 말 링컨은 결국 남부에 제시할 평화협상안 초안을 작성한다. 하지만 그날 밤 그는 자신이 결의를 상실한 것에 부끄러움을 느끼고 초안을 서랍에 넣어버렸다. 그는 반드시 흐름이 바뀌리라 생각했다. 남부는 대패할 것이다. 그로부터 겨우 일주일 후 윌리엄 셔먼 장군이 애틀랜타에 입성했고, 링컨에 대한 모든 의구심은 한순간에 모두 사라져버렸다.

장기적 사고를 통해 링컨은 양편의 상대적 장단점을 정확히 평가했고 결국 전쟁이 어떻게 끝날지 옳게 예상했다. 그 외의 모든 사람은 하루하루 날아드는 전쟁 소식에 사로잡혀 있었다. 누구는 협상을 원했고, 누구는 갑자기 진행 속도를 높이자고 했으나, 모두가 그때그때 운에 좌우된 주장이었다. 링컨보다 약한 사람이었다면 이런 압박에 굴복했을 테고, 전쟁의 결과는 아주 달라졌을 것이다. 1864년 링컨을 방문했던 작가 해리엇 비처 스토(Harriet Beecher Stowe)는 그에 관해 이렇게 썼다. "링컨은 온갖 상충된 주장과 반역자, 무성의한 자, 소심한 자, 남부 지지자, 북부 지지자, 급진적 노예폐지주의자, 보수주의자에 둘러싸여 있었다. 그는 그들 모두의 이야기를 들었고, 모든 주장을 가늠하고, 기다리고, 관찰하고, 때때로 양보했으나 한 가지 타협할 수 없는 올곧은 목표를 유지하며 국난을 극복해냈다."

링컨은 우리 모두의 모범일 뿐만 아니라 순간적 열기에 휘둘리지 않을 수 있는 해결책을 제시한다.

첫째, 우리는 인내심을 길러야 한다. 인내심은 근육과 같아서 강해지려면 훈련과 반복이 필요하다. 링컨은 인내심이 탁월하게 강한 사람이었다. 어떤 종류든 문제나 장애물을 만났을 때는 링컨의 예를 본받아 속도를 늦추고 한 발 물러서 보려는 노력을 하고, 하루 이틀 기다린 후 행동에 나서야 한다. 둘째 중요한 이슈에 직면했을 때는 장기적 목표가 무엇이고 어떻게 그 목표를 달성할지 분명한 인식을 갖고 있어야 한다. 그러려면 여러 당사자의 상대적 장단점을 평가해야 한다. 이렇게 분명한 인식이 있으면 주위 사람들이 계속해서 감정적 과잉반응을 보이더라도 견뎌낼 수 있다. 마지막으로, 시간이 지나면 결국 내가 옳았다는 사실이 밝혀질 거라는 믿음을 가지고 결심을 유지해야 한다.

사소함에 길을 잃다

일이 너무 복잡해 갈피를 잡지 못할 때가 있다. 무수한 세부사항과 큰 흐름을 모두 파악하고 더 많은 통제력을 가져야 할 것 같지만 정보의 홍수에 익사하기 직전이다. 소위 '나무보다 숲'을 보기가 힘들어진다. 이것은 우선순위에 대한 감각을 상실했다는 분명한 신호다. 어느 것이 더 중요한 사항이고 어느 문제나 세부사항에 더 많은 관심을 기울여야 할지 모르고 있다는 신호다.

이런 현상을 대표적으로 보여준 사람이 스페인의 펠리페 2세(Felipe Ⅱ, 1527-1598)다. 그는 서류 검토를 굉장히 좋아했고 스페인 정부의 모든 면면을 늘 파악하고 싶어 했다. 자신이 모든 것을 통제하고 있다는 느낌을 갖고 싶어서였지만, 실제로는 그가 통제력을 상실하는 결과를 낳았다. 그는 에스코리알에 있는 새 왕궁의 화장실 교체와 부엌과의 정확한 거리를 놓고 호들갑을 떨었다. 그는 정확히 몇 명의 성직자를 두고 몇 명에게 월급을 줄지를 두고 며칠을 고심했다. 그러나 이 때문에 때로는 스파이라든가 국가 보안과 관련된 중요한 보고서에 충분한 관심을 쏟지 못하기도 했다. 터키군의 상황에 대한 끝도 없는 보고서를 뒤적이다가 그게 터키군의 큰 약점을 드러내는 신호라 보고 터키를 상대로 전쟁을 벌이기로 결정하기도 했다. 하지만 어찌된 노릇인지 이것은 오판이었고, 전쟁은 18년간 지속되며 뾰족한 결과도 내지 못하고 스페인의 재정만 축냈다.

비슷한 과정이 영국과 관련해서도 벌어졌다. 펠리페 2세는 영국 해군의 상황이라든가, 엘리자베스 여왕에 대한 국민들의 지지, 시시각각 변하는 영국의 재정 및 해안 경비 상황 등에 관한 보고서를 하나도 빼놓지 않고 다 읽어야 했다. 그렇게 몇 년을 연구한 끝에 1588년 그는 영국을 상대로 함대를 출항시키기로 결정한다. 충분히 큰 함대를 조성했으니 스페인이 이길 거라고 확신했다. 그러나 그는 출항에 가장 중요한 요소라고 할 수 있는 날씨에 관한 보고서에는 충분한 주의를 기울이지 못했다. 바다에 폭풍우가 불어 함대를 파괴시킬 수 있었는데도 말이다. 또한 그는 자신이 터키나 영국에 대해 충분한 정보를 수집하고 숙지했을 때쯤이면 상황은 이미 변했을 거라는 사실을 깨닫지 못했다. 그러니 그는 겉으로는 세부사항을 무척 중시하는 것처럼 보였으나 한 번도 무언가를 제대로 파악하고 있었던 적이 없었다. 오랫동안 펠리페 2세는 너무 많은 서류를 읽어내느라 잦은 두통과 현기증에 시달렸다. 그의 사고 과정에는 분명히 문제가 있었고 결국 그가 내린 결정들은 스페인 제국의 되돌릴 수 없는 몰락으로 연결됐다.

당신도 아마 생각보다 펠리페 2세와 가까운 면들이 있을 것이다. 지금 당장 중요하게 보이는 사소한 것들에 관심을 기울이느라 스페인 함대 출항에서 일기 예보 같은 요소를 무시해 프로젝트 전체를 망칠 수 있는 가능성이 크다. 펠리페 2세처럼 결국 가장 중요한 것이 무엇인지 정보의 우선순위를 제대로 고려하지 않는 경향을 갖고 있을 것이다. 너무 많은 정보를 숙지하려다 보면 정신적으로 지치고, 혼란스럽고, 무력감을 느끼게 된다. 처음에는 모든 게 똑같이 중요한 것처럼 보인다. 화장실을 설치하는 것과 터키와의 전쟁 가능성이 모두 중요해 보인다. 우리에게는 우선순위라는 척도와 장기적 목표에 근거한 정신적 필터링 시스템이 필요하다. 내가 최종적으로 이루고 싶은 것이 무엇인지 알고 있다면 여러 요소 사이에서 중요한 것을 가려내는 데 도움이 될 것이다. 세부사항을 모두 다 알아야 할 필요는 없다. 때로는 다른 사람에게 권한을 위임하는 것도 필요하다. 정보 수집은 부하에게 맡겨라. 사건들을 더 많이 통제하고 싶다면 상황을 현실적으로 평가해야 한다는 사실을 기억하라. 사소한 것에 파묻힌다면 현실적 평가는 너무나 어려운 작업이 될 것이다.

시간과의 관계를 넓히고 속도를 늦춘다

대부분의 사람은 비교적 좁은 시간의 틀 안에 산다. 우리는 일반적으로 시간의 경과를 부정적인 것과 연상시킨다. 이를테면 나이를 먹고 서서히 죽음에 가까워진다고 말이다. 본능적으로 우리는 미래나 과거에 관해 너무 깊이 생각하지는 않으려고 한다. 시간의 경과를 깨닫게 만들기 때문이다. 미래와 관련해 우리는 지금으로부터 1, 2년 후의 일을 계획하려고 할 수도 있지만, 우리의 생각은 깊이 있는 분석보다는 공상이나 희망사항에 가깝다. 과거와 관련해 우리는 아주 행복하거나 고통스러운 몇몇 어린 시절의 기억을 갖고 있을 수도 있지만 대개 과거란 우리에게 이해되지 않는 영역이다. 해마다 우리는 너무나 많이 변하기 때문에 5년 전, 10년 전, 20년 전의 우리는 마치 낯선 사람 같을 수도 있다. 사실 우리는 나 자신의 정체에 대해 단단한 인식을 갖고 있지 못하고, 다섯 살의 나와 서른다섯의 나 사이에 어떤 연관성을 느끼지 못한다.

인간은 과거든 미래든 어느 쪽으로든 너무 멀리 가고 싶지 않아하기 때문에 우리는 대부분 '현재'라는 시간대를 살아간다. 우리는 내가 보고 듣는 것에 반응하고, 남들이 반응하는 것에 반응한다. 우리는 시간의 경과로부터 한눈을 팔게 만드는, 더 살아 있는 것처럼 느끼게 만드는 즉각적 쾌락을 위해 산다. 하지만 여기에는 대가가 따른다. 죽음과 노화에 대한 생각을 억누르면 저 밑바닥에 끊임없는 불안이 만들어진다. 우리는 현실과 타협을 보지 못하고 있다.

끊임없이 당장의 사건에 반응하느라 롤러코스터를 타고 있다. 운이 한 번 바뀔 때마다 마음이 아래위로 널을 뛴다. 이는 불안을 더욱 가중시킬 뿐이다. 수많은 사건의 홍수 속에 삶이 순식간에 지나가버리는 것처럼 보이기 때문이다.

인간 본성을 공부하는 학생으로서, 그리고 인간이라는 동물이 가진 더 큰 잠재력을 발휘하고픈 사람으로서 당신의 과제는 시간과의 관계를 최대한 넓히고 그 속도를 늦추는 것이다. 그러려면 시간의 경과를 적군이 아니라 든든한 우방으로 보아야 한다. 인생의 각 단계는 나름의 장점을 가지고 있다. 젊음의 장점은 말할 것도 없지만, 나이가 들면 시각이 훨씬 넓어진다. 나이가 드는 것은 두려워할 일이 아니다. 죽음 역시 당신의 친구다(18장 참조). 죽음은 매 순간을 최대한 잘 사용해야 할 동기를 제공하고 갈 길이 바쁘다는 느낌을 준다. 시간은 위대한 스승이자 우리의 주인이다. 그리고 이 점은 현재에도 아주 큰 영향을 미친다. 지금 내가 경험하는 이 문제가 1년이 지나면 그렇게 중요해보이지 않을 것임을 알고 있으면 불안을 누그러뜨리고 우선순위를 조정할 수 있다. 시간이 지나면 내 계획의 약점이 드러날 것임을 알고 있다면 더 조심하고 깊이 생각하게 된다.

미래와 관련해서는 장기적 목표를 깊이 생각하라. 장기적 목표는 막연한 꿈이 아니라 구체적 대상이다. 거기에 도달하기 위한 경로 역시 상세히 계획해두어야 한다. 과거와 관련해서는 어린 시절에 대한 깊은 연관성을 느껴라. 당신은 계속 변화하고 있지만 이런 변화는 표면적인 것일 뿐이며 정말로 변했다는 것은 착각이다. 실제로 당신의 성격은 아주 어릴 때 설정되었고(4장 참조), 특정한 활동에 대한 선호나 취향의 호불호도 마찬가지다. 나이가 들면서 성격은 더 뚜렷해질 뿐이다. 과거의 당신과 유기적으로 연결되어 있는 것을 느끼면 정체성을 뚜렷하게 인식할 수 있다. 자신의 호불호와 본모습을 분명히 알아라. 그러면 자기애를 유지하는 데 도움이 될 것이다. 자기애는 깊은 자기도취에 빠지지 않도록 저항하는 데 꼭 필요하며 공감능력을 개발하도록 도와준다(2장 참조). 또한 과거의 실수와 교훈에 더 많은 관심을 기울여라. 현재에 갇힌 사람들은 이런 것을 억누르는 경향이 있다.

다른 사람들과 마찬가지로 현재를 즐기고 지나가는 기쁨을 만끽하라. 당신은 수도승이 아니다. 현재의 흐름과 단절되지 말고, 삶이 지금 어디로 가고 있는지 인식하라. 그러나 장기적 목표에 도달하고 역경을 극복하는 것에서 더 큰 기쁨을 끌어내라. 이렇게 시간과 더 큰 관계를 맺는 것은 직접적인 효과를 발휘할 것이다. 당신은 더 차분하고 현실적인 사람이 되며, 중요한 것들과 조화를 이룰 것이다. 뛰어난 삶의 전략가가 될 것이다. 남들은 틀림없이 현재 일어나는 일에 과잉반응하겠지만 당신은 거기에 저항하고 더 먼 미래를 볼 수 있을 것이다. 인간이 이제 겨우 활용하기 시작한 잠재력을 발휘하게 될 것이다.

하루하루는 결코 알 수 없는 것들을 한 해 한 해가 알려준다.
– 랠프 월도 에머슨

Law 07 · Defensiveness

방어적 태도의 법칙

상대를
긍정해서
저항을
누그러뜨린다

인생은 혹독하고 사람들은 경쟁적이다. 우리는 당연히 내 것부터 챙겨야 한다. 또한 우리는 내가 독립적이고 내 뜻에 따라 살고 있다고 느끼고 싶다. 다른 사람이 나를 설득하고 나를 변화시키려고 할 때 우리가 방어적이 되고 저항하는 것은 그 때문이다. 우리는 상대의 설득과 시도에 굴복했다가는 내가 독자적으로 행동한다는 느낌이 훼손될 것 같은 기분을 느낀다. 그렇기 때문에 상대를 방어적 자세에서 빠져나오게 만들려면 상대가 그의 자유의지에 따라 행동하고 있는 것처럼 보이게 만들어야 한다. 서로 온기를 나누고 있다는 느낌을 주면 상대의 저항을 누그러뜨리고 나를 돕고 싶게 만드는 데 도움이 된다. 절대로 상대의 신념을 공격하거나 그의 지능이나 선의를 의심하는 느낌을 주지 마라. 그랬다가는 방어적 태도만 더 단단해지고 당신이 하려는 일은 불가능해질 것이다. 내가 원하는 일을 해주면 상대가 고귀하고 이타적인 사람이 되는 것처럼 느끼게 만들어라. 이만한 꾐이 없다. 당신 자신의 완고함을 길들여라. 방어적이고 닫힌 마음의 자세를 풀어 당신의 창조력이 양껏 발현되게 하라.

영향력 게임

1948년 12월 텍사스 주 상원의원 톰 코널리(Tom Connally)는 최근에 텍사스주의 또 다른 상원의원으로 선출된 린든 베인즈 존슨(Lyndon Baines Johnson, 1908-1973)의 방문을 받았다. 존슨은 그 전까지 민주당 하원의원으로 12년간 활동했다. 그는 야망이 크고 그 야망을 실현하는 데 상당히 조급증을 내고 있다는 평가를 받았다. 그는 종종 무모하고, 고집스럽고, 다소 저돌적이기까지 했다.

코널리는 그런 사실을 알고 있었으나, 직접 만나서 존슨이라는 사람을 판단해볼 요량이었다. 코널리는 이 젊은이를 꼼꼼히 훑어봤다(코널리는 존슨보다 서른한 살이 많았다). 전에 만났을 때 그는 존슨이 다소 약삭빠르다고 생각했다. 몇 마디 인사를 주고받은 후 존슨은 자신이 온 진짜 목적을 이야기했다. 그는 상원에서 가장 명망 있는 위원회 세 곳 중 한 곳에 들어가기를 희망하고 있었다. 바로 예산위원회, 금융위원회, 외교위원회였다. 코널리는 그중 두 곳에서 선임위원으로 활동한 바 있었다. 존슨은 같은 텍사스 동료인 코널리가 자신이 원하는 것을 얻을 수 있게 도와주기를 바라는 눈치였다. 코널리는 존슨이 상원의 운영 시스템을 잘 이해하지 못하는 게 분명하다고 생각했다. 그래서 그 자리에서 존슨에게 그의 분수를 깨닫게 해주기로 마음먹었다.

코널리는 아주 큰 선심을 쓰는 척하면서 존슨을 농무위원회에 넣어주겠다고 했다. 그렇게 하면 존슨이 모욕적으로 생각할 것임은 충분히 알고 있었다. 농무위원회는 아무도 탐내지 않는 자리였기 때문이다. 한술 더 떠서 코널리는 존슨이 상원의원에 출마했을 때 스스로를 농민의 친구라고 부르는 것을 수없이 들었다며 이번이 그것을 증명할 기회라고 말했다. 농무위원회가 그에게 꼭 맞을 것이라고 하자 존슨은 불쾌감을 숨기지 못하고 의자에 앉은 채 몸을 꼬았다. 코널리는 마지막으로 이렇게 말했다. "그리고 린든, 자네가 상원에서 한동안 지내고 나면 외교위원회나 금융위원회에 들어가서 '진짜' 공무를 하면 돼." 코널리가 말한 '한동안'이란 12년에서 20년 정도를 의미했다. 어느 상원의원이든 충분한 영향력을 쌓는 데 보통 그 정도의 시간이 걸렸기 때문이다. 그때쯤 되면 '선임' 소리를 들었고 그게 상원이 돌아가는 방식이었다. 코널리 자신도 알짜배기 위원회에서 한 자리를 차지하는 데 거의 20년이 걸렸다.

이후 몇 주 사이 상원의원들 사이에서는 다혈질일지 모르니 존슨을 주시해야 한다는 소문이 빠르게 돌았다. 그러나 공식 취임 이후 존슨을 처음 만난 의원들은 깜짝 놀랄 수밖에 없었다. 기분 좋은 의미에서의 놀람이었다. 존슨은 그들의 예상과 전혀 달랐다. 그의 태도는 공손함 그 자체였고 매우 깍듯했다. 그는 종종 동료 의원들의 사무실을 방문했는데, 사무실 밖의 비서실에서 용무를 밝히고는 안에서 부를 때까지 참을성 있게 기다리고 있었다. 기다리는 시간이 1시간씩 될 때도 있었는데 존슨은 전혀 개의치 않는 듯했다. 그는 책을 보거나 메모를 하는 등 제 할 일을 하며 시간을 보냈다. 안으로 들어가면 존슨은 동료 의원의 아내와 가족의 안부를 묻고 상대가 좋아하는 스포츠팀에 관한 이야기를 꺼냈다. 미리 충분한 조사를 해온 것이 분명했다. 그는 자기 비하도 서슴지 않았다. 처음 자신을 소개할 때 "압도적 승리 린든입니다"라고 말하는 경우도 자주 있었는데, 그가 불과 몇 표 차이로 상원의원에 당선되었다는 사실은 모르는 사람이 없는 내용이었다.

그러나 대부분의 경우 그가 동료 의원을 찾는 이유는 일과 관련해 조언을 얻기 위해서였다. 그는 어느 법안이나 상원의 절차와 관련해 한두 가지 질문을 한 뒤 귀를 기울여 들었는데, 그 모습이 대단히 매력적이었다. 마치 어린아이 같았다. 그는 커다란 갈색 눈을 상대 의원에게 고정시킨 채 한 손으로 턱을 괴고 이따금 고개를 끄덕이면서 종종 다른 질문을 했다. 의원들은 존슨이 자신의 이야기를 매우 주의 깊게 듣는다는 사실을 분명히 알 수 있었다. 존슨은 틀림없이 그들의 조언을 따르거나 아니면 상대가 한 말을 그대로 다른 사람에게 가서 옮기며 그 이야기를 해준 사람을 추켜세웠기 때문이다. 존슨은 시간을 내어주고 귀중한 가르침을 준 것에 감사하다는 말을 꼭 남겼다. 존슨은 그들이 마르고 닳도록 들었던 사기충천한 다혈질이 아니었고, 이렇게 대조적인 모습이 오히려 존슨의 점수를 높여주었다.

의원들이 존슨을 가장 자주 보는 것은 회의장이었다. 그는 회의에 빠짐없이 참석했고 회의시간 내내 책상을 지켰다. 그는 아주 열심히 메모를 했다. 상원의 모든 절차를 알고 싶어 했다. 지루한 행사에서조차도 그는 완전히 매료된 듯했다. 그러나 정작 존슨 자신은 지루함과는 거리가 먼 사람이었다. 복도나 화장실에서 의원들과 마주치면 존슨은 늘 그들에게 들려줄 농담거리나 재미난 일화를 가지고 있었다. 가난한 시골에서 어린 시절을 보낸 존슨은 교육을 잘 받았음에도 말투에 어딘지 텍사스 농부나 이주 노동자에게서 볼 법한 토속적인 느낌과 신랄한 유머 감각을 가지고 있었다. 의원들은 존슨을 재미있는 사람으로 생각했다. 톰 코널리조차 자신이 존슨을 오해했었다고 인정했다.

당시 '올드 불즈(Old Bulls)'라고 불리던 연배 높은 상원의원들이 특히나 린든 존슨에게 고마워했다. 그들은 선임으로 막강한 권한을 가지고 있었으나 종종 본인의 나이와 육체적, 정신적 능력 때문에 위기의식을 느끼곤 했다(일부는 80대였다). 그런데 여기 존슨은 자신들의 사무실을 뻔질나게 드나들며 그들의 지혜를 흡수하는 데 열중했던 것이다.

특히 존슨을 좋아하게 된 민주당 상원의원이 있었는데 조지아 주의 리처드 러셀(Richard Russell)이었다. 러셀은 존슨보다 나이는 겨우 열한 살 위였으나 1933년부터 이미 상원의원으로 활동해 가장 유력한 의원 중 한 명이었다. 두 사람이 서로를 알게 된 것은 존슨이 국방위원회의 자리를 요청해 들어가면서였는데, 러셀은 그곳에서 두 번째로 높은 선임이었다. 러셀은 화장실에서도,

복도에서도, 회의장에서도 존슨을 마주쳤다. 어딜 가나 존슨이 있는 것 같았다. 존슨은 러셀의 사무실에 거의 매일 방문했고 러셀은 존슨과 함께 있는 시간을 즐기게 됐다. 러셀과 마찬가지로 존슨도 온통 일이 관심사의 대부분인 사람이었고 복잡한 상원 절차에 관해 질문이 많았다. 존슨은 러셀을 '대가(大家)님'이라고 부르기 시작했고 종종 "대가님한테 또 하나 배웠네요. 기억하겠습니다"라고 말하곤 했다.

러셀은 몇 안 되는 아직 독신인 상원의원이었다. 스스로 외롭다고 인정한 적은 없었으나 시간의 대부분을, 심지어 일요일까지도 의원실에서 보냈다. 존슨은 저녁때까지 러셀의 사무실에서 뭔가를 의논하는 경우가 잦았다. 그럴 때면 종종 존슨은 저녁을 함께 먹자며 러셀을 집으로 초대했다. 아내가 요리를 썩 잘하는데 특히 남부 요리가 특기라면서 말이다. 러셀은 처음 몇 번은 정중히 거절했으나 결국은 수락했고 얼마 못 가 매주 존슨의 집을 방문하는 손님이 됐다. 존슨의 부인도 매력적인 사람이라 러셀은 금방 그녀를 좋아하게 됐다.

러셀과 존슨의 관계는 차츰 깊어졌다. 러셀은 야구광이었는데 반갑게도 존슨 역시 야구라면 사족을 못 쓴다고 했다. 두 사람은 이제 워싱턴 세니터스(Washington Senators) 구단의 야간 경기를 함께 관람하려 다녔다. 두 사람은 하루도 보지 않고 지나가는 날이 없었고, 주말이면 의원들 중 오직 두 사람만이 사무실에 나와 일하고 있는 경우도 많았다. 두 사람은 공통 관심사가 너무도 많아 보였고, 시민권법에 반대하는 것처럼 남부 출신 민주당원들에게 중요한 수많은 이슈에 대해 같은 생각을 갖고 있었다.

이내 러셀이 존슨을 자기만큼 열심히 일할 수 있는 사람이라며 "능력 있는 젊은이"라고 칭찬하는 소리를 자주 들을 수 있었다. 상원의원을 그토록 오래 지낸 러셀이었지만 그가 '애제자'라고 부른 후임은 존슨이 유일했다. 그러나 두 사람의 우정은 그보다 더 깊었다. 존슨이 텍사스에서 주최한 사냥 모임에 참석한 후 러셀은 존슨에게 보낸 편지에 이렇게 썼다. "집에 도착한 이후로 줄곧

인간 본성의 법칙

아침에 깨면 텍사스에 다녀온 게 꿈은 아닐까 하는 생각을 하고 있었네. 모든 게 너무 완벽해서 현실에서도 그런 일이 생길 수 있다는 걸 믿을 힘들 정도야."

1950년 한국전쟁이 발발했다. 국방위원회는 소위원회를 구성해 군의 전쟁 준비상황을 조사해야 한다는 압박을 받았다. 제2차 세계대전 때 그런 소위원회가 구성된 적이 있는데, 당시 의장이 해리 트루먼이었다. 트루먼은 의장이 된 것을 기회로 유명세를 얻고 권력을 잡았다. 현재 국방위원회 의장은 메릴랜드 주의 밀러드 타이딩스(Millard Tydings) 의원이었고, 소위원회의 의장도 자연히 타이딩스가 맡을 것으로 보였다. 소위원회는 대중적 인지도를 쌓기에 더없이 좋은 자리였기 때문이다.

존슨은 타이딩스에게 접근해 한 가지 제안을 했다. 그해 재선을 앞두고 있었던 타이딩스에게 존슨은 선거철까지만 자신이 소위원회 의장을 맡으면 그가 선거에 집중할 수 있을 거라고 말했다. 그런 다음 자신은 물러나서 타이딩스에게 의장 자리를 물려주겠다고 했다. 하지만 그동안 쌓은 권력을 지키고 싶었던 타이딩스는 존슨의 제안을 거절했다. 그런데 이후 리처드 러셀이 타이딩스를 만나 이야기를 했고 타이딩스가 마음을 바꿔먹으면서 존슨이 의장에 지명됐다. 상원에 입성한 지 겨우 1년 반밖에 안 된 의원으로서는 기절할 만큼 놀랄 일이었다. 이후 타이딩스는 재선 공천에 떨어졌고 존슨은 한동안 그 자리를 유지했다.

국방위원회 소위원회 의장이 된 존슨은 갑자기 전국적 언론에 노출됐다. 상원 취재를 담당한 기자들은 존슨이 귀신 같이 언론을 다룬다는 사실을 알게 됐다. 존슨은 소위원회가 알아낸 사실들을 철저히 숨기고 어느 기자에게도 새어나가지 않게 했다. 존슨은 소위원회에서 하는 일을 아주 미스터리하고 극적으로 보이게 만들었고, 위원회가 무슨 대단한 국방 비리라도 발견한 것 같은 인상을 풍기게 만들었다. 그는 자신이 승인한 내용을 기사로 써준 몇몇 유력 저널리스트만 선별해서 정보나 보고서를 조금씩 나눠줬다. 나머지 저널리스트들은 존슨이 그렇지 않아도 주려고 했던 뉴스 부스러기라도 받아먹으려고 싸웠다.

존슨은 기자단을 홀리기 시작했다. 그는 단호했으나 기자들이 하는 일에 공감을 표했다. 그리고 가장 중요한 것은 좋은 이야깃거리를 제공하는 방법을 알고 있었다. 얼마 지나지 않아 일부 기자들은 열의에 넘치는 애국자이자 유망한 차세대 정치 주자로서 존슨에 관한 기사를 쓰고 있었다. 이제는 러셀도 존슨을 발탁한 자신의 결정을 충분히 옹호할 수 있었다. 텍사스에서 온 이 신임 상원의원은 훌륭하게 일을 처리했을 뿐만 아니라 마침내 상원에 대해 어느 정도 긍정적인 이미지를 홍보하는 데까지도 성공했기 때문이었다.

1951년 5월 존슨과 러셀은 맥아더 장군을 한국에서 소환하기 위해 긴밀히 협업했다. 그 과정에서 러셀은 존슨의 비서진을 직접 보게 되었는데 자신의 비서진보다 크고 훌륭하면서 효율적으로 구성되어 있는 모습에 놀랐다. 러셀은 자신이 시대를 따라가지 못하고 있다는 느낌을 받았다. 그러나 존슨은 마치 러셀의 생각을 읽기라도 한 것처럼 러셀이 현대적인 비서진을 꾸리도록 도와주기 시작했다. 존슨은 자신이 만든 법무팀 및 홍보팀을 러셀이 얼마든지 이용하게 해주면서, 이런 조직이 큰 도움이 될 수 있다는 것을 보여주었다. 이 일을 계기로 두 사람 사이의 유대관계는 더욱 탄탄해졌다. 어느 날 러셀은 한 기자에게 이렇게 말했다. "린든 존슨은 대통령이 될 수도 있는 사람입니다. 훌륭한 대통령이 될 거예요." 기자는 너무 놀라 어리둥절했다. 러셀이 한 번도 누구를 그렇게 칭찬하는 것을 본 적이 없었기 때문이다.

1951년 어느 봄날 미네소타 주 상원의원 허버트 험프리(Hubert Humphrey)는 국회의사당으로 가는 전철을 기다리고 있었다. 그때 갑자기 존슨이 다가와 같이 가면서 이야기나 나누자고 했다. 험프리로서는 듣던 중 반가운 이야기였다. 실은 존슨이 진심으로 하는 말인가 싶을 만큼 반가웠다. 험프리는 존슨과 같은 시기에 상원의원이 됐다. 그때는 다들 험프리를 존슨보다 더 큰 스타로

　　　　　　　　　　　　　　　　　　　　　　　인간 본성의 법칙

여겼다. 사람들은 험프리가 언젠가 대통령이 될 수도 있는 카리스마 있는 진보주의자라고 생각했다. 그러나 험프리가 최고의 자리에 오르는 것을 철저히 방해하는 장애물이 하나 있었다. 그는 진보적 대의에 대한 입장이 너무 단호해서 거의 모든 의원과 소원해졌던 것이다. 험프리는 상원에서 하는 첫 연설에서 상원이 변화의 속도가 느리고 안이하다고 비난했다. 얼마 후 그는 철저한 대가를 치러야 했다. 최악의 위원회로 밀려났던 것이다. 그가 입안한 법안은 아무런 진전도 보지 못했다. 의사당에서 그가 화장실에 들어가면 거의 모든 사람이 자리를 피했다. 이런 배척이 점점 심해지자 험프리는 자꾸만 더 의기소침해지고 낙담했다. 가끔 일을 마치고 집으로 돌아가는 길에 그는 길가에 차를 대놓고 엉엉 울기도 했다. 그의 커리어가 영 엉뚱한 방향으로 흘러가고 있었다.

전철에서 존슨은 험프리를 요란스럽게 칭찬했다. "허버트, 당신이랑 의사당까지 전철을 함께 타고 가다니, 저한테 이게 얼마나 멋진 경험인지 모르실 겁니다. 저는 당신한테 부러운 게 너무 많아요. 말씀도 잘하시고, 지식도 넓으시고." 이 말에 안도했던 험프리는 바로 이어진 존슨의 격렬한 비난에 깜짝 놀랐다. "하지만 젠장, 허버트. 당신이 연설을 너무 길게 하는 바람에 뭘 할 시간이 남지를 않아요." 험프리는 의원들과 좀 더 잘 어울리고 현실적이 될 필요가 있었다. 마침내 두 사람이 헤어지게 되었을 때 존슨은 험프리에게 술이나 한잔하자며, 언제 한번 본인의 사무실에 들러달라고 했다. 험프리는 이내 존슨의 사무실을 주기적으로 찾는 의원이 됐다. 북부의 진보주의자들은 이 남부 출신의 상원의원을 보수주의자 러셀의 총아라며 꽤나 혐오했지만, 존슨은 험프리의 마음을 완전히 사로잡았다.

첫째, 존슨은 너무너무 재미난 사람이었다. 존슨은 이야기를 할 때면 언제나 소탈한 일화를 동원했고, 종종 외설적인 내용도 있었으나 늘 뭔가 근사한 교훈이 담겨 있었다. 사무실에 앉아 술을 벌컥벌컥 따르면서 존슨은 포복절도할 이야기를 꺼내곤 했고 두 사람의 웃음소리가 복도까지 쩌렁쩌렁 울렸다. 나를 기분 좋게 만드는 사람을 거절하기란 힘든 법이다. 존슨의 존재감은 엄청났다. 험프리는 나중에 이렇게 썼다. "그는 마치 일대를 쓸어버리는 파도와 같았다. 그는 벽도 뚫고 지나갔다. 문으로 들어서는 순간 방 전체를 접수했다."

둘째 존슨은 공유할 만한 귀중한 정보들을 갖고 있었다. 그는 험프리에게 상원의 모든 복잡한 절차와 그가 면밀한 관찰을 통해 수집한 여러 상원의원의 심리적 약점까지 알려주었다. 존슨은 상원 역사상 가장 뛰어난 표결 예측자가 됐다. 그는 상원의 그 어떤 표결도 놀라운 정확성으로 예측할 수 있었다. 그는 그렇게 표를 세는 노하우를 험프리와 공유했다.

마지막으로, 존슨은 험프리에게 타협을 통해 얼마나 큰 힘을 가질 수 있는지 알려줬다. 좀 덜 이상적으로 굴고 조금 더 실용적이 될 때 어떤 힘을 가질 수 있는지 알려줬다. 존슨은 험프리의 영웅인 프랭클린 루스벨트의 이야기를 들려줬다. 존슨은 하원의원 시절에 프랭클린 루스벨트와 친분을 쌓았다. 존슨에 따르면 루스벨트는 전술적 후퇴뿐만 아니라 때로는 타협을 통해 일을 매듭지을 줄 아는 천생 정치가였다. 존슨이 드러내지는 않아도 실제로는 진보주의자라는 의미가 여기에 깔려 있었다. 그도 루스벨트를 숭배하며 험프리 못지않게 시민권법의 통과를 바란다는 함의가 내포되어 있었던 것이다. 두 사람은 같은 편이며, 동일한 고귀한 대의를 위해 싸우고 있었다.

존슨과 협업한다면 험프리는 상원에서, 그리고 그 이상까지, 한계 없이 높이 올라갈 수 있었다. 존슨이 추측한 것처럼 험프리에게는 대통령이 되겠다는 야심이 있었다. 정작 존슨 자신은 결코 대통령이 될 수 없었다. 적어도 존슨이 험프리에게 한 말은 그랬다. 미국이라는 나라가 아직 남부 출신의 대통령을 뽑을 준비는 되어 있지 않다고 말이다. 그러나 존슨은 험프리가 대통령이 되도록 도와줄 수는 있었다. 두 사람이 함께한다면 무적의 팀이 될 것이다.

그러나 험프리의 마음이 완전히 넘어가게 된 계기는 존슨이 험프리의 상

인간 본성의 법칙

원 생활을 아주 편하게 만들어준 덕분이었다. 존슨은 남부 출신의 민주당 동료 의원들에게 험프리가 똑똑하고 유머가 넘친다며 다들 험프리라는 남자를 오해하고 있다고 말했다. 이렇게 사전 작업을 해놓은 후 존슨은 험프리를 의원들에게 다시 소개했고, 그렇게 만난 험프리는 매력적으로 보였다. 무엇보다 중요한 계기는 존슨이 러셀의 마음을 돌려놓은 일이었다. 러셀은 태산도 옮길 수 있는 사람이었다. 험프리는 이제 더 힘 있는 의원들과 술을 마시게 되었고 그의 외로움도 서서히 사라졌다. 존슨에게 받은 은혜를 갚아야겠다고 느낀 험프리는 북부의 많은 진보주의자들이 존슨에 대한 생각을 바꾸게 만들었다. 이제 존슨의 영향력은 눈에 보이지 않는 공기처럼 퍼져나가기 시작했다.

1952년 드와이트 아이젠하워가 대통령으로 뽑히면서 공화당원들이 대거 권력을 잡았고 상하원의 절차 운영까지 접수했다. 선거에서 희생된 사람 중에는 상원의 민주당 리더였던 애리조나 주의 어니스트 맥팔런드(Ernest Mcfarland)도 있었다. 리더 자리가 공석이 되면서 누가 후임을 맡을지 치열한 싸움이 시작됐다.

존슨은 러셀이 직접 그 자리를 맡는 게 어떠냐고 했지만 러셀은 거절했다. 그는 배후에서 활동하는 편이 더 많은 힘을 가질 수 있었다. 오히려 러셀은 존슨이 차기 리더가 되어야 한다고 했다. 러셀은 그걸 가능하게 만들 수 있는 사람이었다. 존슨은 놀란 척하면서도 만약 러셀이 계속 '대가님'으로 남아 모든 과정을 조언해준다면 생각해보겠다고 했다. 더 이상의 말은 불필요했다. 몇 주 후 러셀은 그 자리를 사실상 집어다가 존슨의 손에 쥐어줬다. 어마어마한 반란이었다. 존슨은 겨우 마흔네 살의 나이에 양당을 모두 통틀어 역사상 비교 대상조차 없이 젊은 최연소 리더가 됐다.

새로운 자리에 앉은 지 몇 주 후 존슨은 러셀을 찾아와 예사롭지 않은 요청을 했다. 핵심적인 위원회에 누가 들어갈 것이냐는 수십 년간 연차를 기준으로 결정되어 왔다. 하지만 그 때문에 그 자리를 감당할 능력이 안 되는 사람이 위원회 의장이 되는 경우도 종종 있었다. 7, 80대 의원들의 아이디어는 과거에 뿌리를 두고 있었다. 그들은 큰 싸움도 싫어했다. 이제 상하원을 모두 장악한 공화당은, 뉴딜 정책이나 외교 정책을 포함해 프랭클린 루스벨트가 이뤄놓은 가장 위대한 업적들을 과거로 되돌릴 계획을 짜고 있었다. 중간 선거까지 남은 2년은 결코 쉽지 않을 것이다.

존슨은 상원의 민주당 리더로서 위원회의 지형을 바꿀 수 있는 권한을 원했다. 그렇다고 존슨의 주장이 대단히 급진적인 것은 아니었다. 그저 몇 군데 위원회의 멤버와 의장을 교체해서 새로 당선된 존 케네디처럼 젊은 피도 좀 수혈하고 허버트 험프리를 외교위원회에 넣고 싶어 했다. 이 두 젊은 의원은 민주당의 신선한 새 얼굴이 될 수 있었고 공화당과의 투쟁에도 에너지를 공급할 수 있었다. 나름 현명한 제안임을 알아본 러셀은 묵시적 동의를 하면서도 한편으로는 이렇게 경고했다. "자네 지금 상원에서 가장 민감한 문제를 건드리는 거야…. 이건 다이너마이트나 마찬가지라고."

존슨은 다른 연배 높은 의원들도 찾아갔다. 그중에는 존슨을 아주 좋아하는 로버트 버드(Robert Byrd)처럼 설득하기 쉬운 사람들도 있었다. 진보주의자들이 이런 변화에 동의한 것은 험프리 덕분이었다. 험프리는 이제 존슨과 북부 출신 의원들 사이의 연락책으로서 막강한 힘을 갖고 있었다. 그 외 의원들은 훨씬 까다로웠다. 하지만 존슨은 이 싸움을 포기할 마음이 없었다. 계속해서 저항하는 의원들에게는 존슨도 더 적극적으로 나갔다. 그는 쉬지 않았다. 사무실 문을 닫아놓고 몇 시간씩 혼잣말로 리허설을 했다. 본인의 주장을 설명하고, 이 완고한 의원들이 뭐라고 반론을 펼지 예상해보면서 완벽한 해법이 나올 때까지 연습을 거듭했다. 일부 의원들에게는 순전히 현실적인 주장을 펼치며 무슨 수를 쓰더라도 공화당을 이겨야 한다는 점을 강조했다. 다른 의원들에게는 프랭클린 루스벨트 시절의 영광을 다시 들먹였다. 남부 출신 의원들에게는 당이 더 단결하고 강해져야 존슨 본인의 일이 수월해진다는 점을 분명히 했다. 같은 남부 출신 의원으로서 존슨은 앞으로 있을 더 많은 싸움에서 끝까지 그들의 편에 서겠다고 했다.

존슨은 사무실에서 수많은 술 접대를 했고, 본인이 가진 위트와 매력을 총동원했다. 시도 때도 없이 의원들에게 전화를 돌렸다. 어느 의원이 계속 버티면 밤늦게 다시 전화를 걸었다. 존슨은 절대로 논쟁을 격하게 벌이거나 강요하려고 들지는 않았다. 그는 상대를 이해했고 수많은 보상을 제안했다. 결국 한 명씩 한 명씩 의원들은 손을 들었고 이제 남은 사람은 몇 명 되지 않았다. 어쩌다 보니 이제 존슨은 두려움의 대상이 됐다. 항복하지 않고 끝까지 몇 안되는 저항자로 남는다면, 앞으로 몇 년간 존슨이 그들의 삶을 비참하게 만들수도 있었다.

마침내 민주당의 새로운 계획이 발표됐을 때 공화당과 언론은 존슨이 이뤄낸 일에 입을 다물지 못했다. 민주당 리더가 된 지 겨우 몇 주 만에 존슨은 전례 없는 힘을 갖게 됐다. 선임자 우대의 기존 시스템이 아니라 존슨이 위원회 지명권을 장악했다. 이세 그는 누구도 부인할 수 없는 '상원의 주인'이었고, 동료들 사이에서는 "린든한테 맡겨둬"가 격언이 됐다. 리처드 러셀부터 허버트 험프리까지 존슨의 영향권에 들어간 사람들에게는 그야말로 뜻밖이었다. 하지만 누가 뭐래도 가장 놀란 사람은 톰 코널리였을 것이다. 착실하게 영향력을 쌓아간 결과 존슨은 4년이라는 짧은 시간 만에 최고의 자리에 올랐을 뿐만 아니라 민주당 상원을 완전히 장악했다. 코널리 자신이 20년 이상 활동하며 쌓은 것을 능가하는 힘이었다.

해석 ──●

정치에 입문할 때부터 존슨에게는 한 가지 포부가 있었다. '언젠가 미합중국 대통령이 되겠다.' 그러려면 비교적 빨리 두각을 나타낼 필요가 있었다. 더 빨리 리더가 될수록 이름을 알리고 민주당 내에서 입지를 확보할 시간도 늘었다. 스물여덟에 하원의원으로 선출된 그는 자신이 바라는 방향으로 잘 가고 있는 듯 보였다. 하지만 하원에서 그의 커리어는 수렁에 빠지고 만다. 하원은 너무 크고 복잡한 공간이었고, 그는 그렇게 큰 규모의 집단을 상대하는 데 능하지 않았다. 그는 연설을 통해 사람들을 흥분시키는 유형은 아니었다. 그는 사람을 1대1로 만날 때 훨씬 더 매력을 발휘하는 유형이었다. 좌절한 그는 안절부절못했다. 마흔의 나이에 마침내 상원에 입성한 그는 코널리와의 첫 만남에서 알 수 있듯이 이제 인내심도 갖추고 있었다. 그러나 취임 직전 의사당을 둘러보던 그는 불현듯 깨달음을 하나 얻었다. '생각보다 공간이 훨씬 작구나!' 상원은 마치 남자들만 모여 있는 아늑한 클럽 같았다. 여기에서라면 1대1로 만나 영향력을 쌓으면서 서서히 힘을 가질 수 있을 듯했다.

하지만 그러려면 변신이 필요했다. 타고난 그의 성품은 공격적이었다. 그는 이 공격성을 잘 억제하고, 속도를 늦추고, 한 발 물러설 필요가 있었다. 지금까지처럼 너무 많은 말을 하고 열띤 논쟁을 벌이는 것도 그만둬야 했다. '말은 남들이 하게 하자. 대신에 동료 의원들이 주구장창 말하는 동안 나는 그들에게 집중하자. 요령을 배워가는 고분고분한 신임 의원의 얼굴을 하자. 절차와 입법에 관해 열심히 배우는, 약간은 재미없는 학생처럼 굴자.' 이런 얼굴 뒤에서 그는 야심차거나 공격적으로 보이지 않으면서도 남들을 관찰할 수 있었다. 그는 상원의 내부 운영에 대한 지식을 서서히 쌓아갔다. 표결을 어떻게 예상하고, 실제로 법안은 어떻게 통과되는지 배웠다. 그리고 여러 의원에 대한 통찰도 얻었다. 가장 깊은 곳에 숨겨진 그들의 불안과 약점이 무엇인지 알게 됐다. 그렇게 어느 순간이 되자 상원에 대한 깊은 이해가 곧 그의 자산이 됐고, 그는 이것을 영향력이나 호의와 맞바꿀 수 있었다.

몇 달간 이런 작전을 펴고 나니 하원에서 얻었던 평가를 뒤집을 수 있었다. 그는 더 이상 위협적인 존재로 보이지 않았고, 의원들의 방어막이 내려가면서 존슨은 작전을 한층 업그레이드시킬 수 있었다.

그는 이제 핵심적인 지원군을 얻는 데 집중했다. 최정상에 있거나 그에 가까운 핵심 지원군이 한 명만 있어도 태산을 옮길 수 있다는 게 존슨의 평소 믿음이었다. 일찌감치 그는 러셀 의원을 완벽한 목표로 찜해두었다. 외롭고, 대의를 믿지만 딱히 제자라고 할 만한 사람은 없는, 막강한 힘을 가진 의원이었다. 존슨은 정말로 러셀을 좋아했다. 그는 늘 아버지상을 찾아다녔다. 하지만 러셀에 대한 그의 관심과 접근법은 아주 전략적이었다. 그는 무슨 수를 써서든 국방위원회에 들어가려고 했다. 그래야 러셀과 가장 자주 접할 수 있기 때문이었다. 복도나 화장실에서 두 사람이 끊임없이 마주친 것은 결코 우연이 아니었다. 너무 노골적이지 않은 방식으로 존슨은 러셀과 보내는 시간을 서서히 늘려갔다. 존슨은 한 번도 야구를 좋아한 적이 없었고, 남북전쟁 역시 그의 관심사와는 거리가 멀었다. 그러나 그는 금세 이 두 가지에 흥미를 갖는 법을 터득했다. 러셀이 갖고 있는 보수적 가치관과 성실한 태도를 복사한 듯이 똑같이 보여줌으로써 이 외로운 상원의원이 단순히 친구만 생긴 게 아니라 자신을 숭배하는 아들이자 제자를 갖게 됐다고 느끼게 만들었다.

존슨은 러셀에게 절대로 부탁을 하지 않으려고 조심했다. 그러면서 오히려 본인이 조용히 러셀에게 호의를 베풀었다. 러셀이 비서진을 현대화하도록 도와준 것이다. 소위원회의 의장 자리처럼 마침내 뭔가 원하는 게 생겼을 때는 그것을 직접적으로 표현하기보다는 넌지시 자신의 바람을 드러냈다. 러셀은 존슨을 자신의 정치적 야심의 연장선으로 보게 됐고, 그쯤 되면 본인의 심복을 위해 못할 일이 없었다.

겨우 몇 년 만에 존슨은 귀신처럼 표결 결과를 잘 예측한다는 소리를 들었고, 여러 의원의 내부 사정을 알게 됐다. 이런 것들은 법안을 하나 통과시키려고 할 때 더없이 유용한 지식이었다. 이제는 다른 의원들이 이 정보를 얻기 위해 존슨을 찾아왔고, 존슨은 정보를 나눠주며 언젠가 자신에게도 호의를 베풀어달라는 양해를 얻었다. 서서히 그의 영향력이 넓어지고 있었다. 그러나 상원 및 당내에서 확고한 지위를 얻으려면 장애물이 하나 있었다. 바로 북부 출신의 진보주의자들이었다.

이번에도 존슨은 완벽한 목표물을 골랐다. 험프리 의원이었다. 존슨은 험프리가 외로운 사람이며 격려가 필요하다고 판단했다. 하지만 그는 동시에 엄청난 야망을 가진 사람이기도 했다. 험프리의 마음에 다가갈 방법은 세 가지였다. 그를 좋아한다고 느끼게 해주고, 스스로를 대통령감으로 생각하는 그의 믿음을 긍정해주고, 그의 야망을 실현할 구체적인 도구를 제공하는 것이었다. 러셀에게 그랬던 것처럼 존슨은 험프리에게 드러나지는 않아도 그가 험프리의 편이라는 인상을 심어주었다. 그리고 험프리처럼 그도 프랭클린 루스벨트를 흠모한다고 표시해 험프리의 가장 깊숙한 곳에 위치한 가치관을 그대로 재현해 보여주었다. 이런 작전을 몇 달간 펼치고 나자 험프리는 존슨을 위해서라면 못할 일이 없을 정도가 됐다. 북부 출신 진보주의자들과의 교두보를 마련한 존슨은 이제 상원 구석구석 영향력이 미치지 않는 곳이 없었다.

리더 자리가 공석이 됐을 때쯤 존슨은 호의를 베풀면 반드시 은혜를 갚고, 일을 시키면 마무리 지을 능력이 되고, 강력한 지원군까지 보유한 인물이라는 어마어마한 신뢰를 구축해놓았다. 위원회 배정 권한을 갖겠다는 그의 바람은 시스템에 근본적 변화를 일으키겠다는 뜻이었다. 하지만 존슨은 그것이 민주당을 개선하고 의원들 각자가 공화당과 싸우는 데도 도움이 되는 일이라고 조심스럽게 포장했다. 린든 존슨에게 권력을 넘겨주는 것이 그들에게도 이익이라고 생각하게 했다. 차근차근 존슨은 엄청난 영향력을 획득했지만 한 번도 공격적으로 보이거나 위협처럼 비치지 않았다. 실제로 무슨 일이 일어났는지 민주당 의원들이 깨달았을 때에는 이미 너무 늦은 후였다. 존슨은 장기판을 완전히 장악하고 상원의 주인이 되어 있었다.

꼭 알아야 할 점은 이것이다. 사람들에 대한 영향력, 그에 따른 권력은 사람들이 상상하는 것과는 정반대의 방법을 취해야 얻을 수 있다. 우리는 보통 나

인간 본성의 법칙

를 최대한 멋있게 보여주어 내 아이디어를 가지고 상대를 홀리려고 한다. 우리는 지나간 업적을 한껏 부풀리고 내가 대단한 것을 갖고 있다고 약속한다. 정직이 최선이라고 믿으며 상대에게 호의를 부탁한다. 그러나 정작 우리가 깨닫지 못하고 있는 것은, 모든 관심이 우리 자신에게 집중되어 있어서 그런 믿음이 생긴다는 사실이다. 지금처럼 자기몰두가 점점 더 심해지는 세상에서 이런 전략은 상대방의 관심이 더 내부로 향하게 만들고, 나의 관심사가 아니라 그들의 관심사에 더 집중하게 만들 뿐이다.

존슨의 스토리가 보여주듯이 영향력과 권력을 얻는 최선의 방법은 정반대로 가는 것이다. 관심의 초점을 상대에게 넘겨줘라. 상대가 이야기하게 만들어라. 이 쇼에서 상대방이 스타가 되도록 하라. 상대의 의견과 가치관은 내가 따라할 가치가 있으며, 그가 지지하는 대의가 세상에서 가장 고귀하다고 말하라. 요즘 세상에 이런 관심은 워낙에 드물기 때문에 사람들은 이런 관심에 굶주려 있다. 이렇게 상대를 긍정해주면 그는 방어막을 내리고 뭐가 되었든 당신이 암시하고 싶은 그 아이디어에 마음을 열 것이다.

그렇다면 당신이 가장 먼저 해야 할 일은 언제나 한 걸음 물러나서 상대보다 열등한 위치에 서는 것이다. 하지만 노골적이어서는 안 된다. 상대의 조언을 구하라. 사람들은 자신의 지혜와 경험을 나눠주고 싶어서 안달이다. 상대가 관심에 중독되었다 싶으면, 주기적으로 상대를 위해 뭔가 작은 호의, 상대의 시간이나 노력을 아껴줄 수 있는 어떤 호의를 베풀어라. 상대는 즉시 은혜를 갚고 싶을 테고, 이용당한다거나 강요당한다는 느낌 없이 당신에게 자신이 받은 호의를 되돌려주려고 할 것이다. 일단 한 번 당신에게 호의를 베푼 사람은 계속해서 당신을 위하려고 할 것이다. 당신을 위해 뭔가를 할 때 이미 당신이 그럴 만한 가치가 있는 사람이라고 판단했기 때문이다. 당신을 더 이상 돕지 않는다면 그것은 본인의 당초 판단이나 지능에 의문을 제기하는 일이 된다. 사람들은 그런 것을 아주 꺼린다. 집단 내에서 이렇게 서서히 노력한다면 공격적이거나 의도적으로 보이는 일 없이 영향력을 확대할 수 있다. 당신의 야망을 이만큼 잘 숨길 방법이 또 있을까.

> 대화의 진짜 목적은 남들의 재기(才器)를 끌어내는 것이지, 당신의 재기를 많이 보여주는 게 아니다. 상대가 본인이나 본인의 위트에 만족하며 떠난다면, 그는 당신에게도 크게 만족한다. 대부분의 사람은 가르침을 받거나 누가 나를 즐겁게 해주는 것보다 칭찬받고 박수받기를 더 바란다.
>
> – 장 드 라 브뤼예르(Jean de La Bruyère, 17세기 프랑스의 문학가)

· 인간 본성의 열쇠 · 사람들의 방어막을 해제시키는 황금 열쇠

일찍부터 인간은 나라는 인격을 방어하고 보호하려는 측면을 발달시킨다. 이 과정은 어린 시절 남들이 침범하지 않아야 할, 내 몸이 차지하는 공간을 인식하면서부터 시작된다. 그것은 나중에 개인의 존엄성이라는 감정으로 확장된다. 남들이 나를 조종하거나 억지로 시켜서 내가 원하지 않는 일을 하게 만들어서는 안 된다. 우리는 자유롭게 내 바람을 선택할 수 있어야 한다. 사회적 인간으로 성장하기 위해서는 이런 발달 과정이 반드시 필요하다.

그러나 나이가 들면서 이런 방어적 성향이 훨씬 완고한 무언가로 굳어지는 경우가 많다. 그리고 거기에는 그럴 만한 이유가 있다. 사람들은 끊임없이 우리를 심판하고 평가한다. '이 친구가 충분히 유능한가? 착한가? 팀플레이를 하는가?' 우리는 한 번도 이런 검열로부터 완전히 자유롭다고 느낀 적이 없다. 살면서 한 번만 눈에 띄게 실패했더라도, 사람들이 그 사실을 알아낸다면 그 일은 나에 대한 부정적 판단의 근거가 되어 오랫동안 제 구실을 못하고 살게 될 수도 있다. 게다가 우리는 사람들이 늘 내게 무언가를 바란다는 기분을 느

인간 본성의 법칙 ·

긴다. 사람들은 내 시간, 내 돈, 내 아이디어, 내 노동을 원한다. 이 모든 것 때문에 우리는 자연히 더 내 안에 몰두하게 되고 방어적이 된다. 내 것은 내가 챙길수밖에 없다. 다른 누구도 챙겨주지 않을 것이기 때문이다. 우리는 침입자나나에게 뭔가를 바라는 사람이 내 주위로 들어오지 못하도록 벽을 쌓는다.

스무 살쯤 되면 누구나 이미 방어막이 만들어져 있다. 그런데 내면의 벽이와르르 무너져 내리는 경우들이 있다. 예를 들어 친구들과 흥청망청 어울리는밤, 술이 좀 들어가고 나면 우리는 그들과 하나가 된 기분이 들고 친구가 나를심판하지 않는다고 느낀다. 마음이 느슨해지면서 갑자기 아주 흥미로운 새로운 생각을 하게 되고, 평소 같으면 절대로 하지 않을 일에도 마음을 열게 된다.또 다른 예를 들어보면 공개 집회에 참석해서 뛰어난 연사가 대의를 부르짖는것을 들을 때도 마찬가지다. 수백 명이 같은 생각을 하고 있다는 기분과 집단의식에 사로잡혀 갑자기 뭔가 행동을 해야 할 것 같고, 대의를 위해 힘써야 할것 같은 기분에 휩싸인다. 평소 같으면 그렇지 않았을 텐데 말이다.

그러나 뭐니 뭐니 해도 가장 명확한 예는 사랑에 빠지고 그 감정이 상호적이라고 느낄 때다. 상대는 나의 가장 긍정적인 면을 칭찬해주고 본인도 그 모습을 복사하듯이 똑같이 보여준다. 그럴 때 내가 사랑받을 가치가 있는 사람이라는 기분이 든다. 이런 마법에 빠지고 나면 내 자존심이나 습관적으로 나오는 완고한 태도 등을 내려놓을 수 있다. 이례적으로 상대가 나의 의지력을마음대로 좌우하는 것까지도 허용한다.

이런 순간들의 공통점은 우리가 마음속으로 안정감을 느낀다는 점이다. 친구나 집단이나 애인이 나를 심판하는 게 아니라 수용한다고 느낀다. 우리는 그들에게서 나를 본다. 그러면 긴장을 늦출 수 있다. 뼛속 깊은 곳으로부터 내 가치를 인정받은 기분을 느낀다. 우리 마음은 자신의 내면에만 집중하여 방어적이 될 필요가 없이, 관심을 바깥으로 향할 수 있다. '나'라는 자아를 넘어 어떤대의나 새로운 아이디어, 타인의 행복을 향해 마음을 열 수 있게 되는 것이다.

반드시 알아두어야 할 것이 있다. 이렇게 인정받은 기분을 상대가 느끼게끔 해주는 것이 사람들의 방어막을 해체시키는 황금 열쇠라는 사실이다. 이런 힘을 갖고 있지 않으면 지금처럼 고도로 경쟁화된 세상에서 살아남아 번창할 수 없다.

저항하는 사람의 마음을 움직여야 할 상황은 끊임없이 발견된다. 우리는 상대의 도움이, 혹은 상대의 못난 행동을 돌려놓을 수 있는 능력이 필요하다. 만약 우리가 닥치는 대로 그때그때 간청을 하고, 달래고, 상대가 죄책감을 느끼게 만들려고 한다면 상대는 더욱더 방어적이 될 가능성이 농후하다. 혹시 그런 방법으로 원하는 것을 얻어냈다 하더라도 상대의 마음 밑바닥에는 원망이 흐르고 있으므로 그의 지원은 미미할 수밖에 없다. 상대의 시간이나 돈, 아이디어는 얻어냈을지는 몰라도 상대는 완전히 마음을 닫아버려서 더 이상 그에게 영향력을 행사할 수는 없을 것이다. 게다가 장시간 사람들의 저항에 정면으로 맞섰으나 아무런 결과도 얻지 못한다면 내 인생이 아주 위험해질 수 있다. 사람들의 무관심에 좌절감이 계속 쌓일 것이기 때문이다. 그렇게 되면 미묘하게 우리의 태도가 바뀐다. 또 다시 사람들의 마음을 움직여야 할 상황이 됐을 때 사람들은 나의 절박함과 불안을 감지하게 된다. 우리는 사람들의 비위를 맞추려고 지나치게 열심히 애쓰게 되고 상대에게 필사적으로 보이므로, 시작도 해보기 전에 게임에서 진다. 이것은 다시 부정적인 자기실현적 예언이 되어 우리는 문제의 원인도 알지 못하는 채 계속해서 사람들로부터 소외될 수도 있다.

너무 늦기 전에 이런 악순환을 되돌려야 한다. 존슨이 마흔 살 때 했던 것처럼 말이다. 사람들이 갈망하는 인정을 제공해 그들의 방어막을 낮추게 되면 얼마나 큰 힘을 가질 수 있는지 알아야 한다. 현실적이면서 전략적으로 이런 일을 가능하게 할 핵심 열쇠는, 인간 본성의 기본 법칙을 온전히 이해하는 것뿐이다.

그 법칙은 다음과 같다. 사람들은 '자기평가'라고 부를 수 있는, 자기 자신에 대한 인식을 갖고 있다. 이 자기평가는 정확할 수도 있고 아닐 수도 있지만 어느 쪽인지는 중요하지 않다. 중요한 것은 사람들이 자신의 성격이나 가치를 인식하는 방식이다. 사람들의 자기평가에서 거의 보편적으로 발견되는 특징이 세 가지 있다. '나는 자율적이야. 내 자유 의지대로 행동하지.' '나도 나름 똑똑해.' '기본적으로 나는 착하고 양심적인 사람이야.'

첫 번째 보편적 특징은 '나는 내 자유 의지대로 행동해'라는 것이다. 우리가 어느 집단에 들어가거나, 뭔가를 믿거나, 물건을 사는 것은 나의 '선택'에 따른 것이다. 실제로는 누군가의 농간에 조종을 당했거나 동료 압박(또래나 동료 등 비슷한 처지의 주변인들이 암묵적 규칙처럼 같은 생각이나 행동을 할 때 느끼는 사회적 압박감. - 옮긴이)에 굴복한 것이라 할지라도 스스로에게 들려주는 이야기는 그와 다르다. 상사에게 복종해야 하는 경우처럼 혹시라도 내가 강요당한 것을 의식적으로 느끼는 경우에는 우리는 둘 중 하나의 반응을 보인다. 내가 복종을 선택했다고 스스로에게 이야기하거나 또는 강요받거나 조종당한 것을 깊이 원망한다. 후자의 경우 겉으로는 미소를 짓고 복종하더라도 몰래 반항할 방법을 찾아내고야 만다. 다시 말해 우리는 나의 자유 의지를 끊임없이 주장하고 표현할 필요성을 느낀다.

두 번째 보편적 속성은 '나는 똑똑하다'고 생각하는 것이다. 우리는 내가 아인슈타인 수준은 아니더라도 내 분야에서만큼은 나름 '똑똑하다'고 생각한다. 배관공도 자신의 손재주와 집안의 배관 구조에 대한 자신의 지식에 자부심을 가진다. 이런 것도 일종의 '똑똑함'이다. 이런 사람은 자신의 정치적 의견이 확고한 상식(역시나 '똑똑함'의 신호)에서 나왔다고 생각한다. 일반적으로 사람들은 자신이 누군가에게 속아 넘어갈 수 있다거나 남보다 덜 똑똑하다는 생각을 절대로 반기지 않는다. 만약 전통적 의미에서 자신이 똑똑하지 않다고 인정해야 할 경우에는 적어도 남보다는 영리하다고 생각한다.

세 번째 보편적 특성은 '나는 좋은 사람이야'라는 생각이다. 우리는 스스로 올바른 대의를 지지하고 있다고 생각하고 싶어 한다. 나는 사람들에게 잘해주고, 팀플레이를 한다. 혹시라도 내가 상사이고 내 밑의 부하들에게 어떤 규율을 심어주고 싶다면, 이 경우는 '엄한 사랑'이라고 부른다. 나는 다 그들을 위해 그렇게 하는 것이다.

이런 보편적 특성 외에도 사람들은 자신의 특정 불안을 조정하기 위한 나름의 자기평가를 가지고 있다. 예를 들면 이런 식이다. '나는 세상에 둘도 없는 자유로운 영혼이야.' '나는 아주 자립적이고 누구의 도움도 필요 없어.' '나는 잘 생겼으니까 그걸 활용하면 돼.' '나는 모든 권위를 경멸하는 반항아야.' 이렇게 다양한 자기평가 속에는 그 하나의 분야에서만큼은 내가 우월하다는 느낌이 내포되어 있다. '나는 반항아인데, 당신은 나보다 덜 반항적이야.' 이런 유형의 자기평가는 유아기의 발달 과정에서 겪었던 문제와 관련된 경우가 많다. 예를 들어 반항아 유형이라면 아버지상으로 생각했던 사람이 자신을 실망시켰다거나, 아이들의 괴롭힘 때문에 힘들었는데 스스로 열등하다는 기분은 도저히 참을 수 없었다거나 하는 것처럼 말이다. 이런 사람은 모든 유형의 권위를 경멸해야만 한다. 자립심이 강한 유형이라면 어머니가 아주 냉담한 사람이어서 버려질 것 같다는 느낌에 시달렸을 수도 있다. 그래서 억척같은 자립심을 가진 자아상을 만들어낸 것이다.

자기평가는 우리에게 아주 중요하다. 우리의 사고와 가치관의 많은 부분을 결정짓는다. 우리는 자기평가와 상충하는 생각을 좋아하지 않는다. 내가 만약 나를 아주 터프하고 독립적이라고 생각한다고 해보자. 그때부터 나는 현실적이고 강경하고 타인의 약점을 용서하지 않는 생각이나 철학에 '끌린다'. 이 시나리오에서 마침 내가 기독교인이라면 기독교의 종교적 교리를 나의 터프한 자아상에 맞게 '재해석'한다. 기독교 내에서 독립심과 엄한 사랑, 적들을 파괴해야 할 필요성 같은 것을 강조하는 요소를 기어코 찾아낸다. 일반적으로 우리는 나를 고귀하고 똑똑하다고 인정해주는 집단에 속하려고 한다. 우리는 내가 가진 어떤 생각이나 가치관이 독립적이라고 생각할지 모르지만, 실제로 그것들은 나의 자기평가에 따라 결정된다.

사람들에게 무언가를 설득하려고 하면 셋 중 하나의 상황이 벌어진다. 첫째, 나도 모르게 상대의 자기평가 중 어느 부분을 자극할지 모른다. 토론이 논쟁으로 격화되었다면 당신이 상대가 바보 같거나, 세뇌를 당했거나, 훌륭하지 않다고 느끼게 만든 것이다. 아무리 조심스럽게 당신 주장을 내놓더라도 거기에는 당신이 상대보다 '더 잘 안다'는 의미가 내포된다. 그렇게 되면 상대는 더 방어적이 되고 저항적이 된다. 벽은 더 높아져서 결코 내려오지 않을 것이다.

둘째, 상대의 자기평가를 중립적 위치에 남겨둘 수도 있다. 상대의 자기평가에 이의를 제기하지도, 그것을 긍정하지도 않는 방법이다. 당신이 이성적이고 차분하게 접근하면서 감정적으로 치닫지 않으려고 노력할 때 이 상황이 자주 벌어진다. 이 시나리오에서 상대는 여전히 저항적이고 의심을 갖고 있지만, 적어도 당신이 상대를 더 긴장하게 만들지는 않았으므로 이성적인 논증을 통해 상대를 조종할 여지가 조금은 남아 있다.

셋째, 당신이 상대의 자기평가를 적극적으로 긍정해주는 경우다. 이 경우 당신은 사람들이 가진 가장 큰 정서적 욕구를 충족시켜준다. 우리는 내가 독립적이고, 똑똑하고, 양심적이고, 자립심이 강하다고 상상할 수 있지만, 그것을 인정하는 것은 오직 남들만이 내게 해줄 수 있는 일이다. 거칠고 경쟁적인 세상에서 우리는 누구나 끊임없는 자기 의심에 시달린다. 우리가 그토록 갈망하는 '인정'을 얻어내는 경우는 거의 없다. 다른 사람에게 그 인정을 주면 술에 취했을 때나 집회에 참석하거나 사랑에 빠졌을 때나 가능한 마법 같은 효과를 누릴 수 있다. 상대는 긴장을 늦출 것이다. 상대는 더 이상 불안에 시달리지 않으므로, 밖으로 관심을 돌릴 것이다. 마음이 열리기 때문에 당신이 넌지시 제안하는 의견이나 제안을 쉽게 받아들일 것이다. 상대가 당신을 돕기로 결정하더라도 본인의 자유의지로 그렇게 했다고 느낄 것이다.

당신이 해야 할 일은 간단하다. 사람들에게 내적 안정감을 주입하라. 상대의 가치관을 복사한 듯이 똑같이 보여줘라. 상대를 좋아하고 존경한다는 사실을 보여줘라. 상대의 지혜와 경험을 높이 평가한다고 느끼게 하라. 서로 훈훈함을 느끼는 분위기를 만들어라. 상대가 당신을 따라 웃게 만들어서 라포르를 형성하라. 그런 감정이 순전히 가짜만은 아니라면 더욱 좋다. 공감능력을 발휘하고 상대의 관점 속으로 들어간다면(2장 참조) 적어도 일부는 그런 감정을 진심으로 느낄 수 있다. 이것을 충분히 자주 연습한다면 사람들의 자기평가를 긍정해주는 것이 당신의 기본 자세가 될 것이다. 그렇게 되면 당신을 만나는 거의 모든 사람의 긴장을 늦추는 효과를 볼 것이다.

한 가지 주의할 점이 있다. 대부분의 사람은 자신을 비교적 높이 평가한다. 하지만 사람들 중에는 자신을 낮게 평가하는 일부 사람들이 있다. 그들은 자신에게 이렇게 말한다. '나는 좋은 것을 차지할 자격이 없어.' '나는 그렇게 좋은 사람이 아냐.' '나는 문제가 너무 많아.' 이들은 대개 자신에게 나쁜 일이 생길 것을 예상하고 있기 때문에 정말로 나쁜 일이 벌어지면 오히려 안도하고 당연하다고 느낀다. 그런 식으로 자기평가를 낮게 유지함으로써 살면서 혹시라도 성공할 수 있을까 하는 불안을 진정시키는 것이다. 당신의 목표물도 이처럼 자기평가가 낮다면 똑같은 규칙이 적용된다. 내 조언을 따를 경우 쉽게 인생이 더 나아질 거라고 주장했다가는 그들의 신념과 충돌한다. 그들은 세상이 본인에게 적대적이며 자신은 결코 그렇게 좋은 것을 가질 자격이 없다고 믿고 있기 때문이다. 그들은 당신의 생각을 폄하하고 당신에게 저항할 것이다. 그러니 우리는 오히려 상대가 갖고 있는 자기평가에서부터 출발해야 한다. 그들의 삶이 얼마나 부당하고 그들이 얼마나 큰 어려움을 겪고 있는지부터 강조해야 한다. 그렇게 해서 상대가 인정받았다고 느끼고 나도 그와 같은 생각이라고 느끼고 나면, 그때부터 상대의 무언가를 부드럽게 교정하거나 나

인간 본성의 법칙 ━━━

아가 반발 심리(아래 내용 참조) 같은 것을 활용할 수 있는 여지가 생긴다.

마지막으로, 이런 힘을 키울 때 직면하는 가장 큰 장애물은 '영향력'이라는 개념에 대한 문화적 편견이다. '왜 다들 그냥 정직하고 투명하면 안 돼? 왜 내가 원하는 걸 그냥 부탁하면 안 돼? 왜 사람들을 변화시키려고 하지 말고 그냥 있는 그대로 두면 안 돼? 전략적으로 행동한다는 건 남을 조종하는 추한 일이야.' 첫째, 누가 당신에게 이런 말을 한다면 일단 경계하고 보라. 인간은 무력감을 참을 수 없다. 아무런 영향력을 가질 수 없다면 우리는 비참해진다. 정직을 부르짖는 사람도 마찬가지다. 다만 그들은 천사 같은 자신의 품성을 믿어야 하기 때문에 그런 자기평가와 영향력에 대한 욕구를 서로 조화시키지 못한다. 그래서 그들은 수동적 공격성을 띠는 경우가 많고 토라지거나 남들이 죄책감을 느끼게 하는 방식으로 본인이 원하는 것을 얻는다. 그런 말을 하는 사람을 절대로 액면 그대로 받아들여서는 안 된다.

둘째, 인간이 타인에게 영향력을 행사하려고 시도하는 것은 피할 수 없는 일이다. 우리의 모든 말과 행동은 남들에게 검토되고 해석되어 내 의도에 대한 단서가 된다. 내가 침묵한다면 나는 화가 났고 그 점을 분명히 하기 위해 침묵하고 있는 것이다. 아니면 공손하다는 인상을 강하게 심어주기 위해 정말로 열심히 귀를 기울이고 있는 것일 수도 있다. 우리가 무슨 행동을 해도 사람들은 그것을 어떤 영향력을 미치려는 시도로 읽을 것이다. 그리고 이 부분에서 사람들은 틀린 게 아니다. 사회적 동물인 우리는 어쩔 수 없이 스스로 의식하든 못 하든 끊임없이 이 게임을 하고 있다.

대부분의 사람들은 남들에 관해 고민하고 그들의 방어막을 뚫고 들어갈 전략을 알아내는 데 필요한 노력을 소모하고 싶어 하지 않는다. 사람들은 게으르다. 사람들은 그냥 나 자신이고 싶고, 정직하게 말하거나 아무것도 하지 않고 싶어 한다. 그리고 그게 무슨 대단한 도덕적 선택인 양 스스로 정당화하고 싶어 한다.

우리는 영향력 게임을 피할 수 없기 때문에 이를 부정하거나 그때그때 즉흥적으로 대응하기보다는 게임에 능숙해지는 편이 낫다. 결국에 가면 영향력을 잘 사용할 줄 아는 편이 도덕적 입장을 취하는 쪽보다 사회에 실질적으로 더 도움이 된다. 이 힘을 가지고 있으면 위험하거나 반사회적 생각을 가진 사람에게 영향력을 행사할 수 있다. 설득에 능해지려면 공감능력을 발휘해 상대의 관점 속에 푹 빠져볼 수 있어야 한다. 우리는 문화적 편견을 따라야 할 수도 있다. 누가 우리는 완벽히 정직해야 한다고 말한다면 함께 고개를 끄덕여줘야 할 수도 있다. 하지만 속으로는 그게 말도 안 되는 소리라는 사실을 인식하고 나 자신을 위해 필요한 일을 해야 한다.

상대의 마음을 사로잡는 다섯 가지 전략

다음의 다섯 가지 전략은 역사적으로 가장 큰 영향력을 행사한 인물들의 사례에서 추출했다. 이 전략들은 당신이 목표물에 좀 더 깊이 집중하고, 사람들의 저항을 줄일 수 있는 종류의 정서적 효과를 만들어낼 수 있도록 도와줄 것이다.

심취해 듣는 사람이 되라

정상적인 대화 흐름에서는 우리의 주의력이 나눠져 있다. 대화를 따라가며 이어가기 위해서 우리는 상대가 하는 이야기의 일부를 듣는다. 동시에 내가 다음에 무슨 말을 할지를 계획한다. 뭔가 흥미진진한 내 이야기를 생각하거나 아니면 대화와 전혀 무관한 공상을 할 때도 있다. 이렇게 되는 이유는 간단하다. 우리는 상대의 생각과 감정, 경험보다는 나의 생각과 감정, 경험에 관심이 더 많기 때문이다. 만약에 그렇지 않았다면 온전히 주의를 집중해서 듣는 것이 비교적 쉬웠을 것이다. 보통은 말수를 줄이고 더 많이 들으라고들 조언한다. 그러나 우리가 내면의 독백을 더 좋아하는 이상 그런 조언은 무의미하다. 유일한 해결책은 이런 흐름을 뒤집을 수 있게 어떤 '동기'를 제공하는 것이다.

이런 식으로 한번 생각해보라. 당신은 자신의 생각을 너무나 잘 알고 있다. 그래서 별로 놀랄 일이 없다. 당신의 마음은 똑같은 주제를 강박적으로 맴도는 경향이 있다. 그러나 당신이 만나는 사람들은 저마다 놀라움으로 가득한 미지의 영토와 같다. 다른 사람의 마음속으로 들어갈 수 있다고 잠시 한번 상상해보라. 그 얼마나 놀라운 여행이 될까? 조용하고 지루해보이던 사람이 정신생활만큼은 아주 기묘해서 탐구해볼 가치가 충분한 경우도 자주 있다. 아무리 촌스럽고 바보 같은 사람이라도 대체 어디서 그 사람의 그런 결점이 유래했는지 알아보는 계기는 될 수 있다. 심취해 듣는 사람이 되면 상대의 생각에 마음을 열 수 있어 더 즐거울 뿐만 아니라 인간 심리에 관해 더 없이 귀중한 교훈을 얻게 될 것이다.

귀를 기울이겠다는 동기가 부여되고 나면, 나머지는 비교적 간단하다. 그렇게 귀 기울여 듣는 전략적 목적을 너무 드러내서는 안 된다. 상대가 이것을 활발한 대화라고 느껴야 한다. 결국에 가면 80퍼센트는 상대가 한 말이더라도 말이다. 그러려면 무슨 취업 면접처럼 상대에게 질문을 퍼부으면 안 된다. 그러지 말고 상대의 비언어적 신호에 주목하라. 특정한 주제가 언급되었을 때 상대의 눈이 '반짝'하는 것이 보일 것이다. 그러면 대화를 그쪽으로 끌고 가야 한다. 상대는 아마 저도 모르게 말이 많아질 것이다. 누구나 어린 시절, 가족, 직장을 바꾼 이야기 혹은 중요하게 생각하는 대의에 관해 말하는 것을 좋아한다. 상대가 한 이야기와 관련해 이따금 질문을 하거나 의견을 제시하며 넘기면 된다.

상대의 이야기에 깊이 몰두하더라도 당신은 긴장을 풀고 있어야 하고 상대에게도 그렇게 보여야 한다. 상대가 이야기를 하는 동안 비교적 일관되게 눈을 맞추고 고개를 끄덕이면 당신이 귀를 기울이고 있다는 것을 전달할 수 있다. 당신이 얼마나 심취해서 듣고 있는지 보여주는 가장 좋은 방법은 이따금 상대가 한 말과 똑같은 이야기를, 그러나 당신만의 언어 혹은 경험으로 바꾸어서 그대로 들려주는 것이다. 결국 상대가 말을 더 많이 할수록 그의 불안과 충족되지 못한 욕구도 더 많이 드러날 것이다.

당신의 목표는 상대가 자기 자신에 관해 더 만족한 기분으로 자리에서 일어나게 만드는 것이다. 상대를 지금 펼쳐지는 쇼의 스타로 만들어라. 상대의 위트 넘치고 재미난 측면을 끌어내라. 상대는 그 사실을 아주 만족스러워할 테고 다음에 또 당신과 만나기를 고대할 것이다. 당신과 함께 있을 때 상대가 점점 긴장이 풀린다면, 그에게 어떤 생각을 심어주고 그의 행동에 영향을 미칠수 있는 여지도 많이 늘어날 것이다.

사람들을 적절하게 기분 좋은 상태에 빠뜨려라

우리는 사회적 동물로서 타인의 기분에 아주 예민하다. 그렇다면 우리는 상대를 영향력이 미치기 좋은 기분 상태로 만들 수도 있다. 당신이 먼저 긴장을 풀고 이제 곧 기분 좋은 경험을 할 거라고 생각하면, 그 자체로 분위기가 전달되어 상대에게도 거울처럼 똑같은 효과를 낼 수 있다. 이런 목적을 위해 가장 좋은 태도 중 하나는 뭐든 다 받아주는 것이다. 타인을 심판하지 마라. 있는 그대로 받아들여라.

소설 《사자들》에서 작가 헨리 제임스는 마리 드 부아네를 이용해 이 이상적인 상태에 대해 묘사한다. 부와네는 흠잡을 데 없는 매너를 갖춘 나이 많은 프랑스 여인이다. 그녀는 램버트 스트레더라는 이름의 미국인을 은밀히 이용해 그녀의 불륜을 돕게 만든다. 부와네를 만난 그 순간부터 스트레더는 그녀에게 넋을 뺏긴다. 그녀는 '밝음과 미스터리가 혼재'하는 듯하다. 그녀는 아무 대답 없이 그의 말을 깊이 심취해 듣는다. 그래서 스트레더는 그녀가 자신을 온전히 다 이해하는 듯한 기분을 느낀다. 그녀는 공감으로 그를 완전히 감싼다. 그녀는 처음부터 두 사람이 좋은 친구인 양 행동하지만, 그것은 그녀의 매너가

인간 본성의 법칙

그렇다는 것이지 한 마디라도 그렇게 말했다는 것은 아니다. 그는 그녀의 이렇게 다 받아주는 듯한 태도를 "아름다운 의식적 온화함"이라고 부른다. 그 온화함은 그에게 최면과 같은 힘을 가진다. 그녀가 그에게 도움을 요청하기 훨씬 전부터 그는 이미 완전히 그녀의 마법에 빠져 있고 그녀를 위해 무슨 일이든 할 각오가 되어 있다. 이런 태도는 '조건 없는 사랑'이라는 이상적인 어머니상을 쏙 빼닮았다. 이는 말보다는 표정과 보디랭귀지를 통해 표현된다. 남녀 모두에게 똑같이 효과가 있고, 거의 모든 사람에게 최면 효과를 낸다.

이와 비슷한 것이 기쁨과 웃음을 함께 나눔으로써 사람들에게 따뜻한 라포르의 느낌을 전염시키는 것이다. 린든 존슨은 바로 이 영역의 달인이었다. 물론 그는 술을 이용했다. 그의 사무실에는 술이 철철 넘쳤다. 그가 자제력을 잃지 않기 위해 자신의 술은 아주 심하게 희석했다는 사실을 그의 목표물이 된 사람들은 전혀 알지 못했다. 음란한 농담과 화려한 일화들은 그의 사무실을 편안한 클럽 같은 분위기로 만들어냈다. 그가 설정해놓은 분위기에 저항하기는 쉽지 않았다. 존슨은 또한 스킨십도 잘 이용해서 어깨동무를 하고 상대의 팔을 자주 만지곤 했다. 비언어적 신호에 관한 많은 연구가 증명한 바에 따르면 사람의 손이나 팔을 만지는 것만으로도 어떤 만남에서건 상대는 당신을 긍정적으로 생각한다. 당신을 왜 그렇게 좋게 평가하는지 원인은 결코 알지 못하는 채로 말이다. 이렇게 부드러운 스킨십은 본능적인 라포르의 느낌을 만들어낸다. 단 이때 눈까지 계속 맞추고 있어서는 안 된다. 그럴 경우 지나치게 성적인 암시를 주기 때문이다.

상대에 대한 당신의 기대감은 비언어적 방법으로 상대방에게도 전달된다는 사실을 기억하라. 예를 들면 학생에게 높은 기대를 갖는 선생님은 말 한 마디 하지 않아도 학생들의 성적에 긍정적인 효과를 미친다는 사실이 증명된 바 있다. 누구를 만났을 때 특히 기뻐한다면 그 감정이 상대에게도 아주 강력히 전달된다. 나중에 무언가 꼭 부탁을 해야 할 사람이 있다면 상대를 최대한 좋은 이미지(인심 좋고 사람을 잘 챙기는)로 보려고 노력하라. 그게 가능하다면 말이다. 상대를 잘생겼다고 생각하는 것만으로도 훌륭한 결과를 얻었다고 말하는 사람들도 있다.

상대의 자기평가를 긍정하라

스스로를 높이 평가하는 사람들의 보편적 특징을 기억할 것이다. 그들에게 접근하는 각각의 방법은 아래와 같다.

자율: 누군가에게 영향력을 미치려고 할 때 어떤 식으로든 상대가 강요받거나 조종당하고 있다고 느낀다면 그 시도는 결코 성공할 수 없다. 당신이 상대에게 바라는 일이 무엇이든, 상대가 그것을 '선택'해야 한다. 아니면 적어도 상대방은 그것을 자신의 선택으로 경험해야 한다. 이런 인상을 깊이 남길수록 성공 확률이 높다.

소설 《톰 소여의 모험》에서 열두 살짜리 주인공 톰 소여는 지극히 영악한 소년으로 묘사된다. 이모 손에 자란 톰 소여는 인간 본성에 대해 놀라운 감수성을 갖고 있다. 그렇게 영리한데도 불구하고 톰은 늘 곤경에 빠진다. 이 책의 2장에서는 톰이 싸움을 벌여서 벌을 받고 있다. 무더운 여름날 토요일 오후 톰은 친구들과 어울려 강에서 수영을 하는 대신 집 앞에 있는 아주 큰 울타리에 흰색 칠을 해야 한다. 톰이 작업을 시작했을 때 친구인 벤 로저스가 아주 먹음직스럽게 보이는 사과를 먹으며 지나간다. 톰만큼이나 장난을 좋아하는 벤은 톰이 따분한 일을 하는 것을 보고 그를 골려주기로 결심하고, 혹시 오후에 수영을 하러 갈 것인지 물어본다. 톰이 갈 수 없다는 것을 뻔히 알면서도 말이다.

그러자 톰은 자신이 하는 작업이 아주 재미있는 척을 하고, 벤은 호기심이 생긴다. 벤은 톰에게 노는 것보다 정말로 울타리 칠하는 게 더 재미있는지 물어본다. 한쪽 눈은 아직도 작업에서 눈을 떼지 못한 채 톰은 그제야 벤에게 '이

모가 아무에게나 이런 일을 시키지는 않는다'고 말한다. 울타리는 사람들이 지나갈 때 집에서 가장 먼저 보이는 부분이고, 이 일은 몇 년에 한 번밖에 없는 아주 중요한 일이다. 일전에 톰과 친구들은 울타리에 낙서를 하다가 크게 혼난 적이 있었다. 하지만 이제 톰은 울타리에 얼마든지 칠을 해도 된다. 이것은 기술이 필요한 어려운 일이고, 아주 재미있다. 수영은 언제든 할 수 있지만, 이 일은 그렇지 않다고 말한다.

벤은 톰의 이야기가 무슨 뜻인지 알고 싶어서 직접 해봐도 되는지 물어본다. 몇 번이나 간청한 끝에, 그것도 벤이 사과를 넘겨준 후에야 톰은 승낙한다. 얼마 후 다른 친구들이 지나가고, 이번에도 톰은 똑같은 이야기를 들려주면서 과일과 장난감을 더 얻어낸다. 한 시간 후 톰은 그늘에 누워 있고 친구들은 모두 모여 톰 대신 작업을 끝낸다. 톰은 아주 기초적인 심리를 이용해 원하는 것을 얻었다. 첫째, 톰은 벤이 이 작업을 재해석하게 만들었다. 어떤 특별한 말을 했던 것이 아니라, 작업에 온전히 몰두하면서 보디랭귀지를 통해 그렇게 만들었다. '저 작업은 재미있는 게 틀림없어.' 둘째, 톰은 이 작업이 기술과 지능을 요하며 보기 드문 기회라는 프레임을 만들었다. 경쟁심 가득한 소년에게 이 방법은 호소력이 있을 수밖에 없었다. 그리고 마지막으로, 일단 동네 친구들이 작업을 하고 있으면 그걸 본 다른 소년들도 하고 싶어 할 테니 단체 활동이 될 것임을 톰은 알고 있었다. 나만 혼자 남겨지는 것을 좋아하는 사람은 없다. 톰은 여러 친구들에게 도와달라고 사정을 할 수도 있었겠지만, 그랬다면 오히려 도움을 받지 못했을 것이다. 톰은 대신에 친구들이 그 일을 '하고 싶어' 한다는 프레임을 만들었다. 결국 친구들은 톰에게 와서 그 작업을 시켜달라고 사정했다.

당신도 누군가에게 영향력을 미치고 싶다면 반드시 이런 논리를 따라야 한다. 어떻게 하면 상대가 당신의 부탁을 본인이 이미 원했던 일이라고 느끼게 만들 수 있을까? 일반적으로 그 일을 뭔가 즐거운 것, 드문 기회, 남들도 원하는 것으로 프레임을 짜면 좋은 효과를 볼 수 있다.

이와 또 비슷한 경우는 사람들의 본능적 경쟁심에 직접 호소하는 방법이다. 1948년 영화감독 빌리 와일더(Billy Wilder)는 새 영화 〈외교 문제〉의 배우를 캐스팅하고 있었다. 영화의 배경은 전후 베를린으로, 주인공 중 한 명인 독일 여성 에리카 폰 슐레토프는 전쟁 중에 카바레에서 가수로 일하며 여러 나치와 수상쩍은 관계에 있었다. 와일더는 이 역할을 연기하기에 마를레네 디트리히(Marlene Dietrich)가 완벽한 여배우라는 것을 알고 있었다. 하지만 디트리히는 나치와 관련된 모든 것을 극히 혐오한다고 공개적으로 밝혀왔고, 연합군을 옹호하는 여러 영화에 출연하기도 했다. 처음에 이 역할로 접촉했을 때 디트리히는 전혀 내키지 않는다고 했고, 그것으로 논의는 끝이었다.

와일더는 디트리히에게 항의하거나 간청하지 않았다. 그래봐야 소용없을 것이기 때문이었다. 디트리히는 고집이 세기로 유명했다. 그 대신 와일더는 이 역할을 연기하기에 완벽한 미국 배우 둘을 찾아냈다며 어느 쪽이 더 좋을지 디트리히의 의견을 묻고 싶다고 했다. 오디션 영상을 좀 봐달라고 말이다. 오랫동안 알고 지낸 와일더의 제안을 거절한 것이 마음에 걸렸던 디트리히는 당연히 그러겠다고 했다. 그러나 와일더는 영리하게도 이 역할에 절대로 어울리지 않을 유명 여배우 둘을 데리고 오디션 영상을 찍었고, 덕분에 섹시한 독일 카바레 가수라는 역할이 완전히 우스꽝스러워지고 말았다. 작전은 마법 같은 효과를 냈다. 경쟁심이 강한 디트리히는 그들의 연기에 질색하며 본인이 그 역할을 맡겠다고 그 자리에서 말했다.

마지막으로, 누구를 당신 편으로 끌어들이기 위해 선물이나 보상을 줄 때는 언제나 큰 것보다는 작은 것이 좋다. 큰 선물은 당신이 그의 환심을 사려한다는 게 너무 노골적으로 드러나기 때문에 상대의 독립성을 자극할 수 있다. 필요에 의해 그 선물을 받는다고 하더라도 상대는 나중에 당신을 원망하거나 미덥지 못하게 생각한다. 오히려 작은 선물은 훨씬 좋은 효과를 낸다. 사람들은

인간 본성의 법칙 ┝━━━

그 정도는 받아도 된다고 생각하면서, 자신이 뇌물을 받았다거나 매수당했다고는 생각하지 않는다. 실제로 작은 선물을 틈틈이 하면 거창한 선물을 하는 것보다 사람들을 당신에게 훨씬 더 잘 묶어둘 수 있다.

똑똑함: 누군가의 생각에 동의하지 않고 반대되는 의견을 내놓는다는 것은 당신이 상대보다 더 잘 알고, 그 문제를 더 이성적으로 철저히 고민했다는 것을 암시한다. 누군가에게 그런 식으로 이의를 제기한다면 상대는 당연히 자신의 의견을 더 고집할 것이다. 좀 더 중립적인 태도를 취하면 그런 일을 막을 수 있다. 마치 반대되는 생각을 그냥 한번 생각해보았는데 틀릴 수도 있다는 식으로 말하는 것이다. 하지만 그보다 더 좋은 방법도 있다. 상대의 관점에 동의하는 것이다. (보통의 논쟁은 굳이 애써 이길 만한 가치가 없는 경우가 대부분이다.) 상대의 똑똑함을 칭찬하고 나면 대개 상대의 의견을 바꿔놓거나 상대의 방어막을 낮춰 도움을 청할 수 있는 여지가 만들어진다.

19세기의 영국 총리이자 소설가였던 벤저민 디즈레일리(Benjamin Disraeli)는 심지어 더 영리한 작전도 알고 있었다. 그는 이렇게 말했다. "누군가의 마음을 얻고 싶으면 상대가 당신을 반박하게 하라." 이 작전을 쓸 때는 먼저 어느 주제와 관련해 상대의 의견에 반대하는 것으로 시작한다. 좀 세게 반대해도 된다. 그런 다음 서서히 상대의 관점을 납득해간다. 그러면 당신은 상대의 똑똑함뿐만 아니라 그의 영향력까지 인정한 셈이 되고, 상대는 당신에게 약간의 우월감을 느낀다. 이게 바로 우리가 원하는 바다. 이제는 당신이 무엇을 하더라도 상대는 이전보다 몇 배로 취약해진다. 사람들에게 조언을 구하는 것으로도 비슷한 효과를 볼 수 있다. 조언은 상대의 지혜와 경험을 존중한다는 암시이기 때문이다.

1782년 프랑스의 극작가 피에르 오귀스탱 카롱 드 보마르셰(Pierre-Augustin Caron de Beaumarchais)는 걸작《피가로의 결혼》을 마무리 짓고 있었다. 이 작품은 루이 16세의 승인이 필요했는데, 정작 원고를 읽은 왕은 격노했다. 왕은 이런 연극이 혁명으로 이어질 거라고 했다. "이 자는 존경받아야 할 정부의 모든 것을 조롱하고 있어." 수많은 압력 끝에 보마르셰는 결국 베르사유에 있는 어느 극장에서 비공개로 이 연극을 공연하는 것에 동의했다. 귀족인 관객들은 이 연극을 아주 마음에 들어 했다. 왕은 공연을 허락하면서도 검열관들을 시켜 원고를 손보고 최악의 문단들은 바꾼 후에야 대중 앞에 내보이도록 했다.

왕의 이 조치를 우회하려고 보마르셰는 학자와 지식인, 조정 대신, 정부 관료로 구성된 심의 위원회를 열어 자신과 함께 희곡을 검토하자고 했다. 회의 참석자 중 한 명이 남긴 글에는 이렇게 적혀 있다. "보마르셰는 위원들이 삭제와 수정이 필요하다고 하면 그 모든 내용을 전적으로 수용하겠다고 천명했다. …모두가 뭔가 자신의 의견을 추가하고 싶어 했다. …브르퇴이는 위트를 추가하자고 했다. 보마르셰는 받아들이면서 고맙다고 했다. …'그러면 4막이 살겠네요.' 마티뇽은 어느 페이지의 리본 색상을 수정하자고 했다. 그 색상이 채택됐고 유행이 됐다."

보마르셰는 제때에 고개를 숙일 줄 아는 정말로 영리한 사람이었다. 그는 남들이 자신의 명작에 아주 하찮은 것까지 수정하는 것을 허용함으로써 그들의 자존심을 지켜주고 똑똑함을 칭찬했다. 물론 나중에 루이 16세의 검열관이 더 큰 수정을 요구했을 때는 결코 물러서지 않았다. 그때쯤 보마르셰는 이미 본인이 직접 구성한 위원회 위원들의 마음을 완전히 얻어 놓았고, 위원들은 단호하게 보마르셰의 편을 들어주었다. 루이 16세도 물러서는 수밖에 없었다. 별로 중요하지 않은 문제에서 이런 식으로 사람들의 방어막을 낮춰놓으면, 더 중요한 문제에서 사람들을 당신이 원하는 방향으로 움직이게 만들고 양보를 받아낼 수 있는 여지가 훨씬 커진다.

선량함: 일상적으로 우리는 내가 한 행동이 도덕적이라며 끊임없이 스스로를 위로한다. 회사의 직원인 사람은 자신이 팀플레이를 잘한다고 생각한다. 사장인 사람은 내가 직원들에게 잘 대해준다거나 적어도 월급을 많이 주거나 지원을 잘해준다고 생각한다. 우리는 올바른 대의에 힘을 보탠다. 일반적으로 우리는 내가 이기적이거나 내 것만 챙긴다고 생각하기 싫어한다. 우리는 남도 나를 그렇게 봐주기를 바란다. 소셜 미디어를 보면 사람들은 자신이 좋은 목적을 지지하고 있다는 사실을 열심히 보여준다. 자선단체에 익명으로 기부하는 사람은 극소수다. 사람들은 자신의 이름이 널리 광고되기를 바란다.

누군가 자신을 마치 성인군자처럼 평가할 때는 무의식적으로라도 절대로 거기에 의심을 표해서는 안 된다. 사람들의 이런 특징을 적극적으로 활용하고 싶다면 상대에게 부탁을 할 때 그 일이 더 큰 훌륭한 목적에 동참하는 것이라는 프레임을 짜라. 그냥 옷을 사는 게 아니라 환경을 구하고 지역민들의 일자리를 창출하는 거라고 말하라. 사람들이 뿌듯함을 느낄 수 있도록 말이다. 노골적이면 안 된다. 어느 자리에 사람을 채용하려 한다면 그게 어떤 대의에 이바지하는지 남들이 메시지를 퍼뜨리게 만들어라. 사회를 위하고 인기 있는 일인 것처럼 보이게 하라. 사람들에게 간청을 하지 말고 우리 집단의 일원이 되고 싶게 만들어라. 어떤 딱지를 붙이고 어떤 단어를 사용할지에 신중하라. 예컨대 같은 호칭이라도 '직원'이라고 부르는 것보다는 '팀원'이라고 부르는 게 낫다.

스스로 열등한 위치가 되거나 한 단계 낮은 위치로 내려가고 싶다면 비교적 악의 없는 실례를 저지르거나 나아가 좀 더 명백하게 상대의 기분을 상하게 만든 후, 상대의 용서를 구하라. 용서를 구한다는 것은 상대가 나보다 도덕적 우위에 있음을 암시하고, 사람들은 그런 위치를 아주 좋아한다. 그러고 나면 상대는 내 제안을 거절하기가 힘들어진다.

마지막으로, 사람들에게 부탁할 일이 있을 때는 과거에 내가 그를 위해 무슨 일을 해줬는지 들먹이면서 감사의 마음을 일으키려고 하지 마라. 사람들은 감사한 일을 잘 기억하지 않는다. 왜냐하면 내가 무력하고 그들에게 의지하던 때를 기억나게 만들기 때문이다. 우리는 독립성을 느끼고 싶어 한다. 그러니 오히려 과거에 상대가 나에게 해주었던 좋은 일을 들먹여라. 그러면 '그래, 나는 마음이 후한 사람이지'라는 상대의 자기평가를 긍정하는 일이 된다. 그렇게 과거 일을 떠올리고 나면 상대는 계속 그 이미지에 부응하고 싶어서 또한 번 선행을 베풀 것이다. 갑자기 적을 용서해서 관계 회복을 도모하는 것도 비슷한 효과를 낼 수 있다. 이 경우는 몹시 복잡한 감정에 휘말릴 텐데, 상대는 당신이 방금 보여준 높은 평가에 부응해야 할 것 같은 기분이 들고, 본인이 그럴 만한 가치가 있는 사람임을 증명하려는 마음이 더 커진다.

상대의 불안을 누그러뜨려라

누구나 자기만의 불안이 있다. 그것은 외모일 수도 있고 창의력, 남성성, 권력, 개성, 인기 등일 수도 있다. 당신의 과제는 상대와 다양한 대화를 나누어서 그 불안이 뭔지 찾아내는 것이다.

그게 뭔지 확인되고 나면 첫째는 그 불안을 건드리지 않도록 극도로 조심해야 한다. 사람들은 자신의 외모나 인기, 혹은 뭐가 됐든 본인이 불안을 느끼는 그 요소와 관련해서는 예민한 안테나를 발달시킨다. 그래서 그 부분을 의심하는 말이나 보디랭귀지는 금세 알아챈다. 이 점을 알고 경계하라. 둘째, 최고의 전략은 사람들이 가장 불안해하는 그 요소를 극찬하는 것이다. 누구나 이 칭찬을 갈망한다. 심지어 나를 칭찬하고 있는 사람의 속셈이 뻔히 다 보이더라도 말이다. 왜냐하면 우리는 늘 타인의 심판을 받는 거친 세상에 살고 있고, 어제는 승리했으나 내일은 얼마든지 실패할 수도 있기 때문이다. 우리가 정말로 안전하다고 느끼는 때는 없다. 칭찬을 제대로만 한다면, 우리는 그렇게 칭찬해준 사람이 나를 좋아한다고 느낀다. 그리고 우리는 나를 좋아해주는 사람을 나도 좋아하는 경향이 있다.

인간 본성의 법칙 ᐳ

칭찬을 잘하는 핵심 열쇠는 전략적으로 칭찬하는 것이다. 만약 내가 야구를 아주 못한다는 사실을 스스로도 알고 있다면 야구로 나를 칭찬하는 것은 거짓말로 들린다. 하지만 내가 내 기술에 관해 '확신이 없다면', 어쩌면 그렇게까지 못하는 것은 아닐 수도 있다고 생각한다면, 어떤 식으로든 그 부분에 관해 칭찬해주는 것이 기적 같은 효과를 낼 수 있다. 사람들이 확신을 갖지 못한 부분을 찾아내서 안심시켜줘라. 체스터필드 경은 나중에 1774년에 출판된 아들에게 쓴 편지에서 이렇게 조언했다. "리슐리외 추기경은 의심할 여지없이 당대에 가장 큰 힘을 가진 사람이었다. 최고의 시인으로 생각되고 싶은 한심한 허영이 있었다. 그는 코르네이유의 명성을 부러워했다. …그래서 칭찬에 능한 사람들은 리슐리외의 국정 운영 능력에 대해서는 거의 언급을 하지 않거나 자연스럽게 지나가는 말로만 칭찬했다. 대신에 리슐리외의 호감을 살 수 있다는 것을 알고 이용했던 칭찬은 …시인 리슐리외에 관한 것이었다."

만약 당신의 목표물이 힘 있는 사람이고 마키아벨리처럼 권모술수를 쓰는 사람이라면 본인의 도덕성에 관해 약간의 불안을 느낄지 모른다. 그런 상대에게 그의 교묘한 조종 능력을 칭찬했다가는 오히려 역효과를 낼 수 있다. 그렇다고 그들의 선량함을 대놓고 칭찬한다면 너무 속이 뻔히 보일 것이다. 그들 본인도 자신을 잘 알고 있기 때문이다. 이럴 때는 상대의 조언이 도움이 되었다거나 상대의 비판을 통해 나의 성과가 개선되었다는 식으로 전략적인 칭찬을 하는 것이 좋다. 그러면 그들의 자기평가, 즉 터프하지만 공정하고, 거친 태도 밑에는 선량한 마음씨가 있다는 그들의 자기평가에 호소할 수 있다.

언제나 사람의 타고난 재능보다는 그의 노력을 칭찬하는 편이 낫다. 상대의 재능을 극찬하면 마치 상대가 순전히 운이 좋아서 그런 능력을 타고났다고 말하는 것 같아서 약간의 비하가 포함되어 있다고 느껴질 수 있다. 반면에 사람들은 누구나 본인이 열심히 노력해서 좋은 운을 만났다고 생각하길 좋아한다. 그러니 반드시 그쪽으로 칭찬하도록 하라.

동등한 위치의 사람들에 대해서는 칭찬을 할 수 있는 여지가 더 많다. 상사라면 그저 상대의 의견에 동의하고 그들의 지혜를 인정하는 정도가 최선이다. 상사를 극찬하는 것은 너무 속이 뻔해 보인다.

칭찬을 한 다음에 곧장 도움을 청하거나 뭐가 됐든 당신의 목적을 밝히는 것은 절대 금물이다. 칭찬은 준비 작업에 불과하므로 반드시 시간이 좀 흘러야 한다. 한두 번밖에 만나지 않았는데 너무 환심을 사려고 보이는 것은 좋지 않다. 차라리 약간 냉담한 태도를 보여주는 편이 낫다. 그러면 다시 상호간의 분위기를 훈훈하게 만들 여지가 생기기 때문이다. 며칠이 지나고 상대를 좀 더 좋아하게 됐을 때 그들의 불안을 노리고 약간의 칭찬을 한다면 상대의 저항이 차츰 녹아내릴 것이다. 가능하면 제3자를 통해, 그냥 엿들은 것처럼 칭찬이 전해지게 하라. 너무 과하게 칭찬을 퍼붓거나 극찬하지는 마라.

당신의 의도를 감출 수 있는 좋은 방법은 상대나 그의 업적에 대한 약간의 비판을 섞는 것이다. 상대의 불안을 자극할 만한 비판은 아니면서 당신의 칭찬을 좀 더 현실적으로 보이게 만들어줄 비판 말이다. "대본이 너무 좋더라고요. 그래도 2장은 조금 손보면 어떨까 싶고요." 하지만 "최신작이 지난번 것보다 훨씬 좋네요"라고 말하지는 마라. 사람들이 그들의 작품이나 성격 혹은 외모에 관해 의견을 물어올 경우 극도로 조심하라. 사람들이 원하는 것은 진실이 아니다. 사람들은 최대한 사실적으로 표현된 '지지'와 '확인'을 원한다. 기꺼이 그런 지지와 확인을 보내줘라.

최대한 진실하게 보여야 한다. 할 수만 있다면 당신이 실제로 높이 평가하는 자질을 칭찬해주는 게 가장 좋다. 어느 경우가 되었든 거짓 칭찬이 탄로 나는 것은 비언어적 신호 때문이다. 뻣뻣한 보디랭귀지나 가짜 미소 혹은 눈으로는 다른 곳을 보면서 칭찬하는 경우처럼 말이다. 당신이 표현하는 좋은 감정을 일부라도 직접 느끼려고 노력하면 다소의 과장도 덜 뻔해 보인다. 상대는 반드시 자신을 비교적 '높게' 평가하는 사람이어야 함을 잊지 마라. 스스로를 높게 평가하는 사람이라면 자연스럽게 들렸을 칭찬도, 자신을 낮게 평가하는 사람에게는 본인이 생각하는 자신에 대한 느낌과 당신의 평가가 서로 조화되지 않아서 공허하게 들릴 것이다.

상대의 저항과 고집을 이용하라

어떤 형태이든 모든 영향력에 특히 심하게 저항하는 사람들이 있다. 대부분 불안의 정도가 심하고 자기평가가 낮은 사람들이다. 이런 특성은 반항적 태도로 드러나기도 한다. 이들 유형은 세상이 모두 자신에게 적대적이라고 느낀다. 그들은 무슨 일이 있어도 자신의 의지를 관철시켜야 하고 그 어떤 변화에도 저항한다. 남들이 무언가를 제안하면 정반대로 행동한다. 이들은 특정한 문제나 증상에 관해 조언을 구했다가도, 조언을 듣고 나면 그게 왜 자신에게는 효과가 없을 것인지 수십 가지 이유를 찾아낸다. 가장 좋은 것은 그들과 '정신적 유도'를 한 판 벌이는 것이다. 유도에서는 상대의 움직임에 나의 힘으로 맞서지 않는다. 오히려 상대의 공격적 에너지(저항)를 부추겨서 스스로 넘어지게 만든다. 일상에서 이것을 실천하는 방법을 몇 가지 설명하면 아래와 같다.

상대의 감정을 이용하라: 《변화(Change)》라는 책에서 심리 치료사인 세 명의 저자(Paul Watzlawick, John H. Weakland, Richard Fisch)는 어느 반항적인 10대 소년의 사례를 거론한다. 이 소년은 마약을 거래하다가 들켜 교장선생님으로부터 정학 처분을 받았는데, 집에서 숙제는 해야 했지만 학교에 나오는 것은 금지됐다. 이것은 그의 마약 거래 사업에 큰 타격이 됐고, 소년은 복수심에 불타올랐다.

소년의 어머니가 심리 치료사를 찾아왔다. 심리 치료사는 어머니에게 다음과 같이 하라고 일러주었다. 교장선생님은 수업에 직접 참석하는 학생들만 공부를 잘할 수 있다고 믿고 있다. 교장선생님 생각에 너를 학교에서 떼어 놓으면 네가 낙제를 할 거라고 확신하고 있을 것이다. 만약 네가 집에서 공부를 했는데도 학교에 간 것보다 더 좋은 성적을 낸다면 교장선생님이 크게 당황할 것이다. 그러니 이번 학기에는 공부를 너무 열심히 하지 말고 교장선생님이 맞다는 걸 증명해서 교장선생님의 마음에 들도록 해라. 물론 이것은 소년의 감정을 교묘히 이용하기 위한 조언이었다. 이제 소년의 가장 큰 바람은 교장선생님을 당황시키는 것이 됐고, 그는 집에서 엄청난 열성으로 공부를 했다. 바로 심리 치료사가 바란 목표였다. 핵심은 사람의 강한 감정을 거스르기보다는 그 감정을 인정하면서 생산적인 방향으로 흐르게 만들 방법을 찾는 것이다.

상대의 언어를 이용하라: 심리학자 밀턴 에릭슨(3장 참조)은 본인이 치료했던 사례 하나를 들려준다. 어느 남편이 에릭슨에게 조언을 구하러 왔다. 하지만 그는 에릭슨의 조언과는 관계없이 본인이 원하는 것을 하기로 단단히 마음먹은 듯했다. 이 남편과 그의 아내는 양쪽 다 아주 독실하게 종교를 믿는 집안으로, 두 사람의 결혼은 부모를 기쁘게 하는 것이 주된 목적이었다. 이 남편과 아내 두 사람 모두 독실한 신자였다. 그러나 두 사람의 신혼여행은 완전히 참사가 됐다. 두 사람은 성관계에 아주 서툴렀고 서로를 사랑한다는 기분도 느끼지 못했다. 남편은 그게 누구의 잘못도 아니며 두 사람은 '우호적인 이혼'을 해야 한다고 판단했다. 에릭슨은 기꺼이 남편에게 동의하며 그 '우호적인 이혼'을 할 방법을 정확히 제안했다. 에릭슨은 남편에게 호텔에 방을 하나 잡으라고 했다. 두 사람은 이혼 전에 마지막으로 '우호적인' 밤을 함께 보낼 것이다. 그리고 마지막으로 '우호적인' 샴페인 한 잔을 마시고, 마지막 '우호적인' 키스를 나누고… 그런 식이었다. 사실상 아내가 남편에게 매력을 느낄 수밖에 없도록 고안된 지시사항이었다. 에릭슨이 바랐던 대로 남편은 에릭슨의 지시를 잘 따랐고 두 사람은 멋진 밤을 함께 보내고 기꺼이 결혼생활을 이어가기로 결정했다.

에릭슨은 남편이 실은 이혼을 원하지 않으며 두 사람이 어색함을 느낀 것은 종교적 배경 때문임을 직관적으로 알았다. 두 사람 모두 육체적 욕망에 대해 심한 불안감을 가지고 있었으나 어떤 변화에도 저항하는 상태였다. 에릭슨은 남편의 언어와 이혼에 대한 바람을 이용해서 그 에너지를 부드럽게 아주 다른 쪽으로 보낼 방법을 찾아냈다. 상대가 쓰는 말을 그대로 상대에게 다시 사용하면 최면과 같은 효과가 있다. 본인이 했던 말을 그대로 하는데 어떻게 상대가 당신의 제안을 따르지 않을 수 있겠는가?

상대의 고집을 이용하라: 18세기 일본의 고승 하쿠인 에카쿠(白隱慧鶴)에게 전당포집 아들이 찾아왔다. 아들은 아버지가 불교를 믿었으면 좋겠다고 했다. 그런데 아버지는 장부정리로 너무 바빠 염불을 외거나 기도를 올릴 시간이 하나도 없는 척한다고 했다. 하쿠인도 그 전당포 주인을 알고 있었다. 남자는 지독한 수전노로 늘 시간이 없다는 핑계로 아무 종교도 믿지 않았다. 그는 종교가 시간 낭비라고 생각했다. 하쿠인은 아들에게 아버지한테 가서 이렇게 말하라고 했다. 스님이 아버지의 기도나 염불을 매일 돈을 주고 사겠다고 했다고. 이것은 순전히 사업적인 거래라고.

물론 전당포 주인은 이 제안을 아주 흡족해했다. 그러면 더 이상 아들의 잔소리를 들을 일도 없고, 돈도 벌 수 있었다. 주인은 매일 기도를 했다며 하쿠인에게 청구서를 보여줬고 하쿠인은 그에 해당하는 돈을 지불했다. 그렇게 7일째가 되었을 때 전당포 주인이 나타나지 않았다. 염불에 너무 몰두한 나머지 기도를 몇 번이나 했는지 세는 것을 잊어버린 듯했다. 며칠 후 하쿠인을 찾아온 전당포 주인은 염불이 정말 좋다며 기분이 훨씬 나아졌다고 인정했다. 그리고 더 이상 돈을 주시지 않아도 된다고 했다. 얼마 후 주인은 하쿠인이 있는 절에 넉넉히 시주를 하는 불자(佛子)가 됐다.

사람들이 무언가를 고집스럽게 반대하는 것은 변화와 그 변화가 불러올 불확실성이 몹시 두렵기 때문이다. 이들은 모든 것을 자기 뜻대로 해야 하고 모든 것을 자신이 통제한다고 느껴야 한다. 만약 그들에게 변화를 독려하려고 조언을 늘어놓는다면 그들의 손에 놀아나게 된다. 상대가 반항하고 자신의 고집을 정당화할 거리를 주는 꼴이기 때문이다. 그러면 상대는 더 고집을 피운다. 그런 사람과는 싸움을 그만둬라. 그리고 상대의 고집스런 행동을 그대로 이용해서 부드러운 변화를 끌어내라. 그러면 더 큰 결과로 이어질 수도 있다. 그들은 스스로 무언가 새로운 것(염불과 기도의 힘처럼)을 발견할 테고, 그러면 스스로 한 발 더 나아갈지도 모른다. 당신이 세워놓은 전략대로 말이다.

다음을 기억하라. 종종 사람들은 순전히 본인의 의지를 관철시키기 위해 남이 부탁하는 일을 안 하려 들기도 한다. 만약 당신이 상대의 반항에 진심으로 동의하면서 지금 하는 대로 계속하라고 말한다면, 이제는 그들이 그 일을 계속하는 것이 당신의 조언을 따르는 게 된다. 그들은 그런 것을 아주 싫어한다. 그들은 다시 반항하면서 반대 방향으로 자신의 의지를 관철시키려고 할 것이다. 그 반대방향은 당신이 줄곧 바랐던 일이고 말이다. 이게 바로 '반대 심리'의 핵심이다.

아이의 융통성 어른의 추론 능력

당신에게 좋은 아이디어가 있는데 상대가 순전히 고집 때문에 반대한다면 좌절감이 들 것이다. 그러나 당신이 잘 모르고 있는 것이 있다. 당신도 똑같은 문제(당신의 고집) 때문에 얼마나 고생하고 있고 창의력이 제한되는가 하는 점이다.

어릴 때 우리의 마음은 놀랄 만큼 융통성이 있었다. 우리는 어른들의 능력을 훨씬 능가하는 속도로 새로운 것을 배울 수 있었다. 그 힘의 원천은 많은 부분 우리가 스스로를 약하고 공격받기 쉽다고 느꼈기 때문이었다. 나보다 나이 많은 사람에 비해 내가 열등하다고 느꼈기에 우리에게는 열심히 배울 동기가

인간 본성의 법칙 ──•

충분했다. 또한 우리는 새로운 정보에 대한 진정한 호기심과 갈증을 갖고 있었다. 어른들과 또래들, 선생님의 영향력에 대해 마음을 열고 있었다.

많은 이들이 청소년기에 훌륭한 책이나 작가의 영향을 크게 받은 경험이 있을 것이다. 우리는 책에 나오는 신기한 아이디어에 매료되었다. 그때는 영향력에 대해 워낙 마음이 열려 있었기 때문에 어린 시절 이렇게 흥분되는 아이디어와의 만남은 마음속 깊이 내려앉아 내 사고 과정 자체의 일부가 되고, 그 생각을 흡수한 지 수십 년이 지난 이후까지도 영향을 미쳤다. 이런 영향력들이 우리의 정신세계를 풍요롭게 만들었다. 사실 우리의 똑똑함은 나보다 더 나이 많고 현명한 이들의 생각과 교훈을 흡수하는 능력에 의존하고 있다.

그러나 나이가 들면서 몸이 굳는 것과 마찬가지로 생각도 굳는다. 약하고 공격받기 쉽다는 인식이 배움이라는 욕구의 동기가 되었듯 스멀스멀 올라오는 우월감은 새로운 생각과 영향력에 대해 서서히 마음을 닫게 만든다. 현대 사회에서는 모든 사람이 더 회의적이 된다고 주장하는 사람도 있겠지만, 실제로 그보다 훨씬 더 큰 위험은 개인 수준에서 사람들이 나이가 들면 점점 더 마음을 닫는다는 사실이다. 이 현상이야말로 우리 문화 전반을 힘들게 만드는 요소로 보인다.

마음의 이상적인 상태를 이렇게 한번 정의해보자. 어린 시절의 융통성을 유지하면서도 어른의 추론 능력을 함께 가진 상태라고 말이다. 그런 마음은 타인의 영향에 대해 열려 있다. 우리가 다른 사람의 저항을 누그러뜨리기 위해 전략을 사용하듯이 당신 자신에 대해서도 똑같은 작업을 해야 한다. 당신의 경직된 생각 패턴을 말랑하게 만들기 위해 노력해야 한다.

그런 이상적 상태에 이르기 위해서는 먼저 소크라테스 철학의 핵심 원리를 받아들여야 한다. 일찌감치 소크라테스를 흠모했던 사람 중에 카이레폰이라는 젊은이가 있었다. 더 많은 아테네인들이 자신처럼 소크라테스를 숭배하지 않는 것에 좌절한 카이레폰은 델포이에 신탁을 받으러 갔다. "아테네의 사람들 중에서 소크라테스보다 더 현명한 자가 있습니까?" 신탁은 아니라고 했다.

카이레폰은 소크라테스를 흠모하는 것이 옳다고 인정을 받은 기분이었다. 그는 당장 소크라테스에게 달려가 이 좋은 소식을 알렸다. 하지만 겸손한 사람이었던 소크라테스는 그의 말에 전혀 기뻐하지 않고, 오히려 신탁이 틀렸다는 것을 증명할 마음을 먹었다. 소크라테스는 정치, 예술, 사업 등 자기 분야에서 두각을 나타낸 수많은 사람을 찾아가 질문들을 던졌다. 본인의 분야에 관한 한 그들은 상당히 똑똑해 보였다. 그러나 본인이 전혀 모르는 온갖 주제에 대해서는 말이 길어지더니, 흔히들 아는 이야기만 쏟아놓았다. 그들은 이런 주제에 대해서는 철저히 생각하지 않았다.

결국 소크라테스는 신탁이 맞았다는 사실을 인정할 수밖에 없었다. 본인의 무지를 아는 그는 다른 사람들보다 현명한 것이 틀림없었다. 소크라테스는 자신의 생각이 부적절하거나 유아적 감정이 개입된 것은 아닌가 검토하고 또 검토했다. '검토해보지 않은 인생은 살 가치가 없다'가 그의 인생 모토였다. 소크라테스의 매력은, 그리고 그가 아테네의 젊은이들을 그토록 꼼짝 못하게 사로잡은 이유는, 극도로 열린 마음을 갖고 있었기 때문이었다. 소크라테스는 자신이 아무것도 모르는 어린아이처럼 약하고 허점투성이라 생각하고 늘 질문을 했다.

이런 식으로 생각해보라. 우리가 비웃는 미신적이고 비합리적인 생각들을 17세기만 해도 대부분의 사람이 믿었다. 25세기의 사람들은 우리를 얼마나 비웃을까. 세상에 대한 우리의 지식은 한정적이다. 과학이 아무리 발전했다고 하더라도 말이다. 우리가 가진 생각은 우리 부모가, 우리 문화가, 우리가 사는 시대가 우리에게 주입한 편견의 영향을 받는다. 그리고 그 생각을 더욱더 제한하는 것이 바로 점점 더 심해지는 우리의 마음의 경직성이다. 내가 아는 것에 관해 좀 더 겸손해질 수 있다면 우리는 아주 다양한 생각에 관해 더 많은 호기심을 갖고 흥미를 느낄 수 있을 것이다.

당신이 갖고 있는 생각과 의견을 그냥 가지고 노는 장난감이나 집짓기 블록이라고 생각하라. 일부는 계속 가지고 있고, 일부는 부숴버리게 될 것이다. 하지만 당신의 정신만큼은 계속 융통성을 가지고 놀이하는 기분을 유지하라.

나아가 프리드리히 니체가 말한 전략을 채택할 수도 있다. "뭔가 새로운 것(사람이든, 사건이든, 책이든)을 정말로 알고 싶은 사람은 가능한 한 모든 사랑으로 그것을 즐기는 것이 온당하다. 그리고 그 속에서 찾아낸 모든 해롭고 역겹고 거짓된 것으로부터 얼른 눈을 돌려 마음에서 완전히 사라지게 만들어야 한다. 그렇게 한다면 예컨대 그게 책이라면 저자는 마치 달리기 경주를 지켜보는 사람처럼 두근거리는 가슴을 가질 것이다. 그리고 어쩌면 자신의 목표에 도달할지도 모른다는 바람을 가질 수 있을 것이다. 이렇게 한다면 그 새로운 것의 본질을 완전히 꿰뚫을 수 있을 것이다. 이게 바로 무언가를 알게 된다는 것의 정확한 의미다. 이렇게까지 무언가를 알고 나면 이성(理性)이 나중에 의구심을 품을 수도 있다. 그렇게까지 과대평가하고 중요 사항에 대해 잠시 판단을 보류해두었던 것은 모두 그 새로운 것의 혼(魂)을 불러내기 위한 책략이 아니었나 하고 말이다."

여러분 생각과 반대되는 글조차 종종 진실을 담고 있다. 바로 '그 새로운 것의 혼'이 있다. 이런 식으로 새로운 영향력에 마음은 여는 것이 생각을 다루는 습관의 일부가 되어야 한다. 그래야 사물을 더 잘 이해할 수 있고, 나아가 적절히 비판할 수 있다. 때로는 그 '혼'이 당신을 움직이고 어느 정도의 영향력을 얻을 수도 있다. 그리고 그 과정에서 당신의 마음은 더 풍요로워질 것이다.

때로는 당신의 가장 깊은 곳에 위치한 규칙과 제한들을 풀어주는 것도 좋다. 14세기 일본의 고승 밧스이 도쿠쇼(拔隊得勝)는 절 입구에 33계명을 붙여두고 승려들이 그것을 지키지 못하면 쫓아냈다. 그중 다수가 절에서 엄격히 금지되는 술과 관련된 계명이었다. 어느 날 밤 고지식한 승려들을 철저히 당황시키며 밧스이는 만취한 상태로 강연에 나타났다. 밧스이는 한 번도 사과하지 않았고 같은 일을 다시 저지르지도 않았다. 그가 말하고자 한 교훈은 간단했다. '규칙은 가이드라인에 불과하다. 가끔은 우리의 자유를 증명하기 위해 규칙을 어기기도 해야 한다.'

마지막으로, 당신 자신의 의견과 거리를 두어보라. 당신이 그런 의견을 갖고 있다는 사실을 자각하면서 그게 내면에서 어떻게 활동하는지 지켜보라. 당신은 당신이 생각하는 것만큼 그렇게 자유롭거나 자율적이지 않다는 사실을 받아들여라. 당신도 틀림없이 당신이 속한 집단의 의견을 따르고 있다. 당신도 잠재의식에 호소하는 광고의 영향을 받아 물건을 구입한다. 당신도 누군가의 농간에 조종을 당할 수 있다. 당신의 자기평가는 당신에 대해 이상화된 이미지를 만들어놓았겠지만 실제의 당신은 그만큼 훌륭하지 않다는 사실을 깨달아라. 다른 사람들처럼 당신도 심하게 자기몰두에 빠질 때가 있고 당신 자신의 목표에만 집착할 때도 있다. 이런 점들을 자각하고 나면 남들의 인정을 받아야 할 필요성은 느끼지 않을 것이다. 당신의 '자기평가'라는 환영에 붙들려 있지 말고, 당신 자신을 정말로 독립적이고 타인의 행복까지 고려하는 사람으로 만들 수 있게 노력하라.

> 영향력의 행사에는 지독하게 매혹적인 무언가가 있었다. 다른 그 어떤 활동과도 달랐다. 내 영혼을 품위 있게 투사해 잠시 그곳에 머물게 하는 것. 나의 지적 관점에 열정과 젊음이라는 음악이 더해져 메아리처럼 되돌아오는 소리를 듣는 것. 나의 기질을 미묘한 액체나 기묘한 향수처럼 남에게 전달하는 것. 거기에는 진정한 기쁨이 있었다. 지금처럼 제한이 많고 통속적인 시대, 기쁨이라고는 모두 육욕적이고 다 똑같은 목표를 가진 시대에, 어쩌면 그것은 우리에게 남은 가장 만족스러운 기쁨일지도 모른다.
>
> ─오스카 와일드, 《도리언 그레이의 초상》 중에서

　　　　　　　　　　　　　　　　　　　　　　인간 본성의 법칙

Law 08 · Self- sabotage

자기훼방의 법칙

태도를
바꾸면
주변이
변한다

누구나 세상을 바라보는 자기만의 방식이 있다. 주위 사람들의 행동과 사건을 해석하는 방식이 있다. 이게 바로 '태도'다. 태도는 우리 삶에 일어나는 수많은 일을 결정한다. 기본적 태도가 '두려움'인 사람은 매사에 부정적인 것을 본다. 기회를 붙잡지 못하게 자기 자신을 막아선다. 실수를 하면 남 탓을 하고 교훈을 얻지 못한다. 내가 적대감이나 수상함을 느끼면 함께 있는 다른 사람도 같은 감정을 느낀다. 우리는 무의식적으로 자신이 가장 두려워하는 환경을 만들어내서 직장생활과 연애를 망친다. 그러나 인간의 태도는 고칠 수 있다. 더 긍정적이고 열려 있고 타인에게 관대하게 태도를 바꾸면 전혀 다른 인생이 펼쳐진다. 역경 속에서도 배울 수 있고, 무(無)에서 기회를 창조하고, 사람들을 내 쪽으로 끌어당길 수 있다. 때문에 우리는 내 의지력의 한계가 어디인지, 그걸 통해 어디까지 갈 수 있는지 반드시 탐구해봐야 한다.

궁극의 자유

나중에 유명 작가가 된 안톤 체호프(Anton Chekhov, 1860-1904)는 어린 시절 매일 두려움에 휩싸여 아침을 맞았다. 오늘도 아버지에게 매를 맞을까, 아니면 어떻게 좀 피해 갈까? 경고도 없이, 때로는 분명한 이유도 없이 아버지 파벨 예고로비치는 지팡이나 채찍 혹은 손등으로 아들을 몇 차례씩 후려갈기곤 했다. 더욱 혼란스러운 것은 아버지가 그를 때리는 데 어떤 분명한 악의나 분노가 없었다는 점이다. 아버지는 안톤에게 사랑해서 때리는 거라고 말했다. 아이들이 매를 맞는 것은 겸손을 주입하기 위한 하느님의 뜻이라고 했다. 나도 그렇게 자랐는데 지금 얼마나 훌륭한 사람이 됐는지 보라고 말했다. 매질이 끝나면 어린 안톤은 아버지의 손에 키스를 하고 용서를 구해야 했다. 그래도 안톤은 이 시련을 혼자서만 겪지는 않았다. 네 형제와 여동생 한 명도 똑같은 처지였다.

안톤이 두려워했던 것이 매질만은 아니었다. 오후에 다 쓰러져가는 판잣집 밖에서 아버지의 발소리가 다가오는 게 들리면 안톤은 두려움에 벌벌 떨었다. 그 시간쯤 아버지는 흔히 집으로 와서 어린 안톤에게 본인이 소유한 식품점에 가서 가게 일을 대신 보라고 했다. 안톤 가족의 식품점은 그들이 사는 러시아 타간로크의 낙후된 동네에 있었다. 거의 1년 내내 가게는 참기 힘들 만큼 추웠다. 안톤은 카운터를 보면서 숙제를 해보려고 했지만 금세 손가락이 곱았고 펜의 잉크가 얼어붙었다. 고기 썩은 내가 진동하는 가게에서 안톤은 우크라이나 농부들의 더러운 농담을 들어야 했고, 보드카를 마시러 온 온갖 동네 술주정뱅이들의 추잡한 짓도 보아야 했다. 그 와중에 동전 하나까지 정확하게 세지 못하면 아버지에게 추가로 매를 더 맞아야 했다. 종종 아버지가 어디 다른 곳에서 술에 취하는 날이면 안톤은 몇 시간씩 가게를 지켜야 했다.

어머니는 말려보려고 했다. 어머니는 아버지와는 비교도 되지 않을, 태생적으로 온화한 사람이었다. 어머니는 안톤이 일을 하기에는 아직 너무 어리고, 공부할 시간이 필요한 아들이 얼어 죽을 듯이 추운 가게에 앉아 있는 것이 아들의 건강을 해치고 있다고 호소했다. 그러면 아버지는 호통을 치면서 안톤은 천성적으로 게으르니 힘들게 일을 해야만 존경받는 시민으로 성장할 수 있다고 말했다.

잠시라도 아버지로부터 벗어날 수 있는 시간은 없었다. 가게 문을 닫는 일요일이면 아버지는 아이들을 새벽 네다섯 시부터 깨워 성가대 연습을 시켰다. 아버지는 성가대 지휘자였다. 예배를 마치고 집으로 돌아오면 성당에서 했던 의식을 하나씩 모두 반복한 후에 다시 정오 미사에 참석하러 가야 했다. 그것까지 끝났을 때쯤이면 아이들은 너무 지쳐서 놀고 싶은 마음조차 사라졌다.

혼자 있을 수 있는 시간이 되면 안톤은 동네를 어슬렁거리며 돌아다녔다. 타간로크는 아이들이 자라기에는 삭막한 마을이었다. 동네의 집들은 죄다 앞면이 썩어서 바스라지는 중이었고, 마치 폐허가 된 고대 유적지 같았다. 도로는 비포장 상태라 눈이 녹으면 온통 진흙탕이 됐다. 곳곳에 거대한 웅덩이까지 생겼는데 어린아이들은 목까지 빠질 수도 있을 만큼 깊었다. 심지어 가로등도 없었다. 죄수들은 길거리의 길 잃은 개를 찾아 죽도록 패는 일을 해야 했다. 조용하고 안전한 곳이라고는 마을 주변의 묘지뿐이어서, 안톤은 거기를 자주 방문하곤 했다.

그렇게 돌아다니면서 안톤은 자기 자신과 세상에 관해 생각해보곤 했다. 나는 정말로 아버지에게 거의 매일 맞아야 할 만큼 쓸모없는 존재일까? 그럴지도 모르지. 그런데 아버지는 모순이 너무 심했다. 아버지는 게으른 술주정뱅이였고, 종교적 열정에 비해 손님들에게도 정직하지 않았다. 타간로크의 주민들도 우습고 위선적이기는 마찬가지였다. 묘지에서 마을 사람들을 관찰해보면 장례식을 치르는 동안 경건한 척을 하다가도 이내 장례식이 끝나면 미망인의 집에서 먹을 맛있는 케이크에 관해 서로 신나게 속삭이곤 했다. 마치 그것 때문에 장례식에 왔다는 듯이 말이다.

끝없는 고통과 따분함 속에서 안톤이 유일하게 의지했던 것은 그 모든 것을 놀림감으로 만들어버리는 것이었다. 그는 가족 내의 광대가 되어 타간로크 사람들을 흉내 내고 그들의 사생활에 관한 이야기를 지어내곤 했다. 종종 안톤의 유머가 공격적으로 흐를 때도 있었다. 이웃 아이들에게 잔인한 장난을 치기도 했다. 어머니가 시장에 보내면 자루에 담아오는 살아 있는 오리나 닭을 못살게 굴기도 했다. 안톤은 짓궂고 아주 게으른 아이가 되어가고 있었다.

그러던 1875년 체호프 가족의 모든 게 바뀌는 일이 일어났다. 안톤의 두 형인 알렉산더와 니콜라이가 더 이상 아버지를 참아내지 못했던 것이다. 둘은 함께 모스크바로 가서 알렉산더는 학위를 받고 니콜라이는 예술가가 되기로 했다. 아버지는 권위에 대한 도전에 격노했으나 둘을 막을 방도가 없었다. 비슷한 시기에 아버지는 식품점 운영을 엉망으로 한 결과도 책임져야 했다. 오랫동안 쌓여가던 빚의 상환기일이 도래했던 것이다. 파산을 하고 감옥에 갈 것이 거의 확실해진 아버지는 어느 날 밤 어머니에게조차 말하지 않고 조용히 마을을 빠져나가 모스크바로 도망쳤다. 두 아들과 함께 살 작정이었다.

안톤의 어머니는 빚을 갚기 위해 가산을 팔아야 했다. 체호프 가족과 함께 살던 하숙인 하나가 어머니를 도와 빚 문제를 해결해주겠다고 나섰다. 그러나 어이없게도 그 하숙인은 법원에 있는 인맥을 이용해 체호프 가족의 집을 가로챘다. 돈 한 푼 없이 쫓겨나게 된 어머니는 남은 아이들을 데리고 모스크바로 떠나야 했다. 안톤만이 남아서 공부를 끝내고 졸업장을 받기로 했다. 안톤은 남은 가산을 모두 팔아서 최대한 빨리 모스크바로 부쳐주는 책임을 맡았다. 이제 집주인이 된 그 하숙인은 안톤에게 방 한 칸의 구석을 내주며 거기서 살라고 했다. 이제 겨우 열여섯인 안톤은 갑자기 돈이라고는 한 푼도 없고 뒤를 봐줄 가족도 없이 타간로크에서 혼자 생계를 책임져야 하는 처지가 됐다.

그전까지 안톤은 사실상 혼자였던 적이 한 번도 없었다. 좋든 싫든 가족은 그의 전부였다. 그런데 지금은 마치 발을 디디고 서 있던 땅이 사라져버린 기분이었다. 어쨌거나 도움을 청하기 위해 돌아볼 수 있는 사람이 아무도 없었다. 타간로크에서 오도 가도 못하게 된 안톤은 이 비참한 운명에 대해 아버지를 탓했다. 어떤 날은 분노와 괴로움에 휩싸였다가, 또 어떤 날은 마냥 풀이 죽어 있었다. 하지만 그렇게 감상에 젖어 있을 시간조차 없다는 사실이 이내 분명해졌다. 그는 가진 게 아무것도 없었지만 어떻게든 살아남아야 했다. 그래서 안톤은 최대한 많은 집의 가정교사가 됐다. 그 집들이 휴가를 가면 안톤은 며칠씩 굶기도 했다. 하나뿐인 재킷은 낡고 헤어져 올이 다 드러났다. 비오는 날 신을 고무 덧신도 하나 없었다. 발이 다 젖은 채로 덜덜 떨며 남의 집에 들어설 때면 수치심이 들었다. 하지만 이제 안톤은 적어도 자신을 부양할 수 있었다.

안톤은 의사가 되기로 마음먹었다. 그는 과학적 사고방식을 갖고 있었고 의사라는 직업은 훌륭한 밥벌이였다. 하지만 의대에 들어가려면 지금보다 훨씬 더 열심히 공부해야 했다. 그가 조용하고 평화롭게 공부할 수 있는 유일한 장소는 동네 도서관이었다. 그는 도서관을 줄기차게 드나들었다. 그러다가 문학과 철학 코너도 훑어보게 됐고, 이내 자신의 마음이 타간로크보다 훨씬 더 먼 곳으로 뻗어나가는 것을 느꼈다. 책을 읽을 때면 자신의 처지가 답답하다는 느낌이 들지 않았다. 밤이면 그는 방 한구석의 자기 공간으로 돌아가 글을 쓰다가 잠이 들었다. 프라이버시라고는 없는 삶이었지만 그는 그 방 한쪽 구석이나마 정갈하게 유지했다. 더 이상 체호프 가족 시절처럼 뒤죽박죽일 필요는 없었다.

마침내 안톤은 진정이 되기 시작했다. 생각도 기분도 달라졌다. 공부는 더 이상 두렵지 않았다. 그는 공부에 푹 빠져드는 게 좋았고 아이들을 가르치는 일은 당당하고 뿌듯했다. 그 일로 스스로를 돌볼 수 있었기 때문이다. 가족들로부터 편지가 왔다. 알렉산더는 아버지가 다시 가족들을 끔찍하게 만들고 있다고 불평을 쏟아놓았다. 막내인 미카일은 스스로가 가치 없다고 느껴져 우울하다고 했다. 안톤은 알렉산더에게 이렇게 답장을 보냈다. "더 이상 아버지에게 집착하지 말고 스스로를 돌보기 시작해." 미카일에게는 이렇게 썼다. "왜 너 자신을 '무가치하고 하잘것없는 동생'이라고 말하니? 네가 하잘것없음을 알아야 하는 때가 언제인지 아니? 하느님 앞에서는 그럴 수도 있어. 하지만 사람들 앞에서는 아냐. 사람들 사이에서는 네가 얼마나 소중한 존재인지 알아야 해." 편지의 어조가 이렇게 달라진 것에 안톤 자신도 깜짝 놀랐다.

그렇게 버려지고 몇 달이 지난 어느 날 안톤은 혼자 타간로크의 거리를 거닐다가 불현듯 부모를 향한 주체할 수 없는 어마어마한 공감과 사랑이 복받쳐 오르는 것을 느꼈다. 대체 어디서 이런 감정이 오는 것일까? 그는 이전까지 한 번도 이런 감정을 느껴본 적이 없었다. 며칠간 그는 아버지에 대해 곰곰이 생각하고 있었다. 우리 가족의 모든 문제가 정말로 아버지 탓일까? 파벨의 아버지이자 안톤의 할아버지인 예고르 미카일로비치는 농노로 태어났다. 농노란 일종의 고용된 노예다. 체호프 가문은 몇 대째 농노로 지내던 중이었다. 예고르에 와서야 마침내 가족들의 자유를 돈으로 살 수 있었고, 그는 세 아들에게 각기 다른 분야의 교육을 시켰다. 파벨에게는 가족 내 장사꾼의 역할이 주어졌으나, 그는 그 일을 잘 감당하지 못했다. 그는 예술가적 기질을 갖고 있었고, 만약 화가나 음악가가 되었다면 재능을 발휘했을 사람이었다. 그는 자신의 운명이 괴로웠다. 식품점을 운영하며 여섯 아이를 키워야 하다니. 파벨의 아버지도 파벨에게 매질을 했고, 그래서 파벨도 자녀들에게 매질을 했다. 더 이상 농노는 아니었지만 파벨은 아직도 지역 관리나 지주들을 보면 절을 하고 그들의 손에 키스를 했다. 그의 마음속은 아직도 농노였다.

안톤은 아버지와 형제들이 모두 같은 패턴에 빠지는 것을 보았다. 괴로워하며 남몰래 자신이 가치가 없다고 느끼고 본인의 울분을 타인에게 쏟아내고 싶어 했다. 이제 혼자 남아 스스로를 돌보다 보니 안톤은 가장 진정한 의미에서의 '자유'를 느끼고 싶었다. 그는 과거로부터, 그리고 아버지로부터 자유롭고 싶었다. 그렇게 타간로크의 거리를 거닐다가 이 처음 느끼는 갑작스러운 감정을 통해 답을 얻은 것이다. 아버지를 이해하고 나니 안톤은 아버지를 받아들일 수 있을 뿐만 아니라 심지어 사랑할 수조차 있었다. 아버지는 무슨 대단한 독재자가 아니라 그저 다소 무력한 늙은이였다. 약간의 거리를 두고 보니 안톤은 아버지에게 연민이 느껴졌고 매질도 용서할 수 있었다. 그는 아버지 때문에 생긴 모든 부정적인 감정에 발목을 잡히지 않기로 했다. 그리고 마침내 친절한 어머니에 대해서도 그녀의 나약함을 탓하기보다는 소중함을 느끼게 되었다. 잃어버린 유년기에 대한 집착과 분노를 비워내자 갑자기 온몸이 훨씬 가벼워진 기분이었다.

그는 맹세했다. 더 이상 사람들에게 절을 하거나 사과하지 않을 것이다. 불평도 남 탓도 하지 않을 것이다. 두서없이 살며 시간을 낭비하지도 않을 것이다. 모든 문제에 대한 답은 일과 사랑에 있었다. 그는 이 메시지를 가족들에게도 전해서 그들을 구해줘야 했다. 소설과 희곡을 통해 이 메시지를 인류와 공유해야 했다.

마침내 1879년 안톤은 가족과 함께하며 의대에 진학하기 위해 모스크바로 갔다. 하지만 그곳에서 보게 된 광경은 그를 낙담하게 만들었다. 체호프 가족은 홍등가 한가운데 위치한 공동 주택 지하방 한 칸에 몇몇 하숙인들과 함께 비좁게 살고 있었다. 방은 환기도 거의 안 되고 빛도 거의 들어오지 않았다. 최악은 거기 모여 사는 이들의 정신 건강이었다. 어머니는 지하 생활과 돈 때문에 늘 안절부절못하고 녹초가 되어 있었다. 아버지는 전보다 더 술을 많이 마셨고 이상한 직업들을 전전했다. 가게를 소유하고 있던 예전과는 비교도 되지 않는 직업들이었다. 그리고 아직도 자식들에게 매질을 하고 있었다.

안톤의 동생들은 학비를 낼 수 없어 더 이상 학교도 다니지 않았고 스스로를 아무 쓸모없는 존재라고 느끼고 있었다. 특히나 미카일은 그 어느 때보다 더 낙심해 있었다. 알렉산더는 잡지사에 글을 써주는 일을 맡았지만 본인의 능력에 훨씬 못 미치는 일을 하고 있다고 생각해 술을 마시기 시작한 상태였다. 알렉산더는 자신의 문제를 모스크바까지 따라와 일거수일투족을 참견하는 아버지 탓으로 돌렸다. 예술가인 니콜라이는 여전히 늦게 잠들었고 간헐적으로 돈을 벌며 시간 대부분을 동네 술집에서 보냈다. 온가족이 놀라운 속도로 나락으로 떨어져 내리고 있었다. 그들이 살고 있는 동네는 더 최악이었다.

아버지와 알렉산더는 최근 거처를 옮겼다. 안톤은 그들과 정반대로 하기로 했다. 발 디딜 틈 없는 방으로 들어가서 변화의 촉매제가 되기로 했다. 가족들에게 설교를 하거나 그들을 비난하지는 않을 것이다. 그저 좋은 모범을 보여줄 것이다. 중요한 것은 가족들을 하나로 묶고 의욕을 불어넣는 것이었다. 안톤은 정신을 못 차리고 있는 어머니와 여동생에게 집안일은 본인이 맡겠다고 했다. 안톤이 청소와 다림질을 하는 것을 보며 다른 형제들도 이 일을 나눠맡기로 했다. 안톤은 의대에서 받은 장학금을 아껴 절약했고 아버지와 알렉산더에게서도 돈을 더 받아서 미카일과 이반, 마리아를 다시 학교에 보냈다. 안톤은 아버지에게도 어렵사리 더 좋은 일자리를 구해주었다. 아버지의 돈과 안톤의 저축으로 가족 전체를 밖이 훤히 보이는 훨씬 큰 아파트로 옮길 수 있었다.

안톤은 가족들의 삶의 모든 측면을 개선하려고 애썼다. 동생들에게는 본인이 고른 책을 읽혔고 밤늦게까지 최신 과학 발견이나 철학적 질문과 관련해 토론을 벌였다. 서서히 가족들은 한 차원 더 깊은 수준의 유대감을 형성하면서 안톤을 '파파 안토샤(Papa Antosha)'라고 부르기 시작했다. '가족의 리더'라는 뜻이었다. 안톤이 모스크바에 처음 와서 발견했던, 가족들의 불평 많았던 자기 연민의 태도는 거의 사라지고 없었다. 남동생 둘은 이제 신나서 본인들의 장래 희망에 관해 떠들곤 했다.

안톤의 가장 큰 과제는 형인 알렉산더를 바꿔놓는 일이었다. 안톤은 알렉산더가 가족 중에 가장 큰 재능을 타고났다고 생각했다. 하지만 동시에 가장 곤경에 빠져 있는 가족이기도 했다. 어느 날 알렉산더가 만취 상태로 집에 와 어머니와 여동생에게 욕을 하며 안톤의 얼굴을 박살내버리겠다고 위협했다. 가족들은 이런 술주정을 체념한 상태였지만, 안톤은 용인할 생각이 없었다. 다음 날 안톤은 알렉산더에게 형이 다시 한 번만 가족 중 누군가에게 소리를 지른다면 다시는 이 집에 발을 들이지 못하게 할 것이며 형으로 보지도 않겠다고 말했다. 형은 이제 어머니와 여동생을 존중해야 하고, 본인이 술과 여자에 빠져 살게 된 것에 대해 아버지를 탓해서는 안 된다. 형은 품위를 지켜야 한다. 옷도 제대로 입고 본인 간수를 잘 해라. 그게 우리 가족의 새로운 규칙이라고 말했다.

알렉산더는 사과를 하고 행동도 좀 나아졌지만 안톤으로서는 자신이 가진 모든 인내심과 가족에 대한 사랑을 짜내야 하는 끝없는 싸움이었다. 체호프 가족에게는 자기파괴적인 구석이 깊이 배어 있었다. 니콜라이는 그 때문에 알코올 중독으로 일찍 세상을 떠났다. 계속해서 관심을 기울이지 않는다면 알렉산더 역시 같은 길을 가기 쉬웠다. 안톤은 알렉산더가 서서히 술을 끊게 만들었고 저널리스트로서의 커리어도 쌓을 수 있게 도와주었다. 마침내 알렉산더는 평온하고 만족스러운 생활에 안착했다.

1884년 어느 날 안톤은 피를 토하기 시작했다. 본인 생각에 폐결핵 초기 증상이 분명했지만, 그는 동료 의사에게 검사받는 것을 거부했다. 그는 차라리 모르는 채로 계속 글을 쓰고 의사 생활을 하고 싶어 했다. 미래에 대한 걱정 없이 말이다. 그런데 희곡과 단편 소설로 차츰 유명세를 타면서 그는 처음 겪는 종류의 불편을 경험하기 시작했다. 동료 작가들의 시기와 옹졸한 비판이었다. 그들은 다양한 정치 파벌을 형성해 끝없이 서로를 공격했고 안톤도 공격 대상에 포함됐다. 안톤 자신은 그 어느 혁명 대의에도 동조하기를 거부했는데 말이다. 이 모든 것 때문에 안톤은 점점 문학계에 환멸을 느꼈다. 타간로크에서 어렵사리 만들어놓은 사기충천한 기분도 점점 소멸돼가고 있었다. 그는 낙심했고 글쓰기를 완전히 포기하는 것까지 생각했다.

그러다가 1889년 말쯤 그는 점점 커지는 우울로부터 자신을 해방시킬 방법을 찾아냈다. 안톤은 타간로크에서 지낼 때부터 사회의 가장 가난하고 비루한 계층에게 매료되었다. 그는 도둑이나 사기꾼에 관한 글을 쓰거나 그들의 마음속으로 들어가 보는 것을 좋아했다. 러시아 사회에서 가장 낮은 계층은 지독한 환경에서 생활하는 죄수들이었다. 그리고 러시아에서 가장 악명 높은 감옥은 당시 일본 북쪽의 사할린 섬에 있었다. 그곳에는 죄수와 그 가족 수십만 명이 다섯 개 유형지(流刑地)에 나뉘어 살고 있었다. 그곳은 마치 그림자 국가 같아서 러시아 사람 누구도 그 섬에서 실제로 무슨 일이 벌어지고 있는지 전혀 몰랐다. 어쩌면 그곳이 지금 그가 느끼는 비참함에 대한 답일 수도 있었다. 그는 고된 여정이 되겠지만 시베리아를 횡단해 사할린 섬까지 갈 작정이었다. 그리고 가장 무감각해진 범죄자들을 인터뷰할 것이다. 그곳의 실정을 자세히 묘사한 책을 쓸 것이다. 허세에 찬 문학계와는 멀리 떨어진 그곳에서 그는 아주 생생한 것들을 접하며 본인이 타간로크에서 만들어냈던 그때 그 기분을 되살릴 것이다.

가족과 친구들은 그를 만류하려고 했다. 건강이 계속 나빠지는 상황이어서 그런 여행을 했다가는 죽을 수도 있었다. 그러나 사람들이 만류를 하려고 하면 할수록 그는 그것만이 자신을 구원해줄 유일한 길이라고 확신했다.

석 달이라는 긴 여행 끝에 1890년 7월 사할린 섬에 도착한 그는 즉시 새로운 세계에 몰두했다. 그의 과제는 가장 악랄한 살인자들을 포함해 가능한 한 모든 죄수를 인터뷰하는 것이었다. 안톤은 그들의 삶의 모든 측면을 조사했다. 죄수들을 섬뜩하게 고문하는 모습도 목격했고, 그들이 외바퀴 수레에 사슬로

묶인 채 지역 광산에서 일하는 모습도 따라가서 봤다. 형기를 마친 죄수들은 종종 강제 노동 수용소에 머물러야 하는 경우도 있었기 때문에 사할린 섬에는 수용소에서 남편을 만나려고 기다리는 아내들도 많았다. 이 여성들과 그들의 딸들은 목숨을 연명하기 위해 매춘을 하기도 했다. 모든 것이 인간의 영혼을 타락시키고 마지막 한 톨 남은 품위까지 빼앗아가도록 만들어져 있었다. 안톤은 자신의 가족들이 겪은 일이 떠올랐다. 다만 규모가 아주 커졌을 뿐이었다.

이곳은 그가 가본 가장 밑바닥의 지옥이었고 그에게 깊은 영향을 남겼다. 그는 이제 모스크바로 돌아가 자신이 본 것에 관해 글을 쓰고 싶었다. 그는 다시 균형감각을 되찾고 있었다. 그의 마음을 무겁게 했던 좀스러운 생각들과 걱정에서 마침내 해방될 수 있었다. 이제 그는 자기 자신을 벗어나 다시 넉넉한 마음을 느낄 수 있었다. 그렇게 쓴 책《사할린 섬》은 대중의 관심을 사로잡았고 이후 사할린 섬의 여건은 상당부분 개선되었다.

1897년 안톤의 건강은 더욱 악화되어 피를 토하는 것이 일상이 됐다. 그도 더 이상 세상에 자신의 폐결핵을 숨길 수 없었다. 그를 치료한 의사는 일을 모두 놓고 모스크바를 영원히 떠나라고 조언했다. 그에게는 휴식이 필요했다. 요양원에서 지낸다면 아마 몇 년은 삶을 더 연장할 수 있을 것이다. 하지만 안톤은 의사의 말을 하나도 들으려 하지 않았다. 마치 변한 것은 아무것도 없는 것처럼 살려고 했다.

젊은 예술가들과 그의 희곡을 흠모하는 팬들을 중심으로 추종 집단이 형성되었다. 그는 러시아에서 가장 유명한 작가 중 한 사람이 됐다. 그들은 떼를 지어 안톤을 만나러 왔고, 안톤은 병색이 완연한 중에도 차분한 모습을 보여 모두를 놀라게 했다. 그 차분함은 대체 어디서 온 것일까? 이 사람은 원래 이렇게 태어난 것일까? 안톤은 방문객들의 이야기와 문제에 온전히 몰두하는 듯했다. 그가 병세에 관해 이야기하는 것을 본 사람은 아무도 없었다.

1904년 겨울, 상태가 악화되는 가운데 그는 불현듯 시골에서 썰매를 타고 싶은 마음이 들었다. 썰매에 울리는 종소리를 들으며 그 차가운 공기를 들이쉬는 것은 언제나 그의 가장 큰 기쁨 중 하나였고, 그 기분을 한 번은 더 느껴봐야 했다. 그는 어찌나 의욕에 차올랐던지 썰매를 탔을 때의 결과는 더 이상 신경 쓰지 않을 정도가 됐다. 실제로 결과는 참혹했다. 몇 달 후 그는 세상을 떴다.

해석 ──●

어머니가 그를 타간로크에 남겨두고 떠난 순간 어린 안톤 체호프는 덫에 걸린 기분이었다. 마치 감옥에 던져진 것 같았다. 그는 공부 외에 일도 닥치는 대로 해야 했다. 그는 이제 도와줄 사람 하나 없는 이 끔찍하고 삭막한 벽촌을 떠나지도 못하고 작은 방 한구석에서 살아가야 했다. 남는 시간이 거의 없어 자신의 운명이나 유년기에 대한 비통한 생각들이 그를 괴롭힐 틈조차 없었다. 그런데 몇 주가 지나고 그는 아주 이상한 사실을 알아챘다. 실은 자신이 가정교사로 일하는 것을 좋아한다는 사실이었다. 보수는 하잘 것 없고 계속해서 동네 이곳저곳을 뛰어다녀야 했는데도 말이다. 아버지는 늘 그에게 게으르다고 했고 그때는 안톤 역시 그 말을 믿었지만 지금 보니 꼭 그런 것 같지도 않았다. 하루하루가 더 많은 일감을 찾아내고 식탁에 내가 그날 먹을 음식을 올려야 하는 도전이었다. 그리고 그는 그 일을 잘 해내고 있었다. 그는 매질이 필요한 한심한 벌레 같은 존재가 아니었다. 게다가 일을 할 때면 그는 자기 자신을 벗어나 학생의 문제에 완전히 몰두할 수 있었다.

그가 읽은 책들은 그를 타간로크로부터 아주 먼 곳으로 데려가 여러 흥미로운 생각들을 채워주었고 그 생각들은 온종일 그의 마음을 맴돌곤 했다. 타간로크도 알고 보면 그리 나쁘지 않았다. 집집마다 가게마다 아주 특이한 캐릭터들이 있어서 그에게 무한한 이야기 소재를 제공했다. 방 한 쪽 구석이 그에게는 왕국이었다. 그는 이제 덫에 걸린 것이 아니라 해방된 기분을 느꼈다. 실제로 바뀐 건 뭐였을까? 그의 주위환경이나 타간로크, 그 방 한구석은 분명 아니었다. 바뀐 것은 그의 태도였다. 이 태도가 그에게 새로운 경험과 가능성의 세계를 열어주었다. 그 점을 느끼고 나니 그는 한 걸음 더 나아가보고 싶었다. 이 자유를 향해 남아 있는 가장 큰 장애물은 아버지였다. 그가 무슨 짓을 해도 가슴 속 깊은 곳의 쓰라림은 가시지 않는 듯했다. 아직도 그 매질을 그대로 느끼고 끝도 없는 예리한 비난들이 귀에 들리는 듯했다.

마지막 수단으로 그는 아버지를 소설 속 캐릭터처럼 분석해보기로 했다. 그러다 보니 아버지의 아버지를 비롯해 세대를 이어온 체호프 일가 전체를 생각해보게 됐다. 아버지의 변덕스러운 천성과 터무니없는 상상력을 생각해보니 아버지에게는 본인의 환경이 덫처럼 느껴졌겠다는 생각이 들었고, 왜 그렇게 술을 마시고 가족들에게 폭군처럼 굴게 됐는지도 알 것 같았다. 아버지는 압제자라기보다는 무력한 희생양에 가까웠다. 그렇게 아버지를 이해한 것이 토대가 되어 어느 날 갑자기 그는 자기 안에서 부모에 대한 조건 없는 사랑이 밀려오는 것을 느꼈다. 처음 겪는 이 감정과 함께 그는 마침내 원망과 분노로부터 완전히 해방된 기분을 느꼈다. 과거에서 비롯된 부정적인 감정들이 마침내 떨어져나갔다. 그는 이제 완전히 마음을 열 수 있었다. 이 느낌이 너무나 짜릿했던 그는 형제들과도 이 감정을 공유해서 그들까지 해방시켜줘야겠다고 생각했다.

체호프를 여기까지 데려온 것은 그렇게 어린 나이에 홀로 남겨져 직면했던 위기였다. 그로부터 13년쯤 후에 그는 또 다른 위기를 경험한다. 동료 작가들의 옹졸함에 낙담했을 때였다. 그의 해결책은 타간로크에서 일어났던 일을 재현하는 것이었지만 방식은 반대였다. 그는 다른 사람들을 모두 버렸다. 그리고 외롭고 공격받기 쉬운 위치에 자신을 가져다놓았다. 그렇게 해서 그는 자신이 타간로크에서 느꼈던 자유와 공감을 다시 경험할 수 있었다. 젊은 나이에 폐결핵이라는 사형선고를 받은 것이 마지막 위기였다. 하지만 그는 전속력으로 계속 살아감으로써 죽음이라는 두려움과 수명이 줄어든 것에 대한 비통한 기분을 놓아줬다. 이 궁극의 마지막 자유 덕분에 그는 그 시기 그를 만난 모든 사람이 느꼈던 그런 빛을 발산했다.

꼭 알아야 할 점은 안톤 체호프의 이야기는 사실 우리 모두가 살면서 직면하는 하나의 패러다임이라는 것이다. 우리는 어린 시절의 트라우마와 상처를 안고 살아간다. 나이가 들어도 사회생활을 통해 실망하고 모욕당하는 일을 계속 겪게 된다. 우리는 종종 내가 하찮은 존재이고 인생에서 좋은 것들을 얻을 자격이 없다는 생각에 시달리기도 한다. 누구나 스스로를 많이 의심하게 되는 순간들이 있다. 그런 감정이 강박적 생각으로 이어져 우리의 마음을 점령해버리기도 한다. 그렇게 되면 불안이나 실망을 감당하기 위해 내가 경험하는 것을 축소한다. 술이든 무엇이든 고통에 무감각해질 수 있는 습관에 의존하게 된다. 스스로 깨닫지도 못하는 사이 우리는 삶에 대해 부정적이고 두려움에 찬 태도를 갖게 된다. 이 태도는 내가 내 발로 걸어 들어간 감옥이 된다. 하지만 꼭 그래야 할 필요는 없다. 체호프가 경험한 자유는 하나의 선택에서 비롯됐다. 그는 세상을 다르게 보기로 했고 태도를 바꿨다. 우리도 누구나 이 길을 갈 수 있다.

이 자유는 본질적으로 너그러운 마음을 갖는 데서부터 비롯된다. 타인을 향해, 나 자신을 향해서 말이다. 사람들을 인정함으로써, 그들의 본성을 이해하고 가능하다면 사랑함으로써 우리는 강박적이고 옹졸한 감정으로부터 풀려날 수 있다. 남들이 하는 말과 행동에 일일이 반응하는 것을 그만둘 수 있다. 거리를 유지하고, 모든 것을 내 개인에 대한 공격으로 받아들이는 것을 멈출 수 있다. 정신적 여유가 생겨 더 높은 것들을 추구할 수 있다. 우리가 사람들에게 너그러워지면 그들은 우리에게 끌리고 우리의 정신을 닮고 싶어 한다. 자신에게 너그러워지면 남들에게 굽실거릴 필요가 없다. 남몰래 내가 성공하지 못한 것에 분개하면서 거짓 겸손을 가장할 필요도 없다. 일을 통해서, 필요한 것을 스스로 조달하면서, 남에게 의존하지 않으면서, 우리는 당당해지고 인간으로서 우리의 잠재력을 깨달을 수 있다. 주위에 부정적 감정을 퍼뜨리고 다니는 것을 그만둘 수 있다. 이 새로운 태도가 얼마나 짜릿한 힘을 가졌는지 한 번 느끼고 나면, 그 최대치까지 가보고 싶을 것이다.

한참 후에 친구에게 쓴 편지에서 체호프는 자신을 제3자처럼 언급하며 그가 타간로크에서 겪은 일을 다음과 같이 요약했다. "이 젊은이가 자기 안의 노예근성을 한 방울 한 방울 모두 짜내서 어느 날 아침, 잠에서 깨어 더 이상 자신의 혈관을 흐르는 피가 노예의 피가 아닌 진짜 인간의 피라는 것을 발견하는 이야기를 글로 쓰려고."

> 우리 세대의 가장 위대한 발견은 인간이 마음의 태도를 바꿈으로써 자기 인생을 바꿀 수 있다는 사실을 알아낸 것이다.
> – 윌리엄 제임스

• 인간 본성의 열쇠 • 우리는 스스로 만들어낸 현실만 본다

인간은 흔히 내가 세상에 대해 객관적인 지식을 갖고 있다고 생각하고 싶어 한다. 우리는 내가 일상적으로 지각하는 내용이 당연히 현실이라고 생각한다. 그리고 그 현실이 누구에게나 거의 대동소이할 거라고 생각한다. 하지만 그것은 망상(妄想)이다. 그 어떤 사람도 세상을 같은 식으로 보거나 경험하지 않는다. 우리가 지각하는 것은 내가 만들어낸, 내가 보는 현실일 뿐이다. 이 점을 깨닫는 것은 인간의 본성을 이해하는 데 있어 아주 중요한 단계다.

다음과 같은 시나리오가 있다고 상상해보라. 어느 미국인 젊은이가 1년간 파리에 가서 공부를 해야 한다. 이 젊은이는 다소 소심하고 조심성이 많은 타입으로, 쉽게 낙담하고 자존감이 낮은 편이다. 하지만 그는 이번이 아주 멋진 기회라고 생각한다. 그런데 막상 파리에 도착해보니 프랑스어를 구사하는 게

인간 본성의 법칙 ┣━━━

쉽지 않다. 그는 여러 실수를 저질렀고 약간 비웃는 듯한 파리 사람들의 태도도 그가 프랑스어를 배우는 것을 더 어렵게 만든다. 그는 이곳 사람들이 전혀 친근하지 않다고 생각한다. 날씨는 습하고 음울하다. 음식은 기름지다. 심지어 노트르담 성당조차 실망스럽다. 주변에 관광객이 너무 많았다. 즐거운 순간도 있지만 대체로 그는 소외되고 우울한 기분이다. 그는 파리가 과대평가되어 있으며 다소 불쾌한 곳이라고 결론 내린다.

그러면 이번에는 똑같은 시나리오지만 더 활달하고 모험심이 강한 젊은 여자를 상상해보자. 그녀는 프랑스어를 구사하면서 실수를 저지르는 것도, 종종 파리 사람들이 조롱하는 듯한 말을 하는 것도 개의치 않는다. 그녀는 프랑스어를 배우는 것을 즐거운 도전으로 생각한다. 사람들은 그녀의 이런 사고방식이 매력적이라고 느낀다. 그녀는 더 쉽게 친구를 사귀고, 만나는 사람이 더 많다 보니 프랑스어에 관한 지식도 늘어난다. 그녀는 파리의 날씨가 로맨틱하고, 이곳 분위기와 잘 맞는다고 생각한다. 그녀에게 파리는 끝없는 모험을 뜻하며 그게 황홀하다고 생각한다.

위 경우 두 사람은 같은 도시를 정반대로 보고 판단한다. 객관적 현실을 이야기하면 파리의 날씨는 긍정적이지도, 부정적이지도 않다. 폭풍은 아니고 구름이 끼는 정도다. 파리 사람들이 친근한지 아닌지는 주관적인 판단이다. 그것은 누구를 만나고 내 출신지 사람들과 비교할 때 어떠한가에 따라 달라진다. 노트르담 대성당은 그저 조각된 돌들의 거대한 모임일 뿐이다. 세상은 그냥 있는 그대로 존재한다. 사물이나 사건은 그 자체로 좋거나 나쁘거나, 옳거나 그르거나, 추하거나 아름답지 않다. 사물과 사람에 색깔을 더하기도 하고 빼기도 하는 것은 특정한 시각을 가진 우리 자신이다. 같은 노트르담 대성당을 보더라도 아름다운 고딕 건축물에 초점을 맞추는 사람도 있고 짜증나는 관광객에게 집중하는 사람도 있다. 마음가짐에 따라, 얼마나 불안해하느냐 혹은 열린 마음이냐에 따라, 우리는 사람들이 내게 친근하게 반응하게 만들 수도 있고 불친절하게 반응하게 할 수도 있다. 우리는 내가 지각하는 현실의 많은 부분을 그때그때의 기분과 감정의 지시에 따라 빚어낸다.

꼭 알아야 할 것이 있다. 우리는 누구나 각자의 렌즈를 가지고 세상을 보며, 그 렌즈가 우리의 지각에 색깔을 입히고 모양을 정한다. 이 렌즈를 '태도'라고 부르기로 하자. 스위스의 위대한 심리학자 칼 융은 태도를 다음과 같이 정의했다. "태도란 특정한 방식으로 행동 또는 반응하려는 정신의 준비 상태다… 태도를 가지고 있다는 것은 뭔가 확고한 것에 대해 준비되어 있다는 뜻이다. 비록 그것이 무의식적이라고 하더라도 말이다. 따라서 태도를 가지고 있다는 것은 확고한 것에 대한 선험적 지향성과 같은 말이다."

이 말의 뜻은 다음과 같다. 하루 중에 우리의 정신은 주변의 수천 가지 자극에 반응한다. 뇌 구조와 심리 구조에 따라 특정한 자극(하늘의 구름, 모여 있는 군중)은 더 강력한 신경 발화(發火)나 반응을 끌어낸다. 반응이 강력할수록 우리는 더 많은 주의를 기울인다. 사람들 중에는 남들은 대부분 무시할 만한 자극에도 더 예민한 사람들이 있다. 이유가 뭐가 되었건 무의식적으로 슬픔을 더 잘 느끼는 사람은 슬픔을 촉진하는 신호도 더 잘 포착할 가능성이 크다. 천성적으로 의심이 많은 사람은 혹시라도 부정적인 것을 의미하는 표정에 더 민감하고 자신이 지각한 내용을 과장한다. 위에서 언급한 "특정한 방식으로 행동 또는 반응하려는 정신의 준비 상태"란 바로 이런 뜻이다.

이 과정을 우리가 의식하는 경우는 결코 없다. 우리는 그저 뇌의 이런 발화와 예민함이 일으킨 '효과'를 경험할 뿐이다. 이 효과들이 합쳐져서 우울함이나 적대감, 불안함, 열정, 모험심 등으로 부르는 전체적인 기분이나 정서적 배경을 만들어낸다. 우리는 아주 다양한 기분을 경험한다. 하지만 전체적으로 보면 우리는 세상을 보고 해석하는 자신만의 방식이 있다. 그리고 그 방식은 적대감이나 원망 같은 하나의 감정 혹은 여러 감정의 조합의 지배를 받는다. 이게 바로 우리의 태도다. 주로 우울한 태도를 가진 사람도 잠깐씩 기쁨을 느낄 수 있다. 다만 그들은 슬픔을 더 잘 경험하도록 되어 있다. 그들은 매일 우연히 마주치는 것들에서도 슬픔을 예상한다.

칼 융은 이 아이디어를 다음과 같이 설명했다. 사람들이 하이킹을 떠났는데 여행을 계속하려면 반드시 지나야만 하는 개울을 만났다고 상상해보자. 한 사람은 별 생각도 없이 그냥 훌쩍 뛰어 바위 몇 개를 건드리고 개울을 지난다. 빠질 수도 있다는 생각은 추호도 하지 않는다. 이 사람은 그저 점프가 주는 순전히 육체적인 쾌락을 아주 좋아하고 본인이 물에 빠지는 것은 개의치 않는다. 또 다른 사람 역시 기분이 아주 좋은데 그는 육체적인 기쁨보다는 개울이 상징하는 정신적 도전에 더 흥분한다. 이 사람은 개울을 건너는 가장 효과적인 방법을 재빨리 계산하고 해답을 찾아냈다는 점에서 만족을 얻는다. 세 번째 사람은 조심성이 많은 사람이다. 그는 조금 더 시간을 들여서 끝까지 철저하게 생각해본다. 그는 개울을 건너는 것이 전혀 즐겁지 않으며 장애물이 나타난 것이 짜증난다. 하지만 하이킹을 계속하고 싶기 때문에 안전하게 개울을 건너려고 최선을 다한다. 네 번째 사람은 그냥 돌아선다. 이 사람은 개울을 건너야 할 필요성을 전혀 느끼지 못하며, 이만하면 하이킹은 충분히 했다고 자신의 두려움을 합리화한다.

바위틈으로 흘러가는 물소리만을 보고 들을 사람은 아무도 없다. 우리의 마음은 거기 있는 그것만을 지각하는 게 아니다. 누구나 각자의 태도(모험심, 두려움 등)에 따라 똑같은 개울도 다르게 보고, 다른 반응을 내놓는다.

평생을 관통하는 우리의 태도에는 몇 가지 뿌리가 있다. 첫째, 세상에 태어날 때 우리는 이미 유전적 성향을 가지고 있다. 적대감, 탐욕, 공감, 친절 등을 향한 성향을 타고난다. 예컨대 체호프 가의 자녀들을 보더라도 그런 차이가 있다. 자녀들은 모두 똑같은 아버지의 체벌에 반응해야 했다. 아주 어릴 때 안톤은 다소 역설적인 태도를 보였다. 그는 세상을 비웃고 무엇이든 약간 거리를 두고 보았다. 그랬기 때문에 안톤은 혼자가 됐을 때 아버지를 재평가하는 게 좀 더 쉬웠다. 하지만 다른 자녀들은 이렇게 거리를 두는 능력이 부족했기 때문에 아버지의 무자비함에 더 쉽게 휘말렸다. 이는 안톤의 뇌 구조가 무언가 달랐다는 것을 시사하는 것일 수도 있다. 어떤 아이들은 남보다 더 탐욕적이다. 그런 아이는 일찍부터 관심에 대한 큰 욕구를 드러낸다. 그런 아이는 늘 나에게 빠진 것이 무엇이고 남들에게 얻어내지 못한 게 무엇인지 안다.

둘째, 어린 시절의 경험과 애착 구조(4장 참조)가 태도 형성에 큰 역할을 한다. 우리는 어머니상이나 아버지상의 목소리를 내면화한다. 그들이 아주 권위적이고 비판적이었다면 우리는 남보다 자신에게 더 가혹하고 모든 것을 더 비판적으로 보는 성향을 갖게 된다. 또 하나 중요한 것은 나이가 들면서 가족이라는 울타리 밖에서 겪는 경험이다. 누군가를 사랑하거나 흠모하면 우리는 그 사람의 일부를 내면화한다. 그들은 우리가 세상을 긍정적으로 보게 만든다. 그 대상은 선생님일 수도 있고 멘토나 또래일 수도 있다. 부정적이거나 트라우마가 되는 경험은 우리를 움츠러들게 만들 수 있다. 혹시라도 최초의 그 고통을 다시 겪게 만들 수 있는 모든 것에 마음을 닫아버리게 만든다. 우리의 태도는 우리에게 일어나는 일에 따라 끊임없이 바뀌지만, 어린 시절 가졌던 태도의 흔적은 언제나 살아남는다. 이를테면 아무리 발전했어도 체호프는 여전히 우울과 자기혐오라는 감정에 취약했다.

태도와 관련해 우리가 반드시 알아야 할 점이 있다. 태도는 우리의 지각에 색칠을 할 뿐만 아니라 우리 생에 일어나는 일들을 직접 결정한다는 사실이다. 태도는 우리의 건강, 다른 사람들과의 관계, 우리의 성공까지 결정한다. 태도는 자기실현적 특성이 있다.

파리에 간 그 젊은이의 시나리오를 다시 살펴보자. 약간 긴장하고 불안해진 그는 언어를 배우면서 저지른 실수에 방어적인 반응을 보인다. 이것은 그가 언어를 배우는 것을 더 어렵게 만들었다. 그러면 사람들을 만나기도 더 어려워지며, 더 고립되었다고 느낄 수밖에 없다. 우울함에 더해 자기 안의 에너

인간 본성의 법칙

지가 낮아질수록 악순환은 계속 반복된다. 그의 불안은 사람들을 밀어낼 수도 있다. 우리가 남들을 생각하는 방식은 상대에게도 똑같은 효과를 일으킨다. 우리가 적대적이고 비판적이 되면, 상대에게도 비판적 감정이 생긴다. 우리가 방어적으로 느끼면 상대도 방어적으로 느낀다. 이 젊은이의 태도는 본인을 이런 악순환 속에 가둬버린다.

반면에 젊은 여자의 태도는 선순환을 촉발한다. 그녀는 프랑스어를 배우고 사람들을 만날 수 있다. 이것들은 모두 그녀의 기분과 에너지 수준을 높여주어 그녀를 더욱 매력적이고 흥미롭게 보이게 한다.

태도는 워낙에 다양하고 몇 가지가 섞여 있을 수도 있다. 하지만 일반적으로 카테고리를 나누면 부정적이고 좁은 태도와 긍정적이고 넓은 태도로 구분할 수 있다. 부정적 태도를 가진 사람들은 두려움이 삶에 대한 기본적 자세다. 무의식적으로 이들은 본인이 보고 경험하는 내용을 제한하고 싶어 한다. 자신에게 더 많은 통제권을 주고 싶어서다. 긍정적인 태도를 가진 사람은 두려움을 훨씬 덜 가진다. 그들은 새로운 기회나 아이디어, 감정에 마음을 연다. 태도가 곧 우리가 세상을 보는 렌즈라면, 부정적 태도는 빛이 들어가는 조리개를 최대한 좁혀버리고 긍정적 태도는 조리개를 최대한 넓혀놓는다. 두 극단 사이를 옮겨 다닐 수도 있겠지만 대개 우리는 좀 더 닫히거나 열린 렌즈로 세상을 본다.

인간 본성을 공부하는 지금 당신이 할 일은 두 가지다. 첫째 당신 자신은 어떤 태도를 갖고 있는지, 그리고 그 태도가 당신의 지각을 어떻게 왜곡하는지 반드시 알아야 한다. 태도는 당신에게 너무나 가깝게 있기 때문에 일상생활에서 태도를 관찰하기는 쉽지 않다. 그런데 태도가 작용하는 모습을 잠깐 훔쳐볼 기회가 있다. 당사자가 자리를 떴을 때 당신이 그를 어떻게 판단하는지 보면 된다. 당신은 그의 부정적 성향과 형편없는 의견에 곧장 주목하는가 아니면 상대의 결점도 더 너그러운 마음으로 잘 용서하는가? 태도의 확실한 신호를 볼 수 있는 것은 역경이나 저항을 만났을 때다. 당신 쪽에서 실수를 저질렀을 경우 당신은 금방 잊거나 잘 둘러대는가? 뭐든 나쁜 일이 생기면 당신은 본능적으로 남 탓을 하는가? 모든 종류의 변화를 두려워하는가? 예기치 못한 일이나 이례적인 상황을 피하기 위해 늘 하던 대로 하는 경향이 있는가? 당신의 아이디어나 가정에 대해 누가 이의를 제기하면 발끈하는가?

남들이 당신에게 반응하는 모습, 특히 비언어적으로 반응하는 모습에서도 태도의 신호를 포착할 수 있다. 당신과 있으면 사람들이 초조해하거나 방어적이 되는가? 당신은 어머니나 아버지 역할을 해줄 사람을 잘 끌어들이는 경향이 있는가?

당신이 어떤 태도를 갖고 있고 긍정적인 면과 부정적인 면은 각각 무엇인지 충분히 알고 나면 태도를 바꿀 수 있는 힘도 훨씬 커져서 더 긍정적인 방향으로 갈 수 있다.

둘째, 태도가 어떤 역할을 하는지 알아야 할 뿐만 아니라 태도가 주변을 바꾸는 데 막대한 힘을 발휘한다는 사실을 믿어야 한다. 당신은 남들의 조종을 받는 장기판의 말이 아니다. 당신은 직접 게임을 하고 있는 플레이어다. 당신은 원하는 대로 말을 옮길 수도 있고 심지어 규칙을 새로 쓸 수도 있다. 당신의 건강도 당신의 태도에 크게 의존한다. 모험적인 일에도 마음을 열고 신나게 생각한다면 당신이 갖고 있는지조차 몰랐던 비축된 에너지를 꺼내 쓸 수 있다. 몸과 마음은 하나다. 당신의 생각은 신체 반응에도 영향을 준다. 순전한 바람과 의지력만으로도 사람들은 병에서 훨씬 빨리 회복될 수 있다. 당신은 불변의 지능과 내재적 한계를 갖고 태어난 게 아니다. 당신의 뇌를 기적의 기관이라고 생각하라. 뇌는 나이가 한참 들어서까지도 끝없이 학습하고 발전하게끔 설계되어 있다. 뇌의 신경 연결을 풍부하게 만드는 것, 즉 창의력을 개발하는 것은 당신이 새로운 경험과 아이디어에 얼마나 마음을 여느냐에 달려 있다. 문제나 실패에 부딪히면 교훈을 얻고 당신이 더 강해질 수단이라고 생각하라. 집요하게 매달린다면 당신이 돌파하지 못할 것은 없다. 당신을 대하는 사람들의 태도는 대부분 당신 쪽의 태도로부터 비롯되고 당신이 조종할 수 있는 부분이라고 생각하라.

의지력의 역할을 서슴없이 과장하라. 이것은 목적이 있는 과장이다. 의지력은 긍정적인 자기실현 효과를 낳는다. 그 정도면 충분하지 않은가? 이렇게 당신의 태도를 빚는 작업을 인생에서 가장 중요한 과업이라 생각하고, 절대로 우연에 맡겨두지 마라.

부정적 태도의 다섯 가지 유형

삶은 원래가 혼돈이고 예측 불가능하다. 그러나 인간이라는 동물은 불확실성에 훌륭하게 반응하지 못한다. 특히나 스스로를 약하고 공격당하기 쉽다고 느끼는 사람들은 본인의 경험을 좁게 만드는 방향으로 삶의 태도를 취하는 경향이 있다. 예상치 못한 일이 발생할 가능성을 줄이기 위해서다. 이런 부정적이고 협소한 태도는 유아기에서 발원하는 경우가 많다. 무서운 세상을 직면해 위안이나 지원을 거의 받지 못하는 아이들도 있다. 이들은 본인이 보고 경험하는 것을 최대한 줄이기 위해 다양한 심리 전략을 개발한다. 이들은 정교한 방어막을 세워 다른 관점이 들어오지 못하게 만든다. 이들은 점점 더 자기 안에 몰두한다. 대부분의 상황에서 이들은 나쁜 일이 벌어질 것을 예상한다. 이들에게 삶의 중심 목표는 나쁜 경험을 예견하고 무력화(無力化)시켜서 더 잘 통제하는 것이다. 나이가 들면서 이들은 점점 더 땅을 깊이 파고 협소한 태도를 갖기 때문에 어떤 식으로든 심리적 성장은 거의 불가능하다.

이런 태도는 스스로에게 훼방을 놓는 효과를 낸다. 이들의 태도를 지배하는 것은 부정적 감정이다. 그래서 이들은 남들에게도 똑같은 부정적 감정을 느끼게 만든다. 그리고 그것은 다시 이들이 타인에 대해 가진 생각을 재확인시킨다. 이들은 본인의 행동이 어떤 역할을 하는지 보지 못한다. 자신의 행동이 상대에게 부정적 반응을 부추긴다는 사실을 보지 못한다. 그들 눈에는 오직 상대가 나를 박해하는 것이고, 불운이 나를 덮치는 것이다. 이들은 사람을 밀어내기 때문에 인생에서 무엇이든 성공하기가 곱절로 힘들다. 그리고 그렇게 고립되기 때문에 이들의 태도는 더 악화된다. 악순환에 빠져 있는 것이다.

가장 흔히 볼 수 있는 위축된 태도는 아래와 같은 다섯 가지다. 부정적 감정은 서로 몰려다니는 경향이 있다. 화가 난 사람은 의심이나 깊은 불안, 원망 등의 감정도 더 쉽게 느낀다. 그래서 우리는 여러 부정적 태도가 결합되어 있는 모습을 자주 목격한다. 각 태도가 서로의 먹잇감이 되고 서로를 악화시키면서 공존하는 것이다. 우리의 목표는 당신 안에 잠재적으로 혹은 약화된 형태로 존재하는 부정적 태도의 여러 신호를 알아보고 그것들을 뿌리 뽑는 것이다. 또 우리보다 강한 부정적 태도를 가진 사람들을 통해 해당 태도가 어떻게 작용하는지 살펴보고, 그 과정에서 그들은 삶에 대해 어떤 시각을 갖고 있는지도 더 잘 이해해볼 것이다. 그리고 그런 태도를 가진 사람을 상대할 때 과연 우리는 어떻게 해야 할지도 알아볼 것이다.

적대적 태도

아주 어린 나이에도 벌써 적대적 태도를 보이는 아이들이 있다. 이런 아이들은 젖을 떼거나 부모와 자연스럽게 떨어지는 것조차 적대 행위로 해석한다. 또 어떤 아이들은 자신을 벌하고 자신에게 상처를 주는 부모를 상대할 수밖에 없는 경우도 있다. 두 경우 모두 아이들에게는 세상은 적개심으로 가득차 보이고, 그들은 그것을 통제할 방법을 찾기 위해 스스로 적대감의 원인이 된다. 그러면 적어도 세상의 적개심이 무작위라거나 갑작스럽게 느껴지지는 않을 것이기 때문이다. 나이가 들면서 이들은 타인에게 분노와 좌절을 자극하는 데 능숙해지고, 이것은 그들이 애초에 가진 태도를 정당화시켜준다. '거 봐. 사람들은 내게 적대적이라니까. 사람들은 나를 싫어해. 뚜렷한 이유도 없이 말이야.'

남녀 관계의 경우에도 남편이 적대적 태도를 갖고 있다면 아내가 그를 정말로 사랑하기는 힘들 것이다. 아내가 항의를 하고 방어적이 되면 남편은 아내가 진실을 감추려고 안간힘을 쓴다고 생각한다. 주눅이 든 아내가 침묵하면 남편은 그것을 본인이 줄곧 옳았다는 신호로 받아들인다. 혼란스러운 아내는 이제 적대감을 느끼기 쉬운 사람이 되고, 그것은 남편의 기존 생각을 확인해주는 꼴이 된다. 적대적 태도를 가진 사람들은 이 외에도 상대에게 적대감을 도발할 수 있는 교묘한 수법을 많이 가지고 있는데, 실은 본인이 상대를 향해 적대감을 느끼고 싶은 마음을 몰래 가지고 있기 때문이다. 결정적인 순간에 프로젝트에 협조하지 않는다거나, 계속해서 약속에 늦는다거나, 일을 형편없이 처리한다거나, 일부러 비호감을 주는 첫인상을 남기는 것 등은 모두 그런 수법의 하나다. 그러나 그들은 절대로 상대에게 그런 반응을 부추기는 데 자신이 어떤 역할을 했다고는 생각하지 않는다.

그들의 적대감은 그들이 하는 모든 행동에 스며 있다. 말싸움을 걸고, 늘 자신이 옳다고 하며 상대를 도발하고, 고약한 속뜻을 가진 농담을 한다. 탐욕스럽게 상대의 관심을 요구하고, 타인의 실패를 목격하거나 그를 비난하는 데서 즐거움을 느낀다. 이런 상황에 놓였을 때 쉽게 분노로 옮겨간다면 그는 틀림없이 적대적 태도를 가진 사람이다. 그들은 자신의 삶이 싸움과 배신과 박해로 가득하지만, 본인에게서 비롯된 것은 아니라고 이야기한다. 이들은 자신의 적대감을 타인에게 투영하기 때문에 상대가 아무리 결백한 행동을 해도 그것을 적대감으로 읽을 준비가 되어 있다. 박해받고 있다고 느낌으로써 복수를 갈망하게 되는 게 이들의 삶의 목표다. 이 유형은 자주 분노와 적개심에 불타기 때문에 일반적으로 직장생활에 문제가 생긴다. 그러면 불평거리는 또 하나 늘어나고, 그것을 근거로 세상이 자신에게 적대적이라고 말할 수 있게 된다.

당신 자신에게 이런 태도의 징후를 눈치챘다면, 그런 '자각'이야말로 그 적대적 태도를 없앨 수 있는 중요한 첫걸음이다. 간단한 실험을 해볼 수도 있다. 처음 만나는 사람 혹은 잘 모르는 사람에게 다가가면서 여러 가지 긍정적 생각을 해보라. '나는 이 사람을 좋아해', '이 사람은 똑똑해 보여' 같은 식으로 말이다. 입으로 말할 필요는 없지만 그런 감정을 느낄 수 있게 최선을 다해보라. 그래도 상대가 나에게 적대적이거나 방어적으로 반응한다면 정말로 세상이 당신에게 적대적인 것일 수도 있다. 하지만 아마 상대의 반응에는 손톱만큼이라도 부정적으로 해석할 만한 것은 없을 것이다. 그보다 실은 정반대의 것을 보게 될 것이다. 그렇다면 분명 사람들이 당신에게 적대적으로 반응하는 이유는 '당신'일 것이다.

극단적으로 적대적인 유형을 상대할 때는 그가 기대하는 적대감을 가지고 반응하지 않도록 최선을 다하라. 중립성을 유지하라. 그러면 상대는 혼란에 빠지고 잠시나마 그의 게임을 중단할 것이다. 그들은 당신의 적대감을 먹고 자란다. 먹이를 주지 마라.

초조한 태도

이 유형은 어떤 상황에 놓여도 온갖 장애물과 어려움이 생길 거라고 생각한다. 사람을 상대할 때는 상대가 나를 비난하거나 심지어 배신할 거라고 예상하는 경우도 많다. 이 모든 것들이 자극이 되어 그들은 일이 일어나기도 전에 벌써 어마어마한 초조함을 느낀다. 그들이 정말로 두려워하는 것은 현 상황에 대한 통제권을 상실하는 것이다. 그들의 해결책은 일어날 수 있는 일을 제한하는 것이다. 자신이 상대하는 세상을 좁히는 것이다. 이 말은 곧 어디를 가고 무엇을 시도할지 제한한다는 뜻이다. 남녀 관계를 보면 이들은 집안 행사나 습관 같은 것들을 교묘히 지배하고 있다. 이들은 예민해 보이고, 상대에게

　　　　　　　　　　　　　　인간 본성의 법칙 ——

특별한 주의를 기울여달라고 요구한다. 이들은 상대가 자신을 비난하지 못하게 만든다. 모든 것은 그의 뜻대로 되어야 한다. 직장에서는 굉장한 완벽주의자에 사소한 것까지 꼼꼼하게 챙기는 관리자다. 이들은 너무 많은 것을 장악하려다 결국에는 스스로를 곤경에 빠뜨린다. 본인의 집이라든가 본인이 지배적 위치에 있는 인간관계는 이들의 '안전지대'다. 그 안전지대를 벗어나면 이들은 몹시 초조해한다.

종종 이들은 자신의 통제 욕구를 사랑이나 걱정이라는 형태로 위장하기도 한다. 1921년 프랭클린 루스벨트는 서른아홉의 나이에 소아마비에 걸렸다. 프랭클린의 어머니 사라는 아들을 방 하나에 가둬놓고 그의 생활을 제한하려고 별의별 수를 다 썼다. 프랭클린은 정치 생활도 포기하고 어머니의 간호에 항복해야 할 판이었다. 반면에 프랭클린의 아내 일리노어는 남편을 잘 알았다. 그가 원하는 것 그리고 그에게 필요한 것은 예전 생활과 비슷한 생활로 서서히 돌아가는 것이었다. 이것은 어머니와 아내의 싸움으로 비화됐고 결국 싸움은 일리노어가 이겼다. 사라는 자신의 초조한 태도와 아들을 지배하고 싶은 욕구를 사랑으로 위장하면서 아들을 무력한 환자로 둔갑시켰다.

사랑과 비슷한 또 다른 위장은 상대를 즐겁게 해주고 감언이설을 늘어놓는 것이다. 그래서 혹시라도 있을지 모를, 상대의 예측불가한 행동이나 비우호적인 행동을 사전에 없애려고 한다(204페이지 '아첨꾼' 참조).

만약 당신에게 그런 성향이 있다면 가장 좋은 해결책은 에너지를 일에 쏟아붓는 것이다. 당신의 관심을 밖으로, 어떤 프로젝트 같은 것에 집중시키면 진정 효과가 있다. 완벽주의적인 성향만 다스릴 수 있으면 당신의 통제 욕구를 뭔가 생산적인 곳으로 돌릴 수 있다. 사람을 상대할 때는 그들의 습관이나 업무 속도 등에 대해 서서히 마음을 열도록 노력하라. 그러면 통제를 느슨하게 푼다고 해서 두려워할 이유는 전혀 없다는 사실을 알 수 있을 것이다. 당신이 가장 두려워하는 상황에 일부러 한번 처해보면, 당신의 두려움이 실제로는 심하게 과장되었다는 것을 알게 될 것이다. 지나치게 질서정연한 당신의 삶에 서서히 약간의 혼돈을 도입하라.

초조한 태도를 가진 사람을 상대할 때는 상대의 초조함에 당신까지 물들지 않도록 노력하라. 그리고 상대를 진정시키는 영향력을 발휘해보도록 노력하라. 상대는 어린 시절 그런 사람이 너무나 절실했었다. 차분함을 발산할 때는 당신의 말보다는 태도가 훨씬 큰 효과를 낳을 것이다.

회피적 태도

이 태도를 가진 사람은 자신의 불안이라는 렌즈를 통해 세상을 본다. 보통 그 불안은 본인의 능력이나 지능에 대한 의구심과 관련이 있다. 아마도 어린 시절 이들은 형제들을 능가하거나 두각을 드러내는 것에 대해 죄책감이나 불편함을 느껴야 했을 것이다. 혹은 어떤 식으로든 실수를 저지르거나 잘못을 했을 때 후회를 해야 했을 수도 있다. 이들이 가장 두려워한 것은 부모의 심판이었다. 나이가 들면서 이들의 주된 삶의 목표는 어떤 형태이든 책임이나 도전을 피해가는 것이다. 왜냐하면 책임이나 도전이 주어질 경우에는 본인의 자존감이 위태로워지거나 누가 나를 심판할 수도 있기 때문이다. 지나치게 열심히 노력하지 않으면 실패하거나 비난받을 일도 없어진다.

바로 이 전략을 실천하기 위해 이들은 의식적으로든, 무의식적으로든 끊임없이 퇴로를 찾는다. 이들은 일찌감치 직장을 그만두거나 직업을 바꾸거나 남녀관계를 끝내야 할 완벽한 이유를 찾아낸다. 중요한 프로젝트가 한창일 때 이들은 갑자기 병에 걸려 그만둘 수밖에 없게 된다. 이들은 심리적 문제가 원인이 되는 온갖 질병에 잘 걸린다. 알코올 중독을 포함한 무언가의 중독자가 될 수도 있다. 그리고 늘 결정적인 순간에 다시 중독에 빠지면서 '병' 때문이라고 말한다. 그들은 어린 시절 양육 환경이 나빠서 본인이 중독자가 됐다고 한다. 술만 아니었으면 자신은 훌륭한 작가나 사업가가 될 수 있었다고 이야기한다. 또 다른 전략은 계속 시간을 낭비하면서 무언가를 시작하지 않는 것이다. 왜 그런지에 대해서는 늘 동원하는 핑계가 있다. 이렇게 하면 별 볼일 없는 결과가 나오더라도 본인 탓이 아니다.

이 유형은 아무것에도 정착하지 못한다. 거기에는 그럴 만한 이유가 있다. 한 군데 직장이나 하나의 남녀관계에 계속 머무르게 되면 본인의 결점이 남들에게 뚜렷하게 드러날 것이기 때문이다. 적절할 때 빠져나가서 환상을 유지시키는 편이 본인에게나 남들에게나 낫다. 대개는 실패에 대한 두려움이나 그에 따른 남들의 심판이 동기가 되지만, 이들은 성공을 두려워하기도 한다. 왜냐하면 성공할 경우 책임이 따라오고 그 책임에 부응해야 하기 때문이다. 성공은 또한 어린 시절에 느꼈던, 두각을 드러내거나 남보다 뛰어난 것에 대한 두려움을 다시 촉발할 수도 있다.

이 유형은 알아보기가 쉬운데, 경력이 오락가락하고 인간관계가 짧기 때문이다. 이들은 성인군자 같은 모습으로 본인의 문제를 위장하려고 들 수도 있다. 남들의 성공을 내려다보고, 본인의 능력을 이미 증명한 사람들을 얕보는 식으로 말이다. 종종 자신을 고상한 이상주의자로 제시하는 경우도 있다. 그럴 때는 절대로 실현될 수는 없으면서 자신이 바라는 성인군자 같은 아우라를 더해줄 아이디어를 열심히 선전한다. 하지만 이상적인 것을 실천해야 할 경우에는 비난이나 실패에 노출될 위험이 있다. 그래서 이들은 지극히 고상하거나 현세에는 도저히 실현 불가능해 보이는 이상을 고른다. '내가 너보다 경건해'라고 말하는 얼굴에 속지 마라. 그들의 행동을 보라. 실제로 성취한 것은 없고, 대단한 프로젝트를 말만 하고 절대로 시작하지 않으며, 늘 그럴듯한 변명을 댈 것이다.

혹시 본인에게 이런 태도의 흔적이 있다고 생각된다면 좋은 전략 중에 하나는 아주 작은 거라도 어떤 프로젝트에 도전해보는 것이다. 그리고 실패의 가능성을 감수하면서 그것을 완수해보는 것이다. 실패하더라도 타격은 크지 않을 것이다. 왜냐하면 이미 실패를 예상했기 때문이다. 그러니 절대로 당신이 상상했던 것만큼 아프지 않을 것이다. 오히려 당신의 자존감은 상승할 것이다. 마침내 무언가를 시도하고 끝냈기 때문이다. 이 공포를 없애고 나면 발전하는 과정은 어렵지 않다. 다시 또 시도해보고 싶을 것이다. 그리고 성공한다면 더욱더 좋을 것이다. 어느 쪽이 되든 당신은 승자다.

회피적 태도를 가진 사람을 발견한다면 그들과 함께 무언가를 추진하는 것은 극도로 조심하라. 그들은 결정적인 순간에 빠져나가는 데 달인이다. 또 힘든 일은 모조리 당신에게 시켜놓고 만약에 실패할 경우 비난은 당신이 받게 만드는 데도 선수다. 무슨 일이 있더라도 그들을 부정적 태도에서 구해주고 싶거나 도와주고 싶다는 유혹에 빠지지 마라. 그들은 이 회피 게임에 너무나 능하다.

우울한 태도

어릴 때 이 유형은 부모로부터 사랑받거나 존중받는다는 느낌을 받지 못했다. 무력한 어린아이 입장에서는 부모가 틀렸다거나 부모의 양육 방식에 문제가 있다고 생각하기는 힘들다. 사랑받지 못한다고 해도 그들은 여전히 부모에게 의존해야 한다. 그래서 그들의 방어막은 그 부정적인 판단을 내 것으로 받아들이는 것이었다. 나는 정말로 사랑받을 가치가 없고, 나는 정말로 뭔가 잘못된 게 있다고 상상하는 것이었다. 그런 식으로 그들은 부모가 강인하고 유능하다는 환상을 계속 유지했다. 이 모든 과정은 상당히 무의식적으로 일어난다. 그러나 무가치한 존재라는 '느낌'은 평생을 따라다닌다. 저 깊은 곳에서 그들은 자신의 본모습에 대해 수치를 느낀다. 그리고 본인이 왜 그렇게 느끼는지 제대로 알지 못한다.

어른이 된 이들은 본인이 버려지거나 누군가를 잃거나 슬픔을 겪을 거라고 예상한다. 그리고 주변에서 자신을 우울하게 만들 수 있는 것들의 신호를 포착한다. 이들은 남몰래 세상의 울적한 것들, 삶의 추악한 면에 끌린다. 이런 식으로 본인이 느끼는 우울의 일부라도 스스로 만들어낼 수 있다면, 적어도 그 부분은 본인의 통제 하에 있게 된다. 이들은 세상이 따분한 곳이라는 생각에서 위안을 받는다. 이들이 평생 이용하는 한 가지 전략은 일시적으로 삶이나 사람들로부터 물러나는 것이다. 이것은 다시 그들의 우울함에 먹이를 제공한다. 뿐만 아니라 이 우울은 자신이 겪었던 트라우마의 경험과는 달리 어느 정도 본인이 관리할 수 있는 우울이 된다.

이 유형의 대표적인 사례로는 독일의 뛰어난 작곡가이자 지휘자였던 한스 폰 뷜로(Hans von Bülow, 1830-1894)를 들 수 있다. 1855년 폰 뷜로는 작곡가 프란츠 리스트의 카리스마 있는 딸이자 작곡가인 코지마 리스트(Cosima Liszt, 1837-1930)를 만나 사랑에 빠진다. 코지마는 폰 뷜로의 슬픈 듯한 분위기에 끌렸다. 폰 뷜로는 고압적이고 적대적인 어머니와 함께 살고 있었는데 코지마는 그런 그를 매우 동정했다. 코지마는 폰 뷜로를 구해주고 싶었고 그를 위대한 작곡가로 만들고 싶었다. 두 사람은 얼마 후 결혼했다. 시간이 지나면서 코지마는 남편이 그녀의 똑똑함이나 강한 의지력을 보면서 상당한 열등감을 느낀다는 사실을 알았다. 얼마 못 가 남편은 아내의 사랑을 의심하기 시작했다. 그는 한바탕 우울증을 겪을 때면 아내로부터 물러나 혼자 침잠해버리곤 했다. 코지마가 임신을 하자 그는 갑자기 알 수 없는 병에 걸려 그녀와 함께 있을 수 없었다. 경고도 없이 그는 아주 냉담해지곤 했다.

사랑받지 못하고 방치됐다고 느낀 코지마는 유명 작곡가 리하르트 바그너와 바람을 피우기 시작했다. 바그너는 폰 뷜로의 친구이자 동료였다. 코지마는 폰 뷜로가 무의식적으로 두 사람이 바람피우는 것을 부추긴다는 느낌을 받았다. 마침내 코지마가 폰 뷜로를 떠나 바그너와 살게 되었을 때, 폰 뷜로는 수많은 편지를 보내며 모든 것은 본인 탓이라고 했다. 그는 그녀의 사랑을 받을 가치가 없다고 했다. 이후 폰 뷜로는 일도 잘 풀리지 않았고, 늘 걸리던 질병에 걸렸고, 자살 충동을 보였다. 그는 본인을 비난하고 있었으나 코지마는 어쩐지 죄책감을 느끼며 우울해질 수밖에 없었다. 폰 뷜로가 자신의 비애를 모두 토로하는 것은 마치 그녀에게 상처를 주기 위한 그만의 교묘한 수법 같았다. 코지마는 그의 편지 한 통 한 통이 모두 "심장에 꽂히는 칼날" 같다고 했다. 그런데도 몇 년이 지나도록 편지는 계속 왔다. 폰 뷜로가 재혼하여 똑같은 패턴을 두 번째 부인에게 반복할 때까지 말이다.

이런 유형은 종종 타인에게 상처를 주고 싶은 욕구를 남몰래 갖고 있다. 그래서 본인을 우울하게 만들어줄 배신이나 비난 등의 행동을 상대에게 부추기기도 한다. 만약 이들이 어떤 식으로든 성공을 경험한다면 그들은 자기 자신에게 훼방을 놓을 것이다. 마음속 깊은 곳에서는 본인이 성공할 자격이 없다고 생각하기 때문이다. 이들은 자신이 하는 일에 장애물을 만들기도 하고, 그 일을 계속하지 말라는 남들의 비난을 그대로 수용하기도 한다. 우울한 유형이 종종 사람들에게 매력을 끄는 것은 감수성이 예민하기 때문이다. 이들은 남들에게 그들을 도와주고 싶은 욕구를 자극한다. 그러나 폰 뷜로처럼 이 유형은 어느 순간 자신을 도와주려는 사람을 비난하기 시작하고 상대에게 상처를 주며 다시 움츠러든다. 이런 밀고 당기기는 상대에게 혼란을 야기하지만, 일단 한번 이들의 마법에 빠지고 나면 죄책감을 느끼지 않고서는 이들과 절연하기가 힘들다. 이들은 함께 있는 사람을 우울하게 만드는 재주가 있고, 이것은 다시 그들을 우울에 빠지게 하는 재료가 된다.

대부분의 사람은 우울증의 성향이 있거나 가끔 우울해지는 순간이 있다. 최선의 대처법은 우울함이 왜 필요한지를 아는 것이다. 우울함이란 몸이나 마음이 우리에게 속도를 좀 늦추라고 말하는 것과 같다. 에너지를 좀 낮추고 물러서라고 말이다. 종종 우울함이 찾아와서 긍정적인 목적에 이바지할 수도 있다. 해결책은 우울함이 유용하고 일시적인 것이라는 점을 깨닫는 것이다. 오늘 당신이 느끼는 우울함이 일주일 후에도 그 자리에 있지는 않을 것이다. 당신은 그 시간을 잘 넘길 수 있다. 가능하다면 에너지 수준을 높일 수 있는 방법

인간 본성의 법칙 ━━

을 찾아라. 그러면 신체적 도움을 받아 우울한 기분에서 벗어날 수 있을 것이다. 반복되는 우울함에 대처하는 최선의 방법은 당신의 에너지를 일, 특히 예술에 쏟는 것이다. 침잠하고 혼자 있는 것에 익숙한 사람이라면 그런 시간을 이용해 무의식을 탐구하라. 당신의 흔치 않은 감수성이나 어두운 감정을 수면 위로 끌어올려서 일 자체에 쏟아라.

우울한 사람의 기운을 북돋워주려고 할 때 절대로 인생이 얼마나 멋진지 설교를 하는 마라. 대신에 세상에 대한 그의 우울한 평가에 동조하면서, 눈에 띄지 않게, 직접적으로 호소하지는 말고, 그들의 기분과 에너지를 올려줄 수 있는 긍정적 경험으로 그들을 끌어들여라.

원망의 태도

이 유형은 어릴 때 한 번도 부모의 사랑이나 애정을 충분히 얻었다고 느껴보지 못했다. 이들은 언제나 더 많은 관심을 탐냈다. 이들은 이런 불만족과 실망의 감정을 평생 가지고 간다. 이들은 본인이 마땅히 받아야 할 인정을 한 번도 제대로 받아보지 못했다고 생각한다. 이들은 사람들의 얼굴에서 어떤 무례함이나 무시의 신호가 있지는 않은지 찾아내는 데 전문가다. 이들은 모든 것을 자신과 관련해 생각한다. 누가 나보다 더 많이 가졌다면 그것은 부당함의 신호로써 나에 대한 모욕이다. 이렇게 존경이나 인정이 부족하다고 느꼈다고 해도 이들은 분노해서 폭발하지는 않는다. 이들은 대개 조심성이 많고 본인의 감정을 통제하고 싶어 한다. 대신에 마음속에서는 계속 그 상처를 품고 있다. 그리고 그 상처에 대해 곰곰이 생각할수록 부당하다는 느낌은 점점 더 강해진다. 이들은 쉽게 잊어버리지 않는다. 때가 되면 이들은 약삭빠른 훼방이나 수동적 공격을 통해 복수를 실천한다.

늘 부당한 대접을 받았다는 느낌을 갖고 있기 때문에 그들은 이것을 세상에 투영한다. 그래서 어딜 가나 압제자가 보인다. 이런 식으로 그들은 종종 불만이나 억압을 느끼는 사람들의 리더가 되기도 한다. 이 유형이 권력을 쥐면 상당히 악랄해지고 복수심에 불탈 수 있다. 마침내 자신의 원망을 여러 희생자에게 쏟아놓을 수 있게 됐기 때문이다. 일반적으로 이들은 거만한 기운을 풍기고 다닌다. 아무도 인정하지 않더라도 이들은 자신이 모든 사람보다 위에 있다고 느낀다. 이들은 고개를 너무 빳빳이 들고 다닌다. 자주 능글맞게 웃거나 무시하는 표정을 짓는다. 나이가 들면 사소한 싸움을 잘 벌인다. 오랜 시간 축적된 원망을 완전히 억누를 수가 없기 때문이다. 이들은 억울해하는 태도로 사람들을 많이 밀어내기 때문에 종종 원망의 태도를 가진 사람끼리 뭉쳐서 일종의 커뮤니티를 이루기도 한다.

이 유형의 가장 전형적인 사례는 아마도 고대 로마의 티베리우스 황제(Tiberius, BC 42 - AD 37)일 것이다. 어릴 때 그의 가정교사는 아이에게서 뭔가 심상치 않은 점을 눈치챘다. "이 아이는 마치 피와 분노로 빚어진 것 같다." 가정교사는 친구에게 쓴 편지에서 그렇게 말했다. 티베리우스를 잘 알았던 작가 수에토니우스(Suetonius)는 그를 이렇게 묘사했다. "그는 늘 자랑스럽게 고개를 쳐들고 다녔다… 언제나 거의 말이 없었고 아주 가끔 말고는 한 마디도 하지 않았다… 말을 할 때조차 극도로 꺼리는 기색이었다. 그러면서 동시에 손가락으로 업신여기는 제스처를 늘 취했다." 그의 양아버지였던 아우구스투스 황제는 그의 '오만으로 가득 찬 불쾌한 태도'에 대해 늘 원로원에 사과를 해야 했다. 티베리우스는 어머니를 미워했다. 어머니는 한 번도 그를 충분히 사랑해준 적이 없었다. 그는 한 번도 아우구스투스 황제나 병사들, 혹은 로마 시민들로부터 인정받았다고 느낀 적이 없었다. 황제가 된 그는 옛날에 자신을 모욕했다고 생각한 사람들에게 천천히 그리고 주도면밀하게 복수를 했다. 냉혹하고 잔인한 형태의 복수였다.

나이가 들면서 티베리우스 황제는 점점 더 인기를 잃어갔다. 적들이 많았다. 백성의 증오를 느낀 그는 물러나 카프리 섬으로 들어갔다. 그곳에서 로마를 철

인간 본성의 법칙

저히 외면하며 재임 마지막 11년을 보냈다. 말년에 그는 사람들에게 계속 이렇게 말했다고 전해진다. "내가 죽고 나면 불길에 지구가 몽땅 파괴되길!" 그가 죽자 로마는 축제에 빠졌다. 사람들은 유명한 구절로 본인들의 감정을 표현했다. "티베리우스와 함께 티버('Tiber'는 'River'를 변형한 것)로!"

혹시 당신에게 원망의 경향이 있다면 최선의 해결책은 살면서 받은 실망과 상처를 놓아주는 것이다. 분명히 당신의 상상이나 과장으로 만들어졌을 그 모욕을 오래도록 가슴속에 품고 사는 것보다는 차라리 그 순간 분노로 폭발시키는 편이 낫다. 비이성적이라 하더라도 말이다. 사람들은 대개 당신의 운명에 관심이 없다. 당신이 상상하는 것만큼 적대적이지도 않다. 그들의 행동 중에서 정확히 당신을 겨냥한 것은 거의 없다고 봐도 된다. 모든 것을 '나'라는 개인에 대한 인신공격으로 생각하는 버릇을 그만둬라. 존경이란 당신의 업적을 통해 얻는 것이지, 인간이라는 이유만으로 무조건 주어지는 게 아니다. 사람들이나 인간 본성에 대해 좀 더 너그러워짐으로써 원망의 악순환을 반드시 깨야 한다.

이 유형의 사람을 상대한다면 극도로 조심해야 한다. 겉으로는 미소를 짓고 즐거운 것처럼 보여도 실제로 상대는 당신이 혹시라도 그를 모욕하지는 않을지 유심히 지켜보고 있다. 과거 이력을 보면 이들을 알아볼 수 있다. 이들은 남들과 전쟁을 벌이고 갑자기 사이가 틀어지곤 했을 것이다. 또 남들을 쉽게 재단하고 심판하는 것을 봐도 알 수 있다. 혹시라도 서서히 이들의 신뢰를 얻어 의심을 낮춰보겠다고 마음먹을 사람이 있을지 모른다. 하지만 이들 주변에 오래 머물면 머물수록 당신은 이들이 원망할 재료만 더 많이 던져주는 셈이다. 그리고 그들의 반응은 상당히 악랄할 수 있다. 가능하다면 이 유형은 피하는 편이 낫다.

열린 태도로 가는 다섯 단계의 로드맵

약 50년쯤 전, 많은 의학 전문가들은 '건강'을 아주 혁신적이고 새로운 방식으로 생각해보기 시작했다. 그들은 소화 장애나 피부병, 심장 질환 같은 특정 문제에 초점을 맞출 것이 아니라, 인간의 신체를 전체적으로 보는 편이 훨씬 낫겠다고 결론 내렸다. 사람들이 식단을 개선하고 운동 습관을 고치면 모든 장기에 좋은 영향이 간다. 왜냐하면 신체는 전체가 서로 연결된 '하나'이기 때문이다.

지금은 이런 생각이 아주 당연해 보인다. 그런데 이 유기적인 사고방식은 심리 건강에도 충분히 적용될 수 있다. 지금 사람들은 그 어느 때보다 구체적인 문제에 초점을 맞춘다. 우울증, 동기 부족, 사회성 결여, 따분함처럼 말이다. 그러나 개별 문제처럼 보이는 이 모든 문제를 관장하는 것이 바로 우리의 '태도'다. 우리가 일상적으로 세상을 바라보는 방식 말이다. 태도는 우리가 사건을 보고 해석하는 방식이다. 전체적인 태도를 개선하면 다른 것들도 모두 좋아진다. 창의력, 스트레스 대처 능력, 자신감, 인간관계 모두 말이다. 이런 생각을 최초로 널리 주장한 사람은 1890년대 미국의 위대한 심리학자 윌리엄 제임스다. 하지만 그의 아이디어는 아직 혁명이 되지 못하고 때를 기다리고 있다.

부정적이고 위축된 태도는 인생의 풍요로움을 줄어들게 만든다. 그 과정에서 우리의 창의력과 성취감, 사회생활의 즐거움, 활력이 희생된다. 그런 상태로 또 하루를 낭비하고 싶지 않다면 기존의 태도를 깨고 나와야 한다. 보는 것, 경험하는 것을 확장시켜야 한다. 태도라는 렌즈의 조리개를 최대한 넓게 벌려야 한다. 다음은 그 로드맵이다.

인간 본성의 법칙

세상에 대한 시각

자신을 탐험가라고 생각하라. '의식(意識)'이라는 선물을 받은 우리는 광대한 미지의 우주 앞에 서 있다. 인간은 이 우주를 이제 막 조사하기 시작했을 뿐이다. 대부분의 사람은 특정한 생각과 원칙을 고수하길 선호한다. 그 생각과 원칙은 주로 어릴 때 받아들인 것들이다. 그들은 익숙하지 않은 것, 불확실한 것을 남몰래 두려워한다. 그들은 호기심이 있을 자리에 확신을 채운다. 서른이 되면 마치 알아야 할 것은 다 알았다는 듯이 행동한다.

탐험가라면 그 모든 확실성은 버리고 가야 한다. 당신은 새로운 생각과 사고방식을 끊임없이 찾는 중이다. 당신의 마음이 어디를 헤매고 다닐지 한계는 없다. 갑자기 앞뒤가 안 맞는 사람처럼 보인다거나 불과 몇 달 전에 믿던 것과 정반대되는 생각을 한다고 해서 걱정할 필요도 없다. '생각'이란 우리가 가지고 놀아야 할 대상이다. 너무 오래 계속 붙들고 있으면 죽은 물건이 된다. 어린아이 같은 정신과 호기심으로 되돌아가야 한다. 자존심이 생기고, '내가 옳다'는 사실이 세상과의 연결성보다 더 중요해지기 전으로 말이다. 모든 시대, 모든 문화권에서 발원한 모든 형태의 지식을 탐구해봐야 한다. 도전을 받아야 한다.

이런 식으로 마음을 열면 전에는 깨닫지 못했던 창의력이 발휘될 것이다. 그리고 크나큰 정신적 즐거움을 누릴 것이다. 그 방법의 하나로, 당신의 무의식에서 나온 통찰들도 한번 탐구해보라. 꿈속에서, 지쳐 있을 때, 억압된 욕망이 갑자기 새어나왔을 때 드러났던 그 통찰들 말이다. 아무것도 두려워하거나 억압할 필요는 없다. 무의식이란 그저 당신이 자유롭게 탐험할 수 있는 또 하나의 왕국일 뿐이다.

역경에 대한 시각

인생에는 어쩔 수 없이 장애물과 좌절, 고통, 헤어짐이 있다. 어릴 적에 그런 순간들을 어떻게 처리했느냐는 평생의 전체적인 태도를 형성하는 데 큰 역할을 한다. 그렇게 힘들었던 순간 때문에 많은 이들은 자신이 보거나 경험하는 것을 제한한다. 이들은 모든 형태의 역경을 피하려고 애쓰며 살아간다. 그런 식으로 살아서는 절대로 도전다운 도전을 할 수 없고, 직업에서도 크게 성공할 수 없다 하더라도 말이다. 그들은 부정적 경험에서 교훈을 얻는 게 아니라, 부정적 경험 자체를 제지하려고 한다. 우리 목표는 정반대로 가는 것이다. 모든 장애물을 내가 더 강해지는 수단으로, 즉 학습 경험으로 받아들이는 것이다.

1928년 배우 존 크로포드는 할리우드에서 그런대로 성공한 커리어를 갖고 있었다. 하지만 점점 제한된 배역만이 들어왔고 그녀는 좌절감을 느끼고 있었다. 그녀는 자신보다 재능이 부족한 배우들이 자신을 뛰어넘는 모습을 지켜보았다. 어쩌면 문제는 그녀가 자신의 뜻을 좀 더 분명하게 표현하지 않은 탓일지도 몰랐다. 그녀는 MGM에서 가장 힘 있는 제작부장 중 한 명인 어빙 솔버그(Irving Thalberg)에게 자신의 생각을 말해야겠다고 결심했다. 솔버그가 이런 생각을 건방지다고 여길 수 있다는 것과 천성적으로 보복을 좋아하는 사람이라는 것은 잘 몰랐다. 결국 솔버그는 그녀를 웨스턴무비에 캐스팅했다. 크로포드가 결코 원하지 않을 배역이고, 많은 여배우에게 그런 배역은 막다른 길이라는 사실을 잘 알면서도 말이다.

크로포드는 교훈을 얻었고 자신의 운명을 받아들이기로 결심했다. 그녀는 웨스턴무비라는 장르를 좋아하기로 마음먹었다. 승마도 전문가처럼 해냈다. 서부 개척시대에 관해 공부도 많이 했으며 그 시대의 문화에 매료됐다. 연기자로서 발전하는 데 필요한 게 이거라면 그녀는 웨스턴무비 여배우들 중에서 최고가 되기로 했다. 최소한 연기라도 늘 것이 아닌가. 그녀는 평생토록 일을 대할 때 이런 태도를 취했다. 배우의 수명이 극히 짧은 할리우드에서 여배우가

인간 본성의 법칙 ━

직면하는 어마어마한 도전에 대해서도 마찬가지 태도로 임했다. 모든 시련은 성장하고 발전할 기회였다.

1946년 나중에 말콤 엑스(Malcolm X)로 알려지게 될 스무 살의 말콤 리틀(Malcolm Littel)은 강도죄로 8년에서 10년형을 선고받고 수감생활을 시작했다. 교도소는 보통 범죄자를 더 둔감하게 만들고 그렇지 않아도 좁은 세계관을 더 좁게 만들었다. 그러나 말콤은 본인의 인생을 재평가해보기로 했다. 그는 교도소 도서관에서 시간을 보내기 시작했고, 책과 배움을 사랑하게 됐다. 이제 와 보니 교도소는 자기 자신과 인생에 대한 태도를 바꾸기에 가장 좋은 도구를 제공했다. 남아도는 시간에 그는 공부를 했고 학위까지 딸 수 있었다. 그는 지금까지 한 번도 가져본 적이 없었던 '원칙'이라는 게 생겼다. 연습을 통해 그는 전문 연설가가 됐다. 그는 교도소라는 경험을 아무런 유감없이 받아들였고, 그 어느 때보다 강한 사람이 될 수 있었다. 교도소를 나온 후 그는 어떤 크고 작은 어려움이 닥쳐도 자신을 시험하고 단련할 수단으로 생각했다.

역경과 고통은 대개 당신의 통제 범위를 벗어나 있지만, 당신의 반응을 정하고 그 반응에서 비롯될 운명을 결정할 권한은 당신한테 있다.

자기 자신에 대한 시각

나이가 들면서 우리는 인생에서 내가 어디까지 갈 수 있을지 한계를 긋는 경향이 있다. 지난 세월 남들의 비판과 의구심을 내 것으로 받아들였기 때문이다. 이게 내 지능과 창의력의 한계라고 받아들이는 순간 '자기실현 효과'가 만들어진다. 그것들이 실제 내 한계가 된다. 살면서 그렇게까지 겸손하고 삼갈 필요는 없다. 그런 겸손은 미덕이 아니라 사람들이 당신을 억압하기 위해 장려하는 행위일 뿐이다. 당신이 지금 무슨 일을 하든, 실제 당신은 훨씬 더 많은 것을 할 수 있다. 그리고 그렇게 생각함으로써 당신은 전혀 다른 결과를 만들어낼 수 있다.

알렉산더 대왕이나 율리우스 카이사르 같은 고대의 많은 위대한 리더들은 자신이 신의 후손 내지는 반신(半神)의 후손이라고 생각했다. 그런 신에 대한 믿음은 높은 자신감으로 나타나 남들까지 물들이고 인정하게 만들었다. 자기 실현적 예언이 된 것이다. 우리는 그렇게까지 거창하게 생각할 필요는 없다. 하지만 내가 뭔가 대단하거나 중요한 일을 할 운명이라고 생각한다면, 남들이 당신에게 반대하거나 저항할 때에도 떨치고 일어나기가 훨씬 쉬울 것이다. 더불어 그런 순간 느껴질 의구심을 결코 인정하지 않고 진취적 정신을 갖게 될 것이다. 계속 새로운 것을 시도하고 위험까지도 감수할 것이다. 나는 다시 일어날 수 있다고, 성공할 운명이라고, 당신의 능력을 자신하게 될 것이다.

체호프가 스스로 궁극의 자유를 창조할 수 있음을 깨달았을 때, 말하자면 미국의 심리학자 에이브러햄 매슬로(Abraham Maslow)가 말한 '절정 체험(peak experience)'을 한 것이다. 절정 체험은 당신이 고된 일상을 벗어나, 인생에는 당신이 놓치고 있는 더 크고 숭고한 무언가가 있음을 깨닫는 순간이다. 체호프의 경우 그 깨달음은 위기와 외로움에서 촉발됐다. 그리고 결국 주위 사람과 세상을 온전히 다 받아들이는 경지에까지 이르렀다. 당신이 당신의 한계라고 생각했던 것을 넘어 혼신의 힘을 다할 때 그런 순간은 올 수 있다. 엄청난 장애물을 극복했을 때, 산에 올랐을 때, 전혀 다른 문화권으로 여행을 갔을 때, 어떤 형태든 사랑에서 비롯된 깊은 유대감을 느꼈을 때도 그런 순간은 올 수 있다. 일부러 그런 순간을 찾아 나서라. 할 수만 있다면 그런 순간을 유도하라. 그런 순간은 체호프가 그랬던 것처럼 당신의 태도를 영원히 바꿔놓을 것이다. 그런 순간은 당신의 가능성에 대한 생각, 인생 자체에 대한 생각을 넓혀줄 것이다. 그런 순간은 늘 돌아보면 엄청난 힘이 되는 기억으로 남을 것이다.

일반적으로 말하면, 이런 식으로 자기 자신을 바라보는 것은 요즘 시대에 역행하는 태도다. 지금은 많은 사람들이 쿨하고 냉소적인 태도를 취하고 싶어 하는 포스트모더니즘 시대이기 때문이다. 사람들은 너무 많은 야망을 갖지도 않고, 인생이든 뭐든 너무 긍정적으로 생각하지도 않는다. 늘 무심한 척 아주 거짓된 겸손을 가장한다. 그런 사람들은 긍정적이고 열린 태도가 극단적 낙천주의라고, 순진한 태도라고 생각한다. 하지만 실제로 그들의 쿨한 태도는 엄청난 두려움을 숨기기 위한 영악한 가면에 불과하다. 그들은 자기 자신을 그대로 받아들이기가, 실패를 저지르기가, 너무 많은 감정을 드러내기가 두려운 것이다. 모든 문화적 트렌드가 그렇듯이, 이런 쿨한 태도도 결국은 서서히 사라지고 21세기 초의 유물이 될 것이다. 정반대 방향으로 나아간다면 당신은 시대를 훨씬 앞서 나갈 것이다.

활력과 건강에 대한 시각

사람이라면 누구나 죽게 마련이고 병에 걸리는 것은 우리가 어쩔 수 없는 부분이다. 하지만 의지력이 우리의 건강에서 차지하는 역할은 반드시 알고 있어야 한다. 누구나 어느 정도는 느껴본 적이 있을 것이다. 사랑에 빠지거나 일이 아주 재미있으면 갑자기 더 많은 에너지가 생기고 병에 걸려도 더 빨리 회복한다. 반대로 우울하거나 스트레스가 심하면 온갖 질병에 취약해진다. 태도는 건강에도 어마어마한 역할을 한다. 이 부분은 이미 과학적 연구가 시작됐고 앞으로 훨씬 더 깊이 있는 검토가 이뤄질 것이다. 일반적으로 말해서, 어떤 과제를 하나 맡아 추진하면서 도전의식을 느끼고 한껏 고무되면 스스로 신체적 한계라고 생각하던 것도 가뿐히 뛰어넘을 수 있다. 사람들이 때 이르게 늙고 쇠약해지는 것은 '내가 할 수 있는 것'이라는 신체적 한계를 받아들이기 때문이다. 스스로 자기실현 효과를 만들어내는 것이다. 나이를 올바르게 먹는 사람은 계속해서 신체 활동을 한다. 나이에 따라 약간의 조정을 가할 뿐이다. 당신이 아직 활용을 하지 못하고 있을 뿐, 당신은 에너지와 체력이 계속해서 솟아나오는 마르지 않는 샘을 갖고 있다.

타인에 대한 시각

먼저 사람들의 말이나 행동이 나를 직접적으로 겨냥한다고 여기는, 그 타고 난 성향을 반드시 없애야 한다. 특히나 상대가 불쾌한 말이나 행동을 할 때는 말이다. 누가 당신을 비난하거나 당신의 이해에 반하는 행동을 하더라도, 대 부분의 경우 그것은 상대방이 옛날에 경험했던 어떤 깊은 고통을 다시 느끼고 있기 때문에 나온 반응이다. 상대의 좌절과 원망은 이미 오랜 세월 차곡차곡 쌓여온 것인데, 당신이 마침 거기에 나타나 편리한 타깃이 된 것뿐이다. 상대 는 자신의 부정적 감정을 당신에게 투영하고 있다. 사람들을 이렇게 보게 되 면, 당신의 반응을 훨씬 수월하게 자제할 수 있다. 화를 내거나 하찮은 싸움에 휘말리는 일도 줄어든다. 만약 상대가 정말로 악의적인 경우라고 할지라도, 감정을 자제한다면 적절한 반격을 더 잘 생각해낼 수 있다. 당신은 상처와 원 망을 쌓지 않아도 될 것이다.

사람들을 그냥 자연현상처럼 보라. 꽃이나 돌멩이처럼 사람도 정말 다양하 다. 세상에는 바보도 있고, 성인군자도 있고, 사이코패스도 있다. 병적으로 자 기중심적인 사람, 숭고한 전사도 있고, 예민한 사람도 있고 둔감한 사람도 있 다. 그 모두가 사회에서 한 역할을 담당한다. 그렇다고 해서 가까운 사람이나 내 영향권에 있는 사람이 해로운 행동을 하는 것을 고쳐주려는 게 잘못됐다 는 뜻은 아니다. 다만 우리가 인간 본성을 재설계할 수는 없는 노릇이다. 또 혹 시나 그렇게 할 수 있다고 하더라도, 지금보다 훨씬 못한 결과를 낳을 수도 있 다. 우리는 다양성을 그대로 인정해야 한다. 사람들을 있는 그대로 인정해야 한다. 남들이 당신과 다르다고 해서 그것을 당신의 자존심이나 자존감에 대한 도전으로 느껴서는 안 된다. 오히려 당신과 다르다는 사실을 적극 환영하고 끌어안아야 한다.

이렇게 좀 더 중립적인 위치에 서고 나면 상대를 좀 더 깊이 이해해보려고 노력하는 일도 가능해진다. 체호프가 아버지에게 그랬던 것처럼 말이다. 이런

인간 본성의 법칙

노력을 많이 하면 할수록 사람에 대해, 또 보편적인 인간 본성에 대해 더 넓은 아량이 생길 것이다. 더 관대하고 열린 마음을 갖게 되면 사회생활은 훨씬 순조로울 테고, 사람들은 당신에게 끌릴 것이다.

마지막으로 이제 '태도'라는 현대적인 개념을 고대인들이 말한 '영혼(soul)'이라는 측면에서 한번 생각해보자. 영혼이라는 개념은 거의 모든 토착 문화와 전근대사회에서 발견된다. 원래 영혼은 독립적으로 존재하는 '영적인 힘'을 가리키는 말이었다. 온 우주에 스며 있고 개별 인간에게는 영혼이라는 형태로 들어 있는 영적인 힘 말이다. 영혼은 인간의 몸도 마음도 아니며 우리가 구현하고 있는 전체적인 정신, 세상을 경험하는 우리만의 방식이었다. 영혼은 인간을 한 개인으로 만들어주는 요소이기 때문에, '인격'이라는 개념을 처음 생각해냈을 때는 인격을 영혼이라는 개념과 연결 지어 생각했다. 이렇게 생각하면 인간의 영혼은 깊이를 가질 수 있었다. 어떤 사람은 영적인 힘을 아주 많이 갖고 있었다. 영혼을 더 많이 가지고 있었다. 또 어떤 사람은 이 힘이 결여된 인격을 갖고 있어서 어쩐지 영혼이 없어 보였다.

이것은 우리가 이야기하는 '태도'와도 깊은 관계가 있다. 현대인들은 영혼을 생각할 때 '독립적으로 존재하는 영적인 힘'이라기보다는 '삶 자체' 혹은 '생명력'으로 생각한다. 삶은 원래가 복잡하고 예측 불가능하다. 생명력은 절대로 우리가 완전히 이해할 수도 없고 뜻대로 통제할 수도 없다. 생명력은 '놀라운 다양성'이라는 형태로 자연과 인간사회에 반영되어 있다.

한편에서는 이 생명력을 억제하고 통제하는 것이 인생의 목표인 사람들이 있다. 이들은 자기파괴적인 전략을 편다. 자신의 생각을 제한해야 하고, 이미 철 지난 아이디어를 계속 고수한다. 이들은 자신의 경험도 제한한다. 세상만사가 모두 본인이나 본인의 사소한 욕구, 개인적 문제와 관련되어 있다고 생각한다. 이들은 특정한 목표에 강박적으로 집착하는 경우가 많다. 그들의 온 생각을 지배하고 있는 그 목표란 '돈을 번다'거나 '관심을 받는다' 같은 것들이다. 이 모든 것이 그들을 내면이 죽어 있는 사람으로 만든다. 왜냐하면 이들은 삶의 풍요로움이나 인간 경험의 다양성 같은 것에 대해 마음을 완전히 닫아버리기 때문이다. 이런 식으로 그들은 내면의 깊이와 융통성이 없는, 영혼 없는 사람이 되어 간다.

우리는 언제나 그 반대를 지향해야 한다. 어릴 적에 가졌던 호기심을 재발견해야 한다. 모든 사물과 현상이, 세상 모든 사람이 당신을 매료시킬 수 있다. 계속해서 배우며 아는 것과 경험하는 것을 넓혀가야 한다. 남에게 관대하고 아량을 가져야 한다. 심지어 상대가 당신의 적이거나 영혼 없는 상태에 빠진 사람이라고 하더라도 말이다. 원한과 앙심의 노예가 되어서는 안 된다. 혹시라도 실패를 경험하면 남 탓, 환경 탓을 할 게 아니라 당신 자신의 태도와 행동이 어떤 역할을 했는지 보아야 한다. 주어진 환경을 불평할 게 아니라 거기에 적응해야 한다. 불확실성과 예기치 못한 일을 삶의 귀중한 속성으로 받아들이고 인정해야 한다. 그렇게 할 때에 당신의 영혼이 삶 자체로 확장될 수 있고 생명력으로 가득 찰 수 있다.

사람을 영혼의 깊이로 판단하는 법을 배워라. 그리고 가능하다면 드넓은 다양성을 가진 사람들과 최대한 많이 어울려라.

그렇기 때문에 똑같은 외부 사건과 환경이라도 두 사람에게 똑같은 영향을 미치는 경우는 없다. 완벽하게 유사한 환경에서도 사람은 모두 자기만의 세상을 살아간다. 그가 사는 세상은 주로 그가 세상을 보는 방식에 의해 결정된다. 그러니 사람이 다르면 세상도 다르다. 누구에게는 척박하고, 지루하고, 피상적인 세상이 누구에게는 풍요롭고, 재미있고, 의미로 가득하다. 누군가 살면서 겪은 재미난 이야기들을 들려주면, 사람들은 내게도 비슷한 일이 생겼으면 하고 바란다. 정작 부러워해야 할 것은 그 일을 그토록 중요하

게 생각할 수 있는 그 사람의 정신적 소질이라는 사실은 완전히 망각한 채로
말이다.

– 아르투어 쇼펜하우어

Law 09 · Repression

억압의 법칙

내 안의
어둠을
직시한다

사람들이 겉모습 그대로인 경우는 거의 없다. 공손하고 상냥한 외피 아래로는 틀림없이 공격적이고 이기적인 충동과 불안으로 점철된 어두운 그늘이 도사리고 있다. 남들이 보지 못하게 열심히 감추고 억눌렀을 뿐이다. 그 어둠이 행동으로 새어나오면 우리를 당황시키고 해롭게 한다. 어둠이 독으로 변하기 전에 그 신호를 알아채라. 누가 공공연하게 어떤 특징(터프함, 숭고함 등)을 내보이면 정반대의 성향을 은폐하는 것이라고 생각하라. 본인의 어둠도 반드시 알고 있어야 한다. 그 어둠을 인지하면 무의식 속에 숨어 사는 창의적 에너지를 조종하고 활용할 수 있다. 그 어둠을 당신의 인격에 통합시키면 당신은 더 온전한 인간이 될 것이다. 그리고 진정성을 발산해 사람들을 끌어당기게 될 것이다.

닉슨의 비극

1968년 11월 5일 공화당의 리처드 닉슨(Richard Nixon)은 아마도 미국 정치 역사상 가장 큰 복귀 무대를 가졌다. 경쟁자였던 민주당의 허버트 험프리를 근소한 차이로 누르고 제37대 미합중국 대통령이 된 것이다. 불과 8년 전 그는 첫번째 대선 도전에서 존 F. 케네디에게 충격의 패배를 당했다. 선거가 아주 박빙이기는 했지만 시카고의 민주당 조직이 주도했던 일리노이주 일부의 투표농간이 그의 패배에 일정 역할을 한 것은 분명했다. 2년 뒤 그는 캘리포니아 주지사 선거에 나왔다가 무참히 패배했다. 선거 내내 닉슨을 따라다니며 괴롭히고 도발했던 언론이 원망스러웠던 그는 패배 다음 날 기자회견 말미에 이렇게 말했다. "여러분이 얼마나 허전할지 한번 생각해보세요. 더 이상 물고 뜯을 닉슨이 없잖아요. 이게 제 마지막 기자회견이거든요."

닉슨의 발언에 대한 반응은 부정적인 것이 압도적이었다. 그는 자기연민에 빠져 있다는 비난을 들었다. 〈ABC 뉴스〉는 "리처드 닉슨의 정치적 사망"이라는 30분짜리 특별 프로그램을 편성했다. 그를 다룬 〈타임〉지의 기사는 다음과 같은 말로 끝맺었다. "기적이 일어나지 않는 한, 리처드 닉슨이 다시 선거에 당선되기를 바랄 수는 없을 것이다."

누가 봐도 그의 정치 인생은 1962년에 끝났어야 마땅했다. 하지만 리처드 닉슨의 인생은 끝없는 위기와 차질의 연속이었고, 그럴수록 그는 오히려 단단해졌다. 어릴 적 그의 꿈은 아이비리그 대학에 다니는 것이었다. 아이비리그는 미국에서 권력의 자리에 오를 수 있는 핵심 열쇠였다. 어린 리처드는 유달리 야망이 컸다. 그러나 그의 가족은 가난한 축에 속했고 그에게 그런 교육을 받게 해줄 돈이 없었다. 도저히 넘을 수 없을 것 같은 이 장벽을 그는 스스로 우등생이 되어 뛰어넘었다. 그 과정에서 그는 '무쇠 엉덩이'라는 별명을 얻었다. 비인간적일 만큼 혹독한 그의 공부 습관을 가리킨 말이었다. 결국 그는 듀크대학교 로스쿨의 장학생이 됐다. 장학금을 계속 받으려면 그는 최상위 성적을 유지해야 했다. 그는 남들은 결코 감당하지 못할 무시무시한 노력으로 그 성적을 유지했다.

그가 상원의원으로 몇 해를 보낸 1952년 공화당 경선에 나온 드와이트 D. 아이젠하워가 부통령 후보 겸 러닝메이트로 닉슨을 골랐다. 하지만 아이젠하워는 곧 후회했다. 닉슨은 공화당에서 받은 비자금을 개인 용도로 써버린 듯했다. 실제로 닉슨은 결백했으나, 닉슨을 탐탁지 않게 생각하던 아이젠하워에게는 닉슨을 낙마시킬 수 있는 좋은 명분이었다. 이런 식으로 러닝메이트에서 밀려난다면 닉슨의 정치 인생은 끝난 것이나 마찬가지였다. 그러나 또 한 번 닉슨은 전화위복의 기회를 만들어냈다. 그는 텔레비전 생방송에 나가 자신을 변호하면서 그의 인생에 다시없을 명연설을 했다. 이 출연이 얼마나 효과가 컸던지, 대중들은 이제 아이젠하워에게 닉슨을 반드시 데려가라고 아우성이었다. 닉슨은 부통령으로 8년을 재임했다.

그러니 1960년과 1962년의 참담한 패배 역시 그를 단련시키고 그의 커리어를 부활시킬 수단에 불과했다. 그는 마치 목숨이 아홉 개인 고양이와 같아서, 그 무엇도 그를 죽일 수 없었다. 그는 몇 년간 조용히 지내다가 1968년 다시 선거에 달려들었다. 그는 이제 '달라진 닉슨'이었다. 더 편안하면서 서글서글했고 볼링과 진부한 농담을 좋아하는 남자가 되어 있었다. 여러 번의 패배로 교훈을 얻은 그는 현대사에서 가장 자연스러우면서도 영리한 선거운동을 펼쳤다. 그리고 그를 의심하고 적대시했던 모든 이들도 인정할 수밖에 없게 만들며 험프리를 이겼다.

대통령이 되면서 그는 권력의 정점에 오른 듯했다. 그러나 그의 마음속에는 또 하나 극복해야 할, 어쩌면 가장 큰 도전이 남아 있었다. 그의 적인 진보주의자들은 닉슨을 정치적 동물로 생각했다. 선거에 이기기 위해서라면 어떤 권모술수도 마다하지 않을 인간이라고 말이다. 닉슨을 싫어하는 동부의 엘리트들에게 그는 야심이 너무 뻔히 보이는 캘리포니아주 휘티어 출신 촌놈에 불과했다. 닉슨은 그들이 틀렸음을 증명하기로 마음먹었다. 자신은 그들이 생각하는 그런 사람이 아니었다. 자신은 무자비한 정치꾼이 아니라 가슴속 깊은 곳에서부터 이상주의자였다. 사랑하는 어머니 한나는 독실한 퀘이커 교도였다. 어머니는 그에게 모든 사람을 평등하게 대하고 세상에 평화를 가져오는 것이 얼마나 중요한지 가르쳐주었다. 닉슨은 역사상 가장 위대한 대통령으로 손꼽힐 만한 위대한 유산을 남기고 싶었다. 그해 초 돌아가신 어머니를 위해 어머니의 퀘이커 교도다운 이상을 구현하고 싶었다. 자신을 폄하하는 사람들에게 그들이 얼마나 자신을 오해하고 있었는지 보여주고 싶었다.

닉슨의 정치적 우상은 프랑스의 대통령 샤를 드 골 같은 인물이었다. 드 골을 만난 적이 있었던 닉슨은 그를 매우 흠모했다. 드 골은 권위와 애국심을 내뿜는 페르소나를 창조했다. 닉슨은 자신도 그렇게 하고 싶었다. 그는 노트에 자신을 'RN'이라고 쓰기 시작했다. 세계 지도자로서의 자신을 지칭하는 단어였다. RN은 강하고 단호하고 동정심이 넘치지만 완전히 남성적이었다. 자신이 이끌게 된 미국은 반전 시위와 도시 폭동, 치솟는 범죄율 등으로 분열되어 있었다. 그는 전쟁을 끝내고 세계 평화를 위해 노력할 것이다. 국내에서는 모든 미국인에게 번영을 가져올 것이며, 법과 질서를 대표하고, 지금까지 미국이 상실했던 품위라는 개념을 주입할 것이다. 이런 업적을 성취한다면 그가 숭배하는 에이브러햄 링컨이나 우드로 윌슨 대통령과 어깨를 나란히 할 수 있을 것이다. 언제나 그래왔던 것처럼 그는 자신의 의지로 이런 일들을 만들어 낼 작정이었다.

재임 초 몇 개월 동안 그는 발 빠르게 움직였다. 그는 최고의 인물들로 내각을 구성했고, 석학 헨리 키신저(Henry Kissinger)를 국가안보보좌관으로 임명했다. 개인 비서진으로는 용모가 단정한 젊은이들을 선호했다. 그는 이 젊은이들이 본인에게 맹렬한 충성을 바치면서 미국을 위한 그의 위대한 야망을 실현하는 도구가 되어주리라 생각했다. 거기에는 비서실장 밥 홀더먼도 있었고, 국내 정책 담당 존 얼리크먼(John Ehrlichman), 법무 담당 존 딘(John Dean), 보좌관 찰스 콜슨(Charles Colson)도 있었다.

닉슨은 측근 자리에 지식인들을 원하지 않았다. 그는 추진력이 있는 사람을 원했다. 닉슨은 순진하지 않았다. 그는 정치판에서 충성심이란 하루살이 같은 것임을 잘 알고 있었다. 그래서 집권하자마자 그는 목소리가 들리면 테이프가 작동되는 비밀 녹음 장치를 백악관 곳곳에 설치했다. 이 장치의 존재를 아는 사람은 선택된 극소수뿐이었다. 그는 보좌관들에 대해서도 신중한 감시를 유지하고 혹시라도 그중에 변절자나 기밀 누설자가 생길 경우 미연에 알고 싶었다. 또 누군가 본인과 나눈 대화를 왜곡할 경우 나중에 증거로도 쓸 수 있었다. 그리고 무엇보다 대통령직 임기가 끝났을 때 이 테이프를 편집해서 사용한다면 자신이 얼마나 위대한 지도자였는지 증명할 수 있을 것이다. 얼마나 합리적이고 분명한 결단을 내린 지도자였는지 말이다. 이 테이프들은 그의 유산을 분명히 지켜줄 것이다.

재임 후 첫 몇 년 동안 닉슨은 자신의 계획을 실현해 나갔다. 그는 적극적인 대통령이었다. 그는 환경과 노동자의 건강, 소비자의 권리를 보호하는 법안에 서명했다. 외교 측면에서는 베트남 전쟁의 긴장을 풀려고 안간힘을 썼으나 큰 성공을 거두지는 못했다. 하지만 얼마 후 그는 자신의 첫 소비에트연방 방문과 저 유명한 중국 방문을 가능하게 해줄 기틀을 마련했고, 소비에트연방과는 핵무기 확산 금지 조약에 서명했다. 그가 앞으로 이뤄나갈 일들은 이제 시작이었다.

그런데 재임 초의 비교적 순조로운 출발에도 불구하고 리처드 닉슨의 마음속에서는 뭔가 이상한 것이 꿈틀거리기 시작했다. 그에게는 평생을 괴롭히는, 도저히 떨쳐버릴 수 없는 불안감이 있었다. 이 불안감이 밖으로 드러나기 시작한 것은 밤늦은 시간 보좌진들과 술 한잔하며 비공개 회의를 갖기 시작한 때였다. 닉슨은 보좌진들에게 자신의 파란만장한 과거사를 들려주기 시작했는데, 그러다 보니 오래된 정치적 상처들까지 언급하게 됐고, 마음속 깊숙한 곳으로부터 응어리진 원한이 수면 위로 올라오기 시작했다.

그가 특히 집착한 것은 앨저 히스(Alger Hiss) 사건이었다. 앨저 히스는 외무부의 중요 직원으로 1948년 공산당 스파이 혐의로 기소됐다. 그는 혐의를 부인했다. 말쑥하고 품위 있는 히스는 진보주의자들의 총애를 받았다. 당시 캘리포니아 주의 새내기 하원의원이었던 닉슨은 히스에게서 사기꾼 냄새를 맡았다. 다른 하원의원들은 히스를 그대로 두기로 했으나 하원의 반미활동 조사위원회를 대표하던 닉슨은 조사를 계속 이어갔다. 조사 심문에서 닉슨이 히스에게 위증죄에 걸릴 수 있음을 알려주자 히스는 이렇게 대답했다. "제가 법을 좀 압니다. 하버드 로스쿨을 나왔거든요. 의원님은 어디, 휘티어던가요?" 닉슨이 학부시절 다녔던 보잘것없는 학교 이름을 들먹인 것이었다.

닉슨은 히스를 가차 없이 추궁해 결국 위증죄로 기소되게 만들었고, 히스는 감옥에 갔다. 이 승리는 닉슨을 유명하게 만들어주었지만, 나중에 그가 보좌진에게 말한 것처럼 이 일은 그가 동부의 엘리트들에게 영원히 사라지지 않을 분노를 사는 계기가 된다. 동부의 엘리트들은 닉슨을 휘티어 출신으로 벼락출세한 겉만 번지르르한 인간으로 생각했다. 대부분 하버드 출신인 이들 엘리트는 1950년대 그들의 사교 모임에서 닉슨과 그의 아내 팻을 조용히 배제했고, 덕분에 닉슨의 정치적 인맥은 제한적일 수밖에 없었다. 그들 패거리 중 언론에 종사하는 사람들은 닉슨이 조금이라도 말을 잘못하거나 사소한 잘못이라도 저지르면 잔인할 정도로 조롱했다. 물론 닉슨이 천사는 아니었다. 그는 승리를 좋아했고 스스로도 그 사실을 잘 알고 있었다. 하지만 이 진보주의자들의 위선이 닉슨에게는 너무나 뻔뻔하고 분하게 느껴졌다. 기자들이 더러운 정치 술수의 대가인 로버트 케네디를 보도할 때는 과연 뭐라고 했던가?

밤마다 닉슨은 보좌진들과 함께 이런 이야기 속으로 점점 더 깊이 빠져들었다. 그는 이 과거가 아직도 생생히 진행 중임을 주지시켰다. 숙적들은 여전히 그에게 반대 공작을 펼치고 있었다. CBS 특파원인 대니얼 쇼어(Daniel Schorr)는 유난히 닉슨을 미워하는 듯했다. 그는 베트남 소식을 전하면서 어떻게든 최악의 국면만을 보여주었고, 닉슨을 모양 빠지게 만들었다. 〈워싱턴 포스트〉의 사주인 캐서린 그레이엄(Katharine Graham)도 있었다. 이미 오래 전부터 〈워싱턴 포스트〉는 마치 닉슨에게 무슨 개인적 원한이 있는 것처럼 보였다. 캐서린 그레이엄은 유력 인사들이 많이 모여 사는 조지타운 사교계의 대모였고, 닉슨과 팻은 그곳에서 오랫동안 배척당했다. 그중에서도 최악은 이제 민주당 의장이 된 래리 오브라이언(Larry O'Brien)이었다. 케네디 행정부의 핵심 자문이었던 오브라이언은 닉슨이 국세청 감사를 받게 만든 적도 있었다. 닉슨이 보기에 오브라이언은 악독한 정치 천재였다. 아마도 그는 1972년 닉슨의 재선을 막기 위해서라면 못할 일이 없을 것이다.

닉슨은 사방이 적이었고, 적들은 도무지 쉬지 않았다. 언론에 부정적인 이야기를 심고, 정부 내의 당황스러운 이야기들을 캐내고, 닉슨을 염탐하고, 아주 작은 스캔들의 낌새라도 있으면 득달같이 달려들었다. '그런데 대체 우리는 뭘 하고 있는가?' 닉슨은 보좌관들에게 그렇게 물었다. 자신들이 아무런 대응도 하지 않는다면 결국 모든 건 우리 탓이 될 것이다. 그의 야망, 그의 위대한 유산이 걸린 문제였다. 닉슨 행정부의 전쟁 준비에 관한 이야기들이 자꾸 새어나가고 반전 시위에 관한 기사들이 쌓여 가면서 닉슨은 분노와 좌절로 시뻘게졌다. 보좌진들과 대화를 나누면 다들 점점 더 흥분했다. 한 번은 콜슨이 특별히 골치 아픈 반대측 인사들에게 보복을 하자고 말했고, 닉슨은 이렇게 맞장구를 쳤다. "언젠가는 잡아야지. 잡아서 패대기를 쳐야지. 그런 다음에 밟

인간 본성의 법칙 ㅡ•

아주고 꺾어줘야지. 안 그래, 콜슨?"

노동통계청의 직원 다수가 유대인이라는 사실을 안 닉슨은 일부 경제 관련 수치들이 나쁘게 나오는 이유가 그 때문이라고 생각했다. "정부에 유대인이 너무 많아." 닉슨은 홀더먼에게 그렇게 말했다. "유대인들은 충성심이 없어." 유대인들은 닉슨이라면 기를 쓰고 반대하는 동부 출신 기득권의 중심축이었다. 닉슨은 홀더먼에게 이렇게 말한 적도 있었다. "제발 유대인들 이름 좀 가져다주겠나? 민주당에 통 크게 기부하는 인간들 말이야. 그 더러운 인간들 조사 좀 들어가면 안 될까?" 감사를 하는 것은 불법이 아니었다. 그것 말고도 닉슨은 캐서린 그레이엄에게 상처를 입히고 대니얼 쇼를 당황시킬 고약한 아이디어를 많이 가지고 있었다.

닉슨은 또한 본인의 대중적 이미지가 조금씩 걱정되기 시작했다. 이 문제는 그가 남길 유산에서 중요한 부분이었다. 그는 보좌진들, 심지어 헨리 키신저에게까지 본인의 강인한 리더십 스타일을 홍보하라고 졸랐다. 각종 인터뷰에서 그들은 닉슨을 반드시 '평화 대통령'이라고 불러야 했다. 그리고 키신저의 공적을 너무 많이 칭찬해도 안 됐다. 닉슨은 조지타운에 사는 엘리트들이 자신에 관해 뭐라고 이야기하는지 알고 싶어 했다. 드디어 그들은 리처드 닉슨에 대한 생각을 바꿔먹었을까?

닉슨은 이렇게 전전긍긍하고 있었으나 1972년이 되자 모든 건 그에게 유리하다는 게 분명해졌다. 그와 재선에서 붙게 될 민주당 후보는 확고한 진보주의자인 조지 맥거번(George McGovern) 상원의원이었다. 닉슨은 여론조사에서 앞서 있었으나 그것으로는 만족할 수 없었다. 그는 대승을 거두고 국민의 신임을 받고 싶었다. 오브라이언 같은 작자들이 분명히 무슨 장난을 칠거라고 확신한 닉슨은 홀더먼에게 민주당 사람들을 염탐해서 뭐라도 좀 찾아오라고 호통을 치기 시작했다. 닉슨은 홀더먼이 해결사 팀을 조직해 꼭 필요한 궂은일을 최대한 효율적으로 해주기를 바랐다. 구체적인 것은 홀더먼이 알아서 하면 될 일이었다.

원통하게도 닉슨은 그 해 6월 〈워싱턴 포스트〉의 기사에서 워터게이트 호텔에 침입하려다 실패한 사건에 관해 읽게 됐다. 일단의 남자들이 래리 오브라이언의 사무실에 도청장치를 설치하려 했다는 내용이었다. 세 사람이 체포됐다. 제임스 맥코드(James McCord), E. 하워드 헌트(E. Howard Hunt), G. 고든 리디(G. Gordon Liddy)였다. 이들은 닉슨 대통령의 재선 준비 위원회와 연줄이 있었다. 침입 작전이 너무 형편없어서 닉슨은 이 모든 게 민주당에서 꾸민 작당이 아닐까 의심했다. 이런 모습은 그가 말한 효율적인 해결사 팀이 아니었다.

며칠 후 6월 23일 그는 홀더먼과 워터게이트 침입 사건에 관해 이야기를 나눴다. FBI가 사건을 수사 중이었다. 체포된 사람 중에는 전직 CIA 요원도 있었다. 홀더먼은 CIA의 고위 간부를 시켜 FBI가 수사를 그만두도록 압력을 넣자고 제안했다. 닉슨은 그러라고 하면서 이렇게 말했다. "나는 거기에 끼고 싶지 않네." 홀더먼은 대답했다. "그럼요. 저희도 그건 바라지 않습니다." 하지만 닉슨은 이렇게 덧붙였다. "제대로 해. 저쪽에서 거칠게 나오잖아. 그러면 우리도 그렇게 해야지." 닉슨은 법무 보좌관 존 딘에게 내사 책임을 맡기면서 FBI를 방해해서 절대로 백악관과 연결 짓지 못하게 하라고 분명한 지침을 내렸다. 어찌되었든 닉슨은 호텔에 침입하라고 직접적으로 명령을 내린 적은 한 번도 없었다. 워터게이트는 별것 아니었다. 그게 그의 명성에 먹칠을 할 리가 없다고 생각했다. 점점 잊혀갈 것이다. 다른 수많은 추잡한 정치 술수가 한 번도 발각되지 않고 역사책에 기록되지 않은 것처럼 말이다.

그리고 실제로 그의 생각이 맞아 들어갔다. 적어도 당분간은 그랬다. 대중들이 그 침입사건에 별 관심을 두지 않았던 것이다. 닉슨은 선거 역사상 또 한 번의 가장 큰 대승을 향해 달려가고 있었다. 그는 매사추세츠와 워싱턴 DC를 제외한 모든 주를 휩쓸었다. 심지어 민주당 지지자들도 다수가 닉슨을 찍었다. 이제 그에게는 자신의 치적을 더욱 공고히 할 수 있는 시간이 4년이나 더 주어졌다. 아무것도 그를 막을 수 없었다. 그의 인기는 최고조에 달했다.

그러나 워터게이트는 계속 되살아나 그를 가만히 내버려두지 않았다. 1973년 1월 상원에서 사건을 조사하기로 결정했다. 3월에는 맥코드가 결국 자백을 했다. 백악관 보좌진 여럿이 침입 지시에 연루되었다고 말한 것이다. 헌트는 본인이 아는 것을 누설하지 않는 대가로 돈을 요구하기 시작했다. 이 난국을 빠져나갈 방법은 간단했다. 특별 검사를 임명해 침입 사건을 내사하도록 하면 됐다. 닉슨과 보좌진은 전적으로 수사에 협력하고, 자세한 수사 결과를 백일하에 밝히면 된다. 닉슨의 명성에는 금이 갈 테고, 누군가는 감옥에 가겠지만, 적어도 그가 정치적 사망선고를 받는 일만큼은 피할 수 있었다. 그는 사지(死地)에서 살아 돌아오는 데 명수가 아니었던가.

그러나 닉슨은 그런 조치를 취할 수 없었다. 당장의 손실이 너무 컸다. 본인이 아는 것과 지시한 내용을 털어놓는다는 것은 생각만 해도 죽을 만큼 무서웠다. 닉슨은 딘과 회의를 열며 계속해서 은폐 작전을 논의했다. 심지어 입을 다무는 대가로 헌트에게 줄 돈을 어디서 구할지까지 이야기했다. 딘은 닉슨에게 발을 너무 깊이 들이지 말라고 주의를 줬지만, 닉슨은 이상하게도 본인이 만든 난장판이 점점 커져가는 것에 완전히 매료된 사람 같았다. 도저히 발을 빼지 못하는 듯 보였다.

얼마 후 그는 홀더먼과 얼리크먼을 해고할 수밖에 없었다. 두 사람 다 침입 사건에 너무 깊숙이 관련되어 있었다. 닉슨은 그들을 직접 만나 해고 소식을 전했다. 얼리크먼에게 소식을 전할 때 닉슨은 감정을 주체하지 못하고 흐느꼈다. 그러나 닉슨이 아무리 애를 써도 한번 시작된 워터게이트 조사는 멈출 기색이 보이지 않았다. 조사는 점점 닉슨을 향해 다가오고 있었고, 닉슨은 덫에 걸린 생쥐가 된 기분이었다.

1973년 7월 19일 닉슨은 최악의 소식을 들었다. 상원의 워터게이트 조사위원회가 백악관에 설치된 비밀 녹음장치에 관해 알아냈다는 소식이었다. 위원회는 녹음된 테이프를 증거로 제출하라고 요구했다. 닉슨은 테이프가 공개되면 자신이 어떤 망신을 당할지만을 생각했다. 저들은 그를 전 세계의 웃음거리로 만들 것이다. 그가 썼던 언어며 그가 지시한 수많은 가혹한 처사들을 생각해보라. 그의 이미지, 그의 위대한 유산, 그가 실현하려고 분투했던 모든 이상(理想)이 툭 하고 한 번에 무너져 내릴 것이다. 그는 어머니와 가족들을 생각했다. 가족들은 그가 사무실의 닫힌 문 뒤에서 무슨 말을 하는지 한 번도 들어본 적이 없었다. 그 테이프에서 그는 완전히 다른 사람 같았다. 당시 비서실장이었던 알렉산더 헤이그(Alexander Haig)는 즉시 녹음 장치를 다 떼어내고 테이프는 폐기해야 한다고 말했다. 공식적으로 영장이 날아오기 전에 말이다.

닉슨은 망연자실한 것 같았다. 그 테이프들을 폐기한다면 죄를 인정하는 꼴이 될 것이다. 어쩌면 그 테이프들은 그의 무죄를 밝혀줄 수도 있다. 그가 침입 사건을 한 번도 직접 지시한 적이 없음을 증명해줄 테니 말이다. 그러나 이 테이프들 중에서 하나라도 공개된다는 것은 생각만으로도 닉슨을 공포에 떨게 만들었다. 그는 이 문제를 가지고 계속 오락가락 고민하다가 결국 테이프를 폐기하지 않는 쪽으로 마음을 정했다. 현직 대통령으로서의 특권을 내세워 테이프들을 넘겨주지 않을 작정이었다.

압박이 계속 거세지던 1974년 4월 닉슨은 결국 1,200페이지 분량으로 편집된 테이프 녹취록을 공개하고 희망을 가져보기로 했다. 하지만 대중은 그 내용에 경악했다. 그동안 많은 사람들이 닉슨을 미꾸라지 같고 꿍꿍이가 있다고 생각했던 것은 사실이다. 하지만 이렇게까지 강압적인 말투와 욕설, 가끔은 히스테리적이고 피해망상적인 대화 내용, 일말의 죄책감이나 망설임도 없이 불법적 행위들을 지시하는 모습은 사람들이 꿈에도 몰랐던 닉슨의 새로운 면이었다. 심지어 그의 가족 중 일부도 충격을 받았다. 워터게이트 사건에 관해서라면 그는 매우 나약하고 우유부단하게 보였다. 그가 투영하고 싶었던 드골 같은 이미지는 결코 아니었다. 손톱만큼이라도 그가 진실을 알고 싶다거나 범법자들을 벌주고 싶어 하는 모습은 단 한 번도 보이지 않았다. 법과 질서의 수호자는 대체 어디로 갔는가?

7월 24일이 결정타였다. 대법원은 그에게 테이프 자체를 넘기라고 명령했다. 그중에는 1972년 6월 23일의 대화도 녹음이 되어 있었다. 그날 그는 CIA를 이용해 FBI 수사를 중단시키는 것을 승인했다. 이는 일찍부터 그가 은폐작전에 개입했음을 알려주는 스모킹건이었다. 닉슨의 운은 다했다. 그동안 그가 믿어왔던 모든 것에 반하는 일이었지만, 8월 초 그는 사임을 결심한다.

국민들 앞에 사임 연설을 한 다음 날 닉슨은 마지막으로 보좌진들과 만났다. 그는 감정이 북받쳐 오르는 것을 애써 누르며 이렇게 말했다. "절대로 낙담하지 말고, 절대로 옹졸해지지 마십시오. 항상 기억하세요. 남들이 당신을 미워하더라도 당신이 그들을 미워해 스스로를 파괴하지 않는 이상, 저들은 이길 수 없습니다." 그 말을 남기고 그는 가족들과 함께 헬리콥터에 올라 정치적 유배의 길을 떠났다.

해석 ——•

가까이에서 일했던 사람들에게 리처드 닉슨은 수수께끼 같은 사람이었다. 그의 연설문을 작성했던 레이 프라이스(Ray Price)에 따르면 닉슨은 두 사람이었다고 한다. 밝은 닉슨과 어두운 닉슨. 밝은 닉슨은 "유난히 사려 깊고, 유난히 사람을 잘 챙기며, 감수성이 풍부하고, 관대하고, 친절한" 사람이었다. 어두운 닉슨은 "화가 나 있고, 앙심을 품고, 괴팍하며, 야비했다." 프라이스는 두 측면이 "끊임없이 전쟁을 벌이고 있었다"고 말했다. 닉슨을 가장 통찰력 있게 관찰하고 수수께끼를 푸는 데 가장 근접했던 사람은 아마도 헨리 키신저일 것이다. 키신저는 본인의 목적을 위해 닉슨에게 잘 대처하고 심지어 그를 이용할 수 있도록 작정하고 닉슨을 면밀히 연구했다. 키신저에 따르면 닉슨이라는 사람과 그의 분열된 인격을 이해하는 열쇠는 그의 어린 시절에 있는 것이 틀림없었다. 키신저는 언젠가 이렇게 말했다. "상상이 가시나요? 만약 누가 그를 사랑해줬더라면 이 사람은 과연 어떤 사람이 됐을까요?"

젖먹이 시절에 닉슨은 유난히 보채는 아기였던 듯하다. 그는 끝도 없이 우는 아기로 유명했다. 달래주려면 여간 노력이 드는 게 아니었고, 걸핏하면 울음을 터뜨렸다. 닉슨은 더 많은 관심을 원했고, 자신을 위해 남들이 더 호들갑을 떨어주기를 바랐다. 그리고 그런 관심을 얻지 못했을 때는 교활하게 머리를 썼다. 닉슨의 부모는 아들의 이런 면을 좋아하지 않았다. 부모는 캘리포니아 남부의 개척기에 성장했기에 금욕적이고 자립적인 아이를 더 좋아했다. 닉슨의 아버지는 때로 아들을 학대하거나 아들에게 냉담해지기도 했다. 어머니는 더 관심을 가지고 보살폈지만, 의기소침하고 침울할 때가 많은 사람이었다. 닉슨의 어머니는 남편의 잇따른 사업 실패와 어린 나이에 병으로 죽은 두 아들(닉슨의 형제들)을 감당해야 했다. 어머니는 아픈 아들들을 돌보기 위해 자주 몇 달씩 닉슨을 혼자 뒀다. 그러니 닉슨은 어떤 식으로든 분명 버려진 기분을 경험했을 것이다.

닉슨의 인격은 이렇게 쉽지 않은 부모를 상대하면서 형성됐다. 그는 본인의 나약함을 숨기고 극복할 방법을 모색하면서 자신에게 딱 맞는 페르소나를 만들어냈다. 처음에는 가족들을 위한, 나중에는 대중들을 위한 페르소나였다. 이 페르소나를 통해 그는 기존의 강점은 강조하고 새로운 강점을 개발했다. 그는 극도로 터프하고, 어떤 어려움이든 잘 극복해내며, 맹렬하고, 단호하고, 이성적이고, 특히나 토론 같은 데서 함부로 상대할 수 없는 사람이 됐다. 키신저에 따르면 "그가 가장 두려워하는 것은 나약하게 비치는 것이었다." 그러나 약하고 공격받기 쉬운 내면의 어린아이가 기적처럼 사라지지는 않는다. 그 어린아이의 욕구가 한 번도 충족되거나 해결되지 못했다면 그 아이는 무의식 속으로, 인격의 그림자 속으로 가라앉았다가 결국은 이상한 방식으로 표출된다. 내면의 '어둠'이 된다.

닉슨의 경우 언제든 그가 스트레스를 겪거나 평소보다 심하게 초조해지면 저 깊은 곳에 있는 이 어둠이 꿈틀거렸다. 그리고 심한 불안과 의심, 갑작스러운 폭발, 짜증이라는 형태로 표출됐다. 거슬린다고 생각되는 사람들을 해코지하고 그들을 조종하고 싶은 강렬한 욕망이 생겼다.

닉슨은 자기 안의 이런 면을 완강하게 부정하고 억눌렀다. 보좌진들에게 마지막 말을 남기던 그 순간까지도 말이다. 그는 한 번도 울거나, 원한을 갖거나, 남들이 자신을 어떻게 생각할까에 신경써본 적이 없다는 말을 자주 했다. 실제는 정반대였다. 평소 그는 RN으로서 자신의 역할을 잘 수행했다. 하지만 어둠이 깨어나면 이상한 행동이 나타났고, 그를 자주 보는 사람들은 마치 두 명의 닉슨을 상대하는 듯한 인상을 받을 수밖에 없었다. 키신저의 눈에는 그게 마치 사랑받지 못한 어린아이가 되살아난 것처럼 보였다.

닉슨의 어둠은 결국 뭔가 유형적인 것으로 구체화됐는데, 그게 바로 녹음테이프였다. 닉슨은 자신이 하는 모든 말이 녹음되고 있다는 것을 알고 있었다. 그런데도 조금도 삼가거나 말을 걸러서 하지 않았다. 그는 친한 친구들을 뒤에서 욕했다. 편집증과 복수에 대한 판타지를 실컷 쏟아냈고, 지극히 간단한 의사결정조차 미적거렸다. 닉슨은 주변 누구라도 내부 정보를 누설하지는 않을까, 혹시나 배신하지는 않을까 극도로 두려워했다. 그러고도 무편집본의 형태로 공개되리라고는 한 번도 생각지 않았던 테이프에 자신의 운명을 맡겼다. 테이프의 공개 가능성이 대두되면서 폐기해야 한다는 조언을 들었을 때도 그는 수면 위로 올라온 이 '또 다른 닉슨'에게 넋을 뺏긴 채 테이프를 놓아주지 못했다. 마치 속으로는 거의 벌을 받고 싶어 하는 사람 같은 모습이었다. 그토록 철저히 부정당한 것에 대해, 닉슨의 마음속 어린아이와 어둠이 복수를 해온 것이랄까.

꼭 알아야 할 것이 있다. 닉슨의 이야기는 생각보다 당신이나 당신의 현실과 가깝다. 닉슨과 마찬가지로 당신도 강점은 강조하고 약점을 감출 수 있는 대외용 페르소나를 만들어두었다. 닉슨과 마찬가지로 당신도 어린 시절 자연스럽게 갖고 있던, 사회적으로 용인되기 어려운 여러 성격적 특징을 억눌러왔다. 당신은 끔찍이도 친절하고 유쾌한 사람이 됐다. 그리고 닉슨과 마찬가지로 당신에게도 어두운 면이 있다. 당신이 결코 인정하거나 확인하고 싶지 않은 어둠이 있다. 그 어둠 속에는 깊고 깊은 당신의 불안과 남에게, 심지어 가까운 이들에게 상처를 주고 싶은 은밀한 욕망, 복수에 대한 판타지, 사람들에 대한 의심, 더 많은 관심과 권력에 대한 갈증이 자리하고 있다. 이 어둠은 당신의 꿈에 출몰한다. 설명할 수 없는 우울함, 이상한 초조함, 예민함, 갑작스러운 허전함, 의심을 느끼는 순간이라는 형태로 새어나온다. 나중에 후회할 무뚝뚝한 말이 되어 나온다.

그리고 때로는 닉슨의 경우처럼 파괴적인 행동으로까지 이어지기도 한다. 당신은 그런 기분과 행동에 대해 주변 환경이나 다른 사람을 탓할 것이다. 하지만 그것들이 자꾸 재현되는 이유는 당신이 그 출처를 모르고 있기 때문이다. 우울함과 초조함이 나타나는 이유는 당신이 '온전한 당신 자신'이 아니기 때문이다. 언제나 어느 '역할'을 연기하고 있기 때문이다. 이런 어둠을 한쪽 구석에 계속 눌러두려면 많은 에너지가 필요하고, 때로는 그런 내적 긴장을 풀어주기 위해 달갑지 않은 행동이 새어나온다.

인간 본성을 공부하는 학생으로서 당신이 해야 할 일은 당신 성격의 어두운 면을 확인하고 인정하는 것이다. 일단 한 번 의식적인 점검을 당한 어둠은 그 파괴력을 상실한다. 당신 안의 어둠이 내보내는 신호를 감지하는 법을 배우고 나면(다음 항목 참조) 이 어두운 에너지를 생산적인 활동에 쏟을 수 있다. 당신의 허전함과 나약함을 공감으로 바꿀 수 있다. 공격적 충동을 가치 있는 일이나 업무에 쏟을 수 있다. 당신의 야망과 권력욕을 인정하고, 그렇게까지 남의 눈을 피해 다니거나 죄책감을 느낄 필요 없이 활동할 수 있다. 부정적 감정을 남에게 투영하고 남을 의심하는 당신의 성향을 스스로 모니터링할 수 있다. 당

인간 본성의 법칙

신 안에 살고 있는 이기적이고 해로운 충동들을 알아볼 수 있다. 당신이 생각하는 것만큼 당신이 천사 같거나 강인한 사람은 아님을 알아볼 수 있다. 이런 사실을 알고 있으면 균형을 잘 잡을 수 있고 타인에 대한 관용도 더 커진다.

당신 눈에는 끊임없이 강인함을 보여주고 성인군자 같은 모습을 보여주는 사람만 성공하는 것처럼 보일지도 모른다. 하지만 진실은 결코 그렇지 않다. 그 정도까지 어떤 역할을 연기하고 실제가 아닌 이상(理想)에 맞추려고 무리를 하면, 가짜라는 느낌이 풍겨 결국에는 남들도 눈치를 챈다. 에이브러햄 링컨이나 윈스턴 처칠 같은 위인을 한번 보라. 그들은 자신의 결점과 실수를 확인하고 웃어넘길 수 있는 능력을 갖고 있었다. 그들은 지극히 인간적이라는 느낌을 주었고 그게 그들이 풍기는 매력의 원천이었다. 닉슨의 비극은 그가 어마어마한 정치적 재능과 똑똑함을 갖췄다는 점이다. 거기에 그가 내면을 들여다보고 본인 성격의 어두운 면을 가늠할 수 있는 능력까지 갖췄더라면 얼마나 좋았을까? 계속해서 스스로를 깊이 부정하는 한, 누구나 닉슨과 같은 비극에 직면할 수밖에 없다.

> 광기를 저지르고 싶은 이 갈망은 우리와 평생을 함께한다. 바닷가 열길 낭떠러지 위에서 혹은 고층 빌딩 위에서 함께 서 있던 누군가를 갑자기 밀어버리고 싶은 충동을 느껴보지 않은 사람이 어디 있을까? 자책이 따라올 것을 알면서도 사랑하는 이에게 상처를 주는 것은 또 어떻고? 우리의 존재 자체가 내 안의 어두운 힘에 대항하는 투쟁에 다름 아니다. 산다는 것은 가슴과 영혼 속 거인들과의 전쟁이다. 글을 쓴다는 것은 자기 자신에 대해 찧고 까부는 일이다.
>
> ─ 헨리크 입센

· 인간 본성의 열쇠 · 내면의 그림자를 포착한다

우리가 아는 사람, 정기적으로 만나는 사람들을 생각해보자. 평소에는 분명 상당히 유쾌하고 즐거운 사람일 것이다. 그들은 대체로 자신의 회사에 다니는 것에 만족하고, 비교적 솔직하며, 자신감에 넘치고, 사회적 책임을 진다. 또 팀워크를 발휘하고, 자기관리를 하며, 남들에게도 잘 처신한다. 그런데 가끔 우리는 그런 친구, 지인, 동료가 평소의 행실과는 모순되는 행동을 하는 모습을 언뜻 본다.

그 형태는 여러 가지다. 갑자기 우리를 비난하거나 심지어 잔인한 발언을 하기도 한다. 내가 한 일이나 내 인격에 대해 가혹한 평가를 내놓을 수도 있다. 평소에는 감추려고 기를 썼던 것일 뿐, 이게 진짜 이 사람의 감정인건가? 이 순간 그들은 결코 친절한 사람이 아니다. 닫힌 문 뒤에서 가족이나 직원에게 함부로 대하는 말소리가 들리기도 한다. 전혀 그럴 것 같지 않은 상대와 난데 없이 바람을 피워 파국을 부르기도 한다. 말도 안 되는 위험한 금융 상품에 투자를 한다. 무모한 짓을 해서 직장생활을 위험에 처하게 한다. 거짓말을 하거나 사람을 뒤에서 조종하는 모습을 들킨다. 공인이나 유명인들이 엉뚱한 짓을 저지르거나 이름에 먹칠을 하는 행동을 해놓고 그날은 기분이 이상했다며 장황한 사과를 늘어놓는 모습도 본다.

이런 순간 우리는 그들의 어두운 면을 엿본다. 스위스의 심리학자 칼 융은 이것을 '그림자'라고 불렀다. 그림자는 사람들이 자신에 관해 부정하고 억누르려고 하는 모든 면이다. 너무나 깊숙이 잘 억압하고 있기 때문에 사람들은 보통 자신의 그림자를 인식하지 못한다. 그래서 그림자는 무의식 속에서 활동한다. 융은 억압의 수준이 얼마나 심한지, 감추고 있는 특징의 숫자가 몇 개인지에 따라 그림자의 짙기가 달라진다고 했다. 말하자면 닉슨은 그림자가 특히

인간 본성의 법칙

나 짙은 사람이었다. 사람들의 어두운 면이 드러나는 순간을 잘 보면 얼굴 위로 무언가가 나타나는 것을 볼 수 있다. 목소리가 바뀌고 보디랭귀지가 달라진다. 마치 내 앞에 딴 사람이 서 있는 것 같다. 갑자기 화난 어린아이의 모습이 보인다. 상대의 그림자가 꿈틀거리며 나타나는 것이 우리에게도 '느껴진다.'

그림자는 내면 깊숙한 곳에 묻혀 있다. 하지만 스트레스를 받거나 깊은 상처와 불안이 자극되면 동요하면서 활동을 개시한다. 그림자는 또 나이가 들수록 더 자주 출몰하는 경향이 있다. 어릴 때는 모든 게 흥미진진하고 우리가 수행해야 하는 사회적 역할도 많다. 하지만 나이가 들면 그동안 쓰고 다니던 가면에 질리고, 누수(漏水)는 더 많아진다.

그림자를 보는 경우는 흔치 않기 때문에 우리 앞에 나타난 사람은 약간 낯설다. 마치 우리는 늘 납작하게 눌린 2차원 이미지를 보고 있었던 것과 같다. 상대의 유쾌하고 사회적인 측면 말이다. 그런데 그가 가진 그림자의 윤곽을 알게 되면 상대는 이제 3차원으로 살아 움직이게 된다. 이렇게 사람을 3차원으로 볼 수 있는 능력은 인간 본성을 알아가는 데 아주 중요한 단계다. 이 지식을 갖추고 나면 스트레스를 받는 순간 사람들의 행동을 예측할 수 있고 그들의 숨은 동기를 이해할 수 있다. 그리고 그 어떤 자기파괴적 성향에도 끌려들어가지 않을 수 있다.

그림자는 아주 어릴 때 두 개의 힘이 충돌하는 것을 느끼면서 만들어진다. 첫째, 세상에 태어날 때 우리는 터질 듯한 에너지와 격렬함을 가지고 있었다. 우리는 허용되는 행동과 용납되지 않는 행동의 차이를 이해하지 못하고 그저 타고난 충동만 경험했다. 그 충동 중에는 공격적인 충동도 있었다. 우리는 부모의 관심을 독점하고 싶고 형제자매보다 훨씬 많은 관심을 받고 싶었다. 대단한 애정을 경험한 순간도 있지만 강력한 혐오와 미움을 경험한 때도 있었다. 심지어 우리는 나의 욕구를 충족시켜주지 않는 부모를 혐오하거나 미워하기도 했다. 우리는 외모에서든, 힘에서든, 똑똑함에서든 우월함을 느끼고 싶고 인정받고 싶었다. 갖고 싶은 것을 거절당하면 놀랄 만큼 이기적이 되기도 했고, 그것을 손에 넣기 위해 남을 기만하거나 조종하기도 했다. 심지어 남에게 상처를 주거나 복수를 꿈꾸면서 약간의 기쁨을 느끼기도 했다. 우리는 온갖 감정을 느끼고 표현했다. 우리는 사람들이 흔히 어린아이를 생각하듯 그런 순수한 천사가 아니었다.

그리고 동시에 우리는 전적으로 약한 존재로서 부모에게 생존을 온전히 의존했다. 이런 의존 생활은 꽤 오랫동안 유지됐다. 부모가 도끼눈을 뜨는 것도 보았고 부모의 얼굴에 나타난 온갖 찬성과 반대의 신호도 알아챘다. 부모는 에너지가 넘친다는 이유로 우리를 응징하기도 했고, 가만히 앉아 있기를 바랐다. 부모는 때로 우리가 너무 고집스럽고 이기적이라고 생각했다. 부모는 자녀의 행동 때문에 자신에 대한 타인의 평가가 달라지는 것을 느꼈고 착하게 굴기를 바랐다. 타인 앞에서 연극을 하고 착한 천사처럼 행동하기를 바랐다. 부모는 우리에게 남들과 협조하라고, 놀 때는 페어플레이를 하라고 재촉했다. 그러고 싶지 않을 때조차 말이다. 부모는 우리가 욕구를 줄이기를 바랐고, 스트레스 많은 본인들 인생에서 그들이 바라는 것을 더 많이 해주길 바랐다. 우리가 짜증을 내거나 어떤 식으로든 욕망을 드러내면 부모는 적극적으로 차단하려고 했다.

나이가 들면서 특정한 얼굴을 하라고 압력을 행사하는 사람은 또래와 선생님으로 바뀌었다. 약간의 포부를 드러내는 것은 괜찮지만 그게 너무 많아지면 반사회적으로 보일 수 있었다. 자신감을 발산해도 되었지만 그게 너무 많아지면 우월함을 과시하는 것으로 보일 수 있었다. 집단에 적응하는 것이 첫 번째 동기가 됐기 때문에 우리는 내 인격의 어두운 면을 억제하고 꾹꾹 누르는 법을 배웠다. 우리는 내가 속한 문화의 모든 이상적인 것들을 내면화했다. 착하게 굴고 친사회적인 가치관을 가졌다. 이런 것들은 대부분 순조로운 사회생활을 위해 꼭 필요한 것들이었다. 하지만 그 과정에서 우리 본성의 많은 부분은

지하로, 그림자 속으로 자리를 옮겼다. 물론 이런 어두운 충동들을 제어하는 법을 결코 배우지 못하고 결국 실생활에서도 충동을 발산하는 사람들도 일부 있다. 범죄자들이 그렇다. 그러나 범죄자들조차 평소에는 착하게 보이려고 안간힘을 쓰고 자신의 행동을 정당화한다.

대부분의 사람은 긍정적인 사회적 동물로 성장하지만 거기에는 대가가 따른다. 우리는 어린 시절에 경험했던 그 격렬함을 결국 그리워한다. 그때에 느꼈던 온갖 감정과 거친 에너지에 동반되던 창의성까지 말이다. 우리는 어떤 식으로든 그것을 되찾기를 몰래 갈망한다. 성(性)적으로든 사회적으로든 우리는 대외적으로 금지된 것들에 끌린다. 술이나 약물 같은 자극을 찾기도 한다. 사회적 금기 때문에 감각은 둔해지고 마음이 지나치게 억압받는다고 느끼기 때문이다. 그 과정에서 상처와 원망은 계속 축적되고 남들에게 그것들을 숨기려고 기를 쓰면 내면의 그림자는 더욱 짙어진다. 인생에서 성공을 경험하면 우리는 긍정적 관심에 중독되는데, 이후 어쩔 수 없이 하락의 시기가 도래해 관심이 주는 약발이 다 떨어진다면 내면의 그림자가 동요하면서 활성화될 것이다.

내면의 어둠을 감추려면 에너지가 필요하다. 늘 그렇게 착하고 자신 있는 얼굴을 내비치는 것은 몹시 지치는 일일 수 있다. 그래서 그림자는 내부의 긴장을 좀 풀어주고 되살아나고 싶어 한다. 고대 로마의 시인 호라티우스는 이렇게 말했다. "자연의 본성을 쇠스랑으로 찍어 내다버려도, 언제나 돌아올 것이다(Naturam expellas furca, tamen usque recurret)." 우리는 남들이 그렇게 긴장을 푸는 순간을 알아채고 그것을 해석하는 데 능해져야 한다. 전면으로 나온 그림자의 윤곽을 보아야 한다. 그런 순간 가장 눈에 띄는 신호 몇 가지를 소개하면 아래와 같다.

첫째, 모순된 행동. 가장 많은 것을 말해주는 신호다. 모순된 행동은 주도면밀하게 구성해서 내놓았던 얼굴이 거짓임을 알려주는 행동들을 말한다. 예를 들어 늘 도덕을 들먹이는 사람이 전혀 도덕적이지 않은 모습을 들킨다. 터프한 척하던 사람이 어느 순간 불안한 모습을 드러내거나 히스테리를 부린다. 자유연애와 개방적 행동을 강조하던 사람이 갑자기 횡포를 부리거나 권위적으로 나온다. 이렇게 이상하고 모순된 행동은 그림자의 직접적 표현이다(더 자세한 내용과 해석에 관해서는 394페이지 참조).

둘째, 감정적 폭발. 늘 보이던 자제력을 상실하고 갑자기 깊은 원망을 신랄하게 표현하거나 상대에게 아프고 상처가 되는 말을 한다. 이렇게 폭발한 다음에는 스트레스 탓으로 돌릴 수도 있다. 전혀 그런 뜻이 아니었고 실은 정반대라고 말할지도 모른다. 실제로 조금 전에 그 말을 한 사람은 상대의 '그림자'다. 상대가 한 말을 액면 그대로 생각하라. 정도가 좀 약한 경우에는 갑자기 과민해지거나 조그만 일에도 계속 화를 낸다. 어린 시절의 깊은 두려움과 불안 중 일부가 어쩌다 활성화되었기 때문에 누가 조금이라도 무시할까 봐 털을 바짝 세운 상태이고 언제든 좀 더 약한 감정적 폭발을 일으킬 수 있다.

셋째, 격렬한 부정. 프로이트에 따르면 무의식 속에 있는 뭔가 불쾌하고 불편한 것이 의식의 수준으로 올라올 방법은 '적극적 부정'뿐이다. 우리는 내면에 파묻혀 있는 것과 정반대의 표현을 내놓는다. 동성애를 격렬히 비난하는 사람이 실제로는 정반대로 느끼고 있을 수도 있다. 닉슨도 그런 부정을 자주 했다. 그는 아주 강한 어조로 자신이 한 번도 울어본 적이 없으며 원한을 품거나 나약해지거나 남들이 자신을 어떻게 생각할지에 신경써본 적이 없다고 했다. 이런 부정은 그림자 욕망에 대한 긍정의 표현이라고 재해석해야 한다.

넷째, 우연한 행동. 본인이 중독되어 있는 무언가를 끊겠다거나 이렇게까지 너무 열심히 일하지 않겠다, 자기파괴적 인간관계를 벗어나겠다 등의 이야기를 하는 사람들이 있다. 그런 다음 곧장 본인이 피하겠다고 했던 바로 그 행동을 한다. 그러면서 어쩔 수 없는 질병이나 의존성을 탓한다. 자신의 어둠이 시키는 대로 행동한 것에 대한 양심의 가책을 덜기 위한 행위다. 이들은 그 행동을 피하지 못한다. 상대의 정당화 작업은 무시하라. 상대의 그림자가 어떻게 활동하고 풀려나는지 보라. 술 취한 사람이 평소와 다른 행동을 보이면, 그것은 술 때문이 아니라 그의 그림자가 말하고 있기 때문임을 기억하라.

지나친 이상화

그림자를 숨기는 가장 강력한 위장 수단이 될 수도 있는 방법이다. 우리가 어떤 대의를 믿는다고 치자. 예컨대 정치에서는 투명한 행동이 특히 중요하다고 믿는다. 혹은 어느 대의를 주장하는 리더를 흠모하고 추종할 수도 있다. 또는 새로운 형태의 어느 금융 상품(예컨대 주택담보증권 같은 것)이 부자가 되는 가장 최신의 세련된 방법이라고 판단한다. 이런 상황에서 단순한 열정을 훨씬 넘어서버리는 사람들이 있다. 그들은 강력한 확신으로 가득 차 있다. 그 안에 포함된 결함이나 모순, 예상되는 단점 같은 것은 그냥 대충 얼버무린다. 모든 것이 흑백논리다. 내가 믿는 대의는 도덕적이고 현대적이고 진보적이며, 반대 진영이나 의구심을 표하는 자들은 모두 사악한 반동분자다.

이제 그 대의를 위해서라면 무슨 짓을 해도 된다고 생각한다. 거짓말을 하고, 속임수를 쓰고, 사람을 뒤에서 조종하고, 염탐하고, 과학적 데이터를 조작하고, 복수를 해도 된다. 리더가 하는 모든 일은 정당화된다. 투자의 경우, 평소 같으면 큰 위험부담이라고 생각했을 것도 모두 정당화되는 기분이다. 왜냐하면 이번 투자 상품은 이전과는 다른 새로운 것이어서 이전의 규칙이 적용되지 않기 때문이다. 결과는 걱정할 필요 없이 얼마든지 탐욕을 부려도 된다.

우리는 누가 강한 확신을 나타내면 거기에 현혹되어 과도한 행동도 그냥 열정으로 해석하는 경향이 있다. 하지만 이것은 다른 각도에서 볼 필요가 있다. 어떤 대의나 사람, 목적을 지나치게 이상화함으로써 그림자의 고삐를 놓아주는 사람들도 있기 때문이다. 이게 바로 그들의 무의식적 동기다. 그 대의나 제품을 위한다는 명목으로 약자를 괴롭히거나 사람을 조종하거나 탐욕을 부린다면 그런 행동은 액면 그대로 다시 생각해보아야 한다. 지나치게 강한 확신은 억압된 감정이 뛰쳐나오기 위한 위장에 불과할 수 있다.

이와 관련해 논쟁을 할 때 남을 괴롭히고 겁주고 싶은 자신의 욕망을 위장하기 위해 강한 확신을 완벽한 수단으로 사용하는 사람들이 있다. 그들은 본인의 주장을 뒷받침하기 위해 통계와 일화(일화는 어디서나 찾을 수 있다)를 늘어놓은 다음, 우리의 진실성을 모욕하거나 의심한다. 그래놓고 그저 의견 교환이었을 뿐이라고 말한다. 그 말에 속지 말고 상대의 위협적 말투에 주목하라. 지식인이라면 더 교묘한 방법을 쓸 수도 있다. 지식인들은 우리가 알아들을 수 없는 모호한 언어와 아이디어를 동원해 우리 위에 군림하려고 한다. 그러면 우리는 나 자신의 무지에 대해 열등감을 느끼게 된다. 이런 경우는 모두 억압된 공격성이 새어나오는 것으로 생각하라.

투영

우리가 그림자를 상대할 때 압도적으로 가장 흔히 사용하는 방법이다. 왜냐하면 거의 매일 그림자를 풀어줄 수 있기 때문이다. 우리에게는 스스로 인정할 수 없는 욕망들이 있다. 섹스, 돈, 권력, 어느 분야에서 우월하고 싶은 욕망 등이 그것이다. 그래서 우리는 그 욕망들을 다른 사람에게 투영한다. 어떤 때는 남들을 심판하고 비난하기 위해 그냥 상상을 통해 아무 근거 없이 이들 특성을 투영하기도 한다. 또 어떤 때는 그렇게 터부시되는 욕망을 특정한 형식으로 표현하는 사람을 찾아낸 다음, 나의 반감과 혐오를 정당화하기 위해 그들을 과장해서 묘사하기도 한다.

예를 들어 우리는 나와 마찰을 빚는 사람을 권위주의적 욕망을 가졌다고 비난한다. 사실 상대는 그저 자신을 방어하고 있을 뿐인데 말이다. 이때 실제로 남몰래 타인을 지배하고 싶은 사람은 내 쪽이다. 하지만 반대 진영에서 먼저 그런 모습을 찾아낸다면, 심판이라는 형태로 나의 억눌린 욕망을 분출할 수 있고 나 자신의 권위주의적 반응을 정당화할 수 있다. 어린아이에게 지극히 자연스러운 강하고 즉흥적인 충동을 우리가 일찍부터 억눌러왔다고 치자. 무의식적으로 우리는 그 특징을 되찾고 싶지만 내 안의 금기를 극복할 수가 없다. 그러면 우리는 나보다 억압이 덜한 사람, 본인의 야망에 대해 더 단호하고 공개적인 사람을 찾아다닌다. 그런 다음 그들의 성향을 과장한다. 그러면 이제 우리는 그들을 경멸할 수 있고, 그들을 생각하는 동안 나 자신에게는 도저히 용납할 수 없는 것들을 분출할 수 있다.

19세기 독일의 위대한 작곡가 리하르트 바그너는 반유대주의적 감성을 자주 표현했다. 그는 유대인들이 잡다한 취향과 감성주의, 기술적 측면을 강조하면서 서구 음악을 망쳐 놓았다고 비난했다. 그는 좀 더 순수한 독일적 음악을 동경했고 그런 음악을 만들었다. 그가 유대인들이 음악에 끼친 영향이라고 비난했던 내용은 대부분 완전히 지어낸 이야기였다. 그런데 이상하게도 바그너는 그가 혐오하는 것처럼 보였던 유대인들의 특성들을 스스로도 많이 가지고 있었다. 그의 취향은 상당이 잡다했고 감성적인 경향이 있었다. 게다가 그가 협업한 수많은 피아니스트와 작곡가가 유대인이었다. 그들이 기술적으로 뛰어났기 때문이다.

꼭 알아야 할 것이 있다. 격렬한 증오 뒤에는 그 증오하는 사람에 대한 결코 인정하기 싫은 비밀스런 시기심이 자리하고 있는 경우가 많다. 그렇게 미워해야만 그 시기심을 어떤 식으로든 무의식으로부터 방출할 수가 있기 때문이다.

사람들의 그림자에 관해 조각 맞추기를 할 때는 스스로를 탐정이라고 생각하라. 당신이 수집한 다양한 신호를 가지고 상대의 억압된 욕망과 충동의 윤곽을 채워 넣는 것이다. 그러고 나면 상대에게서 앞으로 어떤 모습이 새어나올지, 어떤 그림자 같은 이상한 행동이 나올지 예측할 수 있다. 이것만큼은 믿어도 좋다. 그런 행동은 절대로 한 번만 나타나지 않는다. 그리고 다른 영역에서도 그런 행동이 툭 튀어나올 것이다. 예를 들어 토론을 할 때 약한 사람을 괴롭혔던 사람은 다른 활동을 할 때도 그런 성향을 보일 것이다.

이런 그림자의 개념이 다소 케케묵었다고 생각할 사람도 있을 것이다. 우리는 훨씬 더 합리적이고 과학 지향적인 문화에 살고 있지 않은가. 사람들은 그 어느 때보다 투명하고 스스로를 잘 자각한다고 말할지도 모른다. 조직적 종교 활동 때문에 온갖 압박을 받아야 했던 조상들에 비하면 우리는 훨씬 덜 억압된 상태라고 말할 사람도 있을 것이다. 그러나 진실은 정반대다. 여러모로 봤을 때 우리의 의식적이고 사회적인 자아와 무의식적 그림자가 지금처럼 심하게 분열된 적도 없었다. 우리는 '올바름'이라는 강력한 규칙을 강요하는 문화에 살고 있다[미국에서는 평소 발언을 할 때 인종차별이나 성 정체성 등과 관련해 소수자에 대한 '정치적 올바름(political correctness)'을 지키는 것이 큰 이슈다. - 옮긴이]. 요즘 소셜 미디어에서 흔히 볼 수 있는 것처럼 이 규칙을 지키지 않으면 망신을 당한다. 우리는 이타적 태도라는 이상향에 부응해야 하는데 그것은 가능하지 않다. 왜냐하면 우리는 천사가 아니기 때문이다. 이 모든 것들이 우리 인격의 어두운 면을 자꾸만 더 땅 속 깊이 들어가게 만든다.

이런 현상의 신호는 우리 문화 속에 드러난 어두운 면에 대해 너 나 할 것 없이 남몰래 얼마나 깊이 끌리는가를 보면 알 수 있다. 우리는 권모술수에 능한 주인공이 남들을 조종하고, 기만하고, 지배하는 드라마를 보면서 전율을 느낀다. 뉴스에서 어떤 식으로든 욕망을 드러냈다가 붙잡힌 사람들의 이야기에 혹하고, 그들이 망신당하는 모습을 보며 즐긴다. 연쇄살인마나 극악무도한 사이비 종교 지도자에게 마음을 뺏긴다. 그런 드라마나 뉴스를 보는 동안에는 도덕군자인척 해도 되고 저런 악당을 얼마나 경멸하는지 마음껏 떠들어도 된다. 하지만 진실을 알고 보면, 우리 문화가 그런 인물들을 끊임없이 우리 앞에 던져주는 이유는 우리가 어둠의 표출에 목말라 있기 때문이다. 이런 것들은 모두 천사인 척해야 하고 그토록 옳은 척해야 하는 데서 오는 우리의 긴장감을 어느 정도 해소시켜주는 수단이다.

위에서 이야기한 것들은 비교적 무해한 형태의 해방구다. 하지만 어둠이 더 위험한 형태로 표출될 때도 있다. 특히 정치 영역이 그렇다. 우리는 이런 어둠을 분출하는 리더, 누구나 남몰래 느끼고 있는 적대감과 원망을 표출하는 리더에게 점점 더 끌리고 있다. 그들은 우리가 감히 하지 못할 말을 입 밖으로 꺼낸다. 특정한 대의를 지지하는 집회에 참석한 우리는 집단이라는 안전망 속에서 편리한 여러 희생양을 대상으로 마음껏 분노를 표출하고 투영한다. 리더와 대의를 이상화함으로써 우리는 한 개인으로서는 하지 못할 방식으로 자유롭게 행동할 수 있다. 이런 선동꾼들은 우리가 직면한 위협을 과장하고 모든 것을 흑백논리로 색칠하는 데 선수다. 그들은 지하에 묻혀 있던 공포와 불안, 복수심을 휘저어놓고, 집단이라는 환경 속에서 언제라도 그런 감정이 폭발하기를 기다린다. 이런 리더는 점점 더 늘어날 것이다. 우리가 느끼는 억압과 내적 긴장의 수준이 더 커지고 있기 때문이다.

작가 로버트 루이스 스티븐슨(Robert Louis Stevenson)은 1886년 출판된 소설《지킬 박사와 하이드 씨》에서 이런 원리를 잘 보여주었다. 주인공 지킬 박사는 부유하고 존경받는 의사이자 과학자이다. 그는 선량함의 표본이라 할 만큼 흠잡을 데 없는 매너를 갖추고 있다. 그는 자신을 하이드 씨로 바꿔줄 약물을 발명한다. 하이드 씨는 말하자면 그의 그림자의 화신(化身)이다. 하이드 씨는 살인과 강간을 저지르고 제어되지 않은 감각적 쾌락을 거침없이 즐긴다. 스티븐슨은 겉으로 더 문명화되고 도덕적이 될수록 우리가 맹렬히 부정하는 그림자의 잠재적 위험성은 오히려 더 커진다고 생각했다. 다음과 같은 지킬 박사의 표현처럼 말이다. "너무 오랫동안 우리에 갇혀 있던 나의 악마가 포효하며 뛰쳐나왔다."

더 많은 억압과 교정은 해결책이 아니다. 선함을 강요한다고 해서 인간 본성을 바꿀 수는 없다. 쇠사슬은 효과가 없다. 집단 속에서 나의 그림자를 해방시키려는 생각도 마찬가지다. 그런 해결책은 어디로 튈지 모르고 위험한 방법이다. 대신에 해답은 우리의 그림자가 활동하는 모습을 지켜보고 더 각성하는 것이다. 일단 내 안에서 작동하는 메커니즘을 한 번 인식하고 나면, 나의 비밀스런 충동을 타인에게 투영하거나 어떤 대의를 지나치게 이상화하기는 어렵다. 이런 자각을 활용한다면 내 안의 어두운 면을 의식 속으로 통합할 생산적이고 창의적인 방법을 찾아낼 수 있다(더 자세한 내용은 9장 뒷부분 참조). 그 과정에서 우리는 더 진짜인 내가 되고 더 온전해지며, 자연스럽게 가지고 있는 에너지를 최대한 활용할 수 있게 된다.

그림자의 일곱 가지 유형

살다 보면 어떤 특징이 눈에 띄게 강한 사람들이 있다. 바로 그 특징에서 그들의 강점이 나오는 것처럼 보인다. 남다른 자신감, 유난히 착하고 상냥함, 대단한 도덕적 청렴성, 성인군자 같은 아우라, 터프함, 다부진 남성성, 어마어마한 지성 같은 것들 말이다. 하지만 자세히 들여다보면 그런 특징이 약간 과장되어 있는 게 보일지도 모른다. 마치 연기를 하거나 다소 과도하게 표현하는 듯한 모습 말이다. 인간 본성을 공부하는 학생으로서 우리가 알아야 할 진실은 다음과 같다. '일반적으로 그 강한 특징은 정반대의 특징 위에 놓여 있고, 사람들의 시선을 분산시켜 그 밑에 놓인 것을 감추는 역할을 한다.'

여기에는 두 가지 형태가 있다. 어떤 사람들은 여리거나 나약함, 불안함 같은 본인의 성격적 특징이 창피하거나 불편한 상황을 초래할 수 있음을 일찍부터 감지한다. 이들은 무의식적으로 정반대의 특징을 발달시킨다. 바깥쪽에 자리하는 회복력이나 터프함이 마치 보호막 같은 역할을 하게 되는 것이다. 또다른 시나리오는 어쩌면 비사회적일지 모를 자질을 본인이 갖고 있다고 느끼는 경우다. 야망이 너무 크다거나 이기적인 성향이 있는 것처럼 말이다. 이런

인간 본성의 법칙

이들은 정반대의 자질, 즉 어떤 아주 친사회적인 자질을 발달시킨다.

어느 쪽이 되었든 세월이 지나는 동안 이들이 갈고닦은 그 대외용 이미지는 완벽해진다. 그 밑에 놓여 있는 나약함이나 반사회적인 특징이 이들에게는 부정되고 억압된 것, 즉 그림자의 핵심 요소다. 그러나 인간 본성의 법칙에 따라, 억압이 심해질수록 그림자의 불안정성도 커진다. 나이가 들고 스트레스를 경험하면 그들의 완벽한 겉면에도 금이 간다. 어느 역할을 극단적으로 연기하다 보면 피곤해지기 마련이다. 그러면 진정한 자아가 반항을 하게 되고 그게 드러난 형태가 바로 울적한 기분이나 강박, 중독 등의 나쁜 습관, 본인의 이미지와 정반대되는 행동 혹은 자기파괴적 행동이 되는 것이다.

당신이 해야 할 일은 간단하다. 이렇게 강한 특징을 보여주는 사람들이 주변에 있으면 특별히 조심하라. 그런 특징은 외모나 첫인상을 통해 아주 쉽게 눈치챌 수 있다. 상대에게 그런 신호가 있는지, 시간이 지나면서 정반대 성향이 나오는지 잘 지켜보라. 이런 유형의 사람은 일단 한번 이해하고 나면 훨씬 쉽게 다룰 수 있다. 다음은 사람들이 지닌 강한 특징 중에서 가장 흔한 일곱 가지 유형이다. 이 일곱 가지를 식별하는 법을 반드시 익혀두고 적절히 대처하라.

터프 가이

터프 가이 유형은 거친 남성성을 보여주는데 그 의도는 상대를 겁주기 위한 것이다. 터프 가이는 으스대면서 본인에게 까불지 말라는 신호를 보낸다. 터프 가이는 과거 본인의 위업을 과시하는 경향이 있다. 본인의 여자관계라든가, 싸움질을 한 일, 협상에서 상대를 눌러준 일 같은 것을 자랑한다. 그런 이야기를 들려줄 때는 뭔가 아주 설득력 있게 말하는 것 같은데도 과장된 느낌이 있어서 좀처럼 믿기지 않는다. 겉모습에 속아 넘어가지 마라. 이런 남자들은 마음속 깊은 곳의 여린 내면과 정서가 표출될까 두려워 그것을 감추는 법을 터득한 사람들이다. 그들은 가끔 그런 감수성을 내보일 것이다. 울음을 터뜨리거나 짜증을 내거나 갑자기 동정심을 드러낼지도 모른다. 그리고 거기에 당황해 거친 모습을 보이거나 심지어 잔인한 행동이나 말로 얼른 은폐하려 들 것이다.

야구선수 레지 잭슨(Reggie Jackson)이 보기에 양키스의 감독 빌리 마틴(Billy Martin)이 바로 그런 시끄러운 유형이었다. 잭슨은 과민한 마틴의 호통 뒤에 숨어 있는 여린 면을 알아보았다. 마틴은 기분이 자주 바뀌고(별로 남성적인 면은 아니다) 감정적 폭발을 일으키곤 했는데 이는 내면의 불안을 확연히 드러내는 신호였다. 이런 사람은 본인이 숨기고 감추려고 해도 끝내 수면 위로 올라오고 마는 바로 그 감정의 영향을 받을 때 자주 끔찍한 의사결정을 내린다. 여자를 지배하고 싶어 하지만 결국 결혼하는 사람을 보면 오히려 아내가 그 남자를 지배하고 있는 경우도 많다. 사실 그게 이들의 은밀한 바람이기 때문이다.

이들의 겉모습만 보고 겁을 먹어서도 안 되지만, 이들의 허풍이나 남성적 본성을 의심하는 것처럼 보여서도 안 된다. 그들의 깊은 불안을 휘저어놓을 것이기 때문이다. 이들은 과민하고 성을 잘 내는 것으로 악명이 높다. 이들의 불안을 자극했을 때 잘 살펴보면 얼굴에 잠시 토라진 표정이 지나가는 것을 볼 수 있을지도 모른다. 물론 즉시 인상을 팍 쓰면서 감추겠지만 말이다. 혹시 이들이 당신의 라이벌이라면 뭔가 미끼를 던졌을 때 과민반응을 하면서 예민한 모습을 드러내기 쉽다.

성인군자

선량함과 순수함의 모범이다. 이들은 가장 진보적이고 좋은 대의를 지지한다. 만약 지금 영적인 집단에 들어가 있다면 아주 독실할 수도 있다. 정계에 진출해 있다면 부패나 타협 따위는 없을 것이다. 모든 유형의 희생자에게 끝없는 동정심을 갖고 있을 수도 있다. 이렇게 성인군자 같은 모습은 권력이나 관심에 대한 격렬한 갈증 혹은 강력한 관능적 취향 등을 감추기 위한 방편으로

인간 본성의 법칙 ———

일찍부터 개발된다. 아이러니한 것은 이렇게 극도로 성인군자 같은 아우라를 보여주다가 결국에는 큰 권력을 얻어 사이비 종교나 정당의 리더가 되는 경우도 종종 있다는 사실이다. 권좌에 앉고 나면 이들의 그림자가 활개 칠 수 있는 공간이 생긴다. 관용이 사라지고 불순한 자에게 호통을 치며 필요하다면 벌을 줄 것이다. 별명이 '부패할 수 없는 자(the Incorruptible)'로서 프랑스 혁명기에 권력을 잡았던 막시밀리앙 로베스피에르(Maximilien Robespierre)가 바로 이 유형이었다. 그의 통치 기간만큼 단두대가 바빴던 적은 없었다.

이들은 또한 남몰래 섹스와 돈, 스포트라이트에 끌린다. 그들의 성인군자 같은 성품을 생각하면 명백히 금기시되는 것들에 끌린다. 이들에게는 긴장감과 유혹이 너무 크다. 이들은 학생과 잠자리를 갖는 스승이 된다. 사람들 앞에서는 성인군자이지만 집에서 가족들이나 배우자는 이들의 악마 같은 면을 볼 것이다(2장에 나오는 톨스토이 일화 참조). 세상에는 진짜 성인군자도 존재한다. 하지만 그들은 자신의 행동을 광고하거나 권력을 잡을 필요성을 못 느낀다. 진짜와 가짜를 구분하려면 그들이 보여주는 말이나 아우라는 무시하고, 그들의 행동과 일상생활의 사소한 부분에 초점을 맞춰라. 권력과 관심을 얼마나 즐기는 것 같은지, 어마어마한 부를 축적하지는 않았는지, 몇 명의 정부를 두었는지, 자기몰두가 얼마나 심한지 살펴라. 상대가 이 유형이라는 것이 확인되면 순진한 추종자가 되지 마라. 어느 정도 거리를 유지하라. 상대가 적이라면 위선의 신호를 남들도 확실히 볼 수 있게 하라.

이 유형의 변종 중에는 자유연애의 철학 같은 것을 제시하는 사람들이 있다. 하지만 실제로 이들이 좇고 있는 것은 권력이다. 이들은 본인에게 의존하는 사람과의 섹스를 선호한다. 그리고 본인 뜻대로만 할 수 있다면 무슨 일이든 허용된다.

수동적 공격성을 가진 매력남, 매력녀

처음 만났을 때 이 유형은 놀랄 만큼 착하고 따뜻하다. 그래서 비교적 빨리 이들을 당신 인생 안에 들이게 될 것이다. 이들은 미소를 자주 짓는다. 명랑하고 언제나 남을 도와주려고 한다. 그러다가 때가 되면 당신은 호의를 돌려주려고 저들을 채용하거나 저들의 직장생활에 도움을 줄지도 모른다. 그 과정에서 뭔가 균열이 감지될 것이다. 저들은 느닷없이 다소 비판적인 발언을 하기도 하고, 뒤에서 내 험담을 했다는 이야기를 듣는 일도 생긴다. 그러다가 뭔가 불미스러운 일이 일어난다. 갑자기 폭발하거나, 훼방을 놓거나, 배신을 하는 것이다. 처음 친해질 때 보았던 착하고 매력적인 사람과는 너무나 다를 것이다.

사실 이 유형은 자신에게 통제하기 어려운 공격적이고 시기심 많은 성향이 있음을 일찍부터 깨닫는다. 이들은 권력을 원한다. 이들은 그 성향 때문에 본인의 인생이 힘들어질 것을 직관적으로 안다. 이들은 오랜 세월 정반대의 얼굴을 쌓아올린다. 이들의 친절에는 거의 공격적인 구석이 있을 정도다. 이런 전략을 통해 이들은 사회적 권력을 획득할 수 있다. 하지만 이들은 자신이 그토록 깍듯하게 굴면서도 어떤 역할을 연기해야 한다는 사실에 남몰래 분개한다. 이들은 그런 행동을 계속 유지하지 못한다. 스트레스를 받거나 그런 노력 자체에 지치면 이들은 폭언을 하면서 당신에게 상처를 줄 것이다. 당신을 충분히 알고 당신의 약점까지 파악했기 때문에 폭언을 하고 상처를 주는 데도 더 능하다. 그리고 물론 그다음에 전개되는 상황에 대해서는 당신을 탓할 것이다.

최고의 방어책은 너무 빨리 매력을 발산하고 친해지는 사람을 경계하는 것이다. 처음 만났는데 너무 친절하고 따뜻한 사람도 마찬가지다. 그렇게 극도로 친절하게 구는 것은 결코 자연스러운 상황이 아니다. 거리를 유지하고 이 유형의 초기 신호가 없는지 찾아보라. 수동적으로 공격성을 드러내는 발언은 없는가? 평소 성격과 안 어울리게 누군가에 관해 악의적인 험담을 한다면 지금 말하고 있는 사람은 그의 그림자이며, 당신도 언젠가 험담의 타깃이 될 거라고 확신해도 좋다.

광신도

이들이 무슨 대의를 지지하든, 당신은 그 열정에 감탄할 것이다. 이들은 힘주어 이야기하며, 타협을 용서치 않는다. 사태를 수습하고, 위대함을 재건한다. 강인함과 확신을 뿜어내고, 추종자가 생긴다. 극적인 연출에 소질이 있고, 이목을 사로잡는다. 하지만 이들은 본인이 약속한 것을 이행할 수 있을 법한 결정적인 순간에 뜻밖의 실수를 저지른다. 결정적 순간에 우유부단해지거나, 탈진하거나, 병에 걸리거나, 아니면 어리석은 행동으로 모든 것을 수포로 돌아가게 만든다. 갑자기 신념을 상실했거나 아니면 몰래 실패를 바라고 있었던 게 아닌가 싶을 정도다.

사실 이 유형은 어린 시절에서 비롯된 어마어마한 불안을 안고 있다. 이들은 본인의 가치에 대해 의구심을 가지고 있다. 이들은 한 번도 충분히 사랑받았다거나 존경받았다고 느낀 적이 없다. 자신이 공포와 불확실성으로 점철되어 있기 때문에 본인에 대한 혹은 어떤 대의에 대한 '대단한 신념'을 가면으로 이용해 그 사실을 은폐하는 것이다. 이들의 과거를 살펴보면 신념 체계가 변천해온 것을 알 수 있다. 때로는 송두리째 다른 신념을 거치기도 한다. 왜냐하면 이들에게 중요한 것은 특정 신념이 아니라 강렬한 확신 그 자체이기 때문이다. 그래서 이들은 때에 따라 이 신념, 저 신념을 옮겨 다닌다. 무언가를 믿는다는 것이 이들에게는 마약과 같다. 하지만 의구심은 되살아난다. 남몰래 이들은 자신이 제 몫을 할 수 없다고 확신한다. 그래서 스트레스를 받으면 정반대의 성향이 나온다. 우유부단하고 남몰래 의구심을 잔뜩 품는 것이다. 이들은 뭔가를 하는 것처럼 보이기 위해 갑자기 조수나 직원들을 해고한다. 하지만 무의식적으로 이들은 불필요한 변화를 통해 스스로 훼방을 놓고 있다. 이들은 어떻게든 모든 것을 수포로 돌아가게 만들고, 남 탓을 한다.

아무리 강하게 확신을 주고 극적인 연출을 잘 한다고 해도 거기에 넘어가지 마라. 무언가를 단호하게 말하면 말할수록 그 밑에 놓인 불안과 의구심은 더 심하다는 사실을 잊지 마라. 추종자가 되지 마라. 이들은 당신을 웃음거리로 만들 것이다.

완고한 이성주의자

누구나 비이성적인 성향이 있다. 태초의 원시적 성향이 아직 남아 있기 때문이다. 우리는 결코 그 부분을 없애지 못한다. 우리는 쉽게 미신을 믿고, 전혀 연관 없는 사건들 사이에서 연결점을 찾아낸다. 우리는 우연에 매료된다. 온갖 것을 의인화하고, 내 감정을 다른 사람이나 주변 세상에 투영한다. 남몰래 오늘의 운세를 확인한다. 이런 점은 그냥 인정해야 한다. 실제로 우리는 종종 긴장을 푸는 하나의 방법으로 비이성적인 것을 활용한다. 바보 같은 농담을 하고, 의미 없는 행동을 하며, 종종 초자연적인 것에 관심을 갖기도 한다. 늘 이성적인 모습을 유지하는 것은 피곤한 일일 수 있다. 그런데 어떤 사람들은 이것을 아주 불편해한다. 그들은 이런 원시적 사고를 약해빠지고 신비주의적인 것으로 생각한다. 과학과 기술에 반하는 것이라고 생각한다. 그들에게는 모든 것이 극도로 분명하고 분석적이어야 한다. 이들은 철저한 무신론자가 된다. 하느님은 있다고 증명할 수도, 없다고 반박될 수도 없는 개념임을 깨닫지 못한다. 어느 쪽이든 모두 신념일 뿐이다.

그러나 억압된 것은 반드시 살아난다. 과학과 기술에 대한 이들의 신념은 약간 종교적 냄새까지 풍긴다. 논쟁이 붙으면 이들은 본인의 생각에 굉장한 지적 무게를 부여하고 심지어 약간의 분노하는 기색마저 보인다. 이것은 곧 내면의 원시성과 숨겨진 감정적 욕구가 동요되었다는 뜻이다. 극단적인 경우 이들은 아주 비이성적이고 본인의 이미지와 정반대되는 이성관계에 탐닉할 수도 있다. 예컨대 교수님이 어린 모델과 함께 도망쳐버리는 경우처럼 말이

인간 본성의 법칙

다. 혹은 이상한 직업적 선택을 내릴 수도 있고, 말도 안 되는 금융 상품을 속아서 사거나, 음모론에 빠져들기도 한다. 또한 이들은 종잡을 수 없는 기분 변화와 감정적 폭발도 자주 일으킨다. 그림자가 동요하기 때문이다. 상대에게 미끼를 던져 과잉반응을 일으키게 한 다음 그의 지적 우월성에 대한 거품을 터뜨려보라. 정말로 이성적인 사람이라면 냉철함을 잃지 않을 것이고, 이성의 힘에 대해 회의적일 것이며 스스로 이성적이라고 떠들어대지도 않을 것이다.

허영꾼

이 유형은 남과 다르게 보이고 싶은 욕구가 어마어마하다. 자신이 대부분의 인류보다 어떤 식으로든 우월하다고 주장하고 싶어 한다. 예술이나 영화 비평, 와인, 맛집, 빈티지 레코드 등과 관련해 세련된 미적 취향을 가지고 있다. 그들은 이런 것과 관련해 대단한 지식을 축적해 놓았다. 이들은 외모를 많이 강조한다. 남과 똑같은 것을 싫어하고, 특이한 타투를 한다. 많은 경우 아주 흥미로운 배경을 가진 것처럼 보인다. 가계나 혈통이 흥미로울 수도 있다. 그들은 모든 게 특별하다. 물론 시간이 지나면 그들의 배경은 심한 과장이거나 새빨간 거짓말로 밝혀진다. 19세기 초 유명한 트렌드세터이자 허영꾼이었던 보 브럼멜(Beau Brummell)은 사실 그가 유포한 거짓말과는 정반대로 탄탄한 중산층 집안 출신이었다. 샤넬의 크리에이티브 디렉터 칼 라거펠트(Karl Lagerfeld)의 집 안도 그가 말한 것처럼 가산을 상속받은 것이 아니라 가장 부르주아적인 방법으로 돈을 번 집안이었다.

실제로 평범함은 인간 존재의 일부다. 우리는 삶의 대부분을 지루하고 싫증 나는 일을 하며 보낸다. 대부분의 사람은 부모가 평범하고 따분한 직업을 갖고 있다. 누구나 자신의 성격이나 능력 중에는 평범한 부분이 있다. 허영꾼들은 이 부분에 특히 예민하다. 본인의 출신에 대해, 본인이 혹시 평범할지 모른다는 점에 대해 심한 불안을 갖고 있다. 그들이 이에 대처하는 방법은 정말로 뭔가 독창적인 일을 하는 게 아니라, 겉모습을 가지고 남들을 기만하거나 시선을 돌리는 것이다. 이들은 특이한 것, 특수 지식으로 중무장한다. 그 아래에서 밖으로 나오기를 기다리고 있는 그 사람의 진짜 모습은 남들과 별반 다를 바 없는 다소 평범한 사람이다.

어찌 되었든, 정말로 독창적이고 남과 다른 사람은 그것을 크게 떠벌릴 필요가 없다. 실제로 그런 사람은 본인이 그토록 다르다는 사실을 다소 창피하게 여기고 더 겸손하게 보이는 법을 배운다(그 예로 408페이지의 에이브러햄 링컨 일화 참조). 자신이 다르다는 점을 무리하게 강조하는 사람은 특별히 더 조심하라.

극단적 기업가

처음에 이 유형은 언뜻 보면 아주 긍정적인 특징들을 가진 것처럼 보인다. 특히나 일적인 측면에서는 그렇다. 이들은 기준이 매우 높고 사소한 것에까지 대단한 주의를 기울인다. 이들은 대부분의 일을 기꺼이 직접 하려고 한다. 거기에 재능까지 겸비하고 있다면 일찌감치 성공할 수도 있다. 하지만 그런 겉면 아래로는 실패의 싹이 뿌리를 내리고 있다. 이들이 좀처럼 남의 말에 귀를 기울이지 못한다는 사실에서 이 점이 가장 먼저 드러난다. 이들은 남의 조언을 받아들이지 못한다. 아무도 필요 없다. 실제로 이들은 본인만큼 높은 기준을 갖고 있지 않은 남들을 믿지 못한다. 성공하면서부터 이들은 어쩔 수 없이 점점 더 많은 책임을 떠안을 수밖에 없다.

정말로 자립심이 강한 사람이라면 아랫사람에게 일을 위임해야만 더 높은 수준의 통제가 가능하다는 사실을 알겠지만, 이들의 내면에서는 다른 게 꿈틀거린다. 바로 자신의 그림자다. 상황은 곧 엉망진창이 된다. 다른 사람이 끼어들어서 자신이 일을 몽땅 넘겨받지 않으면 안 된다. 이들은 건강도, 재정 상태도 엉망이 되고 의사나 외부의 금전적 조력자에게 완전히 의존하게 된다. 모든 것을 장악하고 있다가 일순간 모든 것을 남에게 의존하게 되는 것이다. 팝

인간 본성의 법칙

스타 마이클 잭슨의 말년을 생각해보라.

종종 겉으로 자립심을 보여주는 것은 남들이 자신을 돌봐주기를 바라는, 어린 시절의 의존적 상태로 회귀하려는 숨은 욕망을 가리기 위한 것이다. 이들은 결코 스스로 그 점을 인정할 수도, 그렇게 나약한 모습을 보일 수도 없기 때문에 무의식적으로 혼돈을 조장해 스스로 무너짐으로써 어쩔 수 없이 어떤 식으로든 남에게 의존하려고 한다. 전조는 있다. 건강 문제가 자꾸 재발하고, 일상적으로 만나는 이들에게 갑자기 자잘한 응석을 부리려고 한다. 하지만 뚜렷한 신호라고 볼 수 있는 것은 통제력을 상실했는데도 그것을 멈추기 위한 조치를 취하지 못하는 것이다. 이 유형은 서로에게 큰 피해를 주는 경향이 있기 때문에 커리어 말년에 처한 이 유형과는 너무 얽히지 않는 게 최선이다.

내 안의 그림자와 접속하라

살면서 보면 유난히 자기 자신을 편안하게 느끼는 것처럼 보이는 사람들이 있다. 그런 인상을 가진 사람들에게는 몇 가지 특징이 있다. 그들은 자기 자신을 비웃을 수 있다. 본인의 몇 가지 단점과 본인이 저지른 실수들을 인정할 수 있다. 마치 아직도 내면에는 아이 같은 면이 더 있는 것처럼 장난스러운, 가끔은 짓궂은 구석이 있다. 그들은 맡은 역할을 수행하면서도 약간의 거리를 유지할 수 있다(3장 끝부분 참조). 가끔은 즉흥적이어서 매력적일 때가 있다.

이런 사람들은 우리에게 엄청난 진정성을 전달한다. 대부분의 사람은 사회화된 어른으로 성장하는 동안 타고난 특징을 많이 상실한다고 치면, 이 진정성 있는 유형은 어찌된 노릇인지 아직도 그런 특징들이 살아서 활동한다. 이와 뚜렷한 대조를 이루는 정반대 유형도 있다. 그들은 성을 잘 내고, 조그만 모욕에도 아주 예민하고, 뭔가 자기 자신을 불편해하고 무언가 숨기고 있는 듯한 인상을 준다. 인간은 그 차이를 쉽게 알아챌 수 있다. 비언어적 행동을 통해 거의 '느껴질' 정도다. 보디랭귀지가 편안한지 긴장되었는지, 말을 하는 데 유유히 흐르는지 멈칫거리는지, 눈을 맞추고 상대를 받아들이는지 아닌지, 진짜 미소가 있는지 없는지 등에서 차이를 느낀다.

한 가지는 분명하다. 우리는 진정성을 가진 유형에게 완전히 끌리며, 정반대인 사람은 무의식적으로 배척한다. 이유는 간단하다. 누구나 자신의 성격에서 어린아이 같은 면을 상실한 것을 남몰래 애석해하기 때문이다. 그 무모함과 즉흥성, 강렬한 경험, 열린 마음을 잃어버린 것은 슬픈 일이다. 그것들을 상실하면서 우리의 전체적 에너지도 줄어들었다. 그런데 이 진정성의 기운을 내뿜는 사람들은 우리에게 다른 가능성을 암시한다. 어린아이와 어른, 어둠과 빛, 무의식과 의식을 모두 가진 어른이 될 수 있다는 가능성 말이다. 우리는 그런 사람 곁에 있고 싶어 한다. 어쩌면 그들의 에너지가 우리에게도 일부는 옮겨오지 않을까 하면서 말이다.

리처드 닉슨이 여러모로 진정성이 없는 유형을 대표한다면, 우리에게 영감을 주는 그 반대 유형도 많이 찾아볼 수 있다. 정치 영역에서는 윈스턴 처칠이나 에이브러햄 링컨이 그런 예다. 예술에서는 찰리 채플린이나 조세핀 베이커(Josephine Baker) 같은 사람이 있다. 과학에서는 알베르트 아인슈타인이 그렇고, 사회생활 전반으로는 재클린 케네디 오나시스 같은 사람이 있다. 이런 유형은 우리가 따라갈 수 있는 길을 보여준다. 그리고 그 중심에는 대개 '자각'이 있다. 나의 그림자를 인식하면 그것을 통제하고 방향을 틀어 다른 것과 통합시킬 수 있다. 내가 상실한 게 무엇인지 알면, 내 안의 그림자 속으로 가라앉은 부분과 다시 접속할 수 있다.

그렇게 되기 위한 확실하고 실용적인 네 가지 단계를 소개하면 다음과 같다.

그림자를 보라

전체 과정 중에 가장 어려운 단계다. 그림자란 우리가 부정하고 억압하는 무언가다. 남들의 어두운 면을 파헤치고 설교하는 것은 쉽다. 자기 안의 그런 측면을 들여다보는 것은 거의 자연을 거스르는 것이나 마찬가지다. 하지만 그대로 묻어둔다면 당신은 반쪽짜리 사람일 뿐임을 명심하라. 겁내지 말고 덤벼들어라.

가장 좋은 출발점은 앞서 이야기한 것 같은 간접적 신호를 찾아보는 것이다. 예를 들어 내 안에 혹시 일방적이거나 특별히 강한 특징은 없는지 찾아본다. 겉모습과는 정반대의 특징이 깊숙이 묻혀 있다고 생각하고, 거기서부터 내 행동에 그런 특징이 더 있는지 신호를 찾아본다. 내가 감정적으로 폭발하거나 지독하게 예민해지는 순간들을 살펴보라. 분명히 누군가 혹은 무언가가 나를 건드렸을 것이다. 특정한 말이나 비난에 예민하다는 것은 깊은 불안이라는 형태로 어떤 그림자가 동요한다는 뜻이다. 그것을 밖으로 끄집어내라.

어떤 감정이나 나쁜 자질을, 아는 사람이나 혹은 집단 전체에 투영하는 성향이 내게 없는지 살펴보라. 예를 들어 당신이 자기도취적이거나 강압적인 사람을 아주 혐오한다고 해보자. 그게 실제로는 당신이 자기도취적 성향이 있거나 더 단호해지고 싶은 은밀한 욕망을 갖고 있어서 그에 대한 강한 부정이나 혐오라는 형태로 드러난 것일 수도 있다. 우리는 스스로 억압하고 있는 어떤 특징이나 약점을 타인에게서 찾아냈을 때 특히 민감하게 반응한다. 어릴 때(10대 후반 또는 20대 초반)에 다소 무심하거나 심지어 잔인하게 행동했던 순간을 생각해보라. 그림자를 충분히 잘 통제하지 못했던 어린 시절에는 그림자가 더 자연스럽게 밖으로 표출됐었다. 억지력은 나중에 생긴 것이다.

작가 로버트 블라이(Robert Bly, 1926-)는 말년에 우울함을 느끼기 시작했다. 그의 글은 무미건조해졌다. 그는 자신의 그림자에 관해 점점 더 많이 생각해보기 시작했다. 그는 그림자의 신호를 찾아내고 의식적으로 면밀히 검토해볼 작정이었다. 블라이는 보헤미안 스타일의 예술가로, 1960년대 히피문화에서 주로 활동했다. 그의 예술적 뿌리는 19세기 초 즉흥성과 자연스러움을 극찬했던 낭만파 작가들로 거슬러 올라간다. 많은 저작에서 블라이는 광고쟁이나 사업가들을 격렬히 비난했다. 그가 보기에 그런 사람들은 너무나 계산적이고, 모든 것을 극단적으로 계획하고, 인생의 혼돈을 두려워하며, 사람들을 심하게 조종했다.

그런데 그가 자신의 내면을 들여다보니 계산적이고 사람을 뒤에서 조종하는 측면이 자신에게서도 언뜻언뜻 보였다. 남몰래 그는 인생에서 혼돈의 순간을 두려워했고, 모든 일을 철저히 계획하고 벌어질 일들을 통제하는 것을 좋아했다. 그는 자신과 너무나 다르다고 느낀 사람들에게 꽤나 악의적이기까지 했는데, 알고 보니 본인에게도 주식거래 중개인이나 광고인의 피가 흐르고 있었다. 어쩌면 그에게는 그게 더 깊은 측면이었다. 남들은 그에게 취향이나 글이 다소 클래식한 것 같다(구성을 잘한다)고 했는데, 그는 그게 마음에 걸렸다. 왜냐하면 자신은 정반대로 생각했기 때문이다. 하지만 점점 더 본인에게 솔직해지고 보니, 남들의 말이 맞았다는 걸 알 수 있었다. 종종 남들이 내 그림자를 더 잘 알아볼 때가 있다. 그림자에 관한 한, 다른 이들의 솔직한 의견을 들어보는 것도 좋다.

하나씩 하나씩 그는 내면의 어둠을 파보았다. 엄격하고 지나치게 도덕적이라거나 하는 특징이 나왔다. 그러면서 그는 자신의 정신세계를 구성하는 나머지 반쪽과 다시 이어진 기분이었다. 그는 자신에게 솔직할 수 있었고 자신의 그림자를 창의적인 방향으로 향하게 만들 수 있었다. 우울함도 걷히고 글을 쓸 때의 장애물도 사라졌다.

이 과정을 더 깊이 실천해보고 싶다면 옛날의 당신을 더듬어보라. 어린 시절 부모나 친구 때문에 드러났던 당신의 특징은 무엇인가? 당신이 창피함을 느껴야 했던 특별한 약점이나 취약점, 행동 형태는 없었는가? 어쩌면 부모는

인간 본성의 법칙

당신의 내성적인 경향을 싫어했을 수도 있다. 혹은 당신이 관심을 나타낸 주제가 부모의 취향이 아니었을 수도 있다. 그래서 부모는 본인들이 좋아하는 직업이나 관심 분야로 당신을 몰고 갔다. 한때 당신이 잘 느꼈던 감정은 무엇인가? 오랫동안 보지 못했지만 한때는 당신에게 경외나 흥분을 자아냈던 것은 무엇인가? 나이가 들면서 당신은 남들과 많이 비슷해졌다. 당신은 진짜 당신을 이루는 부분, 잃어버린 그 부분을 재발견해야 한다.

마지막으로, 그림자를 가장 분명히 그리고 직접적으로 볼 수 있는 것은 당신의 꿈을 통해서다. 의식적 일상에서는 조심조심 피하고 있는 그 행동들은 오직 꿈에서만 찾아낼 수 있다. 당신의 그림자는 당신에게 다양한 방식으로 이야기를 하고 있다. 상징이나 숨은 의미를 찾지 마라. 대신에 그 꿈이 일으키는 정서적인 분위기와 전체적 감정에 주목하고 그것을 온종일 느껴보라. 그 내용은 뜻밖의 대담한 행동일 수도 있고, 특정한 상황에서 유발된 심한 초조함일 수도 있다. 또 물리적으로 어딘가에 갇힌 듯한 느낌 혹은 모든 것을 초월해 날아오르는 느낌일 수도 있고, 경계를 넘어 금지된 곳을 탐험하는 것일 수도 있다. 초조함은 당신이 아직 맞서고 있지 못한 어떤 불안과 관련된 것일 수 있다. 날아오르거나 탐험하는 것은 숨겨진 욕망이 의식의 수준으로 올라오려고 노력하는 것이다. 꿈을 기록해두는 습관을 들이고, 그 정서적 분위기에 깊은 주의를 기울여라.

이 과정을 여러 차례 겪으면서 그림자의 윤곽을 보게 되면 이 과정이 점점 더 쉬워질 것이다. 억압으로 긴장되어 있던 근육들이 풀어지면 더 많은 신호를 찾아낼 수 있을 것이다. 그러다 보면 이 과정에서 겪을 고통이 새로운 것을 발견하는 흥분으로 바뀔 것이다.

그림자를 포용하라

당신의 어두운 면을 알아내고 직시하려고 하면 불편하게 느껴져 겨우 표면 정도만 자각하게 되는 게 자연스러운 반응이다. 여기서 우리의 목표는 그 반대가 되어야 한다. 그림자를 온전히 다 받아들이는 데 그치는 게 아니라 지금의 인격에 통합하려고 해야 한다.

어릴 때부터 에이브러햄 링컨은 자신을 분석하는 것을 좋아했다. 그의 자기 성찰에서 계속해서 대두된 테마는 자신이 분열된 인격을 갖고 있다는 사실이었다. 한편으로 그는 지독하리만큼 야심이 컸으나 다른 한편으로는 예민하고 여려서 자주 우울해졌다. 그는 양쪽 측면이 모두 불편하고 이상한 기분이었다. 예를 들어 거친 측면을 보면 그는 복싱을 좋아해서 상대를 링 위에 완전히 때려눕히곤 했다. 법률이나 정치에서는 통렬한 유머 감각을 갖고 있었다.

한번은 그가 신문사에 익명의 편지를 보낸 적이 있었다. 그가 어릿광대라고 생각하는 어느 정치인을 공격하는 내용이었다. 그 편지가 얼마나 효과가 있었던지 타깃이 된 정치가는 분노로 미쳐 날뛰었다. 기사의 출처가 링컨이라는 사실을 알게 된 정치가는 링컨에게 결투를 신청했다. 이게 곧 장안의 화제가 되어 링컨은 몹시 창피해졌다. 그는 겨우겨우 결투를 피했으나 다시는 본인의 잔인한 구석을 그대로 드러내지 않겠다고 맹세했다. 그는 자신에게 그런 성향이 있다는 사실을 알고 있었고 부정하지 않았다. 대신에 자신의 공격적이고 경쟁적인 에너지를 토론이나 선거에서 이기는 쪽으로 쏟아부으려 했다.

여린 측면으로 보면 그는 시를 좋아했고, 동물들에게 크나큰 애정을 느꼈으며, 어떤 형태로든 물리적인 잔인함을 목격하는 것을 싫어했다. 링컨은 술이나 술이 사람에게 미치는 영향을 싫어했다. 상태가 안 좋을 때는 깊은 우울에 잘 빠졌고 죽음에 대해 곰곰이 생각하곤 했다. 대체로 그는 자신이 거칠기 짝이 없는 정치계에 계속 머물기에는 지나치게 예민하다고 생각했다. 그는 자신의 그런 면을 부정하는 대신에 그 예민함을 대중들, 평범한 사람들을 향한 믿기지 않을 만큼의 공감으로 발휘했다. 전쟁이 많은 목숨을 앗아가는 것에 크게 상심했던 그는 전쟁을 빨리 끝내기 위해 할 수 있는 노력을 다했다. 그는 남부 사람들을 악마처럼 본 것이 아니라, 남부의 곤궁함에 공감했고 보복 없는 평화를 이루려고 했다.

그는 또한 그것을 자신에 대한 건강한 유머 감각으로 흡수해서, 본인의 못생긴 얼굴이나 높은 음성, 고민 많은 성격에 관해 자주 농담을 하곤 했다. 이렇게 상반되는 특성들을 공개적인 페르소나에 통합하고 포용함으로써 그는 대단히 진정성 있는 인상을 주었다. 사람들은 여태껏 정치 지도자에게 한 번도 느껴보지 못한 방식으로 그에게 동질감을 느꼈다.

그림자를 탐구하라

그림자에는 깊이가 있고 그 속에는 대단한 창의적 에너지가 들어 있다고 생각하라. 우리는 그 깊은 곳을 탐구해야 한다. 그 속에는 좀 더 원시적인 형태의 사고도 있고, 동물적 본능에서 비롯된 어둡기 짝이 없는 충동도 있다.

어릴 때 우리의 마음은 훨씬 더 유동적이고 열려 있었다. 우리는 이 아이디어와 저 아이디어를 놀랍고 창의적인 방식으로 연결할 수 있었다. 하지만 나이가 들면 이 부분이 많이 경직된다. 우리는 빅데이터에서 긁어모은 통계와 아이디어가 지배하는 복잡한 하이테크 세상을 살고 있다. 꿈이나 예감, 직관 등에서 나온 아이디어나 이미지를 자유롭게 연결 짓는다는 건 마치 비이성적이고 주관적인 작업처럼 생각된다. 하지만 바로 그렇기 때문에 우리의 사고는 너무나 무미건조하다. 우리 마음의 어두운 측면, 무의식은 대단한 힘을 갖고 있다. 우리는 그 활용법을 배워야 한다. 실제로 우리 중에 가장 창의적인 사람들은 이런 식의 사고를 적극적으로 활용한다.

알베르트 아인슈타인의 상대성 이론 중에는 그가 꿈에서 보았던 이미지에 기초한 것도 있다. 수학자 자크 아다마르(Jacques Hadamard)의 가장 중요한 발견은 버스를 타거나 샤워를 하는 도중에 일어났다. 그는 뜬금없이 떠오른 예감이었거나 무의식이 알려준 것이라고 주장했다. 루이 파스퇴르가 백신 접종과 관련해 대단한 발견을 할 수 있었던 것은 실험실에서 일어난 작은 사고에서 영감을 얻어 여러 아이디어들을 자유롭게 연결시킨 결과였다. 스티브 잡스는 가장 좋은 아이디어는 마음이 자유롭게 노닐 때 직관으로부터 나온다고 주장했다.

꼭 알아야 할 것이 있다. 우리가 의존하고 있는 의식적 사고는 상당히 제한적이다. 우리는 단기 기억과 장기 기억에 있는 정보들밖에 활용하지 못한다. 그러나 무의식은 기억이나 경험, 공부로 습득한 정보에서 나온 방대한 양의 자료를 갖고 있다. 어느 문제에 관해 한참을 조사하거나 작업한 다음, 편한 마음으로 꿈을 꾸고 있을 때 혹은 해당 문제와 무관한 따분한 작업을 하고 있을 때 무의식은 기지개를 켠다. 그리고 온갖 무작위적인 아이디어, 표면으로 올라온 흥미로운 생각들을 서로 연결시킨다. 꿈을 꾸고 직관을 갖고 아이디어를 자유롭게 연결시키는 것은 누구나 하는 일이지만 사람들은 주의를 기울이지 않거나 진지하게 받아들이지 않으려고 하는 경우가 많다. 그러지 말고 빈 시간을 만들어서 이런 형태의 사고를 더 자주 활용하는 습관을 길러라. 아이디어를 가지고 놀고, 생각의 선택지를 넓히고, 덜 의식적인 상태에서 떠오르는 것들에 진지하게 주의를 기울여라.

비슷한 이야기로 당신의 가장 어두운 충동들 속을 탐구해보라. 심지어 범죄가 될 수 있는 것이라도 좋다. 그런 충동을 당신의 작업 속에 표현하고, 어떤 식으로든 표출할 수 있는 방법을 찾아보라. 예컨대 일기를 쓰는 것처럼 말이다. 우리는 누구나 공격적이고 반사회적인 욕망을 가지고 있다. 심지어 내가 사랑하는 대상에 대해서도 마찬가지다. 아주 어린 시절의 기억에는 트라우마도 남아 있다. 우리는 그 트라우마와 관련된 감정은 잊어버리는 쪽을 선호하지만 말이다. 어떤 매체이건 최고의 예술은 이렇게 깊이 있는 것을 표현한다. 그런 작품이 모든 사람에게 강력한 반응을 유발하는 이유는 거기에 표현된 어둠이 그만큼 많이 억압되어 있기 때문이다. 잉마르 베리만(Ingmar Bergman)의 영화나 표도르 도스토옙스키(Fyodor Dostoevskii)의 소설이 힘을 갖는 것은 그 때문이다. 당신도 당신의 어두운 면을 밖으로 끄집어낼 수 있다면 똑같은 힘을 가질 수 있다.

그림자를 보여줘라

평소 우리는 내가 따라야 하는 무수한 사회적 코드들 때문에 남모르게 괴로워한다. 우리는 아주 친절하고 쾌활하게 보여야 하고, 언제나 무리의 뜻을 따라야 한다. 자신감이나 야망을 너무 많이 내비치면 안 된다. 누구에게나 겸손하고 비슷하게 보여야 한다. 원칙이 그렇다. 이 길을 따라가다 보면 잘 적응한 데서 오는 편안함도 있지만 동시에 방어적이 되거나 남몰래 원망이 생기기도 한다. 지극히 친절한 모습은 습관이 되고, 그 습관은 쉽게 소심함이나 자신감 부족, 망설임으로 바뀐다. 그러는 동안 그림자는 무의식적으로, 간헐적 폭발이라는 형태로 모습을 드러낼 테고, 종종 그것은 우리의 손실로 이어질 것이다.

자기 분야에서 성공한 사람들을 살펴보라. 그러면 틀림없이 그들 대부분은 이런 코드에 훨씬 덜 얽매일 것이다. 그들은 대체로 남보다 더 확신에 차 있고 공공연한 야심을 품고 있다. 그들은 남들이 자신을 어떻게 생각할지에 훨씬 덜 연연한다. 그들은 기존의 방식을 대놓고 당당히 무시한다. 그러면서 벌을 받는 게 아니라 큰 보상을 받는다. 스티브 잡스가 그 전형적인 사례다. 그는 남들과 함께 작업하면서도 자신의 거칠고 어두운 면을 보여줬다. 잡스 같은 사람들을 볼 때 우리는 흔히 그의 창의성은 우러러보면서 그의 어두운 성향들은 불필요한 것으로 삭제해버린다. 그가 조금만 더 친절했다면 성인군자가 됐을 거라고 생각한다. 그러나 실제로 그의 어두운 면은 그의 능력 및 창의력과 불가분으로 얽혀 있다. 다소 거칠더라도 남의 말을 듣지 않고 자기 길을 갈 수 있었던 능력이 우리가 그토록 추앙하는 그의 성공의 핵심 요소였다. 창의적이고 강력한 영향력을 가진 많은 이들이 그렇다. 적극적으로 활동하는 그림자라는 요소를 빼버리면 그들은 우리와 다를 바가 없어진다.

이 점을 꼭 알아야 한다. 의식적으로 그림자를 드러내는 것보다 그토록 친절하고 깍듯하게 굴 때 치러야 하는 대가가 더 크다. 첫째, 그림자를 드러내려면 본인의 의견을 더 많이 존중하고 남의 의견을 덜 존중해야 한다. 특히나 당신이 푹 빠져 있는 영역, 당신의 전문 분야에 관해서라면 말이다. 당신의 타고난 천재성과 당신이 생각해낸 아이디어를 신뢰하라. 둘째, 일상생활에도 당신의 의견을 더 단호하게 주장하고 타협은 더 적게 하는 습관을 길러라. 적절한때에 과하지 않게 실천해보라. 셋째, 남들이 당신을 어떻게 생각하는지 신경쓰는 것을 줄여라. 엄청난 해방감이 느껴질 것이다. 넷째, 당신 앞을 가로막거나 추한 가치관을 갖고 있거나 부당하게 당신을 비난하는 사람이 있다면, 때로는 그들의 감정을 상하게 하거나 심지어 상처를 줄 수도 있어야 한다는 사실을 자각하라. 그렇게 분명히 부당한 순간들을 이용해 당신의 그림자를 끄집어내고 당당하게 보여줘라. 다섯째, 남들의 바보 같은 모습이나 위선을 비웃는, 무례하고 고집스런 어린아이의 모습을 얼마든지 자유롭게 연기하라.

마지막으로 남들이 그토록 곧이곧대로 따르는 관습들을 무시하라. 수백 년간, 심지어 지금까지도 성 역할은 가장 강력한 관습을 대표한다. 남자가 혹은 여자가 할 수 있는 행동이나 말은 어찌나 엄격한 통제를 받아왔던지, 사회적관습이 아니라 생물학적 차이로 보일 정도다. 특히 여성은 남성보다 더 친절하고 상냥하도록 사회화됐다. 여성은 지속적으로 이런 관습을 고수해야 한다는 압박을 느끼고 있으며, 그게 어떤 생물학적 이유가 있는 자연스러운 일이라고 착각하고 있다.

역사상 가장 큰 영향을 끼친 여성들 중에는 이런 코드를 일부러 깼던 사람들이 있다. 마를레네 디트리히나 조세핀 베이커 같은 배우들, 일리노어 루스벨트 같은 정치가, 코코 샤넬 같은 사업가가 그렇다. 이들은 전통적으로 남성적이다, 성 역할을 뒤섞었다고 생각할 만한 방식으로 행동함으로써 본인들의 그림자를 꺼내 보여주었다.

심지어 재클린 케네디 오나시스도 전통적인 정치인의 아내와는 다른 역할을 보여줌으로써 엄청난 힘을 얻었다. 그녀는 분명히 심술궂은 구석이 있었다. 1960년 노먼 메일러(Norman Mailer)는 처음 만난 그녀가 자신을 놀리는 게 재미나 보이는 눈치였다고 한다. 노먼은 그녀가 "아주 짓궂은 여덟 살짜리처럼 뭔가 생뚱맞고 겁 없는 것이 두 눈에 들어 있었다"고 했다. 재클린은 누가 자신을 불쾌하게 하면 대놓고 표현했다. 남들이 자신을 어떻게 생각하느냐는 별로 개의치 않는 것 같았다. 그녀가 그토록 돌풍을 일으킨 것은 그런 자연스러움을 물씬 풍겼기 때문이다.

크게 보면 이것을 일종의 통과의례라고 생각하라. 이런 욕망과 충동을 일단 한 번 내보이고 나면 그것들은 더 이상 당신 인격의 한구석에 숨어 비밀스럽게 활동하지 않아도 된다. 당신은 내면의 악마를 풀어주고 진짜 인간으로서 당신의 존재감을 더 높인 셈이다. 그렇게 그림자는 당신 편이 될 것이다.

> 안타깝게도 인간은 본인이 상상하거나 바라는 것만큼 훌륭하지 못하다는 데 의심의 여지가 없다. 누구에게나 그림자가 있다. 개인의 의식적 삶에서 덜 구현될수록 그 그림자는 오히려 더 두껍고 짙어진다.
> -칼 융

Law 10 · Envy

시기심의 법칙

상대의
자존심을
건드리지
않는다

우리 인간은 자연스럽게 서로를 비교한다. 남들이 어떤 지위에 있는지, 얼마나 존경과 관심을 받는지 끊임없이 가늠해보고 내가 가진 것과 비교한다. 누군가는 이런 욕구가 자극제가 되어 탁월한 업적을 이룬다. 또 누군가는 그런 비교가 심한 시기질투로 바뀌기도 한다. 그런 사람은 열등감과 좌절을 느끼며 은밀한 공격과 훼방을 자행한다. 시기심 때문에 그랬다고 인정하는 사람은 아무도 없다. 초기의 경고 신호를 알아봐야 한다. 상대방이 칭찬을 늘어놓고 우정을 제안하는데 뭔가 야단스럽고 정도가 지나치다면, 혹은 선의의 농담이라는 핑계로 당신을 은근히 비꼰다면, 당신의 성공이 그에게는 좀 불편해 보인다면, 모두 시기심의 신호다. 시기심이 가장 많이 자라나는 것은 친구나 같은 분야의 동료 사이에서다. 사람들의 관심을 당신에게서 관심을 멀리 떨어뜨려 시기심을 모면하라. 끊임없는 비교가 아니라 내면의 기준을 통해 자부심을 키워라.

치명적인 친구

소설 《프랑켄슈타인》의 작가 메리 셸리(Mary Shelley, 1797-1851)와 그녀의 남편이 었던 스물여덟의 시인 퍼시 비시 셸리(Percy Bysshe Shelley, 1792-1822)는 1820년 이탈리아 피사로 옮겨왔다. 둘은 이미 몇 년간 이탈리아 곳곳을 여행하고 있었다. 최근 메리는 힘든 시간을 보냈다. 이탈리아에 있는 동안 어린 자녀 둘이 모두 열병으로 숨졌던 것이다. 특히 마음을 많이 의지했던 아들 윌리엄의 죽음은 그녀를 깊은 우울로 몰아넣었다. 최근 메리는 다시 출산을 해서 퍼시라는 이름의 아들을 낳았지만 아들의 건강이 염려되어 안절부절못했다. 자녀들의 죽음으로 죄책감과 우울에 시달리던 그녀는 결국 남편과의 사이에도 약간의 마찰이 생기기 시작했다. 둘은 워낙 가깝게 지내며 많은 것을 함께 겪었기에 눈빛만 보아도 상대의 생각과 기분을 읽을 수 있었다. 남편은 조금씩 마음이 멀어지는 중이었고 다른 여자들에게 관심을 보였다. 메리는 피사에 정착해 남편과도 다시 좋아지고 본격적으로 집필도 할 수 있기를 바랐다.

1821년 제인 윌리엄스와 에드워드 윌리엄스라는 영국인 부부가 피사에 왔다. 피사에 도착한 부부가 가장 먼저 방문한 곳은 셸리 부부의 집이었다. 부부는 퍼시 셸리의 사촌과 친한 친구로 피사에 터전을 잡을까 고민 중이었다. 유명한 셸리 부부를 직접 만난 윌리엄스 부부는 황홀함에 정신을 못 차리는 듯했다. 메리는 이런 손님이 익숙했다. 메리와 남편은 워낙에 악명이 높아서 호기심 많은 자유로운 영혼들이 유럽 전역으로부터 찾아와 그들을 넋을 놓고 바라보며 친분을 쌓으려 했다.

다른 방문객들과 마찬가지로 윌리엄스 부부도 셸리 부부의 과거에 관해서는 들어본 적이 있을 터였다. 메리는 영국에서 가장 저명한 지식인 부모 밑에 태어났다. 어머니 메리 울스턴크래프트(Mary Wollstonecraft, 1759-1797)는 아마도 역사상 최초의 위대한 페미니스트 작가였고, 여러 권의 책과 연애 스캔들로 유명했다. 어머니는 메리를 낳다가 죽었다. 아버지 윌리엄 고드윈(William Godwin, 1756-1836)은 유명 작가이자 철학자였다. 아버지는 많은 급진적 사상을 옹호했는데 그중에는 사유재산을 없애자는 주장도 있었다. 유명 작가들이 자주 어린 메리를 보러오곤 했다. 메리는 사람들의 마음을 사로잡는 아이였는데, 어머니처럼 선명한 붉은 머리칼과 뚫어질 듯 쳐다보는 두 눈에는 또래들과는 비교도 되지 않는 똑똑함과 상상력이 담겨 있었다.

윌리엄스 부부도 메리가 열여섯 살에 시인 퍼시 셸리를 만난 일과 둘 사이의 유명한 연애담을 알고 있을 게 분명했다. 셸리는 귀족 가문 출신으로 부유한 아버지로부터 큰 재산을 물려받게 되어 있었다. 셸리는 원래 해리엇이라는 이름의 아리따운 아가씨와 결혼했으나 메리를 만나면서 그녀를 떠났다. 셸리와 메리는 메리의 이복자매인 클레어와 함께 유럽 전역을 여행하며 가는 곳마다 스캔들을 뿌리고 다녔다. 셸리는 자유연애의 열렬한 신봉자였고 공개적인 무신론자였다. 이후 셸리의 아내 해리엇이 자살했고, 메리는 죽을 때까지 죄책감을 느꼈다. 나중에는 자신과 셸리 사이에 태어난 아이들이 저주를 받았다고 생각하기도 했다. 해리엇이 죽고 얼마 후 메리와 셸리는 결혼했다.

윌리엄스 부부는 당대의 또 한 명의 위대한 반항아인 시인 바이런 경과 셸리 부부의 관계도 알고 있는 게 틀림없었다. 셸리 부부와 바이런 경은 스위스에서 다 함께 시간을 보낸 적이 있었다. 그곳에서 한밤에 공포 소설에 관한 토론을 하다가 메리가 영감을 받아서 쓴 소설이 그녀가 열아홉에 쓴《프랑켄슈타인》이었다. 바이런 경은 본인도 스캔들과 수많은 염문을 뿌리고 다니는 사람이었다. 세 사람은 끝없는 루머를 양산했고 지금은 바이런 경도 이탈리아에서 살고 있었다. 영국 언론은 세 사람을 "근친상간과 무신론 동맹"이라고 불렀다.

인간 본성의 법칙 ──

처음에 메리는 이 영국인 부부에게 별 관심을 두지 않았다. 심지어 저녁 식사를 몇 번 함께한 후에도 그랬다. 메리가 보기에 제인 윌리엄스는 다소 따분하고 가식적이었다. 메리는 몇 주간 자리를 비운 남편에게 보낸 편지에 다음과 같이 썼다. "제인은 분명히 아주 예쁜데 활기와 센스가 부족해요. 대화라고는 별 게 없고 어조까지 느리고 단조로워요." 제인은 책을 많이 읽은 사람이 아니었다. 제인이 좋아하는 것이라고는 꽃꽂이와 하프 연주, 인도 노래 부르기(어릴 때 인도에서 살았다), 예쁜 포즈 취하기뿐이었다. '사람이 어쩜 저렇게 깊이가 없을 수 있지?' 종종 메리는 제인이 자신을 불편하게 노려보다가 금세 명랑한 미소로 위장하는 모습을 목격하기도 했다. 더 중요한 것은 윌리엄스 부부가 유럽을 여행하는 동안 알고 지냈던 메리의 친구가 메리에게 편지를 보내 제인과 거리를 두라고 경고해준 일이었다.

그러나 에드워드 윌리엄스는 상당히 매력적인 사람이었다. 그는 셸리를 흠모하는 듯했고 셸리처럼 되고 싶어 하는 것 같았다. 그는 작가가 되겠다는 포부를 가지고 있었다. 에드워드는 메리를 즐겁게 해주고 도움이 되려고 애썼다. 그러던 어느 날 에드워드는 메리에게 자신과 제인 사이의 연애담을 들려주었는데 이게 메리의 마음을 움직였다.

윌리엄스 부부는 실제로 결혼한 사이가 아니었다. 중산층 출신인 제인 클리블랜드는 원래 영국의 고위 군인과 결혼했다. 그런데 알고 보니 그자는 아내를 학대하는 짐승 같은 인간이었다. 잘생긴 에드워드 윌리엄스를 만난 제인은 즉시 사랑에 빠졌다. 에드워드 역시 제인처럼 인도에 산 적이 있는 군인이었다. 1819년 제인은 아직 첫 번째 남편과 혼인 중인 상태로 에드워드와 유럽으로 떠났고 부부 행세를 하며 다녔다. 셸리 부부와 마찬가지로 두 사람도 스위스에서 산 적이 있었고 모험을 찾아 기후 좋은 이탈리아로 왔다. 제인은 지금 에드워드와의 사이에서 둘째 아이를 가진 상태였다. 마침 메리도 다시 임신 중이었는데 말이다. 뭔가 운명적으로 두 커플은 서로 공통점이 많아 보였다. 더 중요한 것은, 메리가 두 사람의 사랑과 서로에 대한 희생에 깊이 공감했다는 점이었다.

이윽고 제인은 둘째를 낳았다. 두 여성은 이제 젊은 어머니로서 유대를 느끼는 사이가 됐다. 외국에서 젖먹이를 키우는 게 얼마나 어려운 일인지 마침내 이야기할 사람이 생긴 것이다. 메리의 남편은 이 부분에 큰 관심을 가져주지 않았다. 게다가 셸리 부부에게는 영국인 친구가 없었다. 이탈리아에 사는 영국인들은 셸리 부부를 마치 전염병 보듯 피했기 때문이다. 인생에서 그처럼 격변의 시기를 살고 있던 메리에게 매일 함께 시간을 보낼 수 있는 친구가 있다는 것은 큰 안도감을 주었다. 메리는 금세 제인과 보내는 시간에 크게 의지하게 됐고, 처음에 제인에게 품었던 의혹은 모두 잊고 말았다.

셸리 역시 점점 윌리엄스 부부를 마음에 들어 하는 듯했다. 에드워드는 아주 거들먹거리긴 했지만 셸리를 도와주겠다고 했다. 에드워드는 배 타는 것을 좋아하고 항해술에 대해 자부심이 있었다. 셸리는 수영도 한번 배워본 적이 없으면서도 항해에 대한 집착이 있었다. 어쩌면 에드워드는 셸리가 완벽한 배를 디자인할 수 있게 도와줄 수 있을 것 같았다. 그리고 셸리가 제인과 보내는 시간이 늘어나면서 제인이 셸리의 관심을 끌기 시작했다. 제인은 메리와 너무나 달랐다. 제인은 절대로 논쟁을 하지 않았다. 그저 흠모하는 눈빛으로 셸리를 바라보기만 했고, 셸리가 뭐라고 하면 무조건 다 동의했다. 제인은 너무나 명랑했다. 셸리는 제인에게 시를 가르쳐주며 선생님이 될 수 있었고, 제인은 셸리의 새로운 뮤즈가 되어줄 수 있었다. 우울증에 빠진 아내 메리는 더 이상 해줄 수 없는 역할이었다. 셸리는 제인에게 기타를 사줬고, 제인의 노랫소리를 듣는 것을 아주 좋아했다. 제인은 인도 노래를 아주 잘 아는 듯했고, 목소리가 아름다웠다. 셸리는 제인에게 바치는 시를 썼고 서서히 그녀에게 빠져들었다.

메리는 이 모든 것을 알고 있었다. 그녀는 남편의 패턴을 잘 알았다. 셸리는 언제나 지금 함께하는 여자가 아닌 다른 여자를 찾아다녔다. 그래서 본인에게 영감을 주고 단조로운 남녀관계를 깨주길 바랐다. 셸리의 첫 번째 아내였던 해리엇은 제인과 비슷한 여자였다. 예쁘고 단순했다. 그래서 셸리는 훨씬 복잡한 메리에게 빠져든 것이다. 이제 셸리는 단순한 제인에게 빠져들면서 같은 패턴을 반복하고 있었다. 하지만 메리가 대체 어떻게 제인을 진지한 라이벌로 생각할 수 있을까? 제인은 너무 평범했다. 셸리는 제인을 그냥 시적(詩的) 대상으로 보고 있을 뿐이다. 결국 셸리는 제인의 본모습을 알아보고 따분함을 느낄 것이다. 메리는 셸리를 잃는 것이 두렵지 않았다.

1822년 이제 떼려야 뗄 수 없게 된 셸리 부부와 윌리엄스 부부는 해안을 따라 더 북쪽에 있는 집으로 함께 옮겨가기로 했다. 레리치만이 내려다보이는 곳이었다. 처음부터 그곳이 싫었던 메리는 남편에게 다른 곳을 찾아보자고 사정했다. 너무 외진 곳이었고, 필요한 물건들을 구하기도 쉽지 않았다. 동네 농부들도 거칠고 불친절해 보였다. 두 커플은 순전히 하인들에게만 의존해야 할 것이다. 메리 외에는 아무도 집안 살림에 관심이 없는 듯했다. 제인은 말할 것도 없었다. 알고 보니 제인은 상당히 게으른 여자였다. 메리는 겨우 세 살이 된 아들 퍼시의 운명이 크게 걱정되었다. 그들이 살게 된 외딴 저택의 벽에서 메리는 재앙의 냄새를 맡았다. 메리는 초조했고 히스테리를 부렸다. 자신이 모두를 정 떨어지게 만들고 있다는 걸 알면서도, 초조한 마음을 도저히 진정시킬 수 없었다. 그러자 셸리는 점점 더 많은 시간을 제인과 보냈다.

그 저택에 들어간 지 몇 달 만에 메리는 유산을 하고 죽을 고비를 넘겼다. 셸리가 몇 주 동안 돌보아 메리는 회복됐다. 하지만 이내 남편은 새로운 계획에 마음을 홀딱 뺏긴 듯했는데 그게 메리를 공포로 몰아넣었다. 셸리와 에드워드는 배를 한 척 디자인했다. 늘씬하고 빠른 배로, 보기에는 아름다웠다. 그해 6월 셸리의 오랜 친구인 리 헌트와 그의 아내가 이탈리아에 왔다. 헌트는 출판업자로 젊은 시인들을 후원했는데, 셸리는 그가 가장 아끼는 시인이었다. 셸리는 에드워드와 배를 타고 올라가 헌트 부부를 만날 계획을 세웠다. 메리는 셸리에게 가지 말라고 매달렸으나 셸리는 한사코 메리를 안심시키려 들었다. 에드워드는 전문 항해사이고 그가 만든 배는 충분히 항해를 하고도 남는다고 말이다. 메리는 그 말을 믿지 않았다. 메리의 눈에 그 배는 거친 이 지역 바다를 지나기에는 엉성해 보였다.

그럼에도 불구하고 셸리와 에드워드는 7월 1일 선원 하나를 데리고 출항했다. 7월 8일 집으로 출발한 그들은 이 지역에 자주 나타나는 폭풍우를 만났다. 배는 정말로 설계가 잘못된 것이어서 그대로 가라앉고 말았다. 며칠 후 세 사람은 모두 시체로 발견됐다.

메리는 즉시 후회와 죄책감에 사로잡혔다. 남편에게 화가 나서 했던 말들이 한 마디 한 마디 모두 떠올랐다. 남편의 작품을 비판했던 일, 자신의 사랑을 의심하게 만들었던 일도 빠짐없이 떠올랐다. 그런 일이 너무 많았다. 그 자리에서 메리는 남은 생을 모두 셸리의 시를 유명하게 만드는 데 바치겠다고 결심했다.

처음에 제인은 예상치 못한 참사에 완전히 무너진 듯했으나, 메리보다 오히려 빨리 회복했다. 제인은 제 앞가림을 해야 했다. 메리는 셸리의 집안으로부터 충분한 유산을 받을지도 모르지만, 제인에게는 아무것도 없었다. 제인은 런던으로 돌아가 두 자녀를 키울 방도를 찾기로 했다. 메리는 제인의 딱한 처지에 공감해, 영국에 아는 중요한 연락처들을 모두 적어주었다. 그중에는 셸리가 어릴 적부터 가장 친하게 지낸 친구이자 변호사인 토머스 호그의 연락처도 있었다. 호그는 나름의 문제를 가진 사람이었다. 그는 셸리와 가장 가까운 사람들과 계속 사랑에 빠졌다. 처음에는 셸리의 여동생, 다음에는 셸리의 첫 번째 아내, 마지막에는 메리까지 유혹하려고 했다. 하지만 그건 이미 오래 전 일이었고 둘은 좋은 친구로 남았다. 변호사인 호그는 제인에게 도움이 될 수 있을 것이다.

메리는 이탈리아에 남기로 결정했다. 남은 친구가 거의 없었지만 헌트 부부가 아직 이탈리아에 있었다. 그러나 충격적이게도 리 헌트는 놀랄 만큼 메리에게 냉담했다. 가장 힘든 시기를 겪고 있는 메리에게 그는 일말의 동정심도 느끼지 않는 듯했는데, 메리는 이유를 알 수 없었다. 메리는 더 비참해진 기분이 들었다. 리 헌트라면 메리가 남편을 얼마나 깊이 사랑했는지, 얼마나 깊이 슬퍼하고 있는지 알아야 하는 것 아닐까? 메리는 제인처럼 감정을 대놓고 드러내는 사람은 아니었지만 마음속으로는 그 누구보다 괴로워하고 있었다. 다른 옛 친구들도 이제는 메리를 냉정하게 대했다. 오직 바이런 경만이 메리의 곁을 지켜주었고 두 사람은 더 가까워졌다.

얼마 후, 그렇지 않아도 아들의 자유분방한 생활에 충격을 받았던 셸리의 부모는 퍼시를 손자로 인정하지 않으려는 게 분명해 보였다. 적어도 메리가 퍼시를 돌보는 한은 말이다. 메리에게 경제적 지원은 한 푼도 없을 터였다. 메리의 유일한 답은 런던으로 돌아가는 거라고 생각했다. 어쩌면 셸리 가문 사람들이 퍼시를 만나보면, 그리고 메리가 얼마나 헌신적인 어머니인지 보고 나면, 마음을 바꿀지도 몰랐다. 메리는 제인과 호그에게 조언을 구하는 편지를 썼다. 두 사람은 이제 친한 친구 사이가 되어 있었다. 호그는 메리가 돌아오지 말고 기다려야 한다고 생각하는 듯했다. 그의 편지도 놀랄 만큼 차가웠다. 호그 역시 갑자기 메리에게 멀어진 사람이 되어 있었다. 그러나 가장 놀라웠던 것은 제인의 답장이었다. 제인은 메리에게 아들을 포기하고 영국으로 오지 말라고 했다. 메리는 자신의 감정을 설명하며 그건 불가능하다고 했지만, 제인은 더 단호하게 자신의 주장을 고집했다. 제인은 그것을 아주 노골적으로 표현했다. 메리가 런던으로 와도 환영할 사람은 아무도 없으며, 셸리 집안은 오히려 더 등을 돌릴 거라고 말이다. 너무나 매몰찬 이야기였다.

각자 남편을 잃고 이탈리아에서 몇 달 함께 지내는 동안 두 사람은 꽤 가까워졌었다. 메리의 인생에서 남편과 관련해 남은 사람이라고는 제인밖에 없었다. 메리는 제인이 자신의 남편과 무분별한 행동을 한 것도 모두 용서했다. 제인의 우정을 잃는다는 건 친구 하나가 죽는 것과 같았다. 메리는 아들과 함께 런던으로 돌아가 제인과의 우정을 회복하겠다고 결심했다.

메리는 1823년 8월 런던으로 돌아왔다. 돌아와 보니 자신은 꽤 유명한 인물이 되어 있었다. 호러 요소를 강조해 연극으로 만들어진 《프랑켄슈타인》이 센세이션을 일으키고 있었다. 이제 책의 내용뿐만 아니라 '프랑켄슈타인'이라는 이름 자체가 대중문화의 한 요소로 스며든 듯했다. 출판업자로 변신한 메리의 아버지는 《프랑켄슈타인》 신판을 발간했고, 메리를 저자로 분명하게 표기했다(초판은 저자가 익명으로 되어 있었다). 메리와 아버지, 제인은 함께 연극을 보러 갔다. 대중들에게 메리가 얼마나 매혹적인 존재가 되어 있는지 이제는 모두가 분명히 알 수 있었다. '이 사람이 그 가녀리고 조용한 성품으로 강렬한 호러 소설을 썼다는 여자야?'

메리가 런던으로 돌아온 지 얼마 안 되어 그리스에 있던 바이런 경이 죽으면서 메리는 더욱 유명해졌다. 바이런의 가장 친한 친구 중 한 명이었기 때문이다. 영국의 모든 지식인들이 메리를 만나고 싶어 했다. 메리와 바이런 경, 메리의 남편에 관해 더 많이 알고 싶어 했다. 심지어 제인조차 이제는 예전의 상냥한 제인으로 돌아와 있었다. 가끔씩 메리로부터 한 발 물러서는 것처럼 보이기는 했지만 말이다.

그런 유명세에도 불구하고 메리는 행복하지 않았다. 메리는 이런 관심을 원하지 않았다. 거기에는 그녀의 과거와 도덕성에 관한 은근한 비하나 소문도 끝없이 따라붙었기 때문이다. 메리는 남들이 자신을 쳐다보고 심판하는 것에 지쳤다. 어디 숨어서 아들만 키우고 싶었다. 메리는 런던에서 좀 더 후미진, 제인이 사는 동네 근처로 이사하기로 결심했다. 그곳이라면 퍼시도 제인의 자녀들과 다시 함께 어울릴 수 있었다. 서로 위해 주고 추억도 공유하고 과거의 기분을 되살릴 수 있겠지. 제인은 워낙 명랑한 사람이었고 메리는 그런 명랑함

인간 본성의 법칙

이 필요했다. 대신에 메리는 제인을 위해서라면 무슨 일이든 할 것이다.

1824년 여름 두 여자는 자주 만났다. 호그는 제인의 환심을 사려고 노력 중인 게 분명했다. 하지만 워낙에 서투르고 무례한 남자여서 제인이 호그의 관심에 응답한다는 게 메리로서는 잘 상상되지 않았다. 게다가 제인은 아직 남편이 죽은 지 얼마 안 된 시기였다. 그러다 1월의 어느 날 저녁 메리는 자신이 꽤 오랫동안 속아왔다는 사실을 분명히 알게 됐다. 밤늦은 시간 제인의 집이었다. 메리와 퍼시는 제인의 집에서 놀고 있었다. 퍼시는 제인의 자녀들과 게임을 하고 있었고, 메리는 제인에게 더 할 이야기가 있었다. 호그가 왔고 제인은 결국 메리에게 폭발하고 말았다. 메리는 친구에게서 그동안 한 번도 보지 못한 표정을 봤다. 그토록 급작스럽고 무례하게 그만 가달라고 말하는 것으로 보아, 제인은 이미 한동안 호그와 사귀었고 더 이상 메리에 대한 짜증을 숨길 수 없는 게 분명했다. 메리는 제인이 점점 냉담해지고 자신과 함께하는 시간을 별로 흥미로워하지 않는다는 사실을 눈치채가던 중이었다. 이제 그것을 더 분명히 알게 됐을 뿐이다.

그럼에도 두 사람은 친구로 남았다. 메리는 제인이 외로운 미망인으로서 겪는 어려움과 남편이 필요할 거라는 사실에 공감했다. 게다가 제인은 이제 호그의 아이를 임신하고 있었다. 메리는 원망을 접어두고 최대한 제인을 도와주려고 했다. 하지만 두 사람이 만나는 횟수는 점점 줄어들었다.

외로움을 잊으려고 메리는 이저벨 로빈슨이라는 아리따운 젊은 아가씨와 친구가 됐다. 이저벨은 도움이 필요했다. 이저벨은 얼마 전에 사생아를 낳았는데 그녀의 아버지가 그 사실을 알게 된다면 딸과 절연할 게 분명했다. 몇 주간 메리는 이저벨을 도와줄 계획을 궁리했다. 이저벨을 파리로 보내서 아이 아버지인 '남자'와 사는 것으로 꾸미려고 했다. 다만 이때 '남자'란 '미스 도즈'라는 여자였다. 도즈는 유명한 레즈비언으로 남자처럼 옷을 입고 다녔고 쉽게 남자로 오인 받곤 했다.

메리는 자세한 계획을 짜면서 즐거운 시간을 보냈다. 하지만 이저벨과 동행해 파리로 가기 직전 어느 날 오후 메리는 살면서 가장 충격적인 이야기를 듣게 된다. 제인이 메리에 관해 몇 달간 뭐라고 이야기했는지 이저벨이 낱낱이 털어놓았던 것이다. 퍼시 셸리는 한번도 아내를 사랑한 적이 없다. 셸리는 메리를 존중했으나 아무런 감정도 느끼지 않았다. 메리는 셸리가 원하던 여자도, 필요로 한 여자도 아니었다. 퍼시 셸리가 실제로 평생 가장 사랑한 여자는 제인이었다. 심지어 제인은 메리가 셸리를 너무 불행하게 만들어서 셸리가 죽음의 항해를 떠났던 날 속으로 죽고 싶어 했을 거라는 암시까지 주었다. 셸리의 죽음에 메리가 일부 책임이 있다는 뜻이었다.

　메리는 믿기지가 않았다. 하지만 이저벨이 그런 이야기를 지어낼 이유가 없었다. 그리고 더 깊이 생각해보니 갑자기 모든 게 이해가 가기 시작했다. 호그나 리 헌트 그리고 다른 사람들이 왜 갑자기 그렇게 냉담해졌는지 이해가 갔다. 그들도 이런 이야기를 들은 게 틀림없었다. 종종 모임에서 관심의 중심이 자신에게 왔을 때 제인이 어떤 눈빛을 던졌었는지 기억났다. 자신을 집에서 쫓아내던 날 제인의 표정도 생각났다. 제인은 메리가 런던에서 멀리 떨어져 살며 아이도 포기하기를 강력히 바랐다. 그것은 유산도 포기한다는 뜻이었다. 이 긴 세월 동안 제인에게 자신은 친구가 아니라 경쟁자였다. 이제 보니 남편이 제인을 쫓아다녔던 것이 아니라 제인이 적극적으로 남편을 유혹했던 게 분명했다. 예쁜 포즈를 취하고, 교태를 부리고, 기타를 치고, 거짓으로 고분고분한 척하면서 말이다. 제인은 뼛속까지 거짓인 여자였다. 하지만 그중에서도 가장 가혹했던 한 방은 메리의 남편이 죽은 후에 한 일이었다.

　제인은 이런 괴물 같은 이야기를 스스로 믿었을 뿐만 아니라 남들까지 믿게 만들었다. 메리는 남편이 오랫동안 자신을 얼마나 사랑했는지 잘 알고 있었다. 두 사람은 많은 일을 함께 겪었다. 그 허무맹랑한 이야기를 퍼뜨리기 위해 제인은 셸리의 죽음을 상처 이상의 것으로 만들었다. 그건 마치 오래된 상

　　　　　　　　　　　　　　　인간 본성의 법칙　◂▸

처에 칼을 찔러 넣은 것과 같은 행동이었다. 메리는 일기장에 이렇게 썼다. "내 친구는 거짓으로 가득찬 기만적인 사람으로 판명 났다. 나는 어쩜 그렇게 바보였을까?"

몇 달간 고민을 거듭한 메리는 마침내 제인과 대면했다. 제인은 눈물을 쏟으며 호들갑을 떨었다. 그런 끔찍한 이야기를 퍼뜨린 사람이 누구냐며, 자신은 메리를 배신한 적이 없다고 했다. 제인은 오히려 메리가 냉담하고 매몰차다고 비난했다. 하지만 메리는 그제야 꿈에서 깨어난 기분이었다. 이제는 저 꾸며낸 분노와 가짜 사랑, 법석을 떨며 사람을 헷갈리게 하는 수법이 모두 눈에 보였다. 과거로 돌아갈 일은 없었다.

이후 몇 년간 메리는 제인과의 관계를 완전히 끊어내지는 않았다. 그러나 이제 둘의 관계는 순전히 메리에게 달려 있었다. 제인의 삶이 서서히 무너지고 제인과 호그의 관계가 엉망이 되는 것을 보아야만 조금이라도 만족할 수 있을 것 같았다. 메리는 본인이 쓴 소설을 통해, 또 남편 셸리의 시를 출판하면서 점점 더 유명해졌고, 당대의 훌륭한 작가나 정치가들과 어울렸다. 그러면서 서서히 제인과의 연락을 끊어냈다. 다시는 제인을 믿을 수 없었다. 한참 후에 메리는 일기에 이때의 일을 다음과 같이 적었다. "인생이 사악하게 느껴지는 것은 어떤 일을 잊고 싶어질 때다. 처음에 나는 제인 때문에 너무나 비참했다. 그녀는 내 과거를 오점으로 만들었다. 추억에서 달콤함을 앗아가고 독사의 잇자국만을 남겨놓았다."

해석 ──●

시기심이 사람의 마음을 얼마나 많이 바꿔놓는지 보라. 제인 윌리엄스도 그것을 분명히 보여주는 사례다. 메리를 처음 만났을 때 제인은 상충되는 감정을 갖고 있었다. 한편으로는 메리를 좋아하고 우러러봤다. 메리는 기분 좋은 매너를 갖고 있고, 빛이 났고, 아들에게 깊은 애착을 느끼고 있었다. 그리고 때로는 넉넉하게 마음을 쓸 줄도 알았다. 그러나 한편으로 메리는 제인에게 깊은 열등감을 느끼게 했다. 메리는 제인이 갖지 못한 수많은 것을 갖고 있으면서 그것들을 당연시했다. 그녀의 재능과 사랑을 위한 희생정신, 매력적인 천성에 쏟아지는 관심을 당연하게 생각했다. 제인은 메리에게 끌렸고 거기에는 어쩔 수 없는 시기심이 따라왔다. 제인은 메리와 똑같은 것을 갖고 싶었고, 그런 것들을 당연하게 느끼고 싶었다. 하지만 그런 것들은 쉽게 혹은 합법적으로 가질 수 있는 게 아니었다. 시기심 뒤에는 남몰래 상대의 것을 훔치고 그에게 타격을 입히고 상처를 주고 싶은 욕망이 따라왔다. 저들이 자신보다 우월하다면 그 불공평을 바로잡고 싶었다.

제인이 내부에서 요동치는 시기심을 숨기고 억누른 데는 여러 이유가 있다. 첫째, 시기심을 드러내 보이는 것은 사회생활에서 독이 된다. 시기심은 깊은 불안과 적대감 등 온갖 추잡한 감정을 폭로하고, 사람들을 멀리 밀어낼 게 확실하다. 둘째, 제인과 그녀의 남편은 셸리 부부에게 미래의 생계를 의존하고 있었다. 제인은 에드워드를 셸리의 친구이자 조수이자 항해사로 계속 붙여둘 참이었다. 셸리는 아낌없이 돈을 쓰는 것으로 유명했다. 메리에게 적대적으로 굴었다가는 그 모든 게 위험해질 수 있었다. 마지막으로, 시기심은 속이 쓰린 감정이다. 그건 자신의 열등함을 인정하는 꼴이고, 인간에게 그것은 참기 어려운 일이다. 시기심은 인정하거나 곰곰이 생각하고 싶은 감정이 결코 아니다. 우리는 자신에게조차도 자신이 품은 시기심을 감추고 싶다. 시기심이 동기가 되어 내가 어떤 행동을 했다는 사실을 결코 알고 싶지 않다.

이 모든 것을 고려했을 때 제인의 다음 단계는 아주 자연스러운 선택이었다. 그녀는 메리와 친구가 되어, 메리가 친절을 베풀면 자신도 되돌려주었다. 제인의 마음 한구석에는 메리를 좋아하는 감정도 있고, 그토록 유명한 여자가 내게 관심을 가져준다는 게 우쭐한 기분도 들었다. 제인은 관심을 열망했다. 메리와 친구가 되기로 해놓고 이제와 어떻게 친구에게 시기심을 느낀단 말인가? 하지만 메리와 보내는 시간이 늘어날수록 둘 사이의 불균형은 더 뚜렷해졌다. 저명하고 잘생긴 남자, 대단한 재산을 물려받을 상속자, 바이런 경과도 깊은 우정을 나누는 사람을 남편으로 둔 것은 메리였다. 게다가 메리는 풍부한 상상력이라는 재능까지 가지고 있었다. 그러니 메리와 더 많은 시간을 함께 보낼수록 제인의 시기와 질투는 더 강해질 수밖에 없었다.

이런 시기심을 자기 자신이나 남들에게 감추려면 필요한 다음 단계는 정해져 있었다. 제인은 머릿속에서 메리를 매몰찬 사람으로 바꿔야 했다. 메리는 그만한 재능이 없다. 그냥 운이 좋은 것이다. 유명한 부모나 주변 남자들이 없었다면 메리는 결코 그렇게 운 좋은 위치에 가지 못했을 것이다. 메리는 그런 명성을 누릴 자격이 없다. 메리는 감정기복이 심하고 우울하고 사람에게 매달리고 재미없고 함께 있으면 짜증나는 사람이다. 친절하지도 않고 남편을 사랑하지도 않고 대단한 여자가 아니다. 이런 사고 과정을 거치면서 메리에 대한 적대감이 우호적 감정을 압도하기 시작했다. 제인은 자신이 적극적으로 퍼시 셸리를 유혹해도 되고, 진짜 감정을 메리에게 숨겨도 된다고, 그게 정당하다고 느꼈다. 메리의 부부관계에 가장 큰 손상을 주었던 것은 메리의 남편이 제인에게 아내에 대한 불평을 늘어놓을 때마다 제인이 새로운 이야기나 의견을 덧붙여 둘 사이를 더 갈라놓았던 일이다.

물론 메리를 그토록 비호감인 사람으로 바꿔놓기 위해서 제인은 일부러 모든 맥락을 무시해야 했다. 메리가 최근에 사랑하는 두 아이를 병으로 잃었다거나 셸리 본인이 아내에게 냉담했고 바람둥이였다거나 하는 맥락 말이다. 그러나 상대를 시기하면서 그에게 뭔가 해를 가해도 된다고 느끼려면 나름의 내러티브(narrative, 인과관계로 이어진 이야기의 연결. – 옮긴이)를 만들어내야 한다. 상대가 하는 모든 행동에서 부정적 특성이 드러나야 한다. 그래야 상대는 그렇게 우월한 위치를 차지할 자격이 없어지기 때문이다. 이제 제인은 바라던 것을 이뤘다. 퍼시 셸리는 그녀를 사랑스럽게 처다보고 있었고 아내로부터도 완전히 멀어졌다. 셸리가 죽고 나자 제인은 메리가 그다지 슬퍼 보이지 않는다는 악의적인 이야기를 퍼뜨림으로써 본인의 시기심을 분출할 수 있었다. 이 이야기는 리 헌트를 비롯해 듣는 사람들에게 너무나 불편한 이야기였고 사람들은 메리에게서 멀어져갔다.

제인이 런던에 돌아오고 메리까지 그곳에 합류하자 패턴은 다시 반복됐다. 제인의 마음속에는 아직도 메리에게 끌리는 부분이 있었다. 오랜 세월 두 사람은 함께 겪은 일도 많았다. 그러나 메리 옆에서 보내는 시간이 늘어날수록 제인이 감내해야 하는 것들도 늘어났다. 메리는 날로 명성이 높아지며 당대의 명사들과 어울렸고, 학대당하는 여성을 위해 인정을 베풀고, 아들에게 헌신하고, 남편과의 추억을 기렸다. 이 중 어느 것도 제인의 내러티브와 조화되지 않았다. 그래서 제인은 마음속으로 또 하나의 단계를 거쳐야 했다. '메리는 모두 거짓이야. 아직도 남편의 유산으로 살고 있어. 그녀는 인정이 많은 게 아니라 사람들을 필요로 하는 거야. 남들도 이걸 알아야 하는 건데.' 그래서 제인은 메리의 친구 호그를 훔쳤다. 처음에 메리의 남편을 훔쳤던 것에 비하면 죄가 조금 약해진 형태였다. 그리고 계속해서 메리에 관한 이야기를 퍼뜨렸다. 다만 이번에는 자신이 셸리 인생의 마지막 위대한 사랑이며, 셸리는 한 번도 아내를 사랑한 적이 없고, 메리가 셸리를 자살로 몰고 갔다는 악의적 왜곡을 추가했다. 런던에서 이토록 자극적인 이야기는 메리의 명성에 큰 손상이 될 수밖에 없었다.

오랜 세월 제인이 메리에게 가한 고통은 이루 헤아릴 수 없을 정도다. 메리는 제인 때문에 남편과의 싸움이 악화됐고, 친한 친구들은 알 수 없는 이유로 갑자기 냉담해졌다. 제인은 메리를 밀었다 당겼다 했고, 메리가 조금 더 가까워지려고 하면 언제나 한 발 물러났으며, 마지막에는 그녀의 지독한 배신까지 탄로났다. 또한 그토록 많은 사람이 제인이 지어낸 이야기를 믿었다는 사실도 오랫동안 메리를 힘들게 했다. 한 사람의 시기심이 이토록 많은, 숨은 고통을

인간 본성의 법칙 ———

야기할 수 있다.

꼭 알아야 할 것이 있다. 시기심이 가장 흔하게 발동되고 가장 큰 고통을 주는 것은 친구들 사이에서다. 우리는 우정의 과정에 일어난 무언가가 친구를 나에게 등 돌리게 만들었을 거라고 짐작한다. 때로는 친구가 나에게 가하는 배신과 훼방, 추한 비난을 온몸으로 겪으면서도 왜 그가 그런 행동을 하는지 그 바닥에 놓인 시기심은 결코 이해하지 못한다.

여기서 우리는 한 가지 역설적 사실을 이해해야 한다. 시기심을 느끼는 사람은 처음부터 친구가 되려는 경우가 많다. 제인과 마찬가지로 그들도 진정한 관심과 끌림, 시기심을 동시다발적으로 느낀다. 그들이 열등감을 느낄 만한 어떤 자질을 우리가 가지고 있다면 말이다. 친구 사이가 되면 그들은 자기 자신에게조차 그 시기심을 숨길 수가 있다. 한 발 더 나아가 그들은 우리의 시중을 극진히 들면서 우정을 꼭 얻어내려고 안달복달하기도 한다. 하지만 가까워질수록 문제는 더 커진다. 밑바닥에 놓인 시기심이 계속해서 움찔거린다. 그에게 열등감을 자극했던 바로 그 특징(좋은 위치, 빈틈없는 성실함, 호감을 주는 성격)을 이제는 일상적으로 목격하기 때문이다.

그래서 제인의 경우처럼 서서히 내러티브가 만들어진다. '저 친구는 운이 좋은 거야. 지나치게 야망이 커. 결코 그렇게까지 대단하지 않아.' 그들은 우리의 친구이기 때문에 우리의 약점이 뭔지, 우리에게 가장 큰 타격을 줄 수 있는 게 뭔지도 알아낼 수 있다. 친구이기 때문에 훼방을 놓고 우리의 배우자를 뺏어가고 아수라장을 만들어놓기에도 좋은 위치에 있다. 그들이 공격하면 우리는 흔히 죄책감과 혼란을 느낀다. '어쩌면 내가 그런 비난을 받을 만한 일을 했을지도 몰라.' 우리가 화를 내면 그것은 우리가 호감 갈 만한 사람이 아니라는 그들의 내러티브에 재료를 더 얹어줄 뿐이다. 한때는 친구였기 때문에 우리는 두 배로 더 상처받고 배신감을 느낀다. 그리고 우리의 상처가 클수록 시기심을 느끼는 상대는 더 큰 만족을 느낀다. 어쩌면 그들은 이런 상처를 줄 힘을 갖기 위해 무의식적으로 부러워하는 상대와 친구가 되고 싶은 것인지도 모른다.

이런 치명적인 친구는 파악도 힘들고 교묘하게 행동하지만, 언제나 경고 신호는 있다. 첫인상에 더 주의를 기울여라. (메리가 그랬다면 얼마나 좋았을까.) 종종 우리는 상대가 가짜라는 것을 직관적으로 알았다가도 상대가 친근하게 접근해오면 그 사실을 잊어버린다. 누구나 나를 좋아하는 것 같은 사람을 보면 기분이 좋아진다. 시기심을 가진 자들은 이 점을 아주 잘 알고 있다. 친구나 중립적인 제3자의 의견을 경청하라. 제인이 음모를 잘 꾸미고 심지어 좀 무섭기까지 하다는 것을 메리의 여러 친구가 알고 있었다. 상대의 시기심은 갑작스러운 표정이나 나를 폄하하는 말로 새어나오기도 한다. 시기심을 가진 사람은 이상한 조언을 줄 것이다. 나의 이해에 반하는 것 같은데 나름의 논리를 갖추어 말하는 식이다. 그들은 우리가 실수를 하기를 바라며, 종종 실수를 유도할 방법을 찾으려고 애쓰기도 한다. 우리가 무언가에 성공하거나 사람들의 관심을 더 많이 받으면, 그들은 진짜 감정이 더 많이 새어나온다.

일단 시기심의 신호로 볼 수 있는 것들을 찾아냈다면 그다음에는 편집증이 되라는 이야기는 아니지만 경계를 늦추지 말아야 한다. 사람들 중에는 특히 시샘을 많이 내는 유형이 있다(다음 부분 참조). 그들의 연극에 휘말리기 전에 빨리 알아봐야 한다. 시기하는 사람의 공격을 피해가는 게 얼마나 좋은 일인지는 말로 다 설명하기가 힘들다. 간단히 이렇게 생각하라. 시기심 많은 친구 하나 때문에 당신은 오랫동안 영혼이 병들고 송두리째 흔들릴 수 있다.

친구 하나가 성공할 때마다 나는 조금씩 죽어간다.

– 고어 바이덜(미국의 소설가이자 극작가.)

· 인간 본성의 열쇠 · 상대의 분노에는 시기심이 자리 잡고 있다

인간의 모든 감정 중에서 시기심만큼 까다롭고 어려운 것도 없다. 사람들을 뒤에서 움직이는 시기심을 실제로 구별해내기란 아주 어렵다. 내가 고통받은 이유가 누군가의 시기심 때문이라는 것을 모르는 경우가 태반이다. 바로 그렇기 때문에 시기심은 대처하기도 힘들고 그만큼 위험하다.

시기심이 눈에 보이지 않는 이유는 간단하다. 우리는 내가 느끼는 시기심을 대놓고 표현하는 경우가 거의 없다시피 하기 때문이다. 누군가가 한 말이나 행동 때문에 분노를 느꼈다면 여러 가지 이유로 분노를 숨길 수도 있지만 내가 적대감을 느끼고 있다는 사실 자체는 자각하고 있다. 결국 그 분노는 무언가 비언어적인 행동으로 새어나올 것이다. 그리고 분노에 기반해서 어떤 행동을 했을 경우 상대도 그게 뭔지 느끼고 그 순간 분노를 야기한 게 뭔지도 아는 경우가 많을 것이다.

누구나 시기심을 느낀다. 물건, 관심, 존경, 뭐가 됐든 내가 원하는 것을 남이 더 많이 가지고 있다고 느낄 때다. 나도 저 사람만큼 가질 자격이 있는데 어쩐지 나는 그걸 갖지 못할 것 같다. 하지만 위에서 말한 것처럼, 시기심은 내가 중요하게 생각하는 어떤 영역에서 내가 상대보다 열등하다는 사실을 스스로 인정하는 뜻도 된다. 이런 열등함을 인정하는 것만도 고통스러운데 내가 이렇게 느낀다는 사실을 남들이 아는 것은 더욱더 고통이다.

그래서 이런 시기심을 훅 하고 느끼자마자 우리는 나 자신에게조차 그것을 숨겨야 할 동기가 생긴다. '내가 느끼는 건 시기심이 아냐. 나는 재화나 관심의 분배가 불공평하다고 느끼는 거야. 이 불공평이 원망스러운 거야. 화나는 거야. 게다가 저 사람은 정말로 우월한 게 아니라 그냥 운이 좋은 거야. 지나치게 야망이 크거나 부도덕한 거야. 그래서 저 자리까지 간 거지.' 나의 동기가 시기심이 아니라 다른 것이라고 이렇게 스스로를 설득하고 나면, 이제 남들도 내 밑바닥에 있는 시기심을 알아채기가 아주 힘들어진다. 남들은 이제 내 분노와 분개, 적대적 비난, 독설 같은 칭찬밖에 보지 못한다.

고대에는 강력한 시기심을 느낀 사람들이 폭력으로 조치를 취했을 수도 있다. 남이 가진 것을 강제로 뺏거나 심지어 상대를 죽이는 식으로 말이다. 구약 성서를 보면 카인은 시기심에 아벨을 죽인다. 요셉의 형제들은 요셉을 죽일 목적으로 사막에 던져버린다. 아버지가 그를 편애하는 것 같았기 때문이다. 사울왕은 잘생기고 재주를 타고난 다윗을 몇 번이나 죽이려고 하다가 결국 시기심에 미치고 만다.

그러나 지금 사람들은 훨씬 정치적이고 간접적이다. 노골적인 공격적 충동을 조절할 줄도 알고, 자신이 느끼는 감정을 위장하고 숨긴다. 시기심을 느낀 사람이 폭력 대신 사용할 가능성이 높은 방법은 일을 훼방을 놓거나, 남녀 사이를 갈라놓거나, 명성을 훼손하거나, 우리의 가장 원초적인 불안을 겨냥하는 비난을 통해 괴롭히는 것 등이다. 이렇게 하면 본인의 사회적 위치를 유지하면서도 해를 가할 수 있고, 상대는 그의 동기가 시기심일 거라고는 짐작조차 못하게 된다. 그리고 그들은 어떤 불균형이나 불공평을 바로잡은 것에 불과하다고 자신의 행동을 스스로에게 정당화할 수 있다.

누가 우리에게 화를 내고 그래서 어떤 행동을 하면 우리는 상대가 느끼는 분노를 분석할 수 있다. 그리고 그에 따라 화를 진정시키거나 나를 방어할 방법을 찾아낼 수 있다. 그러나 그 밑에 시기심이 자리하고 있다는 사실을 모른다면 우리는 상대의 적대적 행동에 어리둥절할 수밖에 없다. 그리고 그런 혼란은 우리가 겪는 고통을 곱절로 가중시킨다. 왜 사람들이 갑자기 나한테 차가운 거지? 왜 그 프로젝트가 어이없게 실패한 거지? 왜 내가 잘린 거지? 왜 이 사람은 나한테 반대하지?

인간 본성의 법칙을 공부하는 학생으로서 우리가 해야 할 일은 기가 막히게 시기심을 잘 해독하는 사람으로 거듭나는 것이다. 상대가 그런 행동을 하게 된 동기를 반드시 알아내겠다는 마음으로 철저히 분석해야 한다. 시기심의 신호는 알아보기가 쉽지 않지만 분명히 존재하기 때문에 노력을 통해 그 미묘한 차이를 식별하게 되면 시기심의 언어에 숙달할 수 있다. 이것을 하나의 지적 도전으로 생각하라. 시기심을 해독할 수 있게 되면 황당하게 당할 일이 없다. 뒤돌아보면 누군가 시기심 때문에 나를 공격했다는 사실을 알게 될 테고, 그러면 그 일을 극복하는 데 도움이 될 것이다. 어쩌면 그런 공격이 올 수 있다는 경고 신호를 미리 알아보고 문제의 싹을 없애거나 공격을 피해갈 수 있을지도 모른다. 그리고 누군가 시기심에 빠져 나를 제대로 공격했을 때 생기는 숨은 고통이 무엇인지 알고 나면 몇 년씩 지속될 정서적 타격도 피할 수 있다. 그렇다고 우리가 편집증이 되지는 않을 것이다. 다만 가짜이거나 치명적인 친구 혹은 동료를 더 잘 솎아내고, 정말로 믿을 수 있는 진짜 친구만 남기는 일이 더 쉬워질 것이다.

시기심이라는 미묘한 감정 속으로 빠져들기 전에 '수동적' 시기심과 '능동적' 시기심을 구분하는 게 중요하다. 누구나 하루에도 몇 번씩 시기심이 훅 하고 치미는 것을 느낀다. 무의식적으로 주위 사람을 둘러보다가 상대가 나보다 더 많은 것을 가졌을지 모른다고 느끼기 때문이다. 사회생활을 하다 보면 그게 재산이든, 지능이든, 호감의 정도이든, 다른 자질이든 간에 나보다 더 우월한 사람은 항상 있게 마련이다. 만약 그 느낌이 의식의 수준까지 올라오고 다소 날카롭게 느껴진다면, 우리는 그 감정을 분출하기 위해 뭔가 상처가 되는 말이나 야비한 발언을 할 수도 있다. 하지만 일반적으로 우리는 이렇게 수동적인 형태의 시기심을 경험하기 때문에 친구나 동료와의 관계에 유의미한 손상을 줄 만한 행동은 하지 않는다. 남들에게서 수동적 시기심의 신호(예컨대 약간의 조롱이나 퉁명스러운 발언)를 감지했다면 그냥 사회적 동물이기 때문에 생기는 일이라고 보고 넘어가야 한다.

하지만 때로는 그런 수동적 시기심이 능동적 시기심으로 바뀔 때가 있다. 시기심의 기초가 된 열등감이 너무 강해서 몇 마디 발언이나 조롱 정도로는 해소될 수 없는 적대감이 되어버린 경우다. 시기심을 너무 오래 품고 있으면 고통스럽고 좌절을 느낄 수도 있다. 그러나 상대에게 정당하게 분개한다면 오히려 힘이 날지도 모른다. 시기심을 표현하고 상대에게 뭔가 해를 가하면 제인이 그랬던 것처럼 만족감이 느껴진다. 하지만 그 만족감은 오래 지속되지 않는다. 왜냐하면 시기심을 느끼는 사람은 늘 새로운 시기할 거리를 찾아내기 때문이다.

우리의 목표는 위험해지기 전에 이렇게 더 날카로운 형태의 시기심의 신호를 찾아내는 것이다. 그 방법에는 세 가지가 있다. 시기심이 새어나올 때의 신호를 알아두는 것, 사람들 중에 시기심을 더 잘 발동시키는 유형을 알아두는 것, 능동적 시기심을 유발할 수 있는 환경이나 행동을 알아두는 것이다. 시기심에서 출발한 행동을 모두 다 알아볼 수는 없다. 사람들은 시기심을 숨기는 데 너무나 능하기 때문이다. 하지만 세 가지 해독법을 모두 활용한다면 시기심을 감지할 확률은 더 높아질 것이다.

시기심의 신호

신호가 다소 약하긴 하지만 잘 관찰해보면 시기심은 새어나오게 마련이고 감지할 수 있다. 그런 신호를 단 한 번 본 것이라면 수동적이거나 약한 시기심을 뜻할 수 있다. 경계 모드로 전환하기 전에 아래와 같은 신호가 여러 번 혹은 반복적으로 나타나는지 패턴을 찾아보아야 한다.

미세 표정

　시기심을 처음 경험할 때는 아직 그걸 다른 것이라고 스스로를 속이기 전이기 때문에 감정이 더 쉽게 누출된다. 첫인상이 가장 정확한 경우가 많은 것은 그 때문이다. 그래서 시기심의 경우에는 첫인상에 무게를 더 두어야 한다. 시기심이 가장 많이 드러나는 곳은 눈이다. 라틴어로 시기심이라는 단어의 어근은 '인비디아(invidia)'인데 '훑어보다, 칼처럼 눈으로 살피다'라는 뜻이다. 처음에 이 단어의 의미는 '악마의 눈'과 관련되어 있었다. 쳐다보는 것만으로도 저주를 내리거나 실제로 누군가를 해칠 수 있다고 믿었기 때문이다.

　눈은 실제로 많은 것을 말해준다. 하지만 시기심을 나타내는 미세 표정은 얼굴 전체에 나타난다. 시기심을 느끼는 사람은 잠시 뚫어질 듯이 쳐다보는 것을 알 수 있다. 이때 표정에는 무시나 약간의 적대감이 묻어난다. 마치 속았다고 느끼는 어린아이의 표정과 같다. 이때 입가는 내려가고, 코는 비웃듯이 약간 위로 올라가며, 턱은 내미는 경우가 많다. 이런 표정은 노골적이고 다소 길게 이어지는 경우조차 1, 2초를 넘기지 않는다. 보통 그다음에는 어색한 가짜 미소가 뒤따른다. 종종 시기하는 사람 쪽으로 갑자기 고개를 돌리다 보면 우연히 이런 표정을 목격하게 될 것이다. 또는 직접 보지 않아도 상대의 눈이 불타오르듯이 나를 보고 있는 게 느껴질 것이다.

　독일의 철학자 아르투어 쇼펜하우어(Arthur Schopenhauer, 1788-1860)는 이런 표정을 유도함으로써 빠르게 시기심을 시험해볼 수 있는 방법을 고안했다. 자신에게 시기심을 갖고 있는 듯한 사람에게 자신에 관한 좋은 소식을 이야기해보라. 승진이나 새로 생긴 애인, 새로 맺은 계약 같은 것 말이다. 아주 짧게 실망한 표정이 나타나는 것을 볼 수 있을 것이다. 축하한다고 말하는 상대의 목소리에 약간의 긴장과 부자연스러움이 드러날 것이다. 이번에는 자신에 관해 뭔가 안타까운 소식을 말해보라. 통제되지 못하고 나오는 기쁨의 미세 표정을 볼 수 있을 것이다. 흔히 '샤덴프로이데(schadenfreude, 남의 불행을 보고 느끼는 기쁨. -

옮긴이)'라고 알려진 것이다. 아주 짧은 찰나 그들의 눈이 번득한다. 시기심을 가진 사람은 상대의 불운에 관해 들었을 때 어쩔 수 없이 약간 고소한 기분을 느낀다.

메리가 제인에게서 느꼈던 것처럼, 누군가를 아직 몇 번 안 만났는데 그런 표정이 보인다거나 한 번 이상 그런 일이 있다면 당신을 시기질투하는 위험한 인물이 당신 인생에 들어오는 것은 아닌지 잘 살펴보라.

독설 같은 칭찬

시기심을 가진 사람의 제대로 된 공격이 있기 전에 작은 공격들이 선행하는 경우가 많다. 무심코 던지는 말 같지만 실제로는 당신의 심기를 건드리기 위해 철저히 계획된 발언들이다. 헷갈리고 모순되는 칭찬은 가장 흔한 형태 중 하나다. 예를 들어 당신이 프로젝트를 하나 끝냈는데 사람들의 첫 반응은 상당히 긍정적이라고 치자. 당신을 시기하는 사람은 당신이 앞으로 큰돈을 벌게 됐다는 식으로 말할 것이다. 당신이 그 프로젝트를 추진한 주된 이유가 마치 그거라는 듯이 말이다. 정말로 칭찬을 하려면 업적 자체나 거기에 쏟아부은 노력을 칭찬하는 것이 마땅하다. 그러나 당신을 시기하는 사람은 당신이 돈 때문에 그 일을 했고, 돈에 팔린 사람이라는 암시를 준다. 그러면 당신은 어리둥절하다. 상대는 칭찬을 한 것 같은데 당신 마음은 불편해졌기 때문이다. 저들은 가장 큰 의구심이나 상처를 줄 수 있는 순간을 선택해 그런 발언을 할 것이다. 예컨대 당신이 좋은 소식을 듣고 기쁨에 넘칠 때처럼 말이다.

마찬가지로 당신이 무언가에 성공하면 저들은 그 일을 가장 기뻐하지 않을 법한 사람만 골라 들먹일 수도 있다. 당신을 곱지 않게 보이게 만들 법한 팬이나 소비자 같은 사람 말이다. 이를테면 "흠, 월스트리트 경영진들이 그 소식을 좋아할지 모르겠네" 같은 식이다. 다른 평범한 이야기 중간에 이런 발언을 끼워 넣겠지만, 당신은 계속 뭔가 찜찜한 기분이 남을 것이다. 또는 당신이 이미 놓친 어떤 것을 좋게 이야기할 수도 있다. 당신이 놓친 직장이나 좋은 집, 당신을 떠난 배우자를 칭찬하는 식이다. "그 집 정말 예쁘던데. 안됐네." 이런 것들은 모두 동정하듯이 하는 말이지만 당신을 불편하게 만든다. 독설 같은 칭찬은 거의 언제나 시기심의 신호다. 상대가 늘 이런 식으로 칭찬하는 습관이 있다면, 이런 일을 여러 번 겪었다면, 아마도 그들 내면에서 뭔가 더 강렬한 어떤 감정이 요동치고 있다는 신호일 것이다.

험담

남의 험담을 좋아하고 특히 상호 간에 아는 인물을 험담하는 사람은 당신에 대한 험담도 분명히 한다. 그리고 험담이란 시기심을 숨기기 위해 흔히 동원되는 위장술이다. 악의적인 루머와 이야기를 공유함으로써 시기심을 편리하게 분출하는 것이다. 남의 뒤에서 험담을 할 때 그들의 눈은 반짝이고 목소리는 생기를 띠는 것을 알 수 있을 것이다. 험담은 그들에게 샤덴프로이데에 맞먹는 기쁨을 주기 때문이다. 그들은 아는 사람에 대해 어떻게든 험담할 거리를 찾아낼 것이다. 그들이 험담에 자주 등장하는 주제는 '그렇게까지 훌륭한 사람은 아무도 없다', '사람들은 겉보기와 다르다' 등이다.

교묘하든 노골적이든 누가 당신에 관해 뭔가 부정적인 이야기를 퍼뜨렸다는 이야기를 듣게 되면 그 경우에는 한 번일지라도 안테나를 바짝 세워야 한다. 이 경우 능동적 시기심이 의심되는 이유는 상대가 당신의 친구이고 밑바닥의 적대감을 혼자만 간직하기보다 제3자에게 분출할 필요성을 느끼고 있기 때문이다. 친구나 동료들이 별 이유도 없이 갑자기 당신에게 차가워진다면 누가 그런 험담을 한 경우일 수 있으니 출처를 찾아봐야 한다. 어떤 경우에도 험담을 즐겨하는 사람은 의리가 있거나 믿을 만한 친구가 될 수 없다.

밀고 당기기

제인 윌리엄스의 사례에서 알 수 있듯이, 시기심을 가진 사람은 상대에게 상처를 입힐 방법으로 종종 우정이나 친밀감을 이용한다. 그들은 유난히 당신과 친구가 되고 싶어 안달이다. 그들은 당신에게 관심을 쏟아붓는다. 당신이 만약 내면이 불안정한 사람이라면 이게 아주 큰 효과가 있을 것이다. 저들은 너무 일찍, 너무 야단스럽게 당신을 칭찬한다. 당신과 가까운 관계가 됨으로써 당신에 관한 자료를 수집하고 당신의 약점을 찾아낸다. 당신이 저들에게 마음을 주고 나면 저들은 갑자기 날카롭게 당신을 비판한다. 저들의 비판은 다소 사람을 헷갈리게 만든다. 꼭 당신이 한 일은 아닌데도 죄책감을 느끼게 만드는 식이다. 그런 다음 그들은 다시 처음과 같은 따뜻함을 보여준다. 이 패턴이 계속 반복된다. 당신은 저들이 주는 따뜻한 우정과 간헐적 고통 사이에서 오도 가도 못하게 된다.

당신을 비판할 때 저들은 당신의 성격 중에서 혹은 당신이 후회할 만한 말 중에서 흠이 될 만한 것을 기가 막히게 찾아낸다. 그리고 그것을 크게 강조한다. 저들은 당신을 상대로 마치 유죄의 증거를 제시하는 검사와 같은 모습을 보인다. 더 참을 수 없어진 당신이 스스로를 변호하거나, 저들을 비판하기로 작정하거나, 혹은 우정을 깨려고 하면, 이제 저들은 야비하거나 잔인한 구석이 있는 사람은 당신이라고 몰아갈 수 있고 남들에게도 그렇게 알릴 수 있다. 저들의 과거를 보면 다른 인간관계도 순탄하지 않았을 것이다. 저들은 인간관계가 극적으로 깨지는 것을 여러 번 겪었을 테고 늘 그것은 다른 사람의 잘못이었다고 말할 것이다. 포착하기가 쉽지 않은 이런 패턴이 반복되는 이유는 저들이 시기심을 느끼는 상대와 늘 먼저 친구가 된 다음 상대를 교묘히 고문하기 때문이다. 저들의 선택이 그렇다.

일반적으로 말해서, 당신에 대한 비판이 겉으로는 진심인 듯하지만 실제로는 당신이 한 일과 직접적 관련이 전혀 없다면 보통은 시기심의 강한 신호다.

인간 본성의 법칙

뭔가 부정적인 것으로 당신의 기를 죽이고 괴롭히고 싶어 하는 사람이기 때문이다. 그는 당신에게 상처를 주면서 동시에 시기심의 흔적을 지우고 있다.

시기심의 경향은 어린 시절에 만들어진다

정신분석학자 멜라니 클라인(Melanie Klein)에 따르면 평생 남보다 시기심을 더 쉽게 느끼는 사람이 있는데 그런 성향은 이미 유아기 때부터 시작된다고 한다. 태어나서 몇 주 혹은 몇 달 동안 어머니와 아기는 서로 떨어질 일이 없다. 그러다가 시간이 지나면서 아기는 더 긴 시간 동안 엄마의 부재에 대처해야 하고, 여기에는 고통스러운 적응 과정이 필요하다. 그런데 엄마가 잠시 사라질 때마다 더 민감한 반응을 보이는 아기들이 있다. 이 아기들은 젖 먹는 것에도, 사람의 관심에도 탐욕을 부린다. 이들은 아버지의 존재를 알게 되면서 어머니의 관심을 받으려면 아버지와 경쟁해야 한다는 사실을 깨닫는다. 또 형제자매의 존재를 알게 될 수도 있는데, 그들에게 형제자매는 모두 라이벌이다. 유아기를 전문적으로 연구한 클라인은 일부 아이들이 적대감이나 원망을 남보다 훨씬 많이 느낀다는 사실을 알아챘다. 그들은 아버지나 형제자매가 자신이 받을 관심을 빼앗아간다는 이유로, 그리고 어머니는 자신에게 관심을 충분히 주지 않는다는 이유로, 적대감을 갖고 분개했다.

편애를 통해 그런 시기심을 조장하거나 강화하는 부모도 분명히 있다. 일부러 약간 멀어짐으로써 아이가 나에게 더 의존하게 만드는 식이다. 어찌 되었든 이런 시기심을 경험하는 아이는 실제로 얼마만큼의 관심을 받든, 사랑받는다거나 고맙다는 감정이 아니라 지속적인 박탈감과 불만족을 느낀다. 그리고 이것은 그들에게 평생의 패턴이 된다. 아이일 때나 어른이 되어서나 이들은 그 무엇에도 만족하지 못한다. 늘 더 좋은 것을 더 많이 받아야 한다고 느낌으로써 긍정적 경험이 될 수 있던 것까지도 망쳐버린다. 늘 무언가 빠져 있고, 자신이 가져야 할 무언가를 남들이 가로채갔다고 상상한다. 저들은 자신이 갖지 못한 무언가를 남이 갖고 있지는 않은지 매의 눈을 키운다. 이게 그들의 지배적인 열정이 된다.

누구나 어릴 때는 내가 받아야 할 관심을 남이 더 많이 받는다고 느끼는 순간이 있다. 하지만 우리는 부정할 수 없는 명백한 사랑을 경험하고 그것에 감사하는 순간도 있기 때문에 앞서의 그런 순간이 상쇄된다. 나이가 들면서 우리는 그런 긍정적 감정들을 형제자매, 선생님, 멘토, 친구, 애인, 배우자 등등 여러 사람에게로 이동시킨다. 우리는 더 많이 바랄 때도 있고 비교적 만족하면서 감사하는 때도 있기 때문에 양쪽을 번갈아 오간다. 그러나 시기심을 더 쉽게 느끼는 사람들은 좀 다른 식으로 인생을 경험한다. 그들은 처음에 느낀 시기심과 적대감을 계속해서 여러 사람들, 실망스럽게 하고 상처를 준다고 느끼는 사람들에게 이동시킨다. 만족하고 감사하는 순간은 좀처럼 없거나 아예 전무하다. '나는 더 많이 원하고 더 많이 필요해.' 그들은 늘 자신에게 그렇게 말한다.

시기심은 고통스러운 경험이기 때문에 이들은 자신을 좀먹는 그 감정을 완화하거나 억누를 평생 전략을 개발한다. 그들은 세상에 좋은 것, 좋은 사람은 죄다 폄하한다. 그렇게 되면 세상에 자신이 시기할 만한 사람은 아무도 없어진다. 아니면 극도로 독립적인 사람이 되기도 한다. 자신에게 사람들이 전혀 필요 없으면 시기심이 발동할 일도 줄어든다. 심한 경우 그들은 자신을 평가 절하한다. 자신은 아무것도 좋은 것을 받을 자격이 없기 때문에 관심이나 지위를 얻으려고 남들과 경쟁할 필요도 없어진다. 클라인에 따르면 흔히들 사용하는 이런 전략은 불안정한 것이어서 스트레스를 받으면, 즉 직장생활의 위기가 오거나 우울증에 빠지거나 자존심이 상하는 일이 생기면 산산이 무너지고 만다. 어린 시절 이들이 겪은 시기심은 계속해서 잠복되어 있기 때문에 언제든 다른 사람을 향해 발동될 준비가 되어 있다. 이들은 그 원초적 감정을 다시 경험하기 위해 시기할 사람을 말 그대로 '찾아다니는' 중이다.

심리 구성에 따라 이들은 몇 가지 유형으로 나뉠 수 있다. 이런 유형들을 일찌감치 알아보면 많은 도움이 된다. 왜냐하면 이들이야말로 능동적 시기심으로 돌변할 가능성이 가장 큰 사람들이기 때문이다. 아래는 시기심이 많은 사람들의 가장 흔한 다섯 가지 유형이다. 유형에 따라 이들이 자신을 어떻게 위장하고 어떤 식으로 남을 공격하는지 알아보자.

모두까기 인형

처음에 이들은 재미있고 흥미로운 사람처럼 보일 수도 있다. 이들은 짓궂은 농담을 잘하는 편이다. 힘 있는 사람을 깎아내리고 허세를 부리는 사람의 기를 죽이는 데 능하다. 이들은 또한 세상의 부당함이나 불공평의 냄새를 맡는 후각이 날카롭게 발달한 것으로 보인다. 하지만 약자에게 진정으로 공감하는 사람들과는 구분되는 면이 있는데, 이들은 죽은 사람을 제외하고는 그 누구도 인정하거나 높이 평가하지 못한다는 점이다. 이들은 깨지기 쉬운 자존심을 갖고 있다. 인생에서 무언가 성취한 사람들을 보면 불안을 느낀다. 이들은 열등감에 매우 예민하다. 성공한 사람을 처음 봤을 때 느끼는 시기심은 얼른 분노로 위장한다. 이들은 높은 성과를 이룬 사람을 보면 시스템을 가지고 논 것이라거나 야망이 지나치다거나 단순히 운이 좋을 뿐 칭찬받을 자격이 없다고 비난한다. 이들은 본인의 불안을 달래기 위해 탁월함을 목격하면 불공평을 연상하게 됐다.

이들은 남을 잘 깎아내리지만 자신을 희생시키는 농담은 좀처럼 하지 않는다. 이들은 종종 저급한 문화나 쓰레기 같은 문화를 칭찬하기도 한다. 질이 떨어지는 작품은 그들의 불안을 동요시키지 않기 때문이다. 냉소적인 농담 외에도 본인의 삶에 관해 이야기하는 방식을 보면 이 유형임을 알아볼 수 있다. 이들은 본인이 그동안 얼마나 부당한 일을 많이 당했는지 이야기하길 좋아한다. 자신은 늘 책임이 없다. 이들은 뛰어난 평론가가 되기도 한다. 평론을 통해 자신이 남몰래 시기하는 사람들을 마음껏 비방할 수 있고 그에 대한 보상도 받을 수 있기 때문이다.

이들의 주된 목표는 모든 사람을 자신과 같은 평범한 수준으로 끌어내리는 것이다. 그를 위해서 때로는 성공한 사람, 힘 있는 사람만 끌어내리는 것이 아니라 너무 좋은 시기를 보내고 있는 사람, 너무 즐거워 보이는 사람, 본인은 갖지 못한 대단한 목적의식을 가진 사람들까지 끌어내리려고 한다.

주위에, 특히 직장에 이런 사람이 있다면 조심해야 한다. 왜냐하면 그들은 탁월해지고 싶은 당신의 충동까지도 죄책감의 대상으로 만들 것이기 때문이다. 그들은 먼저 수동적 공격성을 띠는 말로 시작할 것이다. '야망' 같은 추한 단어로 당신의 평판을 더럽힐 것이다. 당신을 압제자의 무리 속에 넣어버릴지도 모른다. 그들은 추잡하고 상처가 되는 방식으로 당신을 비난할 것이다. 그런 다음 적극적으로 당신의 일에 훼방을 놓을지도 모른다. 그래놓고는 인과응보라는 식으로 스스로 정당화할 것이다.

자기도취형 게으름뱅이

요즘 같은 세상에는 많은 사람이 자신은 성공할 자격이 있고 본인 인생에는 좋은 일이 생겨야 한다고 생각한다. 정당한 바람이다. 하지만 보통의 사람들은 그러려면 희생과 노력이 필요할 거라는 사실 또한 이해한다. 그런데 자신에게는 관심을 얻고 많은 보상을 받는 게 '당연히' 정해진 일이라고 생각하는 사람들이 있다. 본인은 그럴 자격이 있다고 생각하는 이런 게으름뱅이들은 보통 자기도취에 빠져 있다. 쓰고 싶은 소설이나 시나리오의 지극히 간단한 개요만 짜놓고, 혹은 훌륭한 사업 '아이디어'만 생각해놓고 그 정도 했으면 칭찬과 관심을 받아야 한다고 생각한다. 그런데 이 게으름뱅이들의 마음 깊숙

인간 본성의 법칙 ·────

한 곳에서는 원하는 것을 쟁취해야 할 본인의 능력에 대한 불안감이 있다. 이들이 제대로 된 자기 분야를 한 번도 가져본 적이 없는 것은 그 때문이다. 열심히 일해서 정말로 존경받는 성공한 인물이 주변에 생기면 그동안 억누르려고 애써왔던 자기 자신에 대한 의구심이 고개를 든다. 그러면 시기심은 순식간에 적대감으로 바뀐다.

크리스토퍼 렌(Christopher Wren, 1632-1723)은 저명한 과학자이자 최고의 건축가로 당대의 위대한 천재 중 한 명이었다. 런던에 있는 세인트폴대성당은 그의 가장 유명한 작품이다. 렌은 또한 함께 일하는 사람들로부터 널리 사랑을 받았다. 그는 대단한 열정을 가졌고, 누가 봐도 뛰어난 기술을 가졌으며, 장시간을 일에 쏟아부었기 때문에 함께 일하는 사람들이나 대중들 모두 그를 좋아했다. 그러나 단 한 명, 그를 깊이 시기하는 사람이 있었다. 몇몇 중요한 작업에서 렌의 조수로 임명됐던 말단 건축가 윌리엄 탈먼(William Talman)이라는 사람이었다. 탈먼은 그들의 역할이 뒤바뀌어야 한다고 믿었다. 그는 자기 자신을 지극히 높게 평가했고, 태도는 다소 심술 맞았으며, 분명히 게으른 구석이 있었다.

렌의 프로젝트 두 곳에서 작업자들이 사망하는 사고가 일어나자 탈먼은 득달같이 상사인 렌을 부주의하다고 비난했다. 그는 렌의 오랜 커리어에서 흠잡을 만한 것들을 모조리 찾아내 렌이 그토록 높은 명성을 누릴 자격이 없다고 증명하려고 애썼다. 수년간 탈먼은 렌의 명성에 먹칠을 하려고 공작을 펼쳤다. 렌이 생명을 경시하며 돈도 펑펑 쓰고 과대평가되어 있다고 떠들어댔다. 탈먼이 하도 수선을 피우자 왕은 하는 수없이 능력도 안 되는 그에게 꽤 중요한 프로젝트들을 맡겼고 렌은 그 일로 격분했다. 탈먼은 렌의 혁신적 아이디어를 다수 훔치고 베껴왔다. 탈먼과의 볼썽사나운 싸움으로 렌은 몇 년간 마음고생을 해야 했다.

직장에서 성과를 통해서가 아니라 본인의 매력이나 사내 정치를 통해 지위를 유지하려는 사람이 있다면 특별히 조심하라. 그들은 시기심을 아주 잘 느끼고 열심히 일해서 성과를 내는 사람들을 미워한다. 그들은 경고도 없이 당신을 중상모략하고 당신이 하는 일에 훼방을 놓을 것이다.

지위 집착

사회적 동물인 인간은 집단 내에서 나의 서열과 위치에 아주 예민하다. 우리는 내가 받는 관심과 존경을 통해 나의 지위를 가늠한다. 우리는 끊임없이 차이를 모니터링하고 나 자신을 남과 비교한다. 하지만 어떤 사람들에게는 지위가 단순히 사회적 위치를 측정하는 수단 이상이다. 그들에게는 지위가 자신의 가치를 결정하는 가장 중요한 요소다. 이들이 하는 질문을 보면 지위에 집착하는 사람인 것을 알아볼 수 있다. 이들은 돈을 얼마나 버느냐, 집이 있느냐, 어느 동네에 사느냐, 비행기를 탈 때 비즈니스 클래스를 이용하느냐 등 자신이 비교 포인트로 사용할 수 있는 온갖 허접한 것들을 물어본다. 만약 당신이 그들보다 사회적 지위가 높다면 그들은 자신의 시기심을 숨기고 당신의 성공을 우러러보는 척할 것이다. 하지만 비슷한 형편이거나 직장 동료라면 그들은 당신이 어떤 편애나 특권을 누리고 있지는 않은지 냄새를 맡고 다닐 것이다. 그리고 뒤에서 비밀스런 공작을 통해 당신을 공격하고 집단 내에서 당신의 위치를 손상시킬 것이다.

야구 명예의 전당에 오른 레지 잭슨이 보기에 양키스의 동료 선수 그레이그 네틀스(Graig Nettles)가 바로 이 유형이었다. 잭슨의 눈에 비친 네틀스는 자신은 받지 못하는 인정이나 칭찬을 다른 사람이 받는 것에 굉장히 신경을 썼다. 네틀스는 늘 연봉에 관해 떠들고 비교했다. 네틀스는 잭슨이 그렇게 높은 연봉을 받고 미디어로부터 많은 관심을 받는 것을 속상해했다. 잭슨이 그런 연봉과 관심을 받았던 것은 그의 타격 실력과 생기 넘치는 성격 덕분이었지만, 시기심이 많은 네틀스의 생각은 달랐다. 그는 잭슨이 그냥 미디어를 다룰 줄 알고 양키스의 구단주 조지 스타인브레너(George Steinbrenner)에게 잘 보인 것이라고 생각했다. 네틀스는 잭슨이 사람을 뒤에서 조종한다고 자체적으로 결론을 내렸다. 네틀스의 시기심은 잭슨을 상대로 한 짓궂은 농담이나 독설 같은 칭찬, 적대적 표정 등으로 새어나왔다. 네틀스는 많은 양키스 선수가 잭슨에게 등을 돌리게 했고 잭슨의 구단 생활을 비참하게 만들었다. 잭슨은 자서전에서 네틀스에 관해 이렇게 썼다. "언제나 나에게 상처를 줄 준비가 된 그가 내 등 뒤에 서 있는 기분이었다." 잭슨은 또한 네틀스의 시기심에 무언의 인종차별이 들어 있다는 느낌을 받았다. 마치 흑인 선수가 어떻게 자신보다 그토록 많은 연봉을 받을 수 있냐고 생각하는 듯했다.

모든 것을 물질적인 것으로 환원해서 생각하는 사람이 있다면 지위 집착이 있는 것이다. 그들은 당신이 입은 옷이나 타는 차에 관해 언급할 때도 가격에 초점을 맞춘다. 그리고 그런 이야기를 할 때는 태도에서 뭔가 아이 같은 모습이 드러난다. 마치 가족 드라마에서 더 좋은 것을 가진 형제에게 속았다고 느끼는 어린아이 같은 모습을 보인다. 그들이 오래된 차를 타거나 낡은 옷을 입는다고 해서 속아 넘어가면 안 된다. 이 유형은 종종 정반대 방향으로 자신의 지위를 강조한다. 겉으로는 완전히 수도승 같은 모습이나 이상적인 히피의 모습을 하고 있으면서도, 속으로는 은밀히 본인이 노력해서 얻는 게 불가능한 여러 사치를 열망할 수도 있다. 주위에 이런 사람이 있다면, 당신이 가진 것 중에서 혹시라도 시기심을 유발할 수 있는 것들은 축소해서 이야기하거나 숨기도록 하라. 그리고 무슨 수를 써서든 상대가 가진 물건이나 능력, 지위를 더 부풀려서 칭찬해줘라.

껌딱지

궁정처럼 권력 게임이 펼쳐지는 곳에서는 이미 성공하거나 힘 있는 사람에게 끌리는 이유가 상대를 우러러봐서가 아니라 은밀한 시기심 때문인 사람들이 꼭 있다. 이들은 친구나 조수가 되어 그들에게 들러붙으려고 한다. 이들은 스스로 쓸모 있는 사람이 된다. 상사의 어떤 면을 칭찬할 수도 있지만, 마음 깊숙한 곳에서는 내가 받아야 할 관심을 상사가 받고 있다고 생각한다. 열심히 일은 하지 않으면서 말이다. 성공한 사람 곁에 오래 머물수록 이 감정은 그들을 더 많이 갉아먹는다. '나도 재능이 있고 꿈이 있는데 왜 내 상사만 저렇게 편애를 받아야 하지?' 이들은 밑바닥에 흐르는 시기심을 과도한 아첨으로 은폐하는 데 능하다. 그러나 이들이 누군가에게 들러붙는 이유는 더 많이 가진 사람에게 상처를 입히고 그들을 망쳐놓는 데서 어떤 만족을 느끼기 때문이다. 이들은 어떤 식으로든 해를 가하고 싶은 마음에 힘 있는 사람들에게 끌린다.

욜란다 살디바(Yolanda Saldivar, 1960-)는 이 유형의 극단적 사례였다. 그녀는 멕시코풍의 음악 테하노를 부르던 셀레나(Selena)의 팬클럽을 조직해 이 가수의 환심을 샀다. 그런 다음 셀레나의 의상 담당 매니저가 되어 비즈니스에까지 개입하고 더 많은 힘을 축적했다. 살비다만큼 셀레나에게 아첨을 잘 떠는 사람은 아무도 없었다. 그러나 셀레나의 명성에 깊은 시기심을 느끼며 적대적으로 변한 살디바는 사업 자금을 횡령하기 시작했다. 살디바는 자신이 당연히 그래도 된다고 느끼고 있었다. 셀레나의 아버지가 이 점을 따지고 들자, 살디바는 셀레나를 살해할 계획을 세웠고 1995년 실제로 셀레나를 살해했다.

시기심이 많은 사람들에게는 상당히 공통적인 특징이 하나 있다. 인생의 분명한 목표가 없다는 점이다(더 자세한 내용은 13장 참조). 이들은 자신의 소명이 무엇인지 모른다. 이들은 자신이 많은 것을 할 수 있다고 생각하고, 실제로 다양한 직업을 시도하는 경우도 많다. 이들은 여기저기 기웃거리면서 내면의 허전함을 느낀다. 그러다 보니 자연히 어떤 목적의식을 가지고 움직이는 사람들을 시샘하고 그들의 인생에 들러붙는 지경까지 가기도 한다. 한편으로는 자신이 가지지 못한 것을 좀 얻을 수 있을까 하는 마음도 있고, 다른 한편으로는 상대를 해하고 싶은 욕망을 갖고 있다.

일반적으로 당신의 삶에 너무 들러붙으려고 기를 쓰는 사람은 일단 경계해

인간 본성의 법칙 ├────

야 한다. 당신에게 도움이 못 되어서 안달인 사람들 말이다. 그들은 본인의 경험과 능력을 통해서가 아니라 아첨과 지속적 관심을 통해 당신과 친해지려고 한다. 이들의 공격 방식은 당신에 관한 정보를 수집해서 밖으로 누출하거나 험담을 퍼뜨려 당신의 명성을 손상하는 식이다. 사람을 고용하거나 협업할 사람을 고를 때는 단순히 내 기분을 좋게 해주는 사람이 아니라 경험이 있는 사람을 골라야한다.

초조한 상사

어떤 사람들은 높은 위치에 올라가면 기존에 갖고 있던 나 자신에 대한 평가를 인정받은 기분이 들어서 자존감이 올라간다. 그런데 또 어떤 사람들은 오히려 초조함을 많이 느낀다. 이들은 높은 위치에 올라가면 불안감이 커지는데 그것을 조심스럽게 감추려고 한다. 이들은 내가 이만한 책임을 맡아도 될까 하는 비밀스런 의구심을 갖고 있다. 이들은 나보다 더 많은 재능을 갖고 있을지 모를 사람, 심지어 더 낮은 재능을 가진 사람들까지도 질시의 눈으로 바라본다.

우리는 내 상사가 자기확신과 자신감에 넘치는 사람일 거라는 가정을 가지고 그 밑에서 일한다. '그렇지 않고서야 어떻게 상사가 됐겠어?' 당신은 상사에게 깊은 인상을 남기기 위해 야근을 하고 내가 높이 올라갈 재목임을 보여준다. 그런데 몇 달 후에 보면 당신은 갑자기 좌천이 되거나 해고가 된다. 이것은 말도 안 되는 조치다. 왜냐하면 당신은 분명히 좋은 결과를 냈기 때문이다. 당신이 몰랐던 부분은 이렇다. 당신의 상사는 원래 불안을 갖고 있던 사람인데 당신이 무심결에 그의 자기 의심에 불을 지른 것이다. 그들은 남몰래 당신의 젊음과 에너지, 장래성, 재능의 징후를 시기한다. 만약 당신이 사회생활에도 재능이 있는데 반대로 상사는 그렇지 않다면 결과는 더 최악이다. 그들은 뭐가 됐든 이유를 만들어내서 당신을 해고하거나 강등시킬 테고, 당신은 결코 진실을 알 수 없을 것이다.

디즈니에서 20년간 막강한 힘을 휘둘렀던 CEO 마이클 아이즈너(Michael Eisner)가 바로 이런 유형이었다. 1995년 그는 자신의 2인자이자 영화사 수장이던 제프리 카젠버그(Jeffrey Katzenberg)를 해고했다. 표면상의 이유는 카젠버그의 성격이 거칠다는 것이었다. 아이즈너는 카젠버그가 팀워크를 발휘할 줄 모른다고 했다. 하지만 진실은 카젠버그가 자기 위치에서 너무 많은 성공을 거뒀다는 점이다. 카젠버그가 감독한 영화들은 디즈니의 주요 매출원이 됐다. 그는 손대는 것마다 성공시키는 재주가 있었다. 이를 결코 인정할 수 없었던 아이즈너는 카젠버그의 재능을 시기한 것이 분명했고 그 시기심을 적대감으로 전환시켰다. 아이즈너는 창의적인 새로운 인물을 데려올 때마다 매번 같은 패턴을 반복했다.

상사 중에 불안이나 시기심의 신호를 보이는 사람은 없는지 유심히 살펴라. 그들은 분명 이상한 이유로 부하직원을 해고한 이력이 있을 것이다. 당신이 훌륭한 보고서를 제출해도 별로 기뻐하지 않을 것이다. 이때는 언제나 상사의 의견을 따르고, 그들을 좋게 보이게 만들고, 그들의 신뢰를 얻는 것이 안전한 전략이다. 당신의 기발한 아이디어를 마치 그들의 아이디어인 양 말하라. 당신의 노력이 결실을 보면 공로는 모두 그에게 돌려라. 언젠가는 당신이 빛날 때가 올 것이다. 하지만 그러려면 무심결에 상사의 불안을 자극하지 말아야 한다.

시기심이 발동하는 상황

유난히 시기심이 많은 사람이 따로 있기는 하지만, 특정 상황에서는 누구나 쉽게 시기심이 발동한다는 걸 알고 있어야 한다. 그런 상황에서는 특별히 더 정신을 바짝 차려야 한다.

가장 흔한 경우는 당신의 지위가 갑자기 바뀌었을 때다. 지위가 바뀌면 친구나 동료들과의 관계도 바뀐다. 특히나 같은 직업을 가진 사람들 사이에서는 더 말할 나위가 없다. 이 사실은 이미 오래전부터 알려져 있었다. BC 8세기에 헤시오도스는 이렇게 말했다. "도자기공은 도자기공을 시기하고, 공예가는 공예가를 시기하고, 작가는 작가를 시기한다." 당신이 성공을 거두면 비슷한 열망을 가졌으나 아직 성공하지 못한, 같은 분야의 사람들은 당연히 부러움을 느낀다. 이것은 어느 정도는 용인해야 할 부분이다. 만약 입장이 바뀌었더라면 아마 당신도 그랬을 것이기 때문이다. 그들이 제대로 칭찬을 하지 않거나 은근히 비난을 하더라도 너무 기분 나쁘게 생각하지 마라. 그러나 그런 동료 중에서 일부는 시기심이 적극적인 형태 혹은 위험한 형태로 바뀔 수 있다는 걸 알고 있어라.

르네상스 시대의 예술가들은 갑자기 작품을 의뢰받을 경우 부러워하는 라이벌들의 타깃이 됐다. 이 라이벌들은 상당히 악랄해질 수도 있었다. 미켈란젤로는 자신보다 어리고 재능 있는 라파엘로를 시기한 것이 분명했다. 그는 라파엘로의 명성을 더럽히고 그가 의뢰받는 것을 막으려고 별짓을 다했다. 작가들은 다른 작가, 특히 큰돈이 되는 계약을 맺은 작가를 시기하는 것으로 유명하다.

이런 상황에서 당신이 할 수 있는 최선은 뭘까? 자조적인 농담을 늘어놓고 남들이 당신의 성공을 잘 알지 못하게 만드는 게 최선이다. 어쨌거나 당신의 성공에도 약간의 행운은 포함되어 있을지 모르는 일 아닌가. 당신을 시기할 수 있는 사람과 당신의 성공에 관해 이야기할 때는 언제나 행운이 따랐음을 강조하거나 운의 역할을 과장하라. 상대가 가까운 사람이라면 최대한 그들을 도와주겠다고 제안하라. 이때 상대를 내려다보는 것처럼 보이지 않게 조심하라. 마찬가지로, 작가 앞에서 다른 작가를 혹은 예술가 앞에서 다른 예술가를 칭찬하는 실수는 절대로 범하지 마라. 칭찬의 대상이 이미 죽은 경우가 아니라면 말이다. 동료들 사이에서 능동적인 시기심의 신호가 감지된다면 최대한 멀리 줄행랑을 쳐라.

나이를 먹어가는 사람들은 커리어도 함께 기울고 있을 테고 자존심에 아주 민감하다는 사실을 기억하라. 이들은 시기심을 느끼기 쉽다.

때로는 사람들의 타고난 복(福)이나 재능이 시기심을 가장 강렬하게 자극한다. 우리가 노력을 통해 한 분야에 능숙해질 수는 있어도 타고난 신체를 재설계할 수는 없다. 태어날 때부터 외모가 훌륭하거나, 운동능력이 뛰어나거나, 유난히 생생한 상상력을 가졌거나, 마음이 열려 있거나, 인심이 후한 사람들이 있다. 타고난 것도 훌륭한데 일도 열심히 하고 인생에 행운도 따랐다면 어딜 가든 시기심이 따라올 것이다. 그리고 종종 안타깝게도 이런 사람들은 상당히 순진한 경우도 많다. 본인이 남들에게 시기심을 느끼지 않으니, 시기심이라는 감정 자체를 이해하지 못하는 것이다. 이들은 시기심의 위험성을 모르기 때문에 자신의 재능을 있는 그대로 드러내서 더 많은 시기질투를 유발하기도 한다. 메리 셸리가 바로 그런 경우였다. 뛰어난 상상력과 우수한 지적 능력을 타고났지만 그녀 역시 순진했다. 설상가상으로 시기심이 많은 유형은 시기심을 느끼지 않는 사람을 은근히 혐오한다. 그런 사람을 보면 자신의 타고난 시기심이 곱절로 더 또렷하게 느껴지기 때문에 상대에게 상처를 주고 싶은 욕구를 자극한다.

혹시라도 당신이 남들보다 뛰어난 무언가를 타고났다면 위험성을 인식하고 그 재능을 과시하지 않도록 해야 한다. 대신에 전략적으로 뭔가 부족한 점을 드러내서 남들의 시기심을 약화시키고 당신의 타고난 우수성을 가리는 편이 좋다. 과학 쪽으로 재능을 타고난 사람이라면 남들 앞에서는 내가 사회성을 좀 더 갖지 못한 점을 아쉬워한다는 사실을 분명히 하라. 당신의 전문 분야 외의 주제에서는 서투르고 잘 알지 못한다는 점을 보여줘라.

인간 본성의 법칙

존 F. 케네디는 미국 대중들의 눈에 너무 완벽해 보였다. 잘생기고, 똑똑하고, 카리스마 있고, 그렇게 예쁜 아내까지 있으니 사람들이 케네디를 좋아하거나 그를 자신과 동일시하기는 쉽지 않았다. 케네디는 집권 초기에 쿠바를 침공(피그스만 침공 작전)하려다 실패하는 큰 실수를 저질렀다. 그가 참사의 책임을 전적으로 떠맡고 나자 그의 호감도는 수직상승했다. 실수가 그를 더 사람답게 보이게 만들었던 것이다. 이 경우는 계획적으로 했던 일은 아니지만, 당신도 과거의 실수를 언급하거나 당신의 전체적인 명성을 손상시키지 않을 만한 특정 영역에서 일부러 서툰 모습을 좀 보여준다면 비슷한 효과를 볼 수 있다.

성공과 명성을 손에 쥔 여성은 시기심과 적대감을 일으키기 쉽다. 사람들은 그런 감정을 언제나 다른 것으로 위장할 것이다. 예컨대 이 여성들이 너무 차갑다거나, 야망이 크다거나, 여성스럽지 않다는 식으로 말할 것이다. 종종 우리는 위대한 것을 성취한 사람들을 우러러보겠다고 마음먹는다. 우러러보는 것은 시기심의 정반대다. 우리는 그들의 뛰어남을 보면서도 개인적으로 내가 도전을 받는다고 느끼거나 불안을 느끼지는 않는다. 오히려 그들을 흉내 내보려고 할 수도 있다. 그들을 자극제로 삼아 더 많은 것을 성취하려고 노력해보는 것이다. 그런데 안타깝게도 성공한 여성에 대해서는 이렇게 마음먹는 경우가 거의 없다. 성공한 여성은 여성과 남성('내가 여자보다도 못한 거야?') 모두에게 더 큰 열등감을 불러일으킨다. 그리고 이것은 시기심과 적대감으로 바뀌지, 우러러보게 되지는 않는다.

고아로 시작해서(5장 참조) 당대의 가장 성공한 사업가가 된 코코 샤넬은 평생 그런 시기심에 시달렸다. 1931년 그녀의 영향력이 정점에 달했을 때 샤넬은 폴 이리브(Paul Iribe)를 만났다. 이리브는 삽화가이자 디자이너로 당시 커리어의 내리막을 걷고 있었다. 이리브는 여성을 유혹하는 데 선수였고 두 사람은 공통점이 많았다. 그러나 몇 달 후 그는 샤넬을 낭비벽이 있다고 비난하기 시작했다. 그리고 보이는 대로 흠을 잡아 샤넬을 괴롭혔다. 그는 샤넬의 생활 모든 측면을 조종하고 싶어 했다. 외롭고 애인이 필요했던 샤넬은 매달렸지만 나중에 쓴 글에서는 이리브에 관해 이렇게 말했다. "점점 커지는 나의 유명세가 그의 기울어지는 영광을 뒤덮고 있었다. 이리브는 나를 사랑했지만 남몰래 나를 파괴하고 싶어 했다." 사랑과 시기심은 서로 배타적이지 않다.

뿌리 깊은 가치관이 바뀌지 않는 이상, 성공한 여성들은 계속해서 이런 짐을 지고 가야 할 것이다. 그때까지는 더욱더 능숙하게 시기심을 모면하고 겸손을 가장하는 수밖에 없다.

빌 클린턴 밑에서 두 번의 임기 동안 장관을 지낸 로버트 루빈(Robert Rubin, 1938-)은 본인의 뛰어남을 숨기고 자신을 향한 시기심을 제거하는 데 선수였다. 그는 1966년 골드먼삭스에서 커리어를 시작했다. 그리고 서서히 승진해 1990년에는 공동 회장이 됐다. 골드먼삭스를 월스트리트에서 가장 강력한 투자은행으로 탈바꿈시키는 데 핵심적인 역할을 한 그는 골드먼삭스 내에서 영향력이 커질수록 만나는 모든 사람에게 더욱더 깍듯하게 대했다. 그가 가장 잘 알고 있는 게 분명한 회의에서도 그는 반드시 참석자 중 가장 경력이 짧은 직원에게 의견을 묻고 그의 이야기를 완전히 몰입해서 경청했다. 뭔가 문제가 생겼거나 위기 상황에서 부하직원이 어떻게 해야 하느냐고 물으면 그는 상대를 차분히 바라보며 먼저 이렇게 물었다. "자네는 어떻게 생각하나?" 그는 부하직원의 답을 아주 진지하게 받아들였다.

골드먼삭스의 어느 직원은 나중에 루빈에 관해 이렇게 말했다. "겸손함이라는 측면에서 로버트 루빈보다 뛰어난 사람은 아무도 없었다. 그는 '그냥 나 혼자 생각이야'라는 말을 입에 달고 살았다." 놀라운 점은 루빈이 그토록 많은 사람의 존경을 받으면서도 그에 관해 조금이라도 안 좋은 말을 하는 사람은 거의 없었다는 점이다. 골드먼삭스 내부의 분위기는 상당히 경쟁적이었는데도 말이다. 이는 당신이 아닌 다른 사람들에게 관심이 가게 만들고 의미 있는 수준에서 그들과 교류를 나눈다면 시기심을 얼마든지 차단할 수도 있다는 뜻이다.

누군가 시기심 때문에 당신을 공격하고 있는 것을 알게 됐다면, 최선의 전략은 당신의 감정을 제어하는 것이다. 상대가 공격해오는 원인이 시기심이라는 것을 알고 나면 감정을 제어하기가 훨씬 쉽다. 시기하는 사람은 당신의 과잉반응을 재료 삼아 다시 당신을 비난하고, 그의 행동을 정당화하면서, 당신을 더 많은 극적 상황으로 끌고 들어간다. 무슨 일이 있더라도 침착함을 유지하라. 가능하다면 물리적으로도 거리를 좀 유지하라. 상대를 해고하든지, 연락을 끊든지, 가능한 수단은 뭐든 강구하라. 혹시라도 당신이 그 관계를 바꿀 수 있을 거라고 착각하지 마라. 당신이 넓은 마음으로 그런 시도를 하는 순간, 상대의 열등감은 오히려 더 심해질 것이다. 그들은 다시 공격해올 것이다. 무슨 수를 써서라도 그가 사람들 앞에서 당신을 공격하거나 뒤에서 험담을 퍼뜨리지 못하게 당신 자신을 보호하라. 하지만 복수를 꿈꾸지는 마라. 시기심을 가진 사람은 비참한 상태다. 최선의 전략은 더 이상 당신에게 상처를 줄 방법도 없는 그가 본인이 만든 독약을 삼키며 서서히 고통받는 모습을 멀리서 지켜보는 것이다. 메리가 제인에게 한 것처럼 말이다. 그들이 받는 벌은 '만성적 불행'이면 충분하다.

마지막으로, 현대 사회에서는 시기심을 잘 볼 수 없다고 생각하는 사람도 있을지 모른다. 시기심은 원시적이고 유치한 감정인데, 우리는 이렇게 발달된 시대를 살고 있다고 말이다. 게다가 시기심을 중요한 사회적 요인으로 놓고 논의를 진행하거나 분석하는 사람도 많지 않다. 하지만 사실 시기심은 지금이 그 어느 때보다 만연한데, 주로 소셜 미디어 때문이다.

소셜 미디어 덕분에 우리는 시도 때도 없이 친구나 '유사(類似)' 친구, 유명인들의 삶을 들여다볼 수 있게 됐다. 그리고 우리가 보는 것은 있는 그대로의 그들이 사는 세상이 아니라 그들이 제시하는 아주 이상화된 이미지다. 우리는 그들의 휴가 중에 가장 흥미진진한 사진, 친구나 아이의 행복한 얼굴, 계속해서 자기계발을 하고 있다는 설명, 그들이 만난 멋진 인물, 훌륭한 대의와 프로젝트에 참여하는 모습, 노력이 성공한 예시밖에 보지 못한다. 나도 저만큼 재미있나? 내 삶도 저만큼 충만한가? 내가 뭘 놓치고 있는 건 아닌가? 일반적으로 우리는 '나도 멋진 삶을 살 권리가 있다'고 생각한다. 충분히 그렇게 생각할 만하다. 그런데 만약 친구들만 더 많이 가진 것처럼 보인다면, 누군가 혹은 무언가는 비난을 받아야 하지 않겠는가.

이때 우리가 경험하는 감정이 바로 '일반화된 불만족'이다. 우리 안에는 약한 정도의 시기심이 자리를 잡는다. 그리고 더 날카로운 시기심으로 발전될 계기를 기다린다. 우리가 보고 읽는 무언가가 우리의 불안을 더 심화시킬 그 순간 말이다. 이런 식으로 많은 사람이 시기심을 나눠 가지면 하나의 정치 세력이 될 수도 있다. 선동가들은 그 시기심을 자극해 남보다 더 쉽게 그런 것을 손에 넣었거나 혹은 그렇게 보이는, 특정 개인이나 집단에게 등을 돌리게 만들 수 있다. 사람들은 밑바닥에 놓인 시기심을 바탕으로 서로 단결할 수 있다. 그러나 개인적 시기심이 그렇듯이, 이 경우에도 아무도 그 사실을 인정하지는 않을 테고, 그렇게 보이지도 않을 것이다. 공공의 시기심은 금세 유명인들을 향할 수 있다. 특히나 유명인이 어떤 불행을 겪는다면 샤덴프로이데의 형식으로 나타날 수 있다. 마샤 스튜어트(Martha Stewart)가 법을 어긴 것처럼 보였을 때 그녀에 대한 적대감이 얼마나 높아졌었는지 기억해보라. 힘 있는 사람들에 대한 험담은 하나의 '산업'이 될 수도 있다.

이 말이 뜻하는 바는 간단하다. 우리 주변에는 수동적 시기심을 느끼는 사람이 점점 더 많아질 것이다. 우리가 조심하지 않는다면 그 시기심은 악성 형태로 바뀔 수 있다. 세간의 주목을 받는 사람이라면 친구, 동료, 대중으로부터 그런 시기심의 영향을 느끼게 될 것을 각오해야 한다. 이렇게 과열된 사회 환경에서 시기심의 신호를 알아보고 사람들 중에 시기심이 많은 유형을 식별할 줄 아는 것은 우리가 반드시 개발해야 할 중요한 능력이다. 그리고 지금 우리는 우리 자신도 시기심을 느끼기가 훨씬 쉬운 처지에 놓여 있기 때문에 내 안의 이 감정을 어떻게 관리해서 뭔가 긍정적이고 생산적인 것으로 바꿀 수 있을지도 배워야 한다.

비교하는 성향을 생산적으로 바꾸는 요령

대부분의 사람들과 마찬가지로 당신도 내가 시기심을 느낀다는 사실, 그것 때문에 뭔가 행동을 바꿀 만큼이나 시기심을 느낀다는 사실을 부정하려 할 것이다. 하지만 그건 그냥 자신에게 솔직하지 못한 것이다. 위에서 설명한 것처럼 우리는 최초의 시기심을 은폐하는 데 동원된 분노와 원망밖에 인식하지 못한다. 시기심이 동하는 순간, 그 감정을 보고 싶지 않은 마음속의 자연스러운 저항을 극복해야 한다.

우리는 누구나 나를 남들과 비교한다. 내가 중요하다고 생각하는 영역에서 뛰어난 사람을 보면 긴장감을 느낀다. 그리고 이때는 누구나 어떤 형태로든 시기심을 느낀다. 이는 우리의 본성에 포함된 부분이다. 원숭이도 시기심을 느낀다는 사실이 연구로 밝혀졌다. 간단한 실험만 해봐도 알 수 있다. 다음에 당신이 속한 분야에서 누군가 갑자기 성공했다는 소식을 접하게 되면 당신의 속마음을 한번 잘 들여다보라. 틀림없이 순간적으로 나도 그것을 갖고 싶은 기분이 들 것이고, 이어서 아무리 약하더라도 상대에 대한 적대감을 느낄 것이다. 워낙에 순식간에 일어나는 일이라 감정이 그렇게 바뀌는 것을 놓칠 수도 있지만, 한번 포착하려고 애써보라. 감정이 그런 식으로 변하는 것은 자연스러운 일이므로 죄책감을 느낄 필요는 전혀 없다. 스스로를 모니터링하면서 이런 경험을 더 겪다 보면 오히려 서서히 시기심을 초월해가는 데 도움이 될 것이다.

하지만 현실적이 되기로 하자. 내 안에서 나를 남과 비교하려는 충동 자체를 제거하는 것은 거의 불가능하다는 점을 깨닫자. 이것은 사회적 동물로서 우리의 본성에 너무 깊이 배어 있는 부분이다. 대신에 우리가 염원해야 할 사항은 이렇게 자꾸 비교하려는 성향을 서서히 뭔가 긍정적이고 생산적이고 친사회적인 것으로 전환하는 것이다.

다음은 그렇게 되기 위한 간단한 다섯 가지 요령이다.

당신이 시샘하는 것에 가까이 가라

시기심은 비교적 가까운 사이에서 발생한다. 서로를 매일 보는 회사, 가족, 이웃, 비슷한 사람들끼리의 모임 같은 환경 말이다. 사람들은 자신이 겪는 문제는 숨기고 가장 멋진 얼굴만 보여주는 경향이 있다. 우리는 상대가 이룬 최고의 업적과 새로 만난 이성, 노다지가 될 기막힌 아이디어 같은 것만 보고 듣는다. 더 가까이 가보면, 그래서 안 보이는 곳에서 그들이 고전하는 모습과 새 직장에 딸린 끔찍한 상사에 대해 알게 되면, 시기심을 느낄 이유는 줄어든다. 겉으로 보이는 것처럼 완벽한 것은 아무것도 없다. 가까이 가서 들여다보면 모두 내 착각이었음을 알게 될 때가 많다. 나도 저런 가족이 있었으면 하고 당신이 시샘하는 바로 그 가족과 함께 시간을 보내보라. 생각이 달라질 것이다.

유명세와 관심을 누리는 사람들이 부럽다면 그런 관심에는 상당히 고통스런 수많은 적대감과 감시가 뒤따른다는 사실을 기억하라. 부유한 이들은 종종 비참하다. 아리스토텔레스 오나시스(Aristotle Onassis, 1906-1975)의 마지막 10년에 관해 아무 글이나 한번 읽어보라. 오나시스는 역사상 가장 큰 부자 중 한 명으로 매력이 철철 넘치는 재클린 케네디와 결혼까지 했다. 하지만 부(富)는 그에게 끝없는 악몽을 가져다줬다. 사랑이라고는 모르고 엉망이 되어버린 자녀들도 거기에 포함된다.

부러운 대상에게 다가가는 과정은 양갈래로 진행된다. 한편으로는 그들이 보여주는 반짝거리는 앞면 말고 뒷면을 보도록 노력하라. 다른 한편으로는 그냥 그들의 위치에 어쩔 수 없이 따라붙는 불이익에는 뭐가 있을지 상상해보라. 그들을 깎아내리자는 이야기가 아니다. 위대한 인물들의 업적은 하나도 폄하할 필요가 없다. 그저 그들이 사생활에서 겪는 일들을 통해 혹시 모를 우리의 시기심을 좀 줄여보자는 이야기다.

나보다 못한 사람과 비교하라

우리는 보통 나보다 많이 가진 것처럼 보이는 사람들에게 초점을 맞춘다. 하지만 더 현명한 대응은 나보다 덜 가진 사람들을 쳐다보는 것이다. 그렇게 비교할 만한 사람은 언제나 많이 있다. 더 혹독한 여건 속에 놓여 있고, 더 많은 위협에 직면해 있고, 미래에 대해 훨씬 더 심한 불안을 가진 사람은 늘 있다. 심지어 친구 중에도 나보다 훨씬 형편이 안 좋은 사람이 있을 것이다. 이렇게 하다 보면 나보다 덜 가진 많은 이들에 대한 공감능력이 자극될 뿐만 아니라, 실제로 내가 갖고 있는 것들에 대한 감사의 마음이 더 커질 것이다. 이런 감사의 태도는 시기심을 없애는 데 가장 효과 좋은 약이다.

이와 관련해서, 당신이 늘 당연하게 생각하는, 당신 삶의 온갖 긍정적인 것들을 글로 써보는 방법도 있다. 당신에게 친절을 베풀고 도움을 주었던 사람들, 지금 누리고 있는 건강 같은 것들 말이다. 감사하는 태도는 운동이 필요한 근육과 같아서 자주 써주지 않으면 위축된다.

미트프로이데를 활용하라

타인의 고통을 보면서 기쁨을 느끼는 샤덴프로이데가 시기심과 직결된다는 사실은 이미 여러 연구가 보여주었다. 누군가를 시기하면 그 사람이 어떤 어려움이나 고통을 겪을 때 고소해하거나 기쁨을 느끼기 쉽다. 하지만 정반대의 반응을 연습하는 편이 현명한 길인데, 철학자 프리드리히 니체가 '미트프로이데(Mitfreude)', 즉 '함께 기뻐하기'라고 부른 것이다. 니체는 이렇게 썼다.

"사람을 무는 뱀은 우리에게 상처를 입히면서 크게 기뻐하려 한다. 아무리 저급한 동물도 타인의 '고통'은 상상할 수 있기 때문이다. 그러나 타인의 기쁨을 상상하면서 크게 기뻐할 수 있는 것은 가장 고차원적인 동물에게만 주어진 최고의 특권이다."

이 말은 곧 타인의 행운을 그저 축하하는 데서 끝나지 말고 그들의 기쁨을 함께 느끼려고 적극적으로 노력해보라는 뜻이다. 축하는 누구나 할 수 있는 일이고 금방 잊힌다. 하지만 기쁨을 함께한다는 것은 일종의 공감이다. 처음에는 누구나 순간적으로 시기심이 확 치솟기 쉬우므로 약간 부자연스러울 수도 있지만, 훈련을 통해 다른 사람이 행복이나 만족을 느끼는 건 어떤 기분일지 상상해볼 수 있다. 이렇게 되면 머릿속에서 추한 시기심을 씻어낼 수 있을 뿐만 아니라 특이한 형태의 라포르가 형성된다. 누가 우리를 상대로 미트프로이데를 경험하면 우리는 상대가 단순히 '말'만 그렇게 하는 게 아니라 정말로 내 행운을 함께 기뻐하고 있다는 것을 몸으로 '느낄' 수 있고, 그러면 나도 상대에 대해 같은 기분을 갖게 된다. 이런 일은 아주 드물게 일어나기 때문에 사람들 사이에 유대감을 형성하는 강력한 힘이 있다. 그리고 타인의 기쁨을 내 것으로 만들 줄 알면, 추후에 내가 어떤 경험을 할 때도 기쁨을 느낄 수 있는 능력이 커진다.

시기심이 아닌 본보기의 대상으로 삼아라

머릿속에서 계속 비교가 진행되는 것을 우리가 중단시킬 방법은 없다. 따라서 그 과정이 뭔가 생산적이고 창의적인 것을 향하게끔 방향을 재설정하는 것이 최선이다. 더 많은 것을 성취한 사람을 해치거나 그로부터 무언가를 뺏어오려고 하는 대신에 나 자신을 그 수준으로 키우려고 열망해야 한다. 이렇게 하면 시기심은 내가 뛰어난 사람이 될 수 있는 원동력이 된다. 심지어 그런 경쟁적인 욕구를 자극하는 사람과 가까이 지내려고 노력하게 될지도 모른다. 나

인간 본성의 법칙

보다 능력치가 살짝 높은 사람들 말이다.

이 방법이 성공하려면 몇 가지 심리 변화가 필요하다. 첫째, 나에게 스스로를 한 단계 성장시킬 수 있는 능력이 있다고 믿어야 한다. 내가 무언가를 배우고 개선할 수 있는 전반적 능력을 갖고 있다고 확신하면 시기심을 해소하는 데 큰 도움이 된다. 남이 가진 것을 갖고 싶어 하면서 무력감 때문에 훼방을 놓는 게 아니라, 나도 똑같은 것을 갖겠다는 욕구를 느끼면서 나에게 그럴 능력이 있다고 믿어야 한다. 둘째, 그것을 뒷받침할 수 있는 빈틈없는 성실성을 키워야 한다. 철저함과 끈기를 갖춘다면 그 어떤 장애물도 극복하고 더 높은 위치에 오를 수 있다. 게으르고 자기 통제가 안 되는 사람이 훨씬 더 쉽게 시기심을 느낀다.

이와 관련해 목적의식이 있으면, 즉 인생의 소명을 느끼면, 시기심을 예방하는 데 큰 도움이 된다. 확고한 내 인생과 내 계획이 기운을 불어넣기 때문에 거기에 집중하게 된다. 스쳐가는 남들의 관심이 아니라 내 잠재력을 실현하는 데서 만족을 느끼게 된다. 비교의 필요성이 획기적으로 줄어든다. 자긍심은 남이 심어주는 게 아니라 자신의 내면에서 나오는 것이다.

인간의 위대함에 경탄하라

경탄(驚歎)은 시기심의 정반대다. 불안을 느낄 필요 없이 누군가의 업적을 인정하고, 그를 축하하는 일이다. 예술이나 과학, 사업에서 상대가 가진 우월성을 인정하면서도 고통을 느끼지 않는 일이다. 하지만 여기서 한 걸음 더 나아갈 수도 있다. 누군가의 위대함을 인정하는 것은 인류라는 종(種)이 이룩할 수 있는 최대치의 잠재력을 기념하는 일이기도 하다. 최고의 인간 본성을 발휘해 미트프로이데를 경험하는 일이다. 인간이 이룩한 위대한 업적이라면 무엇이든 그에 대한 자부심을 공유할 수 있다. 이런 경탄을 통해 우리는 일상의 좀스러움을 벗어나 진정 효과를 누릴 수 있다.

누군가에 대해 한 점의 시기심 없이 경탄하는 것은 죽은 자들의 경우가 더 쉽지만, 살아 있는 우리 시대의 위인 중 적어도 한 명은 포함하려고 노력해야 한다. 젊은 사람들에게는 그런 경탄의 대상이 곧 본보기로 삼고 싶은 롤모델의 역할도 어느 정도 해줄 수 있다.

마지막으로, 성공이나 성취와 무관하게, 살면서 대단한 만족과 행복을 느끼는 순간을 만들어가는 것은 아주 가치 있는 일이다. 이런 경험은 흔히 산이나 바다, 숲과 같은 아름다운 경치를 볼 때 일어난다. 염탐하고 비교하는 타인의 시선도 없고 더 많은 관심을 받거나 나를 주장해야 할 일도 없다. 그저 지금 눈에 보이는 것에 경외를 느낀다면 커다란 치유의 효과를 볼 수 있다. 우주의 방대함이나 우리가 탄생하기까지 필요했던 절묘한 여러 환경적 조합, 우리보다 앞서 혹은 우리 뒤에 올 광대한 세월을 생각해도 똑같은 느낌을 받을 수 있다. 그런 숭고한 순간에 우리는 시기심이라는 좀스럽고 독이 되는 마음과 가장 멀어진다.

> 행운을 거머쥔 친구를 시기하지 않고
> 사랑할 수 있는 사람은 많지 않으니,
> 그 시기하는 머리에는 차가운 독이 들러붙어
> 인생의 모든 고통이 두 배가 되리라.
> 스스로 입힌 상처는 스스로 돌봐야 하고
> 남의 기쁨은 곧 저주가 되리라.
> ─ 아이스킬로스(고대 그리스의 극작가)

인간 본성의 법칙

Law 11 · Grandiosity

과대망상의 법칙

나의
한계를
현실적으로
평가한다

인간에게는 자기 자신을 높이 평가하고 싶은 깊은 욕구가 있다. 하지만 나의 선량함, 위대함, 똑똑함에 대한 평가가 현실과 너무 괴리되면 과대망상이 된다. 우리는 내가 우월하다고 상상한다. 종종 조그만 성공으로도 우리의 타고난 과대망상은 위험한 수준까지 높아질 수 있다. 스스로 내린, 나에 대한 높은 평가가 이제는 결과로 확인됐기 때문이다. 내가 성공하는 데 기여했던 행운의 역할이나 남들의 공을 잊어버린다. 이제는 손대는 것마다 성공할 거라고 착각한다. 우리는 현실 감각을 잃어버리고 비이성적인 의사결정을 내린다. 성공이 종종 지속되지 않는 것은 그 때문이다. 당신 자신이나 타인에게서 과대망상의 신호가 없는지 찾아보라. 본인의 계획이 긍정적 결과를 낼 거라고 지나치게 확신하거나, 비판을 당했을 때 과도하게 예민한 반응을 보이거나, 모든 형태의 권위를 무시하는 것 등이 바로 그런 신호다. 늘 당신 자신이나 당신의 한계를 현실적으로 평가함으로써 과대망상의 유혹에 대처하라. 훌륭하다는 감정은 오직 일이나 업적, 사회에 대한 기여와 관련해서만 느끼도록 하라.

성공이라는 망상

1984년 여름 파라마운트픽처스 회장 마이클 아이즈너(Michael Eisner, 1942-)는 벌써 몇 달째 자신을 괴롭히고 있는 마음의 동요를 더 이상 무시할 수 없었다. 그는 더 큰 무대로 나아가 할리우드의 근간을 흔들어놓고 싶어 조바심이 났다. 그의 인생은 늘 이렇게 마음이 들썩이는 순간들의 반복이었다. 그는 ABC에서 커리어를 시작한 이래 어느 한 부서에 편안히 안주한 적이 한 번도 없었다. 9년간 여러 번의 승진을 거쳐 그는 저녁 황금 시간대 프로그램의 책임자가 됐다. 하지만 이내 TV 사업이 작아 보이기 시작했고 자신을 옭죄는 것 같았다. 그에게는 더 크고 웅장한 무대가 필요했다. 1976년 ABC 시절의 상사이자 이제는 파라마운트픽처스의 회장이 된 배리 딜러(Barry Diller)가 파라마운트의 영화 제작 부분을 이끌어보지 않겠느냐고 제안하자, 그는 기회를 놓치지 않았다.

파라마운트는 오랫동안 침체를 겪었으나 아이즈너는 딜러와의 협업을 통해 영화사를 할리우드에서 가장 뜨거운 제작사로 탈바꿈시켰다. 〈토요일 밤의 열기〉, 〈그리스〉, 〈플래시댄스〉, 〈애정의 조건〉 등의 영화가 줄줄이 놀라운 성공을 거뒀던 것이다. 이런 획기적 반전을 만들어내는 데는 딜러의 역할도 분명히 있었으나, 아이즈너는 영화사 성공의 주된 원동력이 본인이라고 생각했다. 어쨌거나 돈이 되는 영화를 만드는 확실한 공식을 발명한 사람은 자신이니까 말이다.

이 공식은 저비용에 크게 의존했다. 그리고 저비용은 아이즈너가 평생 집착해온 부분이었다. 이를 위해 모든 영화는 시작부터 콘셉트가 훌륭해야 하고, 그 콘셉트는 기존에 없던 것이어야 하고, 요약하기 쉬우면서 드라마틱해야 했다. 경영진은 비싼 작가와 감독, 배우를 고용해도 되지만, 그 바탕이 되는 콘셉트가 약하면 세상의 모든 돈을 쏟아부어도 낭비일 뿐이었다. 콘셉트가 훌륭한 영화는 저절로 팔린다. 이런 식으로 영화사가 비교적 저렴한 영화를 다량 찍어내면 빅히트는 치지 못하더라도 꾸준한 수입이 확보된다. 이런 생각은 1970년대 후반의 블록버스터 중심주의와 반대되는 것이었지만 파라마운트에서 아이즈너가 보여준 명백한 수익성 앞에 누가 감히 반박을 할 수 있을까? 아이즈너는 이 공식을 문서로 만들어 영구화했고, 이 문서는 이내 할리우드 곳곳으로 복음처럼 전파됐다.

하지만 너무 오랫동안 파라마운트에서 딜러와 스포트라이트를 나눠받고, CEO들을 기쁘게 하느라 애쓰고, 마케팅 담당 및 재무 담당자들과 싸우다 보니, 아이즈너는 이제 한계에 달했다. 아무 제약 없이 본인의 영화사를 운영하고 싶었다. 자신이 개발한 공식과 한 번도 멈춰본 적 없는 본인의 야망이라면 세상에서 가장 크고 수익성 높은 엔터테인먼트 제국을 구축할 수 있을 것 같았다. 자신의 아이디어와 성공에 남들이 업혀가는 것도 이제는 넌덜머리가 났다. 혼자 꼭대기에 서서 모든 걸 지휘하고 공(功)도 독차지하고 싶었다.

그 1984년의 여름 이토록 중요한 커리어의 전기(轉機)를 내내 고민한 끝에 아이즈너는 마침내 자신의 야망을 이뤄줄 완벽한 타깃을 정했다. 바로 월트 디즈니컴퍼니였다. 언뜻 보면 이건 이해가 가지 않을 선택이었다. 1966년 월트 디즈니(Walt Disney)가 사망한 이래, 월트디즈니 영화사는 시간이 멈춰버린 듯했으며 해마다 조금씩 더 이상해지고 있었다. 회사는 따분한 남성 전용 클럽처럼 운영됐다. 많은 경영진이 점심을 먹고 나면 더 이상 일을 하지 않았고, 오후에는 카드 게임을 하며 시간을 보내거나 사내에 있는 사우나에 모여 쉬었다. 해고되는 사람은 아무도 없었다. 4년마다 애니메이션을 하나씩 만들었고, 1983년에는 허접한 실사 영화 세 편을 제작했다. 1968년 〈러브 버그〉 이후 히트 영화는 단 한 편도 없었다. 버뱅크에 있는 디즈니 촬영장은 귀신이라도 출몰할 것 같았다. 1983년 여기서 작업했던 영화배우 톰 행크스(Tom Hanks)는 "1950년대 시외버스 주차장" 같은 곳이라고 했다.

그러나 그렇게 다 쓰러져간다는 점이 아이즈너에게는 자신의 마법을 발휘하기에 완벽한 장소라는 뜻이었다. 디즈니 제작소와 회사는 앞으로 올라갈 길밖에 없다. 이사회는 적대적 인수를 피하고 회사의 실적을 되돌리기 위해 필사적이었다. 아이즈너는 얼마든지 그가 원하는 조건으로 수장이 될 수 있었다. 그는 월트 디즈니의 조카로 당시 최대 주주이던 로이 디즈니(Roy Disney)에게 자신을 디즈니의 구원자로 소개했다. 그리고 파라마운트보다 더 큰 드라마틱한 실적 전환을 만들어낼 야심찬 계획을 상세하게 펼쳐놓았다. 로이가 넘어왔다. 로이가 선택한 만큼 이사회도 아이즈너의 취임을 승인했고 1984년 9월 아이즈너는 월트디즈니컴퍼니의 CEO 겸 회장으로 임명되었다. 워너브로스의 수장을 지낸 프랭크 웰스(Frank Wells)가 회장 겸 최고운영책임자(COO)로 임명됐다. 웰스는 회사의 비즈니스 측면에 초점을 맞출 예정이었고, 모든 사안에서 최고 책임자는 아이즈너였다. 웰스는 아이즈너를 보좌하는 역할에 불과했다.

아이즈너는 곧장 작업에 착수했다. 그는 회사에 대대적인 구조조정을 실시해 1,000명이 넘는 직원을 내보냈다. 경영진은 파라마운트 출신들로 채웠다. 그중에서 가장 눈에 띄는 사람은 제프리 카젠버그(Jeffrey Katzenberg, 1950-)였다. 파라마운트에서 아이즈너의 오른팔이었던 카젠버그는 월트디즈니 영화사의 회장으로 임명됐다. 카젠버그는 거친 성품에 때로는 대놓고 무례했지만, 할리우드에서 카젠버그만큼 효율적이고 열심히 일하는 사람은 없었다. 그는 뭘 시켜도 결과를 내놓을 사람이었다.

몇 달이 지나고 디즈니는 아이즈너의 공식에 따라 놀라운 히트작들을 줄줄이 내놓기 시작했다. 아이즈너가 초반에 출시한 17개 영화 중 15개(〈Down and Out in Beverly Hills〉, 〈Framed Roger Rabbit〉 등)가 이익을 냈다. 할리우드의 그 어느 영화사에서도 들어보지 못한 연속 흥행이었다.

아이즈너가 웰스와 함께 버뱅크의 사업장 구석구석을 탐방 중이던 날이었다. 두 사람은 디즈니의 기록 보관소에 들어갔다가 디즈니의 전성기에 제작된 만화 수백 편을 발견했다. 한 번도 본 적이 없는 것들이었다. 끝도 없이 펼쳐진 선반 위에 디즈니의 위대한 클래식 애니메이션 히트작들이 잔뜩 쌓여 있었다. 보물을 발견한 아이즈너는 눈이 반짝했다. 이 만화와 애니메이션들을 비디오로 재출시하면 모두 그대로 이익이 될 것이었다. 이 만화들을 기초로 다양한 디즈니 캐릭터를 판매할 매장도 만들 생각이었다. 디즈니는 사실상 캐내주기를 기다리고 있는 금광이나 다름없었고, 아이즈너는 채굴에 가장 능한 사람이었다.

얼마 후 캐릭터 매장들은 문을 열었고, 비디오는 불타나게 팔렸다. 히트 영화들이 계속 회사에 이익을 가져다줬고, 디즈니의 주가는 하늘 높은 줄 모르고 치솟았다. 이제 할리우드에서 가장 뜨거운 영화사는 파라마운트가 아니라 디즈니였다. 좀 더 대중적인 존재감을 쌓고 싶었던 아이즈너는 1950년대와 1960년대에는 월트 디즈니가 직접 진행을 맡았던 〈디즈니의 원더풀 월드(The Wonderful World of Disney)〉라는 한 시간짜리 TV 프로그램을 부활시키기로 했다. 이번에는 본인이 진행을 맡으면 됐다. 아이즈너는 카메라 앞에서 타고난 연기자는 아니었지만, 시간이 지나면 사람들이 차차 자신을 좋아하리라 생각했다. 자신도 월트 디즈니처럼 아이들을 편안하게 해줄 수 있었다. 실제로 아이즈너는 어쩐지 자신이 월트 디즈니와 마법처럼 서로 통하고 있다고 느끼기 시작했다. 마치 본인이 단순한 회사의 수장이 아니라 월트 디즈니의 진짜 아들이나 후계자인 것처럼 말이다.

그러나 그 모든 성공에도 불구하고 오래된 마음의 동요는 잊지 않고 다시 찾아왔다. 그는 새로운 모험, 더 큰 도전이 필요했고, 이내 그 도전 거리를 찾아냈다. 월트 디즈니는 유럽에 새로운 놀이공원을 만들 계획을 갖고 있었다. 가장 최근인 1983년에 개장한 도쿄의 디즈니랜드는 성공적이었다. 놀이공원 담당자들은 새로운 디즈니랜드 후보지를 두 곳으로 압축해놓았는데, 하나는 스페인의 바르셀로나 인근이었고 다른 하나는 파리 근처였다. 경제성을 따지면 날씨가 훨씬 좋은 바르셀로나가 더 유리했지만 아이즈너는 프랑스의 후보지를 선택했다. 이번에 개장할 곳은 단순한 놀이공원이 아니라 하나의 문화적 선언이 될 것이라 자신했다. 아이즈너는 세계 최고의 건축가들을 고용할 작정이었다. '유로 디즈니'로 알려진 이곳에는 다른 놀이공원들처럼 평범한 섬유유리로 만든 성(城)이 아니라, 분홍 벽돌로 쌓아올리고 창에는 수공예 스테인드글라스로 온갖 동화 속 장면을 연출한 성들이 있을 것이다. 콧대 높은 프랑스 엘리트들도 흥분해서 방문하는 장소가 될 것이다. 아이즈너는 건축을 사랑했고, 이곳에서 그는 현대판 메디치(Medici, 르네상스 시기에 이탈리아의 명문가 메디치 가문은 예술을 크게 후원해 문화 발전에 이바지했다. - 옮긴이)가 될 수 있었다.

몇 해가 지나고 유로 디즈니에 들어간 비용은 산더미처럼 불어났다. 평소에 가지고 있던 재무 실적에 대한 집착을 완전히 내려놓은 아이즈너는 이 놀이동산을 제대로 만들기만 하면 사람들이 절로 찾아와 비용을 상쇄하고도 남을 거라고 생각했다. 1992년 놀이동산은 계획대로 오픈했다. 그러나 얼마 지나지 않아 아이즈너가 프랑스인들의 취향이나 휴가 습관을 제대로 이해하지 못했다는 것이 분명해졌다. 프랑스인들은 놀이기구를 타려고 줄서서 기다리는 것을 별로 내켜 하지 않았다. 특히나 날씨까지 나쁜 날에는 더더욱 말이다. 다른 놀이동산과 마찬가지로 유로 디즈니에서도 맥주나 와인은 팔지 않았는데 이게 프랑스인들에게는 마치 신성모독과 같은 일이었다. 호텔룸은 너무 비싸서 가족 단위로 하루 이상을 묵기가 힘들었다. 그리고 세부적인 것들에 그토록 공을 들였음에도 불구하고 분홍 벽돌로 지은 성들은 진짜 성의 조잡한 아류 같았다.

입장객 수는 아이즈너가 예상한 규모의 절반밖에 되지 않았다. 건축 과정에서 디즈니가 끌어다 쓴 빚은 눈덩이처럼 불어나 있었고, 방문객들로부터 유입되는 돈으로는 이자조차 감당할 수 없었다. 사태는 점점 재앙의 모습을 갖춰가고 있었다. 아이즈너의 찬란한 커리어에 처음 있는 일이었다. 마침내 현실을 인정하게 된 아이즈너는 프랭크 웰스를 탓하기로 했다. 이 프로젝트의 재무 건전성을 감독하는 일은 웰스의 담당이었으니, 실패한 사람은 웰스다. 이전까지 웰스와의 업무 협력 관계에 대해 입이 마르도록 칭찬만 늘어놓던 아이즈너는 이제 본인의 2인자에 관해 불평하는 일이 잦아졌고, 그를 해고하는 것을 고민했다.

이 문제가 한창 커지고 있던 때에 아이즈너의 눈에 새로운 위협이 등장했다. 제프리 카젠버그였다. 아이즈너는 한때 카젠버그를 자신의 골든리트리버라고 칭한 적도 있었다. 너무나 충성스럽고 열심히 일한다고 말이다. 디즈니 영화사의 초기 히트작은 대부분 카젠버그가 지휘한 것들이었다. 그중 역대 최고 히트작이 된 〈미녀와 야수〉는 디즈니 애니메이션 부문에 르네상스를 불러왔다. 그런데 아이즈너는 어쩐지 카젠버그를 보면 점점 초조함을 느끼게 됐다. 1990년에 카젠버그가 쓴 보고서 때문일지도 몰랐다. 보고서에서 카젠버그는 최근 디즈니가 제작한 실사 영화가 줄줄이 실패한 원인을 심층 해부하면서 이렇게 말했다. "1984년 이후 우리는 사업 운영에 관한 당초의 비전에서 서서히 멀어져가고 있다." 카젠버그는 회사가 〈딕 트레이시〉처럼 예산이 큰 영화를 추진하기로 한 결정을 비판했다. "이벤트용 영화"를 만들고 있다면서 말이다. 디즈니는 "블록버스터 중심주의"에 빠졌고 그 과정에서 영혼을 상실했다.

이 보고서는 아이즈너를 불편하게 만들었다. 〈딕 트레이시〉는 아이즈너가 특별히 아끼는 영화였다. 카젠버그가 자신의 상사를 돌려 까고 있는 건가? 그러고 보니 카젠버그의 보고서는 아이즈너 본인이 파라마운트에 있을 때 썼던 유명한 보고서를 흉내 낸 게 분명해 보였다. 당시 아이즈너는 예산이 덜 들고 콘셉트가 훌륭한 영화를 옹호했다. 이제 보니 카젠버그는 본인이 제2의 아이즈너라고 생각하는 듯했다. 어쩌면 카젠버그는 아이즈너의 자리를 노리면서 은근히 그의 권위를 깎아 먹고 있는지도 몰랐다. 이 생각이 아이즈너를 서서히 잠식해갔다. '왜 카젠버그는 이제 나를 스토리 회의에 참석시키지 않는 거지?'

애니메이션 부문은 〈알라딘〉이나 〈라이언 킹〉 같은 새로운 히트작을 내면서 영화사에서 이윤을 가장 많이 창출하는 부서로 자리 잡았다. 두 작품 모두 카젠버그의 기획이었다. 스토리 아이디어도 카젠버그가 냈고, 처음부터 끝까지 카젠버그가 맡아서 진행한 작품이었다. 매거진에서도 이제 카젠버그를 기사의 주인공으로 다루고 있었다. 마치 이 창의성의 천재가 애니메이션이라는 장르에서 디즈니를 부활시킨 배후라는 듯이 말이다. 애니메이션 부문의 부회장 로이 디즈니는 어쩌고? 모든 걸 책임지고 있는 나는? 아이즈너가 보기에 카젠버그는 이제 미디어를 가지고 놀면서 자신을 근사하게 포장하고 있었다. 경영진 중 한 명의 말에 따르면 카젠버그는 이제 "내가 현대판 월트 디즈니야"라고 떠들고 다닌다고 했다. 의심은 금세 미움으로 바뀌었다. 아이즈너는 더 이상 카젠버그를 곁에 둘 수 없었다.

그러던 1994년 3월 스키를 타러 가던 프랭크 웰스가 헬리콥터 사고로 사망하는 일이 벌어졌다. 주주와 월스트리트를 안심시키기 위해 아이즈너는 자신이 웰스의 회장 지위를 물려받는다고 얼른 발표했다. 그런데 이때 갑자기 카젠버그가 성가시게 연락을 해오기 시작했다. 혹시라도 웰스가 회사를 떠날 경우 회장직을 자신에게 주겠다고 약속하지 않았느냐면서 말이다. 웰스가 죽은 지 얼마나 됐다고, 이런 매정한 인간 같으니. 아이즈너는 더 이상 카젠버그의 연락에 회신하지 않았다.

1994년 8월 아이즈너는 마침내 제프리 카젠버그를 해고하면서 할리우드의 거의 모든 사람을 충격에 빠뜨렸다. 그는 이 동네에서 가장 성공한 영화사 경영자를 해고한 것이다. 〈라이언 킹〉은 할리우드 역사에서 가장 많은 이윤을 창출한 영화 중 하나였다. 디즈니가 미라맥스를 인수한 배후에도 카젠버그가 있었다. 〈펄프 픽션〉이 성공하면서 이 인수는 훌륭한 도전이었던 것으로 평가받았다. 사람들은 아이즈너가 미친 게 아닌가 생각했으나 정작 아이즈너는 개의치 않았다. 마침내 카젠버그의 그림자로부터 자유로워진 아이즈너는 이제야 두 발 뻗고 디즈니의 새로운 도약을 준비할 수 있었다. 신경 쓸 것 하나 없이 혼자 힘으로 말이다.

아이즈너는 본인이 감을 잃은 게 아니라는 것을 증명하기 위해 디즈니의 ABC 인수를 계획했다. 엔터테인먼트 업계는 황홀해했다. 순전히 그 대담성만으로도 아이즈너는 다시 관심의 중심에 섰다. 이제 그는 지금껏 누구도 감히 시도하거나 상상해보지 못한 엔터테인먼트 제국을 세워가고 있었다. 하지만 이 일은 그에게 한 가지 문제점을 만들어냈다. 회사의 크기가 사실상 두 배가 됐다는 사실이었다. 한 사람이 감당하기에는 너무 크고, 너무 복잡했다. 불과 1년 전에 그는 심장 수술을 받았고, 이렇게 가중된 스트레스를 감당할 수 없었다.

아이즈너에게는 제2의 프랭크 웰스가 필요했다. 그의 생각은 곧장 옛 친구인 마이클 오비츠(Michael Ovitz)에게 미쳤다. 오비츠는 크리에이티브 아티스츠 에이전시(Creative Artists Agency, CAA)의 설립자 중 한 명이자 그곳 수장이었다. 오비츠는 할리우드 역사상 가장 훌륭한 협상가이자 가장 힘 있는 사람이기도 했다. 두 사람이 함께라면 그들은 이 판을 장악할 수 있었다. 아이즈너가 오비츠를 채용하려 하자 많은 사람이 우려를 표했다. 오비츠는 프랭크 웰스와 다르다. 그는 재무통도 아니고 세부사항은 잘 모른다. 이는 오비츠 자신도 인정하는 부분이었다. 아이즈너는 그런 조언을 무시했다. 사람들이 너무 틀에 박혔다고 생각했다. 아이즈너는 큰돈으로 오비츠를 CAA에서 꾀어내어 회장직을 맡기기로 결심했다. 몇 번씩 대화를 나누면서 아이즈너는 오비츠에게 그가 서열상 2위가 되겠지만 결국은 둘이 회사의 공동 리더가 되는 거라고 안심시켰다.

어느 날 전화 통화에서 오비츠는 마침내 모든 조건에 합의했다. 하지만 전화를 끊자마자 아이즈너는 자신이 인생 최대의 실수를 저지른 것을 알았다. '내가 대체 무슨 생각을 하고 있던 거야? 두 사람이 둘도 없는 친구일 수는 있어도, 떠벌리기를 좋아하는 남자 둘이서 대체 무슨 수로 함께 일을 한단 말인가?' 오비츠는 권력에 목마른 유형이었다. 그는 카젠버그보다 곱절로 큰 골칫거리가 될 것이다. 그러나 이미 늦은 후였다. 아이즈너는 벌써 이사회에서 오비츠의 채용 승인을 받았다. 이제 아이즈너 본인의 명성과 CEO로서 의사결정 과정이 도마 위에 오르게 됐다. 잘 해내는 수밖에 없었다.

아이즈너는 즉시 전략을 하나 세웠다. 오비츠의 책임 영역을 좁히고 고삐를 바짝 죄어서 그가 회장에 걸맞은 사람임을 증명하게 만들 생각이었다. 그러면 오비츠는 아이즈너의 신뢰를 얻고 권한도 더 많이 가지게 될 것이다. 1일차부터 아이즈너는 오비츠에게 누가 상사인지 명확히 보여주고 싶었다. 아이즈너는 오비츠를 디즈니 본사 6층에 있는 본인 사무실 바로 옆의 프랭크 웰스가 쓰던 사무실에 들인 것이 아니라, 5층에 있는 별 볼일 없는 사무실 하나를 내줬다. 오비츠는 흥청망청 선물을 사주고 화려한 파티를 열어 사람들의 환심을 사는 것을 좋아했다. 아이즈너는 직원들을 시켜 오비츠가 그런 데 쓰는 돈을 동전 하나까지 감시하게 하고 오비츠가 혹시 내 뒤에서 다른 경영진과 접촉하지는 않는지 그의 일거수일투족을 지켜봤다. 아이즈너는 오비츠를 제2의 카젠버그로 키울 생각은 결단코 없었다.

얼마 못 가 다음과 같은 패턴이 만들어졌다. 오비츠가 썩 괜찮은 거래안을 하나 가지고 아이즈너를 찾아간다. 그러면 아이즈너는 오비츠가 해당 거래를 조사하는 것 자체를 막지는 않는다. 그러나 거래에 합의해야 하는 시점이 되면 아이즈너는 절대로 안 된다고 말한다. 업계에는 서서히 오비츠가 감을 잃었다는, 더 이상 거래를 성사시키지 못한다는 소문이 퍼져나갔다. 오비츠는 다급해지기 시작했다. 그는 자신이 회장이 될 만한 인물이었음을 간절히 증명하고 싶었다. 그는 뉴욕으로 가서 ABC 경영을 돕겠다고 했다. 두 회사의 합병이 썩 좋은 결과를 내고 있지는 않았던 것이다. 하지만 아이즈너는 안 된다고 했다. 아이즈너는 부하직원들에게 오비츠와 거리를 두라고 말했다. 오비츠는 신뢰할 만한 사람이 아니다. 그는 샌퍼낸도밸리의 주류상의 아들이고 아버지와 마찬가지로 말발로 물건을 파는 사람일 뿐이다. 그는 미디어의 관심에 중독되어 있다. 회사 내에서 오비츠는 완전히 고립되어버렸다.

몇 달간 이런 전개가 이어지다가 오비츠는 비로소 사태를 파악했다. 그는 아이즈너에게 격하게 항의했다. 오비츠는 자신의 회사도 버리고 디즈니에 왔다. 그는 회장으로서 본인이 하게 될 일에 자신의 명성을 걸었는데, 아이즈너는 그의 명성을 파괴하고 있다. 더 이상 업계의 누구도 나를 존중하지 않는다. 아이즈너가 나를 이렇게 취급하는 것은 거의 가학에 가깝다. 그러나 아이즈너의 마음속에서 오비츠는 이미 그가 낸 시험에 실패한 사람이었다. 오비츠는 참을성이 있다는 걸 증명하지 못했고, 그가 프랭크 웰스가 아니라는 걸 증명하지 못했다. 1996년 12월, 회장이 된 지 겨우 14개월 만에 오비츠는 어마어마한 퇴직수당을 받고 해고됐다. 영광의 자리로부터 아찔하고도 빠른 추락이었다.

마침내 이 큰 실수에서 해방된 아이즈너는 사내에 권력을 공고히 하기 시작했다. ABC는 썩 실적이 좋지 않았다. 그가 개입해 조종을 좀 할 필요가 있었다. 그는 ABC의 프로그램 회의에 참석하기 시작했다. 그는 자신이 ABC에서 보냈던 전성기 이야기를 꺼냈다. 〈레번과 셜리(Laverne & Shirley)〉라든가 〈해피 데이스(Happy Days)〉처럼 본인이 만들었던 훌륭한 프로그램들을 이야기했다. ABC는 그런 옛날의 철학으로 되돌아가서 콘셉트가 훌륭한 가족용 프로그램을 다시 만들 필요가 있다.

인터넷이 부상하고 있으니 아이즈너도 제대로 한번 뛰어들어야 했다. 그는 경영진들이 추진하던 야후(Yahoo!) 인수에 퇴짜를 놓고, 대신에 고(Go)라는 이름의 디즈니 자체 인터넷 포털을 내놓기로 했다. 지난 세월 그가 배운 교훈이 있었다. '내 쇼는 내가 설계하고 운영하는 게 최고다!' 디즈니는 인터넷 판을 장악할 것이다. 그는 이미 두 번이나 실적 전환의 천재임을 보여준 바 있었고, 디즈니에서 지금은 슬럼프에 빠져 있지만 세 번째 성공 신화를 써낼 것이다.

그러나 얼마 못 가 회사에는 악재가 하나씩 밀려오기 시작했다. 해고된 카젠버그는 계약상 받기로 되어 있었던 실적 보너스를 지급하라고 디즈니에 소송을 냈다. 오비츠가 디즈니의 회장으로 있을 당시 그는 이 문제가 소송까지 가기 전에 합의를 보려고 카젠버그와 9,000만 달러(약 990억 원)에 이미 이야기를 끝냈다. 하지만 마지막 순간 카젠버그에게 빚진 게 하나도 없다고 확신한 아이즈너가 퇴짜를 놓았다. 2001년 법원은 카젠버그의 편을 들어줬고, 둘은 2억 8,000만 달러(약 3,080억 원)라는 기절할 만한 금액에 합의해야 했다. 디즈니는 인터넷 포털 고를 만드는 데 어마어마한 자원을 투입했지만, 결과는 대실패였고 포털 문을 닫아야 했다. 유로 디즈니에 들어간 비용은 아직도 회사에 계속 출혈을 내고 있었다. 디즈니는 픽사와 파트너십을 맺고 〈토이 스토리〉 같은 히트작들을 제작했다. 하지만 아이즈너가 사사건건 간섭하는 데 진절머리가 난 픽사 CEO 스티브 잡스는 다시는 디즈니와 협업하지 않겠다고 분명히 밝혔다. ABC는 기대에 못 미치는 실적을 내고 있었다. 디즈니가 제작한 영화 대부분은 그냥 실패한 게 아니라 엄청난 돈을 쏟아붓고도 실패했다. 그 정점을 찍은 게 2001년 5월에 개봉한 〈진주만〉이었다.

이런 상황이 되자 로이 디즈니는 아이즈너에 대한 신뢰를 잃어버린 듯했다. 주가는 곤두박질치고 있었다. 로이 디즈니는 아이즈너에게 사임하는 게 좋겠다고 말했다. 이 얼마나 배은망덕하고 오만한 제안인가! 다 죽어가던 디즈니를 맨손으로 일으켜 세운 사람은 아이즈너 본인이었다. 자신은 로이를 참사 속에서 구해주고 큰돈까지 벌게 해줬다. 월트 디즈니의 바보 조카 소리를 듣던 로이를 말이다. 그런데 이제 내가 가장 힘든 순간에 나를 배신하겠다고? 아이즈너는 이렇게 분노해본 적이 없었다. 그는 즉시 반격에 들어가 로이를 이 사회에서 물러나게 만들었다. 그런데 이게 오히려 로이를 더 대담하게 만든 듯했다. 로이는 '디즈니 구조단'이라는 주주 반란군을 규합했고, 이 주주들은 2004년 3월 아이즈너에게 책임을 묻는 결의를 했다.

곧이어 이사회는 아이즈너에게서 이사회 의장직을 박탈하기로 의결했다. 그가 세운 제국이 무너져 내리고 있었다. 2005년 9월 기댈 아군 하나 없이 외롭게 배신당한 기분으로 아이즈너는 디즈니에서 공식 사임했다. 어떻게 이렇게 순식간에 모든 게 와해될 수 있지? 아이즈너는 친구들에게 저들은 자신을 그리워하게 될 거라고 했다. 이때 '저들'이란 할리우드 전체를 가리킨 말이었다. 다시는 자신과 같은 사람은 없을 테니 말이다.

해석 ──●

마이클 아이즈너는 그의 커리어 도중 어느 시점쯤에 일종의 망상에 굴복했다고 말해도 좋을 것이다. 권력에 관한 한, 그의 사고는 현실로부터 너무나 괴리되어 참담한 결과를 가져올 의사결정들을 내렸다. 이 특정한 형태의 망상이 어떻게 그의 마음에 나타나고 결국은 생각을 장악했는지 그 진행 과정을 한번 살펴보자.

ABC에서 커리어를 시작할 당시 젊은 아이즈너는 현실을 잘 파악하고 있었다. 그는 대단히 현실적이었다. 본인의 강점을 충분히 이해했고 극대화시켜 활용했다. 그는 타고난 성품이 야심차고 경쟁심이 강했으며, 철두철미하게 열심히 일했고, 평균적인 미국인들의 엔터테인먼트 취향을 날카롭게 이해하는 감각이 있었다. 그는 두뇌 회전이 빨랐고, 남들을 다독여 창의적으로 생각하게 만들 줄 아는 능력이 있었다. 이런 강점에 기대어 그는 신분상승의 사다리를 빠르게 타고 올랐다. 그는 본인의 재능에 대해 아주 높은 자신감을 갖고 있었는데, ABC에서 여러 차례 승진하면서 그런 자기평가를 확인받은 셈이 됐다. 이제는 그는 다소 거들먹거릴 수도 있었다. 일을 하면서 배운 것도 많았고,

프로그램 담당으로서의 능력도 크게 향상됐기 때문이다. 그는 꼭대기를 향해 빠르게 치고 올라갔고, 결국은 서른네 살의 나이에 ABC 방송국 저녁 황금 시간대의 프로그램 책임자로 임명되며 정상을 찍는다.

야망이 컸던 그는 얼마 지나지 않아 TV 세계가 좁게 느껴졌다. 그가 프로그램에 올릴 수 있는 엔터테인먼트의 종류에는 한계가 있었다. 영화계에는 뭔가 더 느슨하고, 크고, 멋진 측면이 있었다. 그렇다면 그가 파라마운트의 영입 제안을 수락한 것은 당연한 결정이었다. 그런데 그가 파라마운트에서 일하는 동안 무슨 일인가가 일어났다. 미묘하게 그의 생각의 균형이 깨지는 일련의 과정이 시작됐다. 더 큰 무대인 영화사의 수장이 되면서 그는 미디어와 대중의 관심을 받기 시작했다. 할리우드에서 가장 뜨거운 영화사 대표로 잡지 표지에도 실렸다. 이것은 ABC에서 승진을 통해 받았던 것과는 질적으로 다른 관심이자 만족감이었다. 이제 수백만 명의 사람들이 그를 우러러봤다. 어떻게 그 많은 사람들의 의견이 틀릴 수가 있겠는가? 그들이 보기에 아이즈너는 천재였고, 영화사 시스템의 지형을 바꾸고 있는 새로운 영웅이었다.

이런 상황이 사람을 도취시켰다. 그는 자신의 능력을 더 높이 평가할 수밖에 없었다. 그리고 거기에는 엄청난 위험도 따라왔다. 파라마운트에서 아이즈너의 성공은 순전히 혼자 힘으로 이뤄낸 것이 아니었다. 그가 파라마운트에 들어갔을 때 이미 몇 편의 영화가 제작을 준비하고 있었고, 실적 전환의 계기가 된 〈토요일 밤의 열기〉도 그중 한 편이었다. 배리 딜러는 아이즈너를 돋보이게 해준 완벽한 조력자였다. 아이즈너가 어떤 의견을 내놓으면 딜러는 끊임없이 논박했고, 따라서 아이즈너는 자신의 아이디어를 더욱더 갈고닦을 수밖에 없었다. 그러나 쏟아지는 관심에 우쭐해진 아이즈너는 자신이 받는 찬사가 모두 본인의 노력 덕분이라고 착각했다. 그러니 그의 성공에서 타이밍이 좋았다거나 남들이 기여한 부분은 자연히 빼고 생각했다. 그의 마음은 서서히 현실과 괴리되고 있었다. 그는 어떻게 하면 사람들을 즐겁게 해줄지 관객에게 철저히 초점을 맞추는 대신에 자기 자신에게 초점을 맞추기 시작했다. 남들이 선전해주는 것처럼 자신이 대단한 사람이라는 신화를 믿기 시작했다. 자신이 손대는 것마다 성공할 거라고 상상했다.

디즈니에서도 이 패턴은 반복됐고 더 심화됐다. 그는 놀라운 성공의 후광을 여유롭게 쬐면서 본인이 누리게 된 믿기지 않을 만큼의 행운을 금세 잊어갔다. 가족 오락과 가정용 홈 비디오가 폭발적으로 성장하던 때에 그가 디즈니 기록 보관소의 자료들을 물려받은 것은 분명 행운이 작용한 것이었는데 말이다. 아이즈너는 그에게 균형추가 되어주었던 웰스의 중요한 역할을 과소평가했다. 뭔가 대단한 사람이 된 것 같은 기분과 함께 그는 딜레마에 빠졌다. 뭔가 큰일을 내고 파문을 일으킬 때에 따라오는 그 관심에 중독됐다. 단순히 성공하고 이윤이 늘어나는 것으로는 만족할 수 없었다. 신화가 계속 유지되려면 무언가를 더해줘야 했다. 유로 디즈니가 바로 그 답이었다. 그는 자신이 단순히 기업가가 아니라 다재다능한 '르네상스인'임을 세상에 보여주려 했다.

놀이동산을 만들면서 그는 바르셀로나에 비용이 적게 드는 소박한 테마파크를 짓자는 경험자들의 조언을 거부했다. 프랑스인들의 문화에는 아랑곳없이 캘리포니아 주 버뱅크에서 모든 걸 지휘했다. 그 바탕에는 영화사 수장으로서 본인이 가진 능력이 놀이동산이나 건축에도 그대로 이식될 수 있다는 신념이 작용했다. 그는 분명 본인의 창의력을 과대평가하고 있었고, 이제 그가 내리는 사업상의 결정들은 망상이라 봐도 될 만큼 현실로부터 멀어졌다. 이런 정신적 불균형에 장악당한 이후 사태는 악화일로로 치달을 수밖에 없었다. 왜냐하면 다시 땅으로 내려오는 것은 자기 자신에 대한 그토록 높은 평가가 틀렸음을 인정하는 것밖에 안 되기 때문이다. 인간이라는 동물은 좀처럼 그런 걸 인정하지 않는다. 대신에 모든 실패나 차질은 남 탓으로 돌리는 게 대체적인 경향이다.

이제 망상에 사로잡힌 아이즈너는 그의 가장 심각한 실수를 저지른다. 제프리 카젠버그를 해고한 것이다. 디즈니의 사업 구조는 새로운 애니메이션이 꾸준히 히트를 쳐야 하는 시스템이었다. 그래야 캐릭터 매장이나 놀이동산에도 새로운 캐릭터나 상품, 놀이기구, 테마길이 계속 공급되고 홍보가 가능했다. 〈라이언 킹〉의 유례없는 성공이 보여준 것처럼 카젠버그는 분명히 그런 히트작을 만들어내는 능력을 보유하고 있었다. 그런 그를 해고했다는 것은 이 제국의 줄줄이 엮인 조립라인에 위험 요소를 만든 일이었다. 대체 누가 그 일을 이어받는단 말인가? 로이 디즈니나 아이즈너 본인이 할 수 있는 일은 분명히 아니었다. 게다가 카젠버그가 어디로 가든 그는 본인의 능력도 함께 가지고 갈 거라는 사실을 아이즈너는 알았어야 했다. 실제로 카젠버그는 디즈니에서 쫓겨난 뒤 새로운 영화사 드림웍스를 공동으로 설립했고, 애니메이션 히트작들을 계속 내놓았다. 새로 생긴 영화사 때문에 숙련된 애니메이션 제작자들의 몸값은 치솟았고, 애니메이션 한 편의 제작비가 어마어마하게 오르면서 디즈니의 전체 이윤 시스템을 위협했다. 그런데 이런 현실을 제대로 파악하기는커녕 아이즈너는 관심 경쟁에 더 몰두했다. 카젠버그의 부상은 이미 꼭대기에 가 있는 아이즈너의 자기평가를 위협했고 아이즈너는 이윤과 실용성을 희생해서라도 본인의 자존심을 지켜야 했다.

그때부터 하강곡선이 시작됐다. 클수록 더 좋다는 신념으로 추진했던 ABC 인수는 그가 현실로부터 점점 멀어지고 있음을 보여줬다. 뉴미디어 시대에 텔레비전은 죽어가는 사업 모델이었다. 이 인수는 현실적인 사업 결정이 아니라 홍보 놀음이었다. 그는 엔터테인먼트 업계에 거대기업을 하나 만들어냈으나 뚜렷한 정체성이 없는 그냥 거품이었다. 오비츠를 고용했다가 다시 해고한 것은 그의 망상이 한 단계 더 높은 수준으로 올라간 것을 보여준다. 이제 아이즈너에게 사람들은 그냥 이용하기 위한 하나의 수단에 지나지 않았다. 오비츠는 할리우드에서 가장 무섭고 힘 있는 사람으로 간주됐다. 어쩌면 아이즈너는 무의식중에 오비츠를 망신주고 싶은 욕망에 휘둘린 것인지도 모른다. 오비츠가 자신에게 부스러기라도 받아먹으려고 굽실대게 만들 수 있다면 아이즈너 '본인이' 할리우드에서 가장 힘 있는 사람이 될 테니 말이다.

얼마 못 가 그의 망상적 사고 과정에서 비롯된 문제들이 줄줄이 터져 나오기 시작했다. 유로 디즈니의 건축 비용은 계속 늘어났고, 카젠버그는 보너스 지급 소송을 냈고, 영화 부문에서는 히트작이 나오지 않고, ABC 때문에 자원이 계속 샜으며, 오비츠에게는 거액의 해고 수당을 줘야 했다. 디즈니 이사회는 더 이상 주가가 하락하는 것을 무시할 수 없었다. 카젠버그와 오비츠를 해고한 것은 아이즈너를 할리우드에서 가장 미움받는 사람으로 만들었다. 그의 운이 다하면서 조용했던 적들이 모두 우르르 쏟아져 나와 그의 파멸을 더욱 재촉했다. 그는 빠르고 화려하게 권좌에서 추락했다.

이 점을 알아야 한다. 마이클 아이즈너의 이야기는 생각하는 것보다 당신과 가까운 이야기다. 당신도 얼마든지 그의 운명에 처할 수 있다. 물론 그 규모는 훨씬 작겠지만 말이다. 이유는 간단하다. 인간은 누구나 잠재된 약점을 갖고 있어서 스스로 알지도 못하는 사이에 망상에 빠져들 수 있기 때문이다. 이 약점은 대개 자신의 능력을 과대평가하고 싶은 타고난 성향으로부터 나온다. 평소 우리는 자기 자신을 현실보다 약간 높게 평가하고 있다. 우리는 '어떤 점에서는 내가 남보다 우월하다'고 느끼고 싶은 깊은 욕구가 있다. 그 어떤 점은 지능일 수도 있고 미모나 매력, 인기, 숭고함일 수도 있다. 이런 성향은 긍정적인 것이 될 수도 있다. 어느 정도의 자신감은 있어야 우리가 도전을 하고, 스스로 한계라고 생각하는 것을 넘어서고, 그 과정에서 교훈을 얻을 수 있기 때문이다. 하지만 어느 정도의 성공이든 일단 한 번 경험하고 나면, 즉 개인이나 집단으로부터의 큰 관심을 받거나 승진을 하거나 프로젝트를 위한 자금 모집에 성공하고 나면, 그 자신감이 너무 빠르게 증가하는 경향이 있다. 그렇게 되면 자기평가와 현실 사이의 격차는 점점 더 커질 것이다.

살면서 우리가 겪는 모든 성공에는 어느 정도의 행운이나 타이밍, 타인의

인간 본성의 법칙

기여 등이 반드시 작용한다. 거기까지 이끌어준 선생님들이 있을 수도 있고, 그저 새로운 것을 바라는 대중의 변덕이 작용했을 수도 있다. 그런데도 우리는 그 모든 것을 잊고, 궁극적으로는 내가 잘나서 성공한 것이라고 착각하는 성향이 있다. 그래서 준비가 되기도 전에 내가 새로운 도전을 감당할 수 있다고 단정하기 시작한다. 어쨌거나 사람들이 그토록 많은 관심을 줬다는 건 내가 훌륭하다는 것을 인증해준 셈이고, 나는 계속 그런 인정을 받고 싶기 때문이다. 우리는 내가 손대는 것마다 성공할 수 있다고, 이제 나의 능력은 다른 매체나 분야에까지 마법처럼 옮겨갈 수 있다고 상상한다. 자신도 모르는 사이에 우리는 고객이나 관객보다 내 자존심과 판타지에 더 귀를 기울이게 된다. 나를 도와주던 사람들과 멀어지고 그들을 내가 사용할 도구로 보게 된다. 그리고 혹시라도 실패하면 남들을 탓한다. 성공에는 거부할 수 없는 어떤 매력이 있고, 그 매력은 우리의 마음을 흐려놓는 경향이 있다.

당신이 해야 할 일은 다음과 같다. 어떤 형태로든 성공을 경험하고 나면 그 요인을 분석하라. 분명히 거기에 들어 있을 행운이라는 요소와 그 행운에 직용했던 멘토를 비롯한 남들의 역할을 눈으로 확인하라. 이렇게 하면 당신의 능력을 과장하려는 성향을 좀 누그러뜨릴 수 있을 것이다. 성공에는 무사안일주의가 따라온다는 사실을 상기하라. 그것은 일보다는 자신이 받는 관심 자체가 더 중요해지고, 구식 전략을 계속 반복하게 만들기 때문이다. 성공했다면 경계심을 오히려 더 높여야 한다. 새로운 프로젝트를 하나 시작할 때마다 칠판을 깨끗이 지우고 0에서부터 다시 시작하라. 박수갈채 소리가 커질수록 더욱더 거기에 신경 쓰지 않도록 하라. 당신이 해낼 수 있는 한계를 인식하고, 그것을 포용하고, 기존에 갖고 있는 것으로 최선의 결과를 내라. 클수록 더 좋다는 말을 믿지 마라. 가진 힘을 모으고 집중하는 것이 더 현명한 선택일 때가 많다. 커지는 우월감에 남의 감정을 상하지 않게 조심하라. 당신에게는 아군이 필요하기 때문이다. 두 발을 땅에 굳건히 내려서 마약 같은 성공의 영향력을 상쇄하라. 이렇게 서서히 유기적으로 쌓아올린 힘이 더 현실적이고 더 오래간다. 기억하라. 거창한 날개를 달고 너무 높이 오르는 자를 신들은 결코 용서하지 않는다. 반드시 대가를 치르게 된다.

그는 그저 존재하는 것만으로는 결코 만족할 수 없었다. 그는 언제나 더 많은 것을 바랐다. 자신은 남보다 더 많은 게 허락된 사람이라고 생각했던 것은 아마도 순전히 그 욕망의 힘이었을 것이다.

— 표도르 도스토옙스키, 《죄와 벌》 중에서

· 인간 본성의 열쇠 · 상대는 내가 원하는 대로 반응하지 않는다

당신이 프로젝트를 하나 추진한다고 해보자. 아니면 어느 개인이나 집단을 설득해야 한다고 해보자. 그 목표를 달성하기 위한 현실적 자세를 묘사한다면 다음과 같다. 원하는 것을 얻는 것은 쉽지 않다. 성패는 많은 노력과 약간의 운에 달려 있다. 프로젝트가 성공하려면 당신은 기존의 전략을 폐기해야 한다. 상황은 늘 변하므로 계속해서 마음을 열어놓아야 한다. 당신이 설득하려는 사람들이 당신이 상상하거나 바랐던 그대로 정확히 반응하는 경우는 절대로 없다. 오히려 사람들의 반응은 대체로 당신을 놀라게 만들고 좌절시킬 것이다. 사람들에게는 나름의 욕구와 경험, 심리가 있고, 그들의 그것은 당신의 것과는 다르기 때문이다. 당신이 목표로 삼는 사람에게 깊은 인상을 주려면 그들과 그들의 정신세계에 초점을 맞춰야 한다. 원하는 것을 이루지 못했다면 내가 뭘 잘못했는지 신중하게 점검하고 이번 경험에서 교훈을 얻으려고 애써야 할 것이다.

당신 앞의 그 프로젝트나 과제는 대리석 덩어리라고 생각할 수 있다. 당신

인간 본성의 법칙

은 그 대리석을 조각해서 아름답고 정밀한 무언가로 만들어야 한다. 그 대리석 덩어리는 당신보다 훨씬 크고, 대리석이라는 재료는 말을 잘 듣지 않는다. 하지만 당신의 과제가 불가능한 것은 아니다. 충분히 노력하고 집중하고 실패해도 다시 일어난다면 서서히 그것을 당신이 필요로 하는 무엇으로 만들 수 있다. 그러나 시작할 때 당신은 적절한 균형감각을 갖고 있어야 한다. 목표는 달성하기 힘들고, 사람들은 말을 잘 듣지 않으며, 당신이 할 수 있는 일에는 한계가 있다. 이런 현실적 태도를 가지고, 필요한 인내심을 발휘하여 작업에 착수해야 한다.

그런데 당신이 크기나 균형을 제대로 인식하지 못하게 되는 어떤 정신 질환에 걸렸다고 한번 상상해보라. 질병 때문에 당신은 눈앞의 과제가 크다거나 재료가 다루기 힘들다고 인식하지 못한다. 오히려 당신은 그 대리석 덩어리가 비교적 작고 말랑말랑하다고 생각한다. 균형감각을 잃어버렸기 때문에 당신은 이 대리석 덩어리로 금방 당신이 생각하는 완성품의 이미지를 빚어낼 수 있다고 믿는다. 당신이 설득해야 할 사람들이 당연히 반발할 거라고 예상하는 게 아니라, 사람들은 뻔하다고 착각한다. 내 훌륭한 아이디어에 그들이 어떻게 반응할지 나는 안다. 그들은 내 아이디어를 너무너무 좋아할 것이다. 그들은 내가 그들을 필요로 하는 것 이상으로 나와 내 작업을 필요로 할 것이다. 그들이 나를 찾아다닐 것이다. 이제 초점은 성공하기 위해 당신이 무엇을 해야 하느냐가 아니라 당신이 뭘 받을 만한 사람인지로 옮겨가 있다. 당신이 이 프로젝트로 얼마나 많은 관심을 받게 될지가 눈에 선하다. 반면에 실패하면 비난은 남들이 받을 것이다. 왜냐하면 당신은 재능을 갖고 있고, 당신의 대의는 옳고, 당신이 가는 길을 막는 사람은 모두 사악하거나 시기심에 찬 것이기 때문이다.

이 정신 질환을 우리는 '과대망상'이라고 부를 수 있다. 과대망상에 걸리면 현실적인 균형 감각이 뒤집어진다. 당신의 자아는 주변의 그 무엇보다 크고 위대해진다. 이제 당신은 그 자아라는 렌즈를 통해 과제나 사람들을 바라본다. 이것은 단순히 모든 게 당신 중심으로 돌아가는 '심한 자기도취'(2장 참조)와는 다르다. 이것은 당신이 크고 우월한 무엇이라고 생각하는 것이다. 과대망상(grandiosity)이라는 단어는 '크다' 또는 '훌륭하다'라는 뜻의 어원을 갖고 있다. 당신은 그저 관심받을 만한 가치가 있는 사람이 아니라 '우러러봐야 할 사람'이다. 단순한 인간이 아니라 신과 같아진 느낌이다.

세간의 주목을 받는 힘 있고 자기중심적인 리더들만 이 병에 걸린다고 생각하면 대단한 착각이다. 물론 마이클 아이즈너처럼 영향력 있는 사람들이 높은 수준의 과대망상을 가진 것을 우리가 많이 보는 것은 사실이다. 그들이 받는 많은 관심과 찬사는 자아를 더욱더 심하게 과장시키기 때문이다. 하지만 거의 대부분의 사람이 공통적으로 갖고 있는, 그보다 낮은 수준의 일상적 과대망상도 있다. 왜냐하면 과대망상은 인간 본성에 단단히 자리 잡은 내재적 특성이기 때문이다. 이것은 뭔가 남보다 뛰어나고, 사람들의 존경을 받고, 내가 중요한 사람인 것처럼 느끼고 싶은 우리의 깊은 욕구에서 연유한다.

본인의 과대망상을 자각하는 사람은 거의 없다. 왜냐하면 과대망상은 그 성질상 현실에 대한 지각을 바꿔서 자기 자신을 정확히 평가하기 힘들게 만들기 때문이다. 그래서 지금 당장은 나의 과대망상이 무슨 문제를 일으키고 있는지 자각하지 못하게 된다. 낮은 수준의 과대망상은 우리의 기술과 능력은 과대평가하고 우리가 직면한 장애물은 과소평가하게 만든다. 그래서 실제 내 능력을 초과하는 과제를 기꺼이 떠맡게 된다. 내 아이디어에 남들이 이러저러하게 반응할 거라고 확신하게 되고, 실제로 그렇지 못했을 때는 화를 내고 남 탓을 하게 된다.

우리는 과대망상이 그 뿌리에 있는지도 모른 채 마음이 들썩이거나 갑자기 직업을 바꿀지도 모른다. 지금 내가 하는 일은 나의 위대함이나 우월성을 제대로 드러내지 못하고 있다. 왜냐하면 정말로 위대해지기 위해서는 더 많은 시간의 훈련과 새로운 기술의 개발이 필요하기 때문이다. 하던 일을 그만두고 새로운 직업이 제시하는 가능성에 혹하게 되면 내가 위대하다는 판타지에 빠질 수 있다. 하지만 그런 식으로는 아무것도 마스터하지 못한다. 당신은 훌륭한 아이디어가 수십 개나 있지만 한 번도 실천하려 들지 않을지 모른다. 왜냐하면 그랬다가는 당신의 실제 능력치라는 현실과 마주해야 하기 때문이다. 알아채지 못하는 사이에 수동적이 될지도 모른다. 당신은 마냥 남들이 이해해주고, 바라는 걸 내어주고, 잘 대우해주길 기대한다. 열심히 노력해서 남들의 칭찬을 얻는 게 아니라, 칭찬받을 권리가 있다고 느낀다.

위 모든 경우가 낮은 정도의 과대망상이다. 이것들은 당신이 실수에서 배우고 자신을 성장시키는 것을 가로막는다. 왜냐하면 이미 당신이 크고 위대하다는 전제에서부터 출발하고 있고, 그렇지 않다고 인정하는 게 너무나 힘들기 때문이다.

인간 본성의 법칙을 공부하는 학생으로서 당신이 해야 할 일은 세 가지다. 첫째, 과대망상이라는 현상 자체를 이해해야 한다. 왜 그게 인간 본성에 그토록 깊게 박혀 있고, 왜 그 어느 때보다 요즘 세상에 과대망상에 빠진 사람을 더 많이 보게 되는지 알아야 한다. 둘째, 과대망상의 신호를 알아보고 그런 신호를 보이는 사람들에 어떻게 대처하는지 알아야 한다. 셋째가 가장 중요한데, 당신 안에 있는 과대망상의 신호를 알아봐야 한다. 당신의 과대망상적 성향을 통제하는 방법뿐만 아니라 어떻게 하면 그 에너지를 뭔가 생산적인 쪽으로 돌릴 수 있을지 알아야 한다(더 자세한 내용은 501페이지 '높은 만족감을 얻는 다섯 가지 원칙' 참조).

저명한 정신분석학자 하인즈 코헛에 따르면 과대망상은 아주 어린 시절에 뿌리를 두고 있다. 태어난 지 몇 달 안 되었을 때 대부분의 사람은 어머니와 완전한 유대를 형성하고 있어서 분리된 나의 정체성을 인식하지 못한다. 어머니는 나의 모든 요구를 들어주고 우리는 나를 먹여주는 어머니의 가슴이 실제나의 일부라고 믿는다. 우리는 전능(全能)했다. 그저 배고픔 같은 어떤 욕구를 느끼기만 하면 됐다. 그러면 어머니가 와서 그 욕구를 충족시켜줬다. 마치 나에게 어머니를 조종할 수 있는 어떤 마법 같은 힘이 있는 듯이 말이다. 그러다가 서서히 인생의 두 번째 단계를 지나게 되면서 어쩔 수 없이 현실과 마주한다. 어머니는 나와 분리된 존재이고 다른 사람에게도 신경을 써야 한다는 걸알게 된다. 우리는 전능한 게 아니라 나약하고 작고 의존적인 존재였다. 이것은 고통스러운 깨달음이었고 이후 많은 행동의 근원이 됐다. 우리는 내 주장을 펴고, 내가 그렇게 무력하지 않다는 걸 보여주고, 내가 갖지 못한 힘을 공상하려는 깊은 욕구가 생겼다. 이를테면 아이들은 종종 벽을 통과하거나 하늘을날거나 사람들의 마음을 읽을 수 있는 능력이 있다고 상상한다. 아이들이 슈퍼 히어로 이야기에 끌리는 것은 그 때문이다.

나이가 들면서 더 이상 몸집이 작지는 않지만 내가 하찮은 존재라는 인식은 더 강해진다. 내가 친척들, 학교, 이 도시뿐만 아니라 70억이라는 사람으로가득한 지구에 속한 한 사람이라는 걸 깨닫게 된다. 우리의 생(生)은 비교적 짧다. 내가 가진 기술이나 지적 능력에는 한계가 있다. 너무나 많은 것들, 특히 내커리어라든가 글로벌 트렌드 같은 것은 내가 어떻게 할 수 있는 부분이 아니다. 나는 죽을 것이고 금세 잊힐 테고 영원 속에 묻힐 거라는 사실은 꽤나 견디기 힘든 진실이다. 우리는 어떤 식으로든 내가 중요한 존재라고 느끼고 싶다. 날 때부터 조그만 존재라는 사실에 항의하고, 자아인식을 확장하고 싶다. 서너 살 때 무의식적으로 경험한 것들이 평생 나를 괴롭힌다. 우리는 어느 순간나의 작음을 인식했다가 다음 순간 또 그것을 부정하려고 한다. 그래서 나의우월성을 상상할 방법을 찾게 된다.

자신이 비교적 작은 존재임을 깨달아야 하는 이 두 번째 단계를 유아기에겪지 않는 아이들이 있다. 그들은 나중에 더 깊은 형태의 과대망상에 취약해진다. 응석받이로 자라 버릇없는 사람들이 바로 그들이다. 이들의 부모는 계속해서 아이가 우주의 중심인 것처럼 느끼게 만들었다. 아이가 현실과 직면하는 고통을 느끼지 못하게 막아섰다. 아이가 바라는 대로 모든 게 이뤄진다. 이들 부모는 조금이라도 절제를 가르치려 들었다가는 걷잡을 수 없는 아이의 짜증과 마주친다. 게다가 이런 아이는 모든 형태의 권위를 무시하게 된다. 자신에 비하면 그리고 자신이 가질 수 있는 것에 비하면, 아버지상은 다소 약해 보이는 존재다.

어린 시절의 이런 응석받이는 평생의 특징이 된다. 이들은 남들의 우러름을 받아야 한다. 이들은 남을 조종해서 내 응석을 받아주고 내게 관심을 쏟아붓게 만드는 데 선수가 된다. 자연히 이들은 자기 위의 그 누구보다 자신이 더 훌륭하다고 느낀다. 뭔가 가진 재능이 있다면, 이들은 꽤 높은 자리까지 오를 수도 있다. 왕관을 쓰고 태어났다는 이들의 인식이 자기실현적 예언이 되기 때문이다. 남들과 달리 이들은 내가 작다고 느꼈다가 훌륭하다고 느꼈다가 하는 인식들 사이를 결코 오가지 않는다. 이들은 자신이 훌륭하다는 사실만을 안다. 아이즈너는 분명 이런 배경을 갖고 있었다. 그의 어머니는 그의 모든 욕구를 충족시켜주었고, 숙제를 대신 해줬고, 감기에 걸리지 않게 막았고, 때로는 잔인한 아버지로부터 보호막이 됐다.

과거에 인간은 이런 과대망상적 욕구를 종교에 쏟을 수 있었다. 고대에는 부모에게 오랜 세월을 의존한 후에만 내가 작다는 인식에 이르는 게 아니었다. 서슬 퍼런 자연의 힘과 비교했을 때 내가 얼마나 나약한지를 느낄 때도 그런 인식이 생겼다. 신이나 정령이라는 것은 인간이 가진 힘이 얼마나 작은지를 깨닫게 하는 자연의 광포한 힘을 대표했다. 그 힘을 숭배함으로써 우리는 그들의 보호를 받을 수 있었다. 나 자신보다 훨씬 큰 무언가와 연결됨으로써 내가 확장되는 것을 느꼈다. 어쨌거나 내 부족이나 도시의 운명은 신이나 하느님이 돌봐주는 것이었다. 그들은 '나'라는 개인의 영혼도 돌봐주었고, 이것은 우리가 중요한 존재라는 신호였다. 우리는 단순히 죽어 없어지는 게 아니었다. 수백 년 후 비슷한 식으로 우리는 이 에너지를 우리가 숭배하는 리더들에게 쏟아부었다. 대단한 대의를 대표하거나 미래의 유토피아를 홍보하는 사람들, 나폴레옹 보나파르트와 프랑스 혁명, 마오쩌둥과 공산주의 같은 것들에 쏟아부었다.

오늘날 서구 사회에서는 종교나 훌륭한 대의가 그런 구속력을 상실했다. 우리는 더 이상 그런 것을 믿기 힘들어졌고, 더 큰 힘과 나를 동일시함으로써 과대망상적 에너지를 충족시키기도 어려워졌다. 그러나 더 크고 중요한 존재처럼 느끼고 싶은 욕구는 그냥 사라지지 않는다. 이 욕구는 오히려 그 어느 때보다 더 커졌다. 다른 분출구가 없다 보니 사람들은 이 에너지를 자기 자신에게 향하게 한다. 그들은 스스로 훌륭하고 우월한 사람처럼 느끼고 자아인식을 확장할 방법을 찾아낸다. 이런 사실을 자각하는 경우는 거의 없지만, 이들이 이상화하고 숭배하기로 선택한 것은 자기 자신이다. 그 때문에 우리 중에는 과대망상적 경향을 가진 개인이 점점 더 늘어나고 있다.

그 외에도 과대망상이 증가하는 데 기여한 요인들이 있다. 첫째, 어릴 때 응석받이로 관심을 독차지했던 사람이 그 어느 때보다 많아졌다. 한때 자신이 우주의 중심이었던 것 같은 느낌은 떨쳐내기가 쉽지 않다. 이들은 자신이 하는 일이나 만들어내는 모든 게 소중하고 관심 가질 가치가 있는 것으로 비쳐야 한다고 믿는다. 둘째, 상대가 아무리 높은 수준의 훈련과 경험을 가졌고 스스로 그것들을 갖지 못했다 하더라도, 그 어떤 종류의 권위나 전문성도 존중하지 않는 사람이 늘고 있다. '왜 저들의 의견이 내 생각보다 더 타당해야 해?' 속으로 이렇게 생각하는지도 모른다. '그렇게까지 훌륭한 사람은 아무도 없어. 힘을 가진 사람들은 특권을 더 많이 누렸을 뿐이야.' '내가 쓴 글이나 음악은 다른 누가 쓴 것 못지않게 가치 있고 옳아.' 이들은 그 누구도 나보다 더 위에 있는 게 정당화될 수 없고 권위를 누릴 자격도 없다고 생각하기 때문에 자신을 가장 높은 위치에 올려놓을 수 있다.

셋째, 기술 덕분에 인생의 모든 게 온라인에서 긁어모으는 정보처럼 빠르고 간단할 수 있다는 느낌을 갖게 됐다. 더 이상 몇 년씩 한 가지 기술을 배울 필요가 없다는 믿음이 만들어졌다. 그냥 몇 가지 요령을 익히고 일주일에 몇 시간 정도만 연습하면 뭐든 잘할 수 있다. 마찬가지로 사람들은 내 기술이 쉽게 다른 곳으로 전이될 수 있다고 생각한다. '내가 글을 쓸 수 있다는 건 영화감독도 할 수 있다는 뜻이야.' 하지만 뭐니 뭐니 해도 이 과대망상 바이러스를 널리 퍼뜨린 것은 소셜 미디어다. 소셜 미디어를 통해 우리는 나의 존재를 확장할 수 있는 거의 무제한적인 힘을 갖게 됐다. 내가 수천 명, 수백만 명의 관심과 예찬을 받고 있다는 착각이 생겼다. 과거의 왕이나 여왕이 누리던, 혹은 심지어 신들이 누리던 그런 명성을 가지고 언제 어디에나 존재할 수 있다. 이 모든 요소들이 결합되어 그 누구도 자기 자신에 대해 균형 잡힌 감각이나 현실적인 태도를 유지하기가 힘들어졌다.

주변 사람들을 보고 있으면 과대망상의 형태가 아주 다양하다는 걸 깨닫게 될 것이다. 가장 흔한 것은 사회적 명성을 통해 과대망상 욕구를 충족시키려 하는 것이다. 본인은 일 혹은 인류애 자체에 기여하는 게 주된 관심사라고 주장하더라도, 내면 깊숙한 곳에서 정말로 동기가 된 것은 관심받고 싶은 욕구인 경우가 많다. 나를 우러러보는 타인들을 통해 내가 높게 평가받아야 한다는 생각이 맞다고 확인받고 싶은 것이다. 힘 있는 사람이 된 것 같고 우쭐해진 기분을 느끼고 싶은 것이다. 재능이 있다면 이런 유형의 사람은 그가 필요한 관심을 몇 년간 혹은 더 오랫동안도 받을 수 있을 것이다. 하지만 결국에 가면 아이즈너의 사례에서 알 수 있는 것처럼 찬사에 대한 욕구 때문에 무리수를 두게 될 것이다.

본인의 직장에 실망하고 여전히 나는 훌륭한데 단지 인정받지 못한 것뿐이라고 믿는 사람들도 있다. 이들은 다양한 보상으로 눈을 돌릴지도 모른다. 약물이나 술, 문란한 성생활, 쇼핑, 우월한 듯이 남을 조롱하는 태도 같은 것에 의지할지 모른다. 충족되지 못한 과대망상을 가진 사람들은 종종 광기와 같은 에너지로 가득 차기도 한다. 어떤 훌륭한 시나리오를 쓸 거라고 혹은 수많은 여자를 유혹할 거라고 모두에게 떠벌리다가, 다음 순간에는 현실이 밀고 들어와 우울에 빠지기도 한다.

사람들은 아직도 리더를 이상화하고 숭배하는 경향이 있다. 이것 역시 일종의 과대망상으로 보아야 한다. 다른 누군가가 모든 것을 훌륭하게 만들어줄 거라고 믿음으로써 추종자는 그 훌륭함의 일부가 되었다고 느낀다. 리더를 찬양하는 말을 늘어놓을 때는 추종자의 마음도 함께 붕 떠오른다. 그들은 같은 것을 믿지 않는 사람들에게 우월감을 느낀다. 좀 더 개인적으로 살펴보면 사람들은 종종 자신이 사랑하는 사람을 이상화한다. 상대를 신이나 여신의 지위로 격상시키고 그것을 확장해나감으로써 나에게도 그런 힘이 일부 반영되었다고 느끼는 것이다.

지금 세상에는 부정적인 형태의 과대망상도 만연하다. 많은 사람이 남들에게만이 아니라 자기 자신에게도 본인의 과대망상적 충동을 위장할 필요성을 느낀다. 이들은 흔히 겸손함을 '과시'한다. 그들은 권력을 갖거나 중요한 사람이 되는 데 실제로 관심이 없거나 혹은 말로는 그렇다고 이야기한다. 조그만 자신의 본분에 만족한다. 그들은 많은 물건을 갖고 싶어 하지도, 차를 사지도 않고, 지위를 경멸한다. 하지만 잘 살펴보면 이들에게는 겸손함을 공공연하게 보여주고 싶은 욕구가 있음을 알 수 있다. 말하자면 '과대망상적 겸손'이다. 남의 관심을 얻고 도덕적 우월함을 느끼려는 그들만의 방법이다.

비슷한 예로 '과대망상적 피해자'가 있다. 이들은 수많은 고통을 겪었고 여러 번 희생자가 됐다. 이들은 그걸 마치 단순한 불운이나 불행이었다는 식으로 포장할 수도 있지만, 잘 보면 그들은 최악의 유형에게 빠져들거나, 실패하거나 고통받을 게 확실한 상황 속으로 자기 자신을 밀어 넣는 경향을 갖고 있음을 알 수 있다. 다시 말해 이들은 자신을 희생자로 만들어줄 극적인 상황을

인간 본성의 법칙

만들어내지 않고서는 못 배긴다. 이들은 모든 인간관계가 자신의 욕구를 중심으로 돌아가야 한다. 이들은 과거에 너무 많은 고통을 받았기 때문에 우리의 욕구를 챙겨줄 겨를이 없다. 이들은 자신이 우주의 중심이다. 이들이 불행하다고 느끼고 또 그렇게 표현하는 데는 이유가 있다. 그렇게 하면 중요한 사람이 된 기분이 들고 적어도 고통받는다는 측면에서는 남보다 우월한 기분이 들기 때문이다.

사람들이 어느 정도의 과대망상을 갖고 있는지 알아볼 수 있는 간단한 방법이 몇 가지 있다. 예를 들어 상대나 그의 작품을 비판했을 때 상대가 어떻게 반응하는지 보라. 누구든 비판받았을 때 방어적이 되고 약간의 화를 내는 것은 정상이다. 하지만 어떤 사람은 격분하면서 히스테리를 부리기도 한다. 스스로를 위대하다고 여기고 있는 그의 인식에 우리가 의구심을 던졌기 때문이다. 이런 사람은 과대망상의 수준이 높다고 확신해도 좋다. 비슷한 식으로 이들 유형은 다 죽어가는 것처럼 고통을 호소함으로써 본인의 분노는 숨기고, 오히려 우리가 죄책감을 느끼게 만들지도 모른다. 비판 자체나 그들이 배워야 할 교훈에 초점을 두는 게 아니라 그들이 느끼는 고충을 강조한다.

상대가 성공한 사람이라면 좀 더 사적인 자리에서 어떻게 행동하는지 유심히 살펴보라. 긴장을 풀고 자조하며 대외적 얼굴을 포기할 수 있는가? 아니면 강력한 대외적 이미지에 지나치게 동화된 나머지 사생활에까지 그런 이미지가 이어지는가? 후자의 경우라면 본인이 만들어놓은 신화를 스스로 믿게 되어 강력한 과대망상에 사로잡혔다는 뜻이다.

과대망상적인 사람은 일반적으로 허풍이 많다. 이들은 뭐든 본인이 한 일이라고 말한다. 심지어 자신의 일과 별 관련이 없는 것까지도 말이다. 이들은 과거의 성공을 지어낸다. 본인에게 선견지명이 있다, 어떤 트렌드를 미리 봤다, 어떤 사건을 예견했다고 말한다. 그중에 증명할 수 있는 것은 아무것도 없다. 그런 이야기들은 한 번 더 의심을 해봐야 한다. 세간의 주목을 받는 사람이 갑자기 어떤 말을 한 후에 감수성이 부족하다고 욕을 먹게 된다면 과대망상이 심한 탓에 벌어진 일이라고 생각할 수 있다. 본인의 훌륭한 의견에만 너무 몰두한 나머지, 남들도 다 좋게 해석해서 동의해줄 거라고 가정한 것이다.

과대망상이 심한 유형은 보통 교감능력이 낮다. 그들은 남의 이야기를 잘 듣지 않는다. 본인에게 관심이 쏠려 있지 않으면 먼 산을 보거나 초조함에 손을 가만히 두지 못한다. 스포트라이트가 본인에게 올 때만 그들은 생동감을 띤다. 이들은 남들을 자신의 연장선상으로 보는 경향이 있다. 남들을 본인의 계획에 이용할 혹은 관심을 얻기 위해 활용할 도구로 본다. 마지막으로 이들은 과대망상적인 사람 특유의 비언어적 행동을 보인다. 제스처가 크고 극적이다. 회의를 하면 혼자 공간을 크게 차지한다. 남보다 목소리가 크고 말소리가 빠르며 남들이 끼어들 틈을 주지 않는다.

상대가 약간의 과대망상을 보여주는 정도라면 받아줘야 한다. 우리는 누구나 내가 우월하고 훌륭하다고 느꼈다가 다시 땅바닥으로 내려왔다가 하기 때문이다. 그렇게 현실성을 보여주는 순간이 있다면 정상이라고 생각하라. 하지만 자기평가가 너무 높아서 어떤 의심도 허용하지 않는 사람이라면 관계를 맺지 않거나 엮이지 않는 게 최선이다. 가까운 사이라면 그들은 자신에게 일방적 관심을 쏟아주기를 요구하는 경향이 있다. 직원이나 사업상 파트너, 상사라면 그들은 본인의 능력을 과대포장할 것이다. 워낙 높은 수준의 자신감을 보여주기 때문에 이들이 아이디어가 부족하고 근무습관이나 성격에 결함이 있는 것을 눈치채지 못할 수도 있다. 그들과 이런 관계로 엮이는 것을 피할 수 없다면, 그들은 본인의 아이디어가 성공할 거라고 확신하는 경향이 있다는 점을 기억하고, 당신이라도 계속 회의적인 태도를 유지하라. 아이디어 자체를 보도록 하고, 그들이 보여주는 확신에 넘어가지 않도록 조심하라. 그들에게 맞설 수 있다거나 현실을 알려주겠다는 착각은 품지 마라. 그랬다가는 괜히 분노에 직면할 수 있다.

이런 유형이 당신의 라이벌이라면 운이 좋은 것이다. 상대를 놀리거나 미끼를 던지면 저들은 쉽게 과잉반응을 보인다. 저들에게 '당신이 정말로 그렇게 훌륭한가'라는 의심을 던지면 상대는 아연실색하면서 몇 배로 더 비이성적인 태도를 보일 것이다.

마지막으로 당신 자신의 과대망상적 경향을 관리해야 한다. 과대망상도 긍정적이고 생산적으로 쓸 수 있다. 과대망상에서 비롯되는 활기와 자기확신을 일에 쏟아붓고 거기서 영감을 얻어라(더 자세한 내용은 502페이지 '쓸모 있는 과대망상' 참조). 하지만 일반적으로 말하면 결코 얻지 못할 신(神)과 같은 힘을 꿈꾸는 것보다는 당신의 한계를 받아들이고 기존에 가진 것을 활용하는 편이 가장 좋을 것이다. 과대망상을 방지할 수 있는 가장 좋은 방법은 현실적 태도를 유지하는 것이다. 당신이 자연스럽게 끌리는 주제나 활동이 무엇인지 이미 알고 있을 것이다. 모든 것을 잘할 수는 없다. 강점을 활용해야지, 마음 가는 것은 뭐든 다 훌륭하게 해낼 수 있다고 착각해서는 안 된다. 자신의 에너지 수준이 어느 정도인지, 어디까지 스스로를 밀어붙일 수 있는지, 나이가 들면서 그게 어떻게 바뀌는지 속속들이 알고 있을 것이다. 또한 자신의 사회적 위치도 분명히 파악하고 있을 것이다. 누가 당신의 아군이고, 당신이 가장 큰 라포르를 형성하는 사람들은 누구이고, 누가 당신의 일에 자연스럽게 관심을 가질지 알고 있을 것이다. 모든 사람을 만족시킬 수는 없다.

이런 자각을 구체적으로 알 수 있는 방법들이 있다. 타고난 성향에 맞는 활동을 할 때는 노력하는 과정이 쉽게 느껴진다. 그 활동을 더 빠르게 배운다. 에너지가 더 많이 생기고, 중요한 것을 배울 때 늘 따라오는 지루함도 견뎌낼 수 있다. 너무 많은 것을 떠맡으면, 당신이 감당할 수 있는 범위를 벗어나면, 지칠 뿐만 아니라 짜증스럽고 초조해지고 쉽게 두통을 느낀다. 살다가 성공을 이루면 자연히 약간의 두려움이 느껴진다. 마치 그 행운이 사라져버릴 것처럼 말이다. 이런 두려움이 왔을 때 현기증이 느껴질 만큼 너무 높이 올라가거나 너무 우월하게 느끼는 것의 위험성을 인지하라. 당신의 불안을 땅으로 내려오게 하라는 뜻이다. 힘에 부치게 일하고 있을 때는 몸에서 신호를 보내올 것이다. 그 신호에 귀를 기울여라.

당신 자신을 알면 한계를 받아들일 수 있다. 당신은 세상의 수많은 사람 중에 한 명일 뿐이다. 남보다 우월해야 할 당연한 이유는 없다. 당신은 신도 아니고 천사도 아니며, 나머지 사람들과 똑같이 결점을 가진 인간이다. 주위 사람을 당신 뜻대로 조종할 수는 없다는 것, 그 어떤 전략도 실패할 수 있다는 것을 인정하라. 인간의 본성은 예측을 불허한다. 이런 점을 알고 한계를 인정할 때에만 균형감각을 가질 수 있다. 훌륭함은 일에서만 추구하라. 합리적인 범위 이상으로 스스로를 더 높이 평가하고 싶어지면 바로 이런 자각이 당신을 다시 땅으로 끌어내리는 중력 메커니즘이 되어줄 것이다. 당신의 본성에 꼭 맞는 행동과 의사결정을 할 수 있게 방향을 알려줄 것이다.

현실적이고 실용적이기 때문에 인간은 그토록 강력할 수 있다. 수천 년 전에 적대적인 환경 속에서도 우리가 물리적 허약함을 극복할 수 있었던 것도 그 덕분이다. 우리는 남들과 협업하고 강력한 공동체를 형성하고 생존 도구들을 만드는 법을 배웠다. 비록 지금은 더 이상 생존을 위해 기지를 발휘할 필요가 없기 때문에 그런 실용주의로부터 많이 멀어지기는 했지만, 여전히 실용주의는 지구상 발군의 사회적 동물인 우리의 진정한 본성이다. 더 현실적이 되는 게 더 인간적이 되는 길이다.

위험한 리더

과대망상의 수준이 높은 사람이 어느 정도의 재능과 확신에 찬 에너지까지 가지고 있다면 대단한 힘을 가진 위치에 오를 수도 있다. 이들의 대담하고 넘치는 자신감은 이목을 사로잡고 실제보다 더 큰 존재감을 부여한다. 우리는 종종 그런 이미지에 현혹되어 이들의 의사결정이 얼마나 비합리적인 과정에 기초하는지 못 본 채 이들을 추종했다가 낭패를 보기도 한다. 이들은 가공할 파괴력을 가질 수 있다.

이 유형과 관련해서는 간단한 한 가지 사실을 깨달아야 한다. '이들은 당신이 주는 그 관심에 의존한다.' 우리의 관심이 없으면, 사람들이 우러러봐주지 않으면, 그들은 자기 자신에게 내린 높은 평가를 인증받을 수가 없고 그러면 그들이 의존하는 그 자신감도 시들고 만다. 우리에게 경외심을 일으켜 현실로부터 눈을 돌리게 만들려고 그들은 극적인 장치들을 사용한다. 우리는 그런 장치를 꿰뚫어보고, 그들의 신화를 깨고, 그들을 다시 인간으로 봐야 한다. 그렇게 해야 그들의 꾐에 넘어가지 않고, 그들이 초래할 위험을 피할 수 있다. 그들은 흔히 다음과 같은 여섯 가지 착각을 일으킨다.

나는 운명이다

과대망상적 리더는 흔히 자신이 위대한 것을 이룰 운명이라는 인상을 주려고 한다. 그들은 남다른 면모를 보여주는 자신의 유년기나 청년기 일화를 들려준다. 마치 운명이 자신을 선택했다는 듯이 말이다. 그들은 일찍부터 자신이 남달리 강인하고 창의적이었음을 말해주는 사건들을 강조한다. 극적인 이야기를 지어낼 수도 있고 과거를 재해석하기도 한다. 그들은 커리어 초창기에 불가능한 확률을 극복한 이야기를 들려준다. 젊어서부터 이미 미래의 리더가 잉태 중이었던 것처럼 보이게 만든다. 이런 이야기를 들으면 반드시 의심을 해보아야 한다. 이들은 신화를 만들어내려는 중이기 때문이다. 아마 그들 자신도 그 신화를 믿게 됐을 것이다. 운명 같은 이야기 뒤에 숨어 있는 좀 더 현실적인 사실을 끄집어내고 가능하다면 널리 알려라.

나는 보통 사람이다

과대망상적 리더가 하층계급에서 올라올 때도 있다. 하지만 일반적으로는 비교적 특권을 누리는 가정 출신이 많다. 혹은 그가 이룬 성공 때문에 상당 기간 일상적으로 돌봐주는 사람 없이 살아왔을 것이다. 하지만 이들에게는 사람들 앞에서 자신을 아주 평범한 사람을 대표하는 것처럼 제시하는 게 아주 중요하다. 그렇게 해야만 만족할 만큼 충분히 많은 수의 사람으로부터 관심이나 동경을 받을 수 있기 때문이다.

1966년부터 1977년까지, 그리고 1980년에서 1984년까지 인도의 총리를 지낸 인디라 간디(Indira Gandhi)는 정치 귀족 출신이었다. 그녀의 아버지 자와할랄 네루(Jawaharlal Nehru)는 인도의 초대 총리를 지냈다. 그녀는 유럽에서 교육을 받았고 인생 대부분을 인도의 가난한 지역과는 동떨어진 곳에서 살았다. 그러나 나중에 상당히 독재적으로 변한 과대망상적 리더인 그녀는 자신을 국민과 함께하는 사람, 국민의 목소리를 대변하는 사람으로 각인시켰다. 그녀는 대규모 청중 앞에서 연설을 할 때는 사용하는 언어를 바꾸었고, 작은 마을을 방문했을 때는 친근한 은유법을 사용했다. 그녀는 시골 여자들이 입은 것과 같은 옷을 입고 손으로 밥을 먹었다. 그녀는 자신을 "마더 인디라(Mother Indira)"로 소개하곤 했다. 친근하고 어머니 같은 방식으로 인도를 통치한다는 뜻으로 말이다. 그녀가 취한 이런 방식은 선거에서 이기는 데 매우 효과적이었다. 실제로는 순전히 연출된 모습에 불과했지만 말이다.

과대망상적 리더는 실제 자신의 출신 계급이 아니라 문화적 취향을 강조하는 식의 속임수를 쓴다. 비행기 일등석을 타고 최고급 양복을 입으면서도, 대중들과 같은 음식 취향을 보이거나 남들과 같은 영화를 즐기는 것처럼 보여서 그 영향을 상쇄하는 것이다. 무슨 수를 써서든 엘리트 문화의 느낌을 풍기지 않으려고 한다. 그들은 일부러 무리하게 엘리트들을 조롱하기도 한다. 실제로는 바로 그런 전문가의 조언을 따르고 있을 텐데 말이다. 그들은 길에서 보는 평범한 사람과 똑같은데 단지 돈과 권력만 훨씬 많은 것이다. 그러면 대중들은 이 뻔한 모순에도 불구하고 해당 리더를 자신과 동일시한다. 하지만 이들의 과대망상은 단순히 더 많은 관심을 얻는 것으로 끝나지 않는다. 이 리더들은 대중과의 동일시를 통해 엄청나게 큰 존재가 된다. 그들은 단순한 한 사람이 아니라 국가 전체나 이해집단 전체를 상징한다. 그들을 추종한다는 것은 그 집단 자체에 충성한다는 뜻이다. 그들을 비난하는 것은 해당 리더를 박해하고 대의를 배신하겠다는 뜻이다.

기업들의 무미건조한 비즈니스 세계에서도 종교와 같은 이런 동일시가 발견된다. 예컨대 아이즈너는 흔히 자신이 디즈니의 정신 자체를 구현하는 것처럼 말하곤 했다. 그게 무슨 뜻이든 간에 말이다. 이런 모순이나 자신을 인기 있는 무언가와 연상시키려고 하는 노력을 눈치챘다면 뒤로 물러나서 실제로 무슨 일이 벌어지고 있는지 현실을 분석하라. 과대망상적 리더는 이제 일반 대중이라는 이름으로 자신이 원하는 것은 뭐든 해도 된다고 느낀다. 그 점에서 뭔가 신비주의와 유사한, 아주 비이성적이고, 상당히 위험한 것이 중심에 있음을 알 수 있을 것이다.

내가 해줄게

이 유형은 종종 고난과 위기의 시절에 권좌에 오른다. 이들이 보여주는 자기확신은 일반 대중이나 주주들의 마음을 편하게 만든다. 이들은 수많은 문제로부터 사람들을 구해줄 사람이다. 그렇게 하려면 이들은 크고 모호한 것을 약속해야 한다. 약속이 크기 때문에 이들은 꿈을 심어줄 수 있다. 모호하기 때문에 해내지 못하더라도 아무도 이들의 책임을 물을 수 없다. 손에 잡히는 구체적인 것이 아무것도 없기 때문이다. 미래에 대한 약속과 비전이 더 거창할수록 이들이 심어주는 신념도 더 거창해진다. 이들의 메시지는 반드시 이해하기 쉬워야 하고, 슬로건 하나로 줄일 수 있고, 사람들의 감정을 휘저어놓을 만큼 큰 것을 약속해야 한다. 이런 전략의 일환으로 이 유형은 종종 엘리트나 아웃사이더 같은 편리한 희생양을 필요로 한다. 집단의 정체성을 더욱 공고히 하고 사람들의 감정을 더 많이 동요시키기 위해서다. 리더를 중심으로 한 운동은 그런 희생양에 대한 증오를 중심으로 구체화되기 시작한다. 희생양들은 이 운동에 참가한 사람들 각자가 그동안 경험했던 모든 고통과 부당함을 상징한다. 이렇게 날조한 적들을 쓰러뜨리겠다는 리더의 약속은 리더의 힘을 기하급수적으로 키워준다.

여기서 알 수 있는 것은 이들이 정치 운동이나 기업체를 이끈다기보다는 사이비 종교를 하나 만들어내고 있다는 사실이다. 이들의 이름과 이미지, 슬로건은 대량으로 재생산되어 마치 신과 같이 도처에서 목격되는 것을 알 수 있다. 특정한 색깔이나 기호, 음악 등을 사용해 집단의 정체성을 하나로 묶고, 인간의 가장 저급한 본능에 호소한다. 이제 이 사이비 종교를 믿는 사람들은 몇 배로 더 현혹되어 그 어떤 행동도 용서할 준비가 된다. 이쯤 되면 신실한 신자가 된 지지자들을 만류할 수 있는 건 아무것도 없지만, 우리는 이들로부터 마음의 거리와 분석 능력을 유지해야 한다.

규칙은 내가 정한다

인간이 가진 은밀한 바람 중 하나는 어느 분야에나 존재하는 기존의 관례나 통상의 규칙 없이 한번 지내보고 싶다는 바람이다. 그저 내 내면의 빛을 따라가서 힘을 손에 넣고 싶다. 과대망상적 리더가 그런 힘을 갖고 있다고 주장하면, 우리는 남몰래 흥분하면서 그를 믿고 싶어진다.

마이클 치미노(Michael Cimino)는 아카데미 작품상을 받은 영화 〈디어 헌터〉 (1978)의 감독이다. 그러나 그와 함께 또는 그의 밑에서 일했던 사람들에게 치미노는 단순한 영화감독이 아니었다. 그는 엄격한 할리우드 기업 시스템을 파괴하겠다는 미션을 추구했던 특별한 천재였다. 차기작이었던 〈천국의 문〉

(1980)을 작업하기 위해 치미노는 협상을 통해서 할리우드 역사에 다시 없는 계약을 체결했다. 아무런 제약 없이 본인 생각에 필요하다면 예산을 늘려도 되고 본인이 머릿속에 그려놓은 그대로 작품을 만들면 된다는 계약이었다. 세트장에서 치미노는 단 한 장면이 필요한 롤러스케이팅 신을 제대로 찍기 위해 배우들과 몇 주씩 리허설을 했다. 어떤 날은 카메라를 돌리지도 않고 완벽한 종류의 구름이 프레임 안을 지나갈 때까지 몇 시간씩 마냥 기다리기도 했다. 제작비는 치솟았고 그가 제출한 영화는 러닝타임이 무려 다섯 시간을 넘었다. 결국 〈천국의 문〉은 할리우드 역사상 가장 큰 참사 중 하나가 됐고, 치미노의 커리어는 사실상 그걸로 끝나버렸다. 전통적인 계약서는 나름 존재 이유가 있었던 걸로 판명된 듯했다. 여느 영화감독이나 가지고 있을 과대망상의 고삐를 죄어주고 일정한 한계 내에서 일하게 만드는 목적 말이다. 사실 대부분의 규칙 뒤에는 상식과 합리성이 자리하고 있다.

비슷한 경우로 과대망상적 리더들은 직관에 자주 의존하며, 포커스그룹(focus group, 시장조사나 여론조사의 목적으로 깊이 있는 인터뷰를 하기 위해 선정하는 소수의 면접대상 집단. - 옮긴이)이나 과학적인 피드백의 필요성을 무시한다. 본인은 진실과 긴밀히 소통할 수 있는 창구를 갖고 있다고 생각한다. 이들은 본인의 직감이 환상적인 결과를 만들었다는 신화를 창조하고 싶어 한다. 하지만 자세히 들여다보면 그들의 직감은 맞을 때도 있지만 틀릴 때도 많음을 알 수 있다. 리더가 자신은 혼자서도 완벽하며 규칙이나 과학 따위는 버릴 수 있다는 식으로 말한다면 그가 신성한 영감을 받은 존재가 아니라 광기의 신호라고 보아야 한다.

나는 손대는 것마다 성공해

과대망상의 수준이 특히 높은 사람들은 본인이 한 번도 실패해본 적이 없다는 전설을 만들어내려고 애를 쓴다. 본인의 커리어에 실패나 차질이 있었다면 그것은 언제나 본인을 배신했던 누군가의 잘못이다. 미국 육군장성 더글러스

맥아더(Douglas MacArthur)는 책임을 회피하는 데 천재였다. 그가 하는 말을 듣고 있으면 그의 기나긴 군생활 동안 한 번도 전투에서 패한 적이 없는 것처럼 들렸다. 실제로는 많은 전투에서 패했는데도 말이다. 하지만 그는 본인의 성공을 열심히 광고하고, 실패에는 누군가의 배신 같은 끝없는 핑곗거리를 찾아냄으로써 마법 같은 전투력을 가졌다는 신화를 만들어냈다. 과대망상적 리더는 이런 마케팅 술수에 의존할 수밖에 없다.

본인의 기술은 다른 곳에서도 쉽게 발휘될 수 있다고 믿는 것 또한 그런 믿음이다. 영화사 간부가 놀이동산 설계자가 될 수 있다거나, 사업가가 국가 리더가 될 수 있다고 믿는 것처럼 말이다. 이들은 자신이 마법과 같은 재주를 타고났기 때문에 관심이 가는 것은 뭐든 손을 댈 수 있다고 생각한다. 그들 입장에서는 이게 종종 치명적인 행보가 된다. 본인의 전문 분야가 아닌 것까지 손을 뻗기 때문에 경험 부족에서 오는 혼란과 복잡성에 금세 압도되는 것이다. 이런 유형을 상대할 때는 상대의 과거 이력을 잘 살펴보고 눈에 띄는 실패가 얼마나 있는지 확인해야 한다. 과대망상에 빠진 사람은 아마도 들으려 하지 않겠지만, 최대한 중립적인 방식으로 그들의 진짜 이력을 널리 알려야 한다.

나는 무적이야

과대망상적 리더는 위험을 감수한다. 애초에 이들이 관심을 끄는 것도 바로 그 때문인 경우가 많다. 그리고 대담한 이들에게 종종 따라오는 성공까지 결합되면 그들은 실제보다 더 대단한 사람처럼 보인다. 그러나 그들은 이런 대담성을 제대로 통제하지 못한다. 이들은 분명히 보여주기식 행보를 취한다. 관심을 계속 받아야만 스스로에 대한 높은 평가를 계속 유지할 수 있기 때문이다. 이들은 쉴 수도 없고, 후퇴도 없다. 그랬다가는 홍보에 공백이 생길 것이다. 설상가상으로 이들은 본인이 무적이라고 느낀다. 과거에 위험한 작전을 이용해 너무나 많이 위기를 모면했기 때문이다. 장애물을 만난다면 과감한 대

인간 본성의 법칙 ┈┈

처로 어떻게든 돌파할 수 있다고 생각한다. 게다가 이런 대담한 활동은 그들에게 살아 있다는 기분과 흥분을 느끼게 해주고, 그게 마약이 된다. 이들에게는 신과 같이 무적이라는 기분을 유지하기 위해 더 큰 모험과 보상이 필요하다. 이런 형태의 압박을 받고 있으면 하루 스무 시간도 일할 수 있고, 불길도 뚫고 지날 수 있다.

이들에게는 실제로 무적인 구석이 있다. 그 치명적이고 오만한 작전으로 무리수를 둬서 모든 게 무너져 내리기 전까지는 말이다. 한국전쟁이 끝난 뒤 맥아더의 과대망상적 미국 투어도 그런 예일 수 있다. 그가 이상한 관심을 필요로 한다는 사실은 그때 아플 만큼 뚜렷이 드러났다. 문화혁명을 실시했던 마오쩌둥의 치명적인 결정도 마찬가지다. 메릴린치의 CEO 스탄 오닐(Stan O'Neal)이 다른 사람은 다 빠져나갔는데도 주택저당증권(MBS)을 고수한 것도 같은 맥락이다. 오닐은 미국에서 가장 오래된 금융기관 중 하나를 완전히 파괴해버렸다. 무적이라는 아우라는 한순간에 산산이 부서진다. 이런 일이 생기는 이유는 그들의 의사결정이 합리적 숙고가 아니라 관심이나 영광에 대한 욕구에서 비롯되기 때문이다. 결국에는 현실이 그들을 따라잡고 제대로 한방을 날린다.

일반적으로 말해서 과대망상적 리더를 상대할 때는 그들이 만들어낸 신성하고 영광스러운 이미지의 거품을 빼려고 노력해야 한다. 그들은 과잉반응할 테고 추종자들은 미친 듯이 과격한 모습을 띨 것이다. 하지만 서서히 일부 추종자는 어쩌면 다시 한 번 생각해볼지도 모른다. 바이럴 효과를 통해 환상을 깨는 것이 그나마 최선의 희망이다.

높은 만족감을 얻는 다섯 가지 원칙

과대망상은 일종의 원초적 에너지로서 누구나 가지고 있다. 과대망상은 지금 가진 것보다 더 많은 것을 원하게 만든다. 남들에게 인정받고 존경받고 싶게 만든다. 더 큰 무언가와 이어져 있는 기분을 느끼고 싶게 한다. 문제는 과대망상이라는 에너지 자체가 아니다. 과대망상은 방향만 잘 잡아준다면 우리의 야망을 불태울 연료로도 사용될 수 있기 때문이다. 보통 과대망상은 내가 실제보다 더 훌륭하고 우월하다고 착각하게 만든다. 이것을 '판타지 과대망상'이라고 부르기로 하자. 왜냐하면 이 형태의 과대망상은 사람들의 관심을 받았을 때 생기는 왜곡된 인상이나 판타지를 기초로 하기 때문이다. 이와 다른 형태의 과대망상을 '쓸모 있는 과대망상'이라고 부르자. 쓸모 있는 과대망상은 갖기도 쉽지 않고 자연스럽게 나타나는 것도 아니다. 하지만 쓸모 있는 과대망상은 어마어마한 힘과 자기만족의 근원이 될 수 있다.

쓸모 있는 과대망상은 판타지에 기초한 게 아니라 현실에 기초한다. 이 에너지는 목표를 달성하고 문제를 해결하고 관계를 개선하겠다는 욕망과 일을 향한다. 쓸모 있는 과대망상은 우리가 능력을 개발하고 갈고닦게 만든다. 우리는 성취를 통해 내가 더 훌륭해진 기분을 느낀다. 일을 통해 남들의 관심을 받는다. 이런 식으로 받는 관심은 흐뭇한 기분이 들게 하고 계속해서 힘이 나게 한다. 하지만 더 큰 기쁨은 일 자체로부터, 그리고 내가 내 약점을 극복했다는 사실에서 나온다. 관심에 대한 욕망은 부차적인 것이고 통제된다. 자존감이 올라가지만, 이는 모호하고 주관적인 판타지가 아니라 실제의 성취와 연동된다. 우리는 일을 통해, 내가 사회에 이바지한 부분을 통해 내 존재가 커진 것을 느낀다.

그 에너지의 방향을 정하는 정확한 방법은 분야와 능력치에 따라 달라질 것이다. 하지만 이렇게 현실에 기초한 과대망상을 통해 높은 수준의 만족감을 얻기 위해서는 아래에 소개하는 다섯 가지 기본 원칙이 중요하다.

과대망상적 욕구를 인정하라

시작은 '정직'이 되어야 한다. 우리는 중요한 사람처럼 느끼고 싶고 관심의 중심이 되고 싶어 한다는 사실을 스스로 인정해야 한다. 이것은 자연스러운 욕망이다. 우리는 우월한 기분을 느끼고 싶다. 남들과 마찬가지로 우리에게도 야망이 있다. 과대망상적 욕구는 과거에 당신이 좋지 못한 결정을 내리게 만들었을지도 모른다. 이제는 그 점을 인정하고 분석해야 한다. 현실을 부정하는 것만큼 큰 적은 없다. 이런 자각이 있어야만 이 에너지를 뭔가 실용적이고 생산적인 것으로 바꿀 수 있다.

에너지를 집중시켜라

판타지 과대망상은 이런저런 환상적 아이디어를 오가며 당신이 받게 될 온갖 관심과 찬사를 상상하게 만들겠지만 그중 하나도 실현시키지 못할 것이다. 우리는 정반대로 해야 한다. 우리는 단일의 프로젝트나 문제에 온전히 집중하는 습관을 길러야 한다. 몇 년이 아니라 몇 달 내에 비교적 간단히 달성할 수 있는 목표를 세워야 한다. 그리고 그 목표를 더 작은 단계와 세부 목표로 나눠야 한다. 여기서 우리의 목적은 일단 몰입 상태에 들어가는 것이다. 몰입 상태에서 마음은 점점 더 일에 빠져들어 이상한 때에 아이디어가 떠오른다. 이런 몰입의 느낌은 즐겁고 중독적이다. 하지만 이때 생각나는 다른 프로젝트에 대한 판타지에 빠져드는 일은 없어야 한다. 당신 자신을 최대한 깊이 일에 몰두하게 만들어야 한다. 이런 몰입 상태에 들어가지 못하면 분명히 멀티태스킹을 해야 할 테고, 초점을 놓치게 될 것이다. 이 점을 극복하도록 노력하라.

이 작업을 업무 외의 하나의 프로젝트라고 생각하라. 몇 시간을 투자하느냐가 중요한 게 아니라 당신이 얼마나 집중적으로 꾸준한 노력을 기울이느냐가 중요하다.

이와 관련해서 당신이 이미 가지고 있거나 지금 개발 중인 능력을 이 작업에 포함시켜라. 우리의 목표는 능력치가 지속적으로 향상되는 것을 보는 것이다. 이는 깊이 있게 집중할 때에만 가능하기 때문이다. 자신감이 상승할 것이다. 그것만 해도 계속해나가기에 충분한 이유가 될 것이다.

현실과의 대화를 유지하라

프로젝트는 하나의 아이디어로 시작된다. 우리는 이 아이디어를 갈고닦고, 상상의 나래를 펴고, 다양한 가능성에 마음을 연다. 그러다 어느 시점이 되면 계획 단계에서 실천 단계로 넘어간다. 이제 당신이 존경하는 사람 혹은 들어줄 사람들의 피드백과 비판을 적극적으로 찾아나서야 한다. 내 계획에서 잘못된 부분이나 부적절한 부분이 무엇인지 들어야 한다. 그게 당신의 능력을 향상시킬 수 있는 유일한 방법이기 때문이다. 만약에 그 프로젝트가 상상했던 결과를 내지 못하거나 처리하려던 문제가 해결되지 않는다면 교훈을 얻을 수 있는 최선의 방법으로 생각하고 받아들여라. 최대한 냉혹한 자세로 뭘 잘못했는지 심도 있게 분석하라.

피드백을 받고 결과를 분석했다면 다시 해당 프로젝트로 돌아가거나 새로운 프로젝트를 시작하라. 상상력을 다시 한 번 풀어놓되, 지난번 경험에서 배운 교훈을 접목하라. 이 과정을 끝없이 반복하면서 당신이 얼마나 더 향상되는지 흥미진진하게 관찰하라. 상상 단계에서 너무 오래 머물면 당신이 만들어낸 게 거창하고 현실로부터 멀어지기 쉽다. 피드백에만 귀를 기울이고 남들이 하는 말, 그들이 원하는 것만 반영하려고 한다면, 결국 전형적이고 밋밋한 결과물이 나올 것이다. 현실(피드백)과 상상 사이에 끊임없는 대화를 지속해야만 프로젝트를 통해서 실용적이면서도 강력한 무언가를 만들어낼 수 있다.

프로젝트가 조금이라도 성공했다면 당신이 받고 있는 그 관심으로부터 반드시 한 발 물러서봐야 한다. 타인에게서 받은 도움이나 행운이 어떤 역할을 했는지 살펴보라. 성공이라는 망상에 빠져들지 마라. 다음번 아이디어에 집중할 때는 다시 1단계에 와 있다고 생각하라. 프로젝트를 하나 새로 시작할 때마다 그것은 새로운 도전이고 신선한 접근법이 필요하다. 실패할 가능성이 매우 높을지도 모른다. 마지막 프로젝트에 쏟았던 것과 똑같은 정도의 집중력이 필요하다. 월계관을 썼다고 해서 안주하거나 느슨해지지 마라.

정교하게 계산된 도전을 찾아라

판타지 과대망상의 문제점은 뭔가 대단한 새로운 목표를 이루겠다고 상상하게 만든다는 점이다. '기발한 소설을 쓸 거야', '떼돈을 버는 스타트업을 세울 거야'. 당신은 너무나 훌륭한 도전을 시작하지만, 이내 당신이 준비가 되지 않았음을 깨달으면서 용두사미가 된다. 혹은 당신이 그 야심차고 확신에 찬 유형이어서 꼭대기까지 올라가려고 하지만 결국은 유로 디즈니 꼴이 나고야 만다. 벌여놓은 일을 감당하지 못하고 대실패를 겪으면서 남 탓을 하고 아무런 교훈도 얻지 못한다.

쓸모 있는 과대망상으로 만들기 위한 우리의 목표는 우리의 능력치보다 살짝 더 높은 도전을 지속적으로 찾아내는 것이다. 당신이 시도하는 프로젝트가 당신의 능력치보다 낮은 수준이거나 비슷한 수준이면 쉽게 지루해지고 집중력이 흐트러진다. 도전하는 프로젝트가 너무 야심차면 실패로 크게 상처받을 것이다. 하지만 정교하게 지난번 프로젝트보다 살짝만 더 어려운 목표를 설정한다면 신이 나고 힘이 솟을 것이다. 이런 도전에는 준비가 되어 있기 때문에 집중력도 올라갈 것이다. 이게 바로 무언가를 배울 수 있는 최적의 노선이다. 실패하더라도 버겁다고 느껴지는 않을 테고 오히려 더 많은 교훈을 얻을 것이다. 성공하면 자신감이 상승하겠지만 그것은 도전을 잘 이겨냈다는 사실과 당신의 결과물에 연동되어 느껴질 것이다. 당신이 느끼는 성취감은 훌륭해지고 싶은 욕구를 만족시켜줄 것이다.

과대망상적 에너지를 풀어줘라

과대망상에서 나오는 에너지를 길들여서 당신의 야망과 목표에 도움이 되게 만들었으면, 때로는 안심하고 그 에너지를 풀어놓아도 된다. 야생동물은 가끔 풀어놔서 돌아다닐 수 있어야 한다. 그렇지 않으면 안절부절못하고 미쳐버릴 것이다. 이 말은 곧 당신이 과거에 생각했던 것보다 더 큰 도전에 해당하는 아이디어나 프로젝트를 마음에 품어도 된다는 뜻이다. 당신은 점점 더 자신감이 커질 테고 자신을 시험해보고 싶을 것이다. 전혀 무관한 분야의 새로운 기술을 개발하는 것을 고려해보라. 일에서 벗어나기 위해 이를테면 한번 써보고 싶었던 소설을 써보라. 아니면 그냥 계획 과정에서 상상력의 고삐를 좀 더 풀어줘라.

당신이 만약 세간의 주목을 받는 사람으로서 남들 앞에 서야 한다면, 지금까지 만들어놓은 제약을 놓아주고 과대망상적 에너지를 활용해 자기확신을 가득 채워라. 그러면 당신의 제스처에는 생기가 돌고 더 큰 카리스마가 생길 것이다. 당신이 리더로 있는 집단이 어떤 난관이나 위기에 봉착했다면 평소보다 큰 과대망상과 확신으로 미션이 성공할 거라는 느낌을 가져라. 그렇게 팀원들의 사기를 높이고 용기를 줘라. 제2차 세계대전 기간 동안 윈스턴 처칠이 효과적으로 리더십을 발휘할 수 있었던 것은 바로 그런 과대망상 덕분이었다.

어찌 되었든 약간은 당신이 신과 같다고 느껴도 된다. 왜냐하면 지금까지 꾸준히 능력을 향상시켰고 실제로 뭔가를 이뤄냈기 때문이다. 시간을 내서 다른 여러 원칙들을 제대로 익혔다면 몇 시간 혹은 며칠간 과대망상적 활기를 느낀 다음에는 자연히 땅으로 내려올 수 있을 것이다.

마지막으로, 유아기에 우리의 과대망상의 근원에는 어머니에 대한 강렬한 유대감이 있었다. 그 느낌이 너무나 완전하고 만족스러워서 우리는 어떤 식으로든 그 느낌을 재현해보려고 애쓰며 많은 시간을 보낸다. 우리의 보잘것없는 존재를 초월하고 싶은 욕망, 뭐라고 표현하지도 못할 만큼 큰 무언가를 바라는 욕망의 근원은 바로 이것이다. 친밀한 관계 혹은 조건 없는 사랑을 받을 때 우리는 어린 시절 처음 느꼈던 그 유대감이 희미하게 명멸하는 것을 본다. 하지만 그런 순간은 너무 드물고 순식간에 지나간다. 일을 통해 몰입의 상태에 진입하거나 사람들과 더 깊은 수준의 공감을 형성한다면(2장 참조) 그런 순간을 더 많이 느낄 수 있고, 우리의 욕구도 만족될 것이다. 몰입하고 있는 업무나 사람들과 하나가 된 기분이 들 것이다. 여기서 한 발 더 나아가 삶 자체와의 더 깊은 연관성을 경험하는 방법도 있다. 바로 지그문트 프로이트가 '넓은 바다 같은 느낌'이라고 부른 것이다.

다음과 같이 생각해보라. 수십억 년 전 지구에서 생명체가 만들어질 때는 절대로 일어날 것 같지 않은 여러 사건이 연속적으로 일어났어야 했다. 생명의 시초는 언제라도 끝나버릴 수 있는 미미한 실험 중 하나였다. 이후 이토록 많은 생명이 진화한 것은 정말로 믿기지 않을 만큼 놀라운 일이다. 그 진화의 종점에 이 모든 과정을 인식할 수 있는 유일한 동물, 인간이 있다.

당신이 살아 있는 것도 똑같이 불가능해보이고 믿기지 않는 하나의 사건이다. 거기에는 아주 특별한 일련의 사건이 순차로 일어나 당신의 부모가 서로 만나고 당신이 태어나는 게 필요했다. 전혀 다른 일들이 진행될 수도 있었는데 말이다. 이 책을 읽고 있는 지금 이 순간 당신은 다른 수십억 명의 사람들과 마찬가지로 생명(삶)을 의식하고 있다. 당신이 죽을 때까지 아주 짧은 순간 동안만 가능한 일이다. 이런 현실을 온전히 다 받아들이는 것이야말로 '숭고함'이 아니면 또 뭘까(자세한 내용은 18장 참조). 너무나 경이로운 일이기 때문에 말로는 표현이 불가하다. 내가 생명이라는 그 미미한 실험의 일부임을 느끼는 것은 말하자면 과대망상의 정반대 끝자락에 있는 것과 같은 일이다. 내가 비교적 작은 존재라는 사실에 불편해할 필요는 없다. 오히려 이 큰 바다를 이루는 물방울 하나가 된 사실에 황홀함을 느껴야 한다.

아들들로 인한 고통을 주체할 수 없었던 나는 다시 한 번 신에게 물었습니다. 내 남은 생을 가장 행복하게 보내려면 어떻게 해야 하겠습니까? 신이 답했습니다. "너 자신을 알아라, 크로이소스. 그러면 행복하게 살 수 있을 것이다." … 그러나 내가 가진 부(富)가 나를 망쳐놓았습니다. 내게 와서 리더가 돼달라고 사정했던 사람들, 그들이 바쳤던 온갖 선물, 지휘관만 맡아준다면 다 함께 내게 복종하겠다고, 나는 위대한 인물이 될 거라고 아첨을 늘어놓았던 사람들이 나를 망쳐놓았습니다. 그런 말에 우쭐해진 나는 인근의 모든 왕자가 전쟁을 이끌 리더로 나를 선택했을 때 지휘관의 자리를 수락했습니다. 나는 내가 위대한 사람이 될 수 있다고 생각했습니다. 하지만 보시다시피 나는 나 자신을 몰랐던 것 같습니다. 나는 내가 당신에게 맞서 전쟁을 수행할 능력이 있을 줄 알았습니다. 하지만 당신의 적수가 되는 것은 내게 가당치도 않은 일이었습니다. … 그처럼 무지했기 때문에 나는 지금 응분의 대가를 치르고 있는 것입니다.

— 크세노폰(고대 그리스의 저술가), 《키루스의 교육》 중에서

인간 본성의 법칙

Law 12 · Gender Rigidity

젠더 고정관념의 법칙

나에게
맞는
성 역할을
창조한다

우리는 누구나 남성적 속성과 여성적 속성을 갖고 있다. 일부는 유전이고, 일부는 반대 성(性)의 부모가 깊은 영향을 미친 것이다. 하지만 사회에서는 일관된 정체성을 보여줘야 하기 때문에 우리는 그런 속성들을 억누르고 우리에게 기대되는 남성적 역할 혹은 여성적 역할에 과도하게 동화되는 경향이 있다. 그리고 거기에는 대가가 따른다. 우리는 성격을 구성하는 귀중한 한 축을 상실한다. 사고와 행동 방식이 경직된다. 반대 성의 사람들을 대할 때 나의 판타지나 적대감을 투영함으로써 관계에 문제가 생긴다. 우리는 이렇게 잃어버린 남성성이나 여성성을 자각하고 거기에 서서히 재접속해야 한다. 그 과정에서 창의력이 방출될 것이며, 당신의 사고는 더 유연해질 것이다. 바닥에 있는 남성성이나 여성성을 끄집어 올림으로써 당신은 더욱더 진정한 당신 자신이 되어 사람들의 마음을 사로잡을 것이다. 남들이 기대하는 성 역할을 연기하지 말고, 당신에게 맞는 성 역할을 창조하라.

내 안의 다양한 측면을 끄집어낸다

어린 시절 카테리나 스포르차(Caterina Sforza)는 밀라노의 빛나는 스포르차 가문의 일원으로서 자신이 앞으로 어떤 위대한 일들을 함께하게 될까 꿈꾸었다. 카테리나는 1463년 밀라노의 어느 아름다운 귀족 여인과 갈레아초 마리아 스포르차 사이의 사생아로 태어났다. 1466년 아버지가 죽고 밀라노 공작이 된 갈레아초는 딸을 포르타 조비아의 성으로 데려왔다. 갈레아초는 부인과 함께 살고 있던 이 성에서 딸을 스포르차 가문의 정식 일원으로 키우려고 했다. 카테리나의 계모가 된 갈레아초의 부인은 카테리나를 친자식처럼 대했다. 카테리나는 최고 수준의 교육을 받았다. 갈레아초의 개인교사를 지냈던, 인문주의자로 유명한 프란체스코 필렐포가 이제 카테리나의 개인교사를 맡았다. 필렐포는 카테리나에게 라틴어와 그리스어, 철학, 과학, 심지어 전쟁사까지 가르쳤다.

거의 매일 카테리나는 종종 혼자서 유럽에서 가장 큰 서고 중 하나인 이 성의 거대한 서고를 거닐었다. 카테리나는 좋아하는 책은 몇 번이고 다시 읽곤 했는데, 그중에는 필렐포 본인이 호메로스 스타일로 써내려간 스포르차 가문의 역사도 있었다. 사건들을 꼼꼼히 묘사해놓은 방대한 역사 중에서도 카테리나가 자주 읽은 부분은 스포르차 가문이 권력을 잡는 부분으로, 용병 대장에서 시작해 밀라노 공작에까지 오르는 놀라운 이야기였다. 스포르차 가문은 전투에서 영리함과 용맹함으로 유명했다. 그 외에도 카테리나는 실제 갑옷을 입은 기사들의 이야기나 과거 위대한 리더에 관한 이야기를 좋아했다. 그중에서도 최고는 역사상 가장 유명한 여자들의 행적을 다룬 보카치오의 《뛰어난 여성들에 대하여(Illustrious Women)》였다. 서고에서 많은 시간을 보내는 동안 이런 책들은 그녀의 마음에 녹아들었다. 그녀는 스포르차 가문이 누리게 될 미래의 영광을 공상하곤 했고, 늘 그 한가운데에는 자신이 있었다. 이런 판타지의 중심에는 아버지의 이미지가 있었다. 카테리나에게 아버지는 책에서 읽은 그 어떤 인물 못지않은 위대한 전설적 인물이었다.

아버지와 마주치는 순간은 주로 짧았지만, 카테리나에게는 그 순간들이 아주 강렬했다. 아버지는 그녀를 어른처럼 동등하게 대했고 그녀의 똑똑함에 놀라워하면서 계속 열심히 공부하라고 격려해주었다. 일찍부터 그녀는 아버지를 자신과 동일시했다. 아버지의 상처나 업적을 볼 때면 마치 직접 그 일을 겪는 것 같았다. 여자아이들을 포함해 스포르차 가문의 다른 자녀들처럼 카테리나도 검술을 배우고 엄격한 체육 교육을 받았다. 이런 교육의 일환으로 가족들과 함께 인근의 파비아 숲으로 사냥을 나가기도 했는데 그곳에서 그녀는 멧돼지와 사슴을 비롯한 동물들을 사냥하고 죽이는 법을 배웠다. 이렇게 성 밖으로 나가면 그녀는 경외에 찬 눈으로 아버지를 바라봤다. 아버지는 거칠 것 없이 격하게 말을 타는 뛰어난 기수였다. 사냥을 가면 가장 큰 동물을 노렸고 두려움의 흔적이라고는 눈 씻고도 찾아볼 수 없었다. 궁정에서는 사교에 능통했고 늘 우위를 점했다. 아버지는 본인이 어떤 방법을 사용하는지 카테리나에게 털어놓았다. 미리 생각하고, 사전에 여러 개의 작전을 짜두고, 그 어떤 상황에서도 주도권을 쥐겠다는 목표를 가지고 간다고 말이다.

그러나 아버지에게는 또 다른 면이 있었다. 이 또 다른 면이 카테리나를 더욱더 아버지에게 동질감을 느끼게 만들었다. 아버지는 볼거리를 좋아했다. 마치 예술가 같았다. 카테리나는 가족들과 함께 일대를 여행하고 피렌체를 방문한 기억을 잊을 수 없었다. 가족은 다양한 연극 단원을 함께 데리고 갔고, 배우들은 이국적인 의상을 입었다. 시골에 가면 더할 나위 없이 아름답게 칠해진 텐트에서 식사를 했다. 행군을 할 때는 온통 밝은 색의 천을 두른 말과 스포르차 가문의 색인 주황색과 흰색의 장식을 한 병사들이 저 멀리까지 풍경을 가

인간 본성의 법칙 ⊶

득 채웠다. 최면에 빠질 듯 전율을 일으키는 이 모든 광경은 아버지가 지휘한 것이었다. 아버지는 늘 밀라노에서 유행하는 최신 패션을 입고 실크 가운에는 정교한 보석 장식을 했다. 카테리나는 아버지의 이런 관심사를 공유하게 됐고 보석과 옷을 모으는 것이 그녀의 취미가 됐다. 아버지는 전투에서는 남성미가 넘쳤으나, 본인이 좋아하는 합창곡을 들을 때면 아이처럼 우는 모습도 볼 수 있었다. 아버지는 삶의 모든 측면에 끝없이 욕심을 냈고, 카테리나는 그런 아버지를 끝없이 사랑하고 존경했다.

그러니 1473년 아버지가 열 살이 된 카테리나에게 정혼자를 정해두었다고 알려줬을 때 그녀는 오직 스포르차 가문의 일원으로서 의무를 다하고 아버지를 기쁘게 해야겠다는 생각밖에 없었다. 아버지가 골라둔 남자는 지롤라모 리아리오라는 서른 살의 남자로 교황 식스토 4세의 조카였다. 이 결혼으로 로마와 밀라노 사이에는 귀중한 동맹이 형성될 것이다. 결혼 합의의 일환으로 교황은 스포르차 가문이 수십 년 전에 차지했던 로마냐의 이몰라시(市)를 구입해 이들 부부를 이몰라 백작 및 백작부인으로 명했다. 나중에 교황은 추가로 인근에 위치한 포를리의 소유권을 이들 부부에게 넘겼다. 포를리는 베니스 바로 아래에 있는 이탈리아 북부의 전략적 요충지였다.

처음 만났을 때 카테리나의 남편은 정말 불쾌한 사람 같았다. 감정기복이 심했고, 자기 안에 심취해 있었으며, 아주 예민했다. 그는 오직 섹스를 위해서만 카테리나에게 관심이 있는지, 어서 빨리 그녀의 나이가 차기만을 기다렸다. 다행히도 그는 계속 로마에서 살고 카테리나는 밀라노에 머물렀다. 하지만 몇 년 후 밀라노에서 불만을 가진 귀족 몇몇이 사랑하는 아버지를 살해하는 일이 벌어졌고, 스포르차 가문의 권력이 위험에 처한 듯했다. 로마와의 협력 관계를 공고히 다지기 위한 정략결혼에서 볼모와 같은 카테리나의 위치가 그 어느 때보다 중요해졌다. 카테리나는 얼른 로마로 가서 자리를 잡았다. 그곳에서 아주 모범적인 아내의 역할을 수행하며 남편의 좋은 면을 기대할 수밖에 없었다. 그러나 보면 볼수록 남편에 대한 존경심은 줄어들었다. 지롤라모는 성격이 급해서 가는 곳마다 적을 만들었다. 카테리나는 남자가 이렇게까지 나약할 수 있다는 것을 상상조차 해보지 못했다. 아버지와 비교하면 남편은 어느 모로 보나 턱없이 부족한 사람이었다.

카테리나는 교황에게로 관심을 돌렸다. 그녀는 교황과 그의 조신들의 총애를 얻으려고 노력했다. 이제 카테리나는 금발의 어여쁜 여인이 되어 있었고 로마에는 처음 소개되는 인물이었다. 그녀는 밀라노에 정교한 드레스를 여러 벌 만들어 보내라고 주문했다. 카테리나는 같은 옷을 두 번 입은 모습이 눈에 띄지 않게 철저히 신경을 썼다. 그녀가 긴 베일이 달린 터번을 쓰고 나타나면 갑자기 그게 최신 유행이 됐다. 그녀는 로마에서 가장 유행을 잘 아는 여자로 흠뻑 관심을 받았고, 보티첼리는 카테리나를 모델로 삼아 위대한 그림을 여러 점 남겼다. 수많은 책을 읽고 훌륭한 교육을 받은 그녀는 로마의 예술가 및 작가들을 크게 기쁘게 만들었고, 로마인들은 그녀를 좋아하기 시작했다.

그러나 몇 년 후 모든 게 흐트러지기 시작했다. 카테리나의 남편은 이탈리아의 최고 가문 중 하나인 콜로나 가문과 불화를 빚었다. 그러다가 1484년 교황이 갑자기 서거했다. 교황의 비호가 사라진 카테리나와 그의 남편은 엄청난 위험에 처했다. 콜로나 가문은 복수의 계략을 짜고 있었고, 로마인들은 지롤라모를 싫어했다. 그리고 새 교황은 콜로나 가문과 친분이 있는 사람이 될 것이 거의 확실했다. 그 경우 카테리나와 남편은 포를리와 이몰라의 영지를 포함해 모든 것을 잃게 될 것이다. 밀라노에서 카테리나 집안의 약한 입지를 고려하면 상황은 점점 다급해지고 있었다.

새로운 교황이 선출될 때까지는 로마 밖에 주둔하고 있는 교황군의 대장은 아직 지롤라모였다. 며칠간 카테리나는 남편을 지켜보았다. 남편은 두려움에 얼어붙은 듯 아무런 결정도 내리지 못하고 있었다. 남편은 사람 많은 길에서 콜로나 가문이나 그들 편에 속한 수많은 이들과 마주쳐 싸움이라도 붙을까 봐

감히 로마에 들어가지도 못했다. 남편은 모든 게 끝날 때까지 기다릴 작정이었다. 그러나 시간이 지나면 두 사람의 선택지는 더 좁아질 듯했고, 점점 더 안좋은 소식들이 들려왔다. 폭도들이 두 사람이 살고 있는 궁전을 약탈해갔다. 로마에 있는 얼마 안 되는 두 사람의 동맹은 이제 두 사람을 버렸다. 새로운 교황을 뽑기 위해 추기경들이 모여들고 있었다.

8월이었다. 무더위에 넷째 아이를 임신한 지 7개월째인 카테리나는 어지러움을 느꼈고 계속 구역질이 났다. 하지만 다가올 운명을 곰곰이 생각해보니 점점 아버지의 사고방식이 그녀의 생각을 점령하기 시작했다. 마치 아버지의 영혼이 그녀 안에 살고 있는 것 같은 기분이었다. 자신이 처해 있는 곤경을 아버지처럼 생각해보니 갑자기 힘이 불끈 났다. 카테리나는 대담한 계획을 세웠다. 그녀는 아무에게도 자신의 생각을 이야기하지 않고 밤의 어둠을 틈타 말에 올랐다. 그리고 캠프를 빠져나가 전속력으로 로마를 향해 달렸다.

예상대로 그런 차림의 카테리나를 알아보는 사람은 없었고 그녀는 로마 시내로 들어갈 수 있었다. 그녀는 로마에서 전략적으로 가장 중요한 곳인 신탄젤로 성(城)으로 곧장 향했다. 도심에서는 티버강만 건너면 되고 바티칸과 가까운 이 성은 난공불락의 성벽으로 둘러싸여 있을 뿐만 아니라 대포로 로마의 어디든 조준할 수 있었다. 이 성을 지배하는 사람이 로마를 지배하게 되어 있었다. 로마에는 소요가 지속되고 있었고 골목마다 폭도가 들끓었다. 하지만 이 성의 지휘관은 아직도 지롤라모에게 충성을 바치고 있었다. 자신이 누구인지 밝히자 카테리나는 산탄젤로 성 안으로 들어갈 수 있었다.

성 안에 들어간 카테리나는 남편의 이름으로 성을 수중에 넣고 지휘관은 믿을 수 없어 내쫓아버렸다. 성 밖으로 전령을 보내 자신에게 충성을 맹세한 병사들에게 연락을 취한 카테리나는 더 많은 군사를 성 안으로 들일 수 있었다. 카테리나가 산탄젤로의 대포로 바티칸으로 향하는 모든 도로를 조준하자 추기경들은 한 곳에 모여 새 교황을 선출할 수가 없었다. 카테리나는 자신의 위협이 허언이 아님을 보여주려고 병사들을 시켜 경고용 포탄을 날렸다. 그녀는 결연했다. 성을 넘겨주기 위해 그녀가 내건 조건은 간단했다. 포를리와 이몰라를 포함한 리아리오 가문의 모든 소유지는 여전히 그녀와 남편의 것임을 보장하라는 것이었다.

산탄젤로를 차지한 며칠 후, 카테리나는 드레스 위에 갑옷을 걸친 채 성곽을 따라 걷고 있었다. 이처럼 높은 곳에서 임신으로 뒤뚱거리는 여자 한 명을 상대할 수 없어 무력하게 허둥대고 있는 저 아래 도시의 사람들을 내려다보니 스스로 엄청난 힘을 가진 기분이 들었다. 교황 선출 회의를 주재하는 추기경이 그녀와 협상을 해보려고 사절을 보냈다. 사절은 그녀의 항복 조건에 선뜻 동의하지 않는 듯했다. 카테리나는 모두가 들을 수 있게 성벽 위에서 아래를 향해 소리를 질렀다. "그래서 추기경은 지금 나랑 두뇌 싸움을 해보자는 것이오? 잘 모르나본데, 나는 갈레아초 공작의 머리를 물려받았고 공작만큼 똑똑하오!"

카테리나는 저들의 답을 기다렸다. 카테리나는 판도를 쥐고 있는 것은 자신임을 알고 있었다. 그녀의 유일한 두려움은 남편이 자신을 배신하고 항복하거나 8월의 뜨거운 열기 때문에 병에 걸려 끝까지 버티지 못할까 하는 것뿐이었다. 마침내 카테리나의 결기를 느낀 추기경들은 협상을 하기 위해 성으로 찾아왔고 그녀의 요구사항을 들어주었다. 다음 날 아침 백작부인이 성을 떠날 수 있게 도개교가 내려졌다. 카테리나는 자신을 향해 밀고 들어오는 어마어마한 군중을 보았다. 11일 동안 로마를 지배한 여인이 누구인지 잠깐이라도 보려고 상류층, 하류층 할 것 없이 로마 시민들이 모두 몰려든 것이었다. 사람들은 공작부인이 옷 입는 것에만 관심이 있는 교황의 애완동물 같은 경박한 젊은 여자일 줄 알았다. 하지만 이제 그녀를 바라보는 사람들은 놀라움에 입이 떡 벌어졌다. 그녀는 실크 드레스 위에 남자들이 하는 벨트를 차고 무거운 칼을 매달고 있었다. 게다가 누가 봐도 임신 중임을 알 수 있었다. 처음 보는 광

인간 본성의 법칙 •──

경이었다.

백작의 칭호를 사수한 백작과 백작부인은 영지를 다스리기 위해 포를리로 내려갔다. 더 이상 교황으로부터의 자금 지원은 없었기에 지롤라모의 가장 큰 관심사는 더 많은 돈을 벌 방법이었다. 그는 주민들의 세금을 올렸고 그 과정에서 많은 불만을 샀다. 지롤라모는 이 지역의 유력자 오르시 가문을 금세 적으로 만들었다. 목숨의 위협을 느낀 백작은 궁전에 틀어박혀 나오지 않았다. 일상적으로 영지를 통치하는 일은 서서히 카테리나가 떠맡게 됐다. 앞날을 생각한 카테리나는 믿을 수 있는 사람을 라발디노 성에 새로운 지휘관으로 앉혔고, 지휘관은 그 일대를 장악했다. 카테리나는 주민들의 환심을 사기 위해 수단방법을 가리지 않았다. 하지만 겨우 몇 년 사이 남편이 입혀 놓은 손상이 너무 컸다.

1488년 4월 루도비코 오르시의 지휘로 갑옷을 입은 사내들이 성으로 쳐들어왔다. 그들은 백작을 찔러죽이고 시신을 창밖 마을 광장으로 던져버렸다. 가까운 방에서 가족들과 식사를 하고 있던 백작부인은 비명 소리를 듣고 재빨리 여섯 아이를 성채 꼭대기에 있는 안전한 방으로 데리고 갔다. 카테리나는 문의 빗장을 지르고 창 아래에 모여든 몇몇 심복에게 소리를 질러 지시를 내렸다. 밀라노의 스포르차 가문과 이 지역 동맹들에게 이 사실을 알리고 군대를 보내 그녀를 구조하도록 하라고 일렀다. 라발디노 성을 지키고 있는 지휘관은 절대로 성채를 내줄 리 없었다. 몇 분 후 암살자들이 그녀가 있는 방문을 부수고 들어와 카테리나와 아이들을 인질로 잡았다.

며칠 뒤 루도비코 오르시와 그의 공모자 자코모 델 론체가 카테리나를 끌고 라발디노 성으로 올라갔다. 그녀는 성의 지휘관에게 암살자들에게 성채를 넘기라고 명령해야 하는 입장이었다. 그녀가 임명한 지휘관인 토마소 페오가 성곽에서 내려다보니, 카테리나는 목숨에 위협을 느끼는 듯했다. 감정이 격해진 그녀는 목소리가 갈라졌고 페오에게 요새를 넘기라고 간청했다. 그러나 페오는 거절했다.

두 사람이 대화를 이어가는 동안 론체와 오르시는 백작부인과 페오가 일종의 게임을 하고 있는 것을 감지했다. 두 사람은 암호로 대화를 하고 있었다. 론체는 더 이상 두고 볼 수 없었다. 그는 날카로운 창끝을 그녀의 가슴에 들이대고 페오를 항복시키지 않으면 창으로 몸통을 뚫어버리겠다고 위협했다. 그리고 진지하게 그녀를 노려봤다. 갑자기 백작부인의 표정이 바뀌었다. 그녀는 칼날을 향해 몸을 더 숙이며 론체의 코앞에 얼굴을 들이대고 경멸이 뚝뚝 떨어지는 목소리로 말했다. "오, 지아코포 델 론체. 날 겁주려고 하지 마…. 네가 나를 해칠 수는 있어도 나를 겁줄 수는 없어. 왜냐하면 나는 두려움을 모르는 남자의 딸이니까. 원하는 대로 해. 내 남편을 죽였으니 분명히 나도 죽일 수 있겠지. 어쨌거나 나는 여자에 불과하니까!" 그녀의 말과 태도를 보고 당황한 론체와 오르시는 그녀를 압박할 다른 방도를 찾아야겠다고 판단했다.

며칠 후 페오는 암살범들에게 정말로 요새를 넘겨주겠다고 했다. 대신에 백작부인이 체납된 그의 급여를 지불하고 항복에 대해 어떤 죄도 묻지 않겠다는 문서에 서명을 해줘야 한다고 했다. 다시 한 번 오르시와 론체는 카테리나를 성으로 데려가 그녀가 페오와 협상을 하는 모습을 면밀히 지켜봤다. 마지막으로 페오는 백작부인이 요새로 들어와 문서에 서명을 해야 한다고 주장했다. 그는 암살범들이 자신에게 속임수를 쓸까 두려워하면서 백작부인 혼자 들어와야 한다고 우겼다. 문서가 서명되면 약속을 그대로 이행하겠다고 했다.

다른 선택이 없다고 느낀 공모자들은 그의 요구를 수락하면서 백작부인에게 빨리 일을 마무리 짓고 돌아오라고 했다. 로발디노로 들어가는 도개교 너머로 사라지는 그 짧은 순간 카테리나는 비웃음을 띤 채 뒤를 돌아보며 론체와 오르시에게 이탈리아식 손가락 욕을 날렸다. 지난 며칠간의 모든 연극은 카테리나와 페오가 여러 연락책을 통해 소통하며 계획한 것이었다. 카테리나는 밀라노에서 자신을 구할 군대를 보낸 것을 알고 있었고 이런 연극을 꾸민

인간 본성의 법칙

것은 순전히 시간을 벌기 위해서였다. 몇 시간 후 페오는 성곽에 서서 아래를 내려다보며 자신이 백작부인을 인질로 잡고 있으니 모든 것은 끝났다고 소리를 질렀다.

격분한 암살범들은 더 이상 참을 수 없었다. 다음날 그들은 카테리나의 여섯 자녀를 데리고 다시 성으로 돌아가 카테리나를 성곽으로 불러냈다. 그리고 단도와 창끝을 위험천만하게 아이들에게 들이댔다. 아이들은 살려달라며 울고불고 애걸복걸했다. 암살범들은 카테리나에게 요새를 넘기지 않으면 아이들을 모두 죽이겠다고 했다. 그들은 기꺼이 피를 볼 수 있다는 사실을 이미 증명한 상태였다. 카테리나가 아무리 두려움을 모르고 스포르차 가문의 딸이라고 한들, 아이들이 눈앞에서 죽는 것을 지켜볼 어머니는 없었다. 하지만 카테리나는 망설이지 않았다. 그녀는 아래를 향해 소리를 질렀다. "그러면 그렇게 해봐, 멍청이들아! 나는 이미 리아리오 백작의 아이를 또 임신하고 있고, 더 많은 아이를 낳을 방법도 있어!" 그녀는 마치 그 방법을 강조하려는 듯이 치마를 걷어 올려 보였다.

카테리나는 이미 아이들이 이렇게 이용당하리라는 점을 예견하고 있었고, 암살범들이 나약하고 우유부단하다는 점까지 계산에 넣었다. 그들은 그 첫날에 이미 아수라장 속에서 그녀와 가족들을 죽였어야 했다. 이제와 감히 냉혈한으로 변해 아이들을 죽일 리는 없었다. 암살범들은 그런 짓을 했다가는 지금 포를리를 향해 다가오고 있는 스포르차 가문이 자신들에게 끔찍한 보복을 하리라는 사실을 알고 있었다. 만약 카테리나가 지금 항복한다면 그녀와 아이들은 모두 투옥될 테고 음식에 독을 탈 수도 있었다. 카테리나는 저들이 자신을 어떤 어머니라고 생각하든 개의치 않았다. 그녀는 계속 시간을 끌어야 했다. 결의를 보여주기 위해 카테리나는 항복을 거절한 후 성에 있는 대포로 오르시 성을 쐈다.

열흘 후 밀라노 군대가 그녀를 구하기 위해 도착했고, 암살범들은 흩어졌다. 백작부인은 금세 권력을 회복했고, 새로 뽑힌 교황이 직접 그녀의 장남 오타비아노가 성년이 될 때까지 카테리나의 섭정을 인정했다. 그녀의 행적과 라발디노의 성곽 위에서 암살범들을 향해 소리친 내용은 이탈리아 전역으로 퍼져나갔다. 아름다운 전사 포를리 백작부인, 카테리나 스포르차는 이제 스스로 전설이 되기 시작했다.

남편이 죽고 1년 후 백작부인은 자코모 페오를 애인으로 삼았다. 카테리나가 라발디노의 지휘관으로 임명한 토마소 페오의 동생이었다. 카테리나보다 일곱 살이 어린 자코모는 지롤라모와 극적인 대조를 이루었다. 잘생기고 남성적인 그는 하층민 출신으로 리아리오 가문의 마구간지기로 일했었다. 중요한 것은 그가 카테리나를 사랑했을 뿐만 아니라 엄청난 관심을 쏟아부으며 그녀를 숭배했다는 점이다. 백작부인은 감정을 억누르고 사적인 관심보다는 실용적인 문제를 우선시하며 평생을 보냈다. 갑자기 자코모의 넘치는 애정을 받게 된 카테리나는 습관처럼 유지했던 자제력을 잃어버리고 속절없이 사랑에 빠져들었다.

그녀는 자코모를 라발디노의 새로운 지휘관으로 임명했다. 이제 자코모는 라발디노에 살아야 했기 때문에 그녀는 자신을 위한 궁을 따로 짓고 성을 거의 떠나지 않았다. 자코모는 본인의 지위를 안심하지 못하는 게 분명했다. 카테리나는 그를 기사로 임명하고 비밀리에 결혼식까지 올렸다. 스스로를 믿지 못하는 자코모를 위해 카테리나는 포를리와 이몰라의 통치권도 점점 그에게 넘기고 서서히 공적인 일에서 손을 떼기 시작했다. 그녀는 자코모가 혼자서는 감당하지 못할 거라는 조신들과 외교관들의 경고를 무시했다. 카테리나의 아들들은 자코모가 자신들을 제거할 계획을 세우지 않을까 두려워했으나 그녀는 아들들의 이야기 역시 귀담아 듣지 않았다. 그녀의 눈에 남편은 결코 잘못을 저지를 사람이 아니었다. 그러던 1495년 어느 날 카테리나와 자코모가 성을 비우고 소풍을 나갔을 때 암살단이 자코모를 포위하더니 카테리나의 눈앞에서 그를 살해했다.

무방비 상태로 이런 일을 당한 카테리나는 격노했다. 그녀는 공모자들을 색출해 처형하고 그 가족들은 모두 감옥에 넣었다. 몇 달 후 카테리나는 깊은 우울증에 빠졌고 자살까지 생각했다. 지난 몇 년간 대체 나에게 무슨 일이 있었던 것인가? 어쩌다 내가 길을 잃고 권력을 포기했단 말인가? 소녀 시절의 꿈과 자신의 것으로 만든 아버지의 정신은 모두 어떻게 한 것인가? 뭔가 그녀의 마음을 흐려놓고 있었다. 그녀는 종교에 의지했고 자신의 왕국을 다시 통치했다. 서서히 그녀는 회복되었다.

그러던 어느 날 그녀는 조반니 드 메디치의 방문을 받았다. 서른 살의 조반니는 유명한 집안 출신으로 피렌체에서 가장 잘 나가는 사업가 중 한 명이었다. 그는 양쪽 도시 간에 상업 교류를 맺으려고 이곳을 찾은 참이었다. 그런 그가 카테리나에게는 그 누구보다 아버지를 떠올리게 했다. 그는 잘 생기고 영리했으며 독서량도 아주 많았으나 성격상 뭔가 부드러운 구석이 있었다. 마침내 카테리나에게도 지식 면에서나 권력, 세련됨에 있어서나 본인과 대적할 만한 사람이 나타난 것이다. 두 사람은 서로를 동경했다. 이내 둘은 떨어질 수 없는 사이가 됐고 1498년 결혼하면서 이탈리아에서 가장 유명한 두 가문을 하나로 만들었다.

이제야 그녀는 대단한 지역 세력을 형성하겠다는 꿈을 꿀 수 있게 됐다. 하지만 그녀의 손을 벗어난 사건들이 카테리나의 계획들을 수포로 만들 예정이었다. 그 해에 조반니가 병사했던 것이다. 슬픔을 달랠 시간도 없이 카테리나는 최근 자신의 왕국에 가장 큰 위험이 된 상대를 대적해야 했다. 바로 새로 뽑힌 교황 알렉산데르 6세(이전에는 로데리고 보르자로 알려져 있었다)가 포를리를 노리고 있었다. 그는 아들 체사레 보르자를 교황청 군대의 지휘관으로 두고 교황청의 영지를 넓히고 싶어 했다. 포를리는 교황이 인수해야 할 핵심적인 지역이었고 그는 카테리나를 그녀의 동맹들로부터 정치적으로 고립시키기 위해 공작을 펼치기 시작했다.

침략이 임박하자 카테리나는 베네치아 사람들과 새로운 동맹을 결성해 대비했다. 그리고 라발니노 내에 줄줄이 방어시설을 공들여 건축했다. 교황은 영지를 내놓도록 압박을 가하려고 그녀에게 온갖 대가를 약속했으나, 카테리나가 보르자를 믿을 리 없었다. 하지만 1499년 가을이 되자 마침내 끝이 다가온 것처럼 보였다. 교황은 프랑스와 동맹을 맺었다. 체사레 보르자는 1만 2,000명의 군대에 2,000명의 노련한 프랑스군까지 합세해 나타났다. 그들은 금세 이몰라를 접수하고 어렵지 않게 포를리에 입성했다. 남은 것은 라발디노밖에 없었으나 라발디노도 12월 말 보르자의 군대에 포위되었다.

12월 26일 체사레 보르자가 직접 검정 옷을 입힌 본인의 백마를 타고 성으로 올라왔다. 보기만 해도 압도되는 광경이었다. 성곽에서 이 풍경을 내려다보며 곰곰이 생각에 잠겼던 카테리나는 아버지를 떠올렸다. 그날은 아버지가 암살당한 기일이었다. 아버지는 그녀가 소중하게 생각하는 모든 것을 상징했고, 그녀는 결코 아버지를 실망시킬 수 없었다. 아버지의 자식들 중 아버지를 가장 닮은 사람이 그녀였다. 아버지처럼 그녀는 한 발 앞서 생각했다. 시간을 벌면서 남은 동맹들이 그녀를 지키러 와줄 때까지 버텨보기로 했다. 영리하게도 그녀는 성벽이 함락되더라도 후퇴할 수 있는 방어벽을 라발디노에 이미 만들어두었다. 결국 저들은 무력으로 성을 빼앗아야 할 테고 그녀는 검을 손에 들고 성을 지키다가 죽을 각오가 되어 있었다.

보르자의 말을 들어보니 그는 아첨과 추파를 늘어놓으러 온 게 분명했다. 그가 여자들을 아주 잘 꾀어낸다는 이야기는 모르는 사람이 없을 만큼 유명했고, 많은 이탈리아 사람들이 카테리나가 도덕적으로 느슨하다고 생각했다. 그녀는 보르자의 이야기를 들으며 미소를 지어보였다. 그리고 간간이 본인의 과거 행적과 스포르차 가문의 일원으로서 본인의 명성을 상기시켜두었다. 그녀가 항복하기를 바란다면 그걸로는 부족하다는 걸 알려주었다. 그는 계속해서

인간 본성의 법칙

카테리나의 환심을 사려고 애쓰며 직접 만나서 협상을 하자고 했다.

마침내 그녀는 보르자의 매력에 무릎을 꿇은 듯했다. 어쨌거나 그녀도 여자였다. 카테리나는 도개교를 내리라고 명하고 보르자를 향해 걸어갔다. 그는 계속해서 본인의 주장을 반복했고, 카테리나는 마치 그의 주문에 빠져들고 있는 것과 같은 표정과 미소를 지어보였다. 서로 코앞까지 와서 그가 그녀의 팔을 잡으려고 하자 카테리나는 장난을 치듯이 팔을 뺐다. 그리고 수줍은 듯한 표정으로 성에 들어가서 문제를 논의하자며 뒤돌아서 걷기 시작했다. 따라오라는 뜻이었다. 그녀를 따라잡으려고 보르자가 도개교에 올라서자 다리가 올라가기 시작했다. 그는 점프를 해서 겨우 반대편으로 내려설 수 있었다. 그녀의 수작에 당황하고 분노한 보르자는 복수를 맹세했다.

다음 며칠간 보르자는 성벽에 대포를 마구 쏴댔고 마침내 약간의 틈이 생겼다. 경험 많은 프랑스군을 필두로 보르자의 군대가 물밀듯이 쏟아져 들어왔다. 이제는 백병전이었다. 카테리나의 남은 군대의 선봉에는 카테리나 본인이 있었다. 프랑스군의 수장 위베 달레그르는 아름다운 백작부인이 선봉에 서서 그의 병사들을 향해 돌격하는 모습을 넋을 잃고 바라보았다. 그녀는 원피스 위에 장식 갑옷을 입고, 한 점 두려움도 없이 능숙한 솜씨로 칼을 휘둘렀다.

카테리나와 그녀의 병사들은 성 안으로 더 후퇴하면서 계획대로 전투를 며칠 더 끌어갈 수 있기를 바랐다. 하지만 그때 그녀의 병사 중 한 명이 뒤에서 그녀를 붙잡고 그녀의 목에 칼을 들이댔다. 그리고 반대편으로 그녀를 끌고 갔다. 보르자는 그녀의 목에 현상금을 걸었고, 이 병사가 돈을 노리고 그녀를 배신한 것이었다. 포위 작전은 끝났다. 보르자가 이 큰 상을 직접 차지했다. 그날 밤 보르자는 카테리나를 겁탈하고 자신의 방에 그녀를 가둬놓았다. 전사로 유명한 백작부인이 자발적으로 그의 매력에 굴복했다고 보이려 한 것이었다.

강압 속에서도 카테리나는 영지를 넘겨주겠다는 서류에 서명을 하지 않으려 했다. 그래서 그녀는 로마로 끌려갔고 산탄젤로 성의 무시무시한 감옥에 던져졌다. 창문도 없는 작은 감방에서 그녀는 1년이라는 긴 시간 동안 외로움을 견디며 보르자가 고안한 끝없는 고문을 버텨냈다. 그녀는 건강이 악화됐고 끝까지 저항하다 감옥에서 죽을 운명인 듯했다. 그러나 기사도 정신을 가진 프랑스의 지휘관 위베 달레그르가 그녀의 주문에 걸려들었다. 그는 프랑스 왕의 이름으로 그녀를 풀어주라고 집요하게 요구했고, 마침내 성공하여 그녀를 안전하게 피렌체로 보낼 수 있었다.

공적인 생활을 은퇴한 카테리나는 유럽 각지의 남자들로부터 편지를 받기 시작했다. 그중에는 그녀를 직접 본 사람도 있었지만 대부분은 그녀를 이야기로만 들은 남자들이었다. 그들은 카테리나의 스토리에 사로잡혀 사랑을 고백하고, 그녀를 기릴 수 있는 기념품을 간청하고, 숭배할 수 있는 물건을 구걸했다. 그녀가 처음 로마에 왔을 때 얼핏 그녀를 보았던 한 남자는 편지에 이렇게 썼다. "잠이 들면 당신과 함께 있는 것 같습니다. 밥을 먹으면 나는 음식은 안 먹고 당신에게 말을 걸죠…. 당신은 내 가슴에 새겨져 있습니다."

감옥에서 보낸 시간으로 쇠약해진 백작부인은 1509년에 죽었다.

해석 ─●

카테리나 스포르차가 살던 시절에는 여성이 할 수 있는 역할이 엄격히 제한되어 있었다. 여성의 주된 역할은 훌륭한 어머니이자 아내였고, 혹시 결혼하지 않은 경우에는 종교에 헌신하거나 아주 드문 경우 창녀가 되었다. 모든 여성의 주위에는 동그라미가 빙 둘러 쳐져 있는 것이나 다름없었고, 감히 그 동그라미 밖을 탐험할 수는 없었다. 아주 어릴 때부터 교육을 통해 여성들은 이런 제한을 자신의 운명으로 받아들였다. 한정된 종류의 주제밖에 공부하지 못했고 정해진 몇 가지 기술밖에 배우지 못했으니 원한다고 한들 역할을 확장할 수 없었다. 아는 것이 힘이었다.

카테리나는 대단히 예외적인 경우이기 때문에 눈에 띈다. 그것은 독특한 여러 환경이 작용한 결과였다. 스포르차 가문은 새롭게 세도가로 부상했다. 그들은 정상까지 오르는 동안 강인하고 유능한 아내가 큰 도움이 될 수 있다는 사실을 발견했다. 스포르차 가문은 정략결혼에 중요한 자질인 두려움이 없는 강한 사람으로 키우기 위해 딸들에게도 사냥과 검술을 가르치는 가풍을 세웠다. 그런데 카테리나의 아버지는 여기서 한 발 더 나아갔다. 어쩌면 그는 딸에게서 여성으로 태어난 자신의 모습을 보았는지도 모른다. 본인의 개인교사를 딸에게 붙여준 것만 보더라도 어떤 식으로든 그가 딸에게 동질감을 느꼈음을 알 수 있다.

그래서 포르타 조비아 성에서는 아주 특이한 실험이 하나 시작됐다. 외부 세상으로부터 고립된 채 어마어마한 자유가 허락되었던 카테리나는 얼마든지 본인이 원하는 방향으로 자신을 개발할 수 있었다. 지적으로는 온갖 형태의 지식을 탐구했다. 타고난 관심사, 즉 패션과 예술도 실컷 즐겼다. 체육 훈련을 할 때는 본인의 대담하고 모험적인 정신을 마음껏 발산했다. 이렇게 어린 시절에 받은 교육 덕분에 그녀는 본인이 가진 다양한 측면을 끄집어낼 수 있었다.

그래서 열 살이 되어 공적인 생활을 하게 되었을 때도 카테리나는 자연스럽게 여성에게 그어진 동그라미 밖으로 흘러나갔다. 그녀는 많은 역할을 할 수 있었다. 그녀는 스포르차 가문의 일원으로 충실한 아내의 역할을 수행했다. 타인에게 공감하고 사람을 잘 돌보는 성향을 가진 그녀는 헌신적인 어머니가 됐다. 교황청을 중심으로 한 사교 무대에서는 가장 아름답고 패션을 잘 아는 젊은 부인이 됐다. 하지만 남편의 행동이 그녀와 자신의 가족들을 위기에 빠뜨리자 그녀는 이제 다른 역할을 수행할 필요성을 느꼈다. 스스로 생각하는 훈련이 되어 있고 아버지에게 영감을 받은 카테리나는 용감한 군인으로 변모해 도시 전체를 자신의 발아래 두었다. 그녀는 위기의 시기에는 날카로운 전략가가 되어 몇 수 앞을 내다보고 계획을 짤 수 있었다. 검을 손에 들고 군대를 이

끌 수도 있었다. 소녀 시절 그녀는 이렇게 다양한 역할을 수행하는 모습을 상상 했고 실제로 그렇게 해보니 자연스러울 뿐만 아니라 깊은 만족감을 주었다.

카테리나는 뚜렷한 남성적 색채를 저변에 둔 여성적 정신을 가진 사람이었 다. 아버지와 정반대였다. 여성적인 면과 남성적인 면이 섞여 있는 그녀는 생 각도 행동도 독특했다. 통치를 하면서 그녀는 높은 수준의 공감을 보여줬는 데, 당시로서는 매우 드문 일이었다. 포를리에 역병이 닥쳤을 때 그녀는 자신 의 목숨이 위험함에도 환자들을 위로했다. 감옥에서 최악의 환경도 기꺼이 감 내하며 자녀들의 유산을 지켰다. 권좌에 있는 사람에게서는 보기 힘든 희생적 행동이었다. 그러나 동시에 그녀는 판단이 빠르고 쉽사리 굴하지 않는 협상가 였으며, 무능하거나 나약한 사람은 결코 사정을 봐주지 않았다. 그녀는 야망 이 컸고 그걸 자랑스럽게 여겼다.

충돌이 생기면 카테리나는 공격적인 상대방 남성을 지략으로 앞서가는 전략 을 세워 유혈 사태를 피했다. 체사레 보르자의 경우에는 여성성을 이용해 그를 도개교 위로 끌어내려 했다. 나중에 그녀는 보르자를 성 안 깊숙한 곳으로 끌어 들여 전투를 길게 끌 수 있는 덫을 놓으려 했다. 동맹들이 자신을 구하러 올 시 간을 많이 벌어주기 위해서였다. 두 가지 모두 그녀는 거의 성공할 뻔했다.

이렇게 남성성과 여성성을 섞어서 여러 가지 역할을 수행할 수 있는 능력이 그녀가 가진 힘의 원천이었다. 그녀가 이것을 포기했던 경우는 자코모 페오와 결혼했을 때뿐이었다. 페오와 사랑에 빠졌을 때 그녀는 아주 위태로운 처지였 다. 그녀는 어마어마한 압박을 받고 있었다. 자신을 학대하는 끔찍한 남편을 상대해야 했고, 여러 번의 임신으로 몸은 쇠약해졌으며, 자신이 구축해놓은 튼튼하지 못한 정치적 동맹을 다잡아야 했다. 그런 상태에서 갑자기 자신을 우러러보는 페오의 관심을 경험했으니 그녀가 잠시 여러 짐을 내려놓고 사랑 을 위해 권력과 장악력을 포기하려 한 것은 당연한 일이었다. 그러나 헌신적 인 아내의 역할로 활동 범위를 좁히기 위해서는 타고난 적극적 성격을 억눌러야 했다. 남편의 불안을 달래는 데도 에너지를 써야 했다. 그 과정에서 그녀는 모든 주도권을 잃었고 거의 자살할 만큼 깊은 우울증을 겪으며 대가를 치러야 했다. 그녀는 교훈을 얻었고 남은 생 동안 늘 자신의 본 모습에 충실했다.

카테리나 스포르차의 이야기에서 가장 놀라운 것은 아마도 그녀가 당대의 남녀에게 끼친 영향력일 것이다. 이렇게 성 역할에 대한 고정관념을 깨버린 여자라면 사람들이 그녀를 마녀나 극성맞은 여자로 치부하고 기피했을 거라고 생각할 것이다. 하지만 실제로 카테리나는 그녀와 접촉한 거의 모든 사람을 사로잡았다. 여성들은 그녀의 강인함을 우러러봤다. 동시대 사람으로 만투아를 통치했던 이사벨라 데스테(Isabella d'Este)는 카테리나가 용기를 주는 사람이라 생각했고 그래서 그녀가 보르자에게 붙잡힌 후 이렇게 썼다. "만약에 프랑스인들이 우리나라 남자들의 비겁함을 비난한다면 적어도 이 이탈리아 여성의 대담함과 용기만큼은 칭찬해줘야 한다." 예술가, 군인, 성직자, 귀족, 하인 할 것 없이 온갖 부류의 남자들이 그녀에게 집착했다. 심지어 체사레 보르자처럼 그녀를 파괴하려고 했던 남자들조차 처음에는 그녀에게 끌리고 그녀를 소유하고 싶어 했다.

남자들은 전투나 전략에 관해서도 그녀와 이야기를 나눌 수 있었다. 그럴 때 카테리나는 동시대 다른 여성들과는 달리 동등한 남자처럼 느껴졌다. 당시에 남자들은 여성들과 대화다운 대화를 거의 나눌 수 없었는데 말이다. 하지만 더욱 중요한 것은 그들이 그녀 안의 자유를 감지하고 흥분했다는 점이다. 그 남자들 역시 일정한 성 역할을 수행해야 했고, 여자들의 성 역할만큼 제약이 많지는 않아도 나름의 고충이 있었다. 남자들은 늘 무언가를 장악하고 터프하고 굴하지 않는 모습을 보여줘야 했다. 남몰래 그들은 자신이 통제력을 상실해도 좋은 이 위험한 여자에게 끌렸다. 그녀는 오직 남자를 기쁘게 하기 위해 존재하는 수동적인 인형 같은 여자가 아니었다. 그녀에게는 억제되지 않은 진정성이 있었고, 그걸 본 사람들은 자신들도 그렇게 제약을 떨쳐내고 정해진 역할을 벗어나 활동하고 싶은 욕망이 생겼다.

이 점을 알아야 한다. 성 역할과 관련해 이제는 많은 게 바뀌었다고 생각할지 모른다. 카테리나 스포르차의 세상은 지금의 우리와 비교하기에는 너무 먼 이야기라고 생각할지 모른다. 하지만 그렇게 생각한다면 큰 오산이다. 성 역할의 아주 구체적인 부분들은 문화나 시대에 따라 가감이 있을지 몰라도 핵심적인 패턴 자체는 동일하다. 이를테면 다음과 같다. 우리는 모두 수많은 면을 가진 온전한 존재로 태어난다. 우리에게는 반대 성의 자질도 있다. 그것은 유전적인 것일 수도 있고 반대 성을 가진 부모의 영향일 수도 있다. 우리의 성격에는 자연히 여러 층의 깊이와 차원이 있다. 연구에 따르면 사내아이의 경우 어릴 때는 오히려 여자아이보다 더 감성적이라고 한다. 더 높은 수준의 공감과 감수성을 갖고 있다는 것이다. 여자아이들도 모험적이고 탐험적인 정신을 자연스레 가지고 있다. 강력한 의지도 갖고 있어서 주변 환경을 바꾸는 데 그 의지를 발휘하곤 한다.

그러나 나이가 들면서 우리는 세상에 일관된 정체성을 보여줘야 한다. 특정한 역할을 연기해야 하고 특정한 기대에 부응해야 한다. 타고난 자질들을 쳐내고 다듬어야 한다. 사내아이들은 풍부한 감성을 상실하고 앞서가려고 투쟁하는 틈에 타고난 공감능력을 억제한다. 여자아이들은 본인의 적극적인 측면을 희생해야 한다. 친절하게 대하고, 미소를 짓고, 깍듯한 태도를 취하며, 늘 자신보다 남의 감정을 우선적으로 고려해야 한다. 여자도 상사가 될 수 있지만 다정하고 유연해야지, 너무 공격적이어서는 안 된다.

이 과정에서 우리가 가진 다차원적인 측면은 계속해서 줄어든다. 우리는 나의 문화와 시대가 기대하는 역할에 순응한다. 그러면서 내 성격 속의 귀중하고 풍요로운 부분을 상실한다. 때로 우리는 우리보다 덜 억압된 사람들을 마주쳤을 때에만 이런 사실을 깨닫고 그들에게 큰 매혹을 느낀다. 카테리나 스포르차는 분명히 이런 면을 가지고 있었다. 역사를 보면 그녀에게 필적할 만한 남자들도 많다. 19세기 영국의 총리 벤저민 디즈레일리나 듀크 엘링턴, 존 F.케네디, 데이비드 보위 같은 남자들은 틀림없이 여성적인 색채를 바닥에 깔고 있었고 바로 그 점 때문에 사람들에게 더 큰 호기심을 자극했다.

우리가 해야 할 일은 다음과 같다. 특정한 성 역할에 지나치게 몰입하게끔 당신을 장악하고 있는 그 경직된 태도를 놓아줘라. 사람들의 기대를 거슬러 남성성과 여성성 사이의 그 중간 영역을 탐험한다면 힘을 가질 수 있다. 당신의 성격에서 잃어버리거나 억압해온 더 단단한 측면 혹은 더 부드러운 측면으로 돌아가라. 사람들과 이야기를 나눌 때면 더 큰 공감능력을 개발하거나 좀 덜 깍듯해지는 법을 배워서 당신의 레퍼토리를 확장하라. 문제에 직면하거나 남들의 저항에 부딪혔을 때 다른 방식으로 대응하는 법을 연습하라. 평소에 방어적이라면 공격을 해보고, 반대의 경우라면 역시 뒤집어서 해보라. 사고 과정에서 분석적인 면과 직관적인 면을 섞어 더 창의적이 되는 법을 배워라(더 자세한 사항은 12장 마지막 참조).

당신의 성격에서 더 야심차거나 더 섬세한 면을 끄집어내는 것을 두려워하지 마라. 이렇게 억눌린 부분들은 밖으로 나오고 싶어 아우성을 친다. 삶이라는 연극에서 당신이 연기하는 역할을 확장하라. 달라진 당신에 대한 사람들의 반응을 걱정하지 마라. 분류하기 힘든 사람이 되라. 그러면 사람들은 매혹을 느낄 테고, 당신은 사람들에게 어떤 모습을 보여줄지 자유자재로 바꿀 수 있는 힘이 생길 것이다.

세상에 있는 실제 여자가 아니라, 머릿속에서 만들어낸 인형을 가지고 사랑을 시작하게 만드는 것은 사랑이 우리에게 가하는 끔찍한 기만이다. 언제나 내 뜻대로 할 수 있고, 우리가 유일하게 소유할 수 있는 여자는 머릿속 그 여자뿐이다.

– 마르셀 프루스트

· 인간 본성의 열쇠 · 상대의 억압된 부분을 포착한다

인간은 자신이 일관되게 행동하고 성숙하며 삶에 대해 어느 정도의 통제권을 갖고 있다고 믿고 싶어 한다. 우리는 나에게 가장 큰 도움이 될 이성적 숙고에 기초해서 의사결정을 내린다. 우리는 자유의지를 갖고 있다. 나는 내가 대체로 누구인지 안다. 이런 자기평가가 순식간에 산산조각 나는 순간이 있으니, 바로 사랑에 빠졌을 때다.

사랑에 빠지면 우리는 통제 불가능한 감정의 포로가 된다. 우리는 합리적으로 설명할 수 없는 사람을 배우자로 선택하고 종종 그런 선택은 불행으로 끝맺는다. 많은 사람이 아마 살면서 적어도 한 번은 성공적인 이성관계를 가질 것이다. 하지만 불행하게 끝난, 결코 성공적이지 못한 관계를 더 많이 가질 것이다. 그리고 종종 우리는 뭔가 내면의 악마가 시키기라도 한 것처럼 똑같은 유형의 좋지 못한 상대를 고른다.

과거를 회상하면서 우리는 사랑에 빠졌을 때 일종의 일시적 정신착란 상태가 나를 덮쳤던 거라고 되뇌곤 한다. 우리는 그런 순간이 내 성격의 원칙이 아니라 예외에 해당한다고 생각한다. 하지만 잠시 정반대의 가능성을 한번 생각해보자. 깨어 있는 하루하루 우리는 꿈을 꾸듯이 돌아다닌다. 정말로 내가 누구인지 모르는 채로 말이다. 우리는 합리적인 얼굴을 세상에 내놓는다. 그러면서 그 가면을 현실이라고 착각한다. 사랑에 빠지면 사실 우리는 '더' 나 자신이 된다. 가면이 벗겨진다. 그제야 우리는 무의식적인 힘이 나의 행동을 얼마나 깊은 곳까지 결정하고 있었는지 깨닫는다. 우리는 나의 본성이 근본적으로 비이성적이라는 현실을 더 잘 알게 된다.

사랑에 빠졌을 때 일어나는 흔한 변화를 한번 살펴보자.

평소 우리의 마음은 관심이 여기저기로 흩어져 있다. 그러나 사랑에 깊이

인간 본성의 법칙 ◂━━

빠질수록 우리의 관심은 완전히 한 사람에게 몰입되고 집착하게 된다.

우리는 세상에 제시하고 싶은 특정한 모습이 있다. 나의 강점을 강조해주는 모습이다. 그러나 사랑에 빠지면 종종 정반대의 특징이 표면화된다. 평소 같으면 강인하고 독립적인 사람이 갑자기 다소 무기력하고 의존적이고 히스테리컬하게 변할 수도 있다. 다른 사람을 잘 돌보고 공감이 많은 사람이 갑자기 폭군 같고 요구가 많고 자기 안에 몰두하는 식으로 바뀔 수도 있다.

어른이 되면 우리는 나 자신이 비교적 성숙하고 현실적이라고 느낀다. 하지만 사랑에 빠지면 갑자기 아이 같은 행동으로 회귀할 수도 있다. 버려질 것을 생각하면 잠시 혼자 남겨진 아기가 된 것처럼 공포를 느낀다. 기분이 심하게 오락가락 한다. 사랑에서 미움으로, 신뢰에서 편집증으로 뒤바뀐다.

평소 우리는 내가 남의 성격을 잘 판단한다고 흔히 생각한다. 그런데 넋이 나갔거나 사랑에 빠졌을 때는 눈앞의 자기도취에 빠진 사람이 천재라고, 숨이 막히게 하는 사람이 나를 잘 챙겨주는 거라고 착각한다. 게으름뱅이를 흥미진진한 반항아라고, 통제광을 보호의식이 투철한 사람이라고 생각한다. 종종 진실을 볼 수 있는 타인들이 우리의 판타지를 바로잡아주려고 하면, 우리는 귓등으로도 듣지 않는다. 설상가상으로 우리는 똑같은 유형의 잘못된 판단을 내리고 반복하는 경우가 비일비재하다.

이렇게 우리의 상태가 바뀐 것을 관찰해보면 일종의 빙의 상태라고 부르고 싶을지도 모른다. 평소에는 A라는 이성적인 사람인데 사랑에 미혹됐을 때는 B라는 비이성적인 사람이 드러나는 것이다. 처음에는 A와 B를 오가거나 심지어 둘이 섞일 수도 있다. 하지만 사랑에 더 깊이 빠질수록 점점 더 지배력을 갖는 것은 B이다. B라는 사람은 상대가 실제로는 갖고 있지 않은 자질을 눈에 보인다고 말하기도 하고, 비생산적이고 심지어 자기파괴적인 행동을 하기도 한다. B는 꽤나 미성숙한 모습을 보이고, 비현실적인 것을 기대하며, 종종 나중에 A로서는 결코 이해하기 힘든 의사결정을 내리기도 한다.

이런 상황에서 저지르는 행동들을 우리는 결코 온전히 이해하지 못한다. 너무 많은 무의식이 작용하는 중이기 때문에 우리의 이성은 그 과정에 접근할 수가 없다. 그러나 저명한 심리학자 칼 융은 우리가 사랑에 빠졌을 때 일어나는 일에 관해 어쩌면 가장 깊이 있는 설명일지 모를 해석을 내놓았다. 칼 융은 그의 오랜 연구 기간 동안 가슴 아픈 러브스토리를 가진 남녀 수천 명을 분석했다. 융에 따르면 그런 순간 우리는 '실제로' 빙의가 된 상태라고 한다. 그는 우리를 장악하고 있는 그 존재(B라는 인물)에게 남자일 경우 '아니마(anima)', 여자일 경우 '아니무스(animus)'라는 이름을 붙여주었다. 이 존재는 우리의 무의식에 살고 있지만, 우리를 매혹하는 이성이 나타나면 표면 위로 올라온다. 아니마 및 아니무스의 기원과 그 작동 방식에 관해 설명하면 아래와 같다.

우리는 누구나 반대 성의 호르몬과 유전자를 가지고 있다. 이런 반대 성에 해당하는 속성이 다수 세력은 아니지만(개인에 따라 정도의 차이는 있다), 누구나 이것을 갖고 있고 그게 우리 성격의 한 부분을 형성한다. 똑같이 중요한 것은 반대 성(性)의 부모가 우리의 정신세계에 미치는 영향이다. 우리는 그들로부터 여성적 혹은 남성적인 특징을 흡수한다.

아주 어릴 때 우리는 타인의 영향력에 대해 완전히 열려 있고 예민했다. 반대 성의 부모는 내가 처음으로 마주치는 나와 아주 많이 다른 존재였다. 그렇게 이질적인 성향을 만나면서 그에 대한 대응으로 우리 인격의 많은 부분이 형성됐고, 이를 통해 우리는 더 입체적이고 다면적인 사람이 되었다. 동성의 부모에 대해서는 어느 정도의 편안함과 직접적인 동일시를 경험하는 경우가 많아서 이처럼 적응에 필요한 에너지가 소모되지는 않는다.

예를 들어 어린 남자아이는 종종 공공연한 애정 표현이나 공감능력, 감수성 같은 어머니에게서 배운 감정이나 특징을 편안히 표현한다. 반대로 어린 여자아이는 종종 공격성이나 대담함, 지적인 엄격함, 신체적 기량 같은 아버지에게서 배운 특징을 편안히 표현한다. 자연스럽게 아이들은 이런 반대 성의 특징도 자기 안에 갖고 있을 수 있다. 게다가 아이들은 부모가 가진 그림자에도 함께 동화되거나 상대해야 한다. 예컨대 어머니가 공감적이기보다는 자기도 취적이라든가, 아버지가 강인하고 타인을 보호하는 게 아니라 나약하거나 독재적인 경우 등이 그렇다.

아이들은 그런 것에 적응해야 한다. 어찌 되었든 남자아이와 여자아이는 무의식적이긴 해도 아주 깊은 방식으로 반대 성의 부모가 가진 긍정적, 부정적 자질을 자기 것으로 내면화한다. 그리고 반대 성의 부모를 연상하면 신체적, 감각적 연관성이라든가, 어마어마한 흥분, 매혹, 혹은 내가 받지 못한 것에 대한 실망 같은 온갖 종류의 감정이 차오른다.

그러나 곧 부모로부터 분리되고 나의 정체성을 정립해야 하는 중요한 시기가 도래한다. 그리고 그런 정체성을 형성하는 가장 간단하고 강력한 방법은 남성이나 여성 같은 성 역할을 중심으로 하는 것이다. 남자아이는 어머니와 양면적 관계를 맺게 되고 이것은 평생의 흔적으로 남는다. 아이는 한편으로는 어머니가 주는 안전한 기분과 지극한 관심을 갈망하면서도, 다른 한편으로는 여성성에 숨이 막혀 자신을 상실할 것 같은 위협을 느낀다. 남자아이는 자신의 삶을 좌우하는 어머니의 권위와 힘을 두려워한다. 어느 정도 나이에 이르면 남자아이는 자신을 구별 지어야 할 필요성을 느낀다. 아이는 자기만의 남성성을 정립해야 한다. 더 나이가 들면서 겪는 신체적 변화는 분명히 이런 남성성에 대한 동일시를 더욱 부채질한다. 하지만 이 과정에서 아이는 이 역할을 지나치게 동일시하는 경향이 생긴다. 적어도 남자아이가 여성의 역할을 자신과 동일시하지 않는 이상에는 그렇다. 어머니와의 구별을 강조하기 위해 본인의 터프함이나 독립성을 더 과장한다. 본인 성격의 다른 측면들, 다시 말해 어머니로부터 흡수하거나 자연적으로 본인의 일부로서 가지고 있던 공감능력이나 부드러움, 인간적 소통에 대한 필요성 같은 것들은 억압되고 무의식 속으로 가라앉기 시작한다.

여자아이는 모험 정신을 가지거나 아버지의 의지력이나 투지 같은 것을 본인의 인격에 통합시킬 수도 있다. 하지만 나이가 들면서 일정한 문화적 표준에 나를 맞추고, 여성적인 것으로 간주되는 것을 중심으로 나의 정체성을 형성해야 할 것 같은 압력을 느낄 가능성이 크다. 여자아이는 주로 친절하고 상냥하고 깍듯할 것이 요구된다. 자신보다 남들의 이해관계를 우선시해야 한다. 야성적인 구석은 길들이고 예쁘게 보이며 욕망의 대상이 되어야 한다. 아이의 입장에서는 이런 기대는 머릿속에서 들려오는 목소리처럼 계속해서 나를 재단하고 나의 가치를 의심하게 만든다. 이런 압력은 요즘 시대가 좀 더 교묘할 수도 있는데 그래도 여전히 강한 영향력을 발휘하는 것은 마찬가지다. 여자아이가 전통적인 여성의 역할을 받아들일 경우 (자연적으로 발생했든, 아버지로부터 흡수했든) 그녀의 성격에서 탐험적이고 공격적이고 더 어두운 측면은 억압되고 무의식으로 가라앉는 경향이 있다.

남자아이와 성인 남자의 의식하지 못하는 여성적 부분을 칼 융은 '아니마'라고 부른다. 여자아이와 성인 여자의 의식하지 못하는 남성적 부분은 '아니무스'라고 부른다. 이것들은 우리 자신의 일부이면서도 깊숙이 묻혀 있기 때문에 일상생활에서는 결코 의식할 수가 없다. 그러나 우리가 이성에게 매혹되는 일이 벌어지면 아니마와 아니무스가 깨어난다. 우리가 상대에게 느끼는 끌림은 순전히 육체적인 것일 때도 있지만, 내게 관심을 끄는 사람은 무의식적으로 내 어머니나 아버지와 신체적으로든 심리적으로든 무언가 닮아 있는 경우가 많다. 이 원초적 관계는 억압되어 있으나 밖으로 나오기를 갈망하는 에너지와 흥분, 집착으로 충만하다는 사실을 기억하라. 이 관계를 연상시키는 사람은 자석처럼 우리의 관심을 끌게 될 것이다. 비록 그 끌림의 출처가 어디인지 모르더라도 말이다.

어머니나 아버지와의 관계가 대체로 긍정적이었던 사람은 상대에게 내 부모의 바람직한 자질을 투영하려 할 것이다. 어린 시절의 그 천국을 다시 한 번

인간 본성의 법칙 ───

경험하기를 바라면서 말이다. 예를 들어 청년이 한 명 있다고 생각해보자. 어린 시절 그의 어머니는 청년을 잘 돌보고 애지중지했다. 꼬마였을 때 청년은 다정하고 사랑이 많으면서 어머니에게 헌신적이고 어머니의 양육 에너지를 반영하는 아이였을지 모른다. 하지만 남성적 이미지를 고수하며 독립적인 성인 남자로 자라는 동안 청년은 그런 특징들을 억압했을 것이다. 어머니를 연상시키는 여자에게서 청년은 자신이 은밀히 갈망하는, 자신을 사랑해줄 수 있는 능력을 보게 될 것이다. 이렇게 원하는 것을 얻을 수 있다는 느낌은 그의 흥분과 육체적 끌림을 더 강화할 것이다. 여자는 청년이 내면에서 스스로 개발하지 못한 자질들을 공급해줄 것이다. 청년은 갈망하는 여성이라는 형태로 실제로는 본인의 아니마와 사랑에 빠지고 있는 셈이다.

부모의 관심이 변덕스러워서 어머니나 아버지에 대한 감정이 대체로 양면적이었던 사람은 종종 그의 불완전한 부모상을 상기시키는 사람과 사랑에 빠짐으로써 원래의 관계를 고쳐보려 할 것이다. 상대방의 부정적 자질은 빼버리고 어린 시절 본인이 결코 얻지 못했던 것을 얻을 수 있기를 희망할 것이다.

부모와의 관계가 대체로 부정적이었던 사람은 그 부모와 상반되는 자질을 가진 사람, 종종 어둡고 그늘진 성향의 사람을 찾을지도 모른다. 예를 들어 아버지가 너무 엄격하고 냉담하고 비판적이었던 여자아이는 아마도 반항하고 싶었으나 감히 그러지 못했던 은밀한 욕망이 있을 것이다. 어른이 된 그녀는 전형적이지 않고 반항적인 청년에게 끌릴 수도 있다. 상대는 자신이 결코 표현할 수 없었던 야성적인 측면을 대표하는 사람이자 아버지와는 정반대되는 사람이기 때문이다. 여자의 아니무스는 반항이었는데, 이제 상대방인 청년의 형태로 그게 표출된 것이다.

연상되는 것이 긍정적이든 부정적이든 혹은 양면적이든 간에 일단 강력한 감정이 일어나면서 어린 시절의 그 원초적 관계로 돌아간 것을 느끼게 되면 우리는 종종 내 페르소나와는 반대되는 행동을 한다. 히스테리를 부리기도 하고 징징대거나 집착하거나 통제하려 하기도 한다. 아니마와 아니무스에는 그 자체의 인격이 있어서, 그것들이 되살아나면 우리는 B라는 인물처럼 행동한다. 우리는 상대를 있는 그대로 보고 있는 게 아니라 나의 무언가를 투영하고 있기 때문에 결국에는 실망감을 느낀다. 그러면서 내가 상상했던 모습이 아닌 게 마치 상대방 탓인 양 생각한다. 이렇게 원인을 모르는 채로 서로가 서로를 오해하고 소통이 잘 안 되면서 둘의 관계는 깨지는 경우가 허다할 테고, 우리는 또 그다음 사람에게도 똑같은 패턴을 반복할 것이다.

이와 비슷한 패턴은 무수히 많다. 누구나 주어진 상황은 모두 다르고, 남성성과 여성성이 섞인 모습도 다 다르기 때문이다. 예를 들어 심리적으로는 여자보다 더 여성적인 남자도 있고, 심리적으로는 남자보다 더 남성적인 여자도 있다. 만약 이들이 이성애자라면 남자는 본인은 한 번도 발달시켜보지 못한 남성적 자질을 가진 여자에게 끌릴 것이다. 이 남자는 아니마가 아니라 아니무스를 가지고 있을 것이다. 또 위에서 말한 여자는 여성적인 남자들에게 끌림을 느낄 것이다. 이렇게 서로 반대 성별의 성향을 가진 커플은 많으며 공공연하게 그렇게 보이는 커플들도 있다. 만약 두 사람 모두 각자가 바라는 것을 얻을 수 있다면 이 커플은 성공적 관계를 유지할 것이다. 그런 사례 중에서 역사적으로 가장 유명한 것이 프레데리크 쇼팽(Frédéric Chopin)과 조르주 상드(George Sand) 커플이다. 두 사람 사이에서는 상드가 오히려 남편 같고, 쇼팽이 오히려 아내 같았다. 두 사람이 만약 동성애자였더라도 이들은 자신이 개발하지 못한 반대 성별의 자질을 가진 사람을 찾아다녔을 것이다. 대체로 사람들은 어느 한쪽 성향으로 치우쳐서 남성적 혹은 여성적 측면에 과도하게 동화되기 때문에 정반대의 성향에 끌린다.

인간 본성의 법칙을 공부하는 학생으로서 우리가 해야 할 일은 세 가지다. 첫째, 타인에게서 드러나는 아니마나 아니무스를 관찰하려고 노력해야 한다. 특히나 그들의 이성관계를 유심히 보아야 한다. 그들이 이런 상황에서 어떤 행동과 패턴을 보이는지 유심히 관찰하면 평소에는 허락되지 않는 그 사람의 무의식에 접근할 수 있다. 그러면 상대의 억압된 부분이 보일 테고, 이 지식을 활용하면 아주 큰 효과를 볼 수 있다. 지나치게 남성적이거나 여성적인 사람을 보면 특별히 더 관심을 기울여라. 그 표면 아래에는 남자의 경우 아주 여성적인 아니마, 여자의 경우 아주 남성적인 아니무스가 도사리고 있을 게 분명하다. 사람들이 본인의 여성적 혹은 남성적인 자질을 지나치게 억압한다면, 그들의 아니마나 아니무스는 과장되고 우스꽝스러운 형태로 누출되기 쉽다.

예를 들어 지나치게 남성적인 남자는 남몰래 옷이나 외모에 집착할 수도 있다. 그는 남자를 포함해 남들의 외모에 유달리 관심을 보이면서 거침없이 평가질을 해댈 것이다. 리처드 닉슨은 대통령으로 있을 때 자기 밑에서 일하는 사람들에게 마초적인 이미지를 보여주려고 필사의 노력을 기울였다. 하지만 그는 직원들이 입는 양복이며 사무실 커튼의 색깔에 대해 끊임없이 언급하고 종종 수선을 피웠다. 지나치게 남성적인 남자는 자동차나 기술, 정치 등에 관해 강한 의견을 피력하지만 실질적 지식은 없고 그런 이야기를 할 때는 방어적인 태도로 히스테리를 부리거나 짜증을 낼 것이다. 자신의 감정을 늘 억제하려고 하지만 종종 드러날 수도 있다. 예를 들어 바라지 않는 순간에 갑자기 감성적이 된다거나 하는 식으로 말이다.

지나치게 여성적인 여자는 종종 본인이 억지로 연기해야 했던 역할에 대해 억압된 분노와 원망을 잔뜩 숨기고 있다. 남자를 상대할 때 유혹적이거나 여성스러운 모습은 실제로는 권력을 향한 술책이며, 목표물을 가지고 놀고 함정에 빠뜨리고 상처를 주기 위한 도구이다. 이런 여성은 수동적 공격성을 띤 행동이라든지 애인을 은밀히 지배하려는 시도 등으로 남성적인 모습이 새어나온다. 상냥하고 깍듯한 얼굴 뒤로 실제 모습은 상당히 고집스럽고 타인을 심하게 평가질 해댈 수도 있다. 숨어 있는 그녀의 고집스러움은 별것 아닌 일에 다소 비이성적으로 완강하게 버티는 등의 행동으로 드러날 것이다.

우리가 두 번째로 해야 할 일은 내 안에서 작동하는 투영 방식을 인식하는 것이다(투영의 흔한 유형과 관련해서는 540페이지 '젠더의 여섯 가지 투영 유형' 참조). 투영은 우리 삶에서 긍정적인 역할을 할 수도 있고 원한다고 그만둘 수 있는 행위도 아니다. 왜냐하면 자동적이고 무의식적으로 일어나는 활동이기 때문이다. 투영이 없다면 누군가에게 깊은 관심을 기울일 수도, 상대에게 매혹되거나 사랑에 빠질 수도 없다. 하지만 일단 이성과의 관계가 어느 정도 진행되면 그런 투영을 거둬드릴 수 있는 힘과 자각이 필요하다. 그래야만 상대를 있는 그대로 볼 수 있기 때문이다. 어쩌면 그 과정에서 정말로 두 사람이 얼마나 안 맞는지 혹은 잘 맞는지 깨달을 수도 있다. 일단 실제 인물에게 접속되고 나면 계속해서 상대를 이상화한다고 하더라도 그것은 상대가 가진 실제 긍정적 자질을 바탕으로 한 것이다. 어쩌면 상대의 결점이 매력적이라고 느낄 수도 있다. 이런 게 가능하려면 당신이 어떤 유형의 자질을 타인에게 투영하는지, 당신 자신의 패턴은 무엇인지 알고 있어야 한다.

이것은 연인관계가 아닌 이성과의 관계와도 관련이 있다. 직장에서 동료가 당신이 한 일을 비판하거나 당신이 요청한 회의를 미룬다고 한번 상상해보라. 상대방이 우연히도 반대의 성이라면 동성의 동료에게는 훨씬 적게 일어날 만한 온갖 감정, 예컨대 원망, 공포, 실망, 적대감 같은 것이 깨어날 것이다. 매일 이런 원리를 이해할 수 있다면 반대 성을 가진 사람들과의 관계가 훨씬 더 부드러워지고 또 그 관계를 좀 더 잘 조종할 수 있을 것이다.

세 번째로 우리가 해야 할 일은 내 안에 억압되고 개발되지 못한 여성적 혹은 남성적 자질이 무엇인지 살펴보는 것이다. 반대 성과의 관계를 잘 살펴보면 당신 안의 아니마 혹은 아니무스를 얼핏 엿볼 수 있다. 당신이 남자에게서 찾으려고 하는 그 단호함 혹은 여자에게서 찾는 공감은 실제로는 당신 안에서 개발해 여성적 혹은 남성적 색채로 끄집어내야 하는 부분이다. 간단히 말해 당신 안에 있으나 억압된 특징들을 당신의 일상적 인격 속으로 통합하는 작업

인간 본성의 법칙 ·

이 필요하다. 그러면 그 특징들은 더 이상 빙의라는 형태로 무의식적 혹은 독립적으로 작동하는 일이 없을 것이다. 그 특징들은 이제 당신의 일상적 자아의 일부가 될 것이며, 사람들은 당신에게서 진정성을 느낄 테고 당신에게 끌릴 것이다(더 상세한 내용은 12장 마지막 부분 참조).

마지막으로 성 역할과 관련해, 우리는 지속적으로 발전해서 결국에는 완벽한 평등에 이르는 단일한 선(線)을 흔히 상상한다. 하지만 실제로 그런 경우는 거의 없다. 어느 한 차원에서는 확실한 진보를 목격하지만, 더 깊은 다른 차원에서는 양성 간에 긴장이 점점 고조되어 양극화가 일어날 수도 있다. 남자와 여자 사이의 오랜 불평등의 패턴이 무의식적으로 우리에게 영향을 미치기 때문이다.

이런 긴장감은 어떤 때는 마치 전쟁처럼 느껴진다. 젠더[gender, 사회적 의미의 성(性)] 사이에 심리적 거리가 점점 커지는 게 그 원인이다. 이 경우 반대 성을 가진 사람은 우리가 헤아릴 엄두조차 낼 수 없는 행동 패턴과 습관을 가진 외계인처럼 느껴진다. 이런 거리감이 일부 사람에게는 적대감으로 돌변할 수도 있다. 긴장감은 남녀 모두에게서 볼 수 있지만 적대감은 남자들 사이에 더 강하다. 그 이유는 아마도 많은 남자들이 어머니상에 대해 느끼는 잠재적인 적대성과 어머니가 무의식적으로 자극했던 의존성 및 나약함의 느낌과 관련이 있을 것이다. 남자들이 느끼는 남성성에는 종종 방어적인 구석이 있고 알고 보면 그 아래에는 불안이 놓여 있다. 성 역할이 바뀌면 이런 불안은 더 격렬해질 뿐이다. 그리고 이런 불안은 남자와 여자 사이에 적대감과 의심만 높여놓는다.

그러나 젠더 사이의 이런 외적 충돌은 해결되지 못한 내적 갈등의 반영에 불과하다. 내면의 여성성 또는 남성성이 부정되는 한, 외적 거리감은 계속 늘어나기만 할 것이다. 내면의 이 거리감에 다리를 놓으면 반대 성에 대한 외적 태도도 바뀌고 더 깊은 연관성을 느끼게 된다. 반대 성을 언급하고 이야기할 때도 마치 내 일부를 언급하는 것처럼 된다. 양성 간의 양극성은 아직도 존재하고, 아직 우리가 서로에게 매력을 느끼고 사랑에 빠지는 원인이다. 그러나 이제는 그 안에 여성성 혹은 남성성과 더 가까워지고 싶은 욕망도 포함된다. 이것은 거리감과 적대감이 결국에는 둘 사이에 표면화되고 사람들을 멀리 밀어내는 젠더 사이의 양극성과는 아주 다르다. 내면의 연관성은 외적 관계를 엄청나게 개선할 것이고, 우리가 목표로 하는 이상향이 되어야 한다.

젠더의 여섯 가지 투영 유형

젠더 투영의 유형에는 끝도 없이 많은 종류가 있지만 잘 들여다보면 좀 더 흔한 여섯 가지 종류가 있다. 우리는 이에 관한 지식을 세 가지 방향으로 활용해야 한다. 첫째, 이 투영 형태들 중에서 내가 자주 사용하는 것은 없는지 확인해야 한다. 이것을 알고 나면 당신의 유년기에 관해 아주 근원적인 무언가를 이해하는 데 도움이 될 뿐만 아니라 타인에 대한 투영을 중단하는 일도 훨씬 쉬워진다. 둘째, 이 귀중한 도구를 이용해 타인의 무의식에 접근함으로써 상대의 아니마와 아니무스가 활약하는 것을 보아야 한다.

그리고 마지막으로 남들이 그들의 욕구와 판타지를 어떻게 당신에게 투영하는지 주의 깊게 살펴야 한다. 내가 다른 사람의 투영 대상이 되었을 때는 나를 그렇게 이상화시키는 상대의 기대에, 그의 판타지에 부응하고 싶은 유혹이 생긴다. 상대가 흥분하는 모습에 사로잡혀 그가 상상하는 그대로 나는 훌륭하고, 강인하고, 공감적인 사람이라고 믿고 싶어진다. 이 점을 깨닫지 못한다면 당신은 상대가 바라는 역할을 연기하기 시작한다. 상대가 그토록 갈구하는 어머니상 혹은 아버지상이 된다. 하지만 결국에는 후회할 것이다. 왜냐하면 진짜 자질을 통해 인정받을 수 없기에 더 이상 '당신 자신'일 수 없기 때문이다.

덫에 걸려버리기 전에 이 원리를 알고 있어야 한다.

악마와 같은 로맨티스트

이 시나리오에서 여자의 눈에는 자신의 마음을 사로잡은 남자가 마치 젊은 여자 뒤꽁무니만 쫓아다니는 난봉꾼처럼 보일 수도 있다. 그런데 이 남자가 로맨틱하기도 하다. 남자는 사랑에 빠지면 상대 여자에게 관심을 들이붓다시피 한다. 그러면 여자는 그의 판타지에 놀아난다. '이 남자는 틀림없이 나와 함께 정착해 새로운 사람으로 다시 태어날 거야.' 여자는 남자의 사랑에 푹 빠진다. 하지만 어쩐지 남자는 여자가 상상했던 것만큼 강인하지도, 남성적이지도, 로맨틱하지도 않다. 오히려 약간은 자기 안에 몰두해 있다. 여자는 바랐던 관심을 받지 못할 뿐만 아니라 관계가 길게 이어지지도 않는다. 남자는 새로 태어날 수 없고, 결국 여자를 떠난다.

이 시나리오는 아버지와 강렬하고 심지어 추파에 가까운 관계를 가졌던 여자들의 투영인 경우가 많다. 그런 아버지들은 아내가 지루하다고 느끼는 경우가 많고, 그래서 어린 딸이 더 매력적이고 재미있다고 생각한다. 그들은 딸에게서 어떤 영감을 얻는다. 딸은 아버지의 관심에 중독되고 아빠가 원하는 유형의 여자를 연기하려고 적응하면서 권력을 갖게 된 기분을 느낀다. 딸은 다시 한 번 그런 관심과 거기에 수반되는 권력을 얻는 것이 평생의 목표가 된다. 아버지상을 연상시키는 것은 뭐든지 이런 투영 메커니즘을 작동시킬 수 있고, 여자는 남자의 로맨틱한 본성을 과장하거나 지어낼 것이다.

이 유형의 최고 사례는 아마 재클린 케네디 오나시스일 것이다. 재클린의 아버지였던 잭 부비어(Jack Bouvier)는 두 딸을 지극히 예뻐했고 특히 재클린을 좋아했다. 잭 부비어는 지독하게 잘생기고 늠름한 남자였다. 그는 자기도취자로서 본인의 몸과 근사한 의복에 집착했다. 그는 자신이 진짜 위험을 무릅쓰는 마초라고 생각했지만 그런 얼굴 아래에는 실제로 상당히 여성적인 취향과 아주 미성숙한 부분이 있었다. 또 바람둥이로도 유명했다. 그는 재클린을 딸이라기보다 놀이 상대나 애인처럼 취급했다. 재클린을 위해서라면 뭐든 다 해줬다. 재클린은 아버지가 여자들에게 인기가 많은 것을 이상하게도 자랑스럽게 생각했다. 어머니와 아버지가 자주 싸웠는데 재클린은 언제나 아버지 편을 들었다. 재미를 추구하는 아버지에 비해 어머니는 점잔을 떨고 엄격했다.

부모가 이혼한 후에도 아버지와 워낙 많은 시간을 함께 보내고 아버지 생각을 끊임없이 하다 보니 재클린은 아버지의 에너지와 활기를 깊숙이 흡수했다. 재클린은 젊은 시절에도 나이가 많고 영향력이 있으며 비전형적인 남자들에게 관심을 쏟았다. 그런 남자와 함께 있으면 아버지와 함께 있을 때 연기했던 역할을 재창조할 수 있었다. 언제나 아버지의 사랑을 필요로 하는 어린 소녀인 동시에 꽤나 추파를 던지는 역할 말이다. 그리고 재클린은 자신이 고른 남자들에게 계속해서 실망했다. 존 F. 케네디가 그녀의 이상형에 가장 가까웠는데 외모로 보나 기백으로 보나 케네디는 여러모로 재클린의 아버지와 유사했다. 그러나 케네디는 재클린이 갈망하는 관심을 결코 주지 않았다. 케네디는 자기 안에 너무나 빠져 있는 사람이었다. 케네디는 다른 여자들과 바람을 피우느라 바빴고, 로맨틱한 유형도 아니었다. 재클린은 존 F. 케네디와의 관계에 계속 좌절했으나 이미 이런 관계가 하나의 패턴이 되어 있었다. 그녀가 나중에 결혼한 아리스토텔레스 오나시스 역시 나이가 많고 비전형적이며 큰 힘을 가진 남자로서 아주 늠름하고 로맨틱하게 보였다. 그런 오나시스 역시 재클린을 형편없이 대했고 끊임없이 바람을 피웠다.

이 시나리오에 속하는 여자들은 어린 시절 아버지에게서 받은 관심이 올가미가 된다. 이들은 나중에도 끊임없이 매력을 발산하고 영감을 주고 추파를 던져서 그런 관심을 끌어내야 한다. 이들의 아니무스는 유혹적이면서도 공격적이고 남성적인 구석을 갖고 있다. 아버지의 에너지를 너무 많이 흡수했기 때문이다. 하지만 이들은 존재하지 않는 남자를 계속해서 찾아다닌다. 만약

인간 본성의 법칙 ·

상대가 온전히 관심을 주고 지겹도록 로맨틱하다면 이들은 상대가 너무 약하게 보일 것이고 흥미를 잃을 것이다. 이들은 판타지 속 남자의 악마 같은 측면과 그에 따른 자기도취 성향에 은근히 끌린다. 이 유형의 투영에 빠진 여자들은 시간이 지날수록 남자의 판타지를 맞춰주기 위해 자신은 그토록 많은 에너지를 소모하는데 돌아오는 게 거의 없다는 사실에 점점 더 분개한다. 이들이 올가미를 벗어나는 유일한 방법은 자신이 빠지는 패턴 자체를 알아보고, 아버지를 신격화하는 것을 그만두고, 그의 부적절한 관심이 나를 어떻게 망가뜨렸는지 집중하는 길뿐이다.

규정할 수 없는 완벽한 여자

남자는 드디어 이상형의 여자를 찾았다고 생각한다. 여자는 이 남자가 이전의 연애에서 얻지 못한 것, 즉 야생성이나 편안함, 연민, 창의적 자극 같은 것을 제공한다. 남자는 의문의 여성을 실제로 만난 적은 거의 없지만 그녀와의 온갖 긍정적 경험을 상상한다. 여자를 생각할수록 남자는 이 여자 없이는 못 살것 같다고 확신한다. 남자가 이 완벽한 여자에 관해 이야기할 때 자세히 보면 그녀가 왜 그렇게 완벽한지에 관해 구체적인 이유를 많이 드는 것을 알 수 있다. 둘의 사이가 남녀관계로 발전하지 못할 경우 남자는 금세 환상에서 깨어난다. 여자는 그가 생각했던 사람이 아니고 그를 오해하게 만들었다. 그렇게 생각한 다음 남자는 다시 본인의 판타지를 투영할 또 다른 여자에게로 옮겨간다.

남자들의 흔한 투영 형태이다. 거기에는 남자가 어머니에게서 얻지 못했다고 생각하는, 본인 인생의 다른 여자들에게서 얻지 못했다고 생각하는 온갖 요소가 모두 들어 있다. 이 이상형은 그의 꿈에도 출몰한다. 여자는 남자가 아는 누군가의 모습으로 나타나지는 않는다. 여자는 온전히 그의 상상의 소산이다. 주로 젊고, 규정할 수 없고, 그렇지만 대단한 것을 약속하는 그런 여자다. 실생활에서는 이런 투영을 자극하는 여자들이 따로 있다. 그들은 보통 뭐라고 규정하기가 상당히 어렵고, 소위 프로이트가 '자기도취적 여성'이라고 불렸던 유형과 상당 부분 일치한다. 본인을 완성하기 위해 남자도 누구도 필요하지 않은 자족적인 여자들이다. 이들은 속이 상당히 냉담할 수 있고, 마치 빈 도화지와 같아서 남자가 원하는 대로 무엇이든 투영할 수 있다. 아니면 자유로운 영혼처럼 보이는 여자도 가능하다. 창의적 에너지가 넘치면서도 분명한 자기 정체성은 없는 여자 말이다. 남자들에게 그런 여자는 뮤즈 또는 엄청난 상상력의 촉발제 혹은 본인의 경직된 마음을 좀 풀어놓는 계기가 된다.

이런 투영을 하는 남자들은 어머니가 본인을 위해 늘 그 자리에 있어 주지는 않았던 경우가 많다. 어쩌면 그들의 어머니는 오히려 자신이 남편에게 얻지 못하는 관심과 확인을 아들이 대신 주기를 바랐을 수도 있다. 이렇게 역전된 측면 때문에 나중에 어른이 된 아들은 끊임없이 자기 안에 채워줘야 할 거대한 공백을 느낀다. 본인이 원하는 게 뭔지, 빠진 게 뭔지 정확히 말로 표현할 수 없기 때문에 그의 판타지는 상당히 모호하다. 남자는 평생 그 잡히지 않는 여성상을 찾아다니면서 결코 현실의 여성에게 정착하지 못할 것이다. 늘 다음번 여자는 완벽할 거라 생각할 것이다. 이 남자가 자기도취적인 유형에게 빠져든다면 그는 어머니와 겪었던 문제를 그대로 되풀이하면서 본인이 원하는 것을 줄 수 없는 여자에게 빠질 것이다. 이 남자의 아니마는 다소 몽환적이고, 내성적이고, 기분을 많이 타는데, 남자가 사랑에 빠지면 바로 그런 행동이 나올 것이다.

이 유형에 속하는 남자는 본인이 어떤 성격의 패턴을 갖고 있는지 알아야 한다. 이들은 현실의 여자를 찾아내고, 그들과 교류하고, 그녀의 당연한 결점을 수용하고, 자신을 좀 더 내주는 것이 정말로 필요하다. 이들은 종종 판타지를 더 선호한다. 왜냐하면 판타지 속에서는 본인이 주도권을 쥐고 있고 만약 현실이 끼어든다면 떠나버릴 수 있는 자유가 있기 때문이다. 이 남자가 패턴을 깨려면 그런 주도권의 일부를 포기해야 한다. 뮤즈가 필요해지면 내면에서 영감을 얻고 자기 안의 아니마를 끄집어내는 방법을 배워야 한다. 이들은 본인의 여성적인 면과 너무나 소원해져 있기 때문에 본인의 사고 과정을 좀 느슨하게 만들 필요가 있다. 판타지 속의 여자에게 그렇게 무모한 것들을 바라지 않게 되면 현실에서 실제 여자와 더 좋은 관계를 만들 수 있을 것이다.

매력적인 반항아

이 유형에게 끌리는 여자들에게 이 남자는 강한 호기심을 유발한다. 그는 눈에 띄게 권위를 경멸하고, 관행을 따르지 않는다. 악마 같은 로맨티스트와는 달리 이 남자는 종종 젊고 별로 성공하지 못했을 가능성이 크다. 또한 남자는 여자가 평소에 만나는 사람들과는 동떨어진 곳에 있을 것이다. 이 남자와 사귀는 것은 약간 터부에 가깝다. 여자의 아버지는 분명히 허락하지 않을 것이며, 어쩌면 친구나 동료들조차 인정하지 않을 수도 있다. 그러나 정작 연인이 되고 나면 여자는 남자에게서 전혀 다른 면을 보게 될 것이다. 남자는 좋은 직장을 참아내며 다니지 못한다. 반항아라서가 아니라 게으르고 능력이 부족하기 때문이다. 타투를 하고 스킨헤드를 했을지라도 이 남자는 상당히 전형적이고, 상대를 통제하려고 들며, 지배하려 든다. 연인 관계는 깨질 테지만 판타지는 남는다.

이런 투영을 가진 여자의 아버지는 냉담하고 엄격하면서 강하고 가부장적인 경우가 많다. 그녀에게 아버지는 질서와 규칙, 관습을 대표한다. 아버지는 딸에게 매우 비판적이었던 경우가 많다. 아버지의 눈에는 딸이 결코 충분히 훌륭하거나 예쁘거나 똑똑하지 않았다. 여자는 이런 비판적 목소리를 내면화했고, 머릿속에서 항상 그 목소리를 듣는다. 어릴 때 그녀는 아버지의 통제에 맞서서 반항하고 자기 목소리를 내는 것을 꿈꾸었으나, 많은 경우 주눅이 들어 아버지의 말에 깍듯이 복종하는 딸 역할을 연기해야 했다. 반항하고 싶은 욕구는 억압되어 그녀의 아니무스 속으로 들어갔다. 그녀의 아니무스는 매우 화가 나 있고 원망으로 가득하다. 스스로 반항심을 개발하는 대신에 여자는 반항적인 남자라는 형태로 그것을 표출하려고 한다. 겉보기에 반항적일 수 있겠다 싶은 남자가 있으면 여자는 본인의 판타지를 투영한다. 그 판타지는 성적이고 잔뜩 격앙되어 있다. 종종 여자는 비교적 젊은 남자를 고르는데, 젊은 남자가 덜 위협적이고 덜 가부장적이기 때문이다. 그러나 그렇게 젊고 미성숙하기 때문에 그 남자와 안정적 관계를 구축하는 것은 거의 불가능에 가깝다. 여자가 환상에서 깨어날수록 그녀의 잔뜩 화 난 측면이 튀어나올 것이다.

본인에게 이런 투영 경향이 있다는 사실을 인식한 여자는 단순한 한 가지 사실을 받아들여야 한다. 자신이 정말로 원하는 것은 상대에게 복종하지 않을 수 있는 독립성과 단호함, 힘을 내면에서 개발하는 것이라는 사실 말이다. 이런 것을 개발하기에 너무 늦은 때란 없다. 하지만 이런 자질은 구축 과정이 필요하고 단계별로 하나씩 개발되어야 한다. 매일매일 맞딱드려야 하는 도전에서 거절을 연습하고, 규칙을 깨보는 등의 실천이 필요하다. 좀 더 단호한 태도를 가질 수 있다면 더 동등하고 만족스러운 이성관계를 맺을 수 있을 것이다.

타락한 여자

문제의 남자에게 본인을 매혹한 여자는 자신이 알던 사람들과 너무나 달라 보인다. 상대 여성은 다른 문화권이나 사회계층 출신일 수도 있고 본인만큼 교육을 받지 못한 여자일 수도 있다. 여자의 성격이나 그녀의 과거와 관련해 무언가 미심쩍은 부분이 있을 수도 있다. 이 여자는 대부분의 여자들보다 분명히 육체적으로 자제가 덜하다. 남자는 여자가 저속하다고 생각한다. 여자는 보호와 교육과 돈이 필요해 보인다. 남자는 그녀를 그 상황에서 *끄집어 올려* 구조해줄 것이다. 그러나 어쩐지 다가가면 갈수록 남자가 기대했던 것과는 다른 일이 펼쳐진다.

마르셀 프루스트가 쓴 《잃어버린 시간을 찾아서》의 1권 〈스완네 집 쪽으로)에서 주인공 샤를 스완은 실존 인물에 기초해서 만들어진 캐릭터로 운동선수이자 예술품 감정가로 묘사된다. 그는 또한 어떤 형태의 연인관계나 얽매임도 죽도록 두려워하는 돈 후안 같은 사람이기도 하다. 그는 자신이 속한 계층의 많은 여자들을 유혹했다. 그러다가 오데트라는 이름의 여인을 만나는데 이 여자는 그와는 전혀 다른 사회적 계층에 속해 있다. 오데트는 교육을 받지 못했고, 다소 천박하며 어떤 이들에게는 창녀라고 불릴 수도 있는 사람이다. 오데트는 샤를에게 강한 호기심을 불러일으킨다. 그러던 어느 날 성경에 나오는 장면을 그린 보티첼리의 프레스코화 복제품을 뚫어지게 보고 있던 샤를은 오데트가 그림 속의 여인과 닮았다고 단정한다. 이제 완전히 오데트에게 사로잡힌 샤를은 오데트를 이상화하기 시작한다. 오데트는 어렵게 살아온 것이 분명했고 더 좋은 삶을 살 자격이 있다. 이성과 얽매이는 것에 대해 지극한 두려움을 가졌음에도 불구하고 샤를은 오데트와 결혼해 그녀에게 삶의 아름다운 것들을 가르친다. 샤를이 깨닫지 못하는 것은 오데트가 본인이 판타지로 꿈꾸고 있는 여인과는 전혀 닮지 않았다는 사실이다. 오데트는 극히 영리하고 의지가 강하며 샤를보다 훨씬 더 강인하다. 오데트는 샤를을 본인의 수동적 노예로 만들어버릴 것이다. 오데트는 계속해서 다른 남녀와 바람을 피울 것이다.

이런 유형의 남자는 어린 시절 강인한 어머니상을 가진 경우가 많다. 이들은 착하고 순종적인 아들이자 학교에서는 완벽한 모범생이 된다. 의식적으로 이들은 교육을 잘 받은 여성, 착하고 완벽해 보이는 여성에게 끌린다. 하지만 무의식적으로 이들은 불완전한 여성, 나쁘고 미심쩍은 여성에게 끌린다. 이들은 남몰래 본인과 정반대인 것을 갈망한다. 바로 전형적인 어머니 혹은 창녀 같은 식으로 구분한다. 이들은 어머니상의 아내를 원하지만 창녀에게 훨씬 더 강한 육체적 매력을 느낀다. 바로 '타락한 여자', 본인의 몸을 보여주고 싶어 하는 여자들 말이다. 이들은 소년 시절 가지고 있던 장난스럽고 관능적이고 세속적인 측면을 억눌러왔다. 이들은 너무 엄격하고 너무 교양이 넘친다. 이들이 그런 자질을 접할 수 있는 유일한 방법은 자신과 너무나 달라 보이는 여성을 통하는 방법밖에 없다. 샤를 스완과 마찬가지로 이들은 현실과 전혀 무관한 어느 교양 있는 여자를 연상하면서 상대 여자를 이상화할 방법을 찾아낸다. 그들은 상대 여자에게 나약함을 투영한다. 여자를 도와주고 보호하고 싶다고 스스로에게 말한다. 그러나 실제로 이들이 매력을 느끼는 부분은 상대 여자가 위험이나 외설적 쾌락을 약속하는 것처럼 보인다는 점이다. 그런 여성의 강인함을 과소평가하기 때문에 종종 이들은 상대 여자의 노리개로 전락한다. 이 남자들의 아니마는 수동적이고 피학적이다.

이런 종류의 투영을 일삼는 남자는 본인의 성격에서 덜 전형적인 면을 개발할 필요가 있다. 이들은 본인의 안전지대를 벗어나서 스스로 새로운 경험을 시도해야 한다. 이들에게는 더 많은 도전이 필요하며 심지어 약간의 위험에 빠지는 것도 스스로를 좀 느슨한 상태로 만드는 데 도움이 될 것이다. 어쩌면 이들은 업무에서 더 많은 위험을 감수하는 게 필요할지도 모른다. 또한 이들은 본인의 성격에서 육체적이고 관능적인 면을 개발할 필요가 있다. 꼭 타락한 여자 유형의 상대를 찾아 본인의 갈망을 채워야만 하는 것은 아니다. 사실 어떤 유형의 여자를 만나든 본인의 충동을 만족시킬 수 있다. 상대가 나를 옆길로 인도해주기만을 수동적으로 기다릴 게 아니라 적극적으로 죄책감을 갖고 있는 그 쾌락을 찾아 나서면 된다.

우월한 남자

남자는 똑똑하고 유능하고 강인하고 안정되어 보인다. 남자는 자신감과 힘을 내뿜는다. 남자는 유력한 기업가일 수도 있고 교수나 예술가, 혹은 어느 방면의 권위자일 수도 있다. 나이가 많거나 육체적으로 그리 매력적이지 않더라도 남자가 드러내는 자기확신이 매력적인 아우라를 형성한다. 이런 유형의 남자에게 끌리는 여자는 이 남자와의 관계를 통해 간접적으로 힘과 우월성을 느낀다.

조지 엘리엇의 소설《미들마치》(1872)에서 주인공 도로샤 브룩은 열아홉의 고아 소녀로 부유한 삼촌의 손에 자랐다. 도로샤는 아름답고 훌륭한 신붓감이 될 수 있는 여자다. 실제로 같은 동네의 제임스 체텀이라는 젊은이가 적극적으로 구애를 해온다. 그러나 어느 날 저녁 도로샤는 훨씬 더 나이가 많은 에드워드 코서본이라는 부유한 농장주를 만난다. 학자로서의 삶에 헌신했던 코서본은 도로샤에게 강렬한 호기심을 자극한다. 도로샤는 코서본에게 관심을 갖기 시작하고 코서본이 도로샤에게 구애를 하면서 도로샤의 여동생과 삼촌은 질겁을 한다. 두 사람이 보기에 코서본은 얼굴에 사마귀가 있는 못생기고 혈색 나쁜 남자였기 때문이다. 그는 음식을 먹을 때 소리를 내고 말수도 거의 없다. 그러나 도로샤가 보기에 그의 얼굴은 영성(靈性)이 충만하다. 그는 에티켓 따위를 따지기에는 너무나 고고한 사람이다. 말수가 별로 없는 것은 아무도 그를 이해하지 못하기 때문이다. 그와 결혼하는 것은 파스칼이나 칸트와 결혼하는 것과 같을 것이다. 그녀는 그리스어와 라틴어를 배워 그의 걸작《모든 신화의 열쇠》를 완성하도록 도울 것이다. 그는 자신을 교육하고 고양시켜줄 것이다. 그는 그녀가 무의식적으로 결핍을 느끼고 있는 아버지가 되어줄 것이다. 그와 결혼한 후에야 도로샤는 진실을 발견한다. 그는 내면이 죽어 있고 상대를 매우 통제하려는 사람이다. 그는 도로샤를 예쁜 비서 정도로 생각한다. 그녀는 사랑 없는 결혼의 덫에 걸리고 만다.

지금의 현실에서는 두 사람 사이의 세부적인 사항이야 이제는 많이 다를 수도 있겠지만, 이 유형은 여자들 사이에 매우 흔한 투영이다. 이 투영은 열등감을 느끼는 데서 비롯된다. 이 경우에 여자는 본인에게 비판적이었던 아버지나 그 외 사람들의 목소리를 내면화한 상태다. 그 사람들은 이 여자가 누구이고 어떻게 행동해야 하는지 일일이 지시함으로써 이 여자의 자존감을 끌어내렸다. 스스로 강인함이나 자신감 같은 것을 키워본 적이 없기 때문에 여자는 이런 자질을 남자에게서 찾고 그런 흔적만 보여도 확대해석하는 경향이 있다.

이 여자에게 반응하는 남자들은 여자의 자존감이 낮음을 눈치채고 그게 매력적이라고 느낀다. 그들은 젊은 여자가 자신을 흠모하듯 바라보는 게 좋고, 자신이 지배하고 조종할 수 있다는 점도 좋다. 대학교수가 학생을 유혹하는 경우가 대표적이다. 그런 남자가 여자의 상상처럼 똑똑하고 영리하고 자기확신을 가진 경우는 거의 없기 때문에 여자는 실망해서 떠나거나 아니면 낮은 자존감 때문에 오도 가도 못하고 남자의 조종에 놀아나며 모든 게 자기 탓이라고 생각한다.

이런 여자에게 필요한 것은 첫째, 남들의 비판적 의견을 본인이 수용하고 내면화했다는 사실과 그게 자신에게 불안의 원인이라는 사실을 깨닫는 것이다. 여자의 불안은 본인의 타고난 지적 능력이나 가치가 부족해서 생긴 것이 아니다. 이런 여자는 반드시 행동을 통해 단호함과 자신감을 키우도록 적극적으로 노력해야 한다. 프로젝트를 떠맡고, 사업을 시작하고, 기술을 익혀야 한다. 남자를 상대할 때는 자신이 처음부터 동등한 위치임을 자각하고, 상대방만큼 혹은 그 이상으로 자신도 강인하고 창의적일 수 있다고 생각해야 한다. 진정한 자신감이 생기면 만나는 남자들의 진짜 성격이나 진정한 가치를 가늠할 수 있게 될 것이다.

나를 숭배할 여자

남자는 목표 지향적이고 야망이 크며, 그의 삶은 고달프다. 세상은 혹독하고 가차 없는 곳이며 위안을 찾는 게 쉽지 않다. 남자는 본인의 삶에 무언가가 빠졌다고 느낀다. 그때 자신을 관심 있게 바라보는 따뜻하고 매력적인 여자가 나타난다. 여자는 남자를 존경하는 듯하다. 남자는 여자와 그녀의 에너지에 주체할 수 없는 끌림을 느낀다. 이 여자야말로 나를 완성시켜주고 나에게 위안을 줄 여자다. 그런데 관계가 진행될수록 여자는 더 이상 그렇게 친절하거나 남자를 챙겨주는 것 같지 않다. 여자는 분명히 더 이상 남자를 존경하지 않

인간 본성의 법칙

는다. 남자는 여자가 자신을 기만했거나 마음이 변한 것이라고 결론 내린다. 남자는 여자의 배신에 분노한다.

남자의 이런 투영은 보통 어머니와의 특정한 관계에서 비롯된다. 어머니는 아들을 애지중지하고 아들에게 많은 관심을 쏟았을 것이다. 아마도 남편으로부터 원하는 것을 얻지 못한 것에 대한 보상이었을 것이다. 어머니는 아들에게 자신감을 불어넣었을 것이다. 아들은 어머니의 관심에 중독되고 어머니의 따뜻하고 포용적인 존재감을 갈망하며 이것은 어머니 역시 바라는 바다.

그런 아들이 어른이 되면 종종 야망이 큰 남자가 된다. 남자는 늘 어머니의 기대에 부응하려고 노력하며 자신을 힘겹게 몰아붙인다. 남자는 특정한 유형의 여성상을 추구하기로 마음먹고, 이후에는 교묘히 상대 여자가 어머니 역할을 하게 만든다. 자신을 위로하고, 지극히 아끼며, 자신의 자존심을 세워주도록 말이다. 많은 경우 상대 여자는 자신이 그런 역할을 하게끔 남자가 자신을 조종했다는 사실을 알게 되고 그래서 분개한다. 여자는 더 이상 남자를 숭배하거나 달래주지 않는다. 남자는 여자가 변했다며 원망한다. 그러나 실제로는 거짓된 자질을 투영하면서 여자를 자신의 기대에 부응하게 만들려고 했던 것은 남자다. 이어지는 이별은 남자에게 매우 고통스러운 경험이 된다. 왜냐하면 남자는 어린 시절 가지고 있던 에너지를 여자에게 퍼부었고, 이제 어머니상으로부터 버림받은 기분이 들기 때문이다. 상대 여자에게 그런 역할을 맡기는 것에 성공하더라도 이내 남자는 본인이 여자에게 의존한다는 사실에 분개하게 될 것이다. 어머니에게 그렇게 의존하면서 양면적 감정을 느꼈던 것처럼 말이다. 남자는 둘의 관계에 훼방을 놓거나 물러날 수도 있다. 남자의 아니마는 날카롭고 반격하는 구석이 있어서 언제나 불평을 늘어놓고 상대를 탓할 준비가 되어 있다.

이 시나리오에서 남자는 본인의 삶에서 이런 관계가 되풀이되고 있다는 패턴을 인식해야 한다. 이 패턴은 남자가 여성들에게 투영하는 그 자질, 즉 어머니와 같은 보살핌의 자질을 본인의 내면에서 개발해야 한다는 신호다. 남자는 자신의 야망이 어머니의 기대에 부응하고 어머니를 기쁘게 하고 싶은 욕망에서 나오는 것임을 인식해야 한다. 남자는 자신을 지나치게 몰아붙이는 경향이 있다. 남자는 위안을 느끼고 스스로를 달래는 법을 배워야 한다. 때로는 물러설 줄도 알고 본인이 이룬 것에 만족할 줄 알아야 한다. 남자는 스스로를 돌보는 방법을 알 필요가 있고 이렇게 하면 이성관계가 획기적으로 개선될 것이다. 사랑받고 보살핌 받기를 기다리는 것이 아니라 상대에게 더 많은 것을 주게 될 것이다. 여자를 있는 그대로 대하게 될 것이다. 그리고 결국에는 억지로 누가 시키지 않아도 본인에게 필요한 위안을 더 많이 만들어야겠다고 무의식적으로 느끼게 될 것이다.

최초의 본성으로 돌아간다

인간의 흔한 경험 중 하나가 살다가 어느 시점, 흔히 마흔쯤에 소위 '중년의 위기'라는 것을 겪는 것이다. 직업은 그냥 기계적이고 영혼 없는 과정이 되고 부부 사이에는 흥분과 활력이 사라진다. 우리는 변화를 갈망한다. 새로운 커리어나 새로운 남녀관계, 새로운 경험, 심지어 일부러 약간의 위험까지 찾아 나선다. 이런 변화가 단기적으로는 충격 요법이 될 수도 있지만, 진짜 문제는 고스란히 남기에 권태는 다시 찾아온다.

　이 현상을 좀 다른 관점에서 한번 보자. 바로 정체성의 위기라는 관점이다. 어릴 때 우리는 상당히 유동적인 자아를 갖고 있었다. 우리는 주변의 모든 사람과 모든 사물의 에너지를 흡수했다. 아주 다양한 감정을 느끼고 새로운 경험에 열려 있었다. 하지만 어릴 때 우리는 사회적 자아를 형성해야 했다. 응집력 있는 자아가 우리를 무리 안에 잘 적응하게 만들어줘야 했다. 그러려면 천방지축적인 면들은 손질하고 단속해야 했다. 그리고 이 단속 과정의 많은 부분이 성 역할을 중심으로 한 것이었다. 좀 더 일관된 자아를 느끼고 제시하려면 나 자신의 남성적 혹은 여성적 측면을 억압해야 했다.

10대 후반에서 20대까지 우리는 사회에 어울리기 위해 계속해서 이 정체성을 조정해나간다. 그 과정은 계속 진행되며 우리는 이 정체성을 형성하는 과정에서 약간의 기쁨을 느끼기까지 한다. 내 삶이 여러 방향으로 흐를 수 있다는 것을 느끼고 많은 가능성에 넋을 뺏긴다. 그러나 세월이 흐르고 내가 연기하는 성 역할이 점점 더 고착되면 우리는 뭔가 중요한 것을 잃었다는 사실을 직감하기 시작한다. 어릴 때의 나와는 완전히 딴 사람이 되어버린 것을 깨닫는다. 창의적 에너지는 모두 말라 비틀어졌다. 자연히 우리는 이 위기의 근원을 밖에서 찾지만, 실제 원인은 내부에 있다. 우리는 균형을 잃었고 타인에게 제시하는 나의 역할과 가면에 너무 엄격히 동화되었다. 당초 우리의 본성은 어머니나 아버지로부터 흡수한 자질과 생물학적으로 우리의 일부인 반대 성의 특성을 지금보다 더 많이 가지고 있었다. 일정 시점이 되면 우리는 나에게 그토록 중요한 일부를 상실한 것에 대해 내면에서 반항을 일으킨다.

세계 곳곳의 원시 문화에서는 주술사나 치료사가 부족에서 가장 현명한 사람이었다. 그는 영적인 세상과 소통할 수 있었다. 남자 주술사는 본인이 면밀히 귀를 기울이고 그를 이끌어주는 내면의 여자나 아내가 있었다. 여자 주술사는 내면의 남편이 있었다. 주술사들의 힘은 내면의 인물과 깊이 있게 소통할 수 있는 데서 나왔다. 그들은 내면에서 진짜 여자나 남자로서 경험이 가능했다. 주술사라는 인물은 원시인들이 접속 가능했던, 깊이 있는 심리적 진실을 반영하고 있다. 실제로 많은 고대 문화(페르시아, 히브리, 그리스, 이집트)의 신화에서 태초의 인간은 남자이자 여자였다고 믿는다. 그런 인간이 너무 강력했기 때문에 신들이 두려워하여 인간을 반으로 갈라놓았다는 것이다.

이 점을 알아야 한다. 최초의 본성으로 회귀한다는 것은 원초적인 힘을 회복한다는 의미를 포함한다. 당신 내부의 타고난 여성적 혹은 남성적 부분에 접근한다면 그동안 억압된 에너지를 풀어줄 수 있다. 당신의 마음은 타고난 융통성을 회복할 것이며, 반대의 성을 가진 사람들을 더 잘 이해할 수 있을 것이다. 성 역할과 관련해 당신이 갖고 있는 방어적인 부분을 없앰으로써 있는 그대로의 모습에 대해 불안한 마음이 들지 않을 것이다. 이렇게 회귀하기 위해서는 각자의 불균형 양상에 따라 더 남성적이거나 더 여성적인 사고와 행동 스타일을 활용해야 한다. 하지만 그런 과정을 설명하기에 앞서 먼저 남성성 및 여성성과 관련해 인간에게 깊숙이 스며 있는 편견을 해결해야 한다.

수천 년간 대체로 남성적 역할과 여성적 역할의 정의를 내린 것은 남자였다. 성 역할에 대해 가치 판단을 내린 것도 남자였다. 여성적 사고방식은 비이성적인 것으로 연상됐고, 여성적 행동은 약하고 열등한 것으로 보았다. 양성 간의 불평등이라는 측면에서 우리가 겉으로는 진보했을지 몰라도, 속으로는 이런 식의 판단이 여전히 깊이 뿌리내려 있다. 남성적 사고방식은 아직도 우월한 것으로 존경받고, 여성성은 여전히 부드럽고 약한 것으로 경험된다. 많은 여성들이 이런 판단을 자기 것으로 받아들였다. 그들은 평등을 '남자만큼 터프하고 공격적이어도 된다'는 뜻으로 생각한다. 그러나 현대인들에게 정말로 필요한 것은 남성성과 여성성을 잠재적인 추론능력이나 행동력이라는 측면에서 방식은 달라도 완전히 동등한 것으로 보는 시각이다.

사고, 행동, 경험을 통한 학습, 타인과의 관계라는 측면에서 여성적 스타일과 남성적 스타일이 따로 있다고 치자. 이런 스타일은 수천 년간 남녀의 행동에 반영되어 있다. 그중 일부는 심리적 차이와도 관련이 있고, 일부는 주로 문화적 차이에서 연유한다. 분명히 좀 더 여성적인 스타일을 가진 남자가 있고 남성적인 스타일을 가진 여자가 있지만, 대부분의 사람은 어느 한쪽으로 치우쳐 있다. 우리의 과제는 반대편에 대해 마음을 여는 것이다. 우리가 버려야 할 유일한 것은 '경직성'뿐이다.

남성적/여성적 사고 방식

남성적 사고는 현상을 구분하는 기준에 초점을 맞추고 카테고리를 나누려고 하는 경향이 있다. 사물에 표식을 붙이기 위해 사물들 사이의 차이점을 찾는다. 기계처럼 사물을 분해하고 전체의 일부인 개별 부분을 분석한다. 남성적 사고 과정은 일차원적이고, 사건을 구성하는 여러 단계의 순서를 알아내려고 한다. 사물을 감정과 분리해서 외부의 관점에서 보는 것을 선호한다. 남성적 사고방식은 전문화를 선호하고 특정한 것에 깊이 파고들려고 한다. 여러 현상의 질서를 발견하면 기쁨을 느낀다. 책이든 사업체이든 정교한 구조를 세우는 것을 좋아한다.

여성적 사고는 지향점이 다르다. 여성적 사고는 전체에 초점을 맞추는 것을 좋아한다. 각 부분이 서로 어떻게 연결되는지 전체적 형태에 초점을 맞춘다. 인간 집단을 볼 때는 서로의 관계를 알고 싶어 한다. 현상을 점검하기 위해 시간을 멈춰놓는 것이 아니라, 하나가 자라서 어떻게 다른 것이 되는지 그 유기적 과정 자체에 초점을 맞춘다. 퍼즐을 풀 때 여성적 스타일은 여러 측면을 곰곰이 생각해서, 패턴을 흡수하고, 시간이 지나서 답이나 해결책이 저절로 나타나게 하는 것을 선호한다. 마치 요리를 하는 것과 비슷하다. 이런 형태의 사고는 사물들 사이의 숨겨진 연관성이 직관적 각성을 통해 갑자기 눈에 보이는 것과 같은 통찰을 만들어낸다. 전문화가 아니라 여러 분야나 여러 형태의 지식이 서로 어떻게 연결될 수 있는지에 관심을 갖는다. 예를 들어 다른 문화권을 연구한다면 가까이 가서 그게 내부에서 어떻게 경험되는지 알고 싶어 한다. 추상적 추론뿐만 아니라 감각이 주는 정보에 더 민감하다. 남성적 스타일이 너무 오랫동안 더 이성적이고 과학적인 것으로 인식됐으나 이는 사실이 아니다. 역사상 위대한 과학자들은 모두 남성적 스타일과 여성적 스타일이 강력하게 섞인 모습을 보여주었다. 생물학자 루이 파스퇴르가 위대한 발견을 할 수 있었던 것은 그가 다양한 현상들 간의 관계를 볼 수 있게끔 가능성 있는 수

많은 설명에 대해 마음을 열어놓고 그것들이 마음속에서 푹 익혀지도록 내버려둘 수 있었던 덕분이다. 아인슈타인은 자신의 모든 위대한 발견은 직관 덕분이라고 말했다. 오랜 시간 숙고한 내용이 특정 요소 사이의 연관성에 대한 갑작스런 통찰로 바뀔 수 있었던 것은 직관 덕분이었다. 인류학자 마거릿 미드는 토착 문화를 엄정히 분석하기 위해 당대의 최신 추출 모형을 사용하기도 했다. 하지만 그녀는 그 분석을 위해 몇 달간 해당 문화 속에 살면서 내부자 입장에서 느낀 것을 분석 결과에 결합시켰다.

비즈니스 분야에서 보면 두 가지 사고 스타일을 섞었던 대표적인 사람이 바로 워런 버핏이었다. 그는 어느 기업을 살 것인지 고민할 때 회사를 여러 요소로 분해해 개별 요소를 통계적으로 분석하기도 했지만, 사업의 큰 그림에 대한 감을 잡으려고 노력하기도 했다. 직원들 사이의 관계는 어떻고 꼭대기에 있는 사람이 주입하는 집단정신은 어떤 것인지 같은 측면 말이다. 대부분의 사업가들이 무시하는 무형적인 것들을 많이 따졌다. 그는 기업을 안과 밖에서 모두 들여다보았다.

거의 모든 사람은 사고 스타일 중 어느 한쪽으로 기운다. 우리에게 필요한 것은 반대쪽으로 몸을 좀 더 기울여서 균형을 잡는 것이다. 내가 좀 더 남성적인 쪽이라면 들여다보는 분야를 좀 더 넓혀서 서로 다른 형태의 지식들 간의 관계를 찾아보면 좋다. 해결책을 찾을 때는 좀 더 많은 가능성을 고려하고, 숙고 과정에 좀 더 많은 시간을 들이고, 더 자유로운 연상을 해본다. 많은 숙고 후에 나타나는 '직관'을 좀 더 진지하게 받아들이고, 사고 과정에서 감정의 가치를 깎아내리지 않아야 한다. 흥분과 영감을 느끼지 못한다면 진부하고 죽은 생각만 나올 수도 있다.

사고 스타일이 여성적인 쪽으로 치우쳐 있다면 초점을 맞춰서 구체적인 문제를 파고드는 능력이 필요하다. 조사 범위를 넓히거나 멀티태스킹을 하고 싶은 충동을 억누를 필요가 있다. 문제의 한 가지 측면만을 파고드는 데서도 기

인간 본성의 법칙

뻠을 찾아야 한다. 인과관계를 재구성하고 계속해서 다듬어나간다면 사고의 깊이가 더해질 것이다. 당신은 구조와 질서는 재미없는 일로 생각하고, 아이디어를 표현하고 거기서 영감을 받는 것을 크게 강조하는 경향이 있다. 그러지 말고 책이나 논쟁, 프로젝트의 구조에 더 깊은 관심을 쏟는 데서 즐거움을 끌어내보라. 구조를 명확하고 창의적으로 이해한다면 영향력 있는 자료를 만들 수 있을 것이다. 때로는 감정적 거리를 두어야 문제를 이해할 수 있는 경우도 있으므로 억지로라도 그렇게 하려고 노력해야 한다.

남성적/여성적 행동 방식

행동과 관련해서는 남성적 성향은 앞으로 전진해서 상황을 탐구하고, 공격하고, 정복하는 것이다. 그 중간에 장애물이 있다면 밀고 나가려고 한다. 이런 욕망을 잘 드러낸 표현이 바로 고대의 장군 한니발이 남긴 말이다. "길을 찾지 못하면 만들겠다." 공격적이고 위험을 감수하는 데서 즐거움을 얻는다. 독립성을 유지하며 작전을 짤 여지가 있는 것을 선호한다.

문제가 생겼거나 행동을 취해야 하는 상황이 되면 여성적 스타일은 먼저 임박한 상황에서 한 발 물러나 여러 선택지를 더 깊이 고민하는 것을 선호한다. 충돌을 피하고, 관계를 부드럽게 만들며, 전투 없이 이길 방법을 자주 모색한다. 때로 최선의 행동은 아무것도 하지 않는 것이다. 상황이 펼쳐지는 것을 지켜보고 더 잘 이해하려고 한다. 적이 공격적 행동을 통해 자멸하게 내버려둔다.

엘리자베스 1세가 바로 이런 스타일이었다. 그녀의 제1전략은 지켜보는 것이었다. 스페인 대규모 함대의 공격이 임박했을 때도 엘리자베스 1세는 정확히 언제 함대가 출항하고 그때의 날씨는 어떨지 알 수 있을 때까지 아무 전략도 추진하지 않기로 결정했다. 그렇게 공격을 늦추고 있으니 날씨가 나빠서 스페인 함대는 파괴되어버렸고 인명 손실도 거의 없었다. 여성적 행동 스타일은 앞으로 돌격하는 대신에 적에게 덫을 놓는다. 행동을 할 때 독립성이 중요한 요소는 아니다. 사실 상호의존적인 관계에 초점을 맞추는 편이 더 좋다. 내가 어떤 조치를 취했을 때 같은 편에게 혹시 해가 되지는 않을지, 동맹관계 전체에 어떤 파급 효과가 있을지 생각해보는 것이다.

서양에서는 이런 여성적인 스타일의 전략이나 행동이 즉각 약하고 소심한 것으로 취급된다. 그러나 다른 문화권에서는 이런 스타일을 아주 다르게 본다. 중국의 전략가들은 종종 무위(無爲)가 최고의 지혜이고, 선택권을 줄어들게 만드는 공격적 행동은 어리석은 짓으로 여겼다. 사실 여성적 스타일에는 인내, 회복력, 유연성 같은 어마어마한 장점이 있다. 일본의 사무라이 미야모토 무사시(宮本武藏)의 경우에는 반격을 하기 전에 한 발 물러서서 기다리며 적이 스스로 정신적으로 지쳐 나가떨어지게 하는 게 주효한 전략이었다.

공격적이고 남성적인 성향이 있는 사람은 어떤 행동을 취하기 전에 한 걸음 물러서는 훈련을 하면 균형이 잡힐 것이다. 상황이 어떻게 진행될지 지켜보거나 아무런 반응을 하지 않는 게 더 나은 선택일 가능성은 없는지 생각해보라. 여러 사항을 제대로 고려하지도 않고 행동을 할 경우 나의 약점과 자제력 부족만 드러난다. 균형을 유지하기 위해서는 늘 지금 처한 상황의 상호의존적인 관계와 어떤 조치를 취했을 때 각 집단이나 개인이 받게 될 영향을 고려하도록 노력하라. 직장생활을 하다가 커리어에 장애물이 생기면 한 발 물러서서 여러 가지를 반추할 수 있는 능력도 배워야 한다. 나는 누구이고, 내 욕구는 무엇이며, 나의 강점과 약점, 진짜 관심사를 잘 생각해본 후 중요한 결정을 내려야 한다. 이런 과정에는 몇 주 혹은 몇 달의 성찰이 필요할 수도 있다.

역사상 위대한 지도자들 중에는 감옥에 있을 때 최고의 아이디어를 갈고닦은 사람들도 있다. 프랑스 사람들이 말하는 것처럼 "멀리 뛰려면 한 걸음 물러서라."

여성적 성향을 가진 사람이라면 다양한 정도의 충돌과 대결에 익숙해지는 게 최선이다. 그래야 충돌이나 대결을 회피할 때도 두려움에서가 아니라 전략적 선택이 될 수 있기 때문이다. 그러려면 작은 것부터 시작하는 게 필요하다. 일상생활에서 조금씩 사람들에게 맞서보면 나중에 더 큰 충돌도 감당할 수 있다. 늘 상대방의 감정을 생각하려는 욕구를 포기해라. 때로는 충돌해야 할 나쁜 사람들도 있다. 그들에게 공감하는 것은 오히려 그들의 힘을 키워줄 뿐이다. '싫다'라고 말하고 사람들을 실망시키는 데도 익숙해져야 한다. 때로는 매끄럽게 문제를 해결하려는 시도가 공감이나 전략에서 나온 게 아니라 남들을 기분 상하게 하는 일을 피하고 싶어서일 때가 있다. 그동안 깍듯하게 행동하도록 교육을 받아서 생긴 결과이니 그런 충동은 없애도록 하라. 당신은 어린 시절 가지고 있던 대담하고 모험적인 정신에 재접속할 필요가 있다. 그래야 공격도 방어도 전략적 선택지가 넓어진다. 때로는 지나치게 생각을 많이 해서 너무 많은 선택지를 생각해낼 때도 있다. 무모해 보이더라도 행동을 위한 행동을 해보는 것도 치료가 될 수 있고, 공격적 행동은 상대를 당황시킬 수 있다.

남성적/여성적 자기평가 및 학습

여러 연구가 보여준 것처럼 남자들은 실수를 저지르면 외부를 살피면서 탓할 수 있는 다른 사람이나 환경을 찾는다. 남자들의 자아에 대한 생각은 본인의 성공과 깊이 연계되어 있고, 실패했을 때 내면을 들여다보는 것을 좋아하지 않는다. 그렇기 때문에 실패로부터 교훈을 얻기 힘들다. 반면에 인생에서 무언가에 성공하면 온전히 본인의 공로라고 생각하는 경향이 있다. 그렇게 되면 행운이라는 요소나 타인의 도움을 보지 못하고 과대망상적 경향이 강해진다(11장 참조). 마찬가지로, 문제가 있으면 남성적 스타일은 스스로 해결하려고 한다. 도움을 요청하는 것은 나약함을 인정하는 게 된다. 대체로 남자들은 본인의 능력을 과대평가하며 본인의 능력에 자신감을 내비치는데 여러 여건으로 감안해보면 그것이 정당하지 않을 때도 많다.

여성의 경우는 정반대다. 무언가에 실패하면 여자들은 내면을 들여다보며 자기 자신을 탓하는 경향이 있다. 무언가에 성공하면 본인을 도와주었던 타인들의 역할을 더 잘 보는 편이다. 도움을 요청하는 것을 어렵게 생각하지 않는다. 그게 내가 부족하다는 신호라고는 생각지 않기 때문이다. 여자들은 본인의 능력을 과소평가하는 경향이 있고 남자들에게서 흔히 볼 수 있는 과대망상적 자신감을 덜 느낀다.

남성적 스타일을 가진 사람은 학습과 자기계발이라는 측면에서는 거꾸로 생각하는 게 최선이다. 즉 실수를 했을 때는 내면을 보고, 성공했을 때는 외부를 보라. 당신이 하는 모든 행동, 모든 의사결정의 성공 여부에 자존심이 달렸다는 생각을 버린다면 경험을 통해 많은 것을 배울 수 있을 것이다. 이렇게 거꾸로 생각하는 것을 습관으로 만들어라. 도움이나 피드백을 요청하는 것을 겁내지 마라. 오히려 그것도 습관화하라. 질문을 하지 못하고 배우지 못하는 게 오히려 나약함이다. 자기평가를 낮춰라. 당신은 스스로 생각하는 것만큼 훌륭하거나 능숙하지 않다. 이렇게 하면 '실제로' 능력을 향상시킬 수 있을 것이다.

여성적 스타일을 가진 사람은 무언가에 실패하거나 실수를 저지른 후 심하게 자책하기 쉽다. 자기성찰이 너무 심해질 수 있고, 성공을 남의 덕으로 돌리는 경향이 과도해질 수 있다. 여자들은 남자보다 낮은 자존감으로 고생하는 경우가 더 많은데, 이는 타고난 것이 아니라 습득된 것이다. 여자들은 남들의 비판적 목소리를 내 것으로 만드는 경우가 많다. 칼 융은 이것을 '아니무스의 목소리'라고 불렀다. 그동안 여성을 외모나 지능으로 평가했던 모든 남자의 목소리가 아니무스의 목소리다. 머릿속으로 그런 목소리가 들렸을 때는 즉시 포착해서 그 목소리를 쫓아내라. 실패나 비난에서 너무 깊은 상처를 받아 뭔가를 시도하는 것조차 겁내게 되어서는 안 된다. 그렇게 되면 무언가를 배울 기회도 줄어들기 때문이다. 남성적인 자기확신(흔히 동반되는 어리석음은 제외하고)을 좀 더 가질 필요가 있다. 일상생활에서 어떤 사건이 일어나도 감정적으로 반응하지 않거나 그런 반응을 최소화하도록 노력하라. 좀 더 거리를 두고 바라보라. 이렇게 하면 모든 걸 지나치게 개인적인 문제로 연결 짓지 않는 훈련이 될 것이다.

남성적/여성적 인간관계 및 리더십

수컷 침팬지와 마찬가지로 남성적 스타일은 집단 환경에서 리더가 필요하다. 스스로 리더가 되기를 열망하거나 혹은 매우 충성스러운 추종자가 되어 권력을 얻으려고 한다. 리더는 다양한 부하를 지명해 자신의 명령을 수행하게 한다. 남자들은 위계질서를 만들고 거기서 벗어나는 사람에게는 벌을 준다. 남자들은 지위를 매우 의식하며 집단 내에서 자신의 위치를 매우 잘 알고 있다. 리더는 공포 요소를 일부 활용해 집단의 단합을 유지하는 경향이 있다. 남성적 리더십 스타일은 명확한 목표를 정하고 거기에 도달하려고 한다. 어떤 식으로 얻었든 결과를 강조한다.

여성적 스타일은 집단의 사기를 유지하고 인간관계를 매끄럽게 가져가며 개인 간의 격차를 줄이는 데 더 초점을 둔다. 더 공감적이고, 각 구성원의 감정을 고려하며, 의사결정 과정에 구성원들을 더 많이 참여시키려고 한다. 결과가 중요하기는 하지만 결과를 달성하는 방법, 즉 과정도 똑같이 중요하다.

남성적 스타일을 가진 사람에게는 리더십이라는 개념을 확장하는 것이 중요하다. 팀에 속한 개인을 더 깊이 생각해보고 참여를 늘리는 전략을 짠다면 집단의 에너지와 창의성을 활용해 더 나은 결과를 얻을 수 있다. 여러 연구에 따르면 남자아이들은 여자아이들만큼 공감능력을 갖고 있다고 한다. 예를 들어 남자아이도 엄마의 감정을 매우 잘 읽을 수 있다. 하지만 남자의 경우 자라며 성격에서 단호한 면을 키워가면서 공감능력은 서서히 사라진다. 그러나 역사상 가장 위대한 남자 리더들 중에는 공감능력을 계속 보유하며 키워간 사람들도 있다. 어니스트 헨리 섀클턴 경 같은 리더는 끊임없이 본인이 책임진 사람 한 명 한 명의 감정을 모두 헤아렸고, 강인하면서도 좋은 결과를 가져온 리더였다. 에이브러햄 링컨도 마찬가지였다.

여성적 스타일을 가진 사람은 강력한 리더 역할을 맡는 것을 두려워해서는 안 된다. 특히나 위기의 순간에는 말이다. 모든 사람의 감정을 하나하나 다 고려하고, 너무 많은 아이디어를 통합하려고 했다가는 당신 자신도, 계획도 약화될 것이다. 여자들은 남자들보다 남의 이야기를 잘 들어주는 게 사실이지만, 때로는 들어주는 것을 멈추고 당신이 선택한 계획을 밀고 나가야 한다. 집단 내에서 어리석은 사람, 무능한 사람, 극도로 이기적인 사람을 발견했다면 해고하는 게 최선이다. 심지어 집단 전체를 실망시키는 사람들이 있다면 그들을 제거하는 데서 기쁨을 느껴야 한다. 부하들에게 약간의 공포심을 불어넣는 것이 항상 나쁜 것만은 아니다.

마지막으로, 이렇게 한번 생각해보라. 우리는 타고난 본성상 타인에 대한 끌림이라는 형태로 여성적 혹은 남성적인 것에 더 가까이 가려고 한다. 하지만 우리는 내적으로도 그와 같은 것을 바란다는 사실을 깨달아야 한다. 수백 년간 남자들은 여자를 뮤즈로, 영감의 원천으로 생각했다. 하지만 실제로는 양성 모두에게 그 뮤즈는 자기 안에 있다. 당신의 아니마 혹은 아니무스와 가까워질 수 있다면 당신의 무의식에 더 가까이 갈 수 있고, 당신의 무의식 속에는 아직까지 활용하지 못한 창의성의 보물창고가 놓여 있다. 타인의 여성성 혹은 남성성에 대해 당신이 느끼는 그 매혹을 이제는 당신의 일이나 당신 자신의 사고 과정, 혹은 삶 전반에 대해서도 느끼게 될 것이다. 고대 주술사들이 그랬듯이 내면의 아내 혹은 남편은 불가사의한 힘의 원천이 되어줄 것이다.

사내다운 남자에게서 찾을 수 있는 가장 큰 아름다움은 여성스런 면이다. 여성스런 여자에게서 찾을 수 있는 가장 큰 아름다움은 사내다운 면모다.
－수전 손택

Irrationality

Narcissism

Role-playing

Compulsive Behavior

Covetousness

Shortsightedness

Defensiveness

Self-sabotage

Repression

Envy

Grandiosity

Gender Rigidity

▶ Aimlessness

Conformity

Fickleness

Aggression

Generational Myopia

Death Denial

Law 13 · Aimlessness

목표 상실의 법칙

인생의 소명을 발견하고 지침으로 삼는다

본능을 통해 위험을 피할 수 있는 동물들과는 달리, 인간은 의식적 결정에 의존하는 수밖에 없다. 커리어의 방향을 결정하거나 인생의 불가피한 좌절에 대처할 때 우리는 최선을 다한다. 그러나 마음 한구석에서는 전체적인 방향이 결여돼 있다는 느낌이 든다. 우리는 기분에 따라 혹은 남들의 의견에 따라 이리저리 휘둘린다. '나는 어쩌다가 이 일을 하게 되어 여기까지 왔을까?' 그렇게 늘 표류만 하다가는 막다른 골목에 닿을 수도 있다. 그런 운명을 피하는 방법은 목적의식을 개발하는 것이다. 내 인생의 소명이 무엇인지 발견하고 그것을 지침 삼아 의사결정을 내리는 것이다. 우리는 나 자신을, 내 취향, 내 성향을 더 깊이 알아야 한다. 우리는 나 자신을 신뢰하고, 어떤 전투, 어떤 우회로를 피해야 하는지 알아야 한다. 의구심이 드는 순간, 혹은 실패의 순간조차 목적이 있다. 바로 우리를 강하게 만드는 것이다. 그렇게 에너지와 방향성을 가진다면 우리의 행동에는 누구도 막지 못할 힘이 생길 것이다.

내면에서 들려오는 목소리

조지아 주 애틀랜타의 철저한 흑인 중산층 동네에서 성장한 마틴 루터 킹 주니어(Martin Luther King Jr., 1929-1968)는 즐겁고 걱정 없는 어린 시절을 보냈다. 아버지인 마틴 루터 킹 시니어는 애틀랜타에서 번창하던 큰 교회인 에버니저침례교회의 목사였고, 킹 집안은 비교적 잘 사는 편이었다. 부모님은 다정하고 자녀들에게 헌신적이었다. 가정생활은 안정적이고 편안했으며 특히 할머니가 어린 마틴을 몹시 예뻐했다. 마틴은 친구의 폭이 넓었다. 마을 밖에서 몇 번 겪었던 인종 차별이 그의 평화로운 유년기에 흠집을 내기는 했으나 그는 비교적 무탈하게 지냈다. 그러나 마틴은 주위 사람들의 감정에 대단히 민감했다. 그리고 나이가 들면서 아버지로부터 느낀 무언가가 점점 그의 내면에 긴장감과 불편을 촉발하기 시작했다.

아버지는 규율을 엄격히 강조하는 사람으로 킹 집안의 세 아이들에게 확고한 행동 범위를 정해주었다. 그럼에도 불구하고 마틴이 말썽을 피우면 아버지는 진짜 어른이 되려면 이 길밖에 없다면서 채찍을 들어 아들을 때렸다. 아버지의 채찍질은 마틴이 열다섯 살이 될 때까지 계속됐다. 마틴은 교회에서 주최한 어느 댄스파티에서 여자아이와 함께 있는 모습을 아버지에게 들켰는데 친구들 앞에서 아버지가 어찌나 심하게 나무랐는지 이후 다시는 아버지의 심기를 건드리지 않으려고 기를 썼다. 그러나 이런 훈육 속에 적의(敵意)는 손톱만큼도 들어 있지 않았다. 아들에 대한 아버지의 사랑은 너무나 생생하고 분명했기 때문에 아들은 아버지를 실망시킨 데 대한 죄책감 외에는 아무런 감정을 느끼지 않았다.

그리고 그런 죄책감이 마틴에게는 그 무엇보다 큰 스트레스였다. 자신에 대한 아버지의 기대가 무척 높았기 때문이다. 어릴 때 마틴은 대단한 말솜씨를 보여주었다. 그는 말로 설득해서 친구들에게 못 시킬 일이 없었고, 조숙한 달변가였다. 영민한 것이 틀림없었다. 아버지의 마음속에는 장남이 자신의 길을 따라올 거라는 계획이 조금씩 자리 잡고 있었다. 아들은 애틀랜타에 있는 모어하우스대학교를 나와서, 목사 안수를 받고 에버니저에서 부목사로 지내다가, 결국은 아버지의 자리를 이어받을 것이다. 본인이 장인으로부터 그 자리를 물려받은 것처럼 말이다.

　　아버지는 가끔 이런 계획을 아들에게 들려주었으나, 무엇보다 자신을 바라보는 아버지의 눈길이나 자신을 대하는 아버지의 태도에서 느껴지는 자부심만 보더라도 아버지의 기대가 얼마나 막중한지 알 수 있었다. 그래서 마틴은 초조했다. 마틴은 아버지를 깊이 흠모했다. 아버지는 아주 고고한 원칙을 가진 분이었다. 그러나 마틴은 아버지와 자신이 취향이나 성정 면에서 점점 차이를 보이고 있다는 걸 느끼지 않을 수 없었다. 아버지에 비해 아들은 성격이 좀 더 태평했다. 그는 파티에 가고, 좋은 옷을 입고, 여자들과 데이트를 하고, 춤추는 것을 좋아했다. 나이가 들면서 마틴은 진지하고 내성적인 측면이 뚜렷해졌고 책과 공부에 끌렸다. 그는 마치 내면에 두 명의 마틴이 공존하는 것 같았다. 하나는 사교적인 마틴였고, 다른 하나는 혼자 있기를 좋아하고 사색적인 마틴이었다. 반면에 아버지는 전혀 복잡하지 않고 단순한 사람이었다.

　　종교와 관련해 마틴은 의구심을 가지고 있었다. 아버지의 신념은 강하면서도 단순했다. 아버지는 근본주의자로서 성경을 문언 그대로 믿었다. 아버지의 설교는 교구 주민들의 감정을 겨냥했고, 주민들도 감정으로 화답했다. 반면에 마틴은 좀 더 차분했다. 그는 이성적이고 실용적이었다. 아버지는 사람들의 내세를 도와주는 쪽에 좀 더 치중하는 듯했으나, 아들은 어떻게 하면 현세를 더 개선하고 즐길 수 있을지에 더 관심을 가졌다.

성직자가 되겠다는 생각은 이런 내적 갈등을 더 심화시켰다. 마틴은 종종 자신이 아버지의 길을 따르는 상상을 해보았다. 그 어떤 형태의 고통이나 부당함에도 지극히 민감한 그가 성직자가 된다면 사람들을 돕고 싶은 자신의 열망을 쏟아부을 수 있는 완벽한 길이 생기는 셈이었다. '하지만 나처럼 신앙이 흐지부지한 사람이 성직자가 되어도 되는 걸까?' 그는 어떤 식으로도 아버지와 맞서고 싶지는 않았다. 아버지는 논쟁이 불가능한 사람이었다. 마틴은 아버지가 무슨 말을 하든 '알겠습니다'라고 답하는 전략을 세웠다. 마틴이 긴장감을 내적으로 그렇게 처리한 것은 아버지와 균열이 생길 수 있는 그 어떤 의사결정도 미루기 위한 것이었다. 그래서 열다섯에 고등학교를 졸업했을 때 마틴은 모어하우스에 진학해 아버지를 기쁘게 해드리기로 했다. 그러나 마음속으로는 나름의 계획이 있었다. 그는 관심 가는 모든 주제를 공부한 후에 본인이 갈 길을 정하기로 했다.

처음 몇 달 동안 마틴은 의학, 사회학, 법학 등을 차례로 생각했다. 전공에 대한 생각은 계속 바뀌었다. 자신 앞에 펼쳐진 모든 과목이 너무나 흥미진진했던 것이다. 그는 성경 연구 수업을 들었다가 성경에 담긴 깊이 있으면서도 세속적인 지혜에 깜짝 놀랐다. 모어하우스대학교에는 기독교에 대해 아주 지적인 각도에서 접근하는 교수들이 있었는데, 마틴은 이들의 주장이 상당히 매력적이라고 느꼈다. 그러나 모어하우스대학교에서 마지막 해에 그는 다시 한번 마음을 바꾸었다. 그는 성직자 임명을 받고 펜실베이니아 주에 있는 크로저신학대학교에 등록해 신학학위를 받기로 했다. 아버지는 기뻐서 어쩔 줄 몰랐다. 마지막에 에버니저로 돌아오기만 한다면 마틴이 나름의 방식으로 종교를 탐구하는 것이 최선이라고 아버지는 생각했다.

크로저신학대학교에서 마틴은 기독교의 완전히 새로운 면을 봤다. 사회적 공헌과 정치적 행동주의를 강조하는 측면이었다. 그는 모든 주요 철학자의 저서를 읽고 칼 마르크스의 저서를 탐독했으며 마하트마 간디의 이야기에 매료되었다. 학자의 삶이 즐겁다는 것을 알게 된 마틴은 보스턴대학교에서 학업을 이어가기로 결정했다. 교수들 사이에서는 마틴이 곧 훌륭한 학자가 될 거라는 소문이 자자했다. 그런데 1954년 그가 보스턴대학교에서 조직신학를 전공으로 박사학위를 준비하고 있을 때 선택을 더 이상은 미룰 수 없게 되었다. 아버지가 거절할 수 없는 제안을 가져왔던 것이다. 아버지는 에버니저에서 부목사로 일하면서 모어하우스대학교에서 시간 강사를 하면 어떻겠냐고 했다. 모어하우스에서라면 마틴도 그가 사랑하는 학업을 계속 이어갈 수 있었다.

당시 마틴은 얼마 전에 결혼을 한 상태였다. 아내인 코리타는 북부에서 계속 살기를 바랐다. 말썽 많은 남부보다는 북부가 생활하기에 더 편안했기 때문이다. 마틴은 원한다면 어느 대학에서든 교수직을 찾을 수 있었다. 에버니저로 가든, 북부의 어느 대학에서 학생들을 가르치든, 양쪽 다 매력적인 선택이었다. 둘은 분명히 안락한 삶을 영위할 것이다.

그러나 지난 몇 달 사이 마틴은 미래에 대해 다른 비전을 그리고 있었다. 어디서 그런 생각이 나왔는지 이성적으로 설명할 수는 없었지만 그에게는 이 비전이 아주 뚜렷하게 느껴졌다. 그는 남부로 돌아갈 것이다. 그는 본인의 뿌리가 그곳에 있다고 느끼고 있었다. 그는 대도시의 신도가 많은 교회의 성직자가 되어 사람들을 돕고, 지역사회에 봉사하고, 실질적으로 사회를 변화시킬 것이다. 하지만 그 도시는 아버지의 계획처럼 애틀랜타가 될 수는 없었다. 그는 아버지가 그려놓은 대로 단순한 설교자나 교수가 될 운명이 아니었다. 그는 쉬운 길을 마다해야 했다. 이 비전이 너무나 강렬했기 때문에 더 이상 부인할 수는 없었다. 아버지의 심기는 불편하겠지만 최대한 부드럽게 이 소식을 전하는 수밖에 없었다.

졸업을 몇 달 앞두고 마틴은 앨라배마 주 몽고메리에 있는 덱스터애버뉴침례교회에 자리가 났다는 이야기를 들었다. 그는 그곳을 방문해 예배를 보았고 교회 리더들에게 좋은 인상을 남겼다. 그는 덱스터애버뉴의 신도들이 에버니저보다 더 경건하고 신중해서 본인의 성정에 더 잘 맞는다고 느꼈다. 아내는 마틴의 선택을 막으려고 애썼다. 아내는 몽고메리에서 그리 멀지 않은 곳에서 자랐기에 그곳의 인종차별이 얼마나 심각한지 잘 알고 있었다. 눈에 보이지 않는 저 수면 아래에 추한 긴장감이 잔뜩 서려 있는 곳이었다. 그곳에 가면 마틴은 그동안 비교적 잘 보호받으며 살 때는 한 번도 겪어보지 못했던 악질적인 인종차별과 마주할 것이다. 마틴의 아버지에게는 덱스터애버뉴나 몽고메리나 모두 말썽 많은 곳이었다. 아버지까지 아내의 목소리에 힘을 보탰다. 그러나 덱스터애버뉴 측이 자리를 제안하자 마틴은 평소 같은 주저함이나 좀 더 숙고해보고 싶은 기분이 하나도 느껴지지 않았다. 무슨 이유에선지 그는 자신의 선택에 확신을 느꼈다. 운명이고 옳은 일 같았다.

덱스터애버뉴에 자리를 잡은 마틴은 본인의 권위를 세우려고 열심히 노력했다. 그 자리를 맡기에 자신이 너무 어려 보인다는 사실을 잘 알고 있었다. 그는 예배 준비에 어마어마한 시간과 노력을 투자했다. 설교는 그의 열정이 담겨 있었고, 얼마 지나지 않아 그는 인근에서 가장 무시무시한 설교자라는 명성을 얻었다. 그러나 다른 많은 목사들과는 달리 그의 설교에는 아이디어가 아주 많이 들어 있었다. 그가 읽은 수많은 책에서 영감을 얻은 아이디어들이었다. 그는 이런 아이디어를 신도들의 일상생활에 접목시켰다. 그가 개발하기 시작한 핵심 테마는 사랑의 힘으로 사람들을 변화시킬 수 있다는 내용이었다. 사랑의 힘은 아직 세상에 너무나 활용되지 못하고 있다. 흑인들은 백인 압제자들에게도 사랑의 힘을 사용해야만 세상을 바꿀 수 있다.

그는 NAACP(National Association for the Advancement of Colored People, 미국유색인종발전협회, 미국의 대표적 흑인인권 단체)의 지부에서 열심히 활동했으나 지부 회장직을 제안받았을 때는 거절했다. 아내가 이제 막 첫째 아이를 출산한 직후였기에 아버지와 성직자로서의 책임만도 그에게는 막중했다. 그는 지역 정치와 관련해서도 계속 열심히 활동할 테지만 자신의 첫 번째 본분은 본인의 교회와 가족들이었다. 그는 현재의 단순하고 만족스러운 삶을 온전히 즐기고 있었다. 신도들은 그를 흠모했다.

1955년 12월초 닥터 킹(마틴은 이제 이 이름으로 통했다)은 몽고메리에서 일고 있는 저항 운동을 아주 흥미롭게 지켜보고 있었다. 당시 로자 파크스(Rasa Parks)라는 이름의 흑인 중년 여성이 버스에서 백인 남성에게 자리를 양보하지 않은 사건이 있었다. 지역 조례에 따르면 흑백 좌석이 따로 있는 버스에서는 백인에게 자리를 양보해야 했다. NAACP 지부에서 활동하고 있던 파크스는 흑인에 대한 이런 처우와 버스 기사들의 부당한 행동에 대해 오랜 세월 분노를 표출해왔는데, 더 이상은 참을 수가 없었던 것이다. 그녀는 법을 어겼다는 이유로 체포됐다. 이 사건은 몽고메리의 사회운동가들에게 촉매제 역할을 했고, 본인들의 단결력을 보여주기 위해 하루 동안 몽고메리 버스를 보이콧하기로 결정했다. 이내 이 보이콧은 일주일로, 몇 주로 늘어났다. 사회운동가들이 대체 교통수단을 마련한 덕분이었다. 이 보이콧 운동을 주도한 사람 중에 E. D. 닉슨(E. D. Nixon)이 있었다. 닉슨은 킹에게 이 운동의 리더가 되어달라고 부탁했다. 킹은 망설였다. 신도들 때문에 따로 낼 수 있는 시간이 별로 없었던 것이다. 하지만 그는 어떻게든 한번 힘을 보태보기로 했다.

보이콧 운동이 탄력을 받으면서 NAACP 지부가 이 운동을 감당하기에는 너무 작은 조직이라는 사실이 분명해졌다. 리더들은 새로운 조직을 결성하고 MIA(Montgomery Improvement Association, 몽고메리개선협회)라고 부르기로 했다. MIA를 결성한 사람들은 지역 주민회의에서 킹을 회장으로 지명했다. 킹은 젊고 달변가였으며 타고난 리더십을 갖춘 것 같았기 때문이다. 그들은 킹을 회장으로 추대하면서도 반쯤은 킹이 거절하리라 생각했다. 과거에도 킹이 망설였던 사실을 알고 있기 때문이었다. 그러나 킹은 회의실을 꽉 채운 에너지와 자신을 향한 사람들의 신뢰를 느꼈다. 사전에 심사숙고하는 것이 킹의 습관이었지만 그는 돌연 제안을 수락했다.

인간 본성의 법칙 ──

보이콧 운동이 계속되면서 시 정부 백인 관료들의 태도는 점점 더 강경 기조로 흘렀다. 그들은 몽고메리 버스에서의 분리 정책을 폐지하지 않겠다고 했다. 긴장감이 계속 높아지고 있었다. 보이콧 운동에 참여했던 몇몇 흑인이 총에 맞고 폭행당하는 일이 벌어졌다. MIA 회의에서 대규모 청중들을 대상으로 자주 연설을 하게 된 킹은 간디의 이름을 언급하며 비폭력 저항이라는 테마를 개발했다. 우리는 평화로운 시위와 정당한 보이콧을 통해 반대편을 이길 것이다. 우리는 이 운동을 더 발전시켜 몽고메리의 공공장소에서 인종차별의 완전한 철폐를 목표로 삼을 것이다. 이제 지역 당국자들은 킹을 외지 출신의 위험 인물로 간주했다. 그들은 중상모략 작전을 펼쳤다. 킹의 젊은 시절 무모한 행동에 관해 온갖 소문을 지어내고 넌지시 그가 공산주의자인 것처럼 암시했다.

거의 밤마다 킹은 자신과 가족들의 목숨을 위협하는 협박 전화를 받았다. 그런 협박은 몽고메리에서는 가볍게 생각할 수 없는 일이었다. 평소 내성적인 성격의 킹은 언론의 이런 관심이 달갑지 않았다. 이제 그는 전국적 언론의 주목을 받고 있었다. MIA의 지도부 내에서도 언쟁이 많았고, 백인 권력자들은 악마처럼 교묘했다. 킹이 MIA의 회장이 되기로 결정했을 때는 일이 이 정도로 커질 줄은 몰랐었다.

회장이 된 지 몇 주 후 킹은 운전 중에 속도위반 명목으로 체포되었다. 당국은 그를 가장 험악한 범죄자들이 우글우글한 방에 집어넣었다. 보석금을 내자 재판이 이틀 뒤로 잡혔다. 당국이 다른 무슨 날조된 죄명을 더 생각해낼지 알수 없는 일이었다. 재판 전날 그는 또 다른 전화를 받았다. "깜둥아, 네가 하는 짓거리를 더는 못 봐줘. 사흘 안에 이 도시를 떠나라. 아니면 네 대가리를 날려 버리고 집은 폭파시켜 버릴 거야." 전화를 건 작자의 목소리에서 무언가 느껴졌고 킹은 등줄기가 서늘해졌다. 단순한 협박이 아닌 듯했다.

그날 밤 킹은 잠을 설쳤다. 전화에서 울리던 남자의 목소리가 머릿속에서 계속 재생됐다. 그는 커피를 좀 마시고 진정하려고 부엌으로 갔다. 몸이 덜덜 떨리고 있었다. 겁이 나면서 자신감을 상실해가고 있었다. 회장직을 점잖게 사임하고 그냥 성직자로서의 안락한 삶으로 되돌아갈 방법은 없는 걸까? 자성과 함께 지나간 과거를 곰곰이 생각해보니 요 몇 주 전까지만 해도 자신이 한 번도 제대로 된 역경을 만난 적이 없다는 생각이 들었다. 그의 인생은 비교적 수월하고 만족스러웠다. 부모님은 그에게 모든 걸 해주었다. 그는 지금까지 이처럼 지독한 불안감을 느끼는 게 어떤 일인지조차 모르고 살았다.

이런 생각을 점점 더 깊이 하다 보니, 킹은 자신의 종교가 그저 아버지로부터 물려받은 것에 불과하다는 사실을 깨달았다. 그는 직접 하느님과 소통해본 적이 한 번도 없었다. 하느님의 존재를 내면으로부터 느껴본 적도 없었다. 그는 얼마 전에 태어난 딸과 사랑하는 아내를 생각했다. 더 이상 이 노릇을 계속할 수는 없었다. 아버지에게 전화를 걸어 조언이나 위로를 청할 수도 없었다. 자정이 훌쩍 넘은 시간이었다. 그는 패닉이 밀려오는 것을 느꼈다.

갑자기 생각나는 게 있었다. 이 위기를 벗어날 방법은 하나뿐이었다. 그는 커피컵 위로 고개를 숙였다. 그리고 한 번도 느껴본 적 없는 다급한 심정으로 기도를 올렸다. "하느님, 지금 제가 약해졌음을 고백합니다. 제가 흔들리고 있습니다. 용기를 잃고 있습니다. 이런 제 모습을 사람들이 보게 할 수는 없습니다. 약하고 용기를 잃은 제 모습을 본다면 그들도 약해질 테니까요." 그 순간 너무나 또렷하게 그는 내면으로부터 들려오는 한 목소리를 들었다. "마틴 루터, 옳은 일을 위해 일어나라. 정의를 위해 일어나라. 진실을 위해 일어나라. 내가 너와 함께할 것이다. 세상 끝까지라도 함께할 것이다." 킹이 주님의 목소리라고 느낀 그 목소리는 그를 절대로 떠나지 않겠다고, 필요하면 언제든 다시 돌아오겠다고 약속했다. 그 순간 킹은 이루 말할 수 없는 안도감을 느꼈다. 그의 어깨를 짓누르고 있던 의심과 불안이 모두 날아간 기분이었다. 그는 울음을 터뜨릴 수밖에 없었다.

며칠 뒤 킹이 MIA 회의에 참석 중일 때 그의 집이 폭파됐다. 순전히 운으로 아내와 딸은 다치지 않았다. 무슨 일이 있었는지 전해들은 킹은 여전히 차분했다. 이제는 그 무엇도 그를 흔들어놓을 수 없을 것 같은 기분이었다. 자신의 집밖에 모여든 성난 흑인 지지자들을 보며 킹은 이렇게 말했다. "우리는 폭력을 지지하지 않습니다. 나의 적을 사랑하길 원합니다. 저는 여러분이 우리의 적을 사랑하길 원합니다. 그들에게 잘해 주십시오. 사랑해주십시오. 여러분이 사랑한다는 걸 알게 해주십시오." 폭발 사건 이후 킹의 아버지는 가족과 함께 애틀랜타로 돌아오라고 아들에게 애원했다. 그러나 아내의 지지를 받아 킹은 떠나지 않겠다고 말했다.

이후 몇 달간 수많은 난관이 기다리고 있었다. 킹은 보이콧 운동의 기세도 계속 살려나가면서 지방 정부의 압력도 받아내야 했다. 마침내 1956년 말 대법원은 몽고메리에서 버스의 인종분리 정책을 폐지하라는 하급심의 결정을 확정지었다. 12월 18일 아침 킹은 몽고메리의 버스에 탑승해 앉고 싶은 자리 아무 곳이나 앉은 첫 번째 승객이 됐다. 위대한 승리였다.

킹은 이세 전국적 관심과 명성을 얻었지만 새로운 문젯거리와 두통도 끝없이 따라왔다. 목숨에 대한 위협은 계속됐다. MIA와 NAACP의 연배 높은 흑인 리더들은 이제 킹이 그토록 많은 관심을 받는 것에 분하게 여겼다. 내부 싸움과 자존심 충돌이 더 이상 견디기 힘든 지경이었다. 킹은 새로운 조직을 세우기로 결심했다. SCLC(Southern Christian Leadership Conference, 남부기독교지도자회의)라는 이름의 이 조직의 목표는 지금 추진하는 운동을 몽고메리를 넘어 더 넓은 지역에까지 추진하는 것이었다. 그러나 조직 내의 집안싸움과 시기심은 계속 킹을 쫓아왔다.

1959년 킹은 고향으로 돌아갔다. 에버니저의 부목사로 일하며 애틀랜타에 있는 본부에서 다양한 SCLC 운동을 이끌기 위해서였다. 이 운동에 참여한 사람들 중에는 킹의 카리스마가 지나치고 고압적이며, 킹이 벌이는 운동의 목표가 너무 크다고 생각하는 사람들도 있었다. 또 어떤 사람들은 킹이 너무 약하고 백인 권력과 너무 쉽게 타협하려 한다고 생각했다. 양쪽에서 끝없는 비판이 이어졌다. 그러나 킹의 어깨를 가장 무겁게 했던 것은 백인 권력자들이 펼치는 약삭빠른 전술들이 자신을 분노하게 만든다는 사실이었다. 그들은 흑인들의 투표권 등록을 어렵게 만드는 인종차별적인 법률이나 관행과 관련해 그 어떤 실질적 변화도 수용할 뜻이 없었다. 그들은 킹과의 협상을 통해 타협안에 동의해놓고는, 보이콧이나 농성이 멈추면 곧장 합의서에서 온갖 맹점을 찾아내 타협안을 철회했다.

킹이 조지아 주 앨버니에서 앨버니시의 인종차별 철폐 운동을 펼쳤을 때였다. 앨버니 시장과 경찰서장은 과장되게 차분한 모습을 연출해 밖에서 보면 마치 킹이나 SCLC가 비합리적인 단체로 말썽을 일으키고 있는 것처럼 보이게 만들었다.

앨버니에서 벌인 운동은 대체로 실패였고, 이 일로 낙담한 킹은 완전히 지쳐버렸다. 그럴 때면 킹은 더 단순하고 쉬웠던 과거의 삶을 동경하는 게 패턴이 되어 있었다. 행복했던 유년기와 즐거웠던 대학 시절, 덱스터애버뉴에서 보낸 처음의 1년 반 같은 시절 말이다. 어쩌면 그냥 리더 역할에서 내려와 설교와 저술, 강의에 시간을 쏟는 게 나을 것 같았다. 이런 생각들이 뒷덜미를 붙드는 순간이 너무나 자주 찾아왔다.

그러던 1962년 말 그는 또 다른 요청을 하나 받았다. 앨라배마 주 버밍엄에서 활동하는 흑인 운동가 프레드 셔틀스워스(Fred Shuttlesworth)가 다운타운 지역의 상점들에서 인종 분리정책을 철폐하는 운동을 도와달라고 킹과 SCLC에 간곡히 부탁했던 것이다. 버밍엄은 미국 내에서도 인종분리 정책을 가장 강력하게 시행하고 있는 곳 중 하나였다. 그곳 사람들은 수영장 같은 공공장소에서 인종분리 정책을 철폐하라는 연방법을 따르느니 그냥 문을 닫아버렸다. 인종분리 정책에 반대하는 그 어떤 형태의 시위에도 강력한 폭력과 테러로 대응했다. 버밍엄은 이제 바밍엄[Bombingham, 버밍엄의 '범'(Birm)을 '밤'(Bomb, 폭탄)으로 바끈 것]으로 알려져 있었다. 인종분리정책을 계속 시행하는 남부의 보루와도 같은 버밍엄을 감독하는 경찰서장은 불 코너(Bull Connor)라는 인물이었다. 그는 마치 이번 일을 마음껏 폭력을 사용할 기회로 보기라도 하는 듯이 채찍과 맹견, 소방용 고압 호스, 곤봉 등을 닥치는 대로 동원했다.

버밍엄에서 인종차별 철폐 운동을 벌인다면 지금까지 중에서 가장 위험한 운동이 될 것이 분명했다. 킹은 요청을 거절하고 싶은 마음이 굴뚝같았다. 옛날에 느꼈던 그 의심과 공포가 다시 돌아왔다. '사람들이 죽으면 어떻게 하지? 나와 가족들에게 폭행이 가해지면 어떻게 하지? 내가 실패하면?' 그는 이 문제를 고민하느라 며칠 밤을 뜬눈으로 새웠다.

그때 다시 7년 전의 그 목소리가 그를 찾아왔다. 그 어느 때보다 크고 또렷한 음성이었다. '네가 할 일은 정의를 위해 일어나는 것이었다. 임무를 생각하는 것이었다. 너 자신을 생각하는 게 아니었다.' 다시 또 겁에 질리다니, 이 얼마나 바보 같은 일인가. 버밍엄으로 가는 것은 그의 임무였다. 하지만 곰곰이 생각해보니 목소리가 자신에게 하는 이야기를 더 깊이 생각해봐야 했다. 정의를 위해 일어선다는 것은 현실적이고 실질적으로 정의를 구현하라는 것이지, 아무짝에도 쓸모없는 타협안만 내놓거나 이야기만 떠들라는 의미가 아니었다. 그는 사람들을 실망시킬까 봐 두려운 나머지 너무 조심스럽게 접근하고 있었다. 이번에는 좀 더 전략적으로, 좀 더 용감하게 나서야 했다. 더 많은 것을 걸고 반드시 이겨야 했다. 더 이상 두려움이나 의심은 용납되지 않았다.

킹은 셔틀스워스의 제안을 수락했다. 그리고 팀원들과 함께 캠페인 계획을 수립하면서 과거의 실수에서 배워야 한다는 점을 분명히 밝혔다. 킹은 팀원들에게 자신들이 어떤 궁지에 몰려 있는지 설명했다. 케네디 정부는 시민권에 관해서라면 지극히 조심스러운 입장임이 이미 증명됐다. 대통령은 그가 의지하는 남부 민주당 의원들을 소외시킬까 봐 두려워하고 있다. 약속은 크게 해도 실행은 지지부진할 것이다.

버밍엄에서 그들에게 필요한 것은 전국적 위기를 유발하는 것이었다. 추하고 피비린내 나는 위기 말이다. 남부의 인종차별과 인종분리 정책이 온건한 백인들의 눈에는 대체로 보이지 않았다. 버밍엄은 나른한 남부 도시 중 하나로 보일 뿐이었다. 우리의 목표는 인종차별이 TV를 보는 백인들의 눈에 확 띄게 만들어서 양심의 가책을 자극하는 것이다. 그렇게 분노 의식이 커지면 케네디 정부도 압박감을 느껴서 더는 저항하지 못할 것이다. 무엇보다 킹은 본인의 계획에서 불 코너를 이용할 생각이었다. 본인들의 캠페인이 격렬해지면 불 코너는 과잉반응을 할 테고 그게 바로 핵심 열쇠가 되어 킹이 바라는 드라마틱한 일이 전개될 것이다. 말하자면 불 코너는 킹의 계획에서 숨은 조력자였다.

1963년 4월 킹과 팀원들은 계획을 실행에 옮겼다. 그들은 농성과 데모를 통해 전방위적 공격을 펼쳤다. 킹은 감옥이 두려웠으나 결국 체포됐다. 이 사실이 크게 알려졌고 이 지역 주민들은 킹을 따라 하기 시작했다. 그러나 진행되는 과정에서 보니 이 캠페인에는 치명적인 약점이 있었다. 이 운동에 대한 이 지역 흑인들의 지지가 뜨뜻미지근했다. 버밍엄의 많은 흑인들은 셔틀스워스의 독재적 스타일을 싫어했다. 다른 이들은 코너가 가해올 폭력을 두려워했다. 일리 있는 두려움이었다. 킹은 떠들썩한 대규모 군중이 필요했으나 실제로 참여한 인원은 거기에 한참 못 미쳤다. 극적인 스토리가 없다고 생각한 전국적 언론들도 떠나기 시작했다.

그때 킹의 팀에 속한 리더 중 한 명이었던 제임스 베벨(James Bevel)이 아이디어를 냈다. 이 지역 학생들의 참여를 동원하자고 했다. 킹은 두려움이 앞서서 열네 살 이하의 아이들은 절대로 누구도 끌어들여서는 안 된다고 주장했다. 하지만 베벨은 여기에 많은 것이 걸려 있고 자신들에게는 숫자가 중요하다는 사실을 상기시켰다. 킹은 동의할 수밖에 없었다. 킹이 그토록 어린 사람을 동원할 만큼 전략적이고 실용적일 수 있다는 사실에 조직 내 많은 사람들과 동조자들은 충격을 받았다. 그러나 이 캠페인에는 더 고귀한 목적이 있었고 당시에는 그렇게 조심스럽게 시행할 시간이 없었다.

학생들은 대단한 열정으로 호응했다. 이 운동에서 필요한 바로 그 모습이었다. 학생들은 버밍엄의 길거리를 가득 채웠고 그 부모들보다 더 대담하고 에너지가 넘쳤다. 얼마 지나지 않아 감옥은 학생들로 넘쳐났다. 언론들이 우르르 되돌아왔다. 당국은 소방용 고압 호스와 맹견, 경찰봉을 꺼내들고 10대 아이들 심지어 어린이들까지 때렸다. 곧 미국의 TV 화면은 이 긴장되고 극적이며 유혈이 낭자한 장면들을 방영하고 있었다. 이제 킹의 연설에는 어마어마한 군중이 모여들었고, 자신들의 대의에 대한 지지를 호소했다. 긴장감을 낮추기 위해 연방 당국이 개입할 수밖에 없었다.

일전에 킹은 이미 교훈을 얻은 바가 있었다. '이 압박을 끝까지 밀어붙여야 한다.' 백인 집권층은 마지못해 킹에게 협상의 문을 열었다. 동시에 킹은 시위자들에게 시내 행진을 지속하라고 했다. 사방에서 몰려든 시위자들이 코너의 경찰력을 한계점까지 몰아붙였다. 겁먹은 지역 상인들은 더 이상 참을 수 없었고 백인 협상가들에게 흑인 지도자들과의 포괄적 합의를 종용했다. 시내 상점에서 인종분리 정책을 폐지하고 흑인 직원들의 채용에 동의하는 것이 주된 내용이었다.

킹이 지금까지 거둔 가장 큰 승리였다. 그는 자신이 큰 목표를 가지고 있다는 사실을 깨달았다. 이제 백인 당국이 합의안을 철회하는 것은 문제가 아니었다. 그들은 분명히 그렇게 할 것이다. 케네디 대통령은 오도 가도 못하고 있었다. 버밍엄에서 목격한 장면들은 대통령의 양심도 아프게 찌르고 있었다. 합의안이 채택되고 얼마 후 대통령은 TV 연설을 통해 시민권의 즉각적인 진보가 필요하다는 사실을 설명하며 야심찬 새 법안을 제안했다. 이게 1964년 시민권법으로 이어지고, 다시 1965년의 투표권법으로 가는 길을 놓았다. 이 일로 킹은 논란의 여지가 없는 시민권 운동의 리더가 됐고, 얼마 후 노벨상을 받았다. 이제 SCLC에는 지원금이 쏟아져 들어왔고, 차별 철폐 운동의 동력은 피할 수 없어 보였다. 그러나 앞서와 마찬가지로 한 가지 승리를 새로 거둘 때마다 킹에게는 골칫거리와 짐들도 점점 더 늘어나는 듯했다.

버밍엄 사태 이후 몇 년간 킹은 보수주의자와 공화당원 사이에서 시민권 운동의 성과에 대한 강력한 반발 세력이 형성되고 있는 것을 감지했다. FBI가 자신의 호텔방에 도청장치를 설치하고 수년간 자신을 염탐해왔다는 사실도 알게 됐다. 이제 저들은 다양한 신문에 스토리와 루머를 흘리고 있었다. 킹은 미국이 폭력의 악순환으로 내려앉고 있는 모습을 보았다. 케네디의 암살이 그 시작이었다.

킹은 '블랙 파워(Black Power)'라는 기치 아래 신세대 흑인 운동가들이 등장하는 것을 보았다. 그들은 킹이 비폭력을 고수하는 것이 나약한 방법이고 구식이라고 비난했다. 킹은 시카고의 주거 차별 관행 폐지를 위해 캠페인 본부를 시카고로 옮기고 지역 당국과 합의안을 중개했다. 그러자 전국에서 흑인 운동가들이 그를 혹독히 비난했다. 그가 얻어낸 게 너무 적다는 비난이었다. 얼마 후 시카고에 있는 한 침례교회에서는 킹의 연설 중에 청중들이 '블랙 파워'를 연호하며 큰 소리로 야유를 보내 그의 목소리를 묻어버리는 일도 있었다.

킹은 점점 더 의기소침해지고 낙담했다. 1965년 초 그는 어느 잡지에 실린 베트남 전쟁 사진을 보다가 역겨움을 느꼈다. 미국은 뭔가 크게 잘못되어 있었다. 그 해 여름 킹은 폭동으로 엉망이 된 LA 왓츠 지역을 돌았다. 킹은 지독한 빈곤과 파괴의 흔적에 어찌할 바를 몰랐다. 미국에서 가장 부유한 도시 중 하나이자 판타지 산업의 중심인 LA 심장부에서, 이 거대한 지역의 수많은 이들은 빈곤 속에 지내며 미래에 대해 아무런 희망도 느끼지 못하고 있었다. 그들은 거의 눈에 띄지도 않았다. 미국의 시스템에는 암 덩어리가 있다. 부의 지독한 불평등 속에서도 나라는 기꺼이 막대한 비용을 들여 이상한 전쟁을 하려 하고, 도심 지역 흑인들은 폭동에 폭동을 거듭할 수밖에 없었다.

인간 본성의 법칙

이제 그의 우울함은 점점 더 커지는 분노와 섞여들었다. 대화를 나눠보면 친구들은 킹에게서 새로운 면을 느낄 수 있었다. 한 번은 직원들과 워크숍을 갔다가 킹은 이렇게 말했다. "너무 많은 사람들이 힘과 사랑이 양극단에 있다고 생각해왔습니다… 그러나 두 가지는 서로를 채워줍니다. 사랑이 없는 힘은 무모하고, 힘이 없는 사랑은 감상적이지요." 또 다른 워크숍에서 그는 새로운 전략에 관해 이야기했다. 그는 비폭력이라는 수단을 결코 버리지 않겠지만 시민 불복종 운동은 변화하고 더 심화되어야 한다고 말했다. "비폭력은 새로운 차원으로 성숙해야 합니다… 대규모의 시민 불복종 운동으로 말이죠. 더 큰 사회를 향한 단순한 성명서 이상의 것이 필요합니다. 중요한 어느 시점이 되면 사회 기능에 개입할 수 있는 힘이 필요합니다. 우리 운동은 단순히 미국 사회의 가치 속에 흑인을 통합하자는 게 아닙니다. 적극적으로 그 가치들을 뿌리부터 바꿔놓자는 것이죠."

그는 시민권 운동에 도심의 빈곤 해결 문제를 추가하고 베트남 전쟁에도 반대하게 된다. 1967년 4월 4일 그는 한 연설에서 이렇게 투쟁의 범위를 확대하자는 의견을 표명했다. 이 연설은 많은 관심을 받았는데 대부분이 부정적인 반응이었다. 그의 가장 열성적인 지지자들조차 킹의 생각을 비판했다. 베트남 전쟁을 의제에 포함하는 것은 오히려 대중들을 시민권 운동의 대의로부터 멀어지게 만들 것이라고 했다. 그들이 의존하고 있는 존슨 정부도 화를 낼 것이다. 그렇게까지 의제를 넓히는 것은 그의 권한이 아니다.

킹은 이렇게까지 외롭다고 느낀 적이 없었다. 수많은 비평가들에게 공격을 받은 적도 없었다. 1968년 초 그의 우울함은 그 어느 때보다 깊어졌다. 그는 끝이 가까웠다고 느꼈다. 수많은 그의 적들 중 누군가는 그를 죽일 것이다. 그동안 그는 너무 많은 말과 행동을 했다. 그는 이 긴장감에 녹초가 됐고 영적으로 길을 잃은 기분이었다. 그해 3월 테네시 주 멤피스에 있는 어느 목사가 킹을 그곳으로 초대했다. 끔찍한 처우를 받고 있는 흑인 청소 노동자들의 파업을 지지하는 데 킹의 도움을 받고 싶어 했다. 이미 행진을 하고 보이콧과 항의를 했지만 경찰은 잔혹하게 대응했고, 상황은 곧 폭발할 것 같았다. 킹은 우선은 약속을 미뤘다. 기가 다 빠진 기분이었다. 하지만 이런 상황에서 너무나 자주 느꼈던 것처럼 그는 본인이 할 수 있는 일을 하는 게 자신의 임무임을 깨달았다. 그는 가겠다고 했다. 3월 18일 킹은 멤피스의 어마어마한 군중들 앞에서 연설을 했다. 군중들은 열정적 반응으로 그에게 힘을 북돋워줬다. 그는 다시 한 번 그 목소리가 앞으로 나아가라고 자신을 응원하고 재촉하는 것을 들었다. 멤피스는 킹의 임무에서 중요한 부분이 되어야 했다.

이후 몇 주 동안 그는 계속해서 멤피스를 방문했고, 당국의 맹렬한 저항에 맞서 흑인 노동자들을 응원하고 지원했다. 4월 4일 수요일 저녁 그는 다시 한 번 군중들 앞에서 연설을 했다. "우리는 힘든 날들을 앞두고 있습니다. 하지만 이제 저에게는 그런 게 전혀 문제가 되지 않습니다. 왜냐하면 저는 산꼭대기에 올라봤거든요… 누구나 그렇겠지만 저도 오래오래 살고 싶습니다… 하지만 이제는 그런 것에 개의치 않습니다. 그저 하느님의 뜻을 이행하고 싶을 뿐입니다. 하느님께서는 제가 산위에 오르는 것을 허락해주셨습니다. 저는 그곳에 올라 아래를 내려다보았습니다. 저는 약속의 땅을 이미 보았습니다. 어쩌면 저는 여러분과 함께 그 땅을 밟지 못할 수도 있습니다. 하지만 오늘밤 여러분이 이 점을 알아주셨으면 합니다. 한 국민으로서 우리는 그 약속의 땅에 분명히 도착할 것입니다."

연설을 마친 그는 새로운 활력을 찾았고 기분도 좋아졌다. 다음 날 그는 다음번 행진이 폭력적으로 돌변할까 봐 걱정된다는 이야기를 했다. 하지만 두려움 때문에 전진을 멈춰서는 안 된다고도 했다. 그는 보좌관 중 한 명에게 이렇게 말했다. "죽으면 죽었지 겁을 내지는 않겠어." 그날 저녁 그는 보좌관들과 함께 식당에서 저녁을 먹으려고 옷을 차려입고 준비를 했다. 조금 늦게 마침내 그가 모텔방 발코니 밖으로 모습을 드러내는 순간 소총 소리가 크게 울렸

　　　　　　　　　　　　　　　　　인간 본성의 법칙　⊢

고 총알 한 방이 그의 목을 관통했다. 그는 한 시간 후에 숨을 거뒀다.

해석 ──●

마틴 루터 킹 주니어는 여러 측면의 성격을 가진, 단순하지 않은 사람이었다. 쾌락을 좋아하는 킹은 좋은 옷, 음식, 춤, 여자, 말썽이 되는 행동을 좋아했다. 실용적인 킹은 늘 사람들의 문제를 해결하고 사안을 철저히 고민하고 싶어 했다. 예민하고 내성적인 킹은 점점 더 종교를 추구하는 쪽으로 기울어졌다. 이런 측면들은 종종 내면에서 충돌을 일으켰고 그래서 그는 이런저런 기분에 휩쓸리기도 했다. 종종 무언가 결정을 내리는 것이 너무도 괴로웠던 데는 이런 이유도 있었다. 동료들은 그가 왜 그렇게 여러 대안을 깊이 고민하고, 자신이 부름을 받은 역할을 감당할 수 있을지 자꾸만 의심하는 것이 이해가 가지 않았다.

아버지와의 관계는 이런 복잡성을 보여준다. 한편으로 그는 아버지를 진심으로 사랑하고 존경했기에 성직자가 되어 아버지의 리더십 스타일을 따라하려고까지 했다. 그러나 다른 한편으로는 아주 어릴 때부터 아버지의 지배적인 존재감에 압도당할 경우 위험하다는 사실을 알고 있었다. 킹의 동생 A. D. 킹(A. D. King)은 이런 사실을 인식하지 못했기에 살면서 많은 고통을 겪었다. 동생은 성직자가 됐으나 한 번도 본인의 독립성을 주장하지 못했다. 그는 이 교회 저 교회 옮겨 다니다 결국 알코올 중독이 됐고 나중에는 뚜렷한 자기파괴적 성향까지 보여 형을 힘들게 했다. 동생은 아버지의 그늘 속에 살았다.

킹은 뭔가 내면 깊숙한 곳으로부터 아버지와 약간의 거리를 두고 자율성을 가져야 한다는 것을 느꼈다. 생각 없이 아버지에게 반항했다는 뜻이 아니다. 그랬다면 오히려 그가 아버지에게 얼마나 큰 영향을 받고 있는지만 드러났을 것이다. 그가 내면으로부터 알게 된 것은 둘 사이의 차이점을 알고 그 차이를 이용해 약간의 공간을 마련해야 한다는 점이었다. 킹은 아버지의 장점만을 받아들여야 했다. 아버지의 절제, 높은 원칙, 남을 돌보는 본성 같은 것들 말이다. 그리고 내면 깊은 곳에서 뭔가를 해보라고 부추긴다면 자기 길을 가야 했다. 킹은 이런 직관에 귀를 기울이는 법을 배웠고, 그래서 공적인 생활을 몽고메리에서 시작하고 MIA의 회장직을 수락하기에 이르렀다. 그런 순간에 그는 마치 자신의 운명을 내다보기라도 한 것처럼, 평소의 과도하게 고민하는 버릇을 내려놓을 수 있었다.

그러다가 MIA 회장이 되고 몇 주 후 그는 지위에 수반하는 긴장감이 점점 더 커지는 것을 느끼기 시작했다. 갑자기 그의 성격 중 여러 측면이 튀어나오면서 내면의 위기로 이어졌다. 끝없는 장애물과 내부 싸움에 좌절하면서 자기 의심에 찬 킹, 두려워하는 킹, 실용적 킹과 함께 더 쉽고 즐거운 삶을 동경하는 킹이 나타났다. 내면의 갈등은 그를 얼어붙게 만들었다. 그 모든 게 절정에 달했던 때가 바로 그가 부엌에 들어갔던 그날 밤이었다. 이전에 그의 삶을 인도해주었던 여러 성향과 직관이 갑자기 하나의 목소리로 변했다. 바로 하느님의 목소리였다. 하느님의 목소리는 그의 운명을 분명히 밝혀주고 계속 돕겠노라 약속했다. 내면에서 들려오는 그 목소리는 너무나 분명했고 그의 평생에 걸쳐 메아리처럼 계속해서 울렸다.

그때부터 그는 자신을 인도해주는 이 '목소리'를 일상적인 대화에서도 대중을 향한 연설에서도 계속 언급했다. 이 목소리와 함께 의심도, 두려움도, 심신을 약화시키는 내면의 갈등도 모두 사라졌다. 그는 완전히 새로운 차원에서 마음이 하나로 정리되는 기분을 느꼈다. 물론 종종 울적함이나 불안을 다시 느낄 때도 있었지만 그럴 때면 목소리가 다시 돌아와 그의 임무가 무엇인지 명확히 알려주었다.

그가 전국적 차원의 리더 역할을 맡으면서 그토록 전략적인 사람이 된 것을 보고 사람들은 종종 놀라거나 혼란스러워하기도 했다. 매번 시민권 운동을 벌이고 있을 때와 운동이 끝난 즈음에 그는 본인들의 행동과 상대의 대응을 깊이 있게 분석했고, 그를 통해 교훈을 얻고 전술을 갈고닦았다. 어떤 사람들은 그의 이런 면이 종교 지도자로서의 그의 위치와 어울리지 않는다고 생각했다. 예컨대 버밍엄 감옥을 가득 메우기 위해 그곳의 아이들과 10대들까지 동원하기로 한 결정 같은 것들을 보면서 말이다. 성직자는 그런 식으로 생각해서는 안 됐다. 그러나 킹에게는 그런 실용주의적 행보가 본인의 임무와 밀접히 연관되어 있었다. 그저 연설로 사람들에게 영감을 주겠다는 것은 감상적인 생각이었고 그는 그런 것을 혐오했다. 결과를 깊이 생각하지 않는 것은 그저 정의로워 보이기 위해 관심을 구걸하는 것이고 본인의 자존심만 충족시키는 행위였다. 그는 변화를 만들어내고 싶었다. 남부 흑인들의 여건을 눈에 보이는 방식으로 극적으로 바꿔놓고 싶었다.

그래서 그는 사사건건 변화에 저항하는 백인 권력층에 대항할 수 있는 지렛대를 찾아내는 게 관건임을 알게 됐다. 그는 농성과 보이콧을 이용해 저들이 느낄 고통을 극대화해야 했다. 심지어 협상이 진행되고 있을 때조차 말이다. 그는 언론의 관심을 극대화해야 했고 미국 백인들의 거실에 남부 흑인들의 추한 삶의 현실을 들여놓아야 했다. 그의 전략적 목표는 백인들의 양심이었다. 그는 젊은 흑인들 사이에 폭력에 대한 열망이 커지는 가운데서도 시민권 운동의 단결력을 유지해야 했다. 그리고 그 목소리가 그의 궁극적 목적이 무엇인지 일깨워주면서 일어나 진짜 정의를 구현하라고 했을 때 자연스럽게 투쟁의 범위를 대규모 시민 불복종 운동으로 확장해야 한다고 느꼈다.

어떻게 보면 킹은 미국의 흑인들에게 자신을 인도해주었던 그런 목소리의 역할을 했다. 그는 자신들이 추구하는 대의를 통일시키고, 시민권 운동의 초점을 분열적 내부 싸움이 아니라 실용적인 결과에 맞추려고 노력했다.

나중에 더 심해졌던 우울증은 그의 깊은 예민함에서 비롯된 것이었다. 비단 끊임없이 그를 시기하고 비난하는 주변 사람들에 대한 것만이 아니라 시대정신에 대한 깊은 감수성 말이다. 그는 남보다 먼저 미국의 분위기를 감지했다.

베트남 전쟁의 암울한 현실과 도심의 절망, 젊은이들의 동요와 약물을 통해 현실을 탈출하고 싶은 욕구, 정치가들의 비겁함까지도 감지했다. 그는 이것을 자신의 비극적 운명과도 연결시켰다. 그는 본인이 암살당할 것임을 '알고' 있었다. 그런 분위기가 그를 압도했다. 그러나 오래 전 몽고메리에서 그가 들었던 목소리는 공포를 가라앉히고 우울함을 떨치고 다시 일어나게 만들었다. 자신의 임무와 삶의 목적에 닿아 있는 기분을 느낄 때면 그는 언제나 대단히 깊은 성취감을 느꼈다. 그는 자신에게 주어진 일을 하고 있었고 지금의 삶을 그 무엇과도 바꾸지 않을 것이다. 죽기 직전 마지막 며칠 동안 그 관계는 더욱더 깊어졌다. 그는 멤피스 사람들에게 변화를 가져올 것이다. 하지만 그의 운명은 이렇게 짧게 끝날 것이다.

이 점을 알아야 한다. 여러모로 킹이 직면했던 딜레마는 우리 모두가 살면서 직면하는 딜레마이기도 하다. 인간 본성의 근원적 요소 하나 때문이다. 우리는 누구나 복잡하다. 우리는 세상에 일관되고 성숙한 얼굴을 보여주고 싶어 한다. 그러나 속으로는 내가 수많은 기분에 좌우되고 주어진 환경에 따라 여러 가지 얼굴을 갖고 있다는 사실을 알고 있다. 우리는 순간순간의 기분에 따라 실용적일 수도, 사교적일 수도, 내성적일 수도, 비이성적일 수도 있다. 그리고 이런 내면의 혼돈은 사실 우리를 고통스럽게 한다. 우리는 일관되게 행동하지 못하고 삶의 방향이 결여되어 있다. 우리를 이리저리 끌고 다니는 기분에 따라 우리는 어떤 경로든 선택할 수 있다. 왜 저 길이 아니고 이 길인가? 우리는 나에게 정말로 중요하다고 느끼는 목표에 도달하거나 나의 잠재력을 실현하지 못한 채 평생을 이리저리 헤매고 다닌다. 명확함과 목적성을 느끼는 순간들은 너무나 짧게 스쳐간다. 목표 상실의 고통을 달래기 위해 우리는 다양한 형태의 중독에 빠지거나 새로운 형태의 쾌락을 쫓거나 몇 달 혹은 몇 주 동안 흥미를 일으킬 어떤 대의에 몰두할지도 모른다.

이 딜레마에 대한 유일한 해결책은 킹이 찾은 해결책이다. 더 높은 목적의식을 찾는 것, 부모나 친구, 동료의 방향이 아닌 나 자신의 방향을 제시할 임무를 찾는 것이다. 이 임무는 나를 유일무이한 존재로 만들어주는 나의 개성과 아주 밀접한 관련이 있다. 킹은 다음과 같이 말했다. "우리는 내가 왜 만들어졌는지 이유를 찾아야 할 책임이 있습니다. 내 인생의 과업, 나의 소명을 발견할 책임이 있습니다. 그걸 발견하고 나면 온 힘을 다해 내 모든 능력을 쏟아부어 그 일을 해야 합니다." 이 '인생의 과업'이 바로 우리가 해야 할 일이고, 그것을 결정하는 것은 우리가 가진 기술, 재주, 성향이다. 그게 우리의 소명이다. 킹의 경우에는 그게 본인만의 길을 찾고 종교와 실용성을 결합하는 일이었다. 이렇게 더 높은 목적의식을 찾는다면 우리에게는 모두가 갈망하는 통일성과 방향성이 생긴다.

이 '인생의 과업'을 내면에서 나에게 말을 거는 무언가, 즉 하나의 목소리라고 생각하라. 당신이 불필요한 일에 휘말리고 있거나 성격에 맞지 않는 커리어를 가려고 하면 '불편한 기분'의 형태로 이 목소리가 경고를 보내줄 것이다. 당신의 천성과 잘 어울리는 활동이나 목표가 있는 쪽을 알려줄 것이다. 그 목소리에 귀를 기울이면 무언가 훨씬 더 분명하고 온전하다는 기분이 들 것이다. 충분히 귀를 기울인다면 당신의 운명을 향해 방향을 잡아줄 것이다. 그것은 뭔가 종교적인 것으로 보일 수도 있고 개인적인 것 혹은 둘 다로 보일 수도 있다.

그 목소리는 당신의 자존심이 내는 목소리는 아니다. 자존심은 남들의 관심과 빠른 만족을 원하고 당신을 내면에서 더 분열시킬 뿐이다. 오히려 이 목소리는 당신을 업무에, 그리고 해야 할 일에 더 빠져들게 만든다. 이 목소리가 잘 들리지 않을 때도 있다. 당신이 뭘 해야 하고 뭘 해서는 안 되는지 지시하는 다른 사람들의 목소리로 머릿속이 꽉 차버리면 이 목소리가 잘 들리지 않는다. 이 목소리를 듣기 위해서는 성찰과 노력, 연습이 필요하다. 목소리가 안내하는 길을 따라가면 긍정적인 일들이 일어난다. 해야 할 일을 할 내적인 힘이 생기고 남들에게 휘둘리지 않게 된다. 남들은 그들 나름의 목표가 있다. 이 목소리가 들리면 당신은 더 큰 목표에 접속할 테고 이리저리 헤매는 것을 피할 수 있을 것이다. 당신은 더 전략적이 되고, 집중력을 유지하고, 잘 적응할 것이다. 이 목소리를 듣고 당신의 목적을 이해하고 나면 되돌아가는 일은 없을 것이다. 당신의 경로는 정해졌고 그 경로에서 이탈하면 불안과 고통이 유발될 것이다.

> 살아야 할 이유를 가진 사람은 과정이 어떻든 참아낼 수 있다.
> – 프리드리히 니체

·인간 본성의 열쇠· 지금의 선택이 인생 전체에 영향을 미친다

우리 인간에게는 한 가지 애로사항이 있다. 학교 교육이 끝나자마자 우리는 갑자기 직업 세계에 내던져진다. 그곳은 무자비한 사람들과 치열한 경쟁이 있는 곳이다. 겨우 몇 년 전만 해도 우리는, 만약에 운이 좋았다면, 부모님이 내 욕구의 대부분을 해결해주고 늘 갈 길을 인도해줬다. 심지어 과잉보호를 받은 사람들도 있다. 그런데 이제는 철저히 혼자다. 기댈 수 있는 인생 경험도 거의 없다. 지금 내리는 의사결정과 선택들이 앞으로 내 인생 전체에 영향을 미칠 것이다.

불과 얼마 전까지만 해도 사람들의 직업이나 인생의 선택은 어느 정도 제한되어 있었다. 사람들은 본인에게 선택 가능한 범위 내에서 어느 직업이나 역할을 맡아 수십 년간 그 일을 계속했다. 필요하다면 멘토나 가족, 종교 지도자 같은 연장자들이 방향을 알려줄 수도 있었다. 그런데 오늘날에는 그런 안정성이나 도움을 구하기가 어려워졌다. 세상이 그 어느 때보다 빠르게 변하는 탓

　인간 본성의 법칙

이다. 그런 세상을 잘 살아보려고 고군분투하느라 다들 정신이 팔려 있다. 사람들이 자기만의 필요와 목표 때문에 이렇게까지 정신을 못 차린 적은 한 번도 없었다. 이렇게 새로운 질서에서 부모의 조언은 완전히 시대에 뒤처진 것일 수 있다. 이런 전례 없는 상황을 맞아 우리는 흔히 둘 중 하나의 반응을 보인다.

온갖 변화에 흥분한 일부 사람들은 실제로 새로운 질서를 적극 받아들인다. 우리는 젊고 에너지로 가득하지 않은가. 디지털 세상이 제안하는 뷔페와 같은 기회는 눈이 부실 지경이다. 우리는 실험을 하고, 다양한 직업을 시도하고, 많은 사람을 사귀고, 여러 모험을 할 수 있다. 한 가지 직업 혹은 한 사람에게만 구속되는 것은 이런 자유를 불필요하게 제한하는 게 아닐까. 명령에 복종하고 권위를 인정하는 것은 철 지난 유행이다. 탐험을 하고, 재미를 느끼고, 열린 태도를 유지하는 게 낫다. 내 인생에서 뭘 해야 할지 정확히 알아낼 날이 올 것이다. 그때까지 원하는 대로 하고 바라는 대로 갈 수 있는 자유를 유지하는 게 가장 첫 번째 동기다.

하지만 어떤 사람들은 정반대의 반응을 보인다. 혼돈에 겁을 먹은 우리는 재빨리 실용적이면서도 돈이 되는 직업을 선택한다. 그게 내 흥미와 어느 정도 관련이 된다면 좋겠지만 아니어도 상관없다. 우리는 가까운 인간관계에 안주한다. 심지어 부모에게 계속 찰싹 달라붙어 있을 수도 있다. 우리의 동기는 어떻게든 안정성을 구축하는 것이다. 왜냐하면 이 세상에는 안정성을 찾기가 너무 힘드니까.

하지만 두 경로 모두 가다 보면 문제에 봉착한다. 첫 번째 경우는 너무 많은 것들을 시도하다가 끝내 한 가지 분야에서 확실한 기술을 개발하지 못한다. 구체적인 활동에 장시간 집중하는 게 힘들어진다. 이리저리 돌아다니며 한눈을 파는 데 너무나 익숙하기 때문이다. 그렇게 되면 이제는 스스로 원하더라도 새로운 기술을 배우기가 곱절은 힘들어진다. 그래서 직업의 선택지가 좁아지기 시작한다. 우리는 하는 수 없이 이 직업, 저 직업을 전전한다. 이제는 좀 지속적인 인간관계를 맺고 싶을 수도 있지만, 양보하고 참는 법을 익히지 못했기 때문에 지속적인 관계를 위해 자유를 제한해야 하는 것에 발끈하게 된다. 스스로는 인정하고 싶지 않을지 몰라도 이제는 자유가 우리의 짐이 된다.

두 번째 경우에는 20대에 선택한 직업이 30대가 되면 무기력하게 느껴질 수 있다. 우리는 실용적 목적 때문에 그 직업을 선택한 것이지, 그 직업이 내 인생에서 정말로 흥미를 돋우는 것과 특별한 관련이 있는 것은 아니다. 이때부터 직업은 그냥 '출근하는 곳'으로 느껴지기 시작한다. 마음이 일을 떠난다. 그리고 중년이 됐을 때쯤 현대 사회의 그 뷔페식 기회가 우리를 유혹하기 시작한다. '어쩌면 나는 새롭고 흥미진진한 커리어나 인간관계 혹은 모험이 필요한지도 몰라.'

어느 쪽이 되었든 우리는 좌절을 벗어나보려고 최선을 다한다. 하지만 시간이 흐를수록 부정할 수도, 억제할 수도 없는 고통이 밀려온다. 우리는 대개 내 불편의 원인이 무엇인지 알지 못한다.

이 고통은 몇 가지 유형으로 드러난다.

우리는 점점 더 '지루해진다.' 일에 제대로 몰두하지 못하고 안절부절못하는 마음을 채우기 위해 다양한 한눈팔 거리에 의존한다. 그러나 한계효용 체감의 법칙에 따라 우리는 계속해서 새롭고 더 강한 형태의 한눈팔 거리를 찾아내야 한다. 최신 유행의 오락 활동, 해외여행, 추종할 수 있는 새로운 스승이나 대의, 금방 시작했다가 금방 그만둘 취미생활, 온갖 중독 등이 그것이다. 오직 혼자가 되거나 기분이 가라앉았을 때에만 우리는 만성적 지루함을 실제로 경험한다. 수많은 내 행동의 원인이면서 나를 점점 갉아먹고 있는 그 지루함 말이다.

우리는 점점 '불안'을 느낀다. 누구에게나 꿈이 있고 나에게 어떤 잠재력이 있다는 걸 어렴풋이 알고 있다. 평생 정처 없이 헤매고 다니거나 옆길로 새다

보면 꿈과 현실 사이의 불일치를 인식하기 시작한다. 확실하게 이뤄놓은 게 아무것도 없다. 그런 사람을 보면 부러움을 느낀다. 자존심은 덜그럭거리고 우리는 덫에 빠진다. 깨질 듯 위태로운 상태이기 때문에 비판을 받아들이지 못한다. 배움을 얻기 위해서는 자신의 무지와 개선의 필요성을 먼저 인정해야 한다. 그러나 그것을 인정하기에는 너무나 불안하기 때문에 생각은 고정되고 능력은 정체된다. 그 사실을 은폐하기 위해 확신이나 강한 의견, 도덕적 우월성 같은 것을 피력하지만 그 아래 놓인 불안은 꿈쩍도 하지 않는다.

우리는 종종 '초조함'과 '스트레스'를 느끼는데 도무지 이유를 알 수 없다. 인생에는 응당 장애물과 고난이 있게 마련이다. 그런데 우리는 너무 많은 시간을 어떤 형태이든 고통은 일단 피하고 보려고 애쓰면서 지냈다. 혹시라도 실패할 가능성이 있다면 그 어떤 책임도 떠맡지 않았을 것이다. 우리는 힘든 결정이나 스트레스 상황은 피해 다녔다. 그런데 그런 것들이 눈앞에 떡 하니 나타난 것이다. 어쩔 수 없이 데드라인을 맞춰야 할 수도 있고, 갑자기 야심이 생겨 꿈을 이루고 싶을 수도 있다. 과거에 이런 상황에 대처하는 법을 배우지 못했기 때문에 우리는 불안과 스트레스에 빠져 어쩔 줄 모른다. 계속 피하기만 하다 보면 낮은 정도이지만 초조함이 쭉 이어질 수밖에 없다.

마지막으로, 우리는 '우울함'을 느낀다. 사람은 누구나 인생에 목적과 의미가 있다고 믿고 싶다. 나 자신보다 더 큰 무언가와 연결되어 있다고 믿고 싶다. 내가 해낸 일에 어떤 중요성과 무게감을 느끼고 싶다. 그런 확신이 없기 때문에 우리는 공허함과 우울을 경험하고, 그에 대한 이유는 다른 것을 탓한다.

이 점을 알아야 한다. 이렇게 길을 잃고 혼란스러운 것은 그 누구의 잘못도 아니다. 그것은 거대한 변화와 혼돈의 시대에 태어난 사람으로서 자연스러운 반응이다. 과거의 지원 시스템, 즉 종교나 보편적인 대의, 사회적 연대 같은 것들은 대부분 사라졌다. 적어도 서구 사회에서는 그렇다. 한때 행동의 방향을 잡아주었던 자세한 관습, 규칙, 터부 등도 사라졌다. 우리는 누구나 표류하고 있다. 수많은 사람이 중독과 우울증에 빠지는 것도 전혀 이상할 것이 없다.

문제는 간단하다. 타고난 본성상 인간은 방향성을 갈망한다. 다른 생물들은 정교한 본능에 의존해 지침을 정하고 행동을 결정한다. 하지만 지금 우리는 나의 '의식'에 의존할 수밖에 없다. 그런데 인간의 마음은 바닥이 없는 낭떠러지와 같아서 탐구할 수 있는 정신적 공간이 무궁무진하다. 우리는 상상을 통해 어디든 갈 수 있고 무엇이든 만들어낼 수 있다. 언제든 수백 개의 서로 다른 방향 중에 하나를 선택할 수 있다. 신념 체계나 관습 없이는 행동이나 의사결정을 안내해줄 뚜렷한 나침반이 없어 보인다. 그러면 사람은 미칠 것 같은 기분이 들 수도 있다.

다행히도 이런 곤경을 벗어날 방법이 하나 있다. 태어날 때부터 누구에게나 주어진 방법이다. 유명한 스승을 찾아다니거나 확실성이 있던 과거를 그리워할 필요도 없다. 우리 삶에도 나침반과 지도는 실제로 존재하기 때문이다. '각자'의 삶의 목적을 찾고 발견하면 된다. 대단한 일을 이룩하고 인간 문화의 발전에 이바지한 사람들은 바로 그 길을 걸었다. 우리도 그 길을 찾아내기만 하면 그 길을 가게 된다. 그 원리는 다음과 같다.

모든 인간은 철저한 개성을 가지고 있다. 이 개성은 세 가지 방식으로 우리에게 새겨져 있다. 유일무이한 DNA 구성, 정해져 있는 뇌 구조, 평생 겪게 될 남들과 다른 경험이 그것이다. 이 개성을 우리가 태어날 때 심어져 있던 씨앗, 즉 잠재적 성장성을 지닌 씨앗이라고 생각하라. 이런 개성에는 이유가 있다.

자연에서 번창하고 있는 생태계를 보면 종들 간에 대단한 다양성이 있는 것을 관찰할 수 있다. 이렇게 다양한 종들이 균형을 맞춰 활동하기 때문에 생태계는 풍요롭고 자급자족하며 새로운 종들이 생겨나고 더 많은 상호관계가 만들어진다. 다양성이 적은 생태계는 황량하고 훨씬 건강하지 못하다. 인간은 자체적인 문화 생태계 내에서 활동한다. 역사적으로 가장 건강하고 축복받은 문화들을 보면 개인의 내적 다양성을 장려하고 활용했다. 몇 개만 예를 들어

인간 본성의 법칙

보면 고대 아테네, 중국의 송나라, 이탈리아의 르네상스, 1920년대의 서양이 그랬다. 이들 문화는 독제 체재 하의 획일성이나 불모의 문화와 뚜렷한 대조를 이루었다.

살면서 특정한 기술이나 구체적 직업을 통해 우리의 개성을 꽃피우려면 그런 다양성에 이바지하도록 내 몫을 다해야 한다. 사실 이 개성은 우리의 개별 존재를 초월한다. 우리의 개성은 자연이 직접 새겨놓은 것이다. 우리가 음악에 끌리고, 남들을 돕고 싶고, 특정한 형태의 지식에 매력을 느끼는 것을 달리 어떻게 설명할까? 이런 것들은 우리가 물려받은 것이고 거기에는 이유가 있다.

이런 개성에 접속해 그것을 개발하려고 노력하면 우리도 따를 수 있는 길이 생기고 평생 나를 인도해줄 가이드 시스템이 생긴다. 그러나 이 시스템에 접속하는 것은 쉬운 과정이 아니다. 보통 우리가 가진 개성의 신호는 어릴 때 오히려 더 분명하다. 우리는 부모의 영향력에도 불구하고 자연스럽게 더 끌리는 주제나 활동이 있었다. 이것을 '제1성향'이라고 부르기로 하자. 이 성향이 하나의 목소리처럼 우리에게 말을 걸었다. 그러나 나이가 들면서 이 목소리는 부모나 동료, 선생님, 크게는 우리 문화에 떠내려가고 만다. 우리는 이걸 좋아하라고, 이게 멋진 거라고, 저건 멋있지 않다고 이야기를 듣는다. 우리는 내가 누군지, 내가 왜 다른지에 대한 감을 잃기 시작한다. 우리는 나의 본성에 맞지 않는 직업을 고른다.

나를 인도해줄 가이드 시스템을 활용하려면 내가 가진 개성과의 관계를 최대한 튼튼하게 만들고 그 목소리를 신뢰하는 법을 배워야 한다(더 상세한 내용은 597페이지의 '인생의 소명을 발견하라' 참조). 그렇게 해내는 만큼 풍부한 보상을 받을 것이다. 나의 특정한 성향과 잘 맞아 들어가는 전체적인 커리어라는 방향성이 생길 것이다. '소명'이 생길 것이다. 어떤 기술을 개발해야 하고 개발하고 싶은지 알게 될 것이다. 목표와 하위 목표가 생길 것이다. 경로를 이탈하거나 목표로부터 눈을 돌리게 만드는 일에 얽히게 되면 불편함을 느끼면서 재빨리 원래의 경로로 돌아오게 될 것이다. 어릴 때 그랬던 것처럼 탐구와 모험이 필요할지는 몰라도, 우리의 탐구에는 비교적 방향성이 있을 것이기 때문에 끊임없는 의심과 한눈팔기에 시달리지는 않을 것이다.

우리가 단순히 일직선을 따라가야 한다거나 우리의 성향이 편협하게 초점이 맞춰져야 한다는 이야기는 아니다. 아마도 우리는 여러 유형의 지식에 끌릴 것이다. 다양한 기술을 마스터하고 그것들을 매우 독창적이고 창의적인 방식으로 결합하는 것도 우리의 경로가 될 수 있다. 레오나르도 다빈치의 천재성이 바로 그것이었다. 그는 예술과 과학, 건축, 공학을 각각 마스터한 다음, 그것들에 대한 관심을 하나로 통합했다. 이런 식의 경로 추구는 현대인의 다양한 취향이나 폭넓은 탐구를 좋아하는 우리의 성향과도 잘 맞는다.

내부의 이 가이드 시스템을 따라갈 경우 목표를 상실한 우리를 괴롭히는 온갖 부정적인 감정이 중화될 뿐만 아니라 심지어 긍정적 감정으로 바뀐다. 예를 들어 기술을 축적하는 동안에는 '지루함'을 느낄 수도 있다. 연습은 따분할 수 있다. 하지만 우리는 그게 앞으로 얼마나 큰 도움이 될지 알기 때문에 그 따분함도 충분히 감수할 수 있다. 우리는 나를 흥분시키는 무언가를 배우는 중이지, 끊임없이 한눈팔 거리를 찾고 있는 게 아니다. 우리의 마음은 즐겁게 일에 흠뻑 빠져 있다. 우리는 깊이 집중하는 능력을 키우고 있고 그렇게 집중함으로써 배움에 더욱 탄력이 붙는다. 우리는 배움에 감정적으로 몰두하고 있기 때문에 흡수한 내용은 오래도록 남는다. 그러고 나면 배우는 속도는 더 빨라지고 이것이 창의적 에너지로 이어진다. 머릿속에 신선한 정보가 넘치면 불현듯 아이디어가 떠오르기 시작한다. 이렇게 창의적인 수준에 이르는 것은 아주 만족스러운 경험이기 때문에 새로운 기술을 레퍼토리에 추가하기가 더욱더 쉬워진다.

목적의식이 있으면 우리는 훨씬 덜 '불안'하다. 내 잠재력의 일부 또는 전부를 실현하면서 전체적으로 내가 발전하고 있다는 사실을 느낄 수 있다. 크든

인간 본성의 법칙

작든 내가 이뤄놓은 다양한 것들을 뒤돌아볼 수 있다. 우리는 해놓은 일이 생긴다. 의심의 순간도 있을지 모르나 대개 그런 의심은 나의 가치에 대한 의심이 아니라 작업의 질에 대한 것이다. '이게 내가 할 수 있는 최선인가? 남들이 나를 어떻게 생각할까?'가 아니라 일 자체에 더 집중하기 때문에 실용적 비판과 악의적 비판을 구분할 수 있다. 내면의 회복력이 생겨서 실패하더라도 다시 일어나고 실패로부터 교훈을 얻는다. 내가 누구인지 알게 되고 이런 자각이 인생의 닻이 되어준다.

이렇게 가이드 시스템이 생기고 나면 '초조함'과 '스트레스'를 생산적인 감정으로 바꿀 수 있다. 집필이나 사업이 되었든, 선거에서 이기는 것이 되었든, 어떤 목표를 이루려고 하면 상당한 정도의 초조함과 불확실성을 감당하며 매일매일 의사결정을 내려야 한다. 그 과정에서 우리는 초조함의 수준을 조절하는 법을 배운다. 앞으로 남은, 가야 할 길을 너무 많이 생각한다면 거기에 압도되어버릴 수도 있다. 그러지 말고 계속해서 약간은 긴박한 심정을 유지하면서도 그 과정에 놓인 작은 목표들에 집중하는 법을 배워야 한다. 나 자신의 초조함을 조절하는 능력을 키워야 한다. 그래야 압박감에 얼어붙지는 않으면서도 계속해서 전진하고 개선해나갈 수 있다. 이것은 살아가는 데 중요한 기술이다.

우리는 스트레스에 대한 내성을 키움과 동시에 심지어 스트레스를 이용할 줄도 알아야 한다. 사실 인간은 스트레스를 감당할 수 있게 만들어져 있다. 늘 들썩이고 에너지가 넘치는 우리의 마음은 정신적, 육체적 활동으로 아드레날린이 솟구칠 때 가장 건강해진다. 은퇴 후에 사람들이 더 빨리 노화하고 능력이 저하된다는 사실은 잘 알려진 현상이다. 그들은 정신이 먹고 자랄 수 있는 자양분이 없다. 초조한 생각이 되살아나고, 활동은 줄어든다. 약간의 스트레스와 긴장감을 유지하고 그것을 감당하는 방법을 알면 건강을 개선할 수 있다.

마지막으로, 목적의식이 있으면 '우울함'에 덜 빠진다. 물론 기분이 가라앉을 때는 분명히 있겠지만, 그런 순간은 오히려 우리가 한 발 물러서서 자신을 재평가할 수 있는 기회가 된다. 킹이 그랬던 것처럼 말이다. 그보다 자주 우리는 흥분을 느낄 테고 흔히 현대사회의 특징이라고 할 수 있는 파편화된 일상을 초월할 수 있다. 우리는 임무를 수행 중이며 내 인생의 과업이 무엇인지 깨닫고 있다. 나 자신보다 훨씬 큰 무언가에 기여하고 있기에 숭고함을 느낄 수 있다. 대단한 성취감을 느끼는 순간들이 생기고 그런 순간들이 우리를 지탱해준다. 심지어 죽음조차 그토록 아프게 느껴지지 않는다. 내가 이뤄놓은 것들은 나보다 더 오래 살아남을 테고, 내 잠재력을 낭비했다는 기분이 들지 않는다.

이렇게 생각해보라. 전쟁사를 보면 두 가지 유형의 군대를 확인할 수 있다. 어떤 대의나 사상을 위해 싸우는 군대와 돈을 위해 싸우는 직업적 군대가 그것이다. 프랑스 혁명을 전파하기 위해 싸웠던 나폴레옹 보나파르트의 군대처럼 대의를 위해 전쟁에 나가는 군대는 더 격렬히 싸운다. 그들은 개인의 운명을 그 대의명분 및 국가의 운명과 연동시킨다. 그들은 전투에서 대의를 위해 더 기꺼이 죽으려 한다. 군대 내에서 열정이 좀 덜한 사람들도 집단의 분위기에 휩쓸려 함께 사기가 고양된다. 장군은 병사들에게 더 많은 것을 요구할 수 있다. 부대는 더 단합하고, 다양한 부대 리더들은 더 창의적이다. 대의를 위해 싸우는 것은 '전력 승수(force multiplier)'로 알려져 있다. 대의명분에 대해 느끼는 교감이 더 클수록, 사기가 더 높아지고, 전력도 더 커진다. 그런 군대는 종종 규모는 훨씬 더 크지만 동기가 부족한 군대를 무찌르기도 한다.

인생도 마찬가지라고 할 수 있다. 높은 목적의식을 가지고 활동하는 것은 전력승수가 된다. 당신이 취하는 모든 의사결정과 행동은 더 큰 힘을 갖게 된다. 왜냐하면 중심이 되는 아이디어와 목적의 안내를 따르고 있기 때문이다. 당신 성격의 많은 측면들이 이 목적을 향하므로 더 오래 힘을 낼 수 있다. 역경을 만나도 다시 일어설 수 있는 능력과 집중력이 확고부동한 동력이 되고 자신에게 더 많은 것을 요구할 수 있다. 너무나 많은 사람들이 정처 없이 헤매고 다니는 세상에서 당신은 쉽게 그들을 이길 수 있고 그래서 주목을 받게 된다.

사람들은 당신의 정신을 흡수하고 싶어서 당신 곁에 머물려고 한다.

인간 본성의 법칙을 공부하는 학생으로서 우리가 해야 할 일은 두 가지다. 첫째, 목적의식이 인간의 삶에서 수행하는 중요한 역할을 인식해야 한다. 타고난 본성상 목적에 대한 필요성은 우리에게 중력과도 같은 끌림을 갖고 있고, 누구도 저항할 수 없다. 주위 사람들을 한번 둘러보라. 그들의 행동을 인도하는 것은 무엇인가? 그들의 선택에서 보이는 패턴은 무엇인가? 원하는 대로할 수 있는 자유가 그들의 첫 번째 동기인가? 대부분 쾌락, 돈, 관심, 권력을 위한 권력 또는 본인이 가담할 수 있는 대의를 추구하고 있지 않은가? 이런 것들이 바로 '가짜 목적'이다. 이런 것들은 강방적인 행동이나 여러 막다른 골목에이르게 한다('가짜 목적'에 관한 더 상세한 내용은 13장의 마지막 부분 참조). 누군가의 행동의 동기가 가짜 목적이라는 것을 알게 됐다면 그 사람을 채용하거나 그들과협업하는 일은 피해야 한다. 그들의 비생산적 에너지가 당신까지 밑바닥으로끌어내릴 것이기 때문이다.

어떤 사람들은 인생의 소명이라는 형태로 자신의 목적을 찾으려고 분투한다. 당신은 그런 사람들에게 도움을 줄 수도 있고, 아니면 서로 도움을 주고받을 수도 있다. 마지막으로, 비교적 높은 목적의식을 가진 사람들이 일부 있다. 뭔가 위대한 일을 이룰 운명을 타고난 것처럼 보이는 젊은이가 바로 그런 경우다. 그들과 친구가 되어 그들의 열정에 전염돼라. 그보다 나이는 많지만 이미 자신의 이름으로 여러 가지를 이뤄놓은 사람들도 있다. 가능하다면 이들과어울려라. 이들은 당신까지 더 높은 위치로 끌어올려줄 것이다.

우리가 두 번째로 해야 할 일은 '당신'의 목적의식을 찾는 것이다. 그리고 그목적의식과의 관계를 최대한 깊게 만들어 목적의식을 더 고양시켜야 한다(더상세한 내용은 다음 부분 참조). 당신이 젊은 사람이라면 찾아낸 것을 이용해 당신의 부단한 에너지에 전체적인 윤곽을 부여하라. 자유롭게 세상을 탐구하고 모험을 축적하되 일정한 윤곽 안에서 그렇게 하라. 가장 중요한 것은 기술을 축적하는 것이다. 당신이 젊은이가 아닌데 길을 잃은 것이라면, 이미 습득한 기술들을 당신의 성향이나 정신과 잘 어울릴 수 있는 방향으로 쏟아부을 방법을 찾아라. 갑작스럽고 극적인 커리어의 변화는 비실용적이므로 피하라.

문화에 이바지하는 방법은 다양하다는 사실을 기억하라. 꼭 사업가나 세계적인 인물이 되어야 하는 것은 아니다. 어느 집단 혹은 조직 내의 한 사람으로 활동하면서도 충분히 잘 기여할 수 있다. 당신만의 확고한 관점을 가지고 유연하게 당신의 영향력을 발휘하면 된다. 육체노동이나 기술도 당신의 경로가 될 수 있다. 그 일을 훌륭하게 해내는 데 자부심을 가져라. 당신이 했다는 걸 알 수 있을 만큼 질 높은 결과물을 만들어내라. 가족을 최고로 잘 보살피는 것도 하나의 경로가 될 수 있다. 더 우월하고 덜 우월한 소명이란 없다. 중요한 것은 개인적인 욕구와 성향에 맞는 소명을 찾아서 힘을 내어 개선하고 경험으로부터 꾸준히 배우는 것이다.

어떤 경우이든 당신의 개성 그리고 그에 따른 독창성을 최대한 많이 개발하라. 대체 가능한 것처럼 보이는 사람으로 가득한 세상에서 대체 불가능한 사람이 되라. 당신이라는 사람은 세상에 하나뿐이다. 당신과 똑같은 기술과 경험을 가진 사람은 없다. 이것이야말로 우리 인간이 소유할 수 있는 진정한 자유이며 궁극의 힘이다.

인생의 장애물을 헤쳐 나가는 다섯 가지 전략

목적의식을 개발하거나 강화하겠다고 작심했다면 힘든 과정은 그때부터 시작이다. 당신의 발전을 방해하는 수많은 적과 장애물을 만나게 될 것이다. 당신의 소명과 개성에 대해 의심을 주입하는 남들의 목소리가 시선을 잡아끌 것이다. 일 자체나 혹은 더딘 진척 때문에 스스로 지루해지고 좌절할 수도 있다.

당신을 도와줄 사람들의 믿을 만한 비판이 부족할 수도 있다. 초조함도 어느 정도 감당해야 할 것이다. 마지막으로, 장기간 어떤 일에 집중하다 보면 종종 번아웃(burnout) 상태가 되기도 한다. 아래는 이런 장애물들을 헤치고 나아갈 수 있는 다섯 가지 전략이다. 순서는 관계없고 첫 번째가 가장 중요한 시작점이다. 계속해서 앞으로 나아가고 싶다면 다섯 가지 모두를 실천하라.

인생의 소명을 발견하라

시작은 아주 어릴 때 제1성향의 신호를 찾아보는 것이다. 이때가 제1성향이 가장 분명한 경우가 많기 때문이다. 이런 초기 성향을 쉽게 기억해내는 사람들도 있지만, 많은 사람들은 어느 정도의 자기 성찰과 탐구가 필요하다. 우리는 특정한 주제나 대상 혹은 놀이나 활동 등에 이례적으로 사로잡혔던 순간을 찾아봐야 한다.

19세기 말과 20세기 초의 위대한 과학자 마리 퀴리(Marie Curie)는 네 살 때 아버지의 서재에 들어갔다가 반짝이는 유리 상자 뒤에 놓여 있는 다양한 화학실험용 관이며 계측 장치에 순간적으로 사로잡혔던 기억을 뚜렷이 갖고 있었다. 안톤 체호프의 경우는 그가 살던 작은 마을의 극장에서 처음으로 연극을 보았던 순간이 그랬다. 무대 위가 현실처럼 느껴지는 그 분위기는 체호프를 전율하게 만들었다. 스티브 잡스의 경우 어릴 적 전자제품 상점을 지나면서 쇼윈도에 비친 경이로운 물건들의 디자인과 복잡함에 감탄했었다. 타이거 우즈는 두 살 때 차고에서 아버지가 골프공을 쳐서 그물에 넣는 것을 지켜보며 아버지를 따라하고 싶은 욕망과 흥분을 감출 수 없었다. 작가 장 폴 사르트르는 어릴 적 종이에 인쇄된 글자에 매료되어 각각의 글자가 어떤 마법 같은 의미를 지니고 있을까 상상했다.

본능적으로 끌림을 느꼈던 이런 순간들은 부모나 친구들이 재촉하지 않아도 갑자기 나타났다. 왜 그런 일이 생겼는지는 말로 표현하기 어려울 것이다.

이런 것들은 우리의 개인적 통제를 넘어서는 무언가의 신호이기 때문이다. 이 것을 가장 잘 표현했던 사람은 영화배우 잉그리드 버그만(Ingrid Bergman)이었다. 그녀는 아주 어릴 적 아버지의 캠코더 앞에서 연기를 할 때 느꼈던 기분을 이렇게 표현했다. "제가 연기를 선택한 게 아니에요. 연기가 저를 선택한 거죠."

그런 순간이 더 나이가 들어서 찾아오는 사람들도 있다. 마틴 루터 킹 주니어가 몽고메리 버스 보이콧에 끌려들어가면서 인생의 임무를 깨달았던 것처럼 말이다. 혹은 자기 분야의 대가인 다른 사람을 관찰하다가 그런 순간이 찾아오기도 한다.

나중에 일본의 영화감독이 된 구로사와 아키라(黑澤明, 1910-1998)는 젊은 시절 유독 목표가 없다고 느꼈다. 그는 그림을 시도했다가 다음에는 영화를 배우기 위해 조감독으로 일했는데 그 일을 아주 싫어했다. 언제라도 그만두려던 찰나 1936년 그는 야마모토 가지로(山本嘉次郞) 감독 밑에서 일하게 된다. 이 거장 감독이 작업하는 모습을 지켜보며 그는 갑자기 영화의 마법 같은 가능성에 눈을 뜨며 자신의 소명을 깨달았다. 나중에 그는 이렇게 말했다. "마치 산 위에서 바람이 한 줄기 내 얼굴을 훑고 지나가는 것 같았다. 고통스럽도록 힘겹게 산을 오른 뒤 느끼는 그 경이롭도록 신선한 바람 말이다. 그 바람 한 줄기가 이제 다 왔다고 말해주면, 길 위에 서서 저 아래에 펼쳐지는 파노라마를 내려다본다. 카메라 옆의 감독 의자에 앉아 있는 야마모토 감독 뒤에 섰을 때 나는 바로 그런 감정이 부풀어 오르는 것을 느꼈다. '드디어 내가 해냈구나.'"

또 다른 신호로 당신 인생에서 특정한 과제나 활동이 마치 물살을 타면서 수영을 하는 것처럼 자연스럽고 쉽게 느껴졌던 때를 떠올려보라. 그런 활동을 할 때는 반복의 지루함도 훨씬 잘 참을 수 있다. 남들이 비판을 해도 쉽게 낙담하지 않는다. 배우고 싶기 때문이다. 너무 지루하고 도무지 성취감을 느낄 수 없었던 다른 주제나 과제와 비교해보면 쉽게 알 수 있다.

관련해서 당신의 뇌가 어떤 유형의 지능에 더 적합하게 구성되어 있는지

인간 본성의 법칙

도 알아내야 한다.《지능이란 무엇인가》에서 심리학자 하워드 가드너(Howard Gardner)는 사람들이 보통 한 가지 재능이나 친숙함을 갖고 있는 지능 형태들을 열거했다. 그것은 수학이나 논리학일 수도 있고 신체 활동이나 언어, 영상, 음악일 수도 있다. 여기에 사회적 지능도 추가할 수 있다. 사람에 대한 감수성이 뛰어난 경우 말이다. 당신이 하고 있는 활동이 자신에게 딱 맞는 느낌이 든다면 그게 바로 당신의 뇌가 가장 적합하게 만들어져 있는 지능 형태에 부합하는 활동이다.

이렇게 다양한 요소를 통해 당신의 소명이 무엇인지 윤곽을 알아볼 수 있다. 간단히 말해서 이 과정은 당신 자신을 발견하고, 남들의 의견에 앞서 당신이 남들과 어떤 점에서 다른지 알아내는 과정이다. 당신의 타고난 호불호를 재발견하는 과정이다. 나이가 들고 나면 우리는 종종 남들이 하는 일이나 문화의 영향을 깊이 받아서 나의 선호가 무엇인지 영영 잊어버리곤 한다. 지금 우리는 바로 그런 외부의 영향을 제거하는 중이다. 당신의 소명과 더 깊이 이어질수록 남들의 안 좋은 생각에도 더 많이 저항할 수 있다. 내면의 가이드 시스템을 활용할 수 있다. 이 과정에 시간을 들여라. 필요하다면 일기를 작성해도 좋다. 당신 자신에게 귀를 기울이고 스스로를 평가하는 습관을 키워서 발전 정도를 지속적으로 모니터링하라. 그리고 인생의 여러 단계에 맞춰 이 소명을 조정하라.

당신이 젊고 이제 막 사회생활을 시작했다면 당신의 성향과 관련된 영역을 비교적 넓게 탐구하라. 예를 들어 당신이 친숙함을 느끼는 분야가 언어와 글쓰기라면 딱 맞는 것을 찾을 때까지 온갖 유형의 글쓰기를 시도해보라. 나이가 더 들었고 경험도 더 많다면 이미 개발해놓은 기술을 당신의 진정한 소명이 있는 방향으로 적용할 방법을 찾아라. 소명이란 당신이 매혹을 느끼는 여러 분야가 결합된 것일 수도 있다는 점을 기억하라. 스티브 잡스의 경우 그의 소명은 기술과 디자인이 교차하는 곳에 있었다. 다양한 가능성을 열어두고 이 과정을 진행하라. 당신의 경험이 길을 알려줄 것이다.

소명을 발견하는 과정을 건너뛰려고 하거나 자연스럽게 드러날 거라고 착각하지 마라. 몇몇 사람들에게는 소명이 어린 시절 혹은 번개처럼 스치는 순간에 드러날 수도 있지만 대부분의 사람들에게는 지속적인 성찰과 노력이 필요하다. 당신의 인격 및 성향과 관련된 기술과 옵션을 실험해보는 것은 목적의식을 고양하는 데 가장 중요한 단계일 뿐만 아니라 어쩌면 인생 전반에서 가장 중요한 단계다. 당신이 누구이고 당신의 개성이 무엇인지 깊이 이해하게 되면 인간 본성의 다른 수많은 함정을 피하는 일도 훨씬 쉬워질 것이다.

저항과 부정적 자극을 이용하라

어느 분야든 성공의 열쇠는 먼저 다양한 영역에서 기술을 개발하는 것이다. 그러면 나중에 그 기술들을 독특하고 창의적인 방식으로 결합할 수 있다. 그러나 거기까지 가는 과정은 지루하고 고통스러울 수 있다. 상대적으로 당신의 기술이 부족하다는 사실과 당신의 한계를 깨닫게 될 것이다. 대부분의 사람들은 의식적이든 무의식적이든 지루함이나 고통, 모든 형태의 역경을 피하려고 한다. 사람들은 비난에 덜 직면하고 실패의 확률을 최소화할 수 있는 상황을 찾는다. 우리는 반드시 정반대 방향을 택해야 한다. 부정적인 경험과 한계, 심지어 고통까지도 적극 포용해야 한다. 이것들이야말로 당신의 기술 수준을 쌓아올리고 목적의식을 갈고닦는 데 완벽한 수단이 되어줄 것이기 때문이다.

연습과 관련해서는 견딜 수 있는 수준의 고통이나 불편이 매우 중요하다. 왜냐하면 이것들은 나중에 힘과 체력, 긍정적 기분을 느끼게 해주기 때문이다. 연습 과정의 지루함을 참는 것도 마찬가지다. 좌절은 당신이 발전하고 있다는 신호다. 아직 더 높은 수준의 기술을 습득해야 한다는 것을 마음이 안다는 뜻이기 때문이다.

무엇이든 데드라인을 적극 수용하고 활용하는 것이 좋다. 만약 당신이 어느

인간 본성의 법칙

프로젝트를 끝내거나 사업체를 하나 차리는 데 스스로에게 1년을 준다면 대체로 1년이나 그 이상이 걸릴 것이다. 자신에게 석 달을 준다면 그만큼 더 빨리 끝낼 것이고, 그 과정에서 집중된 에너지가 당신의 기술 수준을 높이고 결과도 훨씬 더 좋게 만들어줄 것이다. 필요하다면 어느 정도 빡빡한 데드라인을 만들어서 당신의 목적의식을 심화하라.

토머스 에디슨은 발명품을 하나 만드는 데 너무 많은 시간이 걸릴 수 있다는 걸 잘 알고 있었다. 그래서 그는 자신이 만든 것이 얼마나 훌륭한 작품이 될지 기자들에게 이야기하며 본인의 아이디어를 과장하는 습관을 키웠다. 그렇게 널리 알리고 나면 반드시, 그것도 비교적 빠른 시일 내에, 그 일을 성공시키지 않으면 웃음거리가 되기 때문이다. 그런 위치에 놓이고 나면 이제는 수완을 적극 발휘할 수밖에 없고, 거의 매번 그는 실제로 그렇게 해냈다. 18세기 일본의 고승 하쿠인 에카쿠는 여기서 한 발 더 나아갔다. 하쿠인의 스승은 그에게 화두를 몇 가지 던졌는데 이게 그를 크게 좌절시켰다. 발전이 없자 하쿠인은 절박해졌고 아주 진지하게 스스로에게 이렇게 말했다. "내가 일주일 안에 이 화두 중에 하나를 마스터하지 못한다면 자살하겠어." 이것은 효과가 있었고 이후에도 쭉 효과를 발휘해 결국 그는 완전한 깨달음에 이르렀다.

당신도 당신의 길을 가다 보면, 사람들의 비판에 점점 더 휘둘리게 될 것이다. 그중에는 건설적이고 주의를 기울일 만한 비판도 있겠지만, 다수는 그냥 시기심에서 나온 비판일 것이다. 후자에 해당한다는 것은 부정적 의견을 피력할 때 상대가 보이는 감정적 톤을 통해 알 수 있다. 상대는 지나치게 격렬히 이야기하거나 살짝 지나치게 말할 것이다. 혹은 인신공격으로 흘러서 일 자체보다는 인격을 강조하며 당신의 능력 전반에 대한 의구심을 주입할 것이다. 정확히 뭘 어떻게 개선해야 하는지 구체성은 없을 것이다. 상대가 여기에 해당한다는 사실을 알게 되면 그 어떤 형태의 비판도 내 것으로 받아들이지 않아야 한다. 방어적이 된다는 건 이미 상대가 당신을 괴롭게 만들었다는 신호다.

그러지 말고 상대의 부정적 의견을 자극제로 삼아 스스로에게 동기를 부여하고 목적의식을 높여라.

목적이 주는 에너지를 흡수하라

인간은 다른 사람의 기분이나 에너지에 영향을 아주 많이 받는다. 그렇기 때문에 목적의식이 낮거나 가짜 목적의식을 가진 사람들과는 너무 많이 접촉하지 않는 편이 좋다. 반대로 목적의식이 높은 사람을 늘 찾아내서 어울려라. 그런 사람은 완벽한 멘토나 스승 혹은 프로젝트 파트너가 될 수 있다. 이런 사람들은 당신에게서 최선의 모습을 끌어낼 것이고, 그런 사람의 비판을 수용하는 것은 어렵지 않을 뿐만 아니라 신선한 기분까지 든다는 것을 알게 될 것이다.

코코 샤넬(5장 참조)이 그토록 힘을 낼 수 있었던 것도 바로 이런 전략 덕분이었다. 그녀는 의지할 곳이 하나도 없는 고아 출신이었다. 큰 약점을 가지고 인생을 시작한 것이다. 그녀는 20대 초반에 자신의 소명이 옷을 디자인하고 본인의 브랜드를 만드는 것임을 알았다. 그러나 그녀에게는 안내자가 절실했다. 특히나 사업적인 측면에서는 그랬다. 그녀는 자신이 길을 찾을 수 있게 도와줄 사람들을 찾아다녔고 스물다섯 때 완벽한 목표물을 찾아냈다. 아서 케이플이라는 부유한 중년의 영국인 사업가였다. 샤넬은 그의 야심과 다양한 경험, 예술에 대한 지식, 철저한 실용성에 끌렸다.

샤넬은 그를 꼭 붙들고 늘어졌다. 그는 샤넬이 유명한 디자이너가 될 수 있다고 자신감을 불어넣었고, 사업 전반에 관한 지식을 가르쳐주었다. 또한 혹독한 비판도 했다. 그를 깊이 존경했기에 그런 비판도 수용할 수 있었다. 그는 샤넬이 본인의 사업을 시작해보겠다는 중요한 첫 결정을 내릴 수 있게 그녀를 인도해주었다. 그를 통해서 샤넬은 아주 날카로운 목적의식을 갈고닦았고 그것을 평생 간직했다. 그의 영향이 없었다면 그녀의 앞날은 너무나 혼란스럽고 힘들었을 것이다. 나중에도 샤넬은 계속해서 같은 전략으로 되돌아갔다. 그녀는 자신에게 결여되었거나 더 강화해야 할 능력(사회적인 품위, 마케팅, 문화적 트렌드에 대한 감수성)을 가진 남녀를 찾아내 관계를 맺고 그들로부터 배웠다.

이 경우 당신이 찾아야 할 사람은 단지 카리스마가 있거나 선견지명만 가지고 있는 것이 아니라 실용적인 사람이어야 한다. 그래야 그들의 실용적 조언을 듣고 실제로 일을 완수하려는 그들의 의지를 흡수할 수 있다. 가능하다면 주위에 친구나 지인을 서로 비슷한 에너지를 가진 여러 분야 출신의 사람들로 구성하라. 그러면 서로의 목적의식을 고양시켜줄 수 있다. 온라인 친구나 멘토로 만족하지 말고 직접적인 관계를 맺어라. 효과가 다를 것이다.

작은 목표로 된 사다리를 만들어라

장기적인 목표를 가지고 활동한다는 것은 대단한 명료성과 결의를 가져다준다. 예컨대 프로젝트나 사업 구상 같은 이 목표들은 어느 정도 야심찬 것이어야 당신에게서 최선의 모습을 끌어낼 수 있다. 그러나 문제는 현시점에서 거기까지 도달하는 데 필요한 일들을 모두 생각하다 보면 흔히 초조해진다는 점이다. 이런 초조함을 관리하려면 거기에 이르는 데 필요한 더 작은 목표들로 구성된 사다리를 만들어야 한다. 지금 여기 아래에 있는 현재까지 연결될 수 있는 사다리 말이다. 이런 목표들은 아래 칸으로 갈수록 더 간단하고 비교적 짧은 기간 내에 달성할 수 있는 것들이 좋다. 그래야 만족하는 순간들이 생기고 발전했다는 느낌을 받을 수 있다. 과제는 언제나 더 잘게 쪼개어라. 매주 혹은 매일의 미시목표를 가져라. 그러면 집중력을 유지하는 데도 도움이 되고, 쓸데없이 에너지를 낭비하는 일에 얽히거나 옆길로 새는 것을 피할 수 있다.

동시에 더 큰 목표를 지속적으로 상기한다면 지나치게 사소한 세부사항에 빠져들거나 어디까지 왔는지 큰 그림을 놓치는 일을 피할 수 있다. 주기적으로 최초의 비전으로 돌아가서 결실을 얻었을 때 누리게 될 어마어마한 만족감을 상상하라. 그러면 모든 게 뚜렷해지고 앞으로 전진할 수 있는 기운을 얻을 것이다. 또한 그 과정에는 어느 정도의 융통성을 포함시키도록 하라. 일정한 시기가 되면 얼마나 발전했는지 다시 한 번 평가하고 필요하다면 다양한 목표를 수정하라. 끊임없이 경험으로부터 배우면서 처음의 목표를 수정하고 발전시켜라.

당신이 쫓고 있는 것은 일련의 실용적 결과와 성취이지, 실현하지 못한 꿈이나 중도 포기한 프로젝트 목록이 아니라는 사실을 기억하라. 더 작은 목표들을 세워가며 노력한다면 바로 그런 방향으로 나아갈 수 있을 것이다.

일에 온전히 몰두하라

높은 목적의식을 꾸준히 유지하려고 할 때 부닥치는 가장 큰 어려움은 아마오랜 시간의 헌신과 그에 따른 희생이 필요하다는 점일 것이다. 지루하고 좌절하고 실패하는 순간들도 많이 있을 테고, 우리 문화에 포함된 더 즉각적인 쾌락의 유혹도 감당해내야 할 것이다. 위의 인간 본성의 열쇠에서 언급했던 여러 이점들은 즉각 눈에 보이지 않는 경우가 많다. 일 년 또 일 년씩 쌓여가다 보면 번아웃 상태가 될 수도 있다.

이런 지루함을 상쇄하려면 몰입의 순간들이 필요하다. 마음이 일에 너무나 깊이 푹 빠져들어서 자아를 초월하는 순간 말이다. 그때는 심오한 기쁨과 차분함을 경험하게 될 것이다. 심리학자 에이브러햄 매슬로는 이것을 '절정 체험'이라고 불렀다. 일단 한번 절정 체험을 하고 나면 당신은 결코 이전으로 되돌아갈 수 없다. 다시 한 번 그것을 경험하고 싶은 충동을 느낄 것이다. 이에 비하면 세상이 주는 즉각적 쾌락들은 빛이 바랠 것이다. 그리고 당신의 헌신과 희생에 대한 보상을 받았다고 느끼면 목적의식은 더 강해질 것이다.

절정 체험을 억지로 만들어낼 수는 없지만 그 확률을 높일 수 있는 분위기를 조성하는 방법은 있다. 첫째, 어느 정도 과정이 진행될 때까지 기다리는 것이 중요하다. 적어도 프로젝트를 절반 이상 추진했거나 당신의 분야에서 몇 년간 연구를 진행한 후여야 한다. 그런 순간이 되면 당신의 마음속에는 자연히 온갖 정보와 경험이 가득 차서 절정 체험을 할 수 있는 때가 무르익는다.

둘째, 방해받지 않고 일할 수 있는 시간을 만들어야 한다. 가장 많은 날을 일할 수 있는 주(週)에서 가장 긴 시간을 일할 수 있는 날을 고른다. 평소에 주의력을 뺏어가는 것들을 엄격히 제거해야 한다. 잠시 사라지는 것도 좋다. 이것을 일종의 종교적 수행 기간처럼 생각하라. 스티브 잡스는 사무실 문을 닫아놓고 하루 종일 처박혀서 깊은 집중의 순간에 빠질 때까지 기다리곤 했다. 일단 한번 시간을 만드는 데 능숙해지고 나면 어디서나 이렇게 할 수 있다. 아인슈타인은 도심의 길거리나 호수에서 배를 타다가도 이렇게 깊은 몰두 상태에 빠져든 것으로 유명하다.

셋째, 주안점은 일이 되어야지, 당신 자신이나 인정받고 싶은 욕구가 되어서는 안 된다. 당신 자신을 일 자체에 완전히 녹아들게 만들어야 한다. 자아에서 나온 생각이 끼어들거나 스스로를 의심하거나 개인적인 강박 같은 것으로 몰입을 방해해서는 안 된다. 이런 몰입의 상태는 어마어마한 치유 효과가 있을 뿐만 아니라 괴상할 만큼 창의적인 결과도 내놓을 수 있다.

영화배우 잉그리드 버그만은 영화를 촬영하는 동안에는 본인의 에너지를 한 톨도 남기지 않고 모두 쏟아부었다. 본인의 삶에 관해 다른 모든 것은 잊었다. 본인들이 버는 돈이나 받는 관심에 큰 중요성을 두었던 다른 배우들과는 달리, 버그만은 본인이 맡은 역할을 온전히 구현함으로써 캐릭터에 생명을 불어넣을 수 있는 기회만을 생각했다. 이 목적을 위해 그녀는 작가나 감독들과 자주 의견을 나누고 역할 자체나 대화 일부를 적극적으로 바꾸기도 하면서 해당 캐릭터를 더 실감나게 만들었다. 이 점에서 함께 일하는 사람들은 버그만을 신뢰했다. 왜냐하면 그녀의 아이디어는 언제나 훌륭했고 캐릭터에 대한 깊은 연구에 기초한 것이었기 때문이다.

사고 과정을 충분히 거치고 나면 그녀는 며칠씩 혹은 몇 주씩 사람들과의 교류를 끊고 자신이 그 역할에 녹아든 것을 느꼈다. 그렇게 함으로써 그녀는 본인의 삶에서 겪는 모든 고통을 잊을 수 있었다. 어릴 때 부모님을 잃은 일이나 남편의 학대 같은 것들 말이다. 이런 순간들이 그녀에게는 삶의 진정한 기쁨을 맛보는 때였고 그녀는 이런 절정 체험을 스크린에 그대로 옮겨놓았다. 버그만의 연기를 보면 관객들은 뭔가 깊이 있는 사실성을 느끼면서 그녀가 연기하는 캐릭터에 유난히 깊은 동질감을 느꼈다. 본인이 주기적으로 이런 경험을 할 거라는 사실과 그에 따른 결과를 알고 있었기 때문에 버그만은 자신에게 요구되는 고통과 희생을 이겨낼 수 있었다.

이것을 당신 천직에 바치는 일종의 종교적 헌신이라고 생각하라. 그런 헌신은 결국 일 자체와 통합되는 순간들을 만들어낼 테고, 직접 경험해보기 전에는 알 수 없는 황홀경을 선물할 것이다.

가짜 목적의 함정

목적을 찾으려고 하는 중력과도 같은 끌림은 인간 본성의 두 가지 요소에서 기인한다. 첫째, 다른 동물들처럼 본능에 의존할 수가 없기 때문에 우리는 나의 행동을 인도하고 제한할 방향성이라는 수단을 필요로 한다. 둘째, 인간은 광대한 우주 속 수십억의 타인과 함께 사는 세상에서 내가 얼마나 미약한 존재인지 잘 알고 있다. 우리는 내가 죽을 거라는 사실과 결국에는 영원한 시간이 나를 집어삼킬 것임을 안다. 우리는 '나'라는 개인보다 더 큰 무언가를 느끼고 나를 초월한 무언가와 연결되어 있다는 기분을 느껴야 한다.

그러나 인간의 본성 때문에 많은 사람들이 값싸게 목적을 만들어내고 초월감을 느끼려고 한다. 최소한의 노력으로 가장 쉽고 편한 방법으로 목적과 초월감을 찾아내려고 한다. 그런 사람들은 '가짜 목적'에 자신을 넘겨준다. 가짜 목적은 목적과 초월감의 환영만을 제공한다. 가짜 목적은 다음과 같은 점에서 진짜 목적과 대조를 이룬다. 우선 진짜 목적은 내면에서 나온다. 진짜 목적은 우리가 직접 아주 밀접한 관계를 맺고 있다고 느끼는 생각이나 소명, 임무 같은 것이다. 진짜 목적은 내 것이다. 다른 사람이 영감을 주었을 수는 있지만 아무도 나에게 강요할 수 없으며 누가 뺏어갈 방법도 없다. 종교를 가진 사람은 단순히 교리만을 받아들이는 게 아니다. 엄격한 성찰을 통해 신념을 나 자신에게 진실한 것으로 만든다. 가짜 목적은 외부의 출처에서 나온다. 신념 체계를 통째로 집어삼켰거나 남들이 하는 대로 따라하는 것에 불과하다.

진짜 목적은 우리를 더 위쪽으로, 더 인간적인 차원으로 끌어올린다. 우리는 기술을 개선하고 마음을 갈고닦는다. 나의 잠재력을 깨닫고 사회에 헌신한다. 가짜 목적은 아래쪽으로, 인간 본성의 동물적 측면으로 이끈다. 각종 중독, 정신력 상실, 생각 없는 동조, 냉소 같은 것들이 그것이다.

이렇게 잘못된 형태의 목적이 무엇인지 알아두는 게 중요하다. 우리는 누구나 어느 시점에 가서는 가짜 목적에 넘어갈 때가 있다. 왜냐하면 가짜 목적은 너무나 쉽고, 인기 있고, 값이 싸기 때문이다. 이렇게 저급한 형태의 목적을 향한 충동을 제거할 수 있다면 자연히 더 높은 목적에 끌릴 것이다. 우리는 의미와 목적을 추구하는 것을 피할 수 없기 때문이다. 다음은 문명이 시작된 이래 줄곧 인간에게 호소력을 가져 왔던, 가장 흔한 형태의 가짜 목적 다섯 가지다.

쾌락 추구

많은 사람들에게 일이란 그냥 짜증나지만 인생에서 꼭 필요한 것이다. 정말로 우리에게 동기가 되는 것은 고통을 피하고 직장 밖의 시간에서 최대한 많은 쾌락을 찾는 것이다. 우리가 추구하는 쾌락에는 여러 가지 형태가 있다. 섹스, 각성제, 오락 활동, 음식, 쇼핑, 도박, 유행하는 기술, 온갖 게임 등이다.

추구의 대상이 무엇이든 간에 이것들은 한계효용 체감의 법칙으로 이어지는 경향이 있다. 우리가 얻는 쾌락의 순간은 반복되면 반복될수록 둔감해진다. 우리는 똑같은 것을 점점 더 많이 갖거나 계속해서 새로운 곳으로 눈을 돌려야 한다. 우리의 욕구는 종종 중독으로 변질되고, 의존성이 생기면서 건강과 정신력은 약해진다. 우리는 내가 추구하는 그 대상에 지배당하고 나 자신을 잃는다. 예컨대 약물이나 알코올을 통해 일시적으로 삶의 시시함을 벗어나 보는 식이다.

이런 형태의 가짜 목적은 요즘 세상에 아주 흔한데, 주로 한눈팔 거리가 넘쳐나는 탓이다. 하지만 이것은 기본적인 인간 본성에 어긋난다. 더 깊은 수준의 쾌락을 느끼려면 우리는 절제를 배워야 한다. 재미로 다양한 책을 연달아서 마구 읽으면 한 권에서 느낄 수 있는 만족감이 줄어든다. 마음이 감당하기 버겁고 지나치게 자극된다. 새 책을 한 권 읽을 때마다 각각에 맞는 접근법이 필요하다. 훌륭한 책 한 권을 읽고 그 안에 푹 빠져드는 것은 긴장이 이완되고 행복감을 주는 효과가 있다. 그 안에 숨어 있는 풍요로움을 발견하기 때문이다. 책을 읽고 있지 않을 때도 우리는 그 책의 내용을 또 생각하고 또 생각하게 된다.

누구나 긴장을 풀기 위해서는 직장 밖에서 즐거운 순간들이 필요하다. 그러나 목적의식을 가지고 활동하면 절제의 가치를 알게 된다. 지나친 자극보다는 경험의 깊이를 선택하게 된다.

대의와 사이비 종교

인간에게는 무언가를 믿고 싶은 근원적 욕구가 있다. 우리를 단결시켜주는 거대한 신념 체계가 없을 때 그 공허함을 채우는 것이 온갖 종류의 사소한 대의와 사이비 종교들이다. 이런 집단은 보통 그리 오래 지속되지 못한다. 10년도 못 가서 한물간 것이 된다. 그렇게 잠깐 존재하는 동안 지지자들은 그 극단적 의견과 과도한 신념을 본인이 좇을 분명한 비전으로 받아들인다. 그들은

인간 본성의 법칙

빠르게 적들을 찾아내고 그 적들이 세상 모든 잘못의 출처라고 말한다. 이들 집단은 사람들이 개인적 좌절과 시기심, 혐오를 분출하는 수단이 된다. 그들은 또한 진실을 아는 특별한 집단의 일원이 되었다는 우월감을 느낀다.

어떤 것이 사소한 대의나 사이비 종교인지 여부는 그 신봉자들이 원하는 바가 얼마나 막연한지를 보면 알 수 있다. 그들은 자신들이 바라는 세상이나 사회가 어떤 종류인지 구체적이고 실질적인 언어로 묘사하지 못한다. 그들의 존재 이유는 많은 부분 부정적인 정의를 중심으로 한다. 이런저런 사람들 혹은 이런저런 관행들을 다 없애면 세상이 천국이 될 거라는 식이다. 그들에게는 전략이라는 개념도 그 막연한 목표에 이르는 명확한 방법도 없다. 이는 해당 집단이 그저 감정의 분출을 위한 모임이라는 것을 알려주는 분명한 신호다.

종종 이런 집단들은 대규모 공개 집회에 의존하기도 한다. 그러면 사람들은 그 숫자와 공유된 감정에 도취된다. 역사적으로 교활한 통치자들은 이런 것들을 아주 잘 활용했다. 군중 속의 사람들은 남의 영향을 아주 쉽게 받는다. 짧고 간단한 구호를 계속 반복함으로써 슬로건을 만들고, 지극히 터무니없고 비이성적인 생각을 집어삼키게 만들 수 있다. 군중 속에 있으면 사람들은 개인적으로는 아무 책임도 지지 않는다고 느낄 수 있고 그래서 폭력으로 이어지기도 한다. 사람들은 자신을 초월했다고, 나는 미약하지 않다고 느끼지만 이런 것은 환영에 불과하다. 오히려 사람들은 자신의 의지와 개별 목소리를 상실함으로써 더 작아진다.

마틴 루터 킹 주니어의 경우처럼 어느 대의의 편에 서는 것이 목적의식에서 중요한 일부를 차지할 수 있다. 그러나 이것은 해당 주제를 깊이 생각해보고 그 대의를 내 인생의 과업의 일부로 다짐하는 내적 과정을 통해 나타나야 한다. 우리는 집단이라는 기계의 단순한 부품이 아니라 능동적인 기여자다. 따라서 집단의 노선을 단순히 흉내 내는 게 아니라 나의 개성을 거기에 발휘해야 한다. 내 자존심을 만족시키거나 못난 감정을 분출하기 위한 욕구에서가 아니라 나 자신의 목적의식 깊숙한 곳으로부터 솟아나는 정의 및 진실에 대한 갈증에서 어떤 대의에 합류해야 한다.

돈과 성공

많은 사람들이 돈과 지위를 추구하는 것을 큰 동기부여이자 인생의 초점으로 삼는다. 그런 사람들은 인생의 소명을 알아내는 것은 어마어마한 시간 낭비이자 철지난 개념이라고 생각할 것이다. 그러나 장기적으로 보면 그런 철학이 종종 비실용적인 결과를 내기도 한다.

첫째, 그런 사람들은 가장 빨리 가장 큰돈을 벌 수 있는 분야에 들어간다. 그들은 가장 높은 연봉을 목표로 한다. 그들의 직업 선택은 본인의 실제 성향과는 거의 또는 전혀 관련이 없다. 그들이 선택한 분야는 만족을 모르고 돈과 성공을 사냥하는 다른 사냥꾼들로 붐비기 때문에 경쟁이 치열하다. 충분한 열정이 있다면 한동안 꽤 잘할 수도 있겠지만, 나이가 들면 불안해지기 시작할 테고 지루함을 느낄 것이다. 그들은 새로운 경로로 돈과 성공을 추구해본다. 새로운 도전이 필요하다. 그들은 계속해서 본인에게 동기를 줄 수 있는 무언가를 찾아야 한다. 종종 그들은 강박적으로 돈을 추구하다가 큰 실수를 저지른다. 왜냐하면 너무나 단기적으로 생각하기 때문이다. 파생상품 광풍에 올인했다가 2008년 금융위기를 만들어낸 사람들도 바로 그런 경우였다.

둘째, 돈과 성공이 지속되려면 남들이 따르는 길을 생각 없이 따라갈 것이 아니라 독창성을 유지해야 한다. 돈을 제1의 목표로 만들면 절대로 나만의 개성을 개발할 수 없기 때문에 결국에는 더 젊고 더 목마른 사람들로 대체된다.

마지막으로, 종종 이런 것을 추구하는 사람들의 동기는 그저 남보다 더 많은 돈과 지위를 얻어서 우월감을 느끼는 것이다. 그런 기준을 가지고 있으면 언제가 충분한지 알기 어렵다. 왜냐하면 언제나 나보다 많이 가진 사람이 있기 때문이다. 따라서 여정은 끝이 없고 진을 다 빼버린다. 일과 자신이 직접적

인간 본성의 법칙 ┄┄┄

인 관련이 있다고 느끼지 못하기 때문에 그들은 자기 자신으로부터 소외된다. 일을 하는 것이 마치 영혼 없는 추적을 계속하는 기분이다. 그들은 진정한 소명이 없는 워커홀릭이 된다. 우울증이나 광기로 흐를 수도 있고, 광기가 심해지면 본인이 얻어놓은 것을 상실하는 일도 자주 벌어진다.

'의욕 과잉'의 영향에 대해서는 모르는 사람이 없을 것이다. 필사적으로 자고 싶고 수면이 필요한 상태에서는 오히려 잠이 잘 들지 않는다. 어느 콘퍼런스에서 정말로 말을 잘해야 한다면 결과에 대한 걱정이 너무 커져서 오히려 말을 잘 못하게 된다. 애인이나 친구를 사귀려는 욕구가 너무 절실하면 오히려 사람들을 밀어낸다. 긴장을 풀고 다른 것에 주의를 집중해보자. 그렇게 하면 잠이 들거나 말을 잘하거나 사람들에게 매력을 끌 가능성이 오히려 더 커진다. 인생에서 가장 즐거운 일은 직접적으로 의도하거나 기대하지 않은 무언가의 결과로 일어난다. 억지로 행복한 순간을 만들어내려고 하면 실망하기 쉽다.

돈이나 성공을 집요하게 쫓는 것도 마찬가지다. 가장 성공하고 유명하고 부유한 사람들 중에는 돈이나 지위에 대한 집착에서 일을 시작하지 않은 경우가 많다. 그 대표적인 사례가 스티브 잡스다. 잡스는 비교적 길지 않은 삶에서 큰 돈을 모았다. 실제로 그는 물질적 소유에 큰 관심이 없었다. 그의 유일한 관심사는 최고의 독창적 디자인을 만들어내는 것이었고, 실제로 그렇게 하고 보니 부가 따라왔다. 높은 목적의식을 유지하는 데 집중하라. 그러면 성공은 자연스럽게 당신 쪽으로 흐를 것이다.

관심

사람들은 언제나 유명세와 관심을 추구해왔다. 대단하고 중요한 사람이 된 기분을 느끼고 싶어 했다. 사람들은 나에게 갈채를 보내는 사람의 숫자, 내가 명령을 내리는 군대의 규모, 나의 시중을 드는 조신들에 연연하게 됐다. 이렇게 잘못된 목적의식을 크게 대중화하고 널리 퍼뜨린 것은 소셜 미디어다. 이제는 누구나 과거 왕이나 정복자들만이 꿈꿀 수 있었던 정도의 관심을 받을 수 있게 됐다. 자신에 대한 이미지나 자존감은 우리가 매일 받는 관심에 연동되었다. 소셜 미디어에서는 사람들의 눈길을 끌기 위해 점점 더 터무니없는 짓을 벌이는 경우도 많다. 우리는 점점 더 광대가 되어가고, 너무나 지치고 소외감을 느낀다. 매 순간 관심이 조금이라도 줄어들면 괴로운 고통이 우리를 갉아먹는다. '내가 감을 잃은 건가? 내가 받아야 할 관심을 대체 누가 빼앗아가고 있는 거지?'

돈이나 성공과 마찬가지로 높은 목적의식을 개발하고 자연스럽게 사람들을 끌어들일 일을 하면 관심을 받을 가능성은 훨씬 더 높아진다. 예기치 못한 관심은 갑자기 얻은 성공처럼 훨씬 더 즐겁다.

냉소주의

프리드리히 니체에 따르면 "사람은 목적이 없느니 차라리 공허함이라도 목적으로 삼을 것이다." 인생에 목적이나 의미가 없다는 느낌 즉 냉소주의는 바로 '공허함을 목적으로 삼는 것'이라고 할 수 있다. 요즘 세상에는 정치나 과거의 신념 체계에 대해 환멸을 느끼는 경우가 늘어나면서 냉소주의라는 잘못된 목적이 점점 더 흔해지고 있다.

그런 냉소주의에는 다음과 같은 믿음이 일부 또는 전부 포함되어 있다. 인생은 부조리하며, 의미 없고, 무작위적이다. 진실이나 탁월함, 의미에 대한 기준은 완전히 구닥다리다. 모든 것은 상대적이다. 사람들의 판단은 세상에 대한 해석에 불과하기 때문에 어느 것이 다른 것보다 낫다고 할 수 없다. 모든 정치가는 부패했으므로 정치에 참여할 만한 가치가 없으며, 투표를 하지 않거나 일부러 그 모든 것을 찢어발길 리더를 선택하는 편이 낫다. 성공한 사람들은 시스템을 농락해서 거기에 오른 것이다. 그 어떤 형태의 권위도 당연히 신뢰할 수 없다. 나중에 사람들의 동기를 들여다보면 그들이 이기적임을 알 수 있

인간 본성의 법칙 ⸻

다. 현실은 잔혹하고 추하므로, 그 점을 받아들이고 회의적이 되는 편이 낫다. 어떤 것도 진지하게 받아들이기 힘드므로 그냥 웃어넘기고 즐거운 시간을 가져야 한다. 모든 건 차이가 없다.

이런 태도를 가진 사람은 그게 마치 쿨하고 멋진 것처럼 군다. 냉소주의를 고수하는 사람들은 심드렁하고 조소하는 듯한 분위기를 풍겨서 자신은 모든 걸 꿰뚫고 있다는 듯이 보이려고 한다. 그러나 냉소주의는 보기와는 다르다. 냉소주의의 배후에는 무심한 척 보이고 싶은 사춘기적 태도가 자리하고 있다. 이것은 무언가를 시도했다가 실패하는 것 혹은 눈에 띄었다가 웃음거리가 되는 것에 대한 심한 두려움을 위장하려는 시도다. 이는 순전히 나태함에서 비롯되며, 냉소주의를 믿는 사람에게는 아무것도 이루지 못한 것에 대한 위로를 제공한다.

목적과 의미를 찾는 우리는 정반대 방향으로 움직여야 한다. 현실은 잔혹하고 추하지 않다. 현실에는 숭고하고 아름답고 경이로워할 만한 것들도 많다. 다른 사람들이 이뤄놓은 위대한 업적들을 보면 알 수 있다. 우리는 숭고한 것들과 더 자주 마주쳐야 한다. 인간의 뇌 그 자체보다 더 경외를 자아내는 것은 없다. 뇌는 너무나 복잡하고 아직 이용되지 못한 수많은 잠재력을 가지고 있다. 우리는 그 잠재력 중 일부를 내 인생에서 깨달아야 한다. 냉소적인 게으름뱅이들의 태도에 젖어 있을 일이 아니다. 우리가 보고 경험하는 모든 것에서 목적을 보아야 한다. 결국 우리가 바라는 것은 지금 어른의 지능을 가지고 모든 게 그토록 황홀했던 어린 시절 세상을 향해 품었던 호기심과 흥분에 불을 붙이는 것이다.

이루 헤아릴 수 없이 위대한 것 앞에서 늘 고개를 숙일 수 있어야 한다는 것은 인간 존재의 가장 기본적인 전제조건이다. 만약 사람들에게서 이루 헤아릴 수 없이 위대한 것을 모두 빼앗아버린다면, 그들은 더 이상 살지 못하고 절망 속에 죽을 것이다. 인간에게 헤아릴 수 없는 것, 무한한 것은 그가 살고 있는 작은 행성만큼이나 꼭 필요하다.

— 표도르 도스토옙스키

인간 본성의 법칙

Law 14 · Conformity

동조의 법칙

집단의
영향력에
저항하라

우리 성격의 여러 측면 중에 사람들이 일반적으로 잘 모르는 면이 있다. 바로 사회적 인격이다. 집단 속에서 활동할 때 우리는 전혀 다른 사람이 된다. 집단 환경에서는 무의식적으로 남들이 하는 말, 하는 행동을 흉내 낸다. 생각도 달라진다. 무리에 녹아드는 것을 더 걱정하고 남들이 믿는 것을 믿는다. 감정도 달라진다. 집단의 분위기에 감염된다. 위험을 더 잘 감수하고, 비이성적인 행동도 더 쉽게 한다. 다들 그렇게 하기 때문이다. 사회적 인격이 내 인격을 압도할 수도 있다. 남들의 이야기를 너무 많이 듣고 그들의 행동에 나를 맞추면서 개성이나 스스로 생각할 수 있는 능력을 잃어간다. 유일한 해결책은 집단 환경에서 내가 어떻게 다른 사람이 되는지를 잘 이해하고 그에 대한 자각을 키우는 것뿐이다. 이런 정보를 가지고 있으면 사회생활을 탁월하게 잘하는 사람이 될 수 있다. 표면적으로는 집단에 잘 녹아들고 고차원적인 협업이 가능하면서도, 독립성과 이성을 그대로 유지할 수 있다.

마오쩌둥의 실험

공산주의 중국에서 성장한 소년 가오젠화(高建華, 1952-)는 훌륭한 작가가 되는 것이 꿈이었다. 그는 문학을 사랑했고, 선생님들은 가오젠화의 에세이와 시를 칭찬했다. 1964년 그는 가족들이 사는 곳에서 멀지 않은 이젠중학교에 입학 허가를 얻었다. 베이징 북쪽으로 몇 백 킬로미터 떨어진 곳의 이젠이라는 도시에 위치한 이젠중학교는 학생 90퍼센트 이상이 대학에 진학하는 '핵심 학교'로 알려져 있었다. 입학이 쉽지 않은 명문학교였다. 이젠중학교에서 가오젠화는 조용하고 열심히 공부하는 학생이었다. 6년 후에는 최고 성적으로 졸업해 베이징대학교에 진학하여 꿈꾸던 작가 생활을 시작하겠다는 게 가오젠화의 야망이었다.

이젠중학교 학생들은 캠퍼스에 살았다. 중국에서는 공산당이 생활의 거의 모든 면면을 규제했기 때문에 생활은 상당히 지루했다. 여기에는 교육도 포함됐다. 매일 군사 훈련과 선전 수업, 할당된 노동, 정규 수업이 있었고 때로는 아주 엄격했다.

이젠중학교에서 가오젠화는 팡푸라는 이름의 같은 반 친구와 아주 가깝게 지냈는데, 팡푸는 아마도 교내에서 가장 열성적인 공산당원이었다. 창백한 얼굴에 야위고 안경을 쓴 팡푸는 지적인 혁명가처럼 보였다. 팡푸는 가오젠화보다 네 살이 많았지만, 둘 다 문학을 사랑하고 작가가 되고 싶어 한다는 공통점을 바탕으로 끈끈한 유대관계를 형성했다. 하지만 둘에게는 차이도 있었다. 팡푸의 시는 정치적 이슈를 중심으로 한 것이었다. 그는 마오쩌둥 주석을 숭배하여 그의 저술뿐만 아니라 혁명가로서의 이력도 모방하고 싶어 했다. 반면에 가오젠화는 정치에는 별 관심이 없었다. 아버지가 존경받는 공산당원 참전 용사이자 정부 관료였는데도 말이다. 그러나 두 사람은 함께 문학에 관한 토론을 즐겨했고 팡푸는 가오젠화를 동생처럼 대했다.

1966년 5월 가오젠화가 2학년 마지막 시험을 준비하며 공부에 몰두하고 있을 때 팡푸가 그를 찾아왔다. 팡푸는 그날따라 아주 활기차 보였다. 팡푸는 베이징 신문들을 샅샅이 뒤져가며 수도에서 벌어지고 있는 동향을 놓치지 않고 있었는데, 최근에 몇몇 저명한 지식인들 사이에 벌어진 문학토론에 관해 읽은 내용을 가오젠화에게 들려주고 싶어 했다.

이 지식인들은 존경받는 유명한 작가들이 그들의 희곡이나 영화, 잡지 기사 등에 반혁명적 메시지를 숨겨놓았다고 의심을 제기했다. 그들이 이렇게 의심하는 근거는 해당 작가들의 몇몇 글을 꼼꼼히 읽어보면 은근히 마오쩌둥을 비난하는 것으로 볼 수 있는 구절들이 있다는 것이었다. "어떤 사람들은 문학과 예술을 이용해 공산당과 사회주의를 공격하고 있어." 이 토론은 혁명의 미래에 관한 것인데 이 모든 것의 배후에는 마오쩌둥이 있는 게 틀림없다고 팡푸는 말했다. 가오젠화에게는 이런 이야기가 다소 지루하고 현학적으로 들렸으나 본인보다 나이 많은 친구의 본능을 신뢰했다. 가오젠화는 신문에 나온 사건들을 계속 읽어보겠다고 약속했다.

팡푸의 말은 예언이 됐다. 일주일이 지나자 중국 전역의 신문들이 앞 다투어 논란이 되고 있는 토론 소식을 다루었다. 이젠중학교의 선생님들도 수업 시간에 일부 해당 신문 기사에 관해 이야기하기 시작했다. 어느 날 딩이라는 이름의 배불뚝이 학교 공산당 서기가 집회를 소집했다. 그의 연설은 반혁명적 작가들에 반대하는 사설을 그대로 옮겨놓은 듯했다. 이제 학생들은 가장 최근에 해당 토론이 어떻게 진행되고 있는지를 이야기하는 데 많은 시간을 써야 했다.

베이징 전역에는 '반당주의자'들을 공격하는 커다란 헤드라인의 포스터가 곳곳에 나붙었다. 그들이 은밀히 공산주의 혁명에 제동을 걸려 하고 있다고 했다. 딩 서기는 학생들에게 각자 포스터를 만들 수 있는 재료를 나눠줬고, 학생들은 신이 나서 포스터 만들기에 몰두했다. 학생들은 대체로 베이징에 나붙는 포스터를 그대로 베꼈다. 가오젠화의 친구 중에 그림에 소질이 있는 종웨이라는 소년은 우아한 캘리그라피를 이용해서 아주 매력적인 포스터를 만들었다. 며칠 후 학교의 벽이란 벽은 죄다 포스터로 도배가 됐다. 딩 서기는 캠퍼스를 거닐며 포스터를 읽고 고개를 끄덕이며 미소를 지었다. 가오젠화에게는 이 모든 게 신선하고 흥분되는 일이었다. 새로운 모습의 캠퍼스 벽들이 아주 마음에 들었다.

베이징의 캠페인은 모두가 알 만한 그 지역 지식인들에게 집중되었지만, 수백 킬로미터 떨어진 이젠에서는 다소 먼 나라 이야기 같았다. 만약 중국에 온갖 반혁명주의자들이 침투 중이라면 학교에도 침투했다는 뜻이 될 것이다. 학생들 입장에서 그런 적들을 찾아볼 수 있는 곳이라고는 선생님과 학교 관리들뿐이었다. 학생들은 지식인들이 유명 작가의 작품을 대상으로 그렇게 하듯이, 선생님들의 강의와 수업에 혹시나 숨은 메시지가 있지는 않은지 꼼꼼히 들여다보기 시작했다.

지리 선생님 류는 늘 중국의 아름다운 풍광에 관해 이야기하곤 했다. 하지만 마오쩌둥의 감동적인 언사에 대해서는 좀처럼 언급한 적이 없었다. 그것도 뭔가 의미가 있을까? 물리학 선생님 펑은 아버지가 미국 해군에 근무한 미국인이었다. 펑이 은밀한 제국주의자는 아닐까? 중국어 선생님 리는 혁명기간 동안 처음에는 공산당에 맞서 국민당 편에서 싸우다가 마지막 해에 편을 바꿨다. 학생들은 언제나 그의 설명을 신뢰했다. 그는 또 가오젠화가 가장 좋아하는 선생님이기도 했다. 스토리텔링 솜씨가 무척 뛰어났기 때문이다. 그러나 뒤돌아 생각해보니 리 선생님은 약간 구식이고 부르주아적인 것 같기도 했다. 리 선생님은 여전히 마음속으로는 반혁명적 국민당 지지자일까? 얼마 후 이들 선생님 일부의 열정에 관해 의문을 제기하는 포스터들이 등장했다. 딩 서기는 이러한 일이 당초의 논쟁과는 거리가 있는 사소한 일이라 생각했고, 선생님을 공격하는 포스터를 금지했다.

6월이 되자 베이징을 휩쓸고 이내 중국 전역을 휩쓴 이 운동에 이름이 생겼다. '문화대혁명'이라고 했다. 사실 신문 기사가 나게 만들어서 이 모든 것을 선동한 사람은 마오쩌둥 본인이었다. 그는 이 새로운 운동의 현재 진행형 리더가 되려고 했다. 그는 중국이 봉건적 과거로 슬그머니 되돌아가고 있는 것을 두려워했다. 옛날식 사고와 행동이 다시 돌아오고 있었다. 관료주의는 새로운 형태의 엘리트가 양성되는 토대가 돼버렸다. 그에 비하면 농민들은 여전히 힘이 없었다.

마오쩌둥은 혁명 정신을 되살리도록 강력한 경고를 보내고 싶었다. 그는 젊은 세대가 혁명을 직접 추진하고 체험해보기를 바랐다. 그는 젊은이들에게 이것은 '저항할 권리'라고 선언했다. 하지만 그가 이 뜻으로 사용한 중국어는 '자오판(造反)'이었다. 말 그대로 모든 것을 뒤집어엎자는 뜻이다. 그는 권위를 의심하는 것이 젊은이들의 의무라고 말했다. 몰래 중국을 과거로 돌리려고 작업하는 사람들을 그는 '수정주의자'라고 불렀다. 그는 학생들에게 자신을 도와 수정주의자들을 색출하고 새로운 혁명 중국에서 그들의 뿌리를 뽑게 도와달라고 부르짖었다.

마오쩌둥의 이런 선언을 작전 개시의 신호로 받아들인 광푸는 지금까지 누구도 본 적 없는 대담한 포스터를 만들었다. 딩 서기 본인을 직접 공격하는 내용이었다. 딩은 학교의 당 서기일 뿐만 아니라 혁명의 참전용사이자 매우 존경받는 인물이었다. 그러나 광푸에 따르면 그가 선생님들을 비판하지 못하게 금지한 것은 그가 수정주의자임을 증명하는 셈이라는 것이다. 마오쩌둥이 격려했던 의심의 정신을 억압하려는 시도라고 했다. 이 일은 상당한 동요를 일으켰다. 학생들은 그동안 당국에 속한 사람들에게 무조건적으로 복종하라고 배웠다. 특히나 존경받는 당원들에게는 말이다. 팡푸는 이런 터부를 깨버린 것이다. 혹시 그가 너무 나간 것일까?

팡푸의 포스터가 등장하고 며칠 후 베이징에서 온 낯선 사람 몇 명이 캠퍼스에 도착했다. 그들은 중국 곳곳의 학교에 파견된 '실무팀'에 속한 사람들이었다. 그들은 이제 막 싹트는 문화혁명의 몇 가지 원칙을 감독하고 유지하는 일을 돕는다고 했다. 이젠중학교에 온 실무팀은 팡푸에게 딩 서기에게 공개적으로 사과하라고 명령했다. 그러나 동시에 그들은 선생님을 비판하는 포스터에 대한 금지 조치를 풀었다. 그들은 중국 전역의 다른 학교들과 마찬가지로 이젠중학교에서도 모든 수업과 시험을 중단시켰다. 학생들은 실무팀이 지켜보는 아래에서 혁명 추진에 매진해야 했다.

본인들에게 주입된 과거의 굴레와 모든 복종의 습관으로부터 갑자기 자유로워진 것을 느낀 이젠중학교 학생들은 혁명의 열정을 덜 보여줬거나 학생들에게 친절하지 않았던 선생님들을 대놓고 공격하기 시작했다.

가오젠화는 이 캠페인에 가담해야 할 것 같았지만 그게 쉽지 않았다. 가오젠화는 거의 모든 선생님을 좋아했던 것이다. 하지만 수정주의자처럼 보이고 싶지는 않았다. 게다가 그는 마오쩌둥의 지혜와 권위를 존경했다. 가오젠화는 원 선생님을 공격하는 포스터를 만들기로 했다. 언젠가 원 선생님은 정치에 충분한 관심을 갖지 않는다고 가오젠화를 비난하여 곤란하게 만든 적이 있었다. 가오젠화는 최대한 부드럽게 원 선생님을 비판했다. 하지만 다른 친구들이 이 포스터의 내용을 이어받아 원 선생님을 더 심하게 비난하자 가오젠화는 마음이 편치 않았다.

학생들의 커지는 분노를 가라앉히기 위해 일부 선생님들은 혁명과 관련한 사소한 죄를 고백하기 시작했다. 그러자 학생들은 오히려 해당 선생님이 더 많은 것을 숨기고 있는 듯한 기분이 들었다. 선생님들이 진실을 밝히게 만들려면 압박을 더 가해야 했다. '꼬마 바왕'('바왕'은 '감독자'라는 뜻으로 이 학생은 명령내리는 것을 좋아했다)'이라는 별명을 가진 학생이 그 방법을 생각해냈다. 꼬마 바왕은 1940년대 혁명 기간에 소작농들이 가장 악독한 지주들을 사로잡아 머리에는 거대한 바보 모자를 씌우고 목에는 그들의 죄목을 새긴 무거운 목판을 걸고 마을을 행진하게 시켰다는 마오쩌둥의 설명을 읽은 적이 있었다. 그런 공개 망신을 피하려면 선생님들은 분명 죄를 실토하고 자백해야 할 것이다. 학생들은 이 방법을 써보기로 했고, 이 조치의 첫 번째 타깃은 가오젠화가 가장 좋아하는 리 선생님이 됐다.

리 선생님은 공산당으로 전향한 것이 가짜라는 혐의를 받았다. 다른 선생님들에게 상하이에 있는 사창가를 방문한 이야기를 했다는 데서부터 이야기가 시작됐다. 그에게는 비밀스러운 사생활이 있는 게 틀림없다. 가오젠화도 이제는 리 선생님에게 실망했다. 공산당 혁명 이전의 중국은 잔인한 곳이다. 그런데 만약 리 선생님이 그걸 되살리려고 공작을 펼치고 있다면 그를 미워할 수밖에 없다. 아무런 범죄도 고백하지 않으려고 하는 리 선생님이 처음으로 바보 모자를 쓰고 목에 목판을 걸고 학교를 행진했다. 그가 지날 때 일부 학생들은 포스터를 붙일 때 쓰는 풀이 든 들통을 통째로 그의 머리에 끼얹기도 했다. 가오젠화는 선생님이 망신을 당하는 모습을 보는 게 거북했지만 그런 마음을 억누르려 애쓰며 멀찌감치 물러서서 행진을 따라갔다.

꼬마 바왕이 이끄는 학생들이 그 같은 운명을 지운 선생님은 더 늘어났다. 바보 모자는 쓰기가 힘들 만큼 커졌고 목판은 더 무거워졌다. 학생들은 베이징에 있는 혁명 동지들을 흉내 내 '투쟁회의'를 열기 시작했다. 회의에서 학생들은 일부 선생님에게 '제트기 자세'를 시켰다. 제트기 자세란 학생들이 선생님 양쪽에 한 명씩 서서 무릎으로 선생님을 밀어붙이며 머리를 뒤로 홱 젖히고 팔을 뒤로 꺾어서 마치 제트기 날개처럼 만드는 것이었다. 너무나 고통스러운 자세였지만 효과가 있는 듯했다. 학생들의 조롱을 받으며 이 자세로 한두 시간이 지나면 선생님들은 죄를 고백하기 시작했다. 학생들의 의심은 옳았

인간 본성의 법칙

다. 학교에는 수정주의자가 넘쳐났다. 학생들의 바로 코앞에서 말이다!

얼마 후 학생들의 관심은 부교장 선생님을 향했다. 린성 선생님은 알고 보니 악명 높은 지주의 아들이었다. 그는 학교에 있는 관료들 중 세 번째로 높은 사람이었기 때문에 이 소식은 더 충격적이었다. 가오젠화는 이전에 말썽을 피워서 린성 선생님의 사무실로 한번 불려간 적이 있었다. 당시 선생님은 관대한 처분을 내려줬고 가오젠화는 한동안 고맙게 생각했었다. 학생들은 투쟁회의를 열지 않을 때는 린성 선생님을 방에 가둬두었다. 그런데 어느 날 아침 보초 임무를 수행하다가 방문을 열어본 가오젠화는 스스로 목을 맨 선생님을 발견했다. 이번에도 가오젠화는 불편한 심정을 억누르려고 기를 썼지만, 자살로 인해 린성 선생님이 오히려 더 유죄처럼 보이게 됐다는 건 인정할 수밖에 없었다.

이런 일이 한창 벌어지고 있을 때 가오젠화는 팡푸와 마주쳤다. 팡푸는 잔뜩 흥분해 있었다. 포스터로 딩 서기를 공격한 것에 대해 공개적으로 사과한 이후 팡푸는 한동안 눈에 띄지 않게 행동하고 있었다. 그러는 동안 그는 마오쩌둥과 마르크스의 저술을 닥치는 대로 읽고 자신의 다음 행보를 계획했다. 모든 학교에서 실무팀이 철수할 거라는 이야기가 베이징에서 흘러나왔다. 학생들이 자체 위원회를 조직해 학교 관리 한 명을 위원장으로 선택하고 위원회를 통해 학교를 운영하게 될 거라고 했다. 팡푸는 위원회의 학생 리더가 될 계획이었다. 그리고 딩 서기를 상대로 혁명을 벌일 것이다. 가오젠화는 팡푸의 용기와 집요함에 감탄할 수밖에 없었다.

선생님들에게 점점 더 많은 자백을 받아내고 있던 꼬마 바왕을 통해 팡푸는 딩 서기가 적어도 두 명의 여선생님과 바람을 피웠다는 사실을 알게 됐다. 그가 얼마나 뻔뻔한 위선자인지를 알려주는 일이었다. 딩 서기는 늘 서구의 타락을 소리높이 비판하며 이젠중학교의 남녀 학생들에게도 거리를 유지하라고 호통을 치던 사람이었다. 바왕과 팡푸는 딩 서기의 사무실을 뒤져 그가 꿍

처놓은 식권과 멋진 라디오, 고급 와인 몇 병을 찾아냈다. 모두 발각되지 않게 꽁꽁 숨겨놓은 것들이었다.

딩 서기를 공격하는 새로운 포스터가 벽을 가득 채웠다. 딩 서기의 행동에 대해서는 가오젠화조차 분개했다. 얼마 후 딩 서기는 학교를 행진했고 이내 다시 이젠 시 한가운데를 행진했다. 그의 머리에는 온갖 괴물이 그려진 가장 큰 바보 모자를 씌웠고 목에는 아주 무거운 북을 매달았다. 그는 한손으로는 모자를 잡고 다른 한손으로는 북을 치며 이렇게 외쳤다. "나는 딩이다. 뱀의 혼이 씐 악마다." 딩 서기를 알고 지냈던 이젠 시민들은 이 광경에 입을 다물지 못했다. 정말로 세상이 뒤집어진 것이다.

한여름이 되자 선생님들은 대부분 도망갔다. 학교를 운영할 위원회를 구성해야 했으나 위원장이 될 수 있는 사람이 몇 명 남아 있지 않았다. 팡푸는 학생 리더가 됐고 덩정이라는 이름의 잘 알려지지 않은 순한 선생님이 위원장에 임명됐다. 실무팀은 이젠중학교를 떠났고, 덩정과 위원회가 학교를 맡게 됐다.

학생들의 혁명 활동이 진전을 보이면서 가오젠화는 점점 흥분되는 것을 느꼈다. 가오젠화와 친구 종웨이는 낡은 창과 검을 가지고 다니며 학교에 첩자가 있지는 않은지 순찰을 돌았다. 가오젠화가 좋아했던 여러 소설에 나오는 장면 같았다. 가오젠화를 비롯한 학생들은 열을 맞춰 시내를 행진했다. 거대한 붉은 깃발을 흔들고 마오쩌둥 주석의 커다란 포스터와 그가 쓴 작은 붉은 책을 가지고 다니며 슬로건을 외치고 북을 치고 심벌즈를 울렸다. 드라마의 한 장면처럼 정말로 혁명에 참여한 기분이었다. 어느 날 학생들은 이젠 시내를 행진하면서 혁명 이전 중국의 모습이 남아 있는 간판이며 도로 표지 등을 모두 찢어버렸다. 마오쩌둥이 보았다면 분명 자랑스러워했을 것이다.

베이징에서는 일부 학생이 마오쩌둥의 문화혁명을 지지하고 옹호하는 단체를 결성했다. 그들은 스스로를 '홍위병(紅衛兵)'이라 부르고, 그 회원들은 팔에 붉은색 완장을 찼다. 마오쩌둥이 직접 이 단체를 지지하고 나섰고, 홍위병들은 이제 전국 방방곡곡의 학교와 대학에 출현하기 시작했다. 가장 순수하고 열정적인 혁명가들만이 홍위병에 들어갈 수 있었기에 경쟁이 치열했다. 아버지의 화려한 이력 덕분에 홍위병이 될 수 있었던 가오젠화는 이제 붉은 완장을 절대로 팔에서 빼지 않았고, 그걸 알아본 시민들과 학생들로부터 부러움의 시선을 한껏 받았다.

그런데 이렇게 신나는 와중에 한 가지 안타까운 일이 있었다. 가오젠화는 가까운 링지 시에 가족들을 보러갔다가 동네 학생들이 아버지를 수정주의자로 고발한 사실을 알게 됐다. 학생들은 아버지가 혁명에 동참하는 것보다 농사일과 경제를 더 걱정한다고 했다. 학생들은 아버지를 관직에 쫓겨나게 만들었다. 아버지는 여러 번의 투쟁회의에서 제트기 자세를 당하는 고초를 겪었고 가족들도 수치를 당했다. 가오젠화는 아버지를 사랑하고 존경하고 또 걱정했지만, 혹시라도 이런 불명예가 학교에까지 알려진다면 완장을 뺏기고 외면당할지 모른다는 걱정이 드는 것은 어쩔 수 없었다.

몇 주 후 학교로 돌아갔더니 몇 가지 중대한 변화가 있었다. 팡푸는 권력을 굳히고 있었다. 그는 새로운 단체를 결성해 덩정 위원장을 몰아내고 본인들이 학교를 운영하고 있었다. 이들은 〈전장 소식〉이라는 새로운 신문을 발행해 자신들이 하는 일을 선전하고 옹호했다. 가오젠화는 또 다른 선생님 한 명도 의심스러운 상황에서 죽은 사실을 알게 됐다.

어느 날 팡푸는 가오젠화를 찾아와 〈전장 소식〉의 스타 기자가 돼달라고 했다. 팡푸는 이전과 달라 보였다. 살이 좀 붙었고, 이전처럼 창백하지도 않고, 턱수염을 기르려 하고 있었다. 친구의 제안은 솔깃했으나 가오젠화는 어쩐지 내키지 않아 제안을 거절했다. 팡푸는 억지 미소로 짜증을 숨기려고 하고는 있었으나, 기분이 좋지 않은 것이 분명했다. 가오젠화는 팡푸가 겁이 나기 시작했다.

학생들은 이제 새로운 단체에 우르르 가입하고 있었다. 그러나 몇 주도 지나지 않아 학교에는 스스로를 '붉은 반역자들'이라고 부르는 라이벌 단체가 나타났다. 이 단체의 리더는 멍저라는 학생이었다. 멍저의 부모는 소작농이었고 멍저는 폭력이 아닌 이성에 기초한 좀 더 포용력 있는 혁명을 지지했다. 그게 마오쩌둥 사상에 더 가깝다고 했다. 멍저에게도 지지자들이 생겼고, 이젠 중학교에 다니고 있던 가오젠화의 형 웨이화도 그 지지자 중 한 명이었다. 멍저의 인기가 점점 높아지자 팡푸는 격분했다. 팡푸는 멍저가 왕정주의자이자 감상주의자이며 숨은 반혁명주의자라고 했다. 팡푸 일당은 붉은 반역자들의 사무실을 파괴했고 더 심한 짓을 하겠다고 협박했다. 가오젠화는 팡푸와의 사이가 완전히 갈라질 것을 알면서도 붉은 반역자들에 들어갈까 고민했다. 가오젠화는 붉은 반역자들의 이상주의에 끌렸다.

양측 사이에 긴장이 고조되며 전면전으로 치닫고 있을 때 중국군에서 대표가 한 명 도착했다. 대표는 이제 군대가 학교를 통솔한다고 발표했다. 마오쩌둥은 전국 곳곳에 군대를 파견해 학교를 장악하게 했다. 이젠중학교를 집어삼키고 있던 혼돈과 폭력이 중국 전역에서 벌어지고 있었다. 학교뿐만이 아니라 공장이나 관공서도 마찬가지였다. 문화혁명은 통제 불능 상태로 빠져들고 있었다. 얼마 후 군인 36명이 학교에 당도했다. 901부대의 일원이라고 했다. 군인들은 모든 당파의 해체를 명령하고 수업을 재개하라고 했다. 군사 훈련을 실시하고 다시 규율을 세운다고 했다.

그러나 8개월 사이에 너무 많은 것이 변했다. 학생들은 갑작스럽게 다시 규율이 있던 때로 돌아가는 것을 받아들일 수 없었다. 학생들은 불만에 찼고 수업에도 나타나지 않았다. 팡푸는 군인들을 제거하는 운동을 벌였다. 그는 901부대가 문화혁명의 적이라는 내용의 포스터를 붙였다. 어느 날 팡푸 일당이 군인들 중 한 명을 새총으로 맞혀서 다치게 했다. 학생들은 보복이 두려웠으나 901부대는 갑자기 소환을 받고 캠퍼스를 떠났다. 아무런 설명도 없었다.

학생들은 이제 온전히 본인들밖에 의지할 데가 없었다. 앞날이 무서웠다.

학생들은 재빨리 두 단체 중 하나의 편에 섰다. 팡푸의 단체가 더 크고 입지가 더 좋다고 생각해서 그쪽에 들어간 학생들도 있었고, 팡푸와 꼬마 바왕이 싫어서 붉은 반역자들에 합류한 학생들도 있었다. 어느 한쪽이 더 혁명적이라고 생각해서 들어가는 학생들도 있었다. 가오젠화는 친구인 종웨이와 함께 붉은 반역자들에 합류했다.

양편은 서로 자기네가 문화혁명의 진짜 정신을 대표한다고 확신했다. 서로 고함을 지르며 싸웠고 주먹다짐도 벌어졌지만 말려줄 사람이 없었다. 이내 학생들은 야구 방망이와 막대기를 가져와서 싸웠고 부상자가 늘어갔다. 어느 날 팡푸쪽 학생들이 붉은 반역자들 몇 명을 포로로 붙잡았다. 붉은 반역자들은 이들이 어찌 되었는지 알 길이 없었다.

이렇게 팽팽한 긴장의 한가운데서 붉은 반역자들은 윌란이라는 여학생이 실은 반대편의 첩자였다는 사실을 알게 됐다. 이런 전술에 화가 난 붉은 반역자들은 윌란을 꽁꽁 묶어놓고 때리기 시작했다. 첩자가 더 있는지 알아내려고 했다. 이런 행동은 자신들의 이상을 배신하는 것이라고 생각한 가오젠화는 당황스러웠지만, 그들은 윌란을 구타했다. 그러나 윌란은 아무것도 토설하지 않았다. 얼마 후 그녀는 반대편에 붙잡혀 있던 포로들과 교환되었다. 하지만 이제 양측 간의 반감은 극도에 달해 있었다.

몇 주 후 팡푸의 단체가 갑자기 학교를 떠나 그들이 점거한 시내의 한 빌딩에 본부를 차렸다. 멍저는 밤에 시내에서 활동하며 팡푸 측을 감시하고 훼방도 놓을 수 있는 게릴라 전사팀을 만들기로 했다. 가오젠화는 거기에서 기자 임무를 맡았다. 흥미진진한 임무였다. 시내에서 적들과 마주치면 새총을 쏘며 전투가 벌어졌다. 팡푸 측에서 반역자들의 게릴라 한 명을 포로로 잡았다. 허핑이라는 친구였다. 며칠 후 허핑은 병원에서 죽은 채 발견됐다. 팡푸 측이 허핑의 입에 양말을 물린 채 지프에 태우고 사막으로 데려갔는데, 가는 길에 그만 질식사한 것이었다. 이제는 멍저조차 도저히 참을 수 없었다. 그는 이 끔찍한 만행에 대한 복수를 다짐했다. 가오젠화도 이에 동의할 수밖에 없었다.

작은 충돌이 시내 곳곳에서 벌어지자 시민들이 달아나면서 빌딩이 통째로 버려지기도 했다. 사람들은 그런 곳에서 물건을 약탈했다. 얼마 후 붉은 반역 자들의 공격이 시작됐다. 그들은 지역 장인들과 협업해 질 좋은 창과 검을 만 들었다. 사상자가 쌓여갔다. 마침내 붉은 반역자들은 시내에 있는 팡푸 측 본 거지를 포위하고 마지막 공격을 준비했다. 팡푸 측은 건물에 싸울 학생 몇 명 만 남겨놓고 도망쳐버렸다. 붉은 반역자들은 항복을 요구했다. 그때 갑자기 3 층 창문으로 그 어린 학생 월란이 소리를 질렀다. "항복하느니 차라리 죽고 말 겠다!" 손에는 팡푸 측의 붉은 깃발을 흔들면서 이렇게 소리쳤다. "마오쩌둥 만세!" 그리고 뛰어내렸다. 가오젠화는 붉은 깃발에 싸인 그녀의 시체를 바닥 에서 발견했다. 대의를 향한 월란의 헌신에 가오젠화는 놀라기도 하고 감동을 받기도 했다.

이제 승기를 잡은 붉은 반역자들은 학교에 본부를 설치하고 팡푸 측의 공격 에 대비해 방어를 준비했다. 이들은 학교에 간이 군수품 공장을 만들었다. 일 부 학생은 수류탄과 다양한 폭발장치의 제조법을 배웠다. 부주의로 발생한 폭 발로 몇 명이 죽었지만, 작업은 계속됐다. 예술가 종웨이는 더 참지 못했다. 어 찌된 노릇인지 붉은 반역자들의 고귀한 본뜻은 사라지고 폭력이 확산되고 있 는 게 두려웠다. 종웨이는 다시는 돌아오지 않겠다며 이젠에서 도망쳤다. 가 오젠화는 친구에 대한 존경심을 상실했다. 종웨이는 대체 어떻게 대의를 위해 죽거나 다친 사람들을 잊을 수가 있단 말인가? 지금 포기한다는 건 그 모든 게 헛고생이었다고 말하는 거나 마찬가지였다. 가오젠화는 친구 같은 겁쟁이는 되지 않을 것이라 다짐했다. 게다가 팡푸 측은 권력을 잡기 위해서라면 못할 게 없는 순전한 악마들이었다. 그들은 혁명을 배신했다.

학교 생활이 자리를 잡고 붉은 반역자들이 방어선을 구축하자 가오젠화는 한동안 보지 못했던 가족들을 보러 갔다. 마침내 학교로 돌아온 날 밤 가오젠화는 자신의 눈을 믿을 수가 없었다. 붉은 반역자 동지들이 아무데도 보이지 않았다. 학교 위에 그들의 깃발도 날리지 않았다. 사방에 무장한 병사들이 보였다. 결국 가오젠화는 학교 건물에 숨어 있던 동지 몇 명을 찾아냈다. 그들이 무슨 일이 있었는지 들려주었다. 마오쩌둥이 다시 한 번 그의 권력을 주장하고 있다. 그는 충돌 사태를 겪은 여러 지역에서 질서를 잡기 위해 어느 한쪽 편을 들었다. 이 지역에도 군대가 내려왔고 더 혁명적인 단체로서 팡푸 측의 편을 들었다. 파급 효과가 끔찍할 것이다.

가오젠화와 몇몇 동지들은 멍저가 산으로 도망친 듯하니 자신들도 학교를 탈출해 산에서 조직을 재정비하기로 했다. 그런데 이 일대가 봉쇄되어 그들은 학교로 돌아갈 수밖에 없었다. 팡푸 측이 감독하는 학교는 이제 감옥에 가까웠다.

이제 붉은 반역자들이 바랄 수 있는 것은 없었다. 팡푸 측에서 볼 때 붉은 반역자들은 그들의 동지를 때리고 죽인 일단의 반혁명주의자들일 뿐이었다. 그러던 어느 날 붉은 반역자들이 교실 하나에 옹기종기 모여 있는데, 팡푸를 비롯한 그쪽 지도부와 꼬마 바왕이 벨트에 수류탄을 맨 채로 들어왔다. 팡푸는 교실 밖으로 끌어낼 블랙리스트 명단을 가지고 있었다. 무언가 극악한 짓을 계획하고 있는 게 분명했다. 팡푸는 친근한 모습으로 가오젠화에게 다가와 이제라도 편을 바꾸라고 했다. 하지만 가오젠화는 더 이상 팡푸를 이전처럼 볼수 없었다. 친근한 표정이 오히려 그를 더 사악하게 보이게 했다.

그날 밤 가오젠화와 동지들은 다른 건물에서 블랙리스트에 오른 동지들의 비명 소리가 울리는 것을 들었다. 팡푸 측이 멍저를 찾아내 두들겨 팬 후 다시 학교로 데려와 체포했다는 소식이 들렸다. 가오젠화와 친구들이 지내고 있던 곳의 옆방에서 꼬마 바왕 일당이 담요로 창문을 덮는 게 보였다. 고문실을 만드는 중이었다. 얼마 후 학교에는 붉은 반역자들에 속했던 학생들이 절뚝이며 돌아다니는 모습이 보였다. 그들은 두려운지, 아무에게도 입을 열려고 하지 않았다. 이제 가오젠화가 그 방에 끌려갈 차례였다. 가오젠화는 두 눈이 가려진 채 가장 불편한 자세로 의자에 묶였다. 그들은 가오젠화에게 탈퇴 성명에 서명을 하라고 했다. 가오젠화가 망설이자, 그들은 의자 다리로 가오젠화를 때리기 시작했다. 가오젠화는 비명을 질렀다. "나한테 이럴 수는 없어. 우리는 모두 같은 반 친구였잖아. 다들 형제처럼 지냈잖아…."

꼬마 바왕에게는 아무 말도 통하지 않았다. 가오젠화는 본인의 범죄를 자백하고, 시내에서 벌어졌던 여러 전투에서 자신이 무슨 역할을 했는지, 학교 어딘가에 숨어 있는 다른 붉은 반역자들은 누구인지 말해야 했다. 다리에 날아오는 매질이 점점 더 심해지더니 이제 머리를 때리기 시작했다. 아직도 눈이 가려져 있는 가오젠화는 목숨의 위협을 느꼈다. 패닉에 빠진 채 느닷없이 붉은 반역자들의 동료인 두수의 이름을 실토하고 말았다. 내가 이런 겁쟁이였다니. 가오젠화는 두수에게 경고를 하려고 했으나 이미 너무 늦은 후였다. 옆방에서는 다른 붉은 반역자들의 고문이 계속됐다. 그중에는 가오젠화의 형 웨이화도 있었는데 형은 곤죽이 되도록 흠씬 두들겨 맞았다. 멍저는 머리를 빡빡 깎였고 가까이서 보니 얼굴이 온통 멍투성이였다.

어느 날 가오젠화의 옛 친구이자 동지인 종웨이가 붙잡혔다는 이야기가 들렸다. 가오젠화가 친구를 보러 갔더니 종웨이는 의식이 없고 맨살이 드러난 다리에는 커다란 구멍이 가득했으며 여기저기서 피가 철철 흐르고 있었다. 죄를 자백하지 않는다고 쇠갈고리로 종웨이를 두들겨 팬 것이었다. 순하디 순한 종웨이를 보고 어떻게 저렇게 흉포한 짓을 할 생각을 했을까? 가오젠화는 의사를 데려오려고 달려갔다. 하지만 의사와 함께 돌아와 보니 이미 늦었다. 종웨이는 친구의 팔에 안겨 숨을 거뒀다. 시체는 재빠르게 수레에 실려 나갔고, 사인에 대한 거짓 평계가 만들어졌다. 가오젠화에게는 입을 다물라고 지시했다. 여자 선생님 한 분은 종웨이의 죽음에 대한 광푸 측의 진술서에 서명을 거절했다는 이유로 매질을 당하고 꼬마 바왕과 그 추종자들에게 윤간을 당했다.

이후 몇 달간 팡푸는 도처에 그의 권력을 확장했다. 학교는 사실상 팡푸가 운영했고 수업이 재개됐다. 신문이라고는 〈전장 소식〉 하나만 허용됐다. 학교의 이름도 팡푸의 단체명으로 바꿨다. 팡푸 측의 권력이 확고해지자 고문실을 해체했다. 수업은 마오쩌둥의 발언을 암송하는 내용이 대부분이었다. 아침마다 학생들은 마오쩌둥 주석의 거대한 포스터 앞에 모여 본인들의 조그만 붉은 책을 쥐고 흔들며 마오쩌둥 만세를 외쳤다.

팡푸 측은 과거를 꼼꼼히 다시 쓰기 시작했다. 그들은 자신들의 승리를 기념하려고 전시회를 열었는데, 그곳에는 조작된 사진과 가짜 뉴스 기사가 가득했다. 모두 사건을 본인들에게 유리하게 해석한 내용이었다. 학교 정문에는 실물보다 다섯 배나 큰 거대한 마오쩌둥 주석의 조각상이 우뚝 서서 모든 것을 내려다보았다. 붉은 반역자들에 속했던 학생들은 본인의 다양한 범죄를 적어놓은 흰색 완장을 차야 했다. 그들은 하루에도 몇 번씩 마오쩌둥의 조각상 앞에서 허리를 숙여야 했고, 그러면 뒤에서 다른 학생들이 이들에게 발길질을 했다. 붉은 반역자들에 속했던 학생들은 마치 욕을 보았던 선생님들처럼 주눅이 들고 순종적으로 변했다.

가오젠화는 가장 천한 일을 해야 했다. 참다못한 가오젠화는 1968년 초여름 고향으로 돌아갔다. 아버지는 가오젠화와 그의 형을 산 속 깊은 곳의 안전한 농장으로 보내 노동자로 지내게 했다. 9월 공부를 끝내기로 결심한 가오젠화는 학교로 돌아갔다. 몇 달간 떠나 있다가 돌아오니 균형 감각이 좀 생겼고 학교도 이전과는 전혀 다르게 보게 됐다. 눈길이 닿는 곳마다 믿기지 않을 만큼 파괴된 흔적이 보였다. 교실은 책상도 의자도 없이 엉망진창이 됐고, 벽면은 벗겨진 포스터들로 가득했으며 회반죽이 가루가 되어 떨어져 내리고 있었다. 과학실의 장비는 모두 사라졌고, 구내에는 여기저기 돌무더기가 쌓여 있었다. 비석도 없는 무덤들이 보였다. 음악실은 폭탄에 날아갔다. 교육을 재개할 수 있을 만한 평판 좋은 선생님이나 관리는 거의 남아 있지 않았다.

겨우 몇 년 사이에 이 모든 게 파괴된 것이다. 무엇 때문에? 허핑이며 월란, 종웨이를 비롯한 수많은 친구들은 대체 왜 죽은 건가? 우리는 뭘 위해 싸운 건가? 뭘 배운 건가? 가오젠화는 도무지 알 수 없었다. 그토록 젊은 목숨들이 죽어갔다는 게 역겹고 절망적이었다.

얼마 후 가오젠화와 형은 군에 입대했다. 학교를 벗어나 기억을 덮기 위해서였다. 이후 몇 년간 가오젠화는 군 트럭을 몰고 돌이며 시멘트를 날랐다. 가오젠화와 그의 동지들은 문화혁명이 서서히 해체되는 것을 지켜보았다. 전직 리더들은 모두 수치를 당했다. 1976년 마오쩌둥의 사망 이후 마침내 공산당은 스스로 문화혁명이 국가적 참사였다고 발표했다.

해석 ──●

위의 이야기와 인물들은 가오위안이 쓴 《본 레드(Born Red)》라는 책에서 가져왔다(문화혁명 이후 저자는 이름을 가오젠화에서 가오위안으로 바꾸었다). 저자는 문화혁명 기간 학교에서 본인이 참여했던 사건들을 논픽션 형식으로 설명한다.

간단히 말해서 문화혁명은 마오쩌둥이 인간의 본성 자체를 바꾸려고 시도한 사건이다. 마오쩌둥에 따르면 수천 년 다양한 형태의 자본주의 역사에서 인간은 개인주의적이고 보수적이 되었으며 사회적 계급에 얽매여 왔다. 마오쩌둥은 칠판을 깨끗이 지우고 처음부터 다시 시작하고 싶었다. 그는 그것을 이렇게 설명했다. "흰 도화지에는 아무런 얼룩이 없기 때문에 가장 새롭고 가장 아름다운 그림을 그릴 수 있다." 흰 도화지를 얻기 위해 마오쩌둥은 오래된 습관과 사고방식을 뿌리 뽑고 권위자에 대한 아무 생각 없는 존경을 근절해 판을 크게 흔들어야 했다. 이게 달성되어야 마오쩌둥은 깨끗한 도화지에 새롭고 대담한 그림을 그릴 수 있었다. 그러고 나면 참신한 세대가 과거에 짓눌리지 않은 계급 없는 사회를 구축할 수 있을 것이다.

《본 레드》에 묘사된 사건들은 마오쩌둥의 실험 결과의 축소판이다. 그 결과는 인간 본성을 뿌리 뽑을 수 없다는 사실과 인간 본성을 바꾸려고 해봤자 다른 모양, 다른 형태로 다시 출현한다는 사실을 보여주었다. 수십만 년의 진화와 발전으로 이뤄진 결과를 어떤 책략을 써서 근본적으로 재설계할 수는 없다. 특히나 집단 상황에서의 인간 행동이 포함된 내용이라면 말이다. 인간의 집단행동은 틀림없이 고대의 특정한 패턴을 따른다. 어떤 이들은 이젠중학교에서 일어난 일을 청소년들의 집단행동일 뿐이라고 생각하고 싶을지 모르나, 종종 청소년들은 어른들보다 인간 본성을 더 적나라하고 순수한 형태로 보여준다. 어른들은 자신의 동기를 청소년보다는 더 영리하게 위장한다. 어찌 되었든, 이젠중학교에서 발생한 일은 중국 전역에서 일어났다. 관공서, 공장, 군대 등 연령에 관계없이 모든 중국인들 사이에서 소름끼칠 만큼 비슷한 방식으로 진행됐다. 마오쩌둥의 실험이 왜 실패했고 그게 인간 본성에 관해 무엇을 말해주는지 살펴보자.

마오쩌둥이 그의 대담한 아이디어를 실행하기 위해 사용했던 구체적 전략은 다음과 같다. 사람들의 관심을 적당한 적에게 돌려라. 이 경우에는 의식적으로 혹은 무의식적으로 과거에 매달리는 수정주의자들이 그 적이다. 사람들에게 특히 젊은이들에게 반동 세력은 물론이고 견고한 형태의 권위에 대항해 적극적으로 싸우도록 격려하라. 이런 보수적 적들과 투쟁할 때 중국인들은 구식 사고 및 행동으로부터 자유로워질 수 있다. 중국인들은 결국 엘리트와 계급 체계를 제거할 것이다. 자신들이 무엇을 위해 싸웠는지 명확히 알고 있으므로 혁명 계급으로서 다 함께 단결할 것이다.

그러나 마오쩌둥의 전략은 그 중심에 치명적 흠결을 가지고 있었다. 집단 형태로 활동할 때 사람들은 정교한 사고나 깊은 분석을 하지 않는다. 그런 것은 오직 어느 정도의 차분함과 객관성을 가진 개인만이 할 수 있다. 집단에 속한 사람들은 감정적이 되고 흥분한다. 그들의 가장 큰 욕망은 집단정신에 녹아들어가는 것이다. 이런 사람들의 사고는 극히 단순해진다. 선이냐 악이냐,

우리 편이냐 적이냐. 이들은 자신이 받아들이기 쉽게 문제를 단순화시키려고 자연스럽게 일종의 권위를 찾게 된다. 마오쩌둥이 한 것처럼 일부러 혼돈을 만들어내면 집단은 더 확실하게 이런 원시적 사고 패턴에 빠져든다. 왜냐하면 너무 많은 혼란과 불확실성을 가지고 살아가는 것은 인간에게 몹시 무서운 일이기 때문이다.

이젠중학교의 학생들이 마오쩌둥의 행동 촉구에 어떻게 반응했는지 보라. 처음 문화혁명을 맞닥뜨렸을 때 학생들은 그대로 마오쩌둥을 자신들을 인도할 새로운 권위자로 변형시켰다. 학생들은 개인적인 고민은 거의 없이 마오쩌둥의 아이디어를 그대로 꿀꺽 삼켰다. 학생들은 베이징에서 남들이 하는 행동을 가장 전형적인 방식으로 흉내 냈다. 수정주의자들을 색출할 때는 주로 겉으로 보이는 것을 기초로 판단했다. 선생님들이 입고 있는 옷, 특별한 음식이나 와인, 태도, 가족 배경 같은 것들 말이다. 그렇게 겉으로 보이는 모습은 상당히 기만적일 수 있다. 급진적인 신념을 가지고 있었음에도 서양 패션을 좋아한다는 이유로 웬 선생님을 수정주의자라고 판단한 것처럼 말이다.

구질서에서 학생들은 전능한 선생님들에게 절대적으로 복종해야 했다. 학생들은 갑자기 그 모든 것으로부터 자유로워졌으나 감정적으로는 여전히 과거에 묶여 있었다. 선생님들은 여전히 전능해 보였다. 다만 과거와 달리 반혁명주의자로서 뭔가 계략을 꾸미고 있는 것처럼 보였을 뿐이다. 그토록 복종해야 했던 것에 대한 억압된 원망이 끓어 넘쳐서 이제는 분노가 됐고, 벌주고 억압하는 사람이 되고 싶은 욕구로 바뀌었다. 선생님들이 더 심한 벌을 받는 것을 피하려고 본인이 짓지도 않은 죄를 자백하자 학생들의 편집증을 확인해주는 꼴이 됐다. 학생들은 복종하는 학생에서 압제자로 역할이 바뀌었지만, 사고는 훨씬 더 단순해지고 비이성적이 됐다. 마오쩌둥이 의도한 것과는 정반대였다.

이제 마오쩌둥이 만들어놓은 권력의 공백 속에서 시대를 초월하는 또 다른

인간 본성의 법칙

집단의 역학이 나타났다. 더 단호하고 공격적이고 심지어 가학적인 사람들(이 경우 쾅푸와 꼬마 바왕)이 앞으로 치고 나와 권력을 차지한 것이다. 반면에 수동적인 사람들(가오젠화, 종웨이)은 조용히 배경으로 물러나 추종자가 됐다. 이젠 중학교에서 공격적인 사람들은 새로운 엘리트 계층을 형성하고 각종 특혜와 혜택을 나눠가졌다. 마찬가지로 문화혁명이 낳은 수많은 혼란 속에서도 학생들은 집단 내 자신의 지위에 오히려 더 집착했다. 우리 중에 누가 붉은색 범주고 누가 검은색 범주지? 이제 소작농 출신이 더 나은 건가, 프롤레타리아 출신이 더 나은 건가? 무슨 수를 써야 홍위병에 들어가서 혁명 엘리트 계급을 상징하는 붉은색 완장을 받을까? 학생들은 새로운 평등주의적 질서 쪽으로 자연스럽게 기울어진 것이 아니라, 계속해서 더 우월한 위치를 점하려고 기를 썼다.

모든 형태의 권위가 제거되고 학생들이 학교를 운영하게 되자, 집단 내에서는 가장 위험한 다음 단계가 진행되는 것을 막을 수 있는 방법이 아무것도 없었다. '부족적인 파벌로의 분열' 말이다. 타고난 본성상, 인간은 누구라도 쾅푸가 시도했던 것처럼 권력을 완전히 독점하려고 하면 거부반응을 일으킨다. 그렇게 되면 다른 야심차고 공격적인 이들에게 기회의 문이 열린다. 또한 대규모의 무리 짓기가 시작되는데 그러면 그 속의 개인들은 어쩔 줄 몰라 허둥대기도 한다. 거의 자동적으로 집단은 더 작은 라이벌 파벌로 분열된다. 그 파벌 내에서는 카리스마를 가진 새로운 리더(이 경우 명저)가 권력을 잡고, 다른 멤버들은 동지의 수가 줄었으므로 더 쉽게 그들과 동화된다. 공고한 유대관계는 반대편 파벌과의 투쟁을 통해 더욱 단단해진다. 사람들은 자신이 합류하는 이유가 각 파벌의 생각이나 목표가 달라서라고 생각할지 몰라도, 실제로 사람들이 가장 원하는 것은 소속감과 분명한 부족적 정체성이다.

쾅푸 측과 붉은 반역자들 사이의 실질적 차이를 한번 살펴보자. 둘 사이의 싸움이 격화되자, 상대편보다 더 많은 권력을 잡겠다는 것 말고는 그들이 무얼 위해 싸우는지조차 말하기 어려웠다. 어느 한쪽이 강력한 혹은 사악한 행동을 하나 저지르면 반대편에서 보복을 해왔다. 어떤 형태의 폭력도 철저히 정당화되는 듯했다. 중간지대는 없었으며 본인들의 대의의 정당성에 대한 의문도 용납되지 않았다. 내 부족은 언제나 옳다. 다른 말은 모두 배신이다. 종웨이가 그랬던 것처럼 말이다.

마오쩌둥은 중국 시민들이 단합하기를 바랐다. 그게 분명한 목표였다. 그러나 실상은 나라 전체가 부족 싸움에 빠져들면서 문화혁명의 당초 목적과는 철저히 멀어졌다. 설상가상으로 범죄율은 치솟고 나라 경제는 멈춰 섰다. 아무도 일하러 가거나 무언가를 만들어야겠다는 생각이 들지 않았기 때문이다. 대중은 구질서 아래에 있던 때보다 훨씬 더 게을러졌고 원망으로 가득 찼다.

1968년 봄 마오쩌둥이 의지할 것이라고는 경찰국가를 세우는 것뿐이었다. 수십만 명을 감옥에 보냈다. 사실상 군대가 나라를 장악했다. 질서를 회복하고 권위를 존중하게 만들기 위해 마오쩌둥은 스스로 사이비종교 지도자처럼 변했다. 그의 사진을 숭배하고 그의 말을 마치 '혁명 기도문'처럼 외게 했다. 이젠 중학교에서 펑푸의 억압 방식(고문, 역사 새로 쓰기, 모든 미디어 통제)이 마오쩌둥이 전국에 펼쳤던 억압 방식을 그대로 쏙 빼닮았다는 사실은 흥미롭다. 마오쩌둥(그리고 펑푸)이 바랐던 새로운 혁명 사회는 이제 사실상 가장 억압적이고 미신적인 중국의 봉건 체제를 닮아 있었다. 문화혁명의 희생자인 가오쩬화의 아버지는 아들에게 계속해서 이렇게 말한다. "한 가지를 너무 밀어붙이면 정반대의 결과를 낳게 된다."

이 점을 알아야 한다. 많은 사람이 이 이야기가 지나치게 극단적인 사례라고 생각할 것이다. 내가 속한 집단이나 내 생활과는 무관하다고 말이다. 무엇보다 우리는 누구나 지극히 공손하고 문명화된 것처럼 보이는, 최첨단 사무실의 교양 있는 사람들로 가득한 세상에 살고 있으니까 말이다. 우리는 스스로에 대해서도 비슷하게 생각한다. '나는 진보적인 이상을 갖고 있고 독립적으로 사고하지.' 하지만 그중 많은 부분이 허상이다. 정직하게 자기 자신을 면밀

인간 본성의 법칙

히 관찰한다면 우리는 직장이나 어느 집단에 들어가는 순간 변신한다는 사실을 인정할 수밖에 없다. 우리는 깨닫지도 못하는 사이, 더 원시적인 사고와 행동 모드로 갈아탄다.

우리는 남들과 함께 있으면 자연히 저들은 나를 어떻게 생각할까에 대한 불안을 느낀다. 우리는 집단에 녹아들어야 한다는 압박감을 느낀다. 그래서 내 생각과 신념을 집단의 교리에 맞추기 시작한다. 우리는 무의식적으로 집단 구성원들의 외모와 언어 표현과 생각을 흉내 낸다. 우리는 나의 지위와 위계질서에서의 서열에 전전긍긍한다. '나도 남들만큼 존중을 받고 있나?' 이는 우리 본성의 원시적 부분으로, 지위에 대한 이런 집착은 우리와 친척 관계에 있는 침팬지들도 갖고 있다. 우리는 어린 시절에 형성된 패턴에 따라 집단 환경에서 평소보다 더 수동적이 되거나 더 공격적이 된다. 나의 성격에서 덜 발달된 부분이 어느 쪽인지 드러나는 셈이다.

리더의 경우, 우리는 대개 그들을 평범한 사람으로 보지 않는다. 그들과 함께 있으면 우리는 어떤 경외심과 함께 주눅 드는 기분을 느낀다. 마치 그들이 무슨 신화에 나오는 초인적 능력이라도 갖고 있는 것처럼 말이다. 경쟁 집단이나 적에 해당하는 집단을 생각할 때면 우리는 어쩔 수 없이 약간 흥분하거나 화를 내거나 상대의 부정적 측면을 강조한다. 만약 내 집단의 다른 사람들이 무언가에 대해 초조함이나 분노를 느낀다면 우리는 종종 집단의 분위기에 휩쓸려버린다. 이런 것들은 모두 우리가 집단의 영향력 아래에 있음을 알려주는 신호다. 만약 우리가 위와 같은 변화를 겪고 있다면 남들도 마찬가지일 거라고 확신해도 좋다.

지금 내가 속한 집단의 행복이나 안정성을 해칠 수 있는 외부의 위협이 나타났다고 생각해보자. 말하자면 위기 상황이다. 스트레스 때문에 위 모든 반응이 격화될 것이다. 또한 겉보기에는 상당히 문명화되고 교양 있게 보이던 집단이 어디로 튈지 모르게 바뀔 수도 있다. 우리는 나의 충성심을 증명하고 집단의 의견을 무조건 따라야 한다는 압박감을 더 많이 느낄 것이다. 경쟁 집단이나 적군에 대한 생각은 훨씬 더 단순해지고 과열된다. 우리는 패닉이나 증오, 과대망상 등을 포함해 바이러스처럼 확산되는 강력한 감정의 물결에 휩쓸린다. 집단은 부족 원리에 따라 몇 개의 파벌로 쪼개질 수도 있다. 카리스마를 가진 리더가 나타나 이런 일촉즉발의 상황을 손쉽게 이용할 수도 있다. 충분히 내몰린다면, 그 어떤 집단이든 표면 아래에는 잠재적인 공격성이 도사리고 있다. 그러나 우리가 노골적인 폭력을 자제한다고 하더라도 원시적 역학관계가 주도권을 쥘 경우 어마어마한 파장을 낳을 수 있다. 과장된 공포나 통제 불가능한 흥분상태를 기초로 집단이 과잉반응하거나 특정한 의사결정을 내릴 수도 있기 때문이다.

반드시 우리에게 영향을 미치게 되어 있는 이런 집단의 영향력에 저항하려면 인간 본성과 관련해 마오쩌둥과는 아주 다른 실험을 해야 한다. 우리가 염두에 두어야 할 목표는 간단하다. 집단으로부터 나를 분리시킴으로써 진짜 독립적 사고가 가능한 정신적 여유 공간을 만드는 능력을 키워야 한다. 이 실험을 시작하려면 먼저 집단이 우리에게 강력한 영향력을 미친다는 현실 자체를 인정해야 한다. 우리는 스스로에게 잔인할 만큼 솔직해져야 한다. 집단에 녹아들어야 한다는 필요성 때문에 내 사고가 어떻게 틀어지고 바뀔 수 있는지 알아야 한다. 내가 느끼는 불안이나 분노는 온전히 나의 내면에서 온 것인가, 아니면 집단의 영향을 받아서 생긴 것인가? 상대편을 악마 취급하려는 자신의 경향을 관찰하고 그런 성향을 제어해야 한다. 리더를 맹목적으로 숭배하지 않게끔 스스로를 훈련해야 한다. 리더를 신격화할 필요성 때문이 아니라 그의 업적 때문에 리더를 존경해야 한다. 카리스마로 호소하려는 사람들을 보면 특별히 더 유의해서 그들의 모호한 부분들을 제거하고 그들을 현실적으로 보아야 한다. 이런 자각을 통해 우리는 저항과 거리 두기를 시작할 수 있다.

이 실험의 일부로써 우리는 인간 본성을 단순히 인정하는 데서 그칠 게 아

인간 본성의 법칙

니라 생산적인 방향으로 이끌도록 노력해야 한다. 우리가 지위를 얻고 인정받고 싶은 욕구를 가졌다는 사실은 어쩔 수 없는 부분이다. 그러니 이 부분을 부정하지는 말자. 대신에 뛰어난 업적을 통해 그런 지위와 인정을 얻기로 하자. 집단에 속하고 싶고 나의 충성심을 증명하고 싶은 욕구는 인정해야 한다. 하지만 그 욕구들을 좀 더 긍정적인 방향으로 해소하자. 장기적으로 해로울 수 있는 집단의 결정에는 의문을 제기하고, 다양성이 포함된 의견을 제시하고, 전략적으로 부드럽게 집단을 좀 더 이성적인 방향으로 몰고 가자. 감정이 집단 내에서 바이러스처럼 확산된다는 점을 이용하되, 다른 종류의 감정들을 가지고 그런 효과를 노리자. 차분함을 유지하고 인내하며, 결과에 집중하고 타인과의 협력을 통해 실용적 성과를 낸다면 바로 이런 정신을 그룹 내에 전파할 수 있다. 그리고 과열된 집단 환경 내에서 우리 성격의 원시적인 부분을 서서히 마스터한다면 진정으로 독립적이고 이성적인 개인으로 거듭날 수 있을 것이다. 이게 바로 우리 실험의 종착역이다.

> 뜻대로 할 수 있으면 사람들은 대개 서로를 모방한다.
> ― 에릭 호퍼(미국 작가)

• 인간 본성의 열쇠 • 집단이 주는 영향력을 인식한다

살다 보면 인간은 강력한 에너지를 경험할 때가 있다. 그 어떤 느낌과도 다른 이 에너지에 대해 우리가 논의하거나 분석하는 경우는 거의 없다. 집단에 대한 강한 소속감이라고도 할 수 있는 이 에너지를 우리는 다음과 같은 상황에서 자주 경험한다.

콘서트나 스포츠 경기장 혹은 정치 집회처럼 청중이 모이는 곳에 갔다. 어느 시점이 되면 수천 명이 다 같이 느끼는 흥분과 분노 혹은 기쁨의 물결이 우리를 관통한다. 이 감정은 우리 안에서 저절로 일어나는 것이며, 혼자 있거나 소수의 사람만 있을 때는 경험할 수 없는 성질이다. 이렇게 많은 사람이 모인 상황에서는 혼자서는 결코 하지 않았을 말이나 행동도 하게 될지 모른다.

비슷한 맥락으로, 우리가 집단 앞에서 연설을 해야 할 수도 있다. 너무 긴장하지 않고 모인 사람들이 나와 같은 편이라면 우리는 내면 깊숙한 곳에서 부풀어 오르는 어떤 감정을 경험한다. 우리는 청중의 기운을 받는다. 목소리가 바뀐다. 일상생활에서는 결코 나오지 않을 목소리와 말투가 나온다. 제스처와 보디랭귀지도 유달리 활기를 띤다. 우리는 반대편에 앉아서 이것을 경험할 수도 있다. 카리스마 있는 연사의 연설을 들을 때가 그렇다. 상대는 마치 우리의 존경을 자아낼 수 있는 특별한 능력을 가진 사람처럼 보이고, 우리를 점점 더 흥분시킨다.

혹은 집단 내에서 단기간에 달성해야 할 중요한 목표를 가지고 일할 때도 있다. 어쩐지 평소보다 더 많은 일을 하고, 더 열심히 해야 할 것 같은 기분이 든다. 똑같이 긴박한 심정으로 일하고 있는 다른 사람들과 연대감이 들면서 거기서 오는 강렬한 에너지를 느낀다. 집단의 일원들은 서로 말할 필요조차 없는 지점에 이른다. 다들 같은 생각을 갖고 있고, 동료의 생각까지 예상할 수 있다.

위와 같은 감정들은 이성적으로는 인식되는 것이 아니다. 소름이 돋거나 심장 박동이 빨라지거나 갑자기 힘이 나는 것처럼 무의식적으로 온몸의 감각이 느끼는 것이다. 이 에너지를 '사회의 힘'이라고 부르기로 하자. 사회의 힘이란 공유되는 어떤 느낌을 통해 집단을 하나로 묶고, 그 구성원에게 영향을 미치며 강렬한 유대감을 형성하는, 눈에 보이지 않는 힘의 장(場) 같은 것이다.

외부인이 이 힘의 장과 맞닥뜨리면 불안이 엄습한다. 예를 들어 우리 문화와는 아주 다른 문화를 가진 곳으로 여행을 떠났다고 생각해보자. 혹은 새로운 직장에 들어갔는데 그곳 사람들은 일종의 비밀언어 같은 것을 통해 나름의 방식으로 관계를 맺는 것처럼 보인다고 치자. 아니면 내가 익숙한 것과는 전혀 다른 사회적 계급의(훨씬 부유하거나 가난한) 동네를 거닌다고 생각해도 좋다. 그럴 때 우리는 내가 그곳의 일원이 아니라는 것, 남들이 나를 외부인으로 본다는 것을 의식한다. 그리고 내면 깊숙한 곳으로부터 무언가 불안하고 바짝 경계하게 되는 것을 느낀다. 실제로 두려워할 것은 아무것도 없을 수도 있는데 말이다.

사회의 힘과 관련해서는 흥미로운 점들이 몇 가지 있다. 첫째, '사회의 힘은 우리 내부와 외부에 동시에 존재한다.' 위에서 이야기한 온몸으로 느끼는 어떤 감각을 경험할 때 우리는 내 편에 속하는 다른 사람들도 똑같은 것을 느끼고 있다고 확신한다. 우리는 그 힘을 내 안에서도 느끼지만 밖에도 있다고 생각한다. 이것은 흔치 않은 느낌이다. 어쩌면 사랑에 빠졌을 때 나와 상대방 사이를 오가는 공유된 에너지를 경험할 때 느끼는 것과 비슷하다.

우리는 또한 '집단의 크기와 조합에 따라 사회의 힘은 달라진다'고도 말할 수 있다. 일반적으로 집단의 크기가 클수록 사회의 힘이 미치는 효과도 더 강렬하다. 나와 생각이나 가치관을 공유하는 것으로 보이는 아주 큰 집단에 들어가면 우리는 더 강한 힘과 활력이 쇄도하는 것을 느낀다. 소속감에서 비롯된 집단의 따뜻함 내지는 열기도 확 느껴진다. 사회의 힘과 관련해서는 대규모 군중 속에서 배가되는 경이롭고 숭고한 무언가가 있다. 만약에 적이 존재한다면 이렇게 커진 에너지나 흥분은 쉽게 분노나 폭력으로 돌변할 수 있다. 특정한 조합의 사람들이 집단을 구성했을 때도 마찬가지다. 리더가 카리스마와 에너지가 넘치면 해당 집단이나 모여든 군중에게도 스며든다. 많은 수의 개인들이 분노나 기쁨을 향한 특정한 정서적 성향을 가지고 있다면 집단의 분위기를 바꿔놓을 것이다.

마지막으로, '우리는 사회의 힘에 끌린다.' 우리는 숫자에 끌린다. 특정 팀을 일방적으로 응원하는 사람들이 꽉 채운 경기장, 합창단의 노래, 퍼레이드, 카니발, 콘서트, 종교 집회, 정치 대회 같은 것에 끌린다. 이런 상황에서 우리는 조상들이 발명해내고 다듬어놓은 것들을 다시 체험한다. 씨족의 집회, 열 맞춰 성곽 앞을 행진하는 군사들, 고대의 연극 구경이나 검투사 시합 구경 같은 것들 말이다. 이런 집회에 겁을 먹는 소수의 사람을 제외하면 우리는 대체로 무언가 하나로 뭉친 군중들을 그 자체로 좋아한다. 그런 상황은 살아 있다는 느낌, 활력을 느끼게 해준다. 여기에 중독이 될 수도 있다. 이 에너지에 자꾸만 스스로를 노출해야 한다고 느끼는 것이다. 음악과 춤은 사회의 힘의 이런 측면을 전형적으로 보여준다. 집단은 마치 한 사람처럼 리듬과 멜로디를 경험한다. 음악과 춤은 이런 충동을 만족시키고 사회의 힘을 표출하기 위해 우리가 최초로 만들어낸 것들 중 하나다.

사회의 힘이 가진 또 다른 측면을 역전된 형태로 관찰할 수도 있다. 아주 장기간 고립을 경험할 때다. 독방에 감금된 죄수들이나 외딴 지역에 고립됐던 탐험가들의 이야기를 들어보면, 현실과 유리된 느낌을 받기 시작하면서 본인의 인격이 해체되는 기분이 들었다고 한다. 예를 들어 리처드 E. 버드(Richard E. Byrd)의 《혼자서(Alone)》를 보면 저자가 남극에 고립되었던 5개월간의 처참한 이야기를 들을 수 있다. 그들은 흔히 정교한 환각에 시달린다. 그들이 가장 그리워하는 것은 단순히 누군가 옆에 있는 것이 아니라, 나를 바라보는 상대의 눈이다. 태어난 지 몇 달 되지 않았을 때 우리는 어머니를 보면서 '나'라는 개념을 형성했다. 어머니가 내 시선을 되돌려주는 것을 보며 내가 존재한다는 것을 느꼈다. 어머니는 나를 바라보는 방식을 통해 내가 누구인지 말해주었다. 어른이 되어서 우리는 나를 보는 타인의 눈을 통해 똑같은 확인과 자아 개념을 비언어적으로 경험한다. 우리는 결코 이것을 의식하지 못한다. 이 현상을 이해하려면 장기간의 고립이 필요하다.

이게 바로 가장 기초적인 수준의 사회의 힘이다. 오직 타인의 눈만이 내가 온전히 진짜라는 사실과 내가 여기 있다는 사실을 확신시켜줄 수 있다.

사회의 힘은 가상 세계나 가상 군중 속에서도 느낄 수 있다. 실제 군중 속에 있는 것만큼 강렬하지는 않지만, 스크린을 통해 유령과 같은 방식으로 우리 안팎에서 타인의 존재를 느낄 수 있다. 우리는 마치 나를 지켜보는 한 쌍의 눈을 대체하듯이 끊임없이 스마트폰을 쳐다본다.

인간들 사이에서 사회의 힘은 모든 사회적 동물이 경험하는 사회의 힘의 좀 더 복잡한 버전일 뿐이다. 사회적 동물은 끊임없이 집단 내 다른 구성원들의 감정에 귀를 기울이고, 무리 속의 자신의 역할을 인지하고, 무리에 잘 녹아들기 위해 노심초사한다(고등 영장류는 자신의 열등함을 보여주기 위해 계급이 더 높은 구성원을 따라 한다). 그들은 집단이 소통하고 협력할 수 있는 정교한 신체 신호를 갖고 있다. 유대감을 강화하기 위해 털 손질 등 몸단장을 하는 의식이 있고, 떼 지어 사냥을 하는 것도 비슷한 효과를 가져온다. 이들은 그저 함께 모여 있는 것만으로도 에너지를 공유하는 경험을 한다.

인간은 다른 동물보나 훨씬 더 정교하게 발달한 것처럼 보일지 몰라도, 비언어적 차원에서는 우리에게도 똑같은 일이 벌어진다. 우리는 집단 내의 다른 사람들이 느끼고 있는 감정을 그대로 느끼고 감지한다. 우리도 집단 내에 녹아들고 내 역할을 하고 싶은 간절한 욕구를 가지고 있다. 우리도 무의식적으로 제스처나 표정을 흉내 낸다. 특히 리더를 따라 한다. 소셜 미디어라든가, 우리의 분노를 분출하는 게 허용되는 곳이라면 어디서든 아직도 떼 지어 사냥하는 것을 좋아한다. 우리에게도 집단의 유대를 강화하기 위한 의식들이 있다. 종교 집회, 정치 집회, 구경거리, 전쟁 등이 그런 것들이다. 그리고 우리가 가장 확실하게 집단의 에너지를 경험하는 것은 비슷한 생각을 가진 사람들이 모여 있는 집단에서다.

사회의 힘의 가장 독특한 점은 우리 안에 존재하고 있음에도 좀처럼 논의하거나 분석하지 않는다는 것이다. 너무나 명백하게 공통된 경험을 하고 있으면서도 말이다. 그 이유 중에는 이런 느낌을 엄격한 과학의 잣대로 연구하기가 쉽지 않은 탓도 있을 것이다. 그러나 사회의 힘이 이렇게 무시되고 있는 데는 의지의 영향도 있다. 저 깊숙한 곳에서 이 현상이 우리를 불편하게 하기 때문이다. 집단 내에서 우리의 자동적인 반응이나 남들을 흉내 내려는 성향은 우리 본성의 가장 원시적인 측면, 즉 우리의 동물적 뿌리를 일깨워준다. 우리는 우리가 문명화되고 교양 있을 뿐만 아니라 내가 하는 일의 많은 부분을 의식적으로 통제할 수 있는 개인이라고 생각하고 싶어 한다. 우리의 집단행동은 이런 신화를 산산조각 내버리는 경향이 있다. 그리고 문화혁명 같은 역사적 사례는 우리가 과연 무슨 짓까지 할 수 있는지 스스로를 겁먹게 만든다. 우리는 우리 자신을 특정한 충동의 영향을 받아 활동하는 사회적 동물로 보고 싶지 않다. 그것은 인간이라는 종에 대한 '자기평가'를 건드리기 때문이다.

이 점을 알아야 한다. 사회의 힘은 긍정적이지도, 부정적이지도 않다. 사회의 힘은 그냥 우리 본성의 생리적 일부일 뿐이다. 아주 오래 전에 진화된 사회의 힘이 가진 많은 측면이 현대 사회에서는 상당히 위험하다. 예를 들어 외부인에 대한 깊은 의심이라든가, 그들을 악마로 만들고 싶은 욕구 같은 것들이 진화된 이유는 먼 옛날 선조들 사이에서는 무시무시한 전염병 위험이나 공격적인 경쟁 부족 등이 존재했기 때문이다. 그러나 그런 식의 집단 반응은 21세기에는 더 이상 맞지 않다. 지금처럼 기술이 발달한 시대에는 오히려 그 때문에 지독히 폭력적이고 집단 학살적인 행동을 낳을 수도 있다. 일반적으로 말해서, 만약 사회의 힘이 우리의 독립적이고 이성적인 사고 능력을 저하시킨다면, 그것은 현대 사회에 맞지 않는 원시적 행동을 하게 만든다는 뜻밖에 안 된다.

그러나 사회의 힘은 긍정적 목적을 위해서도 형성되고 사용될 수 있다. 우리가 다 함께 무언가를 만들어낼 때 경험하는 고차원적인 협력이나 공감을 위해, 우리의 수준을 높이는 데 이용될 수도 있다.

인간 본성의 법칙

사회적 동물로서 우리가 직면하는 문제는 사회의 힘을 경험한다는 사실 자체가 아니다. 어차피 그것은 무의식적으로 일어나는 과정이기 때문이다. 문제는 우리가 그런 힘이 존재한다는 사실 자체를 부정하는 일이다. 우리는 깨닫지 못하는 사이에 타인의 영향을 받는다. 무의식적으로 남들이 하는 말과 행동을 따라가는 것에 익숙해진 우리는 스스로 생각하는 능력을 상실한다. 인생의 중요한 결정을 앞두게 되면 우리는 그냥 남들은 어떻게 했는지를 보고 따라 하거나 앵무새처럼 사회적 통념을 이야기하는 사람들의 말에 귀를 기울인다. 그 결과 수많은 부적절한 의사결정을 할 수 있다. 또한 나를 유일무이하게 만들어주는, 개인으로서 내 힘의 원천과의 연결점을 상실한다(자세한 내용은 13장 참조).

우리 본성의 이런 성향을 인식한 사람들 중에 일부는 반항을 선택하며 순응을 거부할지도 모른다. 그러나 이것 역시 똑같이 생각 없는 행동이고 자기파괴적일 수 있다. 우리는 사회적 동물이다. 우리는 남들과 협업하는 능력에 의존한다. 반항을 위한 반항은 그저 자신을 주변인으로 만들 뿐이다.

그 무엇보다 우리에게 필요한 것은 '집단 지성'이다. 여기에는 집단이 우리의 사고나 감정에 미치는 영향에 대한 철저한 이해도 포함된다. 이런 자각을 통해 우리는 더 낮은 수준으로 떨어지지 않을 수 있다. 인간 집단이 집단이라는 공간을 더 쉽게 헤치고 나아가기 위해서 어떤 법칙과 역학관계를 가지고 움직이는지 이해하는 것 역시 집단 지성에 포함된다. 이 정보를 알고 있으면 우리는 거기에 섬세한 조절 과정을 적용할 수 있다. 겉으로는 집단에 잘 녹아드는 뛰어난 사회인이면서, 속으로는 스스로 생각할 수 있는 어느 정도의 거리와 정신적 공간을 확보하는 사람이 될 수 있다. 이렇게 독립성을 유지할 때 우리는 나의 정체성과 상황에 맞는 인생의 여러 의사결정을 내릴 수 있다.

이런 지성을 습득하려면 위에서 설명한 사회의 힘의 두 가지 측면을 공부하고 마스터해야 한다. 하나는 집단이 우리에게 미치는 개별 영향이고, 다른 하나는 집단이 거의 항상 빠져드는 패턴 내지는 역학이다.

개인에게 미치는 영향

녹아들고 싶은 욕구: 이직 등의 이유로 당신이 어느 집단에 들어갔다고 치자. 환경에 적응하려고 노력하다가 사람들이 당신을 외부인으로 인식하고 일거 수일투족 지켜보며 심판하고 있다는 사실을 알게 됐다. 말로 표현하는 것은 아니지만 저들이 뭔가 단서를 찾아 당신을 캐묻듯 쳐다보는 게 느껴진다. 당신은 의문을 갖기 시작한다. 내가 이 집단에 녹아들고 있는 건가? 내가 말실수를 하지는 않았나? 나를 어떻게 보는 거지? '어느 집단이 되었든, 가장 먼저 당신에게 미치는 주된 영향은 집단에 녹아들어 소속감을 단단히 하고 싶은 욕구를 일으킨다는 점이다.' 당신이 더 잘 녹아들수록 집단이나 집단의 가치관에 대한 도전은 줄어든다. 그렇게 되면 사람들이 당신을 주시하거나 불안을 느끼는 일도 최소화된다.

당신이 집단에 녹아드는 첫 번째 방법은 겉으로 보이는 것을 통해서다. 당신은 집단 내의 다른 구성원들과 엇비슷하게 옷을 입고 행동을 취한다. 늘 일정 수의 사람들은 외모에서는 눈에 띄는 것을 좋아해도 생각이나 가치관은 어떻게든 집단의 방향을 따르려고 한다. 하지만 우리는 대부분 남과 너무 다르게 보이는 것을 불편해하고 최대한 섞여들려고 한다. 우리는 올바른 이미지(나는 진지해, 나는 열심히 일해, 나는 내 스타일이 있지만 튈 정도는 아니야)를 만들어내는 외관이나 옷을 선택한다.

더 중요한 두 번째 방법은 집단의 생각이나 신념, 가치관을 채택하는 것이다. 남들과 비슷한 언어적 표현을 사용하는 것부터 시작할 수도 있다. 언어는 수면 아래에서 무슨 일이 일어나는지 보여주는 신호이기 때문이다. 당신의 생각은 서서히 집단의 생각에 맞춰진다. 어떤 사람들은 대놓고 이런 동조에 반항할 수도 있지만 보통 그런 유형은 결국 해고되거나 소외된다. 당신은 주로

인간 본성의 법칙

혼자서만 간직하는 몇 가지 특이한 신념이나 의견을 고수할 수도 있지만, 집단에게 중요한 문제에 관해서는 그렇지 않을 것이다.

이 집단을 밖에서 관찰해보면 전체적으로 보이는 생각의 동질성에 깜짝 놀랄 것이다. 개인으로서 우리는 성정이나 배경 등이 서로 상당히 다르기 때문이다. 미묘한 조정 과정과 동조가 일어났음을 보여주는 신호다. 당신이 특정 집단에 합류한 것은 생각과 가치관을 공유한다는 바로 그 점 때문이었을 수도 있다. 하지만 시간이 지나고 보면 당신의 생각 중에서 당신의 고유함을 반영하는 남들과 조금 다른 부분은 마치 옆의 나무와 키가 맞춰진 관목처럼 서서히 정리가 되어 결국은 거의 모든 이슈에서 집단과 당신의 생각이 일치하게 될 것이다.

이런 일들이 벌어진다는 사실을 당신은 모르고 있다. 이 과정은 무의식적으로 일어난다. 실제로 우리는 그런 동조가 일어났다는 사실을 소리 높여 부인하는 경향이 있다. 당신은 당신 스스로 그런 생각들을 떠올렸다고 생각할 것이다. 당신이 이렇게 믿고 저렇게 생각하기로 '선택'했다고 생각할 것이다. 당신은 사회의 힘이 당신에게 작용해서 당신을 섞여들게 만들고 당신의 소속감을 높여준다는 사실을 직시하고 싶지 않을 것이다. 하지만 장기적으로 보면 집단의 정신에 당신이 동조한다는 사실을 직시하는 편이 낫다. 그래야 동조가 일어나는 순간에 그것을 자각할 수 있고 그 과정을 어느 정도 통제할 수 있기 때문이다.

연기를 하려는 욕구: 이 첫 번째 영향에서 비롯된 것이 다음과 같은 두 번째 영향이다. 집단 환경에서 우리는 언제나 연기를 한다. 우리는 그냥 외모와 생각을 일치시키기만 하는 게 아니라 나의 생각이 같다는 사실을 과장하고 남들에게 내가 이곳 소속이라는 사실을 '보여준다.' 집단 내에서 우리는 연기자가 된다. 남들이 나를 받아들이고 좋아하며 충성스러운 팀원으로 보도록 말과

행동을 조절한다. 집단의 규모와 구성(상사, 동료, 친구)에 따라 우리의 연기는 달라진다. 이렇게 연기를 할 때 처음에는 내면에 약간의 거리감이 있을 수도 있다. 예를 들어 상사 앞에서 내가 유난히 아부를 떤다는 사실을 자각할 수도 있다. 그러나 시간이 지나면 우리는 연기를 하면서 내가 보여주는 그대로 느끼기 시작한다. 내면의 거리는 녹아서 없어지고, 우리가 쓴 가면은 우리의 인격과 합쳐진다. 적절한 때에 미소를 짓겠다고 생각하는 게 아니라 자동으로 미소를 짓는다.

이런 연기의 일환으로 우리는 결점은 최소화하고 강점이라 여기는 것을 보여준다. 자신감 있는 척을 한다. 좀 더 이타적인 '연기'를 한다. 여러 연구에 따르면 우리는 길 건너에서 남들이 보고 있을 때 기부를 하거나 남을 도울 가능성이 훨씬 높다고 한다. 집단 내에서 우리는 내가 옳은 대의를 지지하고 있다는 것을 남들이 확실히 볼 수 있게 한다. 우리는 나의 진보적 의견을 보란 듯이 소셜 미디어에 올린다. 또한 내가 열심히 일하는 것, 야근하는 것을 남들이 보게 한다. 종종 혼자 있을 때는 다음번 연기에서 무슨 말이나 행동을 할지 속으로 리허설을 해본다.

타고난 당신 모습 그대로 있거나 연기를 하려는 욕구에 반항하는 것이 더 나을 거라고 착각하지 마라. 연기를 하려는 욕구를 억제하는 것보다 더 '부자연스러운' 것은 없다. 침팬지조차 이런 욕구를 상당히 강하게 보여준다. 자연스럽게 보이고 싶다면, 스스로 편안한 것처럼 보이려면, 맡은 역할을 '연기'해야 한다. 초조하게 보이지 않고 겉으로 드러나는 것을 잘 조종하도록 스스로를 훈련해야 한다. 그래야 당신이 자연스러운 모습을 보일 때도 남들이나 집단의 가치관을 해치지 않기 때문이다. 부루퉁해서 연기하기를 거부하는 사람들은 결국에는 밖으로 밀려난다. 그런 유형은 집단이 무의식적으로 축출하기 때문이다.

그 어떤 경우에도 이 욕구를 수치스럽게 느낄 필요가 전혀 없다. 어쨌거나 이 욕구는 당신이 어떻게 할 수 있는 것도 아니다. 왜냐하면 집단 속에서 우리는 무의식적으로 내 행동을 집단에 잘 녹아드는 방향으로 조절하기 때문이다. 이 욕구를 자각하고 내면의 거리를 유지하면서 하위집단에 맞게 표현을 바꾸고 긍정적 자질로 사람들에게 좋은 인상을 줄 수 있는 의식적이고 뛰어난 연기자가 되는 편이 낫다.

감정적 전염: 아기일 때 우리는 어머니의 기분과 감정에 매우 예민했다. 어머니가 미소를 지으면 우리도 미소를 짓고 어머니가 불안해하면 우리도 긴장했다. 어머니의 감정에 대한 이런 고도의 공감능력은 오래 전에 생존 메커니즘으로 진화한 것이다. 사회적 동물이 모두 그렇듯이 우리는 오래 전부터 타인의 감정, 특히 나와 가까운 사람들의 감정을 잘 눈치채고 감지했다. 이게 바로 집단이 우리에게 미치는 세 번째 영향이다. '감정의 전염성' 말이다.

혼자 있을 때 우리는 내 감정이 어떻게 바뀌는지 자각한다. 하지만 집단에 들어가서 남들이 나를 보는 것을 느끼는 순간 우리는 무의식적 수준에서 '남들의' 기분과 감정을 알게 된다. 그리고 그 기분과 감정이 충분히 강하다면 나 자신의 기분이나 감정을 대체할 수도 있다. 게다가 내가 편안하게 느끼고 소속감을 가지는 사람들 사이에 있으면 우리는 덜 방어적이 되기 때문에 전염 효과에 더 취약해진다.

감정들 중에는 다른 감정보다 전염성이 더 강한 것들이 있다. 그중에서도 가장 강력한 것은 불안과 공포다. 옛날에는 한 사람이 위험을 감지하면 다른 사람들도 그것을 느끼는 게 중요했다. 하지만 그렇게 급박한 위협이 적은 요즘 환경에서는 잠재적인 위험이나 상상해낸 위험 때문에 촉발된 낮은 정도의 불안이 집단을 한번 휩쓸고 지나간다. 전염성이 높은 다른 감정은 기쁨과 흥분, 지침, 무관심, 강한 분노, 증오 등이다. 욕망 역시 전염성이 높다. 남들이 무언가를 갖고 싶어 하거나 새로운 트렌드를 따르는 것을 보면 우리는 똑같은 충동에 쉽게 감염된다.

이런 영향은 모두 자기실현적 효과가 있다. 만약에 세 사람이 불안을 느끼고 있다면 분명히 그럴 만한 이유가 있을 것이다. 거기서 내가 네 번째가 된다면 남들이 보기에도 그럴 듯해 보이는 현실성이 생긴다. 불안을 느끼는 사람이 늘어나면 그것을 눈치채는 사람도 늘어나고 개인이 느끼는 불안의 강도는 더 강해진다.

이런 사실을 관찰하고 싶다면 당장 느끼는 내 감정에 남들이 어떤 영향을 주었는지 생각해보면 된다. 내가 지금 느끼는 이 공포는 당장 내가 맞닥뜨린 무언가와 관련이 있는가? 아니면 남들로부터 듣거나 감지한 무언가에서 연유한 간접적 영향인가? 이런 일이 일어나는 순간을 포착하도록 노력해보라. 당신에게는 어떤 감정이 가장 전염성이 높은지 확인해보라. 그리고 집단에 따라, 하위 집단에 따라 당신의 감정은 어떻게 바뀌는지 살펴보라. 이것을 자각하고 나면 감정을 통제할 수 있는 힘도 생긴다.

과잉 확신: 혼자서 자신이 내린 의사결정이나 계획에 관해 생각하다 보면 자연스럽게 의심이 든다. 내가 직업을 제대로 선택한 건가? 취업 인터뷰에서 말을 잘한 건가? 지금 선택한 게 최고의 전략이 맞나? 하지만 집단에 속해 있으면 이렇게 의심하고 반추하는 메커니즘이 작동하지 않는다. 내가 속한 집단이 중요한 전략을 결정해야 한다고 생각해보자. 우리는 빠르게 실행에 옮겨야 한다는 긴박함을 느낀다. 논쟁을 하고 숙고하는 과정은 피곤하다. 결국 어떻게 될까? 우리는 결정을 내려야 한다는 압박감과 함께 결정에 내몰린다. 이 결정에 반대한다면 사람들 사이에서 소외되거나 배제될지 모른다는 생각에 흠칫하게 된다. 게다가 모든 사람이 이게 옳은 방향이라고 생각하는 것처럼 보이면 우리는 해당 결정에 대해 자신감을 가질 수밖에 없다. 그래서 집단이 우리에게 미치는 네 번째 영향은 '우리가 하고 있는 일을 더 확신하게 만들고, 그래

인간 본성의 법칙

서 더 쉽게 위험을 감수한다'는 점이다.

금융시장의 광풍이나 거품이 발생하는 이유가 바로 이것이다. '모든 사람이 튤립이나 사우스시 주식, 서브프라임 모기지의 가격이 오를 것으로 생각한다면(6장 참조) 확실한 거겠지.' '의심을 제기하는 사람들은 그냥 지나치게 조심성이 많은 거겠지.' 개인의 입장에서는 남들이 그토록 확신하는 것처럼 보이는 것에 저항하기가 어렵다. 나만 좋은 기회를 놓치고 싶지는 않다. 게다가 이 주식을 사는 사람이 몇 명밖에 없는데 이 주식이 실패한다면 바보가 된 것 같고 창피함을 느끼고 호구가 된 것에 대한 책임감이 들 것이다. 하지만 수천 명이 똑같은 행동을 한다면 굳이 책임감을 느낄 필요가 없다. 그렇기 때문에 집단 환경에서는 우리가 위험을 감수할 확률이 올라간다.

개인으로서 우리가 우스꽝스러운 게 분명한 계획을 세운다면 남들이 경고를 하며 현실을 깨닫게 해줄 것이다. 그런데 집단 환경에서는 정반대의 일이 일어난다. 예컨대 이라크를 침공해놓고 해방자로 환영받기를 기대하는 것처럼 아무리 망상처럼 보이는 계획도 모두가 동조하는 듯이 보인다. 정신이 번쩍 들게 해줄 외부자는 거기에 없다.

어떤 계획이나 아이디어에 대해 이상하리만치 확신이 들고 흥분될 때는 반드시 한 걸음 물러나서 바이러스처럼 확산되는 집단 효과가 지금 나에게 작용하고 있는 것은 아닌지 판단해봐야 한다. 잠시 흥분 상태에서 떨어져 나와 본다면 당신이 느끼는 감정을 합리화하고 당신이 '느끼고 싶은' 그 확실성을 갖기 위해 그동안 사고(思考)를 이용하고 있었음을 깨달을지도 모른다. 의심하고, 반추하고, 여러 대안을 고려할 수 있는 능력을 절대로 포기하지 마라. 집단을 덮치는 광기에 맞설 수 있는 것은 개인으로서 당신이 가진 이성(理性)뿐이다.

집단이 빠지기 쉬운 패턴

역사가 기록되기 시작한 이후 우리는 인간 집단이 거의 자동적으로 어떤 패턴에 빠져드는 모습들을 관찰했다. 거의 무슨 수학 공식이나 물리학 법칙 같았다. 다음은 그와 같은 집단 역학 중에서도 가장 흔한 것들이다. 당신이 속하거나 거쳐 가야 할 집단이 있다면 꼼꼼히 살펴보라.

집단 문화

다른 나라를 방문해보면 우리나라와는 문화가 많이 다르다는 사실을 알 수 있다. 언어만 다른 것이 아니라 관습도, 세계관이나 사고방식도 우리와는 다르다. 오랜 전통을 가진 국가에서는 이 점이 더욱 도드라진다. 그런데 미묘하기는 해도 회사나 사무실에서도 같은 일이 벌어진다. 이것도 모두 구성원들의 특정한 화학작용을 기초로 집단을 하나로 엮고 조화되게 만들기 위한 사회의 힘이 작용한 결과다.

당신이 속한 집단과 그 문화에 널리 퍼져 있는 스타일이나 전반적인 분위기를 한번 살펴보라. 느슨한 구조에 태평한 스타일인가? 톱다운 방식에 구성원들은 규칙을 깨거나 선을 넘을까 봐 겁내고 있는가? 구성원들이 세상과 분리되어 본인들만 더 우월하다고 생각하고 엘리트주의적인 태도를 보여주는가? 아니면 대중성을 따르는 것에 자부심을 가진 집단인가? 내 집단은 첨단을 달린다고 생각하는가, 전통적이라고 생각하는가?

집단 내에서 정보가 쉽게 흐르면서 열려 있다는 느낌을 주는가, 아니면 지도부가 정보의 흐름을 독점하고 통제하는가? 지나치게 경쟁적이고 엄격한 지휘계통을 가진 남성적 느낌인가, 아니면 더 융통성 있고 섬세하며 위계질서보다는 협업을 강조하는 여성적 느낌인가? 구성원들이 실질적 결과를 얻는 것보다는 본인 자존심을 더 걱정하면서 기능장애와 분열을 겪고 있는가, 아니면 생산성과 작업의 질을 강조하는가? 이런 질문에 답할 때는 집단 스스로가 뭐라고 말하는지는 별로 신경 쓸 필요가 없다. 오히려 집단 내에 널리 퍼져 있는 행동과 정서적 분위기를 보라.

위 특징을 어느 정도 가졌을 수도 있고 여러 가지가 결합되어 있을 수도 있지만, 집단은 언제나 뭔가 정체성이라고 할 만한 문화나 정신을 갖고 있다. 두 가지를 염두에 두라. 첫째, 집단의 문화는 집단이 상상하는 어떤 이상(理想)을 중심으로 하는 경우가 많다. 자유주의적, 현대적, 진보적, 무자비한 경쟁, 고상함 등이 그런 이상이다. 집단은 이런 이상에 부응하지 못할 수도 있지만 노력하는 데까지는 그 이상이 하나의 신화와 같이 작용해서 구성원들을 하나로 묶어준다. 둘째, 집단의 문화는 그 집단의 설립자를 반영하고 있는 경우가 많다. 특히나 그 설립자가 개성이 강한 사람이라면 말이다. 본인이 엄격하냐 느슨하냐에 따라 심지어 수천 명이 될 수도 있는 집단에 본인의 흔적을 뚜렷이 남긴다. 하지만 이미 문화가 정립되어 있는 집단이나 회사에 어느 리더가 들어갈 경우라면 리더 본인이 그 문화에 완전히 흡수될 수도 있다. 본인은 자신이 문화를 바꿨다고 생각하더라도 말이다.

펜타곤에 있는 미국 국방부는 강경파 풍조가 강력했던 제2차 세계대전 기간에 출현했다. 케네디 대통령도 존슨 대통령도 각자 펜타곤을 바라보는 시각이 있었고 그 문화를 바꿔놓으려고 했다. 두 사람은 모두 미국이 베트남전에 얽혀드는 것을 피하고 싶었다. 그러나 이런 공격적인 문화는 오히려 대통령들의 생각을 바꿔놓고 그들을 전쟁으로 끌고 들어갔다. 할리우드의 많은 감독들이 자기만의 방식으로 일하기를 바랐다. 하지만 결국에는 프로듀서들이 끊임없이 연락하고, 톱다운 방식으로 통제하고, 사소한 것까지 관리하는 할리우드의 확고한 문화 때문에 맥을 못 췄다. 이 문화는 거의 90년 가까이 존재했고, 그 어떤 개인도 바꿔놓지 못했다.

집단의 규모가 클수록 시간이 지나면 문화는 더욱 고착되는 경향이 있다. 그래서 당신이 문화를 통제하는 게 아니라 문화가 당신을 통제할 가능성이 크다는 점을 알고 있어야 한다.

염두에 둘 사항이 하나 있다. 문화의 유형이 어떻든, 처음에 얼마나 혁신적이었든 간에 집단이 오래 지속되고 규모가 커질수록 그 집단은 보수적이 될 것이다. 이것은 사람들이 이미 만들어놓은 것, 구축해놓은 것을 계속 고수하고 이미 검증된 방법에 의존해 현 상태를 유지하려는 욕구에서 비롯된 어쩔 수 없는 결과다. 스멀스멀 강화되는 보수주의 때문에 결국에는 집단이 죽는 경우도 비일비재하다. 환경에 대한 적응 능력을 서서히 상실하기 때문이다.

집단의 규칙과 코드

어떤 집단이든 무질서와 무정부 상태는 너무나 괴롭다. 그래서 행동의 기준과 방식에 대한 규칙이 빠르게 진화해 자리를 잡는다. 이런 규칙과 코드는 문서화된 적은 없지만 당연한 것으로 간주된다. 이런 규칙과 코드를 위반한다면 이유도 잘 모른 채 존재감 없는 사람이 되거나 해고될 수 있다. 이런 식으로 집단은 적극적 감시 없이도 자체 질서를 세운다. 어디까지 용납되고 회의에서는 어느 정도 자유롭게 말해도 되고, 상사에게는 어떤 식으로 복종해야 하고, 어느 정도 근면성실해야 하는지 등은 모두 집단이 공유하는 코드가 말해준다.

집단에 새로 들어가면 이런 암묵적 코드에 특별한 주의를 기울여야 한다. 집단 내에서 뜨는 사람은 누구이고, 지는 사람은 누구인지 보라. 성패를 가름하는 기준이 무엇인지 알려주는 신호다. 결과를 내야 성공하는가, 아니면 사내 정치를 잘해야 성공하는가? 상사가 보고 있지 않을 때 사람들이 얼마나 열심히 일하는지 보라. 너무 열심히 일하거나 너무 일을 잘해서 다른 사람들을 형편없게 보이게 만들어서 해고될 수도 있다. 집단 내에는 꼭 신성시되는 대상이 있다. 절대로 비난할 수 없는 사람이나 신념이 있다. 이런 것들은 무슨 수

인간 본성의 법칙

를 써서라도 피해야 하는 가시철조망이라고 생각하라. 때로는 고위직 중 한 명이 이런 규칙이나 코드에 대한 실질적 경찰 역할을 하기도 한다. 그런 사람이 누구인지 파악해서 그 사람과는 모든 마찰을 피하라. 그럴 만한 가치가 없다.

집단의 궁중 암투

동물원의 침팬지 집단을 한 번 관찰해보라. 집단 내에는 우두머리 수컷이 있고 다른 침팬지들은 그 우두머리에 맞춰 얼굴을 찡그리고, 몸짓을 흉내 낸다. 그들은 우두머리와 더 가까운 관계를 구축하려고 서로 다툰다. 인류 이전의 궁중 암투의 모습이라고 보면 된다. 인간은 문명이 최초로 시작되었을 때부터 더 정교한 버전의 귀족 중심 궁중 시스템을 만들었다. 귀족 중심 궁중에서는 왕이나 여왕의 호의에 따라 신하들의 생사와 번창 여부가 결정됐다. 신하들의 목표는 다른 조신(朝臣)들을 소외시키지 않으면서 권력의 정점에 더 가까이 가는 것이었다. 간혹 무리지어 리더를 물러나게 만들 수도 있었지만 거기에는 언제나 위험이 따랐다.

오늘날 이런 궁중 암투는 영화사 대표나 대학 학과장, 벤처기업 CEO, 정치 지도자, 미술관장, 문화적 영향력이 있는 비평가나 예술가 등을 중심으로 펼쳐진다. 큰 집단의 내부에서는 하위 리더를 중심으로 다시 또 작은 궁중 암투가 펼쳐진다. 리더의 힘이 강력할수록 눈치싸움도 더 치열하다. 조신들의 외관은 옛날과 달라졌을지 몰라도, 그들의 행태나 전략은 대동소이하다. 이와 관련해 주목해야 할 행동 패턴이 몇 가지 있다.

첫째, 조신들은 리더의 관심을 얻고 환심을 사야 한다. 가장 직접적인 방법은 아첨이다. 리더들은 응당 자존심도 강하고, 자기평가도 높다. 그리고 그것을 인정받고 싶어 한다. 아첨은 기적 같은 효과를 낼 수도 있지만 위험도 따른다. 너무 노골적일 경우 아첨하는 사람이 필사적으로 보일 수 있고, 아첨을 전략으로 쓰고 있다는 사실을 간파당하기 쉽다. 최고의 조신은 리더가 가진 특정한 불안에 맞춰 딱 맞는 아첨을 덜 직접적인 방식으로 실행한다. 그들은 리더의 여러 자질 중에서도 그동안 아무도 관심을 보여주지 않았으나 특히 더 인정이 필요한 부분을 집중적으로 칭찬한다. 모든 사람이 리더의 비즈니스 감각을 칭찬하지만 그의 세련된 교양을 칭찬하는 사람은 아무도 없다면 후자를 목표로 삼아라. 리더의 아이디어나 가치관을 표현만 살짝 바꿔서 보여주는 것은 아주 효과적인 간접적 칭찬이 된다.

무대에 따라 허용되는 아첨의 형태도 다르다는 사실을 기억하라. 무대가 할리우드라면 대학이나 워싱턴보다는 요란한 아첨이 필요하다. 아첨을 할 때는 집단의 기풍에 맞추고 최대한 간접적으로 하라.

물론 능력을 발휘하여 상사에게 깊은 인상을 남긴 뒤 상사가 당신의 유능한 능력에 의존하게 만드는 것은 늘 현명한 방법이다. 하지만 이것도 너무 지나치지 않도록 조심해야 한다. 상사가 보기에 당신이 일을 너무 잘한다고 생각되면 당신에게 의존하는 것을 두려워하거나 당신의 야심을 의심할 수도 있다. 상사는 본인이 당신보다 우월하다고 믿고 있다. 그런 상사의 마음을 편하게 해줘라.

둘째, 다른 조신들에게 각별히 관심을 기울여라. 지나치게 눈에 띄거나 너무 똑똑하거나 매력적으로 보이면 시기심을 자극한다. 너도나도 달려들어서 당신을 물어뜯으려 할 것이다. 최대한 많은 조신을 당신 편으로 만들어라. 당신의 성공은 축소해서 보여주고, 남들의 아이디어에 깊이 귀를 기울여라. 그게 어렵다면 최소한 그렇게 보이기라도 해라. 회의에서는 공이나 칭찬을 전략적으로 남에게 돌리는 법을 배워라. 그들의 '불안'을 눈여겨보라. 반드시 대처해야 할 조신이 있다면 최대한 간접적인 방식을 택하라. 집단 내에서 상대를 서서히 고립시키되, 절대로 너무 공격적으로 보이지 마라. 궁중은 늘 교양 있는 장소처럼 보여야 한다. 최고의 조신은 완벽한 연기자들이다. 그들의 미소나 충성 맹세에 의미 따위는 없다는 사실을 기억하라. 궁중에서는 순진한 것은 아무런 도움도 되지 않는다. 피해망상을 가질 필요는 없지만 사람들의 동기에 대해서는 늘 의심하라.

셋째, 대부분의 궁중에서 발견되는 조신들의 유형을 알아두고 그들이 특히 어떤 위험을 초래할 수 있는지 알고 있어라. 양심이라고는 찾아볼 수 없는 공격적이지만 영리한 조신 한 명이 순식간에 집단을 장악할 수도 있다(조신의 유형과 관련해 더 자세한 내용은 664페이지 참조).

이 궁중 암투를 벗어날 방법은 없다는 사실을 기억하라. 나는 정치 게임보다 위에 있다거나 아첨이 필요하지 않다는 식으로 행동한다면 남들에게는 오히려 더 수상쩍게 보일 뿐이다. 고고한 척하는 사람을 좋아하는 사람은 없다. '정직함'의 대가로 얻는 것은 소외되는 것뿐이다. 차라리 완벽한 조신이 되어 궁중 암투라는 게임에서 약간의 즐거움을 찾는 편이 낫다.

집단의 적

위에서 이야기한 것처럼 조상들은 외부자가 나타나면 거의 반사신경이 작용하듯 두려움을 느꼈다. 두려움은 쉽게 증오로 변질됐다. 이토록 두려워했던 데는 충분히 실질적인 이유가 있었을 수도 있지만, 사실 경쟁 부족이 존재한다는 것은 나름 긍정적인 효과도 있었다. 집단을 단결시키고 공고하게 만들었기 때문이다. 또한 이것은 인간의 정보 처리 방식과도 잘 들어맞았다. 인간의 두뇌는 빛과 어둠, 선과 악, 우리 대 저들처럼 상반되는 두 가지를 짝지어 생각하기 때문이다. 현대 사회에서도 이 아주 오래된 역학관계가 작동하는 모습을 찾아볼 수 있다. 어느 집단이든 부족을 하나로 뭉치게 하기 위해서는 실제의 적이든 가상의 적이든 거의 반사 작용처럼 미워하는 적에게 초점을 맞춘다. 언젠가 안톤 체호프는 이렇게 말했다. "사랑, 우정, 존경보다 사람들을 더 뭉치게 하는 것은 어느 대상을 다 함께 미워하는 것이다."

태곳적부터 리더들은 적에 대한 이런 반사적 반응을 권력에 이용했다. 적이나 경쟁 상대의 존재를 이용하면 정당화시키지 못할 일이 거의 없었고 본인들의 결점에서 눈을 돌리게 만들 수 있었다. 적은 '비도덕적이고' '비이성적이며' '신뢰할 수 없고' '공격적인' 것으로 묘사되었다. 여기에 내포된 함의는 우리 집단은 그렇지 않다는 것이다. 본인들이 윤리적으로 순수하지 않다거나 공격적 의도를 가지고 있다거나 감정에 지배되고 있다고 인정하고 싶은 집단은 어디에도 없다. '언제나' 그것은 반대편이다. 결국 더 중요한 것은 두 집단 사이의 실질적 차이가 아니라, 내가 부족의 일원이라고 느낄 수 있어야 한다는 사실과 반대편에 대항하고 싶은 욕구다.

당신이 속한 집단을 보라. 적이든 귀신이든 대항해야 할 상대가 보일 것이다. 우리에게 필요한 것은 이런 역학관계로부터 한 발 떨어져 '적'을 왜곡 없이 있는 그대로 볼 수 있는 능력이다. 대놓고 회의적 태도를 드러내는 것은 좋지 않다. 집단에 대한 충성심이 부족한 것으로 비칠 수 있기 때문이다. 그러지 말고 그런 부족 감정에서 나오는 과잉반응이나 부작용에 저항할 수 있게 열린 마음을 유지하면 된다. 여기서 한 걸음 더 나아가면 적으로부터도 배울 수 있고 적의 우월한 전략들은 수용해 변형해 사용할 수도 있을 것이다.

집단 내 파벌

시간이 충분히 지나면 집단 내의 개인들은 파벌로 갈라지기 시작한다. 그렇게 되는 이유는 간단하다. 집단에 속하면 나와 가치관을 공유하는 사람들과 함께 있기 때문에 응원을 받아 자기도취적 감정이 생긴다. 그런데 집단의 규모가 일정 크기를 넘어서면 이게 너무 추상적이 된다. 구성원들 사이의 차이도 눈에 띄게 된다. 개인으로서 집단에 미칠 수 있는 영향력도 감소한다. 우리는 더 직접적인 무언가를 바라게 되고 그래서 나와 더 비슷한 것 같은 사람들과 함께 하위 집단과 패거리를 형성한다. 자기도취적 격려를 다시 받을 수 있게 말이다. 이렇게 하위 집단을 형성하면 힘을 나눠 갖게 되고 구성원들의 자존감도 올라간다. 결국 이 파벌도 나중에 가면 다시 내부에서 분열을 겪게 될 것이고 그런 식으로 계속 쪼개질 것이다. 이런 분열은 마치 집단 분열의 기계적 법칙이라도 있는 것처럼 무의식적으로 일어난다.

파벌이 충분히 튼튼해지면 구성원들은 더 큰 집단보다 하위 집단의 이해관계를 우선시하기 시작할 것이다. 어떤 리더는 이런 역학관계를 이용해 '나눠서 정복하라'의 원칙에 따라 파벌들끼리 싸움을 시킬 수도 있다. 파벌들끼리 싸움이 많아져 파벌이 약화되면 꼭대기에 있는 사람이 쥐게 되는 권력은 더 커진다. 마오쩌둥은 이 게임의 대가였다. 하지만 이것은 위험한 전략이기도 하다. 하잘것없는 내부 다툼을 처리하느라 너무 많은 시간을 낭비하는 경향이 있기 때문이다. 또한 파벌들을 모두 진정시키는 것은 힘들 수도 있다. 그대로 내버려두면 파벌이 너무 강해져서 리더의 자리를 넘겨받거나 리더를 조종하게 될 수도 있다. 구성원들을 신나게 만들고 단결시킬 수 있는 긍정적 문화를 조성하고 파벌의 매력을 반감시킴으로써 전체 집단을 공고히 하는 것이 좋다 (더 상세한 내용은 14장 마지막 부분 참조).

특히 관심을 가져야 할 파벌이 하나 있다. 해당 집단의 '엘리트'라고 구분할 수 있는 상위 계층에 있는 사람들이 형성한 파벌이 그것이다. 엘리트 본인들끼리 라이벌 파벌로 쪼개지는 경우도 자주 있지만, 상황이 나빠지면 그들끼리 단결해 엘리트의 지위를 보존하려 할 것이다. 엘리트들은 자기 이익을 우선시하는 경향이 있고 권력자들 사이에서는 그런 성향이 더 크다. 그들은 틀림없이 본인들에게 유리하도록 집단의 규칙도 바꿔놓을 것이다. 요즘처럼 민주적인 시대에 그들은 그 사실을 은폐하기 위해 자신들이 하는 일이 마치 집단 전체를 위한 것인 양 행동할 것이다. 그들은 엘리트가 번창하면 모두가 번창할 거라고 말한다. 그러나 엘리트 집단이 실제로 그들의 권력을 줄이기 위한 일을 하거나 진정한 희생을 하는 일은 결코 보지 못할 것이다. 어찌된 노릇인지 늘 희생해야 하는 사람은 엘리트가 아닌 사람들이다. 그들의 합리화나 은폐 공작에 넘어가지 말고 이들 파벌을 있는 그대로 보도록 노력하라.

인간 본성의 법칙을 공부하는 학생으로서 우리가 해야 할 일은 두 가지다. 첫째, 규모가 어떠하든 집단을 상대할 때는 당신 자신을 완벽히 관찰하라. 당신은 스스로 생각하는 것만큼 독립성을 갖추고 있지 못한다는 사실을 기본 가정으로 삼아라. 당신의 사고와 신념 체계는 굉장히 많은 부분에서 당신을 키워준 사람들, 직장 동료들, 친구들, 크게 보면 당신이 속한 문화의 영향을 강하게 받는다. 스스로에게 가차 없이 솔직하라. 한 직장에 오래 있거나 어느 집단에 오래 머물수록 당신의 생각과 신념이 어떻게 바뀌는지 보라. 당신은 남들과 잘 어울리고 집단에 잘 녹아들어야 한다는 미묘한 압박을 받고 있고, 당신도 알지 못하는 사이에 그 압박에 호응할 것이다.

이 점을 분명하게 알고 싶다면, 어떤 문제에서 내가 집단이 원하는 바와 반대되는 생각을 추진하고 장기간 고수한 것이 몇 차례나 되는지 한번 생각해보라. 아마 굉장히 드물 것이다. 집단이 잘못 결정한 사안에 내가 동조한 적이 얼마나 많은지 생각해보라. 이런 동조의 습관이 너무 깊이 배어들면 당신은 인간으로서 가진 것 중 가장 소중한, 스스로 추론하는 능력을 상실할 것이다. 하나의 사고 실험이라 생각하고, 때로는 당신이 속한 집단이나 일반의 통념과 정반대되는 생각을 품도록 노력해보라. 일부러 그렇게 거슬러서 생각해보는 게 어떤 가치가 있는지 살펴보라.

집단의 영향력은 누구에게나 미칠 수 있다. 그 영향력이 더 쉽게 스미게 만드는 것은 우리의 불안이다. 개인으로서 나의 가치에 대한 확신이 적을수록 우리는 무의식적으로 집단의 정신에 더 쉽게 섞여 들고 녹아들려고 한다. 나는 순응하는 모습을 보이고 집단 구성원들은 그것을 표면적으로 승인해줌으로써 우리는 나에 대한 혹은 타인에 대한 불안을 은폐한다. 그러나 이런 식의 승인은 순간적인 것이고, 불안은 우리를 잠식한다. 뭔가 승인받았다는 기분을 느끼려면 계속해서 사람들의 관심을 받아야 한다. 우리의 목표는 자존감을 높여서 집단의 영향력이 나에게 덜 침투하게 만드는 것이다. 당신을 유일무이한 존재로 만들어주는 것들, 즉 당신의 취향, 가치관, 경험 등에 관해 강한 확신을 가진다면 집단의 영향력에 저항하는 것이 더 쉬워질 것이다. 나아가 스스로에 대한 평가의 기초를 당신의 일과 업적에 둔다면 끊임없이 남의 승인과 관심을 찾아다닐 필요가 없을 것이다.

자기 안에 몰두하거나 집단과의 관계를 끊어내라는 뜻이 아니다. 표면적으로는 집단에 녹아들기 위해 할 수 있는 일들을 하라. 하지만 속으로는 집단의 생각과 신념을 끊임없이 검토하고, 내 생각과 비교하고, 이점이 있는 것은 받아들이되 내 경험과 어긋나는 것은 거절하라. 그 아이디어의 출처가 아니라 아이디어 자체에 초점을 맞춰라.

두 번째로 해야 할 일은 당신이 속한 혹은 당신이 상대하는 집단을 완벽히 관찰하는 것이다. 당신 자신을 낯선 부족의 이상한 습성을 연구하는 인류학자라고 생각하라. 해당 집단의 문화를 깊이 들여다보고, 내부에서는 어떻게 느껴지는지 보고, 그 느낌을 당신이 이전에 속했거나 상대했던 다른 집단과 비교해보라. 그렇게 함으로써 사회의 힘이 집단을 하나의 조직으로 만드는 과정을 포착하라. 전체가 부분보다 위대해지는 과정을 보라.

사람들 대부분은 집단 내의 행동 규칙과 코드를 직관적으로 감지한다. 당신은 한 발 더 나아가서 이런 규칙들이 작용하는 모습을 관찰하고 보다 의식적으로 그 규칙들을 인지하라. 해당 규칙이나 코드의 존재 이유는 무엇인가? 그것들은 이 집단에 관해 무엇을 말해주는가? 집단의 문화와 코드를 더 깊이 이해하고 나면 사회적 공간을 잘 헤쳐 나가고 약간의 거리를 유지하는 것이 훨씬 쉬워질 것이다. 바꿀 수 없는 것을 바꾸려고 시도하지 않게 될 것이다. 어쩔 수 없이 파벌이 나타난다면 어느 한쪽에도 서지 말고 남들이 당신을 놓고 다투도록 하라. 자기도취적인 격려를 얻기 위해 어느 한 파벌에 속할 필요는 없다. 집단 내에서 당신이 원하는 것은 전략적 대안과 조정이 가능한 공간과 많은 지원군을 얻고 당신의 권력 기반을 넓히는 것이다.

이 두 번째 과제를 수행하면서 당신이 목표로 삼을 것은 최대한 현실감각을 유지하는 것이다. 집단은 일방적인 세계관과 신념을 공유하는 경향이 있다. 집단은 본인들의 선입견에 맞는 정보에 더 무게를 둔다. 라이벌이나 적의 성격을 과장한다. 자신들의 계획에 대해 지나치게 낙관한다. 계속 그렇게 나아가다 보면 집단은 망상에 가까운 신념을 보유하고 광기에 가까운 행동을 할 수도 있다. 어느 정도의 거리를 두고 집단을 관찰한다면 집단 속에 파묻혀 당신의 지각이 왜곡되고 있음을 더 쉽게 자각할 수 있을 것이다. 그러면 훨씬 더 효과적인 전략을 세우고 의사결정을 내릴 수 있다.

집단이 우리의 감정이나 행동을 더 낮은 수준으로 끌어내릴 수 있다면, 정반대로 집단이 우리를 더 높은 수준으로 끌어올려주는 것을 상상하거나 경험할 수 있다. 이렇게 이상적인 상태를 '현실 집단'이라고 부르기로 하자. 현실 집단은 자유로이 다양한 의견을 개진하는 개인들로 구성된다. 구성원들은 마음이 열려 있고, 높은 차원에서 협업하며 실무를 해내는 데 중점을 둔다. 개성과 현실감각을 유지한다면 이렇게 이상적인 팀을 구성하고 더 풍요롭게 만들 수 있다(더 상세한 내용은 675페이지 참조).

집단을 관찰하고 거리를 유지하는 능력은 그 어느 때보다 요즘 더 중요하다. 거기에는 몇 가지 이유가 있다. 과거에는 사람들의 소속감이 더 안정적이고 확고했다. 침례교도, 가톨릭교도, 공산당원 혹은 프랑스 시민이 된다는 것은 강력한 정체성과 자부심을 제공했다. 이런 대규모 신념 체계의 영향력이 쇠퇴하면서 우리는 내적인 안도감을 상실했다. 그런데도 우리는 여전히 어딘가에 속하고 싶은 인간의 근원적인 욕구를 그대로 가지고 있다. 그래서 사람들은 합류할 수 있는 집단을 찾아다닌다. 우리는 나와 가치관을 공유하는 사람들의 승인에 목마르다. 우리는 그 어느 때보다 집단의 영향력에 쉽게 노출되어 있다. 가장 최신의 사이비 종교나 정치 운동의 구성원이 되고 싶은 마음이 간절해진다. 그래서 우리는 이런 욕구를 이용하려는 부도덕한 포퓰리즘 선동가의 영향력에 매우 취약하다.

이제 우리는 대규모 집단을 형성하는 대신 점점 더 작은 부족을 형성한다. 더 큰 자기도취적 격려를 얻기 위해서다. 우리는 큰 집단을 의심의 눈초리로 본다. 소셜 미디어는 좁은 분야에 집중되어 있는 부족의 시각이나 가치관을 바이러스처럼 확산되기 쉽게 만들어서 이런 역학관계를 더 조장한다. 그러나 이런 부족은 오래 지속되지 않는다. 사라지고 다시 모이고 쪼개지기를 계속한다. 그래서 어딘가에 소속되고 싶은 오래된 욕구는 결코 충족되지 못하고 우리를 미치게 만든다.

부족 중심주의는 우리 본성의 가장 깊고 원초적인 부분에 그 뿌리를 두고 있다. 그런데 이제는 그게 훨씬 더 뛰어난 기술의 이기(利器)와 결합되면서 훨씬 더 위험해졌다. 수천 년 전에는 우리를 단단한 집단으로 뭉쳐 살아남을 수 있게 해주었던 것이 이제는 종(種)으로서의 우리를 쉽게 멸종시킬 수도 있게 됐다. 적의 존재는 부족의 존재 자체를 위협한다는 느낌을 준다. 중간지대는 거의 없다. 부족 간의 싸움은 더 격하고 폭력적이 될 수 있다.

인류의 미래는 이런 부족 중심주의를 초월해 나의 운명이 다른 모든 이들과 얽혀 있음을 볼 수 있는 능력에 좌우될 가능성이 크다. 우리는 한 종족이며 똑같은 최초의 인간의 후손이고, 모두가 형제자매다. 우리가 서로를 다르다고 느끼는 것은 대부분이 착각이다. 상상으로 차이를 만들어내는 것은 집단이 가진 광기의 일부다. 우리는 우리들 자신을 하나의 큰 현실 집단으로 보고 그에 대한 깊은 소속감을 경험해야 한다. 인간이 만들어냈고 지금은 우리를 위협하는 문제들을 해결하기 위해서는 훨씬 더 높은 수준의 협업과 실용적 정신이 필요하다. 이런 것은 부족에는 없는 것이다. 그렇다고 해서 다양한 문화라든지 그에 따른 풍요로움을 끝내야 한다는 뜻은 아니다. 사실 현실 집단은 내부의 다양성을 장려한다.

우리는 내가 속한 첫 번째 집단은 인류라고 결론 내려야 한다. 그게 피할 수 없는 우리의 미래다. 다른 그 어떤 결론도 퇴행일 뿐이며 너무나 위험하다.

리더를 둘러싼 암투

형태에 관계없이 모든 궁중 암투는 리더를 중심으로 돌아간다. 조신의 권력은 상대적으로 이 리더와 얼마나 가까운 관계를 유지하느냐에 달려 있다. 리더의 모습은 다양하지만 그를 둘러싼 역학관계에는 보편적인 특징이 하나 있다. 조신(냉소적 유형은 제외. 아래 참조)은 권좌에 있는 자를 이상화하는 경향이 있다는 사실이다. 조신은 자신의 리더를 실제보다 더 똑똑하고 영리하고 완벽하다고 생각한다. 그렇게 하면 본인의 아첨어린 행동을 정당화하기가 더 쉬울 것이다.

이것은 어린 시절 누구나 겪었던 역학관계와 유사한 점이 있다. 우리는 부모를 이상화했다. 그래야 우리에게 영향을 미치고 있는 부모의 권력이 더 안전하게 느껴지기 때문이다. 내 부모가 나약하거나 무능하다는 생각은 매우 무서운 일이다. 궁중의 권위자를 상대하는 일은 우리를 어린 시절 가족 간의 역학관계로 회귀하게 만드는 경향이 있다. 부모의 권력과 형제자매의 존재에 적응했던 방식이 궁중에서 다시 한 번 어른스러운 형태로 펼쳐지는 것이다. 만약 더 보호받는 기분을 느끼기 위해 무슨 수를 써서든 부모를 기쁘게 만들어야 할 필요성을 깊이 느꼈던 사람이라면, 궁중 암투에서 아첨꾼이 될 것이다. 나에게서 부모의 관심을 뺏어가는 형제자매를 원망하고 그들을 지배하려고 했던 사람이라면, 시기하는 유형이 되어 수동적 공격을 할 것이다. 우리는 어머니나 아버지에게 그러려고 했던 것처럼 리더의 관심을 독점하고 싶어질지 모른다.

따라서 유년기에서 비롯된 깊은 패턴에 따라 조신은 특정 유형으로 빠져드는 경향이 있다. 그 유형들 중 일부는 궁중에서 권력을 쌓을 경우 상당히 위험한데, 이들은 내부에서 높은 자리에 오르기 위해 본인의 부정적 자질을 대체로 잘 숨긴다. 이런 유형은 최대한 일찍 알아내서 필요한 방어책을 강구하는 게 최선이다. 다음은 자주 찾아볼 수 있는 조신의 일곱 가지 유형이다.

모사꾼

이들은 특히 알아보기가 힘들다. 이들은 상사나 집단에 매우 충성스러운 것처럼 보인다. 이들보다 더 열심히 일하고 더 능률적인 사람은 없다. 하지만 그것은 이들이 쓰는 가면이다. 이들은 더 많은 권력을 축적하기 위해 무대 뒤에서 끊임없이 음모를 꾸민다. 일반적으로 이들은 상사를 경멸하지만 그런 사실을 주도면밀하게 감춘다. 이들은 상사보다 자신이 그 일을 더 잘할 수 있다고 생각하고, 이 점을 증명하기를 갈망한다. 아마도 이들은 어린 시절에 아버지상과 경쟁 관계에서 오는 문제를 겪었을 것이다.

리처드 닉슨의 궁정에서 알렉산더 헤이그가 바로 이 유형이었다. 육군사관학교 출신의 베트남 참전 전쟁 영웅이었던 그는 닉슨의 국가안보보좌관 헨리 키신저의 여러 보좌관 중 한 명이었다. 키신저 본인의 작은 궁정은 학자 출신의 똑똑한 인물들로 가득했다. 그런 차원에서 헤이그는 그들과는 경쟁이 안 됐다. 그는 정책 논의에서는 멀찌감치 떨어져 있었다. 대신에 그는 키신저의 바람이나 필요에 딱 맞게 자신을 변신시켜서 내부로부터 빠르게 부상했다. 그는 키신저의 책상을 정리하고, 그의 스케줄을 간소화하고, 가장 하찮은 일도 도맡아 처리했다. 심지어 키신저가 중요한 만찬에 입을 옷 준비까지 도와주었다. 그는 화산처럼 폭발하는 키신저의 끝 모를 짜증 때문에 남모르게 속앓이도 많이 했다. 하지만 헤이그가 얼마나 야망이 크고 상사를 깊이 경멸하는지 키신저는 알지 못했다. 헤이그는 끊임없이 이 게임의 진짜 상사, 즉 닉슨 대통령을 타깃으로 게임을 해나갔다.

저녁마다 키신저가 어떤 파티에 참석해 있는 동안, 닉슨은 헤이그의 사무실에 늘 불이 켜져 있는 것을 보았다. 스스로도 워커홀릭인 닉슨은 이 점을 칭찬하지 않을 수 없었다. 물론 헤이그는 닉슨이 백악관에 있어서 자신을 알아볼 수 있는 날에만 야근을 했다. 얼마 지나지 않아 닉슨은 본인의 일을 맡기려고 헤이그를 차출해 갔다. 1973년 워터게이트 스캔들이 불거지고 있을 때 닉슨은 헤이그를 비서실장으로 임명했다. 키신저는 격노했다. 그는 헤이그가 본인의 목적을 위해 자신을 이용했다고 느꼈다. 게다가 이제는 본인보다 더 상사가 된 헤이그에게 자신이 보고를 해야 하는 입장이 됐다. 설상가상으로 헤이그는 키신저를 워낙 가까이서 보아왔기 때문에 그의 약점과 수많은 비리를 잘 알고 있었다. 키신저는 헤이그가 이런 정보를 닉슨에게 공유할 것이 틀림없다고 생각했다. 닉슨은 그런 가십을 좋아했다. 동료들에게 헤이그는 상대를 무장해제시킬 수 있을 만큼 다정할 수 있는 사람이었다. 그러나 무대 뒤에서는 자신에게 방해가 되는 사람은 거의 모두 공격했고, 그들의 전화를 도청하고, 그들의 아이디어나 보고서에 자신의 이름을 썼다.

워터게이트 위기가 깊어지면서 닉슨이 우울증에 빠지자 헤이그는 서서히 전권을 넘겨받았는데 어찌나 열정적이었던지 많은 이들이 놀라는 동시에 혐오스러워했다. 몇 달간 그는 사실상 대통령이었다. 이런 패턴은 헤이그의 커리어 내내 되풀이됐다. 로널드 레이건 정부 시절 국무장관을 지낼 때는 1981년 대통령 암살기도가 있은 후 기자들에게 이렇게 말하기도 했다. "이제 제가 책임자입니다."

이 유형을 알아보기 위해서는 겉으로는 유능하고 충성스러우며 심지어 매력적이기까지 한 이들의 얼굴 뒤를 보아야 한다. 내부에서 부상하기 위해 조바심을 치며 그들이 사용하는 수법을 유심히 보아야 한다. 모사꾼의 신호는 없는지 그들의 이력을 봐라. 이들이 열심히 일하는 이유는 리더나 다른 사람들이 자신에게 의존하게 만들어서 사람들을 자신에게 묶어두고 본인의 입지

인간 본성의 법칙

를 굳히기 위함이다. 상사를 기쁘게 만들고 유용한 사람이 되기 위해 보여주는 약간은 지나친 열정을 주의 깊게 보라. 이들이 당신을 쳐다보고 있을 때는 어떻게 하면 당신을 이용할까 혹은 당신을 발판 삼아 올라갈까를 생각하는 중이다. 이들은 자신이 영민함을 타고났다고 생각하기 때문에 승진을 위해 필요한 일이라면 무슨 일이든 거리낌이 없다. 이들과는 거리를 유지하면서 그들의 노리개도, 적도 되지 않는 것이 최선이다.

말썽꾼

이들은 대체로 많은 불안을 안고 있지만 다른 사람들에게는 그 점을 숨기는 데 능하다. 이들은 어릴 적부터 줄곧 내가 갖지 못한 것을 가진 것처럼 보이는 사람들에게 깊은 원망과 시기심을 품어 왔다. 이들의 목표는 말썽을 일으켜서 집단 전체에 의심과 불안을 감염시키는 것이다. 그렇게 되면 본인이 활동의 중심이 되고 리더에게 더 가까이 갈 수 있을지도 모르기 때문이다. 종종 이들은 본인의 시기심을 자극하는 다른 조신을 목표로 삼을 수도 있다. 이들은 다른 조신들의 잠재적 시기심을 이용해 문제의 조신에 대한 루머나 험담을 퍼뜨릴 것이다. 이들은 누가 충성심이 부족한지에 대해 리더에게 고자질할 수 있는 비밀 정보가 수두룩하다. 더 소란을 피우고 감정을 휘저어놓을수록 이들이 상황을 이용할 수 있는 여지도 늘어난다.

궁정 내에서 갑자기 모반 같은 것이 터진다면 이들이 가담했다고 확신해도 좋다. 궁정에는 뛰어난 말썽꾼이 한 명만 있어도 끊임없는 극적 상황과 불협화음이 만들어져서 모두의 삶을 견딜 수 없게 만든다. 이들은 사실 그런 상황을 만드는 데서 은밀한 기쁨을 느낀다. 이들은 과도하게 옳은 소리를 하면서 다른 이들의 '배신'에 분개하며 본인의 흔적을 지운다. 이들은 겉으로는 대의에 충성하고 헌신하는 모습을 연출하기 때문에 이들이 그토록 뒤에서 조종을 잘하리라고 의심하기는 쉽지 않다.

'천연덕스럽게' 어떤 루머를 공유하는 조신이 있다면 바로 이 유형일 수 있으니 경계하라. 언젠가 당신이 그런 루머의 타깃이 될지도 모른다. 집단 전체가 어떤 모호한 위협을 놓고 바이러스처럼 퍼진 불안에 떨고 있는 게 느껴진다면 그 출처를 찾아보라. 당신들 사이에 말썽꾼이 있을지 모른다. 그들은 아주 교묘할 수 있다. 그들은 내면에서 부글거리는 부정적 생각을 감추기 위해 겉으로는 더 쾌활하고 낙천적인 모습을 보여줄 수도 있다. 언제나 가면 뒤를 살피고 뭔가 나쁜 일이 벌어졌을 때 몰래 즐거워하는 사람에 주목하라. 말썽꾼으로 알려진 사람을 상대할 때는 직간접적으로 그를 모욕하거나 무례한 모습을 보이지 마라. 그들은 자신이 비방하는 상대의 감정에 대해서는 상당히 무감하지만, 본인에 대한 무례의 신호에는 극도로 예민하다. 이들은 당신보다 거리낌이 없기 때문에 수동적 공격 작전을 펼쳐서 당신 삶을 끔찍하게 만들어 놓을 수도 있다.

게이트 키퍼

이 유형의 목표는 리더에 대한 배타적 접근권을 얻고, 리더에게 흘러들어가는 정보를 독점하는 것이다. 이들은 그런 위치에 가기 위해 사람들을 이용하려는 의지 측면에서는 모사꾼과 닮아 있을 수도 있다. 하지만 모사꾼과는 달리 이들의 목표는 권력을 넘겨받는 것이 아니다. 이들의 동기는 타인에 대한 은밀한 경멸이 아니라 최고 위치에 있는 사람에 대한 지독한 흠모다. 이들은 종종 그 위치까지 오르기 위해 리더의 천재성과 완벽함에 관해 아첨을 늘어놓기도 한다. 이들은 리더를 이상화한다(심지어 이들의 끌림에는 약간의 성적인 측면까지 있을 수도 있다). 이들은 리더의 자기도취 성향을 잔뜩 만족시켜주어 환심을 산다. 게이트 키퍼로서 이들은 짜증나는 조신들을 멀리하고, 리더가 하찮은 정치 싸움에 직접 노출되지 않게 한다. 그래서 이들은 상당히 유용한 사람처럼 보인다.

인간 본성의 법칙

이런 접근성을 획득할 때 이들은 리더의 어두운 면을 보고 그들의 약점을 알게 되기도 한다. 이런 점은 무의식적으로 리더를 게이트 키퍼와 더 단단히 묶어놓는다. 리더는 게이트 키퍼와 멀어지는 것을 두려워할 수도 있다. 흠모하는 리더에 대해 이런 힘을 갖는 것이 게이트 키퍼의 최종목표다. 게이트 키퍼는 집단이 리더의 생각과 신념을 고수하게 감시하는 궁정 내의 경찰이 될 수도 있다.

게이트 키퍼가 권좌에 앉으면 극도로 위험하다. 어떤 식으로든 이들과 충돌한다면 이 판에서 가장 중요한 한 사람에 대한 접근권과 다른 특전들이 사라질 것이다. 누가 상사에게 후안무치한 아첨을 일삼는다면 그가 게이트 키퍼임을 일찌감치 알아보라. 이들은 다른 조신들을 대할 때는 리더를 대하는 것과는 전혀 다른 얼굴을 한다. 너무 늦기 전에 리더에게 그들의 이중성을 폭로할 수 있는 증거를 수집할 수도 있다. 그러나 대체로 이들은 상사의 불안을 이해하고 가지고 노는 데 선수이며 당신보다 상사를 더 잘 알게 된다. 그들은 얼마든지 당신의 노력을 수포로 놀아가게 할 수 있다. 이들에게 대처하는 방법은 게이트 키퍼의 영향력을 알아보고 그들 편에 서는 것이 최선이다. 만약 당신이 리더라면 이런 유형을 경계하라. 이들은 당신을 집단으로부터 고립시키는 경향이 있다. 고립은 위험하다.

배후의 조종자

리더들은 종종 어려운 위치에 처한다. 그들은 집단에게 일어나는 일과 그에 수반되는 스트레스를 책임져야 하며 동시에 나무랄 데 없는 명성도 유지해야 한다. 리더는 다른 사람들보다 자신의 어둠을 더 비밀로 해야 한다(9장 참조). 그 어둠이란 본인이 억압해야 하는 혼외 관계에 대한 열망일 수도 있고, 주위 사람 모두의 충성심에 대한 편집증이나, 증오하는 적에게 폭력을 행사하고 싶은 갈망일 수도 있다. 무의식 중에 이들의 그림자는 밖으로 나오기를 갈망한다.

배후의 조종자는 모든 형태의 조신들 중에서도 가장 영악한 유형 중 하나다.

이 유형은 자신의 가장 어두운 갈망이 무엇인지 자각하고 있기 때문에 자신의 그림자와 가까운 거리에 있다. 어린 시절 이들은 아마도 이런 열망을 깊이 느꼈지만 억압해야 했을 것이다. 그러자 이 열망은 훨씬 더 강력하고 강박적이 됐다. 어른이 된 이들은 함께 그 그림자를 밖으로 꺼내놓을 공모자를 찾아다닌다. 이들은 리더를 포함해 타인에게서 억압된 욕망을 감지하는 데 선수다. 이들은 대화 속에서 뭔가 터부시되는 주제를 꺼내기 시작할 수도 있다. 하지만 위협적이지 않고 유머러스한 방식을 사용한다. 리더는 그런 분위기에 넘어가서 약간 마음을 열어놓는다. 리더의 그림자와 관계를 구축하고 나면 배후의 조종자는 한 발 더 나아가 리더를 위해 할 수 있는 일들, 그의 좌절감을 분출할 방법을 제안한다. 그 모든 것은 배후의 조종자가 처리하며 보호막의 역할을 한다.

닉슨 대통령의 특별보좌관이었던 찰스 콜슨이 바로 그런 역할을 쟁취했다. 그는 본인의 상사가 주변에 적들이 있을지 모른다며 노심초사한다는 사실을 알고 있었다. 또한 닉슨은 본인의 남성성에 대해 상당한 불안을 느끼고 있었고, 본인의 적으로 알려진 이들을 벌주면서 으스대고 싶은 갈망이 있었다. 그는 이런 욕망을 실현할 수 없어 깊이 좌절하고 있었다. 콜슨은 닉슨의 가장 나쁜 본능을 이용했다. 닉슨이 회의에서 본인의 감정을 분출할 수 있게 한 다음, 그와 관련해 조치를 취할 수 있는 방법을 넌지시 암시했다. 예컨대 미워하는 기자에게 복수를 할 수 있는 방법 같은 것들이었다. 닉슨이 저항하기에는 너무나 유혹적이고 속 시원한 방법들이었다. 콜슨 역시 이런 숨겨진 가학적 욕망을 갖고 있었기 때문에 이것은 본인의 그림자를 실행하는 완벽한 방법이기도 했다.

어떤 궁정이 되었든 모략과 골탕 먹이기를 좋아하는 저급한 사람은 분명히 있다. 그들은 대놓고 폭력적이거나 사악한 것이 아니라 그저 남보다 죄책감이

인간 본성의 법칙

적다. 그들이 배후의 조종자가 되어 감언이설을 통해 상사에게 가까운 위치까지 간다면, 그에 맞서 당신이 할 수 있는 일은 별로 없다. 그런 유형의 심기를 건드리는 것은 위험하다. 그들이 계획하는 내용이 너무 시커메서 그들을 멈추게 할 목적으로 당신의 지위라도 걸 만큼 가치 있는 게 아니라면 말이다. 하지만 대체로 이들의 커리어는 오래가지 않으니 힘을 내라. 이들은 본인이 지지하거나 실행했던 일이 알려질 경우 희생양이 되는 경우가 많다. 이들은 당신을 가지고 놀려고 할 수도 있다는 점을 기억하라. 저들이 조금이라도 미심쩍은 일에 당신을 끌어들이려고 한다면 첫발을 내딛지 마라. 깨끗한 평판이야말로 당신에게 가장 중요한 것이다. 공손히 거리를 유지하라.

궁정의 광대

어느 궁정에나 광대가 있다. 과거에는 모자를 쓰고 종을 달았지만 지금은 종류도 모습도 다양하다. 이들은 때로는 리더까지 포함해서 누구든 무엇이든 웃음거리로 만들어도 된다는 허락을 받은 궁정의 냉소가나 조롱가일 수도 있다. 리더가 이들을 참는 이유는 본인이 불안해하지 않고 유머가 있다는 것을 보여줄 수 있기 때문이다. 또 다른 유형으로는 온건한 반항아가 있다. 이 유형은 드레스 코드를 어겨도 되고 좀 느슨한 행동을 보여도 되며 통념에 어긋나는 의견을 옹호해도 된다. 이들은 약간 대담할 수도 있다. 회의에서 남들과는 달리 집단에 반하는 다소 황당한 의견을 제시해도 된다. 이렇게 관행을 따르지 않는 사람이 있다는 사실은 리더가, 적어도 겉으로는, 자유로운 의견 교환을 장려한다는 증거다.

이 유형이 그런 역할을 맡게 되는 이유는 겉으로 드러나지는 않지만 책임을 두려워하거나 실패를 무서워하기 때문이다. 이들은 광대가 되면 남들이 자신을 진지하게 생각하지 않는다는 것, 실질적 권력은 거의 주어지지 않는다는 것을 알고 있다. 유머나 익살 덕분에 이들은 실제로 일을 완수해야 하는 스트레스는 없이 궁정에서 한 자리를 차지할 수 있다. 이들의 '반항'은 결코 현재 상태에 대한 실질적 위협이나 도전을 나타내지는 않는다. 실제로 이들이 그렇게 행동하는 이유는 집단 내의 다른 사람들이 내부의 괴짜를 통해 약간의 우월감을 느끼고 더 편안한 마음으로 규칙을 따르게 하기 위해서다.

광대가 존재한다는 사실을 당신도 얼마든지 그의 행동을 흉내 내도 된다는 신호로 착각해서는 안 된다. 궁정에 보통 광대가 한 명뿐인 데는 이유가 있다. 집단의 기준에 반항하려는 마음이 든다면 최대한 드러나지 않게 유지하는 편이 낫다. 현대사회의 궁정에서 종종 보이는 모습의 차이는 넘어가주더라도 생각이나 정치적 올바름이라는 측면에서의 차이는 잘 참아주지 않는다. 관행을 따르지 않는 태도는 사생활에서 마음껏 발휘하거나 더 많은 권력을 축적할 때까지 기다리는 편이 낫다.

공감의 여왕

이 유형은 종종 가장 성공한 조신이 된다. 다른 사람을 흉내 내는 게임을 기막히게 잘할 수 있기 때문이다. 이들은 리더'뿐만 아니라' 동료 조신들까지 유혹하는 데 능하고, 넓은 지지 기반을 유지한다. 이들의 권력 기반은 누구나 속을 들여다보면 자기도취자라는 아이디어에 있다. 이들은 상대의 기분이나 생각을 그대로 반영한 모습을 보여줌으로써 조종당한다는 느낌 없이 상대가 인정받은 기분이 들게 하는 데 선수다. 대놓고 아첨하는 사람들과는 상반되는 전략이다.

프랭클린 딜라노 루스벨트의 궁정에서 오랜 참모이자 노동부 장관을 지냈던 프랜시스 퍼킨스(Frances Perkins)는 이 게임을 완벽하게 해냈다. 그녀는 높은 수준의 공감능력을 갖고 있어서 루스벨트의 기분을 감지할 수 있었고, 거기에 자신을 맞췄다. 그녀는 루스벨트가 이야기를 좋아한다는 사실을 알고 있었기 때문에 루스벨트에게 어떤 아이디어를 제시할 때는 항상 스토리를 함께 제

인간 본성의 법칙 ‒

시했고, 그러면 루스벨트는 그 이야기에 매료되었다. 퍼킨스는 루스벨트가 하는 말이라면 그 누구보다 많은 관심을 갖고 귀 기울여 들었다. 그렇기 때문에 나중에 루스벨트가 했던 '멋진' 말이라면서 그의 말을 글자 그대로 인용할 수 있었다. 이 사실은 그녀가 루스벨트의 말을 얼마나 깊이 들었는지 증명해주었다.

만약 본인이 추진할 사항이 저항에 부딪힐 것 같다면 퍼킨스는 조심스럽게 그게 루스벨트의 과거 생각인 것처럼 이야기했다. 실제로는 그녀의 생각을 살짝 바꾼 것에 불과했지만 말이다. 그녀는 루스벨트의 다양한 미소가 각각 어떤 의미인지 해독할 수 있었기에 자기 생각을 더 밀고 나가도 될지 멈춰야 할지를 판단할 수 있었다. 그녀는 루스벨트가 자신에 대해 갖고 있는 이상화된 이미지, 즉 '선거권이 없는 사람들을 위해 싸우는 고귀한 전사'의 모습에 확실하게 부응했다. 다른 조신들 앞에서는 가장 위협적이지 않은 태도를 취하고, 대통령에 대한 본인의 영향력을 절대로 과시하지 않았으며, 마주치는 모든 사람들에게 똑같은 매력을 발휘했다. 누구도 그녀가 위협적이라거나 그녀가 가진 힘이 부럽다는 생각을 하기 힘들게 만들었다.

'나도 궁중 암투에서 이런 역할을 맡는다면 권력을 잡을 수 있겠다'라고 생각할 사람도 있을 것이다. 하지만 실제로 이렇게 하려면 사람을 아주 잘 읽어내야 하고 비언어적 신호에 예민해야 한다. 상대의 생각뿐만 아니라 기분까지도 그대로 흉내 낼 수 있어야 한다. 이게 곧 마법처럼 작용해 상대의 저항을 낮출 것이다. 리더에 대해서는 그가 이상화하고 있는 자기 자신에 대한 평가가 무엇인지 잘 알고, 어떤 식으로든 그것을 항상 긍정해주어야 한다. 심지어 그런 자기평가에 맞춰 살라고 격려해줘야 한다. 최고 위치에 있는 사람들은 우리가 생각하는 것보다 훨씬 외롭고 불안하다. 그들은 우리의 이런 격려를 덥석 받아들인다. 앞서 언급한 것처럼 대놓고 아첨을 하면 상대에게 간파당할 위험이 있다. 하지만 흉내 내기의 경우에는 상대가 이 전략을 간파하더라도 여전히 좋아하고 더 많이 바랄 것이다.

총신과 동네북

궁중에서 제일 윗단과 아랫단을 차지하는 두 유형이다. 왕이라면 누구나 궁중에서 가장 아끼는 총신(寵臣)이 있다. 다른 유형의 조신들은 보통 입안의 혀처럼 구는 능력이나 비굴한 충성심을 보여주어 권력을 얻는 경우가 많다. 하지만 권력자로 부상하는 총신을 보면 왕과 더 사적이고 친구 같은 관계를 구축한 것이 토대가 되는 경우가 많다. 일찍부터 그들은 리더 앞에서도 편안하고 친근하게 행동하는데, 그렇다고 무례하게 보이지는 않는다. 많은 리더들이 그렇게 형식적이고 정중할 필요가 없기를 은밀히 갈망한다. 때로는 외로운 리더가 한 명을 골라 이 역할을 맡길 수도 있다. 리더는 총신에게는 기꺼이 비밀을 털어놓고 호의를 베푼다. 물론 이것은 다른 조신들의 시기심을 자극한다.

이 자리에는 위험이 많이 따른다. 첫째, 이 역할은 리더가 느끼는 다정함에 의존하는데 이런 감정은 보나마나 변덕이 심하다. 사람들은 친구의 말이나 행동에는 다른 사람보다 더 예민해서, 만약에 어떤 식으로든 실망하거나 배신을 당했다고 느낀다면 이전에는 좋아했던 친구를 이제 미워할 수도 있다. 둘째, 총신은 종종 너무 특별대우를 받아서 거만해지는 경우가 많다. 총신이 막무가내로 행동하는 것이 리더는 싫어질 수도 있다. 안 그래도 총신을 시기하고 있는 조신들은 점점 더 거만해지는 총신으로부터 더욱 멀어질 것이다. 총신이 리더의 신임을 잃을 경우 역사에서 흔히 볼 수 있듯이 더욱 고통스럽고 아프게 추락한다. 아무도 그들을 변호해주지 않는다. 또한 그들이 권력자로 부상한 것은 특별한 능력이 있어서가 아니었기 때문에 오갈 데 없는 처지가 되는 경우도 많다. 이 역할을 맡으라는 유혹에 넘어가지 않도록 노력하라. 사람들이 느끼는 다정한 감정이 아니라 당신의 업적과 쓸모를 통해 권력을 얻어라.

아이들이 뛰노는 운동장과 마찬가지로 궁중에서도 언제나 동네북 역할을

인간 본성의 법칙

하는 사람이 있다. 누구나 그 사람만 보면 어떻게든 비웃고 싶고 우월감을 느끼는 사람 말이다. 지금 사람들은 이전보다는 더 정치적으로 올바르고 또 조심하려고 하지만 동네북에 대한 인간의 욕구는 우리의 본성에 너무 깊이 뿌리 내려 있다. 사람들은 본인이 느끼는 우월감이 아마도 동네북이 무능해서, 통념에 어긋난 의견을 갖고 있어서, 세련되지 않아서라고 근거를 댈 것이다. 뭐든 좀 다르거나 열등해 보이는 것이면 다 근거가 된다. 이런 조롱은 주로 등 뒤에서 이뤄지지만 상대는 그것을 감지할 수 있다. 이런 행동에 엮이지 마라. 당신의 품위를 손상시키는 일이다. 궁중의 모든 사람이 언젠가는 내 아군이 될 수도 있다고 생각하라. 궁중이라는 무자비한 환경에서도 동네북과 친구가 되려고 노력함으로써 당신은 다르게 행동한다는 것을 보여주고 그 잔인한 게임의 재미를 없애버려라.

어떻게 현실 집단을 만들 것인가

일단의 사람들이 어떤 모험적인 일을 추진하다가 실패하면 종종 다음과 같은 현상이 펼쳐진다. 가장 먼저 나타나는 반응은 관련된 사람들을 살피면서 책임을 돌리는 것이다. 야심이 지나친 리더, 무능한 보좌관 혹은 눈치 빠른 상대방 때문에 우리가 실패에 이르렀다. 운도 따르지 않았다. 결국 리더나 보좌관은 해고되고 새로운 팀이 꾸려질 수도 있다. 지도부는 이 경험으로부터 몇 가지 교훈을 얻고 공유한다. 집단에 속한 사람들은 모두 만족하며 다음으로 넘어갈 준비를 한다. 그러다가 또 몇 년이 지나면 거의 똑같은 문제와 똑같은 유형의 실패가 재발하고, 똑같이 지겨운 해결책이 재활용된다.

흔히 볼 수 있는 이 패턴이 발생하는 이유는 간단하다. 진짜 잘못은 집단의 역학관계가 제 기능을 못하는 점에 있다. 이 집단이 계속 무능한 보좌관과 과대망상적 리더만 양산하기 때문이다. 그 점을 고치지 않는 한, 리더의 얼굴만 바뀔 뿐 문제는 계속 재발할 것이다.

기능 장애에 빠진 조직 문화 속에서 구성원들은 집단의 전체적인 방향이나 자신의 역할에 대해 혼란을 느끼는 경우가 많다. 그런 혼란 속에서 사람들은 본인의 이해관계나 목표를 더 중요하게 여기기 시작하고 파벌을 형성한다. 집단의 건강보다는 본인의 지위를 더 걱정하기 때문에 자존심에 민감해지고 혹시 누가 더 많은 것을 받지는 않는지에 집착한다. 이렇게 비우호적인 분위기에서 미꾸라지라고 할 수 있는 '말썽꾼'들은 문제를 일으키고 자신을 홍보할 방법을 찾아낸다. 별 재주도 없이 친목질이나 사내 정치에 능한 사람들이 종종 번창하고 높은 자리에 오르거나 보좌진이 되기도 한다. 튀지 않는 게 선호되고 보상을 받는다.

리더도 내부 알력과 눈치 싸움에 끌려들어간다. 공격당하기 쉽다고 느낀 리더는 듣고 싶은 말을 해주는 조신들로 주위를 채운다. 이렇게 만들어진 누에고치 같은 궁중에서 리더는 구상부터 잘못된 거창한 계획을 세우고, 줏대 없는 조신들은 리더를 더 부추긴다. 리더나 보좌진을 해고해봤자 아무것도 바뀌지 않을 것이다. 다음에 그 자리에 오는 사람들 역시 기능 장애에 걸린 문화에 감염되어 변질될 것이기 때문이다.

이런 함정을 피하기 위해 우리가 해야 할 일은 관점을 바꾸는 것이다. 즉각 실패한 작전이나 개인에게 초점을 맞출 것이 아니라 집단의 전체적 역학관계를 집중적으로 들여다보아야 한다. 이 역학관계를 고치고 생산적인 문화를 만들어낸다면 위와 같은 폐해를 피할 수 있을 뿐만 아니라 집단 내에 완전히 다른 기운을 주입할 수 있다.

제 기능을 하는 건강한 역학관계를 만들어내기 위해서는 집단이 현실과 밀접한 관계를 유지할 수 있어야 한다. 집단에게 현실이란 다음과 같다. 집단의 존재 이유는 일을 완수하고, 무언가를 만들어내고, 문제를 해결하기 위해서

인간 본성의 법칙

다. 집단에는 동원할 수 있는 자원이 있다. 구성원들의 노동과 내구력, 재무상황 등이다. 보통 특정한 환경에서 활동하고, 그 환경이라는 것은 아주 경쟁적이고 끊임없이 변화하는 경우가 대부분이다. 건강한 집단은 일 자체를 가장 먼저 강조한다. 자원을 최대로 활용하고 불가피한 변화에 적응할 것을 강조한다. 끊임없는 내부 정치에 시간을 낭비하지 않는다. 이런 집단은 제 기능을 못하고 있는 집단에 비해 열 배는 많은 것을 이룰 수 있다. 이런 집단은 인간 본성에서 가장 훌륭한 부분을 끄집어낸다. 사람들의 공감능력, 고차원적 수준에서 협업할 수 있는 능력 같은 것들 말이다. 이런 집단은 우리 모두를 위해 이상적인 상태를 유지한다. 이런 이상적 상태를 '현실 집단'이라고 부르기로 하자.

진정한 현실 집단은 역사상 많지 않았던 것이 분명하다. 어느 정도 그런 모습을 보였던 것은 저 유명한 나폴레옹 보나파르트의 군대라든가, 토마스 왓슨이 이끌었던 초창기 IBM 정도이다. 혹은 프랭클린 루스벨트의 초기 내각이나, 위대한 영화감독 존 포드(John Ford)가 구성해서 수십 년간 함께 일했던 영화 제작팀, 필 잭슨(Phil Jackson) 감독 하의 시카고 불스 농구팀을 들 수도 있다. 이런 사례를 통해 우리는 현실 집단을 구성하는 요소가 무엇이고 리더는 어떻게 하면 현실 집단을 만들 수 있는지에 관해 몇 가지 귀중한 교훈을 얻을 수 있다.

아래에 소개하는 것은 이런 현실 집단을 달성하기 위한 다섯 가지 핵심 전략으로, 반드시 모두 실천해야 한다. 너무 단단히 자리 잡은 기능부전의 문화를 물려받았다면 당신의 역할은 쉽지 않고, 변화에 시간도 많이 걸림을 기억하라. 당신이 만들고 싶은 변화에 대해 확고한 신념을 가지고 인내해야 한다. 기존의 문화가 서서히 당신을 동화시키지 않도록 조심하라. 이것을 전쟁처럼 생각하라. 다만 이 전쟁에서 적군은 어느 한 개인이 아니라 제 기능을 못하고 있는 집단의 역학관계 자체다.

공동의 목적의식을 주입하라

사람들이 속하고 싶고 녹아들고 싶게 만드는 사회의 힘을 포착해서 더 높은 목적을 향하도록 만들어야 한다. 그러려면 이상향을 정립해야 한다. 당신의 집단은 분명한 목적이 있고 구성원들을 단결시킬 긍정적인 임무가 있다. 그것은 생활을 편리하게 만들고 기쁨을 주는, 뛰어나고 개성 있는 제품을 만드는 것일 수도 있다. 혹은 도움이 필요한 이들을 위해 여건을 개선하는 것일 수도 있다. 또는 아주 까다롭게 보이는 문제를 해결하는 것일 수도 있다. 이것이 당신이 속한 집단의 궁극적 현실이며 애초에 그 집단이 만들어진 이유다. 이런 목적은 막연하거나 암시되는 내용에 머무르는 것이 아니라 분명하게 선언되고 공표되어야 한다. 일의 종류가 무엇이든, 뛰어남을 강조하고 무엇이든 최고 수준으로 만들게 하라. 돈을 벌거나 성공하는 것은 이 이상향의 자연스러운 결과가 되어야지 그 자체가 목표가 되어서는 안 된다.

그러려면 당신이 설교하는 바를 집단이 실천해야 한다. 이상향과 현실 사이에 위선이나 눈에 띄는 불일치의 신호가 조금이라도 보인다면 당신의 노력은 물거품이 될 것이다. 집단의 이상을 반영하는 결과를 계속해서 만들어라. 집단은 최초의 목적을 자꾸만 잊는 경향이 있다. 조금이라도 성공했을 때는 더욱더 그렇다. 집단에게 우리의 임무가 무엇인지 계속해서 일깨워줘라. 임무는 필요하다면 조금씩 수정을 가할 수도 있지만 핵심에서 멀어지지는 마라.

우리는 종종 사람들의 행동을 기초적 동기로 축소한다. 탐욕, 이기심, 관심 받고 싶은 욕망 같은 것들 말이다. 누구나 기초적인 동기는 있다. 하지만 우리는 더 고귀하고 높은 동기도 가지고 있다. 지금처럼 무자비한 세상에서는 종종 좌절되고 표출되지 못하더라도 말이다. 사람들이 뭔가 중요한 것을 만들어내는 집단의 핵심적인 일부가 된 기분을 느끼게 한다면 좀처럼 충족되지 못하는 인간의 깊은 욕구를 만족시킬 수 있을 것이다. 일단 한번 이런 기분을 느끼고 나면 구성원들은 계속해서 건강한 역학관계를 유지하고 활성화시키고 싶

인간 본성의 법칙

은 동기를 갖게 될 것이다. 상대적으로 높은 소속감을 가진 집단은 스스로를 잘 감독한다. 좀스럽고 자기 자존심밖에 모르는 사람들은 눈에 띄고 고립될 것이다. 집단이 무엇을 상징하고 내가 어떤 역할을 수행하는지가 분명해지면 구성원들이 파벌을 형성할 가능성도 줄어든다. 이런 공동의 목적의식을 주입한다면 모든 게 더 쉽고 부드러워질 것이다.

훌륭한 보좌진 팀을 꾸려라

현실 집단의 리더는 중요한 큰 그림과 전체 목표에 집중할 수 있는 능력이 필요하다. 우리가 가진 정신적 에너지는 한계가 있으므로 현명하게 사용해야 한다. 여기에 가장 큰 장애물은 권한을 나눠주는 것에 대한 두려움이다. 사소한 것까지 하나하나 다 챙기려고 든다면 계속해서 밀려드는 수많은 세부사항과 조신들 간의 다툼으로 머릿속이 흐려질 것이다. 그러면 당신이 느끼는 혼란이 집단에까지 스며들 것이고 첫 번째 전략이 가져온 효과도 망치고 말 것이다.

처음부터 당신에게 필요한 것은 보좌진 팀을 잘 꾸리는 것이다. 당신의 기상과 공동의 목적의식으로 무장하고 아이디어 실행을 관리할 수 있다고 신뢰할 만한 팀 말이다. 그러려면 기준을 잘 세워야 한다. 매력을 기준으로 사람을 골라서는 안 되며, 절대로 친구를 고용하지 마라. 해당 직무를 가장 잘할 수 있는 사람을 골라야 한다. 또한 보좌진이 될 사람의 성격도 크게 고려해야 한다. 어떤 사람들은 비상한 머리를 가지고 있으나 독이 되는 인성과 자존심 때문에 결국 집단의 기운을 빼놓기도 한다(성격의 판단에 대해서는 4장 참조).

보좌진 팀에 들어갈 사람들은 당신에게 없는 능력을 갖고 있고, 각자의 강점을 가진 사람들을 골라라. 본인의 역할이 무엇인지 알려줘라. 보좌진 팀은 성정도, 배경도, 생각도 다양하게 구성하라. 집단의 목적이라는 큰 틀 내에서 기꺼이 의견을 개진하고, 진취적으로 일을 추진하게 하라. 시대에 뒤떨어진 규칙에는 이의를 제기하게 하라. 팀의 일원이라고 느끼면서도 맡은 일에 본인의 창의성을 발휘할 수 있다면 그들은 최선의 모습을 발휘할 수 있을 것이며, 이런 기풍이 집단 전체로 확산될 것이다.

보좌진 팀은 물론이고 집단 전체로 보더라도 구성원들은 동등하게 대접하라. 아무에게도 특전을 주지 마라. 상벌은 공정하고 공평하게 나눠라. 집단의 이상향에 부응하지 못하는 개인이 있다면 집단에서 제거하라. 그러면 새로운 보좌진을 데려오더라도 자연히 건강한 역학관계에 물들 것이다. 앞서서 리드하라. 희생이 필요하다면 당신도 구성원들만큼 당신 몫을 희생하라. 이렇게 한다면 분열을 조장하고 사람들을 정치적으로 행동하게 만드는 시기심이나 원망이 끼어들기 힘들 것이다.

정보와 아이디어가 자유롭게 흐르게 하라

집단이 진화할 때 가장 위험한 것은 당신이 서서히 고립되는 것이다. 당신의 짐을 덜어주려는 보좌진들이 결국에는 당신을 고립시켜서 당신은 집단 전체에 무슨 일이 벌어지고 있는지 모르게 되고 필터링을 거친 정보만 접할 수도 있다. 미처 깨닫지도 못한 채 보좌진은 당신이 좋아할 것 같은 말만 들려주고 듣기 싫지만 중요한 이야기들은 차단할 수도 있다. 당신의 현실 감각은 서서히 왜곡되고, 당신이 내리는 의사결정에도 그 점이 반영될 것이다.

지나친 세부사항에 압도당하지 않으면서도 전혀 다른 역학관계를 정립하는 것이 필요하다. 생각이나 정보를 터놓고 소통하는 것을 고려하라. 경쟁자에 관해, 길에서 벌어지는 일에 관해, 참석자들의 근황에 관해 이야기하라. 집단에게는 이것이 생명줄이나 마찬가지다. 나폴레옹 보나파르트가 전장에서 승리한 비결도 이것이었다. 나폴레옹은 현장 지휘관이나 부관들뿐만 아니라 말단 병사를 포함해 지휘계통의 말단에 있는 사람들이 보내온 간결한 보고서까지 본인이 직접 검토했다. 그래서 그는 부대의 성과와 적군의 활동에 대해 여러 가지 시각에서 검토할 수 있었다. 그는 어느 전략을 결정하기 전에 필터 링되지 않은 정보를 최대한 많이 원했다. 그는 보고서의 개수가 너무 많아지지 않게 했지만, 다양한 출처의 보고서를 취합했기에 현실에 대해 또렷한 그림을 그릴 수 있었다.

우리도 이렇게 하려면 상하 간에 솔직한 논의를 장려해야 한다. 구성원들이 그렇게 할 수 있다고 신뢰해야 한다. 말단 병사의 목소리를 들어야 한다. 회의 는 활기차야 하고, 다른 사람의 자존심에 상처를 줄까, 감정이 상할까 걱정하지 않을 수 있어야 한다. 다양한 의견을 들어야 한다. 이렇게 열린 태도가 가능하려면 이런 토론에서 특정한 대안이나 의견을 당신이 선호한다는 신호를 보내지 않도록 조심해야 한다. 그렇게 되면 팀원들에게 당신의 의견을 따르라고 은근슬쩍 힌트를 주는 것과 같기 때문이다. 집단의 시야를 넓히기 위해 전문가나 외부인들도 데려오라.

숙고 절차를 확장할수록 현실성은 더 높아지고 더 훌륭한 의사결정이 나온다. 물론 그렇게 하면 너무 많은 시간이 소요될 수도 있다. 하지만 많은 사람들이 오히려 정반대 방향으로 심하게 필터링된 정보를 바탕으로 성급한 의사결정을 내리는 우를 범한다. 또한 최대한 투명성을 구축하는 것이 좋다. 무언가 사안이 결정되었다면 팀원들에게 어떤 목적으로 어떻게 그런 결정이 나왔는지 공유하라.

이렇게 열린 소통을 확장해 집단이 집단 자신을, 그리고 집단의 실적을 비판할 수 있게 하라. 특히나 어떤 실수나 실패가 있었다면 말이다. 이것을 뭔가 긍정적이고 생생한 경험으로 바꾸도록 하라. 희생양에 집중하지 말고 기준에 미치지 못한 집단의 전체적 기능에 초점을 맞춰라. 집단이 계속해서 배우고 개선하도록 하라. 실수로부터 배운다면 팀원들은 앞으로 나아갈 수 있다는 자신감이 그만큼 커질 것이다.

집단 내에 생산적 감정을 전염시켜라

집단 환경에서는 자연히 사람들은 더 감정적이 되고 다른 사람들의 분위기에 영향을 쉽게 받는다. 인간 본성을 인정하면서 집단에 적절한 감정들을 퍼뜨려 이런 성향을 긍정적 요소로 바꿔야 한다. 사람들은 그 누구보다 리더의 기분이나 태도의 영향을 많이 받는다. 생산적 감정에는 차분함도 포함된다. 역사상 가장 성공한 농구팀 감독이라고 할 수 있는 필 잭슨은 다른 많은 감독들이 게임 시작 전에 선수들에게 활기를 불어넣고 흥분시키고 심지어 화나게 하려고 애쓰는 것을 보았다. 하지만 그는 선수들에게 차분함을 주입하는 것이 훨씬 더 생산적이라는 사실을 발견했다. 차분함은 선수들이 경기의 부침에 따라 과잉 반응하지 않고 계획대로 경기를 풀어가도록 도와주기 때문이다. 이런 전략의 일환으로 집단을 늘 구체적인 과제 완수에 집중하게 한다면 자연히 구성원들은 차분해질 것이다.

당신이 발산하는 결의를 집단에 전염시켜라. 차질이 생긴다고 해서 흥분하지 마라. 계속해서 한 발 한 발 앞으로 나아가고 문제를 해결하라. 당신이 끈질기면 집단도 그것을 감지한다. 구성원들은 운이 약간 바뀐 걸로 과민 반응한 것을 창피하게 여기게 될 것이다. 집단에 자신감을 전염시키도록 노력하라. 그러나 그게 과대망상으로 번지지는 않게끔 주의하라. 당신의 자신감이나 집단의 자신감은 대개 성공 이력으로부터 나온다. 반복되는 일과는 주기적으로 변화를 줘라. 무언가 새로운 것, 도전이 되는 것으로 구성원들을 깜짝 놀라게 하라. 그러면 성공을 달성한 집단에 으레 자리 잡게 마련인 무사안일주의를 깰 수 있을 것이다.

두려움이 없다는 사실과 새로운 아이디어에 전체적으로 열린 태도를 갖고 있다는 사실을 보여주는 것이 가장 중요하다. 거기에는 무엇보다 큰 치유 효과가 있다. 구성원들은 덜 방어적이 될 테고, 좀 더 스스로 생각하게 될 것이며, 기계처럼 움직이지 않게 될 것이다.

실전 테스트를 거친 집단을 만들어라

당신이 속한 집단을 잘 아는 것은 아주 중요한 일이다. 집단의 강점과 약점, 기대할 수 있는 최대치가 어디까지인지 알아라. 하지만 겉으로 보이는 현실은 기만적일 수 있다. 일상 업무에서 사람들은 동기가 부여되어 있고 사람들과 교감하고 생산적인 것처럼 보일 수 있다. 하지만 스트레스나 압박감 혹은 위기가 더해지면 갑자기 다른 모습을 보일 수도 있다. 자기 자신을 더 염려하며 집단정신과 단절되는 사람도 있고, 지나치게 초조해진 나머지 집단 전체에 공포를 감염시키는 사람도 있다. 당신이 파악해야 할 현실 중에는 팀의 '진짜' 강점도 있다.

위기가 닥치기 전에 사람들의 내면이 상대적으로 얼마나 튼튼한지 판단할 수 있어야 한다. 여러 구성원들에게 비교적 어려운 과제나 평소보다 짧은 마감일을 주고 어떻게 반응하는지 살펴보라. 임기응변을 발휘해가며 심지어 스트레스 상황에서 일을 더 잘하는 사람도 있다. 그런 사람들은 아껴둘 보물이라고 생각하라. 팀 전체를 새롭고 평소보다 약간은 위험 부담이 있는 작전으로 끌고 들어가라. 그렇게 펼쳐지는 약간의 혼란과 불확실성 앞에서 각자가 어떻게 반응하는지 관찰하라. 그리고 위기나 실패가 지난 후에는 그 시기를 구성원들의 내적 강인함의 여부를 판단하는 기회로 활용하라. 다른 장점을 갖고 있다면 두려움을 가진 사람들도 일부 용인할 수 있지만 그런 사람이 너무 많으면 곤란하다.

결국에 가면 몇 번의 전쟁을 치르고, 그 전쟁을 어느 정도 잘 상대했고, 실전 테스트를 모두 마친 집단이 좋다. 그런 집단은 새로운 장애물이 나타난다고 해도 풀이 죽지 않고 오히려 장애물을 환영한다. 이런 집단과 함께라면 서서히 그들에게 요구할 수 있는 한계를 확장해갈 수 있다. 또 구성원들은 난관을 만나고 자기 자신을 증명하면서 한껏 고양된 기분을 느낄 것이다. 이런 집단이라면 산이라도 움직일 수 있다.

마지막으로, 우리는 주로 개인의 심리 건강에 초점을 맞춘다. 개인이 어떤 심리 문제를 가지고 있든 심리 치료사가 해결해줄 수 있을 거라고도 생각한다. 하지만 우리는 기능부전에 빠진 집단에 들어가 있는 것만으로 개인이 실제로 불안정해지거나 신경증에 걸릴 수 있다는 사실은 생각해보지 않는다. 반대의 경우도 사실이다. 아주 잘 기능하고 있는 현실 집단에 참여하는 것만으로도 우리는 건강하고 온전한 사람이 될 수 있다. 이런 것은 기억할 만한 경험이 되고 인생을 바꿔놓을 수도 있다. 우리는 고차원적 수준에서 다른 사람과 협업하는 것의 가치를 알게 되고 나의 운명이 주위 사람들과 함께 얽혀 있다는 것을 알게 된다. 공감능력이 커진다. 내 능력에 자신감이 생긴다. 이것은 그런 집단이 주는 보상이다. 우리는 현실과 맞닿아 있음을 느낄 수 있고, 집단을 통해 더 높은 차원으로 올라갈 수 있다. 의도된 그대로의 고차원적인 사회적 본성을 깨닫는다. 그런 집단을 최대한 많이 만들고 그 과정에서 사회를 더 건강하게 만드는 것이 계몽된 인간으로서 우리에게 주어진 의무다.

> 개인에게서는 광기를 찾아보기 힘들다. 그러나 집단, 파벌, 국민, 시대는 광기가 지배한다.
>
> –프리드리히 니체

Law 15 · Fickleness

변덕의 법칙

권위란
따르고 싶은 모습을
연출하는 기술이다

시대에 따라 리더십 스타일은 바뀔 수 있어도, 한 가지 사실은 바뀌지 않는다. '대중은 늘 권력자에게 이중적 감정을 품는다.' 대중은 권력자를 따르고 싶어 하면서도, 동시에 자유롭기를 바란다. 보호받고 번영을 누리고 싶으나, 희생은 바라지 않는다. 왕을 숭배하면서도, 그를 죽이고 싶다. 당신이 집단의 리더라면 당신이 약해진 것처럼 보이거나 계획에 차질이 생기는 순간, 사람들은 언제든 당신에게 달려들 준비가 되어 있다. 저들의 충성심을 얻으려면 저들과 평등하게 보이거나 친구처럼 보여야 한다는 이 시대의 편견에 넘어가지 마라. 그랬다가는 당신의 힘을 의심하고, 동기를 수상쩍게 여기고, 티내지 않고 경멸할 것이다. 권위란 겉으로 힘 있고, 정당하고, 공정한 모습을 연출하는 섬세한 기술이다. 그러면서도 동시에 당신이 저들을 위해 봉사하는 리더라고 인식시켜야 한다. 리더가 되고 싶은 사람은 일찍부터 이 기술을 마스터해야 한다. 일단 한번 신뢰를 얻고 나면 저들은 상황이 아무리 나빠져도 리더인 당신 곁을 지킬 것이다.

당연한 것은 없다

1559년 1월 14일 토요일 아침. 어른, 아이, 상류층, 하류층 할 것 없이 영국인들은 런던 시내 길거리로 운집하기 시작했다. 새로운 통치자, 후대에 엘리자베스 1세로 알려지게 될 스물다섯의 엘리자베스 튜더(Elizabeth Tudor)의 대관식이 바로 내일이었다. 전통에 따라 신임 군주는 늘 런던 시내를 행진했다. 대부분의 사람에게 이것은 처음으로 엘리자베스의 얼굴을 볼 수 있는 기회였다.

군중들 중에는 걱정이 앞서는 사람들도 있었다. 당시 영국은 정부 빚이 많아 재정 상태가 좋지 않았다. 대도시의 길 어디에서나 거지를 볼 수 있었고, 시골에는 도둑이 휘젓고 다녔다. 그중에서도 최악은 나라가 지금 사실상 내전이나 다름없는 가톨릭과 개신교 사이의 분쟁을 통과한 직후였다는 사실이다. 엘리자베스의 아버지 헨리 8세(1491-1547)는 영국국교회를 창설해 영국을 개신교의 나라로 바꿔놓았다. 헨리가 첫 번째 결혼에서 얻은 딸은 1553년 메리 1세가 됐다. 그녀는 영국을 다시 가톨릭 국가로 되돌리려고 영국판 종교재판이라 할 수 있는 것을 열었고, 결국 '피에 굶주린 메리(Bloody Mary)'라는 별명을 얻었다. 1558년 메리 여왕의 서거 이후 엘리자베스가 왕위 계승 서열 1위였다. 하지만 영국이 이토록 젊고 경험 없는 여자의 통치를 받아야 한단 말인가?

반면에 조심스럽게 희망을 품은 사람들도 있었다. 대다수의 영국인들처럼 엘리자베스는 확고한 신교도였다. 그러니 나라를 다시 영국국교회로 되돌리려 할 것이다. 그러나 낙관주의자이든, 비관주의자이든 어느 쪽에도 엘리자베스를 제대로 아는 사람은 아무도 없었다. 엘리자베스가 아직 세 살도 되기 전에 헨리 8세는 엘리자베스의 어머니이자 그의 두 번째 아내인 앤 불린을 날조된 혐의를 씌워 처형했다. 이후 엘리자베스는 양어머니들 사이를 전전했고, 궁정에 그녀가 모습을 드러내는 경우는 거의 없었다. 영국인들은 엘리자베스가 어려운 어린 시절을 보냈다는 것과 메리 여왕이 그녀를 혐오했다는 사실은 알고 있었다. 메리 여왕은 심지어 1554년 엘리자베스를 런던탑에 가둬버리기까지 했다. 사실 메리 여왕은 모반 혐의를 씌워 엘리자베스를 처형하고 싶어했으나 충분한 증거를 수집하지 못했다. 이런 경험은 어린 엘리자베스에게 어떤 영향을 주었을까? 그녀는 아버지만큼 충동적일까? 아니면 이복 언니 메리만큼 교만할까? 너무나 많은 것이 걸려 있었기에 사람들은 엘리자베스에 관한 호기심에 숨이 넘어갈 지경이었다.

영국인들에게 여왕의 행진은 잔칫날이었다. 엘리자베스는 그 점에서는 사람들을 실망시키지 않았다. 대단한 장관이 연출됐다. 집집마다 외벽에는 색색의 태피스트리가 걸렸고, 창문마다 현수막과 색 테이프가 장식됐다. 악대와 광대들이 거리를 돌아다니며 군중들을 즐겁게 해주었다.

눈이 살짝 내리는 날 곧 여왕이 되실 분이 거리에 모습을 나타냈다. 그녀가지날 때마다 모여든 사람들은 숨을 죽였다. 뚜껑이 없는 가마를 탄 그녀는 아름다운 금색 예복에 호화찬란한 보석을 두르고 있었다. 매력적인 얼굴에 생기넘치는 검은 눈이었다. 그런데 행렬이 움직이고 다양한 가장행렬이 따르는 동안 영국인들은 그동안 한 번도 목격한 적 없는, 상상조차 해보지 못한 무언가를 보았다. 여왕은 군중들과 어울리는 것을 즐기는 듯 보였다. 두 눈에 눈물이 그렁그렁한 채로 그녀는 런던의 가장 가난한 자들의 청원과 그녀의 치세에 축복을 내리는 소리를 귀 기울여 듣고 있었다.

입을 열었을 때 여왕의 말투는 자연스러웠고 심지어 살짝 소탈하기까지 했다. 그녀는 모여든 군중들이 점점 더 흥분하는 모습을 고스란히 즐겼다. 길거리에 나와 있는 사람들을 애정으로 대하는 것이 명백하게 눈에 보였다. 가난한 한 노파가 행운의 뜻으로 건네준 시든 로즈마리 가지를 엘리자베스는 하루

종일 손에 꽉 쥐고 있었다.

이날의 목격자 중 한 사람은 엘리자베스에 관해 이렇게 썼다. "타고났든, 스타일이든, 사람들의 마음을 얻는 재주를 가진 사람이 있다면 바로 이 여왕이었다… 그녀는 자신이 가진 모든 능력을 쓰고 있었다. 움직임 하나하나가 누가 자세히 알려준 동작 같았다. 그녀의 눈은 한 사람을 보고, 귀는 다른 사람을 듣고, 판단은 세 번째 사람을 향하는데, 네 번째 사람에게 말을 걸고 있었다. 그녀의 영혼은 사방에 있는 듯하면서도 그 어느 곳도 아닌 그녀에게 온전히 있는 듯했다. 누구는 불쌍히 여기고, 누구는 칭찬하며, 누구에게는 감사하고, 누구에게는 유쾌하고 재치 있게 농담을 했다… 자신의 미소와 표정과 품위를 나눠주고 있었다… 그러자 사람들은 본인이 느낀 기쁨을 다른 사람들에게 가서 곱절로 증언했고 나중에는 모든 것을 극찬하면서 자신의 군주에 대한 터무니없는 칭찬을 모든 사람의 귀에 퍼부었다."

그날 밤 런던은 낮에 있었던 일에 관한 이야기로 떠들썩했다. 여관에서도, 가정집에서도, 사람들은 엘리자베스가 주는 기이하면서도 짜릿한 존재감에 관해 한마디씩 거들었다. 왕이나 여왕이 사람들 앞에 나서는 경우는 종종 있었지만 대부분은 온갖 거창한 것들에 둘러싸여 있었고 사람들과 거리를 유지하려고 했다. 그들은 국민이 자신에게 복종하고 자신을 경배하기를 바랐다. 그러나 엘리자베스는 국민들의 사랑을 얻고 싶어 하는 것처럼 보였다. 그게 그날 그녀를 목격한 모든 사람들을 매료시켰다. 이 이야기가 전국으로 퍼져나가면서 영국인들은 새로운 여왕에 대한 애정이 싹트기 시작했다. 사람들은 새로운 치세에 어떤 희망을 품었다.

대관식 전에 엘리자베스는 윌리엄 세실 경에게 그를 가장 신임하는 대신(大臣)으로 임명하겠다고 알렸다. 여왕보다 열세 살이 많은 세실은 엘리자베스의 이복동생인 에드워드 6세 밑에서 요직을 지냈다. 에드워드 6세는 1547년 헨리

8세가 죽은 후에 아홉 살 때부터 열다섯에 죽기까지 영국을 통치했다. 세실은 엘리자베스가 열네 살일 때부터 그녀를 알고 지냈다. 두 사람은 비슷한 지적 관심사를 공유했고 둘 다 확고한 신교도였다. 두 사람은 활발한 대화도 많이 나누고 친밀한 라포르를 형성하고 있었다. 세실 입장에서는 엘리자베스를 잘 이해하고 있었다. 그녀는 매우 똑똑하고, 책을 많이 읽었으며, 여러 언어를 유창하게 구사했다. 종종 함께 체스를 두면 세실은 엘리자베스의 참을성에 깊은 감명을 받곤 했다. 엘리자베스는 공들여 함정을 파서 그의 말을 잡는 경우가 많았다.

세실은 엘리자베스가 어렵게 공부했다는 사실을 알고 있었다. 엘리자베스는 아주 어릴 때 어머니를 잃었을 뿐만 아니라, 여덟 살 때는 가장 사랑했던 양어머니 캐서린 하워드를 잃었다. 캐서린 하워드는 헨리의 다섯 번째 부인으로 앤 불린의 사촌이었다. 헨리는 간통죄를 날조해 캐서린 하워드를 참수형에 처했다. 세실은 또한 런던탑에 갇혀 지낸 몇 달간의 기억이 엘리자베스에게 트라우마로 남아 있다는 사실도 잘 알고 있었다. 당시 그녀는 언제라도 처형당할 수 있는 처지였다. 엘리자베스는 이 모든 경험을 딛고 일어나 놀랄 만큼 상냥한 아가씨로 성장했다. 그러나 세실은 그런 겉모습 뒤로 엘리자베스가 고집스럽고 괴팍하며 심지어 기만적이기까지 하다는 사실을 알고 있었다.

세실이 확신하고 있는 사항이 하나 더 있었다. 통치는 여성의 일이 아니라는 사실이었다. 메리 1세 여왕은 영국 최초의 진정한 여성 통치자였으나 참사로 판명이 났다. 정부의 모든 대신과 관료는 남자였고 여성은 그들이나 혹은 남자 외교관들까지 다뤄야 하는 험난한 여정을 견뎌낼 수 없었다. 여성은 너무 감정적이고 불안정했다. 엘리자베스가 아주 유능한 정신의 소유자일지는 몰라도 이 일을 하는 데 필요한 회복력까지 갖추고 있지는 않았다. 그래서 세실은 계획을 세웠다. 자신을 따르는 자들과 함께 서서히 통치권을 넘겨받아서 여왕이 조언은 하더라도 주로 대신들의 지침을 따르게 만들자. 그리고 최대한 빠르게 여왕을 결혼시키자. 신교도이면 더 좋을 것이다. 그리고 남편이 통치권을 넘겨받아 왕으로서 나라를 통치하게 하자.

그러나 엘리자베스의 치세가 시작되자마자 세실은 자신의 계획을 실행에 옮기기가 쉽지 않겠다는 사실을 알았다. 여왕은 고집불통으로 그녀만의 계획이 있었다. 세실은 깊은 인상을 받을 수밖에 없었다. 여왕이 된 첫날 엘리자베스는 회의를 열고 예비 대신들을 대상으로 본인이 나라의 재정 상태에 관해 그들보다 잘 알고 있음을 분명히 했다. 그녀는 정부의 상환 능력을 회복하겠다는 결심이 확고했다. 그녀는 세실을 국무대신으로 임명하고 하루에도 몇 번씩 그를 만나기 시작했다. 세실에게 쉴 틈을 주지 않았다.

정무(政務)는 대신들이 보게 하고 본인은 사냥과 젊은 여자 쫓아다니기에 몰두했던 아버지와는 달리 엘리자베스는 실무에 완전히 뛰어들었다. 세실은 엘리자베스가 그토록 장시간 정무를 보는 것에 깜짝 놀랐다. 자정을 넘기기 일쑤였다. 그녀는 세실이나 다른 대신들에게 기대한 바를 정확히 받아냈고 가끔은 위압적일 때도 있었다. 뭔가 그녀가 기뻐할 만한 말이나 행동을 하면 여왕은 간드러질 정도로 한껏 미소를 지었다. 하지만 뭔가 일이 잘못되거나 너무 강하게 반대 의견을 표명하면 며칠간 만나주지도 않아서 세실은 걱정에 가슴을 졸이며 집으로 돌아가야 했다. 내가 여왕의 신임을 잃은 건가? 때때로 여왕은 그를 매몰차게 쳐다보거나 심지어 아버지처럼 벼락같은 기세로 호통을 치기도 했다. '그래. 이 여왕은 감당하기가 쉽지 않겠어.' 서서히 세실은 자신이 여왕에게 깊은 인상을 남기기 위해 그 어느 때보다 열심히 일하고 있다는 것을 알게 됐다.

대신들이 서서히 통치권을 넘겨받으려던 계획의 일환으로 세실은 해외 정부에서 들어오는 모든 서신이 본인의 책상을 먼저 거쳐 가게 해두었다. 몇몇 중요한 문제는 여왕이 모르도록 할 작정이었다. 그러다가 세실은 여왕이 이 사실을 알아내고 자신의 등 뒤에서 모든 외교 문서가 여왕 자신을 직접 통하도록 명령한 사실을 발견했다. 체스 게임을 하던 때와 똑같았다. 그녀는 몇 수 앞을 내다보고 있었다. 세실은 화가 나서 여왕이 그의 일을 방해하고 있다고 비난했다. 그러나 여왕은 자신의 입장을 고수하며 아주 논리적인 대답을 내놓았다. 세실과는 달리 자신은 유럽의 주요 언어를 모두 말하고 읽으며 미묘한 뉘앙스까지도 이해할 수 있으니 자신이 집적 외교를 수행하며 대신들에게 해외 사정을 그때그때 알려주는 것이 모두를 위해 좋은 일이라는 것이다. 쓸모없는 논쟁이었다. 얼마 못 가 세실은 그런 외교 문서를 처리하고 외교관들과 만나는 문제에 있어서는 엘리자베스가 협상의 달인이라는 사실을 알게 됐다.

서서히 세실의 저항은 누그러졌다. 앞으로도 계속 책임자는 엘리자베스가 될 것이다. 적어도 그녀의 치세 초기 몇 년간은 말이다. 하지만 그러다가 여왕이 결혼하여 영국에 필요한 후계자를 낳는다면 여왕의 남편이 통치권을 넘겨받을 것이다. 미혼의 통치자로 여왕의 역할을 계속 이어간다는 것은 부자연스러운 일이다. 그런데 엘리자베스가 친구 몇 명에게 자신은 절대로 결혼하지 않을 것이라고 고백했다는 루머가 돌았다. 아버지의 행적을 익히 보았던 여왕은 결혼이라는 게 너무너무 두렵다고 했다. 그러나 세실은 그 말을 진지하게 받아들일 수 없었다. 여왕은 누구를 만나든 중요한 것은 영국의 영광이라고 계속 말했다. 하지만 뚜렷한 후계자 없이 영국을 그대로 둔다는 것은 장래에 내전 위험을 감수하는 일이었다. 그녀도 이런 원리를 분명히 이해할 것이다.

세실의 목표는 단순했다. '영국의 약화된 지위에 도움이 될 만한 동맹국을 만들기 위해서는 해외의 왕자와 결혼해야 한다고 주장해서 여왕이 동의하게 만들자.' 신교도 왕자라면 더 좋겠지만 가톨릭 광신도만 아니라면 세실은 동의할 참이었다. 프랑스는 열네 살 된 왕 샤를 9세와 결혼하는 게 어떠냐고 엘리자베스를 유혹하고 있었다. 합스부르크 왕가는 오스트리아의 카를 대공과의 결혼을 추진 중이었다. 사실 세실의 큰 걱정은 엘리자베스가 유일하게 실제로 사랑에 빠졌던 남자, 레스터 백작 로버트 더들리와 결혼하는 것이었다.

여왕 아래에 늘 보초를 서고 있는 남자가 한 명 있다면 영국 조정은 온갖 알력과 음모가 난무하게 될 것이다.

각국의 대표들이 그녀를 압박하면 엘리자베스는 마음이 한쪽으로 기우는 듯하다가도 다시 냉담해졌다. 스페인이 갑자기 유럽 대륙에 문제를 만들면 그녀는 프랑스와 혼인 협상을 시작했고, 그러면 스페인의 펠리페 2세는 갑자기 프랑스-영국 동맹이 두려워 뒤로 물러났다. 혹은 오스트리아의 카를 대공과 협상을 시작하면 프랑스와 스페인이 동시에 두려움에 떨기도 했다. 세월이 한참 지나도록 그녀는 이 게임을 계속했다. 엘리자베스는 자신은 아내가 될 마음이 없다고 세실에게 고백했다. 하지만 결혼을 약속하지 않으면 자금을 끊어버리겠다고 의회가 협박해오면 엘리자베스는 태도가 누그러져서 구혼자 중 하나와 협상을 진행하곤 했다. 그러다가 의회로부터 자금이 확보되면 엘리자베스는 또 다른 핑계를 찾아내 혼담을 중지시켰다. 왕자나 왕, 대공이 너무 어리다, 너무 열렬한 가톨릭이다, 내 타입이 아니다, 너무 여성스럽다 등의 이유였다. 너들리조차 엘리자베스가 결심을 깨고 그와 혼인하게 만들지는 못했다.

그렇게 몇 년을 좌절감에 휩싸였던 세실은 마침내 게임을 간파했다. 자신이 할 수 있는 일은 아무것도 없었다. 그러나 동시에 엘리자베스 1세는 해외의 그 어느 통치자보다 유능한 통치자임이 거의 확실하다는 것도 알게 됐다. 그녀는 지출에 매우 검소하여 이제 정부는 빚도 전혀 없었다. 스페인과 프랑스가 끝없는 전쟁으로 자멸하는 동안 엘리자베스는 신중하게 영국을 그런 갈등에 얽히지 않게 했고 이내 나라는 번창하고 있었다. 비록 신교도이기는 했으나 엘리자베스는 영국의 가톨릭도 잘 대우해줘 10년 전 종교전쟁으로 인한 앙금이 이제는 거의 사라진 상태였다. "엘리자베스 여왕만큼 현명한 여자는 태어난 적이 없다." 나중에 세실은 그렇게 썼다. 그래서 결국 세실은 결혼 문제를 포기했고 영국인들도 백성과 결혼한 처녀 여왕이라는 개념에 익숙해졌다.

그러나 그동안 여왕에 대한 국민의 사랑을 갉아먹는 이슈가 하나 있었는데,

이 문제에 대해서는 세실조차 여왕이 과연 감당할 수 있을지 의심이 되기 시작했다. 바로 스코틀랜드 여왕 메리의 운명에 관한 것이었다. 메리는 엘리자베스의 사촌이었다. 스코틀랜드가 거의 신교도화 되었는데도 메리 여왕은 독실한 가톨릭 신자로 남아 있었다. 메리 여왕은 영국의 왕위계승 서열 1위였고 많은 가톨릭 신자들이 실은 메리가 정당한 여왕이라고 주장하고 있었다. 정작 스코틀랜드인들은 메리의 종교적 정서며 불륜 행위, 남편인 단리 경 암살에 연루되어 보이는 점 때문에 메리를 경멸했다. 1567년 메리는 신생아인 아들 제임스 6세를 위해 스코틀랜드의 왕위에서 물러날 수밖에 없었다. 이듬해 그녀는 스코틀랜드의 감옥을 탈출해 영국으로 도망쳤고 사촌인 엘리자베스의 손에 자신의 운명을 맡겨놓고 있었다.

엘리자베스 역시 메리를 경멸하고 스코틀랜드로 돌려보낼 법했다. 메리는 엘리자베스와는 극과 극으로 반대 성향을 가진 사람이었다. 이기적이고, 방정맞고, 부도덕했다. 메리는 열렬한 가톨릭 신자였으니 엘리자베스를 폐위시키고 가톨릭 신자를 왕위에 올리고 싶어 하는 사람들이 영국의 안과 밖에서 메리의 주위로 몰려들 것이 뻔했다. 메리는 믿을 수 없는 상대였다. 그러나 엘리자베스는 메리를 느슨한 가택 연금 상태로 영국에 머물게 해줘서 세실이나 다른 대신들 그리고 영국 국민들을 당혹스럽게 만들었다. 정치적으로는 말이 안 되는 상황이었다. 스코틀랜드 사람들은 격노했고 양국 간의 관계도 위협받고 있었다.

메리가 몰래 엘리자베스의 뒤에서 음모를 꾸미기 시작하고 사방에서 그녀를 반역죄로 처형하라는 요구가 쇄도하는데도 어찌된 영문인지 엘리자베스는 합리적 단계처럼 보이는 그다음 단계의 조치를 한사코 거부했다. 그냥 튜더 왕가의 일원이 다른 일원을 보호해주고 있는 것인가? 여왕을 처형하는 선례를 남기는 것이 본인의 운명에 어떤 의미가 될지 두려운 건가? 어찌 되었든 이 문제로 인해 엘리자베스는 마치 동료 여왕을 보호하는 것만이 중요한 사람인 양, 약하고 이기적인 사람처럼 보이게 됐다.

그러던 1586년 메리는 엘리자베스를 살해하고 자신이 영국의 왕이 되려는 대담하기 짝이 없는 음모에 연루됐다. 메리는 교황과 스페인의 은밀한 지원을 받고 있었고, 이제 반박의 여지가 없는 증거까지 있었다. 사람들은 분노했다. 만약 그 음모가 실제로 실현되었다면 피비린내 나는 내전이 벌어졌으리라는 것이 충분히 상상되고도 남았다. 이번에는 엘리자베스에게 들어오는 압박이 너무 컸다. 메리가 여왕이었건 말건 그녀는 처형되어야 했다. 그런데도 엘리자베스는 망설였다.

메리는 재판에서 유죄를 선고받았다. 하지만 엘리자베스는 도저히 사형집행 영장에 서명을 할 수가 없었다. 매일같이 엘리자베스를 보며 지내는 세실과 궁중 사람들은 여왕이 이토록 심란해하는 것을 한 번도 보지 못했다. 결국 이듬해 2월 엘리자베스는 압박을 이기지 못하고 사형집행 영장에 서명했고 메리는 다음 날 참수당했다. 온 나라가 축제 분위기에 휩싸였다. 세실과 대신들은 안도의 한숨을 내쉬었다. 더 이상 엘리자베스에 내항하는 음모는 없을 테니 후계자가 없다는 사실도 좀 더 감당하기가 쉬울 것이다. 이 일의 경우에는 분명 엘리자베스가 처결을 잘 못하는 것처럼 보였음에도 영국 국민들은 금세 여왕을 용서했다. 여왕은 개인적 득실보다 나라의 행복을 더 우선시한다는 사실을 이미 증명했고, 선뜻 메리를 처형하지 못한 일은 오히려 그 마지막 서명을 더 영웅적인 결단으로 만들었다.

스페인의 펠리페 2세는 엘리자베스를 오랫동안 알고 지냈다. 그는 엘리자베스의 이복 언니인 메리 1세 여왕과 결혼한 바 있었다. 메리 여왕이 엘리자베스를 런던탑에 가뒀을 당시 펠리페 2세가 온갖 수를 써서 메리 여왕의 마음을 누그러뜨려 그녀가 풀려나게 해준 바 있었다. 펠리페 2세는 어린 엘리자베스가 상당히 매력적이라 생각했고, 그녀의 똑똑함에 감탄했다. 그러나 세월이 지나자 그는 엘리자베스를 경멸하고 두려워하게 됐다. 그녀는 가톨릭의 지배력을 재건하겠다는 펠리페 2세의 목표에 최대 장애물이었으니 본때를 보여줘야 했다. 그의 마음속에서 엘리자베스는 적법한 영국의 여왕이 아니었다. 펠리페 2세는 예수회 신부들을 몰래 영국으로 들여보내 가톨릭 신념을 전파하고 은밀한 반란을 조장하기 시작했다. 그는 해군력을 증강하고 눈에 띄지 않게 '영국 사업'이라는 것을 준비했다. 영국을 대대적으로 침공해 섬 전체를 접수하고 그곳에 가톨릭을 재건한다는 계획이었다. 스코틀랜드 여왕 메리를 처형한 것은 도저히 참을 수 없는 일이었고 이제는 침공을 감행할 때였다.

펠리페 2세는 영국 사업의 성공을 크게 자신했다. 그사이 그는 가장 큰 라이벌인 엘리자베스에 관해 이미 알 만큼 알게 됐다. 그녀는 교활하고 영리했으나 한 가지 큰 약점이 있었다. 바로 여자라는 점 말이다. 그러니 전쟁을 이끌기에는 적합하지 않았다. 실제로 그녀는 무력 충돌을 두려워하는 것처럼 보였다. 언제나 협상을 통해 충돌을 피하려고 애썼다. 엘리자베스 1세는 군대에 큰 관심을 둔 적도 없었다. 영국 해군은 상대적으로 소규모였고 영국군의 함대는 스페인 범선에 비하면 규모나 힘에서 상대가 되지 않았다. 영국군은 스페인군에 비하면 초라한 수준이었다. 또한 펠리페 2세는 신대륙에서 가져온 금이 있어 전쟁에 필요한 재정을 마련하기도 용이했다.

펠리페 2세는 1587년 여름에 침공을 실행하기로 계획을 세웠다. 하지만 그해 프랜시스 드레이크 공이 스페인 해안을 급습하는 일이 일어났다. 그는 카디스 항구에 있던 스페인의 많은 선박들을 파괴하고 엄청난 양의 금을 약탈해갔다. 펠리페 2세는 영국 침공을 다음해로 미뤘다. 그리고 다시 군대를 정비하고 더 많은 선박을 제조했다.

펠리페 2세는 침공의 세부사항까지 하나하나 모두 감독했다. 그는 130여 척으로 구성된 무적함대를 출항시킬 예정이었다. 탑승 인원만 3만 명이 넘었다. 그러면 영국 해군은 쉽게 격파될 테고, 네덜란드에 있는 대규모 스페인군이 영국해협을 건너 합류하면 함께 런던까지 쓸어버릴 예정이었다. 그리고 엘리자베스 여왕을 체포한 후 스코틀랜드의 메리 여왕을 처형한 것에 대한 재판을 열면 된다. 그런 다음 펠리페 2세 본인의 딸을 영국 여왕에 앉힐 작정이었다.

1588년 5월 마침내 무적함대가 출항했다. 7월이 되자 스페인 함대는 영국 남서부 해안에서 작전을 펼치고 있었다. 스페인의 범선들은 특정한 형태의 전쟁에는 완벽했다. 워낙에 덩치가 컸기 때문에 적함에 가까이 가서 배를 옭아맨 후 병사들을 옮겨 태우면 됐다. 그러나 스페인 함대는 영국 함대처럼 작고 빠르며 장거리포를 싣고 있는 배와 전투를 치러본 적이 없었다. 그리고 영국 남부의 바다는 지중해보다 훨씬 거칠었다. 제대로 싸울 수가 없었다.

7월 27일 스페인 함대는 칼레에 정박했다. 바로 몇 킬로미터 밖에 스페인군이 그들을 기다리고 있었다. 한밤중에 영국군은 정박해 있는 스페인 범선들을 향해 불타는 나무와 석탄 찌꺼기를 잔뜩 실은 무인(無人) 화선(火船) 다섯 척을 보냈다. 그날 밤 강풍과 함께 불은 이 배에서 저 배로 순식간에 옮겨 붙었다. 스페인 범선들은 바다로 나가 재정비를 해보려고 했으나 대형이 너무 느슨하고 흩어져 있었다. 그 틈에 빠른 영국 배들은 마치 물에 떠 있는 오리들마냥 스페인 범선들을 향해 포격을 퍼부었다. 다시 바람이 바뀌었고 스페인군은 북쪽으로 퇴각할 수밖에 없었다. 그쪽은 북해에서도 가장 폭풍우가 심한 지역이었다. 영국을 돌아 스페인으로 퇴각하려 했으나 스페인군은 선박 대부분을 잃었고 2만 명이 넘는 병사가 죽었다. 영국군은 단 한 척의 배도 잃지 않았고 사상자 역시 100여 명에 불과했다. 군사 역사상 가장 일방적인 승리 중 하나였다.

펠리페 2세로서는 인생에서 가장 치욕스러운 순간이었다. 그는 궁전에 처박혀 이 참사를 곱씹으며 몇 달이고 밖으로 나오지 않았다. 함대 건조로 스페인의 재정은 완전히 파산한 상태였다. 이후 영국은 계속 번창했고 스페인은 2류 세력으로 전락했다. 어찌된 노릇인지 엘리자베스 여왕이 수싸움에서 그를 이긴 것이다. 엘리자베스 1세를 미워했던 유럽의 다른 지도자들에게 여왕은 이제 두려워해야 할 천하무적의 통치자로 보였다. 엘리자베스 1세를 파문하고 스페인 함대에 축복을 내렸던 식스토 5세조차 이제는 이렇게 외쳤다. "여왕이 얼마나 나라를 잘 통치하는지 보게! 여자이고 섬의 절반을 가졌을 뿐이지만 스페인, 프랑스, 영국제국 모두가 두려움에 떨지 않는가!"

이제 영국에서 처녀 여왕은 거의 신흥 종교가 됐다. 엘리자베스는 '신성한 여왕 폐하'로 불렸다. 말을 타고 런던 시내를 지나거나 바지선을 타고 템스강을 지나는 그녀를 잠깐이라도 보는 것은 거의 종교 체험이 됐다.

그러나 이런 강력한 아우라에도 거의 동요되지 않는 집단이 하나 있었다. 이제 궁정을 가득 채우게 된 새로운 세대의 젊은이들이었다. 그들에게 여왕은 나이가 느껴졌다. 그들은 여왕이 이룩한 것을 존경했지만, 그녀를 고압적인 어머니처럼 보았다. 영국은 부상하는 국가였다. 이 젊은이들은 스스로 전투에 나아가 이름을 날리고 대중의 찬사를 받기를 갈망했다. 그런데 엘리자베스는 계속해서 그런 그들의 바람을 좌절시켰다. 그녀는 펠리페 2세를 끝장내기 위한 대규모 작전을 펼치는 데 필요한 재정지원을 거부했고, 프랑스가 스페인과 싸우는 데 조력하는 것도 거절했다. 그들은 여왕이 지쳤다고 생각했다. 혈기왕성하고 남성적인 자신들이 영국을 이끌 때가 왔다고 느꼈다. 이런 새로운 기운을 대표하는 젊은이가 바로 에식스 백작 로버트 데버루였다.

1566년에 태어난 데버루는 잘생기고 신경질적인 청년이었다. 그는 여왕이 젊은 남자들에게 약하다는 사실을 알고 있었다. 그는 금세 여왕을 매료시켜 그녀의 새로운 총신이 됐다. 그는 진심으로 여왕을 좋아하고 존경했다. 다만 그러면서도 그녀가 본인의 운명을 좌지우지할 수 있는 힘을 가졌다는 사실에 분개했다. 그는 여왕을 시험하기 시작했다. 그는 여왕에게 호의, 주로 돈을 부탁했다. 여왕은 달라는 대로 주었다. 여왕은 그의 응석을 받아주는 것을 즐기는 듯했다. 그렇게 관계가 진전되면서 데버루는 여왕을 자신이 조종할 수 있

인간 본성의 법칙

는 한 여자로 보기 시작했다. 그는 조신들 앞에서 여왕을 다소 대범하게 비난하기 시작했다. 그런데도 여왕은 그를 내버려두었다. 다만 여왕은 그가 본인이나 친구를 위해 높은 직위를 부탁할 때는 선을 그었다. 그러면 그는 화가 나서 방방 뛰었다. 여자의 변덕에 휘둘린다는 게 창피했다. 그러나 며칠이 지나면 그는 진정하고 다시 매력을 무기로 여왕을 공략했다.

정치적 힘을 미치지 못한 그는 자신이 영광을 누리고 유명해질 방법은 영국군대를 이끌고 나아가 승리하는 방법뿐이라고 생각했다. 엘리자베스는 데버루에게 규모가 크지 않은 대륙 원정대를 이끄는 것을 허락했다. 그의 승패는 오락가락했다. 그는 용감했으나 전략에 아주 밝지는 않았다. 그러던 1596년 데버루는 여왕을 설득해 드레이크처럼 스페인 해안을 급습할 부대를 이끌어도 좋다는 허락을 받았다. 이번에는 그의 대담함이 효과를 봤고, 작전은 성공했다. 이제 유럽을 제패한 새로운 위치에 다소 도취되어 있던 영국인들에게 데버루는 상당히 멋있게 보였고 그는 국민들의 총아가 됐다. 데버루는 더 많은 사랑을 받고 싶었다. 그래서 한 번만 더 전투에 나가게 해달라고 여왕을 계속 졸랐다. 그는 여왕이 선뜻 허락해주지 않는 이유가 조정에 생긴 많은 적들, 자신을 시기하는 자들 때문이라고 생각했다.

1598년 타이론 백작 휴 오닐을 필두로 아일랜드 반란군 무리가 아일랜드 내 영국령을 침범해 들어와 아수라장을 만들고 있다는 소식이 들려왔다. 데버루는 본인이 군대를 이끌고 나아가 타이론 백작을 쳐부수겠다고 했다. 집요하게 간청한 결과 마침내 엘리자베스도 허락했다. 여왕에 대한 본인의 영향력에 자신감을 느낀 그는 영국에서 아직 한 번도 조직되어보지 못한 대규모 군사를 요청했다. 엘리자베스는 그의 바람을 들어주었다. 처음으로 그는 엘리자베스에게 인정받은 기분이 들었다. 여왕은 이상하게도 그녀를 기쁘게 해주고 싶은 마음이 들게 하는 묘한 재주가 있었다. 데버루는 감사를 표하고 빠르게 임무를 완수하겠다고 약속했다. '이제 나는 아일랜드를 발판 삼아 최고의 위치에

오르리라.'

그러나 데버루가 그곳에 도착해보니 문제가 이만저만이 아니었다. 때는 1599년 겨울이었다. 날씨는 끔찍했고 곳곳이 지독한 진창이었다. 대규모 군대를 진군시킬 형편이 아니었다. 아일랜드 반란군은 요리조리 빠져나갔으며, 게릴라전의 달인이었다. 영국군은 캠프에서 꼼짝도 못했다. 그러는 사이 수천 명의 병사가 병으로 죽고 또 수천은 부대를 버리고 도망갔다. 데버루는 조정에 있는 수많은 적들이 뒤에서 뭐라 떠들어댈까 싶었다. 그는 여왕과 대신 몇 명이 자신의 몰락을 획책한 것이 틀림없다고 확신했다.

그는 여왕을 다시 시험해봐야 했다. 그는 증군을 요청했다. 여왕은 동의하면서 반드시 타이론 백작을 찾아내 싸우라고 명령했다. 갑자기 압박감이 너무 커졌다. 데버루는 자신을 독촉하는 여왕과 질투심 많은 조신들이 원망스러웠다. 그는 자신이 이런 처지에 처한 것이 창피했다. 여름이 끝날 무렵 그는 이 비참한 상황을 끝낼 계획을 짰다. 그는 몰래 타이론 백작과 휴전협상을 진행하고 영국으로 돌아와 부대를 이끌고 런던을 행진할 것이다. 그는 여왕이 조정에 있는 그의 적들을 제거할 수밖에 없게 만들어 최고 대신의 자리를 차지할 것이다. 단호한 태도를 취하겠지만 여왕의 지위는 존중할 것이다. 자신과 자신의 부대를 직접 본다면 여왕도 분명 뜻을 함께해줄 것이다.

영국을 가로질러 빠르게 행군한 그는 어느 날 아침 여왕의 침실에 모습을 나타냈다. 제복에 진창이 덕지덕지 말라붙어 있었다. 갑작스런 그의 출현에 깜짝 놀란 여왕은 그가 자신을 체포하러 온 것인지 쿠데타를 일으킨 것인지도 몰랐지만 침착함을 유지했다. 여왕은 그에게 키스를 하도록 손을 내밀고 아일랜드의 일은 그날 오후 논의하자고 했다. 여왕의 차분함에 데버루는 당황했다. 그가 상상한 모습이 아니었다. 여왕은 그를 압도하는 이상한 힘을 갖고 있었다. 어찌된 노릇인지 입장은 뒤바뀌었고 이제 그는 여왕의 말에 따라 논의를 오후로 미루겠다고 하고 있었다. 몇 시간 후 그는 병사들에게 체포되어 가택에 연금되었다.

여왕에 대한 자신의 영향력과 여왕이 얼마나 자주 자신을 용서해주었는지를 되새기며 그는 계속해서 자신의 행동을 사과하는 편지를 썼다. 여왕은 회신하지 않았다. 한 번도 없던 일이었다. 데버루는 겁이 덜컥 났다. 마침내 1600년 8월 여왕은 그를 풀어주었다. 이에 감사하며 복귀를 계획하던 그는 여왕에게 한 가지 청을 넣었다. 이전에 그가 가지고 있던 영국 내에서의 스위트 와인 판매 독점권을 다시 달라고 했다. 그는 어마어마한 빚을 지고 있었고 그 일은 그의 주된 수입원이었다. 그러나 여왕은 그의 요청을 허락하지 않았다. 여왕이 교훈을 주거나 아니면 그를 길들이기 위해 무언가 게임을 하고 있다고 그는 생각했다. 하지만 그런 일은 일어나지 않을 것이다. 여왕은 그를 너무 멀리 밀어냈다.

데버루는 런던 집에 틀어박혀 영국에서 불만을 가진 귀족들을 모조리 끌어 모았다. 그가 선봉에 서고 다 함께 여왕이 있는 곳으로 진군해 나라를 접수할 것이다. 데버루는 여전히 자신을 흠모하는 영국인 수천 명이 본인의 대의에 가담해 무리의 수가 늘어날 것이라 예상했다. 1601년 2월 초 마침내 그는 자신의 계획을 실행에 옮겼다. 그러나 황망하게도 런던 사람들은 집에서 나오지 않고 데버루를 무시했다. 계획의 무모함을 눈치챈 그의 병사들은 빠르게 도망쳤다. 사실상 혼자서 그는 자신의 집으로 퇴각했다. 그는 이게 자신의 마지막이라는 것을 알고 있었지만, 적어도 끝까지 저항하기로 했다.

그날 오후 병사들이 도착해 데버루를 체포했다. 엘리자베스는 빠르게 재판을 열었고, 데버루는 반역죄로 유죄를 선고받았다. 엘리자베스도 이번에는 사형집행 영장에 서명하는 것을 주저하지 않았다. 재판이 진행되는 동안 데버루는 더 없이 무례한 태도를 지속했다. 그는 자신의 죄를 부인하고 용서를 구하지도 않은 채 죽으려 했다.

그가 참수되기 전날 밤 여왕은 친히 자신의 목사를 보내 그의 죽음을 준비하도록 했다. 엘리자베스의 대리인이 그를 보며 그녀의 마지막 말을 전해주자 데버루는 무너지고 말았다. 그토록 오랫동안 그녀의 권위를 느끼고 있었음에도 그는 그 힘에 저항하려고 했다. 그날 아침에도 여왕은 그녀의 침실에서 너무나 침착하게 제왕처럼 당당히 서서 순식간에 그를 압도했다. 그는 목사에게 자신의 죄를 고백했다. 그의 머릿속에는 이제 곧 그 앞에 서게 될 신의 심판과 여왕의 위엄이 교차했다. 그는 자신의 모반이 얼마나 무거운 죄였는지 온전히 느꼈다. 눈앞에 여왕의 얼굴이 보이는 듯했다. 무서웠다.

데버루는 목사에게 이렇게 말했다. "저는 이 나라에 살았던 가장 극악무도하고 배은망덕한 반역자임을 고백하지 않을 수 없습니다." 그는 여왕이 자신을 처형하는 것이 당연하다고도 말했다. 그는 대중을 흥분시키지 않도록 조용한 처형을 부탁했다. 마지막 말에서 그는 하느님께서 여왕을 지켜주기를 바란다고 했다. 그는 누구도 그에게 그런 모습이 있으리라 생각지 못한 조용하고 품위 있는 모습으로 순순히 죽음을 맞았다.

해석 ──●

여왕이 되었을 때 엘리자베스 튜더는 본인의 위치가 매우 위태롭다는 사실을 잘 알고 있었다. 아버지를 비롯한 영국의 다른 왕들과는 달리 그녀는 통치자로서의 신임도가 전혀 없었다. 또 사람들로부터 존경을 받거나 권위가 있는 것도 아니었다. 반면에 나라는 많이 약해져 있었다. 그녀는 너무 어렸고 정치 경험이 전무했으며 무언가를 배울 수 있을 만큼 권력에 가까이 가본 적도 없었다. 사실 왕관을 쓰는 것만으로도 사람들이 어느 정도는 복종을 할 것이다. 하지만 그런 충성심은 얄팍한 것이어서 아주 작은 실수나 위기만 찾아와도 얼마든지 바뀔 수 있었다. 그리고 몇 달 혹은 몇 년 후에는 억지로 결혼을 해야 했다. 그녀도 알고 있듯 결혼을 할 경우 빠르게 왕자를 낳지 못하면 온갖 문제가 발생할 수 있었다.

더욱더 곤란했던 것은 엘리자베스가 야심이 크고 매우 똑똑했다는 점이다. 그녀는 자신이 영국을 통치하고도 남는다고 생각했다. 그녀에게는 수많은 문제를 해결하고 영국을 유럽의 막강 실세로 탈바꿈시킬 비전이 있었다. 결혼은 그녀뿐만 아니라 나라 전체에도 결코 좋은 일이 아니었다. 아마도 그녀는 해외의 왕자와 결혼을 해야 할 텐데, 그러면 그 왕자의 충성심은 본국을 향할 것이다. 그는 영국을 대륙의 파워 게임의 볼모로 이용할 테고 영국의 자원만 더 고갈시킬 것이다. 이렇게 모든 조건이 불리한데 어떻게 혼자 힘으로 영국을 통치하기를 바랄 수가 있을까? 그녀는 이 난관을 헤쳐 나갈 유일한 방법은 자신의 약점을 강점으로 바꾸는 것뿐이라고 결심했다. 자기만의 방식으로 신임을 얻고 권위를 세운다면 결국에는 이전의 그 어느 왕이 누린 것보다 더 큰 권력을 갖게 될 것이다.

그녀의 계획은 다음과 같은 논리를 따랐다. 그녀와 동시대의 왕이나 여왕들은 혈통 때문에 혹은 반쯤은 신에 가까운 그 지위 때문에 본인의 위치가 아주 당연하다는 생각으로 통치에 임했다. 그들은 완전한 복종과 충성심을 기대했고 그런 것을 얻기 위해 아무런 노력도 기울일 필요가 없었다. 군주라는 위치에 당연히 따라오는 것이기 때문이다. 하지만 당연하다는 생각에는 응분의 대가가 따른다. 백성들은 존경을 표하겠지만 이 경우 통치자와 백성 간의 정서적 교감이 그리 깊을 수는 없다. 영국인들은 군주에게 거리감을 느낄 테고, 통치자가 자신들에게 얼마나 무심한지 느낄 것이다.

이렇게 자신의 권력이 당연하다는 생각은 정치 능력 또한 무뎌지게 만들었다. 정부 대신들은 헨리 8세 같은 이에게 겁먹고 주눅이 들어서 머리를 쓰고 창의력을 발휘하기보다는 왕을 달래는 데 에너지를 다 썼다. 이렇게 모든 것을 당연시하는 통치자들은 정무의 상세한 세부사항은 따분한 일이라 여겨 크게 신경 쓰지 않았다. 그들이 영광을 차지하고 귀족들에게 부를 제공할 수 있는 주요 수단은 정복 전쟁이었다. 그러나 전쟁은 나라의 자원을 고갈시켰다.

이들 통치자는 믿기지 않을 만큼 이기적일 수 있었다. 헨리 8세는 가장 최근에 바람이 난 정부와 결혼하려고 엘리자베스의 어머니를 처형했다. 그렇게 했을 때 영국인들이 그를 얼마나 폭군으로 볼지는 신경 쓰지 않았다. 스코틀랜드 여왕 메리도 애인과 결혼하기 위해 남편을 암살했다.

엘리자베스도 착각에 빠진 채 그냥 본인의 위엄 있는 위치에 충성심이 당연히 따라오기를 바랄 수도 있었을 것이다. 하지만 엘리자베스는 그런 함정에 빠지기에는 너무 영리했다. 엘리자베스는 일부러 정반대 방향을 취했다. 그녀는 아무것도 당연하다고 느끼지 않았다. 그녀는 실제 자신의 위치가 튼튼하지 못하다는 사실을 잊지 않았다. 가만히 앉아서 충성심을 기대한 것이 아니라 적극적으로 나섰다. 그녀는 세월이 지나면서 행동을 통해 그녀에게 필요했던 신뢰와 신임을 얻었다. 엘리자베스는 그녀가 이기적이지 않고, 그녀가 하는 모든 일이 나라 전체를 위한 것임을 증명했다. 긴장을 놓지 않고 부단히 이 작업을 진행했다. 백성들, 대신들, 해외의 라이벌들을 비롯한 사람들이 갖고 있는 자신에 대한 인식을 바꿨다. 경험 없고 나약한 여자에서 권위와 위대한 힘을 상징하는 인물이 됐다. 대신들이나 서민들과 훨씬 더 깊은 유대관계를 형성함으로써 그들의 타고난 변덕을 극복하고 사람들이 영국의 재건이라는 목적에 에너지를 쏟게 만들었다.

그녀가 처음으로 영국인들 앞에 모습을 보인 날은, 새로운 유형의 리더십을 펼치기 위한 무대를 마련하는 영리하게 연출된 장면이었다. 그녀는 평소처럼 왕실의 웅장함을 보여주면서도 서민적인 색채를 가미해 편안하면서도 위엄 있게 보이려 했다. 그렇다고 억지로 꾸민 것은 아니었다. 어린 시절 자신이 얼마나 무력할 수 있는지를 느껴보았던 그녀는 영국의 가장 가난한 하녀와도 동질감을 느낄 수 있었다. 그녀는 자신이 그들의 편이고, 본인에 대한 그들의 의견을 중시한다는 점을 태도로써 보여주었다. 그녀는 그들의 인정을 받고 싶었다. 그녀는 재임 기간 내내 이런 공감을 바탕으로 통치할 것이고, 백성들과의

인간 본성의 법칙 •

유대관계는 이전의 그 어느 통치자보다 공고할 것이다.

대신들을 상대하는 과제는 훨씬 더 섬세하고 어려웠다. 자신이 여자보다는 더 똑똑하고 우월하다고 느끼고 싶은 욕구와 자존심을 가진, 권력에 굶주린 한 무리의 남자들을 상대해야 했다. 그녀는 나라를 경영하려면 그들의 도움과 선의가 필요했다. 하지만 너무 많이 의존하는 모습을 보인다면 자신을 깔볼 것이다. 그래서 그녀는 통치 첫날부터 다음과 같은 사항을 분명히 했다. 나는 진지하다. 나는 당신들 그 누구보다 열심히 일할 것이다. 나는 조정을 위해 지출을 줄일 것이며 그 일환으로 내 수입도 희생할 것이다. 모든 활동은 영국이 적자에서 벗어나는 데 집중될 것이다. 그녀는 재임 초기부터 나라의 재무 상태에 관해 해박한 지식을 갖고 있다는 걸 보여주었고, 그 어떤 협상에서도 물러서지 않는 모습을 드러냈다. 가끔씩 대신들이 개인적인 목표를 추구한다 싶으면 분노에 찬 모습을 서슴없이 보였고, 그럴 때면 상당히 위압적이기도 했다.

그러나 대부분의 경우에는 따뜻하고 동정심 넘치는 사람으로서 이 남자들의 다양한 기분을 맞춰주려고 했다. 얼마 지나지 않아 남자들은 그녀를 기쁘게 하고 그녀의 인정을 받고 싶어 했다. 열심히 일하지 않거나 깔끔하게 일을 처리하지 못하면 고립되거나 냉대를 당할 수도 있었다. 남자들은 무의식적으로 그런 상황을 피하려고 했다. 그들은 그녀가 높은 기준을 세워놓고 스스로도 거기에 맞춰 행동하는 점을 존경했다. 이런 식으로 그녀는 서서히 대신들을 자신과 똑같은 위치에 가져다 놓았다. 본인들의 행동을 통해 그녀의 신뢰와 존경을 얻어야 하는 위치 말이다. 이제 여왕은 떼 지어 음모나 꾸미는 이기적인 대신들의 도당이 아니라 그녀의 목적을 실현하기 위해 열심히 일하는 팀원들을 갖게 됐다. 그리고 그 결과는 머지않아 모두가 알게 되었다.

이런 방법을 통해 엘리자베스는 그녀에게 필요했던 신임을 얻었다. 하지만 그녀는 중요한 실수도 하나 저질렀다. 스코틀랜드 여왕 메리를 처결하는 문제였다. 엘리자베스는 이 경우 자신에게 전권이 있다고 생각했고, 이 문제만큼은 그 어느 대신보다 자신이 더 잘 안다고 생각했다. 같은 여왕을 처형하는 것에 대한 꺼림칙한 기분을 다른 무엇보다 우선했다. 그녀는 그런 처결에 대해 대가를 치렀다. 사람들의 존경심이 줄어드는 것을 느끼며 괴로워했다. '나라를 위한 일'은 언제나 그녀를 인도하는 지침이었는데 이 경우 그 지침을 따른다면 메리를 처형해야 했다. 그녀는 자신의 원칙을 어기고 있었다.

시간은 걸렸지만 엘리자베스는 자신의 실수를 깨달았다. 그녀는 경호팀장을 시켜 메리를 꾀어 자신을 제거하는 원대한 음모를 꾸미게 만들었다. 이제 메리가 연루된 확실한 증거가 있었으므로 엘리자베스는 두려워했던 조치를 취할 수 있었다. 결국에는 나라를 위해 자신의 감정에 역행하고 본인의 실수를 인정함으로써 그녀는 영국인들로부터 더 큰 신망을 얻었다. 그녀는 여론에 대해 당대의 그 어느 통치자도 내놓지 못할 수준의 반응을 보여주었다.

해외의 라이벌들, 특히 펠리페 2세를 상대할 때 엘리자베스는 결코 순진하지 않았다. 그녀는 상황을 제대로 이해했다. 그녀가 아무리 노력해도 저들은 그녀를 존경하거나 그녀를 없애려는 음모를 멈추지 않았다. 그들은 엘리자베스가 결혼하지 않은 여왕이라는 이유로, 그리고 여자로서 충돌이나 전쟁을 두려워하는 것처럼 보인다는 이유로 그녀를 존중하지 않았다. 엘리자베스는 대체로 상대의 그런 반응은 무시하고 영국의 재정을 튼튼히 하는 본인의 임무에만 충실했다. 그러나 스페인의 영국 침공이 임박한 것처럼 보이자 그녀는 마침내 자신이 얼마나 훌륭한 전략가인지 보여줄 때라고 판단했다. 그녀는 펠리페 2세가 그녀의 책략과 강인한 리더십을 과소평가하는 점을 이용할 작정이었다.

엘리자베스는 전쟁이 꼭 필요하다면 최대한 경제적이고 효율적으로 치를 생각이었다. 그녀는 거액을 들여 유럽에서 가장 정교한 첩보 시스템을 구축했고, 그 덕분에 함대의 출항 날짜를 포함해 스페인의 침공 계획을 미리 알 수 있었다. 이런 정보를 바탕으로 그녀는 마지막 순간에 가서야 군대를 모집했고, 그 덕분에 큰돈을 절약할 수 있었다. 그녀는 프랜시스 드레이크 경에게 자금을 제공해 스페인 해안과 바다의 범선들을 급습하게 했다. 덕분에 영국의 재정은 여유가 생겼고, 함대의 출항을 늦추게 된 펠리페 2세는 훨씬 더 많은 돈을 써야 했다.

몇 달 내에 펠리페 2세의 함대가 출항하는 것이 기정사실이 되자 엘리자베스는 얼른 영국 해군을 증강하고, 작고 빠른 배들을 주문했다. 이 배들은 대량으로 건조하니 비용도 적게 들었고 영국의 바다 환경에도 더 잘 맞았다. 펠리페 2세와는 달리 엘리자베스는 전투의 전략에 관해서는 제독들의 손에 맡겨두었으나, 한 가지는 확실히 주문했다. 그녀는 영국에서 최대한 가까운 곳에서 스페인 함대와 싸우라고 했다. 그렇게 하면 스페인의 범선들은 폭풍우 많은 북부의 바다에 적합하지 않으니 영국에게 유리할 수밖에 없고, 고국을 등 뒤에 두고 싸우는 병사들도 더 열심히 싸울 게 분명했다. 결국 스페인은 파산했고 다시는 이전의 영광을 회복하지 못했다. 반면에 엘리자베스 치하의 영국은 떠오르는 강대국이 됐다. 그러나 이렇게 대승을 거둔 후에도 그녀는 스페인으로 쳐들어가서 치명타를 날리자는 주장은 따르지 않았다. 그녀는 오직 자국의 이해를 보호하는 데만 관심이 있을 뿐, 영광이나 정복을 위한 전쟁 따위에는 관심이 없었다.

스페인 함대를 무찌른 후 그녀의 권위와 신임은 누구도 넘볼 수 없을 듯했다. 하지만 그녀는 경계를 늦출 생각이 없었다. 나이가 들고 성공할수록 자연히 모든 게 당연하게 느껴지고 그에 따라 자신이 무감각해질 거라는 걸, 그 두려운 느낌이 찾아올 것임을 알고 있었다. 여자 혼자서 나라를 통치하면서 그런 안이함을 누릴 여유는 없었다. 그녀는 주변 사람들의 분위기를 민감하게 계속 감지하고 있었고, 지금 조정을 채운 젊은 남자들은 자신에 대한 태도가 많이 다르다는 것을 느낄 수 있었다. 그들의 존경심은 여왕으로서 그녀의 위치에 대한 것이었지, 그 이상의 깊이는 없었다. 다시 한 번 그녀는 남자들의 콧대 높은 자존심과 싸워야 했다. 그리고 이번에는 젊은 시절 그녀가 갖고 있던 매력이나 요염함에 기댈 수도 없었다.

데버루와 관련해 엘리자베스의 목표는 그를 길들여서 그의 혈기 넘치는 기백을 나라를 위해 사용하는 것이었다. 예전에 대신들을 상대할 때 그랬던 것처럼 말이다. 그녀는 돈이나 특혜 같은 데버루의 끝없는 요구를 들어주며 그의 불안을 잠재우려 했다. 하지만 정치적 권력을 주는 것만큼은 선을 그었다. 그녀에게서 권력을 받으려면 그는 먼저 자신의 능력을 증명해야 했다. 그가 짜증을 부려도 엘리자베스는 한결같은 차분함을 유지하여 무의식적으로 자신이 우위에 있다는 것과 그에게 절제가 필요하다는 사실을 일깨워주었다. 그를 길들일 수 없다는 사실이 분명해졌을 때는 스스로 자신의 명성을 망칠 만큼 모의를 진행하게 내버려두어 이 암적인 존재를 처리할 준비를 했다. 자신이 지은 죄에 따라 죽음을 맞게 되었을 때 그를 겁에 질리게 한 것은 단순히 신의 이미지가 아니라 여왕의 이미지였다. 여왕의 권위가 내뿜는 아우라는 마침내 남자들 중에서도 가장 무례하고 버릇없는 데버루까지도 압도했다.

이 점을 꼭 알아야 한다. 더 이상 우리 중에 강력한 왕이나 왕비는 없지만 우리는 오히려 그 어느 때보다 마치 우리가 왕족인 것처럼 행동한다. 내가 이뤄놓은 게 실제로 아무리 하찮더라도 내 업적은 당연히 존경받아야 한다고 생각한다. 아무리 내 과거 이력이 보잘 것 없고 내가 대단한 생각을 투자한 게 아니더라도 남들은 내 아이디어와 프로젝트를 진지하게 받아들여야 한다고 생각한다. 남들은 내 커리어를 도와주어야 한다. 왜냐하면 나는 진지하고 정말 좋은 의도를 가지고 있기 때문이다. 현대인들이 이런 생각을 당연시하는 이유 중에는 우리가 했던 모든 일이 대단한 일인 것처럼 호들갑을 떨었으니 말이다. 또 일부는 우리의 일상생활을 장악하고 있는 여러 기술이 우리를 망쳐놓은 탓일 수도 있다. 실질적인 노력은 아무것도 하지 않아도 기술은 우리에게 막강한 힘을 주었다. 우리는 그런 힘을 당연시하게 됐고, 삶의 모든 게 아주 빠르고 쉬워야 한다고 당연히 기대하게 됐다.

이유가 뭐였든 간에 그런 생각이 우리 모두를 감염시켰다. 우리는 이것을 저주로 여겨야 한다. 이렇게 자신을 중심에 두는 마음은 현실을 무시하게 만든다. 사람들은 내가 나이기 때문에 나를 신뢰하거나 존중해야 할 그 어떤 이유도 없다. 그런 생각은 우리를 게으르게 만들고, 하찮은 아이디어나 초안 수준의 작업에도 만족하게 만든다. 만약 내가 이미 위대하다면 나 자신을 발전시키기 위해 혹은 상황을 개선하기 위해 노력할 이유가 어디 있겠는가? 그런 생각은 우리를 둔감하게 만들고 나 자신에게만 매몰되게 만든다. 남들이 나에게 신뢰나 존경을 빚지고 있다고 생각한다면, 그것은 상대의 의지력이나 스스로 판단할 수 있는 능력을 부인하는 것이고, 상대로서는 격노할 일이다. 눈에는 보이지 않더라도 우리는 남들을 분개하게 만들고 있다.

만약 우리가 집단 전체나 집단 내 소그룹의 리더가 된다면, 나에 대한 존경을 당연시하는 버릇의 저주는 더욱 악화된다. 우리는 무의식중에 느긋이 앉아서 내가 이렇게 높은 위치를 차지했으니 당연히 남들이 와서 충성심과 존경심을 보여주기를 바랄 것이다. 누가 내 아이디어에 이의를 제기하면서 내 지능과 지혜를 의심한다면 아무리 작은 문제라고 해도 발끈하면서 방어적으로 반응할 것이다. 우리는 각종 특전과 특혜를 바랄 테고, 무언가 희생이 필요할 때는 나는 그 대상이 아니라고 생각할 것이다. 실수를 했다면 늘 다른 누군가를 탓하거나 환경 탓, 아니면 나의 통제를 벗어난 일시적인 어떤 내면의 악마를 탓할 것이다. 절대로 내 탓은 하지 않을 것이다.

우리는 이것이 나를 따르는 사람들에게 어떤 영향을 미칠지 미처 깨닫지 못하고 있다. 왜냐하면 내가 하는 말에 사람들이 미소를 짓고 고개를 끄덕이는 것만 눈에 보이기 때문이다. 저들은 내가 모든 걸 당연시하는 것을 감지할 테고 시간이 지나면 더 이상 나를 존경하지 않고 나의 영향력으로부터도 멀어질 것이다. 그러다 어느 한계에 달하면 충격적일 만큼 갑작스럽게 나에게 등을 돌릴지도 모른다.

엘리자베스와 마찬가지로 우리는 실제로 내 위치가 공고하지 않다는 사실을 깨달아야 한다. 그리고 정반대의 태도를 취하려고 노력해야 한다. 주위 사람들, 내가 이끄는 사람들에게 아무것도 기대하지 말아야 한다. 방어적이 되거나 느긋하게 앉아 있는 게 아니라 온전히 적극적으로 나서야 한다. 우리가 타인으로부터 받는 모든 것은, 특히나 그들의 존경은, 노력으로 얻어야 한다. 우리는 끊임없이 자신을 증명해야 한다. 나의 첫 번째 고려사항이 나 자신이나 예민한 자존심이 아니라 집단 전체의 행복이라는 것을 보여줘야 한다. 사람들의 기분에 즉각적으로 반응하고 진심으로 공감해야 한다. 그러나 한계는 있어야 한다. 주로 자기 문제밖에 관심이 없음을 스스로 드러낸 사람들에게는 가차 없이 냉정해져야 한다. 내가 한 말을 실천해야 하고, 남보다 더 열심히 일해야 한다. 필요하면 나의 이해관계를 희생하고, 실수가 있다면 책임을 져야 한다. 그래야 집단의 구성원들이 나를 따르고 그들 역시 스스로를 증명하기를 기대할 수 있을 것이다.

이런 태도라면 효과는 아주 달라질 것이다. 사람들은 우리의 영향력에 마음을 열 것이다. 내가 다가갈 때 그들도 내게 다가올 것이다. 나의 인정과 존경을 얻고 싶어 할 것이다. 이런 정서적 교감이 생기면 실수를 해도 더 쉽게 용서받을 것이다. 끝없는 내부 싸움이나 자존심 충돌에 집단의 에너지가 허비되지 않고 목표를 이루고 위대한 일을 달성하는 쪽으로 에너지가 모아질 것이다. 이런 결과와 함께 시간이 지날수록 우리의 권위와 영향력이 내뿜는 아우라는 점점 더 커질 것이다. 우리가 하는 말과 행동에는 더 큰 무게가 실릴 것이고 나의 명성이 나를 앞지르게 될 것이다.

그것은 강요에 의한 복종으로 가는 길이다. 하지만 더 고귀한 목표인 의지에

인간 본성의 법칙 •

의한 복종으로 가는 빠른 길이 있다. 자신의 이해가 경각에 달려 있을 때 인간은 나보다 현명하다고 믿는 사람에게 기쁜 마음으로 복종한다. 이를 증명해줄 사례는 도처에 널려 있다. 아픈 사람은 의사에게 가서 내가 어찌하면 될지 알려달라 간청할 것이요, 배에 탄 사람은 모두가 도선사(導船士)의 말에 귀를 기울일 것이다.

— 크세노폰

| • 인간 본성의 열쇠 • 인간은 늘 양면적인 감정을 느낀다 |

인간은 우리의 감정 경험이 단순하다고 믿고 싶어 한다. 누구는 사랑하고, 누구는 미워한다. 이 사람은 경외하지만, 저 사람에게는 경멸밖에 못 느낀다. 하지만 정말로 이런 경우는 거의 없다. '우리가 단순한 감정을 느끼는 경우는 극히 드물며, 거의 늘 양면직 감정을 느낀다'는 것은 인산 본성의 근간을 이루는 '팩트'다. 우리는 사랑하면서 동시에 증오할 수 있고, 존경심과 시기심을 동시에 느낄 수도 있다.

이런 양면성은 어린 시절에 시작되어 평생의 패턴이 된다. 부모가 비교적 관심을 기울이고 사랑을 준 사람은 어린 시절이 좋게, 황금기로 기억될 것이다. 그러나 우리는 그들의 사랑과 보살핌에 의존한다는 사실 때문에 그런 부모에게조차 분개했었다는 사실을 편리하게 망각해버린다. 때로는 숨이 막힐 때도 있었다. 우리는 내 의지를 피력하고, 스스로 설 수 있다는 것을 보여주고 싶었다. 부모의 관심에 지나치게 의존한다는 느낌은 부모가 사라졌을 때 과연 내가 얼마나 취약한 상태에 놓일 것인가에 대한 어마어마한 불안을 야기할 수도 있었다. 그래서 우리는 부모를 사랑하는 동시에 필연적으로 어느 정도의 적개심과 반항심을 느꼈다.

부모가 친절하게 보살펴주지 않았던 사람은 나중에 부모를 원망하며 그들의 냉담함과 지금 남아 있는 반감밖에 기억나지 않을 수도 있다. 그러나 잊어버렸겠지만 어릴 때 우리는 부모의 부정적 특징은 얼버무리고 비록 나를 그렇게 취급하더라도 어떻게든 부모를 사랑할 방법을 모색하는 경향이 있다. 부모의 사랑을 받을 자격이 없다고 오히려 스스로를 탓한다. 부모에게 나의 생존이 달려 있기 때문에 정말로 부모가 나를 신경 쓰지 않는다는 느낌은 엄청난 불안을 일으킬 수 있었다. 분노와 좌절의 순간은 필요와 사랑을 느끼는 순간과 섞여 있었다.

또한 어릴 때는 하나의 감정이 나를 압도하면 다른 감정이 그 밑에 놓여 늘 약간은 양면적인 감정이 흐르고 있었다. 성인이 되어서도 우리는 친구나 연인에게 비슷한 양면적 감정을 경험한다. 특히나 내가 그들에게 의존하고 있고 그래서 취약한 상태에 놓여 있다고 느낀다면 말이다.

이렇게 양면성을 느끼는 데는 강력한 하나의 감정만 느끼는 게 겁이 나는 탓도 있다. 강력한 하나의 감정만 느끼는 것은 일시적으로 통제력을 상실한다는 뜻이고, 그렇게 되면 내 의지가 부정될 것만 같아서 우리는 무의식적으로 반대되는 혹은 상충하는 감정으로 균형을 잡는다. 또 일부는 우리의 기분이 계속 바뀌고 중첩되는 탓도 있다. 이유가 뭐가 되었든 우리는 내 감정의 양면성을 인식하지 못한다. 복잡한 감정에 대해 곰곰이 생각해보는 것은 당황스러운 일이기 때문이다. 우리는 내가 어떤 사람이고 어떤 감정을 느끼는지 단순한 설명에 의존하는 편을 선호한다. 주위 사람에 대해서도 마찬가지다. 상대의 감정을 최대한 소화하기 쉽게, 단순하게 해석하려고 한다. 실제로 밑바닥에서 흐르고 있는 감정의 양면성이 작용하는 순간을 포착해내려면 상당한 노력이 필요할 뿐만 아니라 스스로에게 아주 정직해져야만 한다.

인간 본성의 이런 근본적 측면이 가장 뚜렷이 드러나는 것은 리더와의 관계에서다. 리더를 볼 때 우리는 무의식적으로 부모를 연상한다. 리더에 대한 이

중적 감정이 작동하는 방식은 아래와 같다.

우리는 직관적으로 리더의 필요성을 인식한다. 어느 집단이든 사람들은 각자의 목표가 있고 충돌하는 이해관계가 있다. 구성원들은 본인의 위치를 불안해하고 확고한 위치를 확보하려고 노력한다. 이렇게 충돌하는 이해관계를 넘어 더 큰 그림을 봐주는 리더가 없다면 집단은 곤경에 처할 테고, 어려운 결정은 결코 내리지 못할 것이다. 배가 어디로 가야 할지 인도해주는 사람이 없을 것이다. 그래서 우리는 리더를 갈망하고, 이 역할을 감당해줄 사람이 없으면 무의식적으로 방향성을 잃고 심지어 히스테리 상태에 빠지기도 한다.

반면에 우리는 나보다 위에 있는 사람을 두려워하고 심지어 경멸하는 경향이 있다. 우리는 권력자가 그의 지위에 따른 특권을 이용해 더 많은 권력을 축적하고 본인의 배를 불리지 않을까 두려워한다. 얼마든지 흔히 있는 일이기 때문이다. 우리는 또한 의지를 가진 동물이어서, 리더를 따를 때 수반되는 의존성과 열등한 지위가 불편하다. 우리는 내 의지를 발휘하고 자율성을 느끼고 싶다. 우리는 리더가 누리는 사람들의 인성과 그 특권을 은밀히 시샘한다. 이런 이중적 감정은 리더가 그 지위를 남용하거나 감수성을 제대로 발휘하지 못하거나 무능할 경우 부정적인 방향으로 기울어진다. 리더가 아무리 힘이 있고 우리가 아무리 그를 존경해도 표면 아래에는 늘 이런 이중성이 자리하고 있다. 그래서 사람들의 충성은 언제든 바뀔 수 있는 그 변덕스러움으로 악명이 높다.

권력자들은 직원들이 보내는 미소, 회의에서 받는 박수갈채만 보려 하는 경향이 있고, 그런 응원을 진짜라고 착각한다. 권력자들은 사람들이 자기 위에 있는 자에게는 늘 그런 식의 경의를 표한다는 사실을 깨닫지 못한다. 그들이 그렇게 하는 것은 리더의 손에 자신의 운명이 달려 있기 때문일 뿐, 그 이상도 그 이하도 아니다. 그래서 리더들은 모든 게 순조로울 때조차 사람들의 감정 밑바닥에 이중적인 감정이 깔려 있다는 사실을 잘 모른다. 그러다가 리더가 혹시 실수를 저지르거나 그의 권력이 흔들리는 것처럼 보였을 때, 그래서 구성원들이나 대중이 너무나 충격적이고 놀라운 방식으로 그를 향해 덤벼들면 그제야 리더는 갑자기 그동안 불신이 쌓여 왔다는 것, 사람들이 더 이상 자신을 존경하지 않는다는 사실을 알게 된다. 분야를 막론하고 가장 최근의 성공이나 실패에 따라 금세 리더에 대한 평가가 뒤바뀐다는 것, 순식간에 지지와 존경을 잃을 수 있다는 것은 뉴스만 봐도 쉽게 알 수 있다.

우리는 이런 변덕이 현대에 와서 생긴 현상이라고 믿고 싶을지 모른다. 우리가 살고 있는 극히 민주적인 시대의 산물이라고 말이다. 어쨌거나 우리 조상들은 현대인들보다는 훨씬 더 순종적이었다고 우리는 생각한다. 하지만 실제로는 그렇지 않다. 한참 옛날로 돌아가 토착 문화나 초기 문명을 살펴보더라도 한때는 존경받는 족장이고 왕이었던 자들이 죽임을 당하는 일은 일상적으로 벌어졌다. 노쇠한 신호가 보여서, 전투에서 져서, 갑자기 가뭄이 들어서(신이 더 이상 그에게 은총을 내리지 않는다는 뜻이니까), 혹은 집단을 희생시키고 그의 핏줄만 편애했다는 것이 죽임을 당하는 이유였다. 이런 처형식은 그동안 억눌러왔던 리더에 대한 적개심을 마음껏 방출하는 축제의 순간이었다. 이에 대한 수많은 예를 제임스 프레이저(James Frazer)가 쓴 《황금가지》에서 찾을 수 있다.

어쩌면 우리 조상들은 한 개인이 권좌에 오래 머무는 것을 무의식적으로 두려워했을 것이다. 참신하고 새로운 리더가 더 조종하기 쉽기 때문이다. 어찌 되었든 그들의 복종 아래에는 어마어마한 경계심도 함께 자리하고 있었다. 더 이상 우리가 족장의 목을 베지는 않을지 몰라도, 우리는 선거를 통해 혹은 미디어를 통해 상징적으로 그들을 처형한다. 권력자의 의례적 추락을 목격하면서 기쁨을 느낀다. 비가 오지 않는다고 권력자를 탓하지는 않을지 몰라도, 경제가 조금이라도 나빠지면 그들을 탓할 것이다. 경제에서 벌어지는 대부분의 일들이 그들의 통제를 벗어난 것이라고 해도 말이다. 비가 오지 않는 것과 마찬가지로 그들은 신의 은총이나 행운을 잃은 것처럼 보인다. 감정의 이중성이

인간 본성의 법칙

나 불신이라는 측면만 살펴본다면 예나 지금이나 우리는 별로 바뀌지 않았다.

그러나 역사적으로 유명한 리더 중에는 이런 변덕에 맞서 보호막을 쳐둘 수 있는 능력을 갖춘 자들이 있었다. 그들은 일종의 공고한 존경과 지지를 얻어내서 오랜 기간 동안 위대한 일을 성취했다. 성경에 나오는 모세나 고대 인도의 아소카 황제, 고대 그리스의 페리클레스(1장 참조), 로마의 장군 스키피오 아프리카누스, 엘리자베스 1세가 바로 그런 리더들이다. 좀 더 현대로 와본다면 에이브러햄 링컨이나 마틴 루터 킹 주니어, 워런 버핏, 앙겔라 메르켈, 스티브 잡스 같은 이들도 마찬가지다. 이들의 권력은 본래의 의미에 맞게 '권위'라고 불러야 할 것이다. '권위(authority)'라는 단어는 '늘리다, 증강시키다'라는 의미의 라틴어 'auctoritas'에서 왔다.

고대 로마인들이 보기에 로마공화국을 세운 이들은 대단한 지혜의 소유자였다. 그들이 세운 제도가 그토록 튼튼하게 오래 지속되고 또 지방 도시가 그토록 발군의 세력으로 변신한 것을 보면 조상들은 대단한 지혜를 소유한 게 틀림없었다. 원로원 의원과 지도자들이 바로 그 기본적 지혜로 돌아가 설립자들의 이상을 구현하려고 할 때 그들은 '권위' 즉 강화된 존재감, 늘어난 위신과 신뢰성을 가질 수 있었다. 그런 리더는 웅변이나 무력에 의존할 필요가 없었다. 로마 시민들은 기꺼이 그들의 지도를 따르고 그들의 사상과 조언을 받아들였다. 그들의 말 한마디, 한마디와 행동 하나하나에 무게감이 있었다. 그래서 그들은 어려운 결정을 내릴 때도 더 큰 재량권을 가졌다. 단순히 가장 최근 정책의 성공 여부에 따라 평가가 좌우되지는 않았다.

로마인들은 화를 잘 내고 권력자를 신뢰하지 않는 것으로 유명했다. 로마인들의 정치는 쉽게 내전으로 비화해 실제로 여러 번 내전을 치렀다. 권위를 물씬 풍기는 리더를 보유하는 것은 이런 호전성을 통제하고, 실제로 일을 추진하고, 어느 정도의 단결을 유지하는 한 방편이었다. 그러려면 리더는 아주 높은 이상을 구현해야 해야 했다. 일상 정치의 좀스러움을 초월할 수 있는 그런 이상 말이다.

목적을 더 높이고 충실히 고수하는 이런 로마식 모형은 아직도 모든 형태의 전정한 권위에 핵심 요소로 남아 있다. 그리고 이것은 오늘날 그런 권위를 세우고자 하는 모든 이들이 본받아야 할 방법이기도 하다.

가장 중요한 것은 모든 리더의 기본적 과제를 제대로 이해하는 것이다. 즉 원대한 비전을 보여주고, 큰 그림을 보고, 더 큰 집단의 이익을 위해 노력하고 단결을 유지하는 것 말이다. 좀스럽고 이기적이고 우유부단하게 보이는 것은 절대로 피해야 한다. 그런 신호를 내보이면 사람들의 이중적 감정을 자극하게 된다. 리더는 미래의 더 큰 그림에 집중하는 데 생각의 대부분을 써야 한다. 이런 비전에 기초해 실용적인 목표를 세우고 집단이 갈 길을 안내해야 한다. 연습과 경험을 통해 그 비전을 제시하는 방법에도 통달해야 한다. 그러면 과대 망상에 빠진 자들이 보여주는 가짜 자신감이 아니라 정말로 자기 자신에 대한 엄청난 자신감이 생길 것이다. 그 자신감을 보여준다면 사람들은 리더에게 끌릴 것이고 리더가 이끄는 대로 따르고 싶어질 것이다.

그러나 동시에 우리는 리더십을 나와 나를 따르는 사람들 사이의 역동적 관계로 보아야 한다. 나의 아주 작은 행동 하나조차 각 개인에게 무의식적인 영향을 줄 수 있다는 사실을 이해해야 한다. 따라서 나의 태도나 내가 어떤 분위기를 조성하는지에 대단한 주의를 기울여야 한다. 시시각각 구성원들의 분위기가 바뀌는 것에 촉각을 곤두세워야 한다. 내가 그들의 지지를 받고 있을 거라고 당연하게 가정해서는 안 된다. 본능적 공감능력을 발휘해야 한다. 구성원들이 나에 대한 존경심을 잃어가고 있다면 '느낌'이 온다. 이런 역학관계를 구성하는 일부로서 내가 내 아래 있는 사람들에게 존경과 신뢰를 보여주면 그 감정이 고스란히 나에게 되돌아온다는 사실을 깨달아야 한다. 구성원들은 나의 영향력에 마음을 열게 될 것이다. 우리는 사람들의 의지력을 활용하고, 그들이 집단의 미션을 동일시하며 우리의 고차원적 목적을 실현하는 데 적극적

인간 본성의 법칙

으로 동참하고 싶게 만들어야 한다.

그러나 이런 공감능력이 쓸데없이 물렁해지거나 집단의 뜻에 순종하는 것을 뜻해서는 결코 안 된다. 그것은 나약하다는 신호만 주게 될 것이다. 우리의 첫 번째 목표, 즉 집단에 비전을 제공하고 집단을 적절한 목표 쪽으로 끌고 가기 위해서는 엄격하고 단호해야 한다. 다른 이들의 생각에 귀를 기울이고 좋은 생각은 받아들일 수도 있지만, 전체적인 세부사항과 큰 그림에 대해서는 내가 더 잘 알고 있다는 사실을 잊지 말아야 한다. 공정하게 보이고 싶다면 정치적 압박에 굴복하거나 집단의 비전을 희석해서는 안 된다. 집단의 비전은 내부 정치를 초월한 것으로서 진실과 현실을 대표한다. 비전을 실현하는 측면에서는 회복력을 가지고 강인하게 대처해야 하며, 이 비전을 방해하거나 더 큰 이익에 역행하는 사람이 있다면 가차 없이 대처해야 한다. 엘리자베스 1세가 보여준 것처럼 강인함과 공감능력은 결코 양립 불가능한 자질이 아니다.

리더가 권위를 구성하는 이 두 가지 핵심요소, 즉 비전과 공감능력을 제대로 확립하지 못한다면 종종 다음과 같은 일이 벌어진다. 구성원들이 지도부에 대해 단절감과 거리감을 느낀다. 구성원들은 자신이 대체 가능한 장기판의 말처럼 취급되고 있다는 사실을 마음 깊숙한 곳에서 알고 있다. 전체적인 방향 없이 그때그때 벌어지는 일에 일차원적으로 대응한다면 구성원들은 그것을 느낄 수 있고, 미묘한 방식으로 분개하며 존경심을 잃어간다. 그런 리더가 하는 말에는 깊은 주의를 기울이지 않는다. 구성원들은 본인의 이익과 미래를 생각하는 데 더 많은 시간을 보내게 된다. 파벌을 결성하거나 거기에 들어간다. 일하는 속도를 절반이나 4분의 3정도로 늦춘다.

만약 리더가 이 모든 것을 알아채고 강압적으로 더 많은 것을 요구한다면 구성원들은 수동적 공격성을 더 크게 드러낼 것이다. 리더가 순종적으로 바뀌어 더 많은 지지를 호소한다면 구성원들은 이제 집단이 리더를 끌고 가는 것인가 싶어 리더에 대한 존경심이 더욱 줄어들 것이다. 이런 식으로 구성원들은 리더에 대해 수많은 형태의 마찰을 만들어내며 이제 자신들이 집단을 언덕 위로 끌고 올라가야 한다고 느낄 수도 있다. 본인들의 부주의로 야기된 이런 마찰 때문에 수많은 리더가 많은 일을 이루지 못하고 별 볼일 없는 처지가 된다.

반면에 우리가 직관적으로 혹은 의식적으로 위에서 설명한 것처럼 권위를 확립하는 길을 간다면 집단의 역학에 전혀 다른 영향을 미칠 수 있다. 구성원이나 대중의 이중적 감정이 완전히 사라지지는 않겠지만(사라진다면 인간 본성에 대한 위반이다), 관리할 수 있는 수준이 된다. 사람들은 여전히 흔들리고 의심하거나 시기하는 순간도 있겠지만 리더를 더 빨리 용서하고 의심할 일도 그냥 지나친다. 그렇게 될 수 있게끔 리더가 충분히 신뢰를 쌓았기 때문이다. 게다가 구성원들은 더 이상 리더가 자리를 지키지 못한다고 생각할 때 무슨 일이 벌어질지 두려워진다. 구성원들이 분열되고, 확실성이 없어지고, 나쁜 결정을 내리는 것 등이 두렵다. 이 리더를 필요로 하는 마음이 너무 강하다.

더 이상은 집단에서 발생하는 눈에 보이지 않는 마찰을 상대할 필요가 없다. 오히려 구성원들은 더 큰 미션에 참여하고 있다고 느낀다. 리더가 구성원들을 질질 끌고 가는 게 아니라 그들의 창의적 에너지의 방향만 잡아주는 것이다. 이런 충성심이 만들어지고 나면 목표에 도달하고 비전을 실현하는 일이 쉬워진다. 그러면 리더는 권위가 강화되고 리더가 하는 모든 말과 행동에 무게가 더해진다.

이런 이상향에 도달하는 것은 언제나 우리의 능력으로 가능하다. 만약 구성원들이 리더인 나에 대한 존경과 신뢰를 잃었다면 그것은 내 잘못이라고 보아야 한다.

인간 본성을 공부하는 학생으로서 우리가 해야 할 일은 세 가지다. 첫째, 우리는 권위라는 현상의 완벽한 관찰자가 되어야 한다. 권위를 강압이나 동기부여용 연설을 사용하지 않아도 사람들에게 얼마만큼의 영향력을 발휘할 수 있는지 알 수 있는 장치로 사용해야 한다. 그러려면 내 가족을 살펴보는 것에서부터 시작해야 한다. 부모 중에 (혹시 있다면) 당신이나 당신 형제들에게 더 큰 권위를 발휘하는 사람은 누구인지 알아보아야 한다. 당신 인생에서 스승이나 멘토를 살펴보라. 그중에는 두드러지게 당신에게 강한 영향력을 발휘한 사람이 있을 것이다. 그들의 말이나 그들이 보여주는 모범이 아직도 당신의 마음에 반향을 일으킬 것이다. 상사도 한번 관찰해보라. 그가 당신뿐만 아니라 집단 전체에 미치는 영향력을 살펴보라. 마지막으로 뉴스에 나오는 다양한 리더를 살펴보라. 이 모든 경우에 그들의 권위가 어디서 나오는지, 혹시 권위가 없다면 왜 그런지 판단해보라. 언제 권위가 커지고 줄어드는지 이유가 무엇인지 알아내라.

둘째, 권위를 보여주려고 할 때 당신에게 잘 맞는 습관과 전략(다음 부분 참조)을 개발해야 한다. 리더의 위치에 오르려고 연습을 하고 있는 사람의 경우 이런 전략들을 일찌감치 개발한다면 사람들에게 깊은 인상을 주고 호소력을 갖는 아우라가 생길 것이다. 당신은 권좌에 오를 수밖에 없는 운명인 것처럼 보일 것이다. 이미 리더의 자리에 있는 사람이라면 이런 전략들이 당신의 권위를 강화하고 구성원들과 더 교감할 수 있게 만들어줄 것이다.

이 과정의 일환으로 당신이 사람들에게 어떤 영향력을 미치고 있는지에 대한 반성도 필요하다. 당신은 끊임없이 주장을 내세우고 의지를 관철하려고 하는데 그럴수록 오히려 당신의 아이디어나 프로젝트에 대한 저항은 커지는가? 당신이 조언을 하면 사람들은 고개를 끄덕이지만 정작 행동은 정반대로 하는가? 당신이 이제 막 시작하는 사람이라면 그건 어쩔 수 없는 일일 수도 있다. 사람들은 위계서열에서 지위가 낮은 사람들의 아이디어는 잘 존중하지 않기 때문이다. 똑같은 아이디어도 상사가 발표했다면 효과가 달랐을 것이다. 하지만 때로는 당신의 행동이 원인일 수도 있다. 당신이 위에서 이야기한 여러 원칙을 어겼다면 말이다.

사람들의 미소나 승인의 표현을 곧이곧대로 받아들이지 마라. 사람들이 그런 표현을 할 때 느껴지는 긴장감을 봐라. 특히 그들의 행동에 주목하라. 어떤 불평이든 당신의 권위를 반영한다고 생각하라. 타인에 대한 전체적 감수성을 높여라. 특히 사람들이 무례하거나 당신의 권위가 기울어지는 것이 '느껴질' 때를 주목하라. 하지만 집단에는 언제나 미꾸라지 같은 사람도 있다는 것을 염두에 두라. 그런 사람은 당신이 무슨 짓을 해도 불평을 할 테고 결코 내 편으로 만들 수 없다. 그들은 수동적 공격성을 발휘하는 게 인생의 목표이고 누가 리더의 자리에 있든 리더를 은근히 공격하려고 할 것이다. 그런 사람에게는 공감조차 하지 마라. 그들에게는 아무것도 소용이 없다. 그들을 상대하는 요령은 최대한 빨리 적발해서 해고하거나 주변인으로 만드는 것이다. 목표에 헌신하고 공고한 집단을 만들면 그런 해로운 유형의 사람을 통제하기도 훨씬 쉬워진다.

가장 중요한 세 번째는 이 시대의 비생산적 편견에 넘어가지 않는 것이다. 우리가 사는 시대는 권위라는 개념을 오해하고 경멸하는 경우가 많다. 오늘날 사람들은 권위와 리더 일반을 혼동한다. 세상의 너무나 많은 리더들이 본인의 권력을 지키고 자신의 잇속만 채우는 데 급급해 보이기 때문에 권위라는 개념 자체에 의심을 품는 것도 당연하다. 또한 우리는 아주 민주적인 시대를 살고 있다. '대체 왜 우리가 권위 있는 자를 따르며 열등한 역할을 자처해야 하는 거야?' 우리는 그렇게 자문할 수도 있다. '권력자들은 맡은 일만 하면 돼. 권위란 왕이나 여왕 시대의 유물이야. 우리는 거기서 한참이나 더 진보했어.'

이렇게 권위나 리더를 업신여기는 풍토는 우리 문화 전반에 퍼져 있다. 우리는 예술에서 더 이상 권위를 인정하지 않는다. 모두가 비평가고 개인이 기준이다. 그 누구의 취향이나 판단도 우월한 것으로 취급되어서는 안 된다. 이를테면 과거에는 육아가 권위의 표본으로 여겨졌으나 더 이상 부모는 자녀에게 특정한 가치관이나 문화를 심어주는 권위자로 보여지길 바라지 않는다. 부모는 자신이 약간의 지식과 경험을 더 가진 자녀와 동등한 사람이라고 생각하고 싶어 한다. 자신의 역할은 아이의 감정을 인정해주고 아이들을 계속 즐겁게 만들어주는 것이라고 생각한다. 마치 나이만 더 많이 먹은 친구인 것처럼 말이다. 이렇게 평등을 추구하는 관계는 선생님과 학생 사이에서도 똑같이 적용되고, 학습은 재미난 것이 되어야 한다.

이런 분위기 속에서 리더들은 마치 자신이 관리자 같다고 생각하게 됐다. 뒤에 서서 집단이 옳은 결정을 내리게 도와주고, 모든 것을 합의에 따라 실행하는 사람 말이다. 혹은 요즘 들어 이용 가능하게 된 대량의 정보를 흡수해 숫자를 해석하는 게 가장 중요한 일이라고 생각하기도 한다. 방향을 결정하는 주체이자 진정한 권위자는 데이터와 알고리즘이라는 것이다.

이런 생각이나 아이디어는 모두 의도치 않은 결과를 가져온다. 예술에 권위가 없다면 반항할 대상도, 전복시킬 운동도, 동화되거나 거절할 깊은 생각도 없다. 점점 더 빠르게 점멸하고 사라지는 무정형의 트렌드가 있을 뿐이다. 권위자로서의 부모가 없다면 부모의 생각을 거부하거나 사신의 정체성을 찾아가는 사춘기의 반항이라는 중요한 단계를 경험할 수 없다. 방향을 상실한 채 어른이 되고 그 정체성을 찾기 위해 끊임없이 외부를 탐색할 것이다. 나보다 우월하고 존경할 가치가 있는 선생님이나 대가가 없다면 그들의 경험이나 지혜로부터 무언가를 배우고 나중에는 새로운 아이디어나 더 나은 생각으로 그들을 넘어서려는 시도조차 할 수가 없다.

정신적 에너지를 쏟아 트렌드를 예견하고 우리에게 장기적 해결책을 안내해줄 리더가 없다면 우리는 길을 잃는다. 그리고 그 상태가 일상이 되어버리면 늘 안내자로서 어떤 권위를 필요로 해온 우리 인간은 가짜 권위에 쉽게 빠져버린다. 혼돈과 불확실성의 시대에 급증하는 그런 가짜 권위 말이다.

그 가짜 권위는 리더인 척, 방향성이 있는 척, 착각을 만들어내지만 실제로는 어디로 가야할지 비전은 없는 독재자일 수도 있다. 그들이 가진 아이디어나 행동은 모두 본인의 자존심을 만족시키고 본인이 통제한다는 느낌을 높여주는 것들뿐이다. 또는 대중이 듣고 싶은 것을 영리하게 흉내 냄으로써 본인이 집단을 잘 보살피고 집단이 원하는 것을 제공한다는 착각을 만들어내는 리더, 시류에 영합하는 리더일 수도 있다. 또는 다른 모든 사람의 스타일과 매너리즘에 영향을 미치면서 마치 극도로 공정하고 재미있고 여론에 부합하는 것처럼 보이려고 하는 아주 친근한 리더일 수도 있다. 아니면 소셜 미디어 시대에 훨씬 더 강력해진 '집단'이라는 권위가 그런 가짜 권위가 될 수도 있다. 순전히 머릿수의 힘 때문에 남들이 하는 말과 하는 행동이 모두 옳고 존경받아야 할 것처럼 느껴질 수 있다. 하지만 이 모든 가짜 형태의 권위는 더 많은 소란과 혼돈, 잘못된 결정으로 이어질 뿐이다.

인간 본성을 공부하는 학생으로서 우리는 권위자에 대한 편견 때문에 생기는 수많은 위험을 인식해야 한다. 세상의 권위자들을 인정하는 것은 우리의 열등함을 인정하는 것이 아니라, 인간 본성을 인정하고 그런 인물이 필요하다는 사실을 받아들이는 일이다. 권위를 가진 사람을 이기적이라거나 독재적이라고 보아서는 안 된다. 실제로 그런 것은 오히려 권위를 떨어뜨리는 자질이다. 권위자는 과거의 유물이 아니라 필요한 기능을 채워주는 사람으로 시대에 따라 스타일이 바뀐다. 권위란 아주 민주적인 현상으로 볼 수도 있다. 최소한의 역할만 하는 리더, 친구 같은 부모처럼 다들 진보적이라 생각하는 개념 뒤에는 실은 책임을 지는 것에 대한 두려움, 어려운 결정을 내리거나 눈에 띄어 포화를 맞는 것에 대한 두려움이 자리하고 있음을 깨달아야 한다. 우리는 정반대로 가야 한다. 리더십과 권위에 수반되는 리스크와 위험을 환영해야 한다.

오늘날 사람들은 이전보다 더 자기 안에 매몰되고 부족주의도 심해지고 더 집요하게 편협한 내 목표만을 고수하게 됐다. 우리는 주체할 수 없을 만큼 쏟아지는 정보에 파묻혀 있고, 리더에 대해서는 더욱더 변덕을 부리게 됐다. 바로 그렇기 때문에 지금은 그 어느 때보다 진정한 권위자가 필요하다. 더 넓은 시야를 가지고, 집단에게 귀를 기울이고, 무엇이 집단을 단결시키는지 아는 진짜 권위자가 필요하다. 그렇다면 우리의 권위를 확립하고 그렇게 필요한 역할을 맡을 수 있는 방법은 뭘까?

기꺼이 따르게 만들어라

권위의 핵심은 사람들이 기꺼이 자발적으로 당신을 따르는 것이다. 그들이 당신의 말이나 조언을 따르기로 '선택'해야 한다. 그들이 당신의 지혜를 '원해야' 한다. 때로는 완력이나 보상, 처벌, 사기를 높여주는 연설이 필요할지도 모른다. 정도의 문제다. 그런 장치가 덜 필요할수록 당신의 권위는 더 커진다. 따라서 당신은 끊임없이 사람들의 의지력을 활용하고 그들의 타고난 저항과 이중적인 감정을 극복할 수 있게 노력해야 한다. 아래와 같은 전략을 적극 활용해보라.

당신의 권위 유형을 찾아라: 진정성

당신이 확립하는 권위는 당신이라는 사람 자체, 당신이 보유한 특정한 강점에서부터 자연스럽게 나온 것이어야 한다. 몇 가지 권위 유형을 생각해보고 당신에게 가장 잘 맞는 것을 찾아라. 유명한 권위 유형 중에는 모세나 마틴 루터 킹 주니어 같은 '구원자' 유형이 있다. 사람들을 악으로부터 구원하겠다는 결의가 확고한 개인들이다. 구원자는 자신이 동일시하는 집단에 어떤 부당함이 작용해 영향을 끼치는 것을 극도로 혐오한다. 이들은 대단한 확신을 가지고 있기 때문에 사람들은 이들의 말에 끌린다.

또 다른 유형은 '창설자'이다. 창설자는 정치나 사업에서 새로운 질서를 확립한다. 이들은 보통 트렌드에 대한 날카로운 감각을 가지고 있고 현재 상태를 극히 혐오한다. 이들은 관습에 얽매지 않고 독립적인 사고방식을 가지고 있다. 이들의 가장 큰 기쁨은 무언가를 손보거나 새로운 것을 만들어내는 것이다. 창설자 주변에서는 자연히 사람들이 모이는데, 왜냐하면 이들은 일종의 진보를 대표하기 때문이다. 이 유형과 관련 있는 또 다른 유형은 파블로 피카소나 재즈 뮤지션 존 콜트레인(John Coltrane), 영화감독 데이비드 린치(David Lynch)와 같은 '선지자적 예술가' 유형이다. 이 예술가들은 자기 분야의 전통을 배운 후에 그것을 전복한다. 이들은 새로운 스타일을 갈망하고 그것을 창조해낸다. 뛰어난 기술을 가지고 있기 때문에 이들에게는 늘 관객과 추종자가 따른다.

또 다른 유형에는 '진실 추적자(거짓말이나 정치 공작을 절대로 참지 못하는 사람)'나 '조용한 실용주의자(망가진 것을 고치고 싶어 하며 무한한 참을성을 가진 사람)', '힐러(사람들을 만족시키고 단결시킬 수 있는 것을 찾아내는 재주가 있는 사람)', '스승(사람들이 행동을 개시하고 실수로부터 배우도록 만들 수 있는 사람)' 등이 포함될 수 있다. 이들 유형 중 하나를 택하거나 아니면 문화적으로 눈에 띄는 다른 유형을 찾아내야 한다.

자신에게 맞는 자연스러운 권위 유형을 끄집어낸다면 자신을 초월한 무언가가 있는 듯한 인상을 풍기게 된다. 다시 말해 당신의 정의감이나 트렌드에 대한 후각이 당신의 DNA에서 비롯된 듯한 혹은 신이 주신 선물인 듯한 인상을 풍긴다. 당신은 그 대의를 위해 싸우거나 새로운 질서를 창조할 수밖에 없는 사람으로 보인다. 이런 자연스러움이 없다면 권위를 세우려는 당신의 시도는 지나치게 기회주의적이거나 영악한 것으로 비칠 수 있다. 즉, 당신이 어떤 대의나 트렌드를 지지하는 것이 그저 권력을 잡기 위한 술책처럼 보일지도 모른다. 권위 유형은 일찍 찾아낼수록 더 좋다. 그러면 그 유형을 갈고닦고, 당신이나 문화의 변천에 적응시키고, 사람들에게 좋은 인상을 주고, 그들을 사로잡기 위해 새로운 측면을 끌어낼 시간이 늘어나기 때문이다. 커리어 초창기부터 특정한 유형의 권위 신호를 남겨왔다면 더욱더 당신은 더 높은 어떤 힘을 따르고 있는 것처럼 보일 것이다.

밖으로 초점을 맞춰라: 태도

인간은 타고난 본성상 자기 안에 몰두한다. 대부분의 시간을 자신의 감정, 상처, 판타지처럼 내적인 것에 소모한다. 최대한 이에 역행하는 습관을 키우는 것이 좋다. 그 방법은 세 가지가 있다. 첫째, 남의 말을 듣는 기술을 연마하라. 상대의 말이나 비언어적 신호에 온전히 몰두하라. 상대가 하는 말의 행간을 읽도록 훈련하라. 상대의 기분과 필요에 주목하고 상대에게 부족한 것이 무엇인지 감지하라. 사람들의 미소나 인정의 표정을 곧이곧대로 받아들이지 말고, 밑바닥에 깔린 긴장감이나 감탄을 감지하라.

둘째, 사람들의 존경을 얻는 데 전념하라. 남들이 나를 존경해주는 게 당연하다고 생각하지 마라. 당신의 감정에 초점을 맞추지 마라. 당신이 높은 위치라서, 당신이 훌륭하니까 남들이 당신에게 무언가를 빚지고 있다고 생각하지 마라. 사람들의 개별 욕구를 존중하고 당신이 더 큰 이익을 위해 노력하고 있다는 사실을 증명해 존경을 받아내라. 셋째, 리더가 되는 것은 어마어마한 책임이라고 생각하라. 당신이 내리는 모든 결정에 집단의 안녕이 달려 있다. 당신의 동기는 사람들의 관심을 얻는 게 아니라 많은 사람에게 최선의 결과를 가져오는 것이다. 당신의 자존심이 아니라 일에 몰두하라. 집단에 대해 깊고 본능적인 교감을 느껴라. 당신과 집단의 운명이 서로 깊이 얽혀 있다고 생각하라.

이런 태도를 물씬 풍긴다면 사람들도 그것을 느낄 수 있고, 당신의 영향력에 마음을 열 것이다. 남의 기분에 이토록 예민하고 지극히 결과에 초점을 맞추는 사람을 만나는 것은 너무나 드문 일이기 때문에 그 이유만으로도 사람들은 당신에게 끌릴 것이다. 그러면 당신은 사람들 사이에서 눈에 띌 테고, 결국에는 인기나 호감을 얻고 싶다는 절실한 욕구를 드러내는 것보다 훨씬 더 많은 관심을 얻게 될 것이다.

제3의 눈을 키워라: 비전

BC 401년 1만 명의 그리스 용병들이 페르시아 왕자 다리우스를 위해서 싸우고 있었다. 다리우스는 그의 형인 왕으로부터 제국을 탈취하려는 중이었다. 병사들은 순식간에 본인들이 싸움에서 지고 있고, 페르시아의 심장부에서 오도 가도 못하게 된 것을 알았다. 승리한 페르시아군은 그리스 용병 리더들에게 그들의 운명을 논의할 테니 회담을 갖자고 속인 후, 참석한 용병 리더들을 모두 처형했다. 살아남은 병사들은 다음 날이면 자신들도 모두 처형을 당하거나 노예로 팔려갈 것이 분명해 보였다. 그날 밤 병사들은 캠프를 돌아다니며 자신의 운명을 한탄했다.

그들 중에 작가 크세노폰이 있었다. 크세노폰은 일종의 종군기자 역할을 맡아 병사들과 함께 전투에 참가한 참이었다. 크세노폰은 소크라테스의 제자로 철학을 공부했고, 이성적 사고의 힘을 믿었다. 매일매일 스쳐 지나가는 피상적 외관보다 배후에 있는 전체적 아이디어가 중요하다는 믿음을 갖고 오랫동안 수련해온 사람이었다.

그날 밤 크세노폰은 어떻게 하면 그리스군이 이곳을 탈출해 고향으로 돌아갈 수 있을지 비전이 떠올랐다. 그는 자신들이 눈에 띄지 않게 페르시아를 빠르게 통과하는 모습이 눈에 보였다. 다른 모든 것을 버리고 속도를 높이면 됐다. 지금 당장 떠나서 적들의 허를 찌르면 어느 정도의 거리를 확보할 수 있었다. 그는 앞서서 생각했다. 지형과 경로, 자신들이 만나게 될 수많은 적들, 어떻게 하면 페르시아에 반기를 든 시민들에게 도움을 받을 수 있을지 생각했다. 비록 겨울이지만 크세노폰에게는 자신들이 마차를 버리고 자급자족하며 빠르게 움직이는 모습이 보였다. 그는 몇 시간 만에 퇴각 전략을 상세하게 구상했다. 지그재그 경로로 빠르게 지중해를 지나 집으로 돌아간다는 전체적 비전에서 나온 구상이었다.

군대 경험이 전무한 크세노폰이었지만 자신의 비전이 워낙 완벽했기 때문에 자신감을 가지고 병사들에게 설명할 수 있었고, 병사들은 그를 사실상의 리더로 임명했다. 몇 년이 걸리고 수많은 난관이 있었지만 그때마다 크세노폰은 전체적인 비전을 가지고 전략을 결정했고, 이성적 사고의 힘을 증명이라도 하듯이 절대적으로 불리한 상황을 극복하고 결국에는 병사들을 안전하게 귀환시켰다.

이 이야기는 권위라는 게 무엇인지, 권위를 확립하기 위해 가장 필요한 것이 무엇인지 잘 보여준다. 대부분의 사람들은 현재 속에 갇혀 산다. 그렇기 때문에 쉽게 과잉반응을 하고 패닉에 빠져 집단이 직면한 현실의 아주 좁은 부분밖에 보지 못한다. 그들은 다른 대안을 생각해내거나 우선순위를 결정하지 못한다. 이성을 유지하고 지금 맞닥뜨린 순간을 넘어 시야를 넓히는 사람은 인간의 마음이 가진 비전의 힘을 활용하고 눈에 보이지 않는 힘과 트렌드를 볼 수 있는 제3의 눈을 키운다. 그들은 무리에서 두각을 드러내고 진짜 리더의 역할을 수행하며 미래를 볼 수 있는 신과 같은 능력을 지닌 것으로 비치기 때문에 권위의 아우라를 만들어낸다. 이 능력은 연습과 개발이 가능하고 어떤 상황에든 적용이 가능하다.

집단을 휘저어놓는 여러 감정으로부터 스스로를 차단하는 연습을 최대한 일찍부터 시작하라. 더 큰 비전을 가지고 큰 그림을 상상하도록 노력하라. 사람들의 당파적 의견에 물들지 않고 사건을 있는 그대로 보는 연습을 하라. 적의 관점을 생각해보라. 외부인의 아이디어에 귀를 기울여라. 다양한 가능성에 마음을 열어라. 이렇게 하면 전체 그림의 윤곽 혹은 전체적인 상황이 보일 것이다. 모든 가능한 흐름들을 생각해보고 미래에 어떤 일이 펼쳐질지 특히 무엇이 잘못될 수 있을지 생각해보라. 끝없는 참을성을 가지고 연습하라. 더 깊이 이 연습을 할수록 미래를 식별할 수 있는 능력도 늘어날 것이다.

전장에서 나폴레옹 보나파르트를 만난 사람들은 종종 나폴레옹이 자신의 마음을 읽는 것이 아닌가, 자신들의 계획을 이미 알고 있는 것이 아닌가 하는 인상을 받았다. 그러나 실제로 나폴레옹은 적보다 더 철저하게 앞날을 생각했을 뿐이다. 독일의 위대한 사상가이자 저술가 요한 볼프강 폰 괴테는 미래의 흐름을 예측할 수 있는 무시무시한 능력을 가진 것처럼 보였지만, 실제로는 다년간의 연구와 전체적 사고를 통해 나온 결과물이었다.

일단 비전이 생기고 나면 거꾸로 서서히 현재를 향해 작업하면서 목표에 이를 수 있는 합리적이고 유연한 길을 창조하라. 이 과정에 생각을 많이 하면 할수록 당신의 계획에 더욱더 자신감이 들 것이고, 그 자신감이 타인들을 전염시키고 설득해줄 것이다. 만약 사람들이 당신의 비전을 의심하더라도 내면에서는 확고한 태도를 유지하라. 당신이 옳다는 것은 시간이 증명해줄 것이다. 목표를 달성하지 못했다면 충분히 멀리까지 생각하지 못했다는 신호라고 생각하라.

앞에서 이끌어라: 분위기

리더로서 당신은 그 누구보다 열심히 노력하는 모습을 보여야 한다. 당신 자신에게는 가장 높은 기준을 설정하라. 한결같은 모습으로 책임감 있게 행동하라. 집단의 이익을 위해 희생이 필요하다면 당신이 가장 먼저 나서서 희생하라. 이렇게 하면 전체적인 분위기가 제대로 잡힐 것이다. 엘리자베스의 대신들이 그랬던 것처럼, 구성원들은 그들도 당신 수준에 맞추고 당신의 인정을 받아야겠다고 생각할 것이다. 구성원들은 당신의 가치관을 내면화하고 알게 모르게 당신을 모방할 것이다. 소리를 지르거나 훈계를 늘어놓지 않아도 더 열심히 일할 것이다. 그렇게 하고 싶어 할 것이다.

처음부터 이런 분위기를 형성하는 것이 중요하다. 그런 의미에서 첫인상은 아주 중요하다. 앞에서 이끌고 싶다는 것을 나중에 보여주려고 하면 억지스럽게 보이고 신뢰가 가지 않는다. 마찬가지로 중요한 것은 처음에 물러서지 않는 모습을 보여주는 것이다. 만약 일찌감치 사람들이 당신을 갖고 놀 수 있겠다는 인상을 받게 되면 그들은 가차 없이 그대로 실행할 것이다. 구성원들에게 선을 긋되 공정하라. 당신이 고수하는 높은 수준에 미치지 못하면 벌을 줘라. 위압적이고 대담한 분위기로 말하고 글을 써라. 권력을 남용할지 모른다는 두려움만 자극하지 않는다면, 사람들은 늘 리더의 강한 모습을 존경한다. 그런 강인한 모습이 타고나지 못했다면 개발해라. 그렇지 않으면 그 자리에 오래 머물지 못할 것이다. 더 부드럽고 친절한 당신의 본모습을 보여줄 기회는 앞으로도 얼마든지 있다. 처음부터 부드러운 모습을 보인다면 만만하다는 신호를 주게 된다.

일찍부터 시작하라. 일에 있어서는 가능한 한 최고 수준의 기준을 세워라(더 자세한 내용은 다음 부분 참조). 당신의 태도와 분위기가 미묘하게 사람들에게 영향을 미친다는 사실을 끊임없이 자각하는 훈련을 하라.

상충하는 감정을 일으켜라: 아우라

대부분의 사람들은 너무 쉽게 예측이 된다. 사람들은 남들과 어울릴 때 잘 섞여들고 싶어서 일관된 페르소나를 유지한다. 쾌활하거나 즐겁거나 대담하거나 세심한 모습 등이다. 남에게 보여주기 싫은 다른 자질은 숨기려고 한다. 리더인 당신은 그보다 더 신비스러울 필요가 있다. 사람들을 사로잡는 존재감을 만들어내라. 혼선을 초래하는 신호를 보내고, 약간은 상반되는 듯한 자질을 보여줘서 사람들이 당신을 즉각 어느 카테고리에 집어넣지 못하게, 멈칫대면서 당신이 어떤 사람인지 생각해보게 만들어라. 사람들이 당신에 대해 생각을 많이 하면 많이 할수록 당신의 존재감과 권위는 더 커질 것이다.

예를 들어 당신이 평소 친절하고 세심한 사람인데 은근히 독한 면도 있고 어떤 행동은 용인하지 않는다는 분위기를 풍긴다고 치자. 이게 바로 부모의 자세다. 사랑을 보여주면서도 한계와 경계선을 알려주는 자세 말이다. 이때 아이는 애정과 약간의 두려움 사이에 갇힌다. 그리고 여기서 생기는 긴장감으로부터 바로 존경이 나온다. 일반적으로 말해서, 분노를 폭발시키거나 맞대응하는 것은 최소한으로 줄여라. 평소에는 조용하고 공감능력이 탁월한 당신이 분노로 활활 타오른다면, 더욱 눈에 띄고 상대를 정말로 겁먹고 뉘우치게 하는 힘이 생긴다.

신중함을 유지하면서도 가끔씩 보여주는 대담함을 결합하라. 문제가 생기면 오래 고민하되, 일단 결정을 내리고 나면 대단한 에너지와 배짱으로 실행하라. 갑자기 발현되는 이런 대담함은 강렬한 인상을 남긴다. 혹은 종교적 모습과 세속적 실용주의를 결합하는 방법도 있다. 마틴 루터 킹 주니어가 사람들을 사로잡은 것이 바로 그런 모순된 자질이었다. 혹은 엘리자베스 1세처럼 소탈하면서도 위엄 있는 모습을 보일 수도 있다. 또 남성적인 동시에 여성적인 모습을 섞는 방법도 있다(더 자세한 내용은 12장 참조).

이와 관련해 참석과 불참의 균형을 잡는 방법도 배워야 한다. 너무 자주 보이고 친근하고, 늘 접근할 수 있고 눈에 보이면 시시하게 보일 수 있다. 사람들이 당신을 이상화할 여지가 없기 때문이다. 하지만 너무 거리를 두면 사람들이 동질감을 느끼지 못할 것이다. 일반적으로 말해서 자리를 비우는 쪽으로 살짝 더 치우치는 게 최선이다. 그래야 당신이 집단 앞에 모습을 드러냈을 때 사람들이 극적인 기분이 들고 흥분하기 때문이다. 이것을 제대로 한다면 사람들은 당신이 없을 때에도 당신을 생각할 것이다. 요즘 사람들은 이 기술을 잃어버렸다. 사람들은 너무 많이 드러내고 너무 익숙하다. 일거수일투족이 모두 소셜 미디어에 소개된다. 그렇게 하면 친근감을 줄 수는 있을지 몰라도 다른 여느 사람과 다를 바 없게 보인다. 그렇게 흔히 볼 수 있는 사람에게 권위를 투영하는 것은 불가능하다.

말을 너무 많이 하는 것도 존재감을 과하게 드러내는 것이고 남들에게 거슬리는 사람이 되거나 당신의 약점을 드러낼 수 있다. 침묵은 일종의 부재이자 철수여서 사람들의 관심을 끌어내며, 자제력과 힘을 의미해서, 실제로 입을 열었을 때 더 큰 효과를 낸다. 비슷한 경우로 실수를 했을 때는 지나치게 설명하거나 사과하지 마라. 책임을 인정하고 실패의 결과를 감당하겠다는 점을 분명히 한 후 다음으로 넘어가라. 후회는 비교적 조용히 하고, 후속 행동을 통해 당신이 교훈을 얻었음을 보여줘라. 공격을 받으면 방어적으로 보이거나 짜증 내지 말고, 당신이 그보다 나은 사람임을 보여줘라.

일찍부터 이렇게 사람들을 사로잡을 수 있는 아우라를 개발하라. 너무 이것저것 극명하게 섞지는 마라. 그러면 제정신이 아닌 사람처럼 보일 수 있다. 사람을 좋은 방향으로 다시 생각해보게 만드는 것은 살짝살짝 색다른 면을 비치는 모습이다. 당신이 갖지 못한 자질을 꾸며내기보다는, 타고난 당신의 복잡성을 끄집어내도록 하라.

빼앗는 것이 아니라 주는 것처럼 보여라: 터부

사람들이 자기 것이라고 생각하고 있는 것(돈, 권리, 특권, 자유 시간)을 빼앗는 것은 원초적 불안을 야기하고 당신이 그동안 축적한 신임과 권위를 의심하게 만든다. 그렇게 되면 구성원들은 본능적으로 미래가 불확실하다고 느낀다. 리더로서 당신의 정당성에 의문을 품게 된다. '대체 뭘 더 빼앗아가려는 거지? 권한을 남용하는 건가? 그동안 내내 우리를 속이고 있었던 건가?' 이런 식의 힌트만 주더라도 당신의 명성에 누가 될 것이다. 만약에 희생이 필요하다면 당신이 가장 먼저 희생하라. 그 희생은 단순히 상징적인 것이 아닐 수도 있다. 어떤 자원이나 특권을 잃게 된다면 이 상황은 일시적인 것이며 최대한 빨리 복원될 것임을 분명히 하라. 엘리자베스 1세의 경우처럼 자원 절약을 당신의 첫 번째 관심사로 만들어서 절대로 그런 위치에 처하지 않게 하라. 그렇게 해서 구성원들에게 후한 인심을 쓸 수 있는 여유를 만들어라.

이와 관련해 사람들에게 절대로 과도한 약속을 하지 마라. 앞으로 이런 대단한 일을 하겠다고 들려주면 당장 그 순간에는 기분이 좋을지 몰라도, 약속을 지키지 못할 경우 당신이 아무리 환경이나 남을 탓해도 사람들의 마음에 분명히 남을 것이다. 이런 일이 두 번째 일어나면 당신의 권위는 심각하게 깎이기 시작할 것이다. 하겠다고 한 일을 하지 못하면 마치 당신이 무언가를 빼앗아간 것처럼 느껴진다. 누구나 입으로는 그럴 듯한 이야기를 할 수 있으니 당신도 아무 때나 마주치는 평범한 사람처럼 보일 테고, 그 실망감은 아주 깊을 수도 있다.

권위를 쇄신하라: 적응력

신뢰와 존경을 불러내는 행동을 할 때마다 당신의 권위는 커질 것이다. 그렇게 되면 위대한 일들을 해낼 수 있을 만큼 권좌에 오래 머무는 호사를 누릴 수 있다. 그러나 나이가 들면서 당신이 확립해둔 권위가 경직되고 따분해질 수 있다. 과거에 사람들이 얼마나 많은 칭찬을 했는가에 관계없이, 너무 오래 권력을 독점할 경우 압제적인 아버지상처럼 보일 수 있다. 당신이 만들어낸 아우라나 매력이 통하지 않는 새로운 세대가 분명히 출현한다. 그들은 당신을 과거의 유물로 본다. 또한 나이가 들수록 남들이 당신을 따라주기를 바라게 되고 어쩔 수 없이 다소 참을성이 부족하고 독재적인 성향이 생긴다. 자각하지 못한 채로 당신은 당신이 누리는 권리가 당연하다고 느끼기 시작하고 사람들도 그것을 느낌으로 안다. 게다가 대중은 늘 참신하고 새로운 얼굴을 원한다.

이런 위험을 피하기 위한 첫 번째 단계는 엘리자베스 1세가 평생 동안 보여주었던 것과 같은 감수성을 유지하는 것이다. 사람들의 말 뒤에 숨은 분위기를 감지하고, 신입이나 젊은 사람들에게 당신이 어느 정도의 영향력이 있는지 측정해보라. 누에고치처럼 당신의 위대한 명성에 푹 파묻혀 있어서는 안 된다. 공감능력을 상실하는 것을 가장 두려워해야 한다.

두 번째 단계는 당신이 호소력을 가질 수 있는 새로운 시장이나 관객을 찾아보는 것이다. 그렇게 되면 어쩔 수 없이 당신은 적응해야 한다. 가능하다면 당신이 가진 권위의 범위를 확장하라. 제대로 이해하지 못하는 젊은 층에게 호소하려다가 웃음거리가 되지 말고, 시간이 지날수록 당신의 스타일을 조금씩 바꿔보라. 예술계에서는 바로 이런 방법이 파블로 피카소나 알프레도 히치콕, 코코 샤넬 같은 사람들의 성공 비결이었다. 50대 이상이 보여주는 유연성은 약간은 신성한 기분마저 드는 불멸의 느낌을 자아낼 것이다. 당신의 진취적 기상은 계속 깨어 있고 열려 있으며 당신의 권위는 갱신될 것이다.

양심의 목소리

사람에게는 누구나 고차원적 자아와 저차원적 자아가 있다. 살다 보면 어느 한쪽이 확실히 더 강하게 느껴지는 때가 있다. 무언가를 성취하고, 시작한 일을 끝냈을 때 우리는 고차원적 자아의 윤곽을 확인한다. 나보다 남을 먼저 생각하고, 자존심을 내려놓고, 어떤 사건이 일어났을 때 생각 없이 반응하는 게 아니라 한 발 물러서서 생각하고, 앞으로 나아갈 수 있는 최선의 전략을 생각해낼 때도 고차원적 자아를 느낄 수 있다. 그러나 우리는 저차원적 자아가 자극되는 순간들도 너무나 잘 알고 있다. 모든 것을 나 개인에 대한 공격으로 생각하고, 옹졸하게 굴고, 쾌락을 주는 중독을 통해 현실을 탈출하려 하고, 시간을 낭비하고, 혼란을 느끼고, 의욕을 느끼지 못할 때가 바로 그런 순간들이다.

우리는 주로 이 두 측면 사이를 왔다 갔다 하는 경우가 많지만 나 자신을 좀 더 가까이 들여다본다면 실은 저차원적 반쪽이 더 강하다는 사실을 인정할 수밖에 없을 것이다. 그 반쪽은 우리의 본성에서 더 원시적이고 동물적인 부분이다. 다른 아무것도 작용하지 않는다면, 우리는 자연히 게으르고, 빠른 쾌락을 원하고, 자신의 내면을 향하고, 별것 아닌 것을 고민하는 쪽으로 기운다. 이런 저차원적 반쪽을 길들이고 더 고차원적인 측면을 끄집어내려면 종종 대단한 노력과 각성이 필요하다. 무의식적으로 고차원적 자아가 발동되지는 않는다.

양쪽이 좀 더 공평하게 싸우고 고차원적 자아 쪽으로 조금 더 기울어지게 하려면 '내부의 권위자'라고 하는 것을 개발하는 것이 핵심 열쇠다. 내부의 권위자는 고차원적 자아의 양심의 목소리 같은 역할을 한다. 이 목소리는 이미 존재하고 있고, 우리가 종종 들을 때도 있지만, 소리가 약하다. 우리는 이 목소리를 더 자주 듣고 이 목소리의 볼륨을 높일 필요가 있다. 이 목소리를 행동 규칙을 일러주는 소리라고 생각하고, 매일 스스로 귀를 기울이려고 노력해야 한다. 이 목소리는 다음과 같이 이야기할 것이다.

당신은 지금 살고 있는 시대와 문화에 공헌해야 할 책임이 있다. 지금 당신이 누리는 과실은 과거 수백만 명의 사람들이 피나는 노력과 발명으로 지금 우리의 삶을 과거와는 비교도 되지 않을 만큼 편리하게 만들어놓은 덕분이다. 당신은 수천 년의 경험에서 나온 지혜를 모아놓은 교육의 도움을 받고 있다. 이 모든 게 그냥 자연스럽게 생긴 일이고 당신은 이 모든 권능을 누릴 자격이 있다고, 모든 것을 당연시하기는 아주 쉽다. 버릇없는 아이들이 바로 그런 관점을 취한다. 만약 당신에게 그런 신호가 있다면 반드시 부끄럽게 여겨야 한다. 세상은 끊임없는 발전과 개선이 필요하다. 당신은 그냥 자신의 충동이나 만족시키고 남들이 만들어놓은 것을 소비하려고 지금 여기 있는 게 아니다. 당신 역시 무언가를 만들고 공헌하고 더 높은 목적에 이바지해야 한다.

더 높은 목적에 이바지하고 싶다면 당신만의 개성을 개발하라. 혹시 남들이 당신은 이러저러한 사람이고, 이걸 좋아해야 하고, 저걸 싫어해야 한다고 하는가? 그런 이야기나 의견에 더 이상 귀 기울이지 마라. 사람이나 사안에 대해 스스로 판단하라. 사람들이 당신을 왜 그렇게 생각하고 느끼는지 의문을 품어라. 당신 자신을 철저히 알아라. 당신의 타고난 취향과 성향, 자연스럽게 끌리는 분야가 무엇인지 알아내라. 당신만이 가진 기백과 목적에 어울리는 그 능력들을 매일 더 향상시키도록 노력하라. 당신의 개성을 반영하는 무언가를 만들어서 문화적 다양성에 이바지하라. 당신이 남들과 다른 점을 환영하라. 당신이 종종 우울함을 느끼는 진짜 이유는 바로 이 길을 가고 있지 않기 때문이다. 우울해지는 순간들은 내부의 권위자에 다시 한 번 귀를 기울이라는 신호다.

한눈팔 거리가 만연한 세상에서 초점을 맞추고 우선순위를 정해라. 시간 낭비인 활동들도 있다. 인성이 저급한 일부 사람들은 당신을 끌어내리려고 할 것이다. 그런 자들은 반드시 피해야 한다. 장단기 목표를 늘 염두에 두고 집중하며 기민함을 유지하라. 당신 자신에게 창의적 방황과 탐험의 여유를 허락하라. 그러나 늘 그 아래에는 목적을 가지고 있어라.

일을 할 때는 가장 높은 기준을 고수하라. 탁월해지기 위해서 분투하라. 대중에게 울림을 주고 오래도록 지속될 무언가를 만들어라. 이에 모자란 것은 사람들을 실망시키는 것이며 당신에게 기대를 품는 사람들을 저버리는 것이므로 부끄럽게 여겨야 한다. 이런 기준들을 유지하기 위해 자제력을 키우고 적절한 업무 습관을 길러라. 업무의 세부적 사항에도 대단한 주의를 기울이고 노력에 더욱더 가치를 두라. 처음 떠오르는 생각이나 아이디어는 불완전하거나 부적절한 경우가 많다. 당신의 아이디어를 더 철저하게 깊이 생각하고, 일부는 반드시 폐기하라. 처음의 생각에 집착하지 말고, 오히려 더 엄격한 시선으로 대하라. 인생은 짧고 언제라도 끝날 수 있다는 사실을 명심하라. 이 제한된 시간을 최대로 활용하려면 늘 약간은 다급한 느낌을 가져가야 한다. 다른 사람이 당신에게 무엇을 하라고 말할 필요도, 언제 끝내라고 말할 필요도 없다. 당신에게는 데드라인이 필요 없다. 당신에게 필요한 동기부여는 내면에서 나오기 때문이다. 당신은 온전한 한 개인이고 자립적인 사람이다.

이런 내부의 권위자를 가지고 활동했던 사람으로 우리에게 모범이 될 만한 인물로는 레오나르도 다빈치를 들 수 있다. 그의 인생 모토는 'ostinato rigore',

즉 '부단히 엄격하라'였다. 다빈치는 언제든 의뢰를 받으면 그저 끝내야 할 과제라는 생각을 훨씬 뛰어넘어 작품을 더욱 생생하고 효과적으로 만들기 위해 세부사항 하나하나를 고민했다. 그는 지독히 부지런했고 본인에게 엄격했다. 폭넓은 관심사를 가진 그였지만, 특정한 문제를 공략할 때는 온 관심을 거기에 집중했다. 그는 인류에 봉사하고 인류의 진보에 이바지하겠다는 개인적 사명감을 가지고 있었다. 이런 내부의 권위자가 시키는 대로 본인이 물려받은 모든 한계(그는 사생아로 태어났고 어릴 때 제대로 된 교육을 받거나 방향을 알려준 사람이 없었다)를 뛰어넘었다. 바로 그런 목소리가 삶이 우리 앞에 놓아둔 장애물들을 뛰어넘도록 도와줄 것이다.

언뜻 생각하면 내면에 그런 목소리가 있는 사람은 다소 가혹하고 즐겁지 못한 인생을 살 거라 생각할 수도 있다. 하지만 실제로는 정반대다. 아무런 방향성 없이 계속 바뀌는 목표를 붙잡으려 애쓰며 젊음의 에너지를 허비하고 세월이 흘러가는 것을 지켜보는 것이야말로 지극히 혼란스럽고 우울한 일이다. 외부의 권위자가 집단이 단결해서 생산적이고 높은 목적에 에너지를 쏟게 도와주는 것처럼, 내부의 권위자는 당신에게 응집력과 힘을 느끼게 해줄 것이다. 잠재력을 펼치지 못했을 때 따라오는 그 불안에 침식되지 않게 해줄 것이다.

고차원적 자아가 우위에 있는 것을 느끼면 저차원적 자아를 달래줄 여유도 생긴다. 가끔씩은 저차원적 자아가 긴장감을 방출하게 만들어서 그림자의 노예가 되지 않게 할 수 있다. 그리고 가장 중요한 것은 더 이상 부모나 리더의 안내나 위안이 필요하지 않다는 점이다. 당신 자신이 당신의 어머니, 아버지, 리더가 되어 내부의 권위자에 따라 정말로 독립적으로 활동하게 되었기 때문이다.

> 선택받은 사람, 뛰어난 사람은 자신을 초월한, 자기보다 우월한 어떤 기준의 도움을 받아야 할 것 같은 내적 필요를 느낀다. 그리고 그 기준의 도움을 만끽한다… 보통 사람과 뛰어난 사람을 구별할 때 우리는 전자가 자신을 닦달

하고 후자는 자신에게 아무것도 요구하지 않으며 지금 상태와 자기 자신에 크게 만족한다고 말한다. 보통 사람들이 생각하는 것과는 반대로 뛰어난 사람은… 사실상 노예 상태로 산다. 무언가 초월적인 것에 인생을 바치지 않는 이상, 삶이 무미건조해진다. 그래서 그는 인생을 바쳐야 한다는 사실을 탄압이라 여기지 않는다. 오히려 어쩌다 그런 필요성이 사라질 경우 그는 안절부절못하고 스스로를 강제할 수 있는 더 어렵고 시급한 새로운 목표를 만들어낸다. 이것이 바로 원칙을 따르는 삶, 고귀한 삶이다.

– 호세 오르테가 이 가세트(스페인의 철학자)

Irrationality

Narcissism

Role-playing

Compulsive Behavior

Covetousness

Shortsightedness

Defensiveness

Self-sabotage

Repression

Envy

Grandiosity

Gender Rigidity

Aimlessness

Conformity

Fickleness

▶ Aggression

Generational Myopia

Death Denial

Law 16 · Aggression

공격성의 법칙

상냥한
얼굴 뒤의
적개심을
감지한다

표면적으로 우리 주위 사람들은 너무나 공손하고 교양 있게 보인다. 그러나 가면 뒤에서는 누구나 어쩔 수 없이 좌절을 견디고 있다. 사람들은 남에게 영향력을 행사하고 싶고 상황을 좌지우지 할 수 있는 힘을 갖고 싶은 욕구가 있다. 노력이 중단당했다고 느끼면 남을 조종해서라도 자기 뜻을 관철하려고 해서 우리를 깜짝 놀라게 한다. 그리고 권력에 대한 욕구, 그에 대한 조바심이 남보다 큰 사람들이 있다. 이런 사람들은 특히 공격적인 사람이 된다. 그들은 남을 위협해서 원하는 것을 얻고, 못할일이 없으며, 조금도 수그러들지 않는다. 우리는 뛰어난 관찰자가 되어 사람들의 충족되지 못한 공격적 욕망을 잘 지켜봐야 한다. 특히 우리 중의 만성적 공격자와 수동적 공격자에게 주의를 기울여야 한다. 위험한 타입임을 알려주는 신호를 포착해야 한다. 과거의 행동 패턴, 주변 모든 것을 통제하려는 강박적 욕구 등을 알아보아야 한다. 그들이 의지하는 수법은 당신을 감정적으로 두렵게 혹은 화나게 만들어서 당신이 똑바로 생각하지 못하게 만드는 것이다. 그들에게 그런 힘을 주지 마라. 당신의 공격적 에너지를 길들이고 생산적인 목적에 사용하는 법을 배워라. 당신 자신을 위해 일어나라. 부단한 에너지로 문제를 공격하고 위대한 야망을 실현하라.

세련된 공격자

1857년 말 오하이오 주 클리블랜드에 살던 스물여덟 살의 영국인 청년 모리스 B. 클라크(Maurice B. Clark)는 젊은 나이에 인생의 중요한 결단을 내렸다. 농산물 회사에서 꽤 알아주는 구매·판매 담당자였던 그는 이 편안한 직장을 그만두고 같은 계열의 사업체를 직접 차리기로 했다. 이 북적대는 도시에서 자신도 또 한 명의 백만장자가 되겠다는 야망이 있었던 것이다. 그 목표를 달성하기 위해 그가 가진 유일한 것은 자신감이었다. 그는 돈 냄새를 잘 맡는 타고난 수완가였다.

클라크는 10여 년 전에 영국에서 이곳으로 도망쳐왔다. 그가 때려눕힌 사장이 혼수상대에 빠지자 체포될 것이 두려웠던 것이다. 사실 그는 늘 화를 잘 못참는 편이었다. 그는 미국으로 이민을 왔고 뉴욕에서 서부로 이동하며 온갖 이상한 작업들을 전전하다가 결국 닿은 곳이 클리블랜드였다. 이곳에서 그는 금세 알아주는 장사꾼이 됐다. 클리블랜드는 이제 막 부흥하는 도시였고, 이리 호와 강을 끼고 있어 미국의 동서부를 연결하는 수송의 핵심 허브 역할을 했다. 그가 출세해 큰돈을 벌기에 지금보다 더 좋은 때는 다시 오지 않을 것이다.

문제는 딱 하나, 그에게 회사를 차릴 만한 돈이 없다는 점이었다. 그는 자본을 가진 협업자가 필요했다. 이렇게 생각하다 보니 동업자가 될 만한 사람이 한 명 떠올랐다. 몇 년 전 대학에서 상업을 공부할 때 친구가 되었던 존 D. 록펠러(John D. Rockefeller)라는 청년이었다.

언뜻 생각하면 이상한 선택처럼 보일 수도 있었다. 록펠러는 겨우 열여덟 살이었다. 그는 휴이트앤드터틀(Hewitt and Tuttle)이라는 꽤 큰 농산물 수송업체에서 회계 담당으로 일하고 있었다. 록펠러는 어느 모로 보나 클라크와는 정반대의 성향을 가진 사람이었다. 클라크는 잘 입고 잘 먹는 것을 좋아했다. 취향도 고급이고, 도박을 즐기며 여자도 좋아했다. 혈기왕성하고 투쟁적이었다. 반면에 록펠러는 독실한 신앙인으로 술을 잘 입에 대지 않았으며 나이 치고는 온화한 품성이었다. 그런 두 사람이 어떻게 서로 어울린단 말인가? 그리고 클라크가 계산해보았을 때 회사를 차리려면 동업자가 적어도 2,000달러는 마련해야 했다. 별 볼일 없는 집안 출신으로 회계나 보고 있는 청년이 무슨 수로 그런 돈을 마련할 수 있을까? 다른 한편으로 록펠러는 휴이트앤드터틀에서 있는 2년 동안 이 동네에서 가장 일 잘하고 정직한 회계원이라는 명성을 쌓았다. 나가는 돈을 단 한 푼도 놓치지 않으면서 회사를 흑자 상태로 유지시킬 수 있는 믿을 만한 사람이라고 말이다. 더욱 중요한 것은 록펠러가 워낙 젊다 보니 두 사람 관계에서는 클라크가 우위를 점할 수 있다는 사실이었다. 한번 물어봄직 했다.

동업관계를 제안하자 놀랍게도 록펠러는 그답지 않은 열정으로 선뜻 기회를 향해 달려들었다. 그리고 어디서 빌렸는지 금세 2,000달러를 마련해왔다. 록펠러는 회사를 그만뒀고 클라크앤드록펠러(Clark and Rockefeller)라고 불리는 새 회사가 1858년 4월 문을 열었다.

처음 몇 년간 클라크앤드록펠러는 잘 나가는 회사였다. 두 사람은 서로 부족한 부분을 채워주었고 클리블랜드에는 사업거리가 많았다. 하지만 시간이 지나면서 클라크는 점점 이 젊은이가 거슬리다 못해 약간 한심하게 느껴지기 시작했다. 클라크가 생각했던 것보다 록펠러는 훨씬 더 융통성이 없는 사람이었다. 아무것도 즐기지 않았다. 그의 가장 큰 기쁨은 그가 애지중지하며 한 푼이라도 아낄 방법을 계속 찾아내고 있는 회계장부인 듯했다. 아직 그토록 젊은데도 밤낮으로 장부를 들여다보느라 록펠러는 벌써 자세가 구부정했다. 옷 입는 것도 마치 중년의 은행가 같았고 행동거지도 마찬가지였다. 같은 사

인간 본성의 법칙 ⸺

무실에서 일하는 클라크의 동생 제임스는 록펠러를 '주일학교 감독관'이라고 불렀다.

차츰 클라크는 록펠러가 회사의 얼굴이 되기에는 너무 재미없고 칙칙하다고 생각하기 시작했다. 클라크는 클리블랜드의 엘리트 집안에서 새로운 동업자를 한 명 데려오고, 회사 간판에서 록펠러의 이름을 떼어버렸다. 그러면서 더 많은 사업을 유치하기를 바랐다. 놀랍게도 록펠러는 반대하지 않는 듯했다. 그는 돈만 많이 벌 수 있다면 뭐든 동의했고 간판 따위는 신경 쓰지 않았다.

그들의 농산물 사업은 성황이었다. 그런데 얼마 안 되어 클리블랜드에는 새로운 상품에 대한 소문이 돌았다. 최근 펜실베이니아 서부 인근에서 풍부한 유전이 발견되었는데 이게 곧 이 지역에 골드러시 못지않은 붐을 일으킬 거라는 내용이었다. 1862년 영국에서 클라크와 알고 지냈던 발명가 겸 사업가인 새뮤얼 앤드루스(Samuel Andrews)라는 영국인 청년이 사무실을 찾아와 클라크에게 석유 사업을 함께하자고 매달렸다. 그는 석유 사업에 잠재력이 무궁무진하냐고 떠벌렸다. 원유에서 만들어낼 수 있는 돈 되는 상품도 많고 생산 비용도 아주 싸다고 말이다. 약간의 자본만 있으면 정유공장을 차려 큰돈을 벌 수 있다고 했다.

클라크의 반응은 뜨뜻미지근했다. 석유 사업은 기복이 많았다. 가격도 계속 오르락내리락 했고, 더구나 지금은 남북전쟁이 심해지고 있어서 본격적으로 뛰어들기에는 타이밍이 안 좋아 보였다. 좀 낮은 수준에서 참여하는 게 나아 보였다. 그러자 앤드루스는 록펠러를 설득하기 시작했는데, 이 젊은이의 눈에서 뭔가가 번득했다. 록펠러는 정유공장에 자금을 대야 한다고 클라크를 설득했다. 자신이 성공을 장담하겠다고 했다. 클라크는 록펠러가 뭔가에 관해 이렇게까지 열정적인 모습은 처음 보았다. 그렇다면 뭔가 의미가 있을지도 몰랐다. 결국 클라크는 두 젊은이의 패기에 넘어갔다. 1863년 세 사람은 앤드루스클라크앤드컴퍼니(Andrews, Clark and Company)라는 새로운 정유회사를 만들었다.

그해 클리블랜드에는 정유공장이 스무 개 정도 우후죽순 생겨났다. 경쟁이 치열했다. 클라크는 록펠러가 열심히 뛰는 모습을 지켜보는 게 재미있었다. 록펠러는 정유공장을 몇 시간이고 떠나지 않으며, 바닥을 쓸고, 기계를 닦고, 석유통을 내가고, 자재를 쌓았다. 마치 연애에 빠진 사람 같았다. 그는 어떻게 하면 정유공장을 더 효율적으로 만들어서 더 많은 돈을 짜낼까 고민하느라 한밤중까지 일하기 일쑤였다. 정유공장은 이내 이들 회사의 주요 이윤 창출원이 됐고, 클라크는 함께 자금을 대기로 결정한 일이 기쁠 수밖에 없었다. 그러나 록펠러는 석유에 집착하기 시작했다. 그는 클라크에게 사업 확장에 관한 새로운 아이디어를 계속해서 쏟아냈다. 당시에는 석유가격이 그 어느 때보다 더 요동치고 있었는데 말이다. 클라크는 좀 천천히 가자고 했다. 그는 석유업계의 혼란이 불안했다.

　클라크는 점점 짜증을 감추기가 어려워졌다. 정유공장의 성공으로 록펠러는 약간 우쭐해 있었다. 클라크는 이 전직 회계원에게 당초 사업을 시작하자는 게 누구 아이디어였는지 일깨워줄 수밖에 없었다. 클라크는 입버릇처럼 록펠러에게 이렇게 말했다. "내가 없었으면 자넨 대체 어쩔 뻔했어?" 그러던 어느 날 클라크는 록펠러가 자신에게 의논도 하지 않고 정유공장에 쓰기 위해 10만 달러를 빌린 것을 알게 됐다. 클라크는 록펠러에게 다시는 자기 몰래 그런 짓을 하면 안 된다고, 사업 확장에는 이제 그만 눈독을 들이라고 화를 내며 명령했다. 그러나 클라크가 무슨 말을 하고, 무슨 짓을 해도 록펠러를 말릴 수는 없어 보였다. 록펠러는 조용하고 겸손한 사람치고는 마치 어린아이처럼 짜증날 만큼 집요한 구석이 있었다. 클라크가 록펠러를 질책한 지 몇 달밖에 안 되었을 때 록펠러는 다시 또 거금을 빌리는데 서명을 해달라고 나왔다. 클라크는 마침내 폭발했다. "사업을 그런 식으로 할 거면, 동업 관계를 끝내는 게 좋겠어. 어디 자네 마음대로 해봐."

　사실 클라크는 이 시점에 동업관계를 깨고 싶은 마음은 전혀 없었다. 수익이 정말 많이 나고 있었고, 록펠러가 그의 신경을 긁는 면이 있기는 해도 점점 커지는 사업의 따분한 세부사항들까지 다 챙기려면 록펠러가 필요했다. 클라크는 그냥 이렇게 위협을 해서 록펠러에게 겁을 주고 싶었다. 정유사업을 빨리 키우려고 지칠 줄 모르고 뛰고 있는 록펠러를 뒤로 물릴 방법은 그것뿐인 듯했다. 언제나처럼 록펠러는 별 말이 없었고 시키는 대로 하려나 보다 싶었다.

그런데 다음 달 앞으로의 계획을 의논해보자며 록펠러가 클라크와 앤드루스를 집으로 초대했다. 앞서 클라크의 수많은 경고에도 불구하고 록펠러는 한층 더 대담한 정유사업 확장 계획을 보여줬다. 클라크는 다시 한 번 참지 못하고 "그럴 바엔 갈라서!"라고 소리를 질렀다. 그런데 이상한 일이 벌어졌다. 록펠러는 알았다고 하더니, 클라크와 앤드루스에게 동업관계를 해체하는 데 동의한다는 확언을 하게 만들었다. 그 과정에서 록펠러는 한 치의 분노나 원망의 흔적조차 보이지 않았다.

클라크는 포커를 자주 쳤다. 그는 록펠러가 자신의 의견을 관철시키려고 허풍을 치는 게 분명하다고 생각했다. 사업을 확장하고 싶다는 젊은 친구의 바람에 내가 전혀 호응하지 않는다면 록펠러는 물러설 수밖에 없을 것이다. 그가 이 사업을 혼자서 할 수는 없다. 내가 그를 필요로 하는 것보다 그가 나를 필요로 하는 부분이 더 크다. 어쩔 수 없이 본인의 무모함을 깨닫고 다시 동업관계로 돌아가자고 할 것이다. 그러면서 겸손을 배울 것이다. 그러면 나는 조건을 내걸고 록펠러가 따라오게 만들어야지.

그러나 놀랍게도 다음 날 클라크는 지역 신문에서 본인의 회사가 해체한다는 소식을 읽었다. 록펠러가 직접 낸 안내문이었다. 그날 오후 클라크가 따지고 들자 록펠러는 차분하게 자신은 전날 그들이 동의한 사항을 이행하고 있을 뿐이라고 답했다. 해산은 처음부터 클라크의 아이디어였고, 자신은 클라크가 옳다고 생각한다고 말이다. 그는 경매를 열어서 가장 높은 가격을 제시하는 사람에게 회사를 팔자고 했다. 덤덤하게 사업적인 태도로 말하는 것이 오히려 더 클라크를 화나게 했다. 이쯤 되고 보니, 경매에 동의하는 것도 나쁘지 않은 듯했다. 클라크는 자신이 더 높은 가격을 불러서 이 참을 수 없이 시건방진 놈을 영원히 제거하기로 마음먹었다.

경매가 열린 1865년 2월 클라크는 변호사를 고용해 자신을 대리하게 했고, 록펠러는 직접 나섰다. 이 역시 클라크가 얼마나 거만하고 세련되지 못했는지를 보여주는 신호였다. 가격은 계속 올라갔고, 결국 록펠러는 7만 2,500달러를 불렀다. 다소 터무니없을 만큼 충격적인 가격이었지만, 클라크는 절대 그만한 돈을 마련할 수 없었다. '무슨 수로 록펠러가 그렇게 많은 돈을 마련하지?' '나 없이 지가 무슨 수로 사업을 경영해?' 록펠러는 그나마 갖고 있던 사업 감각까지 모두 잃어버린 게 분명했다. 그 정도 금액을 기꺼이 준다면, 그에게 그만한 자금이 있다면 갖고 가라지. 매각 결과 록펠러는 정유소를 갖게 됐지만 농산물 사업은 아무 보상 없이 포기해야 했다. 클라크는 대만족이었다. 다만 앤드루스가 그대로 동업자로 남아 록펠러와 함께하기로 한 점이 마음에 걸렸다.

그러나 몇 달 후 모리스 클라크는 무슨 일이 있었던 것인지 이 일을 재평가해보게 됐다. 어쩐지 록펠러가 이 일을 몇 달간, 어쩌면 1년 이상 계획해왔다는 불편한 기분이 들었다. 록펠러는 은행가들의 환심을 사서 경매가 열리기 한참 전에 이미 은행 대출을 확보해둔 게 분명했다. 그렇지 않고서야 그런 거액을 감당할 수 있을리가 없었다. 그는 또 앤드루스도 미리 자기편으로 확보해둔 게 틀림없었다. 정유소가 본인 것이 되던 날, 록펠러의 흡족한 미소가 떠올랐다. 술도 안 마신 젊은이가 그렇게까지 뿌듯한 표정을 짓는 것은 한 번도 본 적이 없었다. 그 조용하고 멍청한 표정은 그냥 연기였던 건가? 이 일을 기점으로 해를 거듭할수록 어마어마한 부를 축적해가는 록펠러를 보면서 클라크는 자신이 당했다는 생각이 들 수밖에 없었다.

올리버 H. 페인(Oliver H. Payne) 대령은 클리블랜드에서 귀족이나 마찬가지였다. 그는 저명한 집안 출신으로 이 도시를 세운 설립자 중 한 명도 그의 집안사람이었다. 그는 예일대학교를 다녔고, 남북전쟁에서 훈장을 받은 영웅이었다. 전쟁이 끝난 후 차린 몇 개의 회사도 성공적이었다. 그는 '백만장자의 거리'라고 부르는 시내 유클리드애버뉴에 아주 근사한 저택도 보유하고 있었다. 하지만 그에게는 더 큰 야망이 있었는데, 정계로 진출할까 하는 고민이 그것이었다. 그는 자신이 대통령감이라고 생각했다.

번창하고 있던 그의 사업 중 하나가 이 도시에서 두 번째로 큰 정유소였다. 그런데 1871년 말 페인은 이상한 루머를 들었다. 몇몇 정유소 주인과 가장 큰 철도회사가 계약 같은 걸 맺었다는 소문이었다. 철도회사는 이 비밀 조직에 합류한 특정 정유회사에 운송비를 깎아주고, 그 대가로 정유사는 어느 정도의 운송 물량을 확보해준다는 내용이었다. 이 조직에 들어가지 못한 회사들은 오히려 비싼 운송비를 감당해야 하고 사업이 어려워지거나 불가능해질 수도 있었다. 이 계약의 배후에 있는 큰 정유공장 주인 중 유일하게 클리블랜드에 있는 사람이 다름 아닌 록펠러로 보였다.

록펠러는 사업을 확장해 클리블랜드에 정유공장을 두 개 가지고 있었고, 회사 이름을 스탠더드오일(Standard Oil)로 바꿨다. 스탠더드오일은 이제 미국에서 가장 큰 정유회사였다. 하지만 여전히 경쟁은 치열해서 클리브랜드에만 해도 스탠더드오일의 정유공장을 비롯해 29개의 정유공장이 있었다. 정유사업이 이렇게 호황을 탔기 때문에 유클리드애버뉴에 저택을 짓는 백만장자도 계속 늘어나고 있었다. 그러나 만약 록펠러가 새로 생긴 이 조직에 가입 자격을 제한한다면 경쟁자들에게 상당한 타격을 줄 수 있었다. 이렇게 루머가 한참 무성하던 때에 록펠러는 페인에게 클리블랜드의 한 은행에서 조용히 만나자고 했다.

페인은 록펠러를 잘 알았다. 두 사람은 2주 간격으로 태어났고, 같은 고등학교를 다녔으며, 유클리드애버뉴에서 지근거리에 살았다. 페인은 록펠러의 사업 수완을 높이 샀으나 그를 두려워하기도 했다. 록펠러는 뭘 해도 절대 손해를 보지 않을 그런 사람이었다. 누가 마차를 타고 자기 옆을 쌩하니 지나가면 록펠러는 본인의 말에 채찍을 휘둘러 마차를 따라잡을 사람이었다. 두 사람은 같은 교회를 다녔다. 페인은 록펠러가 높은 원칙을 가진 사람이라는 것은 알고 있었지만, 뭔가 미스터리하고 비밀스럽기도 했다.

회의에서 록펠러는 페인에게 다음과 같이 털어놓았다. 이 비밀 조직의 존재에 관해 외부인에게 말하는 것은 페인이 처음이다. 이 조직의 이름은 SIC(Southern Improvement Company)라고 한다. 록펠러는 SIC라는 아이디어를 처음으로 낸 것은 철도회사들이 본인들의 이윤을 늘리기 위해서였고 자신은 이 계약에 동의하는 수밖에 달리 선택이 없었다고 주장했다. 그는 SIC에 가입하라고 페인을 부른 것은 아니었다. 대신에 록펠러는 페인의 정유공장을 아주 좋은 가격에 사겠다고 제안했다. 그리고 페인에게는 스탠더드오일의 주식을 두둑이 챙겨주어 큰돈을 벌게 해주겠다고 했다. 그러면서 근사한 직책명을 붙여서 그를 고위 경영자로 회사에 들이겠다고 했다. 이렇게 하면 스탠더드오일과 경쟁하는 것보다 훨씬 더 많은 돈을 벌게 될 거라고 했다.

록펠러는 이야기를 하는 내내 아주 정중했다. 그는 사업을 계속 확장할 예정이었다. 그런데 석유업계는 지금 무정부 상태에 가까워 질서가 꼭 필요했다. 록펠러는 본인이 그 질서를 잡아볼 요량이었다. 말하자면 이건 록펠러의 십자군전쟁 같은 것인데, 그는 지금 페인에게 스탠더드오일 내부에서 함께 전쟁을 치르자고 이야기하는 것이다. 록펠러가 펼쳐놓은 이야기는 아주 설득력 있었다. 하지만 페인은 망설였다. 정유업이라는 예측 못할 사업을 운영하면서 페인도 때때로 화가 치밀었다. 하지만 정유공장을 팔겠다는 생각은 해본 적이 없었다. 너무 갑작스러웠다. 페인이 주저하는 것을 눈치챈 록펠러는 아주 딱하다는 표정으로 페인에게 스탠더드 오일의 장부를 확인하게 해주겠다고 했다. 저항해봤자 소용없음을 알려주기 위해서였다. 페인은 차마 그런 기회를

　　　　　　　　　　　　　　　　　　인간 본성의 법칙　•

거절할 수는 없었다. 그리고 짧은 몇 시간이었지만 장부에서 그가 본 내용은 기절할 만큼 놀라웠다. 스탠더드오일의 이익률은 페인 회사의 이익률을 훨씬 상회했다. 스탠더드오일이 경쟁사들보다 얼마나 앞서 나가고 있는지 아무도 짐작조차 못할 것이다. 페인으로서는 더 알아볼 것도 없었다. 그는 록펠러의 제안을 받아들였다.

페인이 정유공장을 팔았다는 소식은 SIC의 존재에 대해 점점 더 커지고 있던 루머와 함께 이 동네의 정유공장 소유주들을 완전히 흔들어놓았다. 페인의 정유공장을 손에 넣은 록펠러는 이제 아주 유리한 위치에 서 있었다.

몇 주 후 이 도시의 또 다른 대형 정유회사인 포셋앤드크리칠리(Fawcett and Critchley)의 J. W. 포셋(Fawcett)도 록펠러의 방문을 받았다. 록펠러는 이번에는 페인에게 이야기할 때보다 살짝 더 암울하게 이야기했다. 석유업계는 너무 예측이 불가능하다. 클리블랜드는 석유생산지에서 너무 멀리 떨어져 있어서 원유 선적에 비용이 더 나간다. 우리는 줄곧 불리한 위치다. 석유가격이 계속 요동치면 우리 중 다수가 파산할 거다. 록펠러는 사업을 통합해서 철도회사에 대해 클리블랜드의 우위를 마련하려고 한다. 록펠러는 지금 모두에게 호의를 베푸는 것이다. 사업이라는 어마어마한 부담도 덜어주고 파산하기 전에 돈도 주고 있다. SIC가 존재하는 한, 파산은 자명한 일이다.

록펠러가 포셋의 정유공장에 제안한 가격은 페인에게 지불한 것보다는 분명 박했다. 스탠더드오일 내의 직책이나 주식 제안도 마찬가지였다. 포셋은 영 내키지 않았다. 하지만 스탠더드오일의 장부를 슬쩍 훑어보니 말이 나오지 않았다. 그는 록펠러의 조건에 투항했다.

주변의 정유공장 소유주들은 록펠러의 방문을 받았고, 그렇게 하나둘 압박에 굴복했다. 버티다가는 협상 지위만 약해질 게 뻔했다. 록펠러가 정유공장에 제안하는 가격은 계속 낮아지고 있었다. 그렇게 버틴 소유주 한 명이 록펠러가 풋내기 회계원이던 시절 그의 사장이었던 아이작 휴잇이었다. 정유공장을 그렇게 싼값에 팔았다가는 휴잇은 망할 수도 있었다. 그는 록펠러에게 제발 본인의 회사를 그냥 내버려둬달라고 사정했다. 록펠러는 더 없이 부드럽고 공손한 태도로 휴잇에게 그가 앞으로 스탠더드오일과 경쟁하는 것은 불가능하다고 말했다. "저는 돈을 벌 방법이 아주 많아요. 사장님은 전혀 모르시는." 그는 그렇게 설명했다. 휴잇은 본인이 원했던 가격의 절반도 안 되는 값으로 정유공장을 팔았다.

3월 중순이 되자 SIC의 존재가 밖으로도 알려졌고, 그런 조직은 해산해야지 그렇지 않으면 법적 문제를 겪을 거라는 압박이 거세졌다. 철도회사는 꼬리를 내렸고, 록펠러도 그렇게 했다. 하지만 록펠러는 이 소식에도 그리 흥분하는 것 같지 않았다. 문제는 해결됐고, SIC는 사라졌지만 이후 몇 달간 클리블랜드의 몇몇 사람들은 어쩌면 이 모든 게 사실과는 다를지 모른다는 의심을 갖기 시작했다. SIC는 실제로 영향을 미친 적이 없었다. 그냥 루머였고, 그 루머의 주된 원천은 스탠더드오일 같았다. 그사이 록펠러는 소위 '클리블랜드 대학살'이라는 것을 이뤄냈다. 겨우 몇 달 만에 그는 본인의 손 밖에 있던 26개 정유공장 중 20개를 사들였다. 유클리드애버뉴에 있던 백만장자들의 우아한 저택 다수가 이제는 팔렸거나 창문이 판자로 막혔다. 록펠러가 주도면밀하게 그들의 사업을 문 닫게 만들었기 때문이었다. 그는 마치 철도회사들이 SIC를 주무르는 것처럼 말했지만 아마도 실제로는 정반대였을 것이다.

몇 년이 지나자 철도회사들은 스탠더드오일의 영향력이 점점 커지는 것을 겁내기 시작했다. 클리블랜드 대학살 이후 록펠러는 필라델피아 주 피츠버그와 뉴욕에 있는 정유공장에도 똑같은 전술을 펴고 있었다. 그가 사용한 방법은 늘 똑같았다. 처음에는 각 도시에서 가장 큰 정유공장을 노리고, 그의 장부를 보여줬다. 그 장부는 이제 한층 더 대단한 모습이 되어 있었다. 그렇게 큰 공장 몇 개를 항복시키고 난 후에는 나머지 공장을 패닉에 빠뜨렸다. 버티는 공장들은 가차 없이 값을 후려치고 시장에서 내쫓아버렸다. 1875년이 되자 록펠러는 미국에 있는 모든 대형 정유사를 장악했고 조명에 주로 사용되는 등유의 세계 시장을 사실상 독점했다.

이런 영향력은 철도 요금과 관련해 록펠러에게 너무 많은 우위를 안겨주었다. 설상가상으로 록펠러는 석유를 수송하는 또 다른 방법인 파이프라인 사업도 장악하기 시작했다. 록펠러는 펜실베이니아 전역에 파이프라인을 건설했고, 동부 해안으로 가는 나머지 경로에 석유 수송을 도와줄 철도회사 몇몇도 손에 넣어 자체 수송 네트워크를 갖게 됐다. 아무런 방해 없이 그가 이런 작전을 계속 펼친다면 그의 지위는 난공불락이 될 것이다. 그리고 이런 전망을 가장 겁내는 사람은 당시 미국에서 가장 크고 강력한 회사였던 펜실베이니아철도(Pennsylvania Railroad)의 회장 톰 스콧(Tom Scott)이었다.

스콧은 걸출한 인생을 살아온 사람이었다. 그는 남북전쟁 중에 링컨의 전쟁 담당 차관보를 지내며 북부군의 전쟁물자 공급을 위한 원활한 철도 운영을 책임졌다. 지금 그는 펜실베이니아철도의 수장으로서 회사의 사업 범위를 끝없이 확장하려는 야심을 갖고 있었는데 방해가 되는 사람이 바로 록펠러였다. 이제는 스탠더드오일과 한판 붙을 때였다.

스콧은 록펠러와 싸우는 데 필요한 자원을 모두 가지고 있었고 계획도 있었다. 지난 몇 년 동안 록펠러의 수법을 예상한 그는 스스로도 본인의 철도와 결합해 석유를 정유공장까지 운송할 거대한 파이프라인 네트워크를 구축해놓았다. 그는 새로운 파이프라인 건설을 계속 늘려나갈 테고, 이제 막 생긴 새로운 정유회사들을 사들여 자체적으로 라이벌 네트워크를 만들 참이었다. 록펠러의 행보를 저지할 만큼 철도사업에 충분한 일감이 확보되고 나면 록펠러를 더욱 약화시키는 작업에 들어갈 생각이었다. 하지만 스콧이 뭘 하려는지가 분명해지자 록펠러는 전혀 예상하지 못한, 다소 충격적인 반응을 내놓았다. 스탠더드오일은 펜실베이니아에 있는 정유공장을 몽땅 폐쇄해버렸다. 스콧의 파이프라인과 철도는 이제 선적할 석유가 없었다. 그들이 어떻게 석유를 좀 구하면 록펠러는 그의 네트워크 밖에 있는 아무 정유공장에나 지독하게 싼값에 석유를 넘겨버렸다. 록펠러는 값이 얼마나 떨어지든 신경 쓰지 않는 것 같았다. 록펠러는 또 스콧이 기차 엔진과 바퀴에 윤활유로 쓰는 데 필요한 석유도 손에 넣기 힘들게 만들었다.

펜실베이니아철도는 이 작전을 펴느라 무리를 했고, 빠른 속도로 손해를 보고 있었다. 하지만 록펠러도 똑같은 정도로 손해를 보고 있을 게 분명했다. 그는 함께 죽는 것을 목표로 삼은 듯 보였다. 스콧은 이 전쟁을 빠져나오기에는 발을 너무 깊이 들여서 하는 수 없이 비용을 줄이기 위해 철도회사 직원 수백 명을 해고하고 남은 이들의 월급을 줄였다. 스콧의 직원들은 이에 대한 보복으로 대대적인 철도 파업을 일으켰고 파업은 금세 폭력과 유혈 사태로 돌변했다. 펜실베이니아 전역에 퍼져 있는 직원들이 펜실베이니아철도의 화물열차 수천 대를 파괴했다. 스콧은 혹독하게 응징했다. 그러나 파업은 계속됐고 펜실베이니아철도의 주주들은 점점 초조해졌다. 그러는 사이 록펠러는 마치 잃을 게 하나도 없다는 듯이 흔들림 없어 보이는 압박 작전을 계속 이어갔다.

스콧은 한계에 달했다. 어찌된 노릇인지 록펠러는 이 어마어마한 손실을 감당할 수 있었고, 자신은 그럴 수 없었다. 말 그대로 스콧은 돈이 다 떨어졌다. 스콧은 본인의 작전을 중단하는 데 동의했을 뿐만 아니라, 록펠러에게 자신의 알짜배기 정유공장과 저유탱크, 증기선, 파이프라인을 팔아야 했다. 스콧은 이 창피하고 갑작스러운 패배에서 다시는 회복하지 못했다. 일 년 뒤 스콧은 뇌졸중에 걸렸고 몇 년 후 쉰여덟의 나이로 숨을 거뒀다.

이제 록펠러는 석유업계를 완전히 장악한 것처럼 보였다. 그러나 바이런 벤슨(Byron Benson)이라는 사업가 겸 엔지니어는 록펠러의 거대 제국에 구멍을 낼 아이디어를 갖고 있었다. 록펠러가 업계를 주름잡는 방법은 그의 어마어마한 자원에 있었다. 하지만 그런 록펠러도 기술발전과 경쟁할 수는 없었다. 록펠러의 강점은 파이프라인이 상대적으로 짧아서 기껏해야 48킬로미터 정도가 최대라는 점이었다. 그는 펜실베이니아 전역에 파이프라인 네트워크를 만들고 정유공장과 파이프라인을 연결하는 다수의 철도를 장악해 업계를 지배했다. 설사 누군가 독립적인 파이프라인을 갖고 있다고 해도 어디에선가는 스탠더드오일에 의존해야 나머지 경로에 석유를 수송할 수 있었다.

하지만 만약 벤슨이 완전히 새로운 뭔가를 설계할 수 있다면 어떨까? 이를테면 펜실베이니아 서부 유전에서 동부 해안까지 곧장 이어지는 아주 긴 파이프라인 같은 걸 만든다면? 그러면 그는 아직 남아 있는 몇 안 되는 동부 해안의 독립적 정유공장까지 석유를 직송할 수 있었고, 록펠러의 네트워크를 우회하므로 낮은 가격을 보장할 수 있었다. 이렇게 하면 록펠러의 확장일로에도 브레이크가 걸릴 테고, 이런 장거리 파이프라인이 늘어나면 스탠더드오일의 경쟁사들도 좀 더 공정한 조건에서 경쟁할 수 있었다.

쉽지는 않을 것이다. 장거리 파이프라인은 중간에 분명히 마주칠 언덕이나 산을 넘어서까지 석유가 흐를 수 있게 할 새로운 공법이 필요할 것이다. 하지만 벤슨은 이 부분을 이미 연구 중이었다. 그리고 록펠러는 그동안 너무 많은 적을 만들었고, 그의 독점이 커지는 것을 두려워하는 사람이 워낙 많았기 때문에 벤슨은 투자자들로부터 대규모 자금을 모집할 수 있었다. 해당 파이프라인 건설에 들어갈 높은 비용을 감당하고도 남을 만큼의 자금이었다.

벤슨은 본인의 회사 이름을 타이드워터 파이프라인 회사(Tidewater Pipeline Company)라고 정하고 1878년 건설을 시작했다. 그러나 시작되자마자 그는 파이프라인 건설을 중단시키려는 은밀한 작전에 부딪혔다. 벤슨은 무거운 자재를 건설지까지 옮기려면 철도 유조차에 의존해야 했다. 그런데 그동안 록펠러가 상당량의 유조차량을 사들여 사실상 시장을 장악한 듯했다. 벤슨이 유조차를 찾아냈다 싶으면 스탠더드오일의 자회사들이 장악하고 있었다. 벤슨은 자재를 운반할 다른 방법을 찾아내야 했고, 비용은 늘어나고 귀중한 시간이 낭비됐다. 하지만 그럴수록 벤슨은 이 일을 꼭 해내서 록펠러의 허를 찌르겠다는 결심이 더 굳어졌다.

그러나 이것은 시작에 불과했다. 벤슨이 돈을 절약하려면 해안 쪽으로 최대한 쉬운 루트를 개발해야 했고, 그러려면 파이프라인은 멜릴랜드를 통과해야 했다. 그런데 듣자하니, 록펠러가 거금의 뇌물을 주고 멜릴랜드 의회로부터 스탠더드오일에 파이프라인 독점 인가를 받아냈다고 했다. 이 말은 곧 타이드워터는 펜실베이니아 훨씬 북부의 언덕 많고 심지어 산도 있는 지역을 통과해야 한다는 뜻이었다. 그렇게 되면 빙 돌아가는 루트가 되고 비용도 훨씬 많이 들었다.

가장 위협적인 한 방은 아직도 남아 있었다. 록펠러가 갑자기 부동산을 마구잡이로 사들였다. 그는 펜실베이니아의 바다 쪽을 향한 타이드워터의 루트 한 가운데 있는 대규모 농경지를 매입했다. 스탠더드오일은 지불 못할 가격이 없을 성 싶었다. 벤슨은 저항해보려고 최선을 다하며 스스로도 땅을 사들였으나, 이 지역 농장주들 사이에서는 땅 일부를 타이드워터에 팔면 위험하다는 소문이 돌기 시작했다. 파이프라인이 너무 길다 보니 누유가 생길 수밖에 없고 그러면 농작물을 다 망친다는 이야기였다. 루머의 근원지는 스탠더드오일이 분명했다. 그리고 루머는 효과가 있었다.

벤슨에게 록펠러는 마치 사방에서 자신을 공격하며 압박을 가하고 건설비용을 슬금슬금 높여가는, 눈에 보이지 않는 끈덕진 악마 같았다. 그러나 끈덕진 면에서라면 벤슨도 뒤지지 않을 자신이 있었다. 록펠러가 골짜기를 전부 다 사버리면, 벤슨은 언덕을 몇 개 더 지나는 한이 있더라도 파이프라인의 루트를 바꾸었다. 루트는 말도 안 되게 지그재그가 되었지만, 파이프라인은 조금씩 조금씩 동쪽으로 이어나가 결국 1879년 5월에는 해안까지 닿았다.

그러나 파이프라인이 가동되기 시작하자, 그 정교한 펌프 시스템이 가파른

오르막으로 석유를 정말로 끌어올릴 수 있을지 아무도 예측할 수 없었다. 서서히 처음 보낸 원유가 파이프라인을 타고 흐르기 시작했고, 가장 높은 산꼭대기를 올라 7일 후에는 첫 번째 원유 방울이 목적지에 도착했다. 타이드워터 파이프라인은 당대 최고의 기술적 개가로 간주됐고 벤슨은 하루아침에 영웅이 됐다. 마침내 누군가 스탠더드오일의 허를 찌르고 싸움을 이긴 것이다.

그러나 놀랍게도 록펠러는 압박의 수위를 계속 높여가기만 했다. 타이드워터는 출혈이 컸고 남은 돈이 거의 없었다. 그런데 이 시점에서 록펠러는 스탠더드오일의 자체 파이프라인과 철도 요금을 극단적으로 내려 사실상 공짜로 석유를 운송해줬다. 타이드워터는 운반할 석유를 한 방울도 찾을 수 없었고 이대로 가면 회사는 무릎을 꿇을 수밖에 없었다. 1880년 3월 벤슨은 마침내 한계에 달했다. 그는 본인이 받아낼 수 있는 최선의 조건으로 스탠더드오일과 두 회사를 합병시키는 거래를 맺었다. 그러나 이는 예비적 조치에 불과했다. 이후 몇 달간 록펠러는 타이드워터의 주식을 계속 사들여 결국 타이드워터를 완전히 장악했다. 앞서 수많은 사람들이 그랬던 것처럼 벤슨은 록펠러에 대항해 싸우려다가 오히려 그를 더 강하고 천하무적으로 만들었을 뿐이었다. 누가 감히 이 불굴의 세력에 맞서 싸우기를 바랄 수 있을까?

1880년대에 가정집과 사무실의 불을 밝히기 위한 등유 수요는 폭발적으로 성장했고 록펠러는 이 시장을 장악했다. 미국 전역의 도시와 마을 잡화상과 소매상들은 스탠더드오일이 도입한 혁명적 시스템을 알게 됐다. 스탠더드오일은 전국 방방곡곡에 저유 탱크를 설치하고 탱크차에 자금을 대서 등유를 빠짐없이 모든 마을까지 운반했다. 스탠더드오일의 판매원이 직접 이 회사의 등유를 상점에 팔았을 뿐만 아니라 집집마다 찾아다니며 히터와 스토브까지 직접 최저가에 팔았다.

이는 많은 동네 소매상들에게 위협이 됐다. 그들이 항의하자 스탠더드오일의 외판원들은 소매상들이 스탠더드오일의 제품을 독점 판매해준다면 기존 영업을 중단하겠다고 했다. 거절할 경우 스탠더드오일은 해당 지역에 직접 잡화상을 내서 싼값에 물건을 팔아 저항하는 상점 주인들의 사업을 도산시켜버렸다. 일부 지역에서는 성난 소매상들이 리퍼블릭오일(Republic) 같은 스탠더드오일의 라이벌 회사로 눈을 돌렸다. 리퍼블릭오일은 록펠러를 혐오하는 소매상들에게 특화해서 석유를 팔았다. 스탠더드오일이 비밀리에 리퍼블릭오일을 세우고 소유하고 있다는 사실을 그들은 몰랐다.

이런 식으로 록펠러는 점점 더 많은 적을 만들었지만, 그중에 조지 라이스(George Rice)만큼 끈덕지고 광기어린 사람은 없었다. 라이스는 오하이오 주에서 작은 독립 정유공장을 아직까지 보유하고 있었다. 그는 입법자들을 시켜 스탠더드오일의 영업방식을 수사하게 하려고 했다. 그는 〈블랙 데스(Black Death)〉라는 뉴스레터를 발행했는데, 록펠러에 관한 온갖 추문을 다룬 기사들을 엮어 만든 것이었다. 어떻게든 이윤을 창출하고 록펠러에게 저항할 방법을 찾기 위해 라이스는 직접 여러 도시를 찾아가서 자신의 석유를 팔기로 결심했다. 시장을 장악한 새로운 시스템을 우회해보기로 한 것이다.

혹시라도 스탠더드오일이 라이스를 신경 쓸 거라고는 상상하기 어려웠다. 라이스가 판매하려는 석유는 극히 미미한 양이었고, 그가 크게 성공한 사람도 아니었다. 하지만 그가 루이스빌에 있는 어느 소매상에게 겨우 등유 70배럴을 팔았을 때 그는 본인의 석유를 실어주기로 했던 철도회사가 그의 제품에 대해서는 더 이상 선적을 거부한다는 사실을 알게 됐다. 라이스는 뒤에 누가 있는지 알고 있었다. 하지만 그는 다른 철도회사를 찾아냈고 더 비싼 값으로 석유를 선적했다.

라이스는 루이스빌 근처의 다른 도시로 옮겨갔지만 그곳에 있는 스탠더드오일의 세일즈맨들이 라이스가 올 것을 예상하고 주도면밀하게 가격을 내려둔 상태였다. 라이스는 더 작은 도시를 찾아 더 남쪽으로 내려갈 수밖에 없었다. 하지만 이번에도 스탠더드오일 사람들이 그를 가로막았다. 얼마 지나지 않아 그는 석유를 한 방울도 팔지 못하게 됐다. 마치 사방에 스파이가 있어서 그가 가는 길마다 따라오는 것 같았다. 그러나 무엇보다 라이스는 록펠러의 존재감을 사방에서 느꼈다. 록펠러는 라이스가 펼치는 작은 작전을 알고 있는 게 분명했고 이 작디작은 경쟁자를 무슨 수를 써서든 밟아버릴 요량이었다. 마침내 본인의 상대가 어떤 사람인지 깨달은 라이스는 싸움을 포기하고 집으로 돌아갔다.

1900년대 초 스탠더드오일의 수장에서 사임한 록펠러는 미국 대중들을 사로잡기 시작했다. 그는 비교할 사람조차 없는 전 세계에서 가장 부유한 사람으로 지구상에서 첫 번째 가는 억만장자였다. 하지만 그가 싸움을 전개한 방식이나 그가 만든 독점 체제에 관한 이야기들은 록펠러라는 사람이 과연 어떤 사람인지 궁금하게 만들었다. 그는 은둔생활을 하는 것으로 유명했고, 그에 관해 구체적으로 뭔가를 아는 사람은 몇 명 되지 않았다. 그러다가 그의 수많은 적들 중 일부가 스탠더드오일의 독점 체제를 깨기 위해 줄줄이 소송을 제기했다. 록펠러는 하는 수 없이 증언을 해야 했는데, 놀랍게도 그는 사람들이 상상했던 그런 악마 같은 사람이 전혀 아니었다. 한 신문은 이렇게 보도했다. "그는 상냥하고 밝은 사람의 결정체 같았다. 무슨 일이 벌어져도 평정을 잃지 않았다… 때때로 그는 가볍게 책망하거나 부드럽게 설득하기도 했으나 화를 내거나 짜증을 부리는 일은 한 번도 없었다."

그가 세계 최고의 자선사업가로 부상하고 그가 석유를 싼값에 공급했다는 사실이 널리 알려지면서 록펠러에 대한 사람들의 평가는 바뀌었다. 무엇보다 그는 스탠더드오일의 주요 주주로 막강한 영향력을 가지고 있었음에도 스탠더드오일의 독점 체제를 깨는 것에 동의했다. 사람들은 그가 배후에서 늘 해오던 방식대로 활동하고 있다는 것은 잘 몰랐다. 그는 계속해서 법의 허점을 찾아내고, 비밀 계약을 통해 독점 체제를 유지하고, 장악력을 이어갔다. 그는 누구도 자신의 앞길을 막는 것을 허용하지 않았고, 정부조차 예외가 될 수는 없었다.

해석 ──●

존 D. 록펠러가 실력가로 부상한 이야기는 역사상 가장 놀라운 스토리 중 하나다. 겨우 20여 년이라는 상대적으로 단기간에 그는 사회의 가장 밑바닥에 서부터(그의 가족은 가난으로 고생하기도 했다) 미국에서 가장 큰 기업의 창업자이자 소유주가 됐다. 그리고 얼마 후에는 전 세계에서 가장 부유한 사람으로 등극 했다. 흔히 있는 일이듯이 그 과정에서 그에 관한 이야기는 온갖 종류의 신화 에 가려졌다. 그는 자본주의의 악마도 신(神)도 아니었다. 이렇게 온갖 정서적 인 반응 속에 정작 간단한 질문 하나는 사라졌다. 어떻게 한 사람이, 남의 도움 도 거의 받지 않고, 그토록 단기간 내에 그토록 큰 힘을 축적했는가?

그를 면밀히 관찰해보면 대단한 지능이나 특별한 재능, 창의적인 비전이 있 었던 것은 아니라고 결론내릴 수밖에 없다. 물론 그는 그런 자질들도 어느 정 도는 가지고 있었다. 하지만 그 어느 것도 그의 이 터무니없는 성공을 설명해 주기에는 부족하다. 진실을 이야기하면 순전히 그가 가지고 있던 부단한 의지 력이, 그가 만나는 모든 상황과 모든 경쟁자를 완전히 압도하고 그를 스쳐간 모든 기회를 철저히 이용한 결과이다. 우리는 이를 '공격적 에너지'라고 부르 기로 하자. 공격적 에너지는 생산적 목적을 가질 수도 있다(더 자세한 내용은 16장 마지막 부분 참조). 분명히 록펠러의 성취 중에는 그 시대의 사회상으로부터 도움 을 받은 부분도 있다. 그러나 매우 공격적인 사람들이 흔히 그렇듯이 공격적 에너지는 복잡한 한 업계의 모든 권력을 사실상 독점하는 지경까지 그를 밀어 붙였다. 그는 모든 경쟁자와 경쟁 가능성을 말살했다. 본인에게 유리하게 법 망을 활용했고, 본인의 욕망에 맞춰 모든 사업을 표준화했으며, 결국에는 그 분야의 혁신을 침체시켰다.

록펠러의 이야기에서 흔히들 보이는 정서적 반응은 잠시 차단하고 그를 그냥 냉철하게 한번 바라보자. 공격적인 사람들의 본성을 이해하고, 왜 그렇게 많은 이들이 이 사람들의 의지에 굴복하고야 마는지 이해하는 데 도움을 얻는 기회로 삼자. 그렇게 한다면 인간 본성에 관해 귀중한 교훈 몇 가지와 함께 종종 나머지 우리를 희생시키면서까지 끊임없이 권력을 독점하려고 하는 그들에게 맞설 방법 또한 알아낼 수 있을 것이다.

록펠러는 아주 특이한 환경에서 자랐다. 그의 아버지 윌리엄은 유명한 사기꾼이었다. 아버지는 처음부터 가족들에게 견디기 힘든 패턴을 만들어놓았다. 아버지는 뉴욕 서부의 다 쓰러져가는 오두막에 아내 엘리자와 네 명의 자녀(존은 맏이였다)만 남겨놓고 몇 달씩 떠나 여기저기 사기를 치고 돌아다녔다. 그 기간 동안 가족들은 끼니를 해결할 돈조차 넉넉지 않았다. 어머니는 동전 하나까지 최대한 아껴 쓸 방도를 찾아야 했다. 그러고 나면 아버지는 다시 현금 다발과 가족들을 위한 선물을 들고 나타났다. 아버지는 이야기를 아주 잘하는 재미있는 사람이었으나, 종종 잔인하고 심지어 폭력적일 때도 있었다. 그러다가 아버지가 다시 떠나면 패턴은 처음부터 다시 시작됐다. 아버지가 언제 돌아올지 예측하는 것은 불가능했다. 나머지 가족들은 아버지가 있을 때나 없을 때나 늘 가슴을 졸였다.

10대가 된 존은 가족의 경제사정을 안정시키는 데 조금이라도 손을 보태기 위해 일을 해야 했다. 존은 커리어를 쌓아가는 중에도 어린 시절 그를 괴롭혔던 불안을 도저히 벗어날 수가 없었다. 그는 주변 모든 것을 질서정연하게 정돈하고 예측가능하게 만들어야만 직성이 풀리는 절박함을 가지고 있었다. 그는 회계 장부에 푹 빠져들었다. 장부에 적힌 플러스와 마이너스보다 더 예측 가능한 것은 아무것도 없었다. 동시에 그는 큰돈을 벌고야 말겠다는 대단한 야망이 있었다. 아버지는 그에게 돈에 대한 사랑을 거의 본능처럼 심어놓았다.

그래서 정유공장으로 뭘 할 수 있는지 처음 알게 됐을 때 그는 대단한 기회를 엿보았다. 그러나 언뜻 생각하면 그가 석유사업에 끌린 것은 이상할 수도 있다. 당시는 서부 개척시대로 완전히 무정부 상태나 마찬가지였다. 몇 달 사이 큰돈을 벌 수도 있었으나 잃을 수도 있었다. 여러모로 석유사업은 그의 아버지 같았다. 흥미진진하고, 갑자기 부자가 될 수도 있지만, 언제든 모두에게 배신감을 일으킬 수 있을 만큼 예측 불가능했다. 무의식적으로 그는 바로 그런 이유 때문에 석유사업에 끌렸다. 그는 석유사업을 철저히 장악함으로써 어린 시절 본인이 가장 두려워했던 것을 재현함과 동시에 극복할 수 있었다. 그것은 마치 아버지를 정복하는 것과 비슷했다. 이와 같은 혼돈은 오히려 그가 더 높은 곳으로 올라가도록 박차를 가하는 역할을 했다. 혼돈의 야생성을 길들이려면 곱절로 더 열심히 일해야 했기 때문이다.

그래서 우리는 그의 사업 초기 몇 년을 살펴봄으로써 이후 그의 모든 행동을 견인한 동기가 무엇인지 엿볼 수 있다. 그것은 지독히도 모든 것을 통제하고 싶은 욕구였다. 그는 어렵고 복잡한 과제일수록 더욱더 굴하지 않고 에너지를 끌어내 목표를 이뤘다. 그리고 이 첫 번째 욕구로부터 역시나 중요한 두 번째 욕구가 만들어졌다. 바로 자신의 공격적 행동을 세상과 자기 자신에게 정당화하고 싶은 욕구였다. 록펠러는 신앙심이 깊은 사람이었다. 그는 자신의 행동을 견인한 것이 사람들을 통제하고 싶은 욕구와 거기에 필요한 막대한 돈을 확보하려는 욕구라고 생각하면서 살아갈 수는 없었다. 그것은 자신을 너무나 추하고 영혼 없는 사람으로 만드는 일이었다.

그런 생각을 억누르려고 록펠러는 '공격자의 내러티브'라고 불러줄 만한 것을 만들었다. 그는 자신이 힘을 키우려는 이유가 뭔가 더 고귀한 목적을 위한 것이라고 스스로를 설득해야 했다. 당시 개신교도들 사이에는 돈을 많이 버는 것이 곧 신의 은총을 받은 신호라는 믿음이 있었다. 부(富)가 있으면 신앙심 깊은 개인은 다시 공동체에 환원하고 같은 교구의 주민들을 지원하는 사업을 도울 수 있었다. 그러나 록펠러는 여기서 한 발 더 나아갔다. 그는 석유업계에 질서를 세우는 것이 마치 우주의 질서를 세우는 것처럼 신성한 임무라고 생각했다. 그는 미국 가정에 예측 가능성과 값싼 석유를 가져다주기 위한 십자군 원정에 올라 있었다. 스탠더드오일을 독점 기업으로 만드는 것은 그의 깊은 종교적 확신과 완벽하게 맞아 떨어지는 일이었다.

진심으로 이것을 믿었기에 그는 무자비하게 경쟁자들을 뒤에서 조종하거나 망쳐놓고, 입법자들에게 뇌물을 주고, 법을 짓밟으면서도 양심에 거리낌을 느끼지 않았다. 스탠더드오일의 가짜 경쟁사를 만들어내고, 장기적으로 본인에게 도움이 될 폭력적 파업을 일으키고 이용할 수 있었다. 펜실베이니아철도의 경우 같은 예를 통해 알 수 있다. 이 내러티브를 믿었기 때문에 그는 더욱더 기운을 내고 공격적이 될 수 있었고, 그를 상대하는 사람들은 반대로 혼란을 느꼈다. '어쩌면 저 사람이 하는 일이 뭔가 좋은 일일지도 몰라. 어쩌면 저 사람은 악마가 아닐지도 몰라.'

마지막으로, 모두를 통제하고 싶다는 그의 꿈을 실현하기 위해 록펠러는 사람이나 사람의 심리를 아주 잘 읽는 사람으로 거듭났다. 본인이 마주치는 다양한 경쟁자들을 판단할 때 그가 가장 중요시한 자질은 경쟁자가 가진 상대적 의지력과 회복력이었다. 그는 사람들의 보디랭귀지와 행동 패턴을 보고 그런 자질을 감지했다. 대부분의 사람은 이들 자질이 약하다는 게 그의 판단이었다. 사람들은 대개 매일매일 바뀌는 감정에 끌려 다닌다. 그들은 인생이 무난하기를 바라고 저항이 최소화되는 길을 택한다. 그들은 긴 전투를 감당할 배짱이 없다. 그들은 돈이 가져다주는 쾌락과 편이를 위해 돈을 벌려고 한다. 요트와 저택을 사기 위해 돈을 번다. 그들은 힘 있는 사람으로 보이고 싶고 자존심을 만족시키고 싶어 한다. 상대를 겁나게 하거나, 혼란스럽게 만들거나, 좌절시키거나, 손쉬운 출구를 보여주면 그들은 더 강력한 의지를 가진 그에게 항복한다. 상대가 화를 내면 더 좋다. 분노는 금세 타오르는 기질이 있는데, 록펠러는 늘 장기전을 펼치기 때문이다.

각각의 적수를 만났을 때 록펠러가 어떻게 대응했는지 보라. 클라크를 상대할 때는 그의 거만함을 키워주고 일부러 그를 짜증나게 만들어서 록펠러 자신을 제거하기 위한 경매에 선뜻 동의하게 만들었다. 결과에 대해 깊이 생각해보지 않게 만들었다.

페인 대령의 경우 그는 허영심 많고 탐욕스러운 사람이었다. 충분한 돈과 근사한 직책을 주면 그는 만족하면서 록펠러에게 정유공장을 내놓을 사람이었다. 다른 정유공장 소유주들의 경우는 SIC라는 편리한 유령을 활용해 불확실한 미래에 대한 공포를 주입했다. 그들을 고립시키고 약화시킨 다음 패닉에 빠지게 만들었다. 그렇다. 그의 장부에 있는 대로 록펠러의 정유공장이 이윤율이 더 높았던 것은 사실이다. 그러나 다른 소유주들은 록펠러 역시 자신들과 마찬가지로 부침이 많은 석유 사업 때문에 위태로운 처지라는 사실을 미처 생각하지 못했다. 록펠러가 펼치는 작전에 맞서 그들이 단결할 수 있었다면 록펠러에 대항할 수도 있었을 것이다. 하지만 그들은 이미 너무 감정적인 상태여서 똑바로 생각할 수 없었고 손쉽게 정유공장을 내놓았다.

스콧의 경우 록펠러는 그가 성급한 사람이라 판단했다. 그는 한참 우위에 있는 그의 사업에 스탠더드오일이 위협이 된다는 사실에 분노했다. 록펠러는 스콧과의 전쟁을 환영했고 엄청난 양의 현금을 확보해 결전에 대비했다. 그래서 스콧보다 더 오래 버틸 수 있었다. 록펠러가 비상식적인 방법으로 상대를 화나게 만들수록 스콧은 점점 더 발끈해 신중함을 잃어갔다. 그 결과 그는 철도 파업을 힘으로 누르려는 지경까지 갔고 결국 이것은 그의 위치를 오히려 더 약화시켰다.

벤슨을 상대할 때도 그가 어떤 유형인지 알아차렸다. 벤슨은 본인의 기발한 생각에 푹 빠져서 스탠더드오일을 가장 먼저 무찌른 사람으로서 관심을 받고 싶어 했다. 벤슨의 앞길에 장애물을 설치하면 할수록 그는 오히려 더 필사적으로 매달릴 테고 그의 재무상태는 악화될 터였다. 록펠러의 끈덕진 압박에 그가 지쳤을 때쯤 마지막에 가서 돈을 주고 사버리면 간단한 일이었다.

추가적인 방법으로 록펠러는 항상 상대가 성급해지고 조바심을 느끼게 전략을 짰다. 클라크의 경우 경매에 대한 계획을 세울 시간이 하루밖에 없었다. 정유공장 소유주들은 공장을 팔지 않으면 몇 달 내에 망할 운명이었다. 스콧과 벤슨은 서둘러 전투를 끝내지 않으면 돈이 다 떨어질 상황이었다. 그래서 이들은 더 감정적이 됐고 제대로 전략을 세우기가 힘들었다.

이 점을 알아야 한다. 당신도 당신 분야에서 록펠러 같은 사람을 언제든지 마주칠 수 있다. 이런 유형을 '원시적 공격자'와 대비시켜 '세련된 공격자'라고 부르기로 하자. 원시적 공격자는 아주 쉽게 흥분하는 유형이다. 누가 그의 열등감이나 약점을 자극하면 곧장 폭발한다. 그들은 자제심이 부족하기 때문에 살면서 크게 성공하지 못하는 편이고, 많은 사람들을 괴롭히고 상처를 준다. 세련된 공격자는 그보다 훨씬 교묘하다. 그들은 최고의 위치까지 올라가 내려오지 않을 수도 있다. 자신의 수법을 감추고, 관심을 다른 데로 돌리고, 사람들의 감성을 가지고 놀 줄 알기 때문이다. 그들은 대부분의 사람이 대치 상황이나 장기전을 좋아하지 않는다는 사실을 안다. 그래서 그들은 상대에게 겁을 주거나 지레 지쳐 나가떨어지게 만든다. 그들은 본인의 공격성뿐만 아니라 우리의 유순함을 이용한다.

당신이 만나게 될 세련된 공격자가 꼭 록펠러처럼 성공한 사람이란 법은 없다. 그는 당신의 상사일 수도 있고, 라이벌일 수도 있고, 이제 막 치고 올라오는 모사꾼 동료일 수도 있다. 그들을 알아볼 수 있는 간단한 신호가 하나 있다. 그들은 특별한 재능을 통해서가 아니라 공격적 에너지를 주된 무기로 목적지에 도달한다는 사실이다. 그들은 업무의 질보다는 권력을 축적하는 것을 중시한다. 그들은 그 어떤 경쟁이나 도전도 뭉개버리고 본인의 위치를 사수하기 위해서라면 못할 일이 없다. 그들은 권력을 나눠 갖는 것을 좋아하지 않는다.

이런 유형을 상대하다 보면 화가 나거나 무서워서 상대의 존재를 더 과장되게 인식하고 그들 손에 놀아나는 경향이 있다. 상대의 사악한 성격에 집착한 나머지, 상대가 실제로 뭘 하려는지 면밀히 살피지 못하게 된다. 종종 우리는 그들이 투영하는 겉모습이나 강한 상대일 것 같다는 착각, 공격적이라는 평판에 무릎을 꿇고 만다. 이들을 상대하는 방법은 감정적 온도를 내리는 것이다. 먼저 상대에 대한 신화나 전설이 아니라 그 사람 개인을 보라. 상대의 주된 동기가 무엇인지 이해하라. 그들은 주위 환경과 주변 사람들에 대한 통제력을 갖는 것이 목적이다. 록펠러의 경우에서 보듯이 그들이 통제력에 대한 욕구로 덮어 감추고 있는 이면에는 겹겹이 쌓인 초조함과 불안이 있다. 우리는 그 안에 있는 겁먹은 어린아이를 보아야 한다. 예측 불가능한 것만 보면 겁에 질려버리는 어린아이 말이다. 그러면 상대를 있는 그대로 볼 수 있고, 상대에게 주눅 들지 않을 수 있다.

그들은 우리의 생각과 감정을 통제하고 싶어 한다. 상대에게 그런 힘을 주지 마라. 내 감정이 아니라 상대의 행동과 내 전략에 집중하라. 상대의 진짜 목표를 분석하고 예측하라. 상대는 당신에게 아무 선택권이 없다는 생각을 주입하고 싶어 한다. 항복을 피할 수 없으며 그게 상황을 빠져나갈 최선의 길이라고 말이다. 그러나 우리에게는 언제나 선택권이 있다. 설혹 상대가 나의 상사여서 지금은 투항해야 하더라도, 내면의 독립성을 유지한 채 상사가 실수를 하거나 약해질 때를 대비한 계획을 세울 수 있다. 상대의 약점이 무엇인지 당신이 알고 있는 사항을 활용해 그들을 끌어내려라.

상대가 들려주는 그의 논리, 관심을 딴 데로 돌리려는 간사한 시도를 간파하라. 상대는 종종 고결한 척하거나 자신이 다른 악의 무리의 희생자라도 되는 것처럼 자신을 포장할 수도 있다. 상대가 더욱 확신에 차서 이야기할수록 뭔가를 숨기고 있다는 신호다. 종종 그들은 매력적이거나 카리스마 넘치게 보일 수도 있다는 사실을 기억하라. 그런 겉모습에 현혹되지 마라. 상대의 행동 패턴을 보라. 과거에 다른 사람들을 등쳐먹은 사람이라면 지금도 그러는 중일 것이다. 아무리 상냥하고 매력적으로 보이더라도 절대로 그런 사람을 동업자로 들이지 마라. 그들은 열심히 일하는 당신 등에 업혀가다가 주도권을 빼앗을 것이다. 그들의 실질적 강점과 공격적 의도를 현실적으로 평가하는 게 최선의 방어책이다.

공격자들에 대항해서 조치를 취하려고 할 때는 그들만큼 세련되고 교묘해져야 한다. 상대와 직접 붙으려고 하지 마라. 그들은 너무나 집요하다. 그들은 통상 정면 대결에서 당신을 압도하기에 충분한 힘을 보유하고 있다. 당신은 상대보다 한 수 앞서 나가야 한다. 상대가 예상치 못한 공격 방향을 찾아야 한다. 그들의 설명에 숨어 있는 위선이나 상대가 그동안 사람들에게 숨기려고 했던 과거의 더러운 행적을 폭로하겠다고 위협하라. 당신과의 싸움이 생각보다 출혈이 크겠다는 느낌이 들게 하라. 당신도 기꺼이 더러운 술수를 쓸 수 있다는 것, 하지만 오직 방어적인 입장에서만 그렇게 하겠다는 것을 보여줘라. 당신이 특별히 영리한 사람인데 비해 상대적으로 약하고 노출된 사람처럼 보인나면 미리 준비해놓은 사항을 상대가 성급하게 공격하게끔 미끼를 던져라. 종종 가장 현명한 전략은 그들의 손에 놀아났던 사람들과 연대해 힘을 키우고 숫자의 우위를 만들어내는 것이다.

공격자들이 종종 원하는 대로 얻어가는 이유는 당신이 지금 그들과 싸우면 잃을 게 너무 많다고 생각해 겁을 내기 때문임을 명심하라. 그러나 당신은 지금이 아니라 장기적으로 무엇을 잃게 될지 계산해야 한다. 그들이 지배 우위를 갖게 되면 당신은 당신 분야에서 영향력을 키우거나 사업을 확장할 수 있는 여지가 줄어든다. 그들에게 맞서지 못한 것 때문에 당신의 품위나 자존감도 훼손될 것이다. 순순히 항복하는 게 습관이 되어 당신의 행복이 철저히 망가질 수도 있다. 오히려 공격자의 존재를 당신의 투지를 자극하고 자신감을 키울 수단으로 활용하라. 공격자에 맞서 그를 능가하는 것은 인간으로서 우리가 누릴 수 있는 가장 만족스럽고 명예로운 경험이 될 수도 있다.

사람들은 사랑을 바라는 온화하고 상냥한 존재가 아니다. 그저 공격을 받아
자신을 지키는 게 아니다. 강력한 공격 욕망은 그들의 타고난 재능의 일부라
고 봐야 한다.

– 지그문트 프로이트

| • 인간 본성의 열쇠 • 공격성은 모든 인간에게 잠재되어 있다 |

우리는 나 자신이 비교적 평화롭고 유쾌한 사회 구성원이라고 생각하고 싶어
한다. 우리는 뼛속까지 사회적 동물이어서 나 자신이 내가 속한 공동체에 협
조적이고 충성한다고 스스로를 설득해야 한다. 하지만 가끔 우리는 누구나 이
런 자기평가에 반하는 행동을 한다. 직장 생활이 위태롭다거나 누가 내 커리
어를 가로막고 있다고 느끼는 순간이 바로 그런 때가 될 수 있다. 아니면 내가
한 일에 대해 마땅히 받아야 할 관심이나 인정을 받지 못했다고 믿는 순간이
그런 때일 수도 있다. 혹은 경제적으로 불안정해졌을 때일 수도 있다. 아니면
연애나 결혼생활에서 상대의 행동을 바꾸려 했으나 실패하고 좌절했다거나
버림을 받을 것 같다고 느끼는 순간일 수도 있다.

이런 좌절과 분노, 불안, 공포, 조바심에서 우리는 갑자기 나 자신이 평소답
지 않게 단호해진 것을 발견한다. 내 직장을 사수하기 위해 약간 극단적인 일
을 했을 수도 있고, 나를 방해하는 동료를 밀어냈을 수도 있다. 쉽고 빠르게 돈
을 벌기 위해 뭔가 의심스러운 책략을 썼을 수도 있고, 관심을 받으려고 무리
를 했을 수도 있다. 우리는 호전적이 되고 배우자를 통제하려 들고, 앙심을 품
고 소셜 미디어에서 누군가를 공격하기도 했다. 그런 순간 우리는 선을 넘을

만큼 공격적이 된다. 흔히 이렇게 행동할 때 우리는 내 행동을 스스로에게, 그리고 다른 사람들에게 정당화한다. '다른 선택이 없었다. 위협을 느꼈다. 부당한 대우를 받고 있었다. 사람들이 도와주지 않고 나를 해치려고 했다. 내가 먼저 그런 것이 아니다.' 이런 식으로 우리는 내가 상상하는 평화로운 존재라는 나 자신에 대한 평가를 계속 유지할 수 있었다.

우리가 눈치채는 경우는 거의 없지만 우리의 공격 성향이 표면화되는 좀 더 교묘한 사례들도 관찰할 수 있다. 나보다 더 공격적인 위압적인 존재를 만났을 때 우리는 종종 내가 평소보다 더 고분고분하게 구는 것을 발견하곤 한다. 상대가 힘 있는 사람이라면 심지어 다소 알랑거릴지도 모른다. 그러나 나보다 약하거나 순한 것이 분명한 사람들을 만났을 때는 종종 내 안의 사자 같은 구석이 무의식적으로 튀어나오기도 한다. 상대를 돕기로 결정하지만 어쩌면 거기에는 경멸이나 우월감이 함께 섞여 있을 수도 있다. 우리는 그들을 도우려고 하면서, 그들의 삶을 이래라 저래라 하면서, 나의 조언을 강압적으로 밀어붙이며 다소 공격적이 된다. 혹은 상대에 대해 별로 동정심을 느끼지 않는 경우라면 어떤 식으로든 내 목적을 위해 상대를 이용해야겠다는, 함부로 다뤄야겠다는 기분이 들지도 모른다. 이런 것들은 모두 무의식적으로 일어난다. 일반적으로 우리는 이것을 공격성으로 경험하지는 않지만, 그럼에도 불구하고 나의 내면의 강인함을 상대와 비교하면서 어쩔 수 없이 나의 공격 수준을 낮추거나 높이게 되고 만다.

이런 '내가 생각하는 나'와 '종종 나타나는 나의 실제 행동' 사이의 분열을 친구나 동료, 뉴스에 나오는 사람들의 행동에서 발견할 수도 있다. 직장에서는 분명히 남들을 밀어내고 권력을 잡는 사람들이 있다. 어쩌면 내가 한 일의 공을 가로채고, 내 아이디어를 훔쳐가고, 나를 프로젝트에서 배제하고, 권좌에 있는 사람들과 더 강력하게 한 편을 먹을 수도 있다. 소셜 미디어를 보면 사람들이 분노하고 공격하고 남을 끌어내리면서 기뻐하는 모습을 볼 수 있다. 권력자의 아주 작은 흠집을 목격한 언론이 얼마나 대단한 에너지를 내는지, 이후 어떤 광란이 따르는지 쉽게 볼 수 있다. 영화나 게임에서 횡행하는 폭력이 엔터테인먼트로 둔갑하는 것을 관찰할 수 있다. 그러는 동안 누구도 그게 공격적이라고 인정하지 않는다. 사실 사람들은 그 어느 때보다 얌전하고 진보적으로 '보인다'. 분열은 매우 깊다.

이것은 다음과 같은 뜻이다. 과거에도 현재에도 인간은 수많은 폭력과 공격을 저지를 수 있었다는 것을 우리 모두가 알고 있다. 세상에는 사악한 범죄자와 탐욕스럽고 비양심적인 사업가, 호전적인 협상가, 성폭행범이 있다는 것을 우리는 알고 있다. 그러나 우리는 그런 사례와 우리 자신 사이에 엄격한 선을 긋는다. 내가 공격적인 순간과 남들의 저런 극단적 순간에 관해 그 어떤 형태의 스펙트럼도 상상할 수 없게끔 강력한 벽을 세워둔다. 사실 우리는 나 자신만 제외하고 더 강한 공격을 묘사하는 뜻으로 저런 단어들을 정의한다. 호전적이고, 먼저 시작했고, 공격적인 사람은 늘 내가 아니라 상대방이다.

이는 인간 본성을 아주 깊이 오해하는 것이다. 공격은 모든 개인에게 잠재한 성향이다. 그것은 인간이라는 종(種)에 새겨져 있는 성향이다. 우리가 지구상에서 발군의 동물이 된 것은 바로 이 공격적인 에너지, 그리고 그것을 보충해준 지능과 교활함 덕분이다. 우리가 문제를 공략하고, 내가 살기 쉽도록 환경을 바꾸고, 불의에 맞서 싸우고, 대규모로 무언가를 만들어내는 과정에서 이 공격성을 떼어낼 수는 없다. '공격(aggression)'이라는 단어의 라틴어 어원은 '앞으로 내딛다'라는 뜻이다. 이 세상에서 자신의 주장을 내세우거나 무언가를 만들어내거나 변화시키려고 할 때 우리는 바로 이 에너지를 활용하고 있는 것이다.

공격은 긍정적 목적에 이바지할 수 있다. 동시에 특정 상황에서 이 에너지는 우리가 반사회적인 행동을 하거나 너무 많은 것을 움켜쥐거나, 남들을 함부로 다루게 만들 수도 있다. 이렇게 긍정적인 부분과 부정적인 부분은 동전의 양면이다. 분명히 사람들 중에는 남보다 더 공격적인 사람이 있지만 누구나 공격의 부정적 측면으로 빠져들 수 있다. 인간의 공격성은 일종의 스펙트럼이고 누구나 그 스펙트럼 위에 한 자리를 차지하고 있다.

우리의 진짜 본성을 알지 못하면 많은 문제가 야기된다. 우리는 무슨 일이 벌어지는지 깨닫지도 못한 채 부정적 의미에서 공격적으로 변할 수 있고, 도를 넘은 것에 대한 책임을 져야 할 수도 있다. 아니면 나 자신의 적극적 충동을 불편하게 여기고 그 때문에 벌어질 수 있는 곤란을 아는 탓에 공격성을 억누르며 겸손과 선량함의 귀감이 되려고 하다가 오히려 행동에서 수동적 공격 성향을 더 많이 드러낼지도 모른다. 공격적 에너지는 부정할 수도, 억누를 수도 없다. 어떤 식으로든 드러날 것이다. 그러나 자각하고 있다면 우리는 이 에너지를 통제해 생산적이고 긍정적인 목적에 쓸 수 있다. 그러려면 인간의 모든 공격성의 근원과 그것이 부정적으로 변하는 과정, 그리고 왜 어떤 사람은 남들보다 더 공격적인지를 알아야 한다.

인간의 공격성은 무력감에서 온다

다른 동물들과는 달리 인간은 영원불멸의 존재가 아니고 언제든 죽을 수 있다는 사실을 자각한다. 의식적으로, 무의식적으로 이 생각은 평생 뇌리를 떠나지 않는다. 우리는 삶에서 내 위치가 결코 안전하지 않다는 사실을 자각한다. 종종 내가 통제할 수 없는 이유로 직장이나 사회적 지위, 돈을 잃을 수 있다. 주위 사람들 역시 예측불가능하다. 결코 주위 사람들의 생각을 읽을 수도, 그들의 행동을 예측할 수도, 그들의 지지를 전적으로 믿을 수도 없다. 우리가 믿었던 사람들은 종종 약속을 이행하지 않는다. 우리는 사랑이나 재미, 자극에 대한 타고난 욕망이 있고, 이런 욕망을 원하는 방식으로 만족시키는 것은 종종 나의 통제 범위 밖에 있다. 게다가 누구나 유년기의 상처에서 유래한 특정한 불안을 가지고 있다. 어떤 사건이나 사람이 이런 불안을 자극해 오래된 상처를 다시 헤집어놓으면 우리는 특히나 약하고 위태로워진 기분이 든다.

인간은 수많은 원천에서 나온 무력감 때문에 끊임없이 괴로워한다는 뜻이다. 이 감정이 너무 강하거나 너무 오래 지속되면 참기 힘들어질 수 있다. 우리는 의지를 가진 동물로서 권력을 갈망한다. 이런 권력욕은 사악하거나 반사회적인 것이 아니다. 그것은 우리가 근본적으로 나약하고 상처받기 쉬운 존재라는 것에 대한 자각에서 나온 자연스러운 반응이다. 요컨대 우리 행동의 많은 부분을 좌우하는 것은 주변 환경을 통제해보려는 시도다. 내가 하는 일과 내가 얻는 것 사이의 연관성을 느껴보려는 시도다. 내가 다른 사람이나 사건에 대해 어느 정도는 영향력을 행사할 수 있음을 느껴보려는 시도다. 이런 것들은 무력감을 상쇄해주고 삶의 불확실성을 어느 정도 참을 수 있게 만들어준다.

우리는 이런 욕구를 만족시키기 위해 확고한 직업 기술을 개발해 커리어를 확보하고 미래를 통제한다는 느낌을 가져보려 한다. 또한 사회적 능력을 개발해서 다른 사람과 함께 일하고 남들의 애정을 얻고 그들에 대해 어느 정도의 영향력을 가져보려 한다. 재미나 자극에 대한 욕구의 경우 일반적으로 스포츠나 엔터테인먼트, 섹스처럼 우리 문화가 제공하거나 수용할 수 있는 다양한 활동을 통해 그런 욕구를 만족시키려고 한다.

이 모든 활동은 우리가 갈망하는 것에 대해 통제력을 갖는 데 도움을 주지만, 특정한 한계도 인식할 것을 요구한다. 직장이나 인간관계에서 그런 힘을 갖고 싶다면 참을성을 가져야 한다. 억지로 되지는 않는다. 어떤 직위를 확보하거나, 진정한 창의력을 개발하거나, 다른 사람에게 영향력을 미치고 그들에게 매력을 끄는 법을 알아내려면 시간이 걸린다. 지켜야 할 사회적 코드가 있고 심지어 법률도 있다. 출세하기 위해 아무 짓이나 할 수는 없다. 사람들이 내가 원하는 행동을 하게끔 강요할 수도 없다. 이런 코드나 법률을 '가드레일'이라고 부른다면, 우리는 조심스럽게 이 가드레일 안에 머물러야만 권력을 얻으면서도 동시에 호감과 존경을 받을 수 있다.

그러나 어떤 순간에는 이런 한계를 받아들이는 게 어려울 때가 있다. 우리는 원하는 만큼 빨리 출세하거나 빨리 돈을 모을 수가 없다. 우리는 내가 원하는 만큼 남들이 내게 협력하게 만들 수 없고, 그래서 좌절한다. 혹은 어린 시절의 오래된 상처가 갑자기 다시 열리기도 한다. 애인이 관계를 끝내려고 하는 것이 예상된다면 부모의 냉담함에서 비롯된 버려지는 것에 대한 커다란 두려움이 자극되어 상당히 공격적으로 변하면서 쉽게 과잉반응을 하거나, 어떻게든 상대를 조종해 보려고 애쓰며 상대를 통제하려 들 수도 있다. 사랑의 감정이 종종 적대감과 공격으로 바뀌는 이유는 사랑에 빠졌을 때 가장 의존적이고 상처받기 쉽고 무력하다고 느끼기 때문이다.

이런 경우에는 더 많은 돈이나 권력, 사랑, 관심에 대한 갈증이 우리가 가진 참을성을 압도한다. 그러면 우리는 가드레일 밖으로 나가려는 유혹을 느낄 수도 있다. 암묵적 코드와 심지어 법을 위반하는 방식으로 권력과 통제력을 가지려고 들 수도 있다. 하지만 대부분의 사람들은 선을 넘으면 불편이나 양심의 가책을 느낀다. 우리는 허둥지둥 다시 가드레일 안으로 들어가고 다시 평소에 하던 방식으로 권력이나 통제력을 발휘하려고 한다. 그런 공격적 행동은 살면서 언제든 나타날 수 있지만, 그게 패턴이 되지는 않는다.

그러나 이에 해당하지 않는, 보다 고질적으로 공격적인 사람들이 있다. 보통 사람이 종종 느끼는 무력감이나 좌절감이 그들에게는 더 자주 더 깊이 찾아온다. 이들은 불안하고 위태로움을 만성적으로 느끼기 때문에 비상한 정도의 힘과 통제력으로 그것을 상쇄해야 한다. 그들의 권력욕은 너무나 급박하고 강력해서 그들은 통상적 한계를 인정할 수가 없다. 그 어떤 양심의 가책이나 사회적 책임도 뛰어넘는다.

여기에 어떤 유전적 요소가 있을 수도 있다. 유아 연구를 전문으로 했던 정신분석학자 멜라니 클라인은 어떤 아기들은 다른 아기들보다 확실히 더 초조하고 탐욕스럽다는 사실을 발견했다. 태어난 지 며칠 되지 않았을 때부터 이 아기들은 마치 공격하듯이, 다 말려버릴 듯이 엄마젖을 빨았다. 이 아기들은 다른 아기들보다 더 많은 관심과 애정을 필요로 했다. 울거나 짜증을 부리면 멈추게 하기가 불가능할 정도였다. 이 아기들은 지속적 히스테리에 가까울 정도로 높은 수준의 무력감을 느꼈다.

그런 아기들이 다수는 아니었지만 충분히 자주 볼 수 있었다. 클라인은 만성적으로 공격적인 사람들이 탐욕스러운 아기의 성인 버전일 수 있겠다고 추측했다. 이들은 그냥 타고나기를 주변 모든 것을 남들보다 훨씬 더 많이 통제하고 싶어 했다. 이들은 상처나 시기심이라는 감정을 더 오래 곱씹었다. '왜 남들이 나보다 많이 가진 거지?' 약간이라도 본인이 통제력을 상실하고 있는 것처럼 느껴지면 그들은 그 위협을 과장하고, 거기에 과잉반응하고, 필요 이상으로 집착하는 성향을 가졌다.

어린 시절 가정 내의 분위기도 결정적 역할을 할 수 있다. 정신분석학자이자 작가인 에리히 프롬(Erich Fromm)에 따르면 지나치게 고압적인 부모의 경우 자녀의 권력욕이나 독립 욕구를 탄압하고, 그런 자녀들은 나중에 남들에게 군림하거나 폭군처럼 구는 경우가 많았다. 어린 시절에 매를 맞은 경우 성인이 됐을 때 매질이나 신체적 학대에 의존하는 경우도 많았다. 이런 식으로 그들은 어린 시절 강요당했던 수동성을 어른이 되어서는 뭔가 능동적인 것으로 바꾸었다. 공격적 행동을 통해 어린 시절 간절히 원했던 통제하고 있다는 느낌을 얻었다.

그런 성향을 갖게 된 원인이 뭐였든 간에, 이들은 가드레일 안으로 서둘러 돌아가지 않는다. 오히려 지속적으로 공격적인 행동에 의존한다. 이들은 사회적으로 용인되는 방식을 통해 자신의 욕망을 충족시키기에는 의지가 유달리 강하고 인내심은 유달리 부족하다. 이들은 정상적인 방식으로 자극을 얻는 것이 너무 따분하다고 느낀다. 이들은 더 강력하고 더 즉각적인 것을 원한다. 이들이 원시적인 유형이라면 범죄적 행동에 의존하거나 대놓고 남을 괴롭히는 사람이 될 수도 있다. 더 세련된 유형이라면 이런 행동을 어느 정도 자제하고 필요할 때만 사용하는 법을 배울 것이다.

이 말은 곧 인간의 공격성이 단순히 남을 해치거나 남의 것을 빼앗고 싶은 충동으로부터 비롯된 것이 아니라 근원적 불안으로부터 유래했다는 의미다. 공격적 행동을 취하려는 충동이 생기기 전에 공격자는 무의식적으로 무력감과 초조함을 처리하고 있다. 이들은 종종 실제로 존재하지 않는 위협을 느끼거나 위협을 과장한다. 이들은 본인이 감지한 타인의 공격을 차단하기 위해 혹은 본인의 통제를 벗어날 수도 있다고 느끼는 상황을 지배하기 위해 행동을 취한다. 또한 이런 감정은 긍정적 유형의 공격을 유발하기도 한다. 부당한 상황과 싸워야겠다거나 뭔가 중요한 것을 만들어야겠다는 감정에는 초조함이나 불안이 선행한다. 그래도 이것은 긍정적 목적을 위한 통제 시도다. 주위에서 만성적 공격자를 살펴볼 때는 근원적 불안이나 깊은 상처, 어린 시절 느꼈던 무력감의 반항을 찾아보아야 한다.

다음과 같은 흥미로운 현상이 있다. 남을 지배하는 사람들은 종종 어떤 형태의 반대도 극도로 참지 못한다. 이들은 본인의 위대함이나 우월함을 끊임없이 상기시키는 아첨꾼에게 둘러싸여야 한다. 이런 유형이 정치적 힘을 갖게 되면 부정적 여론은 억압하고 자신에 관한 말을 통제하려고 든다. 이렇게 비판에 대해 극도로 예민한 것은 내면이 훨씬 약하다는 신호로 보아야 한다. 내면에서부터 정말로 강한 사람은 개인적으로 위협당한다는 기분을 느끼지 않고 비난이나 열린 토론을 감당할 수 있다. 일반적으로 공격자나 권위주의적인 유형은 끊임없이 터프함과 확신에 찬 모습을 투영해서 그런 내면의 근원적 나약함을 은폐하는 데 전문가다. 그러나 우리는 그들의 그런 겉모습을 간파하고 내면의 위태로움을 보아야 한다. 그러면 공격자들이 흔히 자극하려고 하는 두려움이나 주눅 드는 감정을 조종하는데 큰 도움이 된다.

만성적 공격자의 경우에는 우리가 반드시 이해해야 할 중요한 자질들이 있다. 첫째, 공격자는 무력감이나 초조함을 잘 견디지 못한다. 우리에게 좌절감이나 불안을 유발할 수 있는 것이 종종 감정의 방아쇠가 되어 그들에게는 훨씬 더 강력한 반응이나 분노를 유발할 수 있다. 만성적 공격성이 여성보다 남성에게서 훨씬 흔한 이유는 바로 이 때문일 것이다. 심리학자들은 남자들이 여자보다 의존성이나 무력감이라는 감정을 잘 감당해내지 못한다는 사실을 남자 유아를 통해 목격했다. 남자들은 일반적으로 직장 혹은 다른 곳에서 본인의 지위를 더 불안해한다. 남자들은 또한 끊임없이 본인의 주장을 내세우고 타인에게 끼치는 자신의 영향력을 가늠하려고 한다. 이들의 자존감은 권력이나 통제, 자기평가에 대한 존중의 감정과 깊은 관련이 있다. 그래서 종종 남자에게 공격적 반응을 자극하는 것이 더 쉽다. 어찌 되었든 공격자는 우리보다 더 민감하다는 사실을 우리는 늘 자각하고 있어야 한다. 또한 상대가 그런 유형임을 알게 되면 그들의 자존감에 의문을 제기하거나 그들을 비판해서 무심코 그들의 분노 반응을 자극하지 않도록 특히 조심해야 한다.

또 하나 공격적인 행동의 흔한 측면은 쉽게 중독될 수 있다는 점이다. 노골적이고 즉각적인 방식으로 본인의 욕망을 드러내고 본인의 조종을 통해 사람들을 최대한 이용하면서 공격자는 아드레날린이 한껏 분비되는데 이게 중독이 될 수 있다. 이들은 자극과 흥분을 느낀다. 그에 비해 사회적으로 더 쉽게 용인되는 방식으로 지루함을 달래는 것은 뜨뜻미지근하게 보일지 모른다. 쉽게 돈을 버는 데서 오는 스릴은 분명 미심쩍은 투자를 하는 월스트리트 브로커나 무언가를 훔치는 범죄자처럼 대단히 중독적이다. 언뜻 보면 이는 자기파괴적으로 보일 수 있다. 각각의 공격적 폭발로 인해 더 많은 적과 의도치 않은 결과가 만들어지기 때문이다. 그러나 공격자는 감히 도전하는 사람이 거의 없을 만큼 점점 더 위협적인 행동을 하는 데 능한 경우가 많다.

종종 그렇게 해서 '공격자의 함정'이라는 현상으로 이어지기도 한다. 힘을 더 많이 가지고, 더 큰 제국을 만들고, 공격받을 수 있는 지점이 늘어날수록 그들은 더 많은 경쟁자와 적들을 걱정해야 한다. 그래서 그들은 점점 더 공격적이 되고, 점점 더 많은 권력을 얻는다(록펠러는 분명 이런 원리에 휘말려든 경우였다). 그들은 또한 이런 행위를 그만두면 자신이 약해 보일 거라고 느낀다. 공격자가 우리에게 무슨 말을 하고 그들의 의도를 뭐라고 위장하든 간에 그들이 과거의 행동 패턴을 현재에도 계속 이어갈 것임을 깨달아야 한다. 왜냐하면 그들은 거기에 중독되어 있음과 동시에 함정에 빠져있기 때문이다. 우리는 그들을 상대할 때 절대로 순진하게 생각해서는 안 된다. 저들은 수그러들지 않는다. 만약 저들이 한 발 물러났다면 그것은 일시적인 행동일 뿐이다. 저들이 이 핵심적인 행동 패턴을 바꿀 수 있는 경우는 거의 없다.

우리는 또한 공격자들이 주위 사람을 이용할 대상으로 보고 있다는 사실도 알아야 한다. 타고난 공감능력이 약간은 있을지 몰라도 권력과 통제력에 대한 욕구가 너무 강하기 때문에 그들은 순전히 매력과 사교 능력에만 기댈 만큼의 참을성이 없다. 원하는 것을 얻기 위해서라면 남을 이용해야 하고, 이것은 곧 습관이 되어 이전에 혹시 있었을지도 모를 그 어떤 공감능력조차 하잘것없게 만들어버린다. 이들은 지지자와 제자가 필요하기 때문에 귀담아 듣고 때때로 타인을 칭찬하고 은혜를 베푸는 훈련을 한다. 그러나 그들이 종종 보여주는 매력은 오직 다른 효과를 노리는 것일 뿐, 그 안에 인간적 따뜻함은 거의 없다. 그들이 우리의 말에 귀를 기울일 때는 우리의 의지력이 얼마나 강한지 가늠해보고 자신의 목적에 어떻게 활용할 수 있을지 보고 있는 것뿐이다. 그들이 칭찬하거나 호의를 베푼다면 더 큰 함정에 빠뜨리고 위태롭게 만들기 위한 수단일 뿐이다. 우리는 이런 사실을 비언어적 신호에서 알아볼 수 있다. 그들의 눈은 우리를 꿰뚫어보고 우리의 이야기에는 거의 빠져들지 않는다. 저들이 매력을 부리려고 할 때에도 거기에 어떤 목적이 있는지를 자각하고 절대 넘어가지 않도록 해야 한다.

공격자들은 분명히 사회적으로 부정적인 성향을 수없이 드러냄에도 불구하고, 권력을 찾는 그들의 여정을 도와주기에 충분할 만큼의 추종자를 끌어들이는 경우가 흔하다는 것은 참으로 흥미로운 일이다. 이런 공격자에게 끌리는 사람들은 깊이 자리한 그들만의 이슈가 있다. 좌절된 '본인의' 공격적 욕망 말이다. 이들에게는 공격자의 자신감과 때로는 뻔뻔스러움이 상당히 흥분되고 매력적으로 느껴진다. 이들은 공격자의 내러티브와 사랑에 빠지고 리더의 공격성에 감염돼 다른 사람들, 아마도 자기 아래에 있는 사람들에게 그 공격성을 휘두른다. 하지만 이런 환경은 피곤할 수밖에 없고, 공격자 밑에서 일하는 사람들은 계속해서 자존감에 타격을 입는다. 공격자 주위를 살펴보면 이직률은 높고 사기는 저하되어 있다. 고대 그리스의 극작가 소포클레스는 이렇게 말했다. "폭군의 조정에 나아가는 자는 누구나 자유인으로 갔다가 노예로 전락할 것이다."

인간 본성의 법칙을 공부하는 학생으로서 우리의 과제는 다음과 같다. 첫째, 당신 자신도 공격적 성향을 갖고 있다는 현실을 더 이상 부정해서는 안 된다. 우리는 누구나 연속적인 공격성의 스펙트럼 위 어디쯤에 위치한다. 물론 이 스펙트럼의 아래쪽에 있는 사람도 있을 것이다. 그런 사람들은 아마도 본인이 원하는 것을 얻을 수 있다는 자신감이 결여되어 있거나, 아니면 단순히 에너지가 부족한 사람일 수도 있다. 그러나 많은 사람들은 이 스펙트럼에서 중간보다 위쪽에 위치하며 비교적 강한 수준의 의지를 갖고 있다. 이 강한 에너지는 어떤 식으로든 소모되어야 하는데, 그 방향은 주로 셋 중 하나가 될 것이다.

첫째, 이 에너지를 일에 쏟아부을 수 있다. 끈기 있게 무언가를 성취하는 데 사용할 수 있다(통제된 공격성). 둘째, 이 에너지를 공격적 행동 또는 수동적인 공

인간 본성의 법칙

격적 행동에 쏟을 수 있다. 마지막으로, 우리는 이 에너지를 내면을 향하게 해서 일종의 자기혐오를 가질 수도 있다. 분노와 공격성을 나 자신의 실패로 향하게 하면서 '내면의 훼방꾼'을 활성화시킬 수 있다(더 자세한 내용은 16장 후반부 참조). 우리는 내가 나의 강한 에너지를 어떻게 감당하는지 분석해야 한다. 스스로를 판단해보는 한 가지 방법은 내가 잘 통제할 수 없는 상황에 처해 좌절하거나 불확실성을 느낄 때 그 상황을 어떻게 감당하는지 살펴보는 것이다. 나는 에너지를 밖으로 뿜으면서 화를 내고 긴장하고 나중에 후회할 짓을 하는가? 아니면 그 분노를 내면화해서 점점 침울해지는가? 당신이 가드레일을 벗어났던 순간들을 살펴보고 분석하라. 당신은 스스로 생각하는 것만큼 그렇게 평화롭고 온화하지 않다. 당신이 그런 행동을 하도록 몰아간 것이 무엇인지 보라. 그리고 그런 시기에 당신은 어떻게 당신의 행동을 합리화했는지 살펴보라. 이제는 약간의 거리가 생겼으니 당신도 그런 합리화를 꿰뚫어볼 수 있을 것이다.

우리의 목표는 이런 강한 에너지를 억누르는 게 아니라 그게 우리를 앞으로 나아가게 만든다는 사실을 자각하고 생산적인 방향으로 돌리는 것이다. 당신은 사람들에게 뭔가 영향을 미치고 싶고, 권력을 갖고 싶은 깊은 욕구를 가지고 있다는 사실을 스스로 인정할 필요가 있다. 그리고 그런 욕구를 실현하려면 더 높은 사회적 능력과 기술적 능력을 개발하고, 인내심과 회복력을 증가시킬 필요가 있다. 타고난 강한 에너지를 길들이고 절제해야 한다. 이런 에너지를 우리는 '통제된 공격성'이라고 부를 수 있다. 통제된 공격성은 우리가 대단한 일들을 이룰 수 있게 해줄 것이다(더 상세한 내용은 16장 마지막 부분 참조).

두 번째로 우리가 해야 할 일은 주변 사람들의 공격성을 관찰하는 데 달인이 되는 것이다. 예를 들어 직장 내부를 살펴본다면 사람들이 가진 서로 다른 수준의 의지들이 끊임없이 싸우고 있는 전장을 머릿속에 그려보라. 그렇게 충돌하는 의지의 화살표들이 서로 마구 교차하고 있다고 말이다. 더 적극적인 사람들이 꼭대기까지 오르는 것으로 보이지만, 그들도 어쩔 수 없이 자기보다 높은 곳에 있는 사람에게는 항복의 신호를 내보인다. 이것은 침팬지에게서 찾아볼 수 있는 위계서열과 크게 다르지 않다. 사람들의 말이나 그들이 내세우는 겉모습에 초점을 두지 말고 그들의 행동과 비언어적 신호에 집중한다면 상대가 내뿜는 공격성의 정도를 대략 감지할 수 있다.

이런 현상을 바라볼 때는 관용적 태도를 가지고 사람들을 바라보는 것이 중요하다. 누구나 선을 넘어본 경험이 있고, 평소보다 더 공격적이 되었던 때가 있다. 환경 탓이었던 경우도 많을 것이다. 힘 있고 성공한 사람들의 경우 지금 세상에서 높은 수준의 공격성과 약간의 배후 조종 없이 높은 자리에 오르는 것은 불가능하다. 대단한 일을 이루었으니 그들이 종종 지독하게 굴거나 적극적 태도를 보였던 것도 용서해줄 수 있다. 당신이 결정해야 할 사항은 상대가 만성적 공격자인가 하는 점이다. 상대는 약간의 비판이나 도전조차 참지 못하는 사람인가? 과도한 통제 욕구를 가진 사람인가? 끊임없이 더 많이 갖고 싶어서 당신을 집어삼킬 사람인가?

상대에게서 숨길 수 없는 신호를 찾아보라. 첫째, 오랜 세월에 걸쳐 유난히 적을 많이 만들어온 사람이라면 분명히 그럴 만한 이유가 있을 테고 그 이유는 그가 들려준 이야기와는 다를 것이다. 상대가 그의 행동을 정당화하는 방식을 면밀히 살펴보라. 공격자들은 자신을 십자군 원정에 나선 사람으로 포장하는 경향이 있다. 그렇게밖에 행동할 수 없는 무슨 천재인 양 행동한다. 그들은 자신이 대단한 예술을 하고 있고 평범한 사람들을 돕는 반면 자신의 앞길을 막아서는 사람은 부정하고 사악하다고 말한다. 그들은 록펠러가 그랬던 것처럼 자신만큼 많이 비판받고 조사받은 사람이 없다고 주장할 것이다. 자신은 공격자가 아니라 희생양이라고 말할 것이다. 저들의 내러티브가 더 시끄럽고 극단적일수록 당신이 상대하고 있는 사람은 만성적 공격자라고 확신해도 좋다. 저들이 하는 말보다는 그들의 행동과 과거 행동 패턴에 초점을 맞춰라.

더 교묘한 신호들도 찾아보라. 만성적인 공격자들은 강박적 성격을 가진 경우가 많다. 꼼꼼한 습관을 가지고 완벽하게 예측 가능한 환경을 만드는 게 그들이 통제력을 유지하는 방법이다. 어떤 대상이나 사람에게 집착한다는 것은 그것을 통째로 집어삼키고 싶다는 욕망을 가리킨다. 비언어적 신호에도 주목하라. 록펠러는 길에서 한 사람도 그냥 지나치는 것을 참지 못했다. 공격자 유형은 그런 물리적 집착이 언제나 중심에 있다. 어찌 되었든 이런 신호는 빨리 발견할수록 더 좋다.

일단 상대가 이 유형임을 깨달았다면 있는 힘을 다 쥐어짜내서라도 정신적으로 이들과 멀어져야 한다. 당신의 감정적 반응에 대한 지배권을 되찾아야 한다. 종종 공격자와 마주하게 되면 처음에는 현혹되는 기분을 느끼거나 심지어 어느 정도 마비가 되는 듯한 기분이 들 수도 있다. 마치 눈앞에 뱀이 한 마리 있는 것처럼 말이다. 그러다가 상대가 한 짓을 알게 되면 우리는 감정적이 된다. 화가 나고, 분노하고, 겁이 덜컥 난다. 일단 당신이 그런 상태에 접어들고 나면 상대는 당신이 더 이상 생각을 못하고 무의식적 반응만 하도록 만들기가 쉬워진다. 당신의 분노는 아무런 생산적 결과를 낳지 못한다. 오히려 시간이 지나면서 응어리나 좌절감으로 바뀔 뿐이다. 당신의 유일한 해답은 한 발 한 발 그들의 주문으로부터 멀어질 방법을 찾는 것이다. 저들의 작전을 간파하고 저들의 동력이 되는 기저에 있는 나약함이 무엇인지 고민해보고 저들의 본모습을 봐라. 저들이 설치하는 한눈팔 거리에 신경 쓰지 말고 늘 저들의 목표, 저들이 쫓는 것이 무엇인지에 초점을 맞춰라.

그들과 한바탕 전투를 피할 수 없다면 절대로 직접 대치하거나 공공연하게 도전하지는 마라. 만약 상대가 세련된 유형이라면 그는 온갖 교활한 수단을 동원해 당신을 끝장내려고 할 것이다. 그들은 수그러들 줄을 모른다. 저들과 싸울 때는 늘 간접적으로 상대해야 한다. 틀림없이 그들이 숨기고 있는, 상처받기 쉬운 부분이 어디인지 찾아보라. 그 부분은 미심쩍은 명성일 수도 있고, 용케 잘 숨겨온 과거의 더러운 행적일 수도 있다. 그들의 내러티브에 허를 찔러라. 뭘 숨기고 싶어 하는지 알면 그들이 당신을 공격하지 못하게 겁낼 만한 강력한 무기를 손에 쥐게 된다. 저들이 가장 두려워하는 것은 통제력을 상실하는 것임을 기억하라. 당신이 어떤 행동을 하면 통제를 벗어나는 연쇄적 사건을 일으켜 저들을 겁줄 수 있을까 생각해보라. 저들은 당신에게 쉽게 이길 수 있다고 확신하고 있을 텐데 갑자기 훨씬 더 큰 비용을 치러야 하는 것처럼 보이게 만들어라.

공격자들은 일반적으로 당신과의 싸움에서 본인이 얼마든지 자주, 멀리 가드레일 밖으로 나갈 수 있다는 점을 이점으로 삼는다. 그들은 더 많은 선택지를 가지고 더 많은 더러운 술수로 당신을 놀라게 만들 수 있다. 협상을 할 때 마지막 순간에 모든 규칙을 위반하면서 이미 동의했던 사항 중 뭔가를 바꾸어 뒤통수를 칠 것이다. 여기까지 왔으니 협상을 날려버리고 싶지 않을 당신이 양보할 것임을 알기 때문이다. 저들은 루머와 허위정보를 뿌려 물을 흐리고 당신을 본인만큼이나 수상쩍게 보이게 만들 것이다. 이런 배후 조작을 예상하고 공격자들이 당신을 놀라게 만들 요소를 모두 차단하도록 노력하라.

그리고 가끔은 당신 자신도 기꺼이 가드레일 밖으로 나가 모험을 할 의향이 있어야 한다. 물론 당신에게 이것은 일시적인 것이고 방어적 수단이다. 당신도 속임수를 연습해서 저들이 눈을 돌리게 만들 수 있다. 실제보다 약하게 보여서 저들이 당신을 공격하게 미끼를 던진 다음, 저들이 나쁜 사람으로 보이게 만들면서 미리 준비해둔 정교한 반격을 펼치는 것이다. 심지어 당신도 루머를 살포할 수 있다. 그러면 저들은 마음의 평화가 깨질 것이다. 왜냐하면 저들은 다른 사람이 역으로 자신에게 그런 술수를 쓰는 데 익숙하지 않기 때문이다. 어찌 되었든 걸린 게 아주 많다면 당신의 순수함을 유지하는 것보다는 공격자를 무찌르는 게 더 중요하다는 사실을 잘 계산해야 한다.

마지막으로 우리가 세 번째로 해야 할 일은 인간 본성에 포함되어 있는 아주 실질적인 공격적 성향을 부정하지 말고 그게 인류의 미래를 위해 어떤 함의를 가질 수 있는지 생각해보는 것이다. 공격 성향을 부정하는 당신은 아마도 두 가지 신화 중 하나를 믿고 있을 것이다. 첫 번째 신화는 오래 전에 인간이 평화를 사랑하는 동물이었고, 자연이나 동료 인간들과 조화를 이루고 살았다는 신화다. 말하자면 '고상한 야만인', '순진무구한 수렵 – 채집꾼' 신화다. 여기에는 문명이 사유 재산과 자본주의의 발달을 가져오면서 평화로운 인간을 공격적이고 이기적인 동물로 바꿔놨다는 뜻이 함축되어 있다. 이는 우리의 사회 형태 탓이라는 게 그 신화의 내용이다. 좀 더 평등한 정치, 사회적 시스템을 개발하면 우리의 타고난 선함과 평화를 사랑하는 본성으로 돌아갈 수 있다고 말한다.

그러나 인류학과 고고학에서 최근에 발견된 내용을 보면 우리 조상들(문명이 있기 수만 년 전의 조상들)이 지금 못지않은 잔혹함으로 사람을 죽이는 전쟁을 벌였다는 사실이 속속 증명되고 있다. 그들이 평화로운 존재였다고 보기는 힘들다. 또한 여러 토착 문화가 음식과 거처를 찾아 끝없이 돌아다니느라 수많은 동식물을 파괴한 사례도 수없이 많다. 그 때문에 수많은 종이 멸종했고 어느 지역의 숲 전체가 훼손되기도 했다(더 자세한 내용은 로렌스 H. 킬리의 《원시전쟁》과 재레드 다이아몬드의 《제3의 침팬지》 참조). 이런 문화에서 인간의 협동력은 피비린내 나는 싸움을 위해 사용된 경우도 많았다.

오늘날 더 널리 퍼져 있는 또 다른 신화는 우리가 과거에는 폭력적이고 공격적이었을지 몰라도 지금은 그것을 넘어 진화하고 있고 훨씬 더 아량 있고 계몽되었으며 선한 본성의 인도를 받고 있다는 신화다. 그러나 인간의 공격성을 알려주는 신호는 이 시대에도 과거 못지않게 만연하다. 그 증거로 전쟁은 끝없이 계속 펼쳐지고 있고, 민족 말살행위가 벌어지고, 국가 간의 혹은 국가 내 민족 간의 적대관계는 21세기가 되어도 오히려 증가하고 있다. 전쟁과 관련해 기술의 대단한 힘은 우리의 파괴력만 더 높여놓았다. 환경 파괴 문제는 이에 대한 각성에도 불구하고 오히려 상당히 악화됐다.

최근 전 세계적으로 권력과 부의 불평등이 심화되어 거의 수백 년 전 수준에 근접하고 있다는 사실에도 주목해야 한다. 이런 불평등이 인간 사회에서 계속 재현되는 이유는 권력이나 부를 축적하는 문제에 있어 단순히 남보다 더 공격적인 사람들이 틀림없이 존재하기 때문이다. 그 어떤 규칙이나 법률로도 이것을 멈출 수는 없어 보인다. 힘 있는 자들은 그들에게 유리하게 규칙을 만든다. 기업 공격성의 신호라고 볼 수 있는 스탠다드오일로 대표된 19세기의 독점 성향은 최신 산업에 딱 맞게 모습을 바꾸었다.

과거에 사람들이 처형식에 참석했던 것은 엔터테인먼트의 일종이었다. 지금 우리는 그 정도까지는 아닐지 몰라도, 그 어느 때보다 많은 사람이 리얼리티 쇼나 뉴스에서 남들이 창피를 당하는 모습을 보고 즐기고 있고, 게임과 영화에서는 살인과 피 튀기는 장면을 신나게 아주 적나라한 모습으로 묘사한다. 심지어 유머에서조차 점점 더 공격성이 드러나고 있다.

기술이 발달하면서 우리의 공격적 욕망을 표현하고 충족시키는 일은 더 쉬워졌다. 물리적으로 사람들을 대면할 필요가 없는 인터넷 상에서는 그만큼 더 적대적이고 과열되고 인신공격적인 논쟁과 비난이 오간다. 인터넷은 새롭고 강력한 무기를 또 하나 만들어냈다. 바로 사이버전쟁이다. 늘 그래왔듯이 범죄자들은 기술을 차용해 더 창의적인 방식으로 범죄를 저지르고 더 쉽게 빠져나간다.

인간의 공격성은 최신 미디어와 기술 혁신에 맞춰서 스스로를 표현하고 분출할 창구를 찾는다. 100년 후 통신은 또 어떤 발명품을 내놓든 간에 역시나 같은 운명을 겪을 것이다. 귀스타브 플로베르(Gustave Flaubert)가 말했던 것처럼, "진보에 대해 하고 싶은 말이 있으면 얼마든지 해라. 호랑이의 송곳니를 뽑아서 죽밖에 못 먹는다고 해도 가슴속은 여전히 육식동물이다."

개인이나 집단에서 인간의 공격성은 무력하고 위태롭다고 느낄 때 드러나거나 과열되는 경향이 있다. 통제하고 싶고 영향을 미치고 싶은 조바심이 증

인간 본성의 법칙

가할 때 말이다. 점점 더 많은 사람들과 집단이 이렇게 느끼고 있기 때문에 앞으로는 이런 경향이 늘면 늘었지 줄어들지는 않을 것이라 예상할 수 있다. 전쟁은 더 추잡해질 것이다. 불안은 커질 테고, 정치 집단 간에, 문화 간에, 세대 간에, 남녀 간에 대치는 늘어날 것이다. 그리고 인간이 스스로에게나 세상에게 자신의 공격성을 정당화할 방법도 더 정교하고 훌륭해질 것이다.

공격성을 부정하는 성향은 그 어느 때보다 더 강하다. 더 공격적이고 파괴적인 쪽은 늘 상대방, 상대편, 다른 문화다. 다른 편이 아니라 우리 자신이라는 것, 시대와 문화를 초월한 우리 모두라는 것을 이제는 인정해야 한다. 우리 본성의 이 부분을 인정할 때에만 그것을 넘어설 방법을 생각하기 시작이라도 해볼 수 있을 것이다. 발전을 생각해볼 수 있으려면 각성이 먼저다.

수동적 공격자로부터 우리를 보호하는 법

대부분의 사람은 정면대결을 두려워한다. 우리는 어느 정도 공손하고 사교적으로 보이고 싶어 한다. 그러나 종종 어떤 식으로든 내 주장을 펼치지 않고서는 원하는 것을 얻는 게 불가능할 때가 있다. 아무리 마음이 맞더라도 사람들은 고집을 피우고 저항할 수 있다. 그리고 때로는 그토록 공손하고 옳아야만 하는 데서 비롯된 내면의 긴장을 모두 풀어놓는 게 필요하다. 그래서 누구나 간접적으로 내 주장을 펼치면서 최대한 교묘하게 영향력을 발휘하고 통제력을 얻기 위한 행동을 한다. 누군가 연락을 해왔을 때 살짝 시간을 지체한 뒤 답을 보내는 것은 약간의 무시를 표현하기 위한 것일 수 있다. 겉으로는 칭찬하는 듯하면서도 상대가 신경이 쓰이도록 살짝 비꼬거나 의심을 주입하기도 한다. 때로는 상당히 중립적으로 받아들일 수도 있는 말이지만 목소리의 톤이나 화가 난 표정을 통해 상대의 죄책감을 자극하기도 한다.

우리는 이런 형태의 공격을 '수동적 공격'이라고 부를 수 있다. 수동적 공격을 할 때는 '능동적으로' 배후 조종을 하거나 타인에게 영향력을 미치려고 하지는 않으면서 그저 내 본모습인 듯한 외관을 만들어낸다. 이때 우리는 겉으로 보이는 것만큼 그렇게 수동적이지 않다. 우리의 마음 한구석에서는 내가 응답을 늦게 하고 있고, 비꼬는 말을 하고 있다는 사실을 알면서도 나 자신이나 상대에게는 내가 결백한 척하는 것이다. 인간은 그렇게 상충하는 생각을 동시에 가질 수 있다. 일반적으로 말해서 이렇게 일상적인 수동적 공격은 그냥 사회생활의 짜증나는 한 부분으로 치부해야 한다. 누구나 결백할 수 없는 부분으로 말이다. 예의를 차리는 사회에 만연한, 이렇게 낮은 정도의 수동적 공격은 최대한 용인해야 한다.

그러나 사람들 중에는 고질적으로 수동적 공격을 가하는 사람들이 있다. 더 능동적인 공격자들과 마찬가지로 이들은 대개 높은 에너지 수준과 통제 욕구를 가지고 있지만 동시에 노골적인 대치를 두려워한다. 이들의 부모는 압제적이거나 태만한 사람이었던 경우가 많다. 수동적 공격은 그들이 벌을 받지 않으면서 동시에 관심을 받거나 본인의 의지를 관철시키는 방법이었다. 이런 행동은 어른이 되어서도 그들의 패턴이 됐고, 종종 이들은 어린 시절에 효과가 있었던 같은 전략을 되풀이해서 사용한다. 수동적 공격자를 면밀히 관찰해보면 어른의 가면 뒤로 사람을 조종하는 어린아이가 보이기도 한다.

사생활이나 직장에서 이런 만성적 유형이 활동한다면 그들이 조금씩 조금씩 수동적으로 공격하는 전략이 시간이 지나면 효과를 낼 수도 있다. 이들은 애매모호하고 알쏭달쏭하게 구는 데 선수다. 이들이 나를 공격하고 있는 것인지 절대로 확신할 수 없다. '어쩌면 내 착각이거나 내게 피해망상이 있는 거겠지.' 이들이 직접적으로 공격한다면 우리는 화를 내고 저항했겠지만 이들은 간접적으로 접근해서 혼란의 씨를 뿌린다. 그리고 그런 혼란을 틈타 권력을 잡고 상황을 통제한다. 정말로 이러한 전략을 잘 구사하는 사람이 우리의 감

인간 본성의 법칙

정을 파고든다면 우리 인생은 비참해질 수도 있다.

적극적으로 공격하는 유형은 일반적으로 때로는 상당히 수동적 공격 성향을 보일 수도 있다는 사실을 기억하라. 록펠러는 분명히 그랬다. 이들에게 수동적 공격이란 그저 통제력을 갖기 위한 시도의 추가적인 무기일 뿐이다. 어찌 되었든 수동적 공격자들로부터 우리 자신을 보호하는 핵심 방법은 상대가 뭘 하려는 것인지 최대한 빨리 파악하는 것이다.

다음에 소개하는 것은 그런 공격자들이 사용하는 가장 흔한 전략과 그에 대한 대처법이다.

교묘한 우월성 전략

친구나 동료, 직원이 만성적으로 늦는데 늘 논리적으로 말이 되는 변명을 가지고 있고 진심으로 보이는 것 같은 사과를 한다. 아니면 비슷하게 회의나 중요한 날짜, 데드라인을 자꾸 잊어버리면서 흠잡을 데 없는 변명을 가지고 있다. 이런 행동이 계속 반복된다면 당신은 점점 짜증이 날 것이다. 하지만 당신이 따지고 들려고 하면 상대는 판을 뒤집어서 당신이 깐깐하고 몰인정한 사람인 것처럼 보이게 만든다. 그들은 자신의 잘못이 아니라고 말한다. 머릿속이 너무 복잡하고, 사람들이 너무 압박감을 주고, 자신은 괴팍한 예술가여서 그렇게 짜증나는 세부사항을 다 챙길 수가 없고, 정신을 차릴 수가 없다고 말한다. 심지어 스트레스를 더한다며 당신까지 비난할 수도 있다.

이런 행동은 그 뿌리를 살펴보면 본인이 어떤 식으로든 우월하다는 것을 당신과 자기 자신에게 분명히 하려는 욕구가 있는 것이다. 만일 그들이 당신보다 자신이 우월하다고 말했다면 오히려 조롱과 망신을 당했을 것이다. 그러나 그들은 교묘히 당신이 그렇게 '느끼기를' 바란다. 그러면서 자신이 뭘 하는 것인지는 부정할 수 있게 처신한다. 당신을 열등한 위치에 놓는 것은 일종의 통제력이고, 그들은 그렇게 둘 사이의 관계를 정의하려는 것이다. 상대의 사과보다는 패턴에 주목해야 한다. 그러면서 상대가 변명을 댈 때 비언어적 신호를 보라. 마치 문제는 당신이라는 듯이 목소리 톤이 투덜대는 투일 것이다. 진정성이 결여된 것을 위장하기 위해 사과의 말은 더욱 과장될 것이다. 결국 그런 변명 속에서는 자신이 잊어버렸다는 사실이 중심이 아니라 본인 인생의 다른 문제점들을 더 많이 이야기할 것이다. 저들은 정말로 미안한 것이 아니다.

만약 이런 행동이 만성적이라면 화를 내거나 공공연히 짜증을 표시해서는 안 된다. 수동적 공격자들은 당신을 약 올리는 것을 즐기기 때문이다. 그러지 말고 차분하고 교묘한 방식으로 그들의 행동을 그대로 보여줘라. 그들이 어떻게 하고 있는지 남들이 주목하게 만들고 가능하다면 약간 망신을 당하도록 유도하라. 약속을 잡아서 저들이 동요하게 만들거나 아주 늦게 나타나서 진심으로 사과를 하며 약간의 아이러니를 느끼게 해줘라. 이게 대체 무슨 뜻인지 저들을 고민에 빠뜨려라.

저명한 심리치료사 밀턴 에릭슨은 커리어 초창기에 의대 교수였다. 앤이라는 이름의 아주 영리한 학생이 매번 수업 시간에 늦게 나타나 아주 진심으로 거듭 사과를 했다. 그녀는 전과목 A를 받는 학생이었다. 앤은 늘 다음번에는 정시에 오겠다고 약속했지만 한 번도 약속을 지킨 적이 없었다. 그녀 때문에 수업이나 실험을 시작하지 못하고 늦어지기 일쑤여서 다른 학생들이 곤란을 겪었다. 에릭슨의 다른 강좌가 시작하던 첫날 앤은 또 옛날 수법을 써먹으려고 했지만 이번에는 에릭슨이 대비가 되어 있었다. 그녀가 늦게 강의실에 들어서자 학생 전체가 일어나서 그녀에게 경의를 표한다는 듯이 절을 했고 에릭슨도 똑같이 했다. 수업이 끝난 다음에도 그녀가 복도를 걸어가자 학생들은 절을 했다. 메시지는 분명했다. '우리는 널 꿰뚫어보고 있어.' 창피함과 수치심을 느낀 앤은 더 이상 지각하지 않았다.

상사나 뭔가 권력을 가진 사람이 당신을 계속 기다리게 만든다면 그들은 노골적으로 자신이 우월하다는 점을 주장하고 있는 것이다. 최선의 대응은 최대한 차분함을 유지하고, 참을성과 쿨한 면모를 통해 당신의 우월함을 보여주는 것뿐이다.

동정심 유발 전략

어찌된 노릇인지 상대는 늘 희생자다. 비이성적인 적대감과 공정하지 못한 주위 환경과 사회 전체의 희생자다. 이들은 이야기 속의 극적인 느낌을 즐긴다는 것이 눈에 보일 것이다. 본인들만큼 고통받는 사람은 아무도 없다. 면밀히 관찰해보면 남의 문제점을 들을 때는 어렴풋이 지루한 표정을 짓는 것을 감지할 수 있을 것이다. 상대는 이야기에 잘 빠져들지 못한다. 상대가 자신의 무력함을 과대포장하기 때문에 당신은 자연히 동정심을 느낄 테고 그들은 작전이 성공했다 싶으면 당신에게 부탁을 하거나 특별히 잘 봐달라거나 관심을 요구할 것이다. 상대는 이런 종류의 통제력을 쫓고 있다. 그들은 당신의 얼굴에 혹시라도 의심의 신호가 나타나는 것에 극도로 예민하다. 조언이라든가 약간은 자신의 탓이 있을 수도 있다는 이야기를 듣고 싶어 하지 않는다. 저들은 폭발하여 당신도 그를 희생자로 만드는 사람 중 하나라고 분류할 수도 있다.

이 점을 간파하기가 쉽지 않은 이유는 종종 그들이 실제로 이례적인 역경이나 개인적 고통을 겪고 있을 수 있기 때문이다. 하지만 그들은 고통을 자기 쪽으로 끌어당기는 데 선수다. 자신을 실망시킬 배우자를 고른다. 직장에서는 태도가 나빠서 비난을 부른다. 세부적인 것들을 챙기지 않기 때문에 주변이 엉망이 된다. 이것은 운명의 장난을 탓할 게 아니라 그들이 그런 극적인 상황을 원하고 그것을 통해 연명하는 내면의 무언가를 가지고 있기 때문이다. 정말로 희생자인 사람들은 자신의 운명에 대해 어쩔 수 없이 약간의 수치와 창피를 느낀다. 그렇게 느끼는 데는 누군가 불운을 겪을 경우 그 개인이 뭔가 잘못되었을 거라는 오래된 미신의 영향도 있다. 이런 진짜 희생자들은 본인의 이야기를 들려주는 것을 즐기지 않는다. 오히려 그런 이야기를 꺼린다. 반면에 수동적 공격자들은 자신에게 일어난 일을 들려줘서 당신의 관심을 흠뻑 받고 싶어 안달을 부린다.

그 일환으로 수동적 공격자들은 불안 발작, 우울증, 두통 등 다양한 증세나 질병을 드러낼 수도 있다. 그 때문에 그들이 겪는 고통은 더 진짜처럼 보인다. 어린 시절에는 관심과 동정을 받고 싶어서 그런 증상을 억지로 짜낼 수 있었다. 우리는 걱정 때문에 아플 수도 있고 생각을 통해 스스로 우울증에 빠질 수도 있다. 우리가 찾아야 할 것은 패턴이다. 수동적 공격자에게 이런 일이 재발하는 것은 그가 무언가를 필요로 할 때(부탁을 해야 한다거나), 당신이 멀어지고 있다고 느낄 때, 특히 심한 불안을 느낄 때다. 그럴 때 그들은 당신의 시간과 정신적 여유를 잡아먹으면서 부정적 에너지와 욕구를 감염시킨다. 여기서 벗어나기는 아주 어렵다.

이들 유형은 종종 죄책감을 쉽게 느끼는 사람들을 먹잇감으로 삼는다. 예민하고 남을 잘 돌보는 사람들 말이다. 이런 배후 조종을 상대하려면 약간의 거리가 필요한데 쉽지는 않다. 그렇게 할 수 있는 유일한 방법은 그들을 도와주려다가 당신이 낭비하고 있는 시간과 에너지에 대해, 그리고 그들이 당신에게 돌려주는 건 아무것도 없다는 사실에 대해 약간의 분노와 원망을 느끼는 방법뿐이다. 관심과 관련해 둘 사이의 관계는 그들에게 유리한 쪽으로 기울 수밖에 없다. 그게 바로 그들의 권력이다. 내면에 약간의 거리를 만들어본다면 그들을 더 잘 꿰뚫어볼 수 있을 테고, 결국 건강하지 못한 그 관계를 끝낼 수 있을 것이다. 이 점에 대해 미안해할 필요는 없다. 그들이 얼마나 빨리 다른 타깃을 찾아내는지 알면 깜짝 놀랄 것이다.

의존하게 만들기 전략

갑자기 친해진 사람이 있다고 가정해보자. 그는 유달리 당신을 잘 챙겨주고 당신의 안위를 걱정한다. 그는 업무라든지 그 밖의 일까지도 도와주려고 한다. 당신이 겪는 어려움이나 역경에 관해 이야기를 듣고 싶어 한다. 이런 관심을 받아본 게 대체 얼마 만이던가. 당신은 그가 해주는 것에 많이 의존하는 자신을 발견한다. 그러나 이따금 그가 약간 냉담해지는 것을 눈치챘다. '내가 뭘 잘못 말했나, 그럴 만한 행동을 했나' 하며 당신은 머리를 쥐어뜯는다. 사실 당신은 상대가 당신에게 화가 난 것인지조차 확신하지 못하면서 상대를 기쁘게 해주려고 기를 쓰고 있다. 알지도 못하는 사이 서서히 둘의 관계는 역전되고, 동정심과 걱정을 표현하는 쪽은 이제 상대가 아니라 당신인 듯 보인다.

때로는 부모와 자녀 사이에서도 이와 비슷한 관계가 펼쳐진다. 예를 들어 어머니는 딸에게 사랑과 애정을 퍼부어 자신에게서 떨어지지 못하게 만든다. 만약 딸이 어느 시점에 독립성을 발휘하려고 하면 어머니는 그게 마치 자신을 사랑하지 않거나 공격하는 일인 양 반응한다. 딸은 죄책감을 덜려고 자기주장을 하지 않게 되고 본인이 의존하게 된 어머니의 사랑을 더 많이 받으려고 노력한다. 관계 자체가 뒤집어진 것이다. 나중에 어머니는 돈이나 커리어, 애인 등 딸 인생의 전반에 통제력을 발휘한다. 이런 역학관계는 커플 사이에서도 일어날 수 있다.

이 전략이 변형된 한 가지가 약속(도움, 돈, 직장 등)을 열심히 해놓고 좀처럼 지키지 않는 사람들이다. 어찌된 노릇인지 이들은 늘 약속을 잊어버리거나, 일부밖에 이행하지 않으면서도 항상 그럴듯한 이유를 댄다. 당신이 불평을 하면 그들은 오히려 당신이 탐욕스럽거나 상황파악을 못한다고 비난한다. 그러면 당신은 무례했던 것을 보상하려고 혹은 그들이 약속한 것을 일부라도 받아내려고 그들을 쫓아다녀야 한다.

어찌 되었든 이 전략은 다른 사람에 대한 영향력을 획득하는 것이 핵심이다. 의존적으로 바뀐 사람은 많은 것을 필요로 하고 위태로웠던 어린아이의 위치로 돌아가 더 많은 것을 바라게 된다. 그토록 나를 잘 챙겨주던 사람이 그것을 미끼로 사용했다는 것은 상상하기 힘들기 때문에 이들의 전략은 간파하기가 곱절로 어렵다. 만난 지 얼마 되지 않았는데 당신을 너무 세심하게 챙기는 상대는 경계해야 한다. 그것은 부자연스러운 일이다. 보통은 처음 만난 사람은 약간 의심을 가지고 대하는 것이 정상이기 때문이다. 어쩌면 상대는 어떤 식으로든 당신이 그에게 의존하게 만들려는 것일 수 있다. 따라서 상대의 동기를 정말로 헤아릴 수 있을 때까지는 약간의 거리를 유지해야 한다. 상대가 냉담하게 변하기 시작하고 당신은 뭘 잘못했는지 알 수 없다면 상대가 이 전략을 사용하고 있다고 거의 확신해도 좋다. 당신이 약간의 거리를 만들거나 독립성을 유지하려고 할 때 상대가 화를 내거나 당황한다면 둘 사이에는 파워 게임이 벌어지고 있다는 사실을 분명히 알 수 있다. 그런 관계라면 얼른 빠져나오는 것이 최우선 과제가 되어야 한다.

일반적으로 말해서 서로 간의 약속은 경계하도록 하고 거기에 전적으로 의존하지 마라. 약속을 지키지 않는 사람이 있다면 그 사람에게는 그것이 패턴일 가능성이 크다. 그런 사람과는 더 이상 엮이지 않는 것이 최선이다.

의심을 심는 전략

친구라든가 지인이 대화 도중에 슬쩍 당신 자신을 의심하게 만들거나 당신을 모욕하는 것인가 싶은 말을 끼워 넣는다면? 최근 당신이 해낸 결과물을 칭찬하면서 희미한 미소와 함께 이제 많은 관심을 받게 되었다거나 많은 돈을 벌게 되었다는 식으로 당신의 동기가 그런 미심쩍은 것이라고 암시한다. 아니면 약간의 칭찬과 함께 욕을 하는 것처럼 보일 수도 있다. "자네 같은 출신이 참 잘해냈구먼."

프랑스 혁명기 공포정치의 리더 중 한 명이었던 로베스피에르는 이 전략을 아주 잘 썼다. 그는 친구이자 동료 리더인 조르주 당통이 혁명의 적이 된 사실을 알았지만 대놓고 말하고 싶지는 않았다. 그는 다른 사람들에게 슬쩍 그런 말을 던지고, 당통에게는 두려움을 심어주고 싶었다. 한 예로 의회에서 당통이 정부에서의 권한을 이용해 돈을 번다는 비난을 받게 되자 로베스피에르는 친구를 지지하기 위해 벌떡 일어났다. 로베스피에르는 당통을 변호하면서 '주도면밀하게' 당통이 받고 있는 다양한 혐의를 아주 상세하게 모두 다시 언급했다. 그리고 이렇게 결론 내렸다. "당통에 관해 내가 틀린 것일 수도 있지만, 가족을 챙기는 사람으로서 그는 칭찬을 받아 마땅하다고 생각합니다."

이 전략을 살짝 변형한 것이 당신에 관해 뭔가 독한 말을 뱉어놓고는 당신이 화가 난 것 같으면 농담이었다는 식으로 말하는 것이다. "농담도 못하냐?" 그들은 당신이 한 말을 살짝 부정적으로 해석해놓고는 당신이 그 점에 대해 따지면 몰랐다는 듯이 대답한다. "난 그냥 네가 한 말을 그대로 전한 것뿐인데." 그들은 등 뒤에서도 이렇게 무언가를 암시하는 듯한 발언으로 다른 사람들에게 당신에 대한 의심의 씨를 뿌릴 수도 있다. 그들은 또한 당신에 관해 뭔가 나쁜 소식이 있거나 나쁜 평가 혹은 남들의 비판이 있으면 가장 먼저 달려와 알려줄 것이다. 항상 동정심을 표현하면서 남몰래 당신의 고통을 기뻐할 것이다.

이 전략의 핵심은 당신의 기분을 상하게 하고 며칠씩 그가 한 말을 곱씹게 만드는 것이다. 그들은 당신의 자존감에 타격을 입히고 싶어 한다. 가장 흔한 경우는 시기심에서 그렇게 하는 것이다. 최선의 반격은 그들의 그런 발언이 당신에게 아무런 영향도 주지 못한다는 사실을 보여주는 것이다. 차분함을 유지하라. 그들의 어쭙잖은 칭찬에 '동의'하라. 그리고 똑같이 돌려줄 수 있으면 그렇게 하라. 저들은 당신을 약 올리고 싶어 한다. 그런 즐거움을 주지 마라. 당신이 저들을 간파하고 있을 수 있다는 힌트를 흘린다면 저들도 의구심에 빠질지 모르니 당신이 전할 수 있는 교훈이 될 수 있다.

화살 돌리기 전략

뭔가 짜증나고 화나는 일을 하는 사람들이 있다. 당신은 상대에게 이용당한 것 같은 기분이 들 수도 있다. 혹은 뭔가 불쾌한 행동을 그만하라고 이야기했는데도 무시하거나 둔감한 반응을 보이는 사람일 수도 있다. 당신이 짜증을 표현하기도 전에 벌써 상대는 당신의 기분을 감지하고 부루퉁해진 것을 볼 수 있다. 당신이 작정하고 따지고 들면 그들은 말이 없어지거나 상처받거나 실망한 표정을 짓는다. 그러나 후회하는 사람의 침묵은 아니다. 상대는 이렇게 반응할 수도 있다. "그래. 그러시든지. 네 기분이 그렇다니까." 상대의 사과는 당신도 뭔가 잘못된 행동을 했다는 식의 불신을 슬쩍 전달하고 있다.

상대가 정말로 영리한 사람이라면, 당신은 잊어버렸지만 상대는 아직 응어리를 가지고 있는 과거에 했던 말이나 행동을 끄집어내서 당신이 그렇게 무고하지 않다는 사실을 암시할 수도 있다. 당신은 그런 말을 하거나 그런 행동을 한 것 같지 않지만 확신할 수는 없다. 어쩌면 상대는 자신을 변호하기 위해 말을 지어내는 것일 수도 있다. 자극받은 당신이 화를 내면 당신이 적대적이고 공격적이고 부당하다고 비난하기 위해서 말이다.

상대의 반응이 어떻든 간에 당신은 내가 줄곧 잘못해온 것인가 하는 기분이 들 것이다. 어쩌면 내가 과잉반응한 것이거나 과대망상인지도 모른다. 심지어 내가 살짝 제정신이 아닌가 하는 생각이 들 수도 있다. 스스로 화가 났다는 것은 알지만 나 자신의 감정을 신뢰할 수가 없는 지경이 될 수도 있다. 이제 죄책감을 느끼는 쪽은 당신이 된다. 마치 이 긴장상태를 유발한 책임이 당신에게 있는 것처럼 말이다. 이 전략과 관련해 한 가지 더 언급을 하자면 수동적 공격자들은 종종 다른 사람에게 무척 친절하고 공손한 경우도 있다. 하지만 통제하고 싶은 목표물이 당신이기 때문에 게임을 하고 있는 것일 뿐이다. 당신이 느끼는 혼란과 분노를 털어놓으려고 한다면, 상대는 동정을 하는 것이 아니라 두 배로 더 당신을 탓할 뿐이다.

이 전략은 온갖 불쾌한 행동을 은폐하는 수단이다. 그 어떤 비판도 방향을 바꾸고 그를 비난했다는 사실 자체를 후회하게 만들기 위한 수법이다. 이런 식으로 그들은 당신의 감정에 대해 영향력을 행사하고 그 감정들을 본인에게 맞게 조작하면서 아무 벌도 받지 않고 본인이 하고 싶은 대로 멋대로 행동한다. 그들은 보통 사람들이 어릴 때부터 약간의 자극에도 쉽게 죄책감을 느낀다는 사실을 이용하고 있다. 이 전략이 가장 눈에 띄게 사용되는 것은 사적인 관계에서지만, 직장에서도 장황한 형태의 이 전략을 찾아볼 수 있다. 자신이 그 어떤 비판에도 과민하며 그런 일이 있을 경우 극적인 상황을 연출한다는 점을 보여주어 다른 사람이 아예 따지지도 못하게 만드는 사람들이 있다.

이 전략에 맞서려면 상대의 화살 돌리기 전략을 간파하고 거기에 아무런 영향을 받지 않을 수 있어야 한다. 우리의 목표는 상대를 화나게 만드는 게 아니므로 비난을 주고받는 식의 함정에 빠지지 않도록 하라. 이런 극적 상황을 연출하는 데는 저들이 한 수 위이고, 저들은 당신을 괴롭힐 수 있는 힘을 가졌다는 사실을 즐긴다. 차분함을 유지하고 공정하려고 노력하라. 그게 옳아 보인다면 문제에 대한 비난의 일부를 받아들여라. 이런 유형의 사람이 자신의 행동을 반성하게 만들거나 행동을 바꾸게 하는 것은 아주 어렵다는 사실을 깨달아라. 그들은 이런 문제에 너무 과민하다.

우리가 해야 할 일은 적당한 거리를 유지해서 상대를 간파하고 그들과 관계를 끊는 것이다. 그러려면 당신의 과거 감정을 신뢰하는 법을 배워야 한다. 상대가 당신을 짜증나게 하면 상대가 뭘 하는지 적어두고 그의 행동을 기억하라. 그렇게 하면 당신이 실제로 과민반응을 보이는 것인지 알 수 있다. 하지만 과민반응이 아니라면 그렇게 적어둔 내용을 보면서 당신이 미친 것이 아니고 이렇게 계속 되어온 화살 돌리기 전략을 중단시켜야 한다고 스스로를 설득하라. 화살 돌리기를 더 이상 허용하지 않으면 상대는 의욕을 상실하고 이 전략을 더 이상 사용하지 않을지도 모른다. 그렇지 않다면 그런 수동적 공격자와는 서로 얽히는 것을 줄이는 것이 최선이다.

수동적 독재자 전략

당신의 상사는 에너지와 아이디가 넘치고 카리스마를 뿜어내는 듯하다. 다소 어수선한 느낌도 있지만 정상이라고 봐야 한다. 그는 할 일이 너무 많고 너무 많은 책임과 계획을 가지고 있으니 그 모두를 늘 파악하고 있을 수는 없다. 상사는 당신의 도움을 필요로 하고, 당신은 있는 힘을 다 끌어 모아 도움을 제공한다. 당신은 그의 지시사항이라면 특별히 더 귀를 기울여서 듣고 그 지시사항을 이행하려고 노력한다. 종종 상사는 당신을 칭찬해주고 그래서 당신은 더 힘을 내서 일을 한다. 그런데 또 상사는 그를 실망시켰다며 비난을 퍼붓는다. 그러면 이 부분이 칭찬보다 더 마음에 오래 남는다.

당신은 절대로 편안한 마음이 들지 않고 지금 차지한 자리가 당연하다는 기분도 들지 않는다. 상사의 그런 고약한 호통을 피하려면 더 열심히 일하는 수밖에 없다. 상사는 너무나 완벽주의자이고 기준이 높아서 도저히 거기에 부합할 수가 없다. 상사가 뭘 필요로 할지 예상하느라 머리를 쥐어짜내면서 그의 심기를 건드리지 않을까 공포 속에 산다. 만약 상사가 적극적으로 이것저것 명령한다면 그냥 요청받은 대로 따르기만 하면 될 것이다. 그러나 당신의 상사는 수동적이고 기분을 많이 타기 때문에 어쩔 수 없이 몇 갑절 더 열심히 일하면서 그를 기쁘게 해주려고 애쓸 수밖에 없다.

일반적으로 이것은 권력자가 부하에게 많이 쓰는 수법이다. 하지만 이 수법은 사귀는 사이나 부부 사이에서도 적용될 수 있다. 무슨 짓을 해도 기뻐하지 않는 한쪽이 다른 쪽을 독재자처럼 휘두르는 관계다. 이 전략은 다음과 같은 논리에 기초하고 있다. 내가 원하는 게 무엇이고 어떻게 하면 그것을 가져다 줄 수 있는지 사람들이 안다면, 그들은 나에 대해 영향력을 갖게 된다. 사람들이 내 지시를 따르고 내가 시키는 대로 했다면 나는 그들을 비난할 수 없다. 상대가 일관된 모습을 보인다면 나는 점점 상대에게 의존하게 되고, 상대는 나를 떠나겠다고 위협함으로써 나에게서 양보를 받아낼 수 있다. 하지만 정말로 효과가 있는 게 뭔지 상대가 모른다면, 그들은 어떤 행동이 칭찬을 불러오고 어떤 것은 처벌을 받는지 정확히 분간할 수 없다. 그들은 아무 힘이 없고 독립성도 없으므로 상대에게 무슨 일이든 시킬 수 있다. 개를 다룰 때와 마찬가지로 가끔씩 어깨만 한 번 쓰다듬어주면 저들은 더 깊이 나에게 복종할 것이다.

마이클 아이즈너가 제프리 카젠버그를 포함해 주위 모든 사람들에게 독재적 통제력을 발휘한 것은 바로 이 전략을 사용한 것이었다(더 상세한 내용은 11장 참조).

사람들이 이들 독재자를 떠나버려도 그들은 아무렇지 않다. 그 점은 그들이 어느 정도의 독립성을 가지고 있음을 증명하는 것이고, 그들은 더 순종적인(적어도 일시적으로는) 다른 대체자를 찾으면 된다. 이들은 또한 까다로운 행동을 늘려서 특정한 개인을 테스트하거나 일을 그만두게 하거나 복종하게 만들 수도 있다. 이런 독재자는 무력한 어린아이처럼 행동할 수도 있다. 저들은 괴팍한 예술가나 천재 유형이기 때문에 당연히 똑똑하고 정신이 다른 데 팔려 있는 것이다. 저들이 당신에게 도움을 청하고 당신이 더 많은 것을 해주길 바라는 것은 저들의 취약성을 표현하는 것처럼 보인다. 저들은 그런 꾸며낸 나약함을 이용해서 독재자 같은 본인의 추한 본성을 정당화한다.

이런 유형에 맞서서 전략을 짜는 것은 매우 어렵다. 왜냐하면 많은 경우 저들은 당신의 상사이고 당신에게 실질적인 영향력을 행사할 수 있기 때문이다. 저들은 과민하거나 쉽게 화를 내는 경향이 있고, 그래서 어떤 형태로든 저항을 하거나 마음의 거리를 두기가 쉽지 않다. 대놓고 반항한다면 상황은 악화될 뿐이다. 먼저 저들의 전략이 보기보다 의식적이라는 사실을 깨달아야 한다. 저들은 나약하거나 무력한 것이 아니라 교활한 독재자이다. 저들이 한 말이나 행동 중에 조금이라도 긍정적인 것에 연연해하지 말고, 저들의 배후 조종과 가혹한 처사만을 생각하라. 감정적으로 저들과 거리를 둘 수 있으면 저들이 주입하려고 하는 지나친 존재감을 상쇄시킬 수 있다. 하지만 결국에 가면 아무것도 소용이 없을 것이다. 왜냐하면 과민한 저들이 당신의 거리감을 감지한다면 저들의 행동은 더욱더 나빠질 것이기 때문이다. 유일한 진짜 반격은 일을 그만두고 힘을 되찾는 것이다. 그런 학대를 당해도 좋을 만큼 가치 있는 자리는 없다. 그렇게 손상된 당신의 자존감은 회복하는 데 수년이 걸릴 수도 있다.

통제된 공격성

우리는 인간 특유의 강력한 에너지를 타고났다. 그것을 의지력이라고 불러도 좋고 적극성, 심지어 공격성이라고 불러도 좋다. 동시에 우리는 지능과 영리함도 함께 타고났다. 그 가장 순수한 상태는 어린 시절에 본 적이 있다. 이 에너지는 신체적으로뿐만 아니라 정신적으로도 우리를 대담하고 모험적으로 만들었고, 우리는 여러 사상을 탐색하고 지식을 흡수하고 싶어 했다. 우리는 탐험을 함께할 수 있는 친구를 적극적으로 찾아나섰다. 이 에너지 때문에 우리는 문제를 해결하거나 원하는 것을 갖는 데에 다소 집요해지기도 했다. 생각해보면 어린아이들은 종종 대담하게 무언가를 요구하기도 한다. 이 에너지 덕분에 우리는 세상과 새로운 경험에 마음을 열었다. 그리고 충분히 좌절하고 무력감을 느꼈다 싶으면 이 똑같은 에너지 때문에 전에 없이 전투적이 될 수도 있었다.

나이가 들면서 좌절감과 남들의 저항, 권력에 대한 조바심 같은 것들이 쌓여간다. 그래서 우리 중 일부는 만성적으로 공격적인 사람이 될 수도 있다. 하지만 그보다 더 흔한 현상이 하나 있다. 내면에 있는 이 적극적 에너지와 내가

인간 본성의 법칙

공격적인 행동을 할 수 있다는 사실이 불편하게 느껴지고 심지어 겁이 나는 것이다. 적극적이고 모험적인 행동을 하다가 무언가에 실패할 수도 있고 위태롭고 노출된 기분을 느낄 수도 있다. 이 에너지를 너무 많이 드러내면 사람들이 나를 싫어할지도 모르고, 분란을 일으킬 수도 있다. 어쩌면 부모는 우리가 갑자기 공격적 행동을 하는 것에 수치심을 느끼게 만들어 놓았을 수도 있다. 어찌 되었든 우리는 자아의 공격적인 부분을 위험하게 보게 될 수도 있다. 그러나 이 에너지는 사라질 수 없기 때문에 내면을 향하게 되고, 영국의 위대한 심리분석학자 로널드 페어베언(Ronald Fairbairn)이 '내면의 훼방꾼'이라고 부른 것을 만들어낼 수도 있다.

이 훼방꾼은 마치 내면의 박해자처럼 굴면서 계속해서 우리를 심판하고 공격한다. 우리가 뭘 시도해보려고 하면 이 훼방꾼은 실패의 가능성이 있다는 점을 상기시킨다. 우리가 조금이라도 활기를 띠면 찍어 누르려고 한다. 그렇게 되면 타인의 비판에 나를 열어놓는 일이 되기 때문이다. 훼방꾼은 내가 강한 기쁨을 느끼거나 깊은 감정을 표현하는 것도 불편해한다. 우리의 야망을 억누르고, 집단에서는 튀지 말고 어울리라고 한다. 훼방꾼은 우리가 스스로를 보호할 수 있는 내면으로 침잠하기를 바란다. 심지어 우울해지는 일이 있더라도 말이다. 훼방꾼은 우리가 겸손하고 자기를 드러내지 않는 가짜 자아를 세상에 제시하게 만든다. 결국 내면의 훼방꾼은 우리의 에너지를 낮추고 하려는 일에 제동을 걸어 우리가 사는 세상을 더 관리 가능하면서 예측 가능하게 만든다. 하지만 그 세상은 거의 죽은 세상이나 마찬가지다. 불확실성에 대한 통제력을 얻고 싶어 하는 공격자와 방법이 정반대일 뿐 목표는 같은 셈이다.

내면의 훼방꾼은 우리의 정신적 능력을 약화시킬 수도 있다. 내면의 훼방꾼은 우리가 대담하거나 모험적인 생각을 하지 못하게 용기를 꺾는다. 우리는 그게 더 안전하다는 이유로 생각을 제한하고 집단의 통념에 만족한다. 창의적인 사람들은 생각에서 많은 공격성을 보여준다. 그들은 수많은 대안과 혹시나 해결책이 될 수 있는 방법을 찾아 시도해본다. 자신에게서 조금이라도 공격적인 충동을 제거하기 위해 사실상 우리는 창의적 에너지를 좌절시킨다.

이 점을 알아야 한다. 인간이 적극적이고 공격적이라는 사실은 한 번도 문제였던 적이 없다. 그것은 우리의 본성 자체를 문제 삼자는 말이 된다. 이 에너지의 긍정적 측면과 부정적 측면은 동전의 양면일 뿐이다. 부정적 측면을 억누르려고 자신을 내면의 훼방꾼에게 통째로 넘겨주면 긍정적 측면까지 둔화된다. 진짜 문제는 이 에너지를 어른스럽고 생산적이고 친사회적인 방식으로 활용하는 방법을 모른다는 점이다. 이 에너지는 전적으로 인간적이고 잠재적으로 긍정적인 것으로 포용되어야 한다. 우리가 해야 할 일은 이 에너지를 우리 자신의 목적에 맞게 길들이고 훈련하는 것이다. 만성적으로 공격적이거나 수동적 공격성을 띠거나 억눌린 사람이 되는 게 아니라, 이 에너지를 어느 한 곳에 집중시키고 이성적으로 쓰이게 만드는 것이다. 모든 에너지가 그렇듯이 집중적이고 지속적으로 이용한다면 어마어마한 힘을 발휘할 수 있다. 이런 길을 간다면 어린 시절에 갖고 있던 그 순수한 기백을 약간은 회복할 수 있다. 더 대담해지고 온전해지고 진짜가 된 기분을 느낄 수 있다.

다음은 이 에너지에서 긍정적인 사용처를 찾을 수 있는 네 가지 요소다. 우리가 잘 길들이고 활용한다면 진화가 우리에게 선사한 것을 한 발 더 발전시킬 수 있을 것이다.

야망

지금 세상에서 야망이 크다고 하면 약간은 추잡한 것을 인정하거나 너무 자기몰두에 빠져 있다는 뜻이 될 수도 있다. 그러나 어린 시절을 한번 떠올려보라. 당신도 큰 꿈과 야망을 품었을 것이다. 어떤 식으로든 세상에 흔적을 남기려 했을 것이다. 머릿속으로 미래의 영광을 다양하게 그려보았을 것이다. 이는 자연스러운 충동이었고 그때는 전혀 수치심을 느끼지 않았다. 그러다가 나

인간 본성의 법칙 ━━

이가 들면서 이것을 억누르려 했을 것이다. 야망은 숨겨두고 겸손하게 행동했 거나 실제로 꿈꾸는 것 자체를 멈추었을 것이다. 그리고 자기몰두에 빠지거나 그로 인한 비난을 받는 것을 피하려 했을 것이다.

우리 문화에서 야망이 큰 사람이나 그들의 야망을 조롱하는 것은 타인이 이 룬 것을 크게 시기하는 마음에서 나온다. 젊은 시절의 야망을 억누른다는 것 은 당신 자신을 좋아하지도 존중하지도 않는다는 신호다. 더 이상 당신이 한 때 꿈꾸었던 인정이나 권력을 가질 자격이 없다고 믿는다는 뜻이다. 그렇게 한다고 해서 더 어른스러워지는 것은 아니다. 그저 실패할 확률이 늘어날 뿐 이다. 야망을 줄인다는 것은 가능성을 제한하고 에너지를 감소시키는 일이다. 어찌 되었든 야망이 없는 것처럼 보이려고 한다는 것은 당신도 남들처럼 자기 몰두에 빠져 있다는 뜻이다. 그토록 겸손하고 성인군자처럼 구는 게 바로 당 신의 '야망'이고, 당신은 그것을 과시하고 싶은 것이다.

나이가 들어서도 야망을 유지하고는 있는데, 그 야망이라는 것이 너무 모 호한 사람들도 있다. 그들은 성공, 돈, 관심을 원한다. 그렇게 막연하기 때문에 그들은 도통 본인의 욕망을 충족시켰다는 기분을 느끼기가 힘들다. 대체 뭐가 충분한 돈, 성공, 권력이란 말인가? 본인이 정확히 뭘 원하는지 잘 모르기 때 문에 본인의 욕망에 한계를 정할 수 없다. 모든 경우에 다 그런 것은 아니지만, 이 경우 그들은 공격적 행동으로 이어질 수도 있다. 끊임없이 더 많은 것을 원 하고 언제 멈추어야 할지 모르기 때문이다.

대신에 우리가 해야 할 것은 우리 안의 어린아이 같은 부분을 포용하는 것 이다. 최초의 야망을 다시 떠올려보고, 그것을 지금의 현실에 맞추고, 최대한 구체적으로 만드는 것이다. 당신은 마음 깊숙이 가지고 있던 어떤 생각이나 감정을 표현하는 책을 쓰고 싶을 수도 있다. 혹은 늘 관심을 가지고 있던 그 사 업을 시작하고 싶을 수도 있다. 아니면 특정한 대의를 지지하는 문화 운동이 나 정치 운동을 만들어내고 싶을 수도 있다. 이런 구체적인 야망이 좀 거창할 수도 있지만, 정확한 목표점이 어디이고 어떻게 하면 그곳에 도달할 수 있는지 분명하게 시각화할 수 있다. 내가 원하는 게 무엇인지 더 선명하게 보일수록 그것을 실현할 가능성도 높아진다. 당신의 야망에는 도전이 포함될 수도 있지만, 실패를 하기로 작정한 것이 아니라면 당신의 능력보다 너무 높지는 않아야 할 것이다.

목표를 한번 실현하고 나면 새로운 야망, 새로운 프로젝트를 설정하라. 이전에 느꼈던 어마어마한 만족감을 다시 느껴보라. 이 과정을 멈추지 말고 계속해서 위로 올라가며 동력을 쌓아라. 핵심은 야심찬 각각의 프로젝트에 당신이 어느 정도의 욕망과 공격적 에너지를 투입하느냐이다. 자신을 의심하거나 자신에게 공격성을 감염시키지 마라. 당신의 본성과 조화를 이루고 있는 것이며 충분한 보상을 받게 될 것이다.

집요함

갓난아기들을 관찰해보면 아기가 무언가를 원할 때 얼마나 고집스럽고 포기를 모르는지 보게 될 것이다. 우리는 그런 집요함을 타고났다. 하지만 나이가 들고 자신감이 줄어들면서 그런 집요함을 상실하는 경향이 있다. 나중에 문제가 생기거나 어떤 저항을 만나게 되면 종종 다음과 같은 일이 벌어진다. 우리는 에너지를 짜내서 문제에 덤벼든다. 하지만 마음 한구석에서는 의심이 있다. 과연 내가 해결할 수 있을까? 이렇게 스스로에 대한 신뢰가 줄어들어 있기 때문에 문제를 공략할 에너지가 줄어든다. 그러면 원하던 결과는 잘 나오지 않게 되고, 배후의 의심은 더 커지고, 다음번 우리의 행위도 효과가 줄어들게 된다. 그러다 어느 시점이 되면 패배를 인정하고 두 손을 든다. 하지만 그것은 너무 일찍 포기한 것이다. 우리는 겉으로 항복하기 한참 전에 이미 속으로 항복했다.

다음과 같은 점을 반드시 이해해야 한다. 이 세상에 인간의 집요한 에너지에 버틸 수 있는 것은 아무것도 없다. 충분한 힘으로 충분히 때리면 반드시 결과가 나올 것이다. 역사상 이런 식으로 성공했던 인물이 얼마나 많은지 한번 보라. 수년간 고통스러운 집요함을 발휘했기에 토머스 에디슨은 적절한 형태의 전구를 발명하고 마리 퀴리는 라듐을 발견할 수 있었다. 저들은 그냥 남들이 포기한 곳에서 포기하지 않고 그대로 이어갔다. 10년간 밤낮으로 사고실험을 계속하며 가능한 모든 해결책을 탐색해본 결과 알베르트 아인슈타인은 마침내 상대성이론을 생각해냈다. 종교계를 보면 18세기의 고승 하쿠인이 결국 완전한 깨달음에 도달하고 죽어가던 종파를 되살려낼 수 있었던 것은 부단한 집요함으로 20년이 넘게 그 과제에 온몸을 던진 덕분이었다. 하나의 문제 또는 저항에 초점을 맞춰 온 신경을 집중할 수 있었던 것은 공격적 에너지였다.

아기나 과학자, 고승은 무언가를 너무나 간절히 원했기 때문에 아무것도 그들을 막을 수 없었다. 이들은 집요함의 힘을 알고 있었고, 그래서 자기실현적 예언이 되었다. 그 가치를 알기에 그들은 문제를 해결할 에너지와 자신에 대한 신뢰를 끄집어낼 수 있었다. 이들은 한니발의 모토를 채용하고 있다. "길을 찾지 못하면 만들겠다." 당신도 이렇게 해야 한다. 비결은 그 무엇도 당신을 막지 못할 만큼, 당신의 에너지를 줄어들게 하지 못할 만큼 무언가를 간절히 바라는 것이다. 목표에 도달하는 데 필요한 욕망을 당신 안에 가득 채워라. 과거처럼 쉽게 포기하지 못하도록 당신을 훈련하라. 새로운 각도, 새로운 방식으로 계속 공략하라. 마음 한구석의 의심은 거둬버리고 온 힘을 다해 계속 내리쳐라. 포기하지만 않는다면 돌파하지 못할 것은 아무것도 없다는 사실을 알아라. 이런 식의 공격이 지닌 힘을 한번 느끼고 나면 계속해서 이 힘을 사용하게 될 것이다.

겁 없음

우리는 타고나기를 대담한 동물이다. 어릴 때에는 더 달라고 요구하거나 나의 의지를 관철시키는 것이 두렵지 않았다. 여러모로 우리는 대단한 회복력과 겁 없는 태도를 가지고 있었다. 소심함은 대체로 습득된 자질이다. 나이가 들면서 생긴 두려움과 원하는 것을 얻어내는 능력에 대한 자신감을 상실한 결과다. 남들이 나를 어찌 생각할까에 대해 지나치게 신경 쓰게 됐고 내가 내 주장을 내세우면 남들이 뭐라 생각할까를 걱정하게 됐다. 남들의 의심을 내 것으로 만들고 어떤 형태의 충돌이나 대치도 두려워하게 됐다. 그런 것들은 감정을 휘저어놓고 우리가 예측하거나 통제할 수 없는 결과로 이어지기 때문이다. 우리는 물러서는 습관을 키웠다. 그래도 될 때조차 내 감정을 이야기하지 않는다. 우리는 사람들의 해로운 행동에 경계를 설정하는 데 실패했고 자신에게 당연한 존중이나 연봉인상, 승진을 요구하는 것을 어렵게 느낀다. 대담한 기상과 긍정적 형태의 공격성을 상실하는 것은 우리 자아의 깊은 일부를 상실하는 것이고 고통스러울 수밖에 없다.

한때 우리가 가지고 있던 그 겁 없는 태도를 회복하기 위해 한 단계, 한 단계 노력해야 한다. 핵심은 먼저 내가 인생에서 훌륭한 것 더 좋은 것을 받을 자격이 있다고 스스로를 설득하는 것이다. 그 점을 한번 느끼고 나면 일상 상황에서 상대가 몰지각한 행동을 할 경우, 목소리를 내고 말대답을 하는 훈련을 시작하라. 당신 자신을 지키는 방법을 배우는 것이다. 수동적 공격을 하는 사람에게는 그런 행동을 지적할 수도 있다. 상대가 동의하지 않을 의견을 표현해도 좋고, 나쁜 아이디어를 나쁘다고 이야기해도 좋다. 이런 행동을 하는 것에 대해 생각보다 두려워할 필요가 없음을 자주 깨닫게 될 것이다. 어쩌면 존경을 사게 될지도 모른다. 매일매일 작은 방식으로 시도해보라.

이렇게 덜 극적인 상황에서 두려움이 사라지고 나면, 더 큰 시도를 해볼 수 있다. 사람들에게 당신을 잘 대해달라고, 당신이 해낸 훌륭한 작업을 존중해달라고 더 크게 요구할 수 있다. 그럴 때에 불평을 하거나 방어적인 말투를 사용할 필요는 없다. 남을 괴롭히는 사람들에게는 당신이 보기보다 그렇게 유순하거나 남들처럼 그렇게 쉽게 조종을 당하지 않는다는 사실을 분명히 표현하라. 당신도 당신의 이해를 보호하기 위해 그들만큼 집요할 수 있다. 협상을 할 때는 작은 것에 만족하지 말고 대담한 요구를 해서 상대를 어디까지 밀어붙일 수 있는지 확인하는 훈련을 하라.

이렇게 점점 대담해지는 태도는 일에도 적용할 수 있다. 특이한 것을 만들거나 비판이나 실패에 직면하는 것이 예전처럼 두렵지 않을 것이다. 어느 정도의 위험을 감수하고 스스로를 시험해볼 수 있을 것이다. 이런 것들은 모두 위축된 근육과 같이 천천히 쌓아올려야 한다. 그래야 당신이 강해질 때까지 대규모의 전투나 공격적 반응 같은 위험을 겪지 않을 수 있다. 하지만 이렇게 근육을 키우고 나면 자신감이 생겨서 인생의 그 어떤 역경도 두려움 없는 태도로 맞이할 수 있을 것이다.

분노

특정한 유형의 사람을 보고 분노를 느끼는 것은 자연스럽고 건강한 일이다. 부당하게 당신의 발전을 가로막는 사람들, 권력을 가지고 있으나 게으르고 무능한 바보 같은 사람들, 진부한 주장을 너무나 확신에 차서 지지하며 우리의 관점은 이해해보지도 않고 공격하면서 고고한 척하는 비평가들. 리스트는 끝이 없다. 이렇게 분노를 느끼는 것은 강력한 동기 제공 장치가 되어 어떤 행동을 취하게끔 만들어줄 수 있고 귀중한 에너지를 채워줄 수 있다. 우리는 이런 분노를 기꺼이 포용하고 이런 목적을 위해 평생 사용해야 한다. 혹시라도 당신이 주저하거나 분노를 억누를 수도 있는 이유는 분노가 독이 되고 추한 감정인 것처럼 보일 수 있기 때문이다. 우리 문화에서 자주 그렇게 다뤄지는 것처럼 말이다.

분노가 독이 되는 것은 현실과 차단될 때이다. 사람들은 선동가들이 지어내거나 퍼뜨린 막연한 적이나 희생양에 대한 분노로 좌절감을 쏟아낸다. 사람들은 세금이나 글로벌리즘 혹은 모든 역사의 일부였던 변화와 같은 벗어날 수 없는 단순한 현실 뒤에 대단한 음모가 있을 거라고 상상한다. 사람들은 자신이 성공하지 못하고 권력을 갖지 못한 것이 본인의 인내심 부족이나 노력 부족 탓이 아니라 세상의 특정 세력 때문이라고 믿는다. 그들의 분노 뒤에는 생각이라는 것이 전혀 없다. 그래서 아무 결과로도 이어지지 않거나 아니면 파괴적이 된다.

우리는 정반대로 나가야 한다. 당신의 분노는 아주 구체적인 개인이나 세력을 향해야 한다. 그 감정을 분석하라. 당신의 좌절이 당신 자신의 부족함에서 비롯되었다고 확신하는가? 분노의 원인이 무엇이고 어디를 향해야 할지 정말로 이해하고 있는가? 당신의 분노가 정당화될 수 있는지, 어디를 향해야 하는지 결정한 후에는 이 감정을 활용할 최선의 방법을 분석하라. 당신의 적을 무찌를 최선의 전략을 분석하라. 분노를 통제하고 현실적으로 유지하고 문제의 진짜 근원을 향하도록 하라. 처음에 무엇이 그 감정을 유발했는지 전체적 관점을 절대로 잃지 마라.

대부분의 사람들은 어떤 카타르시스를 느끼거나 대단한 항변을 하면서 분노를 방출한다. 그러면 분노는 사라졌다가 마음을 놓고 있을 때에 되돌아오거나 회환으로 바뀐다. 분노를 식혀라. 끓어 넘치게 하지 말고 서서히 졸여라. 통제된 분노는 상상했던 것보다 싸움이 길어질 때에 필요한 결의와 인내심을 갖도록 도와줄 것이다. 그 불공정과 부당함이 마음 한구석에서 당신에게 계속 에너지를 제공하게 하라. 진정한 만족은 한 번의 감정 분풀이에서 오는 게 아니라 실제로 나쁜 놈을 무찌르고 편협한 놈의 실체를 사람들 앞에 드러냈을 때 찾아온다.

일을 하면서 분노를 활용하는 것을 겁내지 마라. 특히나 어떤 대의를 위해다 함께 뭉쳤거나 무언가 창의적인 것을 통해 당신을 표현할 생각이라면 말이다. 종종 이런 절제된 분노는 연설가의 웅변에 대단한 힘을 불어넣는다. 말콤 엑스의 카리스마도 많은 부분 이런 분노가 그 출처였다. 오랫동안 강력한 설득력을 지니는 예술작품들을 한번 보라. 그 이면에 절제된 분노를 느끼거나 읽어낼 수 있는 경우가 많다. 우리는 모두가 너무나 조심스럽고 옳은 말만 하기 때문에 영화나 책이나 혹은 어딘가에서 주도면밀하게 방향을 잡은 분노가 느껴지면 신선한 한 줄기 바람을 쐰 것 같다. 우리의 모든 좌절과 원망을 끌어 모아 펼쳐놓은 것 같다. 우리는 그게 진실이고 진정성이 있음을 알아본다. 무언가를 표현할 때 분노를 피하지 마라. 오히려 분노를 포착해서 방향을 잡아 당신의 작품에 생동감과 역동성을 불어넣어라. 그런 식으로 분노를 표현한다면 언제든 관객을 찾을 수 있을 것이다.

> 힘은 소통을 위해 필요한 것이다. 무관심하거나 적대적인 집단 앞에 서서 할 말을 해야 할 때, 아주 깊숙한 곳을 건드려 상처를 줄 수도 있는 진실을 친구에게 솔직히 이야기할 때, 그때는 자기확신과 자기주장, 심지어 때로는 공격성까지 필요하다.
>
> ─ 롤로 메이(미국의 심리학자)

Law 17 · Generational Myopia

세대 근시안의 법칙

시대의
흐름에서
기회를
포착한다

어떤 세대로 태어났느냐 하는 점은 상상도 할 수 없을 만큼 우리를 많이 규정한다. 우리 세대는 이전 세대와 구분되기를 원한다. 세상의 분위기를 바꾸기를 원한다. 그 과정에서 특정한 취향과 가치관, 사고방식을 형성하고 개인은 그것을 자기 것으로 내면화한다. 나이가 들면 이렇게 세대가 규정해놓은 가치관이나 사상들이 다른 관점은 보지 못하게 우리를 차단하고 우리의 생각을 제약하는 경향이 있다. 우리의 과제는 세대가 우리의 정체성과 세계관에 미치는 강력한 영향력을 최대한 깊이 있게 이해하는 것이다. 우리 세대의 정신과 내가 사는 시대를 깊이 있게 이해하면 시대정신을 더 잘 활용할 수 있다. 우리 세대가 갈망하는 트렌드를 예상하고 설정하는 사람이 될 수 있다. 우리 세대가 만들어준 정신적 제약으로부터 벗어날 수 있고, 그런 자유가 가져다주는 힘을 통해 더욱더 내가 원하는 모습에 가까운 사람이 될 수 있다.

영광스러운 과거의 상실

1774년 5월 10일 프랑스의 루이 15세가 예순네 살을 일기로 사망했다. 나라 전체가 마땅히 왕의 죽음을 애도했으나, 많은 프랑스 국민은 다소의 안도감도 느꼈다. 루이 15세는 50년이 넘는 세월 동안 프랑스를 통치했다. 그가 남긴 나라는 유럽의 막강한 강대국으로 번영을 누리고 있었으나 세태는 변화하고 있었다. 팽창 중이던 중산계급은 권력을 갈망했고, 소작농들은 들썩이고 있었으며, 사람들은 새로운 방향을 기대했다. 그러니 서거한 왕의 손자로서 당시 겨우 스무 살에 불과했던 루이 16세가 새로운 통치자로 등극하는 모습을 사람들은 부푼 희망과 애정 가득한 눈으로 바라봤다. 루이 16세와 그의 어린 아내 마리 앙투아네트는 새로운 세대를 대표했고 나라와 왕실에 새로운 활력을 불어넣을 것이 분명했다.

그러나 어린 왕은 백성들의 낙관적 생각을 공유하지 못했다. 사실 그는 금세라도 패닉에 빠질 것만 같았다. 어렸을 때부터 루이 16세는 자신이 왕이 될지 모른다는 사실을 두려워했다. 상냥한 할아버지에 비해 루이는 사람들 앞에서 부끄럼을 많이 탔다. 그는 늘 어딘지 불편해 보였고 혹시라도 실수를 저지르지나 않을까 두려워했다. 그는 프랑스의 왕이라는 위엄 있는 역할이 자신의 능력을 초과한다고 생각했다. 이제 왕위에 오르고 나니 더 이상 자신의 불안을 조정이나 국민들 앞에 숨길 수가 없었다. 그러나 1775년 봄에 열릴 대관식을 준비하면서 루이는 생각이 많이 달라졌다. 그는 대관식 자체를 열심히 공부해서 실수를 저지르지 않기로 작정했는데, 그렇게 공부를 하다가 알게 된 내용이 당시 그에게 꼭 필요했던 자신감을 키워주었다.

전설에 따르면 성령이 보낸 비둘기가 랭스에 있는 한 교회에 성유를 가져다 두었는데, 그 성유가 9세기부터 프랑스의 모든 왕의 대관식에 사용되고 있다고 한다. 이 성유를 한 번 바르고 나면 왕은 갑자기 한낱 인간에서 그 지위가 격상되어 신성함으로 가득 차고 지구상에 있는 왕의 대리인이 된다고 했다. 대관식은 새로운 왕이 교회와 프랑스 국민과 혼인하는 의식이었다. 이제 왕의 심신은 국민 모두를 상징했고, 둘의 운명은 하나로 엮였다. 그리고 하느님의 축성을 받은 왕은 주님의 인도와 보호를 받을 수 있었다.

1770년대쯤이 되자 많은 프랑스 국민과 진보적 성직자들은 대관식을 미신적인 과거의 유물로 보고 있었다. 그러나 루이의 생각은 정반대였다. 루이에게는 대관식이 예로부터 내려온 의식이라는 점이 오히려 마음의 위안이 됐다. 대관식의 중요성을 믿는다면 자신의 두려움과 의심도 극복할 수 있으리라 생각했다. 그는 깊은 사명감에 부풀어 오를 것이고, 성유를 바름과 동시에 정말로 신성한 존재가 되리라.

루이는 이 신성한 예식을 좀 더 원형에 가까운 형태로 재현할 뿐만 아니라 거기서 한 발 더 나아가보기로 했다. 루이는 베르사유 궁에 있는 루이 14세의 많은 그림과 조각상들이 고대 로마의 신들을 연상시킨다는 사실을 발견했다. 말하자면 무언가 오래되고 확고부동한 것으로써의 프랑스 군주의 이미지를 상징적으로 강화하는 장치였다. 루이는 대관식의 공개 장면에서 자신의 주위를 그와 비슷한 이미지로 가득 채우기로 결심했다. 자신이 고른 여러 상징과 화려한 볼거리를 통해 백성들을 압도할 생각이었다.

1775년 6월 11일 루이 16세의 대관식이 열렸다. 그리고 그 따뜻한 날 성당 밖 군중들 사이에 결코 있을 법하지 않은 관광객 한 명이 있었다. 열다섯 살의 조르주 자크 당통(Georges-Jacques Danton)이었다. 그는 트루아에 있는 기숙학교를 다녔다. 당통의 집안은 소작농의 후손이었으나 아버지는 가까스로 변호사가

　　　　　　　　　　　　　인간 본성의 법칙　•

되어 가족들을 당시 팽창 중이던 프랑스의 중산층으로 올려놓았다. 아버지는 당통이 세 살 때 죽고, 어머니는 당통을 키우며 그가 아버지의 발자취를 이어 훌륭한 직업을 갖게 되리라는 희망을 품었다.

당통은 아주 이상하게 생긴 아이였다. 혹은 그냥 못생겼다고 할 수도 있었다. 나이에 비해 눈에 띄게 덩치가 컸고, 거대한 머리에 다소 괴물 같은 얼굴이었다. 가족 농장에서 자라면서 그는 황소의 공격을 두 번이나 받았는데, 소뿔이 그의 윗입술을 찢고 코를 부서뜨려놓았다. 그를 보고 무서워하는 사람들도 있었으나, 많은 이들이 그의 소년다운 활기찬 모습에 매력을 느껴 생김새 따위는 무시했다. 소년은 겁 없이 언제나 모험을 찾아다녔고, 대담한 기상 때문에 사람들은 그에게 끌렸다. 특히 반 친구들이 그를 좋아했다.

그가 다니던 학교는 진보적인 사제들이 운영하고 있었다. 사제들은 다가오는 대관식을 가장 잘 설명한 에세이를 쓴 학생에게 상을 주기로 했다. 프랑스인들이 현대화를 위해 노력하고 있는 지금 시기에 대관식이 왜 필요하고 어떤 의미를 갖는지 밝히는 내용이면 됐다. 당통은 지적인 학생은 아니었다. 그는 근처 강에서 수영을 하거나 다른 체육 활동을 하는 것을 더 좋아했다. 하지만 당통을 흥분시킨 과목이 하나 있었는데, 바로 역사, 특히 고대 로마의 역사였다. 역사상 그가 가장 좋아하는 인물은 로마의 위대한 법률가이자 웅변가였던 키케로였다. 당통은 역시나 중산층 출신이었던 키케로에게 어떤 동질감을 느꼈다. 그는 키케로의 연설문을 암기하며 웅변술에 대한 애정을 키워갔다. 당통은 목소리에 힘이 있어서 타고난 웅변가의 소질이 있었다. 그러나 글쓰기는 썩 잘하지 못했다.

당통은 이 에세이 상을 꼭 타고 싶었다. 이 상을 탄다면 친구들 사이에 본인의 위치가 일약 상승할 것이라 짐작했다. 하지만 시원찮은 자신의 작문 실력을 뛰어넘으려면 대관식을 직접 보고 생생한 묘사를 집어넣는 수밖에 없다고 결론 내렸다. 당통은 또한 이 어린 왕에게 이상한 친밀감이 느껴졌다. 둘은 나이

차도 많지 않았고 둘 다 덩치가 컸으며 확실히 못생겼다는 평을 들었다.

130킬로미터 정도 떨어진 랭스에 가기 위해 수업을 빼먹는 것도 늘 그가 좋아하는 종류의 모험이었다. 그는 친구들에게 이렇게 말했다. "왕이 어떻게 만들어지는 건지 보고 싶어." 그래서 당통은 대관식 전날 몰래 학교를 빠져나와 랭스로 향했고, 시간에 딱 맞춰 도착할 수 있었다. 그는 성당 밖에 운집한 사람들 사이를 헤치고 나아갔다. 호위병들이 긴 창을 휘둘러 인파를 제지했다. 오직 귀족들만 안으로 들어가는 것이 허용되었다. 당통은 최대한 앞으로 밀고 가다가 저 멀리 보이는 왕을 발견했다. 왕은 다이아몬드와 금으로 뒤덮인 더없이 화려한 예복을 입고 계단을 오르고 있었다. 그의 뒤에는 믿기지 않을 만큼 머리를 높이 쌓아올리고 아름다운 드레스를 입은 어여쁜 왕비가 따랐고, 또 그 뒤에는 그녀의 시종들이 따르고 있었다. 멀리서 보니 그들은 모두 다른 시대에서 온 사람들 같았다. 당통이 이전에 보았던 그 어떤 사람과도 너무나 달랐다.

그는 밖에서 예식이 끝나기를 참을성 있게 기다렸다. 그때 왕이 다시 나타났다. 이번에는 자랑스럽게 왕관을 쓰고 있었다. 짧은 순간이었지만 당통은 옆으로 지나가는 루이의 얼굴을 가까이서 볼 수 있었다. 그런 예복을 입고 보석을 둘렀음에도 왕이 너무나 평범해 보인다는 사실에 당통은 깜짝 놀라고 말았다. 왕은 '사크레(Sacre)'라는 이름의 상상도 못할 만큼 정교하게 꾸며진 마차에 올라탔다. 마차는 마치 동화책에서 꺼내온 것 같았다. 대관식을 위해 특별히 제작된 이 마차는 아폴로의 마차를 상징하는 디자인으로 태양처럼 반짝였다(태양은 프랑스 왕의 상징이다). 그리고 크기가 거대했다. 마차의 사방에는 로마의 신들을 표현한 황금조각들이 장식되어 있었다. 당통이 바라보는 문짝에는 루이 16세의 정교한 그림이 보였다. 마치 로마의 황제처럼 구름을 타고 저 아래 프랑스 국민들에게 손짓하는 모습이었다. 가장 이상했던 것은 마차 자체가 거대한 청동 왕관 같은 모습을 뽐내고 있었다는 점이다.

사크레는 눈부시고 신화적인 모습으로 군주 자체를 상징하게 만들어졌다. 대단한 볼거리였으나 어쩐지 이상하게도 이 장소에 어울리지 않아 보였다. 너무 크고, 너무 밝았으며, 왕이 거기에 타니 마치 왕을 집어삼킨 것처럼 보였다. 저게 웅장한 건가, 아니면 그로테스크한 건가? 당통은 어느 쪽인지 결정할 수가 없었다.

그날 오후 당통은 학교로 돌아갔으나 그의 머리에는 온통 낮에 본 이상한 이미지들이 빙빙 돌고 있었다. 본인이 목격한 것에 고무된 당통은 그 어느 때보다 훌륭한 에세이를 썼고 결국 상을 받았다.

트루아에 있는 학교를 졸업한 당통은 어머니를 자랑스럽게 만들어줄 작정이었다. 1780년 파리로 옮겨간 그는 법원의 서기가 되었다. 몇 년 후에는 변호사 시험에 합격해 개업 변호사가 됐다. 법원에서 그는 우렁찬 목소리와 웅변술로 자연히 이목을 끌었고 순식간에 두각을 드러내며 출세의 길을 탔다. 동료 변호사들과 어울려 신문을 읽던 그는 프랑스에서 이상한 일이 일어나고 있음을 감지했다. 왕과 낭비벽이 있는 왕비, 오만한 상류층에 대한 불만이 커지면서 당대의 위대한 사상가들이 연극이나 책을 통해 그들을 조롱하고 있었다.

가장 큰 문제는 나라 재정이었다. 프랑스는 늘 돈이 바닥나기 직전이었는데 그 뿌리에는 시대에 한참 뒤처진 프랑스의 재무 구조가 있었다. 프랑스 국민들은 봉건 시대에서 유래한 온갖 부담스러운 세금을 내야 했다. 그런데 성직자나 귀족은 그 어떤 부담으로부터도 대체로 면제를 받고 있었다. 하층민과 중산층에게 부과하는 세금만 가지고는 결코 충분한 세수를 마련할 수 없었다. 더구나 프랑스 궁정의 사치스러운 씀씀이를 고려한다면 말이다. 화려한 파티와 옷과 보석을 좋아하는 마리 앙투아네트 왕비의 취향이 더해져 프랑스 궁정의 지출은 계속 악화되고 있었다.

통화 공급이 부족하고 빵 가격이 계속 올라 수백만 명이 배를 곯을 위기가 닥치자, 시골 곳곳에서뿐만 아니라 이제 파리에서까지 폭동이 일어났다. 이런 혼란 속에서 어린 왕은 이 모든 압박을 감당하기에는 너무나 우유부단하다는 사실이 속속 드러나고 있었다.

1787년 재정 상황이 악화되면서 당통에게 일생일대의 기회가 찾아왔다. 왕실 자문위원회 소속 변호사가 된 것이다. 봉급도 상당히 올랐다. 당시 당통은 가브리엘이라는 이름의 아가씨와 결혼하고 싶었으나 봉급이 적다는 이유로 예비 장인이 결혼을 반대하고 있었다. 당통은 가라앉는 배에 올라타는 것이 아닌가 두려웠지만 그 자리를 수락했다. 이틀 후 그는 가브리엘과 결혼했다.

당통은 맡은 일을 잘해냈지만 자꾸만 파리의 소란에 몰두하고 있는 자기 자신을 발견했다. 그는 '코르들리에'라는 클럽에 가입했다. 보헤미안 기질의 예술가부터 정치 선동가까지 다소 이상한 조합의 회원들로 구성된 클럽이었다. 클럽은 그의 아파트에서 가까운 곳에 있었고, 그는 하루 중 많은 시간을 그곳에서 보내기 시작했다. 이내 그는 클럽에서 열리는 프랑스의 미래를 놓고 벌어지는 시끌벅적한 토론에 끼어들고 있었다. 공기에서 뭔가 낯선, 새로운 기운이 느껴졌다. 군주에 관해 불과 몇 년 전만 해도 결코 하지 못했을 그런 이야기를 할 수 있게 만드는 어떤 대담한 기운이 느껴졌다. 당통은 흥분됐고 뿌리칠 수가 없었다. 당통은 스스로 상류층의 잔혹함에 초점을 맞춘 불같은 연설을 하기 시작했다. 그는 자신에게 쏟아지는 관심을 실컷 즐겼다.

1788년 그는 왕실 자문위원회에서 더 높은 자리를 제안받았으나 거절했다. 그는 그런 제안을 하러 온 왕의 대신에게 왕실은 망했다고 말했다. "더 이상 온건한 개혁을 이야기하는 게 아니에요. 우리는 지금 혁명의 언저리에 서 있다고요. 다가올 사태가 보이지 않나요?"

1789년 봄 루이는 임박한 재정 파탄 사태를 해결하기 위해 하는 수 없이 전국 의회를 소집했다. 사람들은 이 의회를 '삼부회'라고 불렀다. 삼부회는 원래 국가 위기 사태를 해결하기 위한 기구였고, 언제나 최후의 수단이었다. 이전에 삼부회가 소집된 것은 1614년 앙리 4세가 사망했을 때였다. 삼부회는 귀

인간 본성의 법칙

족, 성직자, 세금을 내는 평민이라는 프랑스의 세 계급의 대표들을 한 자리에 불러 모았다. 프랑스 국민의 절대 다수를 대표하는 것은 제3계급이었으나, 의회의 힘은 귀족과 성직자 쪽으로 심하게 기울어져 있었다. 그럼에도 불구하고 프랑스 국민들은 삼부회에 크나큰 희망을 걸었고, 루이는 삼부회를 소집하는 것을 몹시 꺼렸었다.

삼부회가 소집되기 한 달 전에 파리에서는 빵 가격 때문에 폭동이 일어났다. 왕실 군대가 군중에게 발포를 했고 수십 명이 죽었다. 당통은 이 유혈사태를 목격했다. 그는 이 사건이 사람들의 마음에, 특히 하층민들과 자신의 마음에 어떤 터닝포인트가 됐다고 느꼈다. 당통은 그들이 느끼는 절박함과 분노를 공유했다. 더 이상 늘 하던 대로의 감언이설로 달래질 수 있는 분노가 아니었다. 그가 길모퉁이의 성난 군중들에게 다가가기 시작하자 추종자가 생겼고 유명세를 얻었다. 그의 삶이 이렇게 전혀 다른 방향으로 나아가는 것에 놀란 어느 친구에게 그는 마치 강에서 거센 물결에 뛰어들어 물살이 실어 나르는 대로 실려 가는 것과 비슷하다고 답했다.

삼부회 소집을 준비하면서 루이 16세는 원망과 분노를 참기 힘들었다. 왕이 된 이래 여러 재무대신들이 그에게 과세 체계를 개혁하지 않으면 위기가 닥칠 거라고 경고했다. 그는 그 말을 이해했고, 개혁을 실시하려고도 했다. 하지만 귀족과 성직자가 과세 개혁의 결과를 겁내며 너무나 적대적으로 나오는 바람에 왕은 물러설 수밖에 없었다. 그래놓고 국고가 텅 비고 난 뒤에야 귀족과 제3계급이 왕을 볼모로 잡아 삼부회를 소집하고 백성들에게 세금을 구걸하게 만든 것이다.

삼부회는 프랑스 정부의 전통적 기구가 아니었다. 그것은 변칙적인 기구였고 왕의 신성한 권리에 대한 도전이자 무정부 상태로 가는 지름길이었다. 프랑스에 가장 좋은 게 무엇일지 누가 안단 말인가? 서로 다른 백만 가지 의견을 가진 백성들이 그걸 안단 말인가? 아니면 본인들의 편협한 이해관계를 따지고 더 많은 권력을 갈망하는 귀족들이 안단 말인가? 아니다. 오직 왕만이 이런 위기를 헤치고 나아가 길을 잡고 나라를 끌고 갈 수 있다. 그는 이 시끄러운 사람들을 누르고 다시 우위를 점해야 했다.

왕은 계획을 하나 세웠다. 그는 사람들에게 왕으로서의 위엄을 최대한 뽐내며 프랑스의 절대 권력으로서 왕이 반드시 필요하다는 사실을 보여주기로 했다. 그러려면 삼부회를 베르사유에서 열어야 했다. 왕실 자문들은 베르사유가 파리와도 가까울뿐더러 파리의 수많은 선동가와 지리적으로 너무 가깝다는 생각에 이를 반대했다. 루이 16세는 제3계급의 대표들이 대부분 중산층 출신이고 그래서 상대적으로 온건할 거라고 생각했다. 프랑스 왕권을 상징하는 온갖 물건과 그 장엄함의 한가운데 있으면 제3계급의 대표들도 베르사유를 지은 루이 14세가 이룬 업적을 생각하지 않을 수 없을 것이다. 프랑스를 이토록 강대국으로 만든 왕실에 그들이 얼마나 많은 것을 빚지고 있는지 생각하게 될 것이다. 그는 본인의 대관식에 버금가는 개회식을 열고 삼부회 모든 대표들에게 그의 왕위가 얼마나 신성하게 시작되었는지 일깨워줄 생각이었다.

과거의 무게로 그들에게 깊은 인상을 준 다음에 왕은 과세 체계의 일부 개혁에 동의할 것이다. 그러면 제3계급은 분명히 고마워하겠지. 하지만 동시에 그는 어떤 상황에서도 왕실이나 다른 두 계급이 다른 권력이나 특권을 포기하지는 않을 것임을 분명히 할 것이다. 그렇게 하면 정부는 세금을 통해 필요한 재원을 마련하고, 그가 유지해야 할 전통도 그대로 남길 수 있었다.

개회식은 루이 16세가 계획한 그대로 흘러갔다. 그러나 실망스럽게도 제3계급의 대표들은 왕궁의 화려함이나 위엄에 별로 관심이 없어 보였다. 그들은 종교 예식 중간에도 별 존경심을 보이지 않았다. 왕이 개회 연설을 할 때도 별로 따뜻한 박수를 보내지 않았다. 그들의 눈에 루이 16세가 제안한 과세 개혁은 충분치 않았다. 몇 주가 지나는 동안 제3계급 대표들의 요구사항은 더 많아

인간 본성의 법칙

졌고, 이제는 세 계급이 동등한 권력을 갖고 있다고 주장했다.

왕이 그들의 요구를 받아들이지 않자 그들은 상상도 못할 일을 했다. 그들은 자신들이 프랑스 국민의 진정한 대표로서 왕과 동등하다고 선언했다. 그리고 본인들의 기구를 '국민의회'라고 불렀다. 그들은 입헌군주제를 제안하며 자신들이 국민의 절대적 지지를 받고 있다고 주장했다. 그들의 뜻을 관철시키지 못한다면 정부가 필요로 하는 세금 인상을 하지 못하게 하겠다고 했다. 한번은 왕이 이런 식의 협박에 격노해 제3계급을 회의장소에서 해산하라고 명령했다. 그러나 그들은 칙령에 불복하며 해산을 거절했다. 그 어느 프랑스 왕도 하층민의 이런 항명을 목격한 적은 없었다.

전국적으로 봉기가 커지는 위험에 직면한 루이 16세는 문제의 싹을 빨리 자르지 않으면 안 되겠다는 사실을 감지했다. 그는 모든 회유책은 잊어버리기로 하고, 무력에 의존했다. 그는 파리를 비롯한 곳곳의 질서를 잡기 위해 군대를 불러들였다. 그러나 7월 13일 파리로부터 충격적 소식을 전하는 전령이 잇따라 도착했다. 파리 시민들이 루이 16세가 군대를 사용할 것을 예상하고 발빠르게 무장에 나서면서 군 설비를 약탈하고 있다는 소식이었다. 반란을 진압하러 온 프랑스군은 미덥지가 않았다. 군인들 다수가 같은 국민에게 발포하는 것을 거부하고 있었다. 다음 날 파리 시민들이 떼로 몰려 바스티유를 쳐들어갔다. 바스티유는 왕실의 가장 억압적인 관행을 상징하는, 파리 소재의 왕실 감옥이었다. 시민들은 바스티유를 장악했다.

이제 파리는 국민의 손에 들어갔고, 루이 16세가 할 수 있는 일은 아무것도 없었다. 루이 16세가 공포에 질려 지켜보는 가운데 베르사유에서 회의를 지속하고 있던 국민의회는 얼른 투표를 진행해 귀족과 성직자가 누리던 다양한 특권을 없애버렸다. 그들은 국민의 이름으로 가톨릭 교회를 넘겨받아 그들이 소유한 광대한 토지를 일반인들에게 경매로 매각한다고 투표로 결정했다. 국민의회는 한 발 더 나아가 앞으로 프랑스의 모든 시민은 동등하다고 선언했다.

왕가는 살아남을 것이나 국민과 왕은 권력을 나눠가진다고 했다.

몇 주 동안 이어지는 일련의 사건들에 충격을 받고 겁에 질린 조신들은 서둘러 베르사유를 벗어나 안전한 지역이나 외국으로 도망쳤다. 왕은 이제 지난 몇 달간 무슨 일이 일어난 것인지 절실히 느꼈다. 루이 16세는 사실상 혼자서 왕궁 복도를 거닐었다. 루이 14세의 그림과 위엄 있는 상징들이 루이 16세의 치하에서 허용한 일들을 비웃는 듯 그를 노려봤다.

그는 어떻게든 프랑스에 대한 지배력을 되찾아야 했다. 유일한 방법은 더욱더 군대에 의지하는 방법뿐이었다. 아직 그에게 충성을 바치는 부대를 찾아내야 했다. 9월 중순 그는 플랑드르 연대를 베르사유로 불러들였다. 국내 최고의 병사를 보유하고 있으면서도 왕정주의를 지지하는 것으로 명성이 높은 부대였다. 10월 1일 저녁 왕의 호위병들이 플랑드르 연대를 환영하는 연회를 열기로 했다. 궁에 남아 있던 조신들은 모두 왕과 왕비를 따라 연회에 참석했다.

병사들은 만취했다. 그들은 왕에게 환호를 보내고 왕실에 대한 충성을 맹세했다. 그들은 외설적인 표현으로 프랑스 국민을 조롱하는 노래를 불렀다. 혁명을 상징하는 삼색 배지와 리본을 한 움큼씩 잡아채 군화로 짓밟았다. 한동안 실의에 빠져 있던 왕과 왕비는 이 모든 것을 목격하며 기쁜 기색을 감추지 않았다. 참으로 시대에 뒤처진 행동이었으나 왕과 왕비의 모습을 보니 그런 애정 표현이 절로 나온 것이었다. 하지만 연회에서 벌어진 일은 금세 파리까지 전해졌고, 분노를 불러 일으켰다. 파리 시민들은 계급에 관계없이 왕이 일종의 역 쿠데타 같은 것을 계획하고 있다고 의심했다. 시민들은 귀족들이 다시 루이 16세의 휘하로 들어가 프랑스 국민에게 보복을 가할 거라 생각했다.

며칠 후 왕은 수천 명의 파리 시민들이 이제는 베르사유로 밀고 오고 있다는 사실을 알게 됐다. 그들은 무장한 채 대포를 끌고 왔다. 왕은 가족들과 함께 탈출할까도 생각했으나 망설였다. 머지않아 폭도들이 당도할 것이고 그때는 너무 늦을 것이다. 10월 6일 아침 시민들 한 무리가 방해하는 세력은 모조리

인간 본성의 법칙

죽이며 왕궁을 침입했다. 그들은 루이 16세와 그 가족을 다시 파리로 데려가 겠다고 했다. 프랑스 시민들이 왕을 계속 지켜보면서 그가 새로운 질서에 충 성하는지 확인하겠다는 뜻이었다.

루이 16세는 선택의 여지가 없었다. 트라우마를 입은 가족들과 함께 그는 마차 한 대에 끼어 탔다. 군중에 둘러싸여 파리로 가는 동안 루이 16세는 호위 병들의 머리가 긴 창끝에 꽂힌 채로 줄줄이 따르고 있는 모습을 볼 수 있었다. 더욱 충격적이었던 것은 넝마를 입고 굶주림에 비쩍 마른 사람들이 그의 마차 를 둘러싸고 얼굴을 창문에 들이밀며 왕과 왕비를 천박하기 짝이 없는 언어로 모욕하고 있었다는 사실이다. 그는 이게 나의 백성인가 싶었다. 그가 알던 프 랑스 국민이 아니었다. 외부에서 온 선동꾼이겠지. 적들이 군주제를 파괴하려 고 데려온 자들이겠지. 어찌된 노릇인지 세상이 미쳐 돌아가고 있었다.

파리에서 왕과 그의 가족, 그리고 아직 함께 남아 있던 몇몇 조신은 튈르리 에 감금되었다. 100년 이상 사람이 거주하지 않은 왕실의 저택이었다.

파리에 도착하고 일주일이 지났을 때 왕은 이상한 한 남자의 방문을 받았 다. 왕은 남자의 얼굴과 태도에 흠칫 놀랐다. 이제 프랑스 혁명의 지도자 중 한 명이 된 조르주 자크 당통이었다. 당통은 프랑스 국민을 대표해 왕이 파리에 온 것을 환영하러 찾아온 참이었다. 그는 자신을 왕실 자문회 소속이었다고 밝히고 왕이 국민의 뜻을 따라준 것에 고마워하고 있다고 왕을 안심시켰다. 그리고 새로운 헌법에 충성을 맹세한 군주로서 아직 그가 해야 할 중요한 역 할이 있다고 했다.

루이 16세는 당통의 말이 거의 귀에 들어오지 않았다. 왕은 당통의 거대한 머리와 그의 이상한 차림새에서 눈을 떼지 못하고 있었다. 당통은 흰색 실크 스타킹 위에 검정색 새틴 반바지를 입고 버클이 달린 신발을 신고 있었는데 루이 16세가 한 번도 본 적이 없는 패션 조합이었다. 왕 앞에서 그 어떤 경외나 존경이라고는 찾아볼 수 없는 매너며 빠른 말투도 그랬다. 그는 왕 앞에서 우아하게 절을 하기는 했으나 왕의 손에 입을 맞추는 것은 거절했다. 예법에 완전 어긋나는 행동이었다. 그래, 이 사람이 혁명가라고? 국민의 대표라고? 루이 16세는 이런 친구는 만나본 적이 없었고, 몹시 불쾌한 경험이었다.

1789년 여름 동안 당통은 국민의회의 결정을 대체로 지지하였으나 여전히 귀족들이 걱정되었다. 그는 귀족들이 특권을 영구히 내려놓았는지 확인하고 싶었다. 귀족들은 이 나라 비극의 원천이었다. 프랑스 국민들은 이 점을 결코 잊어서는 안 됐다. 당통은 상류층에 대항하는 주요 인사 중 한 명이 됐다. 그러면서 좀 더 천천히 진행하기를 원하는 온건주의자 혹은 부르주아적 혁명 리더들에게 불신을 샀다. 그들이 보기에 당통은 목소리만 큰, 거인 괴물이었다. 그들은 사교 모임에서 당통을 배제했고, 구성 중이던 새 정부에서 그 어떤 공식 직책도 주지 않았다.

무리에 끼어들지 못한 당통은 소작농의 자손임을 상기했으며, 점점 더 '상퀼로트(sans-culottes)' 즉 반바지를 입지 않은 사람들에게 동질감을 느꼈다. 상퀼로트는 프랑스 최하층민으로 가장 혁명 정신이 충만한 이들이었다. 10월 1일에 있었던 플랑드르 연대의 소식이 파리에 전해졌을 때 당통은 사람들이 베르사유를 향해 행진하게끔 선동한 핵심 인물 중 한 명이었고, 그 성공으로 코르들리에 클럽의 리더가 됐다. 그 자격으로 그는 튈르리를 방문했던 것이다. 왕이 새로운 헌법을 얼마나 지지하는지, 자신을 환영하는지 보려고 말이다.

당통은 14년 전에 본인이 목격했던 대관식과 그 화려한 장관이 생각날 수밖에 없었다. 지난 몇 달간 수많은 일이 있었지만 왕은 베르사유 시절의 예법과 의식을 재현하고 싶은 모양이었다. 그는 온갖 메달을 주렁주렁 매달고 장식띠를 두른 왕족의 옷을 입고 있었다. 옛날 격식을 요구하며 정교한 유니폼을 입은 시중들을 데리고 있었다. 밖에서 일어나고 있는 일은 아무 상관이 없다는 듯한 너무나 공허한 모습이었다. 당통은 공손했다. 아직도 그는 왕에게 이상한 동정심을 느꼈다. 하지만 이제 왕을 찬찬히 뜯어보니 눈앞에 보이는 것은 과거의 유물뿐이었다. 그는 왕이 새로운 질서를 따를까 싶었다. 당통은 프랑스 왕실이 시대를 따라가고 있지 못하다는 사실을 그 어느 때보다 확신하면서 방을 나왔다.

이후 몇 달간 왕은 새로운 헌법에 충성하겠다고 천명했다. 그러나 당통은 루이 16세가 여전히 왕실과 귀족의 권력을 되찾으려는 음모를 짜며 거짓놀음을 하고 있다고 의심했다. 유럽 다른 국가의 연합군이 이제 혁명 세력에 대항해 전쟁을 벌이려 하고 있었다. 루이 16세를 구출하고 구질서를 회복하겠다는 뜻이 확고했다. 당통은 루이 16세가 그들과 내통하고 있는 게 분명하다고 확신했다.

그러던 1791년 6월 경악할 만한 소식을 들었다. 무슨 수를 썼는지 왕과 그 가족이 마차를 타고 파리를 탈출했다는 것이었다. 며칠 후 왕실 일행은 붙잡혔다. 사람들이 그토록 놀라지만 않았다면 다소 웃기다고 생각했을 상황이었다. 왕실 일행은 휴가를 즐기러 가는 평범한 부르주아 복장을 하고 있었으나, 그들이 탄 마차는 그런 옷차림과 전혀 어울리지 않는 화려한 것이었다. 여기 좀 보라고 손짓하는 것이나 다름없는 모습이었다. 사람들은 왕실 일행을 알아보았고, 그 즉시 그들을 붙잡아 수도로 돌려보냈다.

당통은 이제 본인이 나설 때가 되었음을 직감했다. 진보주의자들과 온건주의자들은 왕이 속아서 탈출을 했다거나 심지어 납치되었다는 주장을 펼치며 왕이 무고하다는 논리를 펴려고 했다. 그들은 왕정이 폐지되면 프랑스에 무슨 일이 벌어질지, 또 혹시라도 왕에게 무슨 일이 벌어지면 이미 국경 근처까지 와 있는 외국 군대들이 어떤 반응을 보일지 두려워했다. 하지만 당통은 터무니없는 소리라고 여겼다. 저들은 피할 수 없는 일을 계속 미루고 있다. 왕실은 이미 그 의미와 목적을 상실했다. 루이 16세는 본인이 반역자임을 드러냈다. 그렇게 말하는 것을 두려워해서는 안 된다. 당통은 때가 왔다고 주장했다. 프랑스는 스스로 공화정임을 선언하고 왕실을 완전히 없애버려야 한다.

공화정에 대한 그의 주장이 특히 상퀼로트들 사이에서 반향을 일으키기 시작했다. 당통의 영향력이 커지는 것을 보여주기라도 하듯이 그는 주민 자치기구인 파리 코뮌의 검사보라는 공직에 처음으로 선출됐다. 그는 뜻을 함께하는 사람들로 코뮌을 채우면서 더 큰 일을 준비하기 시작했다.

이어진 여름에 마르세유에서 온 상퀼로트 대표들이 파리에서 혁명 3주년을 축하하고 있었다. 마르세유 대표단은 당통의 공화정 요구에 열광하며 그의 밑으로 들어갔다. 6월과 7월 내내 그들은 파리 시내를 행진하며 혁명의 찬가를 부르고 공화정을 형성하자는 당통의 요구를 전파했다. 매일매일 마르세유 대표단에 합류하는 사람들이 계속 늘어났다. 당통은 조용히 쿠데타를 준비하며 코뮌을 장악했다. 코뮌 구성원들은 투표를 통해 센강 좌안(左岸)과 튈르리를 잇는 여러 다리에 설치된 차단막을 철거하기로 했다. 왕실 가족은 이제 아무런 보호조차 받지 못하게 됐고, 군중들이 언제라도 왕궁으로 쳐들어갈 수 있는 상태였다.

8월 10일 아침 파리 전체에 경종이 울리더니 북소리가 계속 들려오기 시작했다. 거대한 한 무리의 파리 시민들이 여러 다리를 지나 튈르리 궁전에 난입했다. 궁전을 지키고 있던 호위병들은 대부분 뿔뿔이 흩어지고 목숨을 지키기 위해 궁을 도망쳐 나온 왕실 가족은 근처의 국민의회 회의장으로 피신했다. 군중은 궁전을 지키고 있던 남은 병사들을 학살하고 궁전을 접수했다.

당통의 책략은 효과가 있었다. 국민은 본인들의 뜻이 무엇인지 보여줬고, 국민의회는 투표를 통해 왕정을 끝내기로 했다. 왕과 그 가족들에게 남아 있던 모든 권력과 보호 조치도 박탈했다. 유럽에서 가장 오래되고 가장 강력했던 왕정을 당통은 한 방에 끝내버렸다. 왕과 그 가족은 중세의 사원이었던 탕플로 이송되어 새 정부가 그들의 운명을 결정할 때까지 임시 감옥처럼 그곳에 거처하게 됐다. 당통은 법무장관으로 임명됐고 사실상 새로운 프랑스 공화정

인간 본성의 법칙 ·————

의 리더가 됐다.

탕플에서 루이 16세는 가족과 격리되어 12월에 열릴 반역죄 재판을 기다렸다. 그는 이제 아무런 특권도 없는 평민 '루이 카페(Louis Capet, 카페는 10세기에 시작되어 루이 16세에서 끝나게 된 왕조의 성씨.-옮긴이 주)'로 통했다. 홀로 남겨진 루이 카페는 지난 3년 반의 트라우마를 곱씹어볼 시간이 있었다. 프랑스 국민들이 자신을 믿어주기만 했더라면, 그는 모든 문제를 해결할 방안을 찾았을 것이다. 그는 아직도 국민들은 응당 자신을 사랑했는데 신을 믿지 않거나 외부에서 온 선동가들이 그 사랑을 망쳐놓았다고 확신하고 있었다.

혁명가들은 루이가 튈르리의 벽에 있는 금고에 숨겨놓은 서류 뭉치를 찾아냈다. 거기에는 그가 혁명을 전복시키기 위해 국외 세력과 깊이 결탁한 사실을 보여주는 편지들도 있었다. 그는 이제 사형에 처해질 것이 확실했다.

의회에서 재판을 앞두고 루이 카페는 중산층 시민이나 입을 법한 소박한 코트를 입었다. 턱수염을 기른 그의 얼굴 표정은 지치고 슬퍼 보였으며 누가 보아도 왕이라고 생각하기 힘든 모습을 하고 있었다. 그러나 재판관들이 혹시라도 갖고 있었을지 모를 동정심은 혁명 전복 모의를 포함해 그의 수많은 죄목들을 검사가 읽어나가는 사이 빠르게 사라졌다. 한 달 후 시민 카페는 단두대 참수형이 내려졌고, 그 결정에는 당통의 한 표도 포함되어 있었다.

루이는 용감한 얼굴을 보이기로 했다. 춥고 바람이 몹시 불던 1월 21일 아침 그는 혁명광장으로 호송되었다. 그의 처형 장면을 보기 위해 거대한 군중이 밀집했다. 사람들은 한때 왕이었던 자가 평범한 범죄자처럼 머리칼을 잘리고 포승줄에 묶여 있는 모습에 놀라움을 감추지 못했다. 그는 단두대로 가는 계단을 올랐다. 그리고 무릎을 꿇기 직전 이렇게 소리쳤다. "국민들이여, 짐은 무고하게 죽는 것이다! 짐은 내게 사형을 선고한 자들을 용서하노라. 하느님, 부디 다시는 저의 피가 프랑스를 적시지 않게 하소서."

칼날이 떨어질 때 그는 공포의 외마디 비명을 질렀다. 사형 집행인은 모두가 볼 수 있게 왕의 머리를 높이 쳐들었다. 몇 사람이 "공화국 만세!"를 외친 후 군중은 쥐죽은 듯한 침묵에 빠져들었다. 이내 그들은 루이의 피에 손을 담가 보려고 처형대를 향해 달려갔고, 루이의 머리칼을 돈을 주고 샀다.

프랑스 혁명의 리더로서 당통은 이제 벅찬 두 세력을 마주했다. 침략군은 계속 파리를 향해 진군해 들어오고 있었고, 달뜬 프랑스 시민들은 귀족과 모든 반혁명 세력에 대한 복수를 요구했다. 적군에 대항하기 위해 당통은 그가 조직한 수백만의 시민군을 출격시켰다. 처음 몇 달간 전투에서 이 새로운 프랑스군은 전쟁의 물살을 돌려놓았다.

사람들의 복수심을 다른 곳으로 돌리기 위해 당통은 혁명재판소를 설치하고 왕정 복고를 시도한 것으로 의심되는 자들을 빠르게 재판에 회부했다. 혁명재판소는 소위 '공포정치'를 시작했고 수천 명의 용의자를 단두대로 보냈다. 그중에는 신빙성이 한참 떨어지는 혐의도 많이 있었다.

왕의 처형 직후 당통은 벨기에로 가서 그쪽 전쟁 준비를 감독했다. 그리고 그곳에서 그는 사랑하는 아내 가브리엘이 아이를 조산하던 중 사망했다는 소식을 들었다. 그는 그 순간 아내 옆에 있어주지 못한 것에 대해 끔찍한 죄책감을 느꼈다. 아내에게 마지막 인사조차 하지 못하고 다시는 그녀의 얼굴을 볼 수 없다는 사실을 견디기 힘들었다. 그는 앞뒤 생각도 하지 않고 벨기에에서 맡은 임무를 팽개치고 서둘러 프랑스로 돌아왔다.

그가 도착했을 때는 이미 아내가 죽은 지 일주일이 지나 공동묘지에 묻힌 후였다. 가눌 수 없는 슬픔에 빠진 당통은 아내를 한 번만 다시 보고 싶다는 생각에 친구 하나와 삽을 들고 묘지로 달려갔다. 달도 뜨지 않은 비 오는 밤에 두 사람은 가브리엘의 묘를 찾아냈다. 흙을 파고 또 파던 당통은 친구의 도움으로 관을 밖으로 들어 올리고 마침내 힘겹게 관 뚜껑을 여는 데 성공했다. 아내

인간 본성의 법칙 ●━━━

의 핏기 없는 얼굴에 숨이 막힌 당통은 그녀를 끄집어내어 품에 꼭 안고 아내에게 용서를 빌었다. 그는 차가운 아내의 입술에 계속해서 입을 맞췄다. 그렇게 몇 시간이 지난 후에야 당통은 아내를 다시 땅에 묻었다.

이후 몇 달간 당통은 뭔가 심경의 변화가 생긴 듯했다. 아내를 잃은 것 때문이었을까, 아니면 프랑스에 공포정치를 휘두르게 된 것에 대한 때늦은 죄책감이었을까? 그는 혁명의 물결을 타고 권력의 정점에 오른 지금 돌연 방향을 돌리고 싶어 했다. 그는 국정에 대한 참여를 줄이고 더 이상 공포정치에도 찬성하지 않았다. 당통의 최대 정적이었던 막시밀리앙 로베스피에르는 이런 변화를 눈치채고, 당통이 혁명에 열의를 잃었으니 더 이상 신뢰할 수 없다는 루머를 퍼뜨리기 시작했다. 로베스피에르의 작전은 효과가 있었다. 최고 통치기구인 공안위원회 위원을 선출할 때가 왔을 때 당통은 충분한 표를 받지 못했고, 로베스피에르가 그의 동조자들로 위원회를 꾸렸다.

당통은 이제 공공연하게 연설이나 발행 책자를 통해 공포정치를 끝내려고 노력했다. 하지만 이것은 라이벌에게 먹잇감을 갖다 바친 것이나 다름없었다. 1794년 3월 30일 당통은 반역죄로 체포되어 혁명재판소에 끌려갔다. 그가 만든 재판소가 이제 그의 운명을 결정하게 되다니 아이러니한 일이었다. 그의 혐의는 순전히 지레짐작에 불과했으나, 로베스피에르는 당통이 확실히 유죄를 선고받고 사형에 처해지게 만들었다. 선고를 들으며 당통은 재판관들에게 소리쳤다. "모든 혁명 기관에 내 이름이 새겨져 있소. 군에도, 위원회에도, 재판소에도. 내가 날 죽인 거요!"

그날 오후 당통과 다른 죄수들은 수레에 실려 혁명 광장으로 이송됐다. 가는 길에 당통은 로베스피에르가 사는 곳을 지나쳤다. "다음은 자네야." 당통은 로베스피에르가 사는 집을 손가락으로 가리키며 우렁찬 목소리로 외쳤다. "자네도 내 꼴이 될 거라고!"

당통은 그날 마지막 순서로 처형됐다. 어마어마한 군중이 그의 수레 뒤를 따랐고, 그가 처형대로 가는 계단을 오르자 모두가 조용해졌다. 당통은 루이가 생각나지 않을 수 없었다. 그는 루이를 단두대로 보내는 것이 내키지 않았었다. 한때의 동지였으나 공포정치 기간 중에 죽었던 다른 수많은 이들도 마찬가지였다. 몇 달이 걸려서야 그는 이 모든 유혈 사태에 염증을 느꼈다. 그리고 자신 앞에 서 있는 군중들도 같은 심정이라는 것을 그는 느낄 수 있었다. 단두대에 목을 누이면서 그는 집행관을 향해 이렇게 소리쳤다. "내 머리를 꼭 사람들에게 보여주시오. 한 번쯤은 봐줄 만하니!"

당통의 처형 이후 로베스피에르는 '대공포정치'라는 것을 시작했다. 파란만장한 넉 달 동안 혁명재판소는 2만 명에 가까운 프랑스인을 단두대로 보냈다. 그러나 당통은 분위기의 전환을 예견했다. 프랑스 국민들은 이제 처형에 신물이 났고, 급속히 로베스피에르에게 등을 돌리고 있었다. 7월 말 의회에서 과열된 회의 중에 의원들은 투표를 통해 로베스피에르의 체포를 명했다. 로베스피에르는 자신을 변호해보려 했으나 말이 제대로 나오지 않았다. 의원 중 한 명이 이렇게 소리를 질렀다. "당통의 피가 당신 목구멍을 막고 있는 거야!" 다음 날 아침 재판도 없이 로베스피에르는 단두대에서 처형되었다. 그리고 며칠 후 의회는 혁명재판소를 폐지했다.

로베스피에르의 처형 즈음 새로운 혁명 지도부는 프랑스가 직면한 여러 급박한 상황들을 타개하기 위해 자금을 모을 방법을 찾고 있었다. 그때 누군가 루이가 대관식 때 사용했던 화려한 마차 사크레가 최근에 다시 발견됐다고 말했다. 어쩌면 그걸 팔 수도 있을 것 같았다. 마차를 점검하러 갔던 사람들은 그 흉물스러운 모습에 아연실색했다. 누구는 그 모습을 "국민이 낸 돈과 과도한 아첨으로 만들어진 괴물 같은 조합"이라고 묘사했다. 다들 이렇게 그로테스크한 물건은 아무도 사지 않을 거라고 결론 내렸다. 사람들은 마차의 금을 다 벗겨내고 녹여서 재무부로 보냈다. 남은 청동은 국가 주조공장으로 보내 대포를 만드는 데 요긴하게 썼다. 온갖 신화적 상징이 가득한 그림이 그려진 문짝은 너무 괴상한 취향이라 아무도 원하지 않을 것 같아 즉시 소각해버렸다.

해석 ──●

잠시 혁명 전 프랑스를 루이 16세의 눈으로 한번 살펴보자. 그가 보았던 현실은 이전의 왕들이 당면했던 현실과 별반 다를 바 없어 보였다. 왕은 여전히 나라를 이끌도록 신께서 임명한 프랑스의 절대 군주로 생각되었다. 프랑스의 다양한 계층과 신분도 안정적이었다. 귀족과 성직자, 나머지 프랑스 국민이라는 신분의 구분도 대체로 존중되었다. 평민들은 비교적 번영을 누리고 있었다. 루이 16세가 할아버지로부터 물려받은 번영이었다.

그렇다. 재정에 문제가 있기는 했다. 하지만 루이 14세도 그런 위기가 있었으나 잘 넘어갔다. 베르사유는 아직도 유럽의 반짝이는 보석이었고 문명화된 모든 것의 중심이었다. 루이 16세가 사랑했던 왕비 마리 앙투아네트는 그 누구보다 화려한 파티를 열었고, 유럽의 모든 귀족이 이 파티를 부러워했다. 루이 16세 본인은 이런 놀이에 큰 관심이 없었으나, 그도 사냥 파티를 열고 다른 소소한 취미에 집착했다.

궁정 생활은 꽤나 달콤하고 비교적 평온했다. 루이 16세가 가장 중요하게 여겼던 프랑스의 영광과 위엄은 여러 예식과 시각적 상징물에서 드러난 것처럼 예전과 똑같은 무게감을 가지고 있었다. 베르사유의 화려함이나 가톨릭 교회의 예식을 보고 감동받지 않을 사람이 어디에 있을까? 그는 위대한 국가의 통치자였고 지금과 같은 왕정이 앞으로도 수세기 동안 지속되지 않으리라 생각할 이유가 전혀 없었다.

그러나 그가 보았던 표면 아래에는 거슬리는 불만의 신호들이 몇 가지 있었다. 루이 15세 때부터 볼테르나 디드로 같은 작가들은 교회와 왕실의 후진적이고 미신적인 믿음들을 비웃기 시작했다. 그들은 유럽 전체에 퍼지고 있던 새로운 과학적 정신을 반영했는데, 이 정신을 교회나 귀족들의 여러 관행과 조화시키기는 쉽지 않았다. 이들의 사상은 '계몽주의'라고 알려졌고 팽창 중이던 중산층 사이에서 영향력을 얻기 시작했다. 중산층은 권력으로부터 배제되어 있다고 느꼈고 왕실의 온갖 상징에 그다지 몰입하지 못했다.

겉으로는 평화로워 보이는 귀족들도 아래에서는 금이 가고 있었다. 많은 귀족들이 왕의 절대 권력을 혐오했다. 귀족들은 왕이 약하다고 여겨 존경할 가치가 없다고 생각했다. 그들은 더 큰 권력에 목말라 있었다.

곳곳에서 비밀 모임이 우후죽순 생겨나면서 궁정의 고루한 환경과는 거리가 먼 완전히 새로운 사교 방식을 발전시키고 있었다. 그중에서도 단연 최고는 자체 비밀 의식을 가진 프리메이슨(Freemason)과 그 회원들이었다. 프리메이슨의 모임은 왕실에 대한 불만의 온상이었다. 회원들은 계몽주의 사상에 대단한 동조의식을 갖고 있었다. 그들은 프랑스가 새로운 질서로 재편되기를 갈망했다. 파리에서는 갑자기 극장이 사람들이 자주 찾는 인기 있는 장소로 떠올랐다. 오히려 교회보다 훨씬 인기가 있었다. 이제 대놓고 왕실을 조롱하는 연극들이 상영됐다.

비교적 변함없이 유지되고 있던 왕실의 위엄 있는 상징물과 예식들이 이제는 마치 뒤에 아무 실체가 없는 가면처럼 다소 공허해 보이기 시작했다. 왕을 따라 복잡한 예식에 참석한 조신들도 더 이상 자기가 뭘 하는 건지, 왜 하는 건지 알 수 없었다. 신화 속 인물들이 장식된 그림과 조각상, 분수대는 그 어느 때보다 아름다웠지만 그냥 피상적인 예술 작품으로 보일 뿐 프랑스의 영광스러운 과거와 깊이 연결된 느낌은 전달하지 못했다.

이런 신호들은 모두 미묘하고 산발적이었다. 그것들을 모두 혁명은커녕 하나의 트렌드로 연결시키는 것조차 어려웠다. 이런 것들은 기저에 어떤 의미 따위는 없이 그냥 신기한 것으로, 지루한 국가의 새로운 오락거리로 치부될 수도 있었다. 그러다가 1780년대 말 상황을 악화시킨 위기가 찾아왔다. 미몽에

인간 본성의 법칙 ·

서 깨어난 이런 개별 사례들이 갑자기 부인할 수 없는 하나의 힘으로 뭉치기 시작했다. 빵 가격이 오르면서 모든 프랑스 백성의 생계비가 상승했다. 불만이 확산되면서 귀족과 부르주아 집단은 왕의 입지가 약해진 것을 눈치챘고 더 많은 권력을 요구했다.

왕은 더 이상 지금 일어나고 있는 일을 무시할 수 없었다. 삼부회에서는 제3계급의 태도를 통해 존경이 사라졌다는 것, 사람들이 각성했다는 것이 왕의 눈에도 너무나 뚜렷했다. 그러나 루이 16세는 이런 사건들을 오직 본인이 물려받았고 필사적으로 매달리고 있는 신성한 왕권의 렌즈를 통해서만 보았다. 그의 절대 권력을 존중하지 않고 불복하고 있는 백성들은 분명히 무신론자에 시끄러운 소수자들에 불과했다. 그의 말을 거역하는 것은 신성모독이나 마찬가지였다.

그런 자들을 영광스러운 과거의 상징물로 설득할 수 없다면, 무력을 써서 과거와 전통이 승리하게 만들어야 했다. 하지만 이번에도 뭔가가 그 마력을 상실하게 했고 더 이상 마술을 부리지 못했다. 아무리 무력을 동원해도 옛날의 마력을 되살릴 수는 없었다. 1789년 10월 그 마차를 타고 갈 때에도, 베르사유와 과거로부터 영원히 멀어질 때에도 그의 눈에 보이는 것은 본인의 백성이 아니라 낯선 이들이었다. 그는 당통 역시 그런 무리에 집어넣어야 했다. 본인의 처형식에서조차 군중을 향해 마치 아직도 자신이 왕인 양, 그들의 죄를 용서하는 것처럼 말했다. 그러나 군중은 그를 과거의 영광이 모두 벗겨지고 자신들보다 하나 나을 것 없는 한 명의 인간으로 보았다.

왕과 똑같은 세상을 내다보고 있던 조르주 자크 당통은 전혀 다른 것을 보았다. 왕과는 달리 당통은 소심하지도, 불안해하지도 않았다. 정반대였다. 당통은 자신을 일으키기 위해 과거에 의존해야 할 내적인 필요성이 없었다. 그는 진보적인 사제들로부터 교육을 받았고, 사제들은 당통에게 계몽주의 사상을 주입했다. 열다섯의 나이에 참석했던 대관식에서 당통은 쏜살같이 지나가는 미래의 한 귀퉁이를 보았다. 왕실과 그 상징이 얼마나 공허해졌는지도, 왕이 평범한 한 사람에 불과하다는 것도 직관적으로 알았다.

1780년대에 당통은 변화의 신호를 여기저기서 느끼기 시작했다. 왕실 자문 위원회 내부에서, 변호사 계급 사이에 커지던 불경스러움에서, 클럽에서, 길거리에서도 새로운 정신이 감지되었다. 당통은 하층민의 고통을 느끼고 그들의 소외감에 공감할 수 있었다. 그리고 이 새로운 정신은 단순히 정치적인 것이 아니라 문화적인 것이기도 했다. 젊은 당통 세대는 프랑스 문화의 그 모든 공허한 형식성에 점점 싫증이 났다. 그들은 뭔가 더 자유롭고 즉흥적인 것을 열망했다. 자신의 감정을 대놓고 자연스럽게 표현하고 싶어 했다. 그들은 복잡한 복장과 헤어스타일을 없애버리고, 겉치레를 줄인 편안한 옷을 입고 싶었다. 그들은 보다 열린 사교 활동을 원했다. 모든 계급의 사람들과 공개적으로 어울리고 싶었다. 파리의 여러 클럽에서 일어난 일이 바로 그것이었다.

우리는 이런 문화 운동을 진정한 첫 번째 낭만주의의 폭발이라고 부를 수 있을 것이다. 지성과 형식보다 감정과 느낌을 더 중시하는 움직임 말이다. 당통은 이런 낭만주의 정신의 전형적 사례인 동시에 그것을 이해하는 사람이었다. 그는 언제나 본인의 감정을 스스럼없이 드러냈다. 그의 연설은 즉흥적인 아이디어와 감정이 터져 나오는 연설이었다. 그가 아내의 시신을 다시 파헤친 것은 마치 낭만주의 소설에 나올 법한 일이다. 이런 감정의 표현은 10년 전만 해도 상상하기 어려운 일이었다. 당통의 바로 이런 면 때문에 대중과 가까워질 수 있었고 그들을 설득할 수 있었다.

어쩌면 당통이 그토록 유일무이한 사람이었던 것은 그가 누구보다 앞서 이 모든 신호의 의미를 서로 연결 지을 수 있고, 거대한 혁명이 다가오고 있는 것을 예견할 수 있었기 때문일 것이다. 수영을 좋아했던 그는 이 모든 것을 강의 물살에 비유했다. 인간의 삶에서 늘 고정되어 있는 것은 아무것도 없다. 표면 아래에는 언제나 불만이 있고 변화를 향한 갈증이 있다. 때로는 이것이 미묘

해서 마치 강이 움직이고는 있으나 얌전한 것처럼 보일 수도 있다. 또 때로 이
것은 세찬 움직임이 되어 몰려오는 밀물을 그 누구도, 절대 권력을 가진 왕조
차도 막지 못하기도 한다.

이 물살은 프랑스를 어디로 데려가고 있었을까? 그게 바로 핵심 질문이었
다. 당통에게는 그 목적지가 공화정의 형성이라는 사실이 금세 분명해졌다.
왕실은 이제 껍데기에 불과했다. 왕실이 보여주는 위엄은 더 이상 대중을 감
동시키지 못했다. 대중은 이제 왕의 행동이 모두 권력을 고수하기 위한 것이
라 생각했다. 귀족들은 모두 일하지 않고 프랑스의 부만 축내는 도적의 무리
라고 생각했다. 이런 수준의 각성이라면 되돌아가는 것도, 중간 지대도, 입헌
군주제도 불가능했다.

시대정신에 대한 남다른 혜안과 감수성을 갖고 있었던 당통은 본인이 시작
한 공포정치가 실수였고 그만 멈출 때라는 것을 그 어느 혁명 지도자보다 먼
저 알았다. 그가 타이밍을 잘 맞추지 못했던 것은 딱 한 번, 이때뿐이었다. 이
통찰로 인해 그는 대중들보다 몇 개월 앞서 움직이게 됐고, 그 바람에 정적과
라이벌들에게 그를 제거할 빌미를 제공했다.

이 점을 알아야 한다. 당신은 루이 16세가 본인의 시대를 읽지 못한 극단적
사례라고, 당신의 삶과는 별 관련이 없다고 생각할지 모른다. 그러나 그는 생
각보다 훨씬 더 당신과 가까운 인물이다. 루이 16세와 마찬가지로 당신도 아
마 과거의 렌즈를 통해 현재를 보고 있을 것이다. 주변 세상을 보면 마치 하루
전, 일주일 전, 한 달 전, 혹은 심지어 1년 전과 별 차이가 없어 보인다. 사람들
의 행동도 별 차이가 없다. 권력 기관도 아무데도 가지 않고 그 자리에 그대로
다. 사람들의 사고방식도 바뀌지 않았다. 내 분야의 행동을 지배하는 관습도
여전히 종교처럼 지켜지고 있다. 그렇다. 문화에 뭔가 새로운 스타일이나 트
렌드가 생겼을 수도 있지만, 대단한 변화의 신호이거나 아주 중요한 요소는
아니다. 이런 외관에 안심한 당신 눈에는 삶이 늘 그랬던 그대로 진행되는 것

처럼 보인다.

그러나 수면 아래에서는 물살이 움직이고 있다. 인간의 본성 중에서 멈춰 있는 것은 아무것도 없다. 젊은 사람들은 당신이 존경했던 어떤 가치나 제도를 더 이상 당신과 같은 수준으로 존경하지 않는다. 교실에서, 지역에서, 업계에서 권력구조는 끊임없이 변화한다. 사람들은 새로운 방식으로 사귀고 교류하고 있다. 새로운 상징과 신화가 만들어지고 오래된 것들은 바래어간다. 뭔가 위기가 닥치거나 충돌이 생겨서 한때는 눈에 보이지 않거나 별개로 보이던 것들을 이제는 일종의 혁명이나 변화의 요구라는 형식으로 대면하지 않으면 안 될 때가 올 때까지는 모든 게 다소 무관해보일 수도 있다.

그 일이 벌어지면 루이 16세처럼 어떤 사람들은 깊은 불편을 느끼면서 오히려 더 열렬히 과거에 매달릴 것이다. 그들은 무리를 지어 물살이 밀려오는 것을 막아보려 헛된 시도를 할 것이다. 리더들은 위협을 느끼고 전통적 생각을 더 단단히 고수할 것이다. 다른 이들은 이 모든 게 어디를 향하는지 왜 모든 게 바뀌고 있는지 제대로 알지도 못한 채 함께 실려갈 것이다.

그러나 우리가 원하고 또 우리에게 필요한 것은 이 모든 것을 이해하고 그에 맞춰 행동할 수 있었던 당통의 능력이다. 이 능력은 사건을 다른 각도에서 바라보고 신선한 틀을 가지고 볼 수 있는 시야와 관련되어 있다. 변화를 마주했을 때 틀림없이 보게 될 남들이 떠들어대는 진부한 해석은 무시하라. 시야를 흐릴 수 있는 과거의 관점이나 정신적 습관은 과감히 떨쳐버려라. 벌어지고 있는 일을 심판하거나 훈계하려는 성향을 멈춰라. 사안을 있는 그대로 봐라. 바닥을 흐르는 불만과 현 상태의 불협화음을 찾아보라. 이것들은 늘 표면 아래 바로 거기에 있다. 이런 신호들 사이의 공통점과 연관을 보라. 서서히 그 흐름, 물살 자체가 눈에 들어오고 수많은 사람은 보지 못하는 어떤 방향, 어떤 경로가 드러날 것이다.

이것을 어떤 지적인 활동이라고 생각하지 마라. 지식인들은 종종 제일 마지

인간 본성의 법칙 ⎯⎯⎯

막에 가서야 시대정신이 무엇인지 제대로 알아보곤 한다. 이론과 관습적 틀에 너무나 깊이 묶여 있기 때문이다. 가장 먼저 당신은 전체적 분위기에서 변화를 '느낄' 수 있어야 한다. 사람들이 과거와 어떻게 멀어지고 있는지 감지해야 한다. 시대정신을 느끼고 나면 배후에 있는 것이 뭔지 분석할 수 있다. 사람들은 왜 만족하지 못하는가? 사람들이 정말로 갈망하는 것이 무엇인가? 그들은 왜 이 새로운 형식을 향해 몰려드는가? 더 이상 주문을 걸어도 효과가 없는 과거의 우상들을 한번 보라. 우스꽝스럽게 보이고 특히 젊은이들 사이에서 조롱의 대상이 된 것들을 한번 보라. 그게 바로 루이 16세의 마차다. 이런 각성이 충분히 감지되었다면 무언가 강력한 물살이 밀려오고 있다고 확신해도 좋다.

무슨 일이 일어나고 있는지 제대로 느꼈다면, 대응은 대담해야 한다. 남들도 느끼고는 있지만 이해하지는 못하고 있는 그것을 말로 표현하라. 너무 앞서가서 오해받는 일이 없도록 조심하라. 늘 경계하며 먼저 내린 해석은 언제나 보내줘라. 그러면 남들은 아직 감지를 시작하지도 못한 순간에 기회를 붙잡을 수 있을 것이다. 스스로를 현 상태의 적이라고 생각하라. 그러면 현 상태를 지지하는 사람들은 당신을 위험하다고 말할 것이다. 이것을 인간 정신, 크게는 문화를 되살리고 거기에 통달하는 데 반드시 필요한 과제라고 생각하라.

> 우리 시대는 출산의 순간이자 과도기다. 인간 정신은 구질서와 함께 산산조각났다. 구식 사고도 마찬가지다. 마음은 그 모든 것을 깊은 과거 속에 가라앉게 놔두고 스스로 변화를 모색한다. 지루해서 쩔고 까부는 것 때문에 기존 질서가 흔들리고 무언가 알려지지 않은 것에 대해 막연한 예감 같은 게 든다면 곧 변화가 다가오고 있다는 전조다.
> ─ G. W. F. 헤겔

· 인간 본성의 열쇠 · 세대의 변화는 반복되는 역사의 일부이다

인간 문화에서 어떤 현상은 처음에는 언뜻 하찮게 보이지만 실제로는 상당히 심오해서 인간 본성의 아주 깊고 흥미로운 부분을 드러낼 때가 있다. 예를 들어 의복 스타일을 한번 보자. 상점이나 패션쇼를 통해 우리는 몇 달 전과는 뭔가 트렌드가 달라진 것을 감지할 수도 있지만 보통은 느끼기 힘들 만큼 미묘한 차이다. 10년 전 스타일로 돌아가서 지금과 비교해보면 그 차이는 꽤 뚜렷하게 보인다. 20년 전으로 돌아가면 더 분명해진다. 이렇게 시간의 차이를 두고 보면 20년 전의 어느 스타일은 지금 아주 우습고 구닥다리처럼 보일 수도 있다.

이런 패션 스타일의 변화는 수십 년 단위로 보면 너무나 쉽게 감지된다. 이전보다 뭔가 느슨하고 더 로맨틱한 옷을 만들어내기도 하고, 더 섹시하고 몸매를 드러내는 스타일이 되기도 했다가, 더 클래식하고 우아해졌다가, 프릴을 잔뜩 단 요란한 형식이 되기도 한다. 몇 가지 스타일을 더 언급할 수도 있겠지만 결국에 가보면 그 수는 한정되어 있고, 수십 년 혹은 수백 년이 지나면 감지할 수 있는 어떤 물결이나 패턴 같은 형태로 변화가 찾아오는 듯하다. 예를 들어 클래식한 의상에 관한 관심은 다양한 시간 간격을 두고 재현될 것이다. 똑같은 간격은 아니어도 어느 정도는 정기적으로 말이다.

이런 현상은 흥미로운 질문을 유발한다. 이런 변화가 그저 새롭고 다른 것에 대한 욕망 이상의 뭔가와 관련되어 있는 것은 아닌가? 사람들의 심리나 분위기에서의 더 깊은 변화를 반영하는 것은 아닌가? 만약에 그렇다면 이런 변화는 어떻게 일어나기에 결국 충분한 시간이 지나면 감지할 수 있게 되는 것인가? 특정 개인이나 트렌드세터가 변화를 시도하고 나면 서서히 대중이 받아들이고 바이러스처럼 번지게 되는 톱다운(top-down) 방식인가? 아니면 트렌드세터들의 시도 자체가 14장에서 설명한 사회의 힘을 통한 전체 사회 내에서의 어떤 변화의 신호에 반응하고 있는 바텀업(bottom-up) 방식인가?

우리는 음악을 비롯한 다른 문화 형식의 스타일과 관련해서도 위와 같은 질문들을 제기할 수 있다. 그리고 사고 스타일이나 이론 구성 스타일의 변화, 책에 나오는 논쟁이 구성되는 방식에 대해서도 같은 질문을 할 수 있다. 50년 전에는 많은 논쟁이 정신분석이나 사회학에 뿌리를 두고 있었다. 저자들은 인간 행동에 주된 영향을 끼치는 것은 환경이라고 보는 경우가 많았다. 스타일은 느슨하고 문학적이고 사색이 많았다.

지금은 여러 논쟁이 유전학이나 인간의 뇌를 중심으로 펼쳐지는 경향이 있다. 모든 내용은 연구와 통계로 뒷받침된다. 그냥 페이지에 숫자가 조금 나타나는 것만으로도 뭔가 해당 주장에 신빙성이 추가되는 느낌을 풍긴다. 사색이라고 하면 얼굴을 찡그린다. 문장은 더 짧고 정보를 소통하는 구조로 되어 있다. 그러나 이론 구성에서 이런 변화는 새로운 것은 아니다. 문학적이고 사색적인 형태에서 냉철하고 데이터 중심인 형태로의 변화는 18세기부터 지금까지도 비슷한 식으로 오락가락 하고 있다.

이런 스타일의 변화가 아주 흥미로운 이유는 변화의 범위가 제한적이고, 반복적으로 발생하며, 변화의 속도는 계속 빨라지고 있어서 마치 인간의 부산하고 초조한 에너지가 점점 더 빨라지는 것을 우리가 목격하고 있는 것처럼 보인다는 점이다. 이 현상을 충분히 자세히 점검해본다면 겉으로는 피상적으로 보이는 이런 변화들이 바닥에서부터 시작된, 사람들의 분위기와 가치관의 더 깊은 변화를 반영한다는 사실을 분명하게 알 수 있다. 1780년대 사람들이 더 느슨한 스타일의 옷을 열망했던 것처럼 간단한 변화도 전반적인 심리적 변화를 반영한다. 이 영역에서 무관한 것은 아무것도 없다. 더 밝은 색상에 대한 관심이나 음악에서 더 거친 사운드가 나타나는 것도 그 시대 사람들의 마음속에서 벌어지는 무언가와 연관이 있다.

이 현상을 더 깊이 검토해보면 다음과 같은 사실이 발견된다. 이 변화를 주도하는 것은 끊임없이 이어지는 새로운 세대의 젊은이들이다. 그들은 본인이 경험하는 세계에 더 유의미한 무언가, 즉 그들의 가치관과 정신을 더 많이 반영하고 이전 세대와는 방향이 다른 무언가를 만들어내려고 한다. 일반적으로 한 세대는 대략 22년 정도로 구성된다고 할 수 있다. 해당 기간의 가장 첫 부분이나 마지막 부분에 태어난 사람들은 종종 이전 세대나 이후 세대에 더 많은 동질감을 느끼기도 한다.

한 세대에서 다음 세대로 이어지는 이런 변화의 패턴은 그 자체가 수천 년 전으로 거슬러 올라가는 역사의 더 큰 패턴의 일부다. 이 큰 패턴 속에서 특정한 반응이나 가치관의 변화는 상당히 정기적으로 재현된다. 이 모든 것은 개인을 초월한 인간 본성의 무엇인가가 우리에게 프로그램되어 있어서 어떤 이유에서인지 이런 패턴을 반복하게 만드는 것은 아닌가라는 생각이 들게 만든다.

세대에 관한 진실은 많은 사람들이 직관적으로 안다. 세대에는 일종의 인격 같은 것이 있고 젊은 세대는 수많은 변화를 시작한다. 어떤 사람은 이 현상을 부정하기도 하는데 그 이유는 개인이 본인의 생각이나 신념을 형성한다고 상상하고 싶어 하기 때문이다. 혹은 계급이나 젠더, 인종 같은 다른 요소가 큰 역할을 한다고 상상하기도 한다. 분명히 세대 연구는 부정확할 수 있다. 미묘하고 잘 잡히지 않는 주제다. 그리고 다른 요소들도 일정 역할을 한다. 하지만 깊이 들여다보면 실제로는 세대 현상이 우리가 일반적으로 생각하는 것보다 큰 영향력을 미치며 역사적으로도 수많은 일들을 발생시켰다는 사실이 드러난다.

그리고 이런 세대 현상을 이해하게 되면 다른 이점도 몇 가지 더 생길 수 있다. 어떤 힘이 우리 부모들의 사고방식을 결정지었고, 그다음에는 또 다른 방향으로 가고자 했던 우리 세대의 사고방식을 결정지었는지 알 수 있다. 사회의 모든 면에서 일어나고 있는 기저의 변화를 더 잘 이해할 수 있다. 세상이

인간 본성의 법칙

어디로 가고 있는지 추측하고, 미래의 트렌드를 예상하고, 사건이 일어나는 데 우리가 어떤 역할을 할지 이해할 수 있다. 이 점은 우리에게 대단한 사회적 영향력을 가져다줄 뿐만 아니라 마음을 치유하고 차분하게 만드는 효과까지 있다. 당장의 혼란스러운 변화들을 넘어서 약간의 거리감과 평정심을 가지고 세상에 일어나는 사건들을 보게 되기 때문이다.

이 지식을 '세대 인식'이라고 부르기로 하자. 이 지식을 얻으려면 첫째, 세대가 실제로 우리의 세계관에 미치는 심오한 효과를 먼저 이해해야 한다. 둘째, 역사를 결정짓고 우리 시대가 전체의 큰 틀 속에서 어느 부분에 해당하는지 알려주는 더 큰 세대 패턴을 이해해야 한다.

시대정신의 탄생

아주 어릴 때는 스펀지처럼 부모나 선생님의 에너지와 스타일, 생각을 깊이 흡수한다. 우리는 언어와 중요한 가치관, 사고방식, 사람들 사이에서 활동하는 법을 배운다. 우리에게는 서서히 시대의 문화가 주입된다. 이 시기에 우리의 마음은 극도로 열려 있고 그 때문에 우리의 경험은 더 강렬하게 느껴지며 강한 정서와 결합된다. 몇 살 더 나이를 먹으면 우리는 비슷한 연배의 또래를 알게 되고 태어나면서 던져진 이 이상한 새로운 세계에 동화되는 과정을 밟게 된다.

우리는 동시대에 생존한 다른 모든 사람들과 똑같은 현실을 마주치지만 그 현실을 바라보는 각도가 특이하다. 우리는 신체적으로 더 작고, 무력하고, 어른에게 의존하는 어린아이라는 각도에서 현실을 본다. 이런 관점에서 보면 어른들의 세상은 다소 생소할 수 있다. 무엇이 어른들의 행동의 이유인지, 그들이 관심을 갖거나 걱정하는 게 무엇인지 우리는 잘 이해하지 못하기 때문이다. 부모님은 심각하게 받아들일 내용이 우리 눈에는 우습거나 이상하게 보일 수도 있다. 똑같은 형태의 엔터테인먼트를 시청해도 우리가 보는 각도는 인생 경험이 거의 없는 어린아이의 시각이다. 우리는 아직 이 세상에 영향을 미칠 힘이 없지만, 나름의 방식으로 세상을 해석하기 시작하며 그 해석을 또래들과 공유한다.

그러다가 10대쯤 되면 우리는 내 나이 또래에 더 초점을 맞춘, 내가 동일시할 수 있는 젊은 세대의 구성원이라는 사실을 알게 된다. 우리는 사물을 보는 특정한 방식과 서로 비슷한 유머 감각을 발달시켜 그것을 기초로 유대감을 형성한다. 우리는 또 성공이나 멋짐의 기준 등 가치관에서도 공통된 이상향을 갖는 경향이 있다. 이즈음 우리는 반항기를 지나게 되고 부모와는 구별되는 나의 정체성을 찾으려고 분투한다. 그 때문에 우리는 스타일이나 패션 같은 외관에 크게 신경을 쓴다. 우리는 우리만의 모습과 매너를 가진 '우리 세대'라는 부족에 속한다는 사실을 보여주고 싶어 한다.

어린 시절에 결정적인 사건이나 트렌드가 발생할 수도 있다. 큰 전쟁이 날 수도 있고, 정치 스캔들이나 금융 위기, 경제 호황 등이 있을 수도 있다. 또 뭔가 새로운 형태의 기술이 발명되어 사회적 관계에 깊은 영향을 끼칠 수도 있다. 어릴 때 겪은 일에 깊은 인상을 받기 때문에 세대 인격의 형성에 결정적인 영향을 미쳐 모험에 대해 조심하게도(전쟁이나 경제 붕괴가 있었다면), 갈등을 느끼게도(번영이나 안정성을 가져온 사건이 있었다면) 만들 수 있다. 자연히 우리는 이런 결정적인 사건들을 부모와는 완전히 다르게 바라보며, 부모보다 더 깊은 영향을 받는다.

세상에 무슨 일이 벌어지는지 좀 더 지각이 생기면 종종 부모의 생각이나 가치관이 내가 경험하는 현실과 잘 맞지 않는다고 느낄 때가 있다. 부모가 들려주거나 가르쳐준 사실은 별로 중요해 보이지 않기에 젊어서 겪는 경험에 좀 더 유의미한 아이디어들에 대한 갈등을 느낀다.

이 인생의 첫 단계에서 우리는 세대 관점을 형성한다. 말하자면 집단적 사고방식 같은 것이다. 우리는 또래들과 함께 어린아이나 젊은이의 관점에서 유행하는 문화를 흡수한다. 그리고 이 관점을 이해하거나 분석하기에는 너무 어리기 때문에 그 문화가 어떻게 형성되었고 내가 보는 것이나 사건을 해석하는 방식에 어떤 영향을 미치는지 대체로 알지 못한다.

그러다가 20대가 되고 30대가 되면 우리는 새로운 인생의 단계에 접어들면서 변화를 경험한다. 이제 우리는 어느 정도 권력을 가진 자리에 있고 우리의 가치관과 이상에 따라 세상을 실제로 바꿀 수 있다. 일을 하면서 우리는 문화와 문화의 정치논리에 영향을 미치기 시작한다. 우리는 어쩔 수 없이 한동안 권력을 쥐고 있었던 더 나이 많은 세대와 충돌한다. 그들이 자기들만의 행동 방식과 여러 사건에 대한 평가를 고집하기 때문이다. 그들 중 다수는 우리를 미성숙하고 세련되지 못하고 물렁하고 버릇없고 제멋대로고 우매하게 보아 분명히 아직 권력을 잡을 준비가 되지 않았다고 본다.

젊은 층의 문화가 너무 강력해서 문화 전반을 장악하는 때도 있다. 예를 들면 1920년대나 1960년대가 그랬다. 다른 시기에는 리더의 위치에 있는 나이 든 세대가 훨씬 더 지배적이었고 갓 성인이 된 20대의 영향력은 덜 눈에 띄었다. 어찌 되었든 정도의 차이는 있어도 이런 두 세대와 관점 사이에는 투쟁과 충돌이 일어난다.

그러다가 40대에 접어들고 중년이 되어 사회에서 대다수가 리더의 위치를 차지하게 되면 우리는 본인들의 권력과 지위를 위해 싸우고 있는 더 젊은 세대가 눈에 들어온다. 그 세대에 속한 사람들이 이제는 우리를 평가하고 우리의 스타일이나 생각을 다소 시대에 뒤처졌다고 느낀다. 그러면 우리도 저들을 평가하며 미성숙하고 세련되지 못하고 물렁하다 등의 표현으로 묘사한다. 세상이 빠르게 내리막을 걷고 있다는 생각을 품기 시작할 수도 있다. 우리가 너무나 중요하다고 생각하는 가치관이 젊은이들에게는 더 이상 중요하지 않기 때문이다.

이런 식으로 평가할 때 적어도 3,000년간 존재한 어떤 패턴에 따라 반응하고 있다는 사실을 우리는 알지 못한다. BC 1000년 부근으로 거슬러 올라가 바빌로니아의 어느 점토판을 보면 다음과 같은 글이 새겨져 있다. "요즘 젊은이들은 썩어빠졌고, 사악하고, 하느님도 없고, 게으르다. 그들은 절대로 과거의 젊은이들 같지 않을 것이며, 절대로 우리 문화를 보존할 수 없을 것이다." 우리는 객관적으로 젊은 세대를 평가한다고 생각하지만 사실은 균형 잡힌 시각을 가지고 있다고 착각하고 있을 뿐이다. 아마도 우리는 그들의 젊음을 몰래 시기하고 우리가 젊음을 상실한 것에 애통해하고 있을 것이다.

세대 간 긴장에 의해 만들어지는 변화는 대부분 젊은이들로부터 비롯된다. 그들은 더 부산하고, 자신들만의 정체성을 찾아다니고, 집단에 어떻게 녹아들지에 더 예민하다. 그런 젊은 세대가 30대나 40대가 될 때쯤에는 본인들의 변화에 맞춰 세상을 만들고 그 세상에 부모 세대와는 구별되는 모습과 느낌을 부여한다.

어느 세대를 보아도 그 속에는 자연히 여러 변종이 있다. 우선 남보다 더 공격적인 사람들이 있다. 이들은 시대의 스타일과 트렌드를 가장 먼저 감지하고 표현함으로써 리더가 되는 경향이 있다. 이들은 과거와 절연하고 나이 많은 세대를 거역하는 데 있어 남들보다 두려움을 덜 느낀다. 당통이 바로 이 유형이었다. 그리고 이만큼 공격적이지는 않지만 규모가 훨씬 큰 추종자들이 있다. 추종자들은 신이 나서 트렌드를 따라가고, 트렌드의 형성과 홍보를 돕는다. 그리고 마지막으로, 반항아들이 있다. 반항아들은 본인 세대를 거역하고 물결을 거스름으로써 자기 자신을 정의한다. 1950년대의 비트족이나 1960년대에 보수 정치 주변으로 몰렸던 젊은이들이 바로 여기에 포함된다.

이 반항아 유형도 다른 누구 못지않게 자신의 세대에 의해 특징이 정해진다. 다만 그 방향이 반대일 뿐이다. 그리고 사실 이렇게 반대의 특징을 가지면서도 그 밑으로는 해당 세대가 가진 정신이 다수 감지된다. 예를 들어 1780년 대에 귀족들 주위에 모여들어 왕실을 옹호했던 젊은이들도 구질서에 대해 아주 '낭만적인' 사랑을 느낀 경우가 많았다. 1960년대의 보수주의 젊은이들도 본인들의 역전된 가치관 속에서는 다수의 젊은이와 똑같이 설교적이고, 광적이고, 이상주의적이었다. 해당 세대의 사고방식은 아무리 거기에 역행하려고 해도 내면에서부터 모든 사람을 지배한다.

이런 사고방식에 관해 생각할 때는 집단 인격 혹은 우리가 '정신'이라고 부를 수 있는 것의 측면에서 생각해보아야 한다. 우리 세대는 부모와 과거로부터 몇몇 핵심적인 가치관과 세계관을 아무 의심 없이 물려받았다. 그러나 새로운 세대는 언제나 더 생생하고 유의미한 무언가, 현재 바뀌고 있고 과거와는 다른 무언가를 찾아다니고 있다. 지금 무언가가 움직이고 진화한다는 느낌, 과거로부터 물려받은 것과는 반대된다는 이 느낌이 바로 집단정신 자체다. 무언가 들썩이고 탐색하는 것이 이 집단정신의 본성이다. 집단정신은 쉽게 말로 표현되지 않는다. 그것은 일종의 분위기나 감성 톤, 혹은 사람들이 서로 관계를 맺는 방식 같은 것이다.

우리가 종종 해당 세대의 정신을 그 세대의 지배적인 음악 스타일이나 이미지 예술 트렌드 혹은 그 세대의 문학이나 영화에서 포착된 분위기를 통해 가장 잘 연상하는 이유는 그 때문이다. 한 예로 1920년대의 거친 정신과 정신없는 속도감을 그 시절 광풍이었던 재즈나 색소폰 소리보다 더 잘 포착해내는 것은 없다.

이 정신은 우리 세대가 인생의 다양한 단계를 지남에 따라 바뀔 것이다. 50대가 된 우리가 다 함께 세상을 이해하는 방식은 20대 때와는 다를 것이다. 주변 상황이나 역사적 사건, 나이가 들어가는 과정이 이 정신에 수정을 가할 것이다. 그러나 개인의 경우가 그렇듯이 세대 인격에서도 어떤 것은 세월을 초월해서 손상되지 않은 채로 남을 것이다.

유명한 1920년대의 '길 잃은 세대'는 눈에 띄는 몇몇 강박과 이 시기의 특징들을 가지고 있었다. 난잡한 파티와 술, 섹스, 돈, 성공, 그리고 삶에 대한 비정하고 냉소적인 태도 같은 것들 말이다. 나이가 들면서 이 세대의 구성원들은 이런 쾌락이나 광기를 쫓는 것은 어느 정도 그만두었지만, 노년에도 터프하고 냉소적이고 물질주의적이고 자신의 의견을 뻔뻔하게 표명하는 태도만큼은 그대로였다. 1960년대에 성년에 도달한 베이비부머들은 심각한 이상주의와 다른 사람을 도덕적으로 심판하려는 성향을 보여주었다. 그들은 그런 자질을 계속 보유하는 경향이 있으나, 그들의 이상향과 도덕적 심판의 대상은 변해왔다.

만약 우리 세대에 특정한 정신이 있다면 우리가 사는 기간에 대해서도 같은 이야기를 할 수 있을 것이고, 그 기간에는 대체로 4개의 세대가 함께 살아갈 것이다. 이렇게 여러 세대가 섞여서 긴장감이 형성되고 가끔은 충돌하면서 우리가 흔히 '시대정신(zeitgeist)'이라고 부르는 것이 만들어진다. 예를 들어 1960년대라고 하면 강력한 젊은이 문화의 분위기와 그것이 더 나이 든 세대에게 일으켰던 반감과 당황을 분리시켜서 이야기할 수가 없다. 그 시기의 정신과 역학관계는 충돌하는 두 관점의 극적인 상호작용에서 비롯된 것이다.

이 점을 우리 경험에 비춰 보려면 우리가 살아 있고 의식이 있었던 과거의 어느 시기, 나이가 좀 있는 사람이라면 적어도 20년 이상 전으로 돌아가 보면 된다. 그러면 약간의 거리감을 가지고 그 시대가 얼마나 다르게 느껴졌고, 공기가 어땠고, 사람들은 어떻게 교류했고, 어느 정도의 긴장감이 있었는지 기억을 더듬을 수 있다. 그 시기의 정신은 단지 의류나 스타일에서만 찾아볼 수 있는 게 아니라 뭔가 사회적이고 집단적인 것에, 공기 중의 분위기나 느낌 속에 있다. 심지어 패션이나 건축의 차이, 인기를 끌었던 색깔, 자동차의 디자인도 그 뒤에 숨어서 이런 변화와 선택에 생명력을 불어넣은 정신을 이야기해준다.

그 정신은 온갖 사회적 교류에 목말라 하는 사람들의 야성적이고 열린 태도가 특징일 수도 있고, 아니면 사람들이 쉽게 순응하고 까다로웠던, 깐깐하고 조심스러운 분위기가 특징일 수도 있다. 냉소적이거나 희망적인 것일 수도 있고, 진부하거나 창의적인 것일 수도 있다. 우리가 원하는 것은 이와 비슷한 거리감을 가지고 지금 현재의 정신을 가늠할 수 있는 능력이다. 역사의 전체 틀속에서 우리 세대는 어디에 해당하는지, 앞으로 모든 게 어디로 흘러갈지 감을 잡을 수 있는 능력이다.

인간 역사의 패턴

기록된 역사가 시작된 이래 인간 역사의 패턴을 직관적으로 이미 알았던 작가나 사상가도 있었다. 이런 생각을 최초로 이론으로 정립한 사람은 아마 14세기 이슬람의 위대한 학자 이븐 칼둔(Ibn Khaldun)일 것이다. 그는 역사가 4개의 세대에 해당하는 4막으로 움직인다고 생각했다.

첫 번째 세대는 과거와의 근본적 단절을 만들어내는 혁명가들의 세대다. 이들은 새로운 가치관을 정립하기도 하지만 그런 싸움의 과정에서 약간의 혼돈도 만들어낸다. 종종 이 세대에는 위대한 리더나 예언가가 있어서 혁명의 방향에 영향을 주고 뚜렷한 흔적을 남겨 놓는다. 다음에 오는 두 번째 세대는 질서를 갈망한다. 그들은 아주 어린 나이에 혁명을 겪어내며 아직 혁명의 열기를 느끼고 있지만, 세상을 안정시키며 관습과 신조를 세우고 싶어 한다.

세 번째 세대는 혁명 세대와는 직접적 관련이 거의 없고, 혁명에 대한 열정도 많이 느끼지 못한다. 이들은 실용주의자다. 문제를 해결하고 삶을 최대한 안락하게 만들기를 원한다. 이들은 사상에는 큰 관심이 없고 무언가를 이루는 것에 관심이 있다. 그 과정에서 최초의 혁명 정신은 모두 다 빠져나가버리는 경향이 있다. 물질적 관심이 지배적이고, 사람들은 상당히 개인주의적이 될 수도 있다.

다음에 오는 것이 네 번째 세대다. 이들은 사회가 활력을 잃었다고 느끼지만 무엇으로 그것을 대체해야 할지 확신하지 못한다. 이들은 자신들이 물려받은 가치관을 의심하기 시작하고, 상당히 냉소적이 되는 사람들도 있다. 더 이상 무엇을 믿어야 할지 아무도 알지 못한다. 일종의 위기가 대두된다. 이다음에 오는 것이 혁명 세대다. 혁명 세대는 무언가 새로운 신념을 중심으로 단결해 마침내 구질서를 쓰러뜨린다. 이런 식으로 계속 순환된다. 이때 말하는 혁명이란 극단적이거나 폭력적일 수도 있고 덜 극렬한 형태일 수도 있다. 색다른 가치관이 나타나기만 하면 된다.

이 패턴에는 여러 변종이 있고 과학이라고 말할 수도 없지만 우리는 역사에서 전체적으로 이런 순서가 이어진 것을 많이 보아왔다. 가장 눈에 띄는 것은 네 번째 세대의 등장과 그에 따른 가치관의 위기다. 이 시기는 살아내기가 가장 고통스러운 때인 경우가 많다. 인간은 무언가를 믿어야 할 깊은 욕구가 있다. 구질서를 의심하고 의문을 갖기 시작하면서 가치관에 공백이 느껴지는 것은 미칠 노릇이다. 우리는 이 시기에 번성하는 협잡꾼과 선동가들이 퍼뜨린 신념 체계에 매달리는 경향이 있다. 우리는 발생한 모든 문제와 팽배한 불만족을 탓할 희생양을 찾는다. 마음의 닻이 되어 우리를 진정시켜줄 단결된 신념이 없으면 우리는 부족주의적으로 변한다. 그리고 소속감을 주는 소규모의 친밀 집단에 의지하게 된다.

종종 위기의 시기에는 질서가 붕괴된 것에 대해 특히 초조함을 느끼고 분개하는 사람들 사이에 하위 그룹이 형성되기도 한다. 과거에는 어느 정도 특권을 받는다고 느꼈으나 다가오는 변화와 혼돈으로 인해 이전에는 당연시하던 것들을 위협받고 있다고 느끼는 사람들이 그런 하위 그룹을 형성하는 경우가 많다. 그들은 과거를 고수하고 싶어 한다. 어렴풋이 기억하는 어느 황금시대로 돌아가 다가오는 혁명을 막고 싶다. 그러나 이들의 운은 이미 다했다. 역사의 사이클은 멈출 수 없고, 과거가 마법처럼 되살아날 수도 없기 때문이다. 그러나 이런 위기가 서서히 잦아들고 혁명기로 통합되기 시작하면 우리는 종종 흥분의 기운이 상승하는 것을 감지한다. 아직 젊고 특히 무언가 새로운 것에 갈증을 느끼는 사람들은 그들이 나름의 방식으로 준비해온 변화가 다가오는 것을 감지할 수 있다.

지금 우리가 바로 그런 위기의 시기를 살아가고 있는 것으로 보인다. 인생의 핵심 단계에서 이것을 경험하는 세대도 있다. 이 시기의 끝이 얼마나 가까운지는 알 수 없지만 이런 시기는 그리 오래 지속되지 않는다. 왜냐하면 인간 정신이 그것을 참지 못하기 때문이다. 무언가 우리를 단결시키는 신념 체계가 잉태 중이고, 아직 볼 수는 없지만 무언가 새로운 가치관이 만들어지고 있다.

이 패턴의 중심부에는 이전 세대의 불균형과 실수에 대해 반발하는 세대가 만들어내는 주거니 받거니 하는 리듬이 계속 이어지고 있다. 우리 시대보다 4세대 이전으로 돌아가 보면 그 점이 분명히 보일 것이다. 시작은 '조용한 세대'다. 아이들은 대공황을 경험하고, 어른들은 제2차 세계대전과 전후 시기에 성년이 된다. 이들은 다소 조심스럽고 보수적이 된다. 안정성과 물질적 안락, 집단에 단단히 녹아드는 것이 중요한 가치가 된다. 다음 세대인 베이비부머는 부모들의 순응을 숨 막힌다고 느꼈다. 1960년대에 나타난, 부모들만큼 혹독한 경제적 현실에 시달려보지 않은 이들 세대는 개인의 표현과 모험, 이상주의를 높이 평가했다.

다음에 이어 나타난 것이 X세대. 1960년대의 혼돈과 이어진 사회적, 정치적 스캔들이 X세대의 특징을 이룬다. 1980년대와 1990년대에 성년이 된 이들은 실용적이고 대립을 두려워하지 않았고 개인주의와 자립을 중시했다. 이들은 부모들의 이상주의가 가진 위선과 비현실성에 반발했다. 다음에 오는 것이 밀레니얼 세대다. 테러와 금융위기의 트라우마를 가진 이들은 지난 세대의 개인주의에 반발하면서 안전과 팀워크를 갈망했고 충돌과 대립을 뚜렷이 혐오했다.

여기서 우리는 두 가지 중요한 교훈을 끌어낼 수 있다. 첫째, 우리의 가치관은 우리가 이 패턴 중 어디에 해당하고 우리 세대가 이전 세대의 특정한 불균형에 대해 어떤 반작용을 보이느냐에 따라 좌우되는 경우가 많다. 만약 우리가 1920년대나 1950년대에 나타났다면 우리는 태도도 이상도 지금과는 다른 사람일 것이다. 이렇게 중요한 영향력을 우리가 인지하지 못하는 이유는 그 영향력을 관찰하기에는 우리가 그 영향권에 너무 가까이 있기 때문이다. 분명 여기에는 개인이 가진 정신도 어떤 역할을 하고, 개성의 개발을 통해 시대정신을 인도할 힘과 능력도 가질 수 있다. 그러나 우리가 형성되는 데 우리 세대가 지배적인 역할을 한다는 사실과 우리 세대가 패턴 속 어디에 해당하는지를 먼저 인식하는 것은 매우 중요한 일이다.

둘째, 각 세대가 할 수 있는 일은 이전 세대와 반대방향으로 움직이고 반응하는 것뿐으로 보인다. 어쩌면 이것은 세대적 시각이 형성되는 시기가 젊을 때, 즉 우리가 불안정하고 흑백논리에 빠지기 쉬운 때이기 때문일 것이다. 중도를 취하는 것, 즉 이전 세대의 가치관이나 트렌드 중에서 무엇이 좋고 나쁜지를 균형 있게 선택하는 것은 집단의 본성에 반하는 것으로 보인다.

반면에 이렇게 패턴을 주거니 받거니 하는 데는 유익한 효과도 있다. 어느 세대가 단순히 이전 세대의 성향을 그냥 이어주기만 한다면 우리는 아마 오래 전에 멸망했을 것이다. 1920년대나 1960년대의 광기를 이어받은 세대들이 그대로 더 밀고 나갔다고 한번 상상해보라. 아니면 1950년대를 계승한 세대가 똑같이 보수적이고 순응적으로 남아 있었다고 상상해보라. 우리는 너무 많은 자기표현이나 침체로 숨이 막히고 말았을 것이다. 이 패턴이 우리를 불균형으로 이끌지는 몰라도 새로운 활력을 보장하는 것도 사실이다.

때로는 혁명기에 만들어진 변화가 그리 중요한 것이 아니어서 사이클을 넘어서까지 이어지지 않을 때도 있다. 하지만 강력한 위기의 시기에 혁명을 통해 만들어진 새로운 것들은 수백 년을 이어지며 더 이성적이고 공감적인 가치관을 향한 진보를 보여주기도 한다. 이런 역사의 패턴을 보면서 우리는 특정한 시대를 뛰어넘어 우리를 계속 진화하게 만드는 전반적 인간 정신이 무엇인지 인식해야 한다. 어떤 이유에서든 이 사이클이 멈춘다면 우리는 멸망하고 말 것이다.

인간 본성의 법칙을 공부하는 학생으로서 우리가 해야 할 일은 세 가지다. 가장 중요한 첫째는 자기 세대를 대하는 태도를 바꿔야 한다. 우리는 자주적이고 나의 가치관이나 생각은 내면에서 나왔다고 상상하고 싶어 한다. 그러나 이는 사실이 아니다. 우리의 목표는 우리 세대의 정신과 우리가 살고 있는 시대가 얼마나 깊이 우리의 세계관에 영향을 주고 있는지 최대한 깊이 있게 이해하는 것이다.

우리는 흔히 자기 세대에 관해 과민한 반응을 보인다. 내 세대의 시각은 내가 가장 취약하던 어린 시절에 형성된 것이며, 또래들과의 정서적 유대감은 일찌감치 정립됐다. 종종 나보다 나이 많은 세대 혹은 젊은 세대가 우리를 비판하는 소리를 들으면 우리는 자연히 방어적이 된다. 우리는 자기 세대의 결점이나 불균형을 미덕으로 보는 경향이 있다. 예를 들어 더 겁 많고 조심스러운 세대로 자라났다면 집이나 차를 소유하는 것 같은 큰 책임을 회피하려 했을지도 모른다. 그러면서 그것을 자유를 향한 욕망이나 환경에 도움을 주려는 욕망으로 해석하지, 그 밑에 도사리고 있는 진짜 두려움을 대면하려 하지는 않을 것이다.

유기체의 특징과 같은 과학적 사실을 이해하듯이 자기 세대를 이해할 수는 없다. 이는 우리 안에 살아 있는 부분이고, 자기 세대에 대한 우리의 이해는 나 자신의 감정이나 편향에 의해 영향을 받는다. 우리가 해야 할 일은 도덕적 판단으로부터 자유롭게 이 문제를 공략하고 인간으로서 최대한 객관적이 되어 보는 것이다. 세대 인격은 긍정적이지도 부정적이지도 않다. 그것은 그냥 위에서 설명한 유기적 과정의 결과물일 뿐이다.

스스로를 자신의 과거, 우리 세대의 과거를 캐는 일종의 고고학자라고 생각하라. 우리는 유물을 찾고 있다. 서로 조각을 맞춰서 그 밑에 놓인 정신이라는 큰 그림을 그릴 수 있는 내용들을 찾고 있다. 기억을 검토할 때는 그 당시 느꼈던 감정을 소환할 때조차 약간의 거리를 두라. 당신 세대 혹은 다음 세대의 좋고 나쁜 점을 평가하고 있는 자신을 포착하고 그런 평가질을 그만 놓아줘라. 연습을 통해 그런 능력을 개발할 수 있다. 이런 태도는 당신의 발전에 핵심적인 역할을 하게 될 것이다. 어느 정도의 거리감과 자각을 갖춘다면 당신은 당신 세대의 단순한 추종자나 반항아를 훨씬 뛰어넘는 사람이 될 수 있다. 시대정신과 당신의 관계를 마음대로 설정할 수 있고 무시무시한 트렌드세터가 될 수 있다.

우리가 두 번째로 해야 할 일은 우리 세대에 해당하는 일종의 성격 프로필을 만드는 것이다. 그래서 그 정신을 이해하고 활용하는 것이다. 하지만 언제나 미묘한 차이와 예외는 있다는 사실을 기억하라. 우리가 찾고 있는 것은 전체적 정신을 알려주는 공통의 특징이다.

당신이 직장 세계에 들어오기 전에 일어났고 세대 인격을 형성하는 데 큰 역할을 했던 결정적 사건들을 살펴보는 것에서부터 시작하라. 그 기간이 약 22년 내외라면 해당 기간에는 결정적 사건이 하나 이상 있는 경우가 많다. 예를 들어 1930년대에 성년이 된 사람들이라면 대공황이 있었고, 다음에 제2차 세계대전이 도래했다. 베이비부머라면 베트남전쟁이 있었고 나중에는 워터게이트 사건을 비롯한 1970년대 초반의 여러 정치 스캔들이 있었다.

X세대는 성(性) 혁명이 있던 시기에 어린아이였고 맞벌이 세대에 사춘기를 지냈다. 밀레니얼 세대의 경우 911 테러 공격과 2008년 금융위기 사태를 겪었다. 당신이 어느 세대에 해당하느냐에 따라 두 가지가 모두 영향을 주긴 해도 하나가 다른 하나보다 더 큰 영향을 줄 것이며, 더 넓은 세상에 대한 자각을 얻

고 핵심 가치관을 개발하던 열 살에서 열여덟 살 사이에 발생한 사건이 더 큰 영향을 줄 것이다.

어떤 시기는 1950년대처럼 침체기에 맞닿은 비교적 안정된 시기일 수도 있다. 부산한 인간의 마음을 고려한다면 이 역시 강력한 영향을 미칠 것이다. 특히나 젊은이들은 모험을 갈망하며 무언가를 휘저어놓고 싶어 한다. 사람들이 교류하는 방식을 바꿔놓은 중요한 기술적 발전이나 발명도 고려 사항에 포함되어야 한다.

이런 결정적 사건들의 반향을 파악하도록 노력하라. 이 사건들이 당신 세대의 특징이 된 사회화의 패턴에 미친 영향에 주목하라. 만약 그 사건이 어떤 중요한 위기였다면 당신 세대를 안락함이나 안전 쪽으로 단합시킬 것이다. 팀워크나 사랑이라는 감정을 중시하고 대립을 극도로 혐오하게 만들 것이다. 아무 사건이 없는 안정된 시기는 모험이나 때로는 무모함에 가까운 집단 실험 같은 것을 찾아 다른 사람들과 뭉치게 만들 것이다. 일반적으로 20대에 가장 분명한, 또래들의 사회화 유형이 보일 것이다. 그 뿌리를 찾아보라.

더 큰 사건들도 당신이 성공과 돈을 어떻게 볼지, 지위나 부를 중시할지 아니면 창의성이나 개인의 표현 같은 덜 물질적인 것을 중시할지에 영향을 줄 것이다. 모험이나 커리어에서 실패하는 것을 당신 세대는 어떻게 보는가도 많은 것을 이야기해줄 것이다. 실패는 불명예의 훈장인가, 아니면 모험 과정의 일부로, 심지어 긍정적 경험으로 간주되는가? 이 부분은 직업 세계에 들어가는 시기를 통해서도 가늠해볼 수 있다. 당신은 당장 돈을 벌라는 압박을 느꼈는가, 아니면 그 시기는 세상을 탐험하고 모험을 해볼 때였고 30대에 무언가에 정착하면 된다고 느꼈는가?

이 프로필을 작성하면서 당신을 키워준 사람들의 양육 스타일을 살펴보라. 관대했는가, 지나치게 통제했는가, 방치했는가, 공감했는가? 유명한 1890년대의 관대한 양육 스타일은 1920년대 길 잃은 세대의 야성적이고 근심걱정 없는 태도가 형성되는 데 일조했다. 1960년대에서 깊은 영향을 받은 부모들은 나중에 자기 안에 매몰돼 자녀들을 다소 등한시한 경우가 많았고, 그 자녀들은 어쩔 수 없이 다소 소외된 감정을 느끼거나 심지어 분노하기도 했다. 자녀를 과잉보호하는 부모는 안전지대 밖으로 나가는 것을 두려워하는 세대를 낳는다. 이 양육 스타일은 주기적으로 나타난다. 과잉보호를 받았던 자녀들은 일반적으로 헬리콥터 부모(자녀 주위를 계속 맴돌며 과잉보호하는 부모. ─ 옮긴이)가 되지 않는다. 당신의 부모는 유행하는 스타일이 아니었을 수도 있지만, 또래들 사이에서는 10대나 20대 초에 아주 분명해지는 어떤 성격적 특징을 알아볼 수 있을 것이다.

어느 세대의 아이콘이나 영웅을 유심히 살펴보라. 그들은 남들도 자신이 갖고 있었으면 하고 은밀히 바라는 자질을 적극적으로 행사하고 보여준 사람들이다. 그들은 젊은이 문화에서 유명세를 얻는 유형인 경우가 많다. 반항아나 성공한 사업가, 구루, 사회운동가 같은 유형 말이다. 이런 것은 새로운 가치관의 등장을 가리킨다. 마찬가지로 갑자기 당신 세대를 휩쓰는 트렌드나 유행을 살펴보라. 예를 들면 디지털 통화가 갑자기 유행하는 것처럼 말이다. 이런 트렌드를 액면 그대로 받아들이지 말고, 그 밑에 놓인 정신을 찾아보라. 특정한 가치관이나 이상을 향해 무의식적으로 끌리고 있음을 알려줄 것이다. 이런 분석을 할 때는 사소하다고 치부할 수 있는 것은 아무것도 없다.

개인과 마찬가지로 어느 세대나 무의식적인 그림자 인격을 갖고 있을 것이다. 각 세대가 만들어내는 특정한 유머 스타일에서 그 신호를 잘 볼 수 있다. 사람들은 유머를 통해 좌절감을 방출하고 금지된 것을 표현한다. 이런 유머는 비이성적인 것, 신랄한 것, 심지어 공격적인 것을 향할 수도 있다. 고상한 척하고 옳은 척하는 세대가 유머 스타일은 선정적이고 불손할 수 있다. 그들의 그림자가 새어나오는 것이다.

그 일환으로 당신 세대의 젠더 관계를 살펴볼 수도 있다. 1920년대와 1930년

인간 본성의 법칙 ────

대에는 남녀가 본인들의 차이에 가교를 놓으려고 했다. 그래서 혼성 집단에서 최대한 많이 어울렸다. 종종 루돌프 발렌티노(Rudolph Valentino)처럼 아주 여성적인 사람이 남성의 아이콘이 되기도 했다. 또 마를레네 디트리히나 조세핀 베이커처럼 확연히 남성적이거나 중성적인 면을 가진 사람이 여성의 아이콘이 되기도 했다. 이는 1950년대에 갑자기 젠더를 뚜렷이 갈라놓았던 것과 대조된다. 우리 모두가 느끼는 크로스젠더 성향에 대한 무의식적 불편을 드러내면서 자연히 멀어지려 한 것이었다(12장 참조).

당신 세대의 이런 그림자를 살펴볼 때 한쪽 방향을 향한 극단적 성향(물질주의, 종교 추구, 모험, 안전)은 반대쪽에 대한 은밀한 끌림을 감추고 있다는 사실을 기억하라. 1960년대에 성년이 된 세대는 물질적인 것에 무심한 것처럼 보였다. 그들의 중심 가치는 영적인 것, 내면을 향한 것이었고, 즉흥적이고 진정성 있는 것을 추구했다. 이 모든 것은 물질주의적인 부모들에 대한 반작용이었다. 그러나 이런 정신 아래로 늘 최고의 것을 갖고 싶어 하는 욕망을 통해 삶의 물질적 측면에 대한 은밀한 끌림도 감지할 수 있다. 최신 오디오 시스템, 최상품 마약, 최신 유행 의류 같은 것들 말이다. 이 끌림은 1970년대 말과 1980년대 초였던 여피(yuppie, 도시의 젊은 전문직 종사자) 시대에 진실이 모두 폭로되었다.

이렇게 축적된 지식을 가지고 세대의 전체적 프로필을 만들 수 있다. 그 프로필은 세대 현상 자체만큼이나 복잡하고 유기적일 것이다.

우리가 해야 할 세 번째 과제는 이 지식의 조각들을 이어 맞춰서 시대정신으로 생각될 수 있는 더 넓은 무언가로 확장하는 것이다. 그러려면 특히 지배적인 두 세대 사이의 관계를 잘 살펴보아야 한다. 그 두 세대란 젊은 어른들(스물두 살에서 마흔네 살 사이)과 중년 세대(마흔다섯 살에서 쉰여섯 살 사이)이다. 이들 세대의 부모 자식 관계가 아무리 가까워 보이더라도 늘 그 밑에는 약간의 원망이나 시기심과 함께 긴장감이 깔려 있다. 그들의 가치관과 세계관에는 자연스러운 차이가 있다. 이런 긴장감을 확인해서 어느 세대가 더 지배적이고 그런 힘의 역학관계가 지금은 어떻게 변화하고 있는지 알아보라. 또한 더 큰 역사의 패턴 속에서 당신 세대는 어디에 들어맞는지 생각해보라.

이런 전반적 자각을 통해 몇 가지 중요한 이점이 생길 것이다. 예를 들어 자기 세대의 시각은 특정한 근시안을 만들어낸다. 각 세대는 이전 세대에 대한 반작용으로 인해 약간의 불균형이 생긴다. 각 세대는 특정한 가치관에 따라 모든 것을 보고 판단하는데, 이런 태도는 다른 가능성에 대해 마음을 닫아버린다. 우리는 이상주의적이면서 동시에 실용적일 수 있다. 팀워크를 중시하면서 개인적 정신도 높이 평가할 수 있다. 부모 세대나 자녀 세대의 시각에서 세상을 바라보면, 심지어 그들의 가치관 몇 가지를 채용하면, 많은 것을 얻을 수 있다. 당신 세대가 다른 세대보다 우월하다는 느낌은 순전히 착각이다. 이 점을 자각한다면 이런 정신적 장벽과 착각으로부터 자유로워지고, 더 융통성 있고 창의적인 마음을 가질 수 있을 것이다. 시대의 산물이 아니라 당신만의 가치관과 생각을 만들어낼 수 있을 것이다.

전반적 시대정신을 알고 나면 역사적 맥락도 이해할 수 있게 된다. 세상이 어디로 가고 있는지 감을 잡을 수 있을 것이다. 바로 다음에 기다리고 있는 것이 무엇인지 예상할 수 있을 것이다. 이런 지식을 가지고 당신의 개인적 정신을 발휘한다면 지금 잉태되고 있는 미래를 만들어가는 데 일조할 수 있을 것이다.

또한 끊어지지 않는 이 역사의 흐름에 깊이 연결되어 있다고 느끼고 이 장엄한 역사의 드라마에서 당신이 할 역할이 있다고 생각하면 마음이 차분해지면서 인생의 모든 일이 조금은 더 견딜 만해질 것이다. 하루하루의 화나는 일에 과잉반응하지 않게 될 것이다. 최신 트렌드에 지나치게 열광하지도 않을 것이다. 한 시절 동안 만사를 이리저리 움직이는 힘의 패턴을 인식하게 될 것이다. 시대와 조화를 이루지 못하고 있다고 느낀다면 나쁜 시절은 곧 끝날 것이고, 당신은 다음번 물결을 일으키는 데 역할을 담당할 수 있음을 알게 될 것이다.

지금은 그 어느 때보다 이런 지식이 중요해졌다는 사실을 기억하라. 그 이유는 두 가지다. 첫째, 비록 반세계화 정서가 전 세계를 휩쓸고 있지만 기술 발전과 소셜 미디어는 우리를 하나로 만들었고 이 점은 바뀔 수 없다. 이 말은 곧 같은 세대의 사람들이 종종 같은 국가의 나이 많은 세대보다 다른 문화권의 동일 세대와 더 많은 공통점을 가질 거라는 의미다. 이런 유례없는 상황은 시대정신이 그 어느 때보다 더 직접적으로 글로벌화되었고, 따라서 그에 대한 지식이 이전보다 훨씬 더 중요하고 강력해졌다는 뜻이다.

둘째, 기술 혁신에서 시작된 이런 급격한 변화로 인해 변화의 속도가 빨라지면서 자기실현적 역학관계가 만들어졌다는 점이다. 젊은 사람들은 이런 속도에 거의 중독되었고 아무리 사소한 것이라도 더 많은 변화를 갈망한다. 빨라진 속도 때문에 위기는 늘어나고 이는 다시 변화의 속도를 더 빠르게 만든다. 이런 속도감에 우리는 어지러움을 느끼고 균형감각을 상실하기 쉽다. 사소한 변화를 획기적 변화라고 착각하는 바람에 진행 중인 정말로 획기적인 변화를 무시할 수도 있다. 앞으로 다가올 것이 무엇인지 예측하기는커녕 속도를 따라잡지도 못하게 될 것이다. 세대 현상에 대한 인식과 차분한 역사적 관점만이 이 시대를 극복하도록 만들어줄 것이다.

세대의 틀에서 벗어나는 전략

시대정신을 가장 잘 활용하려면 간단한 하나의 전제에서부터 시작해야 한다. '당신은 다른 누구 못지않게 시대의 산물이다. 당신이 알고 있든 모르고 있든 당신이 태어난 세대가 당신의 생각과 가치관을 형성했다.' 따라서 현재 세상의 모습이나 기성 세대에 대해 내면 깊숙한 곳으로부터 좌절감을 느낀다면,

혹은 이 문화에 무언가 빠진 게 있다고 느낀다면, 당신 세대에 속한 다른 사람들도 똑같이 느끼고 있다고 확신해도 좋다. 그리고 그 느낌을 활용하는 사람이 당신이 된다면, 당신의 작품은 당신 세대에 깊은 반향을 일으키고 시대정신의 형성에 일조할 것이다. 이 점을 염두에 두고 아래와 같은 전략들을 실천하라.

과거를 밀어내라

무언가 새로운 것, 지금 세대에게 좀 더 의미 있는 것을 만들어내고 싶은 깊은 욕구를 느끼는 사람도 있을 것이다. 그러나 어릴 때 내면화한 부모의 가치관이라는 형태로 과거는 늘 당신의 발목을 잡고 있을 것이다. 당신은 약간의 두려움과 모순을 느낄 것이다. 그 때문에 당신은 어떤 행동이든 표현이든 전적으로 뛰어들지도 못하면서 과거의 방식에 대한 반항 역시 뜨뜻미지근할 것이다.

우리는 그러지 말고 반대 방향으로 가야 한다. 과거와 과거의 가치관이나 생각을 내가 큰 힘을 갖고 밀어낼 수 있는 대상으로 활용하라. 당신이 느끼는 분노를 여기에 사용하라. 과거와 최대한 분명하게 단절하라. 터부시되는 것을 표현하라. 기성 세대가 집착하는 통념을 산산조각내라. 이 모든 것이 당신 세대를 흥분시키고 그들의 관심을 끌 것이며, 그중 많은 이가 당신을 따르려고 할 것이다.

기성 세대에 대해 대담하게 반항함으로써 에식스 백작은 무적함대를 무찌른 이후의 영국에서 새롭고 자신감 넘치는 정신을 대표하는 자기 세대의 총아가 됐다(15장). 당통은 과감하게 왕실을 거역하고 공화정을 지지함으로써 권력을 얻었다. 1920년대에 흑인 댄서 조세핀 베이커는 최대한 자유롭고 충격적인 공연으로 길 잃은 세대 가운데서 즉흥성이라는 새로운 정신을 대표하는 인물이 됐다. 과거의 영부인에 대한 이미지, 그들의 얌전한 태도와 완전히 절연함으로써 재클린 케네디는 1960년대 초 새로운 정신의 아이콘이 됐다. 이 방향으로 한 발 더 나아간다면 당신은 새로움의 충격을 만들어내고 밖으로 나오기를 기다리고 있는 다른 이들의 욕망에도 불을 지를 것이다.

과거를 현재의 정신에 맞게 각색하라

시대정신의 핵심이 무엇인지 파악하고 나면 역사적으로 비슷한 순간이나 시기를 찾아보는 게 현명한 전략이 될 수 있다. 이전 세대 중에서도 당신 세대의 좌절과 반항을 어느 정도 느끼고 그것을 극적으로 표현했던 세대가 분명히 있을 것이다. 그런 과거 세대의 리더들은 역사에 깊은 울림을 전하며 시간이 지날수록 일종의 신화와 같은 색채를 띠게 된다. 그런 시대나 인물과 당신을 연상시킨다면 뭐가 되었든 당신이 추진하는 운동이나 혁신에 무게감을 더할 수 있을 것이다. 역사적 사건에서 감정을 불러일으키는 상징이나 스타일을 취해 그것을 각색하라. 지금 당신이 시도하는 그 일이 과거에 일어났던 일의 더 발전되고 완벽한 버전이라는 인상을 풍겨라.

이때 웅장하고 신화적인 방식으로 생각하라. 당통은 키케로를 떠올리게 했다. 로마의 공화정을 지지하고 독재에 반대했던 키케로의 연설과 활약은 자연히 많은 프랑스인에게 깊은 울림을 줬고 당통의 임무에도 고대의 무게감을 더해주었다. 영화감독 구로사와 아키라는 일본 문화가 그토록 찬양하는 사무라이 전사의 세계에 새 생명을 불어넣으면서도, 전후 일본의 분위기와 문제에 대해 신중한 접근이 가능한 방식으로 재창조했다. 존 F. 케네디는 대통령 선거에 나왔을 때 1950년대의 진부함을 벗어나고 있던 새로운 미국적 정신을 예고하고 싶었다. 그는 자신이 만든 프로그램에 뉴 프론티어(New Frontier)라는 이름을 붙여서 자신의 아이디어를 미국인들의 정신에 깊이 뿌리박힌 개척자 정신을 연상시켰다. 이런 이미지가 그에게는 강력한 호소력을 발휘하는 요소가 됐다.

어린 시절의 정신을 부활시켜라

어린 시절의 정신, 즉 당신에게 영향을 주었던 당시의 유머나 결정적 사건, 그 시기의 스타일과 제품, 공기 중의 느낌을 되살린다면 그 시기를 함께 경험했던 모든 사람들이 귀를 기울여 들을 것이다. 그 시기는 인생에서 강렬한 정서적 경험을 했던 때이기 때문에 어른의 눈에 비친 모습으로 그 시기를 재창조한다면 당신의 작품은 또래들에게 깊은 울림을 줄 것이다. 이 전략은 어린 시절로부터 강력한 연관성을 느끼는 사람만 사용해야 한다. 그렇지 않으면 그때의 정신을 재창조하려는 시도가 시시하고 부자연스럽게 보일 것이다.

당신은 말 그대로 과거를 재창조하는 게 아니라 그 정신을 포착하려는 것임을 기억하라. 그런 시도가 정말로 힘을 가지려면 아무 생각 없는 향수에 머무는 것이 아니라 현재의 어떤 문제나 이슈와 연관되어야 한다. 당신이 뭔가를 고안해내는 중이라면 그 어린 시절의 스타일을 교묘하게 업데이트해서 당신의 작품에 통합하라. 어린 시절에 대해 누구나 느끼는 무의식적인 끌림을 적극 활용하라.

새로운 사회 구성을 창조하라

친밀감을 느끼는 사람들과 더 많은 사회적 교류를 갈망하는 것은 인간의 본성이다. 당신 세대에게 호소할 수 있는 새로운 교류 방식을 만들어낸다면 언제나 큰 힘을 얻게 될 것이다. 새로운 아이디어나 가치관을 중심으로, 혹은 비슷한 생각을 가진 사람들을 참신한 방식으로 한 자리에 모을 수 있는 최신 기술을 중심으로 집단을 조직하라. 자유로운 어울림을 가로막는 장벽을 설치하던 중개자들을 없애라. 이렇게 새로운 형식의 집단에는 언제나 구성원 간에 유대를 형성할 수 있는 의식 절차와 동질감을 느낄 수 있는 상징을 도입하는 게 좋다.

과거에도 이런 사례를 많이 볼 수 있었다. 17세기 프랑스의 살롱은 남녀가 공개적으로 자유롭게 이야기할 수 있는 공간이었다. 18세기 유럽의 프리메이슨들이 모이던 로지(lodge)는 비밀 의식을 갖고 있었고 체제 전복의 느낌을 풍겼다. 1920년대의 주류 밀매점과 재즈 클럽은 '뭘 해도 상관없을' 것 같은 분위기를 풍겼고, 더 최근의 경우를 보면 각종 온라인 플랫폼이나 모임, 플래시몹 같은 것들이 있다. 이 전략을 사용할 때는 사람들이 떨쳐버리고 싶어 하는 과거의 억압적 요소를 생각해보라. 그것은 사람을 바보로 만드는 정치적 올바름에 대한 강요일 수도 있고, 고상한 척하는 내숭, 무조건 동조하는 풍조, 개인주의에 대한 과대평가, 그로 인한 이기적 모습 등일 수도 있다. 당신이 만들 집단은 새로운 정신이 융성하게 만들어야 한다. 심지어 정치적 올바름에 대한 과거의 터부를 깨버리는 스릴을 제공하는 방법도 있을 것이다.

시대정신을 전복하라

당신이 살고 있는 시대 혹은 자기 세대의 정신 중 어느 부분과 스스로가 조화되지 못한다고 느끼는 사람도 있을 것이다. 이미 다른 것으로 대체된 과거의 어떤 전통에 더 동질성을 느낄 수도 있고, 개인적 기질 때문에 자기 세대와는 가치관이 다를 수도 있다. 이유가 뭐였든 간에 시대정신에 대고 규탄하거나 훈계하거나 설교하는 것은 현명하지 못하다. 그렇게 하면 당신만 소외될 뿐이다. 시대정신이 마치 조수나 물살과 같다면 그에 맞서 싸우기보다는 부드럽게 그 방향을 돌릴 방법을 찾는 편이 낫다. 시대정신 내에서 작업하며 그것을 전복하는 것이 효과도 좋고 더 많은 힘을 가질 수 있을 것이다.

예를 들어 당신이 책이나 영화 기타 제품 등 무언가를 만든다면 그 모습과 느낌은 시대상을 담고 심지어 좀 과장되게 담아도 된다. 대신에 거기에 약간 다른 당신의 생각이나 정신을 끼워 넣으면 된다. 당신이 선호하는 과거의 가치관을 암시하거나 사건을 대하고 해석하는 다른 방식을 묘사함으로써 사람들의 세계관을 형성하는 세대의 틀을 조금 느슨하게 만들 수 있다.

제2차 세계대전 이후에 유럽의 위대한 패션 디자이너들은 이제 전 세계를 지배하게 된 미국 시장을 심하게 업신여겼다. 그들은 새로 등장하는 팝문화나 그 저속함을 싫어했다. 패션 디자이너 코코 샤넬은 늘 자신의 디자인에 우아함을 강조해왔고 이런 반감을 어느 정도는 공유하고 있었다. 하지만 그녀는 당대의 다른 디자이너들과 반대 방향으로 갔다. 그녀는 미국 여성들이 갖게 된 힘을 인정하고, 덜 요란하고 좀 더 활동적인 옷을 원하는 그들의 욕망에 부응했다. 그들의 신뢰를 얻고 그들의 언어로 말함으로써 샤넬은 미국인들의 취향을 미묘하게 바꿔놓을 수 있는 막강한 영향력을 갖게 됐다. 그러면서 그녀는 미국 여성들이 좋아하는 간결한 디자인에 본인의 진짜 감수성을 도입하고 약간의 우아함을 추가했다. 이런 식으로 그녀는 패션에서 시대정신의 방향을 재설정하도록 도왔고 1960년대 초의 변화를 예견했다. 이게 바로 시대정신에 역행하는 게 아니라 그것을 이용할 때 가질 수 있는 힘이다.

계속해서 진화하라

당신 세대가 특유의 정신을 형성한 것은 젊은 시절이었다. 우리가 주로 아름답게 기억하는, 강렬한 정서적 경험을 가졌던 시기 말이다. 문제는 당신이 나이가 들면서 이 시기의 특징이었던 가치관과 생각, 스타일에 계속 갇혀 있는 경향이 있다는 점이다. 젊은 세대가 보기에 당신은 과거의 캐리커처처럼 돼버렸다. 더 이상 당신의 사고는 진화하지 않는다. 지나온 시대는 과거를 당신의 유일한 닻으로 만들어 더 꼭 붙들게 만든다. 나이가 들수록 무대를 점령하는 젊은 사람은 계속 늘어나고 당신의 관객층은 계속 좁아진다.

당신의 특징이 된 그 정신을 내다버려야 한다는 이야기가 아니다. 어쨌든 그건 불가능하기 때문이다. 젊은 세대의 스타일을 흉내만 내봤자 우스꽝스럽고 가짜처럼 느껴질 것이다. 당신에게 필요한 것은 당신의 정신을 현대화하는 것이다. 당신에게 호소력을 갖는 젊은 세대의 가치관이나 생각의 일부를 채택할 수 있다면 그렇게 하고, 당신의 경험과 시각을 진행 중인 변화와 혼합함으로써 새롭고 더 넓은 관객층을 확보하라. 당신을 보기 드물고 호소력이 있는 잡종으로 만들어라.

영화감독 알프레드 히치콕과 그의 작품을 형성한 것은 그가 영화계에 입문해 감독이 되었던 1920년대였다. 이 무성영화 시대에 가장 중요했던 것은 스토리를 시각 언어를 완벽하게 만드는 것이었다. 히치콕은 카메라의 각도와 움직임을 사용하는 기술을 마스터하여 관객들이 마치 스토리의 한가운데 있는 것처럼 느끼게 했다.

그는 감독으로서 활동했던 60년 동안 시각 언어에 대한 이런 집착을 한 번도 내다버리지 않았다. 하지만 그는 자신의 스타일을 계속해서 수정해나갔다. 1950년대에는 컬러로 된 화려한 볼거리가 대유행이었고 1960년대와 1970년대에는 스릴러와 호러 영화가 유행이었다. 그는 이런 트렌드에 자신의 스타일을 맞춰나갔다. 완전히 유행에 뒤지거나 현대적 스타일을 그저 흉내만 내보려고 했던 다른 나이 든 감독들과는 달리 히치콕은 과거와 현재의 잡종을 만들어냈다. 그 덕분에 그의 후기작들은 엄청난 깊이를 갖게 됐다. 그가 커리어 초창기부터 수정해왔던 모든 내용이 한 작품에 다 들어갔기 때문이다. 그의 영화는 대중들에게 호소력을 갖기도 했지만, 그의 영화가 독특했던 이유는 영화 속에 겹겹이 쌓인 혁신이 녹아 있었기 때문이다. 이런 깊이는 어느 관객에게나 대단한 효과를 가질 것이다. 당신의 작품은 시간을 초월한 것처럼 보일 것이다.

시간은 인간이 만들어낸 것이다

인간은 손대는 것마다 변신시키는 데 귀재다. 우리는 우리의 목적에 맞게 지구라는 행성의 환경을 완전히 바꿔놓았다. 우리는 신체적으로 나약한 종에서 가장 강력한 발군의 사회적 동물로 우리 자신을 탈바꿈시켰다. 그리고 그 과정에서 우리의 뇌 구조를 바꾸고 확장하는 효과까지 냈다. 우리는 쉬지 않고 끝없이 무언가를 발명한다. 하지만 이런 우리의 변형 능력을 거역하는 분야가 하나 있는 듯하다. 바로 '시간' 그 자체다. 우리는 태어나 삶의 흐름 속으로 들어가고, 매일매일 죽음에 가까워진다. 시간은 일직선이다. 늘 앞으로만 간다. 시간의 흐름을 바꾸기 위해 우리가 할 수 있는 일은 아무것도 없다.

우리는 다양한 인생의 단계를 하나씩 거쳐 간다. 그 단계들은 우리가 어떻게 할 수 없는 패턴을 따른다. 우리의 심신은 느려지고 젊은 시절의 탄력성을 상실한다. 우리는 점점 더 많은 젊은이들이 인생이라는 무대를 채우며 우리를 옆으로 밀어내는 것을 무력하게 지켜본다. 우리는 스스로 태어난 역사적 시기와 세대를 선택하지 않았다. 하지만 그것들은 내가 누구이고 나에게 무슨 일이 일어날지 아주 많은 부분을 결정하는 것처럼 보인다. 시간과 관련해 우리의 능동적 본성은 무의미하게 되고, 의식적으로 여기에 저항하지는 않지만 이 무력감이 원천이 되어 많은 불안과 우울을 야기한다.

그러나 우리의 시간 경험을 더 자세히 들여다보면 아주 독특한 무언가를 눈치챌 수 있다. 우리의 기분과 여건에 따라 시간이나 날짜가 다르게 지나간다는 사실이다. 어린아이와 어른은 시간을 아주 다르게 경험한다. 아이에게는 시간이 다소 느리게 움직이지만, 어른에게는 너무나 빠르게 지나간다. 지루할 때는 시간이 공허하게 느껴지면서 기어가는 것처럼 느리게 느껴진다. 신나고 즐거울 때는 시간이 좀 느리게 갔으면 하고 바란다. 차분히 명상을 하고 있을 때는 시간이 느리게 지나가더라도 충만하고 만족스럽게 느껴진다.

이 말은 곧 시간은 인간이 만들어냈다는 뜻이다. 우리가 자체 목적을 위해 그 흐름을 측정하려고 만들어낸 하나의 방법이다. 이렇게 인위적으로 만들어낸 것을 경험할 때 그 방식은 상당히 주관적이고 바뀔 수도 있다. 우리는 의식적으로 시간을 느리게 만들거나 빠르게 가게 할 수도 있다. 시간과 우리의 관

인간 본성의 법칙

계는 생각보다 유동적이다. 노화 과정을 멈추거나 죽음이라는 엄정한 현실을 거역할 수는 없지만 시간에 대한 경험을 바꿀 수는 있다. 고통스럽고 우울한 시간을 전혀 다른 어떤 것으로 바꿀 수 있다. 우리는 시간이 일직선이 아니라 사이클처럼 느껴지게 할 수 있다. 심지어 그 흐름에서 한 발 벗어나 일종의 시간이 없는 상태를 경험할 수도 있다. 우리는 자기 세대나 자기 세대의 관점에 꽉 잡혀 있을 필요가 없다.

이게 단지 희망사항처럼 보일 수도 있겠지만, 의식적으로 본인의 시대를 초월하고 시간을 좀 다른 방식으로 경험했다고 기록한 역사적 인물은 여럿 있다. 레오나르도 다빈치와 요한 볼프강 폰 괴테가 그랬다. 이것은 하나의 이상(理想)으로 우리의 능동적 본성이 허용하는 일이기도 하고 어느 정도 깨닫고자 노력해볼 가치가 있는 일이기도 하다.

기본적인 시간의 네 가지 측면에 능동적인 접근법을 적용하는 방법은 아래와 같다.

인생의 단계

인생의 단계들(어린 시절, 청년기, 중년기, 노년기)을 지날 때 우리가 공통으로 느끼는 변화가 있다. 어릴 때 우리는 인생을 더 강렬하게 경험한다. 우리는 더 감정적이고 취약하다. 대부분의 사람은 밖으로 관심을 집중하며 남들이 나를 어떻게 생각할까, 어떻게 집단에 녹아들까를 걱정한다. 사람들과 잘 어울리지만, 바보 같은 행동도 잘하고, 무조건 내가 옳다고 생각한다.

나이가 들면서 그 강렬함은 줄어들고 우리의 마음은 관습적인 생각이나 신념을 중심으로 경직되는 경향이 있다. 서서히 남들이 나를 어떻게 생각하는지에 신경을 덜 쓰고 보다 내면을 향한다. 이렇게 후반 단계에서는 약간의 거리를 두고 인생을 바라볼 수도 있고 자제력이 생기기도 한다. 그리고 아마 축적된 경험으로부터 지혜도 생길 것이다.

그러나 우리는 인생의 각 단계에 수반되는 부정적인 특징들을 버리거나 중화시킬 수 있는 힘이 있다. 마치 노화 과정 자체를 거부하는 것처럼 말이다. 예를 들어 어릴 때는 나에게 미치는 집단의 영향력을 줄이고 남들의 생각이나 행동에 너무 집착하지 않으려고 노력할 수 있다. 나 자신이 좀 더 내면을 향하고 나의 개성과 조화를 이루게 만들 수 있다(자세한 내용은 13장 참조). 우리는 세월과 함께 자연스럽게 생기는 내면의 거리감을 의식적으로 개발할 수 있다. 자신의 경험에 대해 더 깊이 생각하고 거기서 교훈을 얻고 일찍부터 지혜를 개발할 수 있다.

나이가 들면서 우리는 세월과 함께 시드는 젊음의 긍정적 특징을 유지하기 위해 노력할 수 있다. 예를 들어 나이를 먹으며 생기는 뭐든 다 안다는 듯한 태도와 자만심을 버린다면 어린 시절 갖고 있던 타고난 호기심을 어느 정도 되찾을 수 있다. 계속해서 신선한 틀을 가지고 세상을 보고, 내가 가진 가치관과 선입견에 의문을 제기하고, 그 과정에서 마음의 융통성과 창의성을 늘릴 수 있다. 그 일환으로 새로운 기술을 배우거나 새로운 영역을 공부함으로써 무언가 새로운 것을 배울 때 느꼈던 기쁨을 되찾을 수 있다. 또 어린 시절의 더 강렬한 경험을 떠올리며 상상을 통해 그 순간으로 되돌아가 예전의 나와 더 깊이 연결될 수도 있다. 현재의 경험에서도 어린 시절의 그 강렬함이 어느 정도 되돌아오는 것을 느낄 수 있다.

나이가 들수록 덜 사교적이 되는 이유 중에는 남을 쉽게 재단하고 사람들의 기벽을 참지 못하게 되는 탓도 있다. 이런 것들은 우리의 인생 경험을 고양시켜주지 않는다. 우리는 인간 본성을 더 깊이 이해하고 사람들을 있는 그대로 받아들임으로써 그런 태도를 바꿀 수 있다.

노화에는 심리적 요소가 있어서 자기실현적 예언이 될 수 있다. 내가 쇠약해지고 있다고, 과거처럼 무언가를 시도하거나 해낼 수 없다고 스스로에게 말하고 그런 생각에 기초해서 행동한다면 노화 과정은 심화될 테고, 그것은 우리를 우울하게 만들고 더 쇠약해지게 만들 것이다. 벤저민 플랭클린처럼 반대 방향으로 갔던 과거의 아이콘도 있다. 그는 나이가 들면서도 계속해서 본인의 심신을 단련했고, 70대, 80대까지도 어린아이처럼 기뻐하고 쾌활한 성격을 유지했다.

현재 세대

여기서 우리의 목표는 시대의 산물이 '덜' 되는 것이다. 그리고 자기 세대와의 관계를 바꿀 수 있는 능력을 습득하는 것이다. 핵심적인 방법 하나는 다른 세대의 사람들과 적극적으로 어울리는 것이다. 젊은 사람이라면 기성 세대와 더 많이 교류하려고 노력해보라. 그중에 당신이 동질감을 느낄 수 있는 정신의 소유자가 있다면 멘토나 롤모델로 삼을 수도 있을 것이다. 그 외 다른 사람들은 또래처럼 대해보라. 우월하거나 열등하다고 느끼지 말고 그들의 가치관, 생각, 시각에 깊은 관심을 기울여 당신의 가치관, 생각, 시각을 넓히도록 하라.

나이가 든 사람이라면 거꾸로 젊은 세대와 적극적으로 교류해보라. 부모나 권위자로서가 아니라 또래처럼 교류해보라. 그들의 정신, 나와는 다른 사고방식, 그들의 열정을 흡수하라. 그들에게서 배울 게 있다는 심정으로 다가가보라.

다른 세대와 좀 더 진정성 있는 차원에서 교류한다면 독특한 유대관계가 만들어질 것이다. 역사에서 같은 시간에 살아 있는 사람들 사이의 유대관계 말이다. 이렇게 되면 시대정신에 대한 이해가 더 높아질 것이다.

과거 세대

우리는 역사를 생각할 때 영혼 없이 죽은 캐리커처처럼 보는 경향이 있다. 아마도 우리는 과거 시대에 대해 우월감이나 우쭐함을 느낄 것이다. 그래서 우리는 역사의 측면 중에 퇴보하는 생각이나 가치관을 보여주는 쪽에 초점을 맞추면서, 미래 세대도 우리에게 똑같이 할 거라는 사실은 깨닫지 못한 채로 우리가 보고 싶은 것을 본다. 아니면 과거 사람들이 세상을 경험한 방식과 거의 관련이 없는 현재의 생각과 가치관을 과거에 투영하기도 한다. 우리는 그들 세대의 시각은 쏙 빼버린다. 역사 영화 같은 것을 보면 의상만 다르게 입은 사람들이 우리처럼 말하고 행동하는 것을 볼 수 있다. 아니면 우리는 그냥 간단히 역사를 무시한다. 역사가 우리의 현재 경험에 아무 의미도 없다고 착각한다.

우리는 이런 터무니없는 생각과 습관을 버려야 한다. 우리는 생각만큼 과거 사람들보다 우월하지 않다. 비이성적 행동, 근시안, 시기심, 과대망상, 동조, 공격성에 관한 앞의 장들을 보라. 역사를 보면 참여 민주주의나 창의적 사고, 문화적 생기라는 측면에서 지금보다 우월했던 문화가 여럿 있다. 과거에는 우리가 망상적으로 보일 만큼 인간 심리를 더 깊이 이해하고 냉철한 현실주의를 가졌던 시기들이 있다. 인간 본성은 그대로이지만 과거 사람들은 다른 환경에서 다른 수준의 기술을 갖고 있었고, 지금 우리와는 상당히 다른 가치관과 신념을 갖고 있었다. 그게 꼭 우리보다 열등한 것은 아니다. 그들은 우리와는 다른 그들의 여건을 반영한 가치관을 갖고 있었고, 우리도 그 시대를 살았다면 같은 가치관을 가졌을 것이다.

그러나 가장 중요한 것은 과거가 결코 죽지 않았음을 이해하는 것이다. 우리는 수백만 년의 진화와 동떨어져 빈 도화지에 태어난 것이 아니다. 우리가 생각하고 경험하는 모든 것, 가장 내밀한 생각과 신념은 과거 세대의 투쟁을 통해 만들어진 것들이다. 지금 세상을 이해하는 수많은 방식은 오래 전 생각의 변화에서 나온 것이다.

어떤 대의를 위해 모든 것을 희생하는 사람을 보면 그들은 1세기의 초기 기독교인들이 시작한 가치관의 변화를 다시 살고 있는 것이다. 초기 기독교인들은 어떤 이상을 위해 삶의 모든 측면을 헌신함으로써 우리의 사고방식에 혁명을 일으켰다. 우리가 사랑에 빠지고 상대를 이상화할 때마다 우리는 12세기 음유시인들이 서구 세계에 소개했던, 그 이전에는 결코 존재하지 않았던 감정을 다시 살고 있다.

우리가 지성이나 노력보다 감정이나 즉흥성을 극찬할 때마다 18세기 낭만주의 운동이 처음으로 우리 심리에 도입했던 것을 다시 경험하고 있는 것이다. 현재의 우리는 인간 사고와 심리에 그동안 축적된 모든 변화가 잡다하게 섞여서 만들어진 산물이다. 과거를 죽은 것으로 만든다면 우리는 우리 자신을 부정하는 것밖에 안 된다. 그렇게 하면 뿌리도 없고 야만적이고 본성과 차단된 존재가 된다.

당신은 역사를 당신 속에 되살림으로써 역사와의 관계를 근본적으로 바꿔야 한다. 먼저 과거 중에 한 시대를 선택해보라. 이유가 뭐가 되었든 당신이 강한 흥미를 느끼는 시대이면 된다. 그 시대의 정신을 재창조하도록 노력해보라. 능동적 상상을 이용해서 당신이 읽고 있는 배우의 주관적 경험 속으로 들어가 보라. 그들의 눈으로 세상을 보라. 지난 100년간 나온 훌륭한 책들을 보면서 특정 시대의 일상이 어땠을지 느껴보라. 예를 들어 라이어널 카슨(Lionel Casson)의《고대 로마의 일상(Everyday Life in Ancient Rome)》이나 요한 하위징아(Johan Huizinga)의《중세의 가을》같은 것에서 찾아볼 수 있다. 그 시대 문학을 보면 당시에 우세했던 정신을 감지할 수 있다. F. 스콧 피츠제럴드(F. Scott Fitzgerald)의 소설을 보면 해당 주제를 다룬 그 어느 학술 서적보다 훨씬 더 생생하게 재즈 시대를 느낄 수 있다. 그 시대 사람들을 도덕적으로 재단하려고 하지 마라. 그들은 그들에게 충분히 이해가 가는 맥락 속에서 그들의 현재를 경험하고 있다. 우리는 그들의 내면으로부터 그 시대를 이해해야 한다.

이렇게 하면 당신 자신이 다르게 느껴질 것이다. 시간에 대한 개념이 확장될 것이다. 당신 안에서 과거가 계속 살아간다면, 지금 당신이 하는 일과 당신이 살고 있는 세상도 계속해서 살아남아 미래에 영향을 미칠 것이고, 당신은 우리 모두를 관통하는 더 큰 인간 정신과 연결된다는 사실을 깨닫게 될 것이다. 지금 이 순간 당신은 그 끊이지 않는 연결고리 속의 일부다. 그리고 이것은 이상하게도 불멸을 닮은, 중독성 있는 경험일 수 있다.

미래

미래에 대한 우리의 영향력을 가장 명확히 이해할 수 있는 것은 자녀와의 관계 또는 선생님이나 멘토처럼 어떤 식으로든 우리가 영향을 미치는 젊은 사람들과의 관계를 통해서다. 이 영향력은 우리가 사라진 후에도 오랫동안 이어질 것이다. 우리의 일이나 우리가 만들어내고 사회에 기여하는 것들은 더 큰 영향력을 발휘할 뿐만 아니라 미래 세대와 소통하고 그들에게 영향력을 미치는 의식적인 전략의 일부가 될 수 있다. 이런 식으로 생각하면 실제로 우리가 하는 말과 행동이 바뀔 것이다.

레오나르도 다빈치는 분명히 그런 전략을 따랐다. 그는 미래가 어떤 모습일지 계속 그려보려고 했다. 상상을 통해 미래 속에 살았다. 미래에 존재할 법한 발명품을 그려놓은 그의 스케치가 바로 그 증거이다. 그중에는 그가 실제로 제작하려고 시도했던 하늘을 나는 기계도 있다. 그는 또 본인이 살았던 시대에는 아직 존재하지 않지만 미래 사람들이 갖고 있을지 모를 가치관에 대해서도 깊이 생각했다. 예를 들어 그는 동물에게 깊은 친밀감을 느꼈고 동물도 영혼을 갖고 있다고 생각했다. 당시로서는 들어본 적이 없는 믿음이었다. 이 때문에 그는 채식주의자가 됐고 시장을 돌아다니면서 새장에 갇힌 새들을 풀어주었다. 그는 인간을 포함해서 자연을 모두 하나라고 보았다. 그는 그런 신념을 공유할 수 있는 미래를 상상했다.

위대한 페미니스트이자 철학자, 소설가였던 메리 울스턴크래프트는 우리가 지금 미래를 어떻게 상상하느냐에 따라 인간이 실제로 미래를 창조할 수 있다고 믿었다. 그래서 그녀는 짧은 생애 동안 여성의 권리가, 그리고 가장 중요하게는 여성의 이성적 능력이 남성과 동일한 무게를 갖는 미래를 상상했다. 그녀의 이런 생각은 실제로 미래에 심대한 영향을 미쳤다.

이와 관련해 가장 놀라운 사례는 아마 과학자이자 소설가, 철학자였던 요한 볼프강 폰 괴테(Johann Wolfgang von Goethe, 1749-1832)일 것이다. 그는 레오나르도 다 빈치와 비슷한 일종의 보편적 지식을 열망했다. 그는 모든 형태의 인간 지성을 마스터하려고 했다. 역사의 모든 시대에 푹 빠져들었고, 그를 통해 미래를 볼 수 있을 뿐만 아니라 미래 사람들과 교감할 수 있기를 바랐다. 그는 다윈보다 수십 년 앞서 진화론을 예측할 수 있었다. 그는 19세기와 20세기의 수많은 큰 정치 트렌드를 예견했는데 그중에는 제2차 세계대전 후에 유럽이 결국 통합될 거라는 내용도 있었다. 괴테는 기술 발전과 그것이 우리 정신에 미칠 영향을 상상했다. 그는 적극적으로 본인의 시대 밖에서 살아보려고 시도한 사람이었고 그의 예언 능력은 친구들 사이에서 전설이었다.

마지막으로, 우리는 가끔 내가 시대를 잘못 타고난 것이 아닌가 느낄 때가 있다. 그럼에도 우리는 이 순간에 갇혀 있고 이 시대를 살아가야 한다. 그게 사실이라면 이 '불멸의 전략'이 우리에게 약간의 안도감을 줄 수도 있다. 우리는 역사의 사이클을 알고 있고, 그 추가 어떻게 움직여 시대가 어떻게 바뀔지 알고 있다. 어쩌면 우리가 사라진 후까지도 말이다. 이런 식으로 우리는 미래를 보며 이 끔직한 순간을 훨씬 넘어서까지 살아가고 있을 사람들과 어떤 연관성을 느낄 수 있다. 우리는 그들에게 손을 내밀어 그들을 나의 관객의 일부로 만들 수 있다. 언젠가 그들도 우리에 관한 글이나 우리가 남긴 말을 읽을 테고, 그러면 이 연관성은 쌍방향이 될 것이다. 이는 곧 본인의 시대와 죽음의 종결성 자체를 뛰어넘는 인간의 지대한 능력을 가리킨다.

> 사람의 단점은 그의 시대에서 온 것이다. 사람의 미덕과 위대함은 온전히 그의 것이다.
> ─요한 볼프강 폰 괴테

Law 18 · Death Denial

죽음 부정의 법칙

인간의
운명인
죽음을
생각한다

사람은 죽음에 대한 생각을 회피하면서 평생을 산다. 하지만 우리는 오히려 피할 수 없는 죽음을 늘 염두에 두어야 한다. 인생의 짧음을 이해하면 한시라도 빨리 나의 목표를 깨달아야겠다는 생각이 들고 목적의식이 생긴다. 이런 현실을 인정하고 정면으로 부딪치는 훈련을 한다면 인생의 여러 차질과 이별, 위기를 감당하기가 쉬워질 것이다. 현실에 대한 균형감각이 생기고 이 짧은 생에서 정말로 중요한 것이 무엇인지 알게 될 것이다. 대부분의 사람은 끊임없이 자신을 남들과 분리하고 우월감을 느낄 방법을 찾는다. 그러나 우리는 모든 사람이 죽는다는 사실과 그 점에서 우리는 모두 평등하며 하나라는 사실을 깨달아야 한다. 죽음을 깊이 인식함으로써 우리는 삶의 모든 측면을 더 강렬하게 경험할 수 있다.

옆구리에 박힌 총알

메리 플래너리 오코너(Mary Flannery O'Connor, 1925-1964)는 어릴 때 조지아 주 사바나에서 자라며 아버지 에드워드에게 이상하리만치 강력한 교감을 느꼈다. 그 교감의 일부는 두 사람이 놀랄 만큼 닮았다는 사실에서 자연스레 기인한 것이었다. 두 사람은 꿰뚫어볼 듯한 커다란 두 눈과 똑같은 표정을 갖고 있었다. 그러나 메리에게 더 중요했던 것은 두 사람의 모든 사고방식과 감정까지 서로 완전히 일치하는 것처럼 보인다는 사실이었다. 그녀는 자신이 만든 게임에 아버지가 참여할 때부터 이 사실을 알게 됐다. 아버지는 이 게임의 원리를 너무나 자연스럽게 이해했고, 아버지의 상상은 그녀와 아주 유사한 방향으로 움직였다. 두 사람은 말 한 마디 하지 않아도 서로 소통할 수 있었다.

무남독녀였던 메리는 어머니 레지나에 대해서는 그렇게 느끼지 않았다. 어머니는 아버지보다 사회적으로 높은 계급 출신이었고 지역 사회에서 유명인이 되고 싶은 열망을 갖고 있었다. 어머니는 책을 좋아하고 은둔자적인 딸을 전형적인 남부 여인으로 만들고 싶어 했다. 하지만 메리는 완고하고 고집스러워서 어머니를 잘 따라주지 않았다. 메리는 어머니나 친척들이 다소 형식적이고 깊이가 없다고 느꼈다. 열 살이 된 메리는 〈내 친척들〉이라는, 그들을 희화화한 글을 시리즈로 쓰기도 했다. 장난기가 발동한 메리는 어머니와 친척들에게 이 소품을 보여줬는데 그들은 당연히 충격을 받았다. 자신들을 그렇게 묘사했다는 사실뿐만 아니라 이 열 살짜리의 날카로운 위트가 놀라웠다.

그러나 아버지는 이 소품이 아주 재미나다고 생각했다. 아버지는 이 글들을 모아 작은 책자로 만들어서 오는 손님마다 보여줬다. 아버지는 딸이 장차 홀룽한 작가가 될 것이 눈에 보였다. 메리는 일찍부터 자신이 다른 아이들과 다르다는 것, 어쩌면 살짝 기이하다는 것을 알고 있었다. 그리고 자신의 그런 남다른 모습에 대해 아버지가 보여주는 자부심을 마음껏 즐겼다.

메리는 아버지를 너무나 잘 이해하고 있었기 때문에 1937년 여름 아버지의 에너지와 기운이 바뀐 것을 감지하고 겁에 질렸다. 처음에는 미묘한 정도였다. 아버지는 얼굴에 발진이 생겼고 오후가 되면 갑자기 피곤해했다. 그러더니 점점 더 낮잠을 길게 자기 시작했다. 자주 독감에 걸렸고 온몸에 통증이 생겼다. 가끔씩 메리는 부모님이 방문을 닫아놓고 아버지의 병세에 관해 이야기하는 것을 엿들었다. 하지만 그녀가 얻어낸 정보라고는 무언가 심각하게 잘못되었다는 사실뿐이었다.

아버지가 몇 년 전에 시작한 부동산 사업은 잘 되지 않아서 포기해야 했다. 몇 달 후 아버지는 애틀랜타에 있는 정부 일자리를 구했다. 보수가 많지 않은 일이었다. 예산이 부족했기 때문에 메리와 어머니는 애틀랜타에서 멀지 않은 조지아 주 중심부의 밀리지빌이라는 동네의 널찍한 친척 집에 들어가 살게 됐다.

1940년대가 되자 아버지는 몸이 너무 쇠약해져서 더 이상 일을 계속 할 수 없었다. 아버지는 다시 집으로 돌아왔지만 이후 몇 달간 메리는 사랑하는 아버지가 나날이 쇠약해지고 말라가는 모습을 지켜봐야 했다. 아버지는 관절의 극심한 통증으로 괴로워했고 결국 1941년 2월 1일 마흔다섯의 나이로 숨을 거뒀다. 몇 달 후 메리는 아버지의 병이 홍반성 루프스라는 것을 알게 됐다. 몸이 항체를 만들어서 건강한 조직들을 공격하고 약화시키는 병이었다. 지금 이 병은 전신 홍반성 루프스로 알려져 있고 동일 질병 중에서 가장 심각한 유형이다.

아버지가 돌아가신 후 메리는 마음이 너무 먹먹해 아무에게도 이 상실감을 털어놓을 수 없었다. 그녀는 아버지의 죽음이 자신에게 미친 영향을 비밀 노트에 다음과 같이 적어놓았다. "죽음이라는 현실이 우리에게 닥쳤다. 다시금 깨닫게 된 하느님의 힘이 우리의 무사안일을 깨뜨렸다. 마치 옆구리에 총알이 박힌 것 같았다. 믿기지 않고 비극적이고 헤아릴 수 없는 감정이 우리에게 내려앉았다. 슬픔이 우리를 가득 채웠다. 하지만 슬픔보다 더한 것은 놀라움이었다."

그녀는 마치 자신의 일부가 아버지와 함께 죽은 것 같은 기분이었다. 두 사람은 서로의 삶에 너무나 깊이 얽혀 있었다. 하지만 이로 인한 갑작스럽고 지독한 상처를 넘어서 그녀는 더 큰 우주의 질서에서 이 모든 게 무슨 의미일까를 생각하게 됐다. 독실한 가톨릭 신자인 그녀는 모든 일은 이유가 있어서 일어나고 하느님의 신비로운 계획의 일부라고 생각했다. 아버지의 때 이른 죽음처럼 중요한 일이 아무 의미 없이 일어날 리 없었다.

이후 몇 달간 메리에게는 변화가 찾아왔다. 그녀는 전에 없이 진지하게 학업에 열중했다. 과거에는 다소 무관심하게 여기던 일이었다. 그녀는 더 야심찬 이야기들을 더 길게 쓰기 시작했다. 근처 여자대학에 다니면서 자신의 글쓰기 능력과 사고의 깊이로 교수들을 놀라게 했다. 그녀는 아버지가 자신의 운명을 제대로 맞췄다고 결론 내렸다. 그녀는 작가가 될 것이다.

자신의 창의력에 점점 자신감이 생긴 메리는 조지아를 벗어나야 성공할 수 있다고 믿게 되었다. 밀리지빌에 어머니와 함께 사는 것은 숨이 막혔다. 그녀는 아이오아대학교에 지원했고 전액 장학금과 함께 1945년 학기부터 학교를 다니게 됐다. 하나뿐인 자식이 혼자 살기에는 너무 여리다고 생각한 어머니는 다시 생각해보라고 메리에게 사정했다. 하지만 메리는 이미 마음을 굳힌 후였다. 아이오와대학교의 유명한 작가 워크숍에 등록한 그녀는 이름을 플래너리 오코너라고 단순화하기로 했다. 그녀의 새로운 정체성을 알리는 신호였다.

대단한 결심과 절제를 발휘한 플래너리는 여러 단편에서 그녀가 아주 잘 아는 듯한 남부 출신의 캐릭터들을 묘사해 관심을 끌기 시작했다. 그녀는 남부 사람들의 고상한 겉모습 밑에 숨은 어둡고 그로테스크한 특징들을 끄집어냈다. 에이전시와 출판사에서 전화가 걸려왔고 가장 저명한 잡지사에서 그녀의 글을 싣기로 했다.

아이오와 시절 이후에 플래너리는 동부 해안으로 옮겨갔다. 그리고 친구인 샐리와 로버트 피츠제럴드가 소유한 코네티컷의 시골집에 정착했다. 두 사람은 플래너리에게 방 한 칸을 내주었다. 그곳에서 그녀는 맹렬히 자신의 첫 번째 소설을 쓰기 시작했다. 앞날은 너무나 유망해 보였고, 아버지가 돌아가신 후 그녀가 세운 계획대로 흘러가는 것 같았다.

1949년 크리스마스에 플래너리는 밀리지빌을 방문했다. 이곳에서 그녀는 부유신장이라는 병에 걸렸다. 수술을 받고 집에서 회복할 시간이 필요했다. 하지만 그녀가 바라는 것은 코네티컷으로 돌아가 친구들과 함께 지내며 소설을 끝내는 것뿐이었다. 소설은 점점 더 야심작이 되어가고 있었다.

3월이 되어 플래너리는 마침내 돌아갈 수 있었으나 이후 몇 달간 팔에 이상한 통증을 경험했다. 뉴욕에 있는 의사를 방문했더니 류마티스성 관절염이라는 진단을 내렸다. 그해 12월 그녀는 다시 크리스마스를 지내러 조지아로 돌아가려고 했다. 그런데 집으로 가기 위해 탄 기차에서 그녀는 심하게 앓기 시작했다. 기차에서 내려 삼촌을 만났을 때는 제대로 걷기도 힘들 정도였다. 마치 갑자기 노인이 되어 몸이 아주 약해진 듯한 느낌이었다.

관절의 통증과 고열에 시달린 플래너리는 즉시 병원에 입원했다. 그녀는 심한 류마티스성 관절염이라는 이야기를 들었다. 안정되려면 몇 달이 걸릴 거라고 했다. 플래너리는 기약 없이 밀리지빌에 남아야 했다. 그녀는 의사들이 미덥지 않았고 그들의 진단을 믿을 수 없었다. 하지만 몸이 너무 쇠약해져서 그런 논쟁을 벌일 수조차 없었다. 고열 때문에 그녀는 죽어가고 있는 기분이었다.

플래너리를 치료하기 위해 의사들은 새로운 기적의 약이라는 코르티손을 다량으로 투여했다. 통증과 관절의 염증이 크게 완화되었다. 이 약을 복용한 이

후 그녀는 강렬한 에너지를 느꼈는데 그게 마음을 어지럽게 해서 온갖 이상한 생각에 시달렸다. 머리카락이 빠지고 얼굴이 붓는 부작용도 있었다. 치료의 일환으로 그녀는 자주 수혈을 받아야 했다. 인생이 갑자기 어두워진 듯했다.

다소 이상한 우연 같았지만 열이 최고조에 달했을 때 플래너리는 눈이 점점 보이지 않고 몸이 마비되는 듯한 느낌을 받았다. 겨우 몇 달 전 아직 아프지 않았을 때 그녀는 소설의 주인공 남자를 맹인으로 결정해두었다. 내가 내 운명을 미리 본 것인가, 아니면 이미 병에 걸려 있어서 그런 생각을 하게 됐던 건가?

죽음이 목전에 왔다고 느끼며 병원에 있는 동안 빠른 속도로 글을 써내려간 플래너리는 소설을 끝냈다. 이제 《현명한 피》라고 부르는 이 소설은 본인이 받은 수많은 수혈에서 영감을 받은 것이었다. 소설에는 헤이즐 모테스라는 젊은 남자가 등장하는데 그는 새로운 과학의 시대에 무신론의 복음을 전파하기로 결심한다. 그는 자신이 '현명한 피'를 가지고 있다고 생각해서 그 어떤 영적인 인도도 필요하지 않다고 생각한다. 소설은 그가 살인을 저지르고 광기에 빠지는 과정을 담고 있는데 1952년에 출판되었다.

몇 달간 입원을 하고 집에서 몸이 충분히 회복된 후 플래너리는 피츠제럴드 부부와 함께 코네티컷을 방문했다. 가까운 시일 내에 다시 옛날처럼 그들의 시골집에서 살 수 있기를 바랐다. 어느 날 샐리와 함께 시골에서 드라이브를 하던 중에 플래너리는 본인의 류마티스성 관절염에 관한 이야기를 꺼냈다. 샐리는 마침내 플래너리에게 진실을 이야기하기로 했다. 그녀를 과잉보호하는 플래너리의 어머니가 의사와 작당하여 그녀에게 숨겨왔던 진실이었다. "플래너리, 너는 관절염이 없어. 너는 루푸스야." 플래너리는 덜덜덜 떨기 시작했다. 잠시 침묵이 흐른 후 플래너리가 대답했다. "흠. 좋은 소식은 아니네. 그렇지만 말해줘서 정말 고마워…. 나도 내가 루푸스라고 생각했어. 나는 내가 미쳐가는 줄 알았지. 미친 거보단 아픈 게 훨씬 나아."

그렇게 침착하게 반응하긴 했지만 그 소식은 플래너리를 얼어붙게 만들었다. 마치 옆구리에 두 번째 총알이 박힌 것 같았다. 첫 번째보다 충격도 두 배였다. 이제 그녀는 자신이 아버지로부터 그 병을 물려받았다는 것을 확실히 알 수 있었다. 갑자기 그녀는 이제 자신이 살 날이 많지 않다는 현실과 대면해야 했다. 아버지가 얼마나 빠르게 악화되었던가. 이제 밀리지빌이 아닌 다른 곳에서 사는 것은 계획할 수도 바랄 수도 없는 일이라는 것이 분명해졌다. 그녀는 코네티컷 여정을 줄이고 집으로 돌아갔다. 우울하고 혼란한 기분이었다.

밀리지빌 외곽에 위치한 안달루시아라고 하는 가족 농장은 이제 어머니가 돌보고 있었다. 플래너리는 남은 인생을 이 농장에서 어머니와 보내야 할 것이다. 어머니가 그녀를 돌봐줄 것이다. 이 기적의 약 덕분에 의사들은 플래너리가 정상적인 수명을 살 수 있다고 생각하는 듯했다. 하지만 플래너리는 의사들처럼 자신하지 않았다. 수없이 부작용을 직접 체험한 그녀는 자신의 몸이 얼마나 더 버텨낼까 싶었다.

플래너리는 어머니를 사랑했지만 두 사람은 아주 달랐다. 어머니는 말이 많은 유형으로 지위와 외관에 집착했다. 돌아온 처음 몇 주 동안 플래너리는 다소 패닉에 빠진 기분이었다. 그녀는 아버지처럼 언제나 고집스러웠고, 혼자 사는 게 좋았다. 어머니는 상당히 집요한 사람이었고 간섭을 좋아했다. 하지만 그게 아니더라도 플래너리는 본인의 창의력이 조지아 밖에서 자신의 삶을 살며 넓은 세상을 마주하고 또래들과 심각한 문제에 관해 이야기하는 데서 나온다고 생각했다. 그녀는 그렇게 넓은 세상에서 마음이 확장되는 걸 느꼈었다.

안달루시아는 감옥 같았다. 플래너리는 이런 환경에서는 자신의 마음이 닫혀버리지 않을까 걱정됐다. 하지만 자신을 노려보고 있는 죽음에 관해 고민하는 동안 그녀는 자신의 인생 여정에 관해 깊이 생각했다. 친구, 사는 곳 혹은 건강 자체보다 더 중요했던 것은 분명히 그녀의 집필이었다. 그녀의 짧은 생동안 쌓아온 생각들과 인상들을 모두 표현하는 것이었다. 그녀는 아직도 써야 할 이야기가 많았고 소설도 한두 편 더 써야 했다. 어쩌면 이렇게 억지로 집으로 돌아온 것이 좀 이상한 방식이긴 하지만 일종의 축복일지도 몰랐다. 그녀를 위해 준비된 다른 어떤 계획의 일부일지도 몰랐다.

세상과 동떨어진 안달루시아의 자기 방에서 플래너리는 달리 한눈을 팔려야 팔 곳이 없었다. 아침에 두어 시간 집필을 하는 것이 그녀에게는 신성한 시간이니 어떤 방해도 용납하지 않겠다고 어머니에게 분명히 밝히면 될 일이었다. 이제 그녀는 자신의 모든 에너지를 작품에 집중할 수 있었고, 캐릭터 속으로 더 깊이 들어가 숨결을 불어넣을 수 있었다. 조지아의 중심부로 돌아와서 방문객과 농장 일꾼들이 말하는 소리를 가까이서 듣는다면 자신이 만든 캐릭터의 목소리와 그들의 말투가 머릿속에서 울리는 것처럼 들릴 것이다. 자신이 집착했던 남부나 땅과 더 깊이 연결된 기분을 느낄 것이다.

집으로 돌아온 처음 몇 달 동안 여기저기 돌아다니며 플래너리는 아버지의 존재를 느끼기 시작했다. 사진에서, 아버지가 아꼈던 물건들에서, 그녀가 발견한 아버지의 노트에서 그 존재가 느껴졌다. 아버지의 존재는 그녀의 뇌리를 떠나지 않았다. 아버지도 작가가 되고 싶어 했었다는 걸 그녀는 알고 있었다. 어쩌면 아버지는 본인이 실패한 곳에서 딸이 성공하기를 바랐을 것이다. 이제 두 사람이 공유하고 있는 이 치명적 질병이 둘을 더 단단히 묶었다. 그녀는 아버지의 몸에 가해졌던 똑같은 형태의 고통을 느끼게 될 것이다. 하지만 그녀는 집필을 계속할 것이다. 고통은 신경 쓰지 않고 어떻게든 어린아이인 그녀에게서 아버지가 보았던 그 잠재력을 실현할 것이다.

이렇게 생각하니 낭비할 시간이 없었다. 대체 몇 년이나 더 살 수 있을까? 몇 년이나 더 글을 쓸 만큼의 에너지와 명석함을 유지하고 있을까? 작품에 그토록 집중하는 것은 병에 대한 불안을 없애는 데도 도움이 될 것이다. 글을 쓰고 있을 때면 플래너리는 자신을 완전히 잊고 작품 속 캐릭터로 살 수 있었다. 그것은 자아를 상실하는, 마치 종교와 같은 체험이었다. 친구에게 자신의 병에 관한 소식을 전하면서 그녀는 이렇게 썼다. "한쪽 눈을 살짝 찡그리면 모든 걸 축복이라고 생각할 수 있어."

다른 축복들도 있었다. 본인의 질병에 관해 일찍 알게 되었기 때문에 그녀는 젊은 나이에 죽는다는 생각에 익숙해질 시간이 있었고, 그렇다면 그만큼 타격도 줄어들 것이다. 그녀는 1분 1초와 모든 경험을 즐길 것이고 외부인들과 만나는 몇 안 되는 기회를 최대한 활용할 것이다. 인생에서 많은 것을 바랄 수 없으니 그녀가 얻는 모든 것이 무언가 의미를 가질 것이었다. 불평하거나 자기 연민에 빠질 필요가 없었다. 누구나 언젠가는 죽어야 한다. 다른 이들을 힘들게 하는 하찮은 걱정거리들을 이제 그녀는 그리 심각하게 생각하지 않을 수 있을 것이다. 그녀는 자기 자신을 보면서도 작가로서의 허세를 비웃고 머리카락 없는 자신의 머리가 얼마나 웃기게 보이는지 놀리면서 지팡이 하나에 의지해 돌아다닐 수 있을 것이다.

새로운 결심을 하고 집필로 돌아왔을 때 플래너리는 내면의 또 다른 변화를 느꼈다. 1950년대 미국 문화와 삶의 방식에 대한 혐오와 자각이 커진 사실이었다. 그녀는 사람들이 점점 더 피상적이 되고 있다고 느꼈다. 물질적인 것에 집착하고 마치 어린아이처럼 지루한 것을 괴로워했다. 그들은 닻이 풀렸고, 영혼이 없고, 과거나 종교와 단절된 채 그 어떤 더 높은 목적의식도 없이 흐느적거리고 있었다. 이런 문제의 중심에는 본인들의 죽음과 그 심각성을 마주하지 못한다는 문제가 있었다.

플래너리는 이런 문제를 본인의 병에서 영감을 얻어 쓴 〈깊은 오한〉에서 표현했다. 주인공인 젊은 남자는 죽을병에 걸려 고향인 조지아로 돌아간다. 기차를 내리자 그를 만난 어머니는 "작은 비명을 질렀다. 어머니는 경악한 듯했다. 그는 어머니가 단번에 죽음을 알아본 것이 기뻤다. 예순인 어머니는 이제 현실을 만나게 될 것이다. 그는 그것으로 어머니가 죽지만 않는다면 성장하는 계기가 될 거라고 생각했다."

플래너리가 본 그대로 사람들은 인간성을 상실하고 온갖 잔인한 일을 할 수 있게 되어 있었다. 사람들은 서로를 깊이 아끼는 것 같지 않았고 그 어떤 외부자를 보아도 약간의 우월감을 느끼는 듯했다. 그녀가 본 것을 그들이 볼 수 있다면, 우리의 시간이 얼마나 짧은지, 누구나 고통스럽게 죽어야 한다는 것을 안다면, 인생의 방향이 바뀔 것이다. 사람들은 성장할 것이다. 모든 냉담함이 녹아내릴 것이다. 독자들에게 필요한 것은 그들을 안일함에서 깨어나게 만들어줄 그들의 '옆구리에 박힌 총알'이었다. 그녀는 겉으로는 쾌활하고 평범해 보이는 본인의 캐릭터의 표면 아래에 도사리고 있는 이기심과 잔혹함을 최대한 생생하게 묘사함으로써 자신이 그 총알이 되어줄 생각이었다.

새로운 생활에서 플래너리가 맞서야 할 유일한 문제점은 다른 무엇도 아닌 견디기 힘든 외로움이었다. 그녀는 자신을 달래줄 사람들이 곁에 필요했다. 그녀는 끝없이 작품의 소재를 찾기 위해 자신이 만났던 사람들에게 의지했다. 《현명한 피》와 단편 모음집이 출판되면서 그녀의 명성이 날로 커지자 다른 작가들이나 그녀의 팬들이 가끔씩 농장으로 찾아왔다. 그녀는 그런 순간들을 위해 살았다. 마지막 한 톨의 에너지까지 짜내어 손님들을 관찰하고 그들의 깊이를 파헤쳤다.

이렇게 찾아오는 사람들 사이의 공백을 채우기 위해 플래너리는 점점 더 많은 친구와 팬들에게 긴 편지를 쓰기 시작했다. 누구든 자신에게 편지를 보내는 사람이라면 답장을 했다. 그중 다수가 곤경에 처해 있는 사람들이었다. 중부에 사는 한 젊은이는 자살 충동을 느끼며 광기의 경계선에 서 있었다. 조지아 출신의 베티 헤스터라는 젊은 여자는 자신이 레즈비언이라는 사실에 수치심을 느낀다고 플래너리에게 털어놓았다. 둘은 이제 정기적으로 편지를 교환했다. 플래너리는 그들 중 누구도 도덕적으로 재단하지 않았다. 그녀 자신이 스스로를 다소 괴이하고 주류에서 벗어나 있다고 느꼈기 때문이다. 점점 늘어나는 다양한 군상과 사회 부적응자들에게 그녀는 조언을 건넸고 연민을 느꼈다. 늘 그들에게 그들의 에너지를 무언가 자기 밖에 있는 것에 쏟으라고 당부했다.

플래너리에게 편지는 완벽한 매체였다. 편지를 통한다면 플래너리는 사람들과 약간의 물리적 거리를 유지할 수 있었다. 그녀는 사람들과 너무 가까워지는 것을 두려워했다. 이제 곧 작별을 고해야 할 사람들에게 애착이 생긴다는 뜻이었기 때문이다. 이런 식으로 서서히 그녀는 자신의 목적에 맞는 완벽한 사회를 구성했다.

1953년 어느 봄날 플래너리는 키가 크고 잘생긴 스물여섯 살 청년의 방문을 받았다. 남자는 덴마크에서 온 에릭 랑카예르라고 했다. 그는 대형 출판사의 교과서 방문 판매원이었는데 남부 전역이 그의 담당 구역이었다. 그는 어느 지역 대학의 교수가 그에게 조지아의 위대한 문인인 플래너리 오코너를 한번 만나보라고 말해줬다고 했다. 청년이 집으로 들어서던 그 순간부터 플래너리는 둘 사이에 뭔가 신비한 연결점이 있다는 것을 느꼈다. 에릭은 아주 재미있고 책을 많이 읽은 사람이었다. 조지아에서 그처럼 세상 경험이 많은 사람을 만나는 일은 정말로 드물었다. 떠돌이 외판원으로 살아온 그의 삶이 그녀를 매료시켰다. 재미나게도 그는 자신이 들고 다니는 홍보책자 바인더를 '성경'이라고 불렀다.

정처 없이 떠도는 그의 삶의 무언가가 그녀의 심금을 울렸다. 플래너리와 마찬가지로 에릭의 아버지도 그가 어릴 때 죽었다. 그녀는 에릭에게 마음을 열고 아버지와 아버지에게서 물려받은 루프스에 관해 이야기했다. 그녀는 에릭이 매력적이라고 느꼈고 불현듯 본인의 외모가 신경 쓰여 끊임없이 그에 관한 농담을 했다. 플래너리는 에릭에게 《현명한 피》를 한 권 주며 거기에 이렇게 썼다. "역시나 현명한 피를 가진 에릭에게."

에릭은 밀리지빌을 자주 거쳐가며 자신들의 생생한 토론을 이어갈 수 있도록 출장을 조정하기 시작했다. 플래너리는 에릭이 찾아올 때를 늘 손꼽아 기

인간 본성의 법칙

다렸고 그가 떠날 때면 갑작스런 공허함을 느꼈다. 1954년 5월 에릭은 자신이 덴마크로 돌아가기 위해 회사에 6개월간 휴가를 냈다고 했다. 그러면서 작별 인사 겸 주위에 드라이브를 가지고 했다. 두 사람이 가장 좋아하는 활동이었다. 땅거미가 지고 있었다. 아무것도 없는 곳에서 갑자기 길가에 차를 세운 그는 그녀에게 몸을 숙여 키스했고 그녀는 기쁘게 그의 키스를 받았다. 짧지만 그녀에게는 잊히지 않을 순간이었다.

플래너리는 정기적으로 에릭에게 편지를 썼다. 그를 그리워하는 것이 분명했다. 그녀는 조심스레 둘이 갔던 드라이브들을 언급하며 그게 자신에게 얼마나 큰 의미인지 이야기했다. 1955년 1월 그녀는 글을 하나 쓰기 시작했다. 며칠 만에 거의 쏟아내듯이 나온 글이었다. 평소의 그녀는 몇 번의 초고를 거쳐 이야기를 풀어내는 조심스러운 작가였다. 그녀는 이 글을 〈착한 시골 사람들〉이라고 불렀다. 주인공 중에는 한쪽 다리가 의족인 냉소적인 젊은 여자가 있었다. 여자는 성경책 외판원과 연애를 시작했다. 여자는 갑자기 경계심을 내려놓더니 남자가 자신을 유혹하도록 내버려둔 채 게임하듯 남자를 만나기 시작했다. 건초 다락에서 사랑을 나누게 되자 남자는 여자에게 신뢰의 징표로 의족을 치워달라고 사정했다. 그것은 너무나 내밀한 행위였고 그녀의 모든 보호막이 사라지는 일 같았지만 여자는 남자의 말을 들어주었다. 그러자 남자는 의족을 가지고 달아나 다시는 돌아오지 않았다.

마음 한구석으로 플래너리는 에릭이 자꾸만 유럽에 머무는 기간을 연장하고 있다는 것을 알고 있었다. 이 소설은 그에 대한 그녀 나름의 대처였다. 두 사람을 경계심을 내려놓은 냉소적인 불구 소녀와 외판원으로 희화화한 것이다. 에릭은 그녀의 의족을 가져갔다. 4월이 되자 그의 빈자리를 절실히 느낀 플래너리는 편지를 썼다. "당신이 여기 있다면 우리가 쉼 없이 떠들 이야기가 백만 가지는 될 것 같아요." 그러나 이 편지를 보낸 다음 날 그녀는 에릭으로부터 편지 한 통을 받았다. 그가 어느 덴마크 여인과 약혼을 했다는 내용이었다.

그는 그녀에게 자신들이 미국으로 돌아갈 거라고, 예전에 하던 일을 다시 할 거라고 했다.

플래너리는 이런 일이 일어날 줄 직관적으로 알고 있었다. 그럼에도 이 소식은 충격이었다. 그녀는 최대한 공손하게 답장을 써서 축하의 말을 전했다. 이후로도 두 사람은 몇 년간 더 서신을 주고받았다. 그러나 플래너리는 이 상실감을 쉽게 극복하지 못했다. 그녀는 자신을 보호하기 위해 더 이상 깊은 감정을 나눠주지 않으려고 했다. 너무나 견디기 힘든 감정이었기 때문이다. 그런 감정은 죽음이 언제라도 그녀를 데려갈 수 있음에도 남들은 계속 살아가고 사랑할 거라는 사실을 살짝살짝 일깨워줬다. 그리고 이제야 바로 그런 이별의 감정이 쏟아져 들어왔다.

플래너리는 짝사랑을 경험한다는 게 어떤 것인지 알았다. 하지만 그녀에게는 다른 의미가 있었다. 자신에게는 이게 마지막 기회라는 것을, 그녀의 삶은 근본적으로 외로울 수밖에 없을 거라는 것을 그녀는 알고 있었다. 그래서 더더욱 가슴이 저려왔다. 그녀는 그동안 죽음을 직시하는 훈련을 해왔다. 그렇다면 최근의 이런 고통을 직면하지 못할 이유가 어디 있을까. 그녀는 자신이 어떻게 해야 할지 알았다. 이 고통스러운 경험을 더 많은 이야기로 바꾸고 두 번째 소설 속에 녹여내야 했다. 사람에 대한, 사람들이 얼마나 상처받기 쉬운지에 대한 그녀의 지식을 풍부하게 만들 기회로 삼아야 했다.

이후 몇 년간 약의 부작용이 나타나기 시작했다. 코르티손 때문에 플래너리는 엉덩이와 턱뼈가 물러졌고 팔에는 힘이 없어 타이핑을 하기도 힘겨웠다. 그녀는 곧 목발 없이는 돌아다니지 못하게 됐다. 햇빛은 그녀에게 천벌이 됐다. 루프스가 발진을 일으킬 수 있었기 때문이다. 그래서 산책을 가려면 숨 막히는 여름날조차 온몸을 꽁꽁 싸매야 했다. 의사들은 몸이 좀 쉴 수 있게 코르티손을 끊으라고 했다. 그 때문에 그녀는 더 힘이 없어졌고 집필은 더욱 어려워졌다.

지난 몇 년의 고난에도 불구하고 플래너리는 두 권의 소설과 몇 권의 단편집을 출판했다. 젊은 나이에 그녀는 당대의 가장 위대한 미국 작가 중 한 명으로 간주됐다. 그러나 갑자기 그녀는 피곤하고 생각이 어눌해지는 것을 느끼기 시작했다. 1962년 봄 그녀는 친구에게 이렇게 썼다. "나는 16년째 글을 쓰고 있어. 처음에 갖고 있던 잠재력을 다 고갈시킨 느낌이야. 무언가 내 통찰을 깊게 만들어줄 것이 필요해."

1963년 크리스마스를 며칠 앞둔 어느 날 플래너리는 갑자기 졸도해 병원으로 옮겨졌다. 의사들은 빈혈로 진단하고 그녀를 소생시키기 위해 수혈을 시작했다. 그녀는 이제 너무 쇠약해져서 타자기 앞에 앉을 수조차 없었다. 몇 달 후 의사들은 제거해야 할 종양을 발견했다. 의사들은 수술의 여파로 루프스가 다시 활성화되거나 10년 전 그녀가 경험했던 심한 고열이 찾아오지 않을까 걱정했다.

친구들에게 쓴 편지에서 플래너리는 이 모든 것을 가볍게 이야기했다. 이상하게도 이렇게 약해지고 나니 그녀는 더 많은 이야기를 쓸 수 있는 영감이 떠올랐고 가을에 다시 단편집을 출판해야겠다고 마음먹었다. 입원해 있는 동안 그녀는 간호사들을 찬찬히 살펴보며 새로운 캐릭터들을 만들어낼 소재를 찾아냈다. 의사들이 그녀에게 일하는 것을 금지하자 그녀는 머릿속으로 이야기를 구성한 다음 기억해두었다. 베개 밑에는 노트를 숨겨두었다. 그녀는 계속해서 글을 쓸 수밖에 없었다.

수술은 성공적이었지만 3월 중순이 되자 루프스가 다시 맹렬히 되돌아온 것이 분명해졌다. 플래너리는 루프스를 자기 안에서 맹위를 떨치며 모든 것을 파괴하고 있는 늑대(루프스는 '늑대'라는 뜻의 라틴어이다)에 비유했다. 입원이 길어졌다. 그럼에도 그녀는 하루 두 시간 글을 쓸 수 있는 시간을 어떻게든 만들어냈다. 간호사와 의사들에게는 작품을 감췄다. 모든 게 끝나버리기 전에 마지막 이야기들을 써내려니 마음이 급했다.

6월 21일 마침내 플래너리는 퇴원해도 좋다는 허락을 받았다. 마음 한구석에서 그녀는 끝이 다가오고 있음을 느꼈다. 아버지의 마지막 며칠을 그녀는 너무나 생생히 기억하고 있었다. 통증이 있든 없든 그녀는 일을 해야 했다. 이미 시작한 소설과 수정 작업을 끝내야 했다. 하루에 한 시간밖에 글을 쓸 수 없다면 그거라도 해야 했다. 그녀는 남아 있는 의식을 모두 다 짜내어 최대한 활용했다. 그녀는 작가로서의 자신의 운명을 현실로 만들었고 비교할 수 없을 만큼 풍요로운 삶을 살았다. 이제 불평하거나 후회할 것은 아무것도 없었다. 끝내지 못한 작품들만 빼고 말이다.

7월 31일 창밖으로 여름비가 내리는 것을 지켜보던 플래너리는 갑자기 의식을 잃고 급히 병원으로 호송됐다. 그리고 8월 3일 새벽 숨을 거두었다. 향년 서른아홉이었다. 마지막 바람에 따라 플래너리는 아버지 곁에 묻혔다.

해석 ──●

루프스가 처음 발병했을 때 플래너리 오코너는 특이한 현상 하나를 알아챘다. 친구들과 방문객, 서신을 주고받는 사람들과 교류하면서 그녀는 자신이 조언자의 역할을 수행하고 있는 것을 발견했다. 그녀는 사람들이 어떻게 살아야 하는지 길을 알려주고, 어디에 에너지를 쏟아야 할지, 어려운 가운데서도 어떻게 차분함을 유지하고 목적의식을 가져야 할지 알려주고 있었다. 정작 죽어가며 심각한 육체적 제약을 감당하고 있는 사람은 그녀였는데 말이다.

그녀는 세상에 길 잃은 사람들이 늘어나는 것을 느꼈다. 사람들은 본인의 일이나 만나는 사람들에게 온전히 전념할 수가 없었다. 그들은 늘 여기저기 조금씩 기웃거리며 새로운 쾌락과 오락거리를 찾고 있었지만 속으로는 오히려 공허함을 느끼고 있었다. 사람들은 역경을 만나거나 외로움에 직면하면 무너져 내리는 경향이 있었고, 본인에 관한 진실을 이야기해주고 방향을 제시해줄 믿을 만한 사람으로 그녀에게 기대고 있었다.

그녀가 보기에 자신과 그들 사이의 차이점은 간단했다. 그녀는 움찔하지도 않고 죽음을 똑바로 직시하며 한 해 한 해를 보내고 있었다. 그녀는 미래에 대한 막연한 희망을 품지도, 의학을 믿지도, 슬픔 때문에 술이나 중독에 의존하지도 않았다. 그녀는 자신에게 떨어진 때 이른 사형선고를 받아들이고 자신의 목적을 위해 그것을 이용했다.

플래너리에게 죽음이 목전에 있다는 사실은 그녀를 행동하게 만드는 자극이었다. 시간이 얼마 남지 않았다고 생각하자 종교적 신념을 더 심화하고 삶의 모든 미스터리와 불확실성에 대한 경이로움을 깨달았다. 그녀는 죽음이 가깝다는 사실을 이용해 자신에게 정말로 중요한 것이 무엇인지 배우고, 남들이 괴로워하는 사소한 다툼과 걱정거리들을 치워버렸다. 그녀는 그것을 닻으로 삼아 자신을 현재에 묶고, 모든 순간, 모든 만남에 감사했다.

자신의 병에도 목적이 있을 거라고 생각했던 그녀는 자기 연민을 가질 필요가 없었다. 오히려 정면으로 그에 대처하고 맞서면서 자신을 더 강인하게 만들었고, 몸을 괴롭히는 통증을 감당하며 글을 계속 써갈 수 있었다. 에릭과의 이별이라는 또 다른 총알이 박혔을 때도 몇 달 후에는 다시 균형을 되찾을 수 있었다. 억울한 마음을 품거나 사람들로부터 숨지 않았다.

이 말은 곧 그녀가 죽음으로 대표되는 궁극의 현실을 철저히 이해하고 있었다는 뜻이다. 반면에 그녀의 지인들을 포함해 너무나 많은 사람이 현실감이 없어 고생했다. 그들은 자신이 언젠가는 죽는다는 사실이나 그밖에 삶의 불편한 면면을 회피했다.

자신의 죽음에 그토록 깊이 집중하자, 플래너리에게는 또 하나의 중요한 이점이 생겼다. 사람들과의 교감과 공감능력이 깊어진 것이다. 그녀와 죽음의 관계는 독특했다. 죽음은 그녀에게만 준비된 운명일 뿐만 아니라 아버지와 떼려야 뗄 수 없는 관계였다. 두 사람의 투병과 죽음은 한데 얽혀 있었다. 그녀는 죽음이 가까이 있다는 사실에서 한 발 더 나아가, 우리 모두가 언젠가는 죽는다는 점에서는 모두가 하나이고 그래서 평등하다는 사실을 알았다. 죽음은 우리 모두가 공유하는 운명이고 그 때문에 우리는 서로 더 가까워져야 한다. 죽음을 생각한다면 우리는 그 어떤 우월감이나 단절도 느끼지 말아야 했다.

온갖 유형의 사람들과 소통을 간절히 원했던 사실에서 드러나듯이 플래너리는 공감능력이 커지고 남들과 하나가 된 기분을 느끼고 있었다. 그러면서 결국에는 자신의 가장 큰 한계 중에 하나를 놓아줄 수 있었다. 그녀는 어머니를 비롯해 남부의 많은 사람들로부터 받아들인 흑인에 대한 인종주의적 감성이 있었다. 그녀는 자기 안의 이 부분을 분명히 알고 있었고 거기에 맞서 싸웠다. 특히나 작품을 쓸 때는 그랬다. 1960년대 초가 되자 그녀는 마틴 루터 킹 주니어가 이끄는 시민권 운동을 포용할 수 있을 정도가 됐다. 그리고 여러 후기 작품에서는 언젠가 미국의 모든 인종이 이 나라가 과거의 오점을 넘어 다 함께 평등한 관계로 만나는 비전을 표현하기 시작했다.

플래너리는 13년이 넘는 기간 동안 자신을 겨냥하고 있는 총구를 빤히 보면서도 고개를 돌리지 않았다. 종교적 신념도 분명 그녀가 기운을 잃지 않게 도움을 주었을 것이다. 그러나 플래너리 본인도 알고 있었듯이 종교를 가진 사람들조차 자신의 죽음에 관해서라면 망상이나 회피로 가득한 경우가 너무나 많고, 남들처럼 무사안일에 빠지거나 옹졸해질 수도 있다. 본인의 치명적 질병을 최대한 치열하고 충만한 삶을 사는 수단으로 사용했던 것은 그녀의 특별한 선택이었다.

이 점을 알아야 한다. 우리는 플래너리 오코너 같은 작품을 읽을 때 약간의 거리를 두는 경향이 있다. 내가 훨씬 더 나은 처지에 있다는 사실을 발견하고 약간의 안도감을 느끼는 것은 어쩔 수 없는 일이다. 하지만 이는 큰 실수이다. 그녀의 운명이 곧 우리의 운명이다. 우리는 누구나 죽음의 과정에 있다. 누구나 똑같은 불확실성을 마주한다. 실제로 플래너리의 경우에는 죽음이 너무나 가까이 있고 구체적이었기 때문에 오히려 우리보다 더 유리한 위치에 있었다.

그녀는 어쩔 수 없이 죽음을 직면하고 죽음에 대한 자각을 쓸모 있게 만들어야 했다.

반면에 우리는 이 생각을 요리조리 피해갈 수 있다. 내 앞에 시간이 끝없이 펼쳐져 있다고 상상하면서 이리저리 기웃댈 수 있다. 그러다가 현실이 닥치면, 예상치 못한 직장의 위기나 가슴 아픈 이별, 가까운 사람의 죽음, 심지어 내 목숨을 위협하는 질병이라는 형태로 내 옆구리에 총알이 박히면, 보통은 감당할 준비가 되어 있지 않다.

죽음에 대한 생각을 회피하는 태도는 우리가 다른 불쾌한 현실이나 역경을 대처할 때도 하나의 패턴을 만들어놓았다. 우리는 쉽게 히스테리를 부리고 균형감각을 잃고 자신의 운명에 대해 남 탓을 한다. 분노하며 나 자신을 안쓰럽게 여기거나 각종 오락으로 눈을 돌려 그 통증을 빨리 무디게 만들 방법을 찾는다. 이런 회피는 곧 습관으로 만들어져 전반적 불안과 공허함을 가져온다.

이것이 평생의 패턴이 되기 전에 우리는 실질적이고 지속될 수 있는 방법으로 이 몽롱한 상태를 벗어나야 한다. 우리도 움찔하지 않고 내 죽음을 마주볼 수 있어야 한다. 금방 사라질 죽음에 대한 추상적 명상 같은 것으로 스스로를 속이지 말아야 한다. 우리는 죽음이 대표하는 불확실성에 제대로 초점을 맞춰야 한다. 다른 역경이나 이별처럼 죽음 역시 바로 다음 날의 일이 될지도 모른다. 우리는 더 이상 죽음을 자각하는 것을 미루어서는 안 된다. 더 이상 내가 우월하고 특별하다고 생각해서는 안 된다. 우리는 죽음이라는 운명을 다 함께 공유하고 있기 때문에 그것을 계기로 더 깊은 공감을 느끼고 유대감을 가져야 한다는 사실을 알아야 한다. 죽음에 관한 한 우리는 모두 형제자매다.

그러면서 우리는 인생의 방향이 아주 달라진다. 죽음을 익숙한 것으로 만들면 인생이 얼마나 짧고 나에게 정말로 중요한 게 무엇인지 알 수 있다. 조금은 다급한 마음도 들고, 일이나 사랑하는 사람에게 더 깊은 책임감을 느낄 수 있다. 위기나 이별, 질병을 만나도 심하게 겁에 질리거나 압도당하지 않을 수 있다. 회피 모드를 작동시켜야 할 필요성을 느끼지 않게 된다. 인생에는 고통과 고생이 있음을 받아들일 수 있고, 그런 순간을 이용해 나를 단련하고 교훈을 얻을 수 있다. 플래너리가 그랬던 것처럼 죽음을 자각하게 되면 바보 같은 망상은 사라지고 경험하는 모든 것이 강렬하게 다가온다.

> 과거를 돌아보면, 살아가는 데 필요한 지식이 없어서 실수와 무위(無爲) 속에 내가 허비한 시간을 생각하면, 얼마나 자주 내 마음과 내 영혼에 반하는 죄를 지었는지 생각하면, 가슴에서 피가 철철 흐른다. 인생은 선물이요, 인생은 행복이요, 모든 순간이 억겹의 행복일 수 있었다! 젊어서 알았더라면! 이제 내 인생은 바뀔 것이다. 이제 나는 다시 태어날 것이다. 형제여, 맹세컨대 나는 희망을 잃지 않을 것이다. 나는 내 영혼을 순수하게 간직하고 마음을 열어놓을 것이다. 더 나은 사람으로 다시 태어날 것이다.
>
> – 표도르 도스토옙스키

• 인간 본성의 열쇠 • 죽음이라는 현실과 연결되어야 한다

만약 우리가 한 걸음 물러나 꼬리에 꼬리를 물고 이어지는 매일의 생각들을 확인할 수 있다면 똑같은 불안과 판타지, 원망 주위를 뱅뱅 돌고 있는 것을 깨달을 것이다. 산책을 하거나 누군가와 대화를 할 때조차 우리는 이런 내면의 독백과 계속 연결되어 있고, 보고 듣는 것에는 반밖에 주의를 기울이지 못한다.

그러나 가끔씩 어떤 사건들은 전혀 다른 생각이나 감정을 자극할 수 있다. 예를 들어 한 번도 방문한 적 없는 나라로 여행을 갔다고 생각해보자. 평소의 안전지대를 벗어난 것이다. 갑자기 우리의 감각이 살아나면서 보고 듣는 모든 것이 조금 더 활기차게 느껴진다. 이런 낯선 곳에서 문제 상황이나 위험한 일

인간 본성의 법칙

을 피하려면 우리는 주의를 기울일 수밖에 없다.

마찬가지로 곧 여행을 떠나야 해서 한동안 보지 못할 사랑하는 사람에게 작별을 고해야 한다면 갑자기 그들이 색다르게 보일지 모른다. 평소에는 그들을 당연하게 생각하지만 이제는 그들의 얼굴에 떠오른 표정 하나하나가 보이고 이야기하는 말 한 마디 한 마디가 귀에 들어온다. 이별이 다가온다는 사실이 우리를 더 감정적이고 안쓰럽게 만드는 것이다.

이런 일이 좀 더 강렬하게 벌어지는 것은 사랑하는 사람, 부모나 배우자, 형제자매가 죽었을 때다. 이들은 우리 인생에서 큰 역할을 했다. 우리는 그들을 마음에 품었고 이제 우리 일부를 잃어버린 셈이 됐다. 이런 사실을 붙들고 싸우다 보면 나 자신의 죽음이라는 그림자가 잠시 우리를 덮친다. 이 상실이 지속될 것이라는 사실을 알고 나면, 왜 더 중히 여기지 못했을까 후회가 된다. 우리는 심지어 갑자기 나를 덮친 죽음이라는 현실을 모르는 채 계속 자기 인생을 살아가고 있는 다른 사람들에게 분노할지도 모른다.

이런 상실을 겪고 며칠 혹은 몇 주가 지나고 나면 인생이 다르게 느껴진다. 감정은 더 생생해지고 더 예민해진다. 특정한 자극이 주어지면 죽은 사람이 다시 생각날 것이다. 이런 격렬한 감정은 서서히 약해지겠지만 잃어버린 그 사람이 생각날 때마다 그 격렬함이 아주 조금 돌아올 것이다.

죽음을 마치 우리를 공포에 질리게 하는 어느 문지방을 지나는 일이라 생각한다면, 위에서 열거한 경험들은 우리 자신의 죽음을 아주 조금 알려준 것이나 마찬가지다. 내가 아는 사람들과 이별하거나 낯선 땅을 여행하거나 인생의 완전히 새로운 국면에 들어서는 것은 모두 변화를 의미하고, 이런 변화는 마치 내 일부가 죽은 것처럼 과거를 돌아보게 만든다. 그런 순간에 그리고 누군가 실제로 죽어서 강렬한 슬픔을 느낄 때 우리는 감각이 증폭되고 감정이 깊어지는 것을 느낀다. 전혀 다른 종류의 생각들이 우리를 찾아온다. 주변을 더 신경 쓰게 된다. 인생 경험이 질적으로 달라지고 격앙되고 마치 일시적으로 다른 사람이 된 것 같다. 물론 이런 생각, 감정, 감각의 변화는 우리가 죽다가 살아나는 경험을 했다면 더할 나위 없이 클 것이다. 그런 일을 겪고 나면 무엇 하나 똑같이 보이지 않는다.

이를 '죽음의 역설적 효과'라고 부르기로 하자. 이런 순간, 이런 경험들은 우리를 더 깨어 있게 만들고 살아 있게 하는 역설적 결과를 가져온다. 이 역설적 효과는 다음과 같이 설명할 수 있다.

죽음은 인간에게 두려움을 줄 뿐만 아니라 거북함을 일으킨다. 임박한 죽음을 의식할 수 있는 동물은 우리뿐이다. 대개 종(種)으로서 우리가 가진 힘은 생각하고 반성할 수 있는 능력에서 나온다. 그러나 이 경우는 생각하면 할수록 비참함밖에 나오는 게 없다. 우리 눈에 보이는 것이라고는 죽어갈 때의 육체적 고통과 사랑하는 사람과의 이별, 언제 그런 순간이 닥칠지 모른다는 불확실성뿐이다. 우리는 이 생각을 피해 현실로부터 눈을 돌리기 위한 일이라면 못할 것이 없다. 그러나 죽음에 대한 자각은 우리 마음 한구석에 놓여 있고 절대로 완전히 떨쳐낼 수 없다.

어떻게든 우리의 자각이 주는 타격을 누그러뜨리고 싶은 무의식적 충동에서 우리 선조들은 정령과 신으로 구성된 세상과 사후 세계라는 개념을 만들어냈다. 사후 세계를 믿는 것은 죽음의 공포를 완화하는 데 도움이 됐고 심지어 죽음에 매력적인 측면까지 부여했다. 사후 세계라는 개념을 사랑하는 사람과 이별하는 불안을 제거해주거나 육체적 고통을 줄여줄 수는 없었지만 우리가 떨쳐내기 힘들어 보이는 불안에 대해서만큼은 깊은 심리적 보상을 제공했다. 이 효과를 강화하기 위해 죽음으로 가는 길에는 온갖 정교하고 즐거운 의식들이 배치됐다.

지금 세상에서는 추론 능력과 과학 지식이 늘어나면서 우리의 거북함을 오히려 악화시키고 있다. 사람들은 더 이상 사후 세계라는 개념을 어떤 확신을 가지고 믿지는 못한다. 우리에게 남겨진 보상은 아무것도 없고 엄중한 현실만

이 우리를 마주볼 뿐이다. 용감한 표정을 짓고 어른답게 이 현실을 받아들일 수 있는 척할 수도 있겠지만, 우리의 원초적 공포는 그렇게 쉽게 지워지지 않는다. 수백 년간 우리의 자각은 이렇게 변해왔지만 우리 본성의 가장 깊은 부분 중 하나인 죽음에 대한 공포를 갑자기 어떻게 변신시킬 수는 없었다. 그래서 사후 세계와 같은 신념 체계를 만드는 대신 우리가 의지한 것이 현실을 부정하는 것이다. 최대한 죽음에 대한 자각을 억누르는 것이다. 그 방법에는 몇 가지가 있다.

과거에는 도시나 마을에서 일상적으로 죽음을 볼 수 있었다. 죽음으로부터 벗어나기는 어려웠다. 어느 정도 나이가 차면 대부분의 사람은 타인의 죽음을 직접 목격한 경험이 있었다. 오늘날에는 전 세계 많은 지역에서 죽음을 대체로 눈에 보이지 않게 만들었고, 죽음은 오직 병원에서만 일어나는 일이 됐다 (우리는 우리가 먹는 동물에 대해서도 비슷한 짓을 했다). 우리는 무슨 일이 벌어지는지 직접 목격하는 일 없이 평생을 지날 수도 있게 됐다. 그러자 지극히 인생의 일부인 것이 아주 비현실적으로 느껴졌다. 우리가 소비하는 오락 활동도 이 비현실성을 더 높여놓았다. 오락물 속에서 죽음은 다소 만화처럼 그려지기 때문이다. 수십 명의 사람이 폭력적으로 죽어나가도 아무런 감정이 수반되지 않는다. 스크린에 나타나는 이미지를 보고 흥분할 뿐이다. 이는 죽음에 대한 자각을 억누르고 죽음의 공포에 무감각해지려는 욕구가 얼마나 깊은지를 보여준다.

게다가 최근 우리는 젊음을 숭배하게 됐다. 사실상 무슨 광신도 집단이라고 해도 될 정도다. 오래된 물건이나 옛날 영화는 인생이 짧다는 사실과 우리를 기다리고 있는 운명을 무의식적으로 상기시킨다. 우리는 그런 것들을 피할 방법을 찾으며 주위를 온통 새롭고 신선하고 트렌디한 것으로 채운다. 심지어 기술을 통해 죽음 자체를 극복할 수도 있을지도 모른다고 생각하는 사람들도 있다. 인간의 현실 부정의 끝을 보여주는 셈이다. 대체로 기술은 수명을 늘리고 꽤 오랫동안 현실을 무시할 수도 있는, 그런 신과 같은 힘이 우리에게 있다는 느낌을 준다. 그런 의미에서 우리는 가장 원시적이었던 선조들보다도 강하지 못하다. 우리는 그냥 우리를 속일 수 있는 새 방법을 찾아낸 것뿐이다.

이 모든 것의 필연적 결과로, 이제 죽음이라는 주제를 우리 모두가 직면한 개인적 현실로 논의해보거나 어떻게 하면 죽음에 더 건강하게 대처할 수 있을지 이야기해보려는 사람은 찾기가 힘들게 됐다. 죽음이라는 주제는 그냥 터부가 됐다. 그런데 인간 본성의 법칙상 우리가 그렇게까지 현실을 부정하면 '역설적 효과'는 부정적 방향으로 우리를 장악한다. 삶에 더 많은 제약을 만들고 죽은 것 같은 삶을 만들어버린다.

우리는 꽤나 어릴 때부터 나의 죽음을 인식했다. 기억나지는 않지만 그 때문에 아주 생생하고 본능적인 불안이 우리를 가득 채웠다. 이 불안은 바란다고 사라지는 것도 아니고, 부정한다고 없어지지도 않는다. 불안은 잠재적 형태로 강력하게 어른이 된 우리 안에 도사리고 있다. 죽음이라는 생각을 억제하기로 하면 불안은 더 강해질 뿐이다. 불안의 근원을 똑바로 보지 않기 때문이다. 별것 아닌 사건과 미래에 대한 불확실성이 이 불안을 흔들어놓을 테고 심지어 만성적 불안으로 만들 것이다. 그래서 거기에 맞서 싸우려고 우리는 생각과 활동의 범위를 좁히려 들 것이다. 생각과 행동이 안전지대를 벗어나지 않으면 삶이 비교적 예측 가능해져서 불안에 덜 취약한 기분이 들기 때문이다. 음식이나 자극 혹은 특정 형태의 오락 활동에 중독되는 것도 비슷하게 마음을 둔감하게 만드는 효과가 있을 것이다.

여기서 한참 더 나아가면 우리는 점점 더 자기 안에 매몰되고 타인에 대한 의존을 줄일 것이다. 타인은 예측 불가능한 행동으로 나의 불안을 자극할 수 있기 때문이다.

우리는 삶과 죽음 사이의 대조적 모습을 다음과 같이 묘사할 수도 있다. 죽음은 완전한 정지 상태다. 썩는 것 외에는 움직임도 변화도 없다. 죽으면 우리는 남들과 분리되고 철저히 혼자가 된다. 그에 반해 삶은 움직임이고, 다른 살아 있는 것들과의 관계이고, 생명의 다양성이다. 죽음에 대한 생각을 부정하고 억누르면 오히려 불안을 키우게 되고 내면은 더 죽은 사람처럼 된다. 남들로부터 분리되고, 습관적이고 반복적인 생각만 하며, 전체적으로 움직임이나 변화가 거의 없어진다. 반면에 죽음과 가깝고 익숙해지면, 죽음에 대한 생각을 마주할 수 있게 되면, 오히려 더 살아 있다고 느끼게 되는 역설적 효과가 있다. 플래너리 오코너의 이야기가 잘 보여주는 것처럼 말이다.

죽음이라는 현실과 연결됨으로써 우리는 삶의 충만함과 현실에 더 깊이 연결된다. 죽음을 삶과 분리하고 죽음에 대한 인식을 억누르면 정반대 결과를 가져온다.

현대 세계에서 필요한 것은 우리에게 긍정적인 역설적 효과를 만들어내는 것이다. 다음은 그런 효과를 만드는 데 도움이 될 실용적 철학을 제시해본 것이다. 죽음에 대한 인식을 생산적이고 삶을 향상시키는 방향으로 바꿔보자.

죽음을 통한 삶의 철학

인간에게 문제는 내가 죽을 것이라는 사실을 스스로 안다는 데 있다. 하지만 이런 자각을 더 멀리까지 밀고 나가는 것은 두려워한다. 이는 마치 거대한 바다 앞 해안가에 서서 더 이상 탐험하지 못하고 그대로 등을 돌리는 것과 같다. 우리 의식의 목적은 언제나 최대한 먼 곳까지 가보는 것이다. 그게 바로 종(種)으로서 우리가 가진 힘의 원천이고, 우리의 소명이다. 지금 우리가 채택할 철학은 평소 우리가 죽음을 향해 느끼는 것과 반대로 할 수 있느냐가 관건이다. 죽음을 더 가까이서 깊이 들여다보고, 이제 해안을 떠나 삶과 죽음에 대한 다른 접근법을 탐험해보면서, 갈 수 있는 데까지 최대한 멀리 가보는 것이다.

이것을 도와줄 핵심 전략 다섯 가지를 소개하면 다음과 같다. 다섯 가지 모두를 실천하는 게 가장 좋다. 그러면 이 철학이 일상적 의식에까지 스며들어 우리의 경험을 내면에서부터 바꿔놓을 것이다.

생생하게 자각하라

우리는 두렵기 때문에 죽음을 뭔가 추상적인 것으로 전환한다. 가끔씩 품었다가 억제했다가 하는 생각으로 전환한다. 그러나 삶은 생각이 아니다. 삶은 더할 나위 없이 구체적인 현실이다. 속으로부터 느낄 수 있는 무언가다. 죽음이 없으면 삶도 없다. 죽음도 삶 못지않게 생생한 현실이다. 태어난 그 순간부터 죽음은 우리 몸 안에 있었다. 세포는 죽고 우리는 노화한다. 우리는 죽음을 이런 식으로 경험해야 한다. 우리는 죽음을 소름끼치거나 무서운 것으로 보아서는 안 된다. 죽음을 추상적으로 생각하는 이 장애물을 넘어서면 어마어마한 해방감을 느낄 수 있다. 주변 세상이 좀 더 구체적으로 다가오고 감각은 증폭된다.

1849년 12월 스물일곱 살의 작가 표도르 도스토옙스키는 러시아 황제에 대한 소위 '음모'에 가담한 혐의로 투옥되었다. 어느 날 그는 갑자기 다른 죄수들과 함께 상트페테르부르크에 위치한 어느 광장으로 호송되었고 곧 처형될 거라는 이야기를 들었다. 사형이라니 전혀 예상치 못한 일이었다. 총살형이 집행되기 전까지 도스토옙스키에게 마음의 준비를 할 시간은 몇 분밖에 되지 않았다. 그 짧은 몇 분 동안 그는 한 번도 느껴보지 못한 감정이 몰려오는 것을 느꼈다. 햇살이 성당 돔을 내리쬐고 있었다. 그는 모든 생명이 그 햇살처럼 짧다고 생각했다. 모든 게 더 활기차게 느껴졌다. 다른 죄수들의 얼굴에 떠오른 표정이 보였고, 용감한 표정 뒤로 공포가 보인다는 사실도 알게 됐다. 마치 저들의 생각과 감정이 투명해진 듯한 기분이었다.

최후의 순간에 황제의 대리인이 말을 타고 들어오더니 총살형에서 시베리아에서의 노동형으로 감형되었다고 발표했다. 심리적으로는 거의 죽음을 겪은 것이나 다름없었던 도스토옙스키는 다시 태어난 기분이었다. 이 경험은 남은 평생 동안 그를 떠나지 않았고 새로운 공감의 깊이를 알게 하고 관찰능력을 키워주었다. 죽음을 깊이 접해본 사람이라면 누구나 경험하는 일이었다.

이렇게 되는 이유를 설명하면 다음과 같다. 보통 우리는 아주 산만하고 꿈꾸는 듯한 상태로 인생을 살아간다. 우리의 시선은 내부를 향하고 있다. 우리의 정신 활동은 많은 부분 판타지와 원망을 중심으로 펼쳐진다. 이런 판타지와 원망은 순전히 내적인 것으로 현실과는 거의 관계가 없다. 죽음이 코앞으로 다가오면 온몸이 그 위협에 반응하면서 정신이 번쩍 든다. 아드레날린이 솟구치고 머리로 혈액이 심하게 쏠리는 것을 신경계를 통해 느낀다. 그 덕분에 마음은 훨씬 높은 수준의 집중이 가능해지고 우리는 전에는 보지 못했던 사소한 것들까지 보게 된다. 사람들의 얼굴이 새롭게 보이고 주위 모든 것이 덧없음을 느끼며 감정적 반응이 깊어진다. 이 효과는 수년간 심지어 수십 년간 사라지지 않을 수도 있다.

우리는 목숨을 걸지 않고서는 이 경험을 재현할 수 없다. 하지만 일부 그런 효과를 조금씩 얻을 수는 있다. 먼저 나의 죽음에 대해 깊이 생각하면서 이것을 더 현실적이고 구체적인 무언가로 전환할 방법을 찾아야 한다. 일본의 사무라이들은 우리의 가장 예민한 신경 중심과 생명과의 연결점이 뱃속에, 내장에 있다고 생각했다. 그곳은 또한 우리가 죽음과 연결되는 중심이기도 했다. 그들은 이 느낌을 최대한 깊이 생각해보고 육체적 죽음에 대한 자각을 만들어냈다. 하지만 뱃속이 아니더라도 우리는 피곤할 때면 뼈에서 비슷한 것을 느낄 수 있다. 우리는 종종 잠들기 직전에 뼈가 물리적으로 존재한다는 것을 느낀다. 몇 초 동안 우리는 한 가지 형태의 의식에서 다른 형태의 의식으로 넘어가는 것을 느낀다. 그렇게 넘어가는 순간은 마치 죽음처럼 느껴진다. 여기서 두려워해야 할 것은 아무것도 없다. 사실 이 방향으로 움직일 때 우리는 만성적 불안을 줄이는 데 큰 효과를 볼 수 있다.

이때 상상력을 활용할 수도 있다. 죽음이 닥쳐온 날 나는 어디에 있고 죽음은 어떤 식으로 찾아올지 그려보는 것이다. 최대한 생생하게 상상해보아야 한다. 그게 내일일 수도 있다. 우리는 또한 모든 사물을 마지막으로 보는 것처럼 세상을 보도록 노력해야 한다. 주위 사람들, 매일 보고 듣는 광경과 소리, 길거리의 자동차 소리, 새 소리, 창밖의 풍경까지도 말이다. 그런 것들이 우리 없이도 계속 이어진다고 상상해보라. 그런 다음 갑자기 살아 돌아온 기분을 느껴보라. 사소한 것들까지 이제는 새롭게 보일 것이다. 결코 당연하게 여기거나, 보는 둥 마는 둥하지 않게 될 것이다. 모든 생명이 영원하지 않다는 사실을 충분히 인식하라. 우리가 보는 것들이 안정되어 있고 견고하다는 생각은 착각일 뿐이다.

우리는 이런 지각 뒤에 따라오는 격한 슬픔을 두려워하지 않아야 한다. 평소 같으면 나 자신의 욕구와 걱정만으로 잔뜩 긴장되어 있을 감정이 이제 세상을 향해 인생의 통렬함 자체를 향해 열릴 것이다. 우리는 이를 환영해야 한다. 14세기 일본의 작가 요시다 겐코(吉田兼好)가 말했던 것처럼 말이다. "만약 인간이 아다시 들판 묘지의 이슬처럼 사라질 것이 아니라면, 토리베 산을 덮은 연기처럼 없어질 것이 아니라면, 세상에 영원히 남을 거라면, 어찌 우리를 움직이는 힘이 사라질 수 있겠는가! 생에서 가장 소중한 것은 그 불확실성이다."

인생의 짧음에 눈을 떠라

무의식적으로 죽음에 대한 자각으로부터 단절되면 우리가 느끼는 시간과의 관계가 다소 느슨하고 방만해진다. 우리는 늘 실제보다 더 많은 시간이 있다고 착각하게 된다. 마음은 온갖 희망과 바람으로 가득 찬 미래를 표류하게 된다. 계획이나 목표가 있어도 많은 에너지를 쏟아붓기가 힘들어진다. '내일하지 뭐.' 우리는 그렇게 말한다. 당장은 다른 목표나 계획을 쫓고 싶은 유혹이 생긴다. 전부 다 다르고 매력적인데 어떻게 하나만 골라 전념하지? 우리는 무언가를 완수해야 한다고 느끼기 때문에 전반적으로는 불안을 경험하면서도 실제로는 늘 미루고 힘을 분산해버린다.

그러다가 어느 프로젝트의 데드라인이 억지로 주어지면 꿈을 꾸는 것 같던 시간과의 관계가 산산조각난다. 어찌된 노릇인지 우리는 몇 주 혹은 몇 달이 걸렸을 일을 며칠 내에 해낼 수 있는 집중력이 생긴다. 데드라인 때문에 우리에게 강제된 변화는 구체적으로 느껴진다. 아드레날린이 솟구치고, 에너지가 차오르고, 마음이 집중되며, 더 창의적이 된다. 단일한 목적을 위해 몸과 마음이 어느 하나에 온전히 전념하는 이 상쾌한 느낌은 늘 산만한 상태로 지내는 요즘 세상에서는 좀처럼 경험하기 힘든 것이다.

우리는 나의 죽음을 일련의 연속적인 데드라인처럼 생각해야 한다. 그래야 살면서 무슨 일을 하건 위에서 설명한 것과 같은 효과를 누릴 수 있다. 더 이상 나 자신을 속이는 짓은 그만두어야 한다. 우리는 내일 죽을 수도 있다. 혹시 80년을 더 산다고 해도 그것은 광대한 시간의 바다에서 물방울 하나에 불과하며, 언제나 우리가 생각하는 것보다 빠르게 지나갈 것이다. 우리는 이런 현실에 깨어 있어야 하고 늘 이에 관해 깊이 생각해야 한다.

깊은 생각을 하다 보면 혹시 이렇게 생각할 사람도 있을지 모른다. '왜 굳이 뭔가를 시도해야 해? 그렇게 많이 노력할 필요가 뭐 있어? 결국엔 죽을 건데? 당장의 쾌락을 위해서 사는 게 나아.' 그러나 이것은 현실적인 생각이 아니라 또 다른 형태의 회피일 뿐이다. 쾌락이나 오락에 전적으로 몰두하는 것은 그로 인해 치러야 하는 비용에 관한 생각을 회피하는 것이다. 죽음에 대한 생각을 흘려보내면 죽음을 속일 수 있다고 생각하는 것이다. 쾌락에 몰두하려면 지루함이 고개를 들지 못하게 늘 새로운 오락거리를 찾아야 하는데 이것은 지치는 일이다. 나의 욕구와 열망을 그 무엇보다 중시하게 되면, 시간이 지날수록 무감동하게 되고 뜻대로 안 될 경우에는 쉽게 발끈하게 된다.

세월이 지날수록 점점 더 억울하고 원망스럽게 된다. 아무것도 이루지 못하고 내 잠재력을 낭비했다는 생각에 사로잡힌다. 윌리엄 해즐릿(William Hazlitt)이 말한 것처럼 말이다. "죽음을 혐오하는 정도는 헛되게 살았다는 인식에 비례한다."

인생이 짧다는 것을 자각하고 있으면 매일매일 해야 할 일이 더 분명해진다. 이뤄야 할 목표가 있고, 완수해야 할 프로젝트가 있고, 개선해야 할 인간관계가 있다. 인생의 불확실성을 고려하면 이번이 나의 마지막 프로젝트, 지구에서의 마지막 싸움일지도 모르기 때문에 우리는 내가 하는 일에 온전히 전념해야 한다. 이렇게 지속적으로 자각을 갖고 있으면 정말로 중요한 게 무엇인지 볼 수 있고, 사소한 싸움이나 곁가지 과제는 그냥 집중을 방해할 뿐임을 알게 된다. 우리가 원하는 것은 무언가를 완수했을 때 느끼는 그런 성취감이다. 자아를 상실할 만큼 내가 하는 일과 내 마음이 하나가 되는 몰입이다. 일에서 한숨을 돌릴 때 쫓는 쾌락이나 오락은 금세 사라질 것임을 알기 때문에 더 의미 있고 강렬해진다.

모두의 죽음을 보라

1665년 런던에 끔찍한 전염병이 돌아 거의 10만 명에 가까운 사람이 죽었다. 작가 대니얼 디포(Daniel Defoe)는 당시 겨우 다섯 살에 불과했으나 전염병을 직접 목격했고 그때의 인상은 영영 지워지지 않았다. 60여 년이 지난 후 디포는 런던에서의 그 사건을 나이 많은 화자의 눈을 통해 재현하기로 결심했다. 그리고 자신의 기억과 수많은 조사, 삼촌의 일기 등을 이용해《역병의 해 일지(Journal of the Plague Year)》를 만들었다.

전염병이 한창일 때 화자는 특이한 현상을 하나 알아챘다. 런던 사람들이 동료 시민에게 훨씬 더 높은 수준의 공감을 느낀다는 사실이었다. 평소 그들 사이의 불화, 특히나 종교 문제에 관한 의견 차이는 어디로 갔는지 휙 사라져 버렸다. 그는 이렇게 썼다 "여기서 우리는 관찰할 수 있다. 죽음이 가까이 보인 다는 것은 훌륭한 사람들을 이내 서로 화해시킨다. 그것은 주로 우리가 쉽게 살고, 이런 것들은 멀리 미뤄두고, 단절이 생기고, 악감정이 계속되는 탓이다. 또 다른 역병의 해는 이 모든 불화를 화해시킬 것이다. 죽음과 가까이서 대화 하거나 혹은 죽음을 위협하는 질병과 대화하면, 우리의 성정에서 악의는 걷어 내고 우리 사이의 반목은 제거하며 다른 눈으로 보게 될 것이다."

정반대처럼 보이는 사례는 아주 많다. 주로 전쟁에서 인간은 다른 인간을 수천 명씩 학살한다. 사람들은 그런 대량 살인을 보고도 손톱만큼의 공감능 력도 자극받지 않는다. 이런 경우 학살자는 자신이 죽이는 사람들과 분리되 어 있다고 느낀다. 학살자는 그들을 자신의 힘 아래에 놓인, 인간보다 못한 존 재로 보고 있다. 반면에 전염병의 경우 안전한 사람은 아무도 없다. 아무리 돈 이 많고 사회적 지위가 높아도 소용없다. 모두가 똑같은 위험에 처해 있다. 직 접 위태로움을 느끼고 남들의 위태로움을 보다 보면 평소에 갖고 있던 차이나 특권에 대한 생각은 녹아 없어진다. 흔치 않을 정도의 광범위한 공감이 나타 난다. 타인의 위태로움이나 죽음을 나의 그것과 분리되지 않은 것으로 생각할 수 있다면 이것이 마음의 자연스러운 상태일 수도 있다.

전염병이 우리 부족의 성향과 평소의 자기몰두 성향에 미친 정화 효과를 우 리만의 철학을 가지고 만들어내야 한다. 작은 데서부터 시작해야 한다. 처음 에는 집이나 직장에서 주변 사람들을 보며 그들의 죽음을 상상해보고 그게 갑 자기 그 사람에 대한 내 인식을 어떻게 바꿔놓는지 살펴보라. 쇼펜하우어가 말했던 것처럼 "가까운 사람이 죽을 때마다 느끼는 깊은 고통은 오직 그 사람 만이 갖고 있던 형언할 수 없는 무언가가 세상에서 완전히 사라졌다는 느낌으 로부터 나온다." 우리는 그런 개성을 바로 옆에 있는 사람에게서 보아야 한다. 우리가 당연시했던 그런 요소를 끄집어내야 한다. 우리는 죽음이나 고통에 대해 나만 위태로운 상태가 아니라 '저들'도 같은 처지라는 것을 직접 겪어봐야 한다.

이 생각을 더 멀리 확장할 수도 있다. 어디든 복잡한 도시에서 길가는 사람들을 한번 보라. 90년 후면 우리를 포함해 저들 중 단 한 사람도 살아 있지 않을 것이다. 부자건, 가난뱅이건, 똑같이 이미 왔다 갔고, 묻혔고, 오래 전에 잊힌 수백만, 수십억 명을 생각해보라. 이렇게 생각해보면 내가 대단한 사람이라거나, 나는 특별하고 내가 겪는 고통은 남들과 다르다는 느낌을 계속 유지하기는 힘들다.

죽음이라는 공통된 운명을 통해 사람들을 더 가깝게 느끼게 되면 수많은 인간 본성에 대해서도 좀 더 포용하고 품위를 갖춰 잘 대처할 수 있을 것이다. 위험하거나 까다로운 사람에 대해 경계심을 늦추자는 이야기가 아니다. 실제로 가장 고약한 사람을 볼 때조차 언젠가는 그도 병에 걸리거나 죽을 수 있다는 사실을 생각한다면 그들을 있는 그대로 보고 더 중립적이며 전략적으로 그들을 상대할 수 있을 것이다. 그 고약함이 꼭 나에 대한 악감정이라고 생각하지 않을 것이다.

일반적으로 죽음이라는 망령은 우리를 동료 인간들 쪽으로 밀고 사랑을 갈망하게 만든다. 죽음과 사랑은 떼려야 뗄 수 없을 만큼 서로 얽혀 있다. 죽음으로 대표되는 궁극의 이별과 해체는 우리를 단결하게 하고 남들과 뭉치게 한다. 우리는 죽음을 인식하기 때문에 특별한 형태의 사랑을 만들어냈다. 죽음에 대한 자각이 깊어진다면 이 충동은 더 강해질 것이고 인류를 괴롭히는 분열이나 죽은 듯한 단절도 사라질 것이다.

모든 고통과 역경을 포용하라

삶은 그 본성상 고통과 고생을 수반한다. 그 궁극적 형태가 바로 죽음이다. 이런 현실을 맞아 인간은 선택을 내릴 수 있다. 우리는 고통스러운 순간을 피하려고 노력할 수 있다. 관심을 다른 데로 돌리고 약을 먹거나 어딘가에 중독되어 고통의 영향력을 덮어버릴 수 있다. 우리는 내 행동을 제한할 수도 있다. 지나치게 열심히 노력하지 않는다면, 야망을 줄인다면 실패나 조롱에 노출될 일이 없다. 일찌감치 관계를 끝내버리면 격하고 고통스러운 이별을 피할 수 있다.

이런 접근법의 뿌리에는 죽음 자체에 대한 두려움이 있다. 죽음은 고통과 역경을 대하는 우리의 기본자세를 설정하고, 회피는 우리의 패턴으로 자리 잡는다. 나쁜 일이 벌어지면 인생이 나한테 가하는 고통과 남들이 나를 위해 해주지 않는 일들을 불평하고 어려운 상황으로부터 더 멀리 도망가는 게 자연스러운 반응이 된다. 죽음의 부정적인 역설적 효과가 우리를 장악한다.

우리가 선택할 수 있는 다른 대안은 프리드리히 니체가 '아모르 파티(amor fati, 운명에 대한 사랑)'라고 말한 것을 철저히 고수하는 것이다. "인간이 위대해지기 위한 나의 처방전은 아모르 파티다. 있는 그대로 외에 아무것도 바라지 않는 것이다. 미래에도, 과거에도, 영원히. 필연적인 일을 단지 견디기만 하는 것이 아니라, 사랑하는 것이다."

이 말의 의미는 다음과 같다. 인생에는 우리가 통제할 수 없는 것들이 많이 있다. 우리는 병에 걸리고 몸이 아플 것이다. 사람들과 이별할 것이다. 나 자신의 실수로, 동료 인간들의 추잡한 짓으로 실패를 맛볼 것이다. 우리의 과제는 그런 순간들을 받아들이고, 심지어 포용하는 것이다. 고통스럽기 때문이 아니라 교훈을 얻고 우리를 단련할 기회이기 때문이다. 그 과정에서 우리는 삶 자체를 긍정하고 삶의 모든 가능성을 받아들일 수 있다. 그리고 그 중심에는 죽음을 온전히 받아들이는 일이 있다.

이를 실천하려면 사건들을 끊임없이 운명으로 보아야 한다. 모든 일은 이유가 있어서 일어난다. 거기서 교훈을 얻을 수 있느냐는 우리에게 달렸다. 병에 걸리면 세상에서 한 발 물러나, 그 부산함으로부터 벗어나, 속도를 늦추고, 내가 뭘 하고 있는지 재평가하고, 훨씬 더 자주 누리는 건강한 기간에 감사할 수 있는 완벽한 기회라고 생각해야 한다. 고통을 누그러뜨리기 위해 즉시 무언가를 찾을 것이 아니라, 약간의 신체적 고통에 익숙해지는 것도 중요한 삶의 기술이다.

사람들이 내 뜻에 반하거나 나를 배신하면 내가 뭘 잘못했는지 평가하고 어떻게 하면 이번 기회를 이용해 인간 본성을 더 알아갈 수 있을지 생각해야 한다. 약삭빠른 사람들, 불쾌한 사람들을 감당하는 방법을 배워야 한다. 위험을 감수했다가 실패했다면 그 경험으로부터 배울 수 있는 기회를 환영해야 한다. 사랑에 실패하면 둘 사이에 뭐가 잘못 됐는지, 내가 뭐가 부족했었는지, 다음에 누구를 만나면 어떻게 해야 할지 생각해야 한다. 누에고치처럼 숨어들어서 그런 경험 자체를 회피함으로써 더 이상의 고통을 피하겠다고 생각해서는 안 된다.

물론 우리는 이를 경험함으로써 육체적, 정신적 고통을 경험할 것이다. 이 철학이 부정적인 것을 즉각 긍정적인 것으로 바꿔줄 거라고 착각해서는 안 된다. 우리는 이 모든 일이 과정이고, 타격이 있으면 받아야 하고, 시간이 지나면 우리 마음이 그것을 학습의 경험으로 전환할 것임을 알고 있다. 연습을 한다면 그런 전환은 더 쉽고 빨라진다.

바로 이 운명에 대한 사랑은 우리가 경험하는 모든 것을 바꿔놓고 우리가 짊어진 짐을 가볍게 하는 힘이 있다. 모든 사건이 이유가 있어서 일어나고 결국에는 깨달음을 줄 것임을 안다면 이런저런 불평을 할 이유가 무엇인가? 내가 훨씬 더 대단한 것을 가지고 있는데, 혹독한 인생의 현실에 접근할 수 있는 궁극적인 방법을 알고 있는데, 남들이 가진 것을 부러워할 이유가 무엇인가?

숭고함에 마음을 열어라

죽음을 우리 모두가 지나야 할 일종의 문지방이라고 생각하라. 그렇다면 죽

인간 본성의 법칙 ⟶

음은 궁극의 미스터리를 대변한다. 우리는 절대로 그게 무엇인지 표현할 말이나 개념을 찾아낼 수 없다. 우리는 정말로 알 수 없는 무언가를 대면하는 것이다. 그 어떤 과학이나 기술이나 전문지식으로도 이 수수께끼를 풀거나 말로 표현할 수 없다. 우리가 뭐든 다 안다고 아무리 스스로를 속여도 이 문지방 앞에 서면 할 말을 잃고 더듬거릴 수밖에 없다.

우리가 알 수 없는 것, 말할 수 없는 것과의 이런 대면이 바로 '숭고함 (sublime)'이다. 숭고함의 라틴어 어원은 '한계를 대면한다'는 뜻이다. 숭고함은 너무 크고, 너무 광대하고, 너무 어둡고 신비로워서 우리가 말이나 개념으로 표현할 수 있는 한계를 넘어선 것이다. 그런 것들을 마주하면 약간의 두려움도 느끼지만 경외와 감탄도 느낀다. 보잘 것 없는 나의 의지보다 훨씬 더 광대하고 강력한 것에 비하면 내가 얼마나 작은지 다시 한 번 깨닫게 된다. 숭고함을 느끼는 것은 안일함에 빠져 있는 우리 자신과 우리를 지치게 하고 공허하게 만드는 일상의 사소한 걱정들에 대한 완벽한 해독제다.

숭고함을 느끼는 대표적인 경우가 죽음을 생각할 때지만, 다른 생각이나 행동을 통해 숭고함을 경험하도록 우리 마음을 훈련할 수도 있다. 예를 들어 밤하늘을 올려다볼 때 어둠에 파묻힌 우주의 무한함과 지구의 작디작음을 헤아려볼 수도 있다. 지구에서의 생명의 시초에 관해 생각하면서 숭고함과 만날 수도 있다. 아마도 특정한 어느 순간이었을 텐데 수십억 년 전에 어떻게 그런 일이 일어났는지, 이 지구에서 생명이라는 실험이 시작되려면 수천 가지 요소가 맞아 들어가야 했을 텐데 그게 얼마나 있을 법하지 않은 일인지 생각해볼 수 있다. 그렇게 방대한 양의 시간이나 생명의 시초는 우리가 개념화해서 생각할 수 있는 한계를 벗어난다. 우리는 오직 숭고함을 느낄 뿐이다.

여기서 한 발 더 나아갈 수도 있다. 수백만 년 전에 우리가 영장류 조상들로부터 갈라져 나오면서 인간이라는 실험이 시작됐다. 하지만 우리는 신체도 약하고 숫자도 적었기 때문에 끊임없이 멸종의 위기에 처했다. 만약 충분히 일어나고도 남았을, 다른 유형의 인간을 포함해 수많은 종에게 닥쳤던 그 일이 우리에게도 일어났다면, 세상은 완전히 달라졌을 것이다. 사실 나의 부모가 만나고 내가 태어난 것도 똑같이 불가능할 법한 수많은 우연한 만남이 이어진 결과다. 얼마나 많은 우연적 요소가 딱 맞아떨어졌어야 할지를 생각해보면 우리가 당연하게 여기는 지금의 우리 존재도 결코 있을 법하지 않은 일이다.

다른 형태의 생명을 생각할 때도 숭고함을 경험할 수 있다. 무엇이 진짜인가에 대한 우리의 믿음은 우리의 신경계와 지각 시스템에 기초하고 있다. 하지만 음파 탐지를 통해 사물을 지각하는 박쥐가 겪는 현실은 우리와는 전혀 다를 것이다. 박쥐는 우리의 지각 시스템으로는 알 수 없는 것들을 감지한다. 우리가 감지할 수 없는 그 요소들은 대체 어떤 것일까? 우리 눈에 보이지 않는 또 다른 현실은 어떤 것일까? 이를테면 여러 과학 분야의 최신 발견이 이렇게 눈을 번쩍 뜨이게 할 것이다. 혹은 흔한 과학저널의 기사만 읽어보아도 숭고한 생각을 몇 가지는 하게 될 것이다.

평소에는 전혀 생각할 수 없는 지구상 낯선 곳을 접하는 방법도 있다. 우리와 전혀 다른 문화도 있고, 망망대해라든가 끝없는 눈밭이나 육중한 산처럼 인간이 이뤄놓은 것을 하찮게 보이게 만드는 특별한 풍경들도 있다. 우리를 작아지게 하는 것들과 직접 대면하면 우리가 세상의 중심이고 기준이라고 생각했던 평소의 생각은 뒤집어질 수밖에 없다.

숭고함 앞에서 우리는 전율한다. 마음이 품기에는 너무 거대한 어떤 것, 어쩌면 죽음 자체를 잠시 맛본 것 같기도 하다. 그리고 잠시 동안 우쭐함을 내려놓고 죽음처럼 우리를 옥죄고 있는 습관과 평범함에서 벗어날 것이다.

그래서 이 철학을 다음과 같이 생각하라. 인간에게 의식이 생긴 이래 죽음에 대한 자각은 우리를 두려움에 떨게 했다. 우리가 알지 못하는 방식으로 이 두려움은 우리의 신념과 종교, 제도, 갖가지 행동을 결정지었다. 인간은 두려움과 회피의 노예가 됐다.

역으로 생각해 죽음을 더 자각하면, 진정한 자유를 맛볼 수 있다. 삶을 예측 가능하게 만들기 위해 우리의 생각과 행동을 제약해야 할 필요성을 더 이상 느끼지 않게 된다. 결과를 두려워하지 않고 더 대담해질 수 있다. 불안을 무감각하게 만들려고 채용했던 망상과 중독을 잘라낼 수 있다. 일에, 사람에, 모든 행동에 온전히 전념할 수 있다. 이런 자유를 조금이라도 경험하고 나면, 시간이 허락하는 데까지 우리의 가능성을 더 많이 탐구하고 확장하고 싶어질 것이다.

죽음에서 그 이상함을 제거하고, 죽음을 알고, 죽음에 익숙해지자. 그 무엇보다 죽음을 가장 자주 생각하자. 모든 순간 우리의 상상 속에서 죽음의 모든 측면을 그려보자. 죽음이 어디에서 우리를 기다리고 있는지는 불확실하다. 죽음을 미리 생각해보는 것은 자유를 미리 생각해보는 것이다. 죽는 법을 배운 사람은 노예가 되는 법을 지운 셈이다. 어떻게 죽을지 알고 나면 모든 종속과 제약에서 벗어날 수 있다.

— 미셸 드 몽테뉴

가장 먼저 수많은 측면에서 이 책을 계속 챙겨준 애나 빌러(Anna Biller)에게 감사의 뜻을 전하고 싶습니다. 애나는 능수능란한 편집자일 뿐만 아니라 저와 대화를 통해 통찰력 있는 아이디어를 끝없이 제공해주고 집필 내내 애정과 지지를 아끼지 않았습니다. 애나의 무수한 공헌이 아니었다면 이 책은 세상에 나오지 못했을 것입니다. 무한한 감사의 마음을 전합니다.

나의 에이전트인 잉크웰 매니지먼트(Inkwell Management)의 마이클 칼리슬(Michael Carlisle)에게도 감사의 뜻을 전합니다. 마이클이야말로 인간 본성의 달인으로서 이 프로젝트에 관해 귀중한 조언과 도움을 주었습니다. 이 책을 세계 곳곳의 독자에게 소개할 수 있게 도와준 잉크웰의 마이클 먼질로(Michael Mungiello)와 앨릭시스 헐리(Alexis Hurley)에게도 감사의 마음을 전합니다.

펭귄출판사에도 감사해야 할 분들이 많습니다. 나의 편집자 안드레아 슐츠(Andrea Schulz)는 원고를 훌륭히 검토해주었을 뿐만 아니라 많은 대화를 통해 이 책의 콘셉트를 갈고닦게 도와주었고 인간 본성에 관한 본인의 통찰까지 공유해주었습니다. 이 책의 최초 편집자였던 캐럴린 칼슨(Carolyn Carlson)과 편집을 도와준 멜라니 토토롤리(Melanie Tortoroli)에게도 감사하지 않을 수 없습니다. 안드레아의 조수 에밀리 누버거(Emily Neuberger)와 커버 디자이너 콜린 웨버(Colin Webber), 마케팅 담당 케이트 스타크(Kate Stark)와 메리 스톤(Mary Stone), 홍보의 일선에 있었던 캐럴린 콜번(Carolyn Coleburn)과 섀넌 투미(Shannon Twomey)에게도 꼭 감사의 마음을 전하고 싶습니다.

저의 책 여섯 권을 모두 담당해준 영국 프로필북스의 발행인 앤드루 프랭클린(Andrew Franklin)에게도 감사하지 않을 수 없습니다. 문학 및 출판에 대한 앤드루의 감각은 저에게 늘 큰 의지가 됩니다.

항상 그렇듯이, 한때는 저의 제자였고 지금은 베스트셀러 작가이자 전략의 대가인 라이언 홀리데이(Ryan Holiday)에게도 감사하지 않을 수 없습니다. 라이언은 연구조사에 관해 많은 제안을 해주었고 마케팅을 도와주었을 뿐만 아니라 전체적인 부분에서 조언을 아끼지 않았습니다.

저의 고양이 브루투스에게도 감사를 빼놓을 수 없습니다. 브루투스는 저의 지나간 책 다섯 권이 만들어지는 과정을 모두 지켜보았으며 전혀 다른 시각에서 인간이라는 동물을 이해할 수 있게 도와주었습니다.

사랑하는 여동생 레슬리(Leslie)에게도 감사를 전하고 싶습니다. 지난 세월 레슬리는 수많은 아이디어가 떠오르게 도와주었고 아낌없는 사랑과 지지를 보내주었습니다. 그리고 늘 인내하시는 나의 어머니 로레트(Laurette)께도 제게 해주신 모든 일과 책과 역사에 대한 사랑을 갖게 해주신 것에 깊이 감사드립니다.

그리고 마지막으로, 내 인생의 곳곳에서 인간 본성의 최고 모습과 최악의 모습을 보여주어 이 책의 끝없는 소재를 제공했던 수많은 이들에게도 감사를 전합니다.

차

• Adler, Alfred. *Understanding Human Nature: The Psychology of Personality.* Translated by Colin Brett. Oxford: Oneworld Publications, 2011.

• Allport, Gordon W. *The Nature of Prejudice.* Reading, MA: Addison- esley, 1979.

• Ammaniti, Massimo, and Vittorio Gallese. *The Birth of Intersubjectivity: Psychodynamics, Neurobiology, and the Self.* New York: W.W. Norton, 2014.

• Arendt, Hannah. *Between Past and Future.* New York: Penguin Books, 1993.

• Argyle, Michael. *Bodily Communication.* New York: Routledge, 2001.

• Balen, Malcolm. *A Very English Deceit: The South Sea Bubble and the World's First Great Financial Scandal.* London: Fourth Estate, 2003.

• Barlett, Donald L., and James B. Steele. *Howard Hughes: His Life and Madness.* New York: W.W. Norton, 2004.

• Baron- ohen, Simon. *Mindblindness: An Essay on Autism and Theory of Mind.* Cambridge, MA: MIT Press, 1999.

• Bion, W. R. *Experiences in Groups: And Other Papers.* New York: Routledge, 1989.

• Bly, Robert. *A Little Book on the Human Shadow.* New York: HarperOne, 1988.

• Bradford, Sarah. *America's Queen: The Life of Jacqueline Kennedy Onassis.* New York: Pen-guin Books, 2001.

• Caro, Robert A. *Master of the Senate: The Years of Lyndon Johnson.* New York: Vintage Books, 2003.

• Chancellor, Edward. *Devil Take the Hindmost: A History of Financial Speculation.* New York: Plume, 2000.

• Chernow, Ron. *Titan: The Life of John D. Rockefeller, Sr.* New York: Vintage Books, 1998.

• Cozolino, Louis. *The Neuroscience of Human Relationships: Attachment and the Developing Social Brain.* New York: W.W. Norton, 2006.

• Crawshay- illiams, Rupert. *The Comforts of Unreason: A Study of the Motives Behind Irra-tional Thought.* Westport, CT: Greenwood, 1970.

• Damasio, Antonio. *The Feeling of What Happens: Body and Emotion in the Making of Con-sciousness.* Orlando, FL: Harcourt, 1999.

• de Waal, Frans. *Chimpanzee Politics: Power and Sex Among Apes.* Baltimore: Johns Hop-kins University Press, 2007.

• Diamond, Jared. *The Third Chimpanzee: The Evolution and Future of the Human Animal.* New York: Harper

Perennial, 2006.

- Dostoevsky, Fyodor. *The Idiot.* Translated by Constance Garnett. New York: Barnes & Noble Classics, 2004.

- Douglas, Claire. *The Woman in the Mirror: Analytical Psychology and the Feminine.* Lincoln, NE: Backinprint. com, 2000.

- Durkheim, EEmile. *The Elementary Forms of Religious Life.* Translated by Karen E. Fields. New York: The Free Press, 1995.

- Ekman, Paul. *Emotions Revealed: Recognizing Faces and Feelings to Improve Communication and Emotional Life.* New York: St. Martin's Griffin, 2007.

- Eliot, George. *Middlemarch.* Surrey, UK: Oneworld Classics, 2010.

- Fairbairn, W. R. D. *Psychoanalytic Studies of the Personality.* New York: Routledge: 1994.

- Fromm, Erich. *The Anatomy of Human Destructiveness.* New York: Henry Holt, 1992.

- Galbraith, John Kenneth. *A Short History of Financial Euphoria.* New York: Penguin Books, 1994.

- Galbraith, Stuart, IV. *The Emperor and the Wolf: The Lives and Films of Akira Kurosawa and Toshiro Mifune.* New York: Faber and Faber, 2002.

- Gao Yuan. *Born Red: A Chronicle of the Cultural Revolution.* Stanford, CA: Stanford Uni-versity Press, 1987.

- Garelick, Rhonda K. *Mademoiselle: Coco Chanel and the Pulse of History.* New York: Ran-dom House, 2014.

- Garrow, David J. *Bearing the Cross: Martin Luther King, Jr., and the Southern Christian Lead-ership Conference.* New York: William Morrow, 2004.

- Goffman, Erving. *The Presentation of Self in Everyday Life.* New York: Doubleday, 1959.

- Gooch, Brad. *Flannery: A Life of Flannery O'Connor.* New York: Back Bay Books, 2010.

- Gordon, Charlotte. *Romantic Outlaws: The Extraordinary Lives of Mary Wollstonecraft & Mary Shelley.* New York: Random House, 2015.

- Havens, Ronald A. *The Wisdom of Milton H. Erickson: The Complete Volume.* Carmarthen, UK: Crown House, 2003.

- Humphrey, Nicholas. *The Inner Eye: Social Intelligence in Evolution.* Oxford: Oxford Uni-versity Press, 2008.

- Huxley, Aldous. *The Devils of Loudun.* New York: Harper Perennial, 2009.

- Joule, Robert- Vincent, and Jean- Léon Beauvois. *Petit traitee de manipulation à l'usage des honnêtes gens.*

Grenoble, France: Presses universitaires de Grenoble, 2014.

• Jung, C. G. *The Archetypes and the Collective Unconscious.* Translated by R. F. C. Hull. Princeton, NJ: Princeton/ Bollingen Paperbacks, 1990.

• Jung, C. G. *Psychological Types.* Translated by H. G. Baynes. Princeton, NJ: Princeton/ Bollingen Paperbacks, 1990.

• Kagan, Donald. *Pericles of Athens and the Birth of Democracy.* New York: Free Press, 1991.

• Keeley, Lawrence H. *War Before Civilization: The Myth of the Peaceful Savage.* New York: Oxford University Press, 1996.

• Kindleberger, Charles P. *Manias, Panics, and Crashes: A History of Financial Crises.* New York: John Wiley & Sons, 2000.

• Klein, Melanie. *Envy and Gratitude: And Other Works 1946-1963.* New York: Free Press, 1975.

• Kohut, Heinz. *The Analysis of the Self: A Systematic Approach to the Psychoanalytic Treatment of Narcissistic Personality Disorders.* Chicago: University of Chicago Press, 2009.

• Konner, Melvin. *The Tangled Wing: Biological Constraints on the Human Spirit.* New York: Henry Holt, 2002.

• Laing, R. D., H. Phillipson, and A. R. Lee. *Interpersonal Perception: A Theory and Method of Research.* New York: Perennial Library, 1972.

• Lansing, Alfred. *Endurance: Shackleton's Incredible Voyage.* Philadelphia: Basic Books, 2007.

• Lawday, David. *The Giant of the French Revolution: Danton, a Life.* New York: Grove, 2009.

• LeDoux, Joseph. *The Emotional Brain: The Mysterious Underpinnings of Emotional Life.* New York: Simon & Schuster Paperbacks, 1996.

• Lev, Elizabeth. *The Tigress of Forlì: Renaissance Italy's Most Courageous and Notorious Count-ess, Caterina Riario Sforza de' Medici.* Boston: Mariner Books, 2011.

• Lever, Evelyne. *Louis XVI.* Paris: Pluriel, 2014.

• Lowenstein, Roger. *Buffett: The Making of an American Capitalist.* New York: Random House Trade Paperbacks, 2008.

• Maslow, Abraham H. *The Farther Reaches of Human Nature.* New York: Penguin Com-pass, 1993.

• McLean, Bethany, and Joe Nocera. *All the Devils Are Here: The Hidden History of the Finan-cial Crisis.* New York: Portfolio/ Penguin, 2011.

- Milgram, Stanley. *Obedience to Authority: The Experiment That Challenged Human Nature.* New York: Harper Perennial, 2009.
- Montefiore, Simon Sebag. *Stalin: The Court of the Red Tsar.* New York: Vintage Books, 2003.
- Moore, Robert L. *Facing the Dragon: Confronting Personal and Spiritual Grandiosity.* Wil-mette, IL: Chiron, 2003.
- Nietzsche, Friedrich. *Human, All Too Human: A Book for Free Spirits.* Translated by R. J. Hollingdale. Cambridge, MA: Cambridge University Press, 2000.
- Oates, Stephen B. *With Malice Toward None: A Biography of Abraham Lincoln.* New York: Harper Perennial, 2011.
- Ortega y Gasset, José. *Man and People.* Translated by Willard R. Trask. New York: W.W. Norton, 1963.
- Pavese, Cesare. *This Business of Living: Diaries 1935-1950.* New Brunswick, NJ: Transac-tion, 2009.
- Pfeiffer, John E. *The Emergence of Society: A Prehistory of the Establishment.* New York: McGraw- Hill, 1977.
- Piaget, Jean, and Bärbel Inhelder. *The Psychology of the Child.* Translated by Helen Weaver. Paris: Basic Books, 2000.
- Ramachandran, Vilayanur S. *A Brief Tour of Human Consciousness.* New York: PI Press, 2004.
- Rosen, Sidney. *My Voice Will Go with You: The Teaching Tales of Milton H. Erickson.* New York: W.W. Norton, 1982.
- Russell, Bertrand. *The Conquest of Happiness.* New York: Horace Liveright, 1996.
- Schopenhauer, Arthur. *The Wisdom of Life and Counsels and Maxims.* Translated by T. Bailey Saunders. Amherst, NY: Prometheus Books, 1995.
- Seymour, Miranda. *Mary Shelley.* New York: Grove, 2000.
- Shirer, William L. *Love and Hatred: The Stormy Marriage of Leo and Sonya Tolstoy.* New York: Simon & Schuster, 1994.
- Smith, David Livingstone. *The Most Dangerous Animal: Human Nature and the Origins of War.* New York: St. Martin's Griffin, 2007.
- Stewart, James B. *Disney War.* New York: Simon Schuster Paperbacks, 2006.
- Strauss, William, and Neil Howe. *Generations: The History of American's Future, 1584 to 2069.* New York: William Morrow, 1991.

- Tavris, Carol, and Elliot Aronson. *Mistakes Were Made (but Not by Me): Why We Justify Foolish Beliefs, Bad Decisions, and Hurtful Acts*. New York: Harcourt, 2007.
- Thomas, Evan. *Being Nixon: A Man Divided*. New York: Random House, 2015.
- Thouless, R. H., and C. R. Thouless. *Straight & Crooked Thinking*. Hachette, UK: Hodder Education, 2011.
- Tomkins, Silvan, *Shame and Its Sisters: A Silvan Tomkins Reader*. Edited by Eve Kosofsky Sedgwick and Adam Frank. Durham, NC: Duke University Press, 1995.
- Troyat, Henri. *Chekhov*. Translated by Michael Henry Heim. New York: Fawcett Columbine, 1986.
- Tuchman, Barbara. *The March of Folly*. New York: Ballantine Books, 1984.
- Tuckett, David. *Minding the Markets: An Emotional Finance View of Financial Instability*. London: Palgrave Macmillan, 2011.
- Watzlawick, Paul, Janet Beavin Bavelas, and Don D. Jackson. *Pragmatics of Human Communication: A Study of Interactional Patterns, Pathologies and Paradoxes*. New York: W.W. Norton, 2011.
- Weir, Alison. *The Life of Elizabeth I*. New York: Ballantine Books, 2008.
- Wilson, Colin. *A Criminal History of Mankind*. New York: Carroll & Graf, 1990.
- Wilson, Edward O. *On Human Nature*. Cambridge, MA: Harvard University Press, 2004.
- Winnicott, D. W. *Human Nature*. London: Free Association Books, 1992.

옮긴이 | **이지연**

서울대학교 철학과를 졸업 후 삼성전자 기획팀, 마케팅팀에서 일했다. 현재 전문 번역가로 활동 중이다. 옮긴 책으로는 《만들어진 진실》, 《위험한 과학책》, 《제로 투 원》, 《카피 공부》, 《파괴적 혁신》, 《기하급수 시대가 온다》, 《빅데이터가 만드는 세상》, 《리더는 마지막에 먹는다》, 《인문학 이펙트》, 《토킹 투 크레이지》, 《빈곤을 착취하다》, 《우주에 관한 거의 모든 것》, 《행복의 신화》, 《평온》, 《매달리지 않는 삶의 즐거움》, 《다크 사이드》, 《포제션》 외 다수가 있다.

인간 본성의 법칙

초판 1쇄 발행 2019년 7월 29일 **초판 33쇄 발행** 2024년 9월 20일

지은이 로버트 그린
옮긴이 이지연
펴낸이 최순영

출판2 본부장 박태근
W&G 팀장 류혜정
디자인 이세호

펴낸곳 ㈜위즈덤하우스 **출판등록** 2000년 5월 23일 제13-1071호
주소 서울특별시 마포구 양화로 19 합정오피스빌딩 17층
전화 02) 2179-5600 **홈페이지** www.wisdomhouse.co.kr

ISBN 979-11-90182-56-0 03180